帝國議會

衆議院議事速記錄

제2권

명치 40年 1月 ~ 대정 3年 2月

韓國學資料院

〈目 次〉

第 2 巻 明治 40年 1月 ～ 大正 3年 2月

第十三　韓國森林特別會計法案(政府提出)　　第一讀會

(書記朗讀)

韓國森林特別會計法案

韓國森林特別會計法

第一條　鴨綠江及豆滿江沿岸森林ヲ經營スル爲特別會計ヲ設置シ其ノ事業上ノ收入ヲ以テ其ノ支出ニ充テシム

第二條　韓國森林特別會計ノ資本額ハ百二十萬圓トシ其ノ半額ハ韓國政府ノ分擔金ヲ以テ之ニ充ツ

前項資本金ハ必要ニ應シ漸次一般會計ヨリ繰入レ又ハ韓國政府ヨリ受入シム但シ事業用物件ヲ以テ出資額ニ充ツルコトヲ得

第三條　每年度事業上ノ損益ハ前條出資額ニ應シ之ヲ一般會計及韓國政府ニ分配ス

第四條　政府ハ每年韓國森林特別會計歲入歲出豫算ヲ調製シ歲入歲出ノ總豫算ト倶ニ之ヲ帝國議會ニ提出スヘシ

第五條　每年度ノ豫算ニハ災害事變其ノ他豫期セサル歲出ノ不足ニ應スル爲豫備費ヲ設クヘシ

第六條　本會計ノ事業ハ事宜ニ依リ森林經營ヲ目的トスル會社ニ委託シテ之ヲ經營スルコトヲ得

第七條　本會計ノ收入支出ニ關スル規程ハ別ニ勅令ヲ以テ之ヲ定ム

附　則

本法ハ明治四十年四月一日ヨリ之ヲ施行ス

(大藏大臣阪谷芳郎君登壇)

○大藏大臣(阪谷芳郎君)　此法律案ハ、諸君御承知ノ通ニ、日韓兩國政府ノ間ニ鴨綠江ノ森林、豆滿江ノ森林ヲ協同經營ニスルト云フ協約ガ成立致シマシタ、其經營ニ付キマシテハ、資本金ハ兩國政府カラ半々ニ出シ、損益ハ分擔スルト云フコトニナリマシタノデ、是ハ一般會計ノ經理ニハ關シ兼ネマス、即チ斯ノ如キ特殊ノ會計法ヲ設ケタイト云フ趣意デゴザイマス

○議長(杉田定一君)　日程第十四、右議案ノ審査ヲ付託スベキ委員ノ選擧

第十四　右議案ノ審査ヲ付託スヘキ委員ノ選擧

○恆松隆慶君　十八名ノ委員、議長指名ヲ望ミマス

○議長(杉田定一君)　恆松君發議ノ通、十八名ノ委員議長指名ニ御異議ハゴザリマセヌカ

(「異議ナシ異議ナシ」ノ聲起ル)

○議長(杉田定一君)　御異議ハナイト認メマス、其通リ決シマス――日程第十五韓國鐵道ノ收益勘定缺損補充ニ關スル法律案ノ第一讀會ヲ開キマス、議案朗讀

第十五　韓國鐵道ノ收益勘定缺損補充ニ關スル法律案　第一讀會
(政府提出)

(書記朗讀)

韓國鐵道ノ收益勘定缺損補充ニ關スル法律案

韓國鐵道ノ收益勘定ニ於ケル缺損ハ一般會計ヨリ之ヲ補充ス

(政府委員若槻禮次郎君登壇)

○政府委員(若槻禮次郎君)　韓國ノ鐵道ハ至極有望デハゴザイマスルガ、併ナガラ今ノ京義線ノ所ノ如キハ、マダ線路ノ改善ヲシテ居ルト云フヤウナコトデゴザイマスルシ、又馬山線ノヤウナ方面デハ幾ラカ收入ガ少ナイト云フヤウナコトデ、此所四五年ノ間ニハ或ハ此損益勘定ニ於テ損失ガ現ハレヌトモ限リマセヌ、斯ノ如キ場合ニハ、一般會計カラ其補充ヲ致シテ、營業ニハ差支ナクスルト云フコトガ必要デアリマスノデ、ソレデ本案ヲ提出致シタ次第デゴザイマス、ドウゾ御協賛ヲ願ヒマス

○議長(杉田定一君)　日程第十六、右議案ノ審査ヲ付託スベキ委員ノ選擧

第十六　右議案ノ審査ヲ付託スヘキ委員ノ選擧

○恒松隆慶君　九名ノ委員、議長指名ヲ望ミマス

○議長(杉田定一君)　恒松君ノ發議ノ通、九名ノ委員議長指名ニ御異議ハアリマセヌカ

(「異議ナシ異議ナシ」ト呼フ者アリ)

○議長(杉田定一君)　御異議ガナイト認メマス、其通リ決シマス——報告ガアリマス

第七　韓國鐵道ノ收益勘定缺損補充ニ關スル法律案(政府提出)　第一讀會ノ續(委員長報告)

(淺野順平君登壇)

○淺野順平君　本案ニ付テノ委員會ノ經過及結果ヲ報告致シマス、本案ニ付イテ二囘ノ委員會ヲ開キマシタガ、最初ハ委員長理事ノ選擧デ終リマシテ、後ノ囘ニ至リマシテ質問ヲ致シマシテ、直チニ本案ニ就イテ可否ヲ諮ウテ即チ全會一致ヲ以ッテ本案ヲ可決致シマシタ、其詳細ノ理由ハ速記錄ニアリマスカラ、詳シクハ申述ベマセヌガ、其大要ニ付イテチョットト申上ゲマス、此韓國鐵道ハ御承知ノ通リ京釜線ト、京仁線ト、京義線ト、馬山線ト四カシデアリマスガ、其中京釜線ト京仁線ハ昨年國有――鐵道國有法ニ依ッテ買上ゲラレマシタコトデアリマスガ、是ハ以前カラ營業ヲ開始シテ居リマシタカラシテ、今日ニ於テハ稍々其收支相償フニ至ッテ居リマス、即チ一昨年ノ七月ヨリ昨年ノ六月マデノ收入ハ百九十八圓餘デアッテ、殆ンド二百万圓デアッテ、一日一哩ノ收益ガ十八圓平均デアルサウデ、是ハ京仁線モ併セテアル、其他ノ京義線、馬山線ト云フモノハ、未ダ營業ヲ開始シテ居ナイ、是ハ一昨年ノ十一月カラ便宜旅客ヲ乘セ、便宜貨物ヲ積載スルト云フヤウナコトデアッテ、未ダ完全ニ營業ガ出來テ居ナイサウデアリマス、カヽシテ、從ッテ其收益モ少ナイノデアリマス、漸ク一日一哩ニ付イテ此京義線ハ一日六圓餘デアルサウデ、馬山線ハ又ソレヨリ下ッテ漸ク一日三圓餘デアル、ソレデ京釜線ハ――此サウ云フ譯デアルカラシテ、此先キノ京釜鐵道ト京義線ハ聊カ勘定ガ持テルケレドモ、此後ノ二線ハ未ダ數年ヲ出デネバ此勘定ヲ持ツコトハ出來ヌ、自營スルコトハ出來ナイ、ソレデ四十年度ニ於テハ四十八万圓ヲ出タシ之ヲ四十三年マデニハ百四十万圓ヲ出セバ其缺損ヲ補ヘバ宜カラウト云フ、ソレハ京釜鐵道等ノ利益ヲ合セテ缺損丈ハ、ソレ丈デアル、ソレデ四十四年ニ至レバ、此鐵道ノ皆ヲ併セテ五千圓程ノ利益ガアル、四十六年度ニ至レバ、此京義線馬山線モ稍々自營スル――收支償フト云フ場合ニナリマスカラシテ、京釜線ノ利益ヲ併セテ國庫ヘ六十万圓程ノ利益ガアルト云フ勘定デアル、(「簡單々々」又ハ「委員長報告通リ」ト呼フ者アリ)左ノ理由デアリマシテ、委員會ニ於テ全會一致ヲ以テ可決致シマシタ

(「贊成々々」ト呼フ者アリ)

○議長(杉田定一君)　別段御議論モナイヤウデスカラ採決ニ致シマス、本案ニ付イテ直チニ二讀會ヲ開クベシト云フニ御異議ハゴザイマセヌカ

(「異議ナシ異議ナシ」ト呼フ者アリ)

○議長(杉田定一君)　御異議ハナイト認メマス、直チニ二讀會ヲ開クコトニ決シマス

○長谷場純孝君　本案ハ極ク簡單明瞭ナル案デゴザイマスカラ、直チニ二讀會ヲ開キ而シテ三讀會ヲ省略シテ、直チニ確定セラレンコトヲ希望致シマス

(「異議ナシ異議ナシ」ト呼フ者アリ)

○議長(杉田定一君)　長谷場君發議ノ通、本案ニ付イテ直ニ二讀會ヲ開キ、三讀會ヲ省略シテ確定スルコトニ御異議アリマセヌカ

(「異議ナシ異議ナシ」ト呼フ者アリ)

○議長(杉田定一君)　御異議ガナイト認メマス、長谷場君發議ノ通決シマス、直ニ二讀會ヲ開キ、全部ヲ議題ト致シマス、本案ニ付イテ御異議ハゴザイマセヌカ

韓國鐵道ノ收益勘定缺損補充ニ關スル法律案(政府提出)　確定議

(「異議ナシ異議ナシ」ト呼フ者アリ)

○議長(杉田定一君)　御異議ナイト認メマス、本案ハ確定スルコトニ決シマス、指名ノ委員ヲ報告致シマス

(書記朗讀)

一委員ヲ指名スル左ノ如シ

明治二十九年法律第十三號中改正法律案

宮部襄君	米澤紋三郎君	澤田佐助君
植木元太郎君	愛澤寧堅君	鈴木久次郎君
山口小一君	佐治幸平君	松井源内君

在外指定學校職員退隱料及遺族扶助料法中改正法律案

上野彌一郎君	久保彦太郎君	小澤愛次郎君
安念次左衛門君	關春茂君	清水隆德君
松家德二君	松本大吉君	米田實君

郵便法中改正法律案

多田作兵衛君	楠目玄君	向坂弘君
築山和一君	坂口仁一郎君	關野善次郎君
久保伊一郎君	加瀬禧逸君	岩本晴之君

○議長(杉田定一君)　次ノ日程ハ追テ公報ヲ以テ御通知致シマス、今日ハ是ニテ散會致シマス

午後二時三十三分散會

明治四十年二月二十二日　　議長ノ報告

一早速整爾君ヨリ在外軍隊ノ歸還ニ關スル質問主意書ヲ提出セラレタリ
（左ノ質問書ハ朗讀ヲ經サルモ參考ノ爲玆ニ登載ス）

在外軍隊ノ歸還ニ關スル質問主意書

右成規ニ據リ提出候也

明治四十年二月十八日

提出者　早速整爾

賛成者　花井卓藏
外三十二名

在外軍隊ノ歸還ニ關スル質問主意書

滿韓駐屯ノ二箇師團ハ將ニ遠カラズシテ內地ニ歸還セントセリ然ルニ其駐屯セル地方ニハ惡疫流行シ特ニ滿洲ニ於ケル「ペスト」ハ勢ヒ頗ル猖獗ナリト聞ク政府ハ之カ豫防消毒ニ關シテ固ヨリ遺算ナキヲ保スヘシト雖モ該歸還ノ軍隊ニ對スル消毒ハ特ニ鄭重ナラザル可ラズト信ズ

乃チ此軍隊ノ歸還ニ際シ政府ハ如何ナル施設ヲ以テ完全ナル消毒方法ヲ取ラントスル乎

第二　韓國森林特別會計法案（政府提出）　第一讀會ノ續（委員長報告）

（山本幸彦君登壇）

○山本幸彦君　韓國森林特別會計法ノ委員會ノ審査ノ大略ヲ御報告致シマス、本案ハ委員會ノ多數ニ於テ可決サレマシタノデゴザイマス、尙其内容ニ付イテ極ク簡單ニ御報告ヲ申上ゲテ置キマス、此特別會計法ト云フ條文ハ、誠ニ簡單ナモノデアリマシテ此文章及條項ニ於テハ、格別ノ質問モナカッタノデアリマスガ、其内容ハ御承知ノ通韓國ノ森林ヲ經營スルト云フノデアッテ、即チ韓國ノ富源ヲ開發スルト云フ意味デアリマスル、故ニ此内容ニ付イテハ幾多ノ質問モ出タノデアリマスル、サウシテ委員會ハ最モ愼重ニ審査ヲスルタメニ數回質問會ヲ開キマシタ、中途ニシテ統監府ノ總務長官ノ上京シ待ッテ尙精シク質問ヲスルト云フ意味ヲ以テ、姑ク審査ヲ延期シタコトモアリマスル、其後或ハ祕密會ヲ開キ、或ハ正會ノ委員會ニ於テ、愼重ニ質問審査ヲ致シタノデアリマスルデ、其經營ノ事項ハ御承知ノ通日韓兩國政府ニ於テ約束ヲシタ鴨綠江及豆滿江ノ森林ヲ政府ノ事業トシテ、伐採ヲスルト云フ約款ガ成立ヲシテ居リマスルデ、之ニ基イテ此約束ヲ實行スルト云フコトデアリマス、サウシテ其事業ノ内容ヲ取調ベテ見レバ、概シテ甚ダ有望ナ事業デアッテ、將來ニ於テハ兩國政府ノ歳入ノ上ニモ、多大ノ利益ヲ見ルコトデアラウト云フコトハ、十分ニ信ヲ措カレル程ノ有樣デアリマスルデ、尙内容ニ於テ種々承ッタコトガアリマスルガ、何レモ速記ニアリマスカラ略シテ此場合ニハ申上ゲマセヌ、結局案ノ可否ヲ決スル場合ニ於キマシテ、此第六條ヲ削除スルト云フ說ガ、委員諸君ノ中カラ出タノデアリマシタガ、是ハ少數デアッテ成立ヲ致サナカッタノデゴザイマスルデ、委員會ノ多數ハ本條ニ協贊ヲ與ヘルト云フ議論デアッテ、即チ多數ニ依ッテ本案ハ可決サレタノデアリマスルデ、是ガ委員會ノ經過ト結果ノ大略デゴザイマスル

○議長（杉田定一君）　別段御異論モナイヤウデアリマスカラ、採決ヲ致シマス、本案ノ二讀會ヲ開クベシト云フニ御異議ハアリマセヌカ

（「異議ナシ異議ナシ」ト呼フ者アリ）

○議長（杉田定一君）　御異議ハナイト認メマス

○菅原傳君　直ニ二讀會ヲ開キ、讀會ヲ省略シテ確定セラレンコトヲ望ミマス

○議長（杉田定一君）　菅原君ノ發議ノ通直ニ二讀會ヲ開キ讀會ヲ省略シテ確定スルト云フニ御異議ハゴザイマセヌカ

（「異議ナシ異議ナシ」ト呼フ者アリ）

○議長（杉田定一君）　御異議ハナイト認メマス、直ニ二讀會ヲ開キ全部ヲ議題ニ供シマス

韓國森林特別會計法案　第二讀會

（神藤才一君登壇）

○神藤才一君　諸君、唯今特別委員ノ御報告通當案ハ段々ノ時日ヲ以テ遂ニ祕密會ニマデ渉ッタトコロノ問題デアリマス、因テ本員ハ此事ニ付キマシテハ固ヨリ大贊成ヲ表スル者ノ一人デアリマス、ナレドモ第六條ニ至リマシテハ大反對ヲ求メ、之ヲ削除シテ以テ修正ヲセントスルトコロノ者デアリマスル、故ニ其理由ヲ一應述ベ、諸君ノ御清聽ヲ仰ギ、御贊成ヲ得ントスル者ノ一人デアリマス、抑々韓國ノ獨立ト云フモノハ諸君モ御承知ノ通、我日本ガ血ヲ流シテ骸ヲ積ンデ財ヲ費シテ、之ヲ全ウセシトコロノモノデアリマス、既往ニ於ケル二大戰トモ云フベキ、彼ノ日淸及日露ノ戰爭ノ基因モ其一半ハ韓國ノ獨立ノモノニ供シタルモノト本員ハ信ズルノデアリマス、故ニ萬般ノ改革事業ハ悉ク之ヲ我日本ノ經營ニ俟ツニアラザレバ、韓國ノ獨立ハ擧グルコト能ハザルハ論ヲ俟タザルトコロデアルト本員ハ信ズルノデアリマス、故ニ韓國政府ハ諸君ノ知ラル、如ク、其主權ノ一部ヲ我ニ讓リ、且我國政府ノ忠告ヲ容レテ、軍事ニ、教育ニ、財政、警察、遞信、法律等ハ我國派遣顧問ノ下及統監府ノ指導ノ下ニ淳々トシテ、其改善ヲ圖リツ、アルト云フコトハ、是ハ韓國ノタメニ實ニ賀スベキコトデアリマスル、又之ヲ保護スルトコロノ我國ノ面目ヲ保ツトモ云フベキコトデアリマシテ、尙且諸君、今日鴨綠江及豆滿江ノ案ノ如キ、日韓兩政府ガ滿韓國境ニ渉ル唯今申シタトコロノ、沿岸ノ大森林ヲ經營シテ以テ、兩國政府ノ今日足ラザルトコロノ財源ノ一部トセラレントスルノデアル、是ハ固ヨリ本員ガ決シテ反對スルトコロデナイ、雙手ヲ擧ゲテモ之ニ贊成シナケレバナラヌト思フノデアル、殊更祕密會ニ於テ政府委員ガ述ベラレタトコロニ付キマシテハ、最モ統監府ニ吾々議員ハ深謝シナケレバナラヌコトデアリマスケレドモ、此鴨豆兩江沿岸ノ森林ハ極東屈指ノ大森林デアリマス、世人ガ故ニ此森林ハ無盡藏デアル、又政府委員諸氏ノ詳シキ御說明ニ依リマスレバ、此兩江沿岸ハ天下ノ大森林ニシテ、且之ヲ經營セバ一大利益アル大事業デアルト、大藏省ノ政府委員ハ明言セラレタノデアル、然ラバ我日本ノ韓國經營ノ一トシテ最モ望ヲ屬スベキ一事業ト本員ハ確信スルニ至ルノデアリマス、故ニ之ヲ經營セントセラル、日韓兩政府ヘ此森林經營ヲシテ最モ堅固ニ最モ注意シテ經營セラレンコトヲ希望スルノデアル、又政府モ之ヲ思ハルレバコソ、此ノ如キ特別會計法ヲ設ケ、且既ニ委員會ニ於テ政府委員諸氏ガ說明セラレシ如ク、此森林經營ハ必ズ政府自身デスルモノデアル、決シテ他ニヤルモノデナイト斯ウ確言セラレタ、然ルニ諸君、本案第六條ヲ設ケ、即チ此第六條ハ何ト書イテアリマセウカ、是ハ御手許ニアリマス通リ、私ガ貴重ノ光陰ヲ諸君ニ費サセルコトハ御氣ノ毒ト思ヒマスガ、短イコトデアリマスカラ、チヨット讀ミマス「本會計ノ事業ハ事宜ニ依リ森林經營ヲ目的トスル會社ニ委託シテ之ヲ經營スルコトヲ得」ト書イテアル、此ノ如キ條項ヲ設ケ、態ト其經營ト其會計ヲ民間ニ態々引放シテアルト云フコトハ諸君如何デアリマセウカ、骨子トモ云フベキトコロノ會計ヲ民間ニ委ネ、其經營ハ政府自カラニ爲スト云フコトハデス、此條項ノ縱令事宜ノアルニセヨ、森林經營ヲ目的トスル會社ハ即チ利己主義ヲ目的トスルヲ其本意トナストコロノモノデアリマス、其法人其モノニ會計ノ事業ヲ委托スルガ如キコトガアリマシテハ、吾々議員ヲシテ最モ危懼ヲ懷カシムルノデアリマス、既ニ本員ガ委員會ニ於テ述ベマシタ如ク、法理ニ據リマスレバ何人ト雖モ同一行爲ニ付イテ其對手方ノ代理トナリ、又ハ當事者雙方ノ代理トナルコトヲ得ズトアリマス、是ハ私ガ申上ゲマス迄モゴザイマセヌガ、主客ノ混同ヲ來ス所以ヲ恐ル、ノデアリマス、尤モ鴨豆ノ兩江沿岸ノ森林經營ハ國際上ニ關スル一事業ニシテ、法理或ハ條理ヲ以テ論ズベキモノデナイト云ハル、人ガアルカモ知ラヌ、然レドモ本案第六條事實ハ、自然此法理ニ歸著スルノデアル、總テ何レノ會社ニセヨ、會社ハ營利ヲ目的トシテ成立ツガ故ニ、會社ハ皆利己主義ヲ以テ成立ツコトハ當然ノコトデ、此利己主義本位ナル會社ニ、殊ニ被統治者トモナルベキ會社ニ、政府ノ經營ニ係ル會計事業ヲ委托スルガ如キニ至リマシテハ、最モ吾々ガ注意セナケレバナラヌノデアル、尤モ今日爰ニ事實トシテ現ハレナイケレドモ、何カ事ノ爰ニ伏在スル物ガアリテ然ルカ、若シ果シテサウナラバ今日是ガ現ハレザルトモ、近キ將來ニ於テハ必ズヤ是ガ事實トシテ顯ハレ來ルコトデアラウト私ハ信ズルノデアル、況ヤ委員會ニ於ケル祕密會ニ於テ、政府委員ノ說明ヲ聽キマスレバ、尤モ是ハ餘リ私ノ杞憂ニ屬スルカモ知レマセヌケレドモ、ソレコソ天下ノ大問題、否ナ、天下ノ一大事ニ至ランカラ又恐ル、ノデアル、然ルヲ政府委員ノ若槻君ハ何ト言ハレタ、本案第六條ニ依ッテ曰ク、縱シヤ森林會計事業ヲ會社ニ委托スレバトテ、決シテ其會社ニ損ハサセヌト、委員會デノ御說明デアッタ、是ハ若槻君ガ

眞面目ノ御言葉デナイカアルカト云フコトヲ私ハ疑フノデアル、若槻君ノ如キ大經濟家ガ此ノ如キコトヲ仰セラル、コトハ或ハ眞面目デナイト私ハ考ヘルガ故ニ、本員ハ若槻君ノ御考トハ全ク正反對ノ考デアル、卽チ此會計事業ヲ委托セシレタル會社ハ、所謂手盛八杯、往々アルトコロノ關係ガ極クタントアルト、マア私ハ考ヘルノデアル、又委員ノ一人タル竹內君ハ本案第六條ヲ削除セントスル本員ノ說ニ反對セラル、理由ハ、ドウ云フ譯カト申シマスレバ、是ハ簡單ニ私ハ攻擊ハシナイ、然レドモ是非ガナイ、竹內君ノ反對ノ理由ハ我輩ノ反對ノ理由ハ、一個人的ナル利益ト國民的一般ノ利益ヲ混同セラレタモノト私ハ信ズルノデアル、深クハ私ハ追窮セヌ、若シ論ズルコトガアツタラバ、イツデモ論ジマス、要スルニ諸君、餘リ時間ヲ費シテハ何デスカラ、要スルニ諸君、本員ハ左ノ三箇條ヲ以テ斷乎トシテ本案第六條ヲ削除セントスルモノデアル、卽チ第一ハ委員會デ既ニ述ベタル如ク、主客ノ混同ヲ來シ、會計ノ正確ヲ期シ難イノデアル、是ガ第一、第二ハ被統治者ノ側ニ立ツベキ法人ヲシテ統治機關タラシムルガ如キハ、治者ト被治者ノ區別ヲ知ラザルモノデアル、第三ハ國家ノ財政ハ自ラ之ヲ料理スベキ機關アリ、之ヲ個人的ナル會社ニ此會計ヲ委任スル如クンバ大藏省ヲ置クノ必要ハナイト私ハ思フ、故ニ本員ハ絕對的ニ此第六條ニ反對シテ、之ヲ削除シテ此案ガ立派ニ立ツヤウニ希望スルノデアリマス

○議長（杉田定一君）　別段御異論モナイヤウデアリマスカラ採決致シマス、採決ノ順序ヲ申シマス、第一條ヨリ第五條マデハ別ニ修正ガアリマセヌ、第一條ヨリ第五條マデハ原案ノ通ニナツテ居マスカラ、第一條ヨリ第五條マデヲ採決致シマス、第一條ヨリ第五條ニ至ルマデ原案ニ御異議アリマセヌカ

（「異議ナシ」ト呼フ者アリ）

○議長（杉田定一君）　御異議ナイト認メマス、原案ニ決シマス、第六條ハ削除說ガ出テ居ルヤウデアリマス、是ハ削除說デアリマスデ、卽チ原案ニ就イテ決ヲ採リマス、第六條原案ニ御同意ノ諸君ノ起立ヲ願ヒマス

起立者　多數

○議長（杉田定一君）　多數、原案ニ可決セラレマシタ、第七條其他附則ハ原案ニ御異議アリマセヌカ

（「異議ナシ」ト呼フ者アリ）

○議長（杉田定一君）　原案ニ御異議ガナイト認メマス、是ニテ本案ハ確定致シマス、日程三四五ハ追加豫算デアリマスデ、併セテ委員長ノ報告ヲ致シマス、栗原亮一君

第十五　日韓兩國ノ關稅ニ關スル建議案（早速整爾君外一名提出）

（書記朗讀）

日韓兩國ノ關稅ニ關スル建議案

日韓兩國通商ノ利便ヲ圖リテ經濟上ノ一大發展ヲ遂スルハ刻下ノ急務タリ
而シテ又韓國指導ノ任ヲ完クスルニ於テ缺クヘカラサルノ要道トス
兩國ノ通商ハ年次大ニ增進セルヲ見ルト雖其ノ間關稅制度ノ存スルアリテ
經濟共通ノ一大障壁ヲ築キ通商ノ不便尠カラス從テ韓國經營ノ途ヲ妨クル
コト大ナリ
政府ハ相當ノ施設ヲ爲シ在來ノ關稅制度ヲ撤廢シ依リテ以テ經濟上ノ一大
發展ヲ策セムコトヲ望ム
右建議ス

（早速整爾君登壇）

○早速整爾君　諸君、私ハ極メテ簡單ニ本建議案提出ノ理由ヲ說明致シマス、申スマデモナク帝國ノ韓國ニ對スル經營ノ責任ハ、固ヨリ重大デアリマスルガ、其最モ必要ト致ストコロハ、韓國ノ富源ヲ開發致シテ其經濟上ノ一大發展ヲ圖ルニアルコトデゴザイマス、是ハ彼我兩國ノタメ利害ノ關係ヲ一ニスル問題デゴザイマスカラ、今保護國トナッテ居リマス韓國ニ對スル日本ノ指導啓發ノ責任ノ上カラ申シマシテモ、兎ニ角此經濟上ノ發展ヲ圖ルト云フコトハ、十分ニ我帝國ノ天職ト致シテ力ヲ致サナケレバナラヌコトト考ヘテ居リマス、是ニ於テカ統監府ニ於キマシテモ韓國ノ實業奬勵ト云フコトデハ、イロイロ力ヲ盡サレテ居リマスシ、又韓國ノ政府自ラモ實業奬勵ト云フコトニ對シマシテハ、今日ハ巨額ノ金マデモ投シテ、此富源開發ニ從事致シテ居ル、唯爰ニ吾々共ノ遺憾ニ堪ヘマセヌノハ、斯樣ニ此經濟上ノ發展ヲ圖ジナケレバナラナイト云フ時期ニ際シナガラ、日本ト韓國ノ間ニ經濟上ノ一ノ障壁ガ築カレテ居ル、即チ經濟上一ツノ大ナル關門ガ存在シテ居ル、此關門ガ存在シテ居リマスガタメニ、彼我經濟ノ共通ト云フコトヲ缺キマシテ、通商貿易ノ上ニ非常ナル不便ヲ感ズルト云フ現況ニ陥ッテ居ルノデアル、今ヤ本邦ノ事業ニ從事スル者ガ多數韓國ニ渡航致シマシテ、韓國富源ノ開發ニ從事シ、其經濟上ノ發展ヲ圖ルト云フコトニ盡力ヲ致シテ居リマス、殆ド韓國ノ事業ト云フモノト、我帝國ノ事業ト云フモノハ同一ノ利害ノ下ニ同ジ國デアルカノ如キ姿トナッテ、此事業ノ經營ト云フモノヲ致シテ居ル、言換ヘテ見レバ韓國ノ實業ハ本邦人ノ多數ニ依ッテ經營セラレテ居リマシテ、尙此上トモ本邦人ハ澤山韓國ニ移住シ、韓國ニ渡航致シテ韓國ノ經濟上ノ發展ヲ圖ルト云フコトニナッテ居リマス、斯ノ如ク實業ノ模樣ニ於キマシテハ、韓國モ日本モ同一ノ範圍ニ屬シテ居ル、經濟上ノ區域ト云フモノハ同一デアルト云フ姿ヲ成シテ居ルニモ拘ラズ、其間ニ一ツノ關門ガアル、一ツノ障壁ガ築カレテ居ルト云フコトハ、實ニ吾々ノ遺憾トスベキトコロデハゴザイマセヌカ、折角本邦人ガ澤山ニ韓國ヘ移住シ、韓國ニ渡航ヲ致シテ、イロイロナ事業ニ從事シテ、經濟上ノ發展ヲ圖ルト云フコトニ力ヲ致シテ居リマスケレドモ、一ツノ此經濟上ノ關門ガアルタメ、通商貿易上ノ自由ヲ得ルコトガ出來ナイ、韓國デ農業ニ從事シテ澤山ノ金ヲ掛ケテ、澤山ノ地所ヲ求メテイロイロ農產物ヲ作出スケレドモ、一ツノ關稅アルガタメ其農業上ノ利益ト云フモノハ一部分ハ皆殺ガレテシマフ、又本邦人ガ韓國ニ向ッテ商品ヲ輸出レヤウト思ッテモ、關稅ノ制度ガ存シテ居ルガタメ、此通商貿易ノ上ニハ非常ナル妨害ヲ受ケテ、思フ程商業上ノ手ヲ韓國ニ向ッテ伸バスコトガ出來ナイ、此不便ガ存シテ居リマスルガタメニ、韓國ニ於テ事業ヲスル者モ本邦カラ商品ヲ韓國ニ輸出致サウト思フ者モ、共ニ非常ナ困難ニ陥ル、諸君、御承知ノ通此關稅ノ存スルタメニ韓國ノ農事ニ從事スル本邦人ノ如キハ、今日デハ非常ナル困難ニ陥ッテ、折角米ヲ作ッテモ其他ノモノヲ造リマシテモ、關稅ノ存スルタメニ非常ナル不利益ニ陥ッテ居ルト云フコトハ實ニ明白ナル事實デゴザイマス、經濟上デハ殆ド同一ノ利害同心一體トモ云フベキ國柄デアリナガラ、此關門ノタメニ非常ナル事業上ノ妨害トナリ、經濟上ノ發展ノ妨トナッテ、而シテ事業家ガ非常ニ困難ヲ致シテ居ルト云フコトハ、實ハ誠ニ馬鹿ラシイ話ノ如クニ考ヘラレルノデゴザイマス、是デハ韓國ノ富源ノ開發、經濟上ノ發展ヲ圖ルト云フコトモ、統監府ガ非常ニ奬勵セラレ、韓國政府ガ非常ニ金ヲ掛ケテモ、兎ニ角關稅ノタメ其政策ガ矛盾トナッテ、全ク經濟上ノ發展ヲ圖ルト云フ目的ヲ遂スルコトハ非常ニ困難デアル、是ニ於テ私ノ案ハ兩國ノ間ニ存シテアルトコロノ、此關稅ノ制度ヲ撤廢致シテ韓國ニ於テ事業ヲシテ作出シタ品物ヲ、日本デ輸入スルニ當リマシテモ固ヨリ關稅ト云フモノヲ課セナイ、日本ノ商人ガイロイロナ商品ヲ韓國ニ送ルニハヤハリ之ニ向ッテハ關稅ヲ課セナイ、言換ヘテ見マスレバ韓國ト云フ一ツノ國ハ、日本ノ此關稅區域ノ中ニ押込メテシマッテ、所謂、關稅區域ノ中ニ一緒ニ編入シテシマッテ其間ノ關稅ト云フモノ、所謂經濟上ノ關門ヲ總テ撤廢シテシマハウト云フ私ノ建議案ノ趣意デゴザイマス、是ハ世ノ中ノ所謂關稅聯合ト稱スルモノト其意味ヲ同ウ致シテ居ルノデゴザイマシテ、言換ヘテ見マスルト日本ノ關稅區域ヲ韓國マデ延長スル、經濟上ニ於キマシテハ韓國モ日本モ殆ド同心一體トナッテ、相合シテ經濟上ノ發展ヲ圖ルト云フ希望ヲ此建議案ノ中ニ含マレテアルノデゴザイマス、之ニ付キマシテハ反對論ヲ唱ヘルモノガゴザイマスルカラ、チョット簡單ニ之ヲ辯明致シテ置カナケレバナラヌノデゴザイマス、第一ニハ此韓國ノ農產物ニ對スル關稅ヲ課スト云フコトハ日本ノ農民ヲ保護スル所以デアル、此農產物ニ對スル關稅ヲ撤廢スレバ日本ノ農業家ト云フモノハ、非常ニ困難ヲスルト云フ點カラシテ、此關稅撤廢ノ議論ニ反對スルモノガアルノデゴザイマスガ（「大アリ」ト呼フ者アリ）是ハ所謂農民保護論カラ起キタモノデ（「共通」ト呼フ者アリ）私ハ此農民保護論ニ付イテ議論ハシナイ、併ナガラ諸君ニ靜ニソレヲ聞イテ頂キタイ（「謹聽々々」ト呼フ者アリ）韓國ニ於ケル今日ノ農業ハ誰ニ依ッテ此農業ガ經營セラレテ居ルカト云フコトノ御考ヘヲ願ヒタイ、主トシテ日本人ガ經營シテ今日ノ農業ノ經營ト云フモノハ日本人ノ手ニ依ッテ多ク經營セラレテ居ルノデアリマス、サウシテ見レバ此關稅ニ依ッテ韓國ノ農業ヲ保護スルト云フコトハ、詰リ言ヲ換ヘテ見レバ日本ノ農業家ヲ保護スル所以デアル、韓國ト內地ト農業上ノ關係ニ於テハ利害ハ少シモ異ナッテ居ラヌノデゴザイマス（「ソレハ分ッテ居ル」ト呼フ者アリ）ソレカラ第二ノ反對ハ內地ニ於ケル製造業ニ打擊ヲ加ヘルト云フ反對デアル、是ハ譬ヘテ云ヘバ日本ノ內地ニ於テハ酒ヲ造ルニ於テ多額ノ造石稅ヲ課シテ居ル、韓國デハソレハ無稅デアル、サウスルト韓國デ無稅デ產出シタモノヲ、日本ノ內地ヘ輸入スルト云フコトニナレバ、日本ノ釀造家ハ非常ナル打撃ヲ被ルデアラウト云フ、其點カラシテ此關税撤廢ニ反對ヲスル議論ガアルガ併シ、是ハ實ハ杞憂ニ屬スル御議論デゴザイマシテ、固ヨリ關税制度ヲ撤廢シテ、韓國ヲ日本ノ關税區域ヘ編入スルト云フコトニナレバ、韓國ニ向ッテモ日本ノ此總テノ税則ヲ行ハナケレバナラヌ、又其點ニ向ッテハ別ニ取締ノ方法ヲ講ジナケレバナラヌ、今デハ韓國ニ於テハ酒ヲ造ルノハ無税デアルケレドモ、併ナガラ關税ヲ撤廢シタ曉ニハ、別ニ法律ヲ設ケテ其無税デ許シテ居ル點ニ付キマシテハ、他ノ方法ヲ以テ之ヲ取締ルト云フコトハ無論シナケレバナラヌノデアル、此故ニ韓國デハ無税デアル、ソレガ日本ヘ這入ッテ見レバ日本ノ製造業ニ打撃ヲ加ヘルデアラウト云フコトハ杞憂ニ過ギナイ、其點ニ關シマシテハ別ニ法律ヲ以テ取締ルト云フコトニスレバ少シモ憂フル點ハナイノデゴザイマス(「最惠國ハドウスルカ」ト呼フ者アリ)是カラ精シク申述ベマセウ、簡單ニ述ベル積リデアリマスケレドモ(「真面目ニヤリ給ヘ」ト呼フ者アリ)真面目ニ私ノ述ベル間ハ聽イテ貰ヒタイ、(「大切ナ問題ダ」ト呼ビ又「謹聽シマス」ト呼フ者アリ)ソレカラモウ一ツノ議論ニ對スル反對説ハ、關税ヲ撤廢スルト、關税ノ收入ガ減ズルデアラウト云フコトヲ憂ヘル説デゴザイマス、併ナガラ此收入ガ減ズルト云フコトハ無論日本ノ目カラ見マシテモ、亦韓國ニ於キマシテモ、多少ノ關税ノ收入ガ減ズルト云フコトハ一時免レナイ、併ナガラ凡ソ此經濟上ノ發達ヲ圖ッテ、大ニ將來ノ發展ヲ希望スル點カラ考ヘテ見マスレバ、此收入ノ多少減ズルト云フコトハ吾々ハ今日ニ於テハ寧ロ之ヲ犠牲ニシナケレバナラヌデアラウト思フ、殊ニ日本ノ側カラ申シマスルト、此關税ノ收入ト云フモノハ極ク僅デ、韓國ノ方ノ側カラ申セバ多少ノ打撃カハ知ラヌ、百五十万圓以上ノ關税收入ガゴザイマスカラ、ソレガナクナルト云フコトニナレバ、韓國ト云フモノハ財政上多少ノ困難ヲ感ズルカモ知ラヌノデアル、併ナガラ此點ニ付キマシテハ諸君モ御承知ノ如ク、從來韓國ニ於キマシテハ關税ノ收入ト云フモノハ、所謂國庫ノ收入ト云フモノハ、實ニ少ナカッタ、總税務司ノ「ブラウン」ト云フ人ガ關税ヲ司ッテ居リマスル間ハ、諸國ノ國庫ノ收入ニナル關税ノ高ハ僅ニ十四五万圓、此位ニ過ギナカッタノガ事實デゴザイマス、今日少々關税ノ收入ガ減ジタト雖モ、韓國ノ財政ノ上ニ付イテハサマデ大ナル利害痛痒ヲ感ズルト云フ問題ニハナラナイノデアル、況ヤ今日ハ目賀田サンアタリハ非常ナル盡力ヲ以テ、韓國ノ財政整理ニ從事サレテ居ルコトデゴザイマスカラ、此點ニ付キマシテ韓國ノ財政ヲ整理セラレタ以上ハ、多少ノ收入ガ減ズルト云フコトハ韓國自カラ忍バナケレバナラヌ、況ヤ此關税ノ撤廢ニ依ッテ新ナル大ナル財源ヲ供給スルコトガ出來ルトコロノ一ノ案デゴザイマスカラ、此點ニ關シテ收入ガ多少減ズルト云フコトヲ憂フルノハ餘リニ遠キ慮ヲシナイトコロノ人ノ説デハアルマイカト私ハ思フ、唯條約ノ上カラ致シテ成程關税ノ撤廢ハ彼我兩國ノタメニ利益デアラウケレドモ、朝鮮ト列國トノ條約關係上、之ヲ撤廢スルコトガ出來ナイデアラウト云フ説ハデス、諸君ト共ニ吾々ガ大ニ攻究ヲ致シタイ問題デアル(「無論分ッテ居ル」ト呼ビ、又「サア、ソコガムツカシイ」ト呼フ者アリ)併ナガラ私ノ申ス關税聯合――世ニ所謂關税聯合ニ於テ日本ノ關税ノ區域ヲ延長スルト云フ議論ノ上カラ參リマスルト、斯ウ云フコトニナル、法律上性質韓國ト云フモノガデス、日本ノ關税區域ノ中ニ埋沒ヲシテシマッテ、關税ノ關係ノ上ニ於テ韓國ト云フモノハ自然消滅ニ歸スルモノデアル、是ハ出來ナイ事柄デハゴザイマセヌ、國際法上ノ學問ノ議論モ一定ヲシテ居ル、歐羅巴各國ニハ幾度カ斯ウ云フコトヲ行ッタ先例ガ澤山ニアルノデアル、斯樣ニ乙ノ國ガ關税ノ關係ニ於テハ自然消滅ニ歸シテ、日本ハ所謂甲ノ國ノ區域ノ中ニ埋沒シテ來ルト云フ場合ニハ、此條約ヲ結ブノハ兩國ノ自由デ、第三國カラ異議ヲ容レルト云フ餘地ハ少シモナイ、是ハ國際公法上ノ先例ガアルノデゴザイマスカラシテ、吾々ガ今日條約上出來ナイデアラウト云フヤウナ議論ヲスル必要ハ少シモナイ、又最惠國條款ノコトニ當リマシテモ、今日デハ公法學者ノ説ガ殆ド一定シテ居ル、關税聯合ノ場合ニ於テハ、詰リ最惠國條款ヲ主張スル餘地ト云フモノハ甲乙二國ノ中ニ特別ノ利益ヲ授受スル場合ニハ、第三國ガソレニ向ッテ利益ノ均霑ヲ主張スルノガ最惠國條款ノ意味デアル、關税聯合ノ場合ニハ二國ガ合シテ、一トナル、國税ノ關係ニ於テハ兩國ガ合シテ一トナル、同一ノ國トナルト云フ場合ニハ、其間ニ特別ノ利益ノ授受ト云フコトハ少シモナイノデアル、從ッテ利益ノ均霑ヲ主張スル餘地ト云フモノハ關税聯合ノ場合ニハ少シモ生ジテ來ナイ、是ガ今日ノ國際公法學者ノ説デゴザイマスガ、是ニモ國際公法上最モ緊要ナル先例ガ幾ラモアルノデゴザイマス、佛蘭西ガ行ッテ居ル先例、澳地利、伊太利ガ行ッテ居ル先例、此先例ガ澤山アルノデアリマスカラ、第三國ガ最惠國條款ヲ楯ト致シテ、此關税聯合ニ向ッテ異議ヲ申立テル餘地ハ少シモナイト私ハ信ジテ居ル、況ンヤ帝國ノ韓國ニ對シマスル韓國貿易上ノ關係、列國ノ韓國ニ對スル貿易上ノ關係ヲ見レバ能ク分ル、今ヤ通商貿易ノ關係ニ於キマシテハ、殆ド十中九マデハ日本ガ朝鮮ニ對シテ貿易ヲシテ居ルト云フ關係デアル、亞米利加ニシテモ、英吉利ニシテモ、實際ノ貿易ノ關係ト云フモノハ、或ハ百分ノ一、或ハ千分ノ幾ラト云フニ止ッテ通商貿易ノ關係ト云フモノハ實ニ少ナイ、列國ノ韓國ニ對スル利害關係ト云フモノハ誠ニ僅デアリマスルカラ、此點カラ申シマシテモ、第三國ガ日韓兩國ノ間ノ關税聯合ニ對シテ異議ヲ言フ筈ハナイ、異議ヲ言フベキ彼等ガ利害痛痒ノ關係ヲ持ッテ居ラヌノデアリマス、尙況ヤ韓國ハ卽チ日本人ノ保護國デアル、政治上ニ於テ保護國デアルト云フコトヲ承認シタル列國ガ、經濟上ニ於テ日本ト韓國トガ結付カウト云フコトニ、異議ヲ唱フルベキ筈ガナイト云フコトハ諸君ト共ニ之ヲ想像スルノ餘地ガアルデハゴザイマセヌカ、諸君、保護國ニ對シテ――所謂被保護國ニ對シテ、保護國ト云フモノガ其指導啓發ニ對シテハ、必要ナル臨機ノ處置ヲ執ルト云フコトハ、普通極マッタ話デアル、又日本ガ保護國タル韓國ニ對シテ、其指導啓發ニ對スル必要ナル處置ヲ執ルト云フコトハ、列國ガ殆ド之ヲ認メテ居ルノデゴザイマス、此時ニ當ッテ何ノ遠慮スルトコロガアル、何ノ氣兼ヲスルトコロガアッテ、此關税聯合ト云フコトガ行ハレヌノデアリマスルカ、是迄ノ實際ノ歴史上ニ現ハレタル事實ニ依リマシテモ、保護國ニ對シテハ――甲ノ國ハ保護國ニ對シテ財政上臨機ノ處置ヲ執ルト云フコトハ、既ニ極マッタ一ツノ例ニナッテ居ルノデアル、是ガデス、日本ガ朝鮮ニ對シテ大變ナ金ヲ使ッテ、今ハ保護國ノ關係ニナッテ居リナガラ、經濟上ニ於テ此關税ヲ撤廢スルコトガ出來ナイト云フコトハ、實ニ臆病ナル話ト私ハ思フノデアリマス、千八百十八年ニ普漏西ハ、所謂此關税聯合ノ端ヲ開キマシテ、此關税聯合ガ成ッタガ、アレニ依ッテ所謂獨逸帝國ノ基礎ト云フモノガ定マッタノデアル、今日ノ獨逸ノ經濟學者ガ、歐羅巴大陸ノ關税上ノ大聯合ヲ主張シテ居リマスルノヲ、私ハ耳ニシテ居リマスルガ、又「チヤンバレーン」ハ英本土ト、殖民地トノ間ニ此關税ノ聯合ト云フコトヲ主張スル今日ニ於テハ、既ニ其實施ノ緒ニ就イテ居ルノデアル、又外ニ對シテハ保護ノ主義ヲ主張シテ居ルトコロノ亞米利加――アノ北米合衆國デスラモ、自分ノ內輪ニ於テハ、關税上ニ於テ何ノ制限モナイ、今デハ亞米利加ニ於テハ、南北亞米利加十八箇國ノ關稅聯合ヲ主張スルト云フコトヲ論ズル者サヘモ今日ハ生レテ來テ居ルノニ、日本ハ保護國タル韓國ニ對シテ、此經濟上ノ關門ヲ撤廢スルコトガ出來ヌト云フコトハ、ドウシテモ理由ニハナラナイ、殊ニ保護國ニ對シテ、財政上ノ權利ヲ持ツト云フコトニ對シマシテノ先例ガ、最モ近ク申シマスルト、合衆國ノ玖馬ニ於ケル、非律賓ニ於ケル、保護ヲスルト云フコトノタメニ、關稅上ノ權利ヲ亞米利加ガ握ッテ居ル、ソレカラ佛蘭西ノ安南ニ於ケルモ、ヤハリ同樣デアル、ソレカラ佛蘭西ノ「マダカスカル」ニ於ケル、又佛蘭西ノ「チニス」ニ於ケル、總テ自分ガ、保護ヲスル國ニ對シテハ、關稅上ノ權利ヲ持ッテ自分ノ經濟上ノ利益ヲ圖ッテ居ルト云フコトハ、著々事例ニアルノデアリマス、私ハ思フ、多少ノ異論ガ第三國ニアルト致シマシテモ――多少ノ異議ガ第三國ニアルト致シテモ、日本ノ韓國ニ對スル關係ト致シテハ、是ダケノコトハドウシテモシナケレバナラナイ、政治上ノ關係モ斯ノ如シ、經濟上ニ於キマシテモ同心一體ノ國トナッテ、韓國ト云フモノヲ日本ノ區域內ニ一緒ニシテシマウ、此位ノコトガ出來ナケレバ外交上ノ手腕ト云フモノハ何處ニアルカ、左顧右顧、イロイロ氣兼ヲシテ、イロイロ遠慮ヲシテ、ドウモ第三國ノ思惑ガ如何デアルカト云フコトヲ氣遣ッテ、其タメニダ、爲シ得ル關稅聯合ト云フモノヲスルコトガ出來ヌト云フコトハ何タル臆病デアルカ、私ハ外交家ノ手腕――外交家ノ手腕ニ依ッテデス、此問題ヲ解決スルノハ易々タルノミ、保護國ニ對シテ經濟上ノ共通ヲシヤウト云フ問題ハ、外交ノ手腕サヘアレバ少シモ出來ナイ問題デハナイ私ハ政府ニ對シテモデス、非常ナル決心ヲ以テ此問題ハ速ニ解決シテ貰ヒタイト思フ、是ガ解決スルニアラザレバ、對韓經營ト云フコトハドウシテモ行ハレナイ、實業ノ奬勵ヲスル、經濟上ノ發展ヲ計畫スルト致シマシテモ、コンナ邪魔物ガアル以上ハ、對韓經營ト云フモノニ付イテ全キヲ期スルト云フコトハ殆ド駄目デアル、統監府ガ如何ニ勉勵ヲ致シマシテモ、日本ノ實業家ガ如何ニ韓國ニ渡ッテ往ッテモ、此邪魔物ガアル以上ハ此對韓經營ト云ツ、即チ富源ヲ開發シテ、經濟上ノ發展ヲ期スルト云フコトハ到底目的ヲ達スルコトガ出來ヌト信ジマスルカラ、先ヅ戰後ノ經營ノ第一問題トシテ、對韓經營ノ策ヲ全ウセンガタメニハ、此經濟共通ノ妨害トナル關稅ヲ撤廢シテ、經濟共通ノ途ヲ開カレルヤウニ致サナケレバナラナイト考ヘマス、故ニ本案ヲ提出致シテ、諸君ノ御贊成ヲ求メマスル所以デゴザイマス

○森本駿君　チヨット質問ヲ致シマス、昨年モ是ト同樣ナ建議案ガ出タト思ヒマスガ、是ト同樣ノ建議案ガ、昨年ハ如何ニ決シタト云フコトヲ承ッテ置キマズ

○早速整爾君　私ニデスカ、議長ニデスカ

○森本駿君　アナタノ提出ニ依ッテ出タト考ヘテ居リマス

○早速整爾君　私ハ答フル責任ハナイト思ヒマスガ、昨年ハ委員ニ付託セラレテ、委員會デ全會一致ヲ以テ之ヲ可決セラレマシタ、然ルニ本會ニ出マシテ、本會デハ不幸ニシテ是ガ否決ニナリマシタ

○森本駿君　ソレダケ承ハレバ宜シイ

○菅原傳君　本案ハ此將來ハ兎モ角モ、急速ニ之ヲ實行セントスレバ殆ド難キヤウニ考ヘルノデアリマス（ノウノウ）此點カラ申セバ、直ニ否決致シテ相當ト考ヘマスケレドモ、（ノウノウ）兎モ角モ、經濟上其他ノ點ニ於テハ、餘程重大ナル關係モ持ッテ居ルヤウニ思フノデゴザイマスカラ、一應委員ニ付託シテ審査セシムルガ相當デアラウト考ヘマス、就キマシテハ其委員ハ議長指名トシテ、九名ノ委員ニ付託セラレンコトヲ望ミマス

（「贊成々々」ト呼フ者アリ）

○議長（杉田定一君）　菅原君ノ發議ノ通、議長指名、九名ノ委員ニ付託スルコトニ御異議ハゴザイマセヌカ

（「異議ナシ異議ナシ」ト呼フ者アリ）

○議長（杉田定一君）　御異議ハナイト認メマス、其通決シマシタ――日程第十六、鹽專賣法廢止ニ關スル建議案――議案ノ朗讀

明治四十年三月十九日　議事日程第三乃至第六ノ件

第四　統監府及關東都督府等在勤官吏ノ恩給及遺族扶助料ニ關スル法律案(政府提出)　第一讀會

(書記朗讀)

統監府及關東都督府等在勤官吏ノ恩給及遺族扶助料ニ關スル法律案

明治三十三年法律第七十五號第一條ノ規定ハ別ニ勅令ヲ以テ定ムルモノヲ除クノ外統監府及關東都督府竝其ノ所屬官署ニ在勤スル判任以上ノ官吏ニ之ヲ準用ス

附　則

本法ハ公布ノ日ヨリ之ヲ施行ス

本法ノ規定ハ統監府及其ノ所屬官署ニ在勤スル者ニ關シテハ明治三十九年二月以降、關東都督府及其ノ所屬官署ニ在勤スル者ニ關シテハ明治三十九年九月以降ノ在職月數ニモ之ヲ適用ス

第五　右議案ノ審査ヲ付託スヘキ委員ノ選擧

第六　統監府、關東都督府及樺太等在勤巡査看守及女監取締ノ退隱料及遺族扶助料ニ關スル法律案(政府提出)　第一讀會

(書記朗讀)

統監府、關東都督府及樺太等在勤巡査看守及女監取締ノ退隱料及遺族扶助料ニ關スル法律案

明治三十五年法律第二十九號第一條ノ規定ハ別ニ勅令ヲ以テ定ムルモノヲ除クノ外統監府及關東都督府竝其ノ所屬官署ニ在勤スル巡査、看守及女監取締ニ之ヲ準用ス樺太ニ在勤スル者ニ付亦同シ

附　則

本法ハ公布ノ日ヨリ之ヲ施行ス

本法ノ規定ハ統監府及其ノ所屬官署ニ在勤スル者ニ關シテハ明治三十九年二月以降、關東都督府及其ノ所屬官署ニ在勤スル者ニ關シテハ明治三十九年九月以降ノ在職月數ニモ之ヲ適用ス

第七　右議案ノ審査ヲ付託スヘキ委員ノ選擧

第八　韓國ニ在勤スル居留民團立在外指定學校職員ノ退隱料及遺族扶助料ニ關スル法律案(政府提出)　第一讀會

(書記朗讀)

韓國ニ在勤スル居留民團立在外指定學校職員ノ退隱料及遺族扶助料ニ關スル法律案

韓國ニ在勤スル居留民團立在外指定學校職員ニシテ三箇年以上引續キ在職シタル者ニハ在外指定學校職員退隱料及遺族扶助料法ノ在職年數計算ニ於テ其ノ在職一箇月ニ對シ半箇月ヲ加算ス但シ從軍年ノ加算アル場合ハ此ノ限ニ在ラス

前項ノ加算ハ任地ニ到著シタル日ニ始ル

附　則

本法ハ公布ノ日ヨリ之ヲ施行ス

本法施行前任地ニ到著シタル者ニ付テハ本法施行ノ日ヲ以テ到著ノ日ト看做ス

第九　右議案ノ審査ヲ付託スヘキ委員ノ選擧

(政府委員法學博士岡野敬次郎君登壇)

○政府委員(法學博士岡野敬次郎君)　三案提出ノ理由ヲ簡單ニ申述ベタイト考ヘマス、第一ハ統監府及關東都督府等在勤判任以上ノ官吏ハ從前ノ例ニ倣ヒマシテ、一箇月ニ對シ半箇月ノ加算ノ利益ヲ與ヘヤウト云フノガ本案ノ趣意デアリマス、是ハ理由書ニモ簡單ニ掲ゲテアリマス通リ韓國關東州ハ內地ト其事情ヲ異ニシテ居ルノデアリマスカラ、此恩給ノ上ニ付イテ多少ノ優遇ヲ與ヘルト云フコトヲ必要ト認メタノデアリマス、第二ノ案ハ韓國ニアリマス在外指定學校ノ職員ニ付イテヤハリ、第一案ト同一ノ趣意ニ基キマシテ、均シク退隱料扶助料ノ計算ニ於キマシテ一箇月ニ對シテ半箇月ノ加算利益ヲ與ヘルト云フノ趣意デアリマス、第三ハ是亦前二案ト同様ノ例ニ倣ヒマシテ前二案ト同一ノ趣意ニ基キ均シク退隱料扶助料ノ上ニ於テ利益ヲ――特典ヲ與ヘヤウト云フ趣意デアリマス、何レモ簡單ナ案デアリマシテ、又何レモ前キニ例ノアルコトデアリマシテ、政府ニ於テハ之ヲ必要ト認メテ提出シタ次第デアリマスカラ、速ニ御協賛アランコトヲ希望致シマス

○久保伊一郎君　チョット質問ガアリマス、此統監府關東都督府在勤官吏ノ恩給及遺族扶助料ニ關スル法律案是ノ附則ニ「三十九年九月以降ノ在職月數ニモ之ヲ適用ス」ト云フコトガアル、今御提案ニナッテ而シテ昨年ノ九月マデ遡ッテ此特別待遇ヲシナケレバナラヌト云フ必要ハ如何ナル理由ニ基クノデアルカ、ソレヲ承リタイ

(政府委員法學博士岡野敬次郎君登壇)

○政府委員(法學博士岡野敬次郎君)　唯今ノ御質問ニ御答致シマスガ、附則ニアリマスル月ハ各々統監府關東都督府ノ開廳ノ月ヲ標準トシタノデアリマス、既ニ此韓國關東州ニ在勤スルトコロノ官吏ニ對シテ特典ヲ與ヘル以上ハ、法律施行ノ時カラヲ標準トスルカ、或ハ幾分カ既往ニ遡ッテ同様ノ待遇ヲ與ヘルカト云フコトハ、即チ立法上ノ一ノ問題デアリマスガ、此間何等區別スルトコロノ理由ヲ認メナイノデアリマシテ、既ニ統監府ガ設カレ關東都督府ガ設カレタ以上ハ、其時ニ遡ッテ同様ノ待遇ヲ與ヘルノガ即チ適當デアラウ、斯ウ認メタ次第デアリマス

○恆松隆慶君　此三案ハ一括シテ議題トシ、九名ノ委員議長指名アランコトヲ望ミマス

○議長(杉田定一君)　恆松君發議ノ通リ此三案ハ一括シテ議題トナッテ居リマスガ、此三案共議長指名九名ノ委員、即チ同一ノ委員ニ三案共付託スルト云フコトニ御異議アリマセヌカ

(「異議ナシ」ト呼フ者アリ)

○議長(杉田定一君)　御異議ハナイト認メマス、其通リ決シマス、日程第十、租税其他ノ收入徴收處分囑託ニ關スル法律案第一讀會、議案朗讀

移民保護法中改正法律案（政府提出）　第一讀會ノ續（委員長報告）

（横井時雄君登壇）

○横井時雄君　移民保護法中改正法律案ノ委員會ノ經過及結果ヲ御報告致シマス、諸君ノ御選定ニ依ッテ十八名ノ委員ガ出來マシテ、而シテ委員會ヲ開クコト四回ニ及ビマシタ、其三回ハ頗ル周密ナル質問ヲ政府委員ニ試ミ、或ハ又祕密會モ致シマシテ、而シテ外交上ノコトニ付イテ說明ヲモ聞キマシタ、此委員會ノ決定スルトコロハ、移民保護法中改正案ノ中ニ於テ、「第五條ニ左ノ一項ヲ加フ」ト云フトコロガアリマス、其舊ノ法案ニ依レバ「移民取扱人ハ行政廳ノ許可ヲ得テ移民ト直接ノ關係ヲ有スル業務ヲ營ムコトヲ得」ト云フコトニナッテ居リマス、此文面ノ中デ「關係ヲ有スル運送業農業及鑛業ヲ營ムコトヲ得」トアリマス、此中ノ「運送業農業漁業又ハ鑛業ヲ除キマシテ、而シテ其代リニ「業務」ト云フ二字ヲ加ヘルコトニナリマシタ、卽チ原案ニアルヨリモ大イニ其範圍ヲ廣クシタノデアリマス、是ガ一ノ修正デアリマス、其次ニハ第二十六條ノ二ト云フ條目ノ中デ、第二項ニ「前項ノ罰金ハ保證金ヲ以テ之ニ充ツルコトヲ得」ト云フ一項ガアリマスガ、是ハ茲ニ揭ゲル必要ガナイ、揭ゲレバ却ッテ法文トシテ體裁ヲナサナイト云フ議論デアリマシテ、之ヲ削ルコトニナリマシタ、其外ハ政府提出ノ原案通リ可決シタノデアリマス、此本案ノ理由ニ付キマシテハ「時勢ノ進步ニ伴ヒ移民取扱人業務ノ範圍ヲ擴張スルト同時ニ益移民ノ保護ヲ厚クスルノ必要アリ」是レ本案ヲ提出スル所以ナリ」此簡單ナル文字デ、其趣意ハ盡キテ居リマス、或ハ果シテ此法案ガ政府ノ期シテ居ル程ノ多大ノ效力ガアルカナイカ、ナシトスルモ或ハ其幾分ヲ達スルコトヲ得ベシト云フノ意見ガ、卽チ委員會多數ノ意見デアッタノデアリマス、之ヲ大ニ效果アラシムルト否トハ偏ニ政府當局者ノ此法案ヲ活用スル如何ニアル、又我國民ガ今日ノ氣運ニ乘シテ之ヲ活用シテ、殖民的大計畫ヲ立テ、之ヲ實行スルヤ否ヤト云フ問題ニ歸スルノデアリマス、委員會ノ多數ハ先ニ申シタル二項ノ修正ノ外本案ヲ可決シタノデアリマスカラ、ドウカ本會議ニ於キマシテモ、大多數ヲ以テ委員會ノ修正通リ御可決アランコトヲ切ニ希望スルノデアリマス

○議長（杉田定一君）　別段御議論ガナイヤウデアリマスカラ採決シマス、本案ノ二讀會ヲ開クト云フニ御異議ハアリマセヌカ

（「異議ナシ異議ナシ」ト呼フ者アリ）

○議長（杉田定一君）　御異議ハナイト認メマス

○恒松隆慶君　直チニ二讀會ヲ開キ、讀會ヲ略シテ確定セランコトヲ望ミマス

○議長（杉田定一君）　恒松君發議ノ通リ直チニ二讀會ヲ開キ　讀會ヲ省略シテ確定スルコトニ御異議ハアリマセヌカ

（「異議ナシ異議ナシ」ト呼フ者アリ）

○議長（杉田定一君）　御異議ハナイト認メマス、直チニ二讀會ヲ開キ全部ヲ議題ト致シマス、委員長報告通御異議アリマセヌカ

移民保護法中改正法律案　確定議

（「異議ナシ異議ナシ」ト呼フ者アリ）

○議長（杉田定一君）　御異議ハナイト認メマス、是ニテ本案ハ確定致シマシタ――日程第九、第十ハ請願デアリマスカラ、併セテ委員長カラ報告ヲ願ヒマス、小河源一君

明治四十年三月二十二日　議事日程第十六乃至第十九ノ件

第十八　殖民廳設立ニ關スル建議案（松本君平君外十三名提出）

殖民廳設立ニ關スル建議案

滿洲、朝鮮、臺灣、樺太、南洋諸島、濠洲其ノ他南北兩米大陸、中央亞米利加、加奈陀等到ル處日本民族ヲ移殖シ國力ノ增進ヲ企圖スヘキノ天地甚多シ然カモ國家ニ殖民的經營ニ關シ統一セル方針ト機關ノ存セサルハ頗ル遺憾トス抑殖民ノ與廢ハ國命ノ關スル處世界ノ歷史ニ徵シテ明ナリ是ヲ以テ歐洲ノ强國必ス殖民省ヲ設ケ鋭意殖民ノ發達ヲ助長セサルハナレ以テ其ノ志ノ存スル處ヲ見ルヘシ我カ殖民政治ノ得失ハ將來帝國ノ隆替ニ關スル至大ナリ故ニ政府ハ須ク議ヲ定メテ先ツ殖民廳ヲ設立シ殖民事業ノ經營ニ對シ多大ノ力ヲ盡シ列强時運ノ進潮ニ後レサラムコトヲ期セサルヘカラス

右建議ス

明治四十年三月二十四日　議事日程第一、第二ノ件

第二　統監府及關東都督府等在勤官吏ノ恩給及遺族扶助料ニ關スル法律案　第一讀會ノ續（委員長報告）（政府提出）

○議長（杉田定一君）　本案ノ第二讀會ヲ開クニ御異議ハアリマセヌカ

（「異議ナシ」ト呼フ者アリ）

○議長（杉田定一君）　御異議ガナイト認メマス

○恆松隆慶君　直チニ二讀會ヲ開キ、讀會ヲ省略シテ確定セラレンコトヲ望ミマス

○議長（杉田定一君）　恆松君發議ノ通リ直チニ二讀會ヲ開キ、讀會ヲ省略シテ確定スルニ御異議アリマセヌカ

（「異議ナシ」ト呼フ者アリ）

○議長（杉田定一君）　御異議ガナイト認メマス、直チニ二讀會ヲ開キマス、委員長報告通御異議アリマセヌカ

統監府及關東都督府等在勤官吏ノ恩給及遺族扶助料ニ關スル法律案　確定議

（「異議ナシ」ト呼フ者アリ）

○議長（杉田定一君）　御異議ガナイト認メマス、是ニテ本案ハ確定致シマシタ、日程第三統監府關東都督府及樺太等在勤巡査看守及女監取締ノ退隱料及遺族扶助料ニ關スル法律案第一讀會ノ續

第三　統監府及關東都督府等在勤巡査看守及女監取締ノ退隱料及遺族扶助料ニ關スル法律案（政府提出）　第一讀會ノ續（委員長報告）

○議長（杉田定一君）　別段御議論モナイヤウデアリマスルデ採決ヲ致シマス、本案ハ二讀會ヲ開クニ御異議ハアリマセヌカ

（「異議ナシ異議ナシ」ト呼フ者アリ）

○議長（杉田定一君）　御異議ナイト認メマス

○恆松隆慶君　本案ハ直チニ二讀會ヲ開キ、讀會ヲ省略シテ確定セラレンコトヲ望ミマス

○議長（杉田定一君）　恆松君發議ノ通リ本案ハ直チニ二讀會ヲ開キ、讀會ヲ省略シテ確定スルニ御異議ハアリマセヌカ

（「異議ナシ」ト呼フ者アリ）

○議長（杉田定一君）　御異議ガナイト認メマス、直チニ二讀會ヲ開キマス、委員長報告通御異議アリマセヌカ

統監府關東都督府及樺太在勤巡査看守及女監取締ノ退隱料及遺族扶助料ニ關スル法律案　確定議

（「異議ナシ」ト呼フ者アリ）

○議長（杉田定一君）　御異議ガナイト認メマス、是ニテ本案ハ確定致シマシタ、日程第四韓國ニ在勤スル居留民團立在外指定學校職員ノ退隱料及族遺扶助料ニ關スル法律案、第一讀會ノ續

第四　韓國ニ在勤スル居留民團立在外指定學校職員ノ退隱料及遺族扶助料ニ關スル法律案（政府提出）　第一讀會ノ續（委員長報告）

（「異議ナシ異議ナシ」ト呼フ者アリ）

○議長（杉田定一君）　別段御議論モナイヤウデアリマスデ採決ヲシマス、本案ノ第二讀會ヲ開クニ御異議ハアリマセヌカ

（「異議ナシ異議ナシ」ト呼フ者アリ）

○議長（杉田定一君）　御異議ハナイト認メマス

○恆松隆慶君　是モ直チニ二讀會ヲ開キ、讀會ヲ略シテ決定サレンコトヲ望ミマス

○議長（杉田定一君）　恆松君發議ノ通リ直チニ二讀會ヲ開キ、讀會ヲ略レテ確定スルニ御異議ハアリマセヌカ

（「異議ナシ異議ナシ」ノ聲起ル）

○議長（杉田定一君）　御異議ハナイト認メマス、直チニ二讀會ヲ開キマス――委員長報告通リ御異議ハアリマセヌカ

韓國ニ在勤スル居留民團立在外指定學校職員ノ退隱料及遺族扶助料ニ關スル法律案　確定議

（「異議ナシ異議ナシ」ト呼フ者アリ）

○議長（杉田定一君）　御異議ハナイト認メマス、是ニテ本案ハ確定ヲ致シマシタ

第七　ホテル開設ニ關スル建議案（淺羽靖君外四名提出）

建議案、此案ノ朗讀ハ省略致シマス、大戸復三郎君

（左ノ建議案ハ朗讀ヲ經サルモ參照ノ爲メ玆ニ掲載ス）

ホテル開設ニ關スル建議案

近時商工業ノ視察ニ將タ觀光漫遊ニ外人ノ本邦ニ渡來スルモノ日々益々多キヲ加ユ然ルニ從來旅館ノ設備極メテ不完全ナルカ爲ニ無限ノ趣味ト多大ノ嘱望トヲ齎ラシテ頻繁踵至蝟集シ來レル此ノ外客ヲシテ宿スルニ家ナク泊スルニ所ナク實ニ不自由不便ヲ感セシム是レ豈一大缺點ニ非スヤ然レトモ今日之ヲ獨リ一私人若ハ一會社ノ經營ニ委スルモ容易ニ成立セサルノ虞アレハ政府ハ斷然相當ノ保護奬勵ヲ與ヘ速ニ之ヲ建設セシムルノ手段方法ヲ取ルハ國際上及經濟上頗ル有利ノ事タルヲ信ス

右建議ス

（大戸復三郎君登壇）

〇大戸復三郎君　本案提出者ト致シマシテ一應建議ノ趣旨ヲ述ベヤウト思ヒマス、ソレデ本案ハ事柄ガ「ホテル」ト云フ事柄デアリマスルカラ、チヨツト一見スルト事ガ小事ノヤウニ聽エマスカラ餘リ長クハ申述ベマセヌガ、一通リ趣旨ヲ述ベテ置カヌト世間ニ誤解ヲサレテモ困リマスカラ、成ルベク簡單ニ其趣旨ヲ申述ベヤウト思ヒマス、暫ク御清聽ヲ煩シマス、ソレデ近年此歐米清韓等カラ我國ニ來遊シテ居ル外人ハ少ナクナイ、是ハ既ニ諸君ノ御承知ノ通リデアリマス、殊ニ三十七八年戰役後ニナリマシテハ、外國人ハ我國忠勇ノ精神ト、我高尙ナル道義ハ殆ド此世間ノ耳目ヲ聳動シテ居リマス、一轉シテハ驚歎トナリ、再轉シテ怪訝トナリ、外國人ハ爭ウテ此忠勇ナル戰勝國ノ勝士ニ接シテ、不思議ナル國民ト握手スルコトヲ熱望シテ居リマス、元來我國ハ風光絶佳デゴザイマシテ最ト此見物ニ來ル人ガ多イ中ニ就キマシテ、戰爭後右申上ゲマシタヤウナ風ニ我國民ト握手ヲシテ見タイト云フ念勃々ト生ジマシテ、殊ニ我日本國ノ驚クベキ進歩ノ模樣、ソレ等ヲ觀察シタイト云フタメニ、近時外國人ガ我國ニ來遊スル者日々ニ多キヲ加ヘテ居ルト云フコトハ、爭フベカラサルノ事實デアリマス、試ニ三十八年中ノ來遊外人ハドレ程アツタカト云フコトヲ或ル調書ニ就イテ見マシタトコロガ、無慮三万六千人ノ多キニ達シテ居リマス、サウ致シマシテ宿泊日數ヨリ延人員ヲ割出シテ見マスルト、殆ド三十万人ト云フ數ニ達シテ居ル、サウ致シマシテ其外人ガ消費致シテ居リマスルトコロノ金額ハ何程デアルカト申シマスルト、戰爭以前ニ於キマシテモ既ニ一千五百万圓乃至二千万圓ト云フ巨額ナル金ヲ落シテ歸ツテ居ル、戰爭後ニ至リマシテハ詳シイ統計ハナイサウデアリマスルガ、四五千万圓ト云フ大シタル金ヲ來遊外人ガ我國デ消費シテ居ルト云フ計算ニナツテ居リマス、サウ致シマシテ彼ノ旅館ノ設備ガ不十分ナルトコロヨリ、或ハ外人ガ日本ニ參リマシテ、友人ノ家ヘ宿泊スル者モアリ、又公使館領事館ニ宿泊ヲスル者モアル、又船舶ニ泊ツテ上陸ヲシテ宿泊ヲシナイ外人モ少クナイダラウト思ヒマス、斯樣ナ者ヲ加ヘマシタナラバ々ゝ其數ハ多イデアリマセウシ、此以外ニ落シテ居ル金モ蓋シ少ナクナイデアラウト考ヘマス、今現ハレテ居ル統計ニ依リマスルト、今申シタヤウナ次第デアリマシテ、實ニ其金額ハ多大ナモノデアリマス、然ルニ或ル調査ニ依リマスルト現在我國ニ設備セラレテ居ルトコロノ「ホテル」若クハ目下設備準備中ノモノヲ除イテ、將來外國人ガ日本ニ既往ノ統計ニ徴シマシテヤツテ來ルトコロノ外人ノ數ヲ割出シテ見ルト、旅館ノ客室ト云フモノガ大幾ニ不足ヲスル、或ル調書ニ依リマスルト少ナクモ二千室位少ナイダラウト云フコトデアリマス、既ニ目下ニ於キマシテスラ設備ノ不十分ナルタメニ、少シモ來遊外人ニ滿足ヲ與ヘルコトガ出來ヌノミナラズ、甚シキニ至ツテハ宿泊スルニ宿ガ無イ、折角日本ニ來遊致シマシタ外人ガ空シク我國ヲ去ツテ歸ルト云フ者モ數多アル趣デアリマス、又凡ソ日本ニ參リマシテ一箇月若クハ二箇月モ滯在シテ十分ニ見物シテ歸ラウト云フ外人モ、旅館ガナイタメニ一箇月ノ豫定ノ者ハ半箇月、二箇月ノ者ハ一箇月デ歸ルト云フコトハ爭フベカラザル事實デアルヤウニ承ツテ居ル、若シ縱令十分トマデハ參リマセヌトモ、旅館ノ設備ガ可ナリ整ヒマスルコトニナリマシタラバ、ドウデアリマセウ、今後來遊スル外人ガ益々增加ヲ致シマス、獨リ增加スルノミナラズ、一箇月ノ滯在ヲスルモノハ一箇月半ノ滯在ヲスル、二箇月滯在スルモノハ三箇月滯在スルト云フガ如キコトニナリマシタナラバ、今日我國デ消費シテ居ルトコロノ四千万圓ト云フ金ガ、億万圓ニ達スルコトハ蓋シ困難デアルマイト思ヒマス、殊ニ萬國大博覽會ハ既ニ近キ年ニ迫ツテ居ルノデアリマス、吾々ハ萬國博覽會ニ於テハ、如何ニモ外人ガ數多我國ニ來テ見物シテ呉レルコトヲ希望スルノデアリマス、然ルニ現在ノ如ク設備不十分デアツタナラバ、如何デアリマセウ、如何ニ來遊外人ノ多キヲ欲スルモ、折角日本ヘ來テモ宿スル旅館ガナイト云フコトニナレバ、其不體裁ハ如何デアリマセウ、獨リ得ルトコロノ利益ヲ失フコトノ多大ナルノミナラズ、戰捷國ト致シマシテ、一躍一等國ノ伍伴ニ列シタル我國ノ品位ヲ保チ、國威ヲ發揚スルト云フ上カラ論ジマシテモ、斯ノ如キ旅館ノ設備ヲ不十分ニシテ置イテハ如何デアリマセウ、唯今デハ我國ハ光榮アル戰局ヲ收メ、滿韓ノ經營ナリ、鐵道ノ國有ナリ、港灣ノ修築ナリ、苟モ國運ノ發展ニ必要缺クベカラザルトコロノ計畫ハナサレツヽアルノデアリマス、然ルニ獨リ旅館ノ設備ヲ缺イテ居ルト云フコトハ、諸君如何デアリマセウカ、實ニ遺憾千萬デアリマス、サウ致シマシテ其旅館ノ設備ヲ若シ今日ノ儘ニシテ個人ニ放任シテ置イタラドウデアリマセウ、吾々ハ決シテ十分ナル設備ハ出來ナイト思ヒマス、或ル調書ニ依リマスルト、可ナリ萬國博覽會アタリニ來ル外人ニ稍々滿足ヲ得サセルマデノ設備ヲシヤウト云フナラバ、ドウシテモ千万圓ノ金ヲ以テ掛リマセヌト、其設備ガ出來ナイト云フコトヲ承ツテ居リマス、若シ之ヲ個人ニ放任シテ置クト云フコトニナリマシタナラバ、千万圓ハ愚カ、其半額若クハ三分ノ一ノ設備モ出來マイト云フコトヲ自分等ハ憂ヘテ居ルノデアリマス、申スマデモゴザリマセヌ、諸君ト共ニ吾々ハ此戰後ノ經營トシテ、殖產興業ノ發達ヲ計ツテ海外ノ貿易ヲ隆盛ニシタイト云フコトハ最モ熱望致シテ居リマスガ、併シ御承知ノ如ク外國貿易ハ昨年ハ意外ニモ輸出超過ガ四百何十万デアリマシテ、非常ナル好結果ヲ見マシタガ、併シ是ハ（「簡單々々」ト呼フモノアリ）必ズ年々サウ云フ當テヲスルコトハ出來マイト思フ、シテ見ルト此貿易以外ニ於テ日本ニ金ヲ吸收セントスレバ、何ニ依ツテ吸收スルカ、所謂來遊外人ニ成ルダケ多クノ金ヲ使ハセルコトガ最モ必要ナルコト、思ヒマス、斯ク申シテ見マスレバ、極ク小問題ノヤウデアリマスケレドモ、決シテ吾々ハ「ホテル」ヲ開設スルコトハ決シテ小問題デナイト思ヒマス、殊ニ大博覽會ヲ成功サセルト否ト云フコトハ、旅館ノ完備――設備ノ宜シキヲ得ルト得ヌトニ大ニ私ハ關係スルコト、思ヒマス、ソレデ然ラバ如何ニシタラ宜イカト云フ問題ガ起リマセウガ、固ヨリ此設備ノ方法ニ至リマシテハ種々アリマセウガ、私ノ聞クトコロニ依レバ既ニ大藏省アタリデモ此調査ガ出來テ居ルヤウニ承ツテ居ル、先ヅ內地ニ少ナクトモ外人ノ參リマスル所ハ三十箇所、四十箇所、風光ニ富ンデ居ル所ニ宿泊シテ居リマスケレドモ、最初ヨリサウ宏大ナル設備ハ出來マイト思ヒマス、例ヘバ東京ヲ本店ト致シマシテ、重モニ參リマスル所ニ支店ノヤウナモノヲ置イテ設備ヲスル、海外ニ於テハ――例ヘバ韓國ニ於テハ釜山、京城、或ハ滿洲ニ於テハ大連、營口、旅順、若クハ奉天、遼陽ト云フガ如キ所ニ置イテ、サウシテヤル、サウスルニハドウシテモ一ツノ一大會社ト云フモノヲ組織致サナケレバナラヌノデアル、民間ノ方デ縱令希望ヲ致シタトコロデ、此ノ如キコトヲヤツテ、若シ失敗ニ終テハト云フ心配ガアリマセウ、ドウカ吾々ノ希望スルトコロハ此建議案ニ書イテ置キマシタ通、宜シク政府ハ相當ノ保護獎勵ヲ與ヘテ、サウシテ速ニ之ニ建設セシムルノ方法手段ヲ執ツテヤツテ貰ヒタイト云フコトデゴザイマス、今玆ニ具體的ニ述ベル案ハゴザイマセヌガ、政府ニ於キマシテハ十分御調査ニナツテ居ルサウデスカラ、是ハ吾々議員ニ於キマシテハ、此建議ヲ速ニ容レテ提案シテ貰ヒタイト云フノデアリマス

○早速整爾君　質問ガアリマス、唯今ノ御說明ニ依リマシテ建議案ヲ御提出ニナッタ御趣意ハ能ク諒シマシタガ、要スルニ政府ニ向ッテ宿屋トカ、料理屋トカ――「ホテル」ト書イテアリマスガ、外國人ヲ泊メル「ホテル」ヲ保護シヤウ、世話ヲシヤウト云フ建議ト見受ケマスガ、ソレハドウ云フ風ニシヤウト云フノカ、モウ少シ承ッテ見タイト思フ、是マデアル「ホテル」ノ事業ヲ營ンデ居ルモノニ對シテ金ヲヤル、是カラ「ホテル」ヲ開設スルモノニ――個人ノ「ホテル」ヲ開設スル――宿屋ヲ營ムモノニ金ヲヤル、ソレカラ會社ヲ建テ、一ノ宿屋若クハ料理屋風ノモノヲ設ケヤウトスル、ソレニ對シテ保護金ヲヤルト云フコトニ承レバ宜レイカ

○大戶復三郎君　其方法ニ至リマシテハ、唯今申ス通十分ナ案ハアリマセヌガ、殆ニ角一大會社ヲ組織シテ、サウシテソレニ相當ノ補給補助ヲ與ヘル、サウスルニハ在來ノ「ホテル」ニ對シテハ、其筋ノ鬪ニ依ルト、合併サセルト云フヤウナコトガアリマス……

○早速整爾君　サウスルト宿屋ヲスル料理屋ヲスルモノニ、金ヲ與レルト云フ趣意デカス

○大戶復三郎君　殆ニ角共通ノ趣意デスカラ、ドウカ……

○恒松隆慶君　殆ニ角委員付託ニシテ、十分調査セシムル必要ガアルト思ヒマス、議長指名九名ノ委員ニ付託セラレンコトヲ望ミマス

（「反對々々」ニ「贊成々々」又「即決々々」ト呼フ者アリ）

○議長（杉田定一君）　恒松君ノ議長指名九名ノ委員ニ付託スルト云フ說ニ反對ガアリマスルデ採決致シマス、恒松君ノ說ニ同意ノ諸君ノ起立ヲ願ヒマス

起立者　多數

○議長（杉田定一君）　多數――恒松君ノ說ノ通決シマシタ――報告ガアリマス

（書記朗讀）

一貴族院ヨリ送付セラレタル政府提出案左ノ如シ

關東都督府及駐圍駐箚軍陸軍軍法會議法案

一政府ハ市制改正法律案町村制改正法律案ヲ撤回シタル旨貴族院ヨリ通牒アリタリ

一議員ヨリ提出セラレタル議案左ノ如シ

國語及字音假名遣ニ關スル建議案

提出者　三輪信次郎君　小川平吉君　大竹貫一君

一花井卓藏君ヨリ對韓政策ニ關スル質問主意書ヲ提出セラレタリ

（左ノ質問書ハ朗讀ヲ經サルモ參照ノ爲茲ニ掲載ス）

對韓政策ニ關スル質問主意書

右成規ニ據リ提出候也

明治四十年三月二十三日

提出者　花井卓藏

贊成者　小川平吉

外三十二名

對韓政策ニ關スル質問主意書

一、關税同盟ハ保護關係當然ノ結果ナリトハ國際法上ノ先例之ヲ證明セリ政府ハ何故ニ日韓兩國ノ關税ヲ撤廢スルコト能ハサルヤ

二、關税同盟ハ對韓經營必然ノ要務ニシテ保護政策ノ第一義ナリ政府ハ何故ニ日韓兩國ノ關税撤廢ヲ斷行スルコト能ハサルヤ

三、帝國カ韓國ニ於テ有スル政治上軍事上及經濟上卓絕ナル利益竝ニ帝國カ其利益ヲ擁護增進スルニ必要ナル指導監理及保護ノ權利アルコトハ日英協約ノ承認セル所ナリ政府ハ何故ニ關税同盟ヲ斷行シ是等利益權利ノ鞏固ヲ保持セサルヤ

四、兩國ヲ結合スル利益共通ノ主義ヲ鞏固ナラシムヘシトハ日韓協約ノ根本義ナリ政府ハ何故ニ經濟共通ノ障壁タル關税ヲ撤廢シ利益共通ノ主義ヲ一貫セサルヤ

五、政府ハ動モスレハ機會均等主義ヲ云爲シテ自ラ帝國ノ韓國ニ對スル卓越權ヲ無視セントスルモノニ似タリ政府ハ何故ニ卓越權ヲ辭讓スルノ態度ヲ採ルヤ又何故ニ國際法上竝條約上保護ノ關係ヲ否定セントスルヤ

右及質問候也

○議長（杉田定一君）　議長指名ノ委員、及次回ノ日程ハ公報ヲ以テ御通知致シマス、本日ハ是ニテ散會致シマス

午後二時五十一分散會

第一　關東都督府及韓國駐箚軍陸軍軍法會議法案　第一讀會
（政府提出貴族院送付）

（書記朗讀）

關東都督府及韓國駐箚軍陸軍軍法會議法案

關東都督府及韓國駐箚軍陸軍軍法會議法

第一條　關東都督府及韓國駐箚軍ニ陸軍軍法會議ヲ設ク

第二條　關東都督府陸軍軍法會議及韓國駐箚軍陸軍軍法會議ハ關東都督及韓國駐箚軍司令官ノ所管及守備地方ヲ以テ管轄トス

二箇以上ノ軍法會議ヲ設クルトキハ各軍法會議ノ管轄ハ關東都督又ハ韓國駐箚軍司令官之ヲ定ム

第三條　軍法會議ノ構成、權限及治罪ニ關スル手續ハ陸軍治罪法師管軍法會議ノ例ニ依ル

第四條　關東都督及韓國駐箚軍司令官ハ陸軍軍法會議ニ關シ師團長ノ師管軍法會議ニ於ケルト同一ノ職權ヲ有ス

第五條　陸軍檢察官ハ陸軍治罪法第三十一條ノ諸官ノ外關東都督府陸軍副官及韓國駐箚軍副官ヲ以テ之ニ充ツ

（陸軍大臣寺內正毅君登壇）

○陸軍大臣（寺內正毅君）　唯今提出ヲ致シマシタ、卽チ此關東都督府竝ニ韓國駐箚軍司令部ニ軍法會議ヲ置キマスルコトニ致シテ此法案ヲ出シマシタ、元來此御承知ノ如ク軍法會議ハ內地ニ在テハ各師管ニ置イテアルノデアリマス、又戰時若クハ事變ニ際シマシテハ分駐シ、或ハ派遣ヲシタ師團、或ハ混成ノ旅團等ニ於キマシテハ軍法會議ヲ置クコトガ出來ル法律ガゴザイマスルガ、此海外ニ於テ平時ニ師團ヲ派遣スル等ノタメニ、軍法會議ヲ置クト云フコトガ法律ニ規定シテゴザイマセヌ、今回此關東都督府、竝ニ韓國駐箚軍司令部ハ平時ノ組織ニ改リマシタニ付イテハ、更ニ法律ヲ以テ此規定ヲスルノガ穩當デアラウト考ヘマシテ、此法律案ヲ提出シタ譯デアリマス、會期モ切迫シテ居リマスルデゴザイマスルガ、此法案ハ誠ニ單簡ナ法案デゴザイマスカラ、速ニ御審査ノ上デ協贊ヲ與ヘラレンコトヲ希望致シマス

○花井卓藏君　此機會ニ於テ陸軍大臣ニ質問ヲシタイノデアリマスガ、本案ノ根本法ト相成リマスル陸軍治罪法、頗ル缺點ノ多イ陸軍治罪法、而シテ本文刑法ハヤハリ此法案ノ根本法ニ相成ルトコロノモノデアリマス、陸軍刑法、陸軍治罪法ハ普通刑法、普通訴訟法ト權衡ヲ保ツ趣意ニ於テ出來上ッテ居ルノデアリマスガ、唯今兩院協議會ノ成績ヲ御報告ニ相成リマシテ、成績通リニ決定ニ相成リマシタル如ク、普通刑法ハ全然改正セラレタノデゴザイマスルガ、同一ノ步ミヲ取ラナケレバナラヌ陸軍刑法、陸軍訴訟法ノ御改正ノ企ハナイノデゴザイマセウカ、如何デゴザイマセウカ、若シアルト致シマスレバ、次期ノ議會ニ出ルノデゴザイマセウカ、出ナイノデゴザイマセウカ、伺ッテ置キタイ

（陸軍大臣寺內正毅君登壇）

○陸軍大臣（寺內正毅君）　花井君ノ御質問ニ御答致シマスガ、陸軍ノ刑法竝ニ治罪法ノ改正ヲ致スノ必要ガアルト云フコトハ承知致シテ居リマシタ、共調査ニ著手シテ居リマスノデ、追テ協贊ヲ求ムルノ運ニナリマセウト考ヘマス

○議長（杉田定一君）　別段御質義モナイヤウデアリマスルデ、次ノ日程第二、右議案ノ審査ヲ付託スヘキ委員ノ選擧

第二　右議案ノ審査ヲ付託スヘキ委員ノ選擧

○恆松隆慶君　本案ハ九名ノ委員議長指名アランコトヲ望ム、會期モ切迫デアリマスカラ、委員ハ成ルベク速ニ審査アランコトヲ……

○議長（杉田定一君）　恆松君ノ發議ノ通リ、議長指名ノ九名ノ委員ニ付託スルニ御異議アリマセヌカ

（「異議ナシ」ト呼フ者アリ）

○議長（杉田定一君）　御異議ナイト認メマス――日程第三第四第五ハ同一ノ委員ニ付託セラレテアリマスルデ、併セテ委員ニ報告サセマス、委員長島津貝知君

○大淵龍太郎君　此際議事日程ヲ變更シマシテ先刻御付託ニナリマシタ關東都督府及韓國駐箚軍陸軍軍法會議法案ノ委員會ノ經過ト、結果トヲ報告シタイト思ヒマス

（「贊成々々」ト呼フ者アリ）

○議長（杉田定一君）　報告ヲ御出シ下サイ

○大淵龍太郎君　先刻出シテ置キマシタ

○議長（杉田定一君）　大淵龍太郎君

（大淵龍太郎君登壇）

○大淵龍太郎君　先刻御付託ニナリマシタル關東都督府及韓國駐箚軍陸軍軍法會議法案ハ直チニ委員會ヲ開キ、政府委員ノ説明ヲ聽キマシテ本案ハ必要ナリト認メマシテ、全會一致ヲ以テ可決致シマシタ、此段御報告致シマス

○恆松隆慶君　議事日程ハ變更ニナリマシタカ、若シナラナケレバ議事日程ヲ變更シテ、議題ニ供セラレンコトヲ望ミマス

（「贊成々々」ト呼フ者アリ）

○議長（杉田定一君）　日程ヲ變更シテ日程第一ノ關東都督府及韓國駐箚軍陸軍軍法會議法案ヲ會議ニ付スルコトニ御異議ハアリマセヌカ

（「異議ナシ異議ナシ」ノ聲起ル）

○議長（杉田定一君）　御異議ハナイト認メマス、本案ハ議題トナリマシタ

關東都督府及韓國駐箚軍陸軍軍法會議法案（政府提出貴族院送付）　第一讀會ノ續

○恆松隆慶君　直チニ二讀會ヲ開カレタイ

○議長（杉田定一君）　本案ノ二讀會ヲ開クニ御異議アリマセヌカ

（「異議ナシ」ト呼フ者アリ）

○議長（杉田定一君）　御異論ハナイト認メマス

○恆松隆慶君　讀會ヲ省略シテ確定セラレンコトヲ望ミマス

○議長（杉田定一君）　恆松君發議ノ通リ讀會ヲ省略シテ、確定スルニ御異議ハアリマセヌカ

關東都督府及韓國駐箚軍陸軍軍法會議法案　確定議

（「異議ナシ異議ナシ」ト呼フ者アリ）

○議長（杉田定一君）　御異議ハナイト認メマス、是ニテ本案ハ確定致シマシタ——日程第九、高等學校ヲ四國ニ設置スルノ建議案、議案ノ朗讀ハ省略致シマス、田中定吉君

第五　殖民廳設立ニ關スル建議案（松本君平君外十三名提出）（委員長報告）

（松本君平君登壇）

○松本君平君　殖民廳設立ニ關スル建議案ノ委員會ニ於ケル經過ノ御報告ヲ致シ、兼テ本案提出ノ主旨ヲモ概略述ベテ置キマセウ、委員會ニ於テハ外務大臣及外務次官ノ出席ヲ求メテ、參考ノタメ政府ハ此案ニ付イテ如何ナル考ヲ持タル、カト云フコトニ付イテ問ウタノデアリマス、政府ニ於テハ餘リ此案ヲ歡迎シナイノデアリマス、ソレハ外務省ニ於テサモアルベキ筈デアルト思フノデアリマス、ケレドモ委員會ニ於テハ大多數ヲ以テ此殖民廳設立ハ時勢ノ要求ニ應ジテ最モ大切ナル事柄デアルト、滿場一致ヲ以テ決シタノデアリマスソレデ共第一ノ理由ハ即チ今日歐洲列強ノ間ニ殖民的氣運ガ盛ンニ起ッテ參リマシテ、彼ノ三四百年前ニ世界ガ殖民ノタメ狂亂シタル殖民思想ハ、二十世紀ノ初メニ於テ再ビ復活サレテ、今日ハ殖民經營ノ時代デアルト云フ時勢ニ對シテ、我國家ガ相當ノ設備ヲスルコトハ甚ダ大切ナルコトデアルト信ズルノデアリマス、即チ殖民ハ國民的膨脹事業デアッテ、サウシテ殖民事業ト云ヘバ領土ノ經營モアリ或ハ屬國ノ經營モアリ、或ハ保護國ノ經營モアリ、或ハ海外ニ於ケルトコロノ我人民ノ經濟的若クハ政治上ノ事業ニ對シテハ、總テ殖民事業ノ經營ニ關スルノデアリマス、而シテ此殖民事業ハ今日國民的生活ノ基礎ヲ作リ、國運發展ノ根本ヲナスモノデアレバ、我國ガ殖民經營ノ第一着手トシテ、適當ナルトコロノ行政上ノ機關ヲ有スルハ必要ナルコトデアリマス、是ガ第一ノ理由デアル、又我國ハ十五万方里ノ土地ヲ有シテ、サウシテ四千万ノ人口ガ生存シテ居ッテ、毎年殆ド六十万ヨリ七十万ノ人口ガ增殖シテ居ルノデアリマス、此狹隘ナル土地ニ年々六七十万ノ人口ガ增殖シテ居ルニ付イテハ、將來此人口問題ハ政治上社會上ノ問題デアッテ、今日ドウシテモ此問題ヲ解決シテ置カナケレバナラヌ必要ガアルノデアリマス、資本ガ世界ニ於ケル一ノ勢力デアッタナラバ、人間ノ增殖力モ亦世界ニ於ケルトコロノ一大勢力デナケレバナラヌ、此人口增殖國民的膨脹力ヲ空シク今日葬ッテ置クト云フコトハ實ニ天物ヲ亡殄スルモノデアッテ、我國民ノ膨脹的此勢力ヲ空シク水泡ニ歸セシムルト云フコトハ遺憾ナルコトデアリマス、此立派ナル日本國民ノ膨脹スル人口ヲ以テ新日本ヲ建設スベキ一大材料トシナケレバナラヌ、之ヲ空シク水泡ニ歸シテハナラヌノデアリマス、此必要ニ應ズルニハ政府ハ適當ナル殖民政策ト、行政ノ機關ヲ設ケナケレバナラヌト云フノガ第二ノ理由デアリマス、第三ノ理由ハ今日日本人ノナスベキ、經營スベキ天地ハ甚ダ廣イノデアリマシテ、臺灣ハ日清戰爭ノ結果トシテ之ヲ得、樺太ハ日露戰爭ノ結果トシテ之ヲ得、而シテ朝鮮ハドウデアルカト云フト、日韓條約ノ結果トシテ保護國トナッタノデアリマス、是等ニ對スル日本人ノ殖民的經營ハ一日モ閑却シテハナラヌ問題デアリマス、其他遼東半島、滿洲ノ經營ノ如キモ此殖民的事業デナケレバ全ウスルコトガ出來ヌ、即チ此滿洲及遼東半島ニ對スル殖民的經營モ十分ニナサナケレバナラヌノデアリマス、又福建省ハ數年前ニ日本ノ勢力範圍ト布告サレテ、世界列國モ之ヲ認メテ居リマス、而シテ支那帝國、羅馬帝國瓦解ノトキニ於ケルガ如キ、此大帝國ノ崩レントスル際ニ、我勢力ノ範圍内タル福建省ニ對シテ何等ノ經營ガ爲サレテ居ラヌノデアル、是ガ即チ殖民的機關ガナク事業ノ統一ナキ所以デアリマス、其他南米大陸ニ於ケル茫漠タル天地ハ皆我日本民族ノ將來發展スベキ所ノ一大天地デアリマス、又中米「メキシコ」ニ「グワテマラ」「コスタリカ」其他皆日本人ヲ歡迎シテ居ッテ日本人ノ將來ノ天地ヲ作ルベキ處デアリマス、此亞米利加ハ諸君ノ知ラル、如ク、今日盛ンニ日本人ヲ排斥シテ居リマスガ、此處ニハ二十万ノ日本人ガ棲息シテ居ルノデアリマス、又相應ノ事業ヲ經營シテ居ルノデアリマス、併ナガラ此二十万ノ日本人民ハ流亡四散シテ幾ド共勢力ト云フモノガ散漫統一ナクシテ、其多數ハ何等殖民的經營ニ向ッテ未ダ一ノ顯著ナル效果ヲナシテ居ラヌノデアリマス、此ノ如ク日本人種ノ殖民的事業ハ多々アリマシテ、且今後ニ於ケル民族發展ノ天地ハ廣漠タルモノデアリマス、而シテ内ニ於テハ非常ナ膨脹力ノアル民族ガアルニモ拘ラズ、是等ノ方面ニ向ッテ大ニ力ノ伸ビザルト云フコトハ甚ダ遺憾ヲ感ズルトコロデアリマズ、是等ガ即チ第三ノ理由デアリマス、又第四ノ理由現今我外務省ガ海外ニ於ケル發展ノ機關ハドウデアルカト云ヘバ、甚ダ微ナルモノナルモノデアリマシテ、通商局ノ一課ニ僅カ殖民課ト云フ名ガアリマスカ、ドウデアリマスカ、ソレニ對シタヤウナ僅カナル機關ガアッテ、之ヲ以テ年々膨脹スルトコロノ帝國ノ海外ニ於ケル事業、海外ニ於ケル發展ヲ任ジテ居ルニ過ギナイノデアリマス、詰リ今日ノ日本政府ノ殖民的機關ハナイト言ッテモ宜イノデアリマス、姑息退嬰ヲ以テ主義トスル時代ナレバ卒知ラズ、海外ニ向ッテ膨脹スル時代ニ於ケル帝國ノ機關トシテハ、甚ダ時勢ノ要求ニ適サナイノデアリマス、是ガ第四ノ理由デアリマス、第五ノ理由ハ即チ今日列強ノ形勢ニ於テ殖民政策ノ機關トシテ、ドウ云フ制度ヲ採ッテ居ルカト云フコトヲ申シマスレバ、即チ和蘭ニ於テハ十九世紀ノ始メマデ殖民事業及移民事業ハ、帝室ノ所領ニ屬シテ居ッタノデアリマスガ、十九世紀ノ始メヨリ今日ニ至ルマデ一ノ獨立セル殖民省ガ出來テ、專ラ和蘭ノ殖民經營ヲシテ居ルノデアリマス、佛蘭西ハ殖民事業ニ於テ非常ナ失敗ヲシタ國デアッテ、サウシテ議會ニ於テ幾度カ攻擊ヲ受ケタ結果トシテ、政府ハ千八百九十四年ニ於テ遂ニ議會ノ議論ヲ容レ、茲ニ殖民政策ノ失敗ヨリ眼ヲ覺マシテ、殊民省ト云フ獨立ノ行政官廳ヲ設ケルニ至ッタノデアリマス、今日尚佛蘭西ノ外務省ニ於テ統轄シテ居ルトコロ「チュニス」デアルトカ「アルゼリア」デアルトカ「カンボチヤ」デアルトカ「トンキン」デアルトカ安南デアルトカ、是等ノ保護國ハ尚佛國ノ外務省ニ於テ之ヲ支配シテ居ルノデアリマス、ケレドモ事實ニ於テハ殖民省ノ統轄デ、殖民省ノ事業トシテ之ヲ爲シテ居ルノデアリマス、英吉利ニ於テハ諸君ノ知ラル、ガ如ク、殖民ノ興廢ハ殆ド英吉利國命ノ關スルトコロデアッテ、サウシテ之ニ付イテ殖民事業ヲ專門ニスル殖民省ガアリマス、又印度殖民事業ニ就イテハ印度殖民省ガアリ、又埃及或ハ東亞弗利加デアルトカ、英吉利ノ殖民保護國ニ對シテハ外務省ガ之ヲヤッテ居ルノデアリマス、殆ド英吉利ニ於テハ三省ヲ擧ゲテ殖民事業ノ經營ニ力ヲ盡シテ居ルノデアリマス、獨逸ニ於テハ最近殖民ニ志シ、後レ馳セナガラ進ンデ來タ國デアリマスガ、千八百九十年ノ頃マデ獨逸ノ殖民事業ハ外務省ガ之ヲ經營シテ居ッタノデアル、千八百九十年以後獨逸ハ殖民廳ヲ設ケタノデアル、此殖民廳ハ殆ド獨立シタ一省デアル、其長官ハ政府ニ在ッテハ獨リ大宰相ニ對シテ責任ヲ負フモノデアリマシテ外交ノ大方針ニ背馳セザル範圍ニ於テ、即チ外務省ニ關シテ居ルノデアリマス、此ノ如ク文明列強ハ力ヲ殖民事業ニ注ギ、此ノ如ク事業ノ興敗ヲ以テ國命ノ係ルトコロトナシ、一ノ獨立ノ省ヲ立テ、サウシテ熱心鋭意殖民事業ヲ經營シテ居ルデアル、是レ即チ近世時運ノ要求デアルノデゴザイマス、即チ一殖民的事業ハ近代ニ於ケル國命ノ基礎デアルト云フ大ナル政治上ノ原則ノ上ニ立テラレタ問題デアリマス、一日モ此事業ヲ等閑ニ附スベキモノデナイト思フ、故ニ將來ノ日本ノ光榮ハ必ズ殖民帝國ノ基礎ノ上ニ建設セラレナケレバナラヌト信ズルノデアル、此意味ニ於テ委員會ハ贊成ヲ表セラレタノデアリマス、願クハ此案ニ付イテハ賢明ナル諸君ノ御贊同ヲ得テ、通過セラレンコトヲ希望致シマス

○花井卓藏君　諸君、本員ハ已ムヲ得ズ登壇ヲ致スモノデアリマス、對韓政策ニ關スル質問趣意書ヲ政府ニ提出ヲ致シマシテ、今日唯今ニ至リマスルマデ囘答ニ接セヌノデゴザイマス、實ハ今日ハ必ズ囘答ノアリシコト、信ジマシテ祕書課ニ參リマシテ承リマシタトコロガ、今以テ書面ハ到着致サヌト云フコトデゴザイマス、事重大ナル案件ニ係ルノデゴザイマスカラシテ、催促ノ意味ニ於キマシテ質問ノ趣意ヲ明ニ致シテ置キタイト存ジマス、尤モ問題ハ書面ニ審ニ書イテゴザイマスルカラシテ、立ッテ演說ヲ致ス必要モゴザイマセヌカラ、本員ハ演說サヘモ略シテ置イタニモ拘ラズ、今尚此重大問題ニ對シテ何等ノ囘答ヲモ致サナイト云フコトハ、外務當局ハ甚ダ立法部ニ向ッテ不親切ナルモノデアルト私ハ信ズルノデアリマス、日淸ノ戰ニ於テ日露ノ鬪ニ於テ戰捷ノ光榮ヲ帝國ガ博シマシタ所以ハ、唯單ニ一場ノ喝采ヲ得ンガタメニナシタルモノデハナイノデアリマス、全ク戰捷ニ伴フトコロノ權利利益ト云フモノヲ獲得センガタメニ出デタルモノデゴザイマシテ、戰捷ノ光榮ト戰捷ノ權利トハ竝立ッテ帝國ノ威信ヲ中外ニ發揚セシメントスルニ出デタリト云フコトハ、疑ヲ容レヌコトデアルノデアリマス、多大ナル人命ヲ失ヒ、莫大ナル戰費ヲ拂ヒマシテ、而シテ日韓協約成立シ、保護被保護ノ關係成立シタル韓國ニ對シマシテ、帝國ハ現實的ニ關シテ何等ノ權利、利益ヲ收得致シテ居ルカ云フコトニ思至リマシタナラバ、實ニ私ハ慨嘆ニ堪ヘナイノデアリマス、韓國ハ我帝國ノ保護國デアルト云フコトハ、疑ノナイ問題デアルノデアリマス、而シテ帝國ハ既ニ統監府ト云フモノヲ置キマシテ、又駐屯軍ヲ派遣致シマシテ、之ニ依ッテ費ストコロノ金額ト云フモノモ誠ニ少ナカラヌノデアル、明治四十年度ノ豫算ノ要求ニ依リマシテモ、統監府ノ經費ハ經常費ノミニ於キマシテモ、百六十八万七千四百五十九圓ヲ要求セラレテアルノデアリマス、駐屯軍ノ部隊ノ費用モ亦四百十六万九千三百十八圓ト云フモノガ要求セラレテアルノデアリマス、卽チ六百万圓内外ノ費用ハ保護國ノタメニ現ニ費サレテ居ル今日ニ於テ、帝國ガ韓國ニ對シテ保護關係ニ於テ、何等ノ實益ヲ收メテ居ルカト云フコトヲ講究ヲ致シテ見マシタナラバ、本員ハ誠ニ慨嘆ノ至リニ堪ヘヌノデアル、此ノ如クニ統監府ヲ置キ、駐屯軍ヲ派シテ、多大ノ保護ヲ加ヘ、莫大ノ國帑ヲ費シナガラ、保護國ニ對スルトコロノ帝國ノ威信ト利益トガ如何程發展シテ居ルカト云フ事柄ニ想到セバ、深ク講究ヲ費スマデモナク嘆息ノ外ハナイト思フノデアリマス、凡ッ保護權ヲ行フ國ニシテ、被保護國ニ對シマシテ財政上ノ特權ト云フモノヲ有セザル國ハ一ツモナイノデアリマス、保護ノタメニ――被保護國ノタメニ自國ノ費用ヲ拋ツト云フ實例ハ多ク存在シテ居ラヌノデアリマス、本員ノ解スルトコロニ依レバ、國際先例ノ證明スルトコロニ依レバ、被保護國ノ收入ヲ以テ保護ノ實ヲ擧グル費用ニ充テルト云フ事柄ハ、寧ロ一般ノ定例デゴザリマシテ、毫モ爭ノナイコトデアリマス、歐羅巴諸洲ニ於ケル實例モ幾多ノ先例ヲ示シテ居ルノデアル、卽チ保護國ハ被保護國ノ收入ヲ以テ保護費ヲ報償セシムル途ト云フモノハ、幾多モ開カレテアルノデアリマス、然ルニ日韓ノ關係ニ於テハ如何デゴザリマスルカ、區々タル一ノ關稅聯合サヘモ斷行スルコトノ出來ヌト云フ事柄ハ、之コソ外務當局ノ無能ヲ無遺憾ニ表白シテ居ルモノト、本員ハ斷定ヲ致スモノデゴザイマス、誠ニ意氣地ナキ外交ノ無能ヲ無遺憾ニ暴白致シテ居ルモノト斷言ヲ本員ハ致シマスル、統監府ノ理事者ハ日韓兩國ノ關稅撤廢ガ兩國ニ及ボス影響、利害等ニ付イテノ講究ト云フモノハ未ダ盡シテ居ナイト云フ事柄ヲ、關稅同盟ノ建議案ニ對スル委員會ニ於テ明言ヲ致シテ居ルノデアル、統監府ヲ置カレ、駐屯軍ヲ派セラレ、幾多ノ吏員ヲ韓國ニ派遣セラレテアッテ、之ニ依ッテ莫大ノ金ヲ費サレテアッテ、而シテ事理明白ナル經濟共通ノ主義ヲ貫カヌ、保護被保護ノ關係ヲ明確ニスベキ問題ヲ確定セズ、何等ノ講究ヲモ致シテ居ナイト云フコトヲ明言スルニ至ッテハ、統監府ノ理事者ハ韓國ニ於テ何ヲ爲シテ居ルカト云フコトヲ本員ハ疑ハザルヲ得ナイノデアリマス、韓國ニ設ケラレテゴザイマス統監府ハ、保護國タル韓國ニ對スル統監府デアッテ、外國ニ設ケラレタル公使館ナドト云フヤウナモノト同ジヤウニ見ルベキ性質ノモノデハナイノデアル、而シテ此ノ如キ態度ト云フモノハ恰モ韓國ヲ以テ保護ノ關係ナキ純粹ナル獨立國デアッテ、統監府ヲ公使館ト見ルト云フヤウナ考ヲ持ッテ居ルモノト見エル、斯ノ如キ考ヲ政府ニシテ持ッテ居ルト致シマシタナラバ、私ハ言語道斷ノコトデアルト信ズルノデアリマス、事茲ニ至リマシテハ統監府ノ理事者、外務省ノ當局者ノ無能ニ本員ハ呆レザルヲ得ナイノデアリマス、六百万圓内外ノ金ヲ支出シ、加ルニ戰捷ノ光榮ト戰捷ノ權利トハ併立シテ居リナガラ、保護ノ權利ヲ忽ニスル――措イテ顧ミナイト云フニ至リマシテハ實ニ驚カザルヲ得ヌノデアル、私ハ多クヲ言ハナイ、早速整爾君ガ關稅同盟ニ對スル建議案ト云フモノヲ提出セラレマシテ、ソレニ對スル鶴原總務長官ノ辯明ヲ聽イテ、一層ノ驚ト呆レトヲ增スノ外ハナイノデアル、寧ロ斯ノ如キ態度ヲ執ルナラバ、統監府ナドト云フモノハ要ラナイモノデアル、保護條約ナドト云フモノハ廢止シタ方ガ宜レイト信ズルノデアリマス、ムツカシイ理窟ハ無用デゴザリマスガ、全體此保護、被保護ノ關係ト云フモノハ、關稅問題ナドト云フヤウナ經濟共通ノ事項ニ付キマシテハ、卽チ兩國ヲ合シテ一ノ團結體ト爲スベキモノデアルト云フコトハ、國際法上ノ爭ノナイコトデ、寧ロ定例デアリマス、卽チ兩國ノ收入ヲ以テ、共同收入ト致シマシテ、關稅事務ニ關シテハ韓國ナリ、日本國ナリ、相合シタル一體ヲ爲スモノデアルト云フコトハ、是亦爭ノナイコトデアリマス、一個ノ團結體トナッテ分ツベカラザル關係ヲ生ズルノデアリマス、現ニ佛蘭西ト「モナコ」ノ關稅聯合ニ於テ、伊太利ト「サンマリー」ノ關稅同盟ニ於テ、佛蘭西ト安南、東京ノ關稅同盟ニ於テ、實例ガ示サレテアリマス、此ノ如クニ保護國、被保護國ノ關係ニ對シマシテ經濟共通ノ原理ハ正シク行ハレテ、關稅聯合ハ立派ニ行ハレテ居ルノデアル、而モ之ニ依ッテ各國中異議ヲ入レルモノハナイノデアリマス、或ハ最惠國條款ナド云フヤウナモノニ拘泥スルモノアリテ、最惠國條款アルガタメニ關稅聯合ト云フモノヲ斷行シタナラバ、第三國モ亦均霑ノ權利ヲ主張スルデアラウト云フコトヲ杞憂スルモノモゴザリマスケレドモ、毫モ憂フルニ足ラヌ、外國之レヲ主張スベキ原則モナケレバ實例モナイノデアル、本員ノ見ルトコロニ依レバ、假リニ原則ガアリ、實例ガアッテ之ヲ拒ムモノガゴザリマシテモ、日淸ノ戰爭、日露ノ戰爭、是ニ於テ生ジタルトコロノ日英協約、是ニ依ッテ生ジタルトコロノ日韓協約ニ顧ミマシタナラバ、外務當局ハ均霑ノ權利ヲ主張スル諸國ニ對シマシテハ、斷々乎トシテ之ヲ排斥シ得ベキダケノ理由モアレバ、辭柄モ有シテ居ルデハナイカ、自ラ好ンデ最惠國條款ノ均霑權ヲ彼ガ主張スルデアラウト云フ、先方デハ少シモ主張シナイノニ自ラ進ンデ主張スルデアラウト云フヤウナ遠慮ヲスル政策ヲ執ルト云フガ如キ無能ナル外交ハ私ハ止メテ貰ヒタイト存ジマス、本員ガ對韓政策ニ關スル質問趣意書ニ書イテアリマスル第一第二ノ理由ハ、卽チ唯今申シ上ゲタルガ如ク誠ニ國際法上ノ原則カラ見テモ、先例カラ見テモ、誰人モ疑ハザルトコロノ事項ニ係ッテ居ルノデアリマスカラシテ、此質問ハ演說モ要ラナケレバ辯明モ要ラナイ、立ロニ答辯シ得ラレベキ事理明白ノコトニ拘ラズ、今唯今ニ至ルマデ答辯ヲ致サナイハ如何ナルコトデアルカ、本員サヘモ質問書ヲ出シタママ、ニテ演說ヲ控ヘテ置イタ位デアリマス、卽チ本員ノ質問ハ「關稅同盟ハ保護關係當然ノ結果ナリトハ國際法上ノ原則先例之ヲ證明セリ、政府ハ何故ニ日韓兩國ノ關稅ヲ撤廢スルコト能ハサルヤ」「關稅同盟ハ對韓經營必要ノ要務ニシテ保護政策ノ第一義ナリ政府ハ何故ニ日韓兩國ノ關稅撤廢ヲ斷行スルコト能ハサルヤ」

ト云フノデアル、此質問ハ文書ノ上ニ於テ明白デアッテ、私ノ辯明ニ依ッテ尙一層明白ヲ加ヘテ居ルノデアル、私ノ辯明ヲ要セズシテ國際法ノ一册モ讀ンダナラバ、誰ニデモ分ルコトデゴザイマス、然ルニ會期切迫ノ今日唯今マデ答辯ヲ憚ルト云フハ何ノタメデアル、帝國議會ニ向ヒマシテ親切ナル態度トハ私ハ思ハナイ、外務大臣彈劾ノ聲ナドガ起ッテ居ルト云フコトヲ承ッテ居リマスルガ、成程起ルノハ尤モデアルト本員ハ考ヘタノデアル、此位ノコトガ出來ナイノデアルカラシテ、日米問題ナドノ如キ大問題ニ關シテハ委逡シ、逡巡シ、躊躇シ、狐疑シ、左右ヲ顧ミルバカリデ、何等ノ政策ヲモ斷行シ能ハヌノハ誠ニ無理カラヌコトデアルト私ハ信ズルノデアル（ヒヤ〳〵）誠ニ務ムベキ外務ノ無能ヲ表白シテ居ルモノト私ハ信ズルノデアル、日英協約ノ文面ヲ讀ンデ見マスルト云フト「帝國カ韓國ニ於テ有スル政治上軍事上及經濟上卓絕ナル利益ヲ保有シ竝ニ帝國カ其利益ヲ擁護增進スルニ必要ナル指導監理及保護ノ權利アリ」ト云フコトガ書イテアル、而シテ此利益權利ノ行使ヲナスニ付イテハ如何ナル處置デモ執リ得ルト云フ事柄ハ立派ニ揭ゲラレテアルノデアリマス、卽チ關稅聯合ヲ斷行スルハ卓絕權ヲ行使スル所以ニシテ、卓絕權ヲ行使スル所以ハ取リモ直サズ日英協約ヲ履行スル所以デアル、日英協約ヲ履行スルニ於テ左右ヲ顧ミテ、何ノ遠慮スルトコロガアルノデアル、又日韓協約ニ依ッテ見マスト云フト「兩國ヲ結合スル利益共通ノ主義ヲ鞏固ニスル」ト書イテアル、而シテ何等ノ處置ヲ執ルモ一向差支ナイト云フ事柄ガ明確ニ示サレテアルノデアル、卽チ關稅聯合ヲ斷行スル所以ハ日韓協約ヲ行使スル所以ニシテ、日韓協約ヲ行使スル所以ハ條約ヲ履行スル所以デアル、條約ヲ履行スルニ於テ何ノ憚ルトコロデアルノデアル、何ノ最惠國條款ニ拘泥スルノ必要ガアルノデアル、本員ハ甚ダ惑ハザルヲ得ナイノデアル、外務當局者ハ或ハ最惠國條款デアルトカ、或ハ機會均等主義デアルトカ云フコトヲ言ヒナシテ、帝國ノ卓絕シタル韓國ニ對スル權利利益ト云フモノヲ自ラ拋棄シテ居ル、何故ニ機會均等主義ノ制限ヲ受クルナドト云フ事柄ヲ云フノデアルカ、機會均等主義ハ卓絕シタル總テノ權利利益ヲ除外シタル上ノ機會均等主義ナリト有利ニ解スベキモノト私ハ信ズルノデアル、若シ然ラズト致シマシタナラバ、帝國政府ガ韓國ニ對スル卓越權ハ機會均等主義ニ遮ギラレルコトニナル、左樣ナル事柄ニナッタナラバ、卓越權ナルモノハ畢竟平凡權トナッテシマフノデアル、平凡權ト云フヤウナ權利ガアルカナイカ存ジマセヌガ、ソレデハ全ク世界各國ガ韓國ニ對スル權利利益ト同ジ事柄ニナッテシマフノデアル、諸君、我日本ハ總テノ國ヨリモ比較的卓越シタル優レタル權利ヲ韓國ニ對シテ持ッテ居ルデハゴザイマセヌカ、何ノタメニ機會均等主義ニ降易スルノデアル、機會均等主義ナルモノハ左樣ニ卓越權マデモ埋沒スルダケノ力ガナイノデアル、若シ其力ガアッタナラバ、卓越權ハ遂ニ卓越權ニアラズト斷言シナケレバナラヌト私ハ信ズルノデアル、卽チ「政府ハ動モスレハ機會均等主義ヲ云爲シテ自ラ帝國ノ韓國ニ對スル卓越權ヲ無視セントスルモノニ似タリ政府ハ何故ニ卓越權ヲ辭讓スルノ態度ヲ採ルヤ又何故ニ國際法上竝條約上保護ノ關係ヲ否定セントスルヤ」ノ質問ヲ起サヽル所以デアリマス、要スル本質問ニ對シマシテハ、直チニ答辯ガ出來得ルコトデアル、書物ヲ以テモ答辯ガ出來レバ、條約ヲ以テモ答辯ガ出來ルノデアル、然ルニ之ヲ是レ爲サズシテ共答辯ヲ本期議會ノ今日唯今マデ延引ヲシテ、或ハ此儘ニ葬ッテシマッテ、有耶無耶ノ間ニ外務當局ノ責任ヲ免レントスル事柄ハ、甚ダ怪シカラヌコトデアルト本員ハ信ジマス（ヒヤ〳〵）諸君、保護ノ政策ハ餘程注意ヲ拂ッテ研究ヲシナケレバナラナイノデアリマス、保護ト云フ文字ガアルカラト云ッテ保護ナル文字ヲ以テ、日本ガ韓國ヲ保護スル義務ノアルモノデアルナド云フコトニ解釋レタナラバ、ソレハ大ナル間違デアル、保護ノ文字ハ日本帝國ガ韓國ヲ保護スル權利ヲ意味シタルモノデアル、卽チ韓國ヲ保護スベキ義務ガアルニアラズシテ、韓國ヲ保護スベキ權利ヲ帝國ガ有シテ居ルノデアル、此權利ヲ行フニ付キマシテハ何等ノ故障モ、苦情モ、他國ヨリ受クベキ理窟ハナイノデアル、列國ヨリ苦情故障ヲ受クベキ理由ハ毛頭ナイノデアル、韓國ソレ自身ト雖モ此帝國ノ保護權ノ下ニハ屈從シナケレバナラヌ性質ノモノデアル、全體韓國ヲ保護スルト云フコトノ標榜ハ眼中ニ映ズルモノトシテ、韓國ノ一ノ國バカリヲ見ルノデハナイノデアル、別ニ大切ナル日本帝國ト云フモノアルコトヲ記憶セネバナラヌ、卽チ此場合ニ――日本帝國ニ於テ韓國ヲ保護スルガタメニ日本帝國ノ國帑ヲ費シ、日本帝國ノ官吏ヲ派シ、卽チ帝國ハ韓國ノタメニ金ヲ拂ッテヤッテ、人ヲ出シテヤッテ世話ヲシテヤッテ居ル所以ハ、帝國自身ノ權利利益ノタメデアル、然ルニ如此何等得ルトコロモナイト云フノハ、是ハ決シテ保護權利ヲ以テ保護義務ト見ルノデアル、併ナガラ保護、被保護ノ關係ニ於テ國際法ハ保護ノ權利アルコトヲ認ムルモ、義務アルコトヲ認メナイノデス、卽チ帝國ガ保護ノ權利ヲ實行スル上ニ於テハ、韓國ハ義務者ノ位置ニ立ッテ、保護ニ對スル費用ト云フモノヲ全然拂フベキガ當然デアル、然ルニ今日ノ有樣ニ於テハ帝國自ラ保護ヲシテヤッテ、指導誘掖ヲシテヤッテ、而シテ其費用ト云フモノハ全然帝國自ラガ負擔ヲスルト云フヤウナ、コンナ馬鹿氣タコトガ何處ニ一體アルデアラウカト私ハ思フ（「然リ〳〵」ト呼フ者アリ）既往バカリデハゴザイマセヌ、將來ニ於キマシテモ確ニ韓國ニ對シマシテハ幾多ノ軍隊ヲ派遣シナケレバナラナイ必要ヲ生ジテ來ルカモ知レマセヌ、幾何ノ金錢ヲ費サナケレバナラナイ必要ガ生ジテ來ルカモ知レナイノデアル、卽チ經濟關係ニ對シマシテハ打ッテ一丸ト爲シテ、韓國政府ノ收入ト云フモノハ全然帝國政府ノ收入トシテ、其收入ヲ保護ノ報償ニ充テ、サウシテ保護國、被保護國ノ關係ヲ立派ニ法律的ニ條約的ニ樹立セシムルト云フコトニ努メナケレバナラナイコトハ勿論デアル、然ルニ其財源ニ充ツベキ第一ノ關門タル關稅聯合サヘモ、斷行スルコトガ出來ナイト云フコトニ至リマシテハ、私ハ甚ダ驚クモノデアル、現ニ早速整爾君ハ關稅同盟ニ關スル建議案ト云フモノヲ提出セラレマシテ、此點ニ關スル攻究ハ本院ノ委員會ニ於テ十分盡サレタサウデゴザイマスルガ、私ハ此ノ如キ事柄ハ建議問題デハナイ、行政監督ノ問題デモナイ、條約ノ文面ニ於テ國際法ノ原則ニ於テ、吾々ヨリ注文スルマデモナク對韓政策ノ根本主義トシテ、政府當局者ガ自ラ進ンデ當ラナケレバナラナイ事項デアラウト私ハ思フノデアル、ソレ位ノコトガ分ラナイ政府ハ外交ハ出來マセヌ、區々タル韓國ニ對スル保護權ヲ實行スルコトガ出來ナイ外務當局者ハ何事モ出來ルモノデナイト思フ、大ナル歐米列國ニ對シ外交ニ耻ヲ取ルト云フノハ當リ前ノ話デアルト私ハ考ヘルノデアル、私ハ此趣意ニ於テ此質問ヲ提出致シマシタ、事極メテ簡單ナルガ故ニ、明白ナルガ故ニ、演說サヘモ控ヘテ居ッタガ、彼ノ方デハ答辯サヘモ控ヘルト云フ事柄ハ甚ダ怪シカラヌコトデアル（笑聲起ル）本員ノ演說ノ趣意ガ相當デアル、質問ノ趣意ガ相當デアルカラ答辯シナイト云フコトナレバ、是ハ甚ダ至當デアル、若シ又之ヲ答フレバ例ノ最惠國條款デアルトカ、機會均等主義デアルトカ云フコトヲ云ハレテ、列國ニ猜疑ヲ起サシメタリ、或ハ列國ヲシテ憎惡ノ念ヲ起サシメタリシテ、甚ダ閉口スルト云フヤウナ閉口主義ノ答辯延引ト致シマスレバ、益々茲ニ於テ無能ノ表明ヲナスモノト言ハナケレバナラヌ、頃日外務大臣彈劾案杯ト云フモノガ起ルトカ、起ラヌトカ云フコトガ新聞ニ書イテアリマスガ、私ハ思フ、日米問題ノ如キ問題、併ナガラ事理ハ極メテ明白ナル問題、其解決ノ出來ナイノヲ歎息スル、吾々ハ更ニ近ク而シテ問題ノ一層明白ナル日韓、關稅聯合ニ關スル政策ニ付イテ、先ヅ政府ノ技量ヲ試メシ、外交當局ヲ試驗ヲスルノデアル、之ニ落第スレバ、日米問題ノ如キ重大ナル問題ニ關シテハ――事項ニ關シテハ到底之ヲ有利ニ解決スルノ力ハナイコトニナル、茲ニ於テ無能ヲ表明セルモノデアルト云フ證明ヲ立テ、彈劾ヲスルト云フ事柄ニ相成ルモ是ハ已ムヲ得ヌ次第デアリマス、私ハ外交ノ問題ニ關シマシテハ固ヨリ適當ナル人物デゴザイマセヌ、併ナガラ斯ル明白ナル問題ニ關シテ政府ガ答辯ヲ憚ルト云フ事柄ハ、實ニ遺憾ノ至リニ堪ヘナイノデアル、望月小太郎君ガ長イ間ノ演説ヲセラレタ、長イ文句ノ理由ヲ臚列セラレタル質問書ニ對シテハ、外務大臣ハ卽座ニ答辯ヲシタコトガアル、然ルニ本員等ノソレヨリハ一層明白ニシテ且答ヘ易ヤ問題ニ對シテハ之ヲ躊躇スル、殆ド私ハ驚入ルノ外ハナイノデアル、本員モ豫メ此質問書ヲ出シテ置イテ答辯ノ機會ヲ授ケテ置イタニモ拘ラズ、尙今日ニ至ッテモ答辯ヲシナイ、ト云フコトハ、許スベカラザルコトデアル、外務當局ノ此場所ニ來リテ居ルヤ否ヤハ存ジマセヌケレドモ、答辯ガ出來ルナラバスルガ宜シ、出來ナイナラバ出來ナイデ宜シイ、答辯ヲ爲スベシ、又ハ答辯ヲナサズト云フコトノ答辯ヲ煩ハシタイタメニ會期切迫ノ今日ニ當リマシテ、誠ニ諸君ニ對シテハ痛入ッタ次第デハアリマスケレドモ、據處ナク此壇ニ立ッテ此結末ヲ付ケナケレバナラヌ、趣意ニ於キマシテ、極ク要領ヲ摘ンデ催促旁ゝ此演説ヲ致シタ次第デアリマス

○奧野市次郎君　本員ハヤハリ花井君ノヤウナ大問題デハナイ、極メテ小問題デアリマスカラ、玆カラ申上ゲマス、本員モヤハリ政府ニ質問ヲ提出シテアリマシタガ、マダ答辯ヲ得ナイ、花井君ノ如キ大問題デナイダケニ政府ニ向ッテ攻撃的ノ態度ヲ取ルノデハアリマセヌガ、今日ヲ以テ會期ノ盡クルノデアリマスカラ、本員ノ質問ニ對シテ答辯アランコトヲ要求致シマス、其質問書ハ故坂上田村麿旌表ニ關スルコトデアル、此事ハ既ニ貴族院ニ於テモ衆議院ニ於テモ建議案ガ通過致シマシテ、而モ平和克復ノ後ニ實行ヲ期スルト云フ建議ノ趣意デアル、兩院ガ一致シテ建議ニナッテ居ルコトハ政府ハ之ニ重キヲ措カルヽガ相當デアラウト思フ、然ルニ政府ハ今ニ至ルマデ其事ナク、而シテ本員ヨリ提出ヲ致シタルトコロノ質問書ニ對シテモ其答辯ヲ致サヌト云フコトハ、甚ダ遺憾トスルトコロデアリマスカラ、今期既ニ盡キントスル今日ノコトユヱ、當局者ノ答辯アランコトヲ望ンデ置キマス

第十一　（特別報告第四十八號）韓國横貫鐵道速成ノ請願　（委員長報告）

○横井時雄君　日程第十、ハ第十七ト聯關シテ報告スルコトニ御許ヲ願ヒタイ（「贊成々々」ト呼フ者アリ）韓國横貫鐵道速成ノ請願、韓國元山港西町一丁目三十七番地平民居留民團長、長島貫介君外一名是ニ係リマス、此請願ノ要旨ハ北韓一圓ノ地ハ今日デハ誠ニ交通ガ不便デアッテ、三日若ハ五日ニ一回位ノ不定期ナル内外ノ釜山經由航路ニ依ッテ、サウシテ韓國ノ南韓ニ通ロテ居ルノデアリマス、デ我國トモ日本海ヲ隔テ、相對シテ居リマス、ケレドモ我國トノ交通モ亦頗ル今日ハ不便デアル、畢竟斯ノ如キ不便利ノ事情ニ居ルト云フモノハ、其元山ト京城若クハ平壤トニ對シテ交通ガ殆ド杜絶セレテ居ル有様デアル、山トカ川トカ云フモノ、天然ハ障礙ノタメニ、今日デハ殆ド交通杜絶ト云フテモ宜シイ有様ニアルノデアル、若シ此交通ヲ開クトキニハ北韓一圓ノ地ハ、漁業又ハ其他ノ農産物ナドヲ或ハ平壤ノ方、又ハ京城ノ方ヘ輸出サレ、或ハ又我國ト交通ガ頻繁ニナルタメニ輸出スルトコロノ便利ガ開ケルト云フ望ガアリマスガタメニ、非常ノ開發ヲ見ルデアラウト云フコトデアル、ドウカ早ク此韓國横貫鐵道ヲ架ケテ貰ヒタイ、若シ政府ニシテ之ヲ架ケルコトガ出來ナイト云フナラバ、民業ニシテ相當ノ利益補給ヲシテ貰ヒタイト云フコトガ此請願デアリマス、ソレカラ其次ノ日程第十七ノ韓國鎭南浦元山間横貫鐵道速成ノ請願ノ趣旨ハ略ゞ是ト似テ居リマスルガ、是ハ平壤ヲ主點トシテ平壤カラ鎭南浦ニ至リ、又平壤カラ元山ニ達スルトコロノ鐵道、卽チ二百哩バカリノモノヲ成ルベク速ニ架設シテ貰ヒタイ、是モ亦政府ニ於テ之ヲ架設スルコトガ出來ナイト云フナラバ、民業ニ對シテ相當ナ年限ノ間利益保護ヲシテ貰ヒタイト云フ請願デアリマス、此事ニ付キマシテハ韓國ヨリ平壤、元山鎭南浦カラ代表的ノ人ミガ出張セラレテ居リマスコトハ、諸君モ略ゞ御承知ノコトデアラウト考ヘマス、其說明スルトコロニ依リマスト、元山ト平壤ノ間ハ日淸戰爭以來非常ナル交通ノ不便ノ所デアッテ、軍隊ナドノ元山カラシテ平壤ヲ攻ムルトヤハ非常ニ困難ヲ爲シタト云フコトハ、吾ミガ記憶ニ存シテ居ルトコロデアリマスガ、近頃段々調査ノ結果、一直線ノ道ヲ取ラズシテ、餘程北ノ方ニ迂回シテ道ヲ取ルトキハ、比較的容易ニ鐵道ヲ架設セラルヽト云フ望ガアルヤウデアリマス、此邊ノコトモ段々新聞ナドニモチョイ〳〵現ハレテ居ッテ、諸君ノ御承知ノコトデアラウト思フ、兎ニ角此北韓一體ノ地ヲ開發スルニハ、元山ト韓國ノ縱貫鐵道ニドコソコニ持ッテ來テ連絡ヲ附ケルト云フ道ガナケレバ、韓國ノ經營ト云フモノハ到底望ムベカラザルモノデアラウト、委員會ニ於テハ認メタノデゴザイマス、ソレ故ニ其詳細ナル設計等ニ付イテハ固ヨリ是ハ今日議スベキコトデアリマセヌガ、此横貫鐵道ノ必要ト云フコトハ、十分ノ同情ヲ以テ迎ヘルコトデアリマシテ、二件トモ採擇スルコトニナリマシタ

○議長（杉田定一君）　日程第十一、委員長報告通御異議ハゴザイマセヌカ

（「異議ナシ異議ナシ」ト呼フ者アリ）

○議長（杉田定一君）　御異議ガナイト認メマス、唯今委員長ヨリ報告ニナリマシタ、日程第十七、韓國鎭南浦元山間横貫鐵道速成ノ請願ヲ日程ヲ變更シテ、此際議スルコトニ御異議アリマセヌカ

（「異議ナシ」ト呼フ者アリ）

○議長（杉田定一君）　御異議ハナイト認メマス、日程第十七ヲ議題ニ供シマス

第十七　（特別報告第五十六號）韓國鎭南浦元山間横貫鐵道速成ノ請願　（委員長報告）

○議長（杉田定一君）　御異議ハナイト認メマス、日程第十二、屯田兵恩給及給與ニ關スル請願、委員長報告

（「異議ナシ」ト呼フ者アリ）

第二十　裁判所、臺灣總督府法院、統監府法務院、又ハ理事廳ト關東都督府法院トノ間ニ於ケル法律上ノ共助ニ關スル法律案(政府提出)　第一讀會(委員長報告)

○恆松隆慶君　直ニ二讀會ヲ開キ、此問題ハ長タラシイ問題デゴザイマスガ、讀會ヲ省略シテ確定セラレムコトヲ望ミマス

○議長(杉田定一君)　本案ノ二讀會ヲ開クト云フニ御異議ハアリマセヌカ

〔「異議ナシ」ト呼フ者アリ〕

○議長(杉田定一君)　御異議ハナイト認メマス

○恆松隆慶君　讀會ヲ省略シテ確定セラレンコトヲ望ミマス

○議長(杉田定一君)　恆松君發議ノ通リ讀會ヲ省略シテ確定スルニ御異議ハアリマセヌカ

〔「異議ナシ」ト呼フ者アリ〕

○議長(杉田定一君)　御異議ハナイト認メマス

裁判所臺灣總督府法院統監府法務院又ハ理事廳ト關東都督府法院トノ間ニ於ケル法律上ノ共助ニ關スル法律案　確定議

○議長(杉田定一君)　委員長報告通リ御異議アリマセヌカ

〔「異議ナシ」ト呼フ者アリ〕

○議長(杉田定一君)　御異議ガナイト認メマス、是ニテ本案ハ確定致シマシタ、報告ガアリマス

明治四十年三月二十八日　質問ニ關スル答辯書

衆議院議員花井卓藏君提出對韓政策ニ關スル質問ニ對シ別紙答辯書差進候也

明治四十年三月二十七日

内閣總理大臣侯爵西園寺公望

衆議院議長杉田定一殿

衆議院議員花井卓藏君提出對韓政策ニ關スル質問ニ對スル答辯書

第一項乃至第四項

日韓兩國ノ間ニ關稅同盟ヲ設クヘキヤ否ヤハ兩國ノ經濟關係及外國トノ貿易其他諸般ノ關係ニ鑑ミ愼重審議ヲ盡シタル後ニ於テ始メテ決定シ得ヘキ問題ニシテ帝國政府ハ本問題ニ付キ未タ何等決定ニ到ラサルナリ

第五項

韓國ニ於ケル帝國ノ優越ナル地位ハ帝國政府常ニ之ヲ內外ニ聲明シテ敢テ渝ルコトナキ所ニシテ之ヲ辭讓スルノ態度ヲ採リタルコトナク又國際法上竝條約上保護ノ關係ヲ否定シタルコトナシ

右及答辯候也

明治四十年三月二十七日

大藏大臣法學博士阪谷芳郎

外務大臣子爵林董

○議長（杉田定一君）　議員諸君、第二十三回帝國議會ハ本日ヲ以テ會期終了トナリマシタ、今期議會ハ戰後ニ於ケル第二回ノ議會ニシテ、軍政財政ノ整頓竝ニ國力ノ發展ニ伴フ、內外ノ施設等最モ複雜ナル諸般ノ大計畫ヲ議定スルトコノ大責任アル議會デアリマス、本會期中本會ヲ開キマシタル日數ハ二十三日、又委員會ヲ開キタル日數ハ五十二日デアリマス、政府及議員諸君ノ提出ニ係ル議案竝ニ特別報告ノ請願等ヲ合セテ、總數二百三十餘件デアリマスルガ、今日マデニ殆ド議了致シマシテ、未了ノモノハ極メテ僅少ニ過ギナイノデアリマス、今最モ重要ノモノヲ擧ゲマスレバ、明治四十年度ノ本豫算及三十九、四十兩年度ノ追加豫算ヲ通ジテ、六億二千餘万圓ノ支出ニ協贊ヲ與ヘ、法律案ニテハ多年ノ宿題トナレル刑法改正案ノ如キ、十分ノ審議討究ヲ經テ兩院ヲ通過セシメマシタコトハ諸君ト共ニ滿足ヲ表スルトコロデアリマス（拍手起ル）其他地方自治、財政、交通、農事、敎育、衞生及韓國、樺太、關東州等ニ關スル各種議案ニ協贊致シ、殊ニ今期議會ニ於テハ請願ニ對スル法律案ヲ起草シタルガ如キハ、最モ著シキ進步ト言ハナケレバナリマセヌ（拍手起ル）顧フニ諸君ハ戰時ニアッテハ、國民後援ノ實ヲ擧ゲ、平和克復セラルヽヤ、戰後ノ經營ヲ參畫シ、共國家ニ貢獻セラレレトコロ實ニ偉大ナリト言フベレ、是レ偏ニ諸君至誠奉公ノ然ラレムルトコロト雖モ、又憲政ノ賜ト謂ハザルヲ得ズ、玆ニ諸君、數月間ノ御勉强ヲ深謝シ、併セテ成績ノ一斑ヲ陳ベ、以テ閉會ノ辭ト致シマス、尙本期議會ニ於ケル議案ノ件數等ハ、例ニ依リ書記官長ヨリ報告ヲ致サセマス

（拍手起ル）

明治四十一年一月二十六日ニ　議長ノ報告

外交ニ關スル質問書

右成規ニ據リ提出候也

明治四十一年一月二十三日

提出者　望月小太郎

贊成者　尾崎行雄

外三十三人

外交ニ關スル質問趣意書

日露戰後帝國カ世界ニ於ケル外交上ノ地位ハ大ニ增進シタルニモ係ハラス最モ親密ノ關係アル米國ニ對スル移民問題ハ依然トシテ解決セス加フルニ同盟國タル大英帝國ノ領土加那太政府ニ對シテモ今ヤ亦同一ノ係爭問題ヲ生スルニ至レリ更ニ日英同盟日露日佛兩協約ノ主眼タル清國ノ保全ニ關シ而カモ日清兩國政府ノ意思多ク疏通セサルモノヽ如ク食鹽問題ニ防穀令事件ニ南滿鐵道ノ競爭線問題ニ鴨綠江森林事件ニ間島問題ニ事端愈ヽ滋クシテ交涉愈ヽ遷延セリ政府ハ宜シク以上移民問題竝ニ對淸外交問題ニ關スル一切交涉ノ顚末ヲ明示センコトヲ望ム

明治四十一年一月二十六日　　議長ノ報告

間島問題ニ關スル質問趣意書

右成規ニ據リ提出候也

明治四十一年一月二十五日

提出者　神藤才一

贊成者　大石正己

外五十二人

間島問題ニ關スル質問趣意書

間島ニ關スル日清兩國間ノ交渉問題タルヤ之カ解決ヲ速カニスルハ韓國發展上最大急務ナリト信ス然ルニ未タ之カ解決ヲ見ル能ハサルハ日清兩國民ノ最モ遺憾トスル所ナリ政府ハ之ニ對シ如何ナル處置ヲ採レリヤ

○望月小太郎君　諸君、事苟モ外國ニ關係致シマシタル重大問題ニ關シマシテハ、成ルベク精密ニ、仔細ニ、彼我當局者間交涉ノ實際ヲ調査致シマシテ、其賛クベキハ之ヲ助ケ、其譏ムベキハ之ヲ責メ、而モ或係爭問題ニ對シマシテハ之ニ假スニ一定ノ時日ヲ以テシ、而シテ後、斷案ヲスル、之ヲシモ尙且八百長演說ト云フナラバ本員ハ敢テ言ハン、凡ソ外交質問ノ最上式ハ八百長ナラザルベカラズ、定九郎ガ與市兵衞ヲビックリ仰天セシムルガ如キ暗打演說ハ國家ニ忠良ナル代議士ノ斷ジテ避ケナケレバナラヌコトデアルト、本員ハ斯様ナル信念ヲ有ッテ居ルノデアリマス、此信念ヲ有スルニモ拘ラズ、而モ本員ガ茲ニ質問セント欲スル移民問題竝ニ對淸問題ニ對シマシテ當局ノ經過ヲ見マスレバ、本員ハ遺憾ナガラ冒頭第一ニ我現當局者ノ外交政策ハ遲鈍ナリ、緩漫ナリ放縱ナリト云フコトノ疑ヲ抱クモノデアル、諸君、本員ハ短刀直入ニ何ガ故ニ現外交ハ遲鈍デアルカ、緩漫デアルカ、放縱デアルカト云フコトヲ、是ヨリ事實ノ上ニ付テ直チニ其疑問ノ肺腑ニ立入ッテ之ヲ立證シヤウト思フノデアリマス、第一ハ卽チ對米移民問題ノ經過デゴザイマス、諸君、一昨年十月桑港ニ於ケル學童事件、引續イテ同地ニ於ケル日本人ニ對スル暴行事件ハ、疑モナク一部ノ米國人ガ我國民ニ對シタルトコロノ凌辱デアル、否ナ、條約權ノ蹂躙デアル、併ナガラ當局ハ何事モ米國大統領竝ニ其國民多數ノ誠意ヲ信ジテ、此問題ヲ以テ一部ノ局面問題ト致シテ、此局面問題ノ交涉ニ全力ヲ注グノ外、更ニ此局面問題ノ根本的政策ニ溯ッナカッタト云フコトハ本員ノ疑デアル、何ヲカ根本的政策カト云ヘバ學童事件、暴行事件ノ其歸スル所ハ日本ノ移民問題デアル、何ガタメニ當局ハ此學童事件、暴行事件ノ當時ニ於テ此根本的タル移民問題ノ解決ニ向ッテ——米國政府ニ向ッテ少クトモ既往獲得シテ居ッタトコロノ既得權同様タル我移民權ヲバ如何ナル程度マデ、米國ヲシテ認步サセシムルカト云フコトヲ公言セシムルマデ、現存セルトコロノ日米通商條約第二條末項ノ改正ヲ提起スルコトヲシナカッタノデアルカ、是ガ一ノ疑問デアル、此根本的政策ノ解決ヲ採ラズシテ、卑屈的外交ト等ク尙其局部問題ニノミ解決ヲ下サウトシタノガ抑ゝ根本ノ誤リト本員ハ信ズル、論ヨリ證據、彼ノ暴行事件ノ損害賠償ハ一年有餘ノ今日ニ至リテ未ダ尙且解決セラレナイノデアル、此第一ノ手拔カリニ搗テ加ヘテ三月十四日米國ガ我邦ニ向ッテ事實上ノ轉航、移民禁制ヲ致スト云フ、彼ノ轉航移民禁制條例ハ今日之ヲ調査致シテ見マスレバ、豫メ米國政府ガ我政府ニ交涉シ、我政府ノ同意ヲ得テ發布シタト云フ事實ヲ本員ハ確認スルノデアル、諸君、此轉航拒絕條例ノ發布ノ時ニ於テ第二ニ當局ハナゼ自ラ進ンデ斯ル第二ノ侮辱的法案ヲ米國議會ニ通過セシメズシテ、我自ラ今日執ルトコロノ移民制限法ヲ採ッテナリトモ、此第二ノ侮辱條例ヲ通過セシムルコトヲ後日ニ保留シ得ラレタラット本員ハ信ズル、又ソレモ尙出來ナカッタト云フナラバ、轉航拒絕條例ノ交涉ヲ受ケタトキニハ、第三ニ進ンデ直航移民ノ問題ニ付テ、何カ交換的條件ヲ得ラレタ筈デアル、直言スレバ在米ノ我同胞七八万、竝ニ彼等ノ有ッテ居ルトコロノ數千「エーカル」ノ土地ニ對シテハ如何ナル種類ノ日本人ハ移住サセテモ差支ナイ、卽チ米國ニ於ケル日本人ガ其商業又ハ農業ノタメニ日本ニ於ケルトコロノ親類緣者若クハ朋友ヲ移住セシムルト云フコトニ於テハ、米國ハ之ニ全然同意ヲ與ヘヤウト云フガ如キノ交換條件ハ此轉航拒絕條例ノ交涉ヲ受ケタトキニナシ得ラレタトコロノ手續デアラウト本員ハ信ズル、然ルニ此第三ノ方策モ當局ハ講ゼナカッタ様ニ本員ハ疑フ、ノミナラズ、現外務大臣ハ本年ノ一月ニ於テ米國政府ニ向ヒ、日本政府ハ移民制限ヲ勵行スルト云フコトノ覺書ヲ提出シタノデアル、然ルニ其結果ハドウデアルカ、米國政府ガ日本政府ニ向ッテ提出シタトコロノ不平ニ據レバ昨年——四十年——此一箇年ニ於ケルトコロノ米國ニ對スル日本ノ移住民ハ其數三万人ニ及ンダト云フコトデアル、此三万人ノ大多數ノ移民ガ米國ニ上陸ヲ致シタ結果トシテ、米國政府ハ日本ノ外務大臣ノ與ヘタル右覺書ノ誠意ヲ疑ッタノデアル、此疑ッタ結果ハ直チニ米國議會ニ於テハ東洋人排斥法案ナルモノヲ提出致シ、是ハ目下米國議會ノ委員付託中ニナッテ居リマスガ、此東洋人排斥法案ナルモノハ、其實日米通商條約第二條末項ヲ立法的ニ規定シテ、斷然日本人ノ米國ニ移住スルトコロノ勞働ヲ、杜絕セヤウトスルトコロノ、是ハ平和的示威運動デアルト、本員ハ解釋スルノデアル、言ヒ換ヘレバ米國ハ此東洋人移民排斥法案ト云フ匕首ヲ懷ニシテ林外相ノ咽喉ヲ扼シ、米國ノ滿足スル程度マデ此移民ヲ制限スルニアラザレバ、吾ハ此法案ヲ議會ニ提出スルト云フコトガ、卽チ今日ニ於ケルトコロノ日本移民交涉ノ眞相デアルト本員ハ信ズルノデアリマス、諸君語ニ曰ク、一歩ヲ讓ル者ハ二歩ヲ蹈倒セラル、ナリ、曩ニ學童事件ニ付テ一歩ヲ讓リタル當局轉航拒絕條例ニ二歩ヲ讓ッタトコロノ當局、今ヤ第三ノ匕首ヲ懷ニサレテ交涉サレテ居ル今日ニ於テ、此第三ノ讓與ハ是ハ論理上ノ結果トシテ、本員今日日米移民交涉ノ我滿足スル程度ニ達セナイト云フコトハ、勿論ノコトデアル、當然ノコトデアルト解釋セナケレバナラヌ、其影響トシテ今日ハ我外相自カラガ米國ニ對シテ日本ノ誠意ヲ辯解スルトコロノ地位ニ立ッテ居ルノデアル、是ニ於テ我外相ハ如何ニスレバ日本ガ移民ヲ制限シツ、アルト云フ實情ヲ、米國ニ知ラシメルコトガ出來ルカ、一步進ンデ米國政府ハ如何ナル程度マデ日本ノ移民ヲ制限スルコトヲ希望スルデアルカト云フコトヲ、今回襲踏セル新任米國大使「オーブライアン」ニ向ッテ要求シタノデアル、諸君、本員ハ昨年現外相ガ桑港事件ニ對シテ之ヲ以テ一部問題ト致シテ、深ク靑木大使ノ技倆ニ信頼スルト云フコトノ報告ヲ此演壇ニ於テ聽イタトキニ、直チニ靑木大使ノ伯林ニ於ケル遼東半島還附ノ失敗ノ事實ヲ指摘シテ、當局者ヲ諷刺シタノデアル、今日ハ如何デアルカ、言ハヌコトハナイ、ソレ見タカ、靑木大使ノ今日ノ事情、大使ハ事實上呼還ヘサレタノデアリマス、而モ諸君一國ノ政府ノ代表者以上皇室ノ代表者タルベキトコロノ其大使其靑木大使ガ、桑港ヲ船出スルヤ否ヤ、直チニ之ニ向ッテ免職ヲ行ッタト云フコトハ、殆ド本員古今ノ外交歷史中其先例ヲ見ナイ程ノ處置デアル、此場合本員ハ靑木大使ヲ免職サレタ共實情ニ付キ責任ヲ以テ諸君ニ暴露シテ見タイト思フ、何トナレバ是ハ移民問題ニ關係ガアル、靑木大使ハ其駐米中願クバ移民問題ヲ根本的ニ解決スル手段トシテ、個人トシテ米國大統領ニ向ッテ日米協約ヲ提出シタノデアル、卽チ此日米協約ニ於テ日米各共領土ヲ侵略セザルコト、第二ニ太平洋ヲ世界ノ公海トシテ、日米兩國之ヲ監視スルコト、第三ニハ淸國ノ保全、竝ニ其門戶解放ハ之ヲ兩締盟國ニ於テ認識スルコト、云フ旨意ニ於テ、日米協約ヲ提出シ此日米協約ニ依ッテ以テ、日本人ノ米國ニ於ケルトコロノ歸化權ヲ得ルト同時ニ、他方ニハ今ヤ日本國民ノ上ニ加ヘラレントスル第三ノ侮辱、東洋移民排斥法案ナルモノ、制限ヲ緩和セヤウトシタノハ、卽チ此靑木大使ノ提案デアル、此提案ニ就テ「ルーズヴエルト」大統領ハ「オーブライアン」氏ヲ經テ、我外務省ニ向ッテ日本政府ノ眞意何レニ在ルカト交涉シタノデアル、此場合ニ現外相ハ此靑木大使ノ單獨的行動、言換フレバ本省ノ訓令ヲ受ケズシテ、靑木大使ガ米國大統領ニ提出シタ、此日米協約ニ對シテ認識セナカッタノデアル、言換フレバ林外相ハ、靑木大使ト云フ者ヲ以テ、林式ノ外交模型中ニ鑄潰スコトノ出來ナイ老骨デアルト云フコトカラ、代ユルニ高平大使ヲ以テシタノデアル、殷鑑遠カラズ高平大使ノ前途如何ハ別問題デアルガ、本員ノ問ハントスルトコロハ、今ヤ日米兩國間ニ於テ交涉中ニ關スル、其移民制限ニ向ッテ、日本政府ハ如何ナル方針ヲ有シテ居ルノデアルカ、學生商業者ノ旅行ノ外、日雇人足ハ勿論出サヌトシテ見タトコロガ、米國ニ於ケル日本人ガ其商業、其農事、開教ノタメニ言換ヘレバ財産保護ノタメニ、日本ニ於ケルトコロノ同胞人ヲ輸入シテナリトモ、共同組織ノ下ニ、組合組織ノ下ニ此渡航ヲ希望スル場合ニ於テハ、外務當局ハ之ヲ許サヌト云フ御方針デアルヤ否ヤ、將又日米間ノ前途ヲ慮フルガタメ、全然勞働者ナルモノヲ禁ズルノ御趣意デアルカ、序ナガラ此二三日前ニ於テ外務當局ハ布哇移民制限マデモ、勵行シツヽアルノデアルガ、布哇ニ於ケル日本勞働者ガ歡迎セラル、ト云フコトハ、今更ノコトデナイ、其歡迎セラル、布哇ニ向ッテ此移民ヲ制限スルト云フ此二三日來ノ行動ハ、是モ又其實米國當局ノ要求ニ應ジテ已ムナク當局ガ此行政命令ヲ發シタト云フコトデアルガ、若シ是ガ事實デアレバ、何ノ必要アッテ發シタノデアルカ、外務大臣ハ昨冬我移民ノ前途ハ唯南米アルノミト云ハレマシタガ、何ヲ作ル者ハ誰ゾ、本員ハ恐ル、此北米ニ於ケルトコロノ排日的氣焔ハ必ズヤ南米ニ及ブト云フコトヲ今ヨリ豫知スルニ若シクナイ、否現ニ歸朝シテ居ラル、トコロノ荒川公使ハ、中米「メキシコ」ニ於ケル移民我同胞ガ罪人同樣ノ取扱ヲ受ケ、其鑛山ノ苦役ニ堪ヘナイデ、他ニ逃出サウトスルヲ銃ヲ擬シテ番人ガ之ヲ脅迫シツヽアルト云フコトハ、思フニ本員ノミナラズ當外務大臣ノ親シク耳ニセラレテ居ルトコロト思フ、若シ事實ナリトスレバ、何ガタメニ之ヲ保護スルニ躊躇スルカ、秦ノ始皇ナラザル現外相ノ移民政策ハ、海外ニ於ケル同胞ヲ生埋ニスルト謂ハレテモ、是ハ辯解ガナカラウト思フ、諸君、斯ノ如ク日米移民問題ニ關シテハ、一歩々々困メラレタル結果、昨年外務大臣ハ外交ノ秘訣ハ凡ソ相手國ヲシテ、我申込ニ同意セシムルニ在リト言ハレタガ、果シテ外交ノ秘訣ハ相手國ヲシテ我要求通リニセシムルニ在リトシタナラバ、米國外交ノ上出來ト共ニ、我外交ノ不出來言換ヘレバ外務大臣トシテノ試驗ニハ、外相自ラ落第ナサレタノデハナイカト、本員ハ疑ヲ抱ク、斯ノ如ク米國ニ於ケルトコロノ、日本移民問題ニ對スル我當局ノ施設計畫ガ、遲鈍ニ緩漫ニ放縱ナル其影響ハ恰モ野火ノ如ク直チニ加奈陀ニ類燒致シ、サナキダニ加奈陀ニ於ケル日本勞働者排斥ト云フ氣運ハ、一層ノ火ノ手ヲ揚ゲテ來ッタノガ、卽チ加奈陀移民問題デアル、諸君、加奈陀ト日本ノ間ニハ、明治二十九年一月條約ヲ締結致シタ、此條約ハ卽チ加奈陀ガ日英條約ニ加入シタモノデアルガ、其日英間ニ締結シタル通商條約第四條ニハ明々白々加奈陀ニ於ケル我移民ノ自由並ニ旅行ノ權利ヲ確保シテ居ルノデアル、其日英通商條約第一條ニ曰ク「兩締盟國一方ノ臣民ハ他ノ一方ノ版圖内ノ何レノ所ニ旅行或ハ居住スルモ全ク自由ナルヘク其身體財産ニ對シテハ完全ノ保護ヲ享受スヘシ」ト明記シテアル、故ニ數年來加奈陀ノ上陸地點タル「ブリチシュコロンビア」洲ニ於テハ、排日的氣運ノ熾ンナコト、並ニ此氣運ノ火藥庫ノ爆裂セザリシ所以ト云フモノハ、此日英同盟ニ縛ラレテ止ムナクモ彼等ハ條約上我慢シテ居ッタ所ガ、時ナル哉隣邦北米ニ於ケル我當局者ノ外交緩漫ナル結果、米國ヲシテ匕首ヲ懷中ニシテ、我ニ臨マシメタル此氣運ヲ見込ンダ加奈陀ニ於ケル排日的伏兵ハ突貫シテ、直チニ米國ノ匕首タルベキ東洋人排斥法案ト同ジ效能ヲ有スル「ナタル」法案トテ、試驗法ヲ以テ日本國民ヲ入國サセナイト云フ議案ガ、是モ亦「ブリチシュコロンビア」洲ニ提出シテアルト云フ有樣デ、此米國ニ於ケル匕首ヲ示サレタトコロノ加奈陀ヘ、直チニ「ナタル」法案ト云フ長刀ヲ鳴ラシテ其政府ニ迫リ、其結果「レミュー」大臣ガ昨冬十一月日本ニ來ラレタノデアル、諸君、本員ハ親シク「レミュー」大臣ニ面會ヲシテ、彼ガ日本政府ニ提供シヤウトスル要點ヲ承ッテ見マスルニ、此日加條約以前ヨリシテ、我政府ハ加奈陀在留ノ能勢領事ヲシテ加奈陀政府ニ向ッテ、日本ガ任意的ニ移民ヲ制限スルト云フトコロノ公文書ヲ以テ、數回言質ヲ與ヘタノヲ見タノデアル、此言質ハ加奈陀政府ガ日本政府ノ德義的言質ト致シテ、此言質ニ從ッテ日本政府ハ加奈陀ノ移民制限スルトコロノ人數マデ限レヨト要求シタ、ケレドモ我政府ハソレハ條約上ニ於テハ出來ナイガ、相當ノ滿足ヲ與ヘテヤラウト云フ、其滿足ノ結果、日本ノ與ヘタトコロノ覺書ハ頃日來「レミュー」大臣ガ加奈陀ノ議會ニ報告スルトコロニ依ッテ見レバ、加奈陀政府ノ滿足スル程度ニ於テ、日本政府ガ與ヘタト云フコトデアル、諸君、本來加奈陀ハ我同盟國タル英國ノ領土デアル、此領土ノ加奈陀ニ對シテ移民問題ノ解決ニ付テ、我當局者ハ敏活ニシテ且機急ナランカ、賢明ナル英國大使「サークロードマクドナル」氏ヲ經テ北米事件ノ起ル此時早ク加奈陀ニ於ケルトコロノ禍ヲ未發ニ防キ得ルコトガ出來タラウト思フ、然ルニ何事モ受働的否ナ、寧ロ遲鈍緩漫放縱ノ結果ハ、來ルベキ必要ナキトコロノ「レミュー」大臣ノ來朝トナリ、來レバ相當ノ土產ヲ持タシテヤラナケレバナラヌ、均シク是レ與フル以上ハ、又與ヘナケレバナラヌ程ノ國際的關係ノアル國ニ向ッテ、何ントテ我自ヲ退イテ彼ノ來朝ヲ待タズシテ我自ラ進ンデ其雅量ヲ示スダケノ畫策ガナカッタカト云フコトデアル、況ンヤ其覺書ハ如何ナルモノデアルカ知ラヌガ、彼ノ滿足スルト云フコトデアレバ、思フニ是レ制限的覺書ニ相違ナイ、此制限的覺書ヲ提出スベキ必要ハ何レニアルカ、斯ク申セバ外務大臣ハ明治二十九年法律第七十號ニ與ヘラレタル移民保護法第四條ニ「移民保護ノ爲メ若クハ公安維持ノ爲メ又ハ外交上必要ト認ムル場合ハ移民ノ渡航ヲ差止メ又ハ其許可ヲ取消スコトヲ得」ト斯ウ云フ外務大臣ハ權能ヲ持ッテ居ルカラ、外交上必要ノ場合ニハ條約ノ如何ニ拘ラズ、移民ヲ制限スルト言ハレヤウガ、記憶セヨ、條約權ナルモノハ法律以上ノ權力ヲ有スルモノデアル、此條約權ナルモノハ法律以上ノ最高權力デアルト云フコトハ根本的解決ヲ桑港問題ニ於テ提出シナカッタ結果ガ、米國憲法第四條第六條ヲ有耶無耶ノ間ニ葬ラシタノデアル、是ガ昨年ノ失敗、此昨年ノ失敗ハ焉ゾ知ラン加奈陀ニ與ヘタトコロノ其覺書中ニモ痕跡ヲ殘サザルヤ否ヤ、此點ハ本員ガ此日本當局者ガ加奈陀ニ與ヘタトコロノ覺書ヲ當局ヨリシテ公示セラレタ曉ニ、更ニ細論スルコトニ致シテ、要スル點ハ、日本政府ガ今日マデ亞米利加政府ト往復シタトコロノ一切ノ書類、並ニ加奈陀ニ向ッテ往復セラレタ一切ノ書類ヲ茲ニ公示セラル、コトハ、此移民問題ハ外交ノ機密ニアラズ、通商條約上カラ胚胎シテ來タルモノトスレバ、スル程當局者ハ遺憾ナク茲ニ其技倆ヲ吾々國民ノ前ニ示サレンコトヲ要求スルノデアル、是ヨリ對淸問題ニ付イテ、當局ノ交涉顚末ヲ質問シヤウト思フノデアル、諸君、對淸問題ニ付イテ本員ハ愈々進ンデ當局ノ實際ニ交涉シツヽ、アルトコロノ顚末ヲ研究スレバ、研究スル程我對淸政策ハ又對米政策ト等シク其對策交涉ハ啻ニ遲鈍緩漫放縱ナルノミナラズ、高等政策ニ於テハ支離滅裂前後一貫セザルト云フコトノ疑ヲ懷クモノデアル、諸君、西園寺總理ハ現內閣ヲ搆ヘルトキニ於テ、二十二議會ノ當時ニ於テ其施政方針ノ演說中、外交ノ急務トシテハ淸國ト益々親睦ヲ厚フシ、我ガ帝國ノ至誠ヲ貫徹セシメ、共ニ文明ノ巷ニ駢進スルハ我外交ノ急務ナリト、斯ウ言ハレタコトハ實ハ日露戰爭以後、我國民ガ擧國一致淸國ニ對スルトコロノ國情デアル、國望デアル、然ルニ此國情此國望ハ二年有餘ヲ經タル今日ニ於テ、果シテ如何デアルカ、忌憚ナク本員ヲシテ言ハシメバ、日淸兩國人ノ感情ハ疑心一點互ニ相通ゼントスルニモ拘ハラズ、若シソレ日淸兩政府ノ意思ニ至ッテハ全然阻格シテ事々物々亂麻ノ如ク交涉又交涉、遂ニ一事ノ釋然トシテ氷解スルトコロナキ今日外交ノ有樣ハ果シテ淸廷ノ頑迷不靈之ヲシテ然ラシムルモノデアルカ、抑々又我當局ノ所謂至誠ナルモノハ、其實紙上一片ノ空言ニシテ事實ノ之ニ伴ハナイモノガアルデハナイカ、本員ハ是ヨリ其事實ニ向ッテ質問シヤウト思フノデアル、何トナレバ日英同盟ト云ヒ、日佛日露ノ兩協約ハ、其目的ハ淸國ノ保全ニアッテ、我國民ノ淸國ニ對スル感情ハ所謂唇齒輔車同文同族ノ此親密ナル赤誠ヲ以テ北淸事件ニ日露事件ニ將ニ陸沈セントスルトコロノ淸國ヲ、外國禍亂擾奪ノ渦中ヨリ救上ゲテ、何卒一日モ早ク淸國ノ變法自彊以テ西方ノ雄國タランコトヲ希望シテ居ル、此日本國民ノ熱情ハ縱シンバ淸國當局ノ官吏之ヲ忘ルヽモ四百餘洲ノ山川鬼神豈之ヲ忘レンヤト云フ其關係、其實情ヨリ申スモ、而モ日佛、日露ノ兩協約ハ偶ヽ以テ淸國上下ニ不安ヲ起サシメツヽアル、今日ノ現狀我外相ハ斷ジテサル事無シト委員會ニ於テ大石君ニ答辯セラレタケレドモ、眉毛ノ塵ハ智者ト雖モ之ヲ拂フコトガ出來ナイモノデアル、本員ハ事實ニ徵シテ日淸兩政府ノ意志ハ疏通シナイト云フコトヲ證明シヤウト思フ、其一ハ食鹽問題デアル、御承知ノ如ク、盛京省ノ全體カラ生ズルトコロノ食鹽ハ約五十万石、其內日本ノ租借地カラ出來ルトコロノモノハ三分ノ一卽十七万石デアル、而シテ盛京省全體ノ歲入ハ七八百万圓、此七八百万圓ノ三分ノ一ハ淸國政府――露國ガ關東ヲ租借シタ時代ニ於テモ、此五十万石ノ鹽ニ向ッテ租借地ノ鹽ヲ引括メテ此五十万石ノモノニ對シテ一石四圓五十錢ノ稅ヲ取ッテ、彼是レ二百二十五万圓、卽歲入ノ三分ノ一ヲ充シテ居ッタノデアリマス、然ルニ日本ガ關東ヲ租借スルニ及ンデ、都督府ハ此關東州ノ僅カ十七万石ノ鹽ニ付テ、之ヲ日本ノ租借地ヨリシテ租借地以外ノ滿洲ヘ入レル場合ニ於テハ淸國政府ハ支那人同樣四圓五十錢ノ稅金ヲ拂ッテ呉レヨ、斯樣ナル財政ノ事情デアルト述ベタニ拘ハラズ、我當局ハ斷ジテ之ニ應セズ、遂ニ種々雜多ノ交涉ノ結果、然ラバ四圓仕拂ハウ、就テハ其中二圓丈ハ更ニ淸國政府ヨリ戾稅トシテ都督府ノ行政改革費ニ充テ、呉レヨト云フ、要求ヲシタ、淸廷焉ゾ是ニ應ズルコトヲ得ンヤ、其結果然ラバ淸國ニ於テハ日本租借地ニ於テ一石三圓ニ買上ゲマセウ、是ニ付テ妥協ノ途ヲ願ヒタイト言フニモ拘ハラズ、現當局ハ之ニ向ッテ一刀兩斷ノ處置ヲ與ヘナイノデアリマス、其二ハ防穀令事件デアル、滿洲開發ノタメニ我國ハ滿洲唯一ノ農產物タル小麥、大豆等ノ穀物ヲ滿洲以外ニ賣出スヤウニ致サセヤウト云フ忠言ヲ淸廷ニ提出シテ、所謂淸國全體ニ行ハレテ居ルトコロノ防穀令ニ對シテ滿洲ノ除外例ヲ求メタノデアル、所ガ大豆粕等ハ大連カラ日本ニ參リマスケレドモ、滿洲唯一ノ大產物タル小麥、約二千万石ニ至ッテハ斷ジテ應ジナイ、而モ之ヲ海外ニ輸出シテ市場ヲ求メルト云フコトハ淸國自身ノ利益デアルニ拘ハラズ、淸國ハ我忠告ヲ聽カナイノデアル、所ガ本員ハ進ンデ之ヲ事實ニ徵シテ見マスルト云フト、日本ノ忠言ヲ聽カナイトコロノ淸國ハ、北ノ方露西亞トノ境界ニ於テ沿海州竝ニ浦潮斯德ニ向ッテハ公々然トシテ此二千万石ノ小麥ヲ輸出シテ居ルノデアリマス、加之昨年七月我國ノ大連ニ稅關ヲ設ケルトキノ條件トシテ、我ハ南滿洲ニ稅關ヲ設ケタナラバ、露西亞ニハ北滿洲ニ稅關ヲ設ケサセヤウト云フ條件ノ下ニ大連稅關ヲ設ケタニ拘ハラズ、今日淸國ハ露國ニ向ッテ其北方ノ稅關豫定地タルトコロノ滿州里、及ヒ「ニコリスク」附近ニ於テモ今以テ之ヲ要求セナイノデアル、一言スレバ滿洲ニ於ケル淸國ノ態度ハ露國ニ厚ウシテ日本ニ薄イト云フ實情ヲ諸君ハ御承知ヲ願ヒタイノデアル、其三ハ鴨綠江森林伐採事件デアリマス、是ハ日淸共同事業トシテ共ニ提携シテ、一日モ早ク此天產ヲ開發セナケレバナラヌノデアル、然ルニ兩國ノ意志ガ一致シナイ、日本ノ要求ハ曰ク、鴨綠江淸里二百里ノ外ニ向ッテ、渾江七十淸里ノ區域ヲ籠メテシマハウ、斯ウ云フ希望、淸國ハ鴨綠江ノ帽兒山ヨリ二十道溝迄ノ間ハ許スガ、但是ハ左岸ノ六十淸里迄ヲ限リトスル、渾江ハ之ヲ除キタイ、何トナレバ渾江ハ現淸廷發祥ノ古キ宮タル、彼ノ興宮ノ名稱ノアル處、竝ニ陶鹿ト云フ御獵場ノアル處デアルカラ之ヲ除イテ呉レヨト云フノデ、此事モ今以テ懸案問題トナリ、遂ニ共結果ハ日淸共同ノ會社ハ名ノミニシテ實無ク、淸國ハ自分ノ國人ヲ以テ社長トシ、理事者ニハ日本人支那人ヲ二人共入レヤウト云フ無理ノ交涉マデ申シテ此確執モ今以テ解決セナイト云フ有樣、其四ハ間島問題デアリマスルガ、此事ニ付テハ神藤博士ガ旣ニ特殊ノ質問ヲ提出シテアリマスカラ、是ダケハ神藤博士ト八百長ノ打合ヲ致シテ置キマシタカラ、其細目ハ神藤博士カラ說明セラル、コト、致シ、本員ノ言ハント欲スルトコロハ抑ヽ四百年間滿韓混沌タル地境權ノ確定――此間島ト云フ一角ノ其地域ヲ明白ニスルト云フ必要何處ニアルカト云フコトデアリマス、サナキダニ領土保全ヲ主張シタル日本、サナキダニ風聲鶴唳ニ驚クトコロノ淸廷、其領土保全ノ主張者タル日本ガ間島問題ノ地域ヲ確定シヤウト云フノハ、彼等カラ見レバ是ハ名ニシテ、實ハ淸國ノ領土ヲ蠶食スルノ端緖デハナイカト云フ疑ヲ懷クノハ勿論デアル、是等ノ問題ニ付テモ是亦日淸兩國ノ和協セザルトコロノ一證デアッテ、最後ノ一證ハダ、極メテ本員ガ有力ナル問題ト思フノハ、卽チ南滿線竝行問題デアル、其南滿鐵道竝行線ノ解決如何ニ於テハ此南滿鐵道ハ全ク滅亡スルノデアリマス、我當局ハ北京條約ノ覺書ノ中ニ「現ニ奉天ヨリ新民屯ニ至ル鐵道ハ之ヲ淸國ニ讓ルヘシ」ト云フ條約ヲ楯ニ取ッテ、此鐵道ヲ淸國ニ讓渡シタト言ヒマセウガ、是ハ「現ニ」トアルコトデ、戰爭ノ當時ニ於テハ我國ハ奉天カラ新民屯マデ物資供給ノ便ニ供センガタメ輕便鐵道ヲ設ケタノデアル、然ルニ戰爭ガ熄ムト同時ニ後藤男ノ所謂野戰病主義ヨリシテ此鐵道ヲ更ニ廣キ鐵道ニ改築シタ、其改築シタモノヲ外務大臣ガ昨年ノ五月タッタ百六十万兩ト云フ目腐レ金ヲ以テ淸國ニ賣飛バサレタノデアル、此賣飛バサレタノハ北京條約ニ從フト仰ッシヤルカ知ラヌガ、本員ノ聞カントスルトコロハ北京條約ノ覺書ニハ「現ニ」トアルノデ、元ノ輕便「レール」其儘ヲ意味スルノデ、輕便「レール」ヲ改築シタ普通ノ鐵道ト爲シタモノヲ意味スルノデハナイ、何トナレバ北京條約ノ覺書ノ第二項ニ依レバ淸國ハ南滿線ト竝行シ、若クハ其利益ヲ害スルガ如キ鐵道ノ計畫ヲ爲サズト云フ條件ガアル、此條件ヲ楯ニ取ッタナラバドウセ賣ラナケレバナラヌト云フ、小村伯ガヤリ損ヒノ條約ガ後ノ祟リヲ爲シタニシテモ、新ラシク改築シタトコロノ鐵道ヲ讓渡ス必要ガ何レニアルカ、此奉天新民屯鐵道ヲ讓渡サレタ結果、南滿鐵道ハ如何デゴザイマセウ、恰モ胴腹ニ向ッテ、隧道ヲ穿タレタヤウナモノデアル、奉天以北ノ北滿洲ノ產物ハ、大連ヲ經由セズシテ、此奉天カラ新民屯ニ到ッテ關外鐵道ヲ經テ、營口秦皇島ヘ集ッテ來ルコトニナッタ、此新民屯奉天ノ鐵道ヲ讓與レタ、メニ、南滿ノ社債ハ昨年英米二國ニ於テ失敗シタコトハ、是ハ賢明ナル外務當局者ガ英米諸國カラ親シク聞カナケレバナラヌ事實デアルト信ズル、是レ尙忍ブベシトスルモ、旣ニ奉天新民屯ノ線ヲ得タ淸國ハ更ニ新民屯ヨリ法庫門ニ至ル五十哩ノ鐵道測量ヲ、昨年十一月英人「オリーバー」ニ囑託シテ爲サシメタ時ニ、我當局者ハ手ヲ拱イテ何ノ故障モ言ハナカッタ、而シテ昨今ニ至ッテ、支那政府ガ英國人ニ此工事ノ受負ノ契約ヲ調印セシムルニ於テ、初テ是ニ故障ヲ申込ンダト云フ程機敏ナルトコロノ對淸政策、諸君若シ此新民屯ヨリ法庫門ニ鐵道ガ開通致シマシタナラバ、法庫門ヨリ齊々哈爾ニ向ッテ早晚聯絡スル、斯クナル曉ハ黑龍江省全般ノ產物ハ、申スニ及バズ、鐵道沿岸ノ物資是ガタメニ生キテ居ル、南滿鐵道ハ全ク滿洲產物ノ大動脈トナル能ハズシテ、彼ノ法庫門カラ新民屯續イテ關外鐵道ノ淸國ノ鐵道コソ、滿洲ノ大動脈トナッタ曉ニハ、堂々タル二億万圓ノ南滿鐵道ハ、恰モ大蛇ノ死骸ノ如ク滿洲ノ原野ニ橫ハッテ來ル有樣トナル、共際ニ僅カニ長春カラ吉林ニ至ル吉長線ノ目下日淸兩國ニ於テ測量中デアルト云フケレドモ、南滿鐵道ガ大蛇ノ死骸トナッタ曉ハ、吉長線ガ出來タトコロガ唯是レ大蛇ノ死骸カラ蚯蚓一疋這出シタ位ノ結果ニ過ギナイト思フ此他對淸問題ハ、事端愈ヽ滋クシテ交涉愈ヽ遷延シ、昨日斯ノ如ク今日亦然リ、明日ノ事推シテ知ルベシト、本員ハ言フノデアル要スルニ、我對淸外交ノ目的ハ一貫シナイノデ、卽チ日本ノ誠意ヲ貫徹セシムルダケノ方法ガマダ講ゼラレテ居ラナイ、是ガタメニ日佛日路ノ兩協約ハ出來上ッテモ、清廷ハ我至誠ニ感ジナイ、斯ウ云フ經過ヲ見ルニ付テ、本員ハ林外務大臣ノ外交ヲ評シテ龍ヲ畫イテ眼ヲ點ゼザルガ如シ、佛ケ作ッテ魂ヲ入レザルモノト評定シナケレバナラヌ、具體的ニ說破スレバ、日佛日露ノ兩協約ノ如キハ大戰役ノ結果トシテ、國運ガ自然ニ持ッテ來ルモノデアル、若年ナガラモ本員ガ霞ケ關デ「ハイカラ」ヲ振廻シテ鎧綴ヲシテ居ッテモ出來ルト思フ、但シ此日佛日露兩協約ノ目的ヲ發揮セシムルト云フコトハ、清國ト根本的意思ノ疏通ニアル、根本的意思ノ疏通ガ對清問題ノ命脈デアル、以上列記シタトコロノ僅ニ五問題、其他ニモ種々有ル、此問題ヲ一括シテ大小輕重其宜シキニ從ヒ、讓ルベキハ之ヲ讓リ取ルベキハ取リ、八算總マクリノ決算ニ於テ其目的ヲ達シタナラバドウデアリマセウ、然ルニ恰モ猶太商人ノ如ク、事々物々ニ利喰ヒヲシヤウト云フガ如キ今日ノ外交政策ヲ見レバ、本員ハ遺憾ナガラ此政策ヲ以テ陋且ツ拙ナリト言ハザルヲ得ナイ、大石君ガ委員會ニ於テ吾對清外交ヲ目シテ、清廷ノ同情ヲ失ヒタリトノ評言ハ、流石ニ大石君ノ達觀、大石君數年來ノ外交論中此一點ハ、瑾ニ玉近頃以テ名玉ノ言ト本員ハ感服スルノデアル、要スルニ外務大臣ハ一時ノ責任者デアル、吾々國民ハ永久外交ノ責任者デアリ監督者デアル、此一時ノ責任者ハ、ヤリ損ヘバ辭職スレバ濟ムノデアル、殷鑑遠カラズ前大藏大臣遞信大臣ガ、マ、事喧嘩シテモ辭職ヲスレバ後トノ責任ハ解除ガ出來ルガ、解クニ解カレヌ吾々國民ノ責任ハヤリ損ナッテ逃ゲテ大使公使トナッテ往ッテ濟マシテ居ルコトハ出來ヌ、殊ニ日本ノ外務大臣ハ、不思議ニモ故陸奥伯ガ遼東半島ヲ無條件デ還附シテ、直チニ伯爵ニナリ、小林君ガ「ポーツマス」ニ失敗シ以上列記シタル北京條約ニ失敗シテ來テモ、直チニ伯爵ニナラレル、現外務大臣ハ現ニ伯爵デアルカラ、餘命幾何モナイトハ言ハヌガ此國民ノ責任ハ永久ナリ、當局者ノ責任ハ一時ナリト云フ此處ノ道理ヲ能ク辨ヘテ、冀クハ他年東洋風雲ノ變日本ノ對清政策ハ列國ノ信用ヲ失ヒ、清國ノ同情ヲ傷フガ如キコトノナイ樣ニ、此場合ニ於テ此移民問題此對清問題ニ就テ、一切ノ顛末ヲ明示セラレンコトヲ、吾々ハ國民ノ聲ニ依ッテ當局者ニ要求スル次第デアル、若シ夫レ外交今日ノ不振ヲ來シタト云フ根本的組織ノ刷新方法ニ付テハ、本員別ニ見ル所アリ不日案ヲ具シ改メテ當局ト意見ヲ鬪シタイト思フノデアル(拍手起ル)

(外務大臣伯爵林董君登壇)

○外務大臣(伯爵林董君) 諸君、望月君ガ縷々數百言ノ御演說流ル、ガ如ク本官ハ敬服シテ承ッタノデアリマスガ、其趣意ニ至ッテハ甚ダ敬服致シ難イコトガ多々アルノデアリマス、望月君ノ論ゼラル、所ハ事實ニ就テ論ゼラル、ヤウデゴザイマスルケレドモ、其述ベラル、事實ハ大概想像ニ出デアルノデゴザイマス、所謂其本ヲ揣ラズシテ其末ニ比スレバ、方寸ノ木モ岑樓ヨリ高カラシムベシト云フモノデアリマス、其本ヲ比ベズシテ其末ヲ比ベルト如何ナル論デモ付ク、又望月君ハ已ガ外務大臣ニナレバ斯ンナコトハシナイト云フコトデアルガ、事實ニ據ラズシテ自分ノ想像ニ據ッテ事ヲ處スルトキニハ、如何ナルコトモ出來ルデゴザイマスガ、一々之ヲ辯ジマスレバ、米國ニ對スル政策——御質問書ニハ米國ニ對スル移民政策ソレカラ加奈陀ニ對スル協商是ガ第一ニ出テ居マスケレドモ、此中米國ニ對スル政略ニ付テ、望月君ガ言ハル、ニハ米國ハ條約第二條ニ依ッテ移民制限ノ條例ヲ拵ヘル權ガアル、終ニ昨年三月十四日ニ至ッテ其條約權ヲ實行スルニ及ンデ、政府ハ如何トモスルコトガ出來ナカッタト云フ御說デアリマスガ、然ラバドウスレバ宜イカト云ヘバ、望月君ノ建策ニ依レバ、何故ニ之ニ先立ッテ移民ヲ自カラ制限シナイカト云フコトヲ仰ッシヤッタ、是レ事實ニ反スル一ツ、日本政府ハ明治三十二年以來移民即チ勞働移民ハ制限シテアッタノデアリマス、其次ニ既往獲得ノ權利云々ト仰ッシヤタノハ、移民ノ亞米利加ニ行クコトヲ指シテ言ハレタノデアリマスガ、是モ今申ス通リ明治三十三年以來制限シテアッタノデアリマスカラ、三十三年以前ハ卒ザ知ラズ、三十二年カラシテ昨年マデハ既得ノ權ト言ハレナイ、ソレカラ農業民モ如何ナル勞働者モ行ケヌト仰シヤッタガ、農業者ハ依然移住スルコトニナッテ居ル、ソレカラ青木大使免職ト云フコトデアルガ、青木大使ハ免職シテ居ラヌ、尙全權大使デアル、唯本國ニ歸著セヌ中ニ後任者ヲ選ンダト云フノハ、是ハ政府ニ都合ノアルコトデ、後任ノ高平大使ハ羅馬ニ於テ未ダ日淺ク未ダ大使ノスベキ披露會モ濟マズ、皇后陛下ニモ未ダ拜謁ヲシテ居ラヌ、然ラバ之ヲ待ッテ任所ニ就クカ、或ハ待タヌ中ニ行クカ、若シ之ヲ待テバ大層時間ガ長クナル、其間亞米利加ニ於テ、長ク總テ交渉スベキ問題ノアル時ニ、代理大使ニ委シテ置クノハ懸念デアルカラ、「早ク高平大使ヲ亞米利加ニ遣リタイト云フノデ、在勤變ヲシタノデ、免職ト云フコトハナイノデアル、ソレカラ加奈陀デ「ナタル」法案ガ議會ヲ通過シタ云々ト云フコトガアリマシタケレドモ、加奈陀ト日本ノ關係ノコトハ、私ハ今日望月君ノ質問ガナクトモ當議會ニ報告シタイト思ッテ居タノデアリマスカラ、ソレハ後廻シニシテ報告致シマスガ、望月君ノ述ベラレタコトハ、總テ加奈陀ノ新聞ヲ御覽ニナッテノコト、思フ、加奈陀ノ新聞ニ出タコトヲ以テ、本官ヲ攻メラル、ノハ、甚ダ迷惑致ス譯デ是ハ答辯スル限リデナイト思フ、大體ノ冒頭ノ御演說ニ對シテハ、ソレダケノ答辯トシテ都合ニ依ッテ、此日清間ニ今懸案トナッテ居ル問題カラ先ニ御答致シマス食鹽ノコトハ、滿洲政府ハ四圓五十錢ノ稅金中一圓ノ拂戾ヲナスハイヤデアル、寧ロ三圓宛デ買入レタイト云フコトデアッタノデスガ、協商ノ付カヌノハ、此價ノ相談バカリデ協商妥協ニ至ラヌノデハナイ、此頃日本內地ノ鹽業ガ少シク狀態ヲ變ジテ來テ居ルノデ、內地ノ鹽ノ製造ト關東州ノ鹽ノ製造ト、其輸出入ノ共合ノ關係ヲ調ベテ居ルノデ、是ハ未ダ妥協ニ至ラナイ、ソレカラ防穀令ノコトデ、云々ガアッタガ、防穀令ハ既ニ昨年十一月妥協ガ成ッタ、從前ハ關東洲ニ滿洲カラ穀物ヲ入レルコトヲ承諾シナカッタガ、今度アスコハ總テ入レルコトヲ承諾シタ、海關ヲ經テ支那各地ニ送ルコトハ他ノ支那ノ港ト同ジニ自由ニスルコトニナッテ居ルガ、他國ニ出スコトハ支那デ承知シナイ、是ハ各省ノ港皆同ジデ、此ハ露西亞ニ向ッテハ云云ト仰ッタガ、モトヽヽ支那ト外國トノ條約ハ、海關ヲ通ルモノト、陸地ヲ通ルモノトノ條約ハ違ッテ居ル、陸地ヲ通ッテ出ル方ハ、條約ノ中ニ砂穀トアッテ、ソレニ小麥モアルト云フコトヲ主張シテ、露西亞ト支那ト懸案中デアルガ、露西亞ノ論理ガ通ルモノトスレバ、日本モ陸地カラ朝鮮ヲ經テ滿洲ノ小麥ヲ輸出入スルコトガ出來ルコトヲ主張シ得ル、サリナガラ向フノ懸案ニナッテ居ルコトデ、其樣子ヲ注意シテ居ルノデアル、ソレカラ鴨綠江ノ伐木權——伐木權ガ妥協ガ成ラヌト云ハレルガ、鴨綠江ノ沿岸デ六十清里ヲ限ッテ二十四方里ハ既ニ木ヲ伐リ盡シテ、無イ所デアリマスカラ、是ハ如何ニ支那ノ歡心ヲ求メ感情ヲ收メタイト云ウテモ是レデハ會社ガ成立タヌ、(望月小太郎君「其位ノコトデスラ、清國政府ニ明白ナラシムルコトガ出來ヌト云フ極意」ト呼フ)ソレハ日本デハ渾江ヨリ奥ノ鴨綠江ノ上ニ至ル迄ノ地ヲトシテ、森林ノ整理ヲ行ヒ伐木ノ利ヲ得ルコトノ定款ヲ造ッテ、支那政府ニ求メタガ聽カヌト云フノデ、懸案ニナッテ居ルガ、既ニ昨日委員會ニ於テ、大石君ノ御質問、又今日望月君ノ御質問、ソレカラ總テトハ言ハヌガ、或新聞ニ出テ居ル說、世間デ言フ說、是等ニ依レバ、支那ノ感情ヲ何ゼ收メナイ、支那ヲシテ何ゼ利權回收熱ヲ起サシメルト云ッテ、頻リニ攻メラル、、片方ニ於テハ、何ゼ支那ノ條約ヲ持出シテ提案ヲ承知サセナイカ、何ゼ新民奉天間ノ鐵道ノ條約ノ或モノヲ、事ヲ構ヘテ返サナイコトヲ計ラズニ、返ヘシテシマッタンデアルト云フテ攻メラル、、一方ニハ感情ヲ害スルヤウニナルコトヲ、何ゼシナイカト言ッテ攻メ、一方ニハ何ゼ感情ヲ收メナイカト云ッテ攻メルト云フコトハ、無理ノ御註文デアリマスカラ、當局者ニ於テモ此御註文通リニハ出來ナイ、但シ我政府ノ方針ハ滿洲並ニ對清ノ事ニ付テハ、揚テ屢々標榜シテ居ルトコロノ機會均等門戶開放ノ主義ニ依リ、公平ヲ旨トシテ、サウシテ條約ニ收メタルトコロヲ、必ズ履行スルト云フコトヲ以テ、方針トシテ居ルノデアリマス、共條約ニ付テ支那ガ聽カヌカラ、之ヲ無理ニ聽カセルト云フコトハ、出來ヌカラ、是ハ暫クマデハ我ノ不利益ニナラヌ間ハ從前ノ儘ニ實行スルヨリホカナイト思フ、利權回收モ昨日申シタ如ク、支那ガ嘗テ有ッテ居ッタ權利ヲ棄テタノヲ、取返サナケレバナラヌト云フノデアルカラ、之ヲ一々望ニ應ヲテ實行シテ居ッテハ、殆ド對清政策ハ要ラナクナッテシマフ、昨日モ申シタ通リ國ト國トノ交リニ至リテハ、與ニ親密ノ途ヲ發シテ、意思ハ疎通シテ居ルガ、唯境ヲ交ヘテ居ル鄰國故ニ、今日迄交渉問題ガ絶エズ、今後モ亦絶エルコトガナカラウト思フ、是ハ其事ニ由テ運ブ彼此公平ニヤッテ、彼ニモ我ニモ不利益ノ無イ所ニ定メルヨリ外仕方ガナイノデ、此加奈陀ト移民ノ協商ノコトニ付テ、是ハ質問ニ對スル答辯デハアリマスルガ、此議會ニ報告致ス積リデ御聽取ヲ願ヒタイ、又此移民問題ニ付テ多少是マデ御注意ニナッタル方ハ、大體ハ御承知デアリマセウケレドモ、諸君中ニハマダ此事ニ格別御注意ニナッテ居ラヌ方モアリマセウカラ、餘計ナコトヲ申スヤウデアリマスガ、根本的カラ御話ヲ致シタイト思フ、抑々移民問題ト一口ニ言ヒマスガ、移民問題ハ言葉ヲ換ヘテ言ヘバ、勞働問題、勞働組合、勞働團體ト一個人ノ競爭ト云フコトニナル、勞働團體ト云フモノハ、私ハ此所デ物識顏ヲシテ講釋ヲスルノデハアリマセヌガ、今申ス通リ前後ヲ纒メルタメニ一言申シマス、勞働團體即チ勞働者ガ寄ッテ團體ヲ組ムト云フコトハ、歐羅巴各國デモ古ヘハ一揆徒黨トシテ處罰セラレタノデ、今ヨリ八十年前頃ニ英吉利デ始メテ之ヲ法律ヲ以テ認メタモノデアル、然レドモ他ノ諸國ハマダソレヲ適法ノモノトハ認メナカッタノデアリマスルケレドモ、十九世紀ノ下半期ニナッテ、製造所ハ段々大キフナリ、會社ト云フモノガ資本ヲ集メ、資本ノ方ハ資本集中ノ勢ヲ成シテ、之ニ對シテ、一人一人勞働者ヲ雇ウテ居ルノハ、甚ダ手間ガ掛ルシ、且十分ニ勞働者ヲ得ルコトガ出來ナイニ因ッテ、自然勞働者ノ方デモ、勞働ヲ集中スルコトガ必要トナッテ來テ、組合ヲ作リ團體ヲ作ルヤウニナッテ、一人ニテ働ヲ止メテ、一體ノ働ヲスルヤウニナッタノデアリマス、ソレデ是ハ兩方共ニ都合ノ好イコトデアルカラ、法律ヲ以テ遂ニ各國トモ認メルコトニナッタノデアリマスケレドモ、其便利ノ中ニ又不便ヲ生ジテ來タト云フモノハ、元々資本ト勞働ト云フモノハ、利益ヲ異ニシテ居ルカラ相爭フ性質ノモノデアル、相衝突シ易イモノデアル、ソコデ勞働團體ノ方デハ成ルタケ一致シテ共同シテ、資本主ヲ苦メテ、勞働時間ヲ短クシ、賃銀ヲ高クシヤウト試ミル、資本家ノ方デハ別ニ得易キ勞働ガアレバ、ソレヲ多ク得テ、サウシテ勞働團體ヲ苦メヤウト掛リ、相對シテ壘ヲ成シ、槍ヲ交ヘルト云フヤウナ、有樣ガ時々見ユルノハ、同盟罷工杯ニ至ッテハ隨分激シイ爭ガアル、此事ハ元英吉利カラ始マッテ、遂ニ亞米利加ニ及ボシ、「カリホルニヤ」洲ノ桑港ニ至ッテハ、勞働團體ノ數六万人ト云ハレル、此六万人ノ勞働者ガ彼所ニ團體ヲ組ンデ他カラ這入ル、勞働者ハ自國ノ者デモ他國ノモノデモ、六箇月程居住シテ居ナケレバ、之ヲ勞働組合ニ入ルコトヲ許サヌ、勞働ニ就クコトヲ許サヌト云フヤウナコトニマデナッタノデ、ソレデ如何ナル勞働者モ貯ガアルニシロ六箇月働カズニ、勞働ニ就カズニ居ルコトハ出來ナイデ、自然「カリフオニヤ」ノ勞働團體ト云フモノハ、他國カラ來ル勞働ヲ入レヌト云フ有樣ニナッテ、ソコデ我國ノ移民業ガ、明治二十七八年頃勃興シタ際ニ、若シ亞米利加ニ行ッテ、自由ニ勞働ニ就ク移民ガ多ク行クトキニハ、終ニハ此勞働團體ト、衝突ヲ起スノ虞ガアル、延イテ外交ニ及ボス虞ガアルト云フノデ、二十九年ノ春移民法ト云フモノガ出來タノハ、政府モ其覺悟デアッタシ、又之ニ協贊サレタル本議會モ固ヨリ其所ニ見ル所ガアッタノデアリマスルカラ、今望月君ノ言ハレル移民保護ノタメ、公安保持ノタメ、又外交上必要ナルトキハ、外務大臣ハ之ヲ止メル權ガアルト云フノデ、是ハ政府モ協贊ヲ與ヘラレタル議會モ、斯クナリテハ國家ノ事ヲ誤ル虞ガアルト云フコトデ、定メラレタノデアリマス、ソレカラ四年ヲ經テ明治三十三年ノ二月ニ至ッテ、當時ノ外務大臣ハ命令ヲ下シテ、加奈陀及北米合衆國ニ行クトコロノ移民ハ悉ク制限シタノデ、但シ其中耕作ニ從事スル者、ソレカラ學生ダケハ取除イテアッタ、ソレダカラシテ、望月君ガ今言ハレル、何故自分カラ進ンデ制限ヲ加ヘテ、亞米利加ガ法律杯ヲ立テ、止メルコトヲ機先ヲ制シナカッタト言ハレルガ、今日ニナッテソレヲ言ハレルノハ、當時ノ政府ノ見ル所カラ見ルト、大分七八年意見ガ後レテ居ルカト思フノデ、政府ハ明治三十三年以來、望月君ガ今言ハレル通リノ制限ヲ行ッテ居ッタノデ、ソレデ一昨年ニ至ッテ其制限ノ破レタノハ、布哇カラ轉航スル者ガ多カッタノニ依ッタノデアリマスガ、此轉航者ハ元々政府ハ移民法ニ依ッテ——移民法ノ精神ニ依ッテ布哇ニ行ク移民ハ、亞米利加ヘ轉航シナイヤウニ望ンデ居ッタノデアリマス、其證據ハ布哇ニ限ルト云フ——旅行券ヲ出シタノデアリマスガ、布哇ニ行ク者ガ、法律ノ潜ッテドシ〱亞米利加ヘ行クヤウニナッテ來タ、是ハ日本人民トシテ居ナガラ、日本國ノ法律ノ精神ニ反イタモノデアルカラ、此事カラシテ問題ヲ起シタノデアリマスガ、亞米利加ノコトニ付テハ、今懸案中デアリマスルカラ、ソレヨリ詳シイコトハ申シマセヌガ、翻ッテ加奈陀ノ方ヲ見マスルト、昨年三月十幾日カ、米國大統領ノ行政命令ノ出テ以來、布哇カラ加奈陀ヘ行ク者ガ、頓ニ増加シタノデアリマス、當時此「オッタワ」ニ在ル、總領事及晩香坡ノ領事ヨリ電報又ハ書面ヲ以テ、本大臣ニ具申シタコトガ十六回アル、其意味ハ何ダト云フト樣々アリマスガ、第一勞働者ノ反感ヲ惹起シ、徒ラニ紛爭ヲ釀成スルノ虞アルコト、是ハ今外交ノ必要ト云フ項目ノ中ニ入レテ宜イト思フ、第二ハ勞働者供給過多ノ結果、賃銀ノ低落ヲ來スコト、現ニ布哇ヨリ轉航者續出以來二十五仙乃至七十五仙ノ降落ヲ示セリ、斯ノ如ク賃銀ガ降落シテハ、御互ニ困ル、第三晩香坡ニ於ケル邦人旅宿ハ、僅ニ三百九十名ヲ容ルヽノ餘地ヲ有スルニ過ギザルヲ以テ、多數一時ニ渡來スル者アルトキハ、雨露ヲ凌グニモ窮スベキコト、第四ハ從前ハ勞働者一時ニ渡來スル其一部ハ米國ニ轉入セシモ今ヤ其途ナキニ至レルヲ以テ、全部之ヲ英領「コロンビヤ」洲ニ於テ處分セザルベカラズ、從ッテ勞働者過多ノ現象ヲ來スコト、第五勞働者過多ノ結果糊口ヲ得ルニ難ク、携帶金ナキ者ハ、終ニ飢餓ノ境ニ陷ルベキコト、此ノ如ク日本人ノアソコニ渡航スル者ガ多イト、御互ニ窮迫スルニ至ルヲ以テ、成ルタケ是ハ止メテ貰ヒタイト云フコトヲ言ッテ來タノデアリマスガ、前申上ゲマス通リ、日本カラ直航スル者ハ豫テヨリ止メテアルノデアル、此時ハ多クハ布哇カラ轉航スル者デアルノデアリマスカラ、之ヲ止メルコトハムヅカシイ、如何トナレバ布哇ハ米國ノ領土デアルカラ、日本ノ領事ニ於テ直グニ止メサセルコトハ出來ヌカラ、或ハ説諭シタリ、多ク一時ニ渡レバ迷惑スルコトナドヲ言ッテ諭セルニ過ギナカッタノデス、然ルニ此四月一日ヨリ四月、五月、六月、七月、八月、九月頃マデ、能勢總領事森川領事ヨリ、頻々右ノ通リノ電報ト通信來テアッタ揚句、九月ノ上旬ニ至ッテ、此領事ガ言ッテ來タ通リノ豫言ノ如ク、諸君モ御存ジノ晩香坡ノ大騷動ガ起ッタノデアリマスガ、是ガタメニ身體ニ危害ヲ受ケタルモノモアリ、又財産ヲ失フ者モアッタガ、加奈陀政府ハ迅速ナル手段ヲ取ッテ、之ハ直チニ鎭撫シ且其上ニ彼ヨリ進ンデ損害ヲ賠償シ、中ニハ調査ニ費シタ費用マデモ、賠償ヲ申込ンデ來テ、サウシテ一方ニ於テハ當時在留ノ英國大使ニ電報ヲ送ッテ謝辭ヲ親シク 陛下ニ奏上スルコトニ相成ッテ、此事ハ結末ヲ告ゲタンデス、如何セン布哇ヨリ轉航ノ勞働者ヲ其儘ニ置クトキハ、領事ヨリ注意シテ來タ禍ハ、尚去ルコトガ出來ナイ有樣デアッタ、一方加奈陀ノ方デハ、勞働者ト反對ノ政黨員ト結ンデ、大ニ排斥論ヲ強クシテ、日本ト加奈陀トノ條約ヲ廢棄スルコトニ運動シニ掛ッタノデアリマス、條約廢棄ハ何デアルカト云フト、條約ノ存在シテ居ル間ハ、望月君ノ言ハル、如ク、移民ヲ止ムルコトハ出來ナイガ條約ハ六箇月ノ豫告ヲ以テ御互ニ廢棄スルコトガ出來ルカラ、此條約ヲ廢棄シテ置イテ、サウシテ移民禁制ノ法律ヲ立テヤウト云フ話ナンデス、ソレデ加奈陀政府モ大ニ心配シテ、何カ別ニ條約ヲ作ッテ、此移民ヲ制限シヤウカトマデ思ッタラシク、勞働大臣「ルミユー」君ヲ日本ニ送ッテ、其事ヲ談判サセルト云フ様ナ様子ガアッタニ付テ、本官ハ直チニ能勢總領事ニ電報シテ、若シ更ニ條約ヲ以テ此移民ヲ制限シヤウト云フ望ミガアルナラバ、日本へ來タトコロガ無益デアル、日本政府ハ從前ノ如ク制限ハシテ居ルノデアルケレドモ、加奈陀政府ト條約ヲ結ンデ——之ヲ制限スルコトヲ條約デキメルコトハ、出來ヌト言ッタニモ拘ハラズ、十一月ノ中頃ニナッテ、勞働大臣此處ニ來ラレテ、イロイロ意見ヲ打合セタ末、彼ノ望ム如ク條約又ハ數ヲ限ルコトモ、終ニ折合ハナカッタ曉、何トカシテ日本政府ハ制限スルト云フコトダケモ、言ッテ貰ヒタイト云フコトニ付テ、文書ヲ取交ハシタ、其文書ハ此處デ諸君御望ナラ朗讀シテモ宜イガ、意味ハ其通リデゴザイマス、(「朗讀シ給ヘ」ト呼フ者アリ)朗讀シタ方ガ宜シイデスカ、(「長ケレバ速記録ニ御載セナサイ」ト呼フ者アリ)何カ能ク分ラヌ……(「朗讀シテ貰ヒマセウ」ト呼フ者アリ)彼カラ來タ手紙ハ、十二月二十三日附東京英國大使館ニ於テ「ロドルフ、ルミユ」

甲號

以書翰致啓上候陳者本官着京以來日本移民加奈陀入國ノ件ニ付キ外務省ニ於テセシ數次ノ會見ニ依リ日本帝國政府ハ右移民數限定方ニ關スル本官ノ希望ヲ容ル、コト能ハサル義ト本官ハ推定致候就テハ本件交渉上此際加奈陀政府ノ希望ガ何故ニ容レラレサルヤニ關シ本官ニ於テ此上更ニ論辯ヲ試ムルコトハ全ク不必要ノコトニ被存候然レトモ右友好的會見中日本政府ハ此上英領哥倫比亞ニ於テ如何ナル動亂ノ發生ヲモ有效ニ防止セラル、ヲ欲スル旨ノ誠實ナル希望ヲ表明セラレタルモノト被相察候而モ此目的ニ資スル爲メ相當ノ限度内ニ於テ移民ノ渡航ヲ帝國政府ノ任意ヲ以テ制限セントノ御趣旨ナルヤニ了解セラレ候ニ付本官ハ歸國復命ニ先チ閣下ニ於テ本件ニ對スル帝國政府ノ意思ニ關スル公然ノ保證ヲ與ヘラレンコトヲ致希望候貴我兩國間ニ常ニ存在セル好誼ノ關係カ毀損セラレサランコトハ加奈陀政府ノ特ニ切望スル所ニシテ帝國政府ニ於テモ亦本官ノ既ニ陳述シタル英領哥倫比亞州ニ於ケル難局ノ解決方ニ付切ニ配慮セラル、所可有之ハ本官ノ深ク信スル所ニ有之候此段申進旁爰ニ閣下ニ向テ敬意ヲ表シ候謹言

千九百七年十二月二十二日

東京英國大使館ニ於テ
ロドルフ、ルミユ

外務大臣林伯爵閣下

此相當ノ限度内ト云フモノハ日本デ相當ノ限度内ト考ヘルコトデスナ、之ニ對スル本官ノ答ハ同日ノ日附デ

以書柬致啓上候陳者現行日加條約ハ日本國民ニ對シ加奈陀領土ノ何レノ部分ヲ問ハス入國シ旅行シ竝ニ居住スヘキ十分ノ自由ヲ絶對ニ確保スルモノニ有之候左リナカラ同條約ノ規定ニ依テ以テ確保セラレタル權利及特權ハ時々加奈陀ニ於テ發生シ得ヘキ特種ノ事態ト全ク相容レサルカ如キ場合ニ於テマテモ强テ之カ完全ナル享受ヲ主張スルハ帝國政府ノ意思ニ無之候

斯精神ニ基キ且ツ英領哥倫比亞ニ於ケル近時ノ出來事ニ伴フ事情ヲ酌量シ帝國政府ハ加奈陀行移民ヲ制限スル爲メ有效ナル手段ヲ執ルコトニ決定致候帝國政府ハ右ノ目的ヲ遂行スルニ當リ條約ノ精神ト國家ノ威嚴トニ反セサル限リ加奈陀政府ノ希望ニ應スル爲メ加奈陀ニ存在スル地方的狀態ニ對シ前記ノ方針ニ從ヒ愼重ナル考量ヲ與フル積リニ有之候貴柬中御開陳ノ通貴官カ加奈陀政府ニ代リ提供セラレタル事項ノ全部ニ對シテハ本大臣ニ於テ御同意ヲ表シ能ハサリシ所ニ有之候得共本信開陳スル所ニ徴スレハ帝國政府ハ百方力ヲ盡シ兩國間ニ存スル懇親ニシテ相互ニ有利ナル關係ヲ增進シ以テ益々之ヲ鞏固ナラシメンコトヲ切望スルモノナルコトヲ御承知可相成義ト信シ申候且今回ハ十分互ニ所見ヲ交換シタルニ由リ右望マシキ結果ヲ得ルニ於テ大ニ益アルヘシト存候又貴政府ノ態度及希望ニ關シ御腹藏ナク鄭重ナル説明ヲ加ヘラレタルハ本大臣ノ殊ニ感荷ニ堪ヘサル所ニ有之候

右同日付ノ貴柬ニ對シ御回答旁茲ニ閣下ニ向テ敬意ヲ表シ候敬具

千九百七年十二月二十三日

外務大臣伯爵林董

ロドルフ、ルミユ閣下

此書簡ヲ取交ハシタノデアリマスケレドモ、玆ニ相當ナル制限ト云フコトニ付テ、如何ナル制限ヲ立テラレルカト云フ問ニ對シテ、本官ハ無論旅人商人生徒等ノコトハ制限モ何モ要ラヌ、自由勝手ニ行クコト、シテ、唯勞働移民ニ對シテハ、既ニ加奈陀ニ居ルモノガ自分ノ妻子等ヲ呼寄セル場合ハ之ヲ除キ、自由ニ入ルコト、又一度加奈陀ニ行ッテ、再ビ日本ニ歸ッタ者ハ、更ニ又加奈陀ヘ入ルコトハ許スコト、ソレカラ契約移民ニシテ、確定セル雇人ノアルモノハ許スコト、人ノ家僕ニナッテ居ルモノハ許スコト、農業ニ從事スル者ハ許スコト、相殘ッタ勞働者デ、其中ニ入ラヌ者ハ、右ノ布哇カラ轉航シタルモノ、如ク、當テモナク彼所ヘ往ッテ、自ラ職業ニ就クコトガ出來ナクッテ、困ルコトヲ防グダケノコトニナルノデス、ソレハ能勢總領事及森川領事カラ政府ヘ頻リニ請ウテ來タ、多クノ轉航者ヲ送ッテ呉レルナト云フ請ヒニ基ク譯ニナルノデ、之ヲ以テ日本人ガ屈辱ヲ受ケルトカ、權利ヲ緊縮サレタトカ云フコトノ質問ハ、甚ダ酷ナルコト、思フノデアリマス、又布哇ノ移民ヲ此數日前ニ制限シタノハ、怪シカラヌト云フコトデアリマスガ、是ハ又原因ガマルデ違フコトデ、近頃布哇ヘハ亞米利加ニ轉航ガ出來ナクナリ、加奈陀ヘ轉航ガ出來ナクナルニ付テ、アスコヘ日本ノ勞働者ガ輻湊シテ來タ、所謂勞働ノ需要ヨリ適キ供給ノ方ガ增シテ來タノデアリマス、ソレデ賃銀ハ低落シ半バ以上解雇サレル者ガアルカラシテ、ドウゾ之ヲ制限シテ貰ヒタイト云フ、是ハ移民自身カラノ願デアル、布哇行ノ移民ヲ禁ジタコト、——止メタコトハ是マデ數回アル、今度モ亦ソレニ從ッテヤッタ、唯氣ノ毒ナノハ或移民ヲ扱フ業ヲ執ッテ居ラル、會社ハ、今日ニナッテ布哇ノ轉航者ヲ幾月カノ間、止メラレタラ迷惑スルデアリマセウケレドモ此人々カラモ移民ノ多クナッタ——餘リ移民ノ多キニ過ギテ、傭主ノ權ガ多クナッタ時分ニハ、移民轉航ヲ止メテ呉レロト言ッテ、内議ニ及バレタコトモ度々アッタノデスカラ、今日ノ場合ニナッテ之ヲ止メテモ、格別苦情ハアルマイカト私ハ思ウテ居ル、ソレカラ能勢總領事ガ政府ノ訓令ニ背イテ何カ書付ヲ出シタトカ、何トカ云フコトヲ望月君ハ「ルミユ」大臣ニ聽イテ來タカラ、本當ダラウト仰シヤルガ、其當時望月君ハ私ノ所ヘ來テ話サレタ、ソレカラ私モ「ルミユ」大臣ト話ノ序デニ、「ルミユ」大臣ガ其書付ヲ見セタリ何カシタコトヲ望月君ニ話シタノデスガ、ソレニ付テ能勢總領事ニ電報ヲ送ッテ聽イテ見ルト、條約加入ノ前後ソンナ書付ヲ送ッタコトモ何モナイ、能勢總領事ハ加奈陀ノ諸役所ヘ往ッテ、書付ノ寫ガアレバ貰ヒタイ、ソレガナケレバ文書ヲ見セテ貰ヒタイト言ッタケレドモ、ソレモ遂ニ見當ラナカッタ、蓋シ「ルミユ」大臣ガ自分デコチラヘ持ッテ來タカラ、向フニハナカッタカモ知レナイガ、トント不得要領デ畢ッタノデアリマス、是ハ「ルミユ」大臣ノ言葉バカリ信ジテ、能勢總領事ガ必ズ、斯ウシタト極メル譯ニモ往カス、私ガ調ベタトコロデハソンナ形跡ハナイノデアリマス、之ヲ要スルニ亞米利加ノコトデモ、望月君ハコッチニ不都合ナ條約ハナゼ改正スルコトヲ圖ラレナイカ、ト言レタガ、改正スルコトヲ圖ッテモ宜シイ、何カ代リニ出スモノガアレバ、又イヤナレバ廢シテモ宜シイ、マ

ルデ條約ヲ廢シテモ宜シイケレドモ、亞米利加ノ條約ハ廢シタトコロガ、チットモ頁クハナラナイノデス、詰リ條約ノ第二條ノ但書ハ、條約ノ他ノ部分ノ除外デアルノダカラ、條約ノナイ時モ同ジデ之ヲ廢メヤウト思ッテ、條約ヲシ變ヘヤウトシテモ向デ聽カナケレバ、ソレナラバ無條約ニシテ置カウト云フヨリ外ニ仕方ガナイノデ、總テ外交ノコトヲ攻メラルヽノハ、ナゼ相手方ニ言フコトヲ肯カセナイカト言フテ攻メラルヽノハ、恰モ向フノ國ノ人民ガ向フノ政府ニ向ッテ、ナデ相手國ニ言フコトヲ肯カセナイカト云ウテ、攻メルノト同ジコト、兩方デサウ云フコトヲ云ッテ居レバ、詰リ妥協ハ出來ナイコトニナル、西洋ノ或外交官ガ云ッタ通リ、外國トノ妥協ト云フモノヽ、極メテ完全ナルモノハ、兩方デ滿足ノモノガ一番完全ナモノデアルト言ッタノハ、私ハ格言デアルト信ジマス……

○望月小太郎君　唯今ノ說明ニ付テチヨット申シテ置キタイ、サウスルト加奈陀ヘ對シテノ制限ノ手心ハ能ク分リマシタガ、米國ニ對シテ移民ノ制限ノ手心、即チ亞米利加ニ送ルトコロノ日本人ガ其開業シテ居ルトコロノ商事、又ハ農業ノタメニ日本ニ居ルトコロノ同胞知己若クハ共同村ノ人ナドヲ呼ビ寄セルト云フヤウナコトモ、當局者ハ是ダケハ許可ヲ與ヘル積リデアルカ、是ガ一箇條、ソレガ濟ンデカラ又聽キマス

○外務大臣（伯爵林董君）　一緒ニ……

○望月小太郎君　宜シイ、ソコデ青木大使ノ免職セラレナカッタト云フコトハ、本員ハ同大使ノタメニ甚ダ之ヲ慶賀スルガ、若シ免職デナカッタナラバ桑港ヲ出發スル此時早ク是ニ向ッテ駐箚國ヲ免ズルト云フ必要ガ何レニアリマスカ、即チ駐箚國ニハ青木大使ノ居ナクナッタ其後ヲ、高平大使ヲ遣ル、若シ高平大使ガ途中デ死ンダラ外務大臣ハ如何ナサル積リデアルカ、唯今ノ御答ニ依ルト代理大使ハ宮岡トノコトデアルガ、此代理大使ハ懸念デアル、斯ル懸念ナルトコロノ無能ナル外交官ヲ振蒔イテ置クカラ、左樣ナ失敗ガ起ル、又青木大使ガ桑港ヲ出發シテ日本ニ到著スルマデハ、僅ニ二週間ノ時日デアル、此二週間ノ時日ヲ待ッテ報告ヲ聽イテ、然ル後ニ駐箚ヲ免ズルマデノ間ハ、代理大使ヲ之ガタメニ置クノデアル、然ラバ事實ヲ明白ニシナケレバナラヌ、言換ヘレバ青木大使ガ米國大統領ニ提供シタ日米協約ナルモノガアリヤ否ヤデアル、又此問題ニ付テ外務大臣ハ之ニ對シテ、廟議ノ定ラヌ結果、之ヲ止メタト云フコトガアリヤ如何、是ガ第二、ソレカラ第三ニ至ッテ滿鐵併行線ノ問題ニ付テハ、如何ナル交涉ヲシツヽアルノデアルカ、ソレカラ第四ニ於テハ此場合寧ロ進デ小村前外務大臣ノ結ンダ北京條約覺書ヲ、吾々議員ノ前ニ提供セラレンコトヲ要求スル

（外務大臣伯爵林董君登壇）

○外務大臣（伯爵林董君）　米國ノコトハ先刻申シタ通リ未ダ交涉中デアルカラ、此事ハ暫ク措イテ今御話申スコトガ出來ヌト斷ッテアル、第二ハ青木大使ノ免職デス、望月君ハ此大使ヲ派出シタリ呼還シタリスルコトハ、恰モ譯ナク電報ヲ送リサヘスレバ直グニ咄嗟ノ間ニ辨ジラレルヤウニ思ッテ居ルケレドモ、青木大使ヲ呼還シタトコロデ、青木大使ヲ呼還スト云フコトガ、公然ニナラヌ間ハ、高平公使ニ後ノ在勤ヲ命ズルコトハ出來ナイ、此在勤ヲ命ズルニシタトコロガ公法上先ヅ之ヲ引受ケルマデニ、「アグレマン」即ハチ引受ケラレルカラレヌカト云フコトヲ聞質サナケレバナラヌ、之ヲ聞クニモ一週間位カヽル、ソレカラ苟モ大使タルモノガ任所ヲ離レテ他ノ任所ニ赴クニモ、支度萬端ノタメニ、少クトモ二週間位ハ掛ルモノト算當シナケレバナラヌ、ソレ等ノ時日ヲ合セルト、成ルタケ急イデヤッテモ遲クナル位ノ次第デアリマス、ソレカラ決シテ宮岡參事官ガ不安心デアルカラ、彼處ノ代理公使ヲサセテ置ケヌト云フ譯デナイ、（望月小太郎君「前言ハ取消デスカ」ト呼フ）イヤ、取消サヌ、今懸案ノ問題ガアルカラシテ、代理大使ヲ置クヨリモ、一日モ早ク大使ヲ赴任サセタイト言ッタノデアル、モウ一ツハ法庫門ノ鐵道デスカ

○望月小太郎君　日米協約

○外務大臣（伯爵林董君）　ソンナコトハ全然アリマセヌ、アナタハ何處デ御覽ニナッタカ知リマセヌガ、無イノデス（望月小太郎君「本員ハ今日責任ヲ以テ、他日是アルコトヲ立證致シマス」ト呼フ）次ハ併行線ノコトデスカ

○望月小太郎君　サウデス

○外務大臣（伯爵林董君）　併行線ノコトハ今談判中デアル、ソレデアナタノ望マレルヤウニ言ヒサヘスレバ、直グニ相手國ガ言フコトヲ肯クト云フ約束デアレバ、早ク片ガ付クノデアリマスガ、大國ニ對シテ談判スルコトヽ云フモノハ、向フモナカ／＼肯カヌカラ、サウ早ク行カヌノデアリマス、

○望月小太郎君　北京條約ノ覺書

○外務大臣（伯爵林董君）　北京條約ハ祕密ノ會議錄ニナッテ居リマスカラ、是ハ此所ニ出スコトハ出來マセヌ

○日向輝武君　唯今滿洲鐵道併行線ノコトニ付テ御答辯ガゴザイマシタガ、尙其コトニ付テ此處ニ確メナケレバナラヌコトガゴザイマス、北京政府ガ、我滿洲鐵道ニ併行線ヲ敷設シヤウト云フ計畫ハ、顯著ナル問題トナッテ居リマス、若シ果シテ北京政府ガ此鐵道ヲ敷設致シマシタ曉ハ、營口ヨリ新民屯、新民屯ヨリ奉天方面ニ向ケテ、アレカラ西比利亞ニ通ジマスカラシテ、我南滿鐵道ニ對シテハ、實ニ大ナル打擊デアリマス、近頃聞ク所ニ依リマスルト、北京政府ノ代表者ハ、倫敦ニ於テ、或ル資本家ト協商ヲシテ、既ニ此南滿鐵道ノ併行線ヲ敷設スルトコロノ、費用ノ借入ノ條約ヲ結ビ、既ニ此契約ハ調印ガ濟ンダト云フコトヲ聞イタノデアリマス、支那政府ハ自分ノ領土ニ、自分ガ鐵道ヲ敷設スルノデアリマスカラシテ、外交ヲ無視シ、日本ノ利權ヲ尊重セズシテ、之ヲドシ／＼遂行致シマシタ曉ニハ、滿洲ニ於テ得タル帝國ノ利權ト云フモノハ、著シク危害ヲ被ルノデアリマス、故ニ吾々ハ此處ニ向ッテ外務大臣ニ問ハントスルノハ、果シテ倫敦ニ於テ北京政府ノ代表者ガ南滿鐵道ノ併行線ノ敷設費ノ借入ニ調印シタル事實アリヤ如何、是ガ第一デアリマス、若シ此事實ガアリト致シマシタナラバ、帝國政府ハ如何ナル態度ヲ之ニ向ッテ執ルカ、此二點ヲ外務大臣ヨリ明瞭ニ御答辯ニ預リタイノデアリマス

（外務大臣伯爵林董君登壇）

○外務大臣（伯爵林董君）　此事ハ先刻望月君カラ御尋ガアッテ、答ヘタ積リデアリマスケレドモ、尙御答致シマスガ、今日向君ノ仰セラレル通リノ事實ハアルノデゴザイマスアルカラシテ、之ニ向ッテ抗議ヲ申込ンデアルノデゴザイマス、抗議ト云フモノハ是ハ北京ノ會議錄ノ約シタトコロノ競爭線デアルカラ、之ヲ建築スルコトハ相成ラヌト云フコトデ、申込ンデアル

○日向輝武君　唯今ノ答辯ニ對シテ尙質問ヲ致シタイト思ヒマス、ソコデ登壇ヲ致シマス

（日向輝武君登壇）

○日向輝武君　諸君、本員ハ徒ラニ辯ヲ好ム者デハゴザリマセヌ、已ムヲ得ズ必要上茲ニ登壇シテ外務大臣ニ對シテ滿洲ニ於ケル帝國ノ重大ナル關係ヲ有スル問題ニ向ッテ更ニ其答辯ヲ促サナケレバナラヌ必要ヲ認メタノデアリマス、滿洲ハ支那帝國ノ領土デアリマス、他國ノ領土ニ行政機關ヲ設置シ、鐵道ヲ敷設シテ、圓滿ニ帝國ノ利益ヲ保護スルニハ、國際上ノ理義ヲ明白ニシナケレバナラヌノデアリマス、是ハ外務大臣ガ先ヅ第一ニ自ラノ頭ニ深ク御考ヲ置カナケレバナラヌ要點デアリマス、國際上ノ理義ヲ明ニ致シマスルニハ、外交ニ依ルヨリ外ニナイノデアリマス、「ポーツマス」ノ條約ノ結果ト致シマシテ所

謂北京條約ナルモノガ、小村男ト北京政府トノ間ニ出來テ居リマスケレドモ、是等ハ唯關税ニ關スル問題及鐵道ノ守備ニ關スル小ナル問題デアリマス、滿洲ニ於ケル國際上ノ理義ハ帝國ト支那政府トノ間ニ未ダ明確ニナッテ居ラナイノデアリマス、即チ紛紛トシテ何レノ所ニ歸著スルカ、未ダ全ク曖昧ニナッテ居ルノデアリマス、外務大臣ハ此演壇ニ立ッテ、北京政府ノ代表者ガ倫敦ニ於テ、南滿鐵道ノ併行線ノ敷設費借入ノ調印ガ出來タト云フコトハアリマスト云フコトヲ、平然トシテ認メテ居ルノデアル、是ハ實ニ重大ナ問題デアリマス、若モ支那政府ガ滿洲ハ我領土ナルガ故ニ、自ラ金ヲ借リテ來テ勝手ニ鐵道ヲ敷設スルノデアルト言ッテ、南滿鐵道ノ併行線ヲ敷設シマシタ曉ハ如何デアリマスカ、戰勝ノ餘榮トシテ得タルトコロノ唯一ノ大切ナルトコロノ、鐵道ハ、全ク月夜ノ提灯ノヤウニナッテシマフノデアリマス、若シ斯ノ如キ形勢ニ進ミ至リマシタナラバ、我國ハ兵ヲ出シテ、先年北京政府ニ還付シタルトコロノ營口ヨリ新民屯ニ到ル鐵道ヲ占領シナケレバナラヌ程ノ重大問題デアリマス、外交ガ拙劣ニシテ我利權ノ全クスルコトガ出來ヌナラバ、兵力ヲ以テ今日直チニ出シテ營口ヨリ新民屯ニ到ル鐵道ヲ占領シナケレバナラヌ程ノ重大ナ問題デアル、外務大臣ガ倫敦ニ於ケル支那政府代表者ハ、鐵道敷設費借入ト云フコトヲ認メタナラバ、サウ云フ事實ガ果シテアルト云フナラバ、之ニ對シテ如何ナルコトヲスルカ、ドウ云フ方法ヲ執ルカ滿洲ニ於ケル我利權ト云フモノハ、實ニ危殆ニ瀕シテ居ルノデアル、之ヲ保護スル上ニ於テ、外交上如何ナル手續ヲ執ルカト云フコトヲ、外務大臣ハ明答セラレンコトヲ望ムノデアリマス、若モ斯ノ如キ場合ニ唯アルト云フコトヲ漫然認メテ平然トシテ居リ、何等急激ノ手段ヲ此處ニ用非マセヌナラバ、數年ナラズシテ折角得タルトコロノ滿洲ノ我利權モ亦全ク何事モ出來ヌト云フヤウナコトニナルデアラウト云フコトヲ切ニ憂フルノデアリマス、元來東洋ノ平和ト云フコトヲ屢ゝ言フノデアルガ、東洋ノ平和ヲ維持スル中心點ハ北京政府デアル、先ヅ北京政府ト此日本政府ハ十分ニ交渉ヲシテ、サウシテ日本ト支那トノ間ニ一ノ契約ヲ取結ビ、國際上ノ理義ヲ明カニシテ、滿洲ニ於ケル帝國ノ利權ヲ保護スルコトヲ努メナケレバナラヌ、即チ日本ト支那トノ契約、即チ日清協約ト云フモノヲ是非此所デ拵ヘナケレバナラヌノデアリマス、此日清協約ヲ此所デ拵ヘテ大切ナル利權ヲ帝國政府ガ持ッテ、此支那帝國ノ土ニアルトコロノ大切ナル寶ヲ保護スル、大切ナル日本ノ利權ヲ保護スル、ソレデ或ハ露西亞ト協商シ、或ハ佛蘭西ト協商スルモ宜シイ、何ニモ無イトコロノモノデ、唯僅カニ交趾支那安南ノ利害ノタメニ、佛國ト協商シ、支那ノ奥ノ蒙古ノ利權ヲ露西亞ニ與ヘルタメニ、日露協約モ大切デアルガ、北京政府ハマルデ其儘ニ置イテアル、故ニ勝手次第ニ亂暴狼藉ヲ働イテ、此帝國ヲ侮辱シテ居ル、鐵道敷設權ヲ無視シ自分ノ領土ニ自分ノ鐵道ヲ敷クノダト云フ、之ヲ外務大臣ハ指ヲ啣ヘテ見テ居ッタナラバ、此先如何ナル事ニナルデアリマセウカ、二十有億ノ國帑ヲ投ジ、十万ノ將士ヲ戰場ニ失シテ得タル戰捷ノ結果ハ、外交ノ拙劣ノタメニ滿洲ニ於テ我帝國ノ利權ヲ蹂躙セラル丶ニ至ラント信ズルノデアリマス、故ニ外務大臣ハ更ニ吾々國民ニ向ッテ此滿洲鐵道併行線ニ對シテドウ云フ手段ヲ執ルカ、其明確ナル御答ヲ御足勞ナガラ再ビ煩ハシタイノデアリマス

○外務大臣(伯爵林董君) アナタハ兵力ヲ以テ戰ヲスルト云フノデスカ

○日向輝武君 ソレハアナタノ御勝手ニ……

(外務大臣伯爵林董君登壇)

○外務大臣(伯爵林董君) 日向君ニ御答致シマスルケレドモ、其前ニチヨット前ニ御答ヘシタノガ違ッテ居リマスカラ此所デ答ヘ損ッタコトヲ訂正シテ置キマス、此鐵道敷設ノ借款ガ成立ッタコトガ確ダトハ言ハナカッタ積リデス、ソレデ此鐵道ハ敷設工事ノ約束ヲシタト云フコトヲ言フ積リデアッタノデ、是ハ御斷リ申シテ置キマス、又此鐵道ヲ敷ク目論見ガアルガ、外務大臣ハ指ヲ啣ヘテ見テ居ルト仰シヤリマシタケレドモ、先刻來申ス通リ指ヲ啣ヘテ見テ居リハ致シマセヌ、既ニ抗議ハ申込ンデアル其抗議ヲ申込ンダ結果、相手ガ聽カナカッタナラバ、兵力ヲ用ユルヤ否ヤト云フ御質問ニ至ッテハ、私ハ之ヲ此處デ御答ヲ申スコトハ出來ヌ、併シ外交問題ニ付テ一々相手ガ肯カナケレバ兵力ヲ以テヤルト云フヤウナ事ハ、先ヅ十ノ八九、百ノ中九十九迄シカナイ積リデ、成ルダケ穩當ニ事ヲ纏メタイト思ヒマス

○望月小太郎君 何時抗議ヲ申込ンダノデスカ

○外務大臣(伯爵林董君) 日ニチハ、チヨット覺エテ居リマセヌ、調ベテ御答ヲ致シマス、アナタハ度々外務省ニ御出デ、スカラ、其時ニ御聞ニナッタラ宜シウゴザイマセウ

○日向輝武君 南滿鐵道ノ併行線ニ對シテ支那政府ノ代表者ガ、其資金ヲ借入ルル約束ガ出來テ、既ニ調印ガ濟ンダト云フコトデアルガ、其事實ヲ認ムルヤ否ヤト云フ本員ノ質問ニ對シテ、外務大臣ハ先程其演壇デサウ云フ事實ガアリマスト御答ニナッタ、然ルニ更ニ聞クトコロニ據レバ、ソレハ間違ッタト云フコトデアリマスガ……

○外務大臣(伯爵林董君) 後トノ方ガ宜シイノデ、先キノガ間違ッテ居ッタカラ、唯今訂正シタノデス

○日向輝武君 サウ云フ事實ハナイノデスカ

○外務大臣(伯爵林董君) サウデス

○日向輝武君 サウ云フコトガ無イナラバ、甚ダ結構デアリマスガ、少クモ外務省ハ此契約ニ調印ガ濟ンダト云フコトハ、今月ノ十七日ニ承知シテ居ランケレバナラヌ、又外務省ハ是等ノコトヲ知ルニ十分ナル機關ヲ持ッテ居ルノデアルカラ、確ニナイノデアリマスカ、外務省ガ知ラヌノデハナイ、全ク無イト云フコトヲ斷言セラルレバ宜シウゴザイマスガ、ソレハ確ニ覺エテ置イテ戴キタイ

(外務大臣伯爵林董君登壇)

○外務大臣(伯爵林董君) ソレハ今御答シタ通リ、鐵道ニ向ッテノ借款ハ調印シタト云フコトハ確デナイ此鐵道ヲ築クニ付テ工事ノ請負約束ハシタコトハ承知シテ居ルト、斯ウ云フノデアリマス

○日向輝武君 ソレナラ宜シウゴザイマス

◎議長(杉田定一君) 議事日程ニ移リマス、日程第一事業公債條例中改正法律案第一讀會、議案朗讀

第七　韓國ニ於ケル鐵道用品資金會計ニ關スル法律案　第一讀會
（政府提出）
（書記朗讀）

韓國ニ於ケル鐵道用品資金會計ニ關スル法律案

韓國ニ於テ帝國ノ經營スル鐵道ニ於テハ其ノ用品資金會計ノ經營ニ妨ナキ限リ一般ノ需要ニ應シ機械其ノ他ノ物件ノ製作修理ヲ爲スコトヲ得此ノ場合ニ於テハ鐵道用品資金會計ニ屬スル用品ヲ以テ其ノ材料ニ充ツルコトヲ得

（政府委員大屋權平君登壇）

○政府委員（大屋權平君）　唯今議題トナッテ居リマスルトコロノ問題ハ、韓國ニ於キマシテ近年機械器具等ヲ用ヰマスルトコロノ工業ガボツ〳〵興ッテ參リマシタ、然ルニ此機具機械ヲ修膳致シマスルトコロノ工場ガ未ダ備ッテ居リマセヌ、然ルニ鐵道ハ自分ノ機械ヤ車輛等ヲ製作修理致スタメニ、多少ノ設備ヲ持ッテ居リマスルカラシテ、事業ニ妨ゲナイ限リ之ヲ以テ他ノ需要ニ充テマスレバ、差當リ一般ノ便宜ヲ得ルコト、心得マス、共タメニ此案ヲ提出致シマシタコトデゴザイマス、宜シク御審議ヲ願ヒマス

○議長（杉田定一君）　次ノ議事日程ニ移リマス、日程第八、右議案ノ審査ヲ付託スベキ委員ノ選擧

第八　右議案ノ審査ヲ付託スヘキ委員ノ選擧

○長谷場純孝君　議長指名ノ委員九名

○議長（杉田定一君）　長谷場君發議ノ如ク九名ノ委員議長指名ニ御異議ハアリマセヌカ

（「異議ナシ異議ナシ」ノ聲起ル）

○議長（杉田定一君）　御異議ハナイト認メマス、……日程第九、衆議院議員選擧法中改正法律案第一讀會、議案朗讀

○神藤才一君　諸君、私ハ今日此增稅問題ト云フ大問題ガ現ハレテ居リマスル サナカニ以テ、私ガ質問致シマスルトコロノ間島問題ノ如キハ、或ハ諸君ニ於テ斯ル大問題ガアル矢先キ、斯クナル問題ヲ以テ質問演說ヲナスガ如キハ、エタイ分ラスヤツダト云フ御叱リガアルカモ知レヌガ(「ノウ〳〵」ト呼フ者アリ)併ナガラ諸君、內治ノ鬪ハ是ハ兄弟同士ノ事デアル、意見ノ衝突デアリマスルガ、併ナガラ外交ノ問題ハ一ツ誤レバ再ビ取返スコトハ甚ダ困難デアルノデアリマス、カルガ故ニ諸君ノ暫ク御淸聽ヲ仰グノデアリマス、諸君、先日私等ノ同僚ナル望月小太郎君ハ此間島問題ニ付キマシテハ神藤ト八百長的ノ打合ヲスルノデアルト言ハレタヤウデアリマシタガ、本員ハ此八百長的ナント云フ器用ナコトハ出來ル人間デナイノデ(「ヒヤ〳〵」ト呼フ者アリ)所謂馬車馬的デアル、頭ガ碎ケルカ柱ガ壞レルカノ一點張リノ人間デゴザイマスガ、併シ斯ノ如キ事ハ扨措イテ、凡ソ國際ノコトハ外交ニ始マッテ外交ニ終ルデアリマス、是ハ自然ノ通義デゴザリマス、又外交ノ事ハ秘密ヲ要スルノデアリマス、勿論ノコトデアル、軍事モ亦然ルノデアル、デ是等ノコトハ皆諸君ノ御承知デアルガ、其秘密ナルコトヲ知ッテ、本員ガ之ヲ當局大臣ニ質問致シマスルコトハ、萬已ムヲ得ザルトコロニ出デタルモノデアリマス、固ヨリ外交ノコトハ一ノ「カメレオン」トノコトナレドモ、近今我外交ヲ御覽ジマセ、兎角無定見デ、無方針デ、無責任デ、遲鈍、緩漫弊屈デアルヤウニ見受ケルノデアル、(笑聲起ル)所謂諸君ガ數々仰セラレルトコロノ根柢ナク讓歩的ノ外交デアルヤウデアリマス、然ルニ先日政府黨ノ吾々ガ崇拜スルトコロノ大知識者ト云ハレルベキ竹越君ハ何ト言ハレタデアリマセウカ、此政府ハ極メテ外交ニ於テ成功シテ居ルノデアル、日英同盟ト云ヒ、日露、日佛、日韓、日淸ノ如キ諸條約ハ是レ皆大々的成功シテアル、日本ハ東洋ノ孤立國カラ列國ノ舞臺ニ出テ列國ノ「コンサート」ニ入ッテ立派ニ音樂ヲ鳴ラシテ居ル、鳴ラシテ居ルノミナラズ、其音樂ノ調子ヲ取ッテアルト、斯ウ誇ラレテ言ハレタヤウニ思ハレルノデアル、或ハ斯クナラン、本員モ斯ク思ウテ居ルノデアル、卽チ日本ノ外交ハ音樂的デアル、竹越君ノ云ハレタ如ク、音樂的、田舍芝居、御祭的外交デアル、卽チ外面盛飾ノ外交デアル、初ハ立派デ勢ガ好イノガ、終リハ音樂的ニ離立テラレテ終ハルノデアル、卽チ諸君ノ知ラル、如ク日米ノ問題ト云ヒ、此間島問題ト云ヒ、ドウヤラ音樂的ニ離立テラレ終ラレンカノ疑ガアルノデアル、若シ果シテ然ラバ我國民及韓國人民ノ感想ハ如何、與ニ汗背ノ至リデアリマセヌカ、此大日本帝國ハ東洋平和ノ主腦者デアル、其主腦者タル日本ガ日淸韓三國ニ大關係アル此間島問題ヲ、御祭音曲的ニ終ラレントノ外交ニ對シテハ、吾々人民ハ再三再四此問ヲ放シテ當局大臣ニ其要領ヲ得ルマデハドウシテモ問ハナケレバナラヌノデアル、如何トナレバ先日來ノ諸新聞ノ如クンバ、今日此問題ガ御祭音樂的外交ニ祭リ終ハラレンカモ知ラヌガ、今後再ビ此問題ノ如キ御祭音曲的ニ終リマスルコトハ信ジテ疑ハナイノデアル、若シ此ノ如ク每年歲々此騷ギノアルニ於テハ、或ハ御祭ノ相談ヲ開クヤニ至ルヤモ計リ難カランノデアル、併ナガラソレ等ノコトハサテ措テ、諸君、間島ハ諸君ノ御承知ノ如ク海川中ノ島嶼デアリマセヌ、一ノ大廣原デアリマス、其面積ハ少クトモ韓國咸鏡道ニ讓ラヌ、而シテ其位置ハ淸韓兩國ニ凸出シタル白頭山ノ麓デアル、(「ソンナコトハ知ッテ居ルヨ」ト呼フ者アリ)御承知ナラバ(「皆知ッテ居ルヨ」或ハ「謹聽」ト呼フ者アリ)詳シク云ヘバ淸韓兩國ノ境ニ蟠屈セル長白山、山麓ノ大廣原デアル、長白山ハ秀ハ卽チ秀ナリト雖モ、元ト是レ一大廣原ヲナス滿洲ノ野ニ比シマスレバ、其一小凸起タルニ外ナラズト雖モ(「分ッテルカト」呼フ者アリ)海拔僅ニ八千呎ト稱スレドモ、之ヲ其山麓ヨリ測リマスレバ、僅々二千五百呎ヲ超エザルノデアル、既ニ峻險ナル橫斷、山脈ノ國境ニ蟠屈セザルモノナリ、一葦帶水ヲ隔テ、滿韓境ヲ接スルガ故ニ　間島ノ過去ハ古來屈辱ノ歷史ニ富ミ、隣交稼穡ノコト、又語ルニ忍ビザルモノガアル(「謹聽」ト呼フ者アリ)朝鮮ナル文字ガ元來遼河以南ノ地ニ與ヘラレタル名稱ナリトノ考證ハサテ措キ(「簡單」ト呼フ者アリ)檀君箕子衛滿ノ昔ヨリ近ク李朝ノ今日ニ至ルマデ、間島ノ領土ハ幾多ノ歷史的及地理的實證ニ依ッテ、韓國ノ領土ナルコトハ明デアル、併ナガラ本員ハ之ヲ歷史的ニ論ジ、之ヲ地理的ニ述べ、以テ諸君ノ御參考ニ供シタヤモ、奈何セン之ヲ歷史的ニ論ジ、之ヲ地理的ニ述ベルトキハ、少クトモ二日モ三日モ掛ルノデアル(「ヨシ給ヘ分ッテ居ル」ト呼フ者アリ)妨ゲルモノアッテモ吾輩ハ發言權ヲ得タ以上ハ、十日デモ二十日デモ論ズルノデアル、若シ妨ゲルモノガアッタナラバ、神藤ヲシテ此演壇カラ引摺リ落シテ見イ(「謹聽々々」ト呼フ者アリ笑聲起ル)(「簡單々々」ト呼フ者アリ)併ナガラ此事ハ他日書ニ著シテ分ルヤウニ知ラセテヤルノデアル、今日ハ唯我ノ保護ノ下ニアル韓國領土タル間島ガ、如何ニ滿洲ニ境シアルカヲ述べ、且之ニ附隨スル軍事及經濟上ノ要點ヲ概說シテ音樂的御祭外交當局者ニ問ハントスルノデアリマス、併ナガラ軍事上ノコトハ最モ秘密ナルヲ要スル故ニ、私ハ茲デ略スガ、抑、間島ハ與ニ韓國領土デアリマス、滿韓兩國ノ分界線ハ淸國政府側ノ云フトコロノ豆滿江ニアラズシテ、其國境線ハ白頭山、所謂分水嶺卽チ康熙五十一年五月十一日ニ立テラレタルトコロノ定界碑ヨリ左弓形線ヲ以テ吽嶺ニ到リ、同所ヨリ發原スル分界江一名、布爾哈圖河ニ沿ウテ嘎呀上流ヲ經テ、穩城ニ到リ、是ヨリ豆滿江ニ沿フテ海ニ到ルヲ以テ、滿韓兩土ノ國境トナスコト、是ハ天然的國境ニ照ラスモ又歷史的國境ニ證スルモ明ニ確々デアルケレドモ、淸國政府ハ彼ノ土門ヲ以テ韓國ノ豆滿江ト稱スルモ、此豆滿江ハ滿洲人ノ所謂吉林土門ニシテ、卽チ松花江ノ上流タルガ故ニ、其混同モ亦甚シイノデゴザイマス(「成程」ト呼フ者アリ)尤モ淸國ニ於テハ土門ト豆滿トハ國音相似タルガ故ニ、土門卽チ豆滿ナリト主張スレドモ、吉林土門ハ「ツーメン」ト發音シ、韓國ノ所謂豆滿ハ「トングース」語ノ「トーマン」卽チ衆水合流ノ義ニシテ、卽チ古來穩城以下ノ流域、卽チ嘎呀布爾哈圖海蘭ノ北三ツノ河ガ流注シテヨリ下流ヲ呼稱スルノデアル、穩城ヨリ上流ハ別ニ於伊後江ノ名稱ガアリマス、此伊後江ハ朝鮮人ノ義譯デハ魚潤ト呼ビ、漢人ハ元明時代ニ於テ之ヲ音譯シテ愛呼ト呼ンダノデアル、故ニ松花江上流ノ土門ト混同スベキモノデハナイノデアル、殊ニ諸君、淸國政府ハ康熙五十一年頃ニ於テサヘ、韓國ノ微弱ナルニ乘ジ之ヲ壓迫シ、十分韓國ノ領土ヲ橫領シ、之ニ定界碑ヲ建テ、而シテ此定界碑ヲ基礎トシテ之ニ添ユルニ延長ナル土堤ヲ築キ、之ニ植ユルニ樹木ヲ以テシタノデアル、諸君、今日此樹木ヲ御覽ナサイ、其堤防ノ上ニハ一ト抱以上ノ木ガ往々アル、此ノ如キ人造的國境ヲ造ッテ以テ滿韓ノ國境ヲ劃定セシニモ拘ハラズ、今日尙此上ニモ韓國領土ヲ爭ハントス、尤モ既ニ諸君ノ御承知ノ通リ、淸國政府ハ我琉球ヲサヘ自國ナリト主張シテ以テ我ニ爭ハントセシ外交ノ手際ヲ以テシマスレバ、彼ノ外交ノ手腕如何ヲ知ルノデアリマス、固ヨリ本員ハ理ニモ非ニモ此ノ間島ヲ韓國ノ領土權、韓國ニ收容セヨト云フノデハナイノデアル、ケレドモ斯ノ如キ歷々タル歷史及地理ノ證明スルコトヲ如何ニ致シマセウ、殊ニ又露國ハ久シキ以前ヨリ此間島問題ニ注目シ、我明治三十五年駐箚露國公使、「ウエバール」氏ハ時ノ外相李道宰ト露韓境地條約ナルモノヲ締結シ、此間島ハ韓國ノ領土タルコトヲ確認シ、而シテ此露韓兩國協治施政ヲ此地ニ設ケ、以テ自治團體ヲ作ッタノデアル、其上ニ若シ第三位ノ國ニシテ此間島ニ干渉センカ、露國ハ責任ヲ以テ獨リ之ニ當ルベシトノ協約ヲ爲シタノデアル、斯ノ如キ外交上ノ一事ヲ以テ見ルモ間島ハ韓國ノ領土タルコト決シテ疑フベカラザルコトデアル、斯ノ如キ明ナル實歷實證アルニモ拘ハラズ、我當局ハ荏苒月日ヲ其交渉ニ費シ、殊ニ本員ノ質問ニ對シテ、何ト云フテアルカ、目下尙交渉中ナルヲ以テ、未ダ答辯ノ時期ニ達セズト、如何デゴザイマセウ、實ニ不得要領ナル、此所カ卽チ無責任極マル、答辯デアル固ヨリ外交ノコトハ祕密ナルハ勿論ナレドモ、交渉是マデノ經過位ハ政府自ヲ進ンデモ之ヲ説明スルハ國民後援ノ原法デアル、若シ萬一公會ニ於テ之ヲ説明スルヲ憚ルナラバ、我輩等ハ不本意ナガラ祕密會ナリトモ開イテ之ヲ説明スルコソ國民ニ對スル當局者ノ義務デアルト思フ、然ルニ其交渉ノ時期云々ヲ以テ屈讓的外交ヲ掩ハントスレドモ、其答辯ノ時機ニ達スル頃ハ此間島問題モ我ニ取リテハ卽チ「ゼロ」的外交ニ終ルナラン、剩ヘ世間ノ云フガ如ク間島ノ全土ヲ擧ゲテ彼ニ讓與シ、他ニ相當ノ利權ヲ得ルコトナクンバ、何ヲ以テ我國保護ノ下ニアル韓國ニ見エントスルカ、我國民ノ多數ニ於テコソ毫モ意ニ介セザル如クナレドモ、歐洲各國ニ於テハ日米關係ト云ヒ、日淸ノ關係ト云ヒ、皆是レ重要視シ、之ニ對シテ多大ノ注意ヲ拂ヒツヽアリ故ニ一時在外公債ノ低落セシモ、全ク其成行ヲ悲觀セル結果ニ外ナラザルノデアル、然ルニ日米ノ關係ハ世人ノ知ル如ク我當局者ノ屈讓ニ據リテ、無事ニ其局ヲ結バントレタレドモ、日淸ノ關係ハ如何セン屢ニ外交專門家ナル望月君ノ云ヘル如ク、彼ノ食鹽問題アリ、鴨綠江森林問題、鑛山事件、漁業公司事件、鐵道問題及此間島問題ガアル、就中此間島問題及鐵道問題ノ如キハ、內外國民ノ最モ重要視スル問題デアル、又日韓兩國ノ此間島方面ニ對スル經濟觀ハ如何、本年四月一日ニハ不凍港トモ謂フベキ彼ノ淸津港ハ開港セラルヽニアラズヤ、淸津ヨリ會寧ニ至ル輕便鐵道ハ諸君ノ御承知ノ通リ既ニ敷設セラレ、而シテ之ヲ改築シテ本鐵道ニスルハ容易ナルコトデアル、然ラバ韓國東海ノ產物及其陸產物ハ何レノ點ニ集メ、何レノ地、何レノ道ヲ經テ北滿洲ニ輸出スルカ、日本北海ノ產物及遠キ樺太ノ產物ハ何レノ港ニ蒐集シテ、吉林及哈爾賓地方ニ出スカ、卽チ間島ノ地ハ此經濟上ノ一大倉庫一大關門デアル、間島ハ諸君ノ知ラルヽ如ク鑛山森林ニ豐富タリ、百年ノ肥料ハ積ンデ地盤百層ヲ成スケレドモ、境界定ラザル地ニ何ヲ以テ之ニ放資スル者ガアリマセウ、ノミナラズ開ク浦鹽港ハ、近ク自由港ノ噂ガアル、日韓東北海ノ產物ハ一ニ此ノ、淸津間島ニ據ラナケレバナラヌ、又軍事上ヨリ見マスレバ長白山ノ山脈ハ、恰モ以、佛國境ノ「アルプ」山デアル、若シ諸君モ御承知ノ通リ、鹿島ハ如何、既ニ露國ニ横奪セラレタルニアラズヤ、「ボセット」ノ大砲臺ハ間島ノ眼下ニ在リ、僅ニ三日里內ニ在リ、李朝ノ大祖成桂ガ、能ク五百年ノ大業ヲ今日ニ遺シタルモ、亦此間島ニ在リ、北滿洲及哈爾賓ノドテッ腹ヲ突クモ亦此間島ノ寧ノ裡ニアルノデアル、諸君二十七八年ノ戰役ハ何ノタメデアリマセウ、三十七八年ノ大戰爭ハ如何ナルタメデアル、我日本ガ血ヲ流シ屍ヲ積ミ財ヲ費シ韓國ノ獨立ヲ扶植シ、而シテ我大帝國保護ノ下ニ置キシハ如何ナルタメデアリマセウカ、實ニ東洋平和ノタメナリト斷言スルモ憚ラヌトコロデアルト私ハ思フノデアル、而シテ諸君我日本國保護ノ下ニ置カレタル韓國ノ現況ハ目下如何ナル程度マデ進メツヽアルヤ、其內政ノ秩序安寧ハ如何ナル點マデ進ミ治リアルカ、我國經濟ノ許サルヽ限リニ於テハ、是ガ機關ヲ設備シ之ヲ整理シツヽアルニモ拘ハラズ、獨リ最モ大切ナル其被保護國ノ國境ニ關シ、其解決ヲ見ル能ハザルハ、日本帝國ノ威信上實ニ遺憾ニ堪ヘザル次第デアリマセウ、固ヨリ各國間ニ於ケル保護關係ハ、勿論保護條約ヲ以テ其原始ト爲スガ故ニ、其相互國間ニ於ケル權利義務ハ場合ニ依リテハ多少ノ差違アリト雖モ、決シテ片務的ノモノデナイ、必ズヤ雙務的ノモノデアル、果シテ然ラバ韓國ハ我日本ノ威信ニ飽マデモ信賴シ、其ノ生命其財產其他萬般ノ事ヲ擧ゲテ之ヲ我保護ノ下ニ置イタノハ、何ノタメデアル、斯ル實歷實證アル國境問題ニ關シ遷延未タ解決ヲ見ル能ハズ、否ナ見ル能ハザルノミナラズ、斯ル實歷實證アル其全地ヲ擧ゲテ對手國ヘ讓與セントスルニ於テハ、保護國ト賴ム韓國ハ其間ニ如何ナル感想ヲ惹起スベキヤ、韓國人民ハ諸君ガ知ラレル如クニ最モ猜疑心ニ深キ人民デアル、且鞏固ナル意思ヲ有スルモノニアラズシテ、恰モ娼妓ノ情人ニ向ッテ普通ノ起誓證文ヲ認ムル如クデアル、斯ル狀況ナルコトヲ知ッタナラバ、如何ナル意思ヲ有スルニ至ルヤ、諸君、彼ノ密使事件ノ如キハ最モ近キ例證デアル、將又從來ノ實歷ニ徵スルモ、或ハ淸ニ結ビ、或ハ佛ニ誓ヒ、或ハ露ニ通ジ、或ハ米ニ媚ルガ如ク、普通ノ意思ヲ以テ之ヲ判斷スルコトガ出來ヌ人民デアル、要スルニ諸君、此問題ノ解決ノ遲速ハ直接ニ韓國統理上輕々ニ看過シ能ハザルトコロノモノデアル、軍事上ヨリ見ルモ、經濟上ヨリ見ルモ、韓國保護上ヨリ見ルモ、亦東洋平和ノ見地ヨリスルモ此間島ノ得失如何ハ眞ニ日韓兩國ニ取リ實ニ一大重要ナル問題デアル、故ニ吾々國民トシテ一日モ早ク十分ナル解決ヲ見ント欲スルトコロデアル、故ニ茲ニ再ビ質問ヲ提出シテ以テ當局大臣ノ十分ナル答辯ヲ請ハントスルトコロノモノデアリマス、終リニ臨ンデ諸君、當局大臣ハ世界有數ノ大外交家デアル、故ニ其解決ノ結果タルヤ前段ニ述べタル正當ナル理由ト、其實證トヲ提ゲ、其對手國ニ反省セシメ、日韓兩國民ニ對シテ滿足ナル結果ヲ與ヘラルヽコトハ信ジテ疑ハザルトコロナレドモ、曩ニ外交專門家タル望月君ノ質問ニ對スル答辯演說中ニ、外交ノコトハ雙方ノ不滿足ヲ以テ完全トナスガ如キ、外交家ノ浮說ヲ聞キ、之ヲ外交大家ノ格言ナリト信ジ、外交ノ妙所ヲ誤マラレザランコトヲ希望スルノデアリマス、サナキダニ諸君、列國ハ日本ノ外交ハ君子的外交ト稱讚アル今日ニ於テ、重ネテ君子國ノ名稱ニ背カザルトノ稱讚ヲ再ビ受ケザルヤウニ、豫メ御祭リ的ノ外交――外務大臣ニ請フノデアリマス（拍手起ル）

第六　韓國ニ於ケル鐵道用品資金會計ニ關スル法律案　第一讀會ノ續（委員長報告）

（丹後直平君登壇）

○丹後直平君　韓國ニ於ケル鐵道用品資金會計ニ關スル法律案ノ委員會ノ結果ヲ報告致シマス、此法案ハ至ッテ單純ノ案デゴザイマシテ、追々韓國ニ於キマシテ、事業ノ發達ニ伴ヒマシテ、民間ニ於テモ種々ノ機械其他物件ノ製作及修理ニ對シマシテ、イロイロ需要ガアリマスルニモ拘ハラズ、適當ノ工場ガナイタメ韓國鐵道ニ於キマシテハ、此用品資金ノ運轉ニ妨ゲナキ限リ、人民ノ依頼ニ應ジマシテ、製作修理ヲ致シ得ル途ヲ開キタイト云フコトデ、此會計法ノ範圍ヲ擴メヤウト云フ案デゴザイマス、是ト同一ノコトヲ臺灣鐵道ニ於テ法律ヲ制定シテアル程ノコトデゴザイマシテ、委員會ニ於キマシテハ二三質問ノ外一ツノ異論ナク全會一致ヲ以テ可決ヲ與フルコトニ決定致シマシタ、誠ニ簡單ナ案デゴザイマスカラ、御報告申スコトハ是ギリデ、ドウカ本會ニ於キマシテ、ヤハリ即刻可決アランコトヲ希望シマス

○議長（杉田定一君）　別段御異議ノナイヤウデアリマスカラ、採決シマス、本案ノ二讀會ヲ開クコトニ御異議ハアリマセヌカ

（「異議ナシト」呼フ者アリ）

○議長（杉田定一君）　御異議ナイト認メマス

○恆松隆慶君　本案モ直チニ二讀會ヲ開キ、讀會ヲ省略シテ可決アランコトヲ望ミマス

○議長（杉田定一君）　恆松君發議ノ通リ直チニ二讀會ヲ開キ、讀會ヲ省略シテ可決スルコトニ御異議ハアリマセヌカ

（「異議ナシ」ト呼フ者アリ）

○議長（杉田定一君）　御異議ハナイト認メマス、直チニ第二讀會ヲ開キマス

韓國ニ於ケル鐵道用品資金會計ニ關スル法律案　確定議

○議長（杉田定一君）　委員長報告通リ御異議ハアリマセヌカ

（「異議ナシ」ト呼フ者アリ）

○議長（杉田定一君）　御異議ナイト認メマス、是ニテ本案ハ可決致シマシタ、日程第七、造幣局据置運轉資本增加及設備擴張費ニ關スル法律案、委員長東尾平太郎君

（加瀬禰逸君登壇）

○加瀬禰逸君　諸君、澤君ハ大變趣味ノアル問題ヲ捉ヘラレテ長イ御演說ヲナサレマシタシ、花井君ハ、實益アル憲法問題ヲ捉ヘテ、當路者ニ肉迫シタル痛快ナル御演說ガゴザイマシタ、此際ニ私ガ何カ眞似ヲシテオシヤベリヲスルト云フコトハ、甚ダ以テ怪シカラヌト云フ御叱リモゴザイマセウ、殊ニ時間モ大分移ッタコトデアリマスカラシテ、私ハ極ク簡單ニ再質問ノ趣意ヲ述ベヤウト思フ、（「ヒヤ〳〵」ト呼フ者アリ）實ハ今日迄、質問書ヲ提出シタ儘デ問ウタコトハナカッタガ、併ナカラ默ッテ居ケバ不親切ト云フ澤君カラノ御忠告ノ通リ、一時逃レノ答辯ヲ濟ラスカラ、私ハ已ムナク此處ニ演壇ヲ拜借スルコトニ立至リマシタ、御承知ノ如ク先月ノ十三日ニ、私ハ安奉鐵道改築ニ關スル質問趣意書ヲ提出シテ置キマシタ、然ルトコロ其月ノ二十八日ニ至リマシテ、政府ヨリ答辯書ノ回送ガゴザイマシタ、讀ンデ之ヲ見マスレバ「安奉鐵道ノ改築ハ命令期間內ニ於テ竣功セシメ得ル見込ナリ」唯是ダケノ答辯デアル、命令書ヲ交付シタ以後ニ於ケル期間ノ長ヤハ後ニ述ベマスルガ、兎ニ角質問書ヲ提出シテ假ズニ十五日ノ期間ヲ以テ致シマシタカラシテ、定メテ過去ニ於ケル經過ヲ詳細ニ述ベテ、而シテ將來ニ於ケル計畫ノ內容ヲモ示シテ、吾人ヲシテ直チニ竣工セシメ得ル見込ナリトノ、答辯ノ精神ヲ會得セシメルダケノ挨拶ハアルト期シテ居ッタノニ、僅ニ此一語ヲ以テ、答辯ニ及ンダノデアル、故ニ私ハ前ニ立返ッテ安奉鐵道改築論ヲ唱ヘ、同時ニ政府ガ今日以前ニ爲シタル過去ノ經過ヲ聽カムトスルノデアリマス、（「簡單々々」ト呼フ者アリ）簡單ニヤリマス、簡單ニヤリマス、私ノ申述ベルマデモゴザイマセヌガ、鐵道ノ貫通聯絡ガ軍事上竝ニ經濟上ニ、至大ノ關係ヲ持ッテ居ルト云フコトハ言フマデモナク、幾多ノ鐵道ガ各所ニ散在シテ居リマシテモ、其貫通聯絡ヲ缺イダナラバ、飾リ交通力ノ便否ト云フコトニ非常ナ關係ヲ持チマス、即チ交通上不便ヲ來シ、商工業ノ發達ヲ阻礙致シマスカラシテ、平時ニ於テ總テノ經濟上ノ利益ヲ發展スルコトノ出來ヌノミナラズ、一朝事アル秋ニ方リマシテ、急速事ヲ處スルノ途ハナカラウト思フノダ、諸君國民ヲ他所ニ移シテサウシテ土地的勢力ヲ扶殖スルト云フコトハ、實ニ國家ノ政策トシテ何レノ國デモ爲サネバナラヌノデアル、殊ニ戰後經營ノ大任ヲ帶ビテ居ル我帝國ノ如キニ至ッテハ、此政策ニ最モ重キヲ置カナケレバナラヌノデアル、而シテ滿洲ノ野竝ニ韓國ノ野ニ、我勢力ヲ扶殖スルト云フコトハ、實ニ日本ノ政策トシテ採ルベキ最上ノ要義デアラウト思フノデアル、諸君、滿洲ハ此土地的勢力ヲ扶殖スルノニ最モ好箇ノ地域デアラウト思フノデアリマス、言フマデモゴザイマセヌ、諸君ハ既ニ御承知デゴザイマセウガ、彼ノ興安長白ノ二大山系ハ、百年斧鉞ヲ加ヘザルトコロノ森林ヲ以テ蔽ハレテ居リマス、又松花江、遼河ノ二大流域ハ、未ダ鋤犂ノ入ラザルトコロノ廣大ナル沃野ヲ以テ充タサレテ居ルノデアリマス、而シテ北滿ニ至ッテハ所謂多クノ穀類ヲ產シテ、穀倉トマデ稱セラレテ居ルノデアリマス、南滿ニ至ッテハ多クノ魚類ヲ產シ、且鑛石ノ貯藏スル所ヲ知ラヌトマデ稱ヘマシテ居ルノデアリマス、東滿ノ米、西滿ノ皮、仔細ニ之ヲ點檢致シマシタナラバ、滿韓ハ實ニ限リ無キ福土デアラウト思フ、ソレ故ニ露西亞人ガ一度滿洲ノ經營開務ニ著手シテ、之ヲ天下ニ紹介スルヤ、世界ノ注意ヲ惹クニ至リタルハ寔ニ當然ト考ヘマス、想見レバ滿洲ハ我帝國ノタメニ、好箇ノ殖民地デアル、東洋平和ノタメニ大戰ヲ擔當ヘシタル、我帝國ノ國民ノ將ニ大ニ發展スベキ天賦ノ良土デアル、今ヤ韓國ニ於ケル我國民、竝ニ國家ノ幾多ノ施設ハ、著々此事實ヲ證明シテ餘リアルノデアリマス、政府ハ既ニ居留民團法ヲ布キ、關東都督府官制ヲ改正セラレ、サウシテ現時九箇所ニ領事館ヲ置イテ居ル所以ノモノモ、畢竟スルニ、滿洲經營ノ忽緒ニ附スベカラザル證據デアラウト思ヒマス、彼ノ南滿洲株式會社ノ創立セラル、ニ當リマシテ、新民、吉長ノ兩線ニ對スル放資ト、安奉鐵道ノ改築ヲ命令シタル所以ノモノモ、實ハ滿洲開發ノ一日モ緩ウスベカラザルヲ認メタタメデアラウト思フ、然ルニ退イテ其後ノ施設ヲ見マスレバ、如何デゴザイマセウ、命令ヲ發シタノハ去ル三十九年八月ノ一日デアル、今ヲ去ルコト殆ド一年半ノ昔デアル、一年半命令ノ出シッ放シデアル、而シテ其後ノ經過ハ如何デゴザイマセウ、新民、吉長ノ兩線ニ對スル投資ハ、既ニ事實トナッテ居ルノデアリマス、或ハ今ヤ將ニ事實ニ現ハレントシツヽアルノデゴザイマスガ、安奉鐵道ノ改築ニ至ッテハ、未ダ其工事ニ著手セントスル狀況ダモ無シ、著手セントスル響キダモ吾人ノ耳ニハ達セヌノデアル、是ハドウ云フ事情ガアルカ知リマセヌケレドモ、命令ヲ發シタル當初ノ趣意ニ副ハナイト云フコトハ、私共ノ大ニ怪訝ニ堪ヘヌトコロデアル（「簡單々々」ト呼フ者アリ）少シク此安奉ノ地位、詰リ安東縣ト奉天トノ地位ニ立入ッテ一言シナケレバ、此質問ヲ結ブ譯ニ參リマセヌカラ、暫時御辛抱ヲ願ヒタイ、諸君、安東縣ハ御承知ノ如ク、韓國ト相對シテ滿洲ノ東端ニ位シテ居ル土地デアル、即チ鴨綠江ヲ隔テ、韓國ト界シテ居ル地點デアルガ故ニ、實ハ韓國ノ經營ノ上ニ於テモ、韓國保護ノ上ヨリシテモ、安奉鐵道ノ改築ハ急ヲ要スルノデアル、彼ノ百萬ノ大兵ヲ動シ、又二十億ノ資材ヲ投ジテ得タル韓國保護權ノ保全ト、是ガ實行トヲ期スル上ニ於テハ、幾多ノ施設ヲ要スベキデゴザイマシテ、國境及對岸ニ於ケル我ノ權利ヲ保障シ、進ンデ其權利ヲ伸張スルノ方法ヲ講ゼナケレバナラヌノデアル、此點ニ於テ安東縣ハ實ニ滿洲ノ唯一ノ良土ト言ッテ宜イノデアル、此土地ニ我國ノ勢力ヲ發展スベキ途ヲ執ルノハ、國家トシテ當然爲スベキ仕事デアラウト思フ、而シテ安東縣ハ鴨綠江沿岸ノ各地ニ於ケル部落ニ於テ、最モ日本的ノ勢力ノ發展シタル土地デアル、人安東縣ヲ指シテ保護國ノ延長トマデ言ウテ居ルノハ、決シテ偶然デハナイノデアル、此ノ如ク盛ンナル安東縣ハ、誰ニ依ッテ開港セラレタカ、其始メハ米國人ニ依ッテ開港ヲ主張セラレマシタラウガ、其開港ノ事實ハ日本人ニ依ッテ遂行セラレタルノデアル、之ヲ政治的ノ意味ニ言換ヘレバ安東縣ノ鎖鑰ヲ開キタルハ我日本デアル、我國ハ安東縣ノ鎖鑰ヲ開キタル鍵ノ所有者デアル、故ニ安東縣ヲシテ世界ノ良港タラシムベキ程度ニマデ發達セシムベキハ、我帝國ノ責任デアル、茲ニ民團法ノ實施區域ト致シマシテモ、營口ト共ニ、滿洲ニ於ケル營口ト共ニ、他ノ地ニ魁シテ民團法ガ布カレタノデアル、今ヤ此地ニ移住スル我國民ノ數モ頗ル多キニ達シテ居ル、殊ニ本邦人ノ買收シタル土地モ少クナク、諸官衙ノ設備ニ至リマシテモ、滿洲中他ニ並ビナキ程ノ程度迄ニ進ンデ居ルノデアリマシテ、商工業ノ發達モ滿洲各地ニ對比シテ頗ル盛ンナル狀況ヲ呈シツヽアルノデアル、頃日或人ニ就キ安東縣ノ貿易ノ景況ヲ聞クトコロニ依リマスルト、明治三十七年度ニ於キマシテ、輸出入ノ總額ガ四百五十萬兩、內輸入ノミガ二百五十餘万兩、三十八、三十九兩年度ノ輸入ガ約四百万兩、四十年度ニ於キマシテハ激增シテ輸入ノミガ千六百万兩ニ達シテ居ル、御承知ノ如ク、三十七、八年ハ日露戰役ノ眞最中デ鎖鑰未ダ開ケナイトキデアル、安東縣ガ開港場トシテ其體裁ヲ備ヘタノハ漸ク昨年ノ初メ頃ヨリデアルノニ、此ノ如キ貿易ノ趨勢ヲ示シテ居ル、勿論是ハ私人ノ統計デゴザリマスレバ、私ハ正確デアルトハ保證致シマセヌ、併ナガラ此計數ニシテ大ナル誤ガナイト致シマシタナラバ、現在ノ有樣ニ於テ、良港ノ稱アル牛莊ノ半バニ達シテ居ル、今後此趨勢ヲ以テ進マバ日ナラズシテ良港ノ稱アル牛莊ヲ凌クコトガ出來ルデアラウト思フ、奉天ノ地位ニ至リマシテハ、是ハ滿洲ノ中央デアルト云フ一語ヲ申上ゲマスレバ、奉天ガ滿洲ニ於ケル重要ノ地域デアルト云フコトハ、深ク言フマデモナイト思フ、古キ歷史ヲ申上ケハデハゴザリマセヌガ、滿洲ノ政治、元奉天政治ト云フ一語ノアッタコトニ徵シマシテモ、奉天ガ滿洲中特ニ重要ナル地點デアルト云フコトハ、御承知デアラウト思フ、此地ハ滿洲ノ中心タルダケソレダケ安東縣ヨリハ我日本的ノ勢力モ發達致シテ居ルノデアル、御承知ノ如ク、滿洲總督府モ設ケラレテアルシ、關東都督府モ置カレテアル、而シテ我國ヨリ移住スルトコロノ人、最モ多ク其邦人ノ企劃スル事業モ日ヲ逐ウテ盛ンニナル傾向ヲ呈シテ居ルノハ、國家ノタメ喜ブベキ現象デアル、殊ニ此地ハ商賈及貴紳ノ來集頗ル多ク、高價奇品ノ需要モ多種多額ニ上ルガ故ニ、支那ノ市街トシテハ、滿洲隨一トマデ稱セラレテ居ルノデアル、近時奉天、大連トノ間ニ於ケル貨物ノ輸出入ノ狀況ヲ聞キマスト、大連ヨリ奉天ニ輸入シマスルトコロノ貨物ハ、一箇月約三百万斤、奉天ヨリ大連ニ仕向ケマス輸出ノ貨物ハ、一箇月千五百万斤デアル、是ハ結氷期間ニ於ケル貨物輸出入ノ調査デアリト致シマスレバ、若シ一箇年ヲ通ジテ之ヲ算シタナラバ、驚クベキ多額ニ上ルデアラウト思フ、既ニ結氷期間ニ於ケル一箇月ノ貨物ノ輸出入ノ數ガ千八百万斤ニ達シテ居ルトスレバ、結氷セザル時期ヲ推シテ數ヘマシタナラバ、恐クバ三月平均二百五十万斤若クハ三百万斤ノ間ヲ上下シツヽアルモノデアラウト思フ、然カ致シマスレバ、現在ノ趨勢ニ於キマシテ、既ニ牛莊ニ彷彿レテ居ルト、私ハ深ク信ジマス、安東縣ノ地位ハ唯今申上ゲルヤウナ次第デアル、奉天モ亦然リアリトシマスレバ安奉鐵道ノ改築ガ出來マシテ、更ニ鴨綠江ニ鐵橋ヲ架シテ韓國ト聯絡ヲ取リマシタ曉ニハ、大連貿易ノ繁盛ハ之ヲ安東縣ニ移シ來ルデアラウト思フ、少クトモ其一部ハ之ヲ安東縣ニ移スコトガ出來ルデアラウト存ジマス、ノミナラズ延イテ我日本ト大連トノ貿易ヲ盛ンナラシムルコトモ出來、安東縣ト日本間ニ於ケルトコロノ直接貿易モ之ニ依ッテ愈繁昌ヲ來スデアラウト思フ、何故ニ斯ク申スカト云ヒマスレバ、距離ノ近キ點ニ於キマシテモ、時間ノ短キ點ニ於キマシテモ、斯樣相成ラナケレバナルマイト思フ、煩ハシイヤウデアリマスガ、茲ニ距離ノ比較ヲ申上ゲマスレバ、奉天ト大連トノ間ノ距離ハ二百四十六哩餘デ、安東ヨリ奉天ニ達シマス距離ハ百八十八哩餘ニナッテ居ル、丁度四ト三トノ比例ニナッテ居リマス、若シ茲ニ彼ノ廣軌鐵道ヲ敷キ、一時間約二十哩ヲ走ルトコロノ鐵道ヲ設ケルモノト致シマスレバ、奉天ヨリ大連ニ至リマスルニ十二時間半ヲ要スルニ對シマシテ、奉天ヨリ安東ニ至リマスルニハ、九時間半デ達スルコトガ出來ル、時間ノ點ニ於テモ三時間ノ利益ガアル、然カ致シマスレバ先ニ申述ベマシタ(「金ガナイ」ト呼ブ者アリ)金ハ前ニ出來テ居リマス、奉天ヨリ大連ノ方ニ仕向ケマス――輸出ノ貨物ハ距離ノ近キ點、時間ノ早キ點ニ於テ安東縣ニ集ッテ來ル、尙日本トノ關係ヲ申シマスレバ、現在大連ニ參リマスニ三晝夜ヲ要シテ居ル、門司カラ船デ參リマスト三晝夜ヲ要シテ居ル、之ヲ若シ今ノ安奉鐵道ガ改築致セラレマスルナラバ、下ノ關ヨリ釜山マデ約十時間、釜山ヨリ新義州ヲ經テ更ニ安東奉天間ノ鐵道ノ九時間ヲ之ニ加ヘマスト、四十九時間半ニシテ奉天ニ達スルコトヲ得ル、安東線迄ハ四十時半ニシテ達スルコトガ出來ル、即チ大連マデ達スルニ四十九時間半、今ハ三晝夜ヲ要スル――七十二時間ヲ要スルモノガ四十九時間半デ達シ得ラレルト致シマシタナラバ、我日本ト大連トノ間ニ於ケルトコロノ貿易モ、今日一ナラバ明日ハ二ニナリ、今五ナレバ明日ハ十トナルト云フ比例ニ增スコトモ出來ルカラ、船ナラバ結氷期間ニ於テハ貿易ガ出來ナイノデアル、陸上デハ其心配ハナク四時貿易通商ヲ爲ス事ガ出來ルヤウニナルノデアレバ、安奉鐵道ハ獨リ滿洲內地ノ經濟上發達ノ利益ガアルノミナラズ、延イテ我國ノ貿易上ニマデ直接ニ利益ヲ與ヘルモノデアルト云フコトガ、之ニ依ッテ御分リニナルデアラウト思フ、以上ハ私ガ經濟上ノ見地カラシテ申上ゲタ點デアリマスルガ、軍事上ノコトニ至リマシテハ、私ガ特ニ言フマデモアルマイト思フ、交通ノ便否――輸送力ノ遲速トカ軍事上ニエライ影響ヲ及ボスト云フコトハ、言ヲ用ユルマデモナク、彼ノ戰爭ハ最後ノ五分間ト云フコトヲ聞イテ居リマスル、私共嘗テ兵員タル時代ニ於キマシテ、能ク此戰爭ハ最後ノ五分間ト云フコトヲ聞カサレマシタ、戰爭ハ最後ノ五分間トハ、兵士ノ志氣ヲ鼓舞スル訓戒ナルモ、其最後ノ五分ガ勝敗ノ岐ルヽ大切ノ時機デアルダケ、ソレダケ戰鬪力ノ充實ノ速ナラシムル必要ガアルノデアル、恐ラク思フテ此處ニ至ラバ安奉線ノ改築ハ軍事上ニ於テモ亦急ヲ要スルコト殆ンド識者ノ言ヲ俟タザルノデアル、殊ニ私ガ或軍事通ニ聞イタノニ、日露ノ戰爭ニ於テ日本ガ戰勝ノ地位ヲ占ムルニ至ッタノハ、此安奉線ニ據ッテ兵ヲ進メタ結果デアルト云フコトデアル、即チ御案內ノ如ク、第一戰ニ於テ鴨綠江ニ捷ヲ占メ、其餘威ニ乘ジテ敵ノ根據ヲ衝キ進ンデ奉天ニ迫リタルハ戰史ノ證明スル所デアル、斯クシテ奉天ニ向ヒ、終ニ奉天ノ大戰爭ヲシテ、滿洲ノ中樞タル地點ヲ我手ニ收メタガ故ニ終始我ノ戰勝ヲ維持スルコトヲ得タノハ、安東ヨリ奉天ニ至ル線路ヲ扼シテ進ンダカラデアル、故ニ滿洲制提ノ上ニ於テ安東線ハ樞要ノ機關デアルト云フコトヲ、軍事當局者カラ聞イタノデアル、諸君我國ガ滿洲ノ野ニ兵ヲ動シタコトハ前後二回、此上ニ私ハ滿洲ノ野ニ兵ヲ動スコトヲ望マヌ、永遠ノ平和ヲ希望スル上ニ於テ、人ニ讓ラナイガ、如何ニ永遠ノ平和ヲ祈ッテモ、國際上ノ關係ハ何時斷絕スルカモ知レナイ、不幸ニシテ異日滿洲ニ事ガアッタナラバ、安奉線ハ我兵ガ其勢力ヲ進メ、且其威力ヲ作振スル重要ノ線路デアルト信ズル、即チ安奉線ハ、滿洲制提上重要ノ地點デアルト云フコトヲ御了解ヲ願ヒタイ、然ラバ、現在ノ安奉鐵道ハ、如何ナル狀況デアルカ、之ヲ一ツ御聞取ヲ願ヒタイ、勿論安奉鐵道ハ名ハ鐵道デアルケレドモ、輕便式デ、其輸送力ノ鈍イ、速力ノ遲イコトハ、殆ド想像ノ外デアル百八十八哩ノ距離ヲ、四十四時間ヲ費サナケレバナラヌト云フコトヲ聞イタナラバ、汽車ト云フハ名バカリデ、實ハ牛ヤ馬ニモ及バヌト云フ考ガ浮ブデアラウ、殊ニ現在ノ輸送力ハ、一日僅ニ百七十噸ニ過ギナイ、之ヲ假リニ一日二百噸トシテモ、一手二千噸ノ貨物ヲ輸入スルトキハ、十日間ヲ費サナケレバナラヌ、若シ其品ガ各所ニ仕向ケラルヽモノトスレバ、是ガ全部ノ輸送ヲ完了スルニハ更ニ幾日ヲ費サナケレバナラヌ、是デ商工業ノ發達ヲ望ムノハ、木ニ緣ッテ魚ヲ求ムルト斷ゼザルヲ得ヌノデアル、殊ニ施設ノ劣惡コレデ顚覆脫線甚シク、嘗テ、念佛鐵道ト云フ異名ガ付イタガ、實ニ其危險ト云フコトハ想像サレルノデアル、諸君、韓國ニハ韓國ヲ縱斷スルトコロノ廣軌鐵道ガアル、一方ニハ奉天ヨリ大連ニ至ル廣軌鐵道ガアル、左樣ニナッテ居ッテ、其中間ニ介在スルトコロノ安奉線――滿韓ノ連絡ヲナス安奉線ガ此ノ如クデアルト云フハ、實ニ當局者ノ施設ガ緩慢ナルコトニ驚カザルヲ得ヌノデアル、此ノ如クスレバ、平時ニ於テ經濟上ノ發展ニ資セラレヌノミナラズ、戰時ノ急ニ處スルコトガ出來ヌノデアル、果シテ然ラバ、此安奉線ノ改築ト云フモノハ、滿洲ノ經營ニ對スルノミナラズ、韓國開發ノタメニモ、又大切デアルト云フコトハ繰返シテ申スマデモナイ、然ルニ政府ガ是ニ處スル經過ハ如何デアルカ、先ニモ申述ベタガ如ク、四呎八吋半ノ軌道ニ改築ヲシロト云フ命令ヲシタノガ、三十九年ノ八月一日デアル、今ヤ一年有半ヲ經テ居ルノニ、彼ノ南滿鐵道ガ如何ナル工事上ノ成績ヲ殘シテ居ルカ、私ハ未ダ不幸ニシテ工事ニ著手シタト云フ報モ聞カヌノデアル、此鐵道ノ如キハ一日早ケレバ一日ノ得ガアリ、一日遲ケレバ國家ノ爲メ百年ノ損ガアル、軍事上經濟上頗ル重要ノ線デアルニ拘ハラズ、之ヲ放任シテ置クト云フハ實ニ解シ難イノデアル、嘗テ此壇ニ於テ他ノ人ガ云ハレタ如ク、政府ハ政費ノ大半ヲ殺イデ、軍事計畫ニ注イデ居ル、之ガタメニ增稅新稅ヲ誅求シテ、軍事ノ必要ヲ說クトコロノ當局者ガ、此鐵道ヲ念佛鐵道ノ儘ニ委シテ置クノハ實ニ辻褄ガ合ハナイ、殊ニ先ニ財政ノ尨大ヲ來スコトヲ顧ミズ、鐵道國有ヲ斷行シテ鐵道ノ改良ヲ天下ニ宣言シタトコロノ政府ガ、此貴重ナル安奉線ヲ輕便鐵道ノ儘ニ放任シテ置クノハ、ドウ云フ譯デアルカ其理由ヲ解スルニ苦マザルヲ得ヌノデアル、國家ノ財政ハ日ニ多キヲ致シ、國民ノ負擔ハ日ニ重ヲ加フ、帝國ハ外ニ向ッテ經濟發展ノ施設ヲ努ムル責任アルニモ拘ハラズ、經濟上重要ナル此鐵道ニ向ッテ、未ダ工事ノ著手ヲ見ナイト云フノハ、甚ダ不可解極マル話デ、寧ロ國事ヲ少シモ重ンゼザル政府デアルト痛罵シナケレバナラヌノデアル、先日質問ヲ致シタコトニ對シテ命令期間內ニハ竣工セシムル見込デアルト云フ一言ダケデ、從來ノ經過モ述ベナケレバ、將來ノ計畫モ述ベテ居ナイノデアル、始メニ三箇年間ニ事業ノ竣成ヲナサシメルト云ウテアルニ、最早其期間ヲ剩ストコロハ一年半シカナイ之ヲ改築スルニ三年ノ日子ガ要ルト云フ見込ヲ立テタ以上ハ、其三年ノ半バ即チ一年半ヲ經過シタ今日ニ於テハ、是カラ工事ノ竣功ヲナサシムルト云フコトヲ、十分ニ會得セシムルダケノ材料ヲ供給シナケレバナラヌ、義務ガアルノデアル、然ルニ唯三年ノ半分ヲ費シタ今日ニ於テ、命令期間内ニ竣功セシムルト云フ一辭ヲ以テ說明ガ足ルベキモノトスルノハ、實ニ不親切デアル、從來ノ經歷ニ徵シテ政府ハ唯一時遁レノ挨拶ヲ爲スモノトシカ思ヘヌノデアル、今日完成シタ鐵道ノ運輸ヲナスニ苦ミ、貨物停滯ノ聲ガ天下ニヤカマシキ、政府デアッテ見ルト、安奉線ノ改築ガ政府ノ云フ如ク遂行セラルヽヤ、大ニ疑ハザルヲ得ヌ、故ニ敢テ問フ、今日以前ニ於ケル命令發布ノ後ニ、政府ガ南滿鐵道ニ對シ爲シツヽアッタ處置ノ經過ヲ聞キタイ、併セテ今後ニ於テ如何ナル計畫ヲ立テヽ、豫ニ豫期シタル命令期間ノ半ヲ以テ竣工セシメ得ル計畫アリヤ否ヤヲ、事實及證據ニ基キテ茲ニ證明アランコトヲ望ムノデアル、而シテ序ニ其改築ニ著手スベキ時期ハ何レノトキヨリデアルカト云フコトモ、更メテ御答辯ヲ煩シタイノデアル、簡單ト云フ御辭ノアリマシタニ拘ハラズ、長クオレヤベリヲシマシタ段ハ甚ダ相濟マヌ次第デゴザイマスガ、先ヅ是ダケ私ノ趣意ヲ申述ベテ置キマス

○副議長（箕浦勝人君） 日程ニ移リマス、日程第一、軍人恩給法中改正法律案第一讀會、議案ノ朗讀

第十七　（特別報告第四號）日露戰爭ニ依ル個人損害救濟ノ請願外三件　（委員長報告）

○竹越與三郎君　此請願ハ四ツアリマス、一ツハ杉浦龍吉外十六名カラノ請願、一ツハ宮城彦次郎ノ請願、是ハ清榮丸撃沈ニ關スル救濟ノ請願、一ツハ太田儀三外八名ヨリ朝鮮ノ城津被害居留民救濟ニ關スル請願、一ツハ南島儀三郎ヨリノ請願デ、奈古浦丸ヲ撃沈セラレタニ付キ救濟ヲシテ貰ヒタイト云フ請願、請願委員會ハ此四ツヲ併セテ採擇スルト云フコトニ決定致シマシタ、是ハチヨツト事情ヲ申上ゲテ置ク必要ガアルト思ヒマス、此請願ハ第二十二議會、第二十三議會ニ於テ採擇セラレテ政府ニ送ツテアルガ、今ニ於テ政府ハ何等之ニ結果ヲ付ケナイノデアリマス、此露領ニ於テ戰爭中ニ我臣民ガ受ケタ災害ハ、如何ニモ同情ヲ表スベキモノガ多イノデアツテ、其一例ヲ擧ゲマスレバ日露ノ間既ニ危機ガ迫ツテ、近日開戰デアラウト云フコトヲ主觀的ニ察シタノデ、我臣民ハ浦潮、亞米利加「ラインノハタビヤ」號ヲ約束シテ之ニ乘ツテ歸ラウト思ツタノヲ、我官憲ノタメニ差留メラレテ、大丈夫デアルカラモウ少シ待テト云フノデ留メラレタ、然ルニ其船ガサウ云フ譯デ差留メラレタカラ、其處ニ安坐シテ居ルト、彼ノ騷ガ起ツタト云フヤウナ譯デアル、又モウ一ツハ哈爾賓アタリニ於ケル我人民ガ、危機既ニ迫ツタト云フノデ、浦鹽ヘ引上ゲヤウトスルト、浦鹽ノ官憲カラ態々書記生ヲヤツテ、大丈夫ダカラト云ツテ、說諭サセテ、ソレガタメニ留マツテ、今留マル、留マラヌト云ツテ相談シテ居ル最中ニ最早戰爭ガ始マツタト云フヤウナ譯デ、是等ノ事情ヲ澤山擧ゲテ見ルト、如何ニモ氣ノ毒デアルノデス、況ヤ其外清榮丸、奈古浦丸其他ノ事件ニ至ツテハ、誠ニ事實明白ニシテ、更ニ疑ヲ挾ムノ餘地ガナイノデアリマス、是等ノ損害ヲ合計スルト、千七八百万圓ト云フ額ガ外務省ヘ出テ居ルサウデアリマス、請願委員會ハ千七八百万圓ノ損害ヲ直チニ認メルコトハ大早計ト思ヒマスガ、併シ事實ニ於テ此戰爭ノタメニ被害ヲ受ケタ臣民ヲ救濟スルノ義務ハ國家ニアルト思フノデ、此請願ヲ採決シタ次第デアリマス

○議長（杉田定一君）　本件採擇ニ御異議ハアリマセヌカ

〔「異議ナシ異議ナシ」ノ聲起ル〕

○議長（杉田定一君）　御異議ハナイト認メマス――日程第十八、特別報告第五號、利根川水害豫防工事速成ノ請願外二十四件

東洋拓殖株式會社法案（政府提出）　第一讀會

東洋拓殖株式會社法案

東洋拓殖株式會社法

第一章　總則

第一條　東洋拓殖株式會社ハ韓國ニ於テ拓殖事業ヲ營ムコトヲ目的トスル株式會社トシ其ノ本店ヲ韓國ニ置ク

第二條　東洋拓殖株式會社ノ資本ハ一千萬圓トス但シ政府ノ認可ヲ受ケ之ヲ増加スルコトヲ得

第三條　東洋拓殖株式會社ノ株式ハ總テ記名式トシ日韓兩國人ニ限リ之ヲ所有スルコトヲ得

第四條　東洋拓殖株式會社ノ資本増加ハ株金全額ノ拂込アルコトヲ要セス

第五條　東洋拓殖株式會社ノ存立時期ハ設立登記ノ日ヨリ百年トス但シ政府ノ認可ヲ受ケ之ヲ延長スルコトヲ得

第六條　東洋拓殖株式會社ハ政府ノ認可ヲ受ケ支店又ハ出張所ヲ東京其ノ他ノ地ニ置ク

第二章　役員

第七條　東洋拓殖株式會社ニ總裁一人、副總裁二人、理事四人以上、監事三人以上ヲ置ク

第八條　總裁ハ東洋拓殖株式會社ヲ代表シ其ノ業務ヲ總理ス

副總裁ハ總裁事故アルトキ其ノ職務ヲ代理シ總裁缺員ノトキ其ノ職務ヲ行フ

副總裁及理事ハ總裁ヲ補助シ東洋拓殖株式會社ノ業務ヲ分掌ス

監事ハ東洋拓殖株式會社ノ業務ヲ監査ス

第九條　總裁ハ日本人トシ政府之ヲ命ス

副總裁ハ一人ハ日本人トシ一人ハ韓國人トス

理事及監事ハ其ノ員數ノ少ナクトモ三分ノ二ハ日本人トシ其ノ他ハ韓國人トス

副總裁及理事中日本人ハ政府之ヲ命シ韓國人ハ韓國政府之ヲ命ス但シ理事ノ任命ニ付テハ株主總會ヲシテ五十株以上ヲ所有スル株主中ヨリ各二倍ノ候補者ヲ選擧セシム

監事ハ株主總會ニ於テ三十株以上ヲ所有スル株主中ヨリ之ヲ選擧ス

總裁、副總裁及理事ノ任期ハ五年トシ監事ノ任期ハ二年トス

第十條　總裁、副總裁及理事ハ他ノ職務又ハ商業ニ從事スルコトヲ得ス但シ政府ノ許可ヲ受ケタルトキハ此ノ限ニ在ラス

第三章　營業

第十一條　東洋拓殖株式會社ハ左ノ業務ヲ營ムモノトス

一　農業

二　拓殖ノ爲必要ナル土地ノ賣買及貸借

三　拓殖ノ爲必要ナル土地ノ經營及管理

四　拓殖ノ爲必要ナル建築物ノ築造、賣買及貸借

五　日韓移住民ノ募集及分配

六　移住民及韓國農業者ニ對シ種苗、肥料其ノ他産業用原料ノ供給

七　移住民及韓國農業者ニ對シ家築材料及産業用ノ器具、機械、舟車及獸畜ノ供給

八　移住民及韓國農業者ノ生産又ハ獲得シタル物品及日韓移住民ニ必要ナル物品ノ賣買、運送及貯藏

九　拓殖上必要ナル資金ノ供給

第十二條　東洋拓殖株式會社ハ拓殖上必要ナリト認ムルトキハ政府ノ認可ヲ受ケ韓國ニ於テ左ノ附帶事業ヲ營ムコトヲ得

一　水産業

二　鑛業

三　農水産物ヲ原料トスル製造業

四　其ノ他拓殖上必要ナリト認ムル事業

第十三條　第十一條第九號ノ資金供給ハ左ノ方法ニ依リ之ヲ行フヘシ

一　日韓移住民ニ對シ二十五年以内ノ年賦償還ノ方法ニ依ル移住費ノ貸付

二　移住民及韓國農業者ニ對シ十五年以内ノ年賦償還ノ方法ニ依ル韓國ニ於ケル不動産ニ擔保トスル貸付

三　移住民及韓國農業者ニ對シ五年以内ノ定期償還ノ方法ニ依リ韓國ニ於ケル不動産ヲ擔保トスル貸付

四　移住民及韓國農業者ニ對シ其ノ生産又ハ獲得シタル物品ヲ擔保トスル貸付

五　韓國ニ於ケル不動産ヲ擔保トスル三年以内ノ定期償還ノ方法ニ依ル貸付

前項第一號ノ貸付ニ於テハ豫メ其ノ方法及條件ヲ定メ政府ノ認可ヲ受クヘシ

第一項第二號乃至第五號ノ貸付金總額ハ拂込資本額及社債未償還額ノ合計ノ五分ノ一ヲ超ユルコトヲ得ス

第十四條　不動産又ハ動産ヲ擔保トスル貸付金額ハ東洋拓殖株式會社ニ於テ鑑定シタル價格ノ三分ノ二以内トス但シ前條第一項第一號ノ貸付ニ付テハ此ノ限ニ在ラス

第十五條　不動産ヲ擔保トスル貸付ニ付テハ第一順位ノ擔保ナルコトヲ要ス

第十六條　貸付金ノ年賦償還ニ付テハ五年以内ノ据置年限ヲ定ムヘシ

第十七條　年賦金ハ元金ト利子トヲ併セテ之ヲ計算シ各年ヲ通シテ一定平等ノ償還額ヲ定ムヘシ但シ据置年限間ノ利子ニ付テハ此ノ限ニ在ラス

第十八條　年賦償還ノ方法ヲ以テ借入ヲ爲シタル債務者ハ償還期限前ニ借用金ノ全部又ハ一部ヲ償還スルコトヲ得

前項ノ場合ニ於テハ定款ニ於テ定ムル所ノ率ニ依リ相當ノ手數料ヲ要求スルコトヲ得

第十九條　左ノ場合ニ於テハ償還期限前ト雖貸付金全部ノ償還ヲ要求スルコトヲ得

一　債務者カ貸付ノ目的ニ反シテ貸付金ヲ使用シタルトキ

二　債務者カ年賦金ノ拂込ヲ遲延シ催告ヲ受クルモ尙拂込ヲ爲サザルトキ

三　擔保タル不動産ノ全部又ハ一部カ公用ノ爲收用セラルルトキ但シ債務者ニ於テ收用補償金ヲ供託シ又ハ相當ノ不動産ヲ以テ增擔保トスルトキハ此ノ限ニ在ラス

前項第三號ノ場合ニ於テ其ノ收用カ一部ニ止マルトキハ償還ノ要求モ其ノ割合ニ應スヘキモノトス

第二十條　擔保物ノ價格減少シ貸付金償還殘額ニ對シ第十四條ノ割合ニ不足ヲ生シタルトキハ增擔保ヲ要求シ又ハ其ノ不足ニ相當スル貸付金額ノ償還ヲ要求スルコトヲ得

債務者前項ノ要求ニ應セサルトキハ償還期限前ト雖貸付金全部ノ償還ヲ要求スルコトヲ得

第二十一條　營業上ノ餘裕金ハ一時國債證券ヲ買入レ又ハ政府ノ指定シタル銀行ニ預ケ金ヲ爲スノ外之ヲ使用スルコトヲ得ス

第二十二條　東洋拓殖株式會社ハ營業上必要アルトキハ政府ノ認可ヲ受ケ借入金ヲ爲スコトヲ得

第四章　東洋拓殖債券

第二十三條　東洋拓殖株式會社ハ拂込資本額ノ十倍ヲ限リ東洋拓殖債券ヲ發行スルコトヲ得

東洋拓殖債券ヲ發行スル場合ニ於テハ商法第百九十九條ノ規定ヲ適用セス

第二十四條　東洋拓殖債券ヲ發行セムトスル場合ニ於テハ毎回其ノ金額、條件幷發行及償還ノ方法ヲ定メ政府ノ認可ヲ受クヘシ

第二十五條　東洋拓殖債券ヲ發行スル場合ニ於テハ數回ニ分チ拂込ヲ爲サシムルコトヲ得

第二十六條　東洋拓殖債券ハ全額拂込ノ後ハ無記名式トス但シ應募者又ハ所有者ノ請求ニ因リ記名式ト爲スコトヲ得

第二十七條　東洋拓殖債券ノ所有者ハ東洋拓殖株式會社ノ財產ニ付他ノ債權者ニ先チテ自己ノ債權ノ辨濟ヲ受クル權利ヲ有ス

第二十八條　東洋拓殖株式會社ハ社債借換ノ爲一時第二十三條ノ制限ニ依ラス東洋拓殖債券ヲ發行スルコトヲ得此ノ場合ニ於テハ發行後一月以內ニ其ノ社債總額ニ相當スル舊東洋拓殖債券ヲ償還スヘシ

第二十九條　東洋拓殖債券ノ据置年限ハ五年以內トシ其ノ償還期限ハ三十年以內トス

第三十條　東洋拓殖株式會社ハ政府ノ認可ヲ受ケ東洋拓殖債券ノ買入消却ヲ爲スコトヲ得

第五章　準備金

第三十一條　東洋拓殖株式會社ハ毎營業期ニ準備金トシテ資本ノ缺損ヲ補フ爲利益ノ百分ノ八以上ヲ積立テ且利益配當ノ平均ヲ得セシムル爲利益ノ百分ノ二以上ヲ積立ツヘシ

第六章　政府ノ監督及補助

第三十二條　政府ハ東洋拓殖株式會社ノ業務ヲ監督ス

第三十三條　政府ハ東洋拓殖株式會社監理官ヲ置キ韓國政府ノ任命シタル監理官ト共同シテ東洋拓殖株式會社ノ業務ヲ監視セシム

東洋拓殖株式會社監理官ハ何時ニテモ東洋拓殖株式會社ノ金庫帳簿及諸般ノ文書物件ヲ檢查スルコトヲ得

東洋拓殖株式會社監理官ハ必要ト認ムルトキハ何時ニテモ東洋拓殖株式會社ニ命シテ營業上諸般ノ計算及景況ヲ報告セシムルコトヲ得

東洋拓殖株式會社監理官ハ株主總會其ノ他諸般ノ會議ニ出席シテ意見ヲ陳述スルコトヲ得

第三十四條　政府ハ東洋拓殖株式會社ノ業務ニ關シ監督上必要ナル命令ヲ發スルコトヲ得

第三十五條　東洋拓殖株式會社ノ決議又ハ役員ノ行爲法令若ハ定款ニ違反シ又ハ公益ヲ害スルモノト認ムルトキハ政府ハ其ノ決議ヲ取消シ又ハ役員ヲ解職スルコトヲ得東洋拓殖株式會社ノ役員ニ於テ監督官廳ノ命シタル事項ヲ執行セサルトキ亦同シ

第三十六條　東洋拓殖株式會社ハ政府ノ認可ヲ受クルニ非サレハ利益金ノ處分ヲ爲スコトヲ得ス

第三十七條　東洋拓殖株式會社ニ於テ移住規則其ノ他ノ規定ヲ定ムルトキハ政府ノ認可ヲ受クヘシ

第三十八條　東洋拓殖株式會社ニ於テ政府ノ認可ヲ受ケタル事項ヲ變更セムトスルトキハ更ニ政府ノ認可ヲ受クヘシ

第三十九條　政府ハ東洋拓殖株式會社ニ對シ設立登記ノ日ヨリ起算シ八年間ヲ限リ毎年金三十萬圓ヲ毎營業期ニ割當テ補給スヘシ但シ毎營業期ニ於ケル利益配當カ拂込資本額ニ對シ年八分ノ割合ヲ超過スルトキハ其ノ超過額ニ相當スル金額ヲ補給金ノ內ヨリ控除ス

第四十條　利益配當カ拂込資本額ニ對シ年一割ノ割合ヲ超過スルトキハ其ノ超過金額ハ先ツ之ヲ前條補給金ノ償還ニ充ツヘシ

前項ノ償還ヲ終ヘタルトキハ該超過金額ハ其ノ半額ヲ特別積立金トスヘシ

第七章　罰則

第四十一條　東洋拓殖株式會社ニ於テ左ノ事犯アルトキハ總裁若ハ總裁ノ職務ヲ行ヒ又ハ代理スル副總裁ヲ百圓以上千圓以下ノ過料ニ處ス其ノ事犯副總裁又ハ理事ノ分擔業務ニ係ルトキハ副總裁又ハ理事ヲ過料ニ處スルコト亦同シ

一　本法ニ於テ政府ノ認可ヲ受クヘキ場合ニ其ノ認可ヲ受ケサルトキ

二　第十一條及第十二條ノ規定ニ依ラス業務ヲ營ミタルトキ

三　第十三條乃至第十七條ノ規定ニ違反シ資金ヲ供給シタルトキ

四　第二十一條ノ規定ニ違反シ營業上ノ餘裕金ヲ使用シタルトキ

五　第二十三條ノ規定ニ違反シ東洋拓殖債券ヲ發行シタルトキ但シ第二十八條ノ場合ハ此ノ限ニ在ラス

六　第二十八條ノ規定ニ違反シ東洋拓殖債券ノ償還ヲ爲ササルトキ

七　第三十一條及第四十條ノ規定ニ違反シ利益金ヲ處分シタルトキ

第四十二條　東洋拓殖株式會社ノ總裁、副總裁又ハ理事第十條ノ規定ニ違反シタルトキハ二十圓以上二百圓以下ノ過料ニ處ス

第四十三條　前二條ニ規定セル過料ニ付テハ非訟事件手續法第二百六條乃至第二百八條ノ規定ヲ準用ス

附　則

第四十四條　政府ハ設立委員ヲ命シ韓國政府ノ命シタル設立委員ト共同シテ東洋拓殖株式會社ノ設立ニ關スル一切ノ事務ヲ處理セシム

第四十五條　設立委員ハ定款ヲ作リ政府ノ認可ヲ受ケタル後株主ヲ募集スヘシ

第四十六條　設立委員ハ株主ノ募集終リタルトキハ株式申込書ヲ政府ニ差出シ東洋拓殖株式會社設立ノ認可ヲ申請スヘシ

第四十七條　設立認可アリタルトキハ設立委員ハ遲滯ナク各株ニ付第一回ノ拂込ヲ爲サシムヘシ前項ノ拂込アリタルトキハ設立委員ハ遲滯ナク創立總會ヲ招集スヘシ

第四十八條　創立總會終結シタルトキハ設立委員ハ其ノ事務ヲ東洋拓殖株式會社總裁ニ引渡スヘシ

第四十九條　第一期ノ理事及監事ハ株主總會ノ選擧ニ依ラス之ヲ任命ス其ノ他ノ條件ニ付テハ第九條ノ例ニ依ル

右議案ヲ審査ヲ付託スヘキ委員ノ選擧

○長谷場純孝君　政府ノ說明ガアルカ存ロマセヌガ、兎ニ角此案ハ二十七名ノ議長指名ノ委員ニ付託セラレンコトヲ希望シマス

（「贊成々々」ト呼フ者アリ）

○議長（杉田定一君）　長谷場君發議ノ如ク、議長指名ノ二十七名ノ委員ニ、本案ヲ附託スルト云フニ御異議ゴザイマセヌカ

（「異議ナシ異議ナシ」ト呼フ者アリ）

○議長（杉田定一君）　御異議ハナイト認メマス、北海道國有未開地處分法改正法律案ヲ議題ト致シマス

○久保田與四郎君　會期モ切迫シテ誠ニ大切ノ時間デアリマスガ、私ノ質問ハ非常ニ大切ノ問題ト思ヒマスノデ、滿洲經營ノ上ニ非常ナル關係ヲ持ッテ居ルコトデアリマス、此議會ニ何故此ノ如キ問題ガ議員中ヨリ起ラナイカ、實ニ遺憾至極ニ堪ヘヌノデアリマス、私ハ已ムヲ得ズ此演壇ニ登ッタノデアリマスカラ、ドウカ僅カノ間御靜聽ヲ煩シタイ、此問題ノ趣意ハ大連ノ關税ニ關スルモノデアリマスガ、質問ノ趣旨ヲ約シマスト三ニナリマス、第一ハ此大連ノ税關ヲ設クルニ付キ政府ノ仕方ハ甚ダ考慮ヲ費サズ、輕卒ノ擧ニ出デハセヌカト云フコトデアル、勿論私ハ彼ノ露國ガ占領シタ時分ニ言ヲ左右ニ托シ、關税ヲ設ケナカッタ如キコトニナレトハ言ハヌガ、併ナガラ露國ガ開イテ數日ノ間ニ閉鎖シタ事情ハ抑モドウ云フ事情デアルカ、此點ハ勿論我國ニ於テ考察シタデアラウト思フ、且又關税ヲ設クルニ付テ最モ注目シナケレバナラヌノハ、他ノ方面ニ於ケル競爭點タル秦皇島ノ問題デ、是ハ御承知ノ通リ成程税關ノ設備ハアリマスガ殆ド有名無實ト云フコトヲ聽イテ居リマス、成程秦皇島ヨリ山海關ニ至ル十哩ノ鐵道ハ英國ノ炭礦會社ノ所有デ、又御承知ノ如ク關内外線ノ資本モ英國ノ資本ガ大部分デアリマスカラ、是ニ於テ同盟國タル英國ニ對シテハ言ヒニクイガ、秦皇島ノ税關ハ有ッテ無キ有樣デアル、此邊ヲ大連ニ關税ヲ設クルニ付テ能ク調査シ、一方ニ於テ無税デ入レテ居ルニ、一方ハ關税ガアルト云フノデハ、ソレダケ大連ノ衰微ニ關係スルコトデアルカラ、能ク調査シナケレバナラヌノデアル、然ルニ之ニ對スル調査ハ甚ダ行居カヌヤウデアル、若シ一方ガ無税デ一方ガ有税トナラバ、日本ノ被ル損害ト云フモノハ大ナルモノデアル、政府ハ果シテ十分ノ調査ヲ致シタカ、甚ダ覺束ナイト思フ、第二ニ考ヘマスハ露國ガ大連ヲ取ッテ居ッタ時分、即チ「ダルニー」ノ時分關税ノコトハ總テ東清鐵道ニ託シタ、一會社ニ託シタノデアル、日本ガ今日關税ヲ特別ニ設クルニ付キ是等ノコトモ餘程考慮シテ、果シテ特別ノ關税ヲ設ケテヤルノガ至當デアルカ、便宜デアルカ、或ハ又南滿鐵道ニ委任スルガ適當デ便宜デアルカ、是等モ考ヘテシナケレバナラヌコト、思フ、其他或ハ佛蘭西ノ廣州灣ノ如キ港ヲ開イテ、税關ノ無イ有樣デアル、故ニ此大連ニ關税ヲ設クルニハ十分ノ調査ヲシ、能ク均衡ヲ保ツコトニシナケレバナラヌ、之ニ付テ秦皇島ヲ始メ隨分政府ノ考慮ニ漏レタモノガアラウト思フノデ、政府ガ大連ニ關税ヲ設クルニ付テ考慮足ラズシテ輕卒ノコトガアラウト思フ、若シ政府ガ十分ノ考慮ヲセラレタナラ、之ニ對スル日清日露ノ交渉文書ヲ公ニシテ、己ノ責任ヲ盡サレンコトヲ望ムノデアリマス、第二ハ最モ要點デ、申迄モナク門戸解放、機會均等ノ主義ハ我日本ノ聲明セルトコロニシテ、世界ノ認ムルトコロデアルガ、此大連ニ關税ヲ置ク以上ハ、露國ト清國トノ間ニ同一ノ條款ヲ以テ且同時ニ關税ヲ設クルノ必要ガアルノデアル、サウデナケレバ機會均等デハナイノデアル、是ニ於テ政府ハ如何ナル譯ヲ以テ北韓ノ滿洲里ト綏芬河ノ二箇所ニ税關ヲ置クコトニナッタニ付テ、大連ノ關税ト權衡ヲ得セシムル方針ヲ取ラナカッタカ、此不均一ノ事柄ヲ日本ニ於テ承諾シタカ、是ガ第二ノ點デアル、是ハ申迄モナク大連ニ於テハ五分ノ税トナッテ居ルガ、北方ノ露國ト支那トノ國税ニ於テハ五分ノ中ヲ三分ノ一減ズル特約ニナッテ居ルノデアル、是ハ其昔千八百八十一年二月十二日ノ露清陸路通商改訂章程ニ依ッテ、陸上ノ二國ノ貿易ト云フモノハ他ニ比シテ三分ノ一ヲ減スルト云フ約束ニナッテ居ル此約束ハ依然トシテ清露ノ間ニ存在シテ居ルニ拘ラズ、日本ガ大連ニ税關ヲ置クニ付テ五分ト云フ不均一ナルコトヲ承諾シタト云フコトハ、ドウ云フ譯デアルカ之ガタメニ大連ニ於キマスルトコロノ内外ノ輸出入貿易上ニ非常ナル影響ヲ被ルコトハ論ヲ俟タヌ、即チ五分税ヲ徴收セラレマスノト、之ニ對シテ三分ノ一ヲ減ゼラレルト云フ事柄ハ非常ナル貿易ノ上ニ影響ヲ來スノデアル、然ルニ此ノ如キコトヲ知リツ、政府ハ爲スノデアルカ、或ハ之ヲ知ラズシテ爲シタノデアリマスカ、ヨモヤ知ラズシテ爲スト云フ謂レハナイ、殊ニ最モ驚クベキ、最モ吝ムノ遺憾ニ堪ヘマセヌノハ露西亞ト支那トノ間ニ於ケル貿易ニ於テ、唯今申シタトコノ消大キナ問題デハアリマセヌ、デ其金高ガ總計デ七百九十七万八千百九十五圓ニナリマス、ソレデ是迄既ニ可決致シマシタ追加豫算ヲ合シマスルト、本議會ニ於テ追加豫算トシテ可決シマシタ金高ガ千五百十一万八千九百八十七圓ニナリマス、是ハ豫テ總豫算ノ場合ニ約千五百万圓程ノ追加豫算ヲ出スト豫告サレテ居ッタ金高ニ丁度適當致スノデアリマス、ソコデ是ダケノ案ヲ議スルニ當リマシテ、格別ノ議論ガ起リマセヌデシタ、質問ハ十分ニ起リマシタガ――議論トシテ一ツ起リマシタノハ、農商務省ノ所管ニ屬シテ居ルトコロノ肥料取締ニ關スル豫算デアリマス、此案ハ今日尙貴族院ノ委員ニ付託セラレテアルノデアルカラ、暫ク後廻シニシタイト云フ説モアリマシタケレドモ、是ハ畢竟貴族院ニ於テ否決ニナリマシタナラバ、其節消滅スベキモノニナル、差支ハナイト云フノデ是モ亦終ニ可決致シタノデアリマス、是ガ唯今マデ各號揭ゲテ申シマシタル豫算案ノ委員會ノ經過及結果デアリマス、外ニ豫算外國庫ノ負擔トナルベキ契約ニ屬スルモノガ二ツアリマス、孰レモ韓國ニ關スル問題デアリマス、豫算外國庫ノ負擔トナルベキ契約ヲ爲スヲ要スルモノハ、即チ追第二號トナッテ居リマスルノガ「東洋拓殖株式會社ニ於テ發行スル社債二千万圓ヲ限リ政府ニ於テ其元利仕拂ノ保證ヲ爲スコトヲ得」ト云フノ件デアリマス、是ガ其一箇デアリマス、是モ豫算委員會ニ於テハ質問ハアリマシタケレドモ、格別反對論モナク多數ヲ以テ可決致シマシタ、但シ一人モ無イトハ申シマセヌ、反對ヲ表スルト云フ一二人ハアリマシタガ、多數ヲ以テ可決シマシタ、今一ツノ即チ追第三號トナッテ居リマスル、豫算外國庫ノ負擔トナルベキ契約ヲ爲スヲ要スルモノ、是モ亦韓國ノ事ニ屬シテ而シテ、其金高モ同一金高デアリマス、唯此第三ノ方ハ「日本興業銀行ニ對シ左ノ條件ニ依リ其債券元利ノ仕拂ヲ保證スルノ契約ヲ結フコトヲ得」トアル方ノ即チ韓國ノ公益事業ノタメニ、日本興業銀行ニ於テ韓國政府ニ貸付ヲ爲スガタメニ政府ノ許可ヲ得テ外國カラ公債ヲ募集致シマスル、其場合ニ日本ノ政府ガ元利ノ保證ヲ爲ス、而シテ其金高モ亦同ジク二千万圓デアリマス、是モ質問ハ詳シウゴザイマシタガ、要スルニ必要ノ案ト認メマシテ可決スルコトニナリマシタ、以上御報告申シマス、デ此際ニ於テ私ハ茲ニ緊急動議ガ起シタイノデアリマス、本豫算ハ唯今御報告申シマシタ通水害復舊ノコトガ其主ニナッテ居リマシテ、是ヨリ貴族院ノ豫算委員會モ開カナケレバナラヌ順序デアリマスカラ、至急ヲ要シマスルデ直チニ此場合ニ於テ議事ニ附セラレンコトヲ希望致シマス、而シテ別ニ御異議ガナケレバ直チニ此案ノ御贊成ヲ希望致シマス、ソレデ東洋拓殖ノ分ダケハ豫算外國庫ノ負擔ニ屬スルモノ、コトデスカラ、是ハ追テ出マスル東洋拓殖案ノ通過シタルトキニ於テ、特ニ決議ヲ採ッテ貰ヒタイ積リデアリマス

（「贊成々々」ト呼フ者アリ）

○議長（杉田定一君）　御諮リ申シマスコトガアリマスガ、大船渡鐵道業ノ利益補給ニ關スル建議案ノ委員會ヲ開キタイト云フ請求ガアリマスガ、許シテ御異議ハアリマセヌカ

（「異議ナシ異議ナシ」ト呼フ者アリ）

○議長（杉田定一君）　御異議ガナイト認メマス――唯今大岡君ノ發議ノ如ク會期切迫ノ場合デアリマスル、デ明治四十年度歳入歳出總豫算追加案、明治四十年度特別會計歳入歳出總豫算追加案、明治四十一年度歳入歳出總豫算追加案、明治四十一年度歳入歳出總豫算追加案、豫算外國庫ノ負擔トナルベキ契約ヲ要スル件、但シ追第三號此五件ヲ日程ヲ變更シテ會議ニ附スルト云フ動議デアリマス、御異議アリマセヌカ

（「異議ナシ異議ナシ」ト呼フ者アリ）

〇議長(杉田定一君) 御異議ガナイト認メマス、因テ此五件ヲ一括シテ議題ニ供シマス

露陸路通商改定章程第十四條ニ於キマシテ、露西亞カラ滿洲ヘ輸入リマストコロノ非常ナ多クノ物品ニ對シテ其數ヲ擧ゲマスト、第十四條ニ書イテアルダケデモ既ニ四五十種バカリアリマス、殊ニ「パン」類トカ牛奶類ト云フ類ト云フ字ノアル以上ハ澤山ノ種目ガナケレバナラヌ、此數十種ノ品ガ北露西亞カラ滿洲ニ入ル時分ニハ無税デアル、然ルニ南大連カラ入ルトキニ當ッテハ有税デアル、此ノ如キ不均一ナル事柄ハ、何ヲ以テ我政府ハ承諾シタノデアルカ、現ニ煙草ノ如キハ此數十種ノ中ニ付テ見テモ、露西亞カラ來ルノハ無税デアル、日本カラ參ルモノハ税ヲ取ラレル、是ニ於テ乎現ニ日本ノ官煙ノ局ニ當ル先生等モ甚ダ當惑シテ居ルト云フコトヲ聞イタノデアリマス、其他日本ヨリ滿洲ヘ輸入スル物ト露西亞カラ滿洲ヘ行キマス物ト競爭スベキ商品ハ此中ニ澤山アル、此物件ヲ一々擧來ッタナラバ殆ニ競爭スベキ物ガアルト思フ、之ニ對シテ一ハ無税、一ハ有税デアル、滿露ノ間ノ貿易ニ付テハ此ノ如キ特權ヲ與ヘ、サウシテ大連ニ於キマシテハ普通一般ナル五分税ヲ徵收スルト云フ此ノ如キ不均一ナル約束ヲシタノハ、ドウ云フ譯デアルカ、況ヤ大連ニ税關ヲ設ケマストキニ於キマシテハ、先ヅ清國及露西亞ト協商シテ、幾日何時ヨリ何レノ場所ニ於テ開クト云フコトヲ定メ、ソレカラ其上ニ其條件ハ如何樣ニスルト云フ事柄ヲ先以テ定メテ、而シテ後ニ大連ニ税關ヲ設置スルト云フコトヲ承諾セネバナラヌ、然ルニ此ノ如キ重要ナル事柄ガアルニモ拘ハラズ、政府ハ昨年ノ五月三十日ヲ以テ清國ト約束シテ、サウシテ遂ニ七月一日カラ大連ニ税關ヲ設ケルト云フコトニナッタノデアリマス、故ニ此點ニ對シマスル質問ハ、何故ニ均等ノ主義ヲ破ッテ、獨リ露西亞ニ對シテハ斯ノ如キコトヲ清國ヲシテナサシメ、サウシテ大連ニ於キマシテハ普通一般ノ五分税ヲ拂ハシムルト云フ如キコトヲシタカ、之ニ付キマシテ政府當局者ハ或ハ陸上ノ貿易ト云フモノハ、海上ノ貿易トハ違フノデアル、現ニ西藏竝ニ印度ノ境界ノ如キニ於テモ、ヤハリ國税ノ貿易ハ三分ノ一ヲ減ジテ居ル、或ハ安南、緬甸等ニ於テモ三分ノ一ヲ減ジテ居ルト云フ實況デアル、故ニ此ノ如キ例ヲ以テ已ムヲ得ズ三分ノ一減ト云フノデ承諾シタノデアルト言フカモ知レナイ、併ナガラ是ハ非常ニ實況ヲ異ニシテ居リマス、何トナレバ此西藏トカ若クハ印度ノ如キモノハ僅ニ陸上ノ商品取引ニ止マルノデアル、併ナガラ滿洲ハ東清鐵道デ以テ滿洲ノ眞中ヲ貫イテ居ル、故ニ滿洲全部ノ貿易ハ此ノ如キコトヲ致シマスレバ、殆ド露西亞ニ奪ハレル、浦鹽斯徳ニ奪ハレルト云フ結果ニナルノデアル、即チ此西藏若クハ印度ノ關係ノ如キハ陸上僅カノ關係デアル、安南、緬甸モ然リデアル、決シテ之ヲ今ノ滿洲ヲ貫クトコロノ大鐵道ヲ有ッテ居ル露西亞トノ關係ト比較スベキモノデナイト信ズルノデアリマス、然ルニ政府ハ何故ニ此ノ如キコトヲシタノデアルカト云フノガ第二ノ質問デアリマス、第三點ハ詰リ政府ノ怠慢ニ屬スルコトデアリマス、如何ナル理由ニ依ッタカレテ、今ノ如キ條約ヲ致シタトシテモ、此實行ノ上ニ尙且誠實ニ致シテ居リマスナラバ、多少ノ恕スベキ點モアルノデアリマスケレドモ、實際ニ於テハ非常ナ有樣ヲ成シテ居ルノデアリマス、ソレハ何デアルカト云フト、此大連ノ税關ハ昨年ノ七月一日ニ開キマシタガ此時ノ徵税ハ禁ジテアッタト云フコトヲ聞イテ居リマス、然ルニ棧橋ニ揚ゲテ居ッタモノデモ徵税スル、非常ナ嚴密ナ取調ヲシタト云フコトヲ聞イタノデアリマスガ、此方ノ即チ滿洲里竝ニ綏芬河ニ於ケル有樣ハドウデアッタカト云フト、七月一日日本ガ大連ニ税關ヲ開キマストキニ當ッテ、成程一片ノ通知ハシタヤウデスケレドモ、而モ一箇月半モ後レタノデアリマス、其後税關ヲ設ケルト云フ如キ模樣ガ無カッタ、是ニ於テ南滿ノ日本ノ貿易商人ハ非常ニ激昂シ始メタ結果、遂ニ清國ヲシテ北方ニモ税關ヲ設ケシムルト云フコトニ定メマシタケレドモ、ソレハ本年ノ一月二十七日ニ至ッテ其設關ノ通知ヲ列國ニ致シタノデアリマス ケレドモ、ソレハホンノ形式上デアルカラ、設關ノ通知ヲ致シマシテモ事實ニ於テハ行ハレナイ現ニ此滿洲里ノ税關長トナルベキトコロノ「クロパノフ」及ヒ綏芬河ノ税關長トナルベキ「ミスチエンコ」ト云フ人ノ如キハ、開關ノ通知ハシタケレドモ、而モ尚哈爾賓ニ止ッテ居ッタ、サウシテ關税ノ手續モ定メナケレバ、倉庫會社等ノ手續モナイ、斯ウ云フ有樣デゴザイマシテハ、縦ンバ設ケマシテモ所謂手加減ヲ以テ北方ニ於ケル關税ハ到底大連ト權衡ヲ保ツコトガ出來ナイト云フ有樣ヲ現ニ呈シテ居ルト云フコトヲ聞キマシタ、殊ニ折角税關ヲ設ケマシテモ、或ハ四箇月ノ間ノ猶豫ヲ與ヘ、或ハ六箇月ノ猶豫ヲ與ヘテ居ル、即チ支那ヨリ輸出ノ物ニ對シテハ右四箇月及六箇月ノ猶豫ヲ與ヘルト云フコトニナッテ居リマスケレドモ、併ナガラ南ノ方ニ於テハ決シテサウ云フコトハ無イ、ソレ故ニ現ニ被ルトコロノ不利益ハ、昨年ノ七月一日カラ半年ノ間ニ南滿洲ノ貿易商人ガ納メマシタ税ガ三十万圓ニ達シテ居ル 然ラバ是ハ若シ此方ノ税關ノ通リニスルト云フコトデアルナラバ、是ハ納メナクテモ宜イ税金デアル、然ルニ一方ハ緩慢ニシタルガタメニ、大連ノ商人ハ此半年間ノ間ニ於テ故ナク三十万圓以上ノ海關税ヲ納メルト云フコトニナッテ居ル、殊ニ此緩慢ナリト云フ點ニ付テ、終リニ一言致シテ置キタイノハ、先達外務大臣ノ望月小太郎君ノ演説ニ對シマスル答辯ニ、小麥ノ如キハ沙穀ト號シテ北ノ方カラ陸路デ往クト云フコトニナッテ居ル、而モソレハ露西亞ト懸案中デアル、若シ是ガ沙穀トシテ陸上カラシテ支那カラ輸出スルコトガ出來ルト云フコトデアレバ、要スルニ日本モ亦今ノ陸路ニ依ッテ之ヲ日本ニ輸入セシムルコトガ出來ルト云フノ御答辯デアリマシタケレドモ、併ナガラ實際ニ於キマシテハ此滿洲ノ小麥ト云フモノハ現ニ東清鐵道ニ依リ、浦鹽斯徳ヲ經テ日本ノ敦賀ニ來ツ、アルト云フ實況デアル、外務大臣ハ今ヤ懸案中ト云フ、其中ニデス、事實ニ於キマシテハ實際此東清鐵道ヲ經テ、サウシテ浦鹽斯徳ヨリ日本ヘ來テ居ルト云フノ實況デアル、實際ノ事實ハ此ノ如クデアルニ、然ルニ今尚懸案中デアルト云フガ如キ呑氣ナコトヲ云ッテ居ルト云フノハ實ニ怪シカラヌ話デ、實ニ外交ノ無能モ極端デアルト私ハ思フノデアリマス、要スルニ第三點ハ明文ノ上ニアル讓歩ノ外ニ尚實際ニ於キマシテモ、此ノ如キ讓歩ト云フヨリハ寧ロ此露淸ノ間隨意ナコトヲサレテ居リマシテモ、日本ハ是ヲ傍觀シテ居ルト云フコトデアル、隨ッテ此南滿洲ニ於ケル日本ノ商人、即チ滿洲開發ニ關スルトコロノ最勇敢ナル商人、即チ此外征者ニ對シテハ非常ナル損害ヲ與ヘルト云フコトデアリマス、故ニ此所謂緩慢ニ付スルト云フ事柄ハ甚ダ吾々ノ遺憾トスルトコロデアリマスル故ニ、政府ハ今後ニ於キマシテ之ニ對シテ如何ナル方針ヲ執ッテ之ヲ勵行セシムルト云フ意デアルカ、此三點ガ即チ私ノ質問ノ要旨デアル、デ事餘リアッテ而シテ言足ラズデス、ナカ／＼言ヒタイコトモ澤山アリマスケレドモ、不辯デ辯ズルコトガ出來ナイデ、大切ナ問題デアルト思ヒマス故ニ、謹ンデ政府ノ答辯ヲ請ヒマス

〇議長(杉田定一君) 豫算委員長、大岡育造君

(大岡育造君登壇)

〇大岡育造君 私ハ此際豫算委員會ノ經過及結果ヲ御報告申シタイト思ヒマス、豫算委員會ハ近日受取リマシタトコロノ追加豫算及豫算外國庫ノ負擔トナルベキ契約二件ヲ本日審査ニ掛リマシタ而シテ孰レモ原案ノ通リニ可決致シマシタ、其案ヲ申シマスルト明治四十年度歳入歳出總豫算追加案、特第二號明治四十年度各特別會計歳入歳出追加案、第二號明治四十一年度歳入歳出總豫算追加案、第三號明治四十一年度歳入歳出總豫算追加案、外ニ豫算外國庫ノ負擔ニナルモノガ二箇デアリマス、デ此最モ主ナルモノハ昨年此近縣ニ起リマシタトコロノ水害復舊ニ關スル費用デアリマス、其外ニ文部、遞信、農商務、海軍等ニ僅カナ、ハアリマスケレドモ、擧ゲテ云フ程ナ

第十一　滿洲ニ於ケル領事裁判ニ關スル法律案（政府提出貴族院送付）　第一讀會

滿洲ニ於ケル領事裁判ニ關スル法律案

第一條　明治三十二年法律第七十號第九條乃至第十二條ノ規定ハ滿洲ニ於ケル領事裁判ニ之ヲ適用セス

第二條　滿洲ニ於ケル領事官ノ豫審ヲ爲シタル重罪ノ公判ハ關東都督府地方法院之ヲ管轄ス

第三條　滿洲ニ駐在スル領事官ノ管轄ニ屬スル刑事ニ關シ國交上必要アルトキハ外務大臣ハ關東都督府地方法院ヲシテ其ノ裁判ヲ爲サシムルコトヲ得

第四條　滿洲ニ於ケル領事官ノ爲シタル裁判及前二條ニ依リ關東都督府地方法院ノ爲シタル裁判ニ對スル上訴ハ終審トシテ關東都督府高等法院之ヲ管轄ス

附　則

本法施行ノ期日ハ勅令ヲ以テ之ヲ定ム

本法施行前受理シタル訴訟事件及非訟事件ニ關シテハ總テ從前ノ例ニ依ル

（外務大臣伯爵林董君登壇）

○外務大臣（伯爵林董君）　現行制度ニ於キマスルト、滿洲ノ帝國領事館デ取扱ヒマス裁判ノ上訴ハ、長崎地方裁判所及長崎控訴院ノ管轄ニ歸シテ居リマシテ、又領事館ノ豫審ヲ爲シマシタル重罪ノ公判ハ、ヤハリ長崎地方裁判所ガ之ヲ管轄シテ居リマスルガ、今日ハ關東都督府ニ法院ヲ於キマシタニ付キマシテ、總テ現狀ノ上訴及重罪ノ公判ヲ關東都督府ノ法院ノ管轄ニ屬セシムル方ガ便利デ、且速ニ事ガ運ブト思ヒマ行ッテ、公判ナリ若クハ上訴スルト云フコトニ法律ガ極メテ居リマス、ソレニ對シテ卽チ例外ヲ設ケナケレバナリマセヌカラシテ、其現行法ヲ改正スルト云フ必要ガアルカラ、法律案ノ改正ヲ提出シタ譯デアリマス

○花井卓藏君　ソレハ第三條ニ關係ノナイコトデアリマス、ソンナコトハ他ノ刑事法ニ存イテアル、ソレヲ尋ネルノデハナイ、根本問題トシテ行政權ガ裁判權ヲ指揮スル如キハ不都合デアルト云フ質問デアル

○議長（杉田定一君）　次ノ日程ニ移リマス、第十二、右議案ノ審査ヲ付託スベキ委員ノ選擧

スルニ付テ、此法案ヲ提出致シマシタ譯デゴザイマス、宜シク御贊成ヲ願ヒマス

○花井卓藏君　質問ガアリマス

○議長（杉田定一君）　質問デスカ

○花井卓藏君　質問デス、本案ノ第三條ニ「滿洲ニ駐在スル領事館ノ管轄ニ屬スル刑事ニ關シ國交上必要アルトキハ外務大臣ハ關東都督府地方法院ヲシテ其裁判ヲ爲サシムルコトヲ得」ト斯ウ云フコトヲ規定シテアル、國交上必要アル場合ニ於テハ外務大臣ナル行政官ハ關東都督地方法院ナル裁判所ヲシテ其裁判ヲ爲サシムル コトヲ得ルト云フ規定デアル、如何ニ國交上ノ必要ガアレバトテ、外務大臣ト云ヘル行政權ガ裁判所ヲ指定シテ裁判セシムル如キハ裁判權ノ指揮ヲナスト同ジコトデアル、此ノ如キハ帝國憲法ノ條規ニ悖リ裁判權ヲ輕ンズルモノデアルト私ハ信ジテ居ル、國際ノ慣例ノ上ニ於テ如何ナル實例ガアルト致シマシタトコロデ、帝國憲法ハ此ノ如ク行政權ガ裁判權ノ指揮ヲナスト同ジヤウナルコトハ認メテ居ナイト信ジテ居リマス、理義上ノ根據ヲ承リタイノデス

（政府委員男爵珍田捨巳君登壇）

○政府委員（男爵珍田捨巳君）　唯今花井君ノ御質問モゴザイマスガ、外務大臣ナル行政官ガ裁判官ニ命令シテ（花井卓藏君「裁判官ニ命令シテトハ言ハナイ」ト呼フ）裁判ヲナサシムルト云フノハドウ云フ理窟カト云フヤウナ御質問ノヤウニ伺ヒマシタガ、是ハ何デゴザイマス、今日改正シヤウト云フ現行法ニ於キマシテモ、同ジコトニナッテ居ルノデゴザイマス、ヤハリ外務大臣ハ命令スルト云フコトニナッテ居ルノデゴザイマス

○花井卓藏君　ソレデハ答辯ニナラナイ、今日ノ現行法ニモ認メテ居ルカラ、ソレデ宜シイト云フノデハ憲法上ノ質疑トシテノ答辯ニハナリマセヌ、本員ハ現行法ノ如何ニ拘ハラズ本案ニ對シテ質問スルノデアル、現行法ニセヨ、本案ニセヨ、此ノ如ク行政權ガ裁判權ノ指揮ヲナスト同樣ナル規定ヲ容認スルハ、憲法ノ條規ニ適ハザルモノト認ムルモノデアル、憲法ハ抵觸セザルモノナリト云フノナラバ其理窟上ノ根據ヲ承リタイノデアル斯ウ云フノデアリマス、他ニ斯樣ナル例ガアルカナイカト云フコトヲ聽クノデナイ、間違ッタ例ガアッタラ、正シウシタイノデアリマス

（政府委員道家齊君登壇）

○政府委員（道家齊君）　唯今ノ御質問ニ御答イタシマスカ、滿洲ニ於テ此裁判權ヲ行フニ付テ、外務大臣ガ卽チ行政官ガ、其裁判ノコトヲ指揮スルコトガ出來ルヤ否ヤ、其點ガ憲法ニ明文ガアルヤ否ヤト云フ御質問ノヤウニ承リマシタガ（花井卓藏君「ソンナコトハ憲法ノ明文ニハナイト思ヒマス」ト呼フ）憲法ノ明文ニハ固ヨリナイノデアリマス（花井卓藏君「行政權ガ裁判權ヲ指揮スルコトガアッテタマルモノデナイカラ尋ネタノデアル」ト呼フ）ソレ故ニ憲法ニハ行政權ガ裁判權ヲ指揮スルト云フコトハ無論ナイノデアリマスガ、滿洲ニ於テハ卽チ憲法ハ行ハレテ居ナイ、斯ウ云フ考ヲ持ッテ居リマスカラ行政權ハ卽チ裁判權ニ立入ッテ指揮スルコトハ差支ナイト云フ考デアリマス

○花井卓藏君　滿洲ニ憲法ガ行ハレテ居ルヤ否ヤヲ問ウタ譯デハナイガ、ソレハソレデ宜シイトシテ、若シ其憲法ノ働キガ滿洲ニ及バナイト云フコトデアルナラバ、憲法上ノ協贊手續ハ要ラナイデハアリマセヌカ、滿洲若シ憲法ノ行ハル丶所ニアラズトセバ、憲法上法律ニ協贊ヲ與フル此議會ニ斯ンナモノヲ持ッテ來ナイデモ宜イト思ハレル、憲法ノ條規ヲ履ムニ及バヌデハアリマセヌカ

（政府委員道家齊君登壇）

○政府委員（道家齊君）　御答致シマス、唯今ノ現行法ニ依リマスレバ、領事裁判權ノ終局ハ卽チ長崎ニ於ケルトコロノ裁判所卽チ地方裁判所若クハ控訴院、是ヘ持ッテ

○議長（杉田定一君）　唯今報告ニナリマシタトコロノ東洋拓殖株式會社法案ヲ日程ヲ變更シテ院議ニ附スルト云フニ御異議ハゴザイマセヌカ

〔「異議ナシ異議ナシ」ト呼フ者アリ〕

○議長（杉田定一君）　御異議ハナイト認メマス、本案ハ問題トナリマシタ――島田三郎君

東洋拓殖株式會社法案（政府提出）　第一讀會ノ續

〔島田三郎君登壇〕

○島田三郎君　諸君、本員ハ本議會ニ於テ不幸ニシテ政府ノ重要ナル議案トシテ提出セラレタルモノニハ殆ド悉ク反對デアル、始メヨリ終リニ至ル會期ヲ通シテ小問題ハ格別デアリマスガ、内閣ガ此運命ヲ賭ケテ出サレベキ位ノ重大ナルトコロノ議案ニ付テハ悉ク反對デアル、卽チ會期切迫ノ今日ニ於テモ又此案ニ反對ヲ致スノデアリマス、其反對ノ大要ヲ申シマスレバ第一ニ形式ニ於テ甚ダ不當デアル、第二ニ内容ニ於テ甚ダ不安デアル、此二ツデアリマスガ、此案ヲ一讀シテ見マスルト云フト長イ年限ニ經營致シマスルトコロノ形容シテ百年ノ大計ト能ク申シマスルガ、此案ハ目シテ百年ニ渉ルトコロノ會社ノ設立ノ法案デアリマス、此ノ如ク年限ノ長キ會社ヲ一度此議會ニ於テ可決シマスレバ、其後ニ起ルトコロノ錯綜セル議會ニ向ッテ最早喙ヲ容ル丶ハ甚ダ困難デアルト云フコトヲ考ヘテ見マスレバ、此問題ヲ急遽ニ決スルト云フコトハ衆議院ノ體面ニ於テ甚ダ不可ナルモノデアルト本員ハ確信致シマス、政府ハ何故ニ斯ク兩三日ニ迫ッテ居ル議會ニ向ッテ、此ノ如キ重要ナルトコロノ議案ヲ投ゲ込マレタノデアルカト云フコトヲ第一ニ非難シナケレバナラヌ、元來議會ノ手續ニ於テ之ヲ委員ニ附シテ、特ニ政府ノ提出レタ議案ハ必ズ委員ニ附スト云フコトガ議事ノ定則デアリマスカラ、議院ニ臨ムニ此ノ如ク鄭重ナル手續ヲ以テスルトコロノ政府ガ、何故ニ緊急動議トシテ此法案ニ諮サネバナラヌト云フ此切迫ナル時日ヲ豫期シツ丶提出セラレタノデアルカ、又委員會ニ於テ政府ニ質問ヲシ、或ハ説明ヲ請ウタルモノハ少ナクトモ印刷ニ附シテ、全議員ニ配付シテ置イテ、之ヲ熟讀シテ其上ニ考慮ヲ加ヘ初メテ可否ヲ決スベキガ、議案ニ對スルトコロノ忠實ナル議員ノ進退デアリマスノニ、是カラ手續ヲ盡ス能ハザル程ニ、急遽ニ之ヲ議セシムルト云フノハ、政府ノ諸會ニ對スル誠意ガ缺ケテ居ルト思フノデアリマス、如何ニモ失禮ナルヤリ方デアルト思フ、サウシテ今日緊急動議トシテ是ガ議場ニ現ハレ、此委員會ノ中ノ問答ヲ本員ガ承ルトコロニ依ルト、本員ト同ジ感覺ヲ抱イテ質問セラレタ議員ニ對シテ、政府委員ハ政府ハ二十七八年頃カラ最早此事ヲ考ヘテ居ッテ、非常ニ考ニ考ヲ費シ調査ニ調査ヲ重ネタ、故ニ急遽ニ之ヲ出スコトハ出來ナカッタ、已ムヲ得ズシテ遂ニ此議會切迫ノトキマデ提出ガ延引シタト答ヘテ居ル、何タル暴戻ナル答デアルト本員ハ思フ、政府ガ人數ノ少ナキトコロノ委員會ノ調査會ニ於テ、尚此ノ如ク日ヲ重ネ、バナラズ、尚委員會ニ附スル前ニ廟議ニ於テモ大ニ鄭重ヲ盡サナケレバナラヌト云フ如キ、重大ナル議案ヲ何故ニ三百七十餘ニ餘ルトコロノ者ニ急遽ニ議サシメテ必ズ之ヲ可決セヨト言ハヌバカリノ態度ヲ執ルト云フノハ、畢竟議院ニ對スルノハ形式ノミ、彼等ハ操縱シ得ベシト云フ無禮ナル考ヲ持ッテ居ルト云フコトハ、此一事ヲ以テ明白デアル、政府ガ此ノ如ク憲法法律ハ形式上ノ手續ノミト言ハヌバカリノ態度ヲナスト云フコトハ政府ノナスコトデアルカ、苟モ國民ノ代表會トシテ此ノ如キ態度ニ甘ンヂテ之ニ默從セラレントスル形勢ガアルノハ、本員憤慨シテ已ム能ハザル第一事デアル、此事ニ付テ本員ハ起立セラル丶トコロノ諸君ニ明白ナル覺悟ヲ促スモノデアル、第二ニ此案ヲ通覽シテ見レバ、事業ノ點ニ於テ殆ド半島ノ事業全部ヲ擧ゲテ此會社ニ託スル程ノ大ナル權限ヲ委ネタル是ハ法案デアリマシテ、例ヘバ農業ヲ本トシテ、農業聯帶シタトコロノモノニヤラセル、之ニ附屬シタトコロノ諸般ノ事業ヲ經營セシムル、貸借ヲセレムル、又是ヨリ得タルトコロノ物產ノ取扱ヲ委任スルト云ッテ、更ニ推及シテ水產業ニ渉ル、鑛業ニ渉ルト云フヤウナ、ソレデ移民ノコトモ之ニ委任シテ、移民ニ附帶スル金融貸借モ委任スル、是等ノモノヲ取除イテ、世ノ中ニ何ノ事業ガアリマス、農業ナリ、鑛業ナリ、水產移民ナリト云フモノヲ併セテ悉ク此一會社ニ委ネヤウト云フコトニ付テハ、年限ニ於テ百年ニ渉リ、營業ニ於テ全半島諸般ノ事業ニ渉ルモノヲ擧ゲテ、二日カ三日ノ間ニ審査委員ヲ擧ゲテ本會マデモ併セテ之ヲ議セシメテ、更ニ甚シキハ之ヲ緊急動議トシテ成立タシメテ、之ヲ貴族院ニ送ッテ、貴族院ガドレ程ノ遑ヲ以テ審査シ終ルカ、實ニ形式ニ於テ暴戻ト言ハザルヲ得ヌト本員ハ思フ、内部ニ於テ其得失如何ト云フコトハ大ナル疑問デ、卽チ本員ガ形式ニ於テ不可デアッテ、内容ニ於テ不安デアルト云フコトハ此事デアル、詳リ通ッテ申シテ見レバ、若シ日本國民ニ會社ノ力、或ハ一個人ノ力ヲ以テ韓國半島ノ事業ノ經營ニ任ズル適當ナル能力ヲ有セシメタナラバ、政府モ此ノ如キ法案ヲ必要トシナイデアラウ、併ナガラサウハ行カナイノデ、私個人私會社ニ付テハ一切望マナイデ、此事ヲ爲スト云フコトガ根柢デアリマスガ、此點ニ付テモ考慮シナケレバナラヌ、成程今日マデ朝鮮半島ニ移リマシタトコロノ人ハ、多ク資本家ハ誠ニ少數デアル、又大ナル事業家モ少數デアル、又資本家、事業家モ亦全力ヲ擧ゲテ注ガズシテ、僅ニ一部ノ力、一部ノ資金ヲ韓國ニ注グノデアル、誠ニ微力デアル、其他ニ至リマシテハ、資本ナクシテ信用モ薄イトコロノ人ミガ、半島ニ渡ッテ事業ノ見ルベキモノガナイト云フコトハ、本員ハ政府ト反對ノ意見ヲ持ッテ居ルニ拘ハラズ、此點ニ於テハ事實ヲ是認シタイノデアリマス、併ナガラ形勢ノ變化ト云フコトニ眼ヲ著ケテ見マスレバ、既往ヲ以テ現在將來其通リデアルト推定スルノハ尙早計ヲ免カレヌト思フノデス、古來ノ關係ハ暫ク措イテ、維新後新タナル政府ノ下ニ日韓ノ關係ハ甚ダ不安デアル、四十年ノ星霜ヲ經タケレドモ、實ハ前十年ノ間ハ不安デ、韓國ノ不安ハ推及ボシテ内地ノ亂ノ基トナッタ位、甚ダ不安デアッタカラ、此時代ハ僅カニ外交政治關係ノミデ此時代ハ到底僅カナ資本ヲ以テ渡海スルナドト云フコトハ出來ナイ、然ラバ後十年間ハ如何デアルカト云フト、再ニ韓國内ニ紛亂ガ起リ、内亂ニ等シキ騷動ガ起ッテ、日本國民ノ血ヲ韓國ニ流シタ時代デ、殆ド淸國ノ勢力ノ半島ニ加ッテ日本ハ其一部ヲ占メントシテ誠ニ不安ナル形勢デアッタ、此間ニ資本ヲ携ヘ半島ノ事業ニ力ヲ盡スコトガ出來ナイデ、傍觀シテ居ルノハ當然ナコトデアリマス、政府自身モ政治的外交的問題ノ現ハレタル時代ニ、日本國民ヲシテ事業經營ノ能力ヲ彼ノ半島ニ用ヰシメントト云フコトハ、幾ド不可能ノコトデアルト本員ハ思フ、日淸關係ノ不安ハ二十七年ニ至ッテ、初メテ定マリ、稍々日韓ノ關係ガ定マラントシテ、續イテ至ルトコロノモノハ、更ニ強大ナル露國ガ此半島ニ勢力ヲ及ボシタノデアリマス、實ニ三十七年以前ノ日露間ノ關係ハ政治的外交的ハ不安デアッテ、決シテ平和ノ半島ト云フコトハ出來ナイ、如何ニシテ此ノ如キ地ニ資本ヲ携ヘテ信用厚キ人ハ事業ノ經營ニ著手スベキカ、著手セザルノガ已ムヲ得ザル尤モナル結果デアルト本員ハ思フ、僅ニ此關係ノ定マッタノハ三十八年ノ戰役ガ收マッタ後デ、此時初メテ韓國ガ日本ニ大ニ親密ナルトコロノ新タナル關係ヲ開イタノデアリマスガ、此以後モヤハリ政治外交ハ不安デアッテ、昨年ニ至ルマデ與ノ關係ハ定ムルコトガ出來ナカッタガ、昨年ニ至リ此關係一變シテ數回ノ戰爭ヲ經テ昨年ノ協約ヲ經テ、之ニ至ッテ初メテ半島ニ對スル新天地ガ開ケタノデアリマスカラ、是ヨリ以後ハ幾ド外國ニ向ッテ社會ニ向ッテ爲スアル日本國民ハ資本ヲ携ヘテ信用ヲ用ヰテ茲ニ著手スベキ時期カ來ッタノデアル、僅ニ此三四年間ニ於テ日本國民ガ力ヲ伸スコトガ出來タノデ、百年ノ大計ニ付テ日本ノ私會社ノ力私個人ノ力ヲ伸バスコトノ出來ナイト云フコトハ本員ノ確信スルトコロノ已ムヲ得ザルノ形勢デアル、併ナガラ本員ガ斯ク信ジタカラト云ウ

テ、決シテ此儘放任シテ送ルト云フノデハアリマセヌ、サウ云フ極端ナル意見デナイ、併ナガラ一個人、私會社ノ總テノ膨脹ヲ八九分マデ絕滅シテ、政府自カラヤレバ政府万能主義ノ人ノ考ヲ滿足セシムルカ知ラヌガ、私ハ決シテ健全ナル政策ト見ルコトガ出來ナイ、政府ハ一個々々ノ會社ニ任シテ交通機關ヲ設クコトハ不利益ナリトシテ、輕卒ニモ鐵道國有ヲ實行シタ、今日ノ狀況ハ如何デアルカ、先日開イタ鐵道國有紀念會ハ失敗ノ國有鐵道紀念會デアルト冷評ヲ加ヘルノハ是モ事實デアル、政府ガヤレバ何事モ成就スルト思フノハ政府万能主義ノ迷デアリマス、適當ナル場合ニ適當ナル力ヲ與ヘテ稼グトコロノ者ニ利益アラシムル政治的社會的關係ニ致シテ、續イテ爲スベキトコロノ爲スアルノ國民ヲ奬勵シテ、之ニ便宜ヲ與ヘ、之ニ金融ノ機關ヲ與ヘテ、其缺ケタルトコロノモノヲ補ウテ、徐ロニ起業ヲナサシメ、其足ラザルトコロヲ政府ガ補ヒ、此ノ如ク廣大ナラザルモノヲ以テ徐ロニ兩々相俟ッテ爲サシメタナラバ、三十八九年以來新タナル關係、新タナル協約ノ下ニ新天地ヲ開イタコトデアルカラ、種々ナル事業ニ手ヲ伸バシテ稍々改良ニ就クデアラウト思フ、例ヘバ金融機關ヲ設ケテ韓國起業者ニ便利ヲ與ヘ、又移民ノタメニ適當ナル往來ノ保護ヲ與ヘ、之ニ相當ナル希望ヲ有タシムルヤウニ、日本全國ノ國民ヲ誘致シテ半島ニ赴カシムルヤウニシタナラバ、新氣運モ徐ロニ開ケルト思フ、韓國ハ地味良好ナリト承ッテ居ル、足ラヌ所ハ人口ノ不足デアル、技術ノ不熟練デアル、人氣ノ振ハヌノハ財產ノ安固ナラザルノデアル、資本ノ足ラヌノデアル、是等ノコトハ政治的關係ヲ以テ萎靡セシメ、長ク不安ノ地位ニ立タシメタ結果デアルト思ヒマス、韓人ノ安寧ヲ持續シ、財產ヲ確立セシメ、日本ヨリ到ル便利ヲ開キ、更ニ資本ノ融通ヲ與フルタメ、韓國與業銀行ヲ作リ、或ハ移民ノ交通ノタメ船ノ費用ヲ減ジテヤルト云フ特別保護ヲ與ヘタナラバ、是ト同時ニ是バカリデナク一部ノ政府ノ仕事ヲ加ヘテ、私人ト共ニ力ヲ盡サシメタナラバ宜カラウト思フ、今遡ッテ三十年以前ノコトヲ思ヒ、日本ノ國民ガ半島ノ事業ニ力ヲ入レテ居ラヌト云フノハ、甚ダ政府ノ失體ナル考デアラウト思フ、斯ク考ヘテ見マスト、今日支出濫出ノ間ニ此ノ如キ會社ヲ百年ノ間ニ成立セシムルト云フコトガ本員ハ同意スルコトガ出來ナイ、更ニ此內容ノ一二ヲ擧ゲマスレバ一千萬圓ノ資本デアリマスケレドモ、四分ノ一デ成立スルコトガ出來ル、ソコデ二百五十万圓ノ資本ヲ入レマスト、直チニ事業ヲ開始スルコトガ出來マス、之ニ對シテ政府ガ與ヘル保護ハドノ位デアルカト云フト、二百五十万ニ對シテ三十万ノ保護ヲ與ヘルト云フコトデ、未ダ曾テ見ザル例デアル、內地ニ於ケル總テノ會社ニ與ヘタ保護ノ中デ、此ノ如キ例ハ見ナイノデアリマス、斯ウ云フコトニ成リマスレバ、ドウ云フ事ニナルカ、僥倖者ヲ驅ッテ此會社員トナサシムル結果ニ至ルデアラウト思フ、本員ハ韓國ノ土地ガ良好ナルニ拘ハラズ、事業ニ着手セヌノハ資本ノ不足デアル、人氣ノ振ハヌノデアルト思フ、然ルニ堅忍ナル我農民ヲシテ小作人ヲ率ヰテ、彼地ニ移住シテ仕事ヲ確立シタイト思ハシメルコリハ、寧ロ二百五十万ニ對シ三十万ノ保護ヲ受クル會社ノ方ガ差引利割ニ當ルト思フ人ハ、此中ニ混淆スルト思フ、是又穩健ニ半島ニ赴カシムル所以ニアラズト思フ、更ニ本員ノ疑フトコロノモノハ此ノ如キ案ヲ政府ガ失體ニモ會期將ニ一日ニ迫ッテ居ルトキニ、衆議院ニ打込ンダ心ヲ讀ンデ見マスレバ、衆議院モ大抵通ルデアラウ、貴族院モ通ルデアラウト云フノデアル、何故ニ斯ク觀察スルカト云ヘバ、是等ノ人ハ利ヲ以テ誘ヘバ容易ク操縱スルコトガ出來ルカラ、是等ノ議案ヲ通過セシムルコトハ、易々タリト謂ハヌバカリノ態度ヲ含ンデ居ル、本員ハ其無禮ヲ憤ラザルヲ得ヌノデアル、然ラズンバ如何ニ本員ノ攻擊シタルコトニ付テ答辯ヲ與ヘントスルカ、此ノ如キ者ハ貴族院ニモ衆議院ニモ必ズ此種類ノ人ヲ滿タスト思フ、其故ニ內容ノ上ニ不都合デアリ、形式ノ上ニ不都合デアリ、更ニ政治的惡ル氣風ヲ與スノデアリマスト、本員ハ不安心ヲ感ズルノデアリマス、又政府ハ何故ニ豫算案ト共ニ此ノ如キ財政ノ上ニ變化ヲ與ヘル議案ヲ提出セザルガ、何故ニ增稅ニ先ッテ此ノ如キ支拂ヲナスモノヲ政府ハ提出シテ共ニ議セシメザルカ、增稅ノ場合ニ政府ハ國庫窮乏セリト叫ンデ急遽ニ共議案ヲ議セシメテ、大多數デ衆議院ハ之ヲ議決シタニ至ッテハ、本員尙遺憾ヲ鳴ラサヽルヲ得ヌガ、同一會期ノ盡キントスルトキニ二千万圓ノ社債元利ヲ保證スルコトヲ含ンダルモノヲ、先ニ增稅ヲナサシメ、豫算ニ於テ削減ヲセシメズシテ、議決シタル議會ニ投込ンデ、之ヲ議決セシメントスル政府ハ衆議院ニ對シテ禮ヲ缺イテ居ル、尙詳シク言ヘバ國民ニ對シテ禮ヲ缺イテ居ルト攻擊セザルヲ得ヌ、政府ハ政府トシテモ是ヲ議決セントスル同僚諸君ニ對シテ切ニ忠告ヲ與ヘナケレバナラヌ、是ハ取リモ直サズ公債增發デ、形ハ會社ヲ經テ發スルノデアリマスガ、元利共ニ政府ガ保證スルト云フノダカラ、是ハ公債增發デアル、現ニ政府ハ鐵道公債ヲ國民ニ約シタ、四億八千万圓モ之ヲ出スニ躊躇シテ吾々ノ問ニ答ヘテ先ヅ五年間ノ制限ガアルカラ差當リ宜イト云フトコロカラ圖ッテ、先ニ心ノ中ニハ唯今ヨリ四億八千万圓ヲ出シテ現在ノ公債ノ上ニ惡影響ヲ及ボサンコトヲ憂ヘタ結果デアラウト本員ハ豫想シテ居リマスカラ、ソレデ急遽ニ此ノ如ク二千万圓ノ社債ヲ元利ヲ保證スルト云フノハ何タル輕卒ナコトカト思ヒマスガ、形ヲ變ヘタ公債增發デアリマス、サウシテ此ノ如キ大問題ヲ緊急問題トスルト云フコトハ第一ニ失態デアリマス、議會ヲ傀儡トシテ政府ハ此ノ如キ惡例ヲ造出シ、腐敗シタル議會ニ腐敗シタル例ヲ遺ス、恐ラ未來ニ絕ツコトガ出來マセヌカフ、且此中ノ役員選擧ノトコロヲ見マスト、第一期ニ於テハ政府ガ理事、監事ヲ任命ストアル、是レ政府ノ支店ヲ韓國ニ造ルト了ゾ選バント本員ハ明言スル、殊ニ之ヲ而モ一部ノ人間ニナスノハ免レヌト思ヒマスカラ、此クノ如キモノニ向ッテ誠實ニ鄭重ニ審議ヲ盡シテ、然ル後可否ヲ決スベキモノデアッテ、百年ハ長日月ノ比喩的形容的言葉ニアラズシテ、百年ニ續ク議案ヲ一二日ノ問ニ議決セシメテ、之ヲ貴族院ニ送ラウト云フコトハ衆議院ガ決シテナスベカラザル事例デアルガ故ニ、本員ハ此理由ヲ以テ本案ニハ絕對ニ反對ヲ致シテ、明年開カレル議會ニ於テ之ヲ議スルモ遲クナイト云フコトヲ附加ヘテ反對ヲ表シマス

○小川平吉君　議長

○議長（杉田定一君）　小川君何デスカ

○小川平吉君　委員長ノ報告ニ贊成ノ意見ヲ述ベマス

〔「登壇々々」ト呼フ者アリ〕

○小川平吉君　簡單デゴザイマスカラ、此席ニ於テ委員長ノ報告ニ贊成ノ意見ヲ述ベマス

○議長（杉田定一君）　登壇シテ御述ベニナルヤウニ

（小川平吉君登壇）

○小川平吉君　私ハ平素敬愛致シマストコロノ猶興會ノ島田三郎君ノ演說ニ向ッテ反對ノ意見ヲ述ベマスノハ誠ニ遺憾トスルトコロデゴザイマス、併ナガラ私ハ此拓殖會社法案ニ付テハ最モ以前ヨリシテ心配ヲ致シテ居ッタ一人デアル、然ルニ此私ニ向ッテ島田君ガ既ニ一矢ヲ放タレタル以上ハ、勢ヒ私モ之ニ向ッテ一矢ヲ酬ヒザルヲ得ナイ次第デアリマス、島田君ハ此會期切迫ノ際ニ當ッテ此ノ如キ大法案ヲ出スノハ不都合デアルト言ハレタノデアリマス　如何ニモ御尤デアル、私ノ如キモ此ノ如キ大切ナ法律案ハ成ルベク議會ニ審査ノ猶豫ヲ與ヘンガタメ早ク提出スルコトヲ希望スルコトハ御同論デアリマス、殊ニ本員ノ如キハ何故ニ政府ガ早ク此法律案ヲ提出セザルヲ怪ンデ、場合ニ依リマシタナラバ質問デモ提出シヤウト云フ考マデ持ッテ居ッタノデアル、幸ニシテ會期切迫ノ際トハ云ヘ、今日提出ヲ見ルニ至ッタノハ實ニ韓國拓殖ノタメニ私ハ喜ブベキ次第デアルト考ヘマス、是ガ若シ不幸ニシテ本年ノ議會ニ提出スルコトガ出來ズシテ、來年ノ議會ヲ待ツコトニナリマシタナラバ、卽チ朝鮮ノ拓殖ハ一年ヲ後レシムルト云フコトノ結果ニナルノデゴザイマス、苟モ本案ノ內容ニシテ韓國ノ拓殖ニ必要デアリ、我國ノ勢力扶殖ニ必要デゴザイマシタナラバ、會期切迫ナリト雖モ之ヲ一年ノ間遷延セシメテ、來ルベキ議會ニ出スト云フヨリハ、一刻モ早ク卽チ今日此場合ニ於テ議會ニ提出致スト云フコトハ、誠ニ是ハ適當ナル處置デアルト言ハナケレバナラヌト考ヘルノデゴザイマス、果シテ然ラバ此案

ガ會期切迫ノ場合ニ於テ提出セラレタコトハ不穩當ニハ相違ナイケレドモ、之ヲ以テ直チニ案ノ當否ヲ決スルト云フコトハ甚ダ誤レリト言ハザルヲ得ナイノデアリマス、本案ニ這入リマシテ島田君ハ最モ不思議ナ議論ヲ吐カレマシタ、ソレハ何カト云ヘバ、此會社ハ半島ニ於ケル事業ヲ壟斷スル虞ガアルト云フ趣意ノ御演說ト記憶シテ居ル、其例トシテ此會社ハ農業モヤル、或ハ場合ニハ水産業モヤル、或場合ニハ金貸ノ業モアル、此ノ如ク種々樣々ナル事業ヲスルト云フコトハ、韓國半島ニ於ケル事業ヲ壟斷スル嫌ガアル、此ノ如ク言ハレマシタ、是ハ實ニ經濟ノ理ニ詳シイ島田君ノ口ヨリ此ノ如キ議論ヲセラルルコトハ、私ハ甚ダ不思議ニ考ヘルノデゴザイマス、試ニ諸君此案ヲ通讀シテ見ヲレヨ、此案ハ拓殖會社ガ自ラ農業ヲ爲スコトヲ得ル、又或ハ移住民ヲシテ農業ヲ爲サシメ、移住民ヲ保護シテ韓國ノ開發ヲスルコトガ出來ル、此移住民ヲ保護スルタメニ移民ニ向ッテ或ハ金ヲ貸シ、或ハ原料ヲ供給スル、或ハ生産物ノ分配ヲスル、要スルニ移民ヲ保護シテ韓國ノ農業ヲ開發スルノガ至要ナ目的ニナッテ居ル、而シテ或場合ニ於テハ特ニ政府ノ認可ヲ經テ、水産業其他ノ業ヲ營ムコトヲ得ルコトニナッテ居ルノデアリマス、諸君、是ガドウシテ韓國ノ事業ノ全部ヲ壟斷スルコトガアルノデゴザイマセウ、而モ其資本ハ幾ラト云ヘバ僅ニ一千万圓、會社トシテハ大資本デゴザイマスケレドモ、之ヲ韓國全半島ノ眼カラ見レバ、韓國如何ニ小ナリト雖モ微ナリト雖モ、僅ニ一千万圓ノ金ヲ以テ韓國ノ事業ノ全部ヲ壟斷スルコトガ出來ルカト云ヘバ、誰カ其數字ノ暗キニ驚カザルヲ得ヌ、況ヤ韓國ノ拓殖ヲ計ルニ付テ、或ハ農業ヲヤリ或ハ移民ノ奬勵ヲスルト云フコトハ形ノ多岐ニ亙ル如ク見エルガ、其實唯一ノコトデアル――唯一ノコトデアル、何デアルカト云ヘバ、卽チ韓國ノ富源ヲ開キ、韓國ノ農業ヲ開發スルト云フニ歸スル、此一ノ目的ヲ達スルタメニ、或場合ニ於テ各種ノ手段ヲ講ジテ、各種ノ事業ヲスルコトニナルノデアル、是ガ何デ半島ノ全部ノ事業ヲ壟斷スルカ、私ニハ一向分ラナイ、此程カラ時々承リマスガ、論者ノ中ニハ現ニ此移住民ニ向ッテ種子ヲ配ルトカ、移住民ノ生産物ヲ買ルコトハ是等ノ事業ニ從事スル人ノ商業ヲ害シハシナイカ、是ト競爭シテ彼ヲ倒レシムルノ虞ガナイカト云フ杞憂ヲ抱ク人ガゴザイマス、此ノ如ク農業ガ盛ンニナッテ、生産力ガ發達シテ來テ、此生産レタ物品ヲ分配スル、若クハ農民ニ種子ヲ供給スル卽チ供給分配ノ機關ガ韓國ニ發達スレバ、ソレハ拓殖會社ノ如キモノハ無用ニ歸スルノデアル、然レドモ如何セン今日韓國ニ於テ農業ヲシヤウト思ッテモ金ヲ貸ス者ガナイ、原料ヲ下ゲル者ガナイ、折角生産物ヲ作ッテモ分配ノ任ニ當ル者ガナイ、運搬ノ機關ガナイ、ソレ故ニ如何ニ我日本ノ農業者ガ熱心ニ韓國ニ移ッテ農業經營ヲシヤウト思ウテモ、不幸ニ是等機關ノ缺乏シテ居ルタメニ、移住シテ農業ヲ開クコトガ出來ナイ悲ムベキ現狀デアル、此際苟クモ農業ヲ開發シ保護權ヲ確定シ扶殖ノ實ヲ擧ゲヤウトスレバ、農民移住民ニ向ッテ十分ノ保護ヲ與ヘ、一日モ早ク富源ヲ開發シ、日韓兩國民ノ親密和合ヲ圖ラナケレバナラヌト思フノデアル、又島田君ハ此ノ如キコトヲ云ハレタ、過去ノ時代ニ於テハ政治的不安ノタメニ、日本ノ人民ガ韓國ニ移住スルコトガ少ナカッタ、併ナガラ三十八年ノ協約以來政治的不安ガナイカラ今後ハ人民モ追々韓國ニ移住スルデアラウ、從ッテ農業モ開カル、デアラウト言ハレタ、併ナガラ是ハ島田君ノ議論デアッテ、議論ダケデハ通ラヌノデアル、事實ニ就テ今日統計ノ上ニ於テ如何ナル有樣ニナッテ居ルカヲ見ナケレバナラヌノデアル、吾々上下ノ力ヲ盡シテ折角韓國ノ保護條約ヲ締結シテ立派ニ形ガ出來、軍隊モ駐屯スレバ、統監府モ出來、綺羅星ノ如キ立派ナ役人ガ出來タガ、三十八年ノ協約以來朝鮮ニ移住シテ土着シ落付テ、農業ニ從事シタ者ガドノ位アルカ、成程或富豪ハ土地ヲ買ッタニ相違ナイ、又或紳士ハ田畑ヲ買ッタケレドモ、是ハ唯利益ノタメニ土地ヲ買ウテ、卽チ之ヲ朝鮮ノ小作ニ附シテ居ルニ過ギナイ、何人カ移住シテ土着シテ農業經營ヲ始メ、且土地ノ人民ト相結ンデ日韓兩國ノ民ガ和合シテ人ガ幾人アルカ、其數字ヲ承リタイノデアル、島田君ノ言ハル、如ク政治ノ不安ガ取除カレタタメニ、續々移住スルト云フ事實ガゴザイマスナレバ、吾々ハ何ヲ苦ンデ國家ノ力ヲ假リテ韓國ノ拓殖ヲ圖ランヤデアリマス、全ク事實ガ之ニ反シテ居ルノデアル、統計ノ示ストコロガ之ニ反シテ居ルノデアル、故ニ韓國拓殖ノ目的ヲ遂セント欲シタナラバ、國家ノ力ヲ假リテ其目的ヲ遂シナケレバ出來ナイノデアル、又島田君ガ言ハル、コトハ島田君自身ノ說デ矛盾ノ甚ダシキモノガアルノデアル、前ニハ政治的不安ガ除カレタ以上ハ、追々日本ノ移住民ガ行クデアラウト云ハレタニ拘ハラズ、後ニハ國家ガ興業銀行ノ如キモノヲ設ケテ資金ノ融通ヲ便ニシタラ宜カラウ、或ハ交通ノ便ヲ計ッテ移住民ニ便利ヲ與ヘタラ宜カラウト云ハレタ、特ニ此ノ如ク云ハル、所以ハ何ノタメデアルカ、卽チ自然ニ放任スレバ拓殖ノ實ガ擧ラヌ、日本人ノ移住スルニ容易デナイト云フ事實ヲ認メラレタカラコソ、斯ク言ハル、ノデハナイカ、卽チ前ニ云ハレタコト、後ニ云ハレタコト、明カニ矛盾シタモノト云ハナケレバナラヌノデアル、私ハ同君ノ演說ヲ借リ來ッテ、卽チ茲ニ拓殖會社ノ必要ナルコトヲ證明スルコトガ出來ルノデアル、卽チ唯今島田君ノ演說ヲ繰返シタ如ク、興業銀行ヲ設ケテ資金ノ融通ヲ計リ、交通ノ便ヲ圖ッテ、移住民ニ便利ヲ與ヘル、卽チ是デアル、特ニ此二箇條ノ提案ヲ島田君ガセラル、ナラバ、島田君ガ前說ニ言ハレタコトハ打消サレテシマフデ、島田君ノ議論ハ此拓殖法案ニ全部贊成ト云フコトニ歸スルノデアル、卽チ此拓殖會社ヲ移住民ニ資金ノ供給ヲナシ、交通ノ便ヲ與ヘ、原料ヲ供給シ、生産物ノ分配ヲスルト云ニ過ギナイノデハナイカ、其手段方法ニ於テ複雜トナリ、多岐ニ別ル、ケレドモ、其趣意ハ島田君ノ主張セラル、ノ金融ノ圓滿ヲ圖リ、移民ニ便利ヲ與フル、此一ツノ點ニ外ナラヌノデアル、然ルニ何故ニ此案ニ贊成セラレナイノデアルカ、私ハ甚ダ疑フノデアル、而シテ最後ニ島田君ハ此三十万圓ノ保護金ハ過當デアル、一千万圓ノ社債保證ハ甚ダ過大デアル、此ノ如ク言ハレル、サウシテ此過大ナル金ガ會社ニ下ルタメ政治上ノ腐敗ヲ招ク原因トナルコトヲ氣遣フト云ハレルノデアル、成程此氣遣モ御尤デアル、兎ニ角日本ニ於ケル有數ノ會社デアルカラ之ヲ惡ルク運用スレバ、ソレハ政治上腐敗ヲ招ク原因ニナルデアラウ、併シナガラ苟モ大事業ト名ノ付クモノナラ、獨リ之ニ限ラズ鐵道デモ船舶デモ何デモ運用其宜シキヲ得ズ、當局其人ヲ得ナカッタナラバ、弊害ヲ生ズルハ勿論デアル、併シナガラ當局其人ヲ得ズ運用宜シキヲ得ヌ場合ヲ想像シテ何事モ出來ナイト云フコトニナッタナラバ、我日本帝國ノ經營ハ全部抛擲シテ、全ク蝸牛ノ內ニ引込ムヨリ外ハナイノデアル（「ヒヤ〱」）苟モ大會社ヲ起シ此ノ如キ大資金ヲ補助スルノデアルカラ、運用ヲ誤レバ腐敗ノ原因ヲ招クハ免カレヌノデアル（「ヒヤ〱」ト呼フ者アリ）固ヨリ吾々ハ此原因ヲ防グコトニ努メナケレバナラヌガ、併シ此腐敗ノ恐レガアルタメ、法律其モノニ反對スルト云フハ、之ハ理論ノ矛盾モ甚シイト言ハナケレバナラヌ、特ニ三十万圓ノ補助ヲ二百五十万圓ノ拂込ニ對シテ爲スノデアルカラ、如何ニモ大金デ如何ニモ厚イ保護ノ如キ感ロガアルケレドモ、審ニ此法案ヲ繙クト會社ニ於テ一割以上ノ配當アル場合ニハ、其超過金額ヲ補助金ノ償還ニ充テシムルト云フノデアル、卽チ成程三十万圓ノ金ハ多イニセヨ、是ガ必シモ會社ノ利益ニナルモノデハナイト云フコトハ、法律ノ條文ニ明カニ示シテ居ルノデアリマス若シ會社其者ガ此金ヲ全ク著服シテ不當ナル利益ヲ圖ルコトナラバ、成程不都合デゴザイマセウ、併ナガラ私ノ述ベマス通リ一割ヲ超過シタ利益ハ補給金ノ償還ニ充テル、卽チ政府ニ向ッテ返還スベシト云フ規定ニナッテ居ルノデアル、而モ此利益金補給金ニ付テハ、頗ル細カナ規定デアルノデゴザイマスカラ、是等ニ伺ッテ甚シキ御心配ハ必要ハ無カラウト考ヘルノデアリマス、此外拓殖會社ノ必要ナルコトヲ述ベヤウト思ヘバ、日モ是レ足ラヌ、幾時間タリトモ論ズルコトハ出來マスガ、島田君ノ反對セラレタ要點ハ唯今私ガ辯駁致シタ所ニ止ルヤウニ考ヘマスカラ、私ハ茲ニ此演說ヲ了リマシテ卽チ委員長ノ意見ニ贊成致シテ置キマス

（「討論終結」ト呼フ者アリ）

（大藏大臣松田正久君登壇）

○大藏大臣（松田正久君） 諸君、本案ノ特別委員會ニ於テ大多數卽チ唯一人ノ

人ガ反對サレタト云フコトデゴザイマスガ、此ノ如キ大多數ヲ以テ本案ヲ可決セジレ、而シテ幾ニ委員長ヨリ可決ノ報告ヲ致サレタルニ付キマシテハ政府ハ大ニ滿足ヲ表スルトコロデゴザイマス、抑〻韓國ノ土地ヲ開拓致シ、韓國實力ノ發展ヲ圖リマシテ我保護ノ責任ヲ完ウシ、以テ兩國ノ關係ヲ益〻密ナラシムルコトハ是レ今日ノ急務ナリト考ヘルノデアル、本案ヲ提出致シタルハ、卽チ此理由ニ基キマスル、幾ニ島田君ハ何故ニ此會期ノ切迫スルニ當ッテ提出致シタカト中サレルノデアリマス、是ハ法案漸ク成リ、卽チ直チニ提出致シテ韓國ノ經營一日モ忽ニスベカラザルニ依ッテ提出致シタ譯デ、一向外ニ仔細ハナイノデアリマス、願クハ島田君一人ヲ除クノ外本會ニ於テ滿場ノ一致ヲ以テ可決セラレンコトヲ希望致シマス

（「討論終結」ト呼フ者アリ）

○議長（杉田定一君）　討論終結ノ動議ニ贊成ガアリマスカ

（「贊成々々」ノ聲起ル）

○議長（杉田定一君）　討論終結ノ動議ニ贊成ガアルト認メマス、討論終結ニ御同意ノ諸君ノ起立ヲ願ヒマス

起立者　多數

○議長（杉田定一君）　大多數——討論ハ終結セラレマシタ、採決致シマス、本案ノ第二讀會ヲ開クベシト云フニ御同意ノ諸君ノ起立ヲ願ヒマス

起立者　多數

○議長（杉田定一君）　大多數——本案ノ第二讀會ヲ開クコトニ決シマシタ

○元田肇君　直チニ第二讀會ヲ開カレンコトヲ望ミマス

○議長（杉田定一君）　元田君發議ノ如ク直チニ第二讀會ヲ開クコトニ御異議ハアリマセヌカ

（「異議ナシ」ト呼フ者アリ）

○議長（杉田定一君）　御異議ハ無イト認メマス、直チニ第二讀會ヲ開キマス

東洋拓殖株式會社法案　第二讀會

○元田肇君　私ハ茲ニ一項ダケ明カニシテ置キタイト思フノデアリマスガ、本員ノ讀ムトコロニ依リマスト二百五十万圓ノ拂込ノトキハ三十万圓ヲ與ヘルト云フ趣意デナイ、八朱ノ率ニ依ッテ二百五十万圓ノトキニハ幾分カ減ルト云フコトヲ更ニ當局者ヨリ明カニシテ決議ヲシテ置キタイ、ヤハリ二百五十万圓デモ三十万圓出スト云フノデアルカ、八朱ト云フガ高デ、二百五十万圓ナラ二十万圓ト云フコトニナルノデアリマスカ、ソレヲ明カニシテ置キタイ

（政府委員法學博士水町袈裟六君登壇）

○政府委員（法學博士水町袈裟六君）　御答シマス、本案ノ第三十九條ニ明文ガゴザイマス〈カラ、是デ御承知ヲ願ヒマス

（「明カニ」ト呼フ者アリ）

○政府委員（法學博士水町袈裟六君）　第三十九條但書ニ每營業期ニ於ケル利益配當ガ拂込資本額ニ對シテ年八分ノ割合ニ超過スルトキハ其超過額ニ相當スル金額ヲ補給金ノ中ヨリ控除スルト云フコトニナッテ居リマス

○元田肇君　分リマシタ、第三讀會ヲ省略シテ委員長報告通リ決定サレルコトヲ請求シマス

○議長（杉田定一君）　直チニ第三讀會ヲ開キ、全部ヲ議題トシマス

（「委員長報告通リ」ト呼フ者アリ）

○議長（杉田定一君）　第三讀會ヲ省略スルニ御異議ハゴザイマセヌカ

（「異議ナシ異議ナシ」ト呼フ者アリ）

○議長（杉田定一君）　御異議ハナイト認メマス、

東洋拓殖株式會社法案　確定議

○議長（杉田定一君）　委員長報告通リ御異議ハアリマセヌカ

（「異議ナシ異議ナシ」ト呼フ者アリ）

○議長（杉田定一君）　御異議ハナイト認メマス、是ニテ本案ハ確定

○小川平吉君　唯今外務大臣ヨリ辰丸事件ニ對スル御報告ガゴザリマシタ、該件ガ圓滿ナル局ヲ結ビマシタノハ、同慶ノコト、考ヘマス、併ナガラ唯今ノ報告ニ依ッテ見マスルト云フト、所謂辰丸事件ナルモノハ理非明白デゴザイマシテ、誠ニ簡單ナル事件デアルト言ハナケレバナラヌノデアリマス、然ルニ此簡單ナル事件ノ解決ガ數十日ヲ要シ、而モ此正當ナル解決ノ結果ニ對シマシテ、新聞紙上等ニ依ッテ見マスレバ、廣東ノ清國官民等ハ頗ル反抗ノ態度ヲ執ッテ居ル、其商人等ハ既ニ「ボイコット」ヲ行フト云フヤウナコトヲ新聞紙ニ依ッテ吾々ハ承知致シタノデゴザイマス、此ノ如キ簡明ナル事件ノ解決ヲ斯ク遷延セシメ、又其結果ニ付テモ彼レノ如ク清國官民ノ反抗ヲ招クト云フノハ如何ナル所以デアルカ、或ハ廣東ニ於ケル官民ガ我邦ニ對シテ一種ノ猜疑心ヲ持ッテ居ル、更ニ進ンデハ日佛協約等ニ至ルマデモ一種ノ猜疑心ヲ以テ我國ヲ見ルト云フヤウナ大ナル病根ガ此蔭ニ伏在シテ居ルト云フコトヲ吾々ハ考ヘナケレバナラヌト考ヘマス、故ニ私ハ此辰丸事件ノ蔭ニ伏在シテ居ルトコロノ大病根、卽チ清國ノ官民ガ吾々ニ向ッテ吾ノ誠意ヲ諒トセズニ、却テ一種ノ疑ノ眼ヲ以テ吾ヲ見ルト云フヤウナコトガゴザリマシタナラバ、是ハ大ナル病根デアル、當局者ハ此病根ニ向ッテ如何ナル治療ヲ加ヘント欲スルカト云フ根本ノ問題ヲ當局者ニ向ッテ問ヒタイト考ヘルノデアリマス、辰丸問題ハ謂ハバ一小事件デアリマス、併ナガラ此辰丸問題ノ經過ヲ見テ、此蔭ニ伏在シテ居ルトコロノ病氣其モノニ考到リマスルト、是ハ實ニ我邦ノ前途ニ向ッテ容易ナラヌ影響ヲ與ヘルコトデアルト私ハ考ヘルノデアリマス、卽チ今日此根本ノ問題ニ向ッテ外務大臣ニ質問ヲ致サウト考ヘル所以デアリマス、諸君、我邦ノ清國ニ對スル其領土ヲ保全スルト云フ主義ハ、英獨協商ヲ初メ世界列國ノ方針ト共ニ少シモ渝ハルコトハナイノデアリマス、是ガタメニ彼ノ日露ノ戰役ト云フガ如キ空前無比ノ大戰爭マデモ敢テシテ、而シテ清國ノ領土保全ニ努メタノニモ拘ハラズ、近時清國官民ノ舉動ヲ見マスレバ、吾ノ清國ニ對スル誠意ニ對シテ彼ハ之ヲ諒トセズシテ、却テ反對ニ吾ノ行動ニ付テ疑ヲ懷クト云フヤウナコトハ、獨リ此辰丸事件ノミデハナイ、其他ノ事件ニシテ比々皆是ナリト云フモ差支ナイ位デアルノデアリマス、殊ニ茲ニ私ガ明カニ示シテ當局者ニ問ハント欲スルトコロノ事件、此事件ハ南清ニ於ケル辰丸事件ト比ベテ其緊要ナル點ニ於テハ一歩モ讓ラヌ事件デアリマス、ソレハ何デアルカ、卽チ彼ノ間島ニ於ケル天寶山ノ問題デゴザイマス、間島ノ問題ニ付テハ是マデ既ニ度々議場ニ於テモ現ハレテ居ルノデゴザイマシテ、此間島ノ境界問題ハ今日尙未決ノ中ニアル、此未決ノ中ニアルニ付キマシテハ、種々樣々ナル事情モゴザイマセウカラシテ、私ハ敢テ此間島ノ境界問題ノ解決ガ遷延スルコトニ向ッテハ單リ當局者ヲ攻ムル考ハナイノデアリマス、併ナガラ此間島ノ中ニ於ケルトコロノ天寶山ノ問題、此天寶山ナル鑛山ノ問題ニ至ッテハ、當局者ノ處置ガ如何ニ緩慢デアルカ、如何ニ遲鈍デアルカト云フコトヲ私ハ攻メナケレバナラヌノデアリマス、諸君ノ中ニモ御承知ノ御方モゴザイマセウガ、此天寶山ノ鑛山ハ清國人ノ程光弟ナルモノガ採掘ノ特許ヲ得タ鑛山デアリマス、而シテ此程光弟ハ明治三十五年ノ春ニ於テ亞米利加人ノ「サタリー」ト云フモノニ共同採掘ノ契約ヲ致シ、其實ハ百五十万ノ大金ヲ以テ賣却シタト云フコトデアリマスガ、兎ニ角米人「サタリー」ナルモノト共同採掘ノ契約ヲシテ而シテ此米人「サタリー」ナルモノハ時ノ吉林將軍趙ナル者ニ願ッテ、而シテ此共同採掘ノ認可ヲ得テ居ッタノデアリマス、然ルニ其後我ガ日本人中野二郎ナル者ガ、此程光弟ト約束ヲシテ、亞米利加人ノ契約ヲ解カシテ、而シテ此權利ヲ承繼シテ、彼ノ中野二郎ナル者ハ卽チ米人「サタリー」ニ代ッテ程光弟ト共ニ天寶山ノ採掘權ヲ得タ、此ノ如キ結果ニナッテ居ルノデゴザイマス、然ルニ此間島問題ガ起ルト共ニ、諸君モ御承知ノ通リ清國官憲ハ其兵隊ヲ派遣シテ直チニ天寶山ノ鑛山ノ採掘ヲ禁ヂ、清國人ノ人夫ハ總テ之ヲ逐拂ッテシマッテ、而シテ日本人ニモ採掘ヲ中止セシメ、更ニ進ンデ最モ不法ナルコトハ、彼ノ中野二郎氏ガ曾テ採掘セシトコロノ鑛物――此鑛物ヲ買受ケテ、中野二郎氏ノ所有ニ移ッテ居ル鑛物ノ運搬モ差止メテシマッタノデゴザイマス、單ニ鑛山ノ採掘ヲ止メタノミナラズ、進ンデ既ニ買入レタトコロノ鑛物ノ運搬ヲモ差止メテシマッタト云フコトデアリマス、而シテ爾來今日マデ清國ノ兵隊ヲ派遣シテ、此天寶山ヲ守ッテ殆ド日本人ヲ押込同樣ニシテ居ルト云フヤウナ始末ニナッテ居ルノデアリマス、之ニ對シテ聞ク處ニ據リマスルト、當局者モ隨分嚴重ナ談判モセラレタヤウニ聞イテ居ル、併ナガラ是ハ既ニ昨年ノ暮以來ノ出來事デアリマス、然ルニ此間島ノ境界問題未決ノ故ヲ以テ、此天寶山ノ鑛山ノ問題――鑛山ノ問題ノミナラズ、最モ明白ナル鑛物ノ運搬既ニ買受ケタルトコロノ鑛物ノ運搬ヲ差止メタガ如キ、此不法ナル行動ニ向ッテ今日マデ當局者ガ之ヲ解決スルコトガ出來ヌト云フコトハ、ドウシテモ之ヲ緩慢ナリ遲鈍ナリト評サナケレバナラヌト考ヘルノデアリマス、間島ノ如キハ諸君モ御承知ノ通リ、僻遠ノ地デ、我ガ邦人ノ到ル者甚ダ稀デアリマス、此ノ如キ僻遠ノ地ニ向ッテ、力ヲ投ジ金ヲ投ジ、而シテ經營スル人ガゴザイマシタナラバ、外務當局者ハ極力之ヲ保護スル、此人ヲ保護シテ、而シテ他ノ邦人ノ移住スルコトヲ奬勵シナケレバナラヌト云フコトハ、是ハ云フマデモナイコト、考ヘルノデアリマス、然ルニ彼レ我邦人ノ先陣トナッテ、此ノ如キ數千人ノ遠キ僻遠ノ地ニ資本ヲ投ジ、事業ヲ經營スル者ガ、清國官憲ノ不法ナル妨害ニ遭ヒ、不法ナル被害ヲ受ケタルニ拘ハラズ、世上ノ議論ガ一ツモナケレバ、當局者ハ何時マデモ之ヲ拋ッテ顧ミナイト云フガ如キニ至ッテハ、實ニ私ハ外務當局者ハ其職責ヲ盡スノ冷淡ナルニ驚カザルヲ得ナイノデアリマス、辰丸事件ハ幸ニ新聞紙上等ニ於テ囂々ト致シマシタカラ、大ニ世上ノ耳目ヲ惹キマシタガ、間島ノ天寶山問題ニ至ッテハ當事者其人モ、或ハ外務當局者ニ對スル非難ヲ加フルコトヲ遠慮致シマシタガタメニ世上ノ問題トハナラナカッタ――世上ノ問題トハナリマセヌガ、其問題ノ輕重大小ヲ比較致シマスレバ、敢テ辰丸事件ニ讓ルモノデハナイト私ハ考ヘテ居ルノデアリマス、最モ當局者ハ力ヲ入レテ、此僻遠ノ地ニ我邦人ノ事業ヲ經營スルコトヲ奬勵シナケレバナラヌトコロノ其先陣トシテ出向イタ天寶山ノ事業デアル、是ガ此ノ如ク緩慢ニナッテ居ルト云フコトハ、實ニ當局者ノ責任ニ歸セザルヲ得ナイト斷言シテ憚カラヌノデゴザリマス、又一面カラ見マスレバ此ノ如キ明白ナル問題ノ解決ガ遷延スルト云フノハ、ヤハリ私ガ前ニ述ベマシタルトコロノ清國官民ノ我ニ對スル反對ノ感情ガ常ニ各種ノ問題ニ付テ貫ハッテ來テ、此反對ノ感情ナルモノガ到ル處ニ各種ノ問題ニ付テ、妨害ヲ與ヘルト云フコトノ原因ニ歸セザルコトヲ得ナイノデアリマス、單リ間島問題ノミデハナイ、彼ノ南滿鐵道ノ併行線問題ノ如キモ曾テ望月君ヨリ質問ガアリマシタノデゴザイマスルガ、誠ニ明白ナル問題デアル、北京條約ノ覺書ニ依ッテ見レバ、南滿鐵道ト併行、若クハ南滿鐵道ノ利害ヲ害スル如キ鐵道ヲ架ケルコトハ出來ヌ、鐵道ノ計畫ヲナサナイト云フコトガ明文ニ書イテアル、然ルニ此南滿鐵道ト併行シテ新民屯カラ法庫門マデ鐵道ヲ架ケヤウト云フガ如キ計畫ヲ清國政府ガシテ居ル、此ノ如キ理非明白ナル問題ガ、ヤハリ數十日若クハ百日ヲ經過シテモ解決スルコトガ出來ナイト云フガ如キコトハ何ノタメデアル、單リ南滿鐵道問題ノミデナイ、或ハ漁夫殺害事件デアルトカ、或ハ食鹽問題デアルトカ、之ヲ小ニシテハ數十ノ案件ト云フモノガ宜シク一朝一夕ニシテ解決ニ見ルベキガ如キ理非明白簡單ナル事件デアッテスラモ、常ニ數十日ノ久シキヲ經テ解決スルコトガ出來ナイ、之ガタメニ又倍々問題ノタメニ清國官民ノ感情ヲ害スルト云フヤウニナルト云フモノハ、是レ畢竟其根本ニ於テ清國政府ノ官民ガ我ニ對シテ惡感ヲ懷イテ居ルト云フ根本ノ病氣ガ伏在シテ居ルガ故デアルト斷言シナケレバナラヌ、果シテ然ラバ此根本ノ病氣ニ向ッテ、如何ナル手段ヲ講ジテカ病氣ヲ癒スト云フコトヲ講ゼナケレバナラヌト私ハ考ヘルノデアル、先日大石君ノ質問ニ對シマシテ外務大臣ノ答辯スルトコロヲ見ルト云フト、清國政府ハ大體ニ於テ我ニ對シテ惡感情ヲ持ッテ居ラナイト考ヘル、斯樣ナ答辯ヲ外務大臣ハセラレテ居リマス、私ハ速記錄ニ於テ見マシタノデアリマス、果シテ是ハ大體ニ於テト云フ言葉ノ中ニハ、如何ナル意味ヲ含ンデ居ルカハ知レマセヌガ、兎ニ角清國ノ官民ガ我ニ對シテ反對ノ感情ヲ持ッテ居ルモノト見ナイト云フコトガ、外務大臣ガ信用セラレテ居ルト云フノナラバ、此外務大臣ハ其目ガ眩ンデ居ルカ、或ハ其耳ガ聾シテ居ルノデハアルマイカト思フ、現ニ今日清國官民ガ我ニ對シテ反對ノ感情ヲ持ッテ居ルト云フガ如キ事柄ハ、殆ド顯著明白ナル事實デアッテ何人ト雖モ之ヲ認ムルトコロノ事柄デアル、然ルニ若シ外務大臣ガ此事實ヲ認メナイト云フノナラバ、其耳ガ聾シテ居ルカ、或ハ其目ガ眩ンデ居ルト云ハナケレバナラヌノデアル、若シ又外務大臣ガ此事實ヲ認メテ居ルニモ拘ハラズ、一時ノ答辯トシテ此ノ如キヲ言ハレタト云フコトデアルナラバ、外務大臣ノ答辯タルヤ甚ダ奸譎極マルモノデアルト私ハ叱ラナケレバナラヌト考ヘテ居ルノデアリマス、又外務大臣ハ望月君ノ答辯ニ對シマシテ斯樣ナコトヲ言ハレテ居ル、條約ニ於テ取ルベキモノハ取リ、讓ルベキモノハ讓ルノデアル、一方ニ於テハ清國ノ感情ヲ害セズト言ヒ、一方ニ於テハ條約上ノ權利ヲ主張セヨト言フコトハ、誠ニ困ルコトデアル、サウ云フ兩方ノコトハ出來ナイ、斯樣ナコトガ速記錄ニ書イテアリマス、此答辯ヤ誠ニ解カザル答辯デアル、一方ニ於テ清國官民ノ感情ヲ害スルナト云フコト、一方ニ於テ我權利ヲ主張セヨト云フコト、何ノ矛盾スルトコロガアルカ、我權利ニ關スルコトハ宜シク主張スベシ、正當ナル權利ハドコマデモ主張スルコトニ於テハ毫モ差支ナイ、正當ナル權利ヲ主張シテ而モ彼ノ感情ヲ害スルト云フナラバ、其執ルトコロノ手段方法ナルモノガ至ラザルトコロガアリ、盡サザルトコロガアルタメニシテ然リト云ハナケレバナラヌ、同ジク正當ナル權利ヲ主張スルニ致シマシテモ、其執ルトコロノ手段方法ガ宜シキヲ得ナカッタナラバ、或ハ相手方ノ感情ヲ害スルコトモゴザイマセウ、併ナガラ手段ヲ盡シ方法ヲ盡シテ而シテ我ノ正當ナル權利ヲ主張スルニ於テ、彼ノ感情ヲ害スルト云フコトハ、是ハ當局其人ノヤリ方ガ惡ルイノニアラズンバ此ノ如キ結果ヲ生ズルコトハ萬々ナイト斷言シテ宜シイノデアリマス、一方ニ於テ彼ノ感情ヲ和ゲ一方ニ於テ我邦ノ大方針タルトコロノ彼等ノ領土ヲ保全シテ、彼等ノ文明ヲ進メルト云フトコロノ大方針ヲ以テ、彼ニ利益ナルトコロノ大方針ヲ彼ニ明カニ致シテ、而シテ徐ニ我ノ權利ヲ主張致シマシタナラバ、彼ノ感情ヲ害スルコトナクシテ、十分我ノ正當ナル權利ヲ貫クコトガ出來ナケレバナラヌノデゴザイマス、若シ是ガ出來ナイト云フコトデアッタナラバ、當局者其人ノ手腕ガ足リナイト斷言スルヨリ致方ガナイ、又條約上取ルベキモノハ取リ、讓ルベキモノハ讓ル、此ノ如キコトハ當リ前ノコトデアル、如何ナル小兒ヲシテ外交上ノ衝ニ當ラシメテモ、條約上取ルベキモノヲ取リ、讓ルベキモノヲ讓ルガ如キハ平々凡々朝飯ヲ食フガ如キコトデアルナラバ、誰デモヤルコトガ出來ルノデアル、此取ルベキモノヲ取ッテモ、彼ノ感情ヲ害セズ、讓ルベキモノヲ讓ッテ彼ト親密ヲ圖リ、此ノ如キ圓滿ニ我外交ノ大方針ニ副フヤウニシテ、而シテ取ルベキモノヲ取リ、讓ルベキモノヲ讓ラナケレバ、是ハ外交ト稱スルコトハ出來ナイノデアル、是ガ卽チ外交デアル、取ルベキモノハ遠慮ナシニ高利貸ガ執達吏ヲ差向ケテ取ルガ如ク取リ、讓ルベキモノヲ讓ルトナッタラ、是ガ何外交デアル、同ジ金ヲ取ルニシテモ債務者ノ感情ヲ和ゲテ、債務者ガ多少喜ンデ金ヲ拂ハセルト云フコトニシテ取ラナケレバナラヌ、同ジ讓ルニシテモ只ハ讓ラズ、右ニ讓レバ左ニ取ルト云フノガ、是ガ外交ノ巧妙ナルトコロデアル、是ガ卽チ外務大臣ノ

職責デアルト斷言シテ宜シイモノデアルト思フ、然ルニ唯貸借上高利貸ガ債務者ヲ窘メルガ如クニ、唯條約上取ルベキモノハ取リ、讓ルベキモノハ讓ルノデアル、外交ハ是ニ止マル、外交ハ此ノ如キモノデアルト云フナラバ、誠ニ外交ハ詰ラナイ話デアル、外交ト云フモノハ誠ニ易イコトデアル、何人ヲシテ局ニ當ラシメテモ出來ルモノデアル、斯樣ナ結論ニ歸著シテシマフノデアル、外交ハ決シテ此ノ如キ無意味ナモノデハナカラウト私ハ思フ、此取ルベキモノハ、取リ、遣ルベキモノハ遣ルト云フ上ニ於テ、知ラズ識ラズノ間ニ我大方針ニ近ヅクヤウニ引付ケテ往クト云フトコロノ方法ヲ講ジナケレバナラヌ、之ニ對シテ當局者ハ如何ナル方法ヲ講ジ居ルカ、又如何ナル方法ヲ執ラントスルカト云フコトヲ私ハ問ヒタイノデアル、殊ニ此同ジ外交デゴザイマシテモ、唯其日其日ノ出來事ヲ處分シ、時々起ルトコロノ事件ニ對シテ、解決ヲ與ヘルト云フヤウナ事柄ハ、是ハ吾々一個人ニ例ヘテ見レバ、所謂其日暮シノ生活デアル、其日暮シノ外交デアル、今日ノ事ハ今日處分シ、明日ノ事ハドウナッテモ宜シイ、此處ニ一事件ガ出來レバ、之ニ解決ヲ與ヘル、單ニ此ノ如キニ止マルヤウナコトハ、私ハ其日暮シノ外交デアルト批評シテ宜シイト私ハ思フ、今日ノ我帝國ハ世界ノ一等國、列强ノ位置ニ這入ッテ、東洋ニ於テハ先進國トシテ東洋全體ノ指導ノ責任ヲ負ンデ居ル、殊ニ清國ニ向ッテハ此清國ヲ指導シテ、東洋全局ノ平和ヲ圖リ、東洋全體ノ福利ヲ進メネバナラヌトコロノ我大帝國ノ外務省デアル、此大帝國ノ外務省ノ當局者ト云フモノガ、其日暮シノ案件ヲ處分スルト云フコトニ滿足ヲシテ居ルト云フガ如キコトデアッタナラバ、實ニ此帝國ノ前途ト云フモノハ心細イト言ハナケレバナラヌノデアリマス、當局者若シ一大決心ヲシテ、一大飛躍ヲシテ、大奮發ヲセラレマシタナラバ、彼ノ支那四百餘州、數百万方里四億万ノ人口ヲ控ヘ、北ハ蒙古、伊犂新疆ヨリ南ハ雲南等ニ至ル數百万方里ノ地、數億ノ民ヲ提ゲテ我之ヲ指導スルノ位置ニ立ッテ、而シテ英佛獨露等ノ强國ト折衝ヲ致シ、彼ヲ提ゲテ東洋ノ全局ノ平和ヲ保チ、全局ノ福利ヲ進メルト云フコトニナリマシタナラバ、是ガ卽チ我日本帝國ノ外務當局者ノ責任デアル、私ハ是ハ實ニ我日本帝國ノ高尙ナル權利デアル、又愉快ナル義務デアルト思フ、我日本帝國今日ノ位置トシテハ東洋全體ヲ提ゲテ而シテ此全局ノ福利、全局ノ文明ニ全力ヲ用ヰテ行キマスレバ、最モ愉快ナル最モ高尙ナル權利デアル、而シテ明治四十一年ニ外務當局者ハ此ノ如キ決心ヲ以テ外交ノ局ニ當ッテ貰ハナケレバナラヌト考ヘルノデアリマス、然ルニ唯、今日ノ事件ヲ處分スルコトニ齷齪トシテ居ッテ、將來ノ百年ノ大計我大帝國ノ位地如何、我清國ニ對スル將來ノコト如何ト云フコトニ至ッテ深ク考ヲ致サナイ、深ク手段ヲ用ヰナイト云フコトデゴザイマスレバ、實ニ我外交ト云フモノハ今日ノ勃興セル國運ニ副ハナイトコロノ無能ナル外交デアルト評サナケレバナラヌノデアリマス、諸君、支那ハ私ガ言フマデモナイ、其歷史的ノ關係ヨリ見レバ我國ハ頗ル古ク、頗ル密著ナル關係ヲ持ッテ居ル、又近クハ三十三年ノ北清事件以來、日露戰役ノ如キ大戰役ヲ敢テシタルハ何ノタメデアル、固ヨリ我帝國ノ獨立ノタメデハゴザイマセウケレドモ、直接ニ言ヘバ卽チ清國ノ領土ヲ保全スルガタメデアル、此北清事件日露戰役、最近ニ於テ吾々ハ彼等清國ノタメニ此ノ如キ非常ナル大犧牲ヲ拂ッテ居ルノデアリマス、然ルニ清國官民ハ之ヲ感ジナイ、殊ニ況ヤ彼ノ清國ト我ト同文同種ノ國デアル、是ハ恐クハ自然的同盟トモ評シテ宜シイ同文ノ國デアル、同種ノ國デアル、其文明ハ御互ニ交換ヲ致シテ、彼ノ文明ノタメニ我モ文明ニ進ミ、今日ニ於テハ我ノ文明ニ彼ヲ浴セシムル、此ノ如キ關係同文同種殆ド重緣ノ親族デアル、此ノ如キ關係ガアッテ、而モ尙且今日ノ如ク清國ノ官民ノ反抗ヲ招クト云フコトハ、ドウ云フ譯デアル、彼ノ佛蘭西デモ、獨逸デモ、露西亞デモ清國ニ對シテ斯ル歷史的ノ關係ヲ持ッテ居ラヌ、我國ノ如ク親善ナル關係ヲ持ッテ居ル國ハナイ、然ルニ彼等露佛獨悉ク比較的良好ナル關

係ヲ淸國トノ間ニ持ッテ居ルデハアリマセヌカ、獨リ我國ノミガ近來ノ如ク事々物々淸國ノ反對ヲ受クルト云フコトニ至リマシテハ、私ハ實ニ此當局者ノ責任ニ任ゼナケレバナラヌト云フコトヲ斷言シテ差支ナイト考ヘルノデアリマス、諸君、玆ニ諸君ノ最モ注意ヲ請ヒタイコトガアル、恐クハ諸君モ御氣ガ付カレナカッタデアラウ、試ミニ外務省ノ費用ト云フモノハ幾ラ掛ッテ居ルカ御覽ナサイ、外務ノ費用ト云フモノハ外交ノ機關ト云フモノハ、果シテ戰後ノ經營、諸君ノ能ク言ハル、戰後ノ經營ニ副フ程ノ擴張ガ出來テ居ルカ、之ヲ見テ貰ヒタイ、外務省ノ費用ハ私ハ詳シイ數字ハ一々擧ゲナイケレドモ、之ヲ各本省他ノ本省ニ照シテ御覽ナサイ、官吏ノ俸給ノ額ガ僅ニ九万圓デアル、他ノ本省ガ本省自體ノミデ、十六万圓二十万圓十万圓以上ノ金ヲ皆使ッテ居ル、獨リ外務省ニ至ッテハ僅ニ九万圓外拂ッテ居ラヌ、如何ニ外交ノ機關ノ少サナモノデアルカト云フコトハ數字ノ上ニ於テ分ル、而モ此機關ト云フモノハ戰爭前ニ比シテ殆ド擴張セラレテ居ラナイト云フコトニ驚クノ外ナイデハナイカ、陸軍ト云ヒ、海軍ト云ヒ、各省ノ政治機關ハ悉ク膨張シテ居ル、獨リ外務省ニ至テハ殆ド膨張シテ居ラヌト斷言シテ宜イ、既ニ此議會ニ於テモ或ハ殖民省ヲ設置セヨトカ、商工事務官ヲ設置セヨトカ、擴張ニ付テノ說ハ官民共ニ高イ、高イニ拘ハラズ外交機關ノ擴張ハ出來テ居ラヌ、而シテ外交上最モ必要ナル機密費、此機密費ナルモノガ如何ニナッテ居ルカ、此機密費等モ少シモ增加シテ居ラヌ、外交當局ノ無能ハ私ハ攻メル、併シナガラ假令人才アル有能ナル當局者アリト雖モ、金ガナク機關ナクシテ如何ニシテ此大帝國ノ外交ノ運用ヲシテ行クコトガ出來マセウ、現狀此ノ如クデアル、僅ニ三十万圓ノ機密費、九万圓ノ俸給、是ガ我ガ外交ノ費用デアル、所謂諸君ノ言ハル、戰後大經營此ノ如キモノデ是デ外交ノ運用ノ妙ヲ極ムルコトガ出來マセウカ、聞クトコロニ據レバ外務省ヨリハ內閣ニ向ッテ費用ノ增加ヲ請求シタト云フコトデ、果シテ事實ト致シマスレバ、之ヲ拒ンダトコロノ內閣共ノモノモ又此責任ヲ免レナイト云ハナケレバナラヌ、政費分配ノ當ヲ誤ッテ、一方ニ於テハ數千万圓ノ剩餘金ヲ生ズル、又數億万圓ノ不生產費用ヲ使フニモ拘ハラズ、一面ニ於テ此大帝國ヲ代表シテ、世界列强ト折衝ノ任ニ當ル、殊ニ東洋ニ於テハ東邦全體ヲ提ゲテ行クトコロノ我外務省ノ費用ヲ否決シタト云フコトナレバ、內閣モ又此外交不振ノ責任ヲ負ハナケレバナラヌト私ハ斷言シテ宜イト思フノデアル、又果シテ內閣ガ此請求ヲ容レナカッタナラバ、何故ニ外務大臣ハ更ニ進ンデ此費用ヲ增額スルニ付テ、何等カノ手段ヲ執ラナカッタノデアルカ、內閣之ヲ拒絕シタリト雖モ、依然トシテ顧ミルコトガナイト云フノハヤハリ何處マデ往ッテモ外務大臣ノ根本ヨリノ責任デアルト論ジナケレバナラヌノデアリマス、諸君、外交ノコトハ或ハ諸君ノ中ニハ甚ダ冷淡ニ見ラル、人ガアルガ、或ル場合ニ於テハ財政ノ問題ヨリモ私ハモットヒドイト思フ、財政ノ紊亂ハ或ハ數年ニ於テ之ヲ治ムルコトガ出來ル、外交ハ戰爭ノ如ク敵ヲ持ッタ仕事デアル、我一旦占メタ地步ヲ敵ニ取ラレマスレバ、之ヲ回復スルコトニ於テ誠ニ容易デナイ、恰モ旅順口ヲ守ルニ付イテ一ツノ要塞ヲ奪ハレタト同ジデアル、一步退ケバ此退イタ一步ノ位地ヲ回復スルコトハ實ニ容易デナイ、而シテ國家全體ニ及ビ、子孫百年ノ後マデ此弊害ヲ被ラナケレバナラヌノデアル、誠ニ容易ナラヌコトデ、決シテ簡單ニ輕々ニ論ズベキモノデハナイ、然ルニ今日ノ卽チ外交甚ダ不振ニシテ、且最モ恐ルベキトコロノ病ニ罹ッテ居ル、ソレハ何ンデアルカ卽チ鄰邦ノ大國民ノ反對ノ感情デアル、諸君、國家ト國家ノ爭ハ或ハ一朝ニシテ解クコトガ出來ル、國民ノ反對ノ感情ナルモノハ、之ヲ吾々ノ病ニ喩フレバ肺腑ノ病デアル、手足ノ病ハ一朝ニシテ癒スコトガ出來ル、肺腑ノ病ニ至ッテハ百年ノ大患デアル、國民ノ反對ノ感情ハ所謂肺腑ノ病デアル、淸國四億万ノ人民ハ今日ノ如ク反對ノ感情ヲ我ニ持ッテ、是ガ永續シテ益々蔓延シテ往クト云フコトニナリマスレバ、是ハ實ニ東洋ニ於ケル、殊ニ我國ニ於ケル肺腑ノ病デアルト云ハナケレバナラヌ、今日ノトキニ及ンデ十分ナル力ヲ盡シテ、此肺腑ノ病ヲ治療致シマセヌケレバ、東洋百年ノ平和、東洋百年ノ福利ト云フモノハ、恐クハ保ツコトハ出來ナイ結果ニナルト思ヒマス、諸君、今日此亞米利加合衆國ナド、移民問題等ノ論爭ガゴザイマスケレドモ、幸ニ何人ト雖モ此日米間ニ戰爭ノ起ルコトヲ豫想ヲ致サナイノハ何デアルカ、此ノ如キ紛爭ガ起ッテモ誰一人トシテ戰爭ヲ豫想スル馬鹿者ノナイト云フコトハ何ノタメデアルカ、卽チ開國以來北米合衆國ト我國トノ間ノ親密ナル關係ハ、兩國ノ國民ノ腦髓ニ浸込ンデ居ル、兩國國民ノ腦髓ニ浸込ンデ居ルガ故ニ、此兩國ノ關係ハ百年不斷デアル、若シ此國民ノ關係ガ今日ノ如クデナカッタナラバ、一ツノ爭、紛爭ガ起ッテモ直チニ衝突ト云フコトニナル、彼ノ鄰國ガ今日ノ如クシテ往ッタナラバ、ドウシテ東洋ノ平和ヲ保全スルノデアルカ、是ハ實ニ容易ナラヌ問題デアル、之ニ對シテ當局ハ如何ナル方法ヲ以テ此病根ヲ根治シヤウト思フノカ、是ガ私ノ質問セント欲スル所デアリマス、今日ニ臨ンデ此淸國ニ對スル質問ハ將ニ移シテ以テ歐羅巴亞米利加諸國ニ適用スルコトガ出來ルノデアル、亞米利加問題デモ、歐羅巴問題デモ、單ニ其日ノ案件ヲ處分スルニ止マル外交ハ、是ハ外交ト稱スルコトガ出來ナイ、如何ナル方法ヲ以テ淸國竝ニ亞米利加等ニ對スル病根ヲ絕タウト思フノデアルカ、今日マデ如何ナル手段ヲ執リツヽアルカ、將來如何ナル考ヲ持ッテ居ルカ是ガ卽チ私ガ質問セント欲スルトコロノ要點デアリマス

〔外務大臣伯爵林董君登壇〕

○外務大臣（伯爵林董君） 小川君ノ質問ハ多岐ニ亙ッテ居リマスルデ、簡略ニ之ヲ御答辯スルコトハ甚ダ難イノデアリマス、同君ハ第一ニ淸國官民ガ我國ニ反抗ノ意見ヲ持ッテ、近頃排日熱ナドノ盛ニナッタノハ、我外交ノ不振デアルト仰セラレマスケレドモ、曩ニ大石君ニ御答シマシタ如ク、淸國中央政府ニ在テハ決シテ我國ニ對シテ惡意ヲ挾ンデハ居ラヌノデアリマス、又感情ヲ惡クシテ居ルト云フ徵候モ無イノデアリマス、此事實ハ先程御報告ニ及ンダ辰丸事件ノ善後策ニ付キ、好意ヲ示シタノデモ分ッテ居ルノデアリマス又同君ハ間島問題ノ天寶山ノ事ヲ引用セラレテ、外交ノ不振ヲ證據立テラレントセラレタノデアリマスケレドモ、間島問題ト申スモノハ、元ト境界論カラ始リタルコトデアリマシテ、其論ハ淸國ノ康熙年間カラ以來引續イテアリマスルノデアリマス、從ッテ今之ヲ一ツ〳〵ニ決スルト云フコトハ如何ニ外交當局者ガ敏腕ヲ振ッテモ出來ナイノデアリマス、此處ハ邊疆デアリマシテ、地圖モナケレバ、測量モ確カデナイ位デアリマス、ソレヲ一年ヤ半歲經テ決スルコトガ出來ナイノハ、甚ダ遲鈍デアルト言ハレルケレドモ、口デ云ヘバサウ云フヤウニモナリマセウガ、實地ヲ調査スルコトハナカ〳〵サウ早クハ往カヌノデアリマス、間島問題ハ境界問題ニ牽聯シテ居リマスカラ、其內ノ事ヲ一ツ〳〵運ンデ往クト云フコトハ小川君ノ御說ノ如クニ事實ヤリ樣ガナイノデアリマス、大キナコトカラ決スレバ、小サナコトハ自然決スルト云フヤウナ話デアリマスガ、間島問題ノ決シナイ內ニ中ニ起ッテ居ル一々ノ事件ニ付テハサマデ論ズルニ及バナイコトデアルト考ヘマス、又淸國官民ノ擧動ガ怪訝ニ堪ヘザルト云フコトニ付テ、縷々御演說ガアリ、其例證トシテ廣東ノ「ボイコット」ノコト等ヲ御引キデアリマスルガ、淸國官民反對ノ證據トシテハ近頃新聞ニ見ユル香港廣東ノ「ボイコット」位ノ外他ニ事例ガアルト云フコトハ私ハ未ダ承リマセヌ、却テ支那中央部等ニ於キマシテモ、我ニ向ッテ官民共ニ十分政府ニ向ッテ厚意ヲ持ッテ居ルヤウニ私ハ心得テ居ルノデアル、近頃新聞紙上等デ見マスト、日本ノ教員デ淸國ニ傭ハレテ往ッタモノハ追々解傭サレルトカ、或ハ東京ニ來テ居ル學生ガ段々減ルトカ云フコトヲ見テ、外交不振ノ證據ト認メラル、ノデアリマスガ、是ハ市ニ聽イテ途ニ說ク者ノ說デ詳シク事實ニ付テ見マスレバ、教員ノ解雇サレタリ何カスルノハ中ニハ同僚御互ニ中傷シタリ御互ニ猜ミタリスルヤウナ向モアリマスレ、或ハ甚ダ不品行デ終ニ彼ノタメ解カレル者モアル樣ナ次第デアリ、又東京ヘ來テ居リマス生徒モ種々ノ事情ヨリ歸國スル者モア

ルノデアリマスケレドモ、新シイ教師ヲ政府ニ賴ンデ雇フト云フコトハ今以テ支那政府ハ致シ居ルノデアリマスルシ又必要ナル學問ヲ修ムル爲メ生徒ヲ派出シテ來ルノモ追々絕ヘズヤッテ居ルノデアリマス、此ノ如キ次第デゴザイマスカラ、淸國官民ガ日本ニ對シテ惡感情ヲ持ッテ居ルト云フコトハ未ダ之ヲ認メナイノデアリマス、尤モ淸國ハ御承知ノ通リ廣大ナ國デアリマシテ、中ニハ外國ト云フモノハドンナモノカ知ラヌト云フ人モアルシ、又交通ノ便モ惡ルイノデ、殆ド支那一國ヲ以テ世界ト心得テ居ル者ガ大多數デアル位デアリマス、是ハ私自身ハ北京デ經驗シテ知テ居ルコトデアリマス、是等ノ人ガ總テ日本ニ向ッテノ考ナドヲ了解スルコト能ハザルハ如何トモ仕方ノナイ譯デ、結局時ヲ俟ッテ徐々ニ開明ノ途ヲ講ズル外仕方ガナイノデアリマス、支那ノ四百餘州一億万ノ人ガ日本ヲ有難イト思ヒ、日本ノ指導ニ從ヒ、日本ノ云フコトヲ聽カヌカラト云ッテ、外務當局ガ遲鈍デアルト云フ樣ニ言ハレマスケレドモ、私ハ右樣ニ神ニ近キ程ノ外務大臣トハ自カラ思ッテ居ラヌノデアリマス、(笑聲起ル)只今小川君ノ御演說ノ中ニ支那ニ關スル問題ヲ速ニ解決セント欲スレバ、直キ出來ル、ソレヲナゼ早ク解決シナイカト云ハレマシタガ、成程兵力カ何カヲ以テ臨メバ直キ出來ルコトモアリマセウ、併シ爾カスルトキハ又一方ノ御說デアッタ支那ノ人心ヲ收メ歡心ヲ收メルト云フコトハ、目的ヲ達スルコトガ出來マセヌ、小川君ハ法律家デ居ラッシャルカラ無論私ノ詳辯ハ要ラヌ話デアリマスルケレドモ、一個人ガ社會ニ立ッテ交ハル間デモ御互ニ道理デアリ權利デアルト信ズルコトヲ主張スルニ依ッテ、訴訟事件ガアリ、裁判事件モ生ズル譯デアリマス、是ハ必シモ片方ガ惡ルイ片方ガ良イト云フ譯デナイノデアリマス、前ニ勝ッタ者ガ上告シタトキニ裁判所ガ反對ニ敗ケトナスノニ依ッテモ分リマス、併ナガラ一國ニ在テハ法律ヲ定メ、法廷ヲ定メ、爭ノアッタトキニ兎ニ角之ガ爭ッテ裁判スルト云フ方法ガアリマスガ、萬國ノ交際ハサウデナイノデアリマス、從ッテ御互ニ權利アリ利益アリト考フル所ヲ主張シ、御互ニ談ジ合ヒ證據ヲ集メテ然ル後和シテ妥協スル外ナイノデアリマス、ソレヲ片端カラ叩付ケテ承知サセルト云フコトダケデハ迚モ自分ノ權利利益ヲ保護スルコトガ出來ルモノデハゴザイマセヌ、右ノ次第デアリマスカラ國境問題、漁業問題、國境ニ在ル山林ノ伐木問題、或ハ獸類狩獵ノ問題ナドニ至リマシテ、幾年幾十年或ハ幾百年モ兩國間ノ爭議ノ決シナイデ居ルコトハ、世界ニ其例多々アルノデアリマス、日本ハ是マデ島國ニ縮ンデ居ッタカラ、他國ト左樣ナル關係ガ無カッタノデアリマスガ、今ヤ自然ニ擴張シテ、大陸ニ利益ヲ有スルニ至リ、他國ト境ヲ接シ、地域ハ廣クナリ、境モ長クナッテ來タノデアリマスカラ、此ノ如キ問題ハ澤山起ルベキ話デアッテ、之ヲ一々氣ニシテ御居デナサル方ガ外交ノコトヲ知ラレナイノデアラウト私ハ思フ、斯ノ如キコトハ始終アルコトデ、言ハヾ商賣ヲシテ店デ客ヲ待ッテ掛引ヲスルノト同ジコト、思ヒ、私杯ハ格別之ヲ氣ニ懸ケズ、運ブダケ運ンデ往クノデアリマス、但シ其中ニ若シ我權利利益ヲ損スルコトガアッタナラバ、何處マデモ之ヲ擁護スルコトニ努メテ行クノデアリマスケレドモ外國ト交ハル中ニ於キマシテハ彼ノ權利彼ノ主張トスルトコロモ亦顧ミテヤラナケレバナラヌ唯只管自分ノスルコトハ何處マデモ宜シイ、自分ノ權利ハ何處マデモ擴張シテ、自分ノ利益ダケハ理デモ非デモ之ヲ立テ通サウトシ、之ヲ以テ外交官ノ敏腕ト稱シ、彼ノ權利ヲ顧ミ、彼ノ利益ヲモ考慮シテ相互ニ妥協スルヲ以テ外交ノ遲鈍又ハ外交不振ト云フコトハ私ノ經驗上ニ於キマシテハ外國デハ聞イタコトハナイ說デアリマス、尤モ外交ノ機關ガ小サイ、經費ガ少ナイト云フコトハ攻擊ノヤウデハアリマスガ、私モ左樣考ヘテ居ル譯デアリマスガ、是モ財政ノ都合ニ依ッテハ、致方ガナイノデアリマス、外務省ニ在ッテハ豫算ヲ調製スルニハ成ルベク多ク取ラウト思ウテ豫算ヲ調製スルノデアリマスケレドモ、內閣ニアッテ內閣ノ一員トシテ全體ノ豫算ニ付テ議スルニ當ッテハ、是ハ外交デハアリマセヌケレドモ、自分ノ我意ヲ押通スコトハ出來ナイノデアリマス、要スルニ只今申シマシタル通リ、支那ニ對シテハ、日本ハ決シテ不法ナルコトヲ申スノデモナク、又彼モ我ニ對シテエライ惡感情ヲ持ッテ居ルノデモアリマセヌ、ケレドモ鄰國ノ交際ハ益々親密ニシナケレバナラヌコトハ無論ノコトデアリマスカラ、總テ懸案ニナッテ居ル問題竝ニ是カラ起ル所ノ問題ニ付テモ、成ルベク我權利ヲ主張シ、利益ヲ保護スルト同時ニ彼ノ權利モ重ンジ彼ノ利益モ成ルベク障害シナイヤウニシテ、兩國胸襟ヲ披キ、約條ニ依リ條理ノアルトコロニ基イテ總テノコトヲ解決シヤウト思フノデゴザイマス、畢竟スルトコロ萬國國家間ノ交際ハ詰リ揖讓ト云フコトニ止マルノデ、信義ヲ重ンジ善鄰ノ途ヲ講ズル外致方ガナイト思ヒマス、之ヲ以テ御答辯ト致シマス

○神藤才一君　私ハ外務大臣ノ唯今ノ御言葉及小川君ノ御質問ニ對シテノ御言葉ソレニ付テノ先般質問ヲシテ置キマシタトコロノ間島問題ニ付テノ御言葉ガアリマシタカラ、一言私ハ御聞キ申シタイノデアリマス、尙外務大臣ハ演壇ニ御登リナサレマシテ、駄辯デハナイ、兎角歐羅巴風ノコトヲ御述ベニナリマシタガ、私ハ當外務大臣ハ「タレラン」ノ麥物語ヲ御覽ニナッタカ、或ハ歐羅巴風ヲ非常ニ御吹キナサイマシタケレドモ、唯今仰セラレマシタトコロノ外交ノコトハ、取ルベキモノヲ取リ、ヤルベキモノハヤル、ト斯ウ仰セラレマスケレドモ、我外交ニ付テハヤルベキモノハヤッテ、取ルベキモノハ取レナイノデアル、唯今時刻ヲ要スルトキニ當ッテ、此ノ如キコトヲ我輩ガ申ニ及バヌノデアリマス、彼ノ「タレラン」ノ外交ヲ御覽ナサイマセ、百戰百敗ノ結果ヲ承繼イデ百万ノ軍勢ト云フモノガ、巴里ニ押詰メタトキニ、唯三寸不爛ノ舌ヲ以テ彼ノ「ベエンヌ」ニ出掛ケテ往ッテ、五箇國同盟ヲ打破ッテ遂ニ消エントスル佛蘭西ヲシテ、今日ノ盛大ニ及ボシタノハ、卽チ歐羅巴ノ外交デアルノデアル、然ルヲ兎角當外務大臣ハ歐羅巴風ヲ御吹キナサイマスケレドモ、サウ歐羅巴風ヲ御吹キナサレマシテモ、當議會ニ於テモ諸君ニ於テ往々其位ノコトハ御承知アル方ハ大勢アルノデアル、併ナガラ餘談ハ格置キ、小川君ノ御質問ニナッタトコロノ間島部內ニアル天寶山問題ノ如キ境界線ガ定マラヌカラデ、其境界線サヘ定マレバ自ラ其區分ト云フモノハ結局ガ治ルト、斯ウ申スコトデアリマス、成程尤デアルガ、仄ニ滿洲內部ノ或將軍ノ話ヲ聞キマスレバ、從來アルトコロノ支那兵卽チ傭兵ノ如キハ引揚ゲツヽアル、之ニ代ユベキ五師團ハ――之ニ更代スル五師團ハ過半ハ間島方面ニ召集シテ居ルト云フコトヲ仄ニ聞イタノデアル、若シ果シテ之ガ事實ナレバ當外務大臣ハ外交ニ於テハ如何ナル方法ヲ取リツヽアルカ、又之ニ對スル外交ハ如何ナル手段ヲ取ルノデアルカト云フコトヲ私ハ質問シテ置キタイノデアル

（外務大臣伯爵林董君登壇）

○外務大臣（伯爵林董君）　神藤君ニ御答シマスガ御尋ノトコロハ間島問題ニ付テノ特別ノ御質問デゴザイマス、私ハ今差當ッテ調ベテ居リセヌカラシテ、成ルベクナラバ成規ノ通リ御質問書ヲ御出シ下サルヤウニ願ヒマス

○神藤才一君　ソレガ扱カリデスヨ、ソレガ外交ノ扱カリデアル、外交ハ妙手ニアル、ソレダカラ私ハ「タレラン」ノ麥物語デモ慾ト御調ニナッテ、外交ノ方針ヲ御定メニナルガ宜イト忠告スルノデス

○外務大臣（伯爵林董君）　先刻小川君ノ御演說中ニモアッタ如ク、近頃ハ我外交モ仕事ガ多クナリマシタノデ、一々ノ事柄ヲ詳シク調ベ、私一人デ始終知ッテ居ルト云フコトハ出來マセヌノデアリマスカラ、成ルベクナラバ特別ノコトニ付テノ特別ノ御質問ハ暫ク取調ベル猶豫ヲ御與ヘ下サルヤウニ願ヒタイノデアリマス

○神藤才一君　ソレ故ニ全權公使ヲ派出シテアル、ソレニ付テ領事其他ノモノヲ派シテアル、決シテ一人ニシテ天下ノコトハ出來ナイコトハ知ッテ居ル、ソレガ故ニ多額ノ俸給ヲ拂ッテ派出シテアルカラ、是等カラ見テモ調査シナケレバ其事ハ答辯出來ヌト云フコトハ、卽チ無能ニ歸スルノデアル

○議長（杉田定一君）　報告ガアリマス

（外務大臣伯爵林董君登壇）

○外務大臣（伯爵林董君）　久保田君カラ御質問ニナッテ居リマス大連ノ稅關ノコトデゴザイマスガ、是ハ出來ルダケ明細ニ書面デ御答シテアルノデ追ッ付ケコチラヘ回ッテ來ルノデアラウト思ヒマス

○久保田與四郎君　願クバ其大要デモ唯今演說デ承リタイト思ヒマス、ト云フモノハ其御答辯ノ樣子ニ依リマシテ、再ヒ御質問ヲ申上ゲルコトガナイトモ云ヘマセヌカラ、外務大臣ハナカ〱流暢デスカラ

○外務大臣（伯爵林董君）　唯今神藤君ニ申シタ通リノ次第デアリマスカラ書面ノ御答ヲ以テ御承知下サルヤウニ願ヒタイ

○久保田與四郎君　隨分今日ノ御演說ハ御流暢ニ出來タヤウデスカラ……

○外務大臣（伯爵林董君）　今日ハ辰丸事件ノ報告モアリマスシ、小川君ノ御質問モアッテ其方ニ專ラ注意シテ居ッタノデアリマス

明治四十一年三月二十七日　議事日程第二乃至第六ノ件

第六　滿洲ニ於ケル領事裁判ニ關スル法律案(政府提出、貴族院送付)　第一讀會ノ續(委員長報告)

○森肇君　唯今委員長ガ見エマセヌカラ私ガ代ッテ御報告致シマス、此案ハ滿洲ニ於キマシテ領事裁判ニ對スル上訴ト、ソレカラ滿洲ノ在留民ノ重罪公判ト云フモノニ付キマシテハ、今日マデハ總テ長崎控訴院ニ移送シテ審判ヲ致シテ居リマシタノデゴザイマス、然ルニ今回關東都督府法院ト云フモノガ設置セラレテ居リマスカラ、關東都督府法院デ裁判ヲ致サセタイ、而シテ裁判ノ迅速ト、居留民ノ權利ノ保護トヲ計ル法案デゴザイマスカラ、此案ニ付キマシテハ、昨日午前午後ニ引續キマシテ倚外務大臣ノ出席ヲ求メ、場合ニ依リマシテハ祕密會等ヲ開イテ愼重ナル審議ヲ致シマシテ、全體ニ於テ一字一句ノ修正モナク全部可決シマシタカラ、此段御報告致シマス

○議長(杉田定一君)　採決致シマス、本案ノ二讀會ヲ開クニ御異議ハアリマセヌカ

(「異議ナシ異議ナシ」ト呼フ者アリ)

○議長(杉田定一君)　御異議ハナイト認メマス

○恆松隆慶君　直チニ二讀會ヲ開キ、三讀會ヲ略シテ確定セラレンコトヲ望ミマス

○議長(杉田定一君)　恆松君發議ノ如ク、直チニ二讀會ヲ開キ、三讀會ヲ省略シテ確定スルニ御異議アリマセヌカ

(「異議ナシ異議ナシ」ト呼フ者アリ)

○議長(杉田定一君)　御異議ハナイト認メマス——直チニ二讀會ヲ開キ全部ヲ議題トシマス

滿洲ニ於ケル領事裁判ニ關スル法律案　確定議

○議長(杉田定一君)　委員長報告通リ御異議ハアリマセヌカ

(「異議ナシ異議ナシ」ト呼フ者アリ)

○議長(杉田定一君)　御異議ハナイト認メマス、本案確定

第二　帝國鐵道特別會計法案（政府提出）　第一讀會

（書記朗讀）

帝國鐵道會計法案

帝國鐵道會計法

第一條　帝國鐵道ノ事業ヲ經營スル爲從來ノ帝國鐵道資本及帝國鐵道用品資金竝將來投資スル金額ヲ以テ資本ト爲シ其ノ歳入ヲ以テ其ノ歳出ニ充テ特別會計ヲ設置ス

第二條　帝國鐵道ノ建設及改良ニ要スル經費ハ鐵道益金ヲ以テ之ニ充ツ但シ鐵道益金不足ノ場合ニ於テ政府ハ本會計ノ負擔ニ於テ公債ヲ發行シ又ハ他ノ特別會計其ノ他ヨリ借入金ヲ爲スコトヲ得

前項公債及借入金ノ總額ハ帝國鐵道建設及改良費豫算總額以内トス

第三條　本會計ノ負擔ニ屬スル公債又ハ借入金ノ整理又ハ償還ノ爲政府ハ本會計ノ負擔ニ於テ公債ヲ發行シ又ハ他ノ特別會計其ノ他ヨリ借入金ヲ爲スコトヲ得

第四條　帝國鐵道ノ事業ヲ經營スルニ必要ナル經費ヲ支辨スル爲從來發行シタル公債又ハ其ノ整理若ハ償還ノ爲發行シ若ハ發行スル公債、前二條ニ依ル公債又ハ借入金竝鐵道國有法ニ依リ發行シタル公債又ハ政府ノ負擔ニ歸シタル債務ニシテ其ノ償還ヲ終ラサルモノハ本會計ノ負擔トシ每年度其ノ償還及利子仕拂ニ必要ナル金額ヲ國債整理基金特別會計ニ繰入ルヘシ公債ヲ發行シ又ハ借入金ヲ爲ス場合ニ於ケル諸費ニ付テモ亦同シ

第五條　本會計ハ之ヲ資本勘定收益勘定及積立金勘定ニ區分ス

第六條　資本勘定ハ鐵道益金ヨリ繰入ルル金額公債募集金及借入金竝所屬財產ノ賣拂代金鐵道用品收入及工作收入其ノ他附屬雜收入ヲ以テ其ノ歳入トシ鐵道ノ建設及改良費負債償還金鐵道用品費及工作費其ノ他附屬諸費ヲ以テ其ノ歳出トス

第七條　收益勘定ハ鐵道營業上ノ諸收入資本所屬物件ノ貸付料及預金利子其ノ他附屬雜收入ヲ以テ其ノ歳入トシ鐵道營業上ノ諸費用資本所屬物件ノ維持修理及補充費竝負債ニ對スル利子其ノ他附屬諸費ヲ以テ其ノ歳出トス

鐵道及軌道ニ關スル監督上ノ諸費用ハ本會計ノ負擔トシ收益勘定ノ歳出トス

第八條　收益勘定ニ於テ歳入總額ノ歳出總額ニ超過スル金額ヲ益金トシ積立金勘定ニ繰入ルヘキ金額ヲ控除シタル殘額ヲ資本勘定ニ繰入ルヘシ

第九條　積立金勘定ハ鐵道益金ヨリ繰入ルル金額ヲ以テ其ノ歳入トシ他勘定ニ於ケル災害事變其ノ他豫期セサル歳入歳出ノ不足ニ對シ補塡スル金額ヲ以テ其ノ歳出トス

前項繰入金ハ每年度鐵道益金ノ一割以内トス

第十條　政府ハ每年本會計ノ歳入歳出豫算ヲ調製シ歳入歳出ノ總豫算ト共ニ帝國議會ニ提出スヘシ

第十一條　資本勘定及積立金勘定ニ屬スル資金ニシテ年度内ニ使用セサルモノハ各勘定ニ於テ逐次翌年度ニ繰越スヘシ

資本勘定ニ屬スル每年度豫算殘額ハ事業ノ完成ニ至ル迄順次之ヲ翌年度ニ繰越使用スルコトヲ得

第十二條　本會計ニ於テ仕拂上現金ニ不足アルトキハ本會計ノ負擔ニ於テ一般會計、他ノ特別會計其ノ他ヨリ一時借入金ヲ爲シ又ハ融通證劵ヲ發行スルコトヲ得

本會計ノ各勘定ニ於テハ相互間資金ノ繰替ヲ爲スコトヲ得

一時借入金融通證劵ニ依ル資金及繰替金ハ當該年度内ニ之ヲ返還スヘシ

第十三條　本會計ニ於テ仕拂上ノ餘裕金アルトキハ預金部ニ預入レ其ノ他有利且確實ナル方法ヲ以テ之ヲ運用スルコトヲ得

前項ノ運用ハ日本銀行ヲシテ之ヲ取扱ハシム

第十四條　本會計所屬出納官吏ノ保管スル現金ニシテ金庫ニ委託サレタルモノニ付テハ相當ノ利子ヲ徵シテ日本銀行又ハ其ノ代理店ニ預ケ入ルルコトヲ得

第十五條　本法ニ規定スルモノノ外必要ナル事項ハ勅令ヲ以テ之ヲ定ム

第十六條　本法ニ依リ本會計ニ於テ借入金ヲ要スル場合ニ一般會計各特別會計ハ其ノ資金ニ餘裕アルトキハ之ニ對シ貸付ヲ爲スコトヲ得

附則

第十七條　本法ハ明治四十二年度ヨリ之ヲ施行ス

帝國鐵道會計法及帝國鐵道用品資金會計法ハ之ヲ廢止ス但シ明治四十一年度及韓國ニ於テ帝國ノ經營スル鐵道ノ會計ニ付テハ仍其ノ效力ヲ有ス

第十八條　鐵道敷設法北海道鐵道敷設法及事業公債條例ノ規定ニシテ本法ノ規定ニ牴觸スルモノハ之ヲ廢止ス

第十九條　本法施行前ニ於ケル帝國鐵道特別會計及帝國鐵道用品資金特別會計ニ屬スル收入及支出ノ未濟額ハ之ヲ本會計ニ繰越スヘシ

本法施行前ニ於テ帝國鐵道特別會計ニ對シ一般會計ヨリ繰入ルヘキ資金ニシテ之カ繰入ヲ終ラサルモノハ之ヲ本會計ニ繰入ルヘシ

○議長（長谷場純孝君）　桂大藏大臣

（大藏大臣侯爵桂太郎君登壇）

○大藏大臣（侯爵桂太郎君）　唯今鐵道特別會計法案ガ、議題ニ上リマシタニ付キマシテハ、其趣旨ヲ一應申述ベテ置クノガ必要ト考ヘマス諸君、此帝國鐵道ノ經營ヲ獨立ノ會計ト致シマス必要ヲ認メマシタニ付キマシテ、從來ノ鐵道會計法ヲ改正致シマシテ、唯今議題トナッテ居リマストコロノ、獨立會計法ヲ提出シタ次第デアリマス、其鐵道買收ヲ致シマシテ以來、帝國鐵道ノ急ニ尨大ヲ致シマシテ、其經營ヲ獨立ニスルノ必要ヲ認メマシテ、ソレ故ニ一般會計ヨリ之ヲ取除ケマシテ、獨立ノ會計トナスノ必要ヲ認メマシタ故ニ、此案ヲ提出シタ次第デゴザイマス、此議ハ既ニ昨年本院ニ於キマシテ、滿場一致ヲ以テ獨立會計法ノ設置ノ御決議ニモナッテ居ル次第デゴザイマス、ドウカ愼重審議、御審査ノ上ニ、速ニ此會計法ノ御協賛アランコトヲ、希望シテ已マヌノデアリマス

○高木正年君　私ハ此第十三條ノ條項ニ付テ、御質シヲシタイノデアリマス、第十三條ニ（森本駿君「二次會ニ讓ルベシ」ト呼フ）「有利且確實ナル方法ヲ以テ之ヲ運用スルコトヲ得、前項ノ運用ハ日本銀行ヲシテ之ヲ取扱ハシム」トアル、是ハ此ノ條項ノ共前ニアリマスルガ如ク「仕拂上ノ餘裕金アルトキハ」云々トアル、元來此鐵道特別會計ガ餘裕金アルトキニ、之ヲ預金部ニ預ケ、若クハ日本銀行ニ預入ル、コトハ差支ナイノデアリマスガ、唯單純ニ預入ヲナシ、若クハ日本銀行ニ之ヲ托シテ相當ナ利ヲ附シテ運用セシムルト云フダケデアレバ、此條項ハ何ノ異存モ私ハナイノデアリマス、然ルニ殊ニ此有利、且確實ナル方法ヲ以テ、之ヲ運用スルコトヲ得ルトアルハ、鐵道院ハ日本銀行ニ指定シテ或貸付ヲ爲サシメ、或事柄ニ依ッテハ、其資金ノ運轉ヲ命令的ニ爲サシメルト云フコトニナッテ居ル、是ハ一體何ノ必要ガアッテ、此條項ヲ入レラレタノデアリマスカ、此條項ノ精

神ヲ酌ムト、殆ト南滿鐵道ヲシテ更ニ大ナル同鐵道ノ面影ヲ鐵道院ニ移スモノト考ヘネバナラヌノデアリマス、是ハ所謂後藤式特別會計法ト、私共考ヘネバナラヌト思フノデアリマス、當ニスラ亂レントスル政府ノ規律ガ、此條項ノタメニ、將來如何ナル運命ヲ來シマスカラ、私ハ氣遣フノデアリマス、何ノ必要ガアッテ此條項ヲ加ヘタノデアル、唯資金ノ餘裕アルニ於テ、預金部ニ預入レ、若クハ日本銀行ニ保管セシメテ、有利ニ保管セシムルナラバ、此間ノ條項ハ要ラヌノデアル、之ヲ加ヘタノハ果シテ何ノ意デアルカト云フコトヲ私ハ御尋シタイノデアリマス、且唯今總理大臣ガ幸ヒ御出席ニナリマシタカラ、一言之ニ付テ申シマスガ、此第二條ニ「鐵道益金不足ノ場合ニ於テ政府ハ本會計ノ負擔ニ於テ公債ヲ發行シ又ハ他ノ特別會計其他ヨリ借入金ヲナスコトヲ得」トアル、公債ガ第一ニナッテ、第二ガ借入金ニナッテ居ル、過日總理大臣ノ御演說ニ依ッテ見マスルト、鐵道資金ハ從來公債ニ依ッタノデアルガ、此方法ヲ改メテ臺灣ノ公債ノ外ハ、先ッ公債ヲ募ラヌノデアル、鐵道ニ關スル資金ノ不足モ、卽チ借入金ニ依ッテ支辨スルト云フ、御言葉デアッタノデアリマスガ、僅カ一昨日ト今日總理大臣ノ舌ノ乾カザル間ニ、直チニ斯ウ云フ方法ニ出ルノハ、ドウ云フ譯デアリマスカ、若シ本年ハ募ラヌガ、來年募ルト云フナラバ、セメテハ政府ノ信用ノタメニ、公債ヲ募ラヌト云フ、御言葉デアルナラバ、之ヲ來年其時ニ必要ガアル場合ニ、帝國議會ハ年々開カレルノデアリマスカラ、來年ノ議會ニ於テ此分ノ修正ヲサレテモ差支ナイト私ハ思フノデアリマス、此二ケ條ニ付テ願クハ明確ニ御答辯アランコトヲ希望致シマス

(政府委員若槻禮次郎君登壇)

○政府委員(若槻禮次郎君) 十三條ノ規定ハ(高木正年君「總理大臣ノ御答辯ハアリマセヌカ」ト呼フ)是ハ鐵道ノ方ニ餘裕金ガアリマシタトキニ、之ヲ運用スルト云フ規定デアリマシテ、此ノ如キ規定ハ此特別會計ノミデハアリマセヌノデ、國債整理基金法等ニ於テモ、ヤハリ同ジヤウナ條文ガアリマシテ、金ノ餘ッテ居ルトキニ有利確實ニ運用スルト云フコトニナッテ居リマス、ソレデヤハリ此會計モ有リ餘ッタ金ハ、利ガ付キマセヌト云フト、此會計ノ金ハ殆ド皆利ヲ付ケテ借リテ居ル金デアリマスカラ、ソレ故ニ運用スルト斯ウナッテ居リマス、ソレカラ第二條ノ御尋デアリマシタガ、鐵道特別會計法ハ鐵道ニ關スル根本ノ主義ヲ定メタ法律デアリマシテ、一年ヤ二年ノコトヲ定メタ法律デゴザイマセヌ、鐵道ニ付テハ、斯ウ云フヤウニシテ、經營ヲスルト云フ原則ヲ極メタ法律デアリマスカラ、原則ハ勿論此二條ノヤウナ原則デ行クノデアリマス、財政計畫上、一時公債ヲ募ルガ不利益デアルト認メマシタトキハ、當分募ラヌト云フ財政計畫ヲ定メマシタ、是ハ少シモ鐵道ノ大體ノ原則ヲ定メマスコトト、抵觸スルコトハゴザイマセヌ

○森本駿君 私ハ本案ノ大體ニ關係ノアル、條項ヲ質問シテ贊否ヲ決シタイト思フ、第一條ニ斯ウ云フ字ガアル「從來ノ帝國鐵道資本及帝國鐵道用品資金竝ニ將來投資スル金額ヲ以テ資本ト爲シ」云々ト云フ字ガアリマス、此將來投資スル金額ト云フノハ、如何ナル種類ノ金額ヲ云フノデアルカ、若シ之ヲ資本ニスルト云フノナラバ、所謂從來ノ帝國鐵道資本、及帝國鐵道用品資金ノ外ニ、尙將來投資スル金額ガアルノデアルカ、將來投資スルナラバ、帝國鐵道資本カ、帝國鐵道用品資金カノ中ニ入ルモノダラウト思フガ、其外投資スル資本ガアルカラ、此所ニ掲ゲナケレバナラヌ必要ガアルナラ、其所以ヲ示サレタイト思フノデアル、ソレカラシテ第十七條ノ第二項ニ「帝國鐵道會計法及帝國鐵道用品資金會計法ハ之ヲ廢止ス」但書ニ「明治四十一年度分及韓國ニ於テ帝國ノ經營スル鐵道ノ會計ニ就テハ仍其效力ヲ有ス」ト云フ、但書ガ付イテ居リマスガ、此帝國鐵道會計法ト、帝國鐵道用品資金會計法ハ之ヲ廢止シテ仕舞ッテ、然ルニ四十一年度分ト、韓國ニ於テ帝國ノ經營スル鐵道ノ會計ニ付テハ、尙其效力ヲ有セシムルノハ――此二ツノ法律ヲ殺シテ置イテ、サウシテ尙效力ヲ有セシムルト云フコトハ、ドウ云フ形式ヲ以テ效力ヲ有セシメラルル、譯デアルカ、尤モ明治四十一年度分ダケデ期限ノ盡キタル譯ダカラ、近キ將來ニハ其モノハ無クナラウ、韓國ニ於テ政府ノ經營スル鐵道ノ會計ト云フモノハ無クナル時期ハ、殆ド吾々ハナカラウト思ヒマス、ソレヲ會計法ヲ二ツ殺シテ置イテ、尙效力ヲ有セシムルト云フノハ、如何ナル形式デ效力ヲ有セシムルモノデアルカ、此精神ヲ私ハ明カニシテ之ヲ決シタイト思ヒマス

(政府委員若槻禮次郎君登壇)

○政府委員(若槻禮次郎君) 第一條ハ茲ニ書イテアリマスル如ク、上ニアリマスノハ、從來ノ帝國鐵道資本デアリマスカラ、是マデニ既ニ注ギ込ンダ資本デアリマス、下ニアリマス將來投資スル資本ト云フノハ、是カラ先ニ資本ニ入レルモノデアリマシテ、是ハ公債デ募リマシタリ或ハ借入金ヲスレバ、此所ニ入ルノデアリマス、ソレカラ十七條ノ但書ノコトデアリマスガ、此四十一年度分ニ付キマシテハ、此法律ガ四十二年度分カラ行フノデアリマスケレドモ、四十二年度ト云ヘバ此四月一日カラデアリマスガ、此四月一日ニナリマシテモ四十一年度分ノ鐵道ノコトニ付テ、マダ殘ッテ居ルモノガアリマスノデ、其殘ッタモノニ付テハ元ノ帝國鐵道會計法等ヲ適用スト云フ意味デアリマス、韓國ノモノニ付テハ――韓國ノ鐵道ノコトハ今アリマス鐵道會計法ヲ準用スルコトニナッテ居リマスノデ、其本ガナクナリマスト其方ノ運ガ附カヌコトニナリマスカラ、此但書デ此效力ガ殘ル、形式ハ卽チ御協贊ニナルベキ此法律ニ依ッテ韓國ニ關スル分ガ殘ル、斯ウ云フノデアリマス

○森本駿君 此二ツノ會計法ハ廢止ハシタケレドモ、此箇條ガアルガ故ニ廢止シタ法律ヲ尙活シテ使フト云フ精神デアリマスカ

○政府委員(若槻禮次郎君) 韓國ノ部分ニ付テハ廢止ニナリマセヌ、此但書ノ結果ニ依ッテサウナリマス

○石橋爲之助君 一昨日大藏大臣閣下御演說ノ中ニ鐵道特別會計ニ關スル說明ヲナサレマシタ、其事ト共ニ今日ノ此案ニ付テ質問ヲ致シタイノデアリマス、其速記ハ極ク短イノデアリマスカラ朗讀ヲ致シマス

而シテ四十二年度ニ於キマシテハ其建設及改良ニ要スル資金ハ鐵道益金ヲ以テ之ニ充ツルノ外預金部及貨幣整理資金ヨリ之ヲ借入レテ支辨セシムルコトト致シマシタ

斯樣デアリマス、サウ致シマスルト此四十二年度ニ於テ差當リ二千餘万圓ノ建設費及改良費ヲ要スルノデアリマスガ、其二千餘万圓ヲ預金部及貨幣整理資金ヨリ御取リニナリマストスレバ、其借入レル預金部及貨幣整理資金ナルモノハ現在何程ノ現金ヲ有シテ居リマスカ、ソレヲ承リタイ、ソレカラ尙「明治四十三年度以後ニ於テモ當分同一ノ方法ニ依ッテ之ヲ支辨セシムル見込デゴザイマス」トアリマス、サスレバ四十二年度竝ニ四十三年度以後モ當分同一ノ方法ニ依ッテ預金部及貨幣整理資金ヨリ御借入レニナルモノト見エマスガ、サウ長ラク此預金部及貨幣整理資金ナルモノガ、資金ヲ供給スルノ餘裕ガアリマスヤ否ヤ此點ヲ承ハリタイ、此答辯ハ數字ヲ以テ答ヘラレマスルガ故ニ敢テ大藏大臣閣下ヲ煩ハス必要ヲバ感ジマセヌ、次官デモ苦シクハアリマセヌ、併ナガラ他ヨリ大ナル質問ヲ致ストキニハ、ドウカ大藏大臣ノ御答辯ヲ願ヒマス

○政府委員(若槻禮次郎君) 預金部ノ現金ノ御尋デアリマスガ、現金ニ常ニ動イテ居リマスノデ、之ハ若シ現金ノ御尋デアリマスレバ(石橋爲之助君「現時ノトコロデハ」ト呼フ)現時ノトコロデアリマスレバ取調ベテ書面デ申上ゲマス、金額ハ――事柄丈ニ付テ申上ゲマス、預金部ノ方ノ預金ノ增加シテ參リマスル高ハ、從來ノ統計ニ依リマスト年々略々何程位ト云フコトハ分ッテ居リマス、ソレカラ推定ヲ立テマスレバ此年ニ於テ千二百万圓位融通ヲシ、來年度ニ於テ千万圓前後ノ融通ヲスルト云フコトガ出來得ルト云フ見込ハ十分付キマス、貨幣整理基金ノ方ハ是ハサウ永久ニ增スモノデハアリマセヌケレドモ前年御協贊ニナリマシタ貨幣法ノ改正ニ依ッテ、今補助貨ノ改鑄ヲ致シテ居リマス、此利益ガ出マスノデ、是ガ一兩年ノ間ニハヤハリ相當ナル利益ニナリマスカラ、鐵道ノ方ニ融通スル財源ニナルノデゴザイマス、是ハ何時迄モ續クモノデハアリマセヌ

○石橋爲之助君 其金高ハ大體分リマセヌカ、補助費ノ……

○政府委員（若槻禮次郎君）　ソレハ書面デ此會計法ノ委員會ニ申上ゲマス

○守屋此助君　私モ此法案ノ第二條ニ付テ御問ヲ致シマス、此特別會計法ニ於テハ第二條ト云フモノハ餘程重大ナル關係ヲ有ッテ居ル條文デアル、ソレハ此前ノ議會ニ於テ政友會内閣デアリシトコロノ大藏省デナカ〳〵同意ガナカッタ、彼ノ鐵道特別會計法ト云フモノニシヤウト云フ建議案ガ出タトキニ、私共ハ此法案ノ第二條ノ事柄ハ最モ重大ナル條文デアルカラ、此ノ如キ條文ガアル以上ハ其極意ヲ明カニシナクテハナラヌト云フ事柄ヲ、彼ノ建議案ノ時ニ申シマシタ、所ガ時ノ政府ハナカ〳〵――此第二條ニアル所謂政府ハ本會計ノ負擔ニ於テ公債ヲ發行シ、其鐵道ノ會計ニ於テ日本帝國ノ特別ナル公債ヲ發行スルト云フ事柄ヲスルニハ、目下ノ帝國ノ財政ヲ整理スル上ニ於テ急ナリト私ハ叫ンダノデアル、ソレハドウ云フ譯カト云フト、鐵道特別會計ノ公債デアルト云フコトデ、其公債ヲ世界ニ賣出セバ必ズヤ帝國ノ公債ノ五朱ナルモノヲ四朱ニスルコトガ出來ル、一朱ハ廉クモ借入レラレル、時ノ大藏省ノ次官タリシトコロノ水町君モ左様ニ考ヘラレルト云フ話デアッタ、サウシテ見レバ縦令五億ノ公債トスレバ國有鐵道ニナッタ公債ヲ借入レテモ一朱廉ケレバ五百万兩儲カル、其五百万兩儲カルト云フ事柄ガ鐵道ノ特別會計法ヲ拵ヘテ以テ、即チ其特別會計法ノ計算ノ負擔ニ於テ公債ヲ發行スルコトハ大變ニ宜イデハナイカト云ウタガ、ナカ〳〵其時ノ其内閣ハソレニ同意スルコトヲ躊躇セラレテ、特別會計ニスルト云フ事柄ガ贊成ニナラヌ、ノミナラズ此二條ヲ此條文ニ入レルト云フ事柄ガ餘程不贊成デアッタノデアル、然ルトコロガ此度ノ内閣ガ出サレタ、是ニハ本會計ノ負擔ニ於テ公債ヲ發行スルト云ウテ一足ハ踏込ンデアルガ、私ハ尚大ニ遺憾ナコトガアルカラ之ヲ問フノデアル、其遺憾トハ何カト云フト第二條ニ斯ウアル「帝國鐵道建設及改良ヲ要スル經費ハ鐵道益金ヲ以テ之ニ充ツ」之ヲ原則ニシテ但書ガアル、其但書ハ「但鐵道益金不足ノ場合ニ於テハ政府ハ本會計ノ負擔ニ於テ公債ヲ發行ス」ト唯斯ウアッテ將來鐵道ヲ擴張スルガタメニハ益金ダケシカナイ、其益金ガ不足シタトキニハ將來ノ仕事ニ付テ公債ヲ發行スルコトダケシカ今ノ政府ハ決斷ヲサレナイノデアル、私ガ最モ望ムトコロハ古イ公債即チ鐵道國有デ五朱ノ公債ガ出テ居ルガ、ソレヲ四朱ハ借換ヘテモ一朱ノ差ガアルカラ、五百万兩儲カルト云フ事柄ニナル、ソレヲ何故忘レタカ、忘レタノデハナイ、之ニハ大ニ議論カアッタノデアラウト思フ、是ハ一面カラ見レバ極ク容易ナコトデアル、既ニ鐵道ノ特別會計ノタメニ出テ居ル公債デアルト云フナラバ、言ハズ語ラズニ三千七百万圓ノ益金ト云フモノガ年々上ッテ來テ、鐵道モ國ノ發達ト同時ニ四千万圓、四千五百万圓モ上ッテ來ルト云フ正確ナル利益ガ見エテ居ルカラ、世界中ノ者ガ悦ンデ安心シテ勇ンデ此金ヲ投ゲテ來ル、軍備擴張ト云フコトニ使フ金トハ違ッテ、尠クモ一朱位儲ケルト云フコトハ餘程下手ナ人ガ借リテモ、世界ノ市場ニ公債ヲ募ルコトガ出來ル、然ルトコロガ稼茲ニ出デズニ將來ノコトニバカリ止メタト云フ事柄ハ、私ガ今言フ點ヲ政府ガ知ラナイコトハナイ、知ッテ居ルダラウ、知ッテ居ッテ研究モサレタラウ、サウシテ此處デ踏ラズシテ私ガ言フ根本マデ、此法案ヲ作ルコトガ出來ナカッタ、理由ヲ私ハ答ヘテ貰ヒタイ

（政府委員若槻禮次郎君登壇）

○政府委員（若槻禮次郎君）　唯今ノ御尋ハ、第三條ヲ御覽ニナリマスト、丁度ソレデ御答ガ出來ルノデアリマス、即チ本會計ノ負擔ニ屬スル公債ハ、又本會計ノ負擔ニ於テ、公債ヲ發行シテ借換ヲスルコトガ出來ルト云フ條文ガ第三條ニアリマス

○守屋此助君　サウスルト問ヒマスガ、政府ハサウスルト此第三條ヲ適用シテ、少クモ國有鐵道デ發行スル公債ハ借換ヲスルト云フ事柄ハ、認メテ居ルノデアリマスカ

（政府員若槻禮次郎君登壇）

○政府委員（若槻禮次郎君）　公債ハ都合好ク往キマスレバ、總テノ公債ニ付テ有利ニ借換ガシタイノデアリマス、ソレ故ニ勿論國有鐵道ト雖モ、之ニ據ッテ出シマスル公債ハ、有利ニ借換ノ出來マストキニハ、政府ハ借換ヲ怠リマセヌ

○守尾此助君　普通ノ事柄ハ無論問フノデナイ、普通ノト雖モ、廉ク借換ヘルコトガ出來レバ借換ヘル、是レハ三歳ノ童子モ知ッテ居ルコトデアル、其分ヨリカ、先ンジテ――普通ノ分ヨリ先ニシテ、此鐵道ノ會計ニ於テ、此公債ノ借換ヲスル積リデアルカト云フ、私ノ問デアリマス

（「質問終結」「無用々々」ト呼フ者アリ）

○議長（長谷場純孝君）　モウ御質問ハアリマセヌカ

（「ナシ」「採決」ト呼フ者アリ）

○粟原亮一君　此場合ニ於テ、更ニ豫算委員ノ退場ヲ求メマス

○議長（長谷場純孝君）　モウ議事日程ガ追ッ附ケ濟ミマスカラ、御待ヲ願ヒマス、モウ質問モ盡キタヤウニ思ヒマスカラシテ、議事日程第三ニ移リマス、右議案ノ審査ヲ付託スベキ、委員ノ選擧

第三　右議案ノ審査ヲ付託スヘキ委員ノ選擧

○元田肇君　本案ハ重大ノ議案ト思ヒマスルガ故ニ、二十七名ノ委員ヲ議長ニ於テ指名サレテ之ニ付託サレンコトヲ望ミマス

（「贊成々々」ノ聲起ル）

○議長（長谷場純孝君）　元田君ノ動議、即チ本案ハ重大ナ事件ト思フカラ、二十七名ノ委員トシテ、選擧ハ議長ニ任ス、之ニ御異議ハアリマセヌカ

（「異議ナシ異議ナシ」ノ聲起ル）

○議長（長谷場純孝君）　其通リ決シマス

（粟原亮一君「豫算委員ノ諸君ハ委員室ヘ御集リヲ願ヒマス」ト呼フ）

○議長（長谷場純孝君）　今豫算委員長カラ開議中ニ豫算委員會ヲ開キタイカラ、許可ヲ請フト云フコトデアリマスガ、ドウデアリマスカ

（「異議ナシ異議ナシ」ノ聲起ル）

○議長（長谷場純孝君）　異議ナシト認メマスカラ許シマス、――是ヨリ諸般ノ報告ヲ致シマス

（書記朗讀）

一議員ヨリ提出セラレタル議案左ノ如シ

渡良瀬川沿岸地方特別地價修正法律中改正法律案

提出者　武藤金吉君　木村半兵衛君

○議長（長谷場純孝君）　次會ノ日程ハ公報ヲ以テ御通知致シマス、本日ハ是デ散會致シマス

午後三時四分散會

明治四十二年二月三日

藏原惟郭君ノ質問演說

○藏原惟郭君　諸君、先刻ヨリ外務大臣カラ親シク外交ノ根本方針ト云フヤウナコトニ付テ御話ガアリマシタガ、又服部綾雄君カラモソレニ御質問ガアリマシタ、私ハ此外交上ノ根本問題ニ横ハル一大重要ノ點ニ、外務大臣ノ明快ナル御答辯ヲ請ヒタイト思フ、ソレハ卽チ日米問ノ此外交上ノ問題ニ於テ、既ニ日米間ニ移民問題其他ノ商業上若クハ居住權、斯ウ云フ事柄ニ付テ事情ノ錯綜シ、日米ノ間ニ其精神ノ疏通セザルト云フコトハ明カナルコトデアル、之ニ付テハイロ〱ナル米國ニ於テモ帝國ニ於テモ意見ガアリマセウケレドモ、其根本ニ横ハッテ居ルトコロノ問題ハ何デアルト尋ヌルニ、私ハ第一ガ人種ノ問題デアル、第二ニハ宗敎ノ問題デアルト思フ、此人種ノ異ルト宗敎ノ異ナルトガ根原トナッテ、日米ノ間ニ於ケルトコロノ移民問題ヲ惹起シテ、種々ナル之ニ伴フトコロノ困難、外務省ガ非常ニ持餘シテ居ルトコロノ困難ハ、皆此二大根本ヨリ湧出シテ居ルコトヲ疑ハヌノデアル、然ルニ外務大臣ノ演說中何等之ニ及バズ、唯日米ノ表面上ノ親交、若クハ其他ノ協約國トノ親交上ニ於テ縷々御話ガアリマシタケレドモ、此問題ニ付テ私ハ外務大臣並ニ當局者ノ注意ヲ願フノデアル、何トナレバ此二大問題ニ付テ解決ヲ與ヘザル限リハ、日米ノ間ニ横ハルトコロノ移民問題モ此解決ガ出來ナイト云フコトヲ私ハ信ズルノデアル、固ヨリ此人種ノ問題宗敎ノ問題ハ人道ニ關スル問題デアル、併ナガラ外交上ノコト國際上ノコトハ皆人道ニ基イテ居ルノデアル、其人道ヲ脫却シテ人道ニ係ルトコロノ大問題ヲ脫却シテ外交ノコトヲ解決セラレント云フコトハ、私ハ到底不可ナルコト、思フノデ、故ニ此宗敎ヲ自由トシ人道ヲ標榜トシ居ルトコロノ米國ニ於テ、私ハ米國人ノ最モ耳ヲ傾ケネバナラヌ義務ノアルコトト考ヘル、ソレ故ニ外交上ニ於ケルトコロノ帝國ト米國トノ關係ニ於テ、此人道ノ主義ノ確立ヲ圖ラネバナラヌ、宗敎上ノ自由ノコト此點ニ於テ私ハ大ニ努力セラレナクテハナラヌト云フコトヲ信ズルノデアル、之ハ諸君ハ或ハ御笑ヒニナルカハ知レヌケレドモ（笑聲起ル）諸君ハ此人道問題ハ政治上國際上ノ根本問題ト云フコトヲ御考ニナッタラ、必ズ是ハ氷解スルデアラウト思フ、堂々タル一國ノ外交ガ此ニ大根本ノ禍害ヲ除クコトニ力ヲ盡サズシテ、唯單ニ辭令上、唯單ニ外務上ノ交際ヲ以テ、若クハ其他ノ方法ヲ以テ解決セントスル如キハ、私ハ世界ノ一等國ニ列スル國民ノ外交トシテハ、甚ダ無價値ナルモノト信ズルノデアル、此點ニ付テ外務省及外務大臣ニ於テハ如何ナル方法ヲ執ッテ、人種ヨリ生ズルトコロノ迷想ヲ破壞シ、若クハ宗敎上ノ異同ヨリ來ルトコロノ困難ヲ排斥セラレテ、日本ノ地位ヲ米國ニ確認セシムルコトガ出來ルカト云フコトニ付テ伺ヒタイト思フ、第二ニ私ガ伺ヒタイノハ日韓ノ問題デアル、御承知ノ通リ統監府ガ設ケラレテ伊藤統監ガ帝國ヲ代表セラレテ駐在サレテ居ルノデアル、然ルニ伊藤統監ハ外交ヲ代表セラレテ居ルト云フコトハ明カデアルガ、伊藤統監ノ外交ハ、卽チ韓國ニ對スル――外國並ニ韓國ノコトニ關スル外國ニ對スルトコロノ外交ハ、果シテ文部省ノ管轄ノ下ニ（笑聲起ル）卽チ語ヲ換ヘテ言ヘバ指揮命令ノ下ニ、伊藤統監ハ日本ノ外交ヲ代表セラレテ居ルヤ否ヤト云フコトデアル、外務省ノ卽チ主管ノ下ニ確ニ韓國ノ外交ハ私ハ動クベキモノト思フ、併ナガラ伊藤統監ハ恰モ外務省ノ方針ヲ指揮スルガ如クニシテ、外務大臣ハ伊藤統監ニ對シテハ何等ノ施ストコロナキガ如キ模樣ガ見エルト云フコトハ事實デハナイカト私ハ信ズルノデアル、伊藤統監ノ地位ハ果シテ小村外務大臣ノ次席ニアッテ、其指揮命令ヲ外交上ニ於テ受クベキモノデアルカト云フ一點デアルノデアル、更ニ私ハ滿洲問題ニ付テ質問ヲシテ終リタイト思フ、諸君ノ御承知ノ通、滿洲此遼東ニ於ケルトコロノ租借權ハ僅カニ今後十二三年ヲ以テ終ラントスルモノデアル、然ルニ之ニ對シテ外務省ハ如何ナル方針ヲ執リツ、アルノデアル、此租借權ハ今後繼續スル覺悟デアルカ、繼續スル覺悟デアルナラバ、如何ナル準備方法ヲ執リツ、アルカ、之ハ實ニ決シテ等閑視スベキ問題デハナイト信ズルノデアル、ソレ故ニ必ズ外務大臣ニ於テハ、外務省ニ於テハ是等ニ對シテ確乎タル方針ガアリ、確乎タル政策ガアルコト、信ジマスルガ故ニ、願クハ外務大臣ハ是等ノ點ニ付テ明白ニ御答アランコトヲ希望スルノデアル、殊ニ又滿韓ニ於テハ或ハ滿洲ニ於テハ滿鐵會社アリ、若クバ關東都督府アリ、其他種々ナル機關ガ錯綜シテ滿洲ニ於ケル日本ノ政策ハ恰モ一定ノ方針ヲ執ルコトナク、互ニ衝突シテ殆ド外交ナク、殆ド滿洲ニ對スル經綸ハ支離滅裂ノ狀態ニ在ル如キ感ヲ吾々ハ爲スノデアル、朝鮮ニ於テモ同樣デアル、朝鮮ニハ統監府ガアリ若クハ守備隊ガアリ、若クハ其他拓殖會社ト云フモノガ出來タ（笑聲起ル）又或ハ朝鮮ニハ一進會ト云フヤウナモノガアッテ、是等ノ各方面ヨリ異ナリタルトコロノ方法ニ依ッテ（拍手スル者アリ）「簡單」ニ「ヤルベシ」ニ簡單ニ願ヒマス「喝采シタノデハナイ」ト呼フ者アリ）此ノ如クニ諸君、滿韓ニ於ケルトコロノ政策ハ一定シナイト云フヤウナ有樣ニナッテ居ル、要スルニ帝國ノ外交ハ一定シタル方針ヲ以テ統一シタル政策ヲ行フテ居ルト云フコトニ付テ疑アルノデアル――是ハ諸君ガ笑ッテ居ルヤウナ問題デハナイ（「ヒヤ〱」ト呼フ者アリ、笑聲起ル）確ニ帝國外交ノ消長ニ關スルノデアル、帝國ノ威信ノ消長ニ關スベキトコロノ國家的私ハ大問題デアルト思フガ故ニ、謹ンデ私ハ外務大臣ノ誠實ナル答辯ヲ請フノデアル、又諸君ハ五千万人ノ國民ヲ代表シテ玆ニ居ラル、以上ハ、不肖惟郭ノ一言ト雖モ謹聽セラル、ノ義務アリト私ハ確信スルノデアル

○服部綾雄君　議長

○議長（長谷場純孝君）　服部君ハ前ノ說明ヲ求メラレタ續ニ付テノ發言デアリマスカ

○服部綾雄君　左樣デアリマス――後ハ必ズ外ニ御讓リ申上ゲマス

○藏原惟郭君　答辯ヲ求メマス

○服部綾雄君　御答辯ニ付テ甚ダ不滿足ニ思フノデアッテ、實ハ前ノヲ伺ッテ私ハ改メテ御尋申シタコトデアリマスケレドモ、改メテ私ハ二點ダケヲ御尋致シマス、細カク御通知下スッタ對外商工業發展ニハ、殖民ノ政策ニ大關係アルモノニハアラザルカト云フコトヲ私ハ大ニ關係アルモノデアルト信ズル、ソレカラ條約改正ノ日ニ於テハ、對外帝國臣民ノ權利問題ニハ重キヲ御置キ下サルヤ否ヤト云フ此ノ二點デアリマス

○中村啓次郎君　議長

○議長（長谷場純孝君）　中村君、ヤハリ其說明ヲ求メラル、ノデアリマスカ

○中村啓次郎君　サウデス、先月二十九日南淸ニ對シマスル外交政策ヲ質問致シマシテ、イヅレ兩三日中ニ外交ニ對スル答辯ヲ致スカラ、其時分ニ併セテ答辯スルト云フコトヲ外務當局ヨリ承ッテ居ッタノデアリマス、是故ニ今日ハ外務大臣ノ演說中ニ多分私ガ承リタイ希望ヲ致シマシタ點ノ答辯アルコト、信ジテ居ッタノデアリマス、然ルニ一言此點ニ對シマシテ御答ガナイヤウデアリマスカラ、重ネテ質問致シタイ、併ナガラ極ク簡單ニ申シマスカラ別ニ登壇スル必要ハナイト思ヒマスノデ是カラ申上ゲマス、對淸外交ニ付キマシテハ、從來論者ノ間ニモ先ヅ支那ヲ分割スルト云フヤウナ議論ヲスル人モアリ、又支那ヲ盛ニ興隆シタイ、盛ンニシタイト云フ議論ヲスルモノモアルケレドモ、支那ヲ分割スルト云フ方ノ議論ヲスルモノハ、帝國ハ或一部分ヲ割讓スルト云フコトハ宜イケレドモ、他ノ列國モ亦淸國ノ或各地ヲ領得スル所以デアルカラ、詰リ列國ノ形勢ヲ帝國ニ近邇セシムル――近ケルノデアル、此點ニ付キマシテ帝國ノ立場ヨリ分割論ハ大ニ注意ヲシナケレバナラナイ問題ト思惟シテ居ルノデゴザイマス、又之ヲ盛ンニシヤウト云ウヤウナ議論ヲ

スルモノハ是又日本帝國ノ立場ヲ解サナイモノデ、支那ガ盛ンニナリマスレバ、輔車脣齒ノ間、帝國ノ歐米ニ對スル保障ニデモナルカノ如ク考ヘルケレドモ、其實サウデナクシテ、最モ帝國ノ憂ヲナサナケレバナラナイト云フコトモ考ヘナケレバナラナイノデアリマシテ見マスルト云フト、支那分割論ト云フモノモ極メテ危險デアル、支那興隆論モ亦極メテ危險デアル、シテ見レバ帝國ノ東亞ニ對スル立場ト云フモノハ、ハッキリハ申サレマセヌケレドモ、吾人ガ明言セズトモ帝國ノ運命ト云フモノハ既ニ明デアル次第デアリマス、然ルニ吾輩ハ必シモ帝國ニ外交ノナイト云フコトヲ思フノデハアリマセヌガ、帝國ガ果シテ平和ノトキニ於キマシテ、唯今外務大臣ガ申シマスルヤウニ商工業發展ノ上ニ於キマシテハ十分働イテ居ルト仰シヤラレルガ、帝國ノ商工業ノ方ハ側カラ申シマスルト云フト、帝國ノ貿易關係ニ於キマシテ、最モ多大ナル關係ヲ有ッテ居ルモノハ清國デアリマス、輸出貿易モ殆ド半ヲ有ッテ居ルモノハ清國デアル、此清國ニ對シテ昨年度貿易ノ衰頽ヲ來シタモノハ、實ハ此南清ニ於ケル「ボイコット」ト云フヤウナコトハ全ク此南清カラ起ッタノデアル、是故ニ平和ノ設備ト致シマシテモ、亦軍事ノトキノ設備ト致シマシテモ、南清ニ對シマシテハ非常ナ注意ヲ拂ハナケレバナラヌ、即チ清國ニ對シテハ非常ナ注意ヲ拂ハナケレバナラヌ、然ルニ外務ノ當局ハ福建、廣東此方面ニ於キマシテ、殊ニ福建ノ如キハ福建省割讓ト云フヤウナコトヲ申シ、帝國ノ勢力範圍デアルト云フヤウナコトヲ申シテ居ルノデアル、然ルニ從來此宣言ニ對シマシテ、何等ノ施設ヲシテナイノデアル、宣言ハ甚ダ大デアリマスケレドモ、此施設ハ極メテ薄弱ナル施設ヲシテ居ルノデアル、又或施設ヲ致シマシタモノガアルガ、其施設ハ何等ノ連絡ヲ附ケテナイ、此等ノ施設ニ付テ詳細ノコトヲ云フコトハ吾輩ハ憚リマシテ申シマセヌガ、兎ニ角連絡ヲ缺ッ或行爲ヲナシ、後繼ノナキ或施設ヲ致シマシタタメニ、其南清ニ於キマシテハ、帝國ノ立場ト云フモノハ列國ノ立場ヨリ非常ニ悲境ニアルノデアリマス、清國ノ人民ハ帝國ニ近邇シテ居ル場所程排日熱ガ盛ンナノデアリマス、偶々福建省ノ如キハ日本ノ領土臺灣ト近邇致シテ居ルタメニ、支那ノ各省中最モ排日思想ノ盛ンナルモノハ此福建省デアリマス、此排日熱ノ盛ンナリト云フタゲノ事柄ガ、日本帝國ノ立場ガ列國ノ立場ヨリ憐レムベキ状態ニアルノデアル、而シテ之ニ對シテハ帝國ガ最モ切實ナル施設ヲナスニ便利ナル立場ニ居ナガラ、外務ノ當局ハ此等ニ施設ヲ缺イテ居ルト思フノデアリマス、是ハ如何ナルコトカト云フト、幸ニ、帝國ハ此福建ニ近イ臺灣ヲ領有シテ居ルノデアリマスカラ、臺灣ノ總督府ト云フモノト、外務省ト云フモノガ常々背反スルヤウナ考ヲ持タヌデ、總督府ト外務ト云フモノガ協力ヲ致シテ、少ナクトモ臺灣總督府々員ト總督府ト云フモノガ南清ニ於ケル總督或ハ道臺、知府、知縣ト云フヤウナ者ト平常ニ於テ親善ヲ致シ、サウシテ外務ノ方ヲ助ケテ平生ニ親善ノ道ヲ講ジ、獨リ此役人側ノミナラズ、南清ニ於キマシテハ殆ト清國ノ志士ノ巢窟デアリマス、此志士ニ對シマシテ平常カラ施設ヲ講ジテ置キマシタナラバ、平和ノトキニ於キマシテモ「ボイコット」ト云フモノハ無論起リマセズ、帝國ノ施設ハ著々效ヲ奏スルコトガ出來マスシ、有事ノトキハ全ク多大ナル效果ヲ奏スコトガ出來マス、ソレデアルカラ帝國ノ外務省ハ將來……從來カラ協同シテヤッタト云フコトハ本員ハ知ラヌガ、將來總督府ト協同シテ南清ノ外交ニ盡スコトガアルカドウカト云フコトヲ伺ヒタイノデアリマス

○清水市太郎君　議長

○議長（長谷場純孝君）　清水君ハヤハリ外交ノ說明ヲ求メラレルノデスカ

○清水市太郎君　左樣デアリマス

○議長（長谷場純孝君）　清水君――簡單ナラバ自席デ……

〔「演壇々々」ト呼フ者アリ〕

○島田三郎君　能ク分リマシタ、必ズ本論ニ於テ反對ノ意見ヲ表スル考デアリマス、更ニ質問ヲ致シマス、此中ニ四ツノ線路ガ限ッテアリマスガ、是ハ一見シマスト此航路ニ是ダケノ資格ヲ備ヘタ會社ハ均霑シテ保護ヲ受ケルヤウニナリマスガ、事實ハヤハリサウ云フヤウナ巨大ナモノハ國内ニハ成立ッテ居リマセヌカラ、南米航路ハ東洋汽船會社、其他ノ航路ハ郵船會社或ハ其他大阪ノ會社モ此中ニ這入ルカモ知レヌガ、ヤハリ今マデノ人ガ特典ヲ得ルコトハ本員推測スルニ難カラヌノデアル尙南米航路ト歐洲航路ニ付テ大臣ノ意見ヲ確ト伺ヒタイ、先刻外務大臣ノ御答ニ依リマスト殖民ハ西半球ニアラズシテ寧ロ滿韓ノ方面ニアルト云フコトノ意味ヲ仄メカサレテ、暗ニ亞米利加ノ西海岸ニ起ッテ居ル殖民ヲ體ヨク衝突ヲ避ケルト云フノガ、彼ノ便不便ニ拘ハラズ帝國ノ殖民政策デアルト云フヤウニ外務大臣ハ說明セラレマシタ、サウスルト新タニ南米ニ今マデナイトコロノ定期航海ヲ開イテ、之ヲ保護セラレントスルハドウ云フ意味デアルカ、殖民ハ滿韓ノ間ニアルト云フ帝國政府ガ殊更ニ此公債ヲ還サナケレバナラヌ、民ノ叫ビハ苛稅誅求ヲ訴ヘテ居ル際ニ――内部ハ財政整理ニ遑ナキ政府ガ新タニ南米ノ航路ヲ補助セラル、ト云フノハ、是ハ帝國ノ政策ノ上重キヲ置イタ見解ト認メマス、然ルニ外務大臣ノ殖民政策ハ是ニ反シテ滿韓方面ニアルト言ハレタノト、遞信大臣ハ緊要ト認メテ南米ノ方ニ新航路ヲ開カントスルノト、外務大臣ハ南北ノ違ヒハアリマスガ、西半球ニ殖民ノ意ナシト言ハンバカリニ說明セラレタリト云フコトハ政策ノ上ノ矛盾デアルト認メマス、何ノ必要アッテ少シモ餘裕ナキ――今年ハ財政政策ヲ第一ノ標準トシテ立タレタ政府ガ、南米航路ヲ開カレルノデアルカ、第二ニハ溯テ歐洲航路デアリマス、歐洲航路ハ何ノタメニ開カレテアルカ、本員ハ從來ト雖モ之ヲ解セヌノデアル、併ナガラ本年十二月ノ末マデガ契約期間デアルカラ本員ハ言ヲ愼ンデ此事ヲ政府ニ問ハナカッタノデアルガ、本員ノ限リアル力ニ依ッテ調ベタトコロニ依ルト、事實ニ於テ虚榮空名ヲ除クノ外、巨大多額ノ補助ヲ歐洲航路ニ與ヘテ此後モ續ケル必要ヲ感ジテ居ラナカッタ、其感ジテ居ラヌ理由ヲ申シマスト、英吉利ニ定期航海ガアッテ東洋ニ頻々參リマス、續イテ獨逸ノ船ガ參リマス、佛蘭西ノ會社ガアリマス、ソレデ日本ノ郵船會社ガ歐洲ニヤッテ居リマス、此船ハ船ノ數モ少ナケレバ噸數モ少ナイ、速力モ遲ク、ソレカラ年齡モ老ヒテ居リマス、ドレ一ツ歐羅巴諸國ノ三箇國ニ競爭シ得ル力ハナイノデアル、ソレナラバ價ガ廉クテ特ニ日本國民ノ商賈旅行ニ便利デアルカト云フト、便利デモナイ、無論競爭シテ得ラレナイ協定シテ此船賃ヲ極メルヨリ外ニ遣リ方ガナイカラ、總テノ會社ト協定シテ價ガ極メテアリマスカラ、廉ク乘ルト云フ便利モナイ、ソレカラ更ニ前ニ親密ノ關係ノアッタ遞信大臣飽マデ御承知ノ西比利亞方面ノ道ガ開ケタニ付テ、今日ハ歐羅巴ヘ迅速ニ郵便ガ着シマスノデ、唯今デハ西比利亞ノ線路ニ郵便物ヲ載セルノヲ國民ハ便トシテ居ル、是ハ證據ヲ待タズシテ日數ガ明カニ其事實ヲ示シテ居リマス、サウスルト日本ハ巨大ノ國デアッテ歐羅巴諸國ニ定期航路ヲ開イテ居ルト云フ空名ヲ除イテハ、事實ニ於テ三百萬圓以上ノ金ヲ此航路ニ投ズル必要ヲ本員ハ從來感ジテ居ラナカック、唯本員ガ感ジナイバカリデナク、事實旅行者モ商賈人モ他ノ船ヨリ特ニ日本ノ船ニ載セナケレバ不便デアルト感ズルモノ、帝國ノ中一人モナイト本員ハ考ヘテ居ル、是ハ國家ノ財源ガ裕デアッテ、道樂ニヤルト云フコトナラバ本員ハ笑ッテ其道樂ニ贊成ヲセヌデモナイガ、今日總理大臣ガ大藏大臣ヲ兼ネテ財政ノ整理ニ重キヲ置クト云フコトニ付テ本員ハ極メテ其意ヲ諒トシテ居ル、國民モ亦稅制ノ改正ヲ望ンデ戰時カラ愈々加ッタルトコロノ稅ヲ何トカ整理シテ貰ヒタイ、輕減シテ貰ヒタイト云フ聲ヲ放ッテ居ル、サウシテ政府ハ更ニ公債ヲ下落セシメザルガタメニハ爲ヲ以テイロ〳〵姑息彌縫ノ案ヲ投出シテ公債ヲ維持スル、サウスルト上下共ニ貴ブトコロハ實益實利ニアッテ内部ノ整理ニアルト云フ今日戰後ノ熱ニ醉ウテ虚榮空名ヲ望ンデ居ル時代デハナイト本員ハ思ヒマス、併ナガラ唯今本員ノ述ベマシタトコロノ事實ト反對ニ、歐羅巴ノ定期航海ヲ續イテ居ルノハ帝國ニ取ッテ實ニ有要ニシテ國民内部ノ痛ミヲ忍バシメテ續ケル必要ガ、何處ニアルカ、其ノ必要ノ點ヲ伺ヒタイ

（政府委員仲小路廉君登壇）

○島田三郎君　チヨット注意致シマスガ、遞信大臣ガ既ニ列座シテ居ラレル以上ハ、帝國ノ政策ニ關スルコトニハ政府委員ヲ煩ハシタクナイノデ大臣ノ答辯ヲ求ムルノデアリマス

（遞信大臣男爵後藤新平君登壇）

○遞信大臣（男爵後藤新平君）　島田君ノ御問ニ御答致シマスガ、南米ノ航路ヲ求メルノハ一ニ殖民政策ノタメ若クハ移民政策ノタメデハナイノデアリマス、通商貿易ノ關係上將來航路ノ發展ノ上ニ付テノ目的ヲ以テ之ヲ始メルノデアリマス、又歐洲航路ノ方ニ於キマシテハ未ダ滿足ノ目的ヲ達シマセヌケレドモ、是迄ノ成績ニ依リマスト略々相進ンデ參ッテ居リマス、又此帝國ノ海運ノ事業ヲ發達セシメテ相當ナル速力並ニ相當ノ大キサアルトコロノ大噸數ノ船ヲ運用シマス等ノタメニ此航路ヲ維持シテ現在ノ目的ヨリモ尙將來ノ目的ヲ大ニシテ行クコトノ必要ヲ認メテ居ルノデアリマス、右ニテ御承知ヲ願ヒマス

○金尾稜嚴君　本員ヨリ提出致シマシタル質問中、其一ハ韓國横貫鐵道ノ件デアリマス、此質問ノ要旨ハ第一韓國横貫鐵道ノ重要ナル部分、卽チ平壤若クハ京城ヨリ元山ニ達スル鐵道敷設ノ時期ニ關スル政府ノ所見ヲ質シテ第一ニ若シ政府ニシテ敷設ノ計畫ガ無イト云フコトニ致シマスレバ確實ナル鐵道會社ノ出願ヲ許可スルヤ否ヤト云フコトヲ確カメマシテ、韓國經營ノ完成ヲ助ケタイト考ヘマスル、此横貫鐵道ハ韓國經營中ノ最モ緊急ナルモノデアリマシテ、卽チ韓國ノ西海岸支那ニ對スル方面ト、東海岸卽チ我母國ニ對スルトコロノ方面トヲ聯絡スルノ線路デアリマスル、諸君、二十七年以來兩度大戰役ノ效果ヲ永遠ニ確保シテ韓國ノ經營ヲ完全ニセント欲スレバ先ヅ其兩鄰リニ於テ交通ノ便ヲ自由ニスルト云フコトハ最モ緊急ノコトデアリマス、故ニ第二十二議會以來此線路ノ敷設ニ關シマシテ請願書モ度々出テ居リマス、其都度兩院ニ最モ歡迎セラレタ所デアリマシテ、政府ヘ度々轉送サレタノデアリマス、ソレニモ拘ラバ政府ニ於テハ容易ニ敷設スベキ趣ガゴザイマセヌ、故ニ一昨年ニ至ッテ私設鐵道會社ヲ起シテ相當ナル條件ノ下ニ補給ヲ仰イデ以テ出願セントスルニ際シマシテ、朝野有力ナル諸君ノ御贊成ガアッタノデアリマス、然ルニ其後陸軍大臣ガ渡韓ヲセラレマシタ、其後俄ニ鐵道會社ノ出願ヲ許可シナイト云フコトニ閣議ガ一變シタト云フコトヲ傳聞ヲ致シマシタ、終ニ中止トナッテ荏苒今日ニ至ッタノデアリマスル、若シ此儘ニシテ抛棄シテ置キマスレバ、實ニ山陰北陸一帶ノ裏日本ヨリシテ日本海ヲ横切ッテ北韓一帶ノ地ニ於ケル無限ノ物資ハ悉ク利生ノ途ヲ杜絶セラレマシテ、若クハ驚クベキ勢ヲ以テ經營セラレツヽアリマスルトコロノ浦鹽斯德ヲ中心トシテ、露國ノ新タナル東亞通商ノ大政策ニ一攫セラレマシテ、此方面一帶ノ物資ハ浦鹽斯德ヨリ西比利亞鐵道ニ由ッテ開拓セラレテ、流石ノ南滿洲ノ鐵道モ京釜鐵道モ必ズ其利益ノ中ヲ奪去ラルヽト云フ奇象ヲ呈スルデゴザイマセウ、凡ソ滿韓經營ノ眞義ニ到達スベキ鐵道政策ト致シマシテハ、少クトモ義州ヨリ奉天ヲ經テ長春、長春ヨリ吉林ニ、吉林ヨリ會寧、慶興ヲ經マシテ咸鏡道ノ海岸ニ沿ウテ咸興ニ入リ、元山ニ達シ、而シテ元山ヨリ直チニ京義線ニ聯絡スベク平壤ニ出テ、更ニ鎭南浦ニ臨ム大鐵道ヲ敷設シテ以テ、滿洲北韓ト裏日本ト聯絡スルノ方針ヲ採ラザル可カラズ、卽チ之ガ手初メタルモノガ此横貫鐵道デアリマス、之ヲ政治上ニ見、之ヲ經濟上ニ察シ、實ニ急務中ノ急務デアリマス、然ルニ政府ハ之ヲ緩漫ニ附シ去ルハ勿論、偶々鐵道會社ナルモノガ起ッテ、之ヲ出願セントスルモ許可ヲシナイト云フ方針ヲ採ルト云フコトガ、若シ事實デアルトシマスレバ、果シテ政府ハ何ノ見ル所アッテ、斯ノ如キ大切ナ事ヲ緩漫ニ附シ去ルカ、其意見ヲ確カメテ、而シテ之ニ對スル處置ヲ講ゼネバナラヌト信ジマス、實ニ滿韓ヲ聯結貫徹スルコトハ二大戰役ノ效果ヲ永遠ニ確保セントスルニ一日モ等閑ニ附スルコトガ出來ナイ問題デアラウト考ヘマス、而シテ私設會社トシテ取調ベマシタ測量ニ關スル事柄、總テ物資集散收支ノ豫算等ノコトニ付キマシテ、精密ノ調査ノ書類ガアリマスガ、一一數字ヲ此處デ讀上ゲマシテ皆樣ノ御倦厭ヲ來スト云フコトヲ恐レマスカラ、質問ノ大體ヲ述ベルニ止メタイト考ヘマス、次ニ第二ノ質問ハ日露戰役中個人ノ損害ニ對スル救濟ノ件デアリマス、凡ソ海外ニ奮闘シツヽアルトコロノ同胞ノ元氣ヲシテ沮喪セシメズ、益々之ヲ皷舞シマスルト云フコトハ殖民政策ノ上ニ於テ政府當然ノ職務デアラウト考ヘマスル、併ナガラ斯ノ如キ問題ハ弊害ノ之ニ伴フト云フコトニ憚リマスルカラ、多ク之ヲ公言スルコトヲ憚リマスル、併ナガラ弊害ノ之ニ伴フト云フコトヽ、茲ニ其モノトハ全ク別問題デアリマスケレドモ、成ルベク弊害ノ伴ハナイ限リニ於テ事實ヲ明カニスルト云フコトハ無クデハナラヌコト、考ヘマスル、本員共ノ目的トスルトコロニ據リマスト、日露戰役中元山ノ商人共ハ先ヅ戰爭前既ニ城津ノ開港ニナリマシタ當時領事ヨリ頻リニ勸誘ヲ受ケマシテ城津ニ移住ヲ勸メラレタ、家屋倉庫ヲ始メ總テ從來蓄積シマシタトコロノ資本ヲ之ニ蕩盡ヲシテシマッタ、然ルニ日露戰役ノ始メドウデアルカト云ヘバ固ヨリ城津ハ戰闘區域外デ守備隊モ居リマセヌ、身ニ防禦ヲナスベキトコロノ寸鐵ヲモ帶ビナイ、併シ敵國ト領土ヲ接シテ居リマスカラ萬一ヲ慮ッテ領事ニ頻リニ退去シマセウカト云フコトヲ打合セテ見マスト領事ハ決シテ退去スルニ及バヌ、危險ノ虞ハナイカラ此儘ニ居レト引止メタ、サウシテヤッテ居リマス中ニ俄ニ三十七年ノ四月十五日露國ノ一隊ノタメニ蹂躙セラレテ、家屋倉庫ハ勿論、財產ノ全部ガ烏有ニナッテ、僅ニ身ヲ以テ免レタ、斯ウ云フ有樣デアリマスル、是ハ本員ノ目擊シマシタトコロノ一部デアリマス、凡ソ斯ノ如キノ類ハ他ニモ澤山アルデアラウト考ヘマス、是等ニ對シテ政府ハ必ズ調ベマスレバ貿易事務官ニ就クナリ、領事館ニ就クナリ徵スベキトコロノ材料ハ十分殘ッテ居ルノデアリマスカラ、是等ヲ基礎トシテ十分ノ調査ヲシテ相當ナル救濟ノ道ヲ講ジマスコトハ私ハ國家ノ責任デアルトマデハ斷言ヲ致シマセヌガ、國家トシテ將ニ宜シク爲スベキトコロノ職務ノ一端デアラウト考ヘマス、此事ニ付キマシテ政府ノ所見ヲ尋ネタイノデアリマス、大分質問モ澤山アリマシテ皆サマ御倦怠ノ趣キニ見エマスカラ、ホンノ概略ダケヲ述ベテ置クニ止メマス

○栗原亮一君　四十二年度豫算審査ノ結果ヲ報告致シマス、豫算案ガ提出サルヽニ當リマシテ総理大臣ヨリ大藏大臣トシ其方針ヲ五箇條程公表サレタノデアリマス、審査ノ結果ニ於キマシテ修正ノ數字ノ異動シタコトハ既ニ諸君ノ御手許ニ報告ヲシテ居リマスカラシテ、此數字ノ異動シタ位ノコトハ既ニ豫算會ニ於キマシテモ種々論ガアリマシテ是ハ世上ニモ傳ッテ居ルコトデアリマスカラシテ、此事ヨリハ一層財政計畫ノ根本ニ立入ッテ審査ヲスルコトヲ必要ト認メマシテ、委員會ニ於テハ財政計畫ノ根本ニ立入ッテ審査ヲ致シタノデアリマス、先以テ財政計畫ノ大體ニ付キマシテ審査ヲシタトコロヲ御報告ヲ申スノデアリマス、現内閣ハ財政整理ヲ標榜セラレ而シテ五箇條ノ方針ヲ發表セラレタノデアリマス、大體ノ方針ハ歳出入ヲ整頓シ、財政ノ基礎ヲ鞏固ニシテ其信用ヲ内外ニ厚クシ、一般經濟ノ調和ヲ計ルト云フ趣旨ニナッテ居リマス、其方針ノ第一ニ於キマシテハ確定歳出ニ對シテハ確定歳入ヲ以テ之ニ應ジ、從來公債ヲ財源ト致シタル所ノ經費ハ之ヲ一般歳入ノ支辨ニ移シテ新規ノ公債發行ト云フコトハ一切之ヲ止メテ、唯特別ナル臺灣事業公債ノ外ハ當分公債ヲ募集シナイ斯ウ云フコトニナッテ居リマス、是マデ屢々公債募集ト云フモノガ豫算案ニ現ハレテ、議會ハ之ニ協贊致シマシテモ、經濟市場ノ都合ニシテ公債ガ意ノ如ク募集出來ズシテ此未募集公債ト云フモノガ夥多アッタノデアリマス、斯ノ如キトコロノ確定シナイ歳入ヲ以テドウシテモ出サナケレバナラヌト云フ此支出ノ財源ニ充ルト云フコトハ是ハ元ヨリ財政不鞏固ナルトコロノ虞レガアルノデアリマスカラシテ、既ニ前内閣ニ於テモ此財政整理ニ著手サレテ未募集公債ト云フモノハ一切之ヲ打切ルト云フコトニナッタノデアリマス、未募集公債ヲ一旦打切リニスルナラバドウシテモ其財源ト云フモノハ之ヲ一般歳入ニ仰グヨリ外ナイノデアリマス、前内閣ニ於テモ亦此方針ニ依リ進行シツヽアリマシタガ、今回發表セラレタ豫算方針ニ於キマシテハ公債財源ノモノハ總テ之ヲ一般歳入カラ支出スルコトニ確定ヲ致スト云フコトニナッテ居リマス、未募集公債ヲ一切打切ルト云フコトノ財政方針ヲ採ルナラバ、勢ヒ茲ニ至ラザルヲ得ヌノデアリマス、卽チ現内閣ノ財政方針ニ於テモ公債ヲ募集シナイ、卽チ非募債ノ方針ヲ採ッテ居ラルヽノデアリマス、今日財政經濟ノ狀況ニ於キマシテハ是ハ實ニ已ムヲ得ヌコトヽ信ズルノデアリマスガ、審査ノ結果ニ於キマシテ惜ムラクハ其方針ニ反スルトコロノモノヲ見出シタノデアリマス、ソレハ日露戰役ノ行賞賜金ニ不用殘額ガアリマシテ其殘額ハ既ニ公債發行ト爲リ其公債ヲ賣ッテ歳入ノ不足ニ充テル、斯ウ云フモノガ八百四十万圓バカリ歳入ノ中ニ繰込ンデアリマス、是ハ臨時事件費ノ餘リデアリマスカラ之ヲ一旦打切ッテ償還ニ立ルト云フコトガ當然デアリマス、此ノ如キハ卽チ其方針ニ悖ルトコロノコトデアリマシテ甚ダ遺憾トスル譯デアリマス、是ハ豫算委員會ニ於キマシテ非常ニ議論ガアリマシタケレドモ之ヲ歳入中ヨリ除クト云フコトハ財政計畫ノ大體ニモ大ニ關係スル譯デアリマスカラシテ、非募債ノ方針ヲ採ルト云フナラバ以來斯ノ如キコトハ一切ナキヤウニト云フコトノ譴責ヲ加ヘテ是ハ已ムヲ得ズ贊成スルヤウニナッタノデアリマス、現内閣ガ發表セラレタル第二ノ財政方針ハ一般ノ經費ハ之ヲ緊縮シ新要求ハ成ベク之ヲ見合セ、又既定計畫ノ分モ成ベク節減スル卽チ是ガ第二ノ方針デアリマシテ、此方針ガ如何ニ豫算ノ内容ニ於テ行ハレテ居ルカト云フコトヲ審査シマスレバ、各省ニ亙リテ經常部臨時部雙方ヲ合セマシテ五百二十五万圓ノ節減トナッテ居リマス、其費目ハ各省ニ於キマシテ官吏人員ノ減少、旅費、雜費、俸給、營繕費此等ガ節減ニナッテ居ルノデアリマス、其最モ著シキモノハ清國駐屯部隊費ガ八十万圓ホド節減ニナッテ居リマス、其節減ノ中デ陸軍軍事費等ニ於テ百万圓、海軍軍事費等ニ於テ百万圓餘ト云フモノガ節減ニナッテ居ルノデアリマス、此五百万圓餘ノ節減ヲ二ツニ分ッタナラバ、經常部ニ於テ三百六十五万圓餘、臨時部ニ於テ百六十万圓餘デアリマス、其經常部ノ三百六十五万圓ヲ節減セラレタルコトハ、甚ダ宜シイデアリマス、惜ムラクハ此臨時部ノ方ハ或ハ自然ト其仕事ガ無クナッテ來ルトカ又ハ是ハ今日セナクトモ他日爲サンナラヌモノガアリマセウ、此中百六十万圓ハ臨時部デアリマスコトハ少シク遺憾ニ感ジマス兎ニ角經費ノ節減ト云フコトガ第二ノ方針デアリマシテ、斯ノ如クニ豫算ノ内容ニ於テ實行セラレテ居ルト云フコトヲ見出スノデアリマス、方針ノ第三ニ於テハ、既定ノ繼續費ハ財政經濟上適當ノ範圍ニ止メ、實際ニ事業ノ進行ノ程度ニ應ゼシメンガタメ、既定ノ年割額ハ相當ノ變更ヲ加フルコト、是ガ政府財政整理ノ第三ノ方針デアリマシテ、固ヨリ今日ノ財政經濟ノ狀況ニ於キマシテハ、實ニ已ムヲ得ヌ事ト見ルノデアリマスガ、併シ此方針ガ行ハレタルニ付キマシテ、或ハ横濱神戸ノ海陸聯絡工事デアルトカ、又ハ教育機關ノ諸學校ノ設備デアルトカ、斯ノ如キ事ニマデ及ンダト云フコトハ吾々ハ甚ダ遺憾ニ感ズルノデアリマス、此既定ノ年割額ニ相當ノ變更ヲ加ヘルトアリマスケレドモ、併ナガラ隨分是ハ豫算審議中ヤカマシキ問題デアリマシタガ、彼ノ若松工場ノ如キ、是ハ既ニ豫算繼續費年度割ガ定ッテ居タノデアリマス、今回年割額變更ノ結果、マルデ此事業ト云フモノヲ打止メテシマウタ、土地ノ人民ハ既ニ事定ッタデアリマスカラシテ、十數万ノ金ヲ抛ッテ種々著手ヲシタノニ、之ヲ俄ニ打切ッテシマフト云フヤウナコトハ、是實ニヒドイコトデアリマスル、之ニ付キマシテハ豫算會ニ於テヤカマシキ議論トナッタノデアリマスガ、政府ニ於テモ深ク鑑ミル所アリ、誠ニ土地人民ノ事情モ察シ、又甚ダ其處置ガ不穩當デアルト云フコトヲ認メタカラシテ、ソレハ何等カノ設備ヲスルノデアルト云フコトヲ豫算會ニ於テ當局大臣ハ確ニ言明ヲセラレタノデアリマス、是等ハ實ニ不相當ナル變更ヲ加ヘタノデアリマス、ソレカラ大博覽會ノ問題デアリマスガ、是ハ既ニ議會ニ於テ繼續費ノ年度割モ定ッテ居リマシテ、ソレヲ中止スルニ當ッテ相當ナル諮問機關ニモ諮ラズ、尤モ閉會デアリシタカラ、セメテハ此諮問機關ニデモ諮ルト云フコトヲスレバ兎モ角モ、之ニモ諮ラズ固ヨリ議會ニハ諮ラヌノデアリマシタ、斯ノ如キコトハ實ニ是ハ相當ノ變更ニアラズシテ、甚ダ不相當ナルトコロノ變更デアリマス、依テ委員會ニ於テモ此事ニ付キ段々議論ヲ致シマシタ、今日ノ所デハ後年度ノ年割額ヲスッカリ取去ッテシマッテ、僅ニ其調査費ガ殘ッテ居ルノデアリマスガ、前ノ年度割ヲ復舊スルナラバ調査費ノ如キハ優ニアルノデアリマス、今此所十二万圓餘ノ少許ノ金デアリマスケレドモ此調査費アルガタメニ、僅ニ博覽會ナルモノハ全ク中止シタルモノデハナイ、後年度ニハ大ナル規模デヤルノデアルト云フコトハ、段々外國ノ委員等ニモ知ラシタ、決シテ中斷スル譯デハナイ將來大ニヤルノデアルト云フ此ノ言葉ノ信用ヲ繋グノハ何デアルカト云ヘバ十二万圓餘ノ調査費デアリマス、是ハ又專ラ外國ニモ關係スル譯デアリマスカラシテ、大ニ其不相當不都合デアルト云フコトハ、痛ク當局者ヲ責メマシテ、其時首相ヨリモ挨拶ガアッテ、今後ハ成ルベク斯ウ云フ境遇ニ立至ラヌコトヲ望ムノデアルト云ウテ、相當ナル挨拶モアリマシタカラシテ、先ヅ委員會ニ於キマシテハ之ヲ恕スルコトニシタノデアリマス、其相當ノ變更ト云フ中ニ於キマシテハ、斯ノ如キハ大不相當ナル事モアルノデアリマス、第四ノ方針ハ公債ノ信用ヲ維持シ、一般經濟界ヲ利スルガタメニハ公債償還額ヲ增加シテ、少ナクトモ五千万圓以上ト云フモノハ必ラズ償還ヲスル、卽チ公債償還額ヲ增加シタト云フノガ此財政整理ノ方針デアリマス、固ヨリ公債ノ償還ノ殖ヘルコトハ結構デアリマス、併シ此内容ヲ審査スルニ、果シテ四十二年度ニ於テハ公債償還額ガ更ニ增加シタカト云ヘバ、四十二年度ノ償還額ハ五千八十万圓デアリマス、四十一年度ノ償還額ガ八千六百六十九万圓デアリマス、此内ニハ國庫債券ノ償還モアリマス、又四十二年度モ國庫債券ノ償還ガ加ハッテ居ルノデアリマス、此比較ヲシテ見ルト四十二年度ハ四十一年度ニ比シテ三千五百六十九万圓程却テ減少ニナッテ居リマス、此四十一年度ノ償還財源ハ即チ三千七百万圓ガ四十一年度ノ一般歲入ヨリ償還シタノデアリマシテ、約五千万圓ガ三十九、四十兩年度國債整理基金殘額デアリマシテ、同ジク是モ一般歲入ヨリ償還シタノデアリマス、公債償還額ヲ增加シタトハ言ヒマスケレドモ、其前年四十一年度ニ比較ヲシテ見ルト却ッテ三千五百万圓ノ減少ヲ見テ居ルト云フコトハ甚ダ遺憾ナコトデアリマス、此四十一年度ニ償還ヲシタトコロノ約五千万圓ハ、即チ第一國庫債券ヨリ償還シタノデアリマス、四十二年度ノ五千八十万圓ノ償還額ノ中三千九百十二万圓ハ、第二國庫債券ノ償還ニ屬シテ居ルノデアリマス、詰リ公債償還額ヲ大ニ增加シタト云フコトデアリマスケレドモ、其內容ヲ見レバ却テ前年度ヨリモ減少シテ居ルト云フコトハ甚ダ遺憾ニ感ズルノデアリマス、第五ノ方針ハ鐵道ノ經營ヲ全然獨立自營ノモノトスルガ爲ニ、特別會計ヲ設ケテ一般會計トノ關涉ヲ避ケルト云フ事デアリマス、鐵道獨立會計ハ即チ前議會ニ於テ議會ノ建議ニナッタモノデアリマシテ、此方針ニ於テハ前議會ニ於テモ殆ド大多數之ヲ贊成シタノデアリマスカラシテ、此方針ニ於テ固ヨリ異論ノナイ譯デアリマス、鐵道ヲ特別會計ニスルト云フニ付キマシテハ、隨分財政遣繰上困難ナノデアリマス、名ハ獨立デアリマスケレドモ其實ヲ擧グルト云フコトガ甚ダ困難デアルヤウニ見エマス、即チ此鐵道ノ純益金ハ八百十四万圓デ、此中六十万圓ヲ積立ル、殘リ七百五十万圓ト云フモノヲ建設改良費ニ充ツルトナッテ居ルノデアリマス、四十二年度ノ建設及改良費ノ豫算ハ、二千九百十万圓餘デアリマシテ、差引二千百六十万圓ト云フ不足ガ立ツノデアリマス、是ハ借入金ヲ以テ支辨スルトナッテ居リマス、而シテ此借入金ハ預金部及貨幣整理基金ヨリ繰入レテ五箇年間五朱ノ利子ヲ付シテ借入レルト云フコトデアリマス、鐵道ノ如キ事業ハナカ〱五箇年位ニシテ資本ノ償却ガ出來ルモノデハアリマセヌカラシテ、其期限ニ至レバ之ヲ借繼グカ、又ハ公債ト借替ノコトニセナケレバ到底仕方ガナイノデアリマス、鐵道資金ノ如キハ是ハ公債ヲ以テ支辨シナケレバ、長ク一般歲入カラヤルト云フコトハムツカシイ譯デアリマス、又鐵道ノ如キ生產事業ハ公債ノ募集時期宜シキヲ得タナラバ、之ヲ募集スルコトハ素ヨリ宜シイ話デアリマス、又政府ノ方針モ今年度ニ於テハ、公債ハ募集セヌト云フ名ノ下ニ計畫ガ出來テ居リマスガ、ヤハリ公債ノ代リニハ一時借入金ヲスルカ、預金部カラ繰替ルト云フコトノ手段ヲ取ルヨリ仕方ガナイコトニナッテ居リマス、鐵道ノコトニ付テハ鐵道院ガ置カレ、國有トナリ政府ノ經營ニ於テ民間ニ種々苦情モアリマスルガ、鐵道運賃ト云フモノガ甚ダ不公平ニナッテ居ル、統一ト云ヒマスケレドモソレハ素ヨリ均一ノ意味デハアリマセヌ、事情ガ違ヒマスカラ敢テ均一トハ言ハヌ又強イテ統一トハ言ハナイガ、兎ニ角不公平ニナッテ居ルガタメニ、此產業ノ發達ヲ害スルコトガ多イノデアリマスカラ、是ハ委員會ニ於テモ當局者ニ向テ痛ク之ヲ責メ、政府モ亦大ニ顧ル所ガアッテ將來ハ成ルベク鐵道運賃ノ公平ヲ得ルヤウニシヤウト言明セラレマシタ――現內閣ガ發表セラレタ所ノ財政整理五箇條ノ方針ニ付テ、豫算ノ內容ヲ審查スレバ右申シタ大體ノ狀況デアリマス、此繰延ト云フコトハ前議會ニ於テ、又議會後前內閣ニ於テモ財政ノ狀況已ムヲ得ズ繰延計畫ヲヤッタ譯デアリマス、今度ノ財政方針ニ於テモ繰延ヲサレテ居ルノデアリマス、即チ此繰延計畫ハ方針ノ第三ニ屬スルモノデアリマスガ、此繰延ノ內容ヲ審查シテ見マシタナラバ、今度ノ繰延總額ハ新聞ナドニハ二億万圓ト號サレテ居リマシタガ、實ハ一億六千八百万圓ト云フコトニナッテ居ルノデアリマス、前內閣ノ時分ニハ六年計畫デアッタ者ヲ今度一箇年計畫ニ改メラレテ、即チ其年限ガ長クナレバ從ッテ金ガ多クナルト云フコトハ是ハ素ヨリ其數デアリマスルガ、即チ六年ヲ十一箇年トシ、五年ヲ延ベテ更ニ一億六千八百万圓程ノ繰延ヲ增加シタト云フコトニナッテ居リマス、併シ四十二年度以降ノ繰延ト云フモノガ一億二百万圓バカリデアリマス、又前內閣ニ於テ六年計畫以外ニ、其後又再繰延ト云フコトガ出來マシテ、其再繰延ハ臨時軍事費ニ於テ九百万圓バカリ、其他ニ於テ二千八百三十万圓バカリデアリマス、右ノ再繰延內定額ハ現內閣ガ繰延ベシ總額一億六千八百万圓ノ中ニ含ンデ居ルモノデアリマスカラシテ、之ヲ差引クト一億六千八百万圓ノ繰延ト稱スル所ノモノハ、正味一億三千万圓ニナルト云フコトヲ見出シタノデアリマス、而シテ此繰延計畫モ何處マデモ繰延通シニハ往カヌノデアリマス、四十六年度マデハ繰延々々又繰戾ガアリマスガ、四十七年度ヨリハ却テ繰延ヨリモ繰戾ノ金額ノ方ガ多イノデアリマス、サウシテ實際ノ繰延ハ四十八年度ニ止ッテ、五十二年度マデハ繰戾ノ一方トナッテ歲出ノ增加ヲ見ルモ是亦繰延計畫上ニ於テハ已ムヲ得ヌコトデアリマス、先ヅ繰延政策ノ內容ハ斯ノ如キモノニナッテ居ルノデアリマス、斯ノ如キ所ノ公債ノ打切又繰延其他ノ事ニ於テハ、財政整理ノ方針トシテ既ニ從前ノ當局者ニ於テモ其必要ヲ認メテ、其實行ニ著手レツヽアリシ所ノモノデアルト云フコトハ、開會ノ劈頭ニ於テ大藏大臣ノ財政演說ニ於テモ明言セラレタトコロデアリマス、ツマリ今日ノトコロ同一ノ國情ニ處シテハ、如何ナル人ガ局ニ當ルト雖モ結局同一ノ方針ヲ執ルヨリ仕方ハナイノデアリマス、故ニ財政計畫ノ大體ニ於テハ吾々ハ敢テ異議ヲ挾ミマセヌガ、併ナガラ其發表サレテ居ル所ノ方針ハ、名ト實トニ於テ甚ダ相違スル所モアルノハ甚ダ遺憾ト認メタノデアリマス、先ヅ財政計畫ノ內容ハ大要斯ノ如クデアリマスルガ、此處ニ辯ジテ置カネバナラヌコトハ、每年豫算審查ヲスルニ當ッテ剩餘金ガ非常ニ多イノデアル、斯ノ如キハ政府ノ計畫其宜シキヲ得ズ、又議會ニ於テモ豫算委員ハ素ヨリ議員ト云フモノガ財政ニ頓著セズ、殊ニ此豫算委員會ニ於テハ杜撰ナル審查ヲスルカラ斯樣ニ莫大ナル剩餘金ガ出來ルノデアル、斯ウ云フコトヲ屢々世評ニ聞ク所デアリマシテ、吾々ハ責任上之ヲ一言辯ジテ置カネバナラヌノデアリマス、成程四十年度ニ於テハ剩餘金ガ二億五千万圓餘モアッタノデアリマス、サウシテ此中既ニ四十一年度四十二年度豫算ノ財源ニ供セラレタモノガ一億二千万圓餘デアリマシテ、殘リ三千万圓程ニナルノデアリマス、是ガ四十三年度以降ノ財源ニ充テヽアリマシテ、四十二年度繰入剩餘金千七十五万圓ノ外ニ、マダ是ダケノ剩餘金ガアルノデアリマス、其剩餘金ガナゼ何億ト云フ程ノ莫大ナルモノガ生ジタカト申シテ其實際ヲ吟味シテ見マスト、歲入ノ豫算ニ對スル增加、即チ豫算ヨリ歲入ガ大ニ增加ヲシタ、ソレガ一億五千九百万圓バカリアッタメノデアリマス、斯ノ如キ大剩餘金ガアルナラバ、增稅ノ必要モナケレバ又繰延ノ必要モナイデハナイカ、元來斯ノ如キ巨大ナル剩餘金ヲ生ズルト云フノハ、實ニ豫算查定ノ杜撰デアル、斯ウ云フ非難ヲ屢々聞イタノデアリマスガ、此二億五千九百万ノ剩餘金ヲ生ジタ譯合ハ、臨時軍事費特別會計ノ剩餘金繰入ト云フモノガ一億千二百万圓餘モアリマシタ、ソレカラ捕虜收容償還金、是ガ四千七百万圓餘、臨時軍事費所屬ノ收入ガ四百二十万圓餘、斯ノ如キモノガアッタノデアリマス、併ナガラ是ハ戰爭ノタメニ斯ノ如ク一時多額ノ剩餘金ガ出來マシタガ、此捕虜收容費ノ如キハ、固ヨリ有ルベキ筈デアリマスケレドモ、未ダ取ラナイモノヲ歲入財源ニ組込ムコトハ不確實デアルタメニ、態ト拔ケテアッタノデアリマス、斯ノ如キモノガアリマシタタメニ二億五千九百万圓ト云フヤウナ、莫大ナル剩餘金ガ出マシタケレドモ、斯ノ如キモノハ全ク一時限ノモノデアリマシテ、決シテ今後ハ永續スルモノデハナイノデアリマス、是ガ剩餘金ノ非常ニ多カッタト云フ計算デアリマス、其他各種ノ租稅、印紙收入、郵便電信收入、煙草專賣益金、斯フ云フモノガ餘程豫算ヨリハ增加ヲシテ居ルノデアリマス、此豫算ヨリ非常ニ增加シテ居ルノハ如何デアルカト云フト、元來大藏省ノ收入ヲ見積ルニ於キマシテハ、前三年ノ平均ヲ取ッテ餘程手堅ク大丈夫ニ構ヘ、消極的ニ見テ居リマスカラ、實際ニ收入シタ時分ニハ豫算ヨリハ非常ニ多イ、是ハ寧ロ非常ニ實際ヨリモ殖エタニアラズシテ、實際殖エテ居ルモノヲ消極ニ見積ッテ居ルタメニ、實收ヲシテ見ルトソレヨリハ多イ、斯ノ如キコトガ此剩餘金ノ大ニ生ズル原因ニナッテ居リマス、歳入ガ豫算ヨリモ大ニ増加シタ二億五千九百万圓ハ右申ス事情デアリマシテ、併ナガラ又豫算ヨリ歳入ノ減ルコトモアリマス、此豫算ニ對シテ歳入ノ減少シタノハ三千七百万圓餘、是ハ公債募集金及一時借入金デアリマス、財政經濟ノ狀況ニ於テ公債募集及一時借入金ガ困難トナッテ、其收入ガ豫想通リ出來ナカッタト云フコトガアリマス、大抵ドノ税デ見マシテモ、先ヅ非常ニ低ク積ッテアリマスカラ、實際ヲ見レバ豫算ヨリハ多クナッテ居リマス、但シ地租ノ如キハ豫算通リニハ往カナイ、幾分カ減ルコトガアルガ、其他ノ諸税ハ大抵豫算ヨリモ多クナッテ居ル、斯ウ云フトコロカラシテ剩餘ガ出テ來ル譯ニナッテ居ル、一方ニ於テ歳出ノ豫算ニ對スル増加ガ一億七千万圓餘トナッテ居リマス、其中臨時軍事費特別會計ヨリ歳出ニ移替ヘタモノガ一億三千万圓餘デアリマス、是モヤハリ戰爭ノ場合デアリマシタカラデス、歳出ノ豫算ニ對スル減少、卽チ歳出ハサウハ要ラナカッタト云フコトモアリマス、是レガ二億千万圓餘ニナッテ居リマス、此中一億百万圓餘ハ臨時軍事費ノ翌年度ニ繰越シタルモノデアッテ、差引三千万圓餘ハ不用額卽チ剩餘金トナッテ居ル、卽チ前申シタ四十二年度以後ニ使用スルヲ得ベキ剩餘金ガ今茲ニ三千万圓餘アルノデアリマス、卽チ此三千万圓ト云フモノハ歳入ノ中ニ今入レズシテアルノデアリマスガ、之ヲ以テ四十三年度以後ノ財源ニ充テ得ル時分ニハ、自然増收ガ斯ノ如クアリマス、元來此自然増收ナルモノハヤハリ有ルモノハ有ルト認メテ其歳入ノ計畫ニ入レルノガ適當デアリマスケレドモ、之ヲ除イテ置クト云フト却テ是ヲ豫算外ニ濫用スルヤウナ弊モアリマスカラシテ、此邊ハ當局者ニ對シ豫算會ニ於テモ痛ク注意ヲ加ヘタ譯デアリマス、結局是マデ剩餘金ノ非常ニ多イノハ何デアルカト言ヘバ、諸税ノ自然増收ガ實際アルモノヲ、ソレヲ餘程消極的ニ見積ッテ居ルコト、サウシテ戰爭ノタメニ巨額ナル臨時軍事費ノ出入ガイロイロアリマシタ、此關係ノ二ツニ依テ斯ク大ナル剩餘金ヲ生ジタノデアリマスケレドモ、今後ハ斯ノ如キ其大ナル剩餘金ヲ生ズルコトハナイノデアリマス、剩餘金三千万圓ト云フノハ現ニアルノデアリマスカラ、之ヲ歳入ニ入ルベキモノハ入レ、バ宜シイノニ、猶是ガ四十三年度以後ニ殘サレテアリマス、此剩餘金ナルモノハ其支出ニ於テ愼重ニ處置シ濫用ノ虞ナキヨウ警戒ヲ加ヘタノデアリマス、是ヨリハ御手許ニ廻ッテアリマスルトコロノ豫算案ノ修正ニ付キマシテ報告致シマス、其數字ヲ御覽ニナレバ自ラ分リマスケレドモ、亦敢テ修正ニ拘ラズ、可否決共ニ問題トナリマシタトコロノ重要ナ事柄ダケヲ此處ニ申述ベマス、今回ハ各省共繰延又ハ節減ニ依ッテ新規ノ事業ハ餘程少ナイノデアリマシテ、如何ニ査定ヲ致シマシテモ削減ノ餘地ト云フモノハ多ク見出シ得ナカッタノデアリマシタ、外務省ニ於テハ新規要求ガ機密費ノ十万圓アリマス、是ハ随分少カラヌ金デアリマスガ、併シ機密費ノコトデアリマスカラ、豫算會ニ於キマシテ公然議スル譯ニモイカナイ、分科會ニ於テハ、十分ニ當局者ニ祕密會ヲ開イテ之ヲ質シ、是ハ如何ニモ今日外交ノ發展上必要デアルト云フコトヲ委員ハ認メマシタカラ、之ヲ贊成致シタノデアリマス、但シ之ヲ支出スルニ付キマシテハ、當局者ニ於テモ大ニ注意ヲ加ヘラレテ最モ有效ニ使用サレタイト云フコトヲ警告シタノデアリマス、當局大臣モ之ニ對シテ其意ヲ諒スル旨ヲ言明セラレマシタ、又移民調査費モ三万圓之ガ要求ニナリマシテ、同ク贊成ヲ致シ、又特ニ其支出ニ付キマシテハ警告ヲ與ヘタコトデアリマシタ、司法省ニ於キマシテハ判檢事ノ増俸、是ハ宿題デアリマスガ、今回豫算ニ現ハレマシタ金額ハ二十七万二千圓デアリマス、素ヨリ是ハ贊成ヲ致シタノデアリマスガ、ドウカ下級官吏ノ方ニ成ルベク多クスル方針ヲ以テ、之ヲ處分シテ貰ヒタイ、此注意ヲ與ヘタノデアリマス、ソレカラ刑法改正實施ノ經費十六万圓、是ハ贊成ヲ致シマシタ、判檢事試驗費ノ中ニ於テ八百二十餘圓ノ増加ニナッテ居リマス、是ハ何ノ爲カト云ヘバ外國語ヲ其試驗ニ加フルガタメデアッテ、此科ヲ設クルノ可否ト云フコトハ、現今法曹社會ニ於テモ問題トナッテ居ルノデアリマスカラシテ、先ヅ今日ノ場合ハ之ヲ削ルガ當然デアルト云フノデ、金額ハ僅カデアリマスガ八百二十四圓ハ削減セラレマシタ、司法省ニ於テ市ケ谷監獄費ノ是ハ六十三万圓餘デ、五箇年ノ繼續費、本年ハ二十万圓餘デアリマス、此モ贊成ヲ致シマシタ、内務省ニ於キマシテ議論ノヤカマシカッタノハ地方改良事業奬勵諸費四万三千圓デアリマシテ、三万五千圓ハ貯金奬勵ニ關スル増加費用デアリマス、此貯金奬勵費ナルモノハ良イコトデハアリマスガ、内務省ガ官吏マデ派出シテ、郡村長等ニ命ヲ傳ヘ強テヤラセル爲ニ或ハ又其極遂ニ地方ノ財源ヲ枯スニ至ルノ虞ガアルカラシテ、斯ノ如キコトハ絶對宜シクナイト云フ議論モアリマシタ、併シ又此奬勵ト云フコトハ惡キコトデモアリマセヌカラ、詰リ今度奬勵ヲシタナラバ更ニ五百万圓位ハ殖ヘルデアラウ、普通ノ郵便貯金ハ是マデ毎年一千万圓以上モ増加ヲシタガ、之ニ對シテハ四分ノ一ヲ地方ニ分配スルト云フコトデ、サウシテ此更ニ増加スベキ五百万圓ハ地方ヨリ多ク中央ニ吸收シテ、地方ノ財源ヲ涸ラスト云フヤウニナラヌヤウ政府ニモ痛ク警戒ヲ加ヘマシテ、其五百万ノ更ニ奬勵ヲシタ、メニ貯金ガ増スナラバ少ナクトモ二分ノ一以上、卽チ半分以上ト云フモノハ之ヲ地方公共事業ノ資金ニ融通スル樣ニシテ、其方法ハ或ハ農工銀行ヲ通シテ公共團體ニ貸スコトガアリマセウガ、此二分ノ一以上卽チ半分ト云フモノハ、是非トモ地方ニ之ヲ融通シテ、地方ノ金融ヲ止メナイヤウニシ、地方ノ生産事業ヲ發達セシメルヤウニスルト云フコトヲ、固ク條件トシテ之ヲ贊成スルコト、ナッタノデアリマス、横濱ノ水道補助費ニ付キマシテモ種々議論ガアリマシテ、是ハ三回ノ要求デアル、甚ダ其計畫ト云フモ先見ノナイ話デアルト云フガ如キ說モアリマシタ、此經費ハ總額百七十五万圓三箇年ノ繼續費デアリマス、但シ今年度ニ於テハ一万圓デアリマス、是ハ已ムヲ得ヌモノトシテ贊成ヲ致シタノデアリマス、北海道ノ釧路築港費ト云フモノガ問題ニナリマシタ、是ハ總額四百七十五万圓十二箇年ノ繼續費デ四十二年度ハ二十三万圓餘デアリマス、拓殖ニ於テハ種々北海道ニ於テ未ダ爲スベキコトガ多クアルノニ、唯是ダケニ對シ計畫ヲシテ其他ニ及バヌト云フコトハ、甚ダ遺憾デアルト云フ議論モアッタノデアリマス、殊ニ北海道ノ拓殖費既定額ハ八十万圓デアッタノデアリマス、之ヲ今回ハ三十万圓ニ減セラレテ居ルノデアリマス、此際ニ於テ更ニ年度割變更ト云フコトハムヅカシイデアリマスガ、四十三年度以降ニ於テハ年度割ヲ成ルベク舊ニ復シテ貰ヒタイト云フコトノ希望ハ、切ニ委員會ニ於テ述ベラレタノデアリマシタ、ソレカラ小樽ノ築港費百五十万圓ト云フモノモ繰延ニナリ、或ハ留萌築港ナドノ問題モアリマシタガ、是等ハ今回提案ニナラズ、サウシテ此小樽築港ハ随分急要デアリマスルケレドモ、是モ年度割繰延トナッテ居ルノデアリマス、釧路築港ハ宜シイガ、他ノ事業モ權衡ヲ得テ之ヲ進メタイト云フトコロノ議論モ大ニアッタノデリマス、ソレカラ臺灣特別會計ニ於キマシテハ彼ノヤカマシキトコロノ阿里山ノ官營デアリマス、之ガタメニ一時借入金ガ二百六十二万圓、是ハ四十二年度デアリマス、四十三年度ニ於テ八十三万圓、四十四年ニ於テモ八十三万圓、合セテ四百二十八万圓ト云フモノガ一時借入金ニ依テ支辨スルト云フ案デアリマス、殘リ百六十二万圓ト云フモノハ臺灣歳入カラ支辨ヲスル、此總營費ハ總計五百九十六万圓デアリマシテ、ナカナカノ大事業デアリマス、此問題ニ付キマシテハ随分愼重ニ調査ヲ致シ、又當局者ノ言フトコロモ十分ニ聽取ッタノデアリマスガ、何分未ダ本件ト云フモノハ計畫調査共ニ尙不十分ニシテ、果シテ今日之ヲ官營ニスルガ宜イカ、此得失ト云フモノハ容易ニ今日、斷定スルコトハ出來ナイト云フ理由ヲ以テ否決ヲ致シタノデアリマス、航海補助費是ガ二十六万圓ノ增加デアリマス、彼ノ櫻丸ト云フ船デアリマスガ、是ハ海事協會デ出來マシタトコロノ船デアリマシテ、一年限リ先ヅ試驗的使用ノタメニスルト云フノ條件ヲ付シテ贊成ヲ致シタノデアリマス、樺太ノ特別會計ニ於キマシテハ未ダ經營漸ク緖ニ就イテ、是レカラシテ大ニ爲サナケレバナラヌノデアリマスカラ、ドウカ當局者ニ於テハ、銳意熱心ニ是ガ成效ヲ期スルヤウ致シタイト云フノ希望ヨリ原案通リ輕便鐵道ノ十万圓、採炭費ノ四万圓ト云フ新タナル要求ヲ贊成スルコトニ決シマシタ、ソレカラ陸軍省ニ於テハ經常費增加三百二万圓餘、是ハ二年兵役制施行ノ爲メ、或ハ糧秣相場ノ騰貴デアル、又一年志願兵、幼年學校等ノタメニ經常費ガ增加シテ居ル、此等ハ既ニ軍備上茲ニ至ッタノデアリマス、又經濟上ノタメ茲ニ至ッタモノデアルカラシテ已ムヲ得ヌモノトシテ贊成ヲ致シタノデアリマス、臨時費ノ增加ニ於キマシテハ三十万圓餘アリマス、是ハ實ニ已ムヲ得ザルモノデアリマス、陸軍ハナカ〳〵金ガ多ク要リマシテ國家經濟上ニ付テ陸軍ノ經費ヲ大ニ減ジタラ宜カラウト云フヤウナ議論モアッテ、大ニ審査ヲ致シマシタケレドモ、何分陸軍ノ方モ臨時軍事費ニ於テ第一ノ繰延決定額ガ二千二百万圓餘、ソレカラ又更ニ前內閣時代ニモ九百万圓程繰延ヲ內定サレテ居ッタノデアリマシテ、臨時軍事費以外繼續費ノ繰延額モ三千七百万圓餘ノ多キニ達シタレバ、モウ陸軍大臣モ此ニ至ッテハ更ニ繰延ベノ餘地ナシトマデ斷言セラレテ居ッタノデアリマレタ、ソレカラ又今回新タニ三千三百万圓バカリノ繰延ヲレタノハ、變ナ事ノ樣デアリマスガ實ニ今回コツハモウ此上餘地ハナイト云フコトデアリマシタ、海軍ノ方ハ新艦艇及戰利艦經費ノ增加百六十四万圓餘デアリマス、此ハ經常部維持費デアルカラ實ニ已ムヲ得ヌモノデアリマス、臨時費ノ增加ハ六十四万圓餘デアリマシテ、是ハ隨分軍艦ガ火藥ノ破裂ノ爲メニ非常ナル禍ヲ起スト云フヤウナ事ガアリマシタカラシテ、此タメニ火藥庫ニ冷却ノ裝置ヲスルトカ、ソレカラ吳ノ海軍獄監ノ移築費、射的場ノ移築費トカ云フヤウナモノガアリマシテ、海軍モ亦陸軍ト同ジク繰延又繰延ト云フヤウニヤッテ來タノデアリマシテ、四十二年度ニ於キマシテモ四百九十万圓ト云フモノヲ更ニ繰延ベテアルノデアリマス、是ヲ繼續費ニ於テ最初繰延ベガ五千三百万圓、ソレカラ又前內閣ニ於テ內定ニナッテ居ッタトコロノ再繰延ガ約一千万圓、更ニ又現內閣ニ於テ二千八百二十万此ノ如キ大繰延ガアリマスカラシテ、削減ノ餘地ヲ見出シ得ナカッタノデアリマス、大藏省ニハ馬政局ノ獎勵及ヒ補償費ト云フモノガアリマシテ三十八万圓餘デアリマス、是ハ競馬會ノ補助費デアリマス、競馬問題ハ目下請願委員會ニモ出テ居リマシテ、ヤカマシヤ事柄デアリマス、政府ハ之ニ對シテ補助ヲスルノデアリマス、ケレドモ、併シ此善後策ト云フモノハ是ダケノ金ヲ以テ唯姑息ニヤッタトコロガ其效能ト云フモノハ殆ドナイ譯デアル、固ヨリ此善後策ハ講ジナケレバナラヌケレドモ、是ダケノ姑息ナコトヲシタトコロガ一向效能ノナイ譯デアル、此ノ如キ理由ヲ以テ此三十八万圓餘ハ否決ニナッタノデアリマス、經常部ノ方ニ於キマシテハ八百四十四万圓餘是ハ國債整理基金繰入ガ增加ニナッテ居ルノデアリマス、臨時部ニ於ケル二百七十三万圓ノ增加ハ東洋拓殖會社ノ補助、臨時事件行賞諸費、韓國派遣部隊豫備費ト云フヤウナモノガ增シタノデアリマス、鐵道院ハ大藏省ノ所管ニ歸シテ居リマスルガ、此大藏省ノ所管ノ鐵道院ニ對シテハ殊ニ運賃率ヲ成ルベク公平ニスルヤウニト云フコトヲヤカマシク論ジ、又當局者ニ於テモ大ニ考慮ヲ要シ、今後ハ成ベク公平ヲ期スルト云フコトヲ言明セラレタノデアリマシタ、文部省ハ誠ニ其經費ノ要求ガ少ナイノデアリマス、學校圖書館支出金ノ增シタノガ六万九千圓餘ノ外ニ、新要求ハ何モナイノデアリマス、高等學校其他種々ナル學校ガ置カレマシタケレドモ、此等ノ創立費ト云フモノモ多ク繰延ベテアルノデアリマス、殊ニ普通敎育ノ獎勵金ナルモノモ始メハ五十万圓デアッタノガ二十五万トナリ、今度ハ更ニ十万圓ヲ減ゼラレテ十五万トナッタノデアリマス、此繰延節減ノ結果ト云フモノガ、此ノ如キモノニ迄及ンダト云フコトハ甚ダ是ハ敎育ノタメニ遺憾トスルトコロデアリマス、農商務省ニ於キマシテ鑛毒調査費四万圓、是ハ先年來鑛毒問題ガヤカマシクナリマシテ、種々調査ノ爲メ止ムヲ得ヌ經費デアリマスガ、併シ是ハ最モ有效ニ最モ利益ニ使用スルヤウニト大ニ注意ヲ加ヘテ贊成ヲシタノデアリマス、ソレカラ製材所拂下是ハヤカマシキ問題デアリマシタガ、遂ニ委員會ニ於テ否決ニナッタノデアリマス、ソレガタメニ歲入ノ部ニ於テ貸下料ガ二万二千圓程減ッタノデアリマス、此問題ニ付キマシテハ一ト通リ簡單ニ申シテ置キマスガ、製材所ハ四箇所アッテ十箇所ハマダ未成デアリマス、斯ウ云フ際ニマダ十分ニ之ヲ實地ニヤッタ譯デモナイカラシテ、今官營ノ不適當カ否ヤト云フコトヲ斷定スルト云フコトハ餘リ急躁デアル輕卒デアル、殊ニ又秋田青森ノ如キハ少數ノ豪商ガヤッテ居ルノデアルカラシテ、其少數豪商ノ手ニ歸シタ時分ニハ自ラ山林モ專有セシムルニ至ルト云フ形蹟ガ歷然タルモノデアル、大體斯ウ云フヤウナ理由ノ下ニ、是ハ委員會ニ於テ否決ニナッタンデアリマス、此貸下ガ否決ニナッタ結果トシテ、ドウシテモ之ヲ官營トスル事トナレバ、今度ノ豫算ニハ此官營ノ資金ト云フモノガ這入ッテ居ラヌノデアリマスカラシテ、依然之ヲ官デヤルト云フコトニナレバ、或ハ此官營ノ資金ニ不足ヲ生ジテ追加ヲ求ムルニ至ルカモ知レヌノデアリマス、ケレドモ是ハ其時ノ問題トシテ兎ニ角此ノ如キ大體ノ理由ヲ以テ否決ニナッタンデアリマス、ソレカラ農商務ニ於テ博覽會ノコトハ前ニ申シマシタガ、此大博覽會ノ經費總額ガ千百七十三万圓餘ニシテ六百九十六万圓餘ト云フモノガ今度打切テ減少サレタノデアリマス、差引四百七十六万圓餘ト云フモノガアリマスガ、此中四百六十四万圓餘ト云フモノハ四十一年度マデノ支出額デアリマシテ、十万圓餘ト云フモノガ四十二、三ノ二箇年ニ涉ッテノ調査費トナッテ居リマス、是ハ前回申シタ理由デアリマシテ、先ヅ原案ノ通リ認メタノデアリマス、又此通リ原案ニ決シテ博覽會ヲ延期ヲスルト云フヤウニナリマスレバ、東京市ノ納附金ト云フモノガ百三十七万圓アリマシテ、是ハ即チ東京市ニ返還サレルト云フコトデアリマス、是ハ追加豫算ノ方ニ出テ居ルノデアリマス、此原案通リ贊成シタ結果トシテ、東京市ノ納附金百三十七万圓ト云フモノハ還サレルコトニナルノデアリマス、農商務省ノ方ノ新要求ト云フモノハ格別アリマセヌガ、製鐵所ノ運轉資本增加ト云フモノガ二十六万圓アリマス、製鐵所ノコトハ昔ハ大變非難攻擊ヤカマシカッタンデアリマシタガ、此頃何トモ聲ガアリマセヌ、ト云フモノハ段々內容ヲ審査スレバ戰時ニハ餘程擴張サレテ、其效績モ擧ガッタノデアリマスカラ、先ヅ今日ハ當局者ヲ信用シテ此二十六万圓ヲ增加スルニ付キマシテハ何ノ異議モ無カッタノデアリマス、遞信省ノ方デアリマスガ、是ハ經常部ニ於キマシテ電話交換擴張ノ維持費ガ四十九万圓餘、ソレカラ通信事業增進ニ伴ヒ二十九万圓餘ノ經常費增加ノ要求デアリマス、是ハ贊成ヲシタノデアリマス、ソレカラ問題トナッテヤカマシカッタノハ桑港線航海補助、南米航路デアリマス、是ハ新造船ヲ使用スルタメニ百二十四万圓餘ノ增加要求トナッテ居ルノデアリマス、結局議論ハアリマシタケレドモ原案ニ贊成スルヤウニナッタノデアリマス、航海獎勵費ハ四百万圓餘デアリマシテ、前年度ニ比シテ五十二万圓餘ノ增加ニナッテ居リマス、此航海獎勵費ナルモノハ船ガ出來レバ其資格ニ應ジテ幾ラデモ金ヲ出シテヤラナケレバナラヌコト、ナッテ居リマシテ、財政上ニハ甚ダ困ッテ居ルノデアリマス、今度ハ此航海獎勵法モ改正案ガ出テ居リマスガ、其船ト國庫トノ關係ニ於テ船ノ方ガ主ニナッテ、船ニ連ラレテ國庫ノ方ガ往カネバナラヌ、是ハ財政上甚ダ困ッタ譯デアッテ、今回改正案モ出テ居ル譯デアルカラシテ、其船ニ連ラレテ往カズシテ、國庫ハ豫算ト云フモノヲ元ニシテ豫算ノ定ムル所ニ於テ何年度ハ幾ラヤルト云フコトニ致シタイ、斯ウ云フトコロノ議論希望モアッタノデアリマス、電話交換擴張費ノ増加ガ百二十万圓デアリマシテ、是ハ繰延額ト差引總額四百二十万圓餘、四箇年ノ繼續トナッテ居ルノデアリマス、度數制ハ大變ヤカマシイ問題デアリマシタガ、此度數制ヲ採用シテ六十万圓ノ増收入ヲ得タナラバ、四箇年ノ繼續費デ電話ヲ完成スルト云フ當局ノ計畫デアッタノデアリマス、之ニ付キマシテハ電話ノ完成ハ急務デアルカラシテ、政府ノ四箇年計畫ト云フモノハ固ヨリ是認スル、併シ僅ニ六十万圓ノ増收ノタメニ度數制ノヤウナ繁雜ナル制度ヲ設ケ、又通信機關ノ不便ヲ感ゼシメ且ツ一種ノ增税ノ如キモノデアル、此四箇年ニ完成スルコトハ宜レイケレドモ、度數制ヲ用ヰテ增收入ヲ計ルト云フコトハ宜シクナイト云フ趣意ヲ以テ、此度數制ノ收入ガ否決ニナッタノデアリマス、ソレカラ遞信費ノ中デハ海外信支拂金ト云フモノガアリマスガ、是ハ是迄ノ結果ニ依ッテ見マスト云フト、隨分他ノ方ニモ流用シテ居ル費目ニナッテ居ルノデアリマス、依ッテ是ハ二十五万圓位削減スルト云フノ餘地アルヲ見出シマシタカラシテ、之ヲ削減シタノデアリマス、此ノ如ク査定ノ結果ニ依リマスレバ歳入ノ減額ニナッタモノガ、郵便電信收入デ六十万四千三百二十九圓、ソレカラ製材所貸下ゲガ否決ニナッタタメニ、森林收入ノ減額ガ二万千七百八十七圓、阿里山經營、是ガ否決ニナリマシテ一時借入金ノ削減ガ二百六十二万圓トナッタノデアリマス、其外歳入ニ於キマシテ色々議論ガアリマシタガ、殊ニ議論ノヤカマシカッタノハ關税ヲ統一スルト云フ方針ヲ以テ、臺灣ノ關税六十五万圓ト云フモノヲ國庫ニ收メシメテ之ヲ統一スルト云フコトデアリマスケレドモ、併シ税關ノ監督ハ如何ニスルカト云ヘバ、直接大藏省ヨリ官吏ヲ出張シテヤルノデハナク、本省ヨリ總督ヲ通ジテ監督ヲスルト云フコトニナッテ居ルノデアリマス、是ハ統一ヲスルト云フケレドモ、甚ダ其統一ノ實ガ擧ガッテ居ナイ、是ハ寧ロ臺灣ノ歳入ト云フモノハ臺灣ニ戻シテヤルガ宜イ、斯ウ云フ議論モナカ〳〵ヤカマシカッタノデアリマス、ソレカラ統一ヲ缺イテ居ルト云フノハ、内地デハ業ニ已ニ輸出税ト云フモノハ取ラナイノデアリマス、併シ臺灣ニ於テハヤハリ輸出税ヲ取ッテ居ル、是ハ又當局者ノ言ニ依レバ、輸出税ヲ取ルトコロノ特別ノ事情ガアルト云フコトデアリマスケレドモ、是ノ如ク統一ヲ缺イテ居ルコトデアリマスカラ、宜シク統一ノ方針ヲ以テ編成換ヲスベシト云フ所ノ議論モ大ニアッタノデアリマス、四十二年度ノ總豫算及特別會計ト、豫算外國庫ノ負擔契約ニ屬スルモノトヲ併セテ報告致シタ事デアリマス、此全體ニ付テ査定修正ノ大要ヲ申シテ見マスレバ、是等削減ノ結果原案ノ數字ニ異同ヲ生ジ、歳入總額五億千二百九十五万四千六百七十九圓、歳出總額五億千二百九十四万六千五百七圓、歳入削減額三百二十四万六千百十六圓、歳出削減額三百二十五万四千二百八十八圓、卽チ歳入超過八千百七十二圓ト云フ修正査定ニナッタノデアリマス、是ガ今回提出セラレタ所ノ四十二年度總豫算及特別會計、豫算外國庫負擔契約ニ屬スルモノ併セテノ報告デアリマス、是デ四十二年度豫算ノコトハ濟ンダノデアリマス、ソレカラ追加豫算ガ四十一年度ノ第二號、特第一號、是モ同時ニ委員會ニ於テ決定ニナリマシタカラ、今日玆ニ併セテ報告致スデアリマス、是ハ歳入歳出トモ六百九十八万圓餘デアリマシテ、歳入ノ内譯前年度繰入金四百九十六万圓、鹽及煙草賣渡高增加代金二百万圓、韓國ニ於ケル特許意匠商標等ノ收入一万八千圓餘ニナッテ居リマス、此追加豫算ト云フモノハ何デアルカト申シマスト、其重ナルモノハ大博覽會納付金ヲ東京市ニ返還スル金額ハ先刻報告シタ通リ百三十七万圓デアリマス、ソレカラ續キニ韓國ニ暴徒ガ起リマシタカラ、韓國暴徒討伐ニ從事セシ功勞者ニ對シテ行賞金二百万圓ヲ要ルト云フコトデアリマス、是ハ已ムヲ得ヌコトデアリマスガ、併ナガラ此行賞金ハ前ニモ申シタ通リ八百万圓程不用殘額ヲ生ジマシテ、之ヲ歳入ニ繰入レマシタガ、今後ニ於テハ斯ノ如キコトノナイヤウニ痛ク是ハ當局者ニモ注意ヲ與ヘタノデアリマス、ソレカラ東洋拓植會社ノ補給金三十万圓、專賣局据置運轉資本ノ增加二百万圓、ソレカラ韓國鐵道特別會計ニ於ケル水害復舊費ノ財源トシテ資金ヲ繰入レナケレバナラヌト云フタメニ二十六万圓餘、是ガ卽チ第二號ノ追加ニナッテ居リマス、ソレカラ特第一號デアリマスガ、是ハ今申シマシタ所ノ韓國鐵道資本勘定、歳入一般會計ヨリ受入二十六万圓餘卽チ歳出ニ於テハ水害復舊費二十六万圓デアリマス、サウシテ國債整理基金支出八百九十七万圓、是ガ卽チ四十一年度ノ第二號ノ追加特第一號ノ追加ノ大要デアリマス、報告ガ長クナリマシタケレドモ何分三週間ノ審査ノ結果ヲ報告スルノデアリマスカラ、三十分間ニ言ヒ盡スコトハ出來マセヌカラ宜シク御諒承ヲ願ヒマス

○阪本彌一郎君 議長

○議長(長谷場純孝君) 先ヅ日程第一明治四十二年度豫算案ヲ議題ト致シマス

○田川大吉郎君　陸軍省所管第一款第二款、第三款ニ亙リテ糧秣費ノ請求ガアリマス、其糧秣費ハ一石ノ單價ヲ十七圓四十錢ト見積ッテアル、又大麥、乾草、藁總テ昨年ニ比ベテハ比較的高價ニ見積ッテアリマス、大麥ノ單價ハ今年ノ見積ハ二十三圓八十錢ニナッテ居ル、昨年ノハ、二十三圓五十三錢六厘、故ニ一石ニ於テハ二十六錢四厘ノ高價ニナッテ居リマス、私ハ正米一石十七圓四十錢ノ價ヲ昨年通リ十六圓五十錢ニ削減シタイ、又大麥モ二十三圓八十錢ニナッテ居リマスノヲ、昨年通リ二十三圓五十三錢六厘ニ削減シタイ、斯ノ如クニシテ第一款ヨリ第二款、第三款ニ通ジマシテハ合計五十五万　千十九圓ノ削減ニナリマス、無論此外ニモ尚糧秣費ノ要求ハアルノデアリマス、滿洲ニ於テ或ハ朝鮮ニ於テノ約一万八千石バカリノ要求ニ對シマシテハ、計算ノ根據ガ私ニハ分明デアリマセヌ、ソレ故ニ其方面ハ私ハ除イテ居ル、單ニ陸軍本省第二款ノ軍事費、第三款ノ憲兵費ニ屬スル中ノ糧秣費ニ付キマシテ斯ウ云フ考ヲ起シタノデアリマス、物價ガ高イト云フ御聲ガ聞エマシタケレドモ、昨年ノ秋ニ當ッテ吾々ノ米ノ豐熟ヲ喜ンダノハ何ノ故デアル、昨年ノ夏ニ於キマシテハ或ハ昨年ノ米穀ノ秋收ヲ心配スル色ガ御同樣ノ間ニアッタケレドモ――國民ノ間ニアッタケレドモ昨年ノ秋ニ至リマシテハ非常ナル豐收ヲ得テ、國民全體ガ愁眉ヲ開イタノデアリマス、ダカラ昨年ト今年トノ米價ヲ較ベマスレバ事實ニ於テ今年ノ米價ノ方ガ遙ニ低クナッテ居リマス、之ヲ昨年ニ較ベテ本年ノ米價ガ高レト仰セラレルガ、陸軍大臣ノ如キ當局ノ人ノ口カラシテ之ヲ聞クコトハ敢テ怪ミマセヌケレドモ、地方ニ生活シテ米價ノ實狀ヲ能ク熟知レテ居ラレル諸君ノ口カラ此聲ヲ聞クノハ意外ト言ハナケレバナラヌ、其コトハ私等ガ申スマデモナク、諸君ハ明カニ御了知ノ皆デアッテ、今年ノ米價ハ確ニ昨年ノ米價ヨリ廉イ、(「分ッテ居ルカラ簡單ニヤリ給ヘ」ト呼フ者アリ)ソレ故ニ若嚴正ニ論ジマスルナラバ、昨年ノ十六圓五十錢ヨリモ、モット低價ニ本年ノ米價ヲ見積ッテモ差支ハナイノデアリマスケレドモ、將來ノコトヲ懸念シ、又幸ニ昨年ノ例ガアリマスカラ、昨年ノ例ニ依リマシテ、今年ノ十七圓四十錢ヲ十六圓五十錢、一石ニ於キマシテ九十錢減ニ見積リタイ、大麥ト乾草ト藁ト其方ノ減ハ私ハ之ヲ見積ッテ居リマスケレドモ、價格ノ見積リガ極ク小サクアリマス、故ニ此所ニ別段ニ申シマセヌ、正米ト大麥ト乾草ト藁ト其價ヲ總テ昨年ノ例ニ依リマシテ合セテ五十五万五千十九圓ノ削減ヲ此所ニ求メル、ドウゾ此點ニ付キマシテハ私ヨリモ、モット能ク米價ノ事情ニ御熟通ノ諸君ガ仔細ニ考ヘラレテ、此修正ノ動議ニ贊成ヲ給ハランコトヲ望ミマス

（「採決」ト呼フ者アリ）

○議長（長谷場純孝君）　採決ヲ致シマス、田川君ノ修正說ニ定期ノ贊成者ガゴザイマスカラ採決致シマス、田川君ノ修正說ニ贊成ノ諸君ノ起立ヲ請ヒマス

起立者　少數

○議長（長谷場純孝君）　少數、委員長ノ報告ニ御異議ハアリマセヌカ

（「異議ナシ」ト呼フ者アリ）

○議長（長谷場純孝君）　委員長報告通リ異議ガナイト認メマスカラ、陸軍省所管ハ總テ其通リ決シマス、是ヨリ海軍省所管　海軍省所管ハ總テニ就テ一ノ通告モアリマセヌ、委員長報告通リニ御異議ハアリマセヌカ

第十七　居留民團法中改正法律案（大内暢三君外三名提出）　第一讀會

居留民團法中改正法律案

居留民團法中左ノ通改正ス

第三條ニ左ノ一項ヲ加フ

民長ハ居留民會ニ於テ之ヲ選擧シ監督長官ノ認可ヲ受クヘシ

（大内暢三君登壇）

○大内暢三君　私ハ本案提出ノ理由ヲ極メテ簡單ニ説明ヲ致シタイト思ヒマス、諸君モ御承知ノ通リ此居留民團法ハ去ル明治三十八年ノ議會ニ於テ協贊ヲ經マシテ法律トナッタモノデゴザイマス、而モ當時立法ノ精神ハ海外他郷ニアル我國民ノ自治制ヲ確實ニ承認スルコト、併セテ憲法國ノ國民ガ海外ニ發展移住スルニ付キマシテ、內地ト同様決シテ他ノ干渉若クハ迫害ヲ許サナイト云フ保障的ノ意味ニ於テ、大安堵ヲ與ヘタモノデアルト云フコトハ今更一點ノ疑ヲ置カナイトコロデゴザイマス、爾來韓國ニ於テ我在留民ハ有難ク此精神ヲ享ケマシテ、鋭意之ガ發達ニ努メテ且母國憲政ノ俤ヲ只管此民團ニ移スコトガ出來得テ、大ニ滿足ヲ致シテ來タノデゴザイマス、然ルニ民團法中ニハ斯ウ云フコトガアルノデゴザイマス、居留民團ニハ議員及居留民會ヲ置クト云フ明文ガゴザイマスルガ、其議員ナルモノガ如何ニシテ選定セラルヽカノ規定ガナキ故ニ、統監府ハ之ガタメニ細則ヲ設ケマシテ、此法文ノ不備ヲ補フコトニナッタノデゴザイマス、併シ元來立法ノ精神ガ精神デアリマスカラシテ、總テ民長ハ居留民會ニ於テ之ヲ選擧シ、統監之ガ認可ヲナシ來タノデアリマスガ、其事未ダ數年ナラズシテ昨年ノ七月ニ至ッテ突然民長ノ官選令ヲ發シマシタノデ、十有餘万ノ我在韓同胞ハ大ニ迷惑ヲ致シマシタ、大ニ狼狽ヲ致シマシテ此撤廢ヲ統監府ニ請願致シタコトモ屢々デゴザイマシタ、併シ一度發令シタモノヲ直チニ撤廢スルト云フコトハ蓋シ至難ノ事柄デアル、私ニシマシテモ、殊ニ外國ニ於ケル我官憲ノ威信ニ對シテ無暗ニ之ヲ強ユルコトハ本意デナイノデ、徐ニ今日アルコトヲ期待シタノデアリマス、一體諸外國ハイザ知ラス我保護國ニ於キマシテ（「簡單」ト呼フ者アリ）特殊ノ法律ヲ設ケテ民團又ハ民長ヲ置クト云フコトノ利害得失、凡ソ此ノ如キ根本義ニ至リマシテ私ハ一箇ノ議論ヲ有スルモノデアリマスケレドモ、ソレハ今日云フベキ限リデハナイガ、既ニ立派ニ民團法ヲ布キ公然民長ヲ有シ來ルモノニ對シテ、法律明文ノ不備ニ乘ジテ朝令暮改立法ノ精神ヲ滅却シテ屢々自治制ノ撹亂ヲナスト云フガ如キハ、我憲法國ノ俤トシテ苟モナスマジキコトデアル、加之立憲國民ハ海外ニアルト內地ニアルトヲ問ハズ、如何ナル場合ニアッテモ、ヨリ以上ノ權利ヲ得ルト云フコトハ、是ハ自治制ノ發展トシテ喜ブベキコトデアルガ、既ニ得ラレタル權利ヲヨリ以下ノ權利ニ移サルヽト云フコトハ斷ジテアルベキ筈ノコトデハナイノデアル、是ハ立憲政治ノ退歩、逆路デアル、同時ニ立憲國民ニ對シテ此上モナキ侮辱デアルト考ヘル、此韓國ニ於ケル我優越權モ如何ニシテ取ラレタカ、彼ノ國ニ於ケル宗主權モ如何ナル動機ニ依ッテ取ラレタカト申シテ見マスレバ、取モ直サズ在韓同胞ガ未ダ生命財産不安ノ際ニモ拘ハラズ、早クモ彼ノ地ニ渡ッテ各種ノ事業ニ密接ノ關係ヲ附ケタタメデアル、實ハ在韓同胞ハ我國權擴張ノ樂國者デアル、功勞者デアル、而シテ今日ニ至ッテハ統監官吏ノタメニ無能者ト呼バレ、無教育者ト喚バレ、剰ヘ此官選民長令ヲ發シテ置イテ、我自治制ヲ撹亂セラレルニ於テハ是レ何タル非運デアルカト云フコトハ、彼ノ在韓同胞ガ母國同胞ニ向ッテ涙ヲ揮フテ訴ヘントスルトコロノモノデアリマス、ソレデ此度ノコトハ極ク簡單ニ申述ベマス、此度ノコト法文ノ不備ヨリ生ジタル統監官吏ノ迫害ト考ヘマスガ故ニ今後ハ法文中ニ於キマシテ「民長ハ居留民會ニ於テ之ヲ選擧シ監督長官ノ認可ヲ受クヘシ」ト云フ二十七字ヲ加ヘマス、是ハサナキダニ常ニ大ニ同情ヲ寄スベキトコロノ彼ノ滿韓ノ地ニアル我同胞ノ希望デゴザイマス、幸ニ滿場諸君ノ御協贊ヲ希望シテ止マナイ次第デゴザイマス

○恆松隆慶君　本案ニハ多少異論モゴザイマスガ、兎ニ角十八名ノ委員、議長指名アランコトヲ願ヒマス

（「贊成々々」ノ聲起ル）

○議長（長谷場純孝君）　恆松君ノ動議、本案ハ議長指名十八名ノ委員ニ附託スルト云フコトニ御異議ハアリマセヌカ

（「異議ナシ異議ナシ」ト呼フ者アリ）

○議長（長谷場純孝君）　御異議ガナイト認メマスカラ、其通リ決シマス

○恆松隆慶君　十八、十九ハ一括シテ……

○議長（長谷場純孝君）　日程第十八、十九ハ關聯セル議案ナルニ依ッテ、一括シテ議題ニ供シタイト思ヒマス

（「異議ナシ異議ナシ」ト呼フ者アリ）

○議長（長谷場純孝君）　御異議ガナケレバ私設鐵道法中改正法律案外一件ヲ議題トシ、議案ノ朗讀ヲ省略致シマス——三浦覺一君

外交ニ關スル質問主意書

一間島問題ハ我保護國タル韓國主權ニ關スル重大ナル問題タルハ勿論韓國民保護上一日モ等閑ニ附ス可ラサルモノナリ然ルニ政府ノ之ニ對スル交渉甚シク緩漫ニ失シ一昨年來何等ノ進捗ヲ見ル能ハサルハ何ソヤ或ハ我カ當局者ニ於テ讓歩ノ內意アルヤニ噂スルモノアリ吾人ハ之ヲ全然非認スルモノナリト雖モ萬一政府ニ於テ讓歩スルコトアリトセハ之ニ對スル政府ノ交換條件アリヤ否ヤ之ニ對スル政府ノ答辯如何

一新法線鐵道問題タルヤ北京條約ノ精神ニ照シテ帝國權利ニ屬スヘキハ一點爭フヘキ餘地ヲ存セス故ヲ以テ英人某ナルモノ之カ經營ニ關係スル商事會社タルノ事實アルニモ拘ラス英國政府ハ我要求ノ正當ナルヲ認メ何等異議アルナシト云フ然ルニ今日ニ至ル迄清國政府ノ之ニ對スル保證ヲ得ル能ハサルハ我外交ノ面目威信ニ關スルコト大ナリ政府ノ之ニ對スル覺悟ト交渉ノ顚末如何

一安奉線鐵道附近ノ鑛山發掘權ノ有無ハ我國利權ノ係ル所ノミナラス滿洲開發上一日モ緩ニスヘカラサルコト明ナリ政府ノ之ニ對スル交渉アリヤ否ヤ果シテ之アリトセハ交渉ノ結果如何

一辰丸不法抑留ノ件ニ關シテハ政府ハ先キニ强硬ナル抗議ヲナシ其提議ニ應スル意ナキヲ見ルヤ斷然タル處置ヲ採ルノ言明ヲナシタリ而テ清國政府ノ謝罪賠償ヲ得ルノ條件ヲ以テ事漸クニシテ落着セリト雖モ吾人ハ今日ニ至ル迄其損害ノ賠償サレタル事實アルヲ認ムル能ハス政府ハ何故ニ清國政府ヲシテ之カ賠償ヲ實行セシメサル其間何等カノ事情ノ存スル在テ之カ解決ヲ見ル能ハサルカ政府ノ之ニ對スル覺悟ト其遷延ノ理由トハ如何

一日露交戰ニ際シテ旅順港大連灣ニ於ケル露國人民ノ私有財產ニ對シテ露國政府ハ三百万圓ノ代償金ヲ要求シタリト聞ク果シテ然ラハ政府ハ之ニ對シテ賠償スルノ意思アルヤ如何

一一昨年十月十七日「デーリーテレグラフ」ノ報スル獨逸皇帝陛下ノ某外交家トノ會談中極東ニ關スル言明ハ明ニ獨逸皇帝ノ日本帝國ニ對スル國際的友誼ヲ缺ク重大事件タリ而シテ皇帝ノ言明カ事實タルコトハ獨逸議會ノ重大ナル問題タリシ事實ヲ以テモ一點疑ナキ所ナリ況ヤ堂々タル獨逸帝國ノ元首ノ言明ナルニ於テオヤ帝國政府ノ之ニ對スル覺悟ト手段トハ如何

一大平洋沿岸合衆國連邦各州議會ノ排日案ハ幸ニシテ非決セラレタリト雖モ其後ノ電報ヲ以テスレハ紐育州其他各地ニ排日ノ氣勢益盛ナルモノアリ以テ同國輿論ノ向フ所測知スルニ難カラス今ニシテ之カ根本的解決ヲ見ルニ非スンハ日米間五十年來ノ親交モ遂ニ悲ムヘキ結果ヲ見ルニ至ルコトヲ恐ル而シテ兩國ノ關係如何ハ世界平和文明ノ消長ニ關スル頗ル偉大ナリ政府ハ如何ナル手段ニ依テ日米間ノ問題ヲ解決シテ帝國ノ威信ト權利ヲ確持スルト同時ニ兩國ノ親交ヲ進渉セシメントスルカ其手段方針如何

○藏原惟郭君　立川代議士ノ御忠告ハ有難ク感謝致シマスガ、國務大臣ガ出席セラルヽコトハ固ヨリ熱心私ノ希望スル所デアリマス、併ナガラ殆ド豫算結了ノ曉ニ於テ國務大臣ハ殆ド議會ニ關セザルモノヽ如ク、立川君ノ御話ノ如クニ殆ド一人モ此席ニハ國務大臣ガ居ラレヌヤウニ思ハレマス、何時マデ待ッテ居ッテモ際限ノナイコト、考ヘマス、故ニ私ハ國民ノ代表者タル諸君ニ訴ヘ、併セテ天下ニ訴ヘンコトヲ欲スルノデアリマスカラ、國務大臣ノアルナシニ拘ハラズ進行シタイト心得マス、左樣御承知ヲ願ヒマス(拍手起ル)諸君、過日外交問題ニ付テ聊カ鄙見ヲ述ベマシタ所ガ、不幸ニシテ賢明ナル諸君ノ容ルヽトコロトナラズ、滿場ノ喝采場裡ニ埋沒セラレタ次第デアリマス、今日ハ敢テ會稽ノ恥ヲ雪グ意味デハアリマセヌガ、國家ノタメニ一片ノ誠意ヲ有スルタメ萬已ムヲ得ズ、私ハ茲ニ此外交問題ニ付テ質問ヲ提出スル所以デアリマス、ドウカ幸ニ諸君ノ御清聽ヲ瀆シタイノデアリマス、一體外交ノコトタルヤ、國家重大ノコトデアッテ、外交ノ振不振ハ實ニ國民ノ消長ニ關スルノデアリマス、殊ニ諸君モ御承知ノ通リ今日ハ東洋ノ日本ニアラズシテ世界ノ大日本デアル、此世界ノ大日本ト云フコトハ即チ外交ノ日本デアルト云フコトデアル、故ニ外交ヲ最モ尊重セザルベカラザル時機ト信ズルノデアリマス、此際ニ當ッテ外交ノ上ニ於テ國民ノ希望ヲ滿タシ、國民ノ誠意ニ報ユルノ働キガ現ハレナイト云フノハ、私ハ實ニ國家國民ノタメニ悲シムベキコトデアルト信ズルノデアル、殊ニ吾々ノ鄰邦ニアルトコロノ敬意ヲ表スルトコロノ支那帝國ハ、今日最モ重大ナル途上ニ登リツヽアルノデアル、此際ニ當ッテ日本帝國ト支那帝國トノ間ニ於ケル關係ガ、最モ圓滿ニ最モ誠意ヲ以テ私ハ行ハナケレバナラヌコトヲ信ズルノデアル、ソレ故ニ帝國ガ當然要求スベキ所ノモノハ堂々ト之ヲ要求シ、帝國ノ讓ルベキ所ノモノハ進ンデ之ヲ讓リ、サウシテ此兩大國ノ間ノ親交ヲ厚ウシテ東洋平和ノ基礎ヲ鞏固ニスルト云フコトハ、今日ノ最大急務デアルト云フコトハ諸君ノ御諒知ノ通リデアル、然ルニ我帝國ノ支那ニ對スル外交ハ如何ニモ茫漠トシテ其要領ヲ得ズ、歸局スルトコロヲ知ラズ、恰モ霖雨ノ時期ノ如キ有樣ガ我對清外交ノ上ニ現ハルヽト云フコトハ、如何ニモ帝國外交ノ面目威信ニ關スルコトデアルト思フ、例ヘバ間島問題ノ如キ政府ハ其當時ニ於テ、非常ニ重キヲ置キ、韓國ニ代ッテ此問題ヲ解決センコトヲ試ミタノデアル、諸君ノ御承知ノ通リ間島問題ハ殆ド百有餘年ノ間、兩國ノ間ニ於ケル懸案デアッタノデアル、遂ニ今ヨリ二十年前ニ至ルマデ兩國相戒メテ此間島ニ足ヲ入ルヽコトヲ避ケテ居ッタ次第デアル、然ルニ段々時勢ノ進行ニ伴ッテ清韓ノ間ニ於ケル問題ガ再發シテ、遂ニ日本帝國ヲ代表スルトコロノ統監府ガ韓國ニ代ッテ此多年ノ懸案タルトコロノ間島問題ヲ解決セントスルノ任ニ當ッタノデアル、而シテ談判ハ開カレタノデアル、抑々間島ナルモノハ如何ナルモノデアル、是ハ即チ露國清國竝ニ韓國、此三國ノ境ヲ接スル重大ナル場所デアル、兵略上ニ於テモ、商業上ニ於テモ其他國際上ニ於テモ最モ重大ナル場所デアル、ソレ故ニ政府モ之ニ重キヲ置キ、韓國モ亦之ニ重キヲ置キ、宗主權ヲ有スル日本政府ニ託シテ此問題ノ解決ヲ計ッタノデアル、其結果トシテ齋藤大佐ハ即チ派出所ノ長官トシテ間島ニ派遣セラレ、即チ韓民ノ保護管理ノ任ニ當ッタノデアル、即チ此間島ニ對シテ韓國ノ要求竝ニ日本ノ要求スル所ノモノガ、正當誠意デアリシナラバ、何故ニ之ヲ速ニ清國ト共ニ解決スルコトヲシナカッタノデアルカ、此點ガ政府ノ緩慢ニ附シテ居ル所以ト信ズル、固ヨリ外交ノコトハ機密ニ屬スル點ガ少ナカラヌト云フコトハ本員モ信ジテ居ル、併ナガラ元ト韓國ニ屬シ、而シテ日本政府ガ之ヲ當然正當トシテ認メルトコロノモノニ向ッテ、堂々要求ヲスルコトニ於テ何ノ憚ルトコロガアルカ、若シ疚シイ所ノモノガアリシナラバ、日本帝國ガ如何ニ談判ヲ重ヌト雖モ、如何ニ天下ノタメニ主張スルトコロデアルト雖モ、帝國本來ノ威信ヲ擁護スルガタメニ之ヲ讓ルモ可ナリデアル、若シ讓ルコト能ハザル事實ト理由ノ存スルアラバ、何處マデモ要求スベキデハナイカ、然ルニ年ヲ重ヌルト雖モ、其終局ヲ見ルコトガ出來ヌト云フハ、是ハ政府ノ緩慢デアルカ、將タ此問題ガ實ニ複雜ニシテ、而シテ時日ヲ重ヌルノ已ムヲ得ナイノデアルカ、吾々ハ此點ニ於テ迷フノデアル、斯ノ如キ問題ガ長ク兩國間ニ横ハッテ、兩國ノ親交ノ上ニ障害ヲ與ヘルト云フコトハ、吾々ノ採ラザル所デアリマス、聞ク所ニ據ルト過ギシ頃或ル新聞ノ報ズル所ニ依ルト、謝恩大使ノ唐紹儀ガ米國ニ到ル途中日本ニ立寄ッタ、其當時日本政府ト交渉ヲシタ結果、或ハ日本帝國ヨリ此間島ヲ清國ニ讓ルノ意アルノデハナイカト云フ疑問疑惑ノ中ニ含マレタ記事ガ現ハレタ、之ニ付テハ其眞相ヲ知ルコトハ出來ヌガ、果シテ唐紹儀ト日本帝國外交官トノ間ニ交換ガアッタヤ否ヤヲ知ルコトガ出來ナイ、併ナガラ是等ヲ祕密ノ間ニ何時マデモ彷徨セシムルト云フヤウナコトニナルト、斯ノ如キ疑惑ガ方々ヨリ起ルノモ已ムヲ得ナイノデアリマス、即チ當時ノ漢字新聞ニ何ト云フテ居ルカ、即チ唐紹儀大使ヨリ清國外部ニ致シタル其國條ニ日本外務省已ニ復答アリ、而シテ其大意ハ間島問題ノ證據既ニ確メラレ應ニ清國ノ領土ニ歸スベキハ疑義ヲ須ユル所ナレト云フニ在リ、斯ノ如キ通信ガアル、斯ノ如キ事柄ガ新聞ニ出テ居ルノデアル、外務省ハ之ヲ打消サヌ、何故ニ是ガ事實デナイナラバ打消サナイノデアル、吾々ハ間島ハ實ニ重大ナル場所デアルト云フコトヲ信ズル、殊ニ此三國ノ間ニ横ハル所ノ最モ肝要ナル場所デアルト云フコトヲ信ズル、政府ガ故ナク、政府ガ根據ナク、此問題ヲ提出シテ、此談判ノ任ニ當ッタト云フコトヲ私ハ信ゼヌ、故ニ政府ヲ深ク信ジテ政府ニハ必ズ決意アリ、必ズ據處アリ、必ズ要求スル所ノ決心ハ定ッテ動カヌモノト信ズルノデアル、併ナガラ政府ハ進ンデ此問題ヲ――固ヨリ急速ノ間ニ決行スルト云フコトヲ吾々ハ要求スル者デハナイ、併ナガラ道ヲ盡シ誠意ヲ盡シ努力奮勵以テ此問題ヲ遠カラズシテ解決シテ、兩國ノ間ノ和親ニ資スルトコロ大ナランコトヲ私ハ希望スルノデアル、此記事報ズルトコロノ事ガ果シテ事實デアルヤ否ヤ、又政府ハ如何ナル程度ニ交渉ヲ進メ、アルヤ否ヤ、是本員ガ聽カントスルトコロノ第一ノ問題デアル、第二ニハ是モ永イ問題懸案トナッテ居ルトコロノ即チ新法線鐵道問題デアル、抑々此新法線鐵道問題タルヤ、諸君ノ御承知ノ通リ或ル英國ノ商人ガ金主トナッテ而シテ清國ノタメニ之ヲ經營スルト云フヤウナ事柄ヲ吾々ハ仄ニ聞イテ居ル、又去年ノ貴族院ノ委員會ニ於テ珍田外務ノ次官ガ此問題ニ對シテ說明スル所ガアッタコトモ覺エテ居ルノデアル、即チ清國ガ英吉利ノ或ル一商會社ト提携ヲシテ新法線鐵道ヲ經營スルト云フコトヲ聞イタノデアルカラ、之ニ抗議ヲ申込ミ之ニ對シテ清國ニ談判ヲ開イタノデアル、又一方ニ於テハ英國ノ意志ヲ確ムル所ガアッタ所ガ決シテ日本ノ意志ヲ枉ゲテ迄モ此新法線鐵道ヲ經營ヲ欲スルト云フ意志ハ更ニナイ、要スルニ即チ日本帝國ノ要求ガアッタラバ之ニ讓ルト云フ意味ノ事實ヲ此政府委員ハ漏ラサレテ居ルノデアリマス、英國ノ此寛大ナル、英國ノ此至當ナル態度ハ、吾々ノ尊敬スル所デアッテ、實ニ日英同盟ノ精神モ茲ニアルト云フコトヲ信ズルノデアル、即チ新法線鐵道ナルモノハ南滿鐵道ノ竝行線デアル、此竝行線ヲ許サナイト云フコトハ即チ「ポーツマス」條約ニ於テ關聯シ、進ンデハ北京條約ニ於キマシテモ此意味ハ明カニ言明サレテ居ルノデアル、支那帝國ニ於テモ斯ノ如ク明カナル理由ノ存スル所ノ問題ヲ日本ノ正當ナル要求ニ背イテ新法線鐵道ノ經營ヲナシテ南滿鐵道ノ利害ニ關係スルガ如キコトヲナサヌト云フコトハ私ハ信ジテ疑ハヌノデアル、ソレ故ニ此問題ノ解決モ私ハ困難デハナイト思フノデアルガ、政府ハ此問題ニ付テ幾干ノ程度ニ此交渉ハ進メテアルノデアルカ、政府ハ果シテ明カニ清國政府ノ承認ヲ確メタノデアルカ、將又此問題ハ尚懸案中ニ屬シテ決定スルトコロナイノデアルカ、殊ニ是ハ「ポーツマス」條約ヨリ自然ニ生ミ來ラレタルトコロノ最モ根據アル問題デアルカラ政府ハ進ンデ和衷審議以テ此兩國ノ間ニ横ハル問題ヲ一刻モ速カニ結了セシメンコトヲ希望スルノデアル、之ヲ要スルニ解決スルトコロノ手腕ガナイト云フコトデアッタナラバ吾々ノ外交ハ實ニ外交トシテ見ルコトガ出來ヌト言フモ決シテ私ハ過言ニアラズト信ズルノデアリマス、又私ガ更ニ政府ニ問ハントスルトコロノモノハ何デアル、ヤハリ是モ清國ニ關スル所ノ問題ノ一ッデアル、即チ辰丸不法拘留ノ件デアル、第三辰丸ガ突然世界ノ公路ニ於テ淸國軍艦ノタメニ抑留サレ、而シテ不法ノ行爲ヲ以テ待遇サレ又侮辱ヲサレ、而モ損害ヲ掛ケラレ、帝國ノ商船ニ向ッテ、侮辱ヲ加ヘタルト云フコトモ事實デアル、此問題ハ政府ハ非常ナル覺悟ヲ以テ淸國ニ談判ヲセラレタト云フコトモ聞及ンデ居ルノデアル、淸國幸ニシテ容ル、トコロガアッテ或ハ謝罪ノ意ヲ表シ、或ハ賠償スルノ決意ヲ示シタト云フコトヲモ疾ニ聞イテ居ルノデアル、併ナガラ今ニ至ルマデ之ニ對スル損害ノ賠償ノ實行サレタト云フコトヲ私ハ耳ニセナイノデアル、諸君ハ之ヲ耳ニセラレタカモ知レヌ、併シ私ハ耳ニシナイノデアル、何故ニ是ハ賠償サレヌノデアルカ、聞ク所ニ依ルト廣東總督張人駿ナル人ガアッテ其賠償ヲ拒絶スルガ爲斯クハ遷延スルト聞及デ居ル或ハ亦排貨問題ト關聯ヲシテ居ルガ爲此進行ヲ遷延シツヽアリハセヌカト云フ疑惑ヲ私ハ有スルノデアル、斯ノ如キ問題ハ簡明ニシテ、既ニ解決セラレテ居ルノデアル、其結末ヲ付ケルト云フコトハ急務中ノ急務ニシテ、兩國間ノ感情融和ヲ計ルハ一日モ缺クベカラザル急務デアルト私ハ信ズルノデアリマス、又日露交戰ノ際ニ於テ旅順大連ニ於ケルトコロノ露國人ノ私有財産ニ對シテ露國政府ハ道途ノ傳フルトコロニ依レバ、三百万圓ノ賠償ヲ要求シタト云フコトデアル、是モ果シテ事實デアルカ、若シ事實デアッタラバ政府ハ之ニ對シテ如何ナル手段ヲ執ラル、ノデアルカ、是モ私ガ聽カントスル所ノ問題デアル、併ナガラ最モ私ガ重キヲ置イテ問ハントスル所ノモノハ、諸君ヲ驚カシ、世界ヲ驚カシ、世界ノ外交界ヲ實ニ驚倒セシメタル所ノ一事ガアル、何事デアルカ、昨年ノ十月十七日「デーリー、テレグラフ」ノ報ズル所ニ依ルト、吾々ノ擧テ敬意ヲ表スル所ノ堂々タル世界ノ大國、而シテ其國ノ元首タル所ノ英明卓拔ナル獨逸皇帝ハ或ル外交家ノ會見中ニ語ッテ曰ク、近キ未來ニ於テ東洋ニ於テ必ラズ一大動亂アラン我大海軍ヲ擴張スルハ卽チ是ガタメニ備ヘルノデアル、此場合ニ於テ此世界ノ大勢東洋ノ紊亂ヲ戡定スルトコロノモノハ大海軍ヲ備ヘルトコロノ大强國ノミデアルト云フコトヲ明言サレタノデアル、吾々ハ其當時新聞ニ依ッテ之ヲ疑ヒ、其電報ノ事實ナラザランコトヲ希望シタノデアル、併ナガラ日ト共ニ獨逸皇帝ノ言明ハ事實デアッタコトヲ悲ムノデアル、而モ獨逸ノ議會ヲ非常ニ感動セシメタノデアル、獨逸皇帝ノ言明ハ獨逸議會ノ大問題トナッタノデアル、世界ノ歷史ニ於テ世界ノ大國ノ元首ガ議會ニ於テ八面攻擊ヲ受ケ痛ク非難ヲ受ケラレタト云フコトハ私ハ未ダ曾テ聞カザル所デアルノデアル、唯獨逸ニ於テ之ヲ認ムルコトヲ得タノデアル、一方ニ英邁ノ君主アリ一方ニ之ヲ攻擊スルノ議會アルコトハ、實ニ世界ノ外交界ニ於ケル一大奇觀デアルト云フコトヲ私ハ信ズルノデアル、此一大奇觀ハ併ナガラ唯吾々ノ日本帝國民トシテハ傍觀スベキコトデハナイノデアル、獨逸皇帝ノ言ハ直チニ日本帝國民ヲ指シテ居ルノデアル、其證據ガアルノデアル、獨逸皇帝ハ此失言ニ於テ謝スルトコロガアラレタト云フコトヲ聞クノデアル、流石ニ堂々タル大國ノ元首ニシテ其非ヲ悛ムルニ憚カラレザルト云フコトハ實ニ吾々國民ガ敬意ヲ表シテ止マザルトコロデアル、併ナガラ獨逸皇帝ノ言明ハ必ズ心ヨリ出タモノデアラウト信ズルノデアル、心ナキモノガ口ニ出ル筈ガナイ、烟ノアル所ニハ必ズ火ガアルト云フコトハ、是ハ世界ノ道理デアル事實デアル、獨逸皇帝ノ此言明ハ確ニ日本ニ對スル友情友誼ト云フコトハ吾々ハ認メルコトハ出來ヌノデアル、幸ニシテ獨逸議會ハ之ヲ否認シ之ヲ取消シ、而シテ兩國ノ間ノ親交ヲ保ツニ努メタリト雖モ、獨逸皇帝ノ言明ハ炳トシテ天日ノ如ク未ダ消スベカラザルコト、私ハ信ズルノデアル、然ラバ日本外務ノ當局者ガ――日本政府ガ獨逸皇帝ノ此不親切ナル非國際的ナル此言明ニ對シテ如何ナル態度ト如何ナル手段トヲ執ッテ、卽チ此兩國ノ間ニ於ケル所ノ疑ヲ全然消滅セシムルコトガ出來ルヤ否ヤト云フコトヲ私ハ問ハザルヲ得ナイノデアル、小村外相ハ過日ノ外交方針ノ演說上ニ於テ獨逸ト日本トノ親交ハ益々深キヲ加フル、將來モ亦斯ノ如クナルコトヲ信シテ疑ハヌト言ハレタ、吾々モ之ヲ信ジテ疑ハヌ、然レドモ斯ノ如キ親交國ノ間ニ斯ノ如キ實ニ驚クベキ放言ガ元首ノ口ヨリシテ日本ノ友情ヲ缺クガ如キ言明ノアルト云フコトハ、吾々國民ノ聊疑惑スルトコロデアルノデアル、私ハ是ニ對シテ外務大臣竝ニ日本政府ノ手段ト態度トヲ承ハラント希望スル

ノデアル、國民トシテ又明カナル明確ナル答辯ヲ實ニ望ンデ止マヌモノデアルト云フコトヲ信ズルノデアル、更ニ私ハ長ク諸君ノ淸聽ヲ煩ハスト云フコトヲ恐ル、ノデアル、諸君ハ貴重ナル問題ヲ前ニ控ヘラレテ居ル、併ナガラ尙一言日米ノ間ニ付テ本員ニ盡サセラレンコトヲ諸君ニ私ハ請求シテ已マヌノデアル、過日私ハ日米ノ問題ニ付テ――移民問題ニ付テ聊述ブルトコロガアッタノデアル、所ガ不作法ナル本員ノ辭令ニ甚ダ拙ニ、且其辯論スルトコロガ諸君ニ徹底セザリシコトヲ甚ダ遺憾ニ思フ、併ナガラ諸君、日米ノ此排日問題ト云フモノハ決シテ談笑ノ間ニ之ヲ看過スベキモノデハナイノデアリマス、外務大臣ハ僅カ米國一部ノ人民ノ間ニアルトコロノ思想ニシテ、米國全民ノ實ニ思想ニアラズト云フコトヲ斷言セラレタノデアル、不肖惟郭モ十年間米國ニ居ッタトコロノ者デアルカラ、或ル點ニ於テハ小村外相ト說ヲ同ウスルモノデアル、併ナガラ吾々ガ米國ニ在留スル其當時ヨリシテ、決シテ加洲ニ限ラナイ米國全體ニ一部ノ卽チ亞細亞人排斥ノ觀念ハ存在シテ居ッタノデアル、私ハ屢々是ト戰ヒ、屢々大ニ是ト爭ヒ、而シテ斯ノ如キ思想ノ野蠻的ナルコトヲ論ズルコトガアッタノデアル、併ナガラ或ル社會ニ於テ、或ル階級ニ於テ、此觀念ハ實ニ深ク根柢ヲ有シテ居ルノデアルト云フコトヲ私ハ疑ハヌノデアル、ソレ故ニ外務大臣ニ於テモ、國民ノ代表者タル諸君ニ於テモ、日米ノ問題ヲ一時ノコト、シテ看過セラル、ト云フコトハ實ニ私ハ國家ノタメニ悲シムベキコトデアルト信ズルノデアル、諸君、日米ノ間ニ橫ハレルトコロノ日本人排斥ノ理由ハ何デアリマス、私ハ日本人排斥トハ言ハヌ、支那人排斥、日本人排斥、卽チ亞細亞人排斥デアル、所謂黃色人ノ全部ノ排斥デアル、是ハ直チニ人種問題ニ突入スルノデアルノデアリマス、固ヨリ勞銀問題モ其一ツデアリマセウ、社會問題モ其一ツデアリマセウ、選擧問題モ其一ツデアリマセウケレドモ、其根柢ニ橫ハルトコロノヨリ大ナル問題ガアル、ソレハ卽チ、人種上ノ惡感情、異人種的反感情更ニ評言スレバ、人種ハ宗敎上ニ於ケルトコロノ一種所謂僻見デアル、感情デアル此二大原素ガ相俟ッテ以テ此東洋人排斥問題ノ基礎トナッテ、是ガ遂ニ排日案トナッテ來テ居ルノデアル、諸君ガ御承知ノ通リ嘗テ淸國人排斥ヲシタ、淸國人排斥ハ卽チ東洋人排斥ノ前兆デアッタノデアル、準備デアッタノデアル、宜ナル哉今日ハ加洲ノミナラズ此太平洋沿岸ノ各州ハ殆ド到ル處ニ排日問題ヲ議セザルハナイノデアル、米國ノ有ラユル新聞、有ラユル社會、有ラユル方面ニ於テ排日問題ハ到ル處ニ輿論ノ中心トナリ言論ノ沸騰點トナッテ居ルノデアル、之ヲ以テモ此問題ノ根本ノ決シテ淺薄デナク原因ノ遠イト云フコトヲ知ルニ足ルノデアリマス、併ナガラ斯ノ如キ不幸ニ陷ラシメタノハ私ハ米人ニ罪ガアルトハ申スケレドモ、是ハ日本外交ノ甚ダ失政ニ基クコト、思フノデアル、第一移民ノ政策ガ日本ノ政府ニハ定マッテ居ナカッタノデアル、移民ノ政策ガ一定シテ居ラナカッタ、而モ移民ノ活動ヲ自由ニ放任シテ――居タタメニ、斯ノ如キ問題ヲ遂ニ惹起スルニ至ッタト思フノデアル、要スルニ失敗ノ大原因ハ移民ニ對スル政策ガ一定シ、方針ガ確立シテ居ラナカッタコトニ基クノデアル、若モ之ノ方針ガ定ッテ居タナラバナゼ日本ノ移民ニ於テハ秩序ヲ正サナイカ、ナゼ日本ノ移民ニ於テハ方式ヲ備ヘナカッタカ、ナゼ日本ノ移民ニ於テハ其一定ノ場所ヲ示サナカッタカ、ナゼ之ヲ保護シナカッタノデアルカ、ナゼ之ヲ指導シナカッタノデアルカ、到ル處ニ外務省ハ之ヲ拋擲シテ置タノデアル、外務省竝ニ日本政府ノ一部ヲ代表スルトコロノ所謂外國ノ理事官竝ニ日本ノ領事館ハ殆ド此移民ト云ウヤウナコトハ、念頭ニ掛ケナカッタノデアル、一種ノ冷淡ナル態度ヲ以テ之ニ對シタノデアル、之ハ我々ガ海外ニ於テ目擊シタ所デアル、例ヘバ米國ガ移民問題ヲ社會問題トスル所以ハ何所ニアルカ、此所ニ同胞諸君ノ前ニ言明スルヲ恥ヅルト雖モ一種ノ如何ハシキ婦人ノ渡航ニ關係シテアッタノデアル、何故ニ此婦人ニ對シテ相當ノ取締相當ノ制裁ヲ加ヘテ而シテ海外ニ於テ日本國民ノ品位ヲ害スルヤウナコトヲ防禦スルヲ努メナカッタノデアルカ政府ガ既ニ手ヲ施シタ時ニハ後レテ居ッタノデアル、後レタル外交ハ外交ナキト云フモ決シテ過言ニアラズト私ハ信ズルノデアル、尙ホ政府ガ移民ノ政策ガ定ッテ居ッタ

ラバ何故ニ家族的移民ヲ行ハナカッタノデアルカ、ナゼ家族ヲ伴フテ而シテ永住的殖民ヲナサシムルトコロノ方針ヲ助ケナカッタノデアルカ、殊ニ移民ノ政策ヲ行ハントスルニハ移民ノ目的ヲ完フスル上ニ於テ相當ノ機關ヲ備ヘネバナラヌ、例ヘバ外國語ノ修養トカ或ハ風俗上ノ心得トカ地理氣候上ノ知識トカ、多少修養スル必要ガアル、即チ移民教育ヲナサナカッタカ之ヲダニナサナイ日本ノ外交、移民ノ政策ハ決シテ移民ノ政策ニアラズシテ是ハ亂民政策デアルノデアル、是等ノコトハ確ニ日本政府ノ責任吾々同胞ニ向ッテ卽チ日本ノ外交ノ行屆カナカッタコトヲ以テ外務當局者タル者ノ責任ヲ問ハザルヲ得ナイノデアル今ニシテ此救濟ノ途ヲ講ズルハ遲シト雖モ亦無キニ勝ルト云フコトヲ私ハ信ズルノデアル、之ヲ約言スレバ諸君日本人排斥ノ原因ハ種々今申上ゲマシタ如キコトガアルト同時ニ米國ト同化シナイト云フコト米國ノ文明ヲ害スルト云フコト、卽チ米國ノ安寧ヲ保護スルト云フ上カラ又ハ東洋人ノ衞生ニ關スルコト、若クハ道德ノ標準ニ關スルコト若クハ宗敎上ノ異同ニ關スルトカ種々ノ理由ガ排日ノ動機ニナッテ居マシセウ然レドモ之ヲ大別スレバ先ヅ勞銀ノ低廉ト人種上反感トニ之ニ加フルニ此排日思想ヲ挑發シタル原因ハ卽チ日露ノ大捷ニ伴フ陸海軍擴張尨大デアッタト云フコトヲ重ナルモノト思ヒマス是ハ過日犬養議員ヨリ演說ニナッタ通リノ事實デアル、日本ノ陸海軍ノ莫大ナルトコロノ大計畫ハ確ニ米國全洲ヲシテ震駭セシメテ所謂恐日病ヲ惹起シタト云フコトハ疑ハヌノデアル、何トナラバ加洲ノ或議員ハ曰ク日本人ハ決シテ劣等ノ人種ナルガ故ニ排斥スルノデハナイ、寧ロ白人種ニ勝ルトコロノ能力ガアルノデアル、此能力ノアル優レテ居ル人種ヲ今ニシテ壓迫セズンバ他日如何ナル危害ヲ米國ニ及ボスモ圖リ難イト云フコトヲ明言シテ居ルノデアル、諸君人種ノ反感トハ何デアルカ、何ヲ以テ異色人ナルガ故ニ排斥スルノデアルカ品性ノ劣等ナルガ故デアルカ風俗習慣ノ異ナルガ故カ、余ハ確信ス彼等ガ東洋人種ヲ排斥スル根本理由ハ異人種ト異宗敎上ノ僻見ニ基ク卽チ東洋人種ヲ以テ本來劣等ナルモノデアルト云フ頑冥ナル迷信ニ歸スルモノナリ、斯ノ如キ迷信無道ノ僻見ヲ排斥シテ彼ノ愚蒙ヲ啓クコトハ當局者トシテ決シテ不當ノ手段ニアラズト本員ハ信ゼントス、否寧ロ最大須要ノ眞ノ外交手段ナリト絕叫セント欲スルノデアル 諸君ハ人種ノ問題ガ偉大ナル關係ヲ此排日問題ニ有セヌト云フコトヲ思量セラルヽノデアルカ、此所ニ私ハ一ノ證據ガアル、卽チ高橋作衞君ノ米國ニ到ッテ此人種問題ヲ特ニ調査ヲシタノデアルガ其結果何デアルカ、米國人民ハ日本人排斥ヲ人種ノ異ナルニ存スルト云フコトヲ成ルベク避ケントスルノデアル、何故ニ避ケントスルカ是ハ人道問題デアリ又世界ノ同情ニ背クトコロノ問題デアルガ故ニ排日ハ決シテ人種問題ニアラズト云フ、併ナガラ直チニ此言ハ打消サレテ居ルデハナイカ、例ヘバ間接ニハ排日ノ理由ガ人種的僻見ニ基クコトヲ自白スルモノ比々皆然リ、而シテ直接ニ且無遠慮ニ之ヲ自白セル者モ甚ダ多シ「コリアーヌ」紙上ニ於ケルアーウ井ンノ如キ日本人ノ入國ハ經濟的ニモアラズ社會的ニモアラズ然レドモ之ヲ排斥スルノ根柢ハ人種問題デアッテ「レース、クエッション、アット、ボットム」デアッテ經濟問題デハナイト云フコトヲ斷言シテ居ルデハナイカ斯ノ如キ明々白々タル斷言ハ日本ノ外交家ハ認メナイノカ又オーゴノート云フ人ハドウ言ッタノデアルカ、日本人ノ能力ヲ否認セズ却テ其能力アルガ爲ニ日本ノ勃興ヲ好マズ、白人ノ力ニ依リ之ヲ壓スルヲ必要ト認メ此認定ニ基キテ排日ヲ主張セリ、蓋シ米人ノ心アル者ハ排日問題ヲ人種的僻見ニ基クト言ハルヽノ不利益ナルヲ感ズルガ如キモ要スルニ加州「クリスチャンアドボケート」紙上ニ斷言セル如ク「ゼー、ホール、シング、イズ、ベースド、アポン、セオレテイカル、レース、プレヂュデース、ゼー、ホール、ムーブメント、イズ、ベースド、アポン、エー、セオレテイカル、レース、ヘートレッド、アンド、オットレー、アンウォルシー、オフ、エニー、ボールド、オフ、エヂケーション」、賢明ナル諸君ハ譯セズトモ御分リニナッタト信ジマス、チャンバレーンガ殖民議會ニ於テ千八百九十七年施政ノ方針ヲ示シタル演說ノ一部ハ如何ニ人道問題卽チ人種問題ヲ此黃色人種排斥ノ理由ト爲スヲ恐レテ居ルカト云フコトガ分ル、白人殖民地ガ文明ノ異ナリ宗敎ノ異ナリ習慣ノ異ナル幾千万ノ人種ガ侵入シテ來ルコトノ如何ニ殖民地人民ノ合法ノ權利ヲ深ク害スルコトニ向ッテハ同情ヲ表セザルヲ得ナイ、是等ノ種類ノ移民ハ殖民地ノ利益ノタメニ排斥スルコトハ決シテ妨ゲヌ、然レドモ諸君ガ英帝國ノ遺傳的觀念ヲ念ズルコトヲ忘ルヽナカランコトヲ、卽チ人種ノ異ナルガタメ若クハ色ノ異ナルガ爲ニ女皇陛下ノ印度人民ハ勿論、他ノ東洋人種ト雖モ排斥スルコトナカランコトヲ切ニ希望セザルヲ得ズト此一言ヲ以テモ如何ニ人種、問題ヲ以テ移民政策ニ對抗スルコトノ不利不當ナルカヲ恐レテ居ルコトヲ察スルニ難カラズ、之ニ付テ濠太利ノ總理大臣ザー、ヘンリーパークス氏ハ尤モ驚倒スベキ答辯ヲナセリ曰ク、吾々ハ國法ヲ犯スコトニ依ッテ受ケルトコロノ損害ハ社會ノヨリ大ナル秩序ノ法則ヲ奉ズルコトニ依テ賠償シテ餘リアリ、女皇陛下ノ艦隊ト雖モ亦女皇陛下ノ此所ニ於ケルトコロノ代表者ト雖モ、又殖民地ノ主管大臣ト雖モ我等ガ亞細亞人種排斥ノ意思ヲ飜ス能ハズ、是等ノ言ヲ以テ如何ニ人種問題ガ亞細亞人排斥ノ根柢ニ深ク横ヘルカニ付テ一點疑ヲ挾ムコトハ出來ナイ、之ヲ以テ諸君排日問題ノ根據亞細亞人排斥ノ根柢ハ、其僻見タル人種感情ノ反感情ニ根柢スルト云フコトハ動ス可ラザル鐵案タルコトヲ知ラルヽデアラウ、然ルニ諸君米國ハ如何ナル國デアルカ、米國ノ建國ヲ諸君ガ顧ルナラバ諸君ノ御承知ノ通リ自由平等博愛デアル、自由平等博愛ノ三字ハ米國ノ臣民ヲシテ悉ク一時ニ立タシムルトコロノ最モ有力ナル言葉デアル、此言葉ノ上ニ此確信ノ上ニ立テラレタルノガ卽チ米合衆國デアルノデハナイカ、此爲ニワシントンハ母國ト戰フテ自由ノ旗ヲ飜シタノデハナイカ、此爲ニリンコルンハ人道ノ爲ニ奴隷ヲ解放スル爲ニ幾年ノ戰爭ヲ繼續シタノデハナイカ、米國ノ精神米國ノ國本ハ卽チ人道ニアル自由平等博愛ハ米國ノ精神デアル理想デアル、斯ノ如キ理想ト精神トヲ以テ立テルトコロノ賢明ナル合衆國民ガ人種ノ僻見上ヨリシテ東洋人ヲ排斥スルト云フコトハ諸君ハ信ズルコトガ出來ルノデアルカ、盛華頓ヲ喚起シリンコルンヲ喚起シ、而シテ米國民ニ訴ヘシムルコトナレバ米國民ハ將ニ慙死スベキモノデアルト私ハ信ズルノデアル、(拍手起ル)諸君、是ハ人種ノ衝突デアルノミナラズ、人種ノ衝突ハ一變シテ文明ノ衝突デアル、東洋ノ文明ト西洋ノ文明ガ此人種ノ僻見ニ基イテ衝突シテ、太平洋沿岸ニ現出シタルモノト云ッテ私ハ可ナリト信ズルノデアル、此問題ノ根柢ハソレ故ニ人道問題、文明問題、諸君、排日問題ノ根柢ヲ解決スルノ楔子ハ此東洋ノ文明ト吾々ハ信ジテ疑ハナイガ、西洋文明ノミガ世界ノ文明デアルカト云フ點デアル、若シモ東洋文明ガ世界人類ノ上ニ於テ缺クベカラザルモノデアルト云フナラバ、吾々ハ鼓ヲ鳴ラシテ東洋文明ノ威嚴ト、東洋文明ノ特權トヲ擁護スルタメニ起タナクテハナラヌト私ハ信ズルノデアル、(拍手起ル)而シテ世界ノ文明ハ東洋西洋ノ融合一致スルニアラザレバ完全ナル文明ヲ期スルコトハ出來ヌ、人道ノ圓滿ナル理想ト其本領トヲ滿足セシムル所ノモノハ、卽チ東洋文明ト西洋文明ノ統一圓融ニアリト信ズルノデアル、語ヲ換ヘテ云ヘバ東洋人種ト西洋人種——所謂東西兩人種ノ和衷協同ニ依ラズンバ、完全ナル世界ノ理想的ノ文明ハ期セラレヌト云フコトヲ信ズル、此目的ガ期セラレヌ以上ハ吾々ハ外交ノ基礎トスル吾々ガ外交ノ根本トスル所ノ所謂正義公道、世界ノ平和、世界ノ文明ナルモノハ外交ノ辭令ニ過ギズシテ、其實糠粕同樣ノ辭令ニ過ギヌト云フコトヲ信ズルノデアル、若モ日本ノ外交ニシテ唯一時ノ辭令ノ交換、一時ノ表面ノ感情上ノ衝突ヲ融和スルコトニ汲々セズシテ、先ヅ根本ニ立還ッテ此人種ノ問題ニ議案ヲ施シ、此卽チ東洋ノ文明、西洋ノ文明ノ協同ニ力ヲ盡スベシ、而シテ卽チ世界ノ民心、世界ノ人道、世界ノ理想、私ハ人道ノ終局共通的目的ノタメニ帝國ノ外交ヲ振刷シ、帝國ノ外交ヲ有力ナラシムルコトハ、帝國民ガ世界ニ對スル道德的責任デアルト云フコトヲ疑ハヌ、若モ日本國民ニシテ又當局政府ニシテ此人道問題ヲ提ゲテ米國ニ迫リ、米國人ノ輿論ヲ喚起シ尙且反響スルニ足ラザルトキハ、所謂世界ノ良心ニ訴ヘ、世界ノ理想ニ訴ヘテ、堂々鼓ヲ鳴ラシテ米國民ニ向ッテ肉迫スルノ曉ニ於テハ、必ズ米國ハ自ラ顧ル所ガアッテ必ズ建國ノ精神ニ彼等ハ照スコトガアッテ、翻然トシテ此排日若クハ排亞細亞問題ノ如キハ、所謂旭ノ前ニ於ケル所ノ朝露ノ如クニ消ヘ失セルト云フコトヲ疑ハヌノデアル、何故ニ賢明ナル外務大臣小村伯ハ此實ニ屈强ナル武器ヲ提ゲテ世界ノ眞心ヲ動カシ、世界ノ正義ヲ動カシ、人道ヲ動カス所ノ大ナル武器ヲ外交ニ用井ルト云フ勇氣ガナイノデアラウカ、決心ガナイノデアルカ、小村外相ハ人道ノ如何ナルモノト云フコトヲ御承知ニナラヌデアラウカ、人道ハ諸君天理デアル、天ノ命デアル、天ノ命ヲ奉ザザル所ノ外交ガ何處ニアルカ、實ニ道ハ須臾モ離ルベカラズ離ルベキハ道ニ非ズ、是卽チ人道ナリ、此人道ヲ以テ何故ニ日本外交ノ精神、日本外交ノ根柢又日本外交ノ所謂根本ノ理想ヲ目的トシテ確定シナイノデアルカ、何故ニ是ヨリ日本ノ外交ヲ打算シナイノデアルカ、此人道ノ根柢ヲ打却シタル所ノ外交ハ所謂虛僞ノ外交デアル、形式ノ外交デアル、無氣力ノ外交デアッテ、無能ノ外交ハ卽チ是ヨリ湧キ來ルノデアルト云フコトヲ自覺セネバナラヌ、若モ米國ニシテ、又世界ニシテ、此人道上カラ來ル所ノ排日問題ノ不當、竝ニ此排亞細亞論者ノ不當ナルコトヲ訴ヘテ倘聞ク所ガナク、倘改ムル所ガナイナラバ、倘更ニ日本帝國ハ進ンデ世界文明ノタメニ、人道ノ自由平等博愛ノタメニ、全力ヲ擧ゲテ帝國ノ此永久ナル功績ヲ世界ノ歷史ニ止メ、其任務ヲ竭スコトニ著眼セナイカ、諸君、或人ガ曰ク、人道トハ人間ノ人間タル特性デアル、道德的性格ノ基礎ニシテ一切心的行動ト共感情ト統一スベキ最大最高ノ法則デアルト云フテ居ルデハナイカ、人ノ特性ハ卽チ動物ト異ナリ、眞心ト道理トヲ以テ人間共通ノ終局ニ向ッテ共同奮鬪スルノデアル、是卽チ「アリストーテル」ノ言デアルデハナイカ、倘諸君米國人ガ產出シタル尤モ賢明ナル大學者ギッテングハ何ト云フタ、米人ノ理想ハ自由平等博愛デアル、英人ハ之ヲ個人化シ、佛人ハ之ヲ社會化ス、米人ハ之ヲ世界化セリト、米人ガ世界化スル所ノ人道ハ何デアルカ、自由平等博愛デハナイカ、此世界化セル所ノ米人カ自由平等博愛ノ旗ヲ持ッテ、東洋人ヲ排斥シ、日本人ヲ排斥シ、學童問題ヲ惹起レ、暴行事件ヲ惹起シ、營業禁止問題ヲ惹起スト云フ此自殺的風潮ニ反抗スルト雖モ倘且及バザルガ如キハ、果シテ米國ハ自由平等博愛ガアルノデアルカ、嗚呼私ハ米國建國僅ニ百餘年ヲ出デナイ、而シテ此正義人道的精神ノ缺乏トナリタルコトハ、吾々人道ノタメニ之ヲ愁ミ、場合ニ依ッテハ米國ヲ膺懲スルモ可ナリ、米國ヲ膺懲スルノハ米國ニ友誼ヲ盡スノデアル、米國ヲ敬セザルノデハナイノデアル、日本帝國ニシテ眞ニ米國ト友誼ヲ永久ナラシメント欲セバ米國人ノ良心ニ訴ヘ、理想ニ訴ヘ、人道ニ訴ヘ、而シテ倘肯カズンバ已ムヲ得ズ兩國間ノ平和ヲ破ルト雖モ、是帝國民ノ責任ニアラズト宣言セント欲ス、米國ソレ自身ノ責任デアルト云フコトヲ私ハ此議會ニ於テ言明スルコトヲ躊躇シナイノデアル、(拍手起ル)倘諸君、此外交上ノコトニ付テハ申上ゲタイコトガ多クアリマスケレドモ、諸君ハ既ニ御倦怠ノ色ガ見ヘルノデアル(「ノウ〱」「謹聽々々」ト呼フ者アリ)固ヨリ人道問題ニ倦怠ヲ生ズルガ如キハ、決シテ諸君ノ本意デナイト信ズル、之ヲ要スルニ日本ノ外交ガ根本的ニ誠意ノ信念ヲ缺イテ居ルト思フ、又日本ノ外交ハ唯力ニ依ッテ外交ヲ切回ハサントシテ、國民ノ共同同情ノ力ヲ私ハ外交上ニ活用シナイト云フコトガ、缺點デアルト信ズル、又餘リニ外交ガ形式ニ拘束セラレテ、自由的積極的正義ニ基クトコロノ堂々タル意思ノ發表、堂々タル意志ノ決行ニ缺ケテ居ル、語ヲ換ヘテ言ヘバ確信誠意ニ缺ケテ居ルト、斯ウ云フノデアリマス、更ニ倘進ンデ言ヘバ世界ノ人道ト良心ノ光明ニ訴ヘル、卽チ偉大ナル國民的ノ精神ニ缺ケテ居ルト言ハナケレバナラヌ、倘終ヒニ日本ノ外交ヲ從來觀察シ來レバ、一言以テ之ヲ蔽フコトガ出來ル、外交巧ナラザルニ非ズ、外交努力セザルニ非ラズ、外交決シテナキデハナイ、併ナガラ緩慢ナル憶病ナル外交ガ存在セリト私ハ言フ(拍手起ル)願クハ滿堂ノ諸君、願クハ政府ノ當局者、大膽不敵、正義堂々、外交ノ根柢ヲ置クコトヲ、餘リニ辭令ヲ弄バス、餘リニ形式ニ拘泥セズ、勇往邁進人道ノタメ國家ノ權能權力ノタメニ、私ハ大膽不敵ノ行動ヲ決意アランコトヲ希望シテ止マヌノデアル、是私ガ政府ニ質問ヲスル卽チ大要デ、政府ノ當局者ハ願クハ之ニ付テ明快ナル答辯ヲセラレンコトヲ希望致シマス(拍手起ル)

韓國統監政治ニ關スル質問主意書

右成規ニ據リ提出候也

明治四十二年二月十八日

提出者　大竹貫一

賛成者　河野廣中

外四十二人

韓國統監政治ニ關スル質問主意書

第一　統監府韓國保護政策ノ根本方針如何

第二　地方行政ノ不統一ニ陷リ不振ヲ極ルハ韓國ノ現狀ナリ統監府カ是ニ對スル刷振更張ノ方針如何

第三　伊藤統監ハ韓國現下ノ情勢ニ適セサル法令ヲ濫發セシメ徒ラニ文明ノ制度ヲ潤色スルヲ以テ改善ノ急務トナスモノヽ如シ其效果如何

第四　韓國ニ於ケル日本官吏ノ官紀ハ甚タ弛廢セリト聞ク斯クノ如クニシテ果シテ韓國官吏ノ模範タルヲ得ルヤ如何

第五　統監府ハ新聞記者及通信員ヲ買收若ハ壓迫シ其他凡テノ言論ヲ拘束シテ韓國ノ眞相ヲ蔽スルノ狀アリ其事實如何

○議長（長谷場純孝君）　次回ノ日程ハ公報ヲ以テ御通知ヲ致シマス、本日ハ是ニテ散會致シマス

午後三時五十四分散會

第七　鐵道改築及航路開始ニ關スル建議案（三浦覺一君外三名提出）

鐵道改築及航路開始ニ關スル建議案

韓國咸鏡道淸津港ヨリ會寧ニ至ル手押式輕便鐵道ヲ汽車鐵道ニ改造シ進メテ之ヲ局支街ニ延長シ併セテ淸津港ヨリ日本海方面諸港中適當ノ地ニ直通航路ヲ開クコト

右鐵道ハ北韓及間島、北滿州ニ通スル唯一ノ通路ニ當ルヲ以テ該地方産業ノ開發及通商上政府ニ於テ速ニ汽車鐵道ニ改築シ進ムテ之ヲ局支街ニ延長シ之ト同時ニ本邦トノ聯絡上相當ノ補助ヲ與ヘ直通航路ヲ開キ以テ北韓開拓ト國力ノ發展ヲ期セラレムコトヲ望ム

右建議ス

（三浦覺一君登壇）

○三浦覺一君　私ハ鐵道改築及航路開始ニ關スル建議案私外三名ノ提出デゴザイマスガ、本案提出ノ理由ヲ簡單ニ述ベタイト思ヒマス、本案ハ韓國ノ咸鏡道淸津港會寧ニ到ル間ニ今アリマス手押式輕便鐵道ヲ汽車鐵道ニ改造シ、サウシテ其會寧カラ進ンデ局支街ニ延長シ、併セテ此淸津港ヨリ日本海方面ノ港ノ中デ適當ナ處ニ直通航路ヲ開キタイト云フコトヲ建議致シタイト思ヒマス、諸君御承知ノ通リ此朝鮮ノ開拓ト云フコトノ大事ナコトハ今私ガ爰ニ喋々致シマセヌデモ、既ニ前日來諸君カラ度々御話モゴザイマシタ通リ、又政府當局者タル外務大臣モ專ラ此淸韓方面ニ向ッテ移民ノ事柄ハ力ヲ注イデ、兩方面ニ向ッテ盡サナケレバナラヌト云フコトヲ、演說ヲサレテ居ル、私共モ最モ左樣ニ感ジテ居ルノデアリマス、然ルニ朝鮮ト申シマシテモ南韓ノ方卽チ南ノ方ノ極ク人ノ往キ易イ所ニハ割合ニ力ガ入ッテ居ッテ、一番大事ナル所ノ北韓方面ガ甚ダ總テノ點ニ於テ不十分デアリマス、南ノ方ニハ既ニ鐵道モアリマスシ各港ニハソレ〴〵築港モ出來、船モ澤山ニ通リテ非常ニ便利ニ今日ハナッテ居リマスガ、一番大切ナ朝鮮ノ中デモ今日ト云フテハ一番大切ナ北ノ方面ニ向ッテハ、少シモ政府ハ力ヲ入レテナイノデゴザイマス、御承知ノ通リ北ノ方ハ露西亞ニ接シ一面支那ト境ヲ接シテ居リマシテ、サウシテ此北ノ方ハ割合ニ土地ガ肥ヘテ居リマシテ非常ニ遺利ガ多イノデゴザイマス、左樣ナ大事ナ處ニモ拘ハラズ、棄テヽ居ルヤウナ感ジガ致シマスル、而シテ此北ノ方ニ於キマシテハ一面ニ今日ノ問題ニナッテ居リマスルトコロノ間島――唯間島ト云ッテ問題バカリニナシテ少シモ此方カラ利益ヲ上ゲルト云フ方ニ力ヲ注イデ居ラヌヤウニ思ヒマスノデス、サウシテ間島ノミナラズ、進ンデ又北滿洲ノ方――北滿洲ノ開拓北滿洲ノ淸津ニ力ヲ伸バシ、商權ヲ擴張スルト云フコトニ勉メテ居ラヌヤウナ感ジガ致シマス、實際感ジドコロデナイ致シテ居リマセヌノデゴザイマス、斯樣ナ大切ナ所ノ北韓ニアリナガラ今淸津カラ會寧ニ通ヂマス卽チ間島、北滿洲ニ通ジマスルトコロノ道ハ是ヨリ外ニハナイノデゴザイマス、淸津ヲ經テ――淸津ヨリ會寧ヲ經テ間島竝ニ吉林或ハ哈爾賓邊リニ通ジマスニハ此道ヨリ外ニハナイ、一面ニ於テハ長白山アリ一面ニハ茂山嶺ノ險ガアリマシテ此間カラ出ルヨリ外ニ道ハナイノデゴザイマス、現ニ日露戰爭ノ際ニモ露兵ガ砲車道ヲ拓イテ北韓方面ニ參ッタノハ此道デゴザイマス、左樣ナタッタ一線ホカナイトコロノ大事ナ場所ニ當ッテ居ル處ニハ、如何ナル機關ガ今日アルカト申シマスレバ僅ニ土工「トロ」見タヤウナ手押式ノ鐵道ト申シマスカ、恰モ土工「トロ」見タヤウナ鐵道ガゴザイマス、之ニ依ッテ――此不完全ナルモノニ依ッテ諸君ガ一番大事々々ト仰シヤルトコロノ間島ノ開拓或ハ北滿洲ノ開發ヲ致サウト致シテ居ルノデゴザイマス、實ニ不便ナルコトデゴザイマシテ今北滿洲ヤ間島方面ニアリマスルトコロノ商品等ハ總テ此日本ノ品物ハ入ッテ居リマセヌ、多クハ浦鹽ガ自由港デアリマスカラ浦鹽ヲ經テ獨逸品ガアノ方面カラ入ッテ日本ノ商品ト云フモノハ一向入ッテ居リマセヌノデゴザイマス、又コチラノ方面カラハ奉天ヲ經テ吉林ヲ經テヤハリ是モ主ニ獨逸品抔ガ多イノデゴザイマシテ少シモ吾々ノ國ノ商品ガ入ッテ居ラヌ、唯徒ラニ朝鮮ヲ支配スルトカ、或ハ滿洲鐵道アリト言ッテ喜ンデ居ル譯デハナイ、吾々ハ此際ニ當ッテ是非共其實利ヲ得ナケレバ折角得タモノモ、ツマラヌノデゴザイマス、斯樣ナ鐵道ハ政府ガヤル氣ニナリマスレバ隨分ムツカシイコトデハゴザイマスマイ、淸津カラ會寧マデハ僅ニ五十二哩ホカゴザイマセヌノデ、ソレカラ間島ノ局支街マデ往キマシタトコロガ十二三里、ツマリ二十哩位參リマスレバ問題トナルトコロノ間島ニ出ルコトガ出來マス、ソレデ速ニ此手押式ノ如キ不完全ナル鐵道ヲ少クモ機關車ニ速ニ改良致シテ、此不便ヲ補ヒ以テ吾々ガ朝鮮竝ニ滿洲ニ對シマスルトコロノ實際於ニテ利益ヲ得ル方面ニ力ヲ竭シテ貰ヒタイト思ヒマス、政府ガ曩ニモ臺灣ノ開拓上阿里山ノ鐵道ノ豫算ヲ何百万圓カ御出シニナリマシタケレドモ、左樣ナ處ヨリモ此僅カナ間ヲ改築致シテ參リマスレバ十分ニ斯樣ナル處ヲ開クコトガ出來マスル、ソレデ此間ノ鐵道ヲ速ニ改築シテ、サウシテ尙進ンシ局支街マデ鐵道ヲ敷イテ貰ヒタイ、ソレカラ先キ局支街カラ吉林省ニ聯絡致シタイガ是ハ外國ノコトデ――併ナガラ政府ニ十分力ヲ竭シテ貰ヒタイト云フ希望ヲ持ッテ居リマスノデアリマス、ソレカラ又陸ハ左樣ナ狀態デアリマスガ、海ノ方ハ日本海カラ北韓ニ聯絡ヲ致シマスレバ僅ニ三十五六時間、四十時間モアレバ立派ニ舞鶴若クハ敦賀方面カラ聯絡ヲ致シマシタナラバ此大事ナトコロノ港ニ達スルコトガ出來マスノガ、今ハ大阪神戶邊リカラ主モニ此朝鮮ニ關係ヲ持ッテ居リマスガ、ソレ等ハ皆關門ヲ經テ釜山ヲ經由致シマシテ淸津ノ方ニ參リマスガ故ニ、大阪ヲ出テ一週間モ掛リマスノデアリマス、僅ニ四十時間デ達スベキトコロノ港ガ日本トノ聯絡ガ出來ル所ノアルニモ拘ハラズ一週間モ掛ラネバ往キ着カヌト云フヤウナ不便ヲ見テ居リマスタメニ、費用モ非常ニ掛リ日子ガ掛ルノミナラズ運賃モ非常ニ違フノデゴザイマス、唯今ノ運賃ガ大阪カラ三等デ淸津マデ十三圓、一等ガ五十二圓デゴザイマスガ、若シ敦賀邊リカラ直通航路ガ開ケルコトニナレバ三等デ六圓、二等デ十二圓、一等デ三十圓位デ達スルコトニナル、時間ノ上ニ於テモ今申上ゲル經濟ガゴザイマスガ、運賃等ニ於テモ右樣ナ利益ガゴザイマス、又此貨物運賃ニ致シマシテモ大阪カラ淸津マデ一噸デ今五圓五十錢取ラレテ居リマスガ、是ガ直通航路ガ開ケタトナレバ四日位デ確ニ引合フノデゴザイマス（「モウ委員會デ宜カラウ」ト呼フ者アリ）右樣ナ次第デゴザイマシテドウゾ是ハ速ニ一ツ直通航路ヲ開イテ貰ヒタイ、大シタ費用モ要リマセヌデ、斯ウ云フ便利ナコトガ出來マスノデゴザイマスカラ、一日モ速ニ直通航路ヲ開キ竝ニ其手押式鐵道ヲ本鐵道ニ直シテ貰ヒタイト云フコトヲ熱心ニ希望スルノデゴザイマス、又政府ニ是非シテ貰ヒタイト云フコトヲ滿場諸君ノ御贊成ヲ得テ建議致シタイト存シマス、十分滿場ノ御贊成ヲ願ヒタイ

○恆松隆慶君　本建議案ハ九名ノ委員議長指定ヲ請ヒマス

（「贊成々々」ト呼フ者アリ）

○議長（長谷場純孝君）　本建議案ハ九名ノ委員、議長指名ト云フコトニ御異議ハアリマセヌカ

（「異議ナシ異議ナシ」ノ聲起ル）

○議長（長谷場純孝君）　ソレデハ本建議案ハ其通リ決シマス――日程第八、打狗築港速成ニ關スル建議案ヲ議題トナシ、議案ノ朗讀ヲ省略致シマス――齋藤珪次君

第十四　（特別報告第十五號）韓國横貫鐵道速成ノ請願　（委員長報告）

○立川雲平君　此請願ハ朝鮮ノ元山商業會議所會頭太田儀三ノ提出ニ係ル請願デアリマス、此請願ノ趣旨ハ韓國ノ鐵道ノ横貫線ヲ敷設シテ貰ヒタイト云フ意味ナンデ、彼ノ釜山ヨリ義州ニ入ッテ居ル鐵道ニ對シテ横貫ヲスルノデアルカラ、元山カラ平壤ヲ經テ鎭南浦ニ達スルカ、若クハ元山ヨリ仁川ニ遊スルカ、詰リ朝鮮ニ横ニ貫イテ鐵道ヲ敷設セヌケレバ、韓國ノ經營其完キヲ得ナイデアリマスカラ、速ニ此鐵道ノ敷設シテ貰ヒタイト云フノデアリマス、是亦請願委員會ニ於テハ尤モナリト考ヘマシテ、採擇スルコトニ決シマシタ、此段報告致シマス

○議長（長谷場純孝君）　唯今委員長ノ報告通リ、韓國横貫鐵道速成ノ請願ハ採擇スルコトニ御異議ハアリマセヌカ

（「異議ナシ異議ナシ」ト呼フ者アリ）

○議長（長谷場純孝君）　御異議ガナイト認メマスカラ、採擇スルコトニ決シマス、日程第十五、特別報告第十六號、三等郵便局集配事務開始ノ請願ヲ議題ト致シマス、委員長報告

（大竹貫一君登壇）

○大竹貫一君　諸君、本員ハ韓國統監政治ノ件ニ付テ去ル十八日質問書ヲ提出致シマシタデ、今日ハ其理由ヲ説明シタク登壇シタ次第デアリマス、然ルニ不幸ニシテ病後甚ダ意氣消沈、發音モ自由デアリマセヌカラ、定メテ御聽苦シイコトデアリマセウガ、暫ラク諸君ノ御清聽ヲ煩シタイノデアリマス、私ノ第一ニ質問ヲ致シマストコロノ箇條ハ統監府ノ韓國保護策ノ根本方針如何ト云フコトデアリマス、伊藤統監ノ韓國ニ於テ施サル、統監政治ナルモノハ、私ノ眼ヨリ見マスレバ、或ハ保護政策ト云フモノヲ斷然近イ内ニ抛棄セラル、デハナイカト云フ疑ヲ起スノデアリマス、何ゼト云フニ伊藤公爵ノ韓國ニ施サル、懷柔政策ガ徒ラニ韓國上下ノ人ヲシテ我恩ニ狃レシメ、宗主國タル我帝國ノ威信ト云フモノハ地ニ墜ツルコトデアリマス、日一日トシテ排日熱ガ昂マッテ殆ド今日デハ統監政治ナルモノガアルカナイカノ感ガアルノデアリマス、抑〻伊藤統監ガ韓國懷柔政策ヲ施サル、コトニ付テハ、統監ノ頭ニ於テ根柢ニ於テ誤解ガアルデハナイカト疑フノデアル、伊藤統監ハ御承知ノ通リ世界ノ大政治家ヲ以テ任ゼラル、ガ故ニ、自分ノ韓國ニ對スル政策ニ付テモ歐羅巴或ハ亞米利加アタリノ批判ガ如何ニアルカト云フコトヲ頭ニ描カル、カラ斯樣ノ間違ガ起ルノデハナイカト信ズル、伊藤統監ノ頭デ見タナラバ或ハ英吉利ノ印度埃及ニ於ケル保護拓殖ハドウデアル、佛蘭西ノ安南チウニスニ於ケル保護政策ハ如何、之ヲ已ノ韓國ニ對スル統監政治ト較ベテ如何ナル批判ヲ與フルカト云フ感ガ起ルデハナイカト思フノデアル、併シナガラ御承知ノ通リ英國ノ印度若クハ埃及ニ於ケル、佛蘭西ノ安南チウニスニ於ケルモノト、我國ノ韓國ニ對スルモノトハ餘程ノ違ヒガアル、私ノ申スマデモナク韓國ト我帝國トハ幾千年幾百年ノ間同一ノ歷史ヲ持チ、同文同種ノ國デアリマス、我國ト韓國ト孰レカ其一ガ微リセバ獨リデ立ツコトノ出來ナイ輔車ノ關係厚キモノデアル、然ルニ英吉利トカ佛蘭西ノ保護或ハ拓殖ニ關スル遣リ口ト、我帝國トノ遣リ口トハ同日ニ語ラルベキモノデナイ、伊藤統監ノ心配サレル批判ヲ主トシテ判ズベキモノデ無イト信ズル、私考ヘマスニ古イコトヲ申サヌデモ韓國ノ政治上ノ有樣デアリマスガ、卽チ私共友人之ヲ唱ヘマシテ勢道政治――勢ノ道ノ政治、是ガ韓國ニ行ハル、コトデアラウト思フ、何ゼト云フニ時ニ於テ勢ヲ得タ者ガ政治ヲ執ルノデ、今日ノ立憲政體トハ較物ニナラナイノデアリマスガ、韓國ニハ近世此勢道政治ガ行ハレル、卽チ韓國ニ於テ金氏ガ勢ヲ得レバ金氏ノ政治ニナリ、大院君ガ政權ヲ執レバ大院君ノ天下ニナリ、大院君一度滅ビテ閔氏ガ勢力ヲ得レバ、閔氏ノ政治ガ行ハレル、而シテ閔氏ガ御承知ノ通リ二十七八年日清戰爭ノ後トデ倒レルト、其政治ハ卽チ先帝ノ太皇帝ニ移ッタノデアル、又太皇帝ノ勢道政治ガ是ガ日露戰爭ノ終リニ於テ統監政治ニ移ッタノデアル、然ラバ統監政治ナルモノハ恰モ金氏、大院君、閔氏、太皇帝ガ爲シタル如キ勢力ヲ以テ政治ヲ行フニ何ンノ憚ルトコロガ無イノデアル、然ルニ統監ハ此有力ナル政權ヲ持チナガラ、如何ニモ怖イ物ニ觸レル態度ヲ以テ臨マル、ガ故ニ、到底我國民ノ理想通リノ政治ガ行ハレヌト云フコトハ明カデアルト思ヒマス、諸君モ御承知ノ通リ四十年七月ニ日韓協約ガ出來タノデアリマス、此日韓協約ニ於テハ總テ韓國ノ政治ヲ執ルコトニ於テ、我帝國ノ高等官ヲ任命ガ出來ルノデアリマス、併ナガラ惜イコトニハ當時伊藤統監ヨリ韓國政府ニ申スノニ、大臣ト各道ニ於ケル觀察使ハ決シテ日本人ヲ任命シナイ、自分ノ頭ニ描イタノデハ、觀察使及韓國大臣ハヨシ任命シテモ殆ド雛人形ヲ飾ッタヤウナモノデ、實權ハ次官以下ニ於テ握ルコトニスレバ、日本ノ政治ヲ行フニ何ンノ支ヘナイト云フ考ヲ以テヤラレタト云フコトヲ聞イテ居ル、名ト器トハ假スベカラズデアッテ、今日ノ實權ノ上カラ申レマスレバ韓國ノ大臣ハ空位ヲ擁スルノデハナイ、日本ノ次官ガ實權ヲ執ル有樣デナイ、何ゼト云フニ今日ノ韓國ノ事情ヲ調ベマスト韓國大臣ガ已ノ施政ヲ爲サントスルニハ、第一伊藤統監ニ斯ウ云フコトヲ遣リタイト話ス、サウスルト統監ハ宜シイ遣レト云フ、其所デ韓國大臣ハ己ノ省ニ行ッテ次官以下ニ今後斯樣ニ遣リタイ、斯樣ノ問題ヲ遣リタイト話ヲスル、サウスルト我日本カラ任命サレタ次官ガソレハ甚ダ宜シクナイコトデアル、サウ云フ法ヲ布ケバ斯ウ云フ間違ガアル、斯ウ云フ差支ガ起ルト喋々辯ズルト韓國大臣ガ之ヲ肯カヌ、故ニ據處ナク所謂參與官會議ヲ開イテ伊藤統監ニ向ッテ某省ノ大臣ノ注文ハ間違ッテ居ル、統監閣下カラ某大臣ヲ抑ヘテ欲シイト云フ、所デ伊藤統監ハ次官以下ニ向ッテ御前モ知ッテ居ルデハナイカ、大臣ハ唯虚器ヲ擁シテ居ルノデ實權ハ御前達ガ握ッテ居ル、故ニ次官ト云フ大臣デアル、然ラバ諸君ノ意ノ儘ニ十分之ヲ行ヒ給ヘト云ッテ次官以下ナル者ニ伊藤公ハ大ニケシ掛ケル、其處デ喜ンデ次官ナル者ガ各省ニ歸リマシテ、大臣閣下、アナタハ斯ウ云フコトヲ仰シヤルケレドモ、伊藤統監ハ斯樣ニ申シマスガ故ニ此事ハ到底アナタニ同意スルコトガ出來マセヌト言ッテ謝絶スルノデアル、所ガ韓國ノ大臣ハソレハ怪シカラヌ統監ハ既ニ我ニ約スルニ斯樣ノコトヲ以テシタト云フノデ、直グニ伊藤邸ニ駈ケテ行ッテ斯樣々々ト言フ、所ガ伊藤統監ガ曰ク、御前達ハ韓國大臣デアッタ以上ハ少クモ官制ガ許シテアルコトダカラ、大臣ハ大臣ノ實權ヲ以テ大ニ御遣リナサイト、斯ウ云フコトニナル、總テ此伊藤ナル者ハ兩面――裏表ノ舌ノ使分ケヲスルコトデアリマスカラ、韓國ノ政ト云フモノハ始終表裏二樣ガアル、到底出來得ベキコトデハナイノデアル、抑〻韓國大臣ガ今日ノ勢ヲ得タト云フモノハ其所以ガアルノデアリマス、ソレハ御承知ノ通リ昨年農商工部大臣ノ宋秉畯ナル者ガ内部大臣ニ轉官シタ際デアリマス、轉官シタ際ニ於キマシテ農商工部ノ次官ニ居リマスル所ノ岡喜七郎ナル者ヲ内部ニ轉官セシメタイガタメニ、内部ノ次官ナル木内ナル者ヲ伊藤公ニ迫ッテ強テ内部ヲ放逐シタノデアリマス、抑〻先刻モ申上ゲマシタ如ク、韓國ニ於キマシテハ次官ト云フモノガ全ク――伊藤公ノ理想ニ於キマシテハ大臣ノ權力ヲ握ラセル考デアリマシタケレドモ、宋秉畯ノ脅迫ニ遭フテ一タビ木内ナル次官ヲ放逐シタ以上ハ、全ク韓國大臣ニ次官以下ノ任免黜陟ノ權ガ移ッタ、是ハ伊藤公ガ認可シタ所ノコトデ、伊藤公ガ自ラ己ノ頭ニ描イタ理想ヲ打破ッテ韓國大臣ニ對シマシテ次官以下ノ任免黜陟ノ權ヲ與ヘタノデアリマス、實ニ一タビ斯樣ナル力ヲ韓人ニ附與致シマスレバ、韓人ナル者ハマルキリ猿ノヤウナ性質ヲ有ッテ居リマスルガ故ニ、直グ人眞似ヲシマシテ何デモ早マッテスルト云フノガ、卽チ韓人ノ特有性質デアル、偖又此伊藤公ノヤリ口ト云フモノハ獨リ是ノミナラズ、有ラユル各方面ニ於テ皆斯ウ云フ始末デアリマスカラ、日ニ日ニ韓人ノ權力ヲ昂ゲマシテ日本人ノ頭ヲ日ニ日ニ抑ヘルコトデアル、又獨リ任免黜陟ノ權ヲ韓國ノ大臣ニ與ヘタノミデアリマセヌ、諸君モ御承知ノ通リ昨年來韓國ニ於ケル所ノ莞島問題森林拂下ノ件デアリマスガ、此莞島問題ノ森林拂下ノコトハ東京朝日新聞等ニ詳シイコトガアリマスカラ私ハ此演壇カラ贅辯ヲ費シマセヌガ、此始末デ到底出來ナイデ、終ニ韓國ニ於テ大臣會議ヲ開イタ、今マデ斯樣ナ例ハナカッタノデアルガ、終ニ韓國大臣會議ヲ開イテ莞島森林問題ノ始末ヲ付ケルニ至ッタト云フノガ、御承知ノ通リ度支部大臣及學部大臣ガ口ヲ揃ヘテ反對ヲシタタメニ、終ニ莞島問題ナルモノガ韓人ニ許可サレヌコトニナッタ、抑〻韓人ノ遣リ口ニ付テ、日本ノ次官以下ナル者ガ之ヲ許可スルコトガ果シテ善カッタカ惡ルカッタカ、私共ノ目ヲ以テ見レバ甚ダ間違ッタ處置デ、卽チ指令ノ取消ヲスルト云フコトハ當然ノコトデアリマズ、併ナガラ韓國大臣ノ會議ニ依ッテ初メテ之ヲ取消シタト云フコトハ、抑々韓國ノ大臣會議ニ一ノ權力ヲ移シタノデアリマス、若モ韓國ニ於キマシテ伊藤統監初メ次官以下ノ請託ト云フモノガ行ハレマセヌナカッタナラバ、立派ニ此莞島問題ナルモノハ初メヨリ成立セヌノデ、一タビ成立シカヽッテ、之ガ取消サレルト云フコトハ卽チ韓國大臣ノ會議ニ依ッテ初メテ決セラレタノデアリマス、斯樣ナ次第デアリマスルガ故ニ、總テ伊藤統監ガ假リニ空位ヲ擁サセルト云フ理想ニ描イタ所ノ韓國ノ大臣ナルモノハ、今日ハ殆ド實權ヲ握リマシテ、韓國ヲ左右スルニ至リマシテ、統監ノ政治ト云フモノハ日ニ日ニ失墜スルノデアリマス、偖又此韓人ヲ日ニ日ニ持上ゲ、日本人ヲ日ニ日ニ抑ヘルト云フ所ノ傾ハ有ラユル方面ニ現ハレテ居ルノデアル、例ヘバ御承知ノ通リ日本ノ次官以下其他ト云フモノガ韓國ノ帝室ニ拜謁ニ行キマスト、我帝室ノ如クニ拜謁簿ナルモノガ出テ居ル、其拜謁簿ニ向ッテハ必ズヤ例ヘバ內部次官ノ岡喜七郎ナル者デモ臣某ト書クノデアリマス、是ハ驚イタ話デアル、假令韓國ノ官吏ヲシテ居ルト言ヒマスケレドモ、日本カラ派遣セラレタモノデアル、日韓協約ニ依ッテ日本カラ任命セラレタモノデアル、然ルニ其次官以下ノ者ガ拜謁簿ニ臣某ト云フコトヲ認メナケレバナラヌ制度ニナッテ居ル、昨年韓國ニ於ケル所ノ各道ノ書記官會議ニ於キマシテハ此臣ト云フコトヲ書クコトニ付キマシテハ甚ダ爭ウタ者ガアルノデアル、所謂私共ノ友人中ノ中井錦城君等ガ苟モオレハ日本帝國臣民デアル以上ハ、韓國ニ向ッテ臣某ト云フコトハ到底書クニ忍ビヌト言ッテ斷ッタ、又度支部次官ノ荒井賢太郎君モ臣ト云フコトハ書クニ忍ビヌト言ッタ、然ルニ今日ハ各省ノ次官ガ皆臣某ト書キマシテ少シモ憚ラヌノデアル、所謂天ニ二日アリト云フコトノ奇怪ヲ演ジテ居リナガラ、少シモ今日ハ怪マヌ程ニ皆「ヨボ」化シテレマッタノデアリマス、又獨リ次官以下ノ拜謁簿ニ臣ト云フコトヲ明記シテ憚ラヌノミデアリマセヌ、伊藤統監自身モ此傾ガアルノデアリマス、近ク問題ニナッテ居ル所ノ當年ノ初メニ於キマシテ韓國ノ帝王ガ所謂南巡北狩サレマシタ、其南巡北狩ニ際シテ伊藤統監ヲシテ列外ニ扈從サセタ、其詔勅中ニ特命陪扈ト云フ字ヲ使ッテ居ル、特命陪扈我　天皇陛下ニ扈從セシムルト云フコトデアレバ格別デアリマスルガ、己レ殆ド我　天皇陛下ノ代表者同樣ニ我帝國ヲ代表シテ、苟モ統監ノ位地ニ居ル韓國ノ御師匠番デアル、ソレガ韓國ノ帝王ヨリ詔勅ヲ特命陪扈ノ文字ヲ入レラレマシテ得々トシテ居ルト云フコトデアル、是ハ己レ自ラ侮ルト云フコトデアル、伊藤統監自身ガ扈從ノ字ニ甘ンジ次官以下ノ者ガ臣某ト認メテ憚カラヌト云フコトデアレバ、他ハ推シテ知ルベキデアル(拍手起ル)又小サイコトデアリマスカナレドモ、韓國ノ地方ヘ行ッテ見ルト、エライコトガ澤山アルノデアリマス、昨年今ノ宋秉畯ガ內部大臣ニナッタ後、各道ノ觀察使會議ヲ開イタノデアル、此各道ノ觀察使會議ヲ開キマスルト、第一ニ出タ所ノ問題ハ何デアルカト云フト、各道ノ觀察使ハ己レノ增俸問題ヲ第一ニ議題ニシタノデアリマス、御承知ノ通リ各道ノ觀察使ノ俸給ハ月ニ百五十圓程ノ俸給デアリマス、是ハ韓國ノ生計ノ度ニ比べ、又日本人ノ知識ノ程度ニ比べマシタナラバ、我帝國ニ於テハ三四十圓ノ小役人ニ外ナラヌノデアリマス、然ルニ各道ノ觀察使ト云フコトデアリマシテ、非常ニ威張リタガルノデアル、伊藤統監モ是ニハ據處ナク交際費ト云フ名目ノ下ニ於テ八十圓ノ增俸ヲシテヤッタ、卽チ今日デハ二百三十圓ノ月俸ヲ戴ク身分ニナッタ、爾來非常ニ此觀察使ナル者ガ威張リ出シタノデアル、ソレカラ此觀察使以上ニナルト所謂韓國ニ於テ閣下ト云フ言葉ヲ付ケルノデアル、是ニ付テハ餘程オカシイ話デアリマスカナレドモ、韓國ノ事情ヲ申上ゲタイタメニ一言申上ゲタイガ、昨年咸鏡北道ノ會計檢査ノコトガアッタノデアリマス、會計檢査員ガ出張致シマシテ會計檢査ノコトガ終リマスト、韓國ノ例ニ倣ヒマシテ觀察使ト共ニ酒宴ヲシタノデアリマス、其席ニ於テ觀察使ニ附キマシタ所ノ警部ガ頻リニ此ニ觀察使ニ向ヒマシテ不肖ノ身ト致シマシテ勅任官タル所ノ觀察使閣下ト共ニ此宴席ニ侍ベルト云フノハ實ニ畏多イコトデアル、誠ニ不肖ノ身ニ對シテハ大切ナコトデアリマスカラ、御杯ヲ頂戴シタイ、御流ヲ頂戴シタイト云フテ、頻リニ閣下閣下ト云フ言葉ヲ用ユル、ソコデ其席ニ陪從シマシタル某書記官ガ餘リニ閣下〳〵ト觀察使ヲ云フモノデスカラ堪ヘカネテ、決シテ以來閣下ト云フコトハ出來ヌト云フコトヲ申シタノデアリマス、所ガ其觀察使ナルモノガ非常ニ色ヲ作シマシテ席ヲ蹴立テタ、ソコニ於テ會計檢査員ナルモノガ、ソンナニ觀察使閣下ガ腹ヲ立ツニモ及ブマイ、日本ノ宴席ニ於テハ上下貴賤ノ別ハナイノデアリマス、ソレ故ニ今日ノ書記官ガ貴下ニ對シテ閣下閣下ト云フコトハ宴席デアルカラ左樣貴賤上下ノ區別ヲスルニ及バナイト云フコトヲ云ッタノデアルカラ、腹ヲ立テルニモ及ブマイ、一獻御杯ヲ下サイト云フコトデ、觀察使モ思止ッタ、所ガ書記官ナルモノハ倘ソレデモ飽足ラズシテ、獨リ宴席ノミナラズ何レノ場合ニ於テモ閣下ト云フコトハ出來ヌト云フコトヲ云ッタノデアル、ソコニ於テ觀察使ガ愈々腹ヲ立テ、遂ニ此書記官ヲ懲戒シテ欲シイト云フコトヲ內部大臣ニ向ッテ申告シテ來タノデアル、扨テ其書記官ナルモノハ誰デアリマセウカ、先刻申シマシタ臣某ト書クコトヲ忍ビヌト申シタ中井錦城君デアッタノデアリマス、又其懲戒免官ニシタイト云フテ申告シタモノハ誰デアリマセウカ、卽チ今日ノ咸鏡北道ノ觀察使一進會員ノ尹甲丙デアル、此尹甲丙ナルモノハ中井錦城君ニ對シテハ平素中井先生中井先生ト云ッタモノデアル、其中井君ヲ先生ト呼ブベキ所ノ尹甲丙デアリナガラ一タビ觀察使ニナルト閣下呼ハリヲセヌケレバ承知ヲセヌト云フコトデアル、是ハ殆ド韓國ノ上下ヲ通ジテ斯樣ニ迄韓人ト云フモノヲ持上ゲテ日人ヲ抑ヘルト云フコトガ、畢竟スルニ統監政治ノ今日ノ有樣デアルノデアル(「家ヘ歸ッテ重箱ノ隅ヲ揚子デ掘レ、ソレガ一番宜シイ」ト呼フ者アリ)ソレハ君等ノ意見ニ任セルカラ餘計ナコトハアトデ聞キマセウ、ソレカラマダ驚クベキコトガ澤山アルノデアリマス、(「能ク驚クナ」ト呼フ者アリ)韓帝ガ近日南巡北狩ノ際ニ於キマシテ斯樣ナコトガアルノデアリマス、丁度我帝室ニ於テ　皇太子殿下或ハ　陛下ガ御出掛ノ時ニ於テ、其沿道ニアル所ノ忠節ニ殉シタル者ニ付テ奉幣使ヲ遣ハサレルト云フ例ニ倣ヒシタモノデアリマセウカ、南巡ノ際ニ於キマシテ此京釜鐵道ノ沿道ノ觀察使ニ訓令ヲ發シタノデアリマス、其訓令中ニ斯樣ナ詔勅ガアリマス卽チ

殉國孤忠皎星日英靈毅魄千載如生駕過此鄉尤庸興感故忠烈公宗賢忠壯公鄭撥祠板遣地方官致祭

欽旨

斯ウ云フ詔勅ガ出テ居ルノデアル、此詔勅中ノ宗賢ナル者ハ卽チ壬辰ノ役所謂文祿ノ役デアリマス、文祿ノ役ニ於キマシテハ東萊府ノ府使デアリマシテ日本軍ニ降ラズシテ奮戰節ニ殉ジタル者デアリマス、又鄭撥ナルモノハ其當時釜山ノ僉使デアリマシテ、ヤハリ同地ニ戰死シタルモノデアリマシテ、斯樣ナコトハ韓帝ノ地位カラ立チマスレバ格別デアリマセウケレドモ、苟メニモ今日ハ統監政治デアリマシテ宮內府ニ於テハ次官以下日本ノ高等官モ澤山居ルノデアリマス、然ルニ帝室カラ斯樣ナ詔勅マデ發シテ、所謂排日熱ヲ帝室自ラ煽動サレルノデアリマス、獨リ是ノミデハアリマセヌ、近日所謂此南巡北狩ニ於キマシテ日本ノ國旗ヲ毀傷シタト云フ問題モ同樣ノ話デアル、是ハ諸君モ御承知デアリマセウガ、北狩ノ際ニ新義州ニ於キマシテ、學校ノ教師ガ生徒一列ニ對シマシテ突然日本國旗ノ破棄ヲ命ジタノデアリマス、幾百ノ生徒ハ列ヲ成シマシテ教師ノ命令ニ應ジテ日本ノ國旗ヲ破棄致シタノデアリマス、然ルニ此破棄問題ナルモノハ南巡北狩ノ始メニ於キマシテ、宮內府カラシテ學部ノ耳ニ入ッタノデアリマス、其學部ノ耳ニ入ルヤ、俵次

官ナル者ガ直チニ隈田書記官ヲ以チマシテ韓國ノ學部大臣ニ照會ヲ致シマシテ、其照會ヲ致シマシタ際ニ於キマシテハ、學部大臣ノ方カラ南巡北狩ニ際シテ韓國ノ學校生徒ハ須ラク韓國ノ旗ヲ用ユベシト云フコトヲ命令シタノデアル、ソコニ於テ俵次官ナル者ガ獨リ韓國ノ旗ヲ持ッテハ宜シクナイカラ、日本國旗ト二ツナガラ用ユル方ガ適當デハナイカト云フコトヲ韓國ノ學部大臣ニ交渉ヲシタ、所ガ學部大臣ハ頑トシテ應ジナカッタ、遂ニ此沿道ニ於キマシテハ學部大臣ガ應ジマセヌ故ニ、日本ノ警察或ハ警部等ガ伊藤統監ニ對シテノ御世辭デモアリマセウカ、或ハ伊藤統監ノ前ヲ氣兼ネシタデアリマセウカ、警部ガ運動シテ日本ノ國旗ナルモノヲ學校生徒ニ用ヰサシタノデアリマス、所ガ根柢ニ於テ今ノ學部大臣ト云フモノガ左樣ナ方針デアリマシタ故ニ、遂ニ開カズニ敎師ノ號令ノ下ニ日本ノ國旗ヲ破棄シタト云フコトデアル、既ニ日本ノ國旗ガ破棄サレタト云フコト ハドウ云フコトデアリマセウカ、是ハ實ニ論ズルマデモナク統監政治ノ根柢ニ於テ過ガアル ガ故ニ、遂ニ日本ノ國旗ヲ破棄サレルマデニ甚ダシキ狀態ニ立至ッタト云フコトヲ表明シテ餘リアルコトデアル、斯樣ナ次第デ此朝鮮ノコトニ於キマシテ統監政治ナルモノハ着々此政治ヲ誤マリマスカラシテ、獨リ此帝室ニ對シマシテハ非常ナル所ノ歡心ヲ伊藤統監ガ買フコトデアリマセウ、併ナガラ一般官民カラ見マスレバ未ダ曾テ一片ノ御世辭的ノ彰德表デモ受ケラレタコトハナイノデアリマス、之ニ反シマシテ帝室カラシマシテハ太皇帝或ハ皇帝カラシテ屢々優渥ナル所ノ勅語ヲ賜ルノデアリマス、斯樣ニ伊藤統監ナルモノガ韓國ノ帝室ニ非常ナル所ノ御ベッカヲ使ウテ居リマスガナレドモ、又一面此伊藤統監ガ帝室ニ對スル所ノ有樣ヲ見マスルト云フト、丁度先刻申シマシタ如クウラオモテ即チ表裏二枚ノ舌ヲ使ハレルト云フ實ガ現ハレテ居ルノデアリマス、諸君モ御承知ノ通リ韓國ニ於ケル帝室ノ費用ナルモノヲ見マスルト百五十万圓デアル、我帝室ノ半額デアリマス、所ガ丁度御承知ノ通リ韓國ノ今日ノ帝室ハ五百年此方續イテ居リマスカラ、ナカ〱諸々ノ方面カラ失費多イ帝室ト云フコトニ 私ハ聞イテ居ルノデアリマス、所ガ昨年ノ官制改革其他ノ韓國ノ政治ヲ一新スルニ於キマシテ、元々帝室ニ附テ居ル所ノ財産ガナカ〱澤山アル、韓國ノ總テアラユル鑛山モアリマセウ、又各道ニアル所ノ驛田或ハ屯田其他アラユルモノガ帝室ノ財産ニナッテ居ルノデアリマス、所ガ韓國ノ鑛業法ト云フモノヲ布キマシタカラ、此際ニ 於キマシテ總テノモノヲ農商工部ニ移シマシタノデアリマス、移シマシタノデアリマスカナレドモ、此鑛業法ノ出來タ當時ハ帝室ニ於テ財産ガ何モナクテハ濟マヌト云フコトカラ、最モ良キトコロノ鑛山ヲ二十四五ト云フモノ帝室ニ殘シテアッタノデアリマス、併ナガラ僅カ半年經ツカ經タヌ中ニ此韓國ノ立派ナル鑛山ヲ帝室カラ奪ヒマシテ、農商工部ニ移シテシマッタノデアリマス、ソレガ故ニ今日韓國ノ帝室ノ財産ハ一モナイノデアリマシテ、全ク百五十万圓打切リト云フコトニナッテ居ルノデアリマス、是ニ於テ帝室ニ於テハ非常ニ伊藤統監ニ面白イ氣ガナイノミナラズ、韓國ノ臣民ハ一層此日本ト云フモノハ殘ラズ帝室ノ財産ヲ初メカラ取上ゲテ、サウシテ韓國ノ帝室ナルモノヲ百五十万圓ニ叩キ放シテシマフト云フコトハ、非常ニ韓國ガ統監ニ向ヒマシテ穩デナイトコロノ感情ヲ有ッテ居ッタノデアル、獨リ韓人ノミデアリマセヌ外國人ニ於テモ餘リ統監ノ遣リ口ハオカシイデハナイカ、是ハ人道ニ缺ケルコトデハナイカト云フコトヲ言ウタノデアリマス、ナゼカト申シマスレバ諸君ノ御承知ノ通リ日韓議定書ニ於キマシテハ、韓國ノ帝室ノ安寧保護ト云フコトヲ立派ニ日本ノ政府ハ韓國ニ約束シテ居ルノデアル、所ガ韓國ノ帝室ノ財産マデモ此日本ノ統監ガ奪取ッテ農商工部ニ 入レタト云フコトハ、頗ル韓國ノ臣民ト致シマシテ餘程イヤナルトコロノ感ジヲ與ヘタノミナラズ、外國人ト致シマシテモ倘且ツ人道ニ外レハシナイカト云フトコロノ疑ヲ起シタノデアリマス、是ハ政略上餘程ノ私ハ損失デハナカッタヲウカト思フノデアリマス、總テ此伊藤統監ナル者ガ帝室ニ向ヒマシテ屢々勅語ヲ一方ニハ受ケルカト思ヒマスレバ、又一面ニ於キマシテハ此一番人ノ感情ヲ害スルトコロノ財産マデモ剝奪シテシマフト云フトコロノ有樣デアルノデアル、是ハヤハリ先刻カラ申シマスル伊藤統監ノ頭ニ於テ全體根柢ガ間違ッテ居ルカラノコトデアラウト私ハ心配ニ堪ヘヌノデアリマス、ソレ故ニ今日此韓國ニ參リマスルト云フト韓國ノ政治ヲドウスル カト云フコトハ先ヅ別ト致シマシテ、先決問題ト致シテ統監府ヲ如何セント云フ コトガ、此韓國ニ往來スル人々ノ頭ニハ湧クノデアリマス（拍手起ル）又私共モサウ思フノデゴザイマス、ソレカラ今ノ第一項ノ中ト致シマシテ、敎育ノ根本主義及其設備監督方針ト云フ コトモ聞イテ見タイノデアリマス、如何ニ統監政治ヲ致シマシテモ敎育ニ於テ十分ナス處ガアリマセヌナレバ、到底將來韓國ト云フモノ、指導ハ出來ヌノデアリマス、諸君モ御承知ノ通リ韓國ニ ハ韓國特有ノ國文ト云フモノガナイノデアリマス、僅ニ支那文字ニ日本ノ 如キ捨假名ヲ附ケマシタヤウナモノガアリマシテ、僅ニ此韓國ノ國文ニナッテ居リマスカナレドモ、將來韓國ヲ指導致シマスルトコロノ敎科書デアリマスルガ、到底中等ナリ或ハ大學以上ノ百科ノ書籍ヲ拵ヘント欲シマシテモ到底韓國ニハ國文ハアリマセヌ故ニ、敎科書ヲ作ルコトガ出來ヌノデアリマス、又御承知ノ通リ韓國ニハ是等百科ノ書籍ハアリマセヌノミナラズ、是ヲモ倘敎育スルトコロノ敎師ガナイノデゴザイマス、然ラバ私共ノ今日ノ考ニ於キマシテドウシテモ此韓國ナルモノヲ我國ノ保護國トシ拓殖地トスルナラバ、何ヨリ先キニ於キマシテ韓國ノ敎育方針ト云フモノヲ根本的ニ改革ヲ致シマシテ、一切我日本語ヲ以テ韓國ノ臣民ヲ敎育スルト云フコトガ何ヨリ先キニ 土臺ニナラネバナラヌト思フノデアリマス（拍手起ル）又私共ガ明治ノ初年ニ於キマシテ少年時代ニ於キマシテモ、餘程分ラナカッタモノデゴザイマスケレドモ、初メカラ「イングリッシ」ヲ以テ二三年間育ッタコトガアリマスガ、韓國民ハ殊ニ日本人ト異ナリマシテ 非常ニ外國語殊ニ日本語ニハ早ク馴レルトコロノ國民デアル、是ハ世界ニ於テモ問題ニナッテ居ルサウデアリマス、此獨立ノ思想ノナイトコロノ臣民ト云フモノハ、他ノ國語ト云フモノヲ覺エルコトニ付テ非常ニモヤスイモノデアルサウデアル、世界中ニ於テ一番外國語ニ巧ミナルモノハ即チ 韓人デアル、其次ハ支那人デアル、其次ハ露西亞人デアル、ト斯樣ニ國語學者等ガ申 スサウデアリマスガ、私モ多少韓人ノコトニ付テハ承知シテ居リマスガ、實ニ日本ノ言葉ヲ覺ユルコトニ付テハ非常ニ彼等ハ獨特ノ頭ヲ有ッテ居ルノデアリマスカラ、決シテ日本語ヲ以テ 韓國ノ言葉トシテ敎育スルコトハ少シモ憚ラヌノ デアリマス、又憚ラヌノミナラズ少シモ困ガナイ ノデゴザイマス、依テ何故ニ此敎育ノコトニ付テ骨ガ折レルカト申シマスレバ、諸君モ御承知ノ通リ我國ハ明治維新後今日マデ陸海軍ノコトニ付テ過分ノ費用ヲ使ウタニ相違ゴザイマセヌケレドモ、市町村費ニ至ルマデ一番我國ニ於テ過分ノ出費ヲシマシタモノハ敎育費、所謂學校ノ入費デアル、御一新以後今日マデニ於テ我帝國ガ敎育上ニ仕拂ウタ金ガ幾億万圓デアリマスカ、幾十億万デアリマスカ、到底分ラヌコトデゴザイマス、ソレヲ以テ論ジマレバ韓國ニ於テ今日立派ナ敎育ヲシテ行カウト云フコトニ ナリマシタナラバ、將來何程ノ費用ガ掛ルカ知レヌノデアリマス、況ヤ今日韓國ノ 各道各郡ニ 於キマストコロノ兎ニ角學校ト云フヤウナ名稱ノ付タ處ヘハ、有ラユル費用ガ韓國ノ國庫カラ支出ニナッテ居ルノデアル、其支出ハ我帝國カラ補助シテ居ルノデアル、殆ド一切國費ヲ以テ今日ハ學校ヲ維持スルマデノコトニナッタ以上ハ其力ハ我日本語ヲ以テ之ヲ敎ヘルコトハ何ヨリ近イ譯デナケレバナラヌノデアリマス、然ルニ今日ノ韓國ノ敎育ノ有樣ハドウデアルカト申シマスルト云フト、即チ韓國ノ言葉ヲ以チマシテ小學校ノ敎科書ヲ作ッテ居ル、獨リ韓國ノ言葉デ小學敎科書ヲ作ルノミナラズ、其敎科書中ニ甚ダ面白カラヌコトガ澤山アルノデゴヅイマス、卽チ忠君愛國デアルトカ、自由獨立デアルトカ云フコトガ眞面目ニ敎育サレテ居ルノデアリマス、又我帝國ニ於ケル小學校ト同ジク毎日敎師ガ韓國ノ帝王ノ眞影ヲ學校ニ飾リマシテ、毎日學校生徒ヲシテ、ソレニ拜禮サセルノデアリマス、又時々韓國ノ國歌ヲ謳ハセルノデアリマス、又學藝共進會ガアリマスレバ、自由獨立ナリ、或ハ忠君愛國ト云フヤウナコトガ、屢々此學藝共進會ノ陳列場ニ貼出サレルノデアリマス、又棍棒デハアリマスカナレドモ、兵式體操モ敎授サレテ居ルノデアリマス、此邊ガ如何ニ統監ガ韓國ノ敎育ニ心ヲ用井テ居ラレルコトデアリマスカ、私ハ少シモ分ラヌノデアリマス、此外今日ハ亞米利加若クハ佛蘭西ノ宣敎師ガ大ニ地歩ヲ占ムベキトキデアルト云フ考ヲ起シマシタカ、非常ニ宣敎師ガ入込ンデ來タノデアリマス、獨リ宣敎師ガ入ッタノミナラズ救世軍マデモ非常ニ今日ハ韓國ニ澤山入込ンデ來タノデアリマス、私ノ調査スル所ニ依リマスレバ今日ハ獨リ舊敎卽チ「カドリック」或ハ新敎「プロテスタン」ノミナラズ、韓國ニ於キマシテハ米國或ハ佛國ノ宣敎師ノ配下ニ屬スルトコロノ信徒ガ二十万ニ近イト云フコトデアリマス、斯様デアリマスルガ故ニ、非常ニ此韓國ノ宣敎師ガ韓國ノ敎育ニ付テハ地歩ヲ占ムベキトトキ考ヘマシテ、非常ナル勢ヲ以テ今日ハヤリツヽアルノデゴザイマス、先刻申上ゲマシタトコロノ日本ノ國旗ト云フモノヲ破棄スルコトニ付テハ或ハ外國ノ宣敎師、卽チ彼等ノ貴ブトコロノ敎育上ノ方針ノ上カラ或ハ出タノデハナイカト云フ程ニ私ハ疑ガアルノデアリマス、獨リ此統監ノ政治ノ遣リ損ヒカラ致シマシテ各國ヨリシテ宣敎師ガ入リマシテ、我敎育ト云フモノハ亂レルコトニナリマシタナラバ、何程韓國ノ國費ヲ費シ、今伊藤統監ガ敎育ノ點ニ指導サレマシテモ少モ效ガナイノミナラズ、益々唯我ニ害ヲ與フルノミデアルト信ズルノデゴザイマス、其事實ト云フモノハ丁度今日ノ東京朝日新聞ニモ出テ居リマスガ、今日ハ我邦ニ來テ居マスル處ノ宋秉畯ガ下ノ關カ何處カニ於キマシテ此亞米利加、佛蘭西等ノ宣敎師ガ韓國ニ於ケルトコロノ大韓敎會ナルモノ、中ニ入リマシテ卽チ韓國ニ於ケルトコロノ宗敎ノ連中ガ大韓敎會ナルモノ、政治運動ノ中ヘ入ッタト云フコトヲ演説シタト云フコトカラ、韓國ノ宣敎師ガ近日――去ル二十二日デアリマスガ京城ニ於キマスルトコロノ青年會館ニ於テ會議ヲ致シマシテ、內相卽チ宋秉畯ニ向ッテ質問書ヲ發スルト云フ決議ヲシタト云フコトガ、現ニ今日ノ東京朝日新聞ノ電報欄ニ見エルノデアリマス、是等ハ苟メニモ內務大臣ノ宋秉畯ガ自ラ各國ノ宣敎師ガ韓國ノ敎育、或ハ政治其他ノ方面ニ付テ手ヲ入レタト云フコトハ明カデアリマス、之ヲシモ尙伊藤統監ガ心付カレヌト云フコトガアッタナラバ、餘程由々シキ大事デハナイカト私ハ思フノデアリマス、ソレカラ次ニ聞キタイコトハ卽チ暴徒ノ始末デアリマスガ一昨年以來韓國ノ暴徒ハ度々起ッタノデアリマス、其暴徒ノ起ッタ原因ニ付テハ今更新シク申上ゲルマデモアリマセヌガ、卽チ韓國ニ於ケル陸軍ノ解散、或ハ太皇帝ノ幽閉、或ハ時ニ私怨モアリマセウ、或ハ革賊モ加ハッタノデアリマセウ、或ハ火賊モ加ハッタデアリマセウ、其他アラユル不平ノ徒ガ集マッテ暴動ヲ起シタニ相違アリマセヌ、併ナガラ韓國統監ナルモノガ根柢ニ於テ彼等ニ十分ナル威壓ヲ加ヘマセヌ故ニ、到底暴徒ハ討伐スレバ從ッテ又起ルヤウナ有様デアリマシテ、畢竟威壓ヲ加フル力ガ少イガ故ニ、何時之ガ平定スルト云フ效力ハ少シモ私ハ見エヌノデアル、始メニハ警察ヲ用井、終リニハ憲兵ヲ用井、後ニハ兵隊ヲ用井ル、伊藤統監ノ意ニ於テハ少シモ兵隊ヲ以テ鎭壓スルコトヲ好マヌ、併ナガラ吾吾ノ目カラ見レバ現ニ韓國ハ恩ニ狃レルカラ寧ロ威壓ヲ加ヘテ統御スルヨリ外他ニ道ハナイコトハ何人モ異議ガナイ、然ルニ威壓ヲ加ヘルコトハ伊藤統監ハ欲シナイガ故ニ到底韓國ノ暴徒ハ鎭定ヲスルコトハ出來ヌ、如何ニシテ伊藤統監ガ之ヲ始末スルカ、伊藤統監ガ暴徒ノ始末ヲスルニ付テノ意見ヲ私ハ聞キタイノデアリマス(「モウ宜カラウ」ト呼フ

者アリ)諸君ハイヤデモ私ハ自分ノ問ハント欲スルトコロノコトハ十分聞キタイノデアリマス(「謹聽」ト呼フ者アリ)諸君、試ニ思給ヘ此二十七八年ノ役、或ハ三十七八年ノ日露ノ戰爭ハ何ノタメデアリマスカ、韓國問題ノタメデハアリマセヌカ、ソレヲ僅カ五分ヤ十分忍ブコトハ出來マセヌカ、韓國ノ始末ヲスル諸君ノ後ロニハ伊藤統監ニ隨喜サレル諸君ガアルカ知リマセヌガ、私共ハ斷ジテ伊藤統監ニ隨喜スルコトハ出來ヌノデアリマス(「五分ドコロヂヤナイ時間ヲ見ロ」ト呼フ者アリ)ソレカラ第二ニ私ガ聞キタイノハ地方行政ノ不統一ニ陷リ不振ヲ極ムルハ韓國近狀ナリ、統監ガ之ニ對スル刷新擴張ノ方針如何ト云フコトヲ私ハ第二ニ聞キタイノデアリマス、之ハ丁度今第一ニ申上ゲマシタモノト反對デ如何ニモ此韓國ノ京城ニ往ッテ見ルト恰モ三月ノ雛人形ノ如ク、或ハ五月ノ人形ノ如クニ、奇麗ニ政治ノ式ハ立派ニ出來テ居ルガ、地方ニ往ッテ見ルト地方行政ハ一モ擧ッテ居ラヌノデアル、ナゼカト申セバ地方ハ如何ニモ錯綜シテ居リマシテ一モ統一的デハナイノデアリマス、例ヘテ言フテ見マスルト先ヅ此地方廳ニ觀察使ガアルノデアル、其觀察使ノ下ニハ日本カラ任命サレタ所ノ書記官ガアリマス、此書記官ナルモノハ僅カ奏任三等乃至四等ノモノデアリマス、然ルニ其側ニ付イテ居リマス警察部ノ長ハ何カト申シマスルト、奏任官ガ二等カ三等デアル、又其觀察使ノ下ノ書記官ハ恰モ各省ニ於ケル所ノ大臣ニ於ケル次官ト同ジデアリマシテ、卽チ觀察使ノ指南番デアル、此指南番タル書記官ガ自分ノ下ニ使フ警察官ヨリハ寧ロ等級ガ一二等下デアリマス、デアリマスカラ例ヘバ暴徒ガ起ッテ警察官ニ命令ヲシテモ此觀察使ノ方ナル書記官ノ地位ガ下デアル、又其外ニハ財務監督局ナルモノガアル、或ハ地方ニ往ケバ財務使ガアル、又各郡ニ郡守ガアル、其外憲兵、巡査、憲兵補充員ガアル、ソレカラ此給料等ニ付キマシテモ各部各省ソレ〱違ヒガアル、ソレ故ニ一番大切ナルトコロノ我國デ申シマスレバ村長、アチラデ申セハ面長、昔日本デ言ヘバ大小區長所謂方面ノ長、其面長ナルモノガアル、此面長ナルモノガ一番韓國ノ政治ノ本デアル、其上ニ郡守ガアル、斯様ナ譯デ政治ノ仕組ガ下カラ段々間違ッテ居ルガ故ニ、到底之ヲ統一スルコトガ出來ヌノデアル、此等ノ錯雜シタル仕組ニ付テハ詳シイコトハ今申上ゲマセヌガ、ナレドモ是ハ少シク韓國ノ政治ヲチット話シテ見タイト思フ人ナレバ直チニ分リマスガ、唯私ガ一端ヲ此處デ伺ヒタイコトハ統監ハ政治ノ根本卽チ土臺ニ於テ或ハ伊藤統監ノ平素主張サレルトコロノ劃一主義ニ強テ當嵌メラルヽナラバ、此上一層或ハ韓國ガ蹂躙サレルノデハナイカ、紊亂サレルノデハナイカト疑フノデアル、ソレハ伊藤統監ハドウシテモ劃一主義ガ好キナノデアル、一ノ法律規則ヲ拵ヘマシテ其中ニ人ヲ當嵌メル、法律規則ナルモノハ申上ゲルマデモナク國家ノ必要、人々ノ必要カラ始メテ出テ來ル、必要ノ生ゼザル以前ニ於テ伊藤統監ハ法律規則ヲ制定シテ、アラユル此法律規則ノ中ヘ押込ムノデアル、丁度譬ヘヲ申セバ靴ノ如キモノデアル、韓國人ハ今日ハ己レノ國ノ靴ガ雨ガ降ルトキハ到底濡レテ役ニ立タヌ、歐羅巴ノ靴デアレバ非常ニ便利デアルカラシテ韓國人中歐羅巴ノ靴ハ己レノ靴ニ優レルコトハ確カニ知ッテ居ル、然ルニ伊藤統監ハ八文半ナリ或ハ九文ノ一定ノ靴ヲ韓國人ニ買ッテ宛テガッテ、此中ヘ足ヲ入レロ、餘ッタモノハ靴ガ多キクテガタ〱シテ歩クコトガ出來ヌ、足ガ大キケレバ削ッテ置ケト云フ、斯ウ云フヤリ口デアル、總テノモノヲ恰モ九文カ十文ノ靴ヲ當嵌メテ、其中ヘ大キナ足モ小サイ足モ無理ニ入レテシマフト云フノガ、伊藤統監ノ方針デアル、是ハ諸君御互ガ御一新以後四十年ノ今日ニ至リ、屢々劃一主義ニ逢ッテ苦シメタ國民デアリマスガ故ニ、能ク記憶シテ居ルダラウト思ヒマス、此事ヲ尙伊藤統監ハ今日韓國ニ於テモ之ヲヤリツヽアルノデアリマス、此事ヲ伊藤統監ガ根柢カラ悟カレマセヌ以上ハ到底此韓國ノ地方廳ノ地歩ト云フモノハ進ムモノデアリマセヌ、元來地方ト云フモノニ付テ十分ニ治安ヲ與ヘマセヌケレバ、如何ニ敎育ヲ奬メマセウトモ、如何ニ殖業

ノコトヲ勧メマセウトモ、到底地方分權ノ政治ヲ行ッテ十分ニ地方ニ實行ヲ與ヘヌ以上ハ、京城ノ如キ小サイ天地ニ華麗ナル政治ヲ施シテモ韓國ノ將來開拓開發ノ出來ルト云フコトハ有リ得ベカラザルコトデアラウト私ハ思フノデアリマス、又此今日此地方ニ於キマシテモ一番私ガ懸念ニ堪ヘマセヌノハ度支部アタリノ仕組デアリマス、度支部ハ卽チ日本デ申シマスレバ大藏省デゴザイマスル、今日此（「モウ五分過ギマシタガアトドノ位アルデス」ト呼フモノアリ）韓國ノ歳入ト云フモノガドノ位アルカト云フト海關稅ヲ合セテ一千二百万圓デアリマス、此千二百万圓ニ付テ徵稅費ガ何程掛ルカト申シマスルト百万圓以上掛ッテ居ル、何處ニ國稅ヲ徵收スルコトニ於キマシテ一割以上ノ入費ノ掛ルト云フコトハ殆ド韓國ヲ除ケバドコニモナイノデゴザイマセウ、是等ハ餘程間違ッタコトデアル（「モウ六分過ギマシタゼ、アトハ何分位デ終ルノデスカ」ト呼フモノアリ）全體此韓國ニ於キマシテ今日日本ノ制度ノ如ク財務監督局ヲ拵ヘ財務署ヲ拵ヘ所謂日本デ申シマスレバ稅務署ヲ澤山並ベタ如クニ徵稅ノ役所ヲ澤山拵ヘ徵稅吏ヲ澤山拵ヘルト云フコトハ抑〻私ハ誤リデナイカト思フ、日本ニ於キマシテ國稅ヲ徵收スルモノハ市町村デアリマス、其上ニ郡役所ガアル、郡役所ノ中デ國稅ヲ取扱ッタモノデアリマスル、然ルニ一足飛ニ今日四十年間日本ガ苦シミマシタコトヲ一朝一夕ニ韓國ニ行ウノハ抑〻誤リデナイカ知ラヌト思フ、御承知ノ如ク韓國ノ租稅徵收ノ權利ト云フモノハ各郡守ニアッタノデアリマスル、此郡守カラ徵稅ノ權ヲ取リ司法ノ權ヲ奪ヒマシタカラシテ各郡守ト財務署トノ間ニ於テハ大變軋轢ガアル、此郡守ノ下ニ面長ガアル、其面長ト腹ヲ合セテ之ガ一番國家ノ根本的土臺デアル、其土臺ト非常ニ爭ヒガアル故ニ徵稅等ヲスルニ付テモ非常ニ差支ガアルノデアリマス、徵稅スルコトニ付テハ到底日本ノ稅務官ノ名前デ徵稅令書ヲ發シマシテモ韓國ノ人民ハ應ジナイノデアリマス、卽チ韓國人ノ名前ヲ稅務署長ニ入レテ徵稅令書ヲ發シマセヌト韓國人ハ應ジマセヌ、日本人ノ名前ヲ以テ發シマスルト何カ韓國ノ金ヲ日本人ガ持ッテ逃ゲテシマウヤウニ考ヘテ居ル、實ニソンナ淺間シイ有樣デアル、斯樣ナコトデアッタ以上ハ從前ノ如ク郡守ニ於キマシテ徵稅スル仕組ヲ取ッテ置キマシタガ韓人ニイヤナ感ジモ與ヘズ、一面ニ於テ徵稅モ十分ニ出來ルデアラウト思フノニ、丁度伊藤統監ハ劃一主義ヲ執ッテ日本的ノ稅務署ナルモノヲ韓國ニ於テ二百三十箇所カニ設ケテ、サウシテ今日徵稅令書ヲ發シテ日本ノ通リニヤッテ居ル、ソレ故ニ非常ニ入費ガ掛ルノデアリマス、依テ千二百万圓ノ徵稅ヲスルノニ百万圓以上カラ徵收費ヲ使フコトデアリマス、是等ハ皆韓國ノ政治ノ仕組ニ於テ伊藤統監ガ根柢ニ間違ガアレバコソ、斯樣ナ不經濟的ナ仕事ヲスルノデアリマス、故ニ今日此徵稅權ト云フコトハ未ダ——今十年モ二十年モ先ニ往ッテ、サウシテ十分ナル徵稅機關ガ定マッタ後初メテ今ノ如キ日本ノ制度ニ變ヘテモ遲カラヌデアラウト思フノデアリマス、單リ又此徵稅ノコトノミデアリマセヌガ、法務ノコトニ於テモ卽チ司法上ノコトデアル、韓國ハ御承知ノ通リ今申シマス如ク郡守ナルモノガ法權ヲ持ッテ居リマシタ、然ルニ其法權ヲ郡守カラ取ッタカラ日本ノ如ク高等法院以下ヲ韓國ニ於テ總テノ司法制度ヲ設ケタノデアリマス、所ガ御承知ノ通リ未ダ曾テ司法制度ト云フモノヲ設ケマシタケレドモ裁判所スラ各地方ニナイノデアリマス、現ニ昨年ノ十二月中旬頃或ル地方ニ司法官ガ任命サレマシテ判事以下十二三名通譯マデ連レテ自分ノ任所ニ赴イタノデアリマス、任所ニ赴キマシタケレドモ自分ノ居ル官舍ノナイノミナラズ裁判ヲ開クベキトコロノ官衙スラナカッテ今日尙且昨年十二月赴任シテ以來マダ旅籠屋ニ手ヲ束ネテ遊ンデ居ルヤウナ有樣デアル、斯樣ナコトハ一箇所ヤ二箇所デハアリマセヌ、到ル處ニアル、如何ニ伊藤サンガ道具立ガ好キダト申シマスケレドモ、裁判所モナシ、或ハ官署モナイノニ、京城カラ判事或ハ檢事其他書記通譯ト云フモノガ出掛ケテ往ク司法官ヲ任命スルト云フコトニナリマスルト、單リ司法官ノミナラズ典獄モ必要デアル、看守モ必要デアル、皆左樣ナモノハ續々伊藤サンガ任命サレタコトデアリマスケレドモ、一モ此韓人ト云フモノハ訴訟ヲ起シテ來ナイ、訴ヘテ來ルモノガナイカラ唯司法官以下ト云フモノハ手ヲ束ネテ遊ンデ居ル、左樣ナドウモ今日韓國ハ驚クベキ有樣デアリマス、ソレカラ第三ニ聞キタイト云フノハ、伊藤統監ハ韓國現下ノ狀勢ニ適セザル法令ヲ濫發セシメ、徒ラニ文明ノ制度ヲ潤飾スルヲ以テ政務ノ急務ト爲スモノ、如シ、其效果如何、斯樣ナコトヲ聞クノデアリマスルガ、是ハ殆ド今朗讀シマシタ文字ニ於テ異意ハ盡キテ居リマスカラ、强テ申上ゲルマデモアリマセヌガ、單簡ニ大キナ法文ダケヲ讀ンデ見マシテモ鑛業法ノ如キ砂鑛採取法、土地建物證明規則、或ハ國有未墾地利用法、森林法及國有林山野保管規則、水產法、新聞紙條件、集會條例、保安條例、其他施行細則トカ、又今回編纂中ニナッテ居ル民法ナリ、商法ナリ、刑法ナリ、アラユルモノガ此韓國ニ於テ日本ノ如クニアルノデアリマスルガ、是ハ最前モ靴ノ例ヲ說イテ申上ゲマシタ如ク、ドコマデモ伊藤統監ハ劃一的ニヤラレルノデアリマス、申シマスルモ如何デアリマスルカナレドモ、今回韓國ノ狀態ハアノ如クデアリマス、又民ノ進步ハ彼ノ如クデアリマスルガ、苟且メニモ私共御一新以後今日マデ四十幾年間苦ミヲ鍛ヘ上ゲタトコロノ日本臣民ガ、尙且若シム位ノ法律ヲ一朝一夕ニ韓人ノ頭ニ帽子冠セニ冠ラセルト云フコトハ、ドウシテ效果ガアルカ、唯三月ノ雛人形、五月ノ人形ヲ列ベタ如ク物ヲ飾ッタニ過ギナイ、少シモ實效ノナイト云フコトヲヤルノデハアルマイカト思ヒマス、旁〻私ハ今濫リニ法令ト云フモノヲ濫發サレルコトノ眞意ハドコニアリマスカ、伊藤統監ノ望マレタ如キノ效果ガ那邊ニ於テ擧ッテ居ルコトデアルカ、其點ヲ私ハ聞キタイノデアリマス、ソレカラ第四ニ聞キタイノハ韓國ニ於ケル日本官吏ノ官紀ハ甚ダ弛廢セリト聞ク、斯ノ如クニシテ果シテ韓國官吏ノ模範タルヲ得ルヤ如何、此日本官吏ノ官紀ガ非常ニ私ガ京城ニ於テ亂レタト云フコトヲ聞キマシタガ、此コトニ付テハ最モ私ハ大切ナコトデアルト思ヒマスカラシテ、澤山此事實ノ例證ヲ四五枚モ調ベテアリマスケレドモ、其中ノ二三ヲ引拔イテ申上ゲテ見タイト思フノデ（「詰ラヌ思フデナクヤッタラ宜イ、見タイト思フ」ト呼フ者アリ）今ヤリマス、今日韓國ニ於テ日本カラ任命サレタトコロノ次官以下ノ軋轢ハ甚シイノデアル、例ヘテ申シテ見マスルト農工商部ノ木內次官、內務次官ノ岡氏ノ軋轢ト云フモノハ實ニ言フニ忍ビザル程ノ軋轢デアルノデアリマス、又一昨年目賀田顧問官ガ愈〻顧問ヲ辭シマシテ日本ノ內地ヘ歸朝スルトコロノ電報ガ京城ニ達シマスト云フト、時ノ總務長官鶴原君ヲ初メ漢城ニアル高等官ハ非常ナ喜ヲ爲シテ例ノ花月樓ニ於テ祝宴會ヲ開イタト云フ實例ガアルノデアリマス、是等ハ苟メニモ己レノ先輩己レノ同僚等ガ已ムヲ得ザル事情ノ下ニ辭任ヲシテ國ニ歸ラウト云フナラバ歎キコソスレ、之ガ爲メニ祝宴ヲ開クトハ何事デアリマセウ、又曾禰副統監ノ如キハ諸君モ御承知ノ通リ日常爲スコトノ仕事ガアリマセヌ、故ニ韓廷ニ於テ骨牌ヲ弄シテ居ルノデアリマス、獨リ骨牌ヲ弄シテ居ルノミナラズ、甚ダ此醜狀ナルトコロノ有樣ガ始終アルノデアリマス、現ニ私ノ承知シテ居ルトコロノ仁川ノ商人ニ秋田毅ナルモノガ屢〻副統監ノ家ニ出這入ヲスルコトデアリマス、ソレガタメニ秋田毅ナルモノガ古船一艘ヲ有ッテ居ルノデアリマス、此古船ヲ曾禰副統監ノ口入デ度支部ヘ八千圓デ賣却致シマシタ、又秋田毅ガ電燈株ヲ三千株有ッテ居ルノデアリマスガ、電燈株三千株ヲ宮內府カラ是非買ッテ欲シイト云フコトヲ曾禰副統監ヲシテ運動サセタノデアリマス、所ガ三十五圓シカ價セヌノニ五十圓ニハ買ッテ欲シイト云フコトデアリマシタガ、宮內府ノ小役人ノ方カラ面倒ガ起リマシテ僅ニ二圓ヲ下ゲテ四十八圓デ三十五圓ノ電燈株ヲ三千株宮內府ニ買上ゲサセタノデアリマス、又例ノ有名ナル[illegible]島問題ニ付テ伊東恆策ガ曾禰副統監ノ家ニ屢〻出這入シタ、ソレニ對スル不始末ハ先ニ申上ゲマシタ朝日新聞ニ精シクアリマスカラ贅辯ヲ要シマセヌ、此問題ニ付キマシテモ伊東ノ旅館ガ天眞樓ト云ヒマスサウデアリマスガ、此天眞樓ニ於テ時ノ農工商部次官岡　喜七郎或ハ澤田書記官ト云フモノガ關係官吏ト屢〻天眞樓ニ出這入ラレテ醜狀ヲ極ムルトコロノ宴會ヲ度々、開カレタノデアリマス、此伊東ナルモノガ自分ノ金主ノモノニ對シテ我ハ韓國ニ於テ斯様ナル運動ヲシテ居ルト云フコトヲ報告セシガタメニ其醜狀見ルニ忍ビザル有様ヲ寫眞ニ撮ッタノデアリマス、其寫眞ハ二枚日本ノ國ニ來テ居ルノデアリマス、其中ノ一枚ハ確ニ見マシタガ、實ニ諸君ニ御話スルニ忍ビマセヌ、醜狀極マルモノデアリマス、ソレカラ此等モドウモ御話スルモ耻カシイコトデアルカナレドモ、餘リ甚シイカラシテ一節ヲ申シテ置キマスガ、總テ此韓國ニ居ルトコロノ次官其他ト云フモノハ流連荒亡、卽チ遊ブコトノミ仕事ニナッテ居リマスルノデ何カシタラ人ニ珍ラシイトコロノ遊ビハナイカ、統監ノ御機嫌ヲ伺フニハ如何ニシタナラバ御機嫌ヲ伺フコトガ出來ルカト始終頭ニ描イテ居ルモノト見エマシテ、昨年三月ニ伊藤統監ノ歸任サレル時ニ法務院長香坂駒太郎君、及當時ノ法務部長今ノ內部次官岡喜七郎君ハ統監ノ歸任以前二週間程京城ノ花月樓ニ於キマシテ不破、名古屋ノ鞘當ヲ藝者カラ稽古シタ、稽古スルノミナラズ衣裳マデ新調シテ統監ノ歸任ノ祝ノ席ニ於テ統監ニ鞘當ノ藝當ヲ御覽ニ入レタト云フコトデアル、實ニ此驚クベキ韓國ノ醜狀極マルノデアリマス、斯様ニ此韓國ニ於ケルトコロノ日本官吏ガ見ルニ忍ビザルトコロノ醜狀デアリマスカラシテ、從ッテ此入費ガ澤山要リマス、入費ガ澤山要リマスレバ收賄ト云フ問題ガ起ルニ違ヒアリマセヌ、現ニ此韓國ノ內務大臣タルトコロノ宋秉畯ガ近日伊藤統監ト馬關ニ來テ以來、日本官吏ガ收賄スルト云フコトヲ內務大臣タルトコロノ宋秉畯ガ公言シテ憚ラヌノデアル、ソレカラ第五ニハ統監府ハ新聞記者及通信員ヲ買收若ハ壓迫シ、其他總テノ言論ヲ拘束シテ韓國ノ眞相ヲ蔽閉スルノ狀アリ、其事實如何、斯ウ云フコトヲ聞キタイノデアリマス、デ京城ニハ御承知ノ通リ京城新報、大韓日報、京城日報、朝鮮日々トカ、或ハ仁川ニハ朝鮮新聞其他各方面ニナカ〱韓國ニハ新聞ガ澤山アルノデアリマス、然ルニ此韓國ニ於ケルトコロノ新聞ハ勿論、內地カラ派遣サレテ居ルトコロノ新聞記者及通信員ト云フモノガ己ノ本社ヨリ貰ヒ受ケマスルトコロノ報酬ヨリハ寧ロ統監府ヨリハソレヨリ多クノ俸給ヲ貰ウテ居ルノデアリマス、ソレ故ニ何事モ此韓國ノ狀態ヲシテ宗主國タルコトノ帝國ニ通信スルコトガ出來ヌノデアリマス、例ヘテ云フテ見マスレバ此京城新報ノ如キハ峯岸繁太郎ト云フ人ガヤッテ居ルサウデアリマスガ、是ハナカ〱エライ筆法デ以テ京城新報ナルモノヲ書イタサウデアリマスガ、其峯岸繁太郎君ノ事情其他ハ如何ナル關係カラ出來タト云フコトハ私ハ今日玆デ贅辯ヲ要シマセヌガ、兎モ角統監府ニ向ヒマシテ強ク書イタサウデアリマスガ、所ガ頻々ト發行停止ヲ喰ヒマシタノデ到底ヤリ切レマセヌ故ニ、遂ニハ發行禁止ヲヤラレルヤウナ非常ナ境遇ニ陷リマシタ故ニ、自分ノ方カラ京城新報ノ廢刊ヲ屆ケマシテ、サウシテ京城新聞ノ名ノ下ニ於テヤハリ筆ヲ續ケテ統監攻擊ヲヤッタサウデゴザイマス、所ガ此京城新聞ガ尚又停止ヲ喰ヒマシテ、是又發行禁止ニナルト云フ運命ニナリマシタカラ、是ハ又廢刊ヲシテ、元ノ京城新報ニ今日ハ名ヲ改メテヤッテ居ルト云フコトデアル、又此大韓日報ノ如キモ是モ殆ド發行禁止ヲ命ゼラレントシマシタガ、是ハ何カ伊藤統監ノ喉笛デモ抑ヘル種子デモアリマシタカ、非常ニ抗議ヲ申込ンダノデ遂ニ伊藤統監ハ已ムヲ得ズ、此繼續發行ヲ許シタト云フコトデアリマス、斯様ナ威壓ノ方カラ以テモ新聞ト云フモノヲ抑ヘ又收賄卽チ此今申上ゲタ如ク己ノ本社ヨリ貰フトコロノヨリ以上多キ手當ヲ統監府カラ受ケルコトデアリマスカラ、其他ハ推シテ知ルベキコトデアリマス、ドウシテモ此宗主國ト保護國ナルモノハ恰モ父兄ト子弟ノ關係ノ如キモノデ、必ズ此二者ノ關係ニ於キマシテハ十分ナル交通機關ガナケレバ子弟ノ意思モ父兄ニ通ゼズ、父兄ノ意思モ子弟ニ通ゼズ、拓殖上或ハ工業上總テノ場合ヲ問ハズ今日ノ社會ニ於キマシテ新聞通信ノ必要ト云フコトハ實ニ大切ノコトデアリマス、然ルニ獨リ是ノミナラズ諸君モ御承知ノ通リ確カ法律七十號ト思ヒマスガ、淸國韓國ニ寄留スルトコロノ者ニ於キマシテ此理事廳アタリニ於テ不穩ノ者ト認メマスレバイツ何時デモ淸國若クハ韓國カラ退去ヲ命ズルト云フトコロノ法律ガアルノデアリマス、之ヲ濫リニ韓國ニ於テ適用致シマシテ相當ノ人デモ或ハ統監府ノ意思ニ背イタトカ、或ハ領事館ノ意思ニ觸レタトカ云フ如キ者ガアリマスレバ立所ニ此日本人ニ付テハ退韓ヲ命ズルノデ、斯様ナ有様デアリマスルガ故ニ、到底日本人ニ非常ニ此今日抑ヘラレツヽアッテ、或ハ此公使時代或ハ其他ノ顧問時代ヨリ遥カニ今日日本人ガ拓殖其他ニ付テ非常ナ不便不利ヲ感ジテ居ルト云フ顚末ガ、內地ニ知渡ッテ居ラヌノデアリマス、是等ハ餘程此注意スベキコトデアリマシテ、ドウシマシテモ此我國民ノ五千万ノ頭ニ早ク知ラセルト致シマスルノハ、韓國ノ新聞及通信又內國ノ新聞及通信ニ付テハ非常ナル便利ヲ與ヘルト云フコトガ今日必要デアル、又此萬國條約等ニ這入ッテ居ル點モアリマセウカナレドモ日本ト韓國ニ於ケル電信料ノ高イ所ハ之ハ國庫ニ於テ補助スルナリ、何ノ手管ヲ講ジマシテ、內地同様ニ一音信二十錢ト云フヤウナ料ニ改メ、又新聞記者等ニ於キマシテモ內地ノ新聞通信等ノ如クニ非常ナ低廉ヲ以テ之ヲ交通機關ヲサセルト云フ如キ便法ヲ設ケマセナンダナラバ、韓國ノ保護拓殖ハ到底期スベカラザルコトデハナイカト私ハ思フノデアリマス、其他尚私ハ澤山申上ゲタイコトガアリマスナレドモ、外ニ重要ナ議事ガアリマスガ故ニ、暫ク今日ハ第一回ト致シマシテ玆ニ差控ヘマシテ、足ラザルトコロガアリマスレバ再ビナリ或ハ三度ナリ質問ヲスルコトニ致シマス、併ナガラ終リニ於テ私ハ一言セネバナラヌコトガアリマスガ、今私ハ唯今日韓國ニ於ケルトコロノ實情ダケヲ述ベタコトデアリマスガ、大體論ニ於テ私ハ斯様ニ思フノデアリマス、今日韓國ヲ保護國トシタノハ何ノタメデアリマセウカ、二十七八年ノ日淸戰爭ハ何ノ爲ニ戰ハレタノデアリマセウカ、又三十七八年ノ日露ノ大戰爭ハ何ノタメニ開カレタノデアリマセウカ、之ヲ思ヒマシタナラバ善後策ノ第一ノ箇條ニ數ヘラレルモノハ卽チ韓國ノ保護政策デナケレバナラヌ、然ルニ此今日韓國ノ保護政策ナルモノハ前段ニ私ガ申シマシタ如キ有様デアッタナラバ、是ガ二十七八年ノ日淸戰役、三十七八年日露ノ大戰役ノ旨ニ果シテ合ッテ居ルモノデアリマセウカ、合ハヌモノデアリマセウカ、何人モ是ハ思ヒ知ルベキコトデアリマス、吾々ハ國民ハ彼ノ「ポーツマウス」ノ條約ニ於テハ少シモ私共ハ滿足スルノデハアリマセヌガ、彼ノ「ポーツマウス」條約ニ於テ滿足スルコトハ、出來ヌモノデアリマスノニ、韓國ノ狀態ガ尚且今日ノ如クデアリマシタナラバ、國民ハ何ヲ以テ慰藉スルコトデアリマセウカ、少シモ吾々ハ慰藉スルコトガ出來ヌノデアリマス、又二十億ノ國債ヲ起シ二十万ノ同胞子弟ヲ斃シマシテサウシテ吾々ハ尚且今日ニ惡稅ノ誅求ニ苦シミ、無期限無利息ノ金ヲ韓國ニ年々歲々數千万圓ヅヽ注込ミツヽ、尚且統監政治ハ此不快ナルトコロノ政治ヲ眼前ニ見ルト云フコトハ到底私ハ忍ビヌノデアル、之ヲ以チマシテ私ハ虛心坦懷ニ政友會及大同派ノ諸君ニ願フノデアリマス、先刻矢島中君ノ如キ人ハ措イテ問ヒマセヌガ、諸君ハ虛心坦懷ニ我韓國ノ狀況ト云フモノヲ御調ベ下サリマシテ、愈々韓國ナルモノガ二十七八年、三十七八年ノ大戰爭ノ旨ニ副ハヌト云フコトデゴザイマシタナラバ、ドウシテモ統監政治ナルモノヲ根柢カラ覆シマシテ、我五千万ノ意志ニ副フダケノコトハ、ドウシテモセネバナラヌト私ハ思フノデアリマス（「ソンナ質問カ」ト呼フ者アリ）是ニ於テ私ハ政府當局者ニ請求スルノデアリマス、幸ヒ伊藤統監ハ近日歸朝サレ、今日入朝サレテ天聽ニ奏聞サレマスルガ故ニ、直チニ統監ヲ政府委員ニ任命サレマシテ、明日ニモ此議會ニ出席サレテ吾々ト共ニ韓國ノ問題ヲ十分ニ折衝致シマシテ、吾々國民ニ滿足ヲ與ヘルダケノ處置ヲ取ラレンコトヲ希望スルノデアリマス、併ナガラ萬一ニモ吾々國民ノ意志ニ副ハヌコトデアリマシタナラバ、畏多クモ私ハ再ビ諸君ニ計ルコトガアリマス、其時ニ再ビ登壇シテ改メテ諸君ニ御相談致シマスルカラ、何卒是ハ政黨政派ノ嫌ナク虚心坦懷ニ韓國問題ヲ御審議アランコトヲ諸君ニ私ハ希望スルノデアリマス(「何カ薬ガ出テ居ルノカネ」ト呼フ者アリ)アリマス、御話ガゴザイマスナラ私ハ今日ハ是ガ質問ヲ終ヘマシタカラ、私ノ控室ニ恐レナガラ御出ヲ願ヒマスガ、私ハ十分ニ意見ヲ有ッテ居リマスカラ何時デモ研究ヲ致シマス、戯談ヲ言ハズニ少シク眞面目ニ韓國ノ事ヲ御研究ニナッタラ宜シイデセウ

○議長(長谷場純孝君)　共同苗代ノ强制ニ關スル件――金尾稜嚴君

第十四　日露戰役個人救濟ニ關スル建議案（古賀廉造君外五名提出）

日露戰役個人救濟ニ關スル建議案

日露戰役ノ際露領及滿洲等在留本邦人ノ受ケタル損害ニ對シテ國家ハ相當ノ救恤ヲ行フヲ必要トス依リテ政府ハ速ニ案ヲ具シテ本院ニ提議セムコトヲ望ム

右建議ス

○議長（長谷場純孝君）　島田三郎君

（島田三郎君登壇）

（拍手起ル）

○島田三郎君　諸君、本案ハ度々本議場ニ現ハレマシタ問題デゴザイマシテ、事柄ハ極メテ明白デアリマス、日露戰役個人救濟ニ關スル建議案――此事ハ世間ニモ大抵此問題ノ如何ナルモノタルカト云フコトヲ知ッテ居ルモノガ多イノデゴザイマシテ、諸君ノ御手許ヘ御回シニナッテ居リマス、此趣意書ヲ御一讀下サイマシタナラバ、此上説明ヲ須ヰズシテ明白デアルト思ヒマスガ、併ナガラ是ハ國家ノ體面ニ關スル問題デアリマスカラ、政府ニ對シテ本院ノ精神ノアル所ヲ諸君ノ御同意ヲ得テ明白ニ致シテ、政府ノ反省ヲ請フベキ性質ノモノデアル、是ハ國家ノ重要問題デアリマシテ、更ニ深ク考ヘテ見マスレバ、實ハ國家トシテ、斯ノ如キ信用ヲ保存スルコトハ國家ノ繁榮ノタメニ必要デアルト本員ハ信ジテ居ル、幸ニ爰ニ提出者トシテ署名セラレタル御方ノ連名ヲ見マスルト、黨派ノ如何ニ拘ハラズ、總テ御同意ヲ表セラルベキ性質ノモノニナッテ居リマス、古賀廉造君、中倉万次郎君、長島鷲太郎君、本員、淺羽靖君、木下謙次郎君、戸水寛人君、是等ハ平生他ノ問題ニ付テハ本員首メ諸君ハ隨分相爭フト云フ位置ニ立ッテ居リマスケレドモ、不思議ニモ此問題ニ付テハ斯ク連名デ提出スルト云フ此趣意ニ付テ見テモ、本議會ニ於テ異議ノ無カルベキモノト思ヒマス、ソレ故簡略ニ其性質ヲ申シマスガ、明治三十七八年ノ役ニ於テ滿洲及露領デ我國民ノ商工業其他ノ事ヲ營ンデ居リマシタ者ガ、彼ノ戰爭ニ依ッテ受ケタ損害ヲ國家ガ請求シテヤラナケレバナラヌ、斯ウ云フコトデアリマシテ、之ヲ其由來カラ論ジテ見マスルト屢々此請願ガ請願委員會ノ手ヲ經テ何時デモ可決セラレテ、本會ニ現ハレル、既ニ二回本議案ガ現ハレタノデアリマシテ、三回目ニ至ッテ其ノ如ク本議會ガ之ヲ可決シテ政府ニ回送スルノニ、政府ガ一向之ヲ顧ミラレザルト云フコトハ、院議ヲ重ンゼラル、次第デナイト云フノデ、其意味ヲ附加ヘマシテ更ニ二十四議會ニ於テ政府ヘ反省ヲ促シタノデアリマス、而シテ尚其消息ヲ得ザルガタメニ、今回ノ議會ニ於テモヤハリ請願書ガ出テ居リマスノデ、本員ハ他ノ事件ニ付テ、本員ガ紹介致シマシタ其説明ノ爲ニ請願委員會ニ列シマシタトキニ丁度此問題ガ他ノ議員ノ御方ノ紹介ニ依ッテ議ニ上ッテ居リマシテ、サウシテ當局ノ方ガ――外務省ノ關係デゴザイマスルガ、外務次官ガ出テ之ニ向ッテ答辯セラレテ居ルノヲ、本員ハ其處デ傍聽ヲスルノ機會ヲ得タノデアリマス、政府モ決シテ之ヲ無視スル譯デハナイガ、唯今調査中デアルト云フ答ヲ得テ居リマス、斯ノ如キ現在ノ事情デアリマスルガ、何故ニ此請願ガ斯ノ如ク屢々本議會ニ現ハレルカ、其度毎ニ總テ可決セラル、カト云フコトヲ見マシタナラバ、極メテ至當ノ理由ガアルノデアリマシテ、元來三十七八年ノアノ戰爭ノ起リマスル其前ノ外交談判ノ斷絶セントスル場合ニ方ッテ、露領竝ニ滿洲朝鮮ノ境ノ方ニ居リマシタ、我國民ガ、早ク此危難ヲ避ケテ退カウト云フコトヲ準備致シタノデアリマスルガ、我邦カラ此邊ニ參ッテ取締ヲシテ居ラル、所ノ領事官、其他事務官ハ左樣ナル危難ハ決シテ迫ッテ居ラヌノデアル、又戰ノ始マルト云フコトハ信ジラレヌガ故ニ、動搖ヲセズシテ居レト、斯樣ニ安撫ノ命ヲ下シタノデアリマス、ソレ故ニ是等ノ居住民ハ安然トシテ戰爭ノ開ケルマデ一切家財モ取片付ケズ、露領竝ニ滿洲、朝鮮ノ境ニ居ッタ所ガ、戰ノ聞引ハ外交ノ談判盡キタルト同時ニ直チニ攻撃ノ手續トナリマシテ、引續イテ開戰トナッタノデアリマスガ、此場合ニ於テハ日本ヨリ滿洲露領ニ達シマスル所ノ電信ト云フモノハ、已ニ便ヲ失ッテ居ッテ、戰ノ仁川ノ方面或ハ旅順ノ方面ニ於テ起ッタト云フコトヲ、此居住民ガ知ルコトガ出來ナカッタ、歐羅巴ヲ通ジテ參リマスル電信ハ、戰ノ進行ヨリハ遲カッタノデアリマスカラ、既ニ戰起ッタリト云フコトデ、倉皇荷物ヲ取片付ケル暇モナク、辛ウジテ躬ヲ以テ逃レ歸ッタト云フコトデアリマス、是ハ此等ノ救濟ヲ請ヒマスル所ノ人ガ本議會ニ向ッテ陳情スル所ノ事實デアッテ、斯クアッタト本員ハ確信致シマスル、サウ致シマスルト、彼地ニ於テ事業ヲ營ンデ居ッタ所ノ者ノ資本ハ悉ク蕩盡シテシマヒ、家財モ悉ク失ッテシマッテ、甚大ノ損害ヲ受ケタノデゴザイマスガ、此時ノ事情ヲ推測ッテ見マスルト、豫メ戰ノ將ニ開カレントスルト云フコトハ、當局ノ外交官モ凡ソハ知ラレテ居ッタデアラウト本員ハ推測スル、併ナガラ若シ戰ノ將ニ始マラントスルト云フヤウナ此萌ヲ、我國ノ彼地ニ在ル所ノ人民ニ申シマシタナラバ、露人モ亦之ニ備ヘル所ノ準備ヲ爲シマスカラ、戰ノ聞引ニ於テハ極メテ不便デアリマスノデ、ソレ故ニ外交談判盡キテ砲撃當ニ始マルト云フコトハ、其時マデ一切彼居住民ニ知ラセヌト云フコトハ、又當局者ノ義務トシテ爲サネバナラヌ事デアリマス、斯ウ考ヘテ見マスルト、之ヲ知ラセザリシ所ノ當局モ能ク其職分ヲ守ッタノデアルガ、又耳聰キ我居住民ハ此萌ヲ察シテ動搖スベキ筈デアル、家財資産ヲ取片付ケベキ筈デアリマスケレドモ、斯樣ナコトヲ居住民ガ致シタナラバ、露人モ亦此萌ヲ覺ッテ、我開戰ニ備ヘルト云フコトガアリマシタナラバ、國家ノ不利デアリマスカラ、心アル所ノ我居住民ハ定メテ危險ノ身ニ迫ルト云フコトヲ心ニハ察シテモ、之ヲ色ニ顯ハサズ、之ヲ容ニ顯ハサズシテ、忍ンデ國家ノ犧牲ニナルト云フコトヲ覺悟シタノデアラウト本員ハ思フノデアリマス、若シ果シテ斯ノ如キ者ガ其中ニアッタナラバ、一層氣ノ毒ナル次第デアルト、本員ハ此損害ニ對シテ多大ノ同情ヲ表セザルヲ得ヌノデアリマス、サウスルト政府ガ調査中ナリト云ッテ、長ク之ヲ遷延シテ置クト云フコトハ、國家ノ信義上甚ダ不可デ、國民ヲシテ愛國ノ心ヲ滅ゼシムル所ノ重大ナル損害ヲ、區々タル金錢ヲ以テ積ルベキモノデハナイト斯樣ニ私ハ思フ、今日ハ泰平デアリマスケレドモ、變ハ何レノ時ニアルカヲ覺悟スルノガ用心深キ所ノ國民デアリマスカラ、万一何レノ年ノ後ニ斯ノ如キ場合ガアッテモ、總テ國家ノタメニ犧牲トナルト云フ國民ノ精神ヲ留メテ置キタイト云フコトデアレバ、斯ノ如キ場合ニ狼狽セズ、徐ニ犧牲トナルト云フ覺悟ヲ示スベキ政略ヲ取ラレンコトヲ本員ハ政府ニ向ッテ望ムノデアリマス、斯ノ如キ覺悟ヲ取ラセントスルニハ、償フベキモノハ償ッテヤルト云フダケノ大體的ノ精神ヲ政府ハ心ニ持タナケレバナラヌト、斯ウ本員ハ考ヘテ居リマスガ、調査中ト云フコトニ付テ本員ハ二ツニ之ヲ解釋スル、之ヲ請願スル所ノ者ガ多數デアッテ、其金額ナカナカ多額ニ上ルト云フコトデアッタナラバ、今日ノ財政上政府ハ大ニ之ヲ考ヘナケレバナラヌト云フノハ、義理カラ考ヘズシテ必要上カラ左樣ナル準備ヲ政府ハ調査セラル、デアラウト思フ、モウ一ツハ其損害ノ高ヲ過大ニ見積ッテ多クヲ要求スル者ガアッテハ、此救濟ノ本旨ニ背クノデアリマスカラ、政府ハ嚴正ニ之ヲ取調ベテ、償フベキハ償フト云フコトニシナケレバナラヌ、斯ノ如キ意味ニ於テ政府ガ手數ヲ要スル故ニ調査中デアルト云フコトナラバ、本員ハ其意ヲ諒トシテ當局ノ調査中ト云フコトヲ大ニ不同意ハ申サヌノデアリマスガ、若シ之ニ反シテ其金額ガ巨大デアルガ故ニ、調査中ト云フコトデ時日ヲ遷延シテ之ヲ泣寢入ニセシメント云フヤウナコトデアッタラバ、堂々タル帝國政府ノヤルコトデハナイト思フ、償フベキハ償フダケノ決心ガ無ケレバナラヌ、且近日ニ至ッテ更ニ斯ノ如キコトヲ本員ハ承ッタ、露國ノ人民ガ我日本ノ領内ニ居リマシテ、特ニ長崎近傍ニ多クアッタト云フコトデアリマスガ、是亦日露ノ開戰ノタメニ倉皇荷物ヲ片付ケル暇モナク、身ヲ以テ故國ニ歸去ッタノデ、ヤハリ我國民ガ露領ニ於テ受ケタルガ如キ損害ヲ受ケタト云フコトデアリマスガ、露國政府ハ之ヲ償ッタト云フコトデアル、之ヲ償ッタガタメニ更ニ我國民ガ窮迫ノ地位ニ陷ッタト云フコトヲ聞イテ、一層同情ニ堪エヌノデアリマス、ソレハ露領ニ於テ我國民ガ商業ナリ其他ノ事業ヲ營ンデ居リマスレバ、貸借ノ取引ガ露國人民トノ間ニ成立ッテ居リマス、此事ニ付テ我國民ガ債務ヲ負ウテ居ッテ、露國ノ人民ニ對シテ取引上計算ヲ立テ、、借リタモノヲ返サナケレバナラヌト云フ位地ニ立ッテ居ル者ハ、アノ騷動ノタメニ身代ヲ失ッタルガ故ニ、今迄返スコトガ出來ナイト云フコトノ分疏ヲシテ居ッタ、所ガ近時ニ至ッテ露國政府ハ、曾テ我邦ニ在ッテ損害ヲ受ケタ所ノ露國ノ人民ニ此救濟ヲ施シタルガ故ニ、露國ノ取引者ハ日本ノ是等ノ人民ニ向ッテ貴國ノ政府ハ必ズ此損害ヲ諸君ニ償ッタニ相違ナイカラ、償ウテ其金ヲ得タナラバ、豫テノ取引ノ計算ヲ立テ、我ニ戻セヨト、斯樣ニ商業上カラ我損害ヲ被ッタル人民ニ對シテ督促ヲナスト承ッテ居ル、斯ウナッテ見マシタナラバ、我國民ハ何ト答ヘマスルカ、不幸ニシテ我日本政府ハ、我損害ヲ受ケタルトコロノ人民ニ適當ナルトコロノ補償ヲ與ヘヌガ故ニ、我ハ此債務ヲ果スコトガ出來ヌト云ッタナラバ、日本國民ハ露國ノ人民竝ニ政府ニ對シテ、大ニ恥ヂザルヲ得ヌト本員ハ思ッテ居リマス、彼ハ負ケタリト雖モ、尚其損害ヲ其國民ニ償ッタノデアルガ、我帝國ハ勝チタリト雖モ唯金額ニ係ッテ之ヲ償ハヌ、償ハザルガ故ニ、彼ニ對シテ債務ヲ果サヾルト云フコトノ分疏ノ理由トシテ、之ヲ露國人民ニ答ヘマシタナラバ、是ハ唯其人民ノ耻デベキバカリデハナイ、日本帝國ノ汚辱デアルト本員ハ信ズルノデアリマスカラ、是ハ信用問題デアル、義不義ノ岐ル、トコロノ問題デアルト、斯ク信ズルガ故ニ、本員ハ絮説ヲ憚ラズ諸君ノ前ニ此義務アルコトヲ説明シテ此案ノ可決センコトヲ望ムノデアリマス、大略斯ノ如キモノデアリマス、御同意ヲ請ヒタイト思ヒマス

○恆松隆慶君　本案ハ十八名ノ委員ニ付託シタイ、其委員ハ議長指名ナランコトヲ希望致シマス

○議長（長谷場純孝君）　唯今恆松君ノ動議ノ如ク、本案ハ議長指名十八名ノ委員ニ付託スルコトニ御異議ハアリマセヌカ

（「異議ナシ異議ナシ」ト呼フ者アリ）

○議長（長谷場純孝君）　御異議ガナイト認メマスカラ、其通決シマス、日程第十五、大阪臨港鐵道敷設ニ關スル建議案ヲ議題ニ致シマス、議案ノ朗讀ヲ省略シマス、提出者菊池侃二君

○議長(長谷場純孝君) 侮辱的ノ言葉ハ御用ヰナサラヌヤウニ御注意致シマス

○內藤魯一君 私ノ聲ハ國民ノ聲デゴザイマス、(「ヒヤ〳〵」ト呼フ者アリ拍手起ル「同時ニ天ノ聲ナリ」ト呼フ者アリ)伊藤公ガ韓國ニ高飛ヲ致シマシタガ其韓國ハ如何ナル形勢カト云フコトハ世間自ラ分ッテ居リマスガ、玆ニ本員ガ殊更ニ諸君ニ絕叫シテ置カネバナラヌト云フノハ國家百年ノ長計ニ於テ愼重ニ諸君ノ御胸底ニ固ク存セラレンコトヲ願フト同時ニ、韓國統監トシテノ伊藤公爵ニ警告シ、併セテ伊藤公其人ノ迷夢ヲ破リ、以テ韓國其者モ亦大ニ遠慮セナケレバナラヌ一問題ガアリマス(「謹聽々々」ト呼フ者アリ)之ヲ一言ニシテ申シマスレバ韓國ガ皇帝ノ尊號ヲ我 陛下ニ 遠慮アッテ國王ト稱セラレンコトヲ望ムノデゴザイマス、元來韓國ハ我國ノ神代時代ニ於テモ 人皇時代ニ於テモ我國ノ保護ヲ受ケテ來タコトハ歷史ノ證明スルトコロデゴザイマス、(「問題外ダ」ト呼フ者アリ)憲政史上ノコトデゴザイマス、(「問題外ダ」「謹聽々々」「邪魔ヲシテハイカヌ」ト呼フ者アリ、議場騷然)憲政史ノ敷衍ニ於テ諸君ガ御許シニナッタノデゴザイマセウ……

(「謹聽々々」「大ニヤルベシ」ト呼フ者アリ)

○大岡育造君 議長――議長

(「謹聽々々」「邪魔ヲスルナ」「ヤルベシヤルベシ」ト呼フ者アリ)

○大岡育造君 議事ノ進行ニ關シテ注意ヲ致シマス、抑……

(「謹聽々々」「發言中ダ無用々々」「內藤君ヤルベシヤルベシ」ト呼フ者アリ議場騷然聽取スル能ハス)

○議長(長谷場純孝君) 大岡君ハ內藤君ノ發言ニ付テノ御注意デスカ

○大岡育造君 問題外ニ涉ッテ人身攻擊ヲスルト云フコトハ(議場騷然聽取スル能ハス)

○議長(長谷場純孝君) 議長ハ屢〻內藤君ニ向ッテ注意ヲ致シマシタ(議場騷然)靜ニ――靜ニ暫ク靜ニ――今議長ハ 演說者ニ 向ッテ 卽チ 此憲政創設功勞者行賞ニ關スル建議案ノ理由ヲ說明スルト云フノデアルケレドモ、動トモスレバ其範圍ヲ脫セントスルノ語氣アリ

(「ノウ〳〵」ト呼ビ議場騷然)

○議長(長谷場純孝君) 暫ク――暫ク―― 穩カナラザルヤウニ見受ケルカラ、議長ハ屢〻演說者ニ向ッテ注意ヲ與ヘマシタ

(「ヤルベシヤルベシ」ト呼フ者アリ議場騷然)

○內藤魯一君 御蔭デ水ヲ入レテ休息致シマシタ

(「議會ノ言論ハ自由ダ、ヤリ給ヘ」ト呼フ者アリ)

○議長(長谷場純孝君) 成ルタケ注意ヲ致シマスガ、規則ニ抵觸セヌヤウニ、又人身攻擊ノ言葉ニ亙ラヌヤウニ御注意アランコトヲ議長ハ忠告シマス

○內藤魯一君 本員ハ伊藤公ニ何等恩怨アル者デハゴザイマセヌ(「ヒヤ〳〵」)憲政史ノ歷史ガ玆ニ到ッタノデゴザイマスカラ(「ヒヤ〳〵」)元來韓國ハ 我國ノ 神代時代ニ於テモ人皇時代ニ於キマシテモ我國ノ保護ヲ受ケテ來タコトハ歷史ノ 證明スル所デアリマシテ、德川幕府ノ時代デモ韓國ノ使者ハ我京都ノ禁裡ニ參內スルコト能ハズシテ、幕府ノ將軍職ニ其禮ヲ致シテ歸ッタ位デアリマス、其後我國明治維新後ノ近年マデ國王トカ大君主トカ稱シテ來タ韓國デゴザイマスルガ、其韓國ガ我 陛下ノ大義ヲ唱ヘサセ給フテ二十七八年ニ於ケル戰役後ノ韓國ハ、其清國ノウルサキ干涉ヲモ打忘レ、又我國ノ唱道ニ依ッテ獨立シタコトヲ忘レテ、增長高慢トナッテ逆セ上ッテ居リマスガ、ソレハ宜シイトシテ若シ位置ヲ變ヘテ清國ガ韓國ヲ保護シテ居ルトシマスレバドウデアリマセウカ、是ハ決シテ皇帝ト稱スルコトヲ許サヾルノミナラズ、若シ稱號スルニ於テハ命令的ニ取消シタ上ニ非常ナ問罪ヲ加ヘラレルコトデアラウト考ヘマス(「ノウ〳〵」)況ンヤ明治二十七八年役前マデハ韓廷ヨリ毎年清國ニ對シテ、冬至使ヲ向ケタデハアリマセヌカ、獨リ清國ノミデハナイ古今何レノ國ニ於テモ帝國トナッテ其保護國ヲシテ皇帝ノ尊稱ヲ許シテアル滑稽ナコトハアルマイカト考ヘマスル、ソレ式ノコトハ眼ニ一丁字ナキ者デモ道理カラ考ヘテ分リ切ッテ居ル問題デアリマスル(拍手起ル)サウシテ又保護國ノ太子ノ御來朝ノトキノ有様ハ御祭騷ギデ、而モ其騷ギ加減ガ兵隊ヲ引出スヤラ(「ソレハ問題外ダ」「內藤君ヤルベシ」ト呼フ者アリ)無暗矢鱈ニ御機嫌ヲ取ッテ共罰フ有様ハ殆ド賤業婦ノ客ニ對スルヤウナ有様デアリマスル、夫レ保護國ノ太子ニ對シテ信任ヲ受ケ得ル者ハ今少シ儼然トヤラレタイト思ヒマス(「ドウシテ留メナイカソレハ問題外ダ」ト呼フ者アリ)更ニ本員ハ 絕叫シマスル、抑〻韓國ハ伊藤公一個ノ韓國デハゴザイマセヌ

○議長(長谷場純孝君) 內藤君本問題ニ 關係ナキコ トハ止メテ 此建議案ニ基イテ言論ヲナサイ

○內藤魯一君 私ハ憲政史中ノコトヲ言フノデアリマス、然レドモ 諸君ニ於テ滿場過半數ノ御決議ガアッテ止メロト云フコトニナラバ是ハ國民ノ命ニ從フノデアリマスガ(藏原惟郭君「ソンナ弱イコトデドウスルカ」ト呼フ)然レドモ 其決議前ニ 至ッテハ(大岡育造君「議長ハ 制スル 力ガアル 筈デアル」ト呼フ「問題外ダ」「問題外デナイ」ト呼フ者アリ議場騷然)

○議長(長谷場純孝君) 靜ニ――內藤君問題外ニ涉ラヌヤウ

○內藤魯一君 本員ノ考ヘマスルノニハ韓皇ニ在ラセラレテモ、此際改メテ王稱ニ遊バサル、ノガ却テ御名分ガ相立ッテ寧ロ御利益デアルカト信ジテ居ルノデアリマス(「ノウ〳〵」)モウ韓國ノコトハ止メマシタカラ 大岡君ナドハ別シテ御安心ナサイマセ――大岡君聽エマセヌカ、ドウゾ御安心下サイ、諸君藩閥諸公中ノ井上松方二伯ニハ當年日露ノ役ニ關シ共ニ同ジク侯爵ニ進メラレタト承ハリマスルガ、二伯ハ其如何ナル事項ニ依ッテ斯ク光榮アル陞爵ニ至リマシタモノカ、本員ノ如キハ未ダ之ヲ知ラナイノデゴザイマス、板垣伯ノ如キ、後藤伯ノ如キ、大隈伯ノ如キ、在野十數年右國會開設ノタメニ 一意專心各〻其任スル所ニ盡サレタル勞ハ我國民ノ感銘スル所タルハ勿論ニシテ、又世界各邦ノ議認スル所トナッテ居リマスル、故ニ我國民ハ 右伯爵等ガ憲政創設ニ盡サレタルノ事績ニ對シマシテハ、造次顛沛之ニ相當ズベキ待遇ノ途ヲ與ヘラレンコトヲ 欲スルモノデゴザイマス、尋イデ大井憲太郎君ノ如キ、片岡健吉君ノ如キ、河野廣中君ノ如キ、我憲政開始ノ經綸ニ當ッテハ死ヲ期シテ半世其任ニ當リシ 人デゴザイマス、尋イデ又橫暴ナル藩閥政府ヲシテ 之ガ心膽ヲ冷ナラシメ以テ 爲ニ警察衛護ノ力ニ倚ラザレバ晝夜一日モ其身ノ安ヲ得ザラシムルニ 至ラシメシモノハ、是レ本員ノ所謂第二期ニ屬セシ諸君中生命ヲ賭シテ斯ク非常事件ニ同盟セラレタ諸君デアルト思ヒマスル、如何トナレバ斯ノ如キ決死ノ精神ガ終始中堅トナッテ居リマシタノデ流石ノ 藩閥橫暴ナル政府者ト拮抗シテ一歩半歩屈スル所ナク 讓ル所ナク、其能ク十數年間侃々諤々言張ッテ來マシタノデ遂ニ其能ク現代ノ如キ 自由ノ言論ヲ得ルコト、ナッタノデゴザイマス、本員ノ如キハ誠ニ諸君ノ勞ヲ多トスルモノデゴザイマス、諸君以上ハ本案ノ提出ニ關スル 憲政史ノ概要デアリマスガ、玆ニ天下ニ號叫シテ而モ賢明ナル諸君ノ御贊同ヲ請ヒマスル(拍手起ル)

○議長(長谷場純孝君) 日程第十六、卽チ 憲政創設 功勞者行賞ニ 關スル 建議案……

○恆松隆慶君 本案ハ九名ノ委員、議長指名ナランコトヲ望ミマス

(「贊成々々」ノ聲起ル)

○議長(長谷場純孝君) 恆松君ノ動議ノ如ク、本建議案ハ議長指名ノ九名ノ委員ニ付託スルコトニ御異議ハアリマセヌカ

（「異議ナシ異議ナシ」ノ聲起ル）

○議長（長谷場純孝君）　御異議ハナイト認メマスカラ、其通リ決シマス、日程第十七第十八ハ同一委員ニ付託セラレタル議案ナルニ依リ、併セテ委員長ノ報告ヲ爲シ先ヅ日程第十七鐵道速成ニ關スル建議案ヲ議題ト致シマス、菅原傳君

第十一　北海道拓殖政策確立ニ關スル建議案（小橋榮太郎君外五名提出）

北海道拓殖政策確立ニ關スル建議案

開拓草創以來四十有餘年近時拓殖ノ進歩漸ク旺ナリト雖是ヲ全般ヨリ觀察スルトキハ其ノ道程未タ五分ノ一ニ過キス進テ之カ開發ヲ助長シ大ニ拓殖ノ效果ヲ收メムトセハ前途尚頗ル遼遠ノ憾アリ顧レハ內閣及歷代ノ長官共ノ人ヲ更ユル每ニ拓殖ノ方針ハ常ニ動搖シテ更ニ一定不變ノ政策ノ見ルヘキモノナシ然ルニ本道ノ拓殖ハ時ノ開拓使長官ニ下シ賜ヘル　詔勅ニ炳カナルカ如ク　皇威隆替ノ係ル所ニシテ至重ノ急務ナルハ勿論利源開發上國家一日モ之ヲ緩ニスヘカラサルモノアリ此ヲ以テ今後少クトモ十二箇年ヲ期シ凡拓殖ニ必要ナル事業ヲ完成スルカ爲本道ノ總收入ヲ舉ケテ本道ノ總支出ニ宛テ其ノ餘剩金ヲ基礎トシテ諸般拓殖上必要ノ費途ニ供シ以テ之カ經營ノ根本政策ヲ確立セムコトヲ望ム

右建議ス

（東武君登壇）

○東武君　此建議案ニ付キマシテ私ガ提出ノ理由ヲ述ベルコトニナリマシタノデアリマスガ、本案ハ政黨政派ニ何等ノ關係ヲ持チマセヌトコロノ問題デアリマシテ、北海道ノ六人ノ代議士ガ各派聯合致シマシテ協議ニ協議ヲ重ネタ結果、本案ヲ提出スルコトニナッタ次第デアリマスガ、此帝國ノ議會ニ於キマシテハ北海道ト云フ問題ハ極ク一部ノ問題ニ屬スルカ知リマセヌケレドモ、北海道全體ノ上カラ申シマスト此案ハ非常ニ貴重ナルトコロノ案ト考ヘルノデアリマス、甚ダ貴重ナル時間ヲ長ク費スコトハ本員ハ深ク愼マナケレバナラヌコトデアリマスガ、暫時御清聽ヲ願ヒタイト思ウテ居リマス、戰後ノ經營ニ於キマシテ何ガ一番急務デアリマスルカト申シマスト云フト、私共ノ考ニハイロ〳〵ノ仕事ガアルデアリマセウ、戰後經營ト云フコトノ名ハ隨分古イトコロノ問題デアリマスケレドモ、今尙極メテ新シキ問題ニ屬シテ居ルト考ヘル、此日露、日淸兩役ヲ經マシテ我日本ハソレ〳〵幾多ノ大戰ヲ經過致シマシテ、サウシテ今日マデ來ッテ而シテ其大戰ニ於テハ幾多ノ犧牲ヲ拂ッタノデアリマス、其犧牲ヲ拂ッテ贏チ得タルモノハ何デアルカト申シマスト、二十幾億万ノ國債ヲ負擔致シマシテ、サウシテ幾十万ノ壯丁ヲ殺シタト云フ結果ニ屬シテ居ルノデアリマスカラ、此戰後經營ニ於テ何ガ一番急務デアルカト申シマシタナラバ、兎ニモ角ニモ日本ノ國力ヲ增進シテ國ノ富力ヲ增進スルト云フコトヨリ外ニ私ハ策ハナイト思フテ居リマス（拍手起ル）而シテ此北海道ト云フモノガ帝國ノ國力ヲ增進シ、國ノ富力ヲ充實シテ、所謂國本培殖ノ上ニ於テ如何ニ重要ナル地位ヲ占メテ居ルカト云フコトニ付キマシテ、聊私ガ申上ゲタイト考ヘテ居ルノデアリマス、諸君、御存知ノ如ク北海道ハ目下耕地ノ上ニ於キマシテハ實ニ僅ニ四十万町歩ト云フ地積シカマダ起キテ居リマセヌケレドモ、全體ノ北海道ノ總テノ耕地ノ面積カラ申シマスト云フト、耕地ノ面積ハ二百万町歩ト稱シテ居ルノデアリマス、耕作適地ガ二百万町歩アルト稱シテ居リマス、而シテ今僅ニ開ケテ居ル地面ハ四十万町歩ヨリ開ケテ居リマセヌ、ソレカラ人口ノ上カラ申シマスト北海道ノ人口ハ現在ニ於キマシテ百二十万ノ人口デアリマス、チョット百三十万人バカリニナッテ居リマスガ、北海道ニドレ丈ノ人口ヲ移スコトガ出來ルカト申シマスト、奥羽六縣丈ノ人口ヲ北海道ニ移スコトガ出來ルト申シマシタナラバ、北海道ニハ少ナクテモ八百万人以上ノ人口ヲ優ニ包容スル丈ノ地積ヲ有ッテ居ルノデアリマス、其點カラ申シマシテモ北海道ノ人口ハ今尙極メテ稀薄デアル、今後益々拓殖ノ實ヲ進メナケレバナラヌコトハ深ク申サヌデモ分ッテ居ルコトヽ思ヒマス、ソレカラシテ北海道ノ人口ノ上カラ申シマシテモ、面積ノ上カラ申シマシテモ、左樣ナ譯デアリマスガ、實ハ北海道ノ實際ノ內容ト其實質ニ於キマシテ餘リニ天下ニ隱レテ居ルノデアリマス、北海道ノ富源ト云フコトハ以前カラシテ北海道ハ一ノ寶庫デアル、帝國ノ寶庫デアル、北門ノ寶庫デアルト云フコトヲ言ハレテ居ルノデアリマス、其寶庫タリ富源タルコトハ今尙決シテ詐リデナイノデアル、富源ハ十分北海道ニハ持ッテ居ルノデアリマス、ソレ等ノコトニ付テ詳シイコトヲ申シマスト非常ニ長クナリマスカラ、是ハ委員會ニ於テ更ニ申述ベルト致シマスノデアリマスガ、日本ニ於キマシテ自今人口ガ非常ニ過剩致シマシテ、年々五十万人以上ノ人口ガ日本ニハ增殖シテ居リマス、此增殖シテ居ルト云フコトハ日本ノ國運ノ上ニ於テ極メテ祝スベキコトデアリマスケレドモ、暫ク今ノ狀態ニ於テ放任ヲ致シテ置キマシタナラバ、日本帝國ノ人口ハ內ニ過剩ヲ告ゲテソレ丈ノ生產ガ舉ラズ、ソレ丈ノ仕事ガナクシテ、何トカ其人口ノ排泄ノ途ヲ講ジナケレバナラヌト云フコトハ、日本殖民政策ノ第一ノ要義ト思ヒマス、南米ノ航路ヲ總通致シマスシ、或ハ外務大臣小村伯爵ハ日本ノ殖民政策ハ滿韓ニ向ッテ注入スルコトヲ申シテ居リマスガ、是ハ決シテ我日本ノ移民ヲ滿韓ニノミ向ッテヤラレルノデナカラウ、北米ニモ南米ニモ或ハ濠洲ニデモ向ッテ、大ニ移民殖民ノ發展ヲ講ジナケレバナラヌト思ヒマスガ、併ナガラ我帝國ノ現在ノ移民ノ狀態ハ如何デアルカト申シマスト、甚ダ悲ムベキ狀態デアルノデアリマス、亞米利加ハドウデアルカト申シマスト、排日問題其他ノ關係ノタメ亞米利加ニハ十分吾々國民ガ發展スル機會ヲ得テ居ラヌ、南米ハドウカト云フト、南米航路ノ問題ハ隨分ヤカマシイ問題デアリマスケレドモ、南米ニ百二十万ノ金ヲ費シ南米ノ航路ヲ開イタトコロガ、南米ニ向ッテ日本ノ移民ガ幾ラ往クカト云フコトヲ吾々委員會デ質問シテ見ルト、僅ニ二千八ト云フコトヲ政府委員ハ答辯シテ居リマス、臺灣ハドウカト申シマスト、臺灣ハ帝國ノ殖民地トハ申シテ居リマスケレドモ、臺灣ニハ既ニ三百万ノ人口ガ這入ッテ居リマシテ、寧ロ是ハ人ヲ移スト云フコトヨリ撫順ヲシ、撫育ヲスルコトニ最モ努メナケレバナラヌモノデアッテ、今後日本ノ過剩ナル人口ヲ臺灣ニ移スト云フコトモ是ハ餘リ大キナ望ハナイノデアラウト私ハ考ヘテ居リマス、滿韓ノコトモ或ハ南米モ北米ニ移民ヲヤルト云フコトモ、兎ニ角移民ヲ排泄シナケレバナラヌト云フコトハ帝國ノ國是デアルト云フコトニ付テ、私ハ決シテ反駁ハ致シマセヌ、ヨリ以上ニドシ〳〵殖民政策ヲ取ラナケレバナラヌト云フコトハ今ノ日本ノ國情ニ於テ明カデアリマスガ、ソレト同時ニ私ハ此北海道ノ移民ト云フモノヲ何故ニ奬勵シナイカ、北海道ニ移民ヲ入レルコトニ向ッテ政府ハ何故ニ努メナイカト云フコトニ付テ、私ハ頗ル疑問ヲ持ッテ居ルノデアリマス、デ北海道ノコトハ明治初年開拓使以來四十年ノ星霜ヲ經テ居リマスガ、其四十年間ニ得タトコロノ人口ハ僅ニ百二十万人デアリマスガ、併ナガラ殖民ノ上ニ於テハ確ニ北海道ハ成功シテ居リマス、成功シテ居リマシテ目今地ヲ拓クトコロノ面積ガ四十万町歩、此生産額ガ七八百万圓ト云フ莫大ナル生産ヲ擧ゲルコトガ出來ルノデアリマスカラ、此日本ノ殖民ト云フコトニ付テハ北海道ト云フモノハ一番初メノ試驗デアリマシタガ、其試驗ニ於テハ確ニ成功シテ居ルノデアリマス、而シテ北海道ノ近頃ノ政策ガ低下シテ卑近ニ流レテ來タノハ何ンデアルカト云フト、此日露戰役ト日清戰役トノタメニ非常ニ國ガ多端デアリマシタカラ、一齊ニ人心ガ總テ滿韓ニ向ッテ居ル、臺灣ニ向ッテ居ルト云フ形勢デアリマシタ故ニ、北海道ト云フモノハ一時全ク閑却サレテ居ッタノデアリマス、本年ノ豫算ヲ見マシテモ北海道ノ豫算ハ僅ニ四百八十万圓內外ノモノデアル、而シテ臺灣ハドウデアルカト云ヘバ、臺灣ハ殆ド三千二百万圓カラノ豫算ヲ計上致シテ居リマス、サウシテ事業費ノ如キデモ臺灣ハ一ノ事業費デ一千万圓以上ノ事業費ヲ使ッテ居リマスガ、北海道ハ僅ニ百万圓內外ノ事業費シカ使ッテ居ラヌノデアリマス、而モ其狀態ハサウ云フヤウナ狀態ニナッテ居リマシテ、又其上ニ於テ北海道デハ特別ナル財源ト云フモノガアリマス、其特別ナル財源ハ北海道ノ森林ヲ賣ッテ北海道ノ收入ニシテ、北海道ヲ經營スルト云フコトニ向ッテ前議會ガ協贊ヲ與ヘテ居リマスガ、其特別ナル資源ニ供スルトコロノ金スラモ此財政整理ノ名ノ下ニ於テ我一般會計ニ奪取ラレツヽアルノデアリマス、目今北海道ノ狀態ハドウデアルカト云ヘバ、道路ノコトデモ、港灣ノコトデモ、或ハ移住民ヲ入レルコトデモ、總テノ設備ト云フモノハ何事モ爲スコトガ出來ナイ、殆ド一指ヲ切リ、二指ヲ切リ、三指ヲ切リ、四指ヲ切リ、五指ヲ切リ、遂ニ起ツ能ハザル狀態ニ置クト云フコトハ我帝國ノ移民ノ上カラ云ヒマシテモ、殖民政策ノ上カラ云ヒマシテモ、甚ダ悲ムベキ狀態デハナイカト私ハ考ヘテ居リマス、ソレカラ北海道ハ殖民地デアル、殖民地デアルカラ北海道ニ向ッテ金ヲ入レルト云フコトヲ一ノ厄介物ノ如ク政府ナドデハ言ッテ居リマス、ケレドモ北海道ニ今日マデ金ヲ入レテドウ云フ成績ヲ擧ゲテ居ルカト云ヘバ、開拓使ノ明治二年以來北海道ニ此國費ヲ注入レタル金額ヲ計上シテ見マスルト、一億二千万圓バカリノ金ガ北海道全體ニ入ッテ居ルノデアリマス、開拓使以來北海道ニ入レタ金ガ一億二千万圓バカリ入ッテ居ルノデアリマス、是ハ明治三十九年マデノ統計デアリマスガ、ソレダケノ金ガ入ッテ居ルノデアリマス、而シテ其一億二千万圓バカリノ國費ヲ投ズルト云フコトハ頗ル莫大ノヤウデハアリマスケレドモ、一方政府ガ收入シタル金額ヲ計上シテ見マスルト、殆ド六千五百万圓以上ノ金ト云フモノヲ北海道カラ政府ガ收入シテ取ッテ居ルノデアリマス、ソレデアリマスカラ、差引シテ見マスルト茲ニ北海道ノ開拓使置廳以來四十年間ニ北海道ニ入レタ金ヲ差引シマスルト四千三百万圓バカリシカ北海道ニ金ガ入ッテ居ラヌノデアリマス其四千三百万圓バカリノ金ヲ四十年間ニ割リマスルト、一箇年ニ僅ニ百万圓內外ノ金ヲ入レタノミニ止ッテ居ルノデアル、北海道ニ百万圓バカリノ金ヲ入レタマデニ止マッテ居リマスガ、而シテ其明治初年ニ入レタ金ト云フモノハ諸君モ御承知ノ如ク、北海道ハ未ダ開拓草創ノ場合デアル、又會計法ノ實施モ未ダ無カッタ時代デ、所謂官有物拂下ナド、云フ天下ニヤカマシキ問題ノアッタ當時デアリマスカラ、一億何千万圓ノ金ノ中ニハ或ハ藝者ヲ買ッタ金モアリマセウシ、或ハ貸座敷ヲ建築シタナドト云フ奇怪ナルトコロノ金モ入ッテ居ルノデアリマス、又北海道ノ勞働者ヲ出面ト稱シテ居リマスガ、此勞働者ヲ何故ニ出面ト云フカト云ヘバ、開拓使ノ時分ニ仕事ヲスル場處ニチョット面ヲ出セバ金ニナル、三圓ナリ五圓ナリノ金ニナルト云フノデ、北海道デハ勞働者ノコトヲ出面ト稱シテ居リマス、サウ云フヤウニ殆ド湯水ノ如ク金ヲ使ッタ當時デアリマスカラ、詐リ藝者ヲ買ッタ金モアリマセウ、泥棒ヲシタ金モアリマセウ、サウ云フ會計法實施以前ニ注ギ込ンダ澤山ノ金ト云フモノガ積リ積ッテ一億何千万圓ト云フ金ニナッテ居ルノデアリマス、サウシテ國庫ノ收入シタル、租税其他ノ税外ノ金ヲ集メテ見マスルト、六千何百万圓ト云フ金ニナッテ居ルノデアリマスカラ、差引四千何百万圓ノ金シカ北海道ニ入ッテ居ラヌノデアリマス、(「モウ澤山ダ」「簡單々々」ト呼フ者アリ)マア聽給ヘ(「ヤリ給ヘ」「謹聽々々」ト呼フ者アリ)若モ其四千何百万圓ト云フ金ノタメニ北海道十一州ノ經營ヲ致シマシテ、帝國ノ北門ノ領土ヲ擴張スル、サウシテ明治ノ初年我　天皇陛下ノ下シ賜ヒマシタ拓殖ノ宏謨ニ副フダケノ拓殖ヲシテ、サウシテ北海道ノ富力ニ用井マシタナラバ、確ニ七八億万圓ノ富力ガアルノデアリマスガ、ソレヲ僅ニ四千万圓內外ノ金デ贏チ得タトシマスルナラバ、是ハドウデゴザイマセウ、算盤ヲ取ッテ考ヘテ見マシタナラバ是程有利ナモノハ無イノデアリマス、而シテ目今ノ狀態ハドウデアルカト云ヘバ、北海道ノ今ノ狀態ハ北海道カラ取ル金ト北海道ニ入レル金ト政府ノ歲計ヲ考ヘテ見マスルト、三十九年ニハ殆ド三百五十万圓バカリ國庫ガ餘計ニ取ッテ居リマス、ソレカラ四十年ニハ四百万圓カラノ金ヲ取ッテ居リマス、北海道ニ入レタ金ト出シタ金ト差引イテ四百万圓ト云フ金ヲ母國ガ――母國ト假リニ私ハ申シマスガ、四百万圓ノ金ヲ子國カラ取上ゲテ居ルト云フ計算ニナッテ居リマス、此金ヲ開拓使時代カラ入レタ金ト差引イタトコロノ殆ド四千何百万トモ云フ金ニ割當テ、見マスルト殆ド八分何厘ト云フ利廻ニナッテ居リマス、サウ云フ金ガ入ッテモ八分何厘ト云フ利廻リニ當ッテ居ルノデアリマスカラ、是カラ行政ノ方法其宜シキヲ得、官紀ガ整ヒマシタナラバ、會計法ノ實施アル今日ニ於テ是カラ入レルトコロノ金ハ殆ド一割二分乃至一割五分ニ廻ルダラウト私ハ考ヘル、行政費ヲ計上シテモ一割二分カラ一割五分ニハ必ズ廻ル、若シ廻ラヌト言ハヽ、ナラバ、私ニ之ヲ御預ケ下スッタナラバ、私ハ必ズ引受ケテ一割以上ノ利廻リニシテ御目ニ懸ケル、若モソレダケ有利ナ仕事生産的ノ仕事デアルニモ拘ハラズ、其金ヲ吝ンデ北海道ニ入レズシテ、北海道ノ道路ヲ造ルコトモ出來ナイ、港灣モ造ルコトガ出來ナイ、移民モ入レルコトモ出來ナイ、又北海道デ特別經營ヲスルトコロノ山林ナドノ收入ヲモ財政整理ノ名ノ下ニ二三十万圓ノ金ヲ取ッテ、中央國庫ヲ補フト云フコトデゴザイマシタナラバ、如何ニ卑近ノ政治家ト雖モ――北海道ノ沿革ト經濟上ノ大勢ヲ達觀致シマシタナラバ、如何ニ近眼者流ノ政治家ト雖モ北海道ノ經營ハ一日モ忽ニスベカラザルコトハ明カデアリマス、故ニ私ハ諸君ニ御願申シマスルノハ、私ハ北海道ノ選出議員デアルガタメニ此議論ヲスルノデハナクシテ、帝國ノタメニ北海道ノ開發ハ國ノ富源涵養ノ上ニ最大急務デアル、一日モ閑却スベカラザルモノデアルト云フコトヲ論ズルモノデアリマスガ故ニ、本案ヲ提出シタ所以デゴザイマス、ドウカ皆サン宜シク御願申上ゲマス

（拍手起ル）

○恆松隆慶君　本建議案ハ議長指名二十七名ノ委員ニ付託アランコトヲ希望致シマス

（「贊成々々」ノ聲起ル）

○議長（長谷場純孝君）　恆松君ノ動議、卽チ本建議案ハ議長指名二十七名ノ委員付託ト云フコトニ御異議アリマセヌカ

（「異議ナシ異議ナシ」ノ聲起ル）

○議長（長谷場純孝君）　御異議ハナイト認メマスカラ、其通リ決シマス、――日程第十二、生絲檢査所擴張ニ關スル建議案ヲ議題ニ供シマス、――議案ノ朗讀ハ省略致シマス、提出者佐藤虎次郎君

第十四　鐵道改築及航路開始ニ關スル建議案（三）（委員長報告）
浦覺一君外三名提出）

（荻野芳藏君登壇）

○荻野芳藏君　鐵道改築及航路開始ニ關スル建議案ノ議事ノ經過ト結果ヲ御報告申上ゲマス、本案ハ既ニ席ニ提出者ヨリ述ベラレマシタ如ク、韓國ノ清津港ヨリ日本海方面ノ敦賀又ハ舞鶴ノ方面ニ向ッテ直通ノ航路ヲ開キタイト云フ事柄ト、ソレカラ今一ツハ此清津港ヨリ會寧ト云フ處マデハ唯今輕便鐵道ガゴザイマスガ、此輕便鐵道ハ手押ノ輕便鐵道デゴザイマスタメニ、之ヲ改造致シマシテ農產物其他ノ生產品ノ最モ豐富デアルト云フテ居リマス所ノ、彼ノ間島ノ中心タル所ノ局支街方面マデ之ヲ延長スルコトニシタイ、斯ウ云フノガ此建議案ノ大體ノ趣意デゴザイマス、デ此問題ハ甚ダ小サイヤウナ問題デアリマスケレドモ、一面ニ於キマシテハ將來北滿洲及北韓ソレト我國トノ交通ノ上ニ於キマシテ將來非常ニ重大ナル關係ヲ持ツトコロノ問題トナルノデゴザイマス、デ種々滿洲方面ニ於キマシテハ殊ニ北滿洲ト云フモノハ農產物其他林業或ハ鑛產物等ガ最モ豐富ナ場所デアリマシテ、此北滿洲ノ物資ノ最モ近イ道ヲ以テサウシテ我國トノ貿易ヲ開クト云フコトヲ致スニ付テハ、此清津港ヘ持ッテ來ルト云フコトガ經濟上誠ニ便利ナルノデアリマス、且ツ北滿洲ヘ參リマスマデニハ間島ト云フ處ガアリマシテ、是ハ既ニ問題ニモナッテ居リマス處デ、最モ見込ノアル場所デゴザイマス、ソコデ此清津港ト云フノハ四十一年ニ開港致シマシテ、サウシテ追々將來ハ此北滿洲ノ物資ガ此方面ヘ出テ來ルト云フコトニナッテ居ルノデアリマス、故ニ此建議ノ趣意ノ如ク之ガ成功スルコトニナリマスレバ、清津カラ會寧ヲ經テサウシテ局支街カラ吉林ノ方ヘ進ミマシテ、長春ト吉林トガ聯絡シテ清津ノ方ヘ出テ日本海方面ヲ經テ此物資ガ出ルコトニナリマスト、殆ド此方面ノ貿易ノ狀態ハマルデ改マルノデアリマス、此趣意ニ依リマシテ委員會ニ於キマシテハ提出者ヨリ此建議ノ趣意ヲ述ベマシタ所ガ、之ニ對シテ政府ハ其趣意ニ於キマシテハ全然同意ヲスルノデゴザイマス、然レドモ其時機ニ於キマシテハ鐵道ハ將來ニ於キマシテ、京城カラ元山ニ達シマストコロノ線ト、平壤ノ方カラ元山ニ達シマス所ノ線ト、ソレカラ其他群山方面ニ向ッテノ一ノ鐵道ノ計畫ガゴザイマシテ、是等ヲ深ク調査シテ、サウシテドノ方面カラ先キニヤルカト云フコトニ付キマシテハ今政府ハ調査中ニ屬スルノデ、清津港ヨリ局支街方面ヘ參ルモノニ付キマシテハ政府ハ唯今調査致シカケテ居ルト云フコトデ建議ノ趣意ハ贊成ト云フコトデアリマス、ソレカラ今一ツノ日本海方面ノ諸港中敦賀、舞鶴ニ向ケテ清津港ヨリ直通ノ航路ヲ開クト云フコトニ付キマシテハ、唯今清津港ノ輸出入貿易ノ上ニ於テ片貿易ニナッテ居ル、清津港ヘノ輸出ハ二三十万圓デ、輸入貿易ハ百七八十万ト云フコトニナッテ居ルカラ、元山ヲ加ヘテサウシテ元山、敦賀、舞鶴ト三角航路ヲ開キタイト云フコトヲ以テ調査シテ居ル、是ハ明年度ノ豫算ニ提出スルト云フ答デアッタノデアリマス、其他段々審議致シマシタ結果、委員會ニ於キマシテハ少シク修正ヲ加ヘマシテ、滿場一致ヲ以テ通過致シタノデアリマス、其修正ノ要領ハ御手許ヘ出テ居リマセウガ、「韓國咸鏡道清津港ヨリ會寧ニ到ル手押式輕便鐵道ヲ汽車鐵道ニ改造シ進メテ之ヲ局支街」ト云フ下ヘ「方面」ト云フ二字ヲ入レマシテ「方面ニ延長シ併セテ清津港ヨリ」――「日本」ト云フ前ニ「元山港ヲ經テ」トノ五字ヲ入レマシテ、サウシテ此建議案ハ滿場一致ヲ以テ通過致シタイノデアリマス、此段御報告申シマス（拍手スル者アリ）

（「採決」「委員長報告通リ」ト呼フ者アリ）

○議長（長谷場純孝君）　委員長報告ニ御異議ハアリマセヌカ

（「異議ナシ」ト呼フ者アリ）

○議長（長谷場純孝君）　御異議ハナイト認メマスカラ、本案ハ委員長報告通リ採用スルコトニ決シマス、是ニ於テ御報告ヲ致スコトガ一ツアリマス

（此時卜部喜太郎君發言ヲ求ム）

○議長（長谷場純孝君）　先ヅ御報告致スコトガアリマス、一昨二十五日阪本彌一郎君ヨリ發議ノコトニ付テ取調ヲスルト云フコトヲ申シテ置キマシタガ、其取調ノ結果ガ分リマシタカラ御報告致シマス、本月二十三日本會議ニ於テ武藤金吉君ノ發言中佐々木君ハ少シ發狂ノ氣味ガアリマスカラ、トアル發狂ノ文字ニ付テ當時ノ速記原稿ヲ取調ベタルニ二人ノ速記者中主任速記者ノ原稿ニハ發狂トアリ補助速記者ノ原稿ニハ病氣トアリ反文ノ際主任速記者ノ原稿ヲ採用シテ發狂ト記載セリ當時議場騷擾ノタメニ速記原稿モ一致セザリシモノト思ハルヽガ故ニ孰レヲ正確ナリト判定スルニ苦シム然レドモ武藤金吉君ヨリ病氣ト發言セリト申出デラルヽ以上ハ是ヲ確實ト認ムルノ外ナシ（「ノウ〳〵」「卑怯々々」ト呼ブ者アリ）仍テ次號ノ官報ニ於テ之ヲ正誤スルコトヽスベシ」此段申シテ置キマス

（此時發言ヲ求ムル者多シ）

○武藤金吉君　私ハ謹ンデ言フマイト思ヒマシタガ、瀧原君ガ卑怯ト云フ御言葉ガアリマスカラシテ一言辯明ヲ致シマス、私ハ發狂ノ氣味ガアルトハ申サヌノデアリマス、私ハ「佐々木君ハ御病氣デハアリマセヌカ御病氣ナラバ醫者ニ見セテハ如何デス」ト斯ウ言フタノデス、此通リ一言一字違ハヌノデス、サウスルト佐々木君ハ「病氣デハナイ」ト答ヘテアル、此以上ハ私ハ何モ言ハヌノデス、元來私ハ言フコトヲ言ハヌナンテ卑怯ナ男ヂヤナイ、是レデ此以上私ハ辯明スル必要ハナイト思フ、何ガ違ッテルカ

○佐々木安五郎君　病氣デアレバデス、自カラ病氣トシテ診察ヲ醫者ニ求メマス、敢テダ、病氣デ出ラレナイヤウナ者ガ出テ此處ニ來テ醫者ノ診察ヲ他カラ請求サレルヤウナ狼狽ヘタコトハシナイ、（「ヒヤ〳〵」）然ルニ是ハ發言ノ權ヲ得ラレズニ武藤金吉君ハ言ハレテ居ルヤウニ思ヒマスガ、ソレハ御許シニナッテ、私ハ正常ナル手續ヲ履ンデ「議長ノ許ヲ得テ議會ノ體面ニ關スル件ニ付テ議長カラ議員ニ注意シテ貰ヒタイコトガアリマス」ト云フ、サウ云フ言葉ノ下ニ議長ハ「宜シウゴザイマス――佐々木君」ト言ッテ私ニ發言ヲ許サレマシタ、ソコデ私ハ其演說ヲ續ケマシテ、サウシテ此岩谷松平ナルモノガ四百万圓モ呉レイト云フ、四百万圓モ恩賞ヲ呉レト云ッテ、堂々タル此議員ガソレヲ紹介ヲシテ今三税廢止ノコトニ付テモ稅源ガアルトカナイトカ云ッテ、人民モ苦メバ政府モサウ云フコトヲ云フテ言譯ヲシテ居ル、成ルベクナラバ是ハ止メテ貰ヒタイト云フ、其時分ニ際シテ、四百万圓ヲ一個人ニヤルト云フコトヲ眞面目ニ紹介サレタト云フコトハ、議院ノ體面上甚ダ之ハ忌ムベキコトデアラウト私ハ考ヘタ、斯ノ如キコトハ體面ニ關スルコトデアルカラ何分

是ハ議長カラ議員ニ注意シテ、以後斯ノ如キ粗漏ノナイヤウナコトヲシテ貰ヒタイト云フコトノ意味ヲ續ケテ言ヒ居ッタトキニ、議長ハ議場整理ノ問題以外デアルカラト云フコトヲ以テ御差止メニナリマシタガ、是ハ議長ノ仰シヤッタ言葉ノ間違デアリマスカ、ドウデアリマスカ

（此時發言スルモノ多シ）

○佐々木安五郎君　要領ヲ得ナイナラモウ一遍言フ、前ニ許シ得タ所ノ言葉ハ議院ノ體面ニ關スルコトデ許サレテ居ッテ、今度發言ヲ差止メルト云フコトハ、如何ニモ私ガ議場ノ整理ニ付テ發言ヲ求メテ、議場整理以外ノコトニ問題ガ亙ッタヤウニ言ウテ、ソレヲ以テ差止メラレタト云フコトハ、議長ハ卽チ私ノ言ウタ言葉ヲ聽違ヘテ居ラレタカ、但シハ武藤君ノ口調ヲ藉リテ言ヘバ、病氣デモアッタノデスカト言フノデス、ドウ云フ譯デス、議院ノ體面ト議場ノ整理ト云フモノハ別問題デアル

○議長（長谷場純孝君）　尙其事モ能ク取調ベテ御返事ヲ致シマス

○佐々木安五郎君　唯今卽答ハ出來マセヌカ

○藏原惟郭君　唯今議長ノ報告サレタル所ニ依リマスト、病氣デアルト言ウタコト、、ソレカラ氣ガ狂ッテ居リハセヌカト言ウタコトハドチラモ曖昧デ分ラナイト云フヤウナ意味デアリマシタガ、吾々滿場ノ者ハ慥ニ兩方ノ言葉ヲ聽イテ居ル、（「ノウノウ」ト呼フ者アリ、發言スルモノ多シ）兩言共ニ明言シタコトヲ聽イテ居ル、而シテ速記者ハ之ヲ兩方書イテ居ルノハ其證據デアル、苟モ國民ヲ代表スル議員ノ人格ヲ狂氣ト認メルコトニ至ッテハ、神聖ナル帝國議會ハ之ヲ默過スルコトハ出來ヌト信ズル、ソレ故ニ發言シタル所ノ人物ハ顧ミテ自ラ耻ヂテ之ヲ取消スト云フニ至ッテハ、滿場ノ議員ハ雅量ヲ以テ之ヲ許スト云フコトヲ決シテ躊躇シナイ、本員ハ明カニ此事ヲ此公ケナル席ニ於テ明言スルコトヲ躊躇シナイ、議長ハ何ヲ以テ之ヲ曖昧ナルコト、報告セラル、ノデアルカ、敢テ質問ヲスルノデアル

○議長（長谷場純孝君）　今議長ハ――暫ク御待チナサイ、今藏原君ハ議長ハ何ヲ以テ曖昧ナル言葉ヲ以テ報告サル、カト云フ（「其通リ」「サウデス」ト呼フ者アリ）議長ハ決シテ曖昧ナルコトハ申シマセヌ、明カニ――卽チ明カニ（藏原惟郭君發言ヲ求ム）御待チナサイ、議長ハ明カニ――（藏原惟郭君「議長ハ公明正大ニヤルベキモノデハナイカ」ト呼フ）明カニ一人ノ主任速記者ハ發狂ト書イテアル、一人ノ補助速記者ハ病氣ト書イテアル、然ラバ何ヲ以テ之ヲ判斷スルカ、武藤君ガ自分ハ發狂ト云フ言葉ハ斷ジテ使ハナカッタ、病氣ト云フ言葉ヲ使ッタト、今武藤君ガ辯ジタ通リニ言フ、又藏原君ハ滿場ソレヲ認ムルト云ハル、ケレドモ、決シテソレハサウヂヤナイ、卽チ武藤君ノ言フ所ヲ認メタ諸君モ多イノデアリマス、是ニ於テハ私ハ卽チ是ハ速記ノ所謂誤デアル、次ノ官報ニ於テ之ヲ正誤スルト云フコトニスルノデアリマス

（藏原惟郭君發言ヲ求メ「議長ハ耳ガ遠イカ」ト呼フ）

○議長（長谷場純孝君）　耳ハ遠イコトハアリマセヌ――、藏原惟郭君

○藏原惟郭君　議長ハ氣狂ヒデハナイカト云フ發言ヲシタ者ガ、氣狂ヒト言ハナイト云フコトヲ證ニシテ、是ハ事實デナイト言ハレル、吾々明カニ耳ヲ有ッテ居ル所ノ、此議席ニ居ル者ハ明カニ聽イテ居ルノデス、而シテ議長ニ尋ネル、速記者ハ之ヲ詐ッテ速記ヲシタモノト信ズルカ（「何ヲ言フカ」ト呼フ者アリ）速記者ガ誤ッテ速記シタモノト信ズルカ、此二ツノ病氣デアルト云フコト、、氣狂デアルト云フコトハ二度申シタノデアル、本員ハ明カニ聽イテ居ル、之ヲ事實ト認メルモノモアルノデハナイカ、兩方ニ書イテアル

（此時發言ヲ求ムル者多ク議場騷然）

第二十五　韓國横貫鐵道敷設ニ關スル建議案（金尾稜嚴君外六名提出）

韓國横貫鐵道敷設ニ關スル建議案

韓國横貫鐵道中京城若ハ平壤ヨリ元山ニ達スル鐵道ノ敷設ハ戰後經營上特ニ緊急ナリト認ム政府ハ之カ規畫ヲ建テ速ニ案ヲ具シ帝國議會ニ提出セラレムコトヲ望ム

右建議ス

（金尾稜嚴君登壇）

○金尾稜嚴君　本案提出ノ理由ヲ極メテ簡單ニ述ベマス、韓國ノ我日本帝國ノ保護權ニ歸シマシテ以來、統監府設置以來既ニ五箇年ヲ經過シテ居リマス、而シテ其功績ノ微々タル者ハ諸種ノ原因モゴザイマセウガ、一ニ韓國ニ於ケル交通機關ノ具備シテ居ナイト云フコトガ最モ大ナル原因デアラウト考ヘマス、諸君御承知ノ如ク韓國ハ道路ノ設備ハ不行屆デアリマスルシ、鐵道ハ漸ク釜山ヨリ京城ヲ經テ義州ニ達シマスルトコロノ京釜鐵道ト、京義鐵道トノ二線路、他ニ京城ヨリ仁川ニ岐レテ居リマスル枝線、又ハ三浪津ヨリ木浦ニ岐レテ居リマスル枝線、尙今日工事中ノモノガ鎭南浦、平壤間ノ鐵道デアリマス、韓國ノ西海岸卽チ支那ニ對スル一帶ノ方面ニ於キマシテハ、先ヅ不完全ナガラモ唯今申上ゲマスダケノ鐵道ハ出來テ居リマスルガ、韓國ノ東海岸卽チ我母國ノ北陸、山陰ニ對シマスル地方ニ於キマシテハマダ一ノ鐵道線路モアリマセヌノミナラズ、此韓國ノ西海岸ニ沿ヒマスル一帶ノ地方ト東海岸ニ沿ッテ居リマスル一帶ノ地方ノ間ニ鐵道ノ連絡ガ取レテ居リマセヌガ故ニ、今日ノ韓國ハ全ク半身不隨ノ有様ニナッテ居リマス、ソレ故近來多ク我日本帝國ノ同胞ガ入込ミマシテモ、交通ノ機關ガ不完全デゴザイマスカラ富源ノ開發スベキモノハ澤山アリマシテモ、之ヲ開發スルコトガ出來ナイ、多クノ人ハ入込ミマシテモ商業モ之ガタメニ活氣ヲ帶ビナイ、約ルトコロ其原因ヲ申シマスルト全ク交通機關ノ缺ケテ居ルト云フコトニ最モ大ナル淵源ヲ有ッテ居ルデアラウト考ヘマスル、此京城若クハ平壤ヲ經テ元山ニ達シマスル横貫鐵道ハ韓國ノ經營戰後ノ經營中最モ緊急ナルコトデアリマシテ、戰時デ申シマスルト既ニ京城ト元山ノ間ハ殆ド土地ノ收用モ出來テ居リマシテ、兩端ヨリ既ニ工事ニ著手シテ居リマシタ、媾和條約ガ今五六箇月モ遲カッタデアリマセウナラバ、今日ハ既ニアノ間ニ鐵道ガ出來テ居ルニ違ヒナイ、ソレ故ニ軍事上ノ必要ト申シマスルコトニ付テハ今更改メテ申上ゲルマデモナイ、又政治上カラ申シマスルト今日韓國ニハ種々ノ暴徒ガ起リマシテ僅カナ警察隊ヲ以テ之ヲ鎭撫シマスノデ、從ッテ鎭メレバ從ッテ起ル、斯ウ云フ有様、基ク處ハ何デゴザイマセウカ是又ヤハリ交通機關ノ缺ケテ居ルト云フトコロカラ起ルノデゴザイマセウ、貿易上ノ點ニ於キマシテハ我母國タル日本帝國ノ北陸山陰ノ地方ト、韓國東海岸ニハ卽チ日本海横斷ノ航路モ是非早ク開カナケレバナリマセヌ、是ガ開ケルト同時ニ韓國ノ東海岸ト西海岸ヲ連結シマスル唯今本案ヲ提出致シテ居リマストコロノ鐵道ハ最モ必要デアリマス、サウシテ此鐵道ハ或ハ京城ヲ經テ義州ニ向ヒマスカ、平壤ヲ經テ鎭南浦ニ臨ミ、又ハ義州ニ向ヒマスカ、南滿洲ト我日本帝國ノ山陰北陸トノ聯絡ガ取レルト云フ點モ大切ナ線路デアリマス、ソレ故ニ段々是マデ政府ヘイロイロ迫リマシテ、又政府ニ於テモ既ニ十分其必要ト云フコトヲ認メラレテ居リマスガ、尙イツマデモ捗取リマセヌ故ニ一昨年デゴザイマシタカ、鐵道會社ヲ起シテ政府ノ補給ヲ受ケテ許可ヲ得ルト云フコトニナッテ朝野有力ノ人ガ餘程贊成ニナッテ居リマス、伊藤統監ナドモ政府ガドウアッテモ出來ナイト云フコトナラ私設鐵道デモ許シタラ宜カラウト云フ意見デアッタヤウニ聞イテ居リマス、然ルニ其後陸軍大臣ガ朝野ヲ視察セラレマシタ其結果、私設鐵道ハ許可シナイト云フコトニナッタト云フコトヲ傳聞キマシテ、遂ニ鐵道會社ノ出願ハ今日マデ其儘ニナッテ居リマス、過日政府ニ質問シテ見マスト十分其必要ト云フコトヲ認メテ今取調中デアル、斯ウ云フ答デアリマス、イツマデモ取調中々々ト云フコトデ政府自ラ進ンデヤルコトモシマセヌ、或ハ鐵道會社ノ出願ヲモ許可致シマセヌサウ云フ有様ニナルト韓國ノ經營ハ何レノ時ヲ待ッテ其目的ヲ達スルデゴザイマセウカ、要スルニ必要ハ必要デアルガ詰リ金ノ問題デアル、金ガナイカラ仕方ガナイト云ウテ居リマスナラ、何モ此儘ニ手ヲ束ネテ見テ居ルヨリ外ニ仕方ガナイノデゴザイマス、斯ノ如キ鐵道政策ナドハ所謂借金政策ヲ取リマシテモ一日モ早ク計畫ヲ立テマシテ日露戰爭ノ大主眼タル韓國ノ經營ヲ一日モ速ニ發展ノ途ヲ付ケテ、目的ヲ達スルト云フコトハ、政府モ國民モ力ヲ協セテヤラナケレバナラヌコト、考ヘマス、尙其當時取調ベマシタ物貨ノ集散ナドノコトニ付キマシテハ精シク調ベタモノガアリマス、之ヲ一々數字ヲ本會ニ於テ讀上ゲ諸君ノ御倦厭ヲ來タスノハ恐縮デアリマスカライヅレ精シイコトハ委員會ニ於テ御尋ニ對シ御答スルコトニ致シマセウ　此案ハ各派ヨリ御提出者ガアリ、又御贊成モ各派トモ足並ヲ揃ヘテ御多數ノ御贊成ヲ得タノデスカラ、ドウカ宜シク御審査ノ上成立チマスヤウニ御贊成ノ程ヲ願ヒマス

○恆松隆慶君　本案ハ議長指名九名ノ委員ニ付託致シタイ……

（「贊成々々」ト呼フ者アリ）

○議長（長谷場純孝君）　九名デスカ

○恆松隆慶君　九名デス

○議長（長谷場純孝君）　唯今恆松君ノ動議、本案ハ議長指名ノ九名ノ委員ニ付託シタイト云フコトデスガ、御異議ハアリマセヌカ

（「異議ナシ異議ナシ」ト呼フ者アリ）

○議長（長谷場純孝君）　御異議ガナイト認メマスカラ、其通リ決シマス――日程第二十六、豫算ノ款項改正ニ關スル建議案ヲ議題トナシ、議案ノ朗讀ヲ省略致シマス、提出者田川大吉郎君

第二十六　豫算ノ款項改正ニ關スル建議案（田川大吉郎君提出）

豫算ノ款項改正ニ關スル建議案

我カ歳出豫算編成ノ方針ハ往々費途別ノ處ナキニ非サルモ概シテ役所別ト爲レルカ如シ陸海軍省ノ軍事費モ一般ノ樣式ニ據リ左案ノ如ク改定シ司法省ノ裁判所費ヲモ同シク左案ノ如ク區分セラルルヲ至當ト認ムルヲ以テ政府ハ來ル四十三年度ノ豫算ヨリ新ニ方針ヲ改メ提出セラレムコトヲ望ム

一陸軍省所管軍事費ヲ左ノ款項ニ區分ス
軍隊費　軍衙費　學校費　工廠費　病院費　監獄費　廢兵院費　特務機關費　守備費　駐屯費

一海軍省所管軍事費ヲ左ノ款項ニ區分ス
鎭守府費　艦隊費　軍衙費　學校費　工廠費　病院費　監獄費　特務機關費　滿韓防備費

一司法省所管裁判所費ヲ左ノ款項ニ區分ス
大審院費　控訴院費　地方裁判所費　區裁判所費

右建議ス

（田川大吉郎君登壇）

○田川大吉郎君　豫算ノ款項改正ニ關スル建議ヲ致シマシタタメ、其趣意ニ付テ一言ノコトヲ申上ゲテ置キマス、本來私ノヤウナ新參者ガ此問題ヲ提出致シマシタコトハ少シク大膽ニ過ギタル振舞デアリマス（「如何ニモ其通リ」ト呼フ者アリ）ケレドモ議會ノ歷史ヲ溯ッテ考ヘマスレバ、第十三議會、第十四議會、第十五議會ニハ既ニ本案ト同一趣意ノ建議案ガ提出サレテ居リマス、即チ當議會ニ存在セル傳來ノ精神ノ跡ヲ追ウテ此提案ヲ試ミマスルコトハ新參者ト雖モ憚ルベキデハナイト考ヘマシタ、ソレカラ豫算ノ款項ト稱シテ居リマスルケレドモ、一般ノ豫算ノ款項ニ對スル改正ヲ希望スルノデハアリマセヌ、提出ノ建議案ノ內容ニ掲ゲテ置キマシタル通リニ、陸海軍竝ニ司法ノ三省ニ涉ッテ款項ノ改正ヲ求ムルノデアリマス、ソレニ拘ハラズ一般豫算ニ關スル疑アルガ如キ一般的ノ文字ヲ用井マシタノハヤハリ前來ノ記錄ニ從ヒ、ソレガ多大ノ差支ナイト信ズル限リ之ヲ襲用スル方ガ便利デアラウト思ッタノデアリマス、併シ改正ヲ求メマスル所以ノ趣意ハ當時ノ議會ノ人々トハ聊異ニシテ居ル點ガアリマス、以前ノ記錄ニ依ッテ考ヘマスレバ、陸海軍ノ款項ノ編成ガ過大ニ失スル、隨ッテ其款項ニ屬スル――款項以下ノ費用ニ關スル流用ノ範圍ガ廣キニ過ギルト云フコトガ改正ヲ希望セラルヽ所以ノ最モ大ナル趣意トナッテ居リマス、私モ此點ニ於テハ感ヲ同ジウスルモノデゴザイマスケレドモ、茲ニ建議ヲ致シマシタ趣意ハ其點ヨリモ――其點ヲ寧ロ第二ニ置キマシテ、第一ト致シテハ各省ノ款項ノ規定ノ問ニ統一ヲ缺イテ居ル、其不統一ヲ矯メタイタメニ此希望ヲ提出致シマシタノデス、ソレデ本年始メテ豫算ヲ調査致シマスルニ當リ、各款項ノ間各省ニ涉ッテ不統一ノ嫌ノアル點ハ幾ツモ發見致シマシテ、其一部分ニ付テハ豫ニ豫算委員會ニ於テ質問ヲ試ミマシタトコロ、政府ニ於テモ其不穩當ナルコトヲ既ニ十分心付テ居ラレ、改正ノ內意ガ確ニアルト云フコトデゴザイマシタ、私ハ政府ニ此改正ノ內意ノアル意思ニ應ジテ議會ノ力ヲ以テ更ニ陸海軍ノ豫算ニ對スル改正ヲ追ッテ、前年カラ此議會ニ存在シテ居リマシタトコロノ希望ヲ、此機會ニ成遂致シタイト希望スルノデアリマス、サウ希フノデアリマス、其區別ノ仕方ハ尚提案ノ中ニ精シク例示致シテ置キマシタガ、例ヘバ陸軍省ノ軍事費一款トシテ七千有餘万圓ノ巨額ヲ要求セラレテ居リマス、其內容ヲ軍隊費、軍衙費、學校費、工廠費、病院費、監獄費、廢兵院費、特務機關費、守備費、駐屯費――守備費ハ是ハ臺灣、樺太ニ對シ駐屯費ハ滿洲及朝鮮ニ對シテ――滿洲及朝鮮ニ對スル部分ヲ駐屯費ノ名ノ下ニ一括シテ樺太及臺灣ニ關スル部分ヲ、守備費ノ名ノ下ニ一括シテ、各々之ヲ款ニ立テタイ、斯ウ云フノガ私ノ提案ノ希望デアリマス、海軍省ニ於テモ略々是ト同樣ナル區分ヲ爰ニ設ケテ居リマス、司法省ニ對シテハ從來裁判所費トシテ一款ノ下ニ要求セラレテ居ッタモノヲ大審院費、控訴院費、地方裁判所費、區裁判所費ノ四款ニ分ケテ現ハシタイ、此司法省ノ分ヲ四款ニ分ケマスルコトハ從來ノ建議ト全ク趣旨ヲ同ジクシテ居ル、陸海軍ノ軍事費ヲ今申上ゲマシタ趣旨ニ依ッテ分チマスルコトハ十三、十四、十五議會ノ建議ノ趣旨トハ少シク趣キヲ異ニシテ居リマス、斯ッテ此不統一ヲ矯メタイト申シマスル私ノ趣旨ヲ更ニ明カニ致シマスルタメ數言ヲ加ヘマスレバ、各省ノ豫算ノ編成ノ仕方ハ總テ役所別ニナッテ居リマス、一箇ノ役所ヲ標準ト致シマシテ一箇ノ役所ノアル處ニハ即チ一款トシテ經費ノ要求ニナッテ居ル、然ルニ陸海軍省ニ於キマシテハ今申シマシタ軍事費ト云フ名ガ示シマスル如ク、是ハ費用別ニナッテ居ル、經費ヲ基本ト致シテ其費用ヲ要求セラレルコトニナッテ居ル、豫算ヲ編成スルニ當リマシテ費用別トシテ編成致シマスルカ、或ハ役所別ヲ標準トシテ編成致シマスルカ、其二ツノ方針ノ利害得失ニ付テハ議論ノアルコトデ私ハ必シモ役所別ヲ最善ノ方法トシテ認メテ居ル譯デハアリマセヌ、併ナガラ政府ガ既ニ役所別ヲ標準トシテ他ノ各省ノ豫算ヲ編成致シテ居リマスル際ニ、陸海軍省ノ如キ最モ多クノ役所ヲ組織シテ居リマストコロノ陸海軍省ガ、獨リ經費別ノ編成方針ヲ採ルト云フコトガ宜シクナイ、一ツノ政府トシテ議會ニ向ッテ要求スルニハ必ズ一定ノ標準ナカルベカラズ、若シ役所別ノ編成方針ヲ政府ノ適當ト信ズル方針ト致シマスナラバ、同ジク陸海軍省ニ向ッテモ其方針ヲ適用シテ編成シテ貰ヒタイ、然ルニ他ノ各省ニ向ッテハ役所別ヲ標準トシテ豫算ヲ編成シツヽ、陸海軍省ニ向ッテハ經費別ヲ標準ト致シテ豫算ヲ編成シマスル、是ガ即チ大ナル不統一デアル、此不統一ノ弊ヲ矯メテ諸君ト共ニ議會ノ豫算ニ對スル監査ノ便ヲ計リ又其監督ヲ嚴正ニシ、サウシテ以前ノ提案者ガ屢々試ミマシタガ如ク豫算ノ區域、豫算ノ組織ヲ成ルベク簡明ニ致シマシテ、且ツ其實際ノ費用ノ流用區域ヲ幾分カ制限致シタイ、斯ウ云フコトガ提案ノ目的デゴザイマス、提出ノ理由ノ中ニ編成審査ノ不便少ナシトセズト云フ文字ヲ用井テ居リマスガ、未ダ豫算ノ編成者デナイ私ガ編成ノ文字ヲ用井マシタコトニ向ッテハ、尚一言ノ辯解ヲ加ヘテ置キマス、是ハ政府自身ガ今日ノ豫算ノ編成ニ不便不自由ヲ感ジテ居リ、之ヲ改良シタイト云フコトノ意思ヲ言明セラレマシタ場合デアルガ故ニ、此文字ヲ用井マスルコトモ必シモ不適當デナカラウト信ジテ用井マシタ、即チ政府モ自カラ不便ト信ジ、議會モ審査ノ問ニ多大ノ不便ヲ感ジテ居リマスルガ故ニ、編成ト審査ト兩方ノ不便ヲバ斯ノ如ク款項ノ改正ヲ企ツルコトニ依ッテ匡正ヲ致シタイ、斯ウ希望致スノデアリマス、尚提出文字ノ幾ジカ圓熟ヲ缺イテ居ル所ガアッテ氣ニナリマスルケレドモ、是ハ大旨ノ御了解ニハ不足ナシト信ジマスルカラ、敢テ其誤謬ノ點ヲ訂正致シマセヌ、略々以上ノ如キ趣旨デアリマスルガ故ニ、願クハ審査ヲ遂ゲラレテ此案ガ成立致シマスルヤウニ、而シテ諸君ト共ニ來ル議會ニ於テハ新ナル方針ニ基イテ、一ノ政府ノ提案ヲ迎ヘテ、十分ノ審査ヲ圖ルコトガ出來ルヤウニ致シタイト切ニ希望致シマス

○恆松隆慶君　本建議案ハ議長指名、十八名ノ委員ニ付託セシムルコトノ動議ヲ提出致シマス

（「贊成」ト呼フ者アリ）

○議長（長谷場純孝君） 恆松君ノ動議、本建議案ヲ議長指名ノ委員十八名ニ付託スルコトニ御異議ハゴザリマセヌカ

〔「異議ナシ」ト呼ブ者アリ〕

○議長（長谷場純孝君） 御異議ナシト認メマスカラ其通リ決シマス、日程第二十七、外交文書公表ニ關スル建議案ヲ議題トナシ、議案ノ朗讀ヲ省略致シマス、提出者小川平吉君

○島田三郎君　諸君、本員ハ二ツノ職分ヲ帶ビテ唯今此壇上ニ立ッテ本員ノ所思ト、竝ニ委託セラレタルトコロノ少數意見ノ報告ヲ致シマス、順序ト致シマシテ此議案ノ番號ヲ見マスト云フト、通行稅、織物稅ガ先キニアッテ、鹽稅ガ其次ニアリマス、併ナガラ委員會ノ中ノ質問ノ順序、竝ニ討論ノ順序、總テ鹽專賣法ヲ先キト致シマシテ、サウシテ織物稅、通行稅ト云フニ至リマシタ、丁度此意ヲ以テ元田委員長ガヤハリ其順ニ報告セラレタト思ヒマスカラ、本員モヤハリ討論ノ便宜ニ依リマシテ之ヲ一括致シマシテ、順序ハ鹽專賣法、織物稅、通行稅ト、斯ウ云フヤウニ說明ヲ致ス積リデアリマス、是ハ少數意見ノ報告モ其順序ニ依リマスレ、提出者タル本員ノ所思ヲ述ベマスルノモヤハリ其順序ニ致シマス、前段ノ手續ハ元田委員長カラ御話ニナッタ通リデアリマシテ、サウシテ昨八日ノ午前午後討論ニ移リマシテ、サウシテ其結果唯今委員長ノ報告通リニナリマシタ、其外ニ少數意見トシテ同志ノ者ガ出シマシタノデ、其少數ノ割合ハ十七ニ對スル十五ノ少數ヲ以テ鹽專賣法ガ否決ニナリマシタ、十七ニ對スル十六ノ割合ヲ以テ織物稅ガ否決ニナリマシタ、通行稅ハ十七ニ對スル十四ノ割合デ否決ニナリマシタ、其理由ハ略〻詳略ノ別ハアリマスガ、雙方ヲ取ッテ委員長カラ報告ニナリマシタカラ、重ネテ少數意見トシテ本員ガ御報告ヲ申スノ必要ハナイト思ヒマス、手續ハ唯今ノ通リデアッテ、本案ガ否決致サレタニ付テ卽時ニ少數意見トシテ唯今ノ鹽專賣ニ對シテ十五名ノ署名ヲ以テ少數意見ヲ提出致シ、十六名ノ署名ヲ以テ織物稅ニ對スル少數意見ヲ提出シ、十四名ノ署名ヲ以テ通行稅ニ對スル少數意見ヲ提出致シマシタ、サウシテ斯ノ如クニ致シテ少數意見ガ御手許ニ廻ッテアルガ如キモノニ成立ッタノデアリマスガ、是ヨリ以上少數意見トシテ御報告スルコトノ必要ハナイト本員ハ思ウテ居リマス、此處デ少數意見ノ報告ヲ終リマシテ、サウシテ第二ノ職分卽チ本案提出者ノ一人トシテ是ヨリ鹽專賣法廢スベシ、通行稅、織物稅廢スベシト云フトコロノ理由ヲ申述ベルノデアリマス、三案ノ中ニ付テ主トシテ鹽專賣法ノ宜シカラザルコト、稅其性質ガ宜シカラザルコトデ、サウシテ是ガタメニ大ニ國民ガ害ヲ被ッテ居ル、政府ノ得ルトコロ少ナクシテ其得ルヨリモ大ナル割合ヲ以テ國民ガ損害ヲ被ッテ居ル、是ハ改正ノシヤウノナイ其性質ガ專賣トシテ宜シクナイト云フノガ、本員ノ所信デアリマスルカラ之ヲ申述ベマス、併ナガラ之ヲ申述ベルニ付テ、總論トシテ三案ニ對スルトコロノ意見ヲ申述ベル必要ガアルト思フ、ソレハ他ノコトデモナイノデアリマスルガ、此三稅ト云フモノヲ提出致シテ屢〻此演壇カラ廢止スベシト云フコトヲ述ベマスルノハ、單ニ三種ノ租稅廢止問題トシテ本員ガ述ベテ居ルノデハナイ、一見シマスルト云フト單ニ三種ノ租稅廢止問題ノ如ク見エマスルケレドモ、其實ハ左樣ニ單純ナルモノニアラズシテ其中ニ含マレタルトコロノ主義議論ト云フモノガ一般ノ租稅ノ主義ニ亙リマスルノト、財政ノ通論ニ亙リマスルノト、否ナ、寧ロ官民ノ間ニヤリマスルトコロノ事業ノ區劃ノ得失論ガ其中ニ含マレテ居ルノデアリマスカラ、之ヲ總論トシテ述ベマセヌケレバ眞ニ同志者ト共ニ三稅廢止案ヲ提出シタルトコロノ精神ガ理解セラレヌト本員ハ思フノデアル、且又三稅ヲ廢止致シマスレバ吾々同論者ガ之ヲ以テ滿足スルト云フモノニアラズシテ、戰時假ニ有ラユル稅目ヲ加ヘ、有ラユル稅率ヲ增加致シマシタニ付テ、其全體ヲ改正スルトコロノ必要ガアリマスケレドモ、是ハ稅其者ノ惡ルイノニアラズシテ、率其者ノ不公平不平均ト云フヤウナ方ノ論ニ亙リマスルノデ、其中ニ就テ此三種ノ稅ハ稅其者ノ性質ガ宜シクナイノデ、決シテ稅率トカ負擔ノ割合トカ云フヤウナ稅ノ性質以外ノ手段論ニアラズシテ、稅其者ノ本質ガ宜シクナイト云フノデアリマスカラ、他ノ營業稅デアルトカ、所得稅デアルトカ、其他ノモノニ付テハ細カキ調査ヲ要シマシテ、其負擔ノ割合ノ不權衡不公平ヲ直シマスレバ、國家必要ナ財源トシテ永久ニ存スベキノ性質ヲ帶ビテ居ルト、斯樣ニ理解セラレテ居リマスガ、不幸ニシテ通行稅ノ如キ、織物稅ノ如キ、又ハ鹽專賣法ノ如キ、是等ノモノハ直シヤウノナイ、其本質ガ宜シクナイノデアリマスカラ、別ニ調査ヲスル必要ガ無クシテ先ヅ他ノ總テノ稅ヲ改正スル其先驅トシテ此三稅ヲ廢サネバナラヌト云フノガ吾々ノ所信デアリマス、之ガタメニ曩ニモ此演壇ニ述ベラレ、唯今又此演壇ニ述ベラレタルガ如ク、總理兼大藏大臣桂侯爵ハ、是ガタメニ二千五百餘万圓ノ缺陷ヲ生ズルト云フコトデアリマスガ、是ガ又喫緊問題デアリマスノデ此缺陷ヲ如何ニスルカト云フコトニ付テ、委員長モヤハリ是ガ緊要ノ論點トシテ報告セラレ、政府モ亦之ヲ緊要ノ論點トシテ述ベラレタノデアリマスルカラ、是ガ結論ニ於テドウシテモ可否ノ岐ル、トコロデアラウト本員ハ思ウテ居リマス、反對論者ハ此稅源ガ不確カデアルカラ稅其者惡シト雖モ尙廢止スベカラズト言ハレマスケレドモ、本員ハ却テ其缺陷ヲ生ズルト云フコトガ最モ全部ノ改正ヲ促ストコロノ先驅トシテ必要デアルト思ウテ居リマス、本員ハ斯樣ニ理解スル、稅ダケヲ論ジテ決シテ此方カラ止メルコトガ出來ナイ、稅ヲ論ズル前ニ先ヅ行政財政ノ全般ニ亙ッテ今改正ヲ加ヘナケレバ、稅率若クハ稅則稅法ト云フモノダケデ此目的ヲ遂スルコトガ出來ヌト思フノデアル、ソレ故ニ二千万圓程ノ缺陷ガ生ズル、此二千万圓ト云フコトハ後ニ詳シク本員ノ所信ヲ述ベマスガ、政府ハ二千五百万圓ト云ヒ、本員等ノ見ル處デハ多分二千七八百万圓、多クトモ三千万圓ニ至ルマイト、斯樣ニ信ジテ居リマスガ、此理由ハ後ニ述ベマス、何レニシテモ此三稅ヲ廢シマスレバ、二千七八百万圓乃至三千万圓ノ缺陷ヲ生ズルト云フノデアル、此缺陷ヲ生ズルト云フコトハ實ニ戰時稅トシテ課セラレテ、今日マデ荏苒殘ッテ居リマストコロノ全部ノ改正ヲ促ス第一歩デアルト、斯樣ニ信ジテ居リマスカラ、調査ヲ要セズ其性質ノ惡イモノハ一日モラカ出來ル、ソレ故ニ臺灣ノ砂糖ノミヲ保護スルト云フハ是ハ砂糖業者ハ迷惑カモ知レヌ、併ナガラ國家全體ノ政策トシテトテモ大島ノ砂糖ニ依賴シテ日本ノ市場ノ需用ヲ充タスコトハ出來ナイ、沖繩ノ砂糖ニ依賴シテ日本ノ市場需用ヲ充タスコトハ出來ナイ、ソレ故ニ一番好適ノ臺灣ヲ日本ノ砂糖ノ供給地ト立テタト云フコトニ付テハ相當ノ理由アルト本員ハ思フ、然ラバ何故ニ純然タル日本　天皇陛下ノ統御在シマス所ノ臺灣關東ダケハ鹽ヲ幾千斤ヨリ外ニハ作ッテハナラヌト云フトコロノ打擊ヲ加ヘテ、內地ノ鹽業者ヲ保護スル必要ガ何所ニアリマスカ、殆ド此ニ至ッテ矛盾ト言ハナケレバナラヌ、保護スルニ及バナイ、當然ニヤッテ行ケバ天日ニ曝シタ鹽ト燃料ヲ用井タ鹽ト、ドウシテモ天日デ曝シタ鹽ノ方ガ廉ク付キマスノデ、ソレハ天然ニ委セテ砂糖ノ方ヨリ必要ガナイノデアル、必要ガナイノニ何故ニ砂糖ハ損ヲシテモ保護シテ國民ノ需用ヲ充タシ、何故ニ鹽ハ造ッテハナラヌト云ッテ鹽田ニ最モ適シタル所ノ地ヲ荒廢セシメテアッテ、是デ國家ノ政略ニ統一ガアルト云フコトガ出來マスカ、本員ハ臺灣ニ純然タル日本　天皇陛下ノ統治シ給フ版圖デアリマス、何故ニ版圖ノ中ニ營業ノ自由競爭ノ自由ヲ許サヌト云フ亂暴ナル隨意ナル事業ヲヤッテ之ヲ可シトセラレタデアリマスカ、關東民政長官ノ調ニ依リマスト、他ノ產物ハ遼東半島ニ直接ニ望ハ少ナイノデアリマスガ、鹽田ハ大ニ望ガアルト云フ報告ガ出テ居リマス、誠ニ是ハ其通リデアラウト思ヒマス、所ガ專賣局デドレ程ヨリハ買上ゲヌト云フ手心ヲシテ、此上ニ作ルト賣殘リノ危險ガアルカラ是モ發達シナイ、何故ニ多クノ犧牲ヲ拂ッテ之ヲ勢力範圍ニ入レテ我國ノ力ヲ關東半島ニ盡スノデアリマスカ、セメテハ關東都督府ノ費用位ハ關東鹽ノ收益ニ依ッテ支ヘル位ナ發達ヲ本員ハ望ンデ居ル、彼モ利益アリ、我モ廉ク鹽ヲ取ル利益アリト思ウテ見タナラバ、內地ノ鹽業ヲ强テ保護スルト云フコトノ必要ハ何所ニ在リマスカ、本員ハ大ニ之ヲ疑フノデアリマス、關東鹽ハ誰ガヤッテ居ルカ、日本ノ資本デ日本人ノ經營デアル、臺灣ハ日本ノ純然タル版圖デアル、サウシテ關東ハ日本ノ勢力範圍內デ日本ノ版圖ヨリ善キ廉キ鹽ノ出來ルノデ、之ヲ抑ヘテ封建ノ遺習トシテ各領分ニ米ヲ作ラザレバ危シト感ジタル如ク、鹽無ケレバ危シト感ジル故ニ、東北、關東、北陸ノ地方ニハ不利益ノ鹽田ガアルノハ此タメデアル、若シ之ヲ總テ封建ノ儘ニ存レテ置クナラバ政府ガ棉花ヲ免除シテ日本ノ紡績ニ大ナル利益ヲ被ラシメテ、紡績ノ發達ヲ促シタトコロノ過去ノ政略ヲ失策ナリト云ハナケレバナラヌ、併シ是ハ失策デハナイ、之ガタメニ內地ニ出來テ居ッタ日本ノ綿ハ自然ニ變ッテ此綿ノ畑地ハ變ジテ或ハ麥ノ畑地トナリ、或ハ桑ノ畑地トナッテ、依然トシテ日本ノ富ヲ增殖シテ、一方ニハ此棉花ノ輸入ノタメニ多クノ紡績ガ出來テ、其紡績ヲ再ビ支那、朝鮮ノ方面ニ輸出シテ居ルデハナイカ、斯クノ如ク考ヘテ見タナラバ何故ニ鹽ニ限ッテ斯樣ニスルノデアルカ、本員ハ殆ド之ヲ理解スルコトガ出來ナイ、本員ハ其名ヲ擧ゲテ置キマスガ、關東都督府ノ前民政長官石塚英藏君ガ此報告ヲシタト本員ハ知ッテ居リマス、利源ノ第一ノモノハ關東ニ於テ鹽ナリト、斯樣ニ言ッテ居リマス、大藏省ノ專賣局ハ之ヲ制限シテ居ル、サウスルト關東都督府ハ全ク日本帝國政府ノ管轄以外ノモノデアッテ、彼ハ虐待セラレ繼子扱ヲセラルヽノデアルカ、之ニ反シテ何故ニ吏員ヲ派シテ臺灣並ニ關東ノ此種々ナル殖產事業ノ世話ヲセラルヽノデアルカ、是ニ至ッテ殆ド解釋スル所ノ言葉ヲ得ナイノニ苦ムノデアリマス、ソコデ斯ノ如ク誤ッタ政策ヲ行ヒツヽアル結果ドウナリマスカ、日本國民ガ當然ニシテ居レバ六十錢乃至一圓以下ノ價ヲ以テ相當ナル鹽ノ額ヲ得ベキノニ、今日ハ一圓七十八錢ヲ出サナケレバ之ヲ買フコトガ出ナイノデアッテ、一般國民ノ損失ハ此差ダケガ損失デアリマス、ソコデ屢〻吾〻ガ議會デ論ジ、斯ノ如ク攻擊ヲナスガタメニ、政府モ種々工夫セラレテ、一方ニ買上ノ方ニ付テ苦情ヲ聞クノヲ憂ヘテ、此買上ノ費用ヲ上ゲルカト思フト、國庫カラ資金ヲ投ジテ、種々機關ヲ作立ッテ、運送ノ便利ヲ開クト云フノデ、無利息ノ金ヲ使ッテ其分配ヲ計畫シテ居ッタガ、其結果斯樣ナル驚クベキ奇怪ナル、悲痛ニシテ又滑稽ナル報告ヲ本員ハ得タノデアリマス、政府ハ種々ノモノカラ生產費ヲ計算ガ立テ、アルカラ、凡ソ一升六錢七厘ニ當ルノデアルカラ、六錢七厘ヨリ高キ價ヲ以テ鹽ヲ賣ルベカラズト云フコトノ內訓ヲシタト云フコトヲ承ッタノデアリマス、是ハ專賣局ガ直接ニヤッタカ、或ハ各地方長官ニ宛テ、ヤラレタカ知リマセヌケレドモ、併ナガラ價ト云フモノハ決シテ左樣ニ生產費バカリデ定マルモノデナイ、需用供給ノ理法ニ支配セラルヽノデアリマスカラ、豫メ生產費ヲ積算シテ是デ價ヲ極メルト云フコトハ抑〻經濟上ノ原理ニ違反シタ愚カナルコトデアリマス、是ニ於テ山形縣カラ得タ報告ハ斯樣デアリマス、六錢七厘ヨリ以上ニハ鹽ヲ賣ッテハナラヌト云ハレタガ、何分ソレデハ小賣ガ引合ハヌ、併ナガラソレヨリ以上ニ賣レバ直チニ小賣ノ差止ヲ喰フノデアリマスカラ、今マデ定價付ヲ店ヘ出シテ置イタノヲ引込マセテイクラデ賣ルカ知レナイヤウニシテ、事實ハ七八錢ニ賣ッテ居ル、然ラザレハ物品交換ヲヤッテ、此必要品ヲ供給シテ居ルト云フコトヲ聞イタガ、サモアリサウナコトデアリマス、價ヲ生產費ニ依ッテ極メルト云フコトハ抑〻ノ誤リデ、需用供給ノ種々ノ分配法カラ出テ來ルモノデアリマスカラ、斯樣ナル人爲ヲ以テ價ヲ極メルト云フコトハ決シテ出來ナイコトデ、之ヲ要スルニチヨット斯ウ云フ割合ニナリマス、政府ガ買上ゲタ所ノ鹽ノ直段ト、地方ヘ賣下ゲル所ノ鹽ノ直段ノ差ヲ凡ソ一千五十万圓カ一千百万圓バカリノ此差ガ出テ居リマス、之ヲ日本ノ人口ニ割當テマスルト、老幼男女殘ラズヲ併セテ小兒マデ入レテ、病人不具者マデ皆入レテ、人頭ノ稅ガ丁度二十五錢バカリニナル、此通リ政府委員若槻次官ハ左樣ニ答ヘラレタ、若槻次官ハ之ニ附加ヘテ斯樣ニ言ハレタ、一人ニ付テ二十五錢ノ稅ハ決シテ困難ナル稅ニアラズト、斯樣ニ言ハレタガ、本員ハ之ニ二ツノ答ヲ與ヘヤウト思フ、必要ナラバ一人ニ付テ五十錢モ致方ナイガ、下ラヌコトノタメニ二十五錢取ラレルト云フコトハ國民ガ之ヲ拒マナケレバナラヌト云フノデアル、モウ一ツハ一人率二十五錢輕シト言フコト勿レ、廟堂ニ居リ或ハ錦衣肉食シテ居ル人ハ二十五錢何カアランデアリマスケレドモ、一家五口トシテ割當テタナラバ、一年ニ一圓二十五錢拂ハナケレバナラヌ、一家五口一圓二十五錢ヲ拂フ人頭稅モ亦辛イ哉ト本員ハ思フ、全體人頭稅ト云フコトハ野蠻法デアルト云フノハ何デアルカト云フト、凡ソ租稅ノ原則ト云フモノハ財產ニ比例スル、收益ニ比例スルト云フコトガ、一番健全ナル課稅法デアルノデ、頭ニ掛ケルト云フコトハ人ノ身體ニ掛ケルノデアッテ貧富、老幼、強弱、悉皆同一、病人モ健康者モ不具癈疾者モ皆頭數ニ稅ヲ掛ケラレルト云フコト程野蠻ナル方法ハ無イ、鹽ノ今日ノ課稅ハ少シモ人頭稅ト違ハヌノデアル、人間ガ活キテ居ル以上ハ或ル分量ノ空氣ト、或ル分量ノ水ト、或ル分量ノ鹽ハ米ト共ニ日本ノ生活トシテ要スルノデアリマスカラ、之ヲ一人二十五錢ト大藏次官ノ言ハル如ク一家五口一圓二十五錢ノ稅ヲ鹽ニ於テ課スルト云フコトハ人頭稅ト少シモ違ハヌノデ、是ナケレバ生活ノ出來ナイモノガ頭割ニ丁度課スルト同ジコトデアル、殆ド同ジ分量ヲ用ユルノデアルカラ、人頭稅ト違ハヌノデアル、更ニ進ンデ言ヒマスレバ食物ノ調理ヲ專ラ鹽ニ依賴スルノト、勞役ヲ執ル人ハ多クノ鹽ノ分量ヲ要スルノデアリマスカラ、最モ貧民ニ重キ稅ト云ハナケレバナラヌ、此點カラ觀察スレバ人頭稅ヨリハ更ニ野蠻ノ稅ナリト本員ハ思フノデアリマス(拍手起ル)是ヨリモウ一ツ惡ルイ點ガアル、人頭稅ナラバ誠ニ簡略デアル、一人率二十五錢取ルノデ、多數ノ收稅吏モ要ラナイ、官吏ノ旅費月給雜費ト云フモノ手數ト云フモノ、又拂下ゲルトキニハ前ニハ鹽屋ガ此方ヘ送ッテ呉レタト云フ商賣ノ手數ガ變ッテ、コチラヘ鹽ヲ拂下ゲテ下サイト云フ願ヲ出シテ、コチラカラ運送ノ費用ヲ拂ッテ買ッテ行クノデアルカラ、人民ノ負擔ハ政府ノ取ル所ヨリ幾數倍多イカ知レヌ、斯ノ如キ愚ナル、斯ノ如キ手數ノ多イ鹽ト云フモノヲ專賣法ニ依ッテ取ッテ、僅ニ六七百万圓ノ收益ヲ得ヤウト云フコトヲ其儘ニ据ヘテ置クニ忍ビンヤ、本員ハ一日モ早ク斯ノ如キ惡稅ヲ廢シタイト思フノデアリマスガ、更ニ本員ハ斯ウ云フコトヲ附帶シテ論ジナケレバナラヌ、人生ノ生活ニ於テ斯ノ如キ悲慘ノ狀況ガアルノミナラズ、衞生ニ大害ガアルノデアッテ、鹽ノ多寡ト云フモノハ健康ニ非常ナル影響ノアルト云フコトハ、醫家ノ定論デアリマス、其一例トシテ本員ハ其事ノ空想ニアラザルコトヲ證センガタメニ、印度ニ於テハ不幸ニシテ英領ニナッテモマダ鹽ノ專賣法ガ昔ノ遺リ物トシテ今日モ存立レテ居リマスカラ、志士仁人ガ之ヲ憂ヘテ鹽專賣法ヲ廢セントシテ活動シテ居リマスルガ、其活動スル宣言ノ一ツニ、鹽ノ用量少キガタメニ、印度ノ皮膚病ガ蔓延シテ困ル、衞生上斯ノ如キ氣ノ毒ナルトコロノ稅ハナイト云フコトハ印度ノ鹽專賣ニ反對スルトコロノ人ノ宣言ノ中ニアル、斯ノ如キモノデアリマスカラ本員ガ衞生ニ大害アリト云フコトハ決シテ疑ナイコト、思ヒマス(此時元田肇君發言レタルモ聽取スル能ハス)本員ハ議長ニ止メラレヌ間ハ此言論ニ付テ完全ナル自由ヲ有ッテ居リマスカラ、如何ナル妨ガアッテモ一向之ニ付テハ議論ヲ止メマセヌ、更ニ本員ハ鹽ノ用量ハ文明ノ程度ト相比例シテ居ルト云フコトヲ告ゲテ、此惡稅ノ惡稅タル所以ヲ確定シナケレバナラヌト思ヒマス、凡ソ人間ノ生活ガ進ンデ職業ガ高マリマスルト、一人宛ノ鹽ノ分量ガ段々上ッテ來マス、本員ノ調ベタ所ニ依ルト、英國ニ於テハ一人ノ鹽ヲ用ユル分量ガ五十斤、獨逸ニ於テ六十斤、米國ニ於テ五十斤、支那ハ專賣ノ結果十五斤ニナッテ居リマス、ソレカラ朝鮮ノ文明ハ支那ヨリ低イケレドモ、專賣ガナイタメニ十七斤ニナッテ居リマス、印度ハ文明ノ程度ガ低イト同時ニ鹽專賣ノタメニ價ノ高キガ故ニ、僅ニ十斤ニナッテ居リマスルガ、我國ノ鹽ノ一般ノ平均ハ二十五斤ニナッテ居リマス、是ハ我國ノ文明ノ程度ガ支那朝鮮ニ比シテ大ニ高イノト、獨逸、英國、米國ニ比レテ未ダ及バザルト云フコトノ程度ヲ茲ニ示シテ居ルノデアリマスガ、此他之ヲ説明スベキトコロノ事柄トシテ茲ニ擧ゲテ見マスルト、何故ニ文明ノ程度ガ高ク、生活ノ度ガ進ミ、職業ガ分レルト鹽ノ分量ガ多ク要ルカト云フト、是ハ斯ウ云フコトニナル、或ハ漁業デアルトカ、牧畜デアルトカ鑛山デアルトカ、日本デ言フト農業ニ必要ナルトコロノ種籾ノ選分ケニ鹽ノ水ヲ用ユル、或ハ肥料ニ用ユル、或ハ石鹼ノ製造ニ必要ナル鹽ノ分量ガアルトカ、或ハ晒粉ニ必要ナル分量ガアルトカ、化學製造工業用ニ大ナル鹽ガ必要デアリマスカラ、是ハ鹽ノ高イタメニ大ニ是等ノ發達スベキ事業ガ、ヤハリソレダケ害ヲ受ケテ居ルト云フコトハ、別ニ辯論ヲ待タズシテ明白デアリマスルガ、併ナガラ當局者ハ斯様ニ申シテ居リマス、斯様ナ特種ノ用法ノ鹽ニ付テハ特別ノ恩典ヲ與ヘテ廉ク之ヲ拂下ゲテ居ルカラ、左様ニ論ズルニ及バヌト云フガ、是レ其一ヲ知ッテ其二ヲ知ラザル誤リデ、本員ハ其誤リタル所以ヲ證サナケレバ頑冥不靈ナル當局者ヲシテ惡税ノ惡税タルコトヲ知ラシメルコトガ出來ヌト思フ、ソレハ斯ウ云フコト、手數ガ多イ、前デ申シマスト鹽屋カラ鹽ヲ求ムルトキニハ、コチラカラ端書ヲ一本出シテヤルト、喜ンデ鹽屋カラ得意先キヘ配達ヲ致シマシタガ、鹽ノ拂下ニ是等ノ特典ヲ得ンガタメニ、斯様ナル特種ノ營業ノ廉キ鹽ヲ得ンガタメニハ、特別ノ願書ヲ出シテ、其願書ヲ持ッテコチラカラ人夫ヲ連レテ、又貯所マデ行ッテ取ッテ來ナケレバナラヌ、サウスルト果シテ之ヲ特別ノ鹽ノ用ニ用井ルヤト云フコトヲ檢査ヲシナケレバナラヌ、斯様ナ僞ヲ云ッテ食鹽ニシヤウト云フノデハナイカト云フ疑ノアルトキニハ嚴重ナル檢査ヲスル、ソレカラ之ヲ食鹽ニ轉用シテハナラヌト云フノデ、之ニ混ズルニ化學工業用ニスルモノニハ石油ヲ混ゼルトカ、木炭ヲ混ゼルトカ、紅殼ヲ交ゼルトカ、食鹽トナラヌトコロノモノトスルタメニ、先以テ之ヲ拂下ゲル手數ト、檢査ノ煩雜ナルコト、是ニ混和物ヲ施ストコロノイロ〳〵ノ費用ガ要ルト云フコトデ、小サナ工業場ハ此特典ヲ受ケルコトガ出來ナイ、餘程多數ノモノハヤルカモ知ラヌガ、日本ニ於テハ未ダ化學製造工業ガ獨逸、亞米利加ノ如ク發達シテ居ラヌノデアリマスカラ、比較的小サナ工場デ是等ノモノヲ用ユルトキニハ總テ此不便ヲ受ケルガタメニ、特典ヲ望マナイデ、ヤハリ高イ鹽ヲ買ウテ此ノ如キ業ヲ營マネバナラヌ、又是デハ引合ハナイカラ左様ナ業ヲ止メナケレバナラヌ、即チ間接ニ當然我國ニ起ルベキ工業製造其他ノ諸業ヲ皆蹂躪シツヽアル、更ニ海ニ四方ヲ環ラサレテ居ルトコロノ日本ハ漁業ニ於テ最モ著シイ國產ヲ有ッテ居リマスルガ、其漁業ガ近海漁業ニハ鹽藏スル魚ニ用ユル鹽ノ特典ガナイ、遠洋漁業ニハ特典ガアルケレドモ、此拂下ノ手續ノタメニ潮合ガ好イカラ直チニ船ヲ出スト云フヤウナ、斯様ナ敏活ナル活動ヲナスコトガ出來ズ、其時機ヲ失フト云フノハ、殊ニ北海道方面ニ於テ實驗スルトコロデアルガ故ニ、政府ノ最モ親シキ友達ト見ラレテ居ルトコロノ大同派ノ中ノ淺羽君ハ其國體ノ議論ニ拘ハラズ、特ニ此弊害ニ付テハ痛切ニ憂ヲ抱イテ、北海道ノタメニ此事情ヲ陳辯スルコト殆ド二三年ノ長キニ亙ッテ居ルノデアリマスカラ、是程ノ事實談ハナイト本員ハ思ッテ居リマス、ソレカラ斯ノ如キコトノタメニ事實ニ東京ニ現ハレタ實例ヲ擧ゲテ見ルト、明治四十一年ノ十二月二十日ヨリ四十二年一月ニ至ルマデ、丁度寒冷ノ氣候ニ於テ遠クカラ斯ノ如キ鹽藏魚ヲ東京ニ送ルノデアルガ、是ガ其積込ミマシタ船ノ數ニ於テ七艘、其中テ入レタ――總テ魚バカリデハナイ、他ノ物ト積合セタノデアリマスルガ、此七艘ノ船ニ依ッテ東京ニ入レタトコロノ三十三万餘本ノ鹽鮪ト云フモノガ、悉ク腐敗シテ食用ニ堪ヘナカッタト云フコトデアリマス、是ハ日本橋ノ市場ニ於テハ故老ト謂ッテ、文化文政ノ頃カラ今尚繼カニ生殘ッテ隱居シテ居ル所ノ人モ、日本橋ニ於テ北地ヨリ到ル魚ガ腐敗シタト云フコトハ前代未聞、故老未ダ記憶セザル所ナリト言ッテ之ニ驚イテ居ル、此事ヲモウ少シ分析シテ本員ハ話サナケレバ、民ノ憂ヲ此議場ニ發表スルトコロノ本務ヲ盡スコトガ出來ナイト思ヒマスカラ、如何ニ長クトモ本員ノ健康ト音聲ノ續ク間ハ諸君ノ一考ヲ煩ハス考デアル、ソレハ斯ウ云フコトデアル、唯今デ鹽藏魚ニ用井マストコロノ鹽ノ廉値段ノ特典ハ斯様ニシテアル、魚ヲ鹽ニ漬ケマシテ、此漬ケタ魚ノ肉ノ斤量ヲ以テ、ソレニ使フタルトコロノ鹽ヲ推測シテ此税ヲ薄クスル、ソレガ種類ニ依ッテ五十二錢、八十四錢乃至九十七錢等ノ廉値段ニ、魚ヲ鹽ニ浸シテシマッタ後ノ魚ノ斤量ニ依ッテ拂下ヲスルノデアリマスカラ、魚肉ノ百斤ニ付テ是ダケノ廉イモノヲ拂下ゲルト云フコトニナッテ居ル、昔ハ斯ウ云フコトデアル、昔ハ鹽ヲ多ク使ッテ、肉ヲ安全ニシテ、其上ニ幾分ノ日ヲ加ヘテ乾カシテ、サウシテ量目輕クシテ、容量ヲ少クシテ、之ヲ多ク船ニ積込ンデ運賃ヲ減ズルト云フトコロノ商業方法ガ成立ッテ居ッタノデアルガ、唯今ハ魚ニ取ッテ第一ノ値段ヲ加フベキ鹽ノ値段ガ高イ故ニ、水分ヲ去ラズ、之ヲ乾カサズシテ、目方ヲ重クシテ送ル、ソレ故ニ鹽ヲ加ヘル分量ガ少ク、水分ヲ加ヘルトコロノ量ガ多クシテ、サウシテ之ヲ遠方ニ送リマスカラ、唯今本員ノ擧ゲタル實例ノ如ク、七艘ノ船ニ積込マレタトコロノ二十三万尾ノ魚ガ悉ク腐敗シタト云フノハ、日本橋ニ住ンデ居ル故老ノ嘗テ聞イタコトノナイ珍奇ノ異談トシテ之ヲ傳ヘテ居ルノハ、抑〻何者ガ斯ノ如キ國民ノ生活、國民ノ營業ニ害ヲ與ヘルノデアルカ、鹽ノ專賣即チ此害デアルト本員ハ思フノデアル、斯ノ如キ例ヲ擧ゲ來ラバ殆ド鹽一ツノ桀ノタメニ諸君ニ一日ノ話ヲシナケレバナラヌト本員ハ思ウテ、餘リニ御氣ノ毒ニ考ヘマスカラ本員ハ茲ニ實例ヲ止メマス、併ナガラ一方ニ斯ノ如ク國民ヲ苦シメ、誤マレル政府ノ政策ノ袖ノ下ニ隱レテ居ルトコロノ不當ノ鹽田所有者ニ向ッテ痛擊ヲ加ヘナケレバ國民ノ憤リヲ散ズルコトガ出來ナイト本員ハ思ウテ居リマスカラ、是ヨリソレニ移ッテ御話シヤウト思フ、濱口專賣局長ノ談トシテ本年二月二日東京朝日新聞ニ掲載シテ居ルトコロハ稍〻如何ニ鹽專賣ヲ辯護シテ居ル局長ト雖モ、鹽田ノ是ガタメニ騰ッタト云フコトヲ拒ムコトノ出來ナイ實例ヲ茲ニ掲載セテアリマスガ、鹽ノ田地ノ一戸前ト云フノハ一町五段歩デアリマシテ、是ガ三十九年ニハ五千八百圓デアッタノガ、四十一年ニハ七千圓デ賣買ニナッタ是レ既ニ不當ナリ、總テノ物價ガ四十一年ニハ落チテ居ル、不景氣ノタメニ落チテ居ルノニ、鹽田ダケハ五千八百圓ヨリ四十一年ニ七千圓ニナッタト云フノハ、前ノ七十六錢ノ鹽價ヲ政府ガ一圓ニ上ゲテヤッテ非常ナル利益ヲ鹽田所有者ニ與ヘタル結果直チニ茲ニ現ハレテ來タ、是ハ反對ノ說ヲ代表スル吾〻ノ調査ニアラズシテ、濱口局長ノ談トシテ掲載サレテ居リマスカラ、是ホド明白ナモノハナイト思フガ、是スラ暴騰デアルガ事實ハ更ニ是ヨリ甚シイ、是ハドウ云フコトカト云フト、四十一年十月香川縣綾歌郡坂出丸サ東濱五番鹽田ガ半戸前六千二百圓ニ賣レテ居ル、サウスルト一戸前之ヲ倍ニシマスルト一町五段歩デ一万千四百圓、是程ノ田地ガドコニアリマスカ、既ニ鹽田所有者ノ利益ヲ得テ居ルノハ驚クベキモノデ、尙其上ニ例ヲ擧グレバ更ニ本年一月同所丸サ西濱十五番鹽田ノ一戸前ノ三分ノ一ヲ四千七百圓ニ賣買取引ガアッタト云フコトデアルカラ、三分ノ一ヲ一戸前ニ引直シマスルト、田地ノ一町五段歩ガ一万三千四百圓ニ賣レタト云フコトハ何者ガサシテ居ル、何者ガ鹽田所有者ニ斯ノ如キ利益ヲ與ヘルカ、是ハ貧民ノ涙ノ凝ッテ鹽トナレル如キモノト本員ハ言ハナケレバナラヌノデアリマス(拍手)更ニ三十五六年ニ鹽專賣ノ未ダ起ラザルトキノ小作料ハドノ位デアッタカ、專賣以前ハ二百五十圓デアッタノガ、現今一戸前ノ小作料ハ一千二三百圓ニナッテ居リマス、之ヲ見マシタナラバ此利益ハ政府ハ鹽ノ營業者ト云ヒマスガ、鹽ノ營業者ト云フモノハ鹽田所有者即チ地主ノ意味デアッテ、此下ニ働クトコロノ鹽ノ小作人ト云フモノ、利益デハナイノデアリマスカラ、淺羽靖君ガ證言セラル、如ク鹽ノ小作人ハ專賣ニ苦ンデ居ル、何トナレバ鹽ノ檢查ガ嚴重デ、政府ノ方ガ少シ供給ガ多イト是ハ無資格デアル、是ハ不合格デアルト云ウテ屢々之ヲ返サレルカラ、鹽ノ小作人ハ不安心デアル、ソレ故ニ利スルトコロノモノハ鹽田所有者及大地主デ、其下ニ働クトコロノ小作人ハヤハリ專賣ノ害ヲ受ケテ居ルト云フコトハ政府ノ信友トシテ議會ニ立ツ大同派ノ一同僚淺羽靖君ガ之ヲ證言スルノデアリマスカラ、是ホド確カナ證言ハナカラウト本員ハ思フ(拍手)サウスルト詰リ詰ッテ何デアル、斯ノ如キ愚カナ法律ヲ拵ヘテ、大地主ニ坐シテ利益ヲ恣ニセシムルノデアッテ、小作人ハ之ガタメニ歎ク、國民ハ之ガタメニ憂ヘ、サウシテ今日起ラントスル工業農業其他牧畜ノ如キ皆其患害ヲ受ケル、衞生ノ上ニモ宜シクナイ、文明ノ上ニモ宜シクナイ、野蠻極マルトコロノ法律ヲ明治四十二年ノ立憲帝國ニ遺スベカラザルモノヲ遺シテ居ルノハ、我邦ノ耻ト思ウテ居ル、更ニモウ一ツ證據ヲ擧ゲテ斯ノ如ク地主ガ愚カナル有志ヲ斯クノ如キ誤マレル方針ニ引入レテ、己レノ利益ヲ堅クセントスル例ヲモウ一ツ茲ニ次ニ擧ゲテ見ヤウト思フ、香川縣製鹽會社ノ公課狀ノ中ニ株式金額三万六千圓一株六十圓六百株ノ會社ガアリマスガ、此利益ガ一株二十八圓ト云フノデ年々四割六分六厘ノ利益ヲ公課狀ニ記載シテ居ル、其實ハ是ノ倍デアル、株式ノ表面ハ三万六千圓デアリマスガ、其拂込ハ其半バ一万八千圓デアリマスカラ、一万八千圓ニ對シ一株二十八圓ト云フモノヲ割ッテ見マスルト、實際ノ配當ハ九割三分トナル、明治三十九年ノ計算表ニ載ッテ居リマスカラ本員ハ茲ニ明記シテ速記錄ニ依ッテ普ク鹽田業者ノ暴利ヲ貪ルト云フコトヲ天下ノ憐レムベキ人民ニ告ゲ、併セテ迷ヘルトコロノ當局ノ迷ヲ醒サセル材料トシテ茲ニ擧ゲルノデアリマスガ、凡ソ日本ノ天地ニアッテ坐シテ何事モスルナク、安全ニ出來タ物ヲ皆政府ニ買上ゲテ貰ッテ九割三分ノ利益ヲ占メテ居ル者ガ何故ニ保護ノ必要ガアルカ、保護ドコロデハナイ、半バノ財產ヲ國民ニ提供スベキ義務ガアルト本員ハ思フノデアリマス、斯クノ如クニシテ一般ノ國民ハ此誤マレル法律ノ犧牲トナッテ居ルノデアリマス、併シ日本ノ工業、漁業、農業總テ皆害ヲ被ッテ居ルガ、之ヲ看過シ得ルヤ否ヤ、國民ハ甘ンジテ斯ノ如キ不都合ナル專賣ノ成立シテ居ルノヲ、政府ノ無責任ノ言葉ヲ聞イテ甘ンズルコトガ出來ルヤ否ヤヲ切ニ諸君ノ御考慮ヲ請ハナケレバナラヌノデアリマスガ、又モウ一ツ道理カラ言ウテ、保護ト云フノハ何デアルカ、保護トハ恰モ寒氣ニ堪エザルトコロノ草木ヲ室咲キニシテ、サウシテ天氣ノ暖ナルノヲ待ツト云フ意味ニ於テ未ダ幼稚ナル萌芽ヲ保護スルタメニ已ムヲ得ザル臨機ノ計略トシテ、國家ノ金ヲ與ヘルノガ獎勵金保護金ニナルノデアリマスガ、是モ此名ニ依ッテイロイロノコトヲヤルノハ好マヌガ、併ナガラ或ル場合ニ是ガ必要ト思フ場合ナキニシモアラズ、併ナガラ凡ソ臺灣ト關東州ト此天ノ與ヘル薪ヲ用ヰズ、炭ヲ用ヒズ天日ニ依ッテ良好ナル鹽ヲ製シ得ル日本ノ版圖、日本ノ勢力範圍內ニ成立ツトコロノ鹽ト、永久炭ヲ用ヰ若クハ薪ヲ用ヰルトコロノ此鹽ヲ拮抗セシメテ之ヲ保護スルト云フノハ、凡ソ國家ノ有ラン限リ之ヲ保護シテ之ニ對抗セシムルト云フノデアッテ何レノトキニ於テ暖キ日ヲ待ッテ室ヨリ引出シテ是ガ當前ノ空氣ノ中ニ咲クダケノ期限ハイツデアルカ茲ニ至ッテハ全ク保護ノ意味ガナクナッテ了ッテ誤マレル計算ニ依ッテ暗昧ナル政略ガ之ヲ保護ノ名ニ依ッテ誤ッテ斯ノ如クナサシメテ居ルト云フコトハ最早明白デアルト本員ハ思フ、是ニ於テ私ハ政府ニ統一アリヤ否ヤト云フコトノ問題ヲ提起シナケレバナラヌ、農商務省ハ漁業獎勵鹽藏業ノ獎勵斯樣ナルコトヲ頻リニ唱ヘ、水產局ト云フヤウナモノニ金ヲ國家ガ拂ッテ居ル、我國ノ鑛山、牧畜、農業ノ獎勵是ガタメニイロイロノ局ヲ農商務省ノ中ニ置イテアル、サウシテ斯ノ如キモノニ金ヲ使フカト見レバ一方ニハ漁業ノタメニ最モ必要ナモノデ、化學、工業、牧畜、農業其他ノ製造ノタメニ必要デアルトコロノ其原料トナル鹽ヲ倍ヨリ以上ニ高メテ居ルト云フノハ、農商務省ノ干涉農商務省ノ獎勵ト云フモノハドコニアルカト云フコトヲ本員ハ理解スルコトガ出來ナイ、大藏省ハ鹽ヲ以テ我邦ニ起ラントスル製造、工業、鑛山、牧畜、農業、漁業ヲ打擊シツヽ、農商務省ハ諸般ノ事業ヲ獎勵スルナドト云フコトハ、實ニ愚カナル政治ノ統一ナキコトヲ知ルコトガ出來ルノデアリマス、更ニ本員ハ申シマス、朝鮮ガヤハリ關東鹽ト同ジヤウニ良好ノ鹽田ノ地主ガアルト云フコトヲ承ハッテ居リマスガ、定メテ桂首相ノ最モ力ヲ入レラレタトコロノ朝鮮ノ拓殖會社モヤハリ事業ノ一トシテ鮮鮮ノ海岸ニハ必ズ鹽ノ業ニ目ヲ著ケラレテ居ルデアラウト思フ、關東鹽スラ既ニ制限スル、臺灣鹽スラ既ニ制限スルト云ッタナラバ、朝鮮ノ拓殖會社ガ海岸ニ目ヲ著ケタトキニハ如何ニ首相ハ此間ニ於テ調和ヲ圖ラルヽカ、先ヅ鹽ダケハ當分廢メルト云フヤウナ方針デ、其會社ニ訓令ヲシテ暫ク此爭ヲ止メサセルト云フノデアリマスガ、是ニ於テ本員ハ頗ル統一ガナイ、臺灣ノ砂糖ト臺灣ノ鹽ト關東鹽ノ處分ト內地ニ斯ノ如キ不都合ナルコトガアルト言ヒ、農商務省ガ少數ノ鹽業者ヲ保護スルト言ヒ、朝鮮ノ拓殖會社ハ朝鮮半島ニイロイロノ事業ヲ起スト言ヒ、皆是ハ積極的ニヤルカト思フト、內地ニ目前アルトコロノ此五千万ノ國民ニ實價ヨリ倍ノモノヲ拂ハシテ人頭稅ヨリ更ニ酷ナル稅ヲ徵スルニ至ッテハ、本員ハ實ニ政府ノナストコロハ普通ノ腦髓ヲ以テ測リ知ルベカラズト云フ評ヲ下シテ此說ヲ終ルヨリ外ニハ此矛盾ヲ解クコトガ出來ナイノデアリマス、先ヅ斯ウ云フ意味ニ於テ本員ハ鹽專賣法ハ斷然廢サナケレバナラヌ、保護ノ意味ハナイノデアル、保護ト云フノハ呉々モ繰返シマスガ、幼稚ナ事業ヲ育テ、サウシテ健全ニナッタナラバ之ヲ自由ニスルノガ保護ノ意味デアルガ、內地ノ砂糖ガ臺灣ノ砂糖ト拮抗シ能ハザルハ天然ノ理數ノ然ラシムルトコロ、內地ノ木綿ノ利益ノナイノモ、天然ノ理數ノ然ラシムルトコロ、內地ノ鹽ハドウシテモ劣等ナルモノヲ、永年續ケルコトハ頗ル困難デアルト云フノハ是又天然ノ理數餘儀ナイコトデアリマスカラ、斯ノ如キ暴利ヲ與ヘテ利ノナイトコロニ利ヲ與ヘテ、恰モ競馬會社ヲ誘ッテ後トデ廢メルガ如キ過チヲ他年ノ後ニ遺スヨリ、今ニシテ束縛ヲ解クノ最モ勝レルニ如カズ、本員ハ此意味カラシテ此專賣法ハ速ニ廢サレンコトヲ望ンデ常ニ此攻擊ノ論ヲ絕タヌノデアリマス(拍手起ル)次ニ織物、是カラ織物稅ノ弊害ヲ細カニ諸君ニ御話シナケレバナラナイ(「簡單」ト呼フ者アリ)簡單ニハ出來ナイノデアリマス(「謹聽々々」ト呼フ者アリ)諸外國ノ議會ニハ夜ヲ徹シテ討論ガアルト承ッテ居ル、サモアルベキコトデアル、國民ノ休戚ニ關シテ大ナル委任ヲ受ケテ居ルトコロノ議會ガ六時ニナッタナラバ歸ルト云フ怠惰ナコトデ終ルベキモノデナイト本員ハ思ッテ居リマス、本員ノ健康ノ續カン限リ、此議論ノ盡キザル間ハ、夜半マデモ壇ヲ退カヌ積リデアリマスカラ、如何ナル反對ガアラウガ、妨害ガアラウガ、一向ソレ等ハ相手ニ致シマセヌカラ御勝手ニ發聲ヲナサルガ宜シイ、但シ議場ヲ整理スルノハ諸君ガ一齊ニ選バレタトコロノ議長ノ職權デアリマスカラ、發聲ヲシテ議長ヲ辱メルト云フコトハ諸君ハ自カラ耻ヂナケレバナラヌト思ッテ居ル(拍手起ル)織物稅ノコトニ付テ本員ハ申シマスルガ、斯ウ云フコトガアル、織物稅ニ付テハ設立當時ノ人ノ言葉ヲ聞キマスルニ、何レノ租稅デモ初メニ作ッタトキニハマダ慣習ガ出來ナイカラ皆其租稅ノ害ヲ告ゲテ苦情ヲ訴ヘルノハ當リ前デアル、織物稅モ亦然リ、ソレ故ニ數年ヲ過ギタナラバ織物稅ニ對スルトコロノ苦情ハ自カラ止ムデアラウト、斯樣ニ言ウタノガ當時ノ當局者ノ辯解デアリ、之ニ附和雷同スルトコロノ政府ノ朋友タル政治家ノ辯解デアッタガ、誠ニ是トハ反對デ、本員ガ徹頭徹尾當初ヨリ之ニ反對スルガ如ク、時ヲ經レバ經ル程織物ノ稅ノ苦情ガ盛ニナルト云フコトハ、此一事ヲ以テ前ニ辯解シタルトコロノ空言タルコトヲ證據立テルコトガ出來ルデアル、時ヲ經レバ益々其害ノ甚シイト云フコトガ明瞭ニナルノハ、織物税ガ税其モノ、性質トシテ宜シクナイト云フコトノ確證デアラウト思フ、今年ノ委員會ニモヤハリ斯ノ如キ恐ナル不穿鑿ナルトコロノ説ガ出タ、是ハ取方ガ惡ルイコトデアルカラ取方ニ尚注意ヲ加ヘタラ宜カラウ、是ハ大藏省ガ豫テ國民ノ苦情ニ付テ耳ヲ傾ケザルヲ得ヌノデアリマスカラ、取方ヲ變ヘテヤルコト幾回試ニ政府ノ朋友タルトコロノ議員諸君ハ自カラ大藏省ニ行ッテ此取方ヲ變ヘタトコロノ手續ガ幾回デアルト云フコトヲ聞キマシタラ、本員ノ推測スルヨリハモット數ガ多カラウト思ッテ居ル、併ナガラ時ガ經ツニ從ッテ苦情ガ益々甚シク取立方ノ方法ヲ變ジテモ少シモ其害ヲ減ジナイト云フコトヲ見タナラバ、織物税其モノガ甚ダ宜シクナイト云フコトハ最早分ルデアリマセウ、單ニ本員ハ其箇條ヲ擧ゲテ餘リ細カイトコロノ説明ヲ一々加ヘナイデ其甚シキモノヲ擧ゲテ説明シヤウト思ヒマスガ、檢査ノ煩雜ナルコト他ニ比類ナシ、昨日モ同志ノ細野次郎君ガ簡略ニ此コトヲ申サレタガ營業税、所得税、酒其他ノ製造税ナルモノハ皆檢査ガアルガ、是ハ季節ガアッテ年ニ一度トカ二度トカ極メルト大抵片ガ付ク併ナガラ織物税ハ毎日檢査スル、毎日値段ヲ檢査スルト云フトコロノ税ガ外ニ何處ニモナイノデ、是ハ織物一ニ限ルノデアリマスカラ、之ニハ眞實ニ國民ノ利害ヲ感ズルトコロノ諸君ハ之ニ向ッテ眼ヲ屬セラレンコトヲ望ムノデアリマス、毎日檢査スル、取引毎ニ檢査スルト云フ其煩雜ナル税ノ取立方ヲスルノハ唯織物税アルノミ、ソレカラ此値段ト云フモノハ決シテ生産入費ナドニ支配サレルモノデナイ、意匠流行ニ依ッテ相當ナル資本ヲ掛ケタモノモ價ノ低クナルコトガアレバ、宜イ按排ニ流行ニ投ジマスルトキニハ其値段ガ大ニ上ガルト云フコトモアルノデ、ソレ故ニ意匠ヲ祕密ニスルト云フノハ織物ノ上ニ付テ最モ必要ノコトデ、例ヘバ是ハ此地方ノ特殊ノ染方デアル、此地方ノ特殊ノ刺繡デアルト云フモノハ皆是ハ祕密ニ屬スル、此祕密ヲ皆檢査ノ間ニ檢査官ガ之ヲ遠慮會釋モナク改メルト云フコトデアルカラ、商賣人トシテ有ル品物モナイト言ッテ高ク賣ルコトモアレバ、無イ品物モ有ルト言ッテ豫約ヲスルコトガアルノデ、初メテ商賣ノ駈引ガ立ツノデアリマスガ、帳面ヲ調ベテ幾ラアルト云フコトヲ公ニセラレルト、第一商賣ノ根柢ヲ破壞スル、意匠流行ニ構ハズ總テノ祕密ヲ許ク、是ハ意匠ニ依ッテ價ノ高價ナルコトナドヲ斟酌スル智慧ガ二十三圓平均ノ小役人ノ手ニ依ッテドウシテ遂ゲラレマスカ、私ハ思フ、今日三千圓ノ俸給ヲ取ッテ居ルトコロノ局長ヲシテ此任ニ當ラシムルトモ彼ノ説明ノ具合ノ迂遠ナルニ考ヘテ見レバ、決シテ斯ノ如キ檢査ヲナスコトノ能力ハナイト思フ、況ヤ二十三圓平均ノ小役人ニ於テオヤト斯樣ニ私ハ思フ、ソレ故ニ是ニ於テ租税ノ徵收ニ費用ガ掛ルコトデアリマスガ、内國税ノ總體ハ百圓ニ付キ一圓十九錢ノ徵税費デアルガ、織物税ハ單ニ織物税ダケデ十一圓九十七錢掛ル、斯ウ云フ具合デ非常ニ徵税費ガ多クナッテ居リマスカラ之ヲ見ルト云フト此租税ガ甚ダ費用ガ多クテ官民共ニ苦ムコトガ度々アルト云フノハ必然デアリマス、又脱税シ易キコト脱税シ易キガタメニ二ツノ害ヲ生ズル、一ハ脱税セシメザランガタメニ檢査ヲ嚴重ニスレバ自家用料ノ反物モ亦之ヲ檢査シナケレバナラヌ、之ヲ簡略ニスレバ狡猾ナル者ハ脱税ヲシテ正直ナル者ハ名擧ノタメニ損ヲシナケレバナラヌ、ソレデ損ヲスルノヲ覺悟シナケレバ此商賣ヲヤルコトガガ出來ナイト云フモノデアルカラ、誠ニ此煩ニ堪ヘヌト云フトコロノ聲ノ起ルノハ此性質ニ對シテ餘儀ナキトコロノコトデアリマスガ、更ニ之ニ附帶シタトコロノ害ヲ擧ゲテ申シマスルト、賄賂ガ行ハレ易キコト、所謂目分量デ價ヲ極メマスカラ役人ノ氣ニ入リマスレバ税ヲ輕クシテ貰フコトガ出來ル、役人ニ背キマスレバ縱令金ノ上ニ損害ハ蒙ラザルトモ帳面ヲ押ヘラレルトカ品物ヲ封ゼラレルコトガゴザイマスカラ、勢ヒ今日ノ狀態ニ於テ賄賂ト云フコトガ此間ニ行ハレルト云フコトハ已ムヲ得ヌノデ、或ル議員ガ決算委員ノ集會ニ於テ苛烈ナル言葉ヲ放ッテ今日ノ收税吏ガ賄賂ノ嫌疑ヲ受ケナイト云フノハ實ニ難儀デアルト言ッタノハ殊ニ此織物税ニ於テ證スルコトガ出來ルト私ハ思フノデアリマスガ、國民ガ斯ノ如キ間ニ立ッテ居ルカラ陰蔽ノ心ヲ生ズルコト、良民ヲシテ勢ヒ隱セバ税ガ輕クナルガ明ラサマニ言ヘバ其損害ニ耐ヘナイト云フノデ、良民ヲ驅ッテ詐リノ心ヲ生ゼシムルコトニナリマス、ソレカラ二十三圓平均ノ收税吏ガ司法權ト立法權ヲ實地ニ用ユルコトガ出來ル、何故ナレバ收税吏ガ此品物ガ幾ラデアルト云フ元ノ直段ヲ極メレバ、ソレニ依ッテ法律ニ定メタルトコロノ率ノ割合ニ税ヲ掛ケマスカラ、率ノ割合ハ法律ニ定ッテ居リマスケレドモ、元ノ直段ト云フモノハ役人ノ目分量デ極マルノデアルカラ、率ヲシテ上ラシメ又下ラシムル所ノ實地ノ駈引、實地ノ運用ハ此收税吏ノ唯手心一ツニアリマス、其上ニ是ハ規則ニ背イテ居ルト云フトキニハ直ニ之ニ罰金ヲ科セラレルノデアルカラ、是ハ判事ノ權利ト同ジデ國民ニ取ッテハ實ニ驚クベキ恐ルベキトコロノ壓迫ヲ被ラシメルノデアルカラ、是ハ二十三圓平均ノ全國ニ群ル所ノ收税吏ヲシテ實際ニ立法權ト司法權トヲ轉ジテ有セシメルコトニナルノデアルカラ、是等ヲ上ゲテ見タナラバ實ニ物質的ノ損害、竝ニ風敎ニ害ヲ及ボストコロノ其少額ノ害ト云フモノハ、實ニ言語ヲ以テ盡スベカラザル所ノモノデアル、ソコデ本員ハ更ニ數字ヲ擧ゲテ唯今述來ッタトコロノモノヲ事實ニ依ッテ證據立テマスト、納税者ノ犯則處分ヲ受ケタル者ヲ他ノ納税者ニ較ベテ見レバ非常ニ多イノト、年ノ加フルニ從ッテ非常ニ增加スルノト、罰金ニ處セラレタル其金額ノ非常ニ增加スルト云フコトハ、何ト國民ノ代表會ガ大ニ耳ヲ傾ケテ此數字ヲ記憶シナケレバナラヌトコロノ普通ノ出來事デハナイト本員ハ思ヒマス、納税者ノ犯則處分ヲ受ケタル者ガ明治二十八年ニ五百九十七人デアリマス、是ハ初メテ此税ノ起ッテ此税ヲ始メテ通用シタ場合デアリマスガ、段々ト苛酷ニナッテ段々ト組織的ニ、段々ト年數ヲ增シ、收税費用ヲ增シテ脱税ヲ防ガントスル善良ノ意思ガ一變シテ苛酷苛察ノ收納トナッタトキノ三十九年ニ至ッテハ、犯則處分ヲ受ケタル者ガ二千三百七人、四十年ニ至ッテハ二千七百七十八人、丁度二年ノ間ニ罰金ニ處セラレタルトコロノ者ガ數ニ於テ五倍增シテ居ル、罰金ノ金額ガ更ニ大ニ增シテ居リマスノハ、三十八年ニハ三千百八十二圓、三十九年ニハ八十二万六千七百九十四圓、四十年ニ至ッテハ十七万九千七百九十七圓、三年ニシテ罰金ニ處セラレタル人ガ五倍ニナル、罰金ノ高ノ增シタルモノガ六十倍ニナッタト云フノハ、卽チ我國ノ租税ノ歷史アリテ以來、斯ノ如ク三年ニシテ大變化ヲ與ヘテ、其下ノ國民ガ呻吟ヲ免レント云フヤウナ事實ハドノ租税ノ種類ニアリマスルカ、本員ハ不幸ニシテ斯樣ナル例ハ見ルコトハ出來ナイ(拍手起ル)併ナガラ是ハ營業者ノ憂デ本員ハマダ大ニ告ゲナケレバナラヌトコロノモノガ澤山アリマスガ、是ハ營業者ノ憂デ、國家トシテ憂フベキ所ノモノガ二ツアル、是ハ更ニ疾聲大呼シテ本員ガ述ベナケレバナラヌトコロノモノデアル、ソレハ何デアルカ、日本固有ノ經濟的社會組織ヲ根本ヨリ破壞スルコト、一ハ輸出ヲ減退セシメ、輸入ヲ增進セシムルコト、是ハ内外ノ政策ニ於テ大藏省モ、外務省モ、内務省モ、竝ニ農商務省モ、總テ之ニ向ッテハ國家ノ一大問題トシテ大ニ考慮ヲ煩ハスベキトコロノ重大ノ事件デアルト本員ハ思フノデアリマス、前ニ述ベタノハ全國ニ亙ルトコロノ此織物ニ關係スル營業者ノタメニ、本員ハ其疾苦ヲ諸君ニ告ゲタノデアリマスケレドモ、唯今述ブルトコロノモノハ日本帝國ノ内外ノ政策ニ關係スルコトデアリマス、凡ソ反物ニ向ッテ税ヲ掛ケル處ハ世界廣ク國多レト雖モ曾テナイコトデ、唯僅ニ「ブラジル」ノ一國アルノミ、是モ無論製造國トシテデハナイ、大農國デアル、其文明ノ程度モ決シテ高シト云フコトハ出來ナイ、南亞米利加ノ一個ノ「ブラジル」デ反物ニ税ヲ掛ケテ居ルノミデ、其他ノ諸國ハ織物ヲ以テ名ヲ顯ハシテ居ル、木綿ニ於ケル英國、絹織物ノ佛蘭西其他ノ國ニ於テハ反物ニ税ヲ掛ケナイ、是ハ掛ケルコトノ困難ナルガタメニ掛ケナイノデアッテ、決シテ掛ケントシテ掛クルコトノ困難ヲ大ニ感ジテ居ルガタメデアル、是モ亦日本經濟的組織、竝ニ織物發達ノ歴史ヲ較ベテ見タナラバ、若シモ反物ニ税ヲ掛ケ得ラルルモノデアレバ、歐羅巴諸國ノ方ガ日本ノ方ヨリハ輙イノデアル、例ヘバ英國ニ於ケル木綿ノ製造ニ於ケル「マンチエスター」ノ如キ、佛蘭西ノ絹織物ノ里昂ニ於ケル、又ハ純然タル製造都會トシテ成立ッテ其處ハ蒸汽力ヲ以テ大ナル工業製作ノ場合ニナッテ居リマスカラ、此會社ニ向ッテ正シキトコロノ檢査官ヲ向ケテ、本當ノ評價ヲシタナラバマダ出來易イ、併ナガラソレスラモヤラナイ、佛蘭西ノ絹織物デ有名ナル製造場アリト雖モ、未ダ之ニ向ッテ一「フラン」ノ税ヲ掛ケタルコトヲ聞カズ、英吉利ハ木綿ヲ世界ニ供給スル製造所アリト雖モ、未ダ一「ペニー」ノ税ヲ掛ケタコトヲ聞カナイノデアリマスカラ、之ニ掛ケナイト云フコトハ世界ノ鑑識ニ於テ決定サレテ居ルコト、思フ、併ナガラ日本ノ組織ハ決シテ歐羅巴諸國ノ如キモノデナイ、日本ノ織物ノ組織ハ京都ノ如キ一二ノ中心點ヲ除キマシテハ、皆農家ノ副産物トシテ發達シタモノデアッテ、山村僻邑ニ散在シテ居ルトコロノ農家デアッテ、關東地方ニ有名ナル足利、桐生、或ハ八王子ノ如キ町ニ往テ見マスレバ、其町ニ在ル所ノ織物處ト云フモノハ極メテ少クシテ、皆近郷近在カラ此處ニ集ッテ市ノ中心トナルノデ、之ヲ製造場ノ中心タル里昂ノ如キ或ハ「マンチエスター」ノ如キモノニ比スベキモノデナイノデアリマシテ、日本ノ製造場ハ全ク農家ノ副産物トシテ發達シテ居ルノデアル、彼ノ秩父絹ノ如キハ其産地ニ至ッテハ實ニ山ノ狹地、谷ノ深キ處、誠ニ偏鄙ナル處ニ起ルノデアリマス、甲斐絹ノ如キモノハ郡内ノ谷間ニ出來ルモノデ物産ハ立派デアルガ、其製造場ハ茅屋デアル、男子ハ耕シ婦人ハ機ヲ織ルノデアリマスカラ、之ヲ以テ歐羅巴諸國ノ製造工業ノ中心都會ト同一視スルコトハ斷ジテ出來ナイ、何故ニ左樣デアルカ、三千年ノ發達ガ然ラシムルモノデアッテ、未ダ國ニ文字有ラズ歴史有ラザル以前ヨリ男ハ耕シ女ハ織ル、男ハ耕シテ職ヲ得、女ハ織ッテ小遣ヲ得ルト云フノガ日本ノ組織デアル、故ニ農家ノ事業トシテ機ヲ織ル事業ハ別々ニスルコトノ出來ナイト云フノハ日本ノ社會ノ發達デアル、又今日ニ於テハ日本ニ特殊ノ必要デアル、亞米利加ヘ持ッテ往ッテ日本ノ絹織物ガ如何ニ關税ヲ高クサレマシテモ爭フコトノ出來ルノハ、日本ハ食料ヲ自分ガ取ッテ製造スルカラデアル、彼ノ如ク人ヲ仕ウテ拵ヘルモノト、自ラ取ッテヤルモノトハ、大變ニ違フノデアル、其廉ク出來ルト云フノハ即チ食料ガ廉イカラデアル、是等ハ農家ノ副産物トシテ大ニ尊重シナケレバナラヌ、若シ之ニ向ッテ取扱ノ制度ヲ立テ、之ヲ整理致シマシタナラバ、唯今日本ノ資本少ク利子ノ高キ國ニ於テ大ナル工場ニ資本ヲ投ゼンヨリハ、半ハ農家ニ歸シテ居ル、斯ウ云フ織物ヲ奬勵シテサウシテ外國ト成敗ヲ爭フト云フコトハ、是程日本ノ社會組織ニ於テ健全ニシテ、且基礎ノ固イモノハナイト思フノデアリマス、併ナガラ日本ニ於ケル困難ハ此處ニアル、方々ニ散在シテ居リマスカラ、農家ヲ一々訪問シナケレバ脱税ナカラシムルコトハ出來ナイ、又人民ノ苦情モ此處ニアル、一々民間ノ農家ニ這入ッテ其副産物タル反物ノ檢査ヲスルコトニ致シマスレバ、到底其檢査ノタメニ堪ヘルコトガ出來ナイ、又人民ノ苦情モ此處ニアル、又今日ノ如ク苛酷峻烈ナルコトモ此處ニアル、ソレ故ニ過渡ノ時代ニ於テ、若モ漫リニ歐羅巴諸國ノ眞ニ倣フノ政策ヲ廢メテ、固有ノ此健全ナル營業ニ自由ヲ與ヘ、保險ヲ與ヘテ、之ヲ快ク營マシムルコトニ致シマスレバ、日本ノ反物ノ總體ノ出來高ト云フモノハ非常ニ增加スルニ違ヒナイノデ、試ミニ今日海外ニ博覽會ガアル内地ニ共進會ガアルト云ヒマシテモ、日本ノ内デ一番直打ノアル一番實用ト相待ッテ大ナル金嵩ヲ出スモノハ何デアルカト云ヘバ、本員ハ忌憚ラズシテ織物即チ是レナリト答ヘヤウト思フ、而シテ前ニ申

シマシタ通リ、煉瓦造リノ大ナル製造所ガナイカラ、三千年ノ歴史ヲ持ッテ文字アラズ歴史アラザル時代ヨリ發達シ來ッテ、民政ト共ニ民間ニ普ク散ッテ居リマスル此營業ヲ無邪氣ナル民、淳朴ナル民ガ營ミツヽアルノヲ机ノ上デ作ッタル税則ヲ以テ、之ヲ拘束シ之ヲ束縛シテ其營業ヲ妨ゲ、之ヲ以テ其營業ノ困苦ニ堪ヘヌト叫バシムルニ至ッテハ、之ヲ悲痛慘憺タルコト、本員ハ思ハナケレバナラヌ、之ハ理論デアリマスガ、更ニ本員ハ其事實ニ付テ之ヲ證據立テマスルト、過日ノ委員會ニ於テ櫻井局長ニ斯樣ニ問ウタ、脱税ガアルト云フコトハ正業者ノ常ニ訴ヘテ居ル處デアルガ、脱税ナカラシムルコトニ付テハ大ニ政府ハ考ヘナケレバナラヌ、之ト共ニ苛酷ヲ避ケナケレバナラヌト云フ板狹ミノ此問ガ出タノデアリマスガ、自家用デ一年ニ十反ノ反物ヲ織ル家ガアッテ、五反自家用ニシテ後ノ五反ノ反物ヲ賣拂フトキニハ政府ハ之ニ税ヲ掛ケルカ掛ケナイカト問ウタラバ、櫻井局長ハ此區別如何ニモ答ヘルコトガ出來ナイデ、無言ニ終ッタコトハ速記録ニモ明白ナ答ガ載ッテ居スノデ明カデアル、之ハ櫻井局長ガ鈍イタメニ困ッタノデハナクテ、此法律ノ組立ガ吾々シテ斯ノ如キ問ヲ發シタトキニ、老練ナル櫻井局長モ如何トモスル能ハザル窮境ニ陷ッタト思フノデ、本員ハ其法ヲ憎ンデ櫻井局長ノ窮境ニハ同情ヲ表サナケレバナラス(拍手起ル)之ガ日本ノ工業ノ淳朴ナル風ヲ存シテ日本ノ國民ノ誠ニ健全ナル發達ヲ望ム内務省、健全ナル營業ノ發達ヲ望ムトコロノ農商務省ガ、只税吏ノ意ニ之ヲ任セテ安全ト見テ居ルコトハ抑々如何ナル考デアルカ、本員ガ税制ノ統一ナシト叫ブハ此爲メデアリマス、是ヨリ輸出ノ現在ニ付テ述ベナケレバナラヌノデアリマスガ、之ハ言葉ヲ費スヨリハ計數ヲ讀上ゲタ方ガ宜シカラウト思ヒマス「輸出ノ減退三十七年ニ於ケル織物ノ輸出高」之ハ三十七年始メテ此税ガ起リマシタカラ、此處ニ擧ゲテ居ルノハ税ノ掛ラヌトキノ計數ト本員ハ見テ宜シイト思フ、ソレハ絹織物ニ付ノ外國ニ出マシタノガ四千三百万、アトノ端ハ除キマス、綿布ニ付キマシテハ四千七百万、其他種々ノ織物ガ百万、合セテ九千二百万圓ガ三十七年ニ外國へ出タ織物ノ價デアリマスガ、之ガ數年間織物税ヲ掛ケマレタ結果、如何ナル變化ヲ現ハシタカト云ヘバ四十年ニ至ッテ絹布類ノ外國へ出タモノガ三千百万、綿布類ガ一千九百万、其他ノ織物ガ一千四百万、合セテ六千五百万、年ヲ經ルニ從ッテ輸出額ノ減ジタノハ他ノ品物ニ付テ其例ヲ見ザル經濟上ノ一大變化ト言ハナケレバナラヌ、現ニ二千七百万、是ダケ減ジテ居リマス、併ナガラ更ニ正確ニ之ヲ論ジテ見マスレバ三十七年ニハマダアノ寢床ヤ、其他ニ敷ク「シーチング」ト名ケル物ハ僅カ二百九十万圓ヨリ外國へ出ナカッタノガ、是ダケハ初メカラ外國用トシテ税吏ノ手ニ掛ラヌノデ、之ハ四十年ニ至ッテ殖ヘテ居リマス、五百八十五万圓、サウスルト外國ニモ用ヰズシテ税吏ノ檢査ヲ受ケナケレバナラヌ方ガ減ッテ居ッテ、初メヨリ外國用ト確定シタモノハ殖ヘテ居リマス、之ヲ引イテ見ルト即チ減ッタルモノハドレダケデアルカト云フト、四分ノ一輸出ガ減ジテ居リマス織物ニ付テ、之ハ何デアルカ、此出所ヲ本員ハ責任ヲ明カニスルタメニ申シテ置キマスガ、大阪織物同業組合長谷口房藏氏ガ敎育アリ經驗アル筆ヲ揮ッテ「工業ノ大日本」ノ第十二號ニ此統計表ヲ擧ゲテアリマスカラ、本員ハ此計數ノ責任アル出所ト云フコトヲ玆ニ申シテ置キマス、ソレナラバ輸入ハドウナッテ居ルカト申シマスルニ、輸入ハ増シテ居ル、三十七年即チ税ノ起ッタトキニハ綿布ガ九百万、絹布ガ百万圓、毛織物ガ千九百万、麻織物ガ二百万、皆端數ハ除キマス、其他ノ織物ガ八十五万七千圓、之デ總計ガ三千二百万圓ニナッテ居リマスガ、四十年度ニ至リマスルト之ガ殖ヘテ居リマス、ソレハ木綿ガ一千七百万、絹布ガ四十八万圓、毛織物ガ千二百万、麻織物ガ百万其他ノ織物ガ六百万圓、總計ガ三千七百万ニナッテ居リマスカラ、前ニ税ノ掛カラナイ時ニ外國カラ織物ノ這入ッタ計數ガ三千二百万デ、税ノ

掛カッタ四十年ニハ三千七百万ニナッテ居リマスカラ、輸入ガ増シテ居リマス、サウスルト此怪シムベキ輸出入ノ差ハ何カ之ヲ説明カスモノガナケレバナラヌ、日本ノ經濟上ノ變化ニアラズシテ織物其業ノ變化ニ依ッテ之ヲ説明カスコトノ出來ルノハ、外國ノ品物ハ廉ク入ル、送狀ノ直段ヲ税關デ檢メテ之ヲ元トシテ關税ヲ掛ケルカラ、送ル者ト引取ル者ト、相談上、廉ク積ッテ送狀ヲ書イテアリマスカラ、ソレ以上立入ッテ總テノ直段ヲ許クコトモ出來ズ、誠ニ餘儀ナイコトデ、然ルニ之ハ皆見逃シテ内ニ入レルカラ、廉イ直段デ賣ル者モ買フ者モ危險ガナイカラ、外國ノ取引ハ易クシテ安全デアル、之ニ反シテ日本ノ内地ニモ用井ラレ外國ニモ用井ラレルモノヲ免税ヲシテ出サウトスルト收税署ノ管轄違ヒノ間ヲ總テ送狀ヲ付ケテ幾箱ヲ何處ヘ送ッタ、幾箱ハ何處ヘ送ッタト云フコトヲ幾多ノ手ヲ經テ書イテ出ス、又何處ノ港デ扱ッタト云フコトカラ價モ極メテ外國ヘ出スカラ、勢ヒ其煩ニ堪ヘザルガタメニ免税ヲ求メンヨリ寧ロ税ノアル儘ニシテヤル、然ラザレバ斯ノ如キ業ハ税ノアル間ハ止メルヨリ外ニ仕方ガナイト云フモノガ、斯ノ如ク輸入ヲ増シテサウシテ輸出ヲ減ズル原因デアルト見タラバ、之ハ大藏省ハ豫テイロ／＼ナ保護税ヲ以テ——奬勵金ヲ以テ此内國ノ物産ヲ外國ヘ出サウトシテ居ル農商務省モ、亦是ニ力ヲ添ヘテヤッテ居ル議會モ、亦イロ／＼ナ例ヘバ燐寸ヲ輸出シテ、若シソレカ五百万圓一手賣リニハ幾ラ奬勵金ヲヤルト云フヤウナ案モ、此議會ニ出テ居ッテ本員ハ一種味ヒアル、一種キタナゲナ案ト見テ居リマスガ、兎ニ角左樣ナ案ガ此議會ニ表白シテ居ルコトハ事實デアリマス、斯ノ如キ思想ガ成立ッテドチラモ何故ニ日本固有ノ望ミアルモノニ奬勵ヲ加ヘズシテ、自然ニ全國ニ彌漫シテ居ル物産ニ打撃ヲ加ヘテ輸入ヲ多カラシメ、輸出ヲ少カラシメル惡政策ヲ執ルノデアルカ、本員ハ實ニ疑ハネバナラヌ、今其政策ヲ大別シテ雜貨ノ如キ、或ハ鐵器類ノ如キ、化學製造類ノ如キ——雜貨ハ日本ニ特有ノモノモアリマスケレドモ、之ハ比較的少額デアリマシテ、鐵器、機械、化學製造ト古來文明ノ進歩ニ伴ッテ起ルモノハ尚歐羅巴諸國ノ弟分タルヲ免レヌ、唯併シ此類ノ物産タル織物ニ至ッテハ一種社會ノ組織カラ、日本ガ價ヲ以テ外國ニ競爭スルコトガ出來ルノニ、之ヲ顧ズシテ此頼ムベキ物産ニ僅カノ租税ヲ得ンガタメニ、目前國庫ノ唯便利ヲ得ンガタメニ民力ヲ打壞シ、國民ノ社會組織ノ根柢ヲ破壞シテ、サウシテ輸入ヲ多カラシム、輸出ヲ減ゼシムルト云フコトガ此計表ニ現ハレタルガ如クニナルト云フニ至ッタナラバ、本員ハ政府ニ統一ナク政治ニ方針ナキコトヲ茲ニ論及セザルヲ得ヌノデアリマス、例ヘバ文部省ニ於テ工業教育ヲヤッテサウシテイロ／＼製造工業ヲ起サウトスル、農商務省ガ、保護奬勵ヲヤル、尚共進會ヲヤル、博覽會ヲヤル、此等ハ本員ノ目カラ見レバ是レ僞善ノミ、是レ虛僞ノミ、元ヲ養ハズシテ唯世ノ中ニ衒フタケノ仕事ヲヤッテ決シテ國利ガ發達スルモノデハナイ、外國ノ博覽會ニ出品スルニ付テ運送賃ヲ拂ッテヤルトカ、或ハ其他ノ保護金ヲ與ヘルト云ウテ外國ニ日本ノ産物ヲ示サウト云フナラバ、何故ニ産物ニ力ヲ盡ストコロノ良民ヲシテ快ク其營業ニ從事セシメナイノデアルカ、卑近ナ例ヲ以テ之ヲ説明シテ見マスレバ、丁度繼母ガ繼子ニ綺麗ナル衣服ヲ飾リ立テ、客ニ誇ルトシテモ、其内ヲ顧ミレバ眞ノ親愛ガナクシテ叱咤鞭撻シテサウシテ衞生其他生活ヲ顧ミナイト云フ、卽チ餘所ニ示スニ虛飾ハアルガ、内ニ親愛ト云フモノ營養ト云フモノ教育ト云フモノヲ缺イデ居ルト少シモ違ヒナイ、ソレ故ニ此事實ニ依ッテ本員ハ無替ノ政府ト斯ウ云フ人ニ向ッテ批評ヲ加ヘルコトハ言論ノ範圍ニ於テ愼ムベキコトデアルガ、無替ノ政府ハ大責任ガアルカラ今日ノ政府ガ我織物製造業ニ對スルコトハ、恰モ僞リ多ク繼母ガ繼子ヲ飾ッテ、サウシテ食料其他衞生ヲ顧ミナイト同ジコトデアルト斯ヤウニ本員ハ云フノダ(拍手起ル)斯ウ考ヘテ見タナラバ本員ハ積極的ノ方針カラ論ジテ織物税ハ決シテ見遁スコトハ出來ナイノデアル、日本ハ蓋シ斯ノ如キ素養アルトコロノ此機ノ業ニ依ッテ、必ズ東洋ニ生産國ノ覇ヲ爭フコトガ出來ル、進ンデハ或ル特種ノ品物ニ於テ歐羅巴諸國ニ勢ヲ爭フコトガ出來ルト思ウテ居ルノデアリマス、殊ニ濠太利ハ羊毛ノ産地デアッテ、此原料ハ遠ク獨逸、佛蘭西、英吉利杯ヘ持ッテ往ッテ織立テ再ヒ東洋ニ來ルノデアル、幸ニ日本ハ航路ノ最モ便利ナルモノヲ持ッテ居ッテ、更ニ定期航海ガアッテ濠太利ノ羊毛ハ自由ニ日本ニ費少ナク入ルノデアルカラ、後來滿韓若クハ支那方面ニ於テ、毛織物ノ産地ヲ日本ニ求メルト云フコトハ自然ノ形勢然ラシムルモノデアルト本員ハ思ウテ居リマスルガ、不幸ニシテ何ノ遠慮モナク、何ノ識見モナク、何ノ方針モナク、何ノ統一モナキトコロノ政府ノ課税法ハ、唯課税法ニ於テ批難スベキノミナラズ、併セテ政略ノ方針ニ於テ殖産ノ方針ニ於テ經濟ノ方針ニ於テ本員ハ大聲疾呼シテ此無方針ナルヲ咎メナケレバナラヌト思ウテ居リマス(拍手起ル)更ニ通行税ニ付テ本員ハ簡略ニ述ベマス(「急行デヤッテ戴キタイ」ト呼フ者アリ)簡略ニ述ベント欲スルモ、言フコトガアレバ本員ハ何時マデモ長ク言ヒマス(「ヤリ給ヘ」「謹聽々々」ト呼フ者アリ)凡ソ人ノ活動ニ妨ヲ與ヘルトコロノ税ハ、税トシテ惡税デアリマスガ、特ニ政府ガ鐵道ヲ國有トシテ後ニ若シ欲シイナラバ鐵道ノ賃銀ヲ上ゲタラ如何デゴザルト私ハ相談シタコトガアル、自分ノ所デ賣ッテ居ル品物ニ自分デ税ヲ掛ケテ居ッテ、依然此不體裁ニ甘ンジテ居ルトハ何事デアル、大藏省ハ一ノ店デアッテ遞信省モ亦別ノ店デアル、遞信省デ賣ッテ居ル品物ニ大藏省ガ税ヲ掛ケテ、是レ良税ナリトハ實ニ笑フベキコトデアルト本員ハ思フノデアリマス(拍手起ル)後藤遞相ハ斯ヤウニ云フタコトガアル、今ニ政府ハ國有鐵道ノ事務ヲ整理シテ成ルタケ賃銀ヲ下ゲル積リデアル、此言ハ幾何モ信ヲ置クニ足ラヌト本員ハ思フノデアルガ、若シソレダケノコトガアルナラバ、之ヲ取調ベテ賃銀ヲ下ゲルヨリモ明カニ分ッテ居ルトコロノ通行税ヲ除クト云フコトニ何故ニ誠意ヲ致サヌノデアルカ、誠ニ遞相ノ論ズルトコロハ小兒ヲ欺クベキ鬼面ト云ハナケレバナラヌト本員ハ思フ、更ニ市内ノ税ニ付テ云ウテ見マスルト、是程驚クベキ苛税ハナイ、東京ノ例ヲ採ッテ云ッテ見マスレバ四錢ノ電車賃ニ一錢ノ通行税ハ二割五分ノ税デアル、是ガ一番百回券五十回券ヲ買フコトガ出來ナイ、三十回券ヲ買フコトガ出來ナイト云フ職工ヤ女工ヤ、朝晩遠イ處ノ郊外カラ中央ノ製造場カ、例ヘバ印刷局等ヘ通フトコロノモノガ、皆店賃ノ廉イ地代ノ廉イノヲ欲スルガ故ニ、或ハ好キ空氣ヲ吸フ衞生ノ目的ノタメニ、電車ノ開カレタルト共ニ郊外ニ家ヲ有ツニ至ッタモノガ多ク、内部ハ市區改正ノタメニ段々市場ハ大ナル商店ト變ズル時代ニ於テ、此等ノモノニ二割五分ノ税ヲ掛ケルト云フノハ實ニ驚クベキ苛税ト云ハナケレバナラヌ、總體ガ小サイカラ人ガ目ヲ掛ケナイケレドモ、税トシテハ大ニ批難シナケレバナラヌ、一錢ノ値上ゲニ付テ東京市民ハ騷擾シテ會社ノ不法ヲ憤ッタトコロノ市民ハ、政府ガ一錢ヲ四錢ノ賃銀ニ掛ケルモノニ向ッテハ如何ニ憤リヲ含ムベキコトデアルカト云フコトハ推察スルニ餘リアルコト、思フノデアル、一錢蒸汽ノ如キモノニ若シ五厘ヲ掛ケタナラバ其掛ケ方ト云フモノハ或ハ倍トナリ、或ハ倍近キトコロノ税ヲ課スルノデアルガ、此等ノ人ハ廟堂肉食ノ有司ハ一錢ヤ五厘何カアラント云ハウガ、本員ノ考ヘルコトニ依レバ十万圓ノ人ニ千圓ノ税ヲ掛ケタヨリモ、百圓ノ收入ノ人ニ五圓掛ケタ方ガ生活費ニ切込ムノデアルカラ本員ハ深ク氣ノ毒デアルト斯ヤウニ思フノデアル、社會政策トシテモ政府ノ忌ムトコロノ社會黨ノ起ラザランコトヲ望ユシテモ、警察官ノ生活ヲ安全ナラシメントスルニシテモ、小學教員ノ生活ノ安全ナラシメントスルニモ、政府ハ此等ノ苛察ノ税ヲ取續ケルニ及バヌト思フノデアル、況ヤ人口ガ増シテ市街ガ整頓スルト云フコトニナッタナラバ愈々斯ノ如キ不當ナル税ヲ廢スルノハ當然デアッテ、其得ル處幾何ゾ、僅ニ二百三四十万圓ノミ之ヲ概括シテ論ズレバ總テ三税ノヤリ方ト云フモノハ政府ハ、多クノ税ヲ民間カラ取ッテ政府ノ手ヲ經テ賢明ナル政府ノ計畫ニ依ッテ或ハ滿洲方面ニ業ヲ起ストカ、或ハ韓半島ニ拓殖會社ヲ起ストカ、或ハ阿里山ノ經營ヲヤルトカ、總テ手品師ノヤル如ク政府ノ手ヲ經レバ元ノ力ヨリ倍ノ力ガ出ルト思ッテ居ルノハ桃源ノ遺習デアル、野蠻ノ遺習デアル國民何若ダト云フコトデアル、此自由活動ノ國家ノ原動力ナルコトヲ理解セザルトコロノ誤ッタ思想ニ依ッテ税ヲ取ッタラバ、返シテ再ビ取ルノハ面倒デアルカラ成ルタケ剩餘金ノ名ヲ以テ取ッテ置クガ宜イト云フノデアル、之ニ過ギナイ、本員ノ考ハ四海ヲ一家トスルハ王者ノ道デアル、況ヤ人民ノ總代トシテ憲法ノ下ニ國會ヲ開イタルトコロノ此時代ニ於テハ、國民ノ資力ニ餘地ヲ與ヘ國家ニ急ガアッタナラバ、其得タルトコロノ餘裕ヲ求メルト云フ四海ヲ家トスルトコロノ大規模ガナケレバナラヌト思フテ居リマスガ、政府ハ斯クセズシテ唯取レルモノガ一番安全デアッテ、ソレガタメニドレダケ害ガ起ッテモドレ程ノ費用ガ掛ッテモ、ソレハ國庫ノ害ニアラズシテ國民ノ害ナレバ我慢シヤウトスルノデアル、試ミニ問ハン如何ナル國家モ國民ヲ度外視シテ國家ノ基礎ヲ立ツルコトヲ得ルカ、根柢ノ誤ハ玆ニアルト思フ、ソレ故ニ戰爭ガ止ンデ後非常特別税ヲ無期限ニ延バシテサウシテ税制改良ト云フヤウナ美名ヲ藉リテ一日ヲ遷延スルノミデアッテ、此間ニ一點ノ誠意ヲ認メルコトガ出來ナイノデアルカラ、一々擧ゲテ來マスレバ何レモ明白ナルコトハ火ヲ睹ル如クニシテ、此間ニ反對論者ノ唯一ノ口實トシテ容ヘルノハ委員長ガ綿密ニ反對者ヲ代表セラレタルガ如ク、税源如何ト云フ問題ニ歸著スルカラ、是ヨリ其本據ヲ突イテ本員ハ結論ニ這入ラナケレバナラヌ（拍手起ル）本員ノ信條ハ斯ヤウナルモノデル、政務ヲ簡易ニシテ冗費ヲ省約シ、サウシテ之ニ依ッテ幾ラデモ得ルダケノ金ヲ得タイ、繼續費ヲ繰換ヘテサウシテ十一年ニ渉ルヤウナ永ダ手ヲ著ケテ居ラナイモノハ打切ッテシマロイダイト本員ハ思フ、公債償還額ノ變更ヲヤッテ、サウシテ其外自然増收ノ見込ミト云フモノヲ併セル、ソレカラ關税改正ノ期ニ於テ反對論者モ亦之ニ幾何ノ收入ガアルト云フコトヲ云ッテ見マシタナラバ、是ニ於テソレダケノ目ヲ擧ゲテ更ニ其細條ニ立ッテ理由ヲ說明シタナラバ頑迷ナル反對論者ト雖モ尙其足ヲ立テルコトハ出來ナイデアラウ、本員ハ是ヨリ數字ヲ擧ゲテ鬪ハナケレバナラヌ、先以テ議會ニ立ツ人ガ重キヲ政府ノ當局ノ說明ニ置イテ之ヲ金城鐵壁ト考ヘルノガ本員カラ見レバ誠ニ怪シイコトデアル、藏相ハ三千五百万圓ノ不足ガ出ルト云ハレタガ、本員斷言スル、是ハ惡値デアッテ純益ハ三千五百万ノ收入ハ確カニ政府ニナイト云フコトハ第一戰ヲ挑マナケレバナラヌ、鹽ガ二千二百万圓ト思ヒマスガ、是ハ無論世ノ中ニ知レテ居ルコトデ賠償金デ半分ノ餘滅ジテシマッテ賠償金デ民間ノ鹽屋營業ヲスレバ金利ヲ見積ラナケレバナラヌ、ソレカラ運送ト官吏ノ俸給ト雜費ヲ引去ッテシマウ鹽ノ純收入ハ鈔ナイ、見積リニ於テ六百五十万圓、多ク見積ッテ七百万圓ハ本員ハ算定シテ誤ラヌト思フ、政府ノ總テノ事業ニハ金利ヲ見積ッテナイ、其癖公債ヲ借リルトキニハ金利ヲ氣ニスルノデアル、自分ノ仕事ヲヤル時ニハ金利ヲ勘定シナイ、ソコデ本員ハ千二百万圓バカリノ賠償額ノ此金ハ無利息デアルト明言スル、ソレカラ局長ガ三百万圓ノ金ハ土地トカ建物トカイロ〱ノモノガアルト云ッタガ、是等モ金利ヲ見積ラナイノデアル、之ヲ金利ヲ見積ッタナラバ確カニ民間ノ事業ニシタラ七百万圓ニ成ラウト思フ、織物税ガ表ニシテ減ッテ居ルトコロハ千九百五十万圓バカリデアルガ、一番徵税費ノ多イノハ前ニ述ベタトコロノ手續ヲ御考ヘニナッテモ分リマスガ、徵税費ガ多分百五十万圓ト思フ、之ヲ引ケバ純收入千八百万圓トナル、ソレカラ通行税全部ヲ加ヘマシテ正直ニ云フト一二百四十万圓バカリアル、是ダケヲ併セルト二千七百四十万圓バカリニナル、サウスルト多ク見積ッテ三千万圓、少ク見積ッテ二千七百四十万圓ト云フコトデアリマス、是ダケガドウシテヤリクリガ付カヌカ、是ハ程度問題デ本員ガ冒頭ニ唯三税廢止ヲ以テ滿足スルコトガ出來ズ財政論租税經濟論竝ニ政治ノ方針ト云ッタノハ此譯デアル、第一陸海軍繼續費ノ打切ト云フコトハ本員明言シテ少シモ差支ナイノデアル、ソレハドウデアル試ミニ繼續費ハ二ノ理由ニ依ッテ本員ガ云フノ權利ガアルト思フ、昨年ハ有力ナルトコロノ松田正久君ガ大多數ヲ提ゲテ内閣ニ立ッテ大藏大臣トシテ汗ヲ流シテ計畫セラレタ六年計畫ト云フモノハ、是ヨリ外ニハ陸海ノ兩相ハ同意ヲシナイモノデアル、其陸海兩相ハ今日モ在職シテ陸海ノ責ヲ盡シテ少シモ忌マナイデ、之ヲ今日十一年計畫ニシタノハ何デアル、是ニ於テ孰レニ責任ガアルカ、若シ昨年ノ事實ナラバ、陸海ノ兩相ハ冠ヲ掛ケテ――大藏省竝ニ總理大臣、大藏大臣ガ左様ニ云フナラバ、大藏省ノ帳面ガ合ッタカモ知レヌガ、陸海軍兩大臣トシテハ國防ノ責ヲ盡スコトガ出來ナイ、昨年一錢一厘減ズル能ハズトシテ六年ノ計畫ヲ立テタ者ガ、故ナク十一年計畫ニサレテドウシテモ責ヲ盡スコトガ出來ナイト云フ、之ヲ以テ陸海軍兩大臣ハ迭ラナケレバナラヌノデアルガ依然トシテ此人ガ椅子ヲ繼續セラレテ居ルノハ六年デモ出來レバ十一年デモ出來ルノデアル、前ノ總理大臣ガ大藏大臣ヲ兼ネテ居ラナカッタノハ不幸ニシテ政友會出身ノ大臣ハ陸海軍ヲ抑ヘル力ガナカッタト云フコトヲ說明シテ居ル、更ニ新任ノ桂總理大臣兼大藏大臣本員ハ併セテ此十一年計畫ヲ或ル年度ニ打切ルダケノ奮發シナカッタカト云フコトヲ照會シナケレバナラヌ、本員ハ打切ルダケノ事實ヲ擧ゲル、四十五年度ニ海軍ノ繼續費ハ幾ラアルカ、十五万六千三百九十八圓、四十六年度ハ十二万千六百九十一圓、凡ソ繼續費ハ外國ヘ艦ヲ註ヘルトカ、内國デ何カ仕事ヲヤルトキニ一年ニ是ダケノモノヲヤッテ一部ヲ爲シ、二年ニ是ダケノモノヲヤッテ一部ヲ爲シ、段々ヤッテ行ッテ一年出來上ラナイモノヲ數年ニ割付ケル、是ガ出來テシマッテ新タニ別ニ立テルノハ繼續費デナイ、其年度々々ニ割當テ、ヤルト云フコトハ既ニ會計法ノ精神デアル、一年ノ計算ヲ立テルト云フノガ憲法竝ニ會計法ノ骨子デアリマス、繼續費ト云フモノハ一年デヤリ切レナイコトヲヤルノデアリマスガ是ハサウデナイ、若シ軍艦ヲ拵ヘルト云フコトデアレバ一年ニ十五万六千三百九十八圓ノ金ハ軍艦ヲドコデ拵ヘルノデアルカ、軍艦ノドコヲ拵ヘルノデアルカ、是ハ外ノコトデハナイ出來テシマッタ軍艦ヘ大砲ヲ据付ケル、彈藥ヲ仕込ムト云フノデ、其年度ダケデ極ッテシマフ金デアル、然ルニ此年度ハ十五万、其次ハ十六万、サウスルト四十七年度ニ於テ忽チ巨額ノ金ニナッテ千九百十二万十六圓ニナル、新タニ軍艦ヲ拵ヘルノデアルナラバ新規ニヤラナケレバナラヌガ是ハ戰ヲ開始セラレテ餘ッタ一億六七千万圓カ二億万圓ノモノヲ陸海軍ニ割付ケテ帳面ニ付ケテシマッタカラ繼續費ノ形ニ依ッテ現ハレテ居ルノデアル、若シ國民ノ如何ヲ思ヒ國家ノ時勢ヲ考ヘ、内外ノ形勢ヲ察シテ先ヅ國民ノ休息ヲ求メ國家ノ勢力ヲ養フト云フ戊申ノ聖勅ヲ謹ミテ御讀ミ奉リタルナラバ、斯ノ如キ破綻アル計算ハ直チニ打切ラレルデハナイカ、本員ハ斯ノ如キ事ヲ戰時ノ間若クハ他國ヨリ我邦ヲ脅ス間ニ於テ唱ヘタナラバ、反對論者ハ攻撃セラル、ノデアルガ、外務大臣モ其他ノ大臣モ今日ハ日英同盟、日露協商、日佛協約更ニ海外ニ於テハ如何デアル、英露協商ニ依ッテ日本ノ位地ガ幾ド幾年ニモナキ安全ヲ得タト云ハヌバカリノ口氣ヲ洩レテ更ニ支那保全ニ付テハ亞米利加ニ文書ヲ入レテ是等平和ノ確證ヲ與ヘ、一方ニ誇リツ、一方ニ繼續ナサル、此經續費ナリトシテ斯ノ如ク一見シテ其破綻ヲ見ル豫算ヲ政府ガ是ヲ見遁サレテ居ルノハ、自カラ爲ス所ノモノデアルガ、監督機關タル所ノ議會ガ之ヲ見遁シテ居ルニ至テハ其職ヲ空シクスルモノト謂ハナケレバナラヌ、是デモ財源ハナイト云フ、本員ハ更メテ論ズルノデナイ、豫算ノ議事ニ於テモ此意ヲ洩シタ、速記錄ニ依ッテ證明セラレテアルカラ、健忘症ニ罹ラザル以上ハ反對ノ諸君モ亦記憶セラル、デアラウ、陸軍ノ臨辨費モ斯ノ如キモノデアッテ六年ノ經續費ガ十一年ニ劣々ト延バサレルノハ、中ニ含マレタノハ是ノ一局部ヲヤリツヽ、段々ヤルノデアリマセヌ、此事ヲ終ッタナラバ此事ヲ再ビ其年度ノ後デアルト云フノデアルカラ、是ノ繼續費ニアズシテ必要アラバ其年度ニ於テ要求シテ可ナリ然ラザルモノハ之ヲ以テ國力ノ涵養ニ使用シテ何ノ差支アランヤ、其故ニ本員ハ税ガ減ゼザラントスルノハ減ズル能ハザルニアラズ、爲サヾルナリ、爲スノ誠意誠心ナキナリト本員ハ云フノデアル(拍手起ル)尚本員ハ是ダケデモマダ金ガ足リナイト云フナラバ、モット金ヲ出ス公債償還ノ額ヲ改メルモ亦可ナリト考フル、元來公債ノ下ッタ原因ハ國有鐵道ヲ行ッテ公債增發ノ必要ヲ增加セシメ、未募集公債ヲ數々豫算ニ計上シテ喜テ居ラレテ、愈々公債ガ下ルマデ安然トシテ居ラレタ手際デ能ク分ッテ居ル、本員元來公債ノ下ッタ大ナル原因ハ唯今當局ノ考ヘテ居ラレル原因デナイノデアル、戰後ノ日本ガ大ニ國力ヲ涵養シ、民力ヲ休養スル政策ヲ行ッテ平和ノ面目ヲ保ツデアラウト外國人ガ思ッテ居ッタ、所ガ案外ニ一方ニ租税ヲ嚴重ニ課シツヽ、一方ニハ益々武裝ヲ嚴重ニスルガ故ニ、是ハ日本ガ計ル可カラザル所ノ禍心ヲ包藏シテハ居ラナイカト斯樣ナル神經過敏症ヲ諸外國ガ起スト云フノハ、我公債ノ不安全ノ第一ノ理由デアルト思フ、其故ニ支那保全ノコトデ亞米利加ノ人ガ彼ノカリホルニヤ近傍デ囂々タルモノハ別トシテ、其中央政治ノ樞軸ヲ握ッテ居ルルーズヴエルト君ノ如キ人ハ、如何ニモ日本ノ知己ト云ッテ宜シイ一世ノ達人デアリマスガ、此人モ亦日本ノ誠意ヲ曾テハ疑ッタ、支那保全ノコトハ唯口約束バカリデアナク、文書ニ徴スルノ必要ヲ感ジタノハ何故カ、日本ニハ國力以外ノ武力ヲ貯ヘテ立ッテ居ル、何時比律賓ニ事ガアルカ知ラヌ、布哇ノ方ヘモドウカ防禦ヲシナケレバナラヌ、支那ニ事アッタトキニ直チニ兵ヲ出スコトガ出來ルノハ日本デアルカラ、大ニ考ヘナケレバナラヌト云フヤウナ、所謂積羽船ヲ埋メテ度々種々ノ風聞ガ新聞紙ニ見ヘルノデスカラ、海ヲ隔ッテ日本ノ樣子ヲ見レバ一片ノ疑心ヲ生ゼザルヲ得ヌ是等ノコトガ集ッテ日本ノ政略如何ト云フコトヲ疑ッタノハ、政治的原因トシテ公債ノ價ヲ失ッタ最大理由ノ一デアルト本員ハ思ウテ居リマスガ、ソレカラ未募集公債ヲズン〳〵ヤッテ居ルガ、何時之ヲ止メルカ分ラヌモノヲ前ノ内閣ハヤリ續ケテ居ッタ、ソレカラ鐵道公債ヲ出サウトシテ出スコトガ出來ズシテ、出シタラ大ニ下ラウカラト云フテ頻リニ氣ヲ揉ンデ居ッタ、是等ノコトガ綜合シテ公債ガ下ッタガ、元來公債ヲ買フノハ僅カノ少數ノ人ハ是ノ賣買ニ依ッテ差益ヲ求メルト云フ人ハ是ハ相場ニ上手ナ人デアル、併ナガラ一番安全ナル財產トシテ手間ノ掛ラザル財產トシテ、尚之ヲ保證ニ入レル、一番確實ナルトコロノ證券トシテ持ッテ居ル人ハ、利息ヲキチン〳〵ト拂ッテ呉レテ、元金ガ何時デモ返スト云フコトハ必ズ前途出來ル體面デ必ズ返ル時期ガアルト思フテ居ッタラ、決シテ限リナク公債ハ下ルモノデナイ、公債ヲ得タ人ノ心ハ公債ニ依ッテ便利ヲ得タイカラデアル、買ッテ又賣ルト云フノハ僅ニ相場ヲヤルト云フ人ニ過ギナイノデアリマスカラ、此消息ヲ理解シタナラバ公債ハ必ズ返ス、必ズ今マデノ通リ償金ヲ以テ市場ノ相場デ買フノヲ止メテ銀引キニシテ返ス、額面デ利息ヲ拂フ、是ダケアッテ未募集公債ヲ止メテ、政府ガ平和政策ヲ取ルコトニナッタナラバ、是デ以テ前ニ賣レタル公債ノ直段ハ確カニ引戾シ得ベキコトヲ本員ハ信ジテ居リマスカラ、其上ニ少シデモ公債ヲ增スコトモ亦可ナラザルニアラズ、併ナガラ是ヨリ更ニ急ナル前ノ如キ國民ノ經濟組織ノ根柢ヲ破リ、其國民ヲシテ淳朴ノ風ヲ失ハシメ、竝ニ官吏ヲシテ人民一派ノ自由ヲ蹂躙セシメル如キ、彼ノ手續繁キ檢査ヲ要スル課税法ヲ成立セシメテ、サウシテ期限アレバ必ズ之ヲ止メルト云フトコロノ信約ヲ何トモ思ハズ、之ヲ破ッテソレデモ尚屈セズ、公債ノ方ニ全力ヲ傾ケナケレバ公債ノ維持ガ出來ヌト云フ如キ、現内閣ノ財政ノ信用又甚ダ寂寞タルモノデアルト本員ハ思フノデアリマス、決シテソレニハ及バヌ、其上ニ尚極度ヨリ極度ニ走ッテ前ニハ五億ノ公債ヲ發シテ國有鐵道ヲ買成シタ人ガ、今日ハ又公債ノ下落ヲ大ニ恐怖シテ神經過敏ノ結果、政府ガ公債ノ利子ヨリ得ル所得税ノ免除ヲ法律トスルト云フタナラバ翕然トシテ手ヲ携ヘテ之ニ贊成ヲセラレタト云フニ至ッテハ本員ハ前後相揃ハザルトコロノ神經ノ常ヲ得テ居ラヌト思ヒマスカラ、是等ノコトヲ皆繰延シテ是デモ金ガ出來ル、ソレカラ四十四年度ニナレバ關税改正ノ結果若干ヲ得ルト云フコトハ反對ノ人モ亦言ハルヽノデアリマスカラ、是等ハ辨ズルニ及ビマセヌ、此二ツノ中ノ一ヲ合シタラ出來マス、更ニ政友會ノ諸君ニ反省ヲ求メンガタメニ結案ヲ下スベキモノガアル、是ハ外ノコトデハナイ、昨年政友會ノ總代トシテ大藏ノ權ヲ握ッテ居ラレタ松田正久君ガ此壇上ニ立ッテ、唯今ノ大藏次官ガ是ヲ助ケテ此議會ヲ通過セシメタ酒税、石油、砂糖消費税ノ增加ヲ如何ニ考ヘラレルカ、段々增シテ來ルト云フノデ四十三年度ノ增收ハ一千百四十万圓ト云フコトヲ其時豫言セラレタ、四十六年度ニ至レバ增收ガ二千万圓ニ上ル、ソレカラ更ニ煙草ノ値ヲ上ゲタ、其結果ガ四十三年度ニ至ルト七百七十六万圓、四十六年度ニ至ルト九百八十万圓、此增收ハ確ニ政友會諸君ノ責任ノアル增收豫言デアルト本員ハ思フ、此一ヲ通シタラバ如何デアリマスカ、是デモ尚本員等ノ提案スルトコロノ是等ノモノハ財源ナキ無責任ナルトコロノ提案ナリト云フノ勇氣ガ反對ノ諸君ニアルヤ否ヤト云フコトヲ本員ハ問ハナケレバナラヌ、此計數ニ至ッタナラバ確ニ政友會諸君ノ豫言デ、松田君ガ此處ニ列席シテ居ラレナイノヲ本員ハ遺憾トスルノデ、辯解ノナカルベキ御方デアルカラ松田君ノタメニハ御便利デアッタト本員ハ同情シナケレバナラヌ(「居ナイカラ宜イノダ」ト呼フ者アリ)サウシテ桂總理大臣モ是等ノ增收ハ彼ノ計畫ノ中ニ見積ッテ居ナイト云フカラ、現内閣ノ言質ト前内閣ノ豫言ヲ合セテ本員ハ三千万圓ノ金ヲ得ルニハ綽々トシテ餘リアリト斯樣ニ申シマスガ、之ニ向ッテ次ノ壇上ニ立タルヽトコロノドナタデモ明白ヲ與ヘラレナケレバ本員ハ無責任カ、健忘カ、虛僞カ、空言カト云フ言ヲ呈スルニ忌マナイ、(拍手起ル)併ナガラ玆ニ御斷リヲシテ置キマスガ、辯解ガアルトキニハ本員ハ必ズ此言葉ヲ言フノデハナイ、辯解ガナケレバ勢ヒ此言葉ヲ呈セザルヲ得ヌノデアリマスカラ、政府竝ニ政府ノ說ニ雷同阿附スルトコロノ大同派諸君、竝ニ政友會諸君ノ明白ナル答辯ヲ得ンコトヲ本員ハ希望シテ此壇ヲ降リマス

(拍手起ル)

國民ノ經濟ヲ紊ルトコロノ害物ナリトシテ存スベカラズト思ウテ居リマスガ故ニ、之ヲ廢セント云フコトヲ望ンデ居ルノデアリマス、是ニ付テ更ニ全部ヲ論ジテ見マスルト云フト、現内閣ハ前内閣ニ次デ起リマシタ、其時ノ趣意ハ何デアルカ、其精神ハ何デアルカ、其標榜セラレタル旗幟ト云フモノハ他ノコトデハナイ、財政ノ整理ト云フコトガ目的デ立タレタ、斯ク明言セラレタト云フコトハ世ノ中ノ耳目ニアルコトデ、其當時内閣ノ更迭セシ事情竝ニ現内閣ノ起リマシタトコロノ事實、ソレニ附帶シテ蔵相ガ明言セラレルトコロ――世ノ中ニ告ゲマシタルトコロヲ參照致シテ見マシテモ、總テ財政整理ト云フコトヲ以テ始メテ此内閣ノ存立ノ意味ガ理解セラルヽノデアリマスガ、此整理ト云フコトニ付テ本員ノ理解スルトコロ、本員竝ニ同論者ノ理解スルトコロト、現内閣竝ニ現内閣ヲ謳歌セラレルトコロノ諸君ノ意見トノ岐レガ茲ニアルノデアリマス、本員等ノ財政整理ト云フコトハ單ニ國債處分ト云フ意味ニアラズシテ、行政ノ改革竝ニ是ニ伴フトコロノ税制ノ改革ト云フコトヲ併セテ財政ノ整理ト云ヒ、更ニ政府以外ノ國民ノ關係ヲ論ジマスレバ、國民ノ負擔力ヲ緩メテサウシテ國力ノ發展ヲ促ストコロノ經濟基礎ヲ安固ニシタイト云フノガ本員ノ意味スルトコロノ廣キ財政整理ト云フコトノ意味デアリマスルガ、不幸ニシテ此意味ガ現内閣ノ財政整理ト云フコトノ説明竝ニ意味ト符合致シマセヌ、現内閣ハ國債處分ト云フコトノ極ク單純ナルモノヲ以テ財政整理ト理解セラレテ居ルヤウニ考ヘマスカラ、此處ガ即チ意見ノ岐レ目デアリマシテ、三税廢止ヲ唱ヘマスルトコロノ吾ミ同論者ハ唯今述ベマシタル如ク、民力ノ休養國力ノ發展、財政ノ基礎トナルベキトコロノ國力ノ安寧、ソレヨリシテ政府部内ニ亙リマスレバ行政ノ錯雜シテ居ル、煩雜ニ亙ッテ居ルトコロノモノヲ簡易ニシマシテ、是ニ伴ウテ財政ニ餘裕ヲ生ゼシムルコトガ出來ル、其餘裕ヲ生ゼシムルトコロノ手段ガ深ク信ゼラレルガ故ニ、之ヲ以テ差向キ何レノ方面カラ見テモ其性質ニ付テ宜シクナイトコロノ此三惡税ヲ廢スルト云フコトヲ主張スルノデアッテ、此間ニ少シモ矛盾シタトコロノ議論ハナイト本員ハ確信シテ居リマス、政府ハ國力ヲ度外ニ置イテ寧ロ政府ガ孤立シテ目前ノ會計ノ都合ガ宜ケレバ之ヲ以テ財政整理ノ能事了レリト考ヘテ居ラレルヤウデアリマスガ、何ゾ料ラン税ノ裕カナルハ民業ノ振作ヲ基トシナケレバナラズ、國力ノ發揚ヲ基トシナケレバナラヌト云フノデ、是ニ於テ先ヅ會計ノ都合ヲ計ルトコロノ第一義ヲ採ッテ立ッテ居ルノガ現内閣ノ方針デアッテ、サウシテ吾ミノ考ハ國力ヲ涵養シ民力ノ發展ヲ計ッテ自然ニ國庫ノ裕カナルトキヲ期セン、斯樣ナル意味デアリマシテ、若モ此希望ガ内外多事ノ秋デアッタナラバ、吾ミノ議論ヲ用井ル餘地ナシト雖モ、幸ニシテ内外平和ノ時代デアルカラ此希望ヲ容易ニ達シ得ルト云フコトヲ本員ハ信ジテ唯此時ヲ然リト考ヘマスルガ故ニ、此案ヲ提出致シタ譯デアリマス、斯ウ云フヤウナ譯デ更ニ其間ニ矛盾モナケレバ委員長ノ報告セラレマシタ反對論者ノ説クガ如ク、此三税ヲ廢止シタラ缺陷ヲ如何ニスベキカト云フコトニ付テ考案モナイトハ本員ハ決シテ言ハヌノデアル、此結論トシテ其考案ヲ諸君ニ訴ヘヤウト思フノデアリマス(拍手起ル)元來申シマスルト政府ハ吾ミ同論者ノ説ヲ容レズシテ今日ノ窮局ニ立タレタノデアル、前内閣モ然リ、現内閣モ亦然リト本員ハ思ッテ居ル、之ハドウ云フコトカト云フト戰終ッテ後ノ處分ニ引續イテ公債ヲ募ルト云フコトノ案ヲ提ゲテ出デラレタ、戰ノ終ッタトキニ戰ニ供スベキトコロノ金ノ凡ソ一億五千万圓――一億万圓ニ達スルデアラウト云フ巨額ヲ之ヲ拂込マズシテ其儘繼續事業ニ割當テ、年限ヲ定メテ皆使拂フトコロノ計算ヲ定メラレタ、之ガ抑ミ今日急遽ニ公債處分ト云フコトノ必要ヲ現内閣ヲシテ神經的ニ感ゼシムル原因デアッテ、是ハ今日行ハレタルニアラズ、當初戰後ノ財政計畫ヲ誤ッタノガ今日ニ現ハレタト本員ハ思ッテ居リマス、(拍手起ル)且又此場合ニ於テ更ニ公債ヲ殖スベキトコロノ政略ヲ執ッタニ付テハ、本員ハ豫メ政府ノ朋友トシテ之ヲ贊成セジレタル諸君ヨリハ、寧ロ政府ノ反對ノ側ニ立ッテ居ル吾ミノ忠告ガ今日ニ至ッテハ口ニ苦カリシ良藥ナリト前内閣モ現内閣モ覺ラレルデアラウト本員ハ思ッテ居リマス(拍手起ル)ソレハ外ノコトデハナイ、公債ガ戰ノタメニ殖ヘタ、餘ッテ居ルトコロノ軍費ニ供スベキモノヲ其儘行政費ニ繰込ンデシマッタ、其上ニ更ニ未募集公債ヲ豫算ノ上ニ入レタ、其上更ニ五億ニ近キトコロノ國有鐵道ヲ起シテ其公債ヲ發行スルコトニシタ、其時ニ本員ハ極力反對シタガ不幸ニシテ此反對ハ容レラレザルノミナラズ、政府ハ不思議ナル辯解ヲ之ニ加ヘテ鐵道ノ株券ハ世ノ中ニ行ハレテ居ル一ノ證券ナリ、國債ハ形ヲ以テ之ヲ引換ヘルノモ一ノ證券ナリ、ソレ故ニ此株券ヲ引換ヘルノニ公債ヲ以テスルモ、決シテ公債ノ價ニ影響ハセヌト辯解セラレマシタ、事速記錄ニアリ國民ノ記憶ニアリ諸君ノ耳ノ底ニアルノデアル、其時ニ政府ガ全部公債政策ヲヤッタ、ソレハ前内閣ノトキニ行ハレマシタガ事情ノ綜合シテ見マスレバ現内閣ノ遺策シテ行ハレタト云フコトハ、其當時ノ前首相西園寺侯爵ガ議會ヲ召集セントスル日ニ近ヅイテ内閣ガ代ッタカラ此財政計畫ハ前内閣ノ調査ヲ基礎トシテ提出スル、來年ニナレバ更ニ改メテ取調ベテ諸君ノ議ニ付シマセウ、云ハレタトコロヲ見ルト、前ノ桂内閣ノ遺策タル此增債政略ヲ西園寺内閣ガ直ク行ハレタ、未募集公債ヲ蔵セル、之カラ餘ッテ居ルトコロノモノヲ返サズシテ其儘使ヒ、五億ニ近イ鐵道公債ヲ募ル、之ハ吾ミノ反對シタトコロノモノヲ遂ナサシメ、其中ニ公債募集政略ヲ行ハシメタ、デアッテ、今日ニ至ッテハ全クコレト反對デアッテ、今度ハ此公債ヲ減スヨリ外ニ思案ナシトセラレタ、之ハ極端ヨリ極端ニ走ッタノデアルト本員ハ思フ(拍手起ル)ソレ故ニ三税廢止論ヲ提ゲテ立ツ吾ミニハ誠ニ厥ノ中ヲ執レト云フ簡單ナル古諺ヲ是等ノ當方ニ呈シタイト思ウテ居ル、併セテ公債ヲ極度ニ返却スルニ及バズ同時ニ前ノ如ク整理カラ公債ヲ募ルト云フヤウナ危險ナ政略ヲ執ラルヽト云フコトハ更ニ困ルト云フコトヲ以テ忠告致シタイノデアリマス、前車ノ覆ヘルヲ見テ後車ノ戒トナスノデ、モウ少シ鞏固ノ政略ヲ執ラルヽコトヲ本員ハ望ムノデアリマス、戰爭ノトキニ斯限アル租税ヲ課シテハ民力ガ堪ヘキレナイ、併ナガラ國家ノ安危ニハ代ヘラレナイ、ソレ故ニ國民ハ愛國ノ情ニ促サレテ期限アル租税ヲ負擔シタ、當時ノ事情ヲ綜合シテ見マスレバ、當局ノ行政官ハ皆營業者ニ斯樣ナルコトヲ口ヅカラ傳ヘテ居ル、唯今大藏次官ヲシテ居ラル、若槻政府委員ノ言トシテ、斯ノ如キ租税ヲ徴收スルトキノ説諭トシテ世ノ中ニ傳ハッテ居ルト本員ハ思ヒマス、決シテ之ハ永久税ニスルノデナイ、戰後ニハ必ズ此事ノ締リヲ著ケルノデアルカラ、此國家ノ急ノタメニ痛ミヲ忍ベト云フコトデアルカラ、此事ハ獻金同樣ナ精神ヲ以テセラレタルトコロノ諸種ノ税ガ殘ッテ居ル、然ラバ前ニ公債萬能ノ政略ヲ執ッタルトコロノ政府ハ醒來ッテ公債ヲ募ラヌト云フコトハ、本員モ同意ヲ致シマスケレドモ、是等ノ信約ヲ無視シテ唯公債ヲ返却スルノ急アルガタメニ、此間桂蔵相ガ此壇ニ立ッテ述ベラレタ短カキ演説ノ中ニ、三千五百万圓ノ缺陷ヲ生ズル、ソレ故ニ此税ヲ廢メルコトハ出來ナイ、公債ヲ償却シナケレバナラヌ、此事ガ第一ノ急務デアル、唯今ダケノ公債デハヤラナイノデ、鐵道ノ公債モ是カヲ出スト云ハレタ、此鐵道ノ公債ヲ出スニ至ラシメタモノハ苟モ誰ゾヤ、吾ミハ極力之ニ反對ヲシテ懇切ニ警告ヲ與ヘタノヲ顧ミズ、斯ノ如キ雜事ヲ起シテ之ヲ處分スルニ當ッテ恰モ天外ヨリ落來ッテ公債ガ殖ヘタ如キ態度ヲ執ラルヽガ如キニ至ッテハ、行政ノ能事何レニアルカト本員ハ思フ(拍手起ル)之ハ速記錄自ラ語ルデアリマセウ、諸君、速記錄ヲ讀ムダケノ能力ガアリ、諸君ガ未ダ健忘症ニ罹ラザル以上ハ、此歷史的事業ヲ埋沒スルコトハ出來ヌト思フ、併ナガラ政府ハ幸ニ公債政略ヲ改メラレタノハ結構デアル、更ニ極端ヨリ極端ニ、所謂羹ニ懲リテ膾ヲ吹クト云フ譯デ、公債サヘ返セバ天下ノコト皆爲スベシト思ッタノハ誤リト云ハナケレバナラヌ、此コトニ付テハ後トデ委シク公債政略ノ誤レルコトヲ論ズル積リデアリマス、併ナガラ三税廢止ノ詳カナル意義ヲ理解セシメンガタメニ本員ハ此公債ノコトヲ後トニ讓ッテ、先ヅ三税ノ上カラ論ズルコトヲ必要ト考ヘマス、國民ノ生活費ヲ高メテ特ニ課税ヲシテ人民ニ重キ負擔ヲナサシムルト云フコトハ、一體政治ノ方針トシテ宜シクナイ、之ハ全ク抽象的ニ私ハ論ズルノデ、唯鹽專賣ダケヲ云フノデナイ、成ルダケ世ノ中ハ平等ニ平均シテ活動スルモノニ自由ニ活動ヲ爲サシメテ、其結果國力ノ發展――國ノ内ニ不平ノ民ナク、内ニ辭屈ヲ訴フルトコロノ人ナクシテ、一國團結シテ其國力ヲ發展セシムルト云フ健全ナル政治方針ヲ執ラレンコトヲ本員ハ望ムノデアリマス、不幸ニシテ今回政府ノ執ラル、トコロノ財政方針ハ全ク之ト反對デアル、其一例ハ本員鹽專賣ヲ擧ルニ好キ機會ト思フカラ、總設論カラ進ンデ鹽專賣ノ非ナルコトヲ論ズルノガ順序ニ於テ宜シイト思ヒマス、鹽專賣ヲ概括シテ論ジマスレバ鹽田ノ大地主ニ過當ノ利益ヲ與ヘテ、保護ノ名ニ依ッテ安坐シテ居ルトコロノ者ニ多クノ利益ヲ得セシムルト云フコトハ宜クナイコトデアル、一般ノ多數國民ハ之ガタメニ無益ノ負擔ヲ被ッテ居ル、若シ此全部ガ國庫ニ這入ルト云フコトデアルナラバ、未ダ尚忍ブベシ、併シナガラ政府ノ國庫ニ此全部ハ入ラズシテ、一ハ大ナル鹽田所有者ニ行キ、其或ル部分ハ收税ノ費用ニ消耗シテシマフ、此税ノ性質ノ宜カラザルト云フコトハ國家政治ノ方針カラ論ジテモ、財政方針カラ論ジテモ、租税ノ主義カラ論ジテモ、宜クナイト思ッテ居リマス、本員ハ政治ノ目的トシテ政府ト違フトコロノモノ、箇條ヲ簡約ニ擧ゲテ見ルト、專賣特許ト云フコトハ封建時代ニ行ハレタ事柄デ、自然家柄ニ依ッテ事業ヲ營マレタル封建特殊ナ組織ナル專賣ノ遺風デアリマス、サウシテ商民ニ特典ヲ與ヘテ其族ヲ保護スルハ宜クナイト云フノデ、維新ノ改革ノ前天地ヲ開イタトキ、此特權ヲ破ルト云フヲ以テ改革ノ目的トシタ、何レノ時代ニ於テモ特權ヲ得タトコロノモノハ其過當ノ特權ヲ破ッタデアル、是ガ今日ニ於テ再興シタニ付テハ私ハ是ニ大ナル打擊ヲ加ヘザルヲ得ヌ、營業ヲ抑壓スルト云フコトハ國民ノ活動ノ上ニ宜シクナイコトデアル、政府ガ直接ニ事業ヲ營ンデ政府ノ手ヲ經ルト云フコトニナルト、元ノ力ヨリ幾多ノ力ヲ生ズル、斯ノ如ク官僚主義ヲ以テヤルト云フコトハ、最早過レタル思想デ、政府ハ政府ノ範圍ヲ守ッテ、有利ノ資本ヲ民間ニ活動セシメ、國民ヲシテ活動セシムルト云フ政治ノ方針ヲ、此財政ノ上ニ適用セシムレバ宜シイノデアル、本員ハ國民ノ負擔ノ平等ヲ望ム、民間營業ノ自由ヲ望ム、政府事業ノ簡易捷略ヲ望ム、收税ノ手間ノ要ラザル簡易ノ方法ニ依ッテ收税費ノカ、ラヌヤウニ、民間ノ關係者ニ時間ト煩勞トヲ多クカケテ貰ヒタクナイ、期ウ云フ主義ヲ執ッテ貰ヒタイノデアルガ、此方針ヲ以テ見ルト全ク是ニ背イテ居ルノデアル、ドウシテモ吾々ハ是ニ反對セザルヲ得ヌノデアル、併ナガラ過日此議案ヲ提出スルトキニ本員ハ惡約ノ惡税タル所以ハ確定シテ居リマスカラ、今更諸君ノ御聽ヲ煩ハス必要ハナイ、唯信約約束ガ出來テ居ルカラ其點ニ於テ國家ノ信用ヲ鞏固ニセンガタメニ惡ルイモノヲ早ク除カレンコトヲ論ジタガ、圖ラザリキ委員會ノ質問及討論ニ鑑ミマスルト、未ダ斯樣ナル誤ガ殘ッテ居ル、税其物ノ性質ガ惡ルキニアラズシテ其方法ヲ改メタナラバ、尙此税モ繼續シテ行ケルト云フ思想ガ多數此中ニアリマシタ、サウスルト更ニ此明カナル道理ヲ繰返スハ諸君ニ對シ御氣ノ毒デ本員モ煩勞デアルト思フガ、今日自ラ顧ミテ尙其非ヲ覺ラザルヲ得ヌノデ、サウ云フ人ガアルカラ餘儀ナク先ヅ此鹽專賣法ガ税其物トシテ宜シクナイ、惡税ノ惡税タル所以ヲ聊論セザルヲ得ヌ、是レ本員ガ辯ヲ好ムニアラズシテ本員ヲシテ之ヲ辯ゼシムル境遇ガ之ヲ然ラシメタノデアルト云フコトハ前以テ一言附加ヘテ置カナケレバナラヌノデアル、明治三十八年ニ鹽ノ專賣ヲ實施シタトキ、鹽ノ買上直段ハ百斤ニ付テ七十六錢デアッタ、然ルニ現今ノ賠償金即チ購入直段ハ一圓ニナッテ居ル、最近ノ有樣ニ依リマスト總テノ物價ト云フモノハ不景氣ノタメニ下落シテ居ル、然ルニ鹽ノ買上直段ハ七十六錢デアッタノガ今日ハ一圓ニ上ッテ居ルノデアル、此間ノ違ヒト云フモノハ全ク專賣ノタメニ來タノデアッテ、其結果ト云フモノハ國民ニ餘計ノ費用ヲ負擔セシメテ居ルノデアル、若シ是ガ民間ニ於テ、經營シ所謂需用供給ノ理法ニ依ッテヤッタナラバ生産費ガ減ジ、一般ノ物價ガ低落ヲスルト云フトキニハ、鹽ノ費用モ減ジ其鹽ノ値モ下ラザルヲ得ヌノデアル、然ルニ專賣ト云フ規則的拘束ノタメニ逆比例ヲ呈シ、物價ノ下ッテ居ルノニ鹽ノ買入直段ト云フモノハ却ッテ一圓ニ上ッテ居ルト云フ有樣ニナッテ居ルノデアル、其結果ト云フモノハ一部ノ鹽田主ニハ非常ナル利益ヲ與ヘ、サウシテ一般國民ニハ無益ナル負擔ヲ與ヘテ居ルノデアル、更ニ臺灣鹽及關東鹽ノ生産費ヲ聞イテ見ルト、通常ノ品デ百斤ニ付テ二十錢、善イモノモアレバ惡ルイモノモアルガ、最良品デ二十六錢、神戸着デ六十五錢ト云フコトデアル、卽チ六十五錢デ買ヘル鹽ガ内地ニ於テ政府ガ一圓デ買ハナケレバナラヌト云フハ、抑何ノ必要アッテ斯樣ノコトヲヤルノデアルカ、神戸專賣局ノ拂下直段ハ百斤ニ付テ一圓五錢デアル、是ニ付テ政府ハ更ニ纏ラヌトコロノイロ〳〵ノ理由ヲ云フテ人ニ依ッテ皆違フ、或ハ内地ノ鹽田ヲ保護スルト云ヒ、或ハ外國鹽ノ入ッテ來ルノヲ防グト云ヒ、イロ〳〵ノコトヲ云フ、專賣ノタメニ掛ケタトコロノ三百万圓ト云フモノガ潰レテシマフ、政府ノ損ニナルト云フ、デ損モ國民ガスルナラバ我慢スル、ソレヲ恰モ政府ハ之ヲ別個ノ私有財産ノ如ク心得テ、國民ノ利益幸福ノタメニ制度ノ善惡ヲ見ルニアラズシテ當局者――事務官自分ノ仕事ノ都合カラ事業ノ繼續ヲ望ムガ如キ語氣ヲ以テ辯解スルト云フニ至ッテハ、國民ヲ度外視シタル全體ニ於テ精神ノ誤ッタル申分ト評セザルヲ得ヌ、外國ノ鹽デアッテハト云フコトヲ云フンナラ、營濟デ七十四錢ノ原價ニ十八錢ノ賃錢ヲ掛ケテモ九十二錢ニナル、外國鹽其鹽ハ、臺灣鹽、關東鹽ノ六十五錢ト較ベテミテモ、外國ノ鹽ハ日本ノ鹽ノ市場ヲ壓シテ居ル、專カドウデアル、是ニ依レバ決シテ左樣デコトモナイト云フコトガ分ル、我國ニ於テ鹽ノ專賣以前外國鹽ノ入ッタトキニ幾ラ入ッタカ、百三十万斤五千万斤位、全體日本ニ於テ使用スル鹽一億斤位ト聞イテ居ル、スンミ外國鹽ハ少ナイ且ツ外國鹽ノ用途ト云フモノハ其元ガ違フ、外國鹽ハテーブル鹽、食鹽ニ鹽其鹽ヲ用ヒルノデ、イロ〳〵ノ方面ニ用ユル――平常ノ生活ノ品物ニ用ユルト云フノデ多額ノ外國鹽ヲ入レルノデナイ、ソコデ之ヲ更ニ論ズルト、關東鹽、臺灣鹽トノ爭ノ點ニナルノデアル、外國ノ鹽ガ日本ニ入ノ、ア日本ガ鹽ノ供給ヲ外國ニ仰グ、卽チ九十二錢ノ外國鹽ヲ買フカ、神戸デ六十五錢デ買ヘル臺灣鹽關東鹽ヲ入レルカ、若シ此臺灣鹽關東鹽ヲ日本ニ入レタナラバ、卽チ此日本ノ專業ト云フモノガ發展スルコトニナルノデアル、ソレハ恰モ臺灣ニ於ケル砂糖ガ日本ノ市場ニ段々發展スルト同ジ形勢ニナルノデアル、日本國ノ版圖ニ於ケル鹽ニ付テ何ニモ差別ヲ付ケル必要ハナイ、此點ニ於テ臺灣ノ政治ガ統一シテ居ナイト云フコトヲ一言云ッテ置カナケレバナラヌ、臺灣ニ於ケル砂糖ニ付テハ非常ノ保護ヲ加ヘ、内地ノ製糖業者ヲ壓倒スル如キ有樣デアッテモ、尙此臺灣ノ砂糖ニ付テ保護ヲ加ヘテ居ル、サウカト思フト鹽ニ付テハ若干万斤ノ外ハ製スルコトガ出來ヌ、買上金ハ是ダケデアルト極メル、央故ニソレ以上ヲ造ルコトガ出來ヌ、臺灣ヲ占領シテ日本ノ版圖トシ多クノ金ヲ入レ多クノ犧牲ヲ出シタノハ何ンデアル、本員ハ此臺灣ニ對シテ其發展ヲ圖ルニ於テ過當ノ保護デナイ以上ハ敢テ之ヲ非難スル譯デハナイガ、同ジ臺灣ニ於テ砂糖ニハ過當ノ保護ヲ與ヘテ置キナガラ、何故ニ鹽ノミヲ虐待スルノデアルカ、砂糖モ人生ノ必要品デアレバ鹽モ亦人生ノ必要品デアル、砂糖モ沖繩デモ出來ル、大島デモ出來ル、鹿兒島デモ幾理ヲ云ヘバ、此整理ノタメニハ方案ヲ攻究シ、終始變ラヌデ晝夜苦心シテ居ルト云フコトヲ申サレタ、ソレ故ニ桂大藏大臣ノ云ハレタ言明ニ信ヲ置イテ、信頼スベキコトガアリマスルナラバ、私ハ偏ニ其成行ヲ待ツモノデアル、所ガ如何セン言明ハセラレテ居リマスガ、其言明セラレタトコロニ根據ノ認ムベキモノガナイノデアリマス、根據アッテ言ハレタコトナレバ吾々ハソレニ信頼スルガ、少シモ據所ナク唯心配ヲ致シテ居ル、整理ヲシテ居ルト云ウテ、ドウモ其根據ト云フモノガナイカラ、吾々ハ之ヲ信ズルコトハ出來ヌ、凡ソ財源ヲ求メヤウトスルニハ先ヅ方針ガナケレバナラヌ、方針而シテ歸著點ガナケレバナラヌ、財源ハ決シテ天カラ降來ルモノデナイ、地カラ湧出ヅルモノデモナイ、政治上ナシ得ベキ途ニ依ッテ之ヲ求ムルヨリホカナイノデアリマス、ソコデ財源ハ凡ソドウ云フ點ニアルカト申シマスルト、第一ニハ財政整理、即チ歳出ノ節約、第二ニハ歳入ノ自然增徵、第三ニハ關税改正ニ依ッテ生ズル國庫ノ增收、第四ニハ國債整理ニ依ッテ生ズル利益、是等ノ點ニ於テ現政府ハ何等ノ抱負ガアッテ、是ニ據ルベキモノデアルト信ズベキモノガアルカト段々委員會デ質問モアリマシタガ、是ニ答フルトコロニ依リマスト、少シモ是等ノ據ルベキ考ガナイト云フコトハ明カデス、第一財政整理ト云フコトガ、四十二年度豫算ニ於テ結了シマシタガ、尙四十三年度以後ニ於テ整理シテ餘裕ヲ見出スコトガ出來ルカ、整理スベキ點ガアルカト云フコトニ付テハ、最早是以上ノ餘地ハナシ、縱シ多少ノ整理ヲシタトコロガ、之ヲ以テ廢税ノ財源ニ充ツルコトハ到底イカヌト云フコトデアル、第二ノ歳入ノ自然增徵ハドウ云フモノデアルカ、是ニ對シテハ四十三年度以後ニ於テ十一年計畫ヲ立テタ、其十一年計畫ヲ立テタ算盤ニ於テ、別段增徵ヲ見込ンデナイト云フコトデ、更ニ年年ノ豫算ニハ、即チ四十二年度ノ豫算ニハ增徵ヲ見込ンデ豫算ヲ立テタ、然ラバ此四十三年度以後ハドウナルカト云フト、自然增徵ガ出來タナラバ其豫算ニ於テ歳出ニ必要ガアッテ、ソレニ使フベキモノデアル故ニ、自然增徵ハ未確實、即チ確實デナイ、所謂財源ト見ルコトハ出來ヌト云フコトデアル、第三ハ關税ノ改正ニ依ル國庫ノ增收ハドウ云フ見込デアルカト聽イテ見ルト、是ハ既ニ見込ヲ立テ、十一年計畫ノ財源ニ充テ、アル、既ニ關税改正ノタメニ生ズルトコロノ國庫ノ增收ハ、十一年計畫ノ財源ニ充テ、アル、使フモノハ拵ヘテアルト云フコトデアル、サウスルト殘ルトコロハ、國債ノ整理ニ依ッテ生ズルトコロノ利益デアル、是ハ果シテドウ云フ利益ヲ産出スカ、是ハ國債ノ信用ガ增シ、外國人ガ日本政府ヲ信ズル結果、是マデノ利息ヲ廉イ利息ニ借換ヘル、斯ウ云フヤウナコトカラ利益ガ出テ來ルノデアル、此點ニ付テ政府ハ餘程望ヲ置カレテ居ル、併ナガラ私ノ考フルトコロデハ、此國債整理ノ結果カラ生ズル利益ヲ政府ハ當ニナスッテ居ラルヽガ、今一層進ンダル整理ヲナサランケレバイクマイト思フ、ソレハ何ゼト云フニ國債ヲ整理シテ信用ヲ保ツト云フコトハ、何カト云フト財政ノ鞏固ニアル、財政ノ鞏固ハ何ニガ基礎ニナルカ、財政ノ鞏固ハ即チ國民デアル、國民ガ負擔シテ居ル租税ガ基礎デアル、然ルニ此財政ハ是ヲ鞏固ナリト政府ガ如何ニ外容ヲ粧ッテ見テモ、基礎トナルベキ國民ノ力ガ此負擔ニ堪ヘラレナイト云フ時分ニハ決シテ鞏固トハ云ハヌノデアリマス、ソレハ何故トナレバ地盤ノ薄弱ナ脆弱ナル所ノ地盤ノ上ヘ、如何ナル建築ノ立派ナモノヲ建テ、見テモ、其地盤ガ崩レヽバ建築ハ破壊シテシマウノデアル、國民ガ此租税負擔ニ堪ヘラレナイ、過重ノモノハ負フコトガ出來ナイト云フ聲ガ國民ノ聲ノ囂シイトキニ溜リマシテ、如何ニ財政ガ鞏固ナリト云ッタトコロガ國民ノ力ガソレニ堪エラレヌトキハ鞏固トハ人ガ信ズルモノデハナイノデアル、故ニ此財政ノ鞏固ヲ圖ラントスルナラバ、此國民ノ怨嗟ノ聲ガ收マラヌ限リハ決シテ財政ノ鞏固ト云フコトニハ外國人ハ信ズルモノデナイト私ハ考ヘル、私ハ決シテ他ノ反對論者ノ論抔ヲ捉ヘテ攻撃シタリ、面白イコトヲ申スコトハ出來ナイノデアル、唯餘心私ハ思ウテ居ルコトヲ諸君ニ訴ヘルノデアリマス、然ラバ右申ス如ク政府ノ財源トスベキ――將來此租税ヲ整理スル財源トスベキモノト云フモノハ、政府ハ何モ抱負ガ無イト私ハ認メタノデアル、何ニ依ッテ此方法ヲ立テルカ、更ニ見ルベキ據ルベキトコロノモノガナイ限リハ、我々ハ唯咎辯デ、心配シヤウ、整理ヲシヤウ、ト云フ言葉ヨリ外ニハ思ハレヌノデアル、私ハ斯ウ云フノデアル、到底此財源ヲ求ムルト云フモノハ、自ラ爲シテ之ヲ拵ヘルヨリカ仕方ガナイ、即チソレハ何カト云ヘバ財政ノ根本ト云フモノヲ整理シテ行カネバナラヌ、ソコデ財政ノ整理ノ本ト云フモノハ何所ヲ寸ニ立テルカ、何處ヲ標準ニスルカト云フコトガ頗ル必要デアル、從來戰時中ハ斯樣デアル、戰時中ニ於テハ出ルガ、急ナル即チ歳出ニ非常ナ急ヲ要スル必要ト云フモノガアルガタメニ、歳入ト云フモノヲソレニ對シテ徵收シタノデアル、之ガ爲メニ頗ル膨脹シタトコロノ財政ヲ其程度宜シキニ戻サウトスルナラバ、先ヅ國民ヨリ取ルベキトコロノ歳入、此歳入ノ程度ヲ能ク考ヘテ、其程度ニ依ッテ歳出ト云フモノニ節制ヲ加ヘテ、能ク整理シテ行ク外ニハ出來ルモノデハナイト私ハ信ズル、元來歳出ニ於テハ是ダケノモノハ是非使ハネバナラヌト云ッタナラバ、之ヲ整理スルト云フ途ハナイ筈デアル、戰後抔ニ於テハ殊ニ一時膨脹シタモノヲ整理スルニハ、宜シク歳入ト云フモノヲ程度ヲ考ヘテ、是程ノモノニシテ國政ヲセネバナラヌト云フ、其標準ニ依ッテ歳出ヲ計畫シテ往クヨリ外ニ整理ノ途ト云フモノハ付カナイ、然ルニ今日ト雖モヤハリ歳出ヲ本位ニ置キテ、而シテ飽マデモ是ダケノモノガ要ルノダヤト云ッテ居リマスレバ、此税ノ整理ハ付クモノデナイ、而シテ政府ノ計畫シテ居ルトコロノ今日ノ財政ハドウデアルカト申シマスレバ、武ニ偏シテ居ル、此武ニ偏シテ居ル即チ歳入歳出ト云フモノガ、多ク軍事ニ偏シテ居リマスタメニ、此過重ナル負擔ヲ人民ニ負ハサナケレバナラヌノデアル、私ハ此日本ノ政治ノ仕事ト云フモノハ外國人ノ頗ル猜疑ヲ受ケテ、軍事ニノミ力ヲ用井テ居ル如ク外國人ハ感ジテ居ルノデアル、嘗テ斯ウ云フコトガアッタト云フコトヲ私ハ聞キマシタガ、此四十五年ノ大博覽會ヲ日本政府ガ延期スルト云フコトヲ發表シタラ、亞米利加ニ於テハ日本ガ此實業發展ヲスル機關トナルベキ博覽會マデ延バシテ、此金ヲ以テ軍事費ニ使ッテ軍備ノ擴張ヲシテ居ルノデアルト云フコトヲ、亞米利加デハ新聞デ言觸レ、又亞米利加ノ博覽會ノ委員ガ日本ニ參ラレマシタガ、其來ラレタ人モ日本ニ來テ見ルマデハヤハリサウ疑ッテ居ッタト云フコトデアル、ソレ位ナ關係ヲ持ッテ居リ、又外國人カ頗ル猜疑シテ居ルノデアル、是等ヲ思切ッテ改メルヨリ外ニハ私ハ財源ノ出所ガ無イト思フ、而シテ委員會抔ニ於テ斯ウ云フコトガアッタ、今日ハ是ハ出來ヌケレドモ、イヅレ近キ將來ニ於テ此事ガ出來ル時機ガアルダラウト云フコトハ、政友會ノ諸君ノ御論デアッタノデアル、私ハ近キ將來ニ何ヲ以テ此途ヲ講ズルカ、即チ唯今申述ベタ如ク、現ニ政府ガ今日マデ之ヲ整理スルト口デ言ヒナガラ、少シモ整理スル根據ト云フモノヲ捕ヘテ居ラナイ、根據ト云フモノ、據ルベキ途ヲ立テテ居ラズシテ唯整理スルト言フコトハ我々ガ信ゼヌト同樣ニ、政友會ノ諸君ガ或ル時機――近キ將來ニ之ヲ整理スル時機ガアルダラウト言ハレルコトハ、少シモ信ヲ措クコトガ出來ナイ、ソレ故ニ私ニハ斯ウ云フコトヲ言フノデアル、日本政府即チ現政府ハ斷ジテ偏武ノ方針ヲ改メ、武事ニ偏スルトコロノ方針ヲ改メテ大ニ民力ヲ養ヒ、サウシテ官民一致シテ産業、工業ノ發達ヲ努メ、貿易ノ發達ヲ努メルト云フコトノ途ニ出デナケレバナラヌノデアル、サウシタナラバドウナルカト申シマスレバ、民業モ榮ヘ、從ッテ國民モ富ンデ來テ、外國人モ大ニ信頼シテ、即チ國債ヲ整理シタトコロノ效果ト云フモノモ、ソレカラ起ッテ來ルノデアル、又其結果ハドウナルカト云ヘバ、外交上平和ヲ保ツト云フコトモ、是ヨリ起ッテ來ルノデアル、決シテ國力ハ、即チ先刻竹越君ノ仰ッタ國力ト云フモノハ、武備ダケデ國力デハナイ、國ノ力

ト云フモノハ國民ノ力デナケレバ國力トハ云ヘナイ、唯ダソレヲ衞ルタメニ軍備ガアルノデアル
カラ、國力ニ相當シタトコロノ武備ニシナケレバ私ハ國家ノ經濟ハ立タヌモノデアルト信ズル、
私ハ此希望ハ國民ノ輿望デアルト確信シテ居ル、立法府トシテハ國民ノ此輿望ト云フモ
ノヲ達シテヤルト云フコトガ、即チ立法府ノ務デアル、先ヅ其順序トシテ即チ又此税制ヲ
整理スルトコロノ第一着歩トシテ、此三税廢止案ヲ提出スルト云フノハ私ハ當然ノコト
デアル、政府自ラ爲スコトヲ爲セヌト云フ政府ナラバ、之ヲ突付ケテ立法部カラシテ註文
ヲ爲シテ往クト云フコトハ當然ナ事デアルト私ハ信ズルノデアル、而シテ此案ノ成立ヲ計ッ
テ政府ヘ之ヲ突付ケテ行キ、サウシテ大ニ政府ノ決心ヲ促シ、四十三年度ノ豫算マデ
ニ於テ十分ナル計畫ヲ爲シテ、即チ偏武ノ財政ヲ改メテ國力相當ナル程度ニ財政ヲ直
スト云フコトヲ、吾々ガ求ムルノハ當然ナコトデアル、私ハ決シテ多辯ヲ好ム者デハアリマセ
ヌ、是ダケノコト……

(「討論終結ノ動議ヲ提出シマス」ト呼フ者アリ)

(藏原惟郭君「唯今ノ議場ハ何等ノ醜態、議長ハ議場ヲ整理スルコトハ出來ナイノカ」ト呼フ)

(村松恒一郎君「他人ノ演説ヲ妨害スル者ヲ何故議長ハ制セヌノカ」ト呼フ「議長ハ退場ヲ命スベシ」ト呼フ者アリ)

○議長(長谷場純孝君) 贊否共ニ發言ノ通告ガ三十餘名アリマスカラ、今日ハ議長ハ夜ヲ徹シテモ討論ヲ續ケヤウト思ヒマスカラ、各自靜聽ヲ希望致シマス

(片岡直温君登壇)

○片岡直温君 諸君、私ハ本案ニ對シテ反對ノ意見ヲ述ベルノデアリマス、私ハ十年目ニ此議會ニ列シマシタノデゴザイマスルガ故ニ、先發諸君ニ敬意ヲ拂フタメニ今日マデ本場ニ於テハ一語モ發シタコトハナイノデアリマス、(「イヤ已ニアリマス」ト呼フ者アリ)唯委員長トシテ僅ニ報告ヲ致シタダケデアリマス、此案ハ皮相上カラ見マスルト頗ル人氣問題デアリマス、又深ク之ヲ考ヘマスレバ戰後ノ經營、即チ財政ノ基礎ニ影響ヲ及ボストコロノ重大ノ問題ト考ヘルノデアリマス、(「サウ云フ筆法デ行カニャイカヌ」ト呼フ者アリ)故ニ今日マデ沈默ヲ致シマシタ代リニ、暫時御清聽ヲ煩ハシタイト存ジマス、(「謹聽」ト呼フ者アリ)此問題ヲ解決致シマスルニハ勢ヒ此非常特別税ノ起リマシタ當時ノ、即チ戰時中ノ財政計畫ヨリシテ、次ニ戰爭ノ結果、即チ「ポーツマス」ノ契約ヨリシテ如何ナル狀態ニナッタカト云フコト、其後即チ戰後ノ經營ヲ立テ尙四十二年度ノ豫算ニ及ンデ以テ之ヲ論ゼナケレバナラヌ、皆デアラト思フノデアリマス、島田君ノ如キハ殆ド此三十七八年ノ戰爭ニ關スル費用ハ總テ打切ラレテ、何等關係ヲ持タヌカノ如クニ仰セラレタノデアリマスルガ私ノ見ル處ニ依レバ戰役ノ跡始末ハ今ガ最モ肝要ナトキデアリハセヌカト考ヘル、如何ニモ此織物税、鹽ノ消費税、竝ニ通行税ニ關シテ提出者竝ニ之ヲ贊成セラルトコロノ諸君ノ御説ヲ伺ッテ見マスレバ、大體ニ於テ私ハ異論ヲ挾マヌノデアリマス、唯奈何セン戰爭ノ跡始末ガ落着ヲ告ゲザル今日ニ於テ、本案ノ如キモノヲ通過致シマシタナラバ、此財政計畫ハ崩レテシマッテ其反對ニ非常ナル苦痛ヲ御互ノ頭上ニ及ボスモノデアリハセヌカト考ヘル、言換ヘテ見マスレバ、本案提出ノ精神ニ對シテハ本員モ一步モ讓ラザルノミナラズ寧ロ其熱情ノ厚イモノデアルト考ヘル、何トナレバ凡ソ戰爭中ノ經費ヲ支辨スルタメニ、今更私ガ喋々ヲ論ズルマデモナク(笑聲起ル)喋々スルマデモナク諸君ノ歷史上御承知ノ通リ此戰爭ノ經費ハ多クハ增税ヲ以テシ、或ハ一時ノ借上金ヲ以テシ、已ムヲ得ズンバ不換紙幣トマデシテ以テ其經費ヲ調達スルノデアリマス、故ニ此日露ノ戰爭中ニ於テ我邦ガ公債ヲ起サズ、增税ノミヲ以テ此戰爭費ヲ支辨シタリトスレバ、ソレハ或ハ島田君ノ言ハル、ガ如ク戰爭ノ決算ガ濟メバ直ニ此税ヲ減シテ掛ルト云フコトハ出來得タカモ知レマセヌ、併ナガラ斯ノ如キコトハ、此多クノ費用ヲ負擔スルガ如キコトハ、國民ノ堪ヘ得ザル所デアル、故ニ國庫債券ヲ發行シ、尙且外國債ヲ起シタノハ是ハ已ムヲ得ヌ、又當時ノ機宜ニ適シタ政策デアッタカト私ハ考ヘルノデアル、或ハ千七百二

年カラ千八百十五年ノ間、彼ノ西班牙皇位繼承ノ戰爭以來數回ノ戰爭ニ於テ、英國ガ此數回ノ戰爭ノタメニ非常ノ費用ヲ負擔シテ、國民ガ非常ニ苦痛ニ陷ッタト云フガ如キコトハ諸君ノ了知セラル、所デアラウト考ヘル、其他「クリミヤ」ノ戰爭ニシテモ、英佛戰爭ニシテモ、或ハ南北戰爭ニシテモ、英米戰爭ニシテモ、其實例ハ澤山アルノデアル、即チ英國ノ如キハ二十四年間モ不換紙幣ヲ繼續シタト云フ實歷ヲ有ッテ居ル、若シ我邦ニシテモ外債ヲ起サズシテ、以テ此十九億餘ノ豫算ヲ立テントシタナラバ、恐ラクハ不換紙幣ニ陷ッタト云フコトハ免レ得ナカッタト考ヘル、然ラバ其借リタ金ノ始末ハ戰後ニ於テ關係ヲ有ッテ來ルト云フコトハ、是ハ當然ノ順序デハアリマセヌカ、若シ戰後ニ直グト打切ヲスルト云フコトデアレバ、其處ハ要スルダケノ金ヲ一時ニ纏メルト云フコトガ當然デアル、若シ一時ニ纏メルコトガ出來ズシテ借入金ヲシタト云ヘバ、其借入金ヲ返スタ後ニ苦痛ガ殘ルト云フコトハ、是ハ自然ノ順序デアル(「ソレハ當リ前デアル」ガ仕組ガ惡イノデアル」ト呼フ者アリ)サウシテ此戰爭ノタメニ內債ニ於テ四億八千万圓ノ國庫債券ヲ起シタノデアリマスガ、此中ニ於テ償還ヲセラレタ金額ハ僅ニ七千万圓シカ無イデハアリマセヌカ、即チ第四回第五回ノ兩回ニ於テノ二億万圓ニ對シテハ、四朱利付ノ外國債ヲ以テ之ヲ償還シタノデアリマスケレドモ、ソレハ唯借換ヘタノデアル、第一回國庫ノ債券ノ一億万圓ニ對シテ七千万圓許リハ減債基金ノ內ヲ以テ償還サレタノデアリマスガ、アトノ三千万圓ハ即チ乘換ヲシタノデアル、然ラバ外國債ノ方ハドウナッテ居ルカト云フト、前後一億六千四百万磅ノ公債デアリマスルガ、此中ニ六朱ノ利息デ最初ニ借リタ一番高イ二千二百万磅ハ五朱利付ノ最後ノ外債ヲ以テ償還シタノデアリマス、然レドモ其五朱ノ公債ハ尙八千二百万磅ヲ存シテ居ルデアリマセウ、斯ノ如ク戰時中ニ負債ヲ起シタトコロノ始末ハ遺憾ナガラマダ付イテ居ラヌ、而シテ戰爭ノ結果ハ連戰連捷、實ニ諸君ト共ニ慶賀ニ堪ヘヌ次第デアリマスルガ、併ナガラ此結末、即チ平和條約ニ對シテ云フマデモナク朝鮮ハ保護國トシ、遼東半島ノ租借ヲナシ、樺太ノ半分ヲ取ルト云フ位ニ止ッテ、以テ此經費ヲ償還スルト云フ費用ニ關シテハ、露國ノ捕虜ノ收容費ヨリ外ニ何ニモナイノデアル、然ラバ之ヲ注込ンダケノ金ハ、之ヲ償還スルトコロノ重ナルモノ、財源ハ何モ他ヨリ這入テ來テ居ラヌノデアル、二十七八年ノ日清戰爭ニ至リマシテハ戰爭ノ後ニ償金ガアル、即チ償金ヲ以テ種々ノ計畫モ立テ、戰爭中ノ創痍ヲ癒シタノデアリマスガ、日露戰爭ハ不幸ニシテ右申述ベタ通リデアル、然ラバ戰爭中ニ注込ンダトコロノ金ニ對シ、借金ニ關スルモノハ國民ガ是ヨリ償還スルトコロノ費用ニ負擔スルヨリ外ニ何物モ是ニ加ハルモノハナイノデアル、(「ソレハ政府ノ人氣問題ダ」ト呼フ者アリ)或ハ政府ノ人氣問題カモ知レマセヌガ、政府ノ人氣問題ハ取モ直サズ吾々ノ頭ニ負擔スルトコロノ問題デアル、而シテ此保護國トシ、租借地ト致シ、尙領地ト致シタ處ニ對シテモ、國トシテ相當ノ設備、其責任ヲ完ウスルダケノコトヲ要スルコトハ是亦費用ノ論デアル、然ラバ寧ロ經費ハ是ヨリ增加スルト云フコトモ免ルベカラザル狀勢デゴザイマセウ、即チ戰爭前ニ於テ歲出入ノ總計ハ二億八千二百万圓ノモノガ、四十年度ニ於テハ六億二千五百万圓ニ增加ヲ致シタ、是レ即チ諸君ガ協贊ヲ與ヘラレテ居ルノデアル、而シテ此戰爭ノ後ニ於テ財政ノ計畫ハ――諸君ガ協贊ヲ與ヘラレタトコロノ財政計畫ニ於テハ、本員共ニ於テ全然同意ヲ表スルコトガ出來ヌモノガアル、即チ公債ノ價格ノ

差ノアルトキニ又公債ヲ以テ鐵道ノ國有ヲ斷行致シ、尙其國有方法ノ不完全ナルガタメニ累ヲ今日ニ及ボシテ居ルト云フガ如キコトハ、是ハ財政計畫上私ハ全然同意ヲ表サヌトコロノモノデアル、(「ソレハソッチヲ向イテ言給ヘ」ト呼フ者アリ)或ハ諸君ノ中ニ於カレマシテハ、卽チソッチヲ向イテ言ヘト言ハル、方ノ部分ニ居ルトコロノ諸君ハ、一度說ヲ唱ヘテ容レラレザレバ已レハ全ク責任ナシト言ハンガ如キ態度ヲ取ラレマスカナレドモ、凡ソ議會其モノ、多數ニ依ッテ決議致シタ以上ハ、其決議ニ對シテ服從ノ義務ガ自然アルノデアル、然ラバ本員ノ如キ鐵道國有其物ハ甚ダ不贊成デアル、不贊成デアルナレドモ既ニ議會ガ法律ヲ作ッテ之ヲ施行致シタ以上ハ、今後ニ於テ其國有ノ目的ヲ達スルタメニ成ルベク利益アル、成ルベク國民ノ便利ナル、或ハ殖產興業ノ上ニ於テモ利益アルトコロノ方法ヲ講ジテ、或ハ政府ニ忠告ヲナシ或ハ提案ヲナスト云フコトハ是ハ當然デアラウト思フ、一度ヒ反對ヲシテ假ヤサヘスレバ自分ノ責任終レリト云フガ如クニ考ヘルニ至リマシテハ、聊カ同情ヲ表シ難イノデアル、而シテ前申述ベル如ク此戰時中ニ立テタトコロノ財政計畫ガ、戰爭ノ結果ニ依ッテ之ヲ節減スルノ道ハ見出サナイ、卽チ戰後ニ於テ戰時中ノ補充ヲモセンケレバナラヌ、卽チ諸君ハ多少軍備ノ擴張ニモ協贊ヲ與ヘラレテ居ル、然ラバ此經費ノ自然增加ヲ致シテ來テ他ヨリ入ッテ來ルモノガアッタナラバ、非常特別稅デアルガ故ニ之ヲ打切リモシタデアリマセウガ、其目的ヲ達セザルガ故ニ之ヲ通常稅ニ引キ直シタト云フ結果ニ終ッタノデアル、而シテ其計畫ヲ進メテ來タトコロノ四十年度ノ豫算ニ於テ既ニ六億三千餘万圓ニ達シ、昨年中ノ如キハ全體ノ經濟狀態ハ如何デアル、政府ノ卽チ財政計畫ノ宜シキヲ得ザル點モ多少ゴザイマスガ、諸君モ是ニ協贊ヲ與ヘラレタトコロノ責任ヲ持ッテ居ル、其結果ハドウデアルカト言ヘバ、卽チ公債ノ價ハ七十圓臺ヲ切ッタノデアル、(「片岡ハ議員デナカッタ」ト呼フ者アリ)無論拙者ハ議員デハナカッタガ、反對ト言ハヌノデアル、――暫ク御聽キナサイ、卽チ公債ハ其價ガ七十圓臺ヲ切リ、總テノ經濟狀態ハ萎靡振ハザル狀況ニ至ッタノデアル、而シテ尙此國有ノタメニ政府ガ拂渡ストコロノ公債ハ殆ド五億內外ニ達シテ居ル、是モ五年間ニ與ヘルト云フ方法ハ諸君ノ協贊ヲ與ヘタトコロデアリマスガ、五年ノ中既ニ二年ハ經過シタノデアル、而シテ其公債ノ市場ニ於ケル價ハ右申上ゲル通リデゴザイマスガ故ニ、是ニ於テカ財政整理ノ必要ノ事柄ガ起ッタノデアル、卽チ前內閣ガ代ッテ以テ今日ノ內閣ガ作ラレタト云フ狀況ニ立至ッテ居ルノデアル、而シテ四十二年度ニ對スル財政計畫ニ對シテハ諸君ガ現ニ協贊ヲ與ヘラレタノデアル、ノミナラズ、此財政計畫ニ對シテ最モ公債ノ整理ニ重キヲ置カレタトコロノ總テノ法律案ニ對シテモ諸君ニ於テ協贊ヲ與ヘラレタノデアル、然ラバ(「協贊ヲ與ヘナイ」ト呼フ者アリ)或ハ一人ノ協贊ヲ與ヘナイモノガアルトシテモ、多數ガ協贊ヲ與ヘタル以上ハ如何トモスルコトガ出來ナイ、然ルニ諸君ガ若シ此三稅廢止ヲ四十三年度ヨリ決行スルト云フコトナラバ、先刻ドナタカノ御說ニアリマシタガ、卽チ四十二年度ノ豫算ヲ議スルトキニ於テ、今少シ具體的ノ御意見ガナケレバナラヌ筈デアルノミナラズ、此豫算ヲ議スル所ノ場合ニ於テ、ソレト同時ニ此三稅廢止案ナルモノガ議論ニ現ハレルノガ當然デアル、若シ此方ノ手續キハ多少此提出者ニ於テ遺漏アリト云フコトモ私ハ敢テサウ急激ニ攻擊ハ致サヌノデアル、併シ之ヲ四十三年度ヨリ直チニ廢スル、而シテ其財源トシテ島田君ノ述ベラレ又中野君ノ述ベラレタトコロノ御論ヲ伺ッテ見マスルニ、遺憾ナガラ是ニ同意ヲ表スルコトノ出來ナイモノデアラウト考ヘマス、何トナレバ島田君ノ御說ヲ概括シテ申シマスルト、自分ニ相手方ナクシテ卽チ既定ノ歲出ナドト云フヤウナコトモナクシテ、自分ノ勝手ニ作ルト云フ一家ノ經濟ナラバ御說ノ通リ出來マセウ、苟モ相手ガアリ、又法律規則ガアッテ相當同意ヲ求メナケレバナラヌト云フモノヲ、自分勝手ニ之ヲ極メテシマッテ敢テ主張スルガ如キコトハ、多少缺ケタ所ガアリハセヌカト私ハ遺憾ニ存ズルノデアリマス、又中野君ノ御說モ一家ノ經濟トシテ論ズレバ入ルヲ量ッテ出ルヲ制シテ行キサヘスレバ宜シイ譯デアリマスガ、國ト國トノ間ニ立ッテ殊ニ戰爭ト云フ大キナ仕事ヲシタ後トデ其始末ヲ附ケルト云フ時ニ至ッテ、此場合ニ於テハ遺憾ナガラ中野君ノ御說ニ對シマシテモ私ハ同意ヲ表シ兼ネルノデアリマス、然ラバ唯遺憾ニ此提出者ノタメニ思ヒマスルノハ、此織物稅ノ如キハ如何ニモ徵稅ノ上ニ複雜デアル、殆ド稅トシテハ惡稅デアルト云フコトノ御主張ニ對シテハ、私モ異論ノナイモノデアル、併ナガラ此織物稅ヲ全部廢スルト云フガ如キコトハ、他ノ間稅ト比較シテ以テ餘リ一方ニ輕クシテ一方ニ重キニ失スルト云フコトノ結果ニ了ルノデアル、全然廢スルト云フガ如キコトハ私ハ同意シ難イ、要スルニ此大事業ノ終リヲ附ケルトキニ當リマシテハ、漸次其所ニ至ラシメルト云フ方策ヲ立テルト云フコトハ是ハ當然デアル、諸君ニシテ此所ニ一ツノ稅源ヲ明カニ御求メニナゼナラナカッタト云フコトヲ私ハ御勸告ヲ申シタイ、卽チ此都府ノ宅地價デアル、都府ノ宅地價ト云フモノハ山林ト云フ名稱ノ下ニアルモノアリ、サウデナイモノモゴザイマスガ、凡ソ買求メラレタ、賣買ノアッタ當時ノ價格ト今ノ價格トハ何レニシテモ――尤モ昨今ニ賣買セラレタ人ハ格別デアリマセウガ、餘程違ッテ居ル、然ルニモ拘ラズ之ヲ此儘ニ置イテアル、若シ宅地價ノ修正ガ出來ヌトスレバ、或ハ庭園稅ヲ設ケラレルモ亦一策デアル、斯ノ如キ稅ハ中流以上ノ頭ニ關スルコトガ多ウゴザイマスルガ故ニ、隨分議案トシテハ通過セシムルコトニ於テハ出來ニクイコトデアラウト思フ、最モ貴族院ノ如キ地位ニアラル、トコロノ人々ニ取ッテハ直接ニ苦痛ガ多クシテ、御本人ハ卒ザ知ラズ或ハ支配人ノ地位ニ居ヲル、トコロノ御家令ノ如キ者ガヤカマシクテナカ〳〵ムヅカシイ問題ト考ヘルノデアル、併ナガラ若シ政府當局者ニ手腕ガアッタナラバ、戰爭中ニ此庭園稅若クハ宅地價修正ノ如キモノヲ此戰爭ヲ前ニ控ヘタトキニ提出セラレナカッタト云フコトハ、其當時ノ局ニ當ラレタ人ノタメニ甚ダ遺憾ニ考ヘルノデアリマス、然レドモ諸君ガ敢テ稅源ヲ求メルトスレバ斯ノ如キ難キコトヲモ、難ヲ冒シテ通過セシムルト云フ勇氣ヲ以テ、其案ヲモ備ヘテ以テ此三稅ノ輕減ヲ圖ル、或ハ廢スルト云フ策ニ何ゼ出デナイノデアルカ、或ハ剩餘金ヲ目的ニシ、甚シキニ至ッテハ島田君ノ如キハ、此公債ヲ償還スルトコロノ費用ニ充テ、居ルトコロノ減債基金ノ一部ヲ割イテ此三稅ノ廢止ノ費用ニ充テタラバ宜シイト云フ御論デゴザイマスガ、若モ今日ノ公債ノ上リ掛ケテ來タトコロノ、卽チ公債ノ整理ノ目的ヲ達セント、スルトキニ臨ンデ、又一面ニ一ツノ穴ヲ明ケテサウシテ上ニ騰ルモノヲ下ゲルト云フコトデゴザイマシタナラバ、直チニ明年ニ差迫ッテ居ルトコロノ一億八千万圓ノ國庫債券ハ如何ニシテ之ヲ償還スルコトガ出來マスカ、一方ニ以テ乘替ヲスルト云フコトモ、一方ニ募替ヘルト云フコトモ、畢竟百圓ノモノハ百以上ノ價ヲ持ッテトカ、ソレ相當ノ價ヲ持ツト云フコトデ初メテ出來ルノデアリマセウガ、今此所ニ一億八千万圓ノ國庫債券ヲ償還スルトコロノ財源ハ何處ニアル、而シテ是ハ外國債ニアラズシテ現ニ內國債デアルノデアリマス、此一億八千万圓ノ借金ノ始末ヲスルダケニシテモ、差掛リ今日ニ立テラレタトコロノ財政計畫、卽チ諸君ノ協贊ヲ與ヘラレタトコロノモノハ、是ハ蓋シ已ムヲ得ザル順序デアルデハアリマセヌカ、況ヤ凡ソ世界ノ一等國ト言ハレルモノガ、外國債ニ於テ五朱以上ノ利息ノ金ヲ借リテ居ル國ガ何所ニアル、無論亞米利加ノ如キハ金利ハ貴イ所デゴザイマスガ、五朱ニシテ手取ガ尙百圓以內ニ關スルト云フガ如キ金ヲ借リナケレバナラヌト云フ境遇ニアル國ハ何處ニアル、(「日本ニアル」ト呼フ者アリ)卽チ日本ニアルガ故ニ、此地位ヲ高メテ以テ安心ヲ與ヘテ以テ正當ナル餘リ恥ヂザルトコロノ、一方ニ於テ利益アルトコロノモノニシナケレバナラヌト云フガ如キコトハ、戰後ノ財政ノ計畫トシテモ、亦一面體面上カラ見マシテモ、是ハ當然ナコトデアリハセヌカト思フノデアル、然ラバ今日ニ於テ明年卽チ四十三年度ヨリ三税ヲ廢スルト云フガ如キコトハ一面ニ非常ニ堅固ノ方策ヲ立テル如ク見セテ、一面ニ直キ引落スト云フガ如キ計畫ヲ立テルト同ジコトデアル、故ニ私ハ此三税廢止、獨リ三税ト言ハズ所謂非常特別税ト云フ名目ノ下ニ立テラレタトコロノ租税ニ對シテ、是ハ漸次偏重偏輕ヲ矯メルト云フコトハ是ハ當然ナコトデゴザイマスルガ、國ノ進歩ト共ニ今直チニ非常ニ費用ヲ減ズト云フガ如キコトハ、到底出來得ナイモノデアルト私ハ思ッテ居ル、又之ヲ決シテ減サズシテ、斷然進ンデ以テ國ノ信用ヲ高メ事業ヲ進メルト云フガ如キコトノ勇氣ヲ國民ガ非常ナ奮發力ヲ以テ持タナケレバナラヌ筈デアル、若シサウデナケレバ卽チ前ニ申シタトコロノ大戰爭ヲ經タトコロノ其國ガ、今日英國ノ如クナリ、今日佛蘭西ノ如クナリ、佛蘭西ノ如キモノハ五十億法ノ償金ヲ背負ッテ、尙獨逸ノ駐在軍ノ費用マデ負擔シテ、サウシテ今日ハ斯ノ如シ、又亞米利加ニシテモ其通リ、日本ハ僅カ一二年ノ戰爭ヲ經テ二十億位ノ費用ヲ負擔シタト言ッテ其後ヨリ直チニ四十三年カラ税ヲ減サナケレバナラヌト云フコトハ、ソレハ國民ヲ喜バシメルニハ最モ宜イノデアリマセウガ、國民ヲ發達セシムル方ノ計畫トシテハ畢竟萎靡サセルトコロノ方策デアル、(拍手起ル)斯ノ如キ勇氣ノナイトコロノ立場ヲ以テ、本場ニ臨マレル者ガ多イト云フコトハ私ハ甚ダ遺憾ニ考ヘルノデアル、寧ロマダ多少ノ税ヲ負擔シテモ卽チ庭園税ヲ掛ケ、或ハ宅地ノ修正ヲシテモ、積極的ニ仕事ヲスベキコトハシテ、サウシテ民力ノ發達ヲ期スルガ如キ勇氣ヲ私ハ持チタイト思フ、併ナガラ通行税ノ如キ一錢ニ一錢ノ税ヲ課スルトカ、彼ノ手數ノ煩雜ナルトコロノ織物税ノ如キモノハ多少ノ修正ヲ加ヘル如キコトハ、是ハ當然デアル、卽チ一般ニ非常特別税ニ向ッテ多少ノ修正、卽チ整理ヲナスト云フコトハ必要ナコトデゴザイマスガ、唯此所ニ甚ダ一合一升ノ鹽ノ價ヲ論ゼラル、ガ如キ、緻密ナル、誠ニ敬服スル、長時間ノ御演說ニ對シテモモウ少シ財政的耐久力ヲ養成セラレンコトヲ偏ニ希望致スノデゴザイマス、私ハ此三税ニ對シテ諸君ガ述ベラレタトコロノ事實ノ大體ニ於テハサウ異議ヲ狹ムベキモノデナイ、併ナガラ戰後ノ始末ノトキニ於キマシテハ今直ニ四十三年ヲ期シテ直チニ三税ヲ廢止スルガ如キコトハ是ハ殆ド自滅ヲ圖ルガ如キ仕事デアル、(拍手起ル)國ノ國トノ間ニ信ヲ滅却スルノ致方デアルト思フ、(拍手起ル)故ニ本案ニ對シテハ反對ヲ述ベマス

○議長(長谷場純孝君) 神崎東藏君――モウ六時ニナリマスケレドモ討論ヲ續ケマスカラ、時間ヲ延バシマス

(神崎東藏君登壇)

○神崎東藏君 私ハ憲政本黨ノ黨議ニ基キマシテ、憲政本黨ヲ代表致シマシテ唯今(ノウノウ)案件ニ上ッテ居リマストコロノ三税廢止案ニ對シ贊成ノ意見ヲ述ベヤウト思ヒマス(「代表デハナイ黨中ガ異議ガ起ッテ居ル」ト呼フ者アリ笑聲、拍手起ル)第一ニ此鹽ノ問題デゴザイマス、此鹽ノ問題ニ付テハ島田君カラ委シク御說ガアッタノデゴザイマスカラ、私ハ單ニ鹽ノ專賣ト云フモノハ人生ノ必需品ニシテ不廉ノ價ヲ拂ハシメテ國民ノ健康力ヲ損スルト云フコトヲ一言述ベテ置キマスル、諸君ハ山間僻地カラ來ラレタ人モアルデゴザイマセウガ、鹽專賣廢止以前ニハ(「廢止以前デハアルマイ施行以前デアラウ」ト呼フ者アリ)鹽專賣施行以前ニハ鰯デアルトカ、或ハ鯛デアルトカ、誠ニ鹽ノ辛イ鹽漬ガ山間僻地ニモ行渡ッタノデゴザイマス、ソレガタメニ多數ノ農民、多數ノ樵夫、悉ク體力ヲ健全ニ備ヘテ居ッタノデゴザイマスガ、本案施行ノ後ニナリマシテ(笑聲起ル)此鹽ガスッカリナクナッタノデゴザイマスカラ、國民ノ健康ニ及ボストコロノ影響ハ非常ナモノデゴザイマス、(笑聲起ル)笑フベキ問題デハゴザイマセヌ、現ニ兩三年間ノ陸軍壯丁ノ體力ト云フモノハ非常ニ惡ルクナッテ居ル、少クトモ鹽ヲ餘計用ヰナイトコロノ原因デアルト云フコトヲ私ハ斷言スルニ憚ラナイノデゴザイマス、(笑聲起リ拍手起ル)政府ノ當局者ハ鹽ト酒トヲ混同シテ居ル、鹽ト煙草トヲ混同シテ居ル、吾々ハ酒ニ向ッテハ隨分不廉ナ代價ヲ拂ッテ居リマス、煙草ニ向ッテモ高イ錢ヲ出シテマヅイ物ヲ吸フテ居リマス、併ナガラ酒煙草ト鹽トヲ混同セラレテ、鹽ニ向ッテモ尙高イ代價ヲ拂ハナケレバナラヌト云フコトハ、如何ナル理由デゴザイマスカ、若シ世間ニ鹽ノ供給ガ少ナケレバ格別デゴザイマスケレドモ、鹽ト云フモノハ日本ハ環海國デゴザイマスカラ、何處デモ出來ルノデアル、今日ノ進歩シタル方法ニ依レバ何處デモ出來ル、臺灣デモ出來ル、關東州デモ出來ル、朝鮮デモ出來ル、立派ニ鹽ト云フモノガ出來ルノニ何ヲ苦ンデ高イ鹽ヲ人民ニ嘗メサセルノデゴザイマスカ、(笑聲起ル)當局者ハ鹽專賣法ヲ廢止スルニ於テハ、鹽田ガ廢滅スル、鹽業者ガ自滅スルト斯ウ云フコトヲ申シマスケレドモ、是ハ一ヲ見テ二ヲ知ラザル所ノ愚論デアル、鹽田ガ若シ荒廢致シマシタナラバ、之ヲ變ジテ他ノ田畑ト爲スコトガ出來ルノデゴザイマス、(「出來マセヌ」ト呼フ者アリ)出來マス、鹽業者ト云フモノハ業ヲ他ニ轉ズルコトモ出來ルノデゴザイマス、東洋拓殖會社ト云フモノガ出來タノデアルカラ、若シ食ヘナケレバ其方デ保護ヲシテ朝鮮ヘ連レテ往ッテモ差支ナイノデアル、(笑聲起ル)況ンヤ當業者ト云フ所ニ依ルト、現ニ當業者ノ五六分ト云フモノハ此鹽專賣ノ廢止ヲ希望シテ居ルト云フコトハ事實デゴザイマス織物税ニ至リマシテハ同一ノ收税吏、同一ノ役人ニ扱ハシテ置イテ他ノ諸般ノ租税ニ對シテハ格別ノ苦情ガナイニモ拘ラズ、此織物税ニ對シテハ非常ナル苦情ガアル、多數ノ犯罪者ガ出ルト云フ事實ハ織物税其モノガ、税ノ性質ニ於テ非常ニ惡税デアルト云フコトヲ證明シテ居ルノデゴザイマス、唯是ダケデ十分デアル、通行税ニ至リマシテハ是ハ誠ニ貧民ヲ窘メル税デアッテ、早イ話ガ電車ノ賃錢デモ分ルノデアル、十錢二十錢ノ賃金ヲ取ル所ノ勞働者ガ五錢ノ金ヲ拂ッテ居ル、四錢ニ對シテ一錢ノ税ヲ拂フノデアル、諸君ノ如キハ回數乘車券ヲ買ハレルノデ、五十回ノ回數乘車券ニ對シ僅五錢ヲ拂ヘバ宜イノデアルガ、一回每ニ買フ所ノ――此貧民ヲ窘メルトコロノ税ト云フモノハ其額ハ僅カ二百十万圓ト云フコトデアリマスカラ、之ヲ廢スルト云フコトハ私ハ當然ノコトデアルト信ズルノデアル、卽チ此三税トモ性質ニ於テ宜クナイ税デアルト云フコトハ諸君ニ於テモ認メテ居ラル、コト、信ズルノデゴザイマス、殘ル所ノ問題ハ何デアルカ、殘ル所ノ問題ハ單ニ財源問題デアル、政友會ノ未來ノ總理大臣ヲ以テ任ゼラル、トコロノ博覽强記學和漢ヲ兼ネラル、トコロノ竹越與三郎君ハ(笑聲起ル)此三税廢止案ヲ以テ財政ノ基礎ヲ破壞スルモノデアルト云フコトヲ細イ聲デ述ベラレタ、併ナガラ何故ニ財政ノ基礎ヲ破壞スルノデアルカ、六億ニ垂ントスルトコロノ歲計ノ中ニ於テ僅ニ其五分ニシカ足ラヌトコロノ金ガドウシテ節減ガ出來ナイノデアルカ、(拍手起ル)若シ內閣ノ諸公ガ誠心誠意事ヲ取ッタナラバ、僅カニ五分ノ節減ガ出來ヌト云フコトハ斷ジテナイノデアル、百圓ノ收入アル者ガ五圓減ゼラレテ九十五圓デ暮シガ立タヌト云フコトガドウシテアリマスカ、(「ソレハ君ノ家ノ暮シノコトダ」ト呼フ者アリ)況ヤ豫算ノ編成ノ仕方ガ誠ニ懸直ノ多イ杜撰ナル豫算ガ終始シテアルト云フコトハ、年々歲々ノ剩餘金ガ頗ル多額ニナッテ居ルト云フ事實ニ於テ證明セラレテ居ル、此點ニ於テハ先刻小川君ヨリ會計法改正ノ場合ニ於テ委シク述ベラレマシタ通リニ少シク注意シテ豫算ヲ編成致シマスレバ、年々ニ四千万ヤ五千万圓ノ金ハ直グ出テ來ルノデアル、譯ハナイ話デアル、然ルニ內閣ノ諸公ハ之ヲ努メナイト云フノハ私ハ誠ニ國民ニ對シテ不親切極マルトコロノコトデアラウト思フノデゴザイマス、唯今又片岡直溫君ガ政府委員的態度ヲ以テ頻々金ノ計算ヲセラレタノデゴザイマスガ、片岡直溫君ノ議論ト中野武營君ノ議論トヲ比較シ

テ此實業界ニ於ケル兩者ノ地位經歷ヲ較ベテ見テ、ドチラガ民ノ聲デアルカ、ドチラガ御用商人ノ聲デアルカ、ト云フコトハ一目シテ私ハ分ルデアラウト思フ、(拍手起リ笑聲起ル)兎ニモ角ニモ(「ドチラモ御用商人ダ」ト呼フ者アリ)兎ニモ角ニモ吾々ハ國論ヲ代表シテ此三税ノ廢止ヲ主張スルモノデゴザイマス(「憲政本黨ガ國論代表ガ出來ルカ」ト呼フ者アリ)三税廢止ヲ贊成セザルトコロノ諸君ハ國論ニ背馳シタル諸君ト言ハナケレバナラヌ(ヒヤヒヤ)政友會ノ諸君ノ三税ノ廢止ニ反對シテモ尙多數ヲ得タリト呼號シテ居ラレル人ガアルカモ知レヌガ、是ハソレガタメニ多數ヲ得タノデハナイ、アスコニ坐ッテ居ル原敬君ノ手腕ニ依ッテ多數ヲ得タノデアリマス(拍手起リ笑聲起ル)マダマダ日本ノ政黨ハ餘程程度ノ低イノデアルカラサウ云フコトデ自惚レテ居ルト大キナ間違ガ起リマスルゾ(「憲政本黨ノ全滅ハ誰ノ力ダ」ト呼フ者アリ)日露戰爭ノ際ニ桂總理大臣ガ局ニ當リマシテ、此非常特別税ト云フモノヲ吾々ガ協贊ヲシタノデアリマス、今日桂總理大臣ハ日露戰爭ヲ輿論ニ從テ起シ「ポーツマス」條約ノ失敗ニ當ッテハ輿論ニ從ッテ是ハ内閣ヲ明渡シタノデアル、而シテ今日ハ幾分輿論ニ從テ内閣ニ立タレテ幾分カ輿論ヲ容レラレル形勢ガアリマスカラ、此輿論ノ問題ナルトコロノ三税廢止ヲ容レラレナケレバ其心ノ程ヲ疑ハザルヲ得ナイ、殊ニ現内閣ニハ平田内相ノ如キ二宮尊德翁ヲ尊敬シテ殆ド其衣鉢ヲ傳ヘテ居ル人ガアルノデアリマス、勤儉力行ヲシタナラバ三税廢止ノ出來ナイコトハナイト確信シテ居ルノデアル、況ンヤ陸軍ニモ海軍ニモ其部内ニ於テ威望並ビナキトコロノ兩大臣、而モ豫算ノ上ニ於テ隨分融通ノ利クトコロノ兩大臣ガ居ラレルノデアルカラ、三税廢止ハ私ハ出來ナイコトハナイ(「一ノ犬養君ヲ奈何セン」ト呼フ者アリ)アレハ人間デナイ(笑聲起ル)憲政本黨ハ此政務調査會ニ於テ三税廢止以後ノ財政ノ整理ニ付テハ十分ナル成案ガアルノデゴザイマス、ソレ故ニ私ハ憲政本黨ヲ代表シテ本案ニ贊成ノ意見ヲ表シマス、最後ニ諸君ニ向ッテ希望スルノハ諸君ハ此國民ノ耐久力ヲ考ヘ下サッテ、財政ノ耐久力ト同時ニ國民ノ耐久力ニ注意セラレンコトヲ希望シマス、ソレカラ一番シマイニ中シマスガ唯今立川雲平君――クモヒラ君ノ御言葉ニ對シマシテ私ガ犬養君ニ對シテチヨット無禮ナ言葉ヲ吐キマシタガ、アレハ犬養ト云フノデ、チヨット洒落レタノデアルガ此點ハ謹ンデ取消シマス(「ノウノウ」「討論終結」ト呼フ者アリ)

(鳩山和夫君登壇)

○鳩山和夫君　諸君、分リ切ッタコトヲ――諸君靜ニ御聽キニナラヌト暇ガ掛リマス――分リ切ッタコトヲ時々繰返サナイトナラヌコトガ世ノ中ニ屢々アル、此處デ諸君ノ如キ賢明ナル前ニ於テ諸君ヨリ尙學識經歷ニ於テ劣ッテ居ル人ニ向ッテ言ハナケレバナラヌヤウナコトヲ言ヒマスカラ御許シヲ請ヒマス、即チ此減税――廢税ト云フヤウナ問題ハ金ノ剩ッタトキニ起ル問題デアリマシテ、足リナイトキニ起ル問題デナイト云フコトヲ一ツ此處デ言フノデアル、極ク分リ切ッタ話デアル(「ヒヤヒヤ」)ソレカラ今一ツニハ國ノ財政ヲ議シマスルノニハ歳出ヲ先キニ議シテ其途ガ極ッタ後ニ於テ收入ニ移ルト云フノデアリマス、御互個人ノ家ノ經濟ト違フト云フノガ是ガ學者ガ屢々言ウテ居ル、經濟學ノ初歩ヲ讀ムトキニイツデモ是ガ書イテアルノデアル(「反對説モアリマス」ト呼フ者アリ)先ヅドレダケノ事業ヲ國家ガ爲サナケレバナラヌト云フ事業ノ上カラ極メテ來テ、ソレカラシテ其事業ニドレダケノ費用ガ要ル、ソレカラ是ダケノ仕事ヲスルノニハ財源ヲ何ニ取ル、是モ極マリ切ッタ話、此二ツナガラ分カリ切ッタコトヲ劈頭ニ申上ゲテ置クト外ノ問題ガ非常ニ早ク解決セラレルノデアル、(ヒヤヒヤ)島田君其外カラシテ三税廢止ト云フ――鹽ノ專賣廢止其他二税ノ廢止ト云フ案ガ出テ居リマスガ、云ハ唯今私ガ申上ゲマストコロノ分カリ切ッタコトヲ頭ニ置イテ觀ルト、是ハ此場合ニ出ルベキ場合デナイト云フコトガ直グ分ルノデアリマス(「ヒヤヒヤ」「ノウノウ」)支出ハモウ極マッテ居ルノデアル、先刻竹越君デアッタカト思ヒマスガ島田君ハ豫算委員會ニ於テ八十万圓バカリノ削減說ヲ出サレタ、是ハ否決セラレタ、斯ウ云フ特ニ本年度ノ豫算ハ歳出ハモウ極マッテシマッテ居ルノデ、獨リ本年度ノガ極ッテ居ルノミナラズ戰後ノ經營ナルモノハ二十三議會ニ於テ大體議會ガ極メテシマッタノデアル、是ハ本年ノ豫算ノミナラズ昨年ノ豫算、一昨年ノ豫算ニ於キマシテ戰後經營ノ大方針――我帝國ノ大方針ト云フモノガ極ッテシマッテ居ルノデ、之ヲ變更スレバ兎モ角モ日本ガ此方針ヲ變ヘズ、此國是ヲ守ッテ往ク上ニ於キマシテハ今財源ヲ減ラスト云フ案ノ出レヤウガナイノデアル、戰後ノ經營ト致シマシテ爲スベキコトハ種々アリマセウ、其中ノ一ツハ財政ニ關スルモノデ、先ヅ其財政ト申シテモ是ヲ分ッテ考ヘレバ戰時ニ高イ利息デ借リテ――短期ノ金ヲ借リタ、此高イ利息ヲ短期ノ公債ヲ募ッタ、戰爭ガ濟ンダナラバ此公債整理ト云フモノヲ一ツヤラナケレバナラヌト云フコトハ極マリ切ッタ話デアリマス、何處ノ國ノ歷史ヲ見マシテモ戰爭中ニ借リルトコロノ金ハ利息ガ高イ、而シテ多クハ短期デアル、戰爭後ニ於テ此公債整理ト云フコトヲヤラナケレバナラヌト云フノハ極マリ切ッタ話デアリマス、唯一ツ公債整理ヲヤルノミデハイケナイ、其外ニヤハリ事業ノ勃興ト云フコトモ吾々ハ圖ラナケレバナラヌノデアル、一方ニ於テハ公債ヲ整理シ、一方ニ於テハ國ノ富ヲ增スト云フ計畫ヲ一ツヤラナケレバナラヌノデ、今一ツニハ軍備ノ充實ト云フコトヲヤラナケレバナラヌ、戰爭中ニハ船モ壞ハレマスル、彈藥モ大ニ使フ、又陸兵ニ於テモソレソレ損スル處ガアル是等ノモノハ擴張ハセズトモ少ナクモ充實ハシナケレバナラナイ、ダカラ戰後ノ仕事ト致シマシテ國ノ爲スベキモノハ多々アリマスルガ、大別スレバ公債ノ整理、ソレカラ國ノ富ヲ增ストコロノ手段ヲ執ルコト、ソレカラシテ戰爭中ニ損ジタトコロノ機關等ヲ充實スルコレダケノコトハヤラナケレバナラナイノデアル、ソレダケノコトハヤル積リデ戰後ノ經營ヲ今爲シツヽアルノデアルノデス、此點カラ考ヘテ見マスルト今日ノ場合減税トカ廢止税トカ云フヤウナ問題ハ未ダ起ルトキデナイト思フノデアル、片岡君ハ大分財政通デ隨分委シク述ベラレマシタケレドモ、私ハ全ク同意デアル、假リニ二十億ノ公債ニ於テ五朱拂ッテ居ルモノヲ一朱ヲ引下ゲテ四朱ノ利子ニ乘換ヘバ、二十億ノ百分ノ一ハ二千万圓デアル、二千万圓ト云フモノガ茲ニ浮イテ來ルノデアル、若シ假リニ尙日本ノ財政ノ基礎ガ固クナリマシテ、三分五厘ト云フ金ヲ借リルコトガ出來レハ尙其上餘裕ガ生ジテ來ルノデアル、公債ナルモノハ何處マデモ皆拂ッテシマフ必要ハナイノデアル、高イ公債ヲ借リテ居ルノハ一番イケナイ、高イ金ヲ借リテ居ルト云フノガ一番イケナイノデアル、國ノ信用ガ增シマシテ財政ノ基礎ガ鞏固ニナッテ、世間並ノ即チ歐米諸國ガ全ク借リテ居ル世間並ノ利率ニ於テ日本ガ借リ得ルト云フ程度マデ進ンダナラバ、吾々モ亦金ヲ借リテモ宜イカモ知ラヌノデアル、ソコマデ行ッテ今度皆償却スルマデ公債ヲ拂フ必要ハナイ、現内閣ノ執ッテ居ル方針ヲ見マスルト此公債政略ト云フ點ニ於テハ誠ニ我意ヲ得タモノト私ハ考ヘルノデアル、ツマリ唯今マデ議會ガ協贊ヲ與ヘ來ッタトコロノ豫算及ヒ法律案デ、財政ニ關スルトコロノモノハ總テ此戰時ニ高イ利息デ以テ短カイ期限ノ金ヲ借リテ居ル、此公債ヲ整理スル其下地ヲ作ルト云フ方針ヲ以テ成立テ居ルノデアル、之ハ戰後經營ノ一部ト致シマシテ吾々ハ兩手ヲ擧ゲテ贊成スルトコロデアルノデアル、之ヲ行フニハ今茲ニ三税ヲ廢スルト云フヤウナ案ヲ通過スルハ甚ダ邪魔ニナルノデアル、惡税々々ト云フ聲ガ、大分聞ヘルガ、或ル點ニ於テハ島田君ニ御同意ヲ申スノデアル、鹽ノ税ノ如キガ隨分或ル供給ニ向ッテ或ハ又或社會ノ人ニ向ッテ下層ノ人ニ向ッテ困難ナル税デアルト云フコトモ御同意申ス、織物税ト云フモノガ此徵收方法ニ於テ隨分公平ヲ缺ク卽チ税務官吏ノ取扱振リニ依ッテ公平ヲ缺クト云フコトニ付テハ御同意ヲ申ス、併ナガラ其小サイコトヲ今言フテ居ルトキデナイ、非常特別税ナルモノハ此三税ニハ限ラナイ、其他ニモ戰時ニ起シタトコロノ税ガアル、戰時ニ起サズトモ戰時ニ率ヲ増シタ税ガアル、是等ト云フモノハ無論同時ニ最モ苦シイモノカラシテ整理シテ行カナケレバナラナイノデアル、今整理スル餘地ガアルカ先刻申ス通財政ヲ整理スルトカ或ル税ヲ減ラストカ云フ問題ハ先ヅ此處ニ金ガアル餘裕ガアルトキニ生ズル問題デ、無イトキニハ幾ラ考ヘテモ之ハ駄目ナ話デアル、貧乏人ガ金ヲ持ッタナラバト云フヤウナ夢ヲモ見タナラバ兎モ角モ(「餘裕ガアル」ト呼フ者アリ)餘裕ガナイ、餘裕ガナイ、此財政ノ場合ニ於テ研究シテモ駄目ナ話デアル、單リ研究シテモ駄目ナ話デアルノミナラズ、先刻御話スル通リ支出ノ途ガ極マッテ之ニ協贊ヲ諸君ガ與ヘテ居ルノデアル、片岡直溫君ノ如キハ國有鐵道ガ嫌ヒデアルケレドモト云ッテ愚痴ヲ少シ述ベラレテ、而シ吾々ガ協贊シテシマッタ帝國議會ノ多數ガ極メタ以上ハ、モウ仕方ガナイカラ其通デアル、今カラ鐵道ノ國有ヲヨシテ之ヲ拂下ゲルト云フヤウナコトヲヤリ出シテモソレハ出來ルモノデモナシ、到底爲シ得ベカラザル事柄デアル、出來タ事柄ハ出來タ事柄トシテ一ツ議論シテ見タイト思フノデアル、島田君ハ財源ニ付キマシテハアルト云ハレタ、今日ノ島田君ノ御演説ハ實ハ全部聽取リ得ナカッタ、併ナガラ太陽ニ島田君ノ名ヲ署セラレシトコロノ論文ガ出テ居リマシテ、ソレヲ拜讀スルノ榮ヲ得タカラ、ソレト今日此處デ御述ベニナッタ處ハ大差ナシト私ハ考ヘテ居ルノデアルガ、此太陽ニ掲ゲテアルノト今日ノハ餘リ實ハ長カッタモノデスカラ共間ニ實ハ聽漏ラレタコトガアッタ、太陽ニ掲ゲテアッタトコロト今日ノ御演説ト大差ナシトスレバ、島田君ハ此財源ハアル卽チ行政整理ニ依ッテ財源ガ得ラレル、其行政整理ト云フノハ何カト云フト、政府ハ違フタトコロデ同ジヤウナコトヲヤッテ居ル、一方ニ馬政局ト云フモノヲ置イテ居リナガラ、農商務省ニ於テ馬匹改良費ト云フモノガアル、又陸軍ニモ馬匹供給ニ付テノ或ル項目ガアル、コンナヤウナモノヲ一所ニ集メテシマウトソコデ行政整理ガ出來ル、ソコデ私ハ一ツドノ位金ガ減ルカト思フト馬政局ノ費用ハ僅ニ百六十万圓、之デハ三千万圓ニハチト足ラヌノデアル、先刻君ノ竹越君ノヲ集メテモ二百万圓バカリニシカナラヌ、今一ツハ打切リ繼續費ノ打切デアル、サウスレバ財源ガ茲ニ生ジテ來ルト云ハレル、繼續費ノ打切ト云フコトハ何ヲ意味スルノデアル、此繼續費ノ打切ト云フコトハ軍備ノ縮小ト云フコトヲ意味スルノデアル之モモウ極ッテシマッタ問題デアル、軍艦ノ五十万噸ソレカラシテ師團ノ十九デゴザイマス、是等ノコト、云フモノハ業ニ既ニ二十三議會デ極ッテシマッタ話デアル、假リニ今度繰延ノ結果或年度ニ於テ十五万トカ十四万トカ云フ僅カナ數字ガ出テ居ルケレドモ、ソレハ其繰延ノ結果デ其年ニハソレダケシカ要ラナイノデアルガ遂ニ千万圓ト云フヤウナ大キナ數字ガ出テ來ル、此計畫ナルモノハ政府ト諸君ト共ニ相談ノ上デ議會ノ協贊ヲ經タ上ニ極マッテシマッタモノデアルカラ繰延ノ打切ト云フコトハ軍備縮小ト云フコトヲ意味シテ、之ハ國是ノ變更ト云フコトヲ意味スルノデアルカラ、ソコマデ議論ヲ持テ行ケバ論理ダケハ立ツ、併シ實際ニハ行ハレナイノデアル(拍手スル者アリ)實際ニ行ハレナイ問題ヲ今時分擶出シテ長ク吾々ノ時ヲ費ヤスト云フコトハ議會ノタメニモ餘リ面白クナク國民ニ對シテモデス、行ハレザル說ヲ此處ニ持ッテ來テサウシテ國民ヲ騷ガスノハ餘リ親切デアルマイト思フ(拍手起ル)

○議長(長谷場純孝君)　犬養毅君

(拍手起ル)

(犬養毅君登壇)

○犬養毅君　最早論旨ハ十分ニ盡キタヤウニ感ジマスルノデ、私ガ此場合ニ多クノ言葉ヲ用非ル必要ハナイト思ヒマス、殊ニ島田君ノ綿密周到ナル御演説ニ於テ十分吾々ノ意思ハ盡サレテ居リマスカラ、今更多クノ言葉ハ費サヌ積リデアル、唯私共聊カ同志ヲ代表シタル言葉ヲ僅ニ一言述ベル必要ガアル、最早三税ノ得失ト云フコトノ細目ニ於テハ多ク論ゼラレテ既ニ盡キタモノト思ヒマス、ソコデ要スルニ論點トナッテ居リマスノハ餘裕ノ有ルカ無キカ財源ハ如何ナル處デ拵ヘルカ財源ガ有ルカ無イカ、斯ウ云フコトガ御懸念ナサレル一番ノ終點トナッテ居ルヤウデアリマス、所ガ此餘裕ノ有ル無イト云フコトハ、餘裕ヲ拵ヘルカ拵ヘナイカト云フ問題デアル、財源ガ有ルカ無イカト云フコトハ財源ヲ拵ヘルカ或ハ拵ヘザルカノ問題デアル、ソコデ此問題ハ内閣ハ如何ニ見テ居ラル、カト申セバ、丁度三税ノ委員會ニ於テ桂大藏大臣ノ御答ヘニナッタ言葉ニ斯ウ云フコトガアル、細野君ノ質問ノ言葉ニ自然ノ増收ガアル、是ハ如何ニナサレルカ、大藏大臣曰ク、自然ノ増收ニ對シテハ將來政務ノ膨張シテ行クトコロノモノニ充テ、アルノデアル、然ラバ關稅改正ヨリ將來生ズルトコロノ増收ハ如何ニナサレルカ、是ハ十一年計畫ノ方ニ充込ンデ居ルカラ之モ使ハレヌ、ソコデ現在ノ收入ハ勿論ノコト未來永遠殆ド是カラ生ジテ來ルトコロノ自然ニ増加スルモノ、法律ノ改正其外カラ増加スルモノハ凡テ政府ガ使ッテ行カウト云フ考、此計畫ナラ無論餘裕ノアル筈ハナイ、餘裕ドコロデハナイ餘裕以上ノモノヲ使フト云フ計畫デアレバ無論出來ナイノデアリマス、併ナガラ吾々ハ餘裕ヲ拵ヘナケレバナラズ、又餘裕ヲ拵ヘ得ルト信ジテ居ルノデアリマス、元來何デ吾々ガ三税デ苦ンデ居ルカ其外ノ租税デ苦ムカ借金デナゼ苦ムカト云フコトハ獨リ戰爭ノミデハナイ、戰爭後ニ生ゼラレタルトコロデ所謂戰後經營デアル、此戰後經營ハ立派ニ失敗シタノデアル、其戰後經營ト云フコトデアルガ、一面ニハ軍隊ノ所謂軍備補充デアル――補充及擴張、ソコデ軍備ノ補充擴張ヲ爲シテ之ヲ以テ東方ノ平和ヲ維持スルト同時ニ此有力ナル海ニ於テハ五十万噸ノ軍艦、陸ニ於テハ十九師團ノ兵ヲ以テ之ヲ後援トシテ外交上ノ大發展ヲ爲サウト云フ考デアル、ソコデ外交的大發展ヲ爲シテ是ガ吾々ノ商工業ノ前驅トナッテ、日本經濟力ノ大發展ヲヤラウト云フ是ガ所謂戰後ノ經營デアル、戰後經營ハ此三ツノ柱カラ成立ッテ居ル、所デ此經營ノ全體カラ考ヘテ見レバ誰ガ考ヘテモ左樣ナモノデアル、惡ルイコトハナイ、唯是ガ能ク調和ヲ得ラレタルヤ否ヤト云フコトガ問題デアル、ソレデ又之ヲ産業ノ方面經濟力發展ノ方面ニ幾分ヲ用ヰラレテ、軍備擴張ハ幾分ヲ用ヰラレトシテ能ク調和ヲシテ居ルカ、不調和デアルカト云フコトノ問題デアル、吾々ガ見ルトコロニ依レバ其不調和ノ爲メ今日ノ苦ミヲ生ジテ居ルノデアル、所デ此不調和カラ生ジタ强大ナル軍備、戰ヘバ必ズ勝ツ、海ニ於テモ陸ニ於テモ戰ヘバ必ズ勝ツト云フ此軍備ヲ後援トシテ、外交上ノ大發展ガ何處ニ出來テ居ルカ、此外交上ノ大發展ガ前驅トナッテ我商工業ノ發達トナルベキ前路ガ何處ニ開カレタカ、近イ例ハ亞米利加ハドウデアルカ、突進デ吾々同胞ガ金ヲ儲ケル場處デアルガ、此金ヲ儲ケル場處ガ近來ドウナッテ居ルカ、事實ハ渡航禁止デアル、事實渡航禁止デアッテ之ニ代ヘルモノハ何デアルカト云フニ大侮辱ヲ受ケル、幾ラカ程度ヲ減ズル侮辱ノ程度ヲ減ジテ條約上得タル權利ヲ蹂躙サレテモ其儘デ居ルト云フ大失敗デアル、(拍手起ル)所デ海外ニ持ッテ往ッテ金ヲ儲ケサセテ、我同胞ノタメ經濟力發展ノ前路ヲ開カレルト云フコトハ、ドウナッテ居ルカ大失敗デハナイカ五十万噸ノ海軍平時ニ於テ二十二万五千人ト云フ大兵ヲ養ッテ居ル、此武力ヲ後ニ控ヘテ最モ外交上ニ經驗アル諸君ガ之ニ當ラレテ、尙此位ノ有樣ダト云フコトハ實ニ驚入ッタモノデアル、經濟力ノ發展ハ如何ニシテ出來ルカモウ少シコチラノ方ニ廻ルトドウナッテ居ルカ此吾々ガ苦ンデ居ル具合此吾々ノ苦ンダ租税、之ヲ以テ何ヲ得タノダ、戰爭ニ何ヲ得タカ無形ニハ無論宏大ノ利益ヲ得テ居ル、無形ニハ非常ナ賜物ヲ得タニハ相違ナイガ、此無形物ヲ除イテ有形物ノ今日存在スルモノハ南滿洲ニ於ケル一本ノ鐵道ノミデアル、鐵道ニ伴隨スルトコロノ權力デアル、此權力ガ如何ニ使用サレテ居ルカト云フコトヲ見タラ驚クベキモノデアル、此鐵道沿線ニ付テノ權力間島問題ハドウナッタノデアルカ、殆ド要ラザルノ平地ニ風波ヲ生ジテ此間島問題ハドウシテ居ッカ、遼東問題カラ退イテ忽チ御辭儀ヲスルト云フ有樣、斯樣ナ有樣デ所謂外務大臣ガ云フ朝鮮カラ滿洲ニ持ッテ行ッテ日本ノ殖民ヲシテヤルト云フコトガ此位ノ微力デドウシテ出來ルカ、此鐵道ノ利益ト云フモノハ近頃スラモ將來トテモ此利益ハ保全セラル丶ト云フ御見込カ、新民屯ノ問題ハドウナッタカ、新奉線ノ問題ハドウナッタカ、ソレカラ引續イテ此港灣問題ガ生ジテ居ル、是ハドウナッテ居ルカ、斯樣ナモノハ若シ此上ニ御辭儀ヲレテ引込マレタナラバ吾々ガ苦ンデ居ル三税ノミデナク、戰時ノ租税戰時ノ國債此以上ニ又貰イ吾々ノ再ヒ購フベカラザル人命ヲ以テ買得タルトコロノ南滿洲ノ鐵道ノ利益ハ忽チ消滅スルノデアリマス、ソコデ經濟力ノ發展ト云フガ外務大臣ガ此方面ニ向テ一段ト人ヲ移ス、移シテ何ヲサセルカ、無權力デ何モ利益ガナイ、其處ニ人ヲヤッテドウナサルンダ、ソコデ此海陸軍ノ非常ナ後拔ヲ有ッタ外交ハ斯ノ如キモノデアルト云フコトハ諸君ト私ハドウシテモ驚カネバナラヌ、一ツハ確カニ失敗シテ居ル、ソコデ此不調和――元來一體ドウ使ハレルンダ、戰後經營、内ニ在テハ河川改良何年經ッテモ之ハヤラヌ、是ハ繰延ベテ居ル、鐵道是モ繰延ベテ居ル、港灣改良海陸連絡皆繰延ベラレテ居ル、斯樣ナモノヲ繰延ベテ置イテ只一方軍備ノ擴張ト云フ事ガ果シテ諸君ノ所謂之ガ積極方針デアルナラバ斯樣ナ積極方針ハ所謂退嬰スルト云フトコロノ積極方針デアル、是デハ仕方ガナイ、大失敗ニナッタノデアリマス、ソコデ此失敗ニナッタノデアリマスカラ戰後經營ノ元ニ立返ッテ元カラ改メテ來ナケレバドウシテモ三税問題ノ甲斐ガナイ、ソコデ元ニ戻レバドウスルカト云ヘバドウシテモ吾々ハ多クノ費用ヲ使ハレルトコロノ軍事當局ノ御考ヲ煩ハス方ヨリ外ニ仕方ガナイノデアリマス、(ヒヤ〳〵)ソコデ片岡君ナリ其他ノ御話デアリマスガ、借金ハ無論拂ハナケレバナラヌ、吾々ハ確カニ借金ヲ拂ハナケレバナラヌ、所ガ借金ヲ拂ハナケレバナラヌト云フ急ナモノガアルガ故ニ、使フトコロノ金カラ先ヅ考ヘナケレバナラヌ、若シ吾々ガ拂フ借金ナク租税ヲ課ケテモ苦シマヌトキナラバ、斯樣ナ軍事問題ニ吾々ハ立入ラナイノデアル、所ガ一番急用ナ經濟力ノ發展ノ方面ニ向ッテハ使フコトガ出來ナイ、一切有用ナルコトハドウスルコトモ出來ナイ、借金ヲ拂フコトモ出來ナケレバ有用ニ使ハレヌト云フ困難ガアルナラバ、如何ニ必要トシテモ幾ラカ此繼續事業ノ中、即チ十一年計畫ト云フモノニ付イテハ多少軍事當局者ハ此上ニ御考ヘニナラナケレバ今日ノ切盛リハ出來ナイ譯ニナル、(拍手起ル)ソレ故ニ私ガ云フ餘裕ト云フノハ此方面ニ向ッテ餘裕ヲ求メル、唯是ダケデアル、ソコデ隨分イロ〳〵ナ御批評ガ出マシタガ、私ノ賤名ヲ引合ヒニ御批評ニナッタ分ダケヲハ一應申シテ置カナケレバナラヌ、私ハ此間此豫算ニ付テハ此三税ガ出マス故ニ四十三年度カラシテ廢サナケレバナラヌカラ、其御用意ニハ此中ノ細目ヲ擧ゲヌガ、豫算ニ於テ御用意アリタイト云フコトヲ述ベタ、其中ニ私ノ言ッタ竹越サンノ仰シャル三十六箇師團ト云フコトハ確ニ言ッタ、所ガ此三十六箇師團ガ支那ニ於テ出來タナラバ之ヲ敵ニスル兵ガ要ルト云フノハ、私ハ實ニ恐入リマス、凡ソ鄰國デ宗教上ノ關係、學問上ノ關係、人種上關係、地理上ノ關係、數千年來最モ親密ナル鄰國、而モ吾々ガ開導シテ、吾々ガ率井テ、サウシテ此開明ニマデ持ッテ來タモノヲ、之ヲ敵ニスル程ノ下手ナ外交ヲヤラナケレバナラヌ外務大臣ナラ要ラナイ(拍手起ル「日清戰爭ハドウシテ出來マシタカ」ト呼フ者アリ)此下手ナ、此親密ナ關係ノアルモノマデモ敵ニスルト云フ下手ナ外交、拙劣ナ外交デアルナラバ外務大臣モナイ方ガ餘程安全デアル、(「萬一ノ「アクシデント」ニ備ヘルト云フノデス」ト云フモノアリ議場騷然「君ノ黨派ノ有樣ハドウダ」ト呼フ者アリ「支那マデ行カヌ内輪デサヘ起ルヨ」ト呼フ者アリ)私ノ意味ハ斯ウ云フコトヲ言ッタノデアル、御聞キナサイ、何故ソレガ必要デアルカ、今日ノ軍備カラドウ云フ事柄ガ成立ッテ居ルカ、(「黨ヲ御スル能ハザルノ首領ノ演説ハ價値ナシ」「默レ」ト呼フ者アリ議場騷然)若シ北方ニ備ヘテオマケニ鄰國ノ微弱ナルモノヲ扶植スルト云フマデニ、即チ支那保全ト云フコトニ必要ナラバ、彼レ自ラ守ル位ノモノガ出來タラ此方面ニ安全ダト云フコトヲ私ハ述ベタ、確ニ左樣デアル、(「ソレダケノ決心ガアレバ進歩黨ハ分裂セズ」ト呼フ者アリ)ソレ故ニ凡ソ此他國ニ兵ガ增スノハ何箇國增ストモ、其數ダケ增スト云フコトハ如何ナル國力、日本ノ國力ガ今日カラ二倍、三倍、十倍スルト雖モムヅカシイノデアリマス、ソレ故ニ唯一切外交ト云フコトハ棚ニ上ゲテ、一切政略ト云フコトハ棚ニ上ゲテ、大砲ノ重ミト鐵砲ノ重ミヲ以テ競爭スルナラバ、諸君ノ仰シャルヤウニナル、(議場騷然)私ハ唯一言致シマス、唯外交ト云フモノヲ棚ニ上ゲテ、無能ニシテ、無爲ニシテ、唯大砲ノ重ミダケデ競爭スルト云フ政略デアルナラバ、私共ハ此政略ニ供スルダケノ今日金ヲ持ッテ居ラヌ、其位ノ兵ハ今日無イト云フノデアリマス、ソレ故ニ一言シテ私ハ此案ヲ解決シヤウト思フ、今日唯餘裕ガアルナイノ問題デハナイ、確ニ財源ハ吾々ガ造ラネバナラヌ、財源ガアルナイノ問題デハナイ、私ノ言フ餘裕ハ吾々ノ計算上カラ出ル、之ヲ以テ三税ヲ廢シタイト云フダケノ理由デアリマス、(拍手起ル)

(「討論終結」ト呼フ者アリ)

○議長(長谷場純孝君) 宮古啓三郎君

(宮古啓三郎君登壇)

(「討論終結」ト呼ヒ議場騷然タリ)

○議長(長谷場純孝君) 宮古君ニ發言ヲ許シマシタ

(「討論終結」ト呼ヒ議場騷然タリ)

○議長(長谷場純孝君) 宮古君……討論終結ガ多數ノヤウデスカラ止メテハドウデス……討論終結ノ動議ニ贊成アルト認メマスカラ採決ヲ致シマス、討論終結ノ動議ニ贊成ノ諸君ノ起立ヲ請ヒマス

起立者　多數

○議長(長谷場純孝君) 是ニテ討論ハ終結シマシタ、――御諮リヲ致シマス、既ニ討論ハ終結致シマシタカラ、――既ニ討論終結致シマシタカラ、採決ハ日程第十二、十三、十四ト、別箇ニ採決シヤウト思ヒマス、而シテ採決ノ方法ハ記名投票ヲ以テ採決ヲ致シマス、(拍手起ル)先ヅ日程ノ第十二、非常特別税法中改正法律案、第二讀會ヲ開クヤ否ヤニ付テ採決ヲ致シマス、――重ネテ申述ベマス、此採決ハ記名投票ヲ以テ採決シ、即チ本案ニ贊成ノ諸君ハ白票、本案ニ反對ノ諸君ハ靑票、――閉鎖――氏名點呼ヲ始メマス

(書記氏名ヲ點呼ス)

○議長(長谷場純孝君) 投票漏ハアリマセヌカ、閉鎖――開匣

(書記官投票ノ數ヲ計算ス)

○議長(長谷場純孝君) 投票ノ結果ヲ書記官長ヨリ報告致シマス

(林田書記官長朗讀)

出席總員　三百四十一
可トスル者　百十六
否トスル者　二百二十五

(拍手起ル)

一田川大吉郎君ヨリ滿韓移民及之ニ關聯スル政策ニ就キ質問主意書ヲ提出セラレタリ

（左ノ質問書ハ朗讀ヲ經サルモ參照ノ爲玆ニ掲載ス）

滿韓移民及之ニ關聯スル政策ニ就キ質問主意書

右成規ニ據リ提出候也

明治四十二年三月九日

提出者　田川大吉郎

賛成者　才賀藤吉

外三十九名

滿韓移民及之ニ關聯セル政策ニ就キ質問主意書

一移民保護法ハ勞働ニ從事スル目的ヲ以テ淸韓兩國以外ノ外國ニ渡航スル者ヲ移民ト稱スト限定セリ去月二日小村外務大臣ハ本院ニ於テ帝國ノ移民ヲ新ニ滿韓方面ニ集中セントスト演説セルカ此ノ如キハ移民保護法ノ規定ヲ蹂躙スルノ嫌ナキヤ如何

二果レテ滿韓地方ニ移民ヲ集中ストセハ政府ハ之カ實行手段トシテ現ニ如何ナル方法ヲ講シツヽアリヤ例ヘハ移住地ノ選定移住民送致ノ補助奬勵方法移民救ノ豫測等ニ關シ政府ノ計畫如何

三且滿韓一帶ノ地域ニ我民族ノ移住ヲ謀ルニ當リテハ國民敎育ノ根本方針ニ於テモ專ラ滿韓人ヲ相手トシテ百般ノ經營ニ從フヘキ素養ヲ授クルノ必要アリ同時ニ歐米人ヲ相手トシ世界ニ濶歩スヘキ素養ヲ授クルハ寧ロ第二義ニ落ツヘシト思ヘル政府ハ此ノ如キ方針ヲ以テ國民敎育ヲ行ハントスルカ所見如何

四小村外務大臣カ滿洲ニ於ケル帝國ノ機會均等主義ヲ宣明スルヤ同盟國ノ新聞紙ハ隙サス法庫門鐵道ニ對スル帝國ノ讓歩的解決ヲ要請セリ同鐵道ノ建設ニ對スル政府ノ方針如何

五小村外務大臣ハ更ニ對外商工業ノ發達ヲ阻害スヘキ事項ハ努メテ之ヲ避クル必要アリトノ前提ニ由リ加奈太及合衆國ヘ移民ヲ制限シツヽアリト説明セリ政府ハ加奈太及合衆國ヘノ我移民ヲ以テ日加及日米間ノ通商貿易ヲ阻害シタト爲スヤ如何

六合衆國大統領ルーズヴェルト氏ノ意見ナリトシ外電ノ傳フル所ニ由レハ合衆國政府ノ意思ハ在米國日本人ノ數ト在日本米國人ノ數トヲ略ホ同一ナラシムル程度マテ日本人ノ渡航ヲ制限セントスルモノヽ如シ政府ハ此標準ヲ是認スルヤ如何

附、南米融露ニ向ヒ志ヲ果サスシテ空シク歸來シタル五十餘名ノ壯丁ハ今尙横濱ノ病院若クハ客舍ニ呻吟シツヽ有リ政府カ其發程ヨリ歸著ノ日マテ及歸著ノ日ヨリ今日迄ノ間ニ干與シタル事項及取締ノ經過ハ今日モ未タ聞知スヘカラサルカ重ネテ政府ノ所見ヲ問フ

○議長（長谷場純孝君）　次回ノ日程ハ公報ヲ以テ御通知ヲ致シマス本日ハ是ニテ散會

午後七時三十一分散會

第六
明治四十年度豫備金支出ノ件
明治四十年度豫備金外ニ於テ豫算超過及豫算外支出ノ件
明治四十年度特別會計豫備金支出ノ件
明治四十年度特別會計豫備金外ニ於テ豫算超過支出ノ件
明治四十年度滿國事件第二豫備金支出ノ件
明治四十年度韓國派遣部隊豫備費支出ノ件
（承諾ヲ求ムル件）（委員長報告）

（中倉万次郎君登壇）

○中倉万次郎君　委員會ノ經過竝ニ結果ヲ御報告致シマス、委員會ハ四回開キマシテ質問ヲ盡シ討論研究ノ末歸スルトコロハ此明治四十年度豫備金支出ノ件外五件共ニ本院ニ於テ承諾ヲ與フベキモノト云フコトニ決定致シマシタ、其內容ニ至リマシテ議論ガ二ツニ岐カレタノデアリマスカラ、ソレハ其兩說共ニ茲デ御報告致シマス、其一說ハ豫備金支出ハ敢テ違憲違法デハナイケレドモ、其豫備金ノ支出中ヲ見ルニ若シ不足ヲ告グル場合ニハ追加豫算ヲ要求シテモ、追加豫算承認ヲ求ルコトガ得ベキ事柄デアッテモ、其手續ヲシテ居ナイヤウナコトモアルヤウニ見エルデ、以來ソレ等ノコトハ極ク注意ヲスルヤウニ政府ニ注意ヲ與ヘテ此豫備金支出ハ承認ヲ與ヘルト云フ一說ト、一說ニハ豫備金支出ニ付テハ無條件ニテ承認ヲ與フルト云フ說ト二ツ起リマシタ、採擇ノ結果ハ注意ヲ與ヘテ之ヲ承認スルト云フコトニ決定致シマシタ、ソレカラ剩餘金支出ニ至ッテハ、一說ハ憲法違反デアル、違法ノ支出デアルカラ之ハ承認ヲ與フベキモノデナイ、否認スルト云フ議論ガ起リマシタノデアリマス、一說ニハ此剩餘金支出ハ卽チ此本院ニ於テ――本會ニ於テモ會計法ノ改正案モ通過致シテ今貴族院ニ送付中デアル、其精神ニ依ッテ見テモ是マデノ支出ハ當ヲ得ナイカラ將來ハ忠告ヲ與ヘテ――警告ヲ與ヘテ之ヲ承認スルト云フ說ト二ツアリマシタ、其採決ノ結果ハ警告ヲ與ヘテ此剩餘金支出モ承認ヲ與ヘルト云フコトニ決定致シマシタ、歸スルトコロハ雖キニ述ベマシタル通リソレダケノ注意ヲ與ヘルト云フコトニ決定致シマシタ、歸スルトコロハ雖キニ述ベマシタル通リソレダケノ注意ヲ與ヘテ本院ハ承認ヲ與フベキモノト云フコトニ決定致シマシタ、左樣御承認ヲ……

○大岡育造君　唯今委員長ノ報告ヲ承リマシタガ、剩餘金ノ支出ニ對シテハ警告ヲ與ヘ、豫備費ノ支出ニ對シテハ注意ヲ與ヘテ事後承諾ヲスルト云フ意味デアッタト思ヒマス、委員長ノ報告ニ對シマシテ決定ニ異議ハアリマセヌガ、其理由ニハ一ツ不同意ヲ表明致シタイト思ヒマス、剩餘金ノ支出ニ關シテ警告ヲ與ヘル點ニ付テハ異論ハアリマセヌガ、豫備費ノ支出ト云フニ付テハ政府ガ持ッテ居ル權能ヲ行ウタルモノデアリマスカラ、之ニ對シテ注意ヲ與ヘル必要ハナイト思ヒマスカラ、此方ハ無條件デ承認ヲ與ヘルコトニ致シタイト思ヒマス

○花井卓藏君　議題ニナッテ居リマスル、明治四十年度豫備金外ニ於テ豫算超過及豫算外支出ノ件ト題スルモノ、明治四十年度特別會計豫備金外ニ於テ豫算超過支出ノ件ト題スルモノニ對シマシテ委員長ノ報告ニ反對ヲ致シマス、議論ノ根據ハ極メテ簡單ニ目錄的ニ申上ゲヤウト思ヒマス、第一ニハ憲法第六十四條及六十九條、之ガ反對ノ理由ノ基礎ニナルノデアリマスル、第二ニハ年々當院ヨリ各派ヲ通ジテ提出セラル丶所ノ會計法中改正法律案ノ妨ヲ防グ主旨デアリマス、第三ニハ事後承諾ヲ求ムル法律ノ精神ハ畢竟責任ノ解除ヲ求メルト云フニ外ナラヌノデアリマス、ソレ故ニ承諾ヲ與ヘズトモ支出ハ依然效力ヲ保ツノデアリマスカラ、承諾ヲ與ヘズ責任解除セズト云フコトニナリマシテモ　支出其物ヲ傷ケマセヌ、政府ハ其處置ニ苦ミハ致シマセヌ、故ニ本案ニ承諾ヲ與ヘズシテ而シテ會計法中改正法律案ニ誠意ヲ以テ賛成セシメル樣ニシタイト思ヒマス、事後承諾ヲ求メテ來ル、之ヲ許スト云フ前例ハ確ニ會計法改正案ノ通過ヲ遮ルベキ一大利器ニナッテ居ッタコトハ爭ノナイ點デアラウト信ジマス、故ニ本員ハ承諾ヲ與ヘズ責任ヲ解除セズト云フ主意ニ於キマシテ、委員長ノ報告ニ反對シマス

（「賛成々々」ノ聲起ル）

○議長（長谷場純孝君）　花井君ニ確メテ置キマスガ、此日程第六ハ卽チ事後承諾ヲ求メルコトニナッテ居ル、其內ノ第二第四ハ事後承諾ヲ與ヘナイト云フ御發議ト心得テ宜イト思ヒマスカ

○花井卓藏君　誠ニ其通デアリマス、而シテ大岡君ノ豫備金ニ關スル御意見ハ本員ノ大ニ賛成スル所デアル、委員會ノ報告ニ希望ヲ以テトカ警告ヲ以テトカ云フコトヲ付加ヘルコトノ間違デアルト云フコトハ付テ惡例ニナッテ居ッタト云フコトハ、委員會ノ歷史ガ證明致シテ居リマスカラ、實ニ相當ナル御意見デアルト思フ、而シテ本員ノ議論ハ憲法ノ條規ニ副ヘル實ニ相當ナル意見デゴザイマスカラドウカ大岡君ノ御賛成ヲ得タイト思ヒマス、尙且本員ノ議論ハ政友會領袖松田正久君ガ國務大臣タリシトキニ於テ個人トシテハ略々其樣ナル說ヲ主張スルモノデアルト云フ意味ヲ演說セラレタコトハ私ノ記憶ニ新タナル所デゴザイマスカラ、政友會諸君ノ賛成ハ必ズ得ラルベキモノデアルト確信シテ居リマス

○議長（長谷場純孝君）　採決致シマス、採決ハ卽チ日程第六トシテアル其內ニ六件ノ事後承諾ヲ含ンデ居リマスケレドモ、今六ノ內第二ト第四ニ對シテハ花井君ノ反對ガゴザイマスカラ、採決ハ順序上第一ヨリ逐條採決致シマス（「一結デ宜シイ」ト云フ者アリ）ソレデハ便利ノタメ花井君ノ反對ノ動議ニ付テ採決致シマセウ、ソレデ異議アリマセヌカ

（「異議ナシ」ト呼フ者アリ）

○議長（長谷場純孝君）　日程ノ第六ノ中明治四十年度豫備金外ニ於テ豫算超過及豫算外支出ノ件、及明治四十年度特別會計豫備金外ニ於テ豫算超過支出ノ件、此二件ハ事後承諾ヲ與ヘズト云フ花井君ノ動議ニ賛成ノ諸君ノ起立ヲ請ヒマス

起立者　少數

○議長（長谷場純孝君）　少數、全部委員長ノ報告ニ大岡育造君ノ發議ノ意味ヲ含ンデ承諾ヲ與ヘルト云フコトニ御異議アリマセヌカ

（「異議ナシ」ト云フ者アリ）

○議長（長谷場純孝君）　御異議ナイト認メマスカラ、其通リ決シマシタ、本職ハ事故アッテ是ヨリ退席致シマスカラ、暫ク副議長ニ代理ヲ請ヒマス

（議長長谷場純孝君議長席ヲ退キ、副議長肥塚龍君議長席ニ著ク）

（拍手起ル）

○副議長（肥塚龍君）　議長差支ニ付暫時此席ヲ瀆シマス、日程第七、獸病豫防法中改正法律案、翠川鐵三君外十五名提出第一讀會、議案ノ朗讀ハ省略致シマス、翠川鐵三君

（田川大吉郎君登壇）

○議長（長谷場純孝君）　御諮リヲ致シマス、日露戰役個人救濟ニ關スル建議案委員會ヲ本會ノ時間中ニ開キタイト云フ委員長カラノ請求ガアリマス、許可シテ差支アリマセヌカ

（「異議ナシ異議ナシ」ノ聲起ル）

○議長（長谷場純孝君）　御異議ガナイト認メマスカラ、許可スルコトニ致シマス

○田川大吉郎君　諸君、私ハ再ビ移民ニ關スル質問ヲ提出致シマシタ、今日ハ其意思ヲ開陳スルノ機會ヲ求メマシテ是ヨリ其大旨ヲ述ベタイノデアリマス、前回ノハ南米移民ニ關スル質問デアリマシタ、今回ノ問題ハ滿韓移民ニ關スル質問デアリマス、南米ニ對シテト竝ニ滿韓ニ對シテト質問ヲ起シマス所以ノ方向ハ異ッテ居リマスケレドモ、二ツノ質問共ニ外務大臣ノ二月二日本院ニ於テ述ベラレタル演説ニ起因致シテ居リマスコトハ一ツデアリマス、質問ノ第一點ハ滿韓ノ移民――韓滿ノ字ヲ用井マシタコトニ付テ一言ヲ費サナケレバナリマセヌガ、外務大臣ガ韓滿ト云フ文字ヲ御用井ニナッタノデハアリマセヌ、日露戰役ノ結果トシテ帝國ノ經營ヲ行フベキ地域ノ擴大ヲ見タリト仰セニナリマシタノデアリマス、其日露戰役ノ結果トシテ帝國ノ經營ヲ行フベキ地域ノ擴大セラレタル方面ヲ、私ハ別ニ質問ヲ起サズシテ滿韓ト認定致シタノデアリマス、從ッテ滿韓ト云フ文字ヲ用井マレタノハ私ノ自由意思ニ基キマスケレドモ、外務大臣ノ當時ノ主意ヲ滿韓ニ限ラレテノ意味デアッタト推定致シマスコトハ不當デナカラウト信ジテ居リマス、其滿韓ニ關シマスル移民――外務大臣ハ彼ノ場合明カニ帝國ノ移民ト云フ言葉ヲ御使ヒニナリマシタガ、移民ト云フコトニナリマスレバ帝國ノ法律ハ移民保護法ナルモノヲ設ケマシテ、移民保護法ノ第一條ニ於キマシテハ滿韓兩國以外ノ外國ニ勞働ノ目的ヲ以テ移住スルトコロノモノヲ移民ト稱スルト云フコトニ規定シテアリマス、ダカラ移民ナルモノハ勞働ノ目的ヲ以テ外國ニ移住スルモノデアルト同時ニ、滿韓兩國以外ノ他ノ方面ニ向フトコロノモノヲ指スコトニ移民保護法ガ規定致シテ居リマス、然ルニ外務大臣ハ帝國ノ移民ヲ滿韓ノ方面ニ差向ケルト御述ベニナリマシタカラ其御演説ノ當然ノ結果ト致シマシテ、政府ハ滿韓方面ニ向ッテ帝國移民ヲ認ムルカト云フノ問ガ起ルノデアリマス、此移民保護法ノ第一條ガ斯ノ如ク制定セラレマシタルコトニ付テハ多クノ歷史ガアルト聞イテ居リマス、ケレドモ私ハ其歷史的研究ニハ立入リマセヌ、唯嘗テ改正條約ノ實施ノ場合ニ於キマシテ外國人ノ內地雜居ノ自由ヲ認メマスルニ當リ、支那人ガ日本ニ來ッテ自由ニ雜居スルコトヲ認ムルヤ否ト云フコトガ一世ノ問題トナッタル機會ガアリマシタ、其後ニ支那ノ勞働者ガ九州方面ニ參リマシタル場合ニ、其勞働者ヲ法律上認ムルヤ否ヤト云フコトガ、又一時ノ問題トナッタル機會ガアリマシタ、サウ云フコトデ支那人若クハ朝鮮人ノ勞働者ヲ日本ノ國法ニ於テ認ムルト云フコトハ他ノ外國人ニ比較致シマシテ一時ノ疑問トナリ來ッテ居ルノデアリマスガ、其根柢ニハ必ズ文明欲ノ低キ生存欲ノ低キ、若クハ社會欲ノ乏シキ滿洲若クハ朝鮮ノ勞働者ニ向ッテ帝國ノ人民ガ彼等ガ滿韓ノ境域ニ於テ勞働ノ競爭ヲスルコトハ不自然ニシテ、又不利益デアルト云フ思想ガ、政府若クハ國民ノ胸中ニ存在シテ居ッタカラ他ノ外國人ノ日本ニ來ッテ雜居スルコトノ自由ヲ認ムルニ拘ラズ、彼レ支那若クハ朝鮮ノ勞働者ノ日本ニ來リ移住スルコトヲ拒ムト同時ニ、日本カラ朝鮮若クハ支那ニ向ッテ彼等ト勞働ノ競爭ヲ致スコトニ政府ガ深ク注意ヲ拂ッテ警戒シテ居ラレタモノデアラウト私ハ思フノデアリマス、然ルニモ拘ハラズ、先日此所デ述ベラレタル外務大臣ノ演説ノ趣旨ヲ認メマスレバ、此移民保護法ノ第一條ノ規定ナルモノガ殆ト蹂躙セラルヽコトニ近イ、而シテ其結果ト致シマシテハ滿韓ノ方面ニ向ッテ、帝國ノ勞働力ヲ以テ滿韓ノ勞働者ト互ニ競爭スル結果ニナリマス、果シテ然リトスレバ外務大臣ノ當時ノ演説ハ、日本ノ移民保護法竝ニ滿韓ニ向ッテ發展セント致シテ居リマス、國民政策ノ上ニ大ナル關係ヲ持ッテ居ルトコロノモノデアルト信ジマスルガ故ニ、此場合ニ於テ當時ノ外務大臣ノ演説ノ意思ヲ一層明確ニ承ッテ置キタイト思フ、是ガ第一ノ質問ノ點デアリマス、第二ニ果シテ滿韓地方ニ帝國ノ移民ヲ差向ケルト致シマスレバ、政府ハ之ガ實行ノ手段トシテ現ニ如何ナル方法ヲ執ラレツヽアルヤ、斯ウ云フコトガ問題デアリマス、更ニ具體的ニ申シマスレバ、滿韓方面ニ於ケル帝國ノ移民ノ移住地ノ選定ハ如何、或ハ移住民ヲ滿韓方面ニ送ラルヽニ當リマシテ、ソレヲ送致スルトコロノ方法、若クハ之ヲ奬勵セラルヽニ當ッテ政府ノ執ラルヽトコロノ方針如何、或ハ其方面ニ向ッテ移住民ヲ送致セラルベキ其移民ノ數ニ對スル政府ノ豫測ハ如何、是等ニ對スル政府ノ計畫ノアルトコロヲ聽キタイ、之ガ第二ノ點デアリマス、先日南米ノ移民ニ對スル質問ニ對シテ政府ノ御答ヲ得マシタガ、其御答ノ中ニハ南米ノ一部既ニ調査ノ終ッタ處ニハ移民ヲ許シツヽアルケレドモ、其他ノ方面ニ向ッテハ調査未ダ了ラズ攻究中ニ在リト、斯ウ云フ御答ニナッテ居リマスガ、其答ヲ信ジマスレバ一部ノ調査ヲ終リマシテモ、全部ノ調査ガ未ダ了リマセヌ方面ハ、政府ハ調査未ダ了ラズト云フ風ニ、極ク愼重ノ態度ヲ以テ此方針ヲ決セラレツヽアルト信ズルコトガ出來マス、私ハ政府ノ此愼重ノ態度ニ向ッテハ同意ヲ表スルモノデアリマス、果シテ然リトスレバ南米ノ或ル方面ニ向ッテハ未ダ調査中デアルト申サレツヽ、滿韓方面ニ向ッテハ移民ヲ集中スル政策ヲ執ルト明言致サレタノデアリマスカラ、滿韓方面ニ對スル政府ノ調査ハ既ニ了ッテ居ルノデアラウト、斯ウ信ジテ差支ナイト思ヒマス、從ッテ私ハ嚢ニ問ヲ起シマシタ如ク、移住地ノ選定若クハ移住民送致ノ奬勵方法、若クハ移住民ノ數ニ對スル豫測ト云フヤウナ質問ヲ此場合ニ起シマスコトハ當然ニシテ、政府ノ辯明ヲ要求スル機會ニ既ニ到達致シテ居ルト信ズルノデアリマス、第三ニハ滿韓方面ニ我民族ヲ移シ植ユルト致シマスレバ、自然ニ其結果ト致シマシテ國民敎育ノ根本方針ニ多少ノ變革若クハ影響ヲ及ボサナケレバナルマイト推測致シマス、今日マデノ敎育ノ方針ハ――國民敎育ノ根本方針ハ專ラ歐米人ヲ相手ト致シテ世界ニ闊歩スベキ國民ノ素養ヲ作ルト云フコトガ其方針デアッタト思ヒマスケレドモ、我民族ノ一部ヲ滿韓方面ニ移スト云フ政府ノ御方針デアルト致シマスレバ、自然ニ支那人若クハ朝鮮人ヲ相手ト致シマシテ、百般ノ經營ニ從フベキ國民敎育ノ方針ヲ御執リニナル必要ガアルト信ジマスル、隨ッテ政府ハ斯ノ如キ方針ヲ以テ國民敎育ヲ行ハントスル所見ヲ懷イテ居ラルヽヤ否ヤ、是ガ第三デアリマス、第四ハ外務大臣ノ演説ガアリマスルヤ否ヤ、英國ノ新聞紙中ニハ直チニ法庫門鐵道ニ對シテ政府ノ今日マデ――帝國政府ノ今日マデ執來ッタ方針ニ付テ不滿ヲ抱イテ、寧ロ讓歩的ノ解決ヲ要求スルヤウナ議論文章ヲ公ニシタト聞イテ居リマスルガ、其鐵道ニ對スル政府ノ見解如何、是ガ第四デアリマス、第五ニハ外務大臣ハ加奈陀或ハ亞米利加ニ對シテ移民ノ制限ヲ實行シテ居ラルヽ、理由ト致シマシテ、對外商工業ノ發達ヲ阻碍スベキトコロノ事項ハ成ルベク之ヲ避クル必要アリト信ズルトノ前提ニ依ッテ今ノ理由ノ御説明ニナッタヤウデアリマス、左樣ナ譯ナラバ加奈陀若クハ亞米利加ニ向ッテノ移住民ヲ制限セラレタル、其趣旨ノ中ニハ加奈陀或ハ合衆國ヘ移民ヲ送リタルコトガ加奈陀若クハ合衆國ニ向ッテノ帝國ノ商工業上ノ關係ヲ亂ッタ、斯ウ云フ御觀察ニ依ッテ此方針ヲ執ラルヽヤウニナッタコトノヤウニ解セラレマス

ルガ、日本ノ加奈陀若クハ合衆國ニ向ヒマシタルトコロノ移民ハ果シテ加奈陀、若クハ合衆國ト日本ノ間ニ於ケル商工上ノ關係ヲ阻碍シタル形跡アリヤ、其實例トシテ見ルベキ若クハ證據トシテ見ルベキ統計上ノ御調査ガアリマスルナラバ、サウ云フ結果ヲ明カニ御示シヲ願ヒタイ是ガ第五デアリマス、第六ニハ合衆國ノ前ノ大統領ルーズベルト氏ノ言ト致シマシテ外國電報ノ傳フルトコロニ依レバ、合衆國ノ政府ハ亞米利加ニ在リマスル日本人ノ數ヲ日本ニ在リマスル亞米利加人ノ數ト同等ナル程度ニ制限ヲ致シタイト、斯ウ云フ意嚮ヲ有ッテ居ラルヽト云フコトデアリマス、此外電ノ傳ヘマシタルルーズベルト氏ノ言ノ眞僞ヲ私ハ保證スルコトハ出來マセヌケレドモ、從來此移民問題ニ關シテ現ハレマシタル米國ノ思想ニ徵スレバ、斯ノ如キ希望ヲ大統領ガ有ッテ居ラレタト云フコトハ信ズベキ理由ノアルヤウニ考ヘマス、ソコデ帝國ノ政府ハ果シテ在米ノ日本人ノ數ヲ在日本ノ米國人ノ數ト同等ナラシメントスル所ノ標準ヲ是認セラルヽヤ否ヤ、是ガ第六デアリマス、ソレニ附加ヘマシテ私ハ先般白露ニ志シテ其ノ志ヲ遂ゲズシテ歸來リマシタ、移民ノ今尙横濱ノ病院ニ在リ若クハ客舍ニ在ッテ煩悶呻吟シツヽ、居リマスル者ニ對スル、政府ノ取扱ノ其後ノ進捗ノ程度如何、如何ナル措置解決ヲ此間ニ施サレタカ、此問題ガ起ッテカラ既ニ一箇月ヲ經過致シテ居リマス、一箇月ヲ經過シテモ尙其取扱ノ結末ガ付カヌト云フコトハ、餘リニ緩慢ノヤウニ思ヒマスルガ、私ハ政府ノ措置ヲ緩慢ナリトハ必シモ論斷致シマセヌ、其中ニ相當ノ理由事情ノアルコトデアラウト信ジマスルカラ、其經過ノ手續ヲ詳細ニ伺ヒタイ、是ガ今マデ述ベマシタ第六點ノ質問ニ附加ヘマシテ、南米ノ移民ニ對スル質問ノ一項デアリマスル、是等ノコトニ關シマシテ更ニ外務大臣ノ精確明白ナル答辯ヲ與ヘラレンコトヲ希望致シマス(拍手起ル)

○宮古啓三郎君　是カラ國有林野ヲ地方自治體ニ下附ニ關スル建議案ノ委員會ヲ開キタイト思ヒマス

○議長(長谷場純孝君)　御諮リヲ致シマス、國有林野ヲ地方自治體ニ下附ニ關スル建議案ノ委員會ヲ本會ノ時間中ニ開キタイト云フ請求ガアリマス、差支アリマセヌカ

(「異議ナシ」ト呼フ者アリ)

○議長(長谷場純孝君)　御異議ガナイト認メマスカラ、許可スルコトニ致シマス、請願委員會ヲ請願委員長立川君ヨリ、ソレカラ癩病豫防法中改正法律案ノ委員會ヲ委員長粟川銕三君ヨリ、ソレカラ宅地價修正法案ノ委員會ヲ委員長板倉中君ヨリ、ソレカラ新聞紙法案外一件委員中特別調査委員會ヲ三土忠造君ヨリ、各本會ノ時間内ニ於テ開キタイト云フ請求ガアリマス、許可シテ御異議アリマセヌカ

(「異議ナシ異議ナシ」ト聲起ル)

○議長(長谷場純孝君)　御異議ガナイト認メマスカラ、許可スルコトニ致シマス、日程第一、登錄稅法中改正法律案ノ第一讀會ヲ開キ、議案ノ朗讀ハ省略致シマス、若槻大藏次官

第八　內地及臺灣司法共通ニ關スル法律案　第一讀會ノ續（委員長報告）
（齋藤二郎君外四名提出）

（竹越與三郎君登壇）

○竹越與三郎君　此法律ハ委員會ニ於テ數回討論ノ末ニ第一ニ第一條ヲ削リマシタ、共理由ハ此第一條ハ法律第六十八號トシテ知ラレタル有名ナモノガアル、是ガ明治三十九年三十一號ト變ッテ居リマス、此法律ノ主義ト違反スル、而シテ此三十一號ハ如何ナル法律デアルカト云ヘバ、臺灣ハ內地ト習慣生活其他ノコトニ於テ事情ヲ異ニスルカラ臺灣ヲ統治スルタメニハ總督ハ特別ノ律令ヲ出スコトヲ許スト云フ法律デアリマス、然ルニ第一條臺灣ノ裁判ニ服セザル者ハ東京大審院ニ控訴スルコトヲ許スト云フコトノ――大審院ニ上告スルコトヲ許スト云フコトニナレバ、此三十一號ト衝突シナイマデモ少クモ此一角ヲ崩スト云フコトニナル、此三十一號ノ是ナルヤ否ヤハ、自カラ別問題デアル、併ナガラ既ニ此法律ガ存在シテ有效デアル以上ハ、其今日ニ於テ斯ノ如キコトヲ企テルコトハ其時機デアルマイト云フ理由ノ下ニ第一條ハ削除スルコトニ決シマシタ、第二條、第三條、第四條、之ヲ通ジテ修正ヲ施シテ、而シテ二ツノ法律ヲ拵ヘタ、其一ノ法律ハ唯今御手許ニ達シテ居リマス所謂裁判執行共通ノ法律デアリマス、臺灣デ裁判ヲシテ言渡ス、ソレガ內地ヘ來テ其犯人ガ來レバ、ソレヲ內地デ執行スルコトガ出來ル、又內地デ宣告シタ裁判ガ臺灣ニ於テ執行サレル、斯ウ云フヤウニシヤウト云フノガ第一ノ法律、卽チ裁判所臺灣總督府法院、統監府法務院及理事廳ノ判決ノ執行ニ關スル法律案、是ハ少シク名ガ長イデスガ、斯ウ云フ法律ヲ一ツ拵ヘタ、而シテ臺灣ト云フコトガ最初ノ發案デアリマスガ、裁判執行共通ハ之ヲ朝鮮マデ及ボセバ甚ダ好都合デアルト云フ議論モ出マシテ、朝鮮ト云フ文字ヲ入レルコトニシタ、統監府ニ於テモ此希望ヲ至極同意ト云フコトデアリマシタ、第二ノ法律ハ辯護士ノ職務並判官、評定官、檢察官及辯護士ノ在職年限ニ關スル法律案、斯ウ拵ヘタノデアル、是ハ第一ニ從來臺灣ニ居ッテ辯護士ヲシテ居ル人ミハ、內地ニ於ケル辯護士法ニ依ッテ權利ヲ得タ辯護士ト稍々資格ヲ異ニスル人ミモアル、併シ唯今デハ內地ノ辯護士ト同一ノ資格ヲ有ッテ居ル人モアリマス、總テ是等ノ有資格、無資格ノ辯護士ヲ通ジテ內地ニ來テ同ジク辯護士ガ出來ル、又內地ノ辯護士モ臺灣ニ往ケバ唯今デハ登錄稅十圓ヲ納メレバ營業ガ出來マスカラ、當然臺灣ニ於テ辯護士ガ出來ルト云フコトニシヤウト云フノガ第一ノ箇條、ソレカラ裁判官其他ノ法曹ノ在職年限ヲ通算スルト云フコトヲ內地同樣ニシヤウト云フコトデアリマシタ、而シテ此法律モ亦之ヲ統監府ノ下ニ在ル法曹ニモ應用シヤウト云フコトニシタ、但シ辯護士共通ハ臺灣ト內地ダケデ朝鮮ニハ及バヌモノト御承知ヲ願ヒタイ、斯ウ云フ譯デ法律ヲ二ツ拵ヘタノデアリマスガ、臺灣ノ辯護士ニ付テハ種々ノ議論モアリマシタガ、共資格ハ十分內地ヘ來テ辯護士ヲシ得ルモノト皆認メマシテ、而シテ臺灣ニ於テ辯護士ヲ拵ヘタナラバ、ソレハドシ〳〵粗製濫造デ內地ヘ輸入シヤセヌカト云フ心配ヲスル人モアルヤウデスガ、今日ニ於テハ最早サウ云フコトハナク、從來ノ如ク資格ノ下ッタ辯護士ハ今日以後出來ナイ、其點ハ御安心ニナッテ宜カラウト思フ、ドウゾ御協贊ヲ……

○議長（長谷場純孝君）　卜部喜太郎君

○卜部喜太郎君　委員長ニ質問ガアリマス

○卜部喜太郎君　裁判執行共通ニ關スル法律ノ第一條ノ但書ニ「但執行地ノ法令ニ依リ許スヘカラサル請求ニ付テノ強制執行ハ此ノ限ニ在ラス」斯ウ云フ條文ガアルノデアリマスガ、是ハドウ云フ場合ヲ指スノデアリマスカ、ソレヲ一ツ伺ッテ置キタイ、ソレカラ第二條ノ同ジク此裁判ヲ執行スルコトノ共通ニ出來ルト云ヒナガラ、此但書ニ於キマシテ死刑ダケヲ除外例ヲ致シマシタ理由ハドウ云フ理由デアリマスカ、ソレヲ伺ッテ置キタイ、ソレカラ今一ツハ別案ノ此職務執行共通ノ方ノ第一條デアリマスガ、臺灣ノ辯護士ハ內地ノ裁判所ニ於テ其職務ヲ行フコトガ出來ルト云フコトニナッテ居リマスガ、是ハ臺灣ノ總督法院所屬ノ辯護士ガ登錄換ヲシテ、內地ノ裁判所ノ所屬ノ辯護士トナルト云フコトモ許ス意味ノ規定デアリマスカ、サウデハナクシテ臺灣ノ總督府法院所屬ノ辯護士デアルガ、其人ガ內地ノ裁判所ニ出ルコトダケヲ許スト云フノデアリマスカ、ドチラノ意味ニナルノデアリマスカ、ソレヲ伺ッテ置キタイ

○竹越與三郎君　御答致シマス、第一條ノ「執行地ノ法令ニ依ッテ許スヘカラサル請求ニ付テ」ト云フコトノ箇條ハ、是ハ臺灣ト內地デハ法律慣習ノ違ッテ居ル所ガアルタメ、自然サウ云フ結果ガ來ルデアラウ、ソレヲ豫想シテノ話、ソレカラ第二ノ死刑又ハ笞刑ト云フ、此死刑ニ付テハ別段ニ說明ハ委員會デハアリマセヌ、討論モシマセヌ、笞刑ト云フコトニ付テハ議論ガアリマシタ、笞刑ハ內地ニ於テハ今ヤッテ居ラヌカラ付ケナイ、斯ウ云フ說明デアリマス、ソレカラ辯護士ノ共通ト云フコトハ無論內地ニ來テ裁判所ニ出ルモノト云フコトニ解釋シテ居リマス

○卜部喜太郎君　サウ致シマスト、裁判執行共通ノ方ノ「但シ執行地ノ法令ニ依リ許スヘカラサル請求ニ付テノ強制執行ハ此限ニ在ラス」ト云フノハ別段ニ實例ノ上デサウ云フコトハナイケレドモ、事ニ依ルトアルカモ知ヌト云フノデ唯空想デ此法律ノ明文ノ上ニ現ハレタニ過ギヌト云フ意味ニナルノデアリマスカ、尙念ヲ押シテ置キタイ

○竹越與三郎君　私ニ付テノ御質問デスカ

○卜部喜太郎君　サウデス、委員長ニ伺ッタノデス

○竹越與三郎君　委員長ノ答ハ先キニ云ッタ如クデ、能ク分ッテ居ルト思ヒマス

○卜部喜太郎君　政府委員ノ方ガ宜ク分リマスカラ、政府委員カラ御答ヲ願ヒタイ

○竹越與三郎君　委員長ノ答ハ先キ御答シタ通リ……

○議長（長谷場純孝君）　政府委員カラ御答致シマス

（政府委員齋藤十一郎君登壇）

○政府委員（齋藤十一郎君）　判決ノ執行ニ關シマス法律ニ付キマシテハ政府ハ御同意致シタノデアリマスカラ、御同意致シタ理由ヲ申上ゲマス、理由ト申シマシテモ總體デハアリマセヌ、唯今御質問ニ關スル點ダケ御答致シマス、唯今委員長カラ御述ベニナリマシタ通リ適用スベキ法令ガ違ッテ居リマス結果、臺灣ニ於テ有效ナ法律行爲ト見テアリマスモノモ、內地ニ於テハ或ハ犯罪行爲、或ハ不法行爲トナルコトガアリ得ルノデアリマス、多分卜部君モ御承知ノ一例ガアラウト思ヒマス、左樣ナ話デアッテ規定シタノデアルト存ジマシテ、贊成ヲ致シタノデアリマス（「共通リ」ト呼フ者アリ）ソレカラ辯護士ノ職務ニ關スル法律ニ付キマシテ、大體ニ於テ異議ハゴザイマセヌガ、唯第一條中ニ少シ政府ノ意見ヲ述ベテ置カネバナラヌノデス、第一條ノ規定ニ依リマスルト臺灣ノ辯護士デゴザイマシテ（「大聲ニ願ヒマス」ト呼フ者アリ）臺灣ノ辯護士デゴザイマシテ、內地デ辯護士ノ職務ヲ行フ資格ノ無イ者モ內地ノ裁判所デ職務ヲ行ヒ得ルコトニナルノデアリマス、此點ニ付テ政府ニ於キマシテハ試驗等ヲ受ケテ――極メテ嚴格ナ試驗ヲ受ケテ一定ノ資格ヲ得テ居リマスル內地ノ辯護士ノ身分及其職務ヲ重ジマスル趣意ヲ以チマシテ、此

點ハ御同意致シ兼ネルノデアリマス

○卜部喜太郎君　尙チヨット政府委員ニ御問シタイノデス、此裁判執行共通法律案ノ方デ、執行地ノ法令ニ依リ許スベカラザル請求デアルト云フコトハ、誰ガ判斷ヲスルコトニナルノデアリマスカ、臺灣ノ法律ニ依レバ有效デアルケレドモ、內地ニテハ無效ニナルト云フコトヲ判斷シテ、其許否ヲ決定スルト云フコトハ何處デ決定スルコトニナルノデアリマスカ

○政府委員（齋藤十一郎君）　御答致シマス、政府ノ解釋スルトコロニ依リマスレバ、執行地ノ裁判所ガ解釋ヲスルノデアリマス

（「採決々々」ノ聲起ル）

○議長（長谷場純孝君）　本案ノ第二讀會ヲ開クヤ否ヤヲ議題ト致シマス

○恆松隆慶君　直チニ二讀會ヲ開カレンコトヲ希望致シマス

○議長（長谷場純孝君）　直チニ二讀會ヲ開クコトニ御異議アリマセヌカ

（「異議ナシ異議ナシ」ノ聲起ル）

○議長（長谷場純孝君）　御異議ナイト認メマスカラ、直チニ二讀會ヲ開キ、議案全部ヲ議題ニ供シマス――花井卓藏君

第十六　滿洲租借地ニ於ケル金融機關設立ニ關スル建議案（原田十備君外一名提出）

滿洲租借地ニ於ケル金融機關設立ニ關スル建議案

滿洲ニ於テ我カ商工業カ金融必迫ノ爲非常ノ悲境ニ沈淪シ居レルハ金融機關不備ノ結果ナリト認ム現在ニ於テ横濱正金銀行アリト雖此ノ如キ商業銀行ヲ以テシテハ到底滿洲經營上ノ目的ヲ貫徹スヘカラス政府ハ別ニ之ニ適スヘキ特種ノ金融機關ヲ設立スルノ方針ヲ執リ本期議會ニ之カ提案アラムコトヲ望ム

右建議ス

（原田十備君登壇）

○原田十備君　本建議案ニ付キマシテ聊提出ノ理由ヲ説明致シテ置キタイト考ヘマス、滿洲ノ租借地ハ御承知ノ如ク日露戰役ノ記念ト致シマシテ最モ貴重ナル又最モ光榮アルトコロノ境土デゴザイマス、故ニ平和克復ノ當時ニ於キマシテ滿洲經營ノ聲ハ實ニ藹然タル有樣デゴザイマシテ、國民ノ滿洲地方ヘ移住致シマスルモノモ甚ダ多カッタノデゴザイマスル、又當時當局者ニ於キマシテモ此滿洲經營ハ鋭意熱心ニ盡力ヲ致サレマシタ結果、今日ニ於キマシテハ先ヅ一通リ組織的ノ經營ヲ見ルコトニ至ッタノデゴザイマス、然ルニ不幸ニモ此滿洲ニ於ケル商工業ノ有樣ハ爾來年一年不振ノ狀況ヲ呈シマシテ、殊ニ近時ニ至リマシテハ誠ニ憫レムベキ狀況ニ陷リツヽアルト申スコトデゴザイマスル、而シテ其原由ハ固ヨリ一ニシテ足ラヌコトデゴザイマセウガ、蓋シ金融機關ノ缺乏ト申スコトハ其最大ノ原因ト申シテ宜カラウト信ズルノデゴザイマスル、尤モ目下滿洲ニハ正金銀行ノ支店ガゴザイマシテ爲替事業ヤ官金ノ取扱ハ致シテ居リマスルケレドモ、一般ノ銀行業ハ取扱ッテ居リマセヌ、殊ニ又滿洲經營ニ要スルトコロノ長期ノ貸付トカ、或ハ不動產ヲ抵當ニスルト云フコトノ如キハ、此銀行ニ於キマシテハ其性質ト致シマシテ不可能ノコトデゴザイマスルガ故ニ、此正金銀行ハ所謂滿洲經營ト云フコトニ向ヒマシテハ、殆ド格段ノ働ヲ爲シテ居ラヌノデゴザイマス、又現在滿洲地方ニ於ケル本邦人ノ狀態ガドウデアルカト申シマスレバ、軍隊ヲ除キマシテ凡ソ七八万人ノ人ガ住居致シテ居リマスル、此中滿洲鐵道ノ社員ヤ、或ハ都督府ノ官吏ヲ除キマスレバ、其大部分ハ獨立自營ノ商工業者デゴザイマスル、是等商工業者ガ今日ニ至ルマデ殆ド一人トシテ成功ノ緒ニ著イタモノハナイト申シテモ過言デナイノデアリマシテ、其第一流若クハ第二流トシテ數ヘラレル商工業者マデガ漸次其店ヲ鎖シテ退去スルモノガ頻々トシテ相生ズルト云フ有樣デゴザイマスル、斯ノ如キ有樣デ推移リマシタナラバ、滿洲經營ト申スコトハ甚ダ寒心ニ堪ヘナイ次第デアルト考ヘマスル、又斯ノ如ク折角滿洲ニ移住致シマシタモノガ、其經營ノ目的ヲ遂スルコトガ出來ナイデ漸次退去シ、又留ッテ居ルモノモ非常ナ困難ニ陷リツヽアルト申ストコロノ其最大原因ガ此金融機關ノ缺乏ニアリト致シマシタナラバ、此際ニ於テ彼ノ拓殖銀行ト興業銀行トヲ併セマシタヤウナ一種特別ノ銀行ヲ設立シマスルコトガ、滿洲經營ニ向ッテ目下ノ最大急務デアルト信ズルノデゴザイマスル、勿論斯ル特殊ノ銀行ヲ設ケルト致シマシテモ、其銀行ノ經營ノ隨分困難ナル事業ニハ相違アリマセヌケレドモ、若シ是ガ困難デアルト致シマシテ、之ヲ措置キマシタナラバ、滿洲ニ於ケル各般ノ事業ハ愈々衰頽ニ陷リ、此多大ナル犧牲ヲ拂ヒマシタトコロノ紀念トシテ最モ貴ブベキ滿洲ノ境土ハ、遂ニ滿洲鐵道ノ外ハ殆ド何物モ見ルベキモノガナキニ至ルデアロウト云フコトヲ發意致シマスモノデゴザイマス、殊ニ又連山灣ノ築港ノ如キ事業ガ愈々外人ノ手ニ依ッテ成就致シマスコトニナリマシタナラバ、此滿洲鐵道ノ前途モ甚ダ心細ク感ゼラレマス次第デゴザイマス、要スルニ滿洲ノ經營ハ工業ヲ以テ其本位ト致サナケレバナラヌト信ジマスル、即チ農業ハ土地ノ狀勢ヤ及清國人トノ關係ニ照シマシテ到底十分ノ發展ノ望ハゴザイマセヌ、商業モ亦清國人ト競爭ヲ致シマスルコトハ本邦人ニ取リマシテ甚ダ不利益デアルト云フコトハ、少シク滿洲ノ事情ニ通ジテ居ルモノハ、皆承知スルトコロデゴザイマスルガ、獨リ器械力ニ依ルトコロノ工業、諸般ノ工業ニ至リマシテハ、我ハ確ニ一日ノ長デゴザイマシテ、清國人ノ到底及バナイトコロデゴザイマスルガ故ニ、器械力ニ依ルトコロノ工業ヲ以テ滿洲經營ノ基礎ヲ作ルノ外ハナイデアラウト信ジマスル、然ラバ此滿洲地方ニ如何ナル工業ノ與スベキモノガアルカト申シマスレバ、彼ノ高粱酒ノ醸造トカ、或ハ柞蠶ノ業トカ、豆粕ノ利用法トカ、豆油ノ再製、羅紗ノ製造、或ハ紙ノ製造、製粉トカ申シマシテ、數ヘ來リマスレバ有望ノ事業モ多々アルノデゴザイマスル、故ニ幸ニ此建議ノ趣旨ガ容レラレマシテ茲ニ一大金融機關タルトコロノ特殊ノ銀行ガ設立セラルヽコトニナリマシタナラバ、是等ノ事業モ自然成立致シマシテ而シテ銀行ノ經營ニモ又格段ノ困難ヲ感ジナイヤウニナルダラウト信ゼラレマス、唯此銀行ノ設立ニ關シテ具體的ノ成案ヲ持ッテ居リマセヌノハ建議者ト致シマシテ甚ダ遺憾トスルトコロデゴザイマスルケレドモ、私ハ素人ト致シマシテ完全ナル成案ヲ具ヘルコトハ、甚ダ困難デゴザイマスルガ故ニ、是等ノ方法ニ付キマシテハ政府ニ於キマシテ十分調査サレマシテ、適當ナル方法ヲ講ゼラレンコトヲ切望致シマスノデゴザイマスル、同時ニ又諸君ニ於カレマシテモドウカ本案ニ御贊成下サレマシテ、是ニ依ッテ滿洲ノ經營ノ基礎ヲ確立スルヤウニ致シタイト云フコトヲ切望致シマスノデゴザイマス、ドウゾ諸君御贊成ヲ希望致シマス

○恆松隆慶君　本案ハ九名ノ委員議長指名ナランコトヲ――贊成ガアレバ委員會デスベシ

○議長（長谷場純孝君）　議長指名ノ九名ノ委員ニ付託スルト云フコトニ御異議アリマセヌカ

（「異議ナシ」ト呼フ者アリ）

○議長（長谷場純孝君）　御異議ナイト認メマスカラ、其通リ決シマス――日程第十七、外交文書公表ニ關スル建議案、委員長報告――委員長加藤恆忠君

第十　獸疫豫防法中改正法律案（森田俊左久君外二名提出）　第一讀會ノ續（委員長報告）

○根本正君　是ヨリ報告致シマス、獸疫豫防法中改正法律案ノ委員會ノ經過結果ヲ御報告致シマスガ、本案ハ四回程委員會ヲ開キマシテ十分ニ政府委員ト審査ヲ遂ゲタ譯デアリマス、デ此第十五條ノ「清韓及ヒ西比利亞地方ヲ發シ又ハ通過シタル畜牛ノ輸入ヲ禁ス」ト云フ條項デアリマスガ、是ニ付テハ農商務省其他ノ政府委員ヲ呼ビマシテ、殊ニ此事ハ統監府ノ兒玉政府委員ノ出席ヲ求メマシテ質問致シマシタガ、兒玉政府委員ノ述ベラレマスルトコロデハ韓國ノ牛ト云フモノハ輸出品ノ中ノ第二位ノモノデアッテ、米ノ次ハ牛デアル、若シ之ヲ禁ズルト云フ場合ニハ韓國ノ輸出ト云フモノハ大ニ減ジテ困ルカラ、是ヨリハドノヤウニモ檢疫ト云フコトヲスルカラ、ドウカ此項ハ削ッテ貰ヒタイト云フ實ニ切ナル望デアリマシタ、デ委員會ニ於テ十分ニ政府委員ニ確メテ、必ズ是ヨリハ十分ニ檢疫ヲ行ッテ、日本内地ヘハ決シテ此病ノ牛ヲ入レヌト云フコトノ確答ヲ得マシタ、故ニ既ニ是マデハ數十万圓ノ損害ヲ此牛疫ノタメニ被ッテ居リマシタ、ケレドモ後來左樣ナル損害ガナイト云フコトヲ確メマシタガ故ニ、之ヲ削除致シマシタ、其他ハ可決致シマシタカラ此段御報告ヲ致シマス

○恆松隆慶君　本案ハ讀會省略ヲ以テ委員長報告通リ決定サレンコトヲ望ミマス

○議長（長谷場純孝君）　恆松君ノ動議即チ本案ハ讀會ヲ省略シテ委員長報告通リ決定ト云フコトニ御異議アリマセヌカ

第十五　關稅定率法輸入稅表中改正法律案(藤井善助君外一名提出)　第一讀會ノ續(委員長報告)

(大岡育造君登壇)

○大岡育造君　關稅定率法輸入稅表中改正法律案ノ委員會ノ結果竝ニ經過ヲ報告致シマス、此案ハ同ジ表題ノモノガモウ一件アリマシテ一ハ千田案、一ハ藤井案ト云ヒマセウ、此兩君カラ別々ニ出タモノヲ一括シテ付託サレマシタモノヲ調査致シマシタノデアリマス、今日此所デ報告ト致シマシテハ此二案ヲ一案ニナシマシタ、千田君ハ玄米及籾、小麥、大麥其他ノ穀物ニ關シテ修正案ヲ提出セラレタノデアリマス、藤井君森本君ハ白米ニ對シテノ關稅ノ改正ヲ提出セラレタノデアリマス、ソレヲ一ツニ合シマシテ一案ニ作リマシタ、卽チ御手許ニ回シマシタ通リニ關稅定率法輸入稅表中ノ十トアル所「米及籾、一、白米毎百斤一圓五十錢、二、玄米其ノ他毎百斤一圓」此報告ノ中ニ唯「其ノ他」トアリマスケレドモ「玄米」ト云フ字ヲ加ヘルコトヲ忘レマシタノデアリマスカラ、此所ニ加ヘテ置キマス、其他ハ一々ハ讀ミマセヌ、多少ノ修正ヲ加ヘテ大麥ニモ小麥ニモ「オートミール」ニモ及ンデ居リマスノデアリマス、是ガ委員會ニ於テ決定シタルドコロデアリマス、此決定ヲ致シマスル委員會ノ經過ハ五回程委員會ヲ開キマシテ政府ヨリモ多クノ調書等ヲ取寄セ、尙外國ニ派出視察シマシタル技師等ニモ報告書ヲ徵シ說明ヲサセマシテ然ル後ニ此決議ヲ致シマシタ、委員中三名ノ反對ガアツテ、其他ハ修正ニ同意デアリマス、其反對ノ一人ハ千田案ノ如クニ玄米ニ對シテハマダ是ヨリモ高イガ宜シイト云フ意味ニ於テノ反對ガ一人デス、ソレカラ今一人ノ反對ハ此問題ハ尙研究ヲ遂ゲタイカラシテ來年マデ懸案ニシテ置キタイト云フ反對ガ一人、是ガ淺野君、純然タル反對ヲ唱ヘタノガ鈴木力君、是ダケノ外ハナイノデアリマス、以上ガ委員會ノ經過デアリマス、此委員會ニ於テ取調ベマシタ事項デ此案ヲ決スルタメニ參考トスベキ重要ノ事項ト認メルモノヲ一二事實ダケヲ報告ヲ致シテ置キマス、此輸入米ガ毎年ドレ位アルカト云フコトヲ見マスルニ、最近ノ三年ヲ報告致シマセウガ、三十九年ニ於テ二百四十四萬石、ソレカラ此端ハ拾テマスル、四十年ニ於テ二百七十万石、四十一年ニ於テ百九十餘万石、昨年ノ分マデガ斯ウ云フ結果ニナッテ居リマス、金高ヲ申シマスルト三十九年ニハ二千六百万圓、四十年ニハ三千万圓、四十一年ニハ二千二百餘万圓、是ガ外國ヨリ入ル米ノタメニ我々ガ仕拂ウタル金高デアリマス、昨年ハ非常ナル豐作デアッタガ本年ハ輸入米ガアルヤ否ヤト云フコトニ付テハ疑問ガアルヤウデアリマスカラ、此點ニ付テモ調ベテ見マシタガ、大藏省ノ答辯スルトコロデハ石高ハ分ラヌガ金高ナラバ分ルト申ス、卽チ本年ノ一月ニ約百三十餘万圓ノモノガ入リマシタ、昨年ノ一月ニハ百四十万圓デアル、今年ハ百三十餘万圓、今年ノ方ガ少シ少イ、而シテ二月ノ輸入高ハドレダケデアルカト申シマスルト本年ノ二月ノ高ハ百餘万圓、昨年ノ輸入高ハドウカト云フト九十六万圓デアリマス、昨年ト今年トニ於テ二月ノトコロデハ實ハ大差ガナイノデアル、豐年ノトキニ於テモ非常ナ豐年デナイ場合ニ於テモ輸入米ハ既ニ入リツヽアルト云フコトガ之ニ依ッテ知リ得ラレルノデアリマス、ソレカラ是等ノ米ガ何處々々カラ來ルカト云フコトハ御承知デモゴザイマセウガ、參考トスベキモノデアリマスカラ御報告申シテ置カウト思ヒマスルガ、多クハ英領ノ印度、緬甸或ハ暹羅又ハ佛領ノ支那交趾支那等ノ方面カラ多ク輸入サレルノデアリマス、此外ニハ朝鮮カラ輸入スルモノガアリマスル、朝鮮モ初メハ其數ガ少ナウゴザイマシタガ、近頃ハ大分進歩致シマシテ輸入ノ約二歩五厘カ七厘マデハ行クヤウニナリマシタ、デ最初ノ程ハ英領印度、佛領印度ノ方ガ甚ダ多ウゴザイマシタガ、此方ハ段々減リマシテ今ヤ蘭貢カラ輸入スルモノガナカ〱多クナリマシタ、蘭貢カラ輸入スルモノモ朝鮮カラ輸入スルモノモ、大方同ジ度合ノ二歩七八厘位マデ行クヤウニナッタノデアリマス、金高デ申シマスルト六百万圓カラ七百万圓程ツヽノモノガ、吾々ノ食料ニ供セラルヤウニナッテ居リマス、此外ニ尙報告スベキコトガ多クアリマスルガ、イヅレ討論ノ際ニ申ス方ガ宜カラウト思ヒマスカラ、是ダケノ報告ヲ申シテ置キマス

(大岡育造君ノ演說中議長長谷場純孝君議長席ヲ退キ、副議長肥塚龍君議長席ニ著ク)

○副議長(肥塚龍君)　諸君ニ御諮リヲ致シマス、唯今委員長ノ報告ノアリマシタ日程第十四、第十五ヲ一括シテ議題ニ供スルト云フ、是ニ御異議ハアリマセヌカ

(「異議ナシ」ト呼フ者アリ)

○副議長(肥塚龍君)　然ラバ第十四、第十五ヲ一括シテ議題ト致シマス——淺野陽吉君

(淺野陽吉君登壇)

○淺野陽吉君　本員ハ唯今大岡委員長カラ御報告ニナリマシタ通リニ、委員會ニ於テハ此問題ノ影響シマストコロハ商工農其他一般消費者ニ及ンデ頗ル大ナル問題デアッテ、而シテ其內容ハ純粹ノ經濟問題デアル、サウシテ其及ブ所ノ大ナル點ヨリ判斷致シマスレバ、殆ト我國ノ國是問題ト見テ差支ナイダケノ價値ヲ有ッテ居ルカラシテ、此冬ノ議會マデ成ルベクナラバ宿題ニシテ欲シイト云フ動議ヲ出シタノデゴザイマス、併シソレハ不幸ニシテ消滅致シマシタカラ、其時ニ本員ハ此動議ニシテ消滅シタル以上ハ絕對反對ノ說ヲ取ルト云フコトヲ保留シテ置キマシタカラ、本日ハ已ムヲ得ズ絕對反對ノ說ヲ玆ニ述ベルノデゴザイマス、御承知ノ通リニ我國ノ農業ハ千有餘年來、既ニ丹精ヲ凝ラシ盡シテ是カラ先キノ前途ハ老若如何ト問フタナラバ殆ド老熟ノ境遇ニ入ルモノト言ハナケレバナラヌ、ソレ故ニ前途ヲ開拓スル上ニ於テハ耕地整理、肥料ノ選擇、害蟲ノ驅除其他耕作方法ノ改良ノ如キ、純農業的方法ニ移ラナケレバナラヌ時代ニ移ッタ今日ニ於テ、農業ヲ以テ國是トシ、唯一ノ基本トナサル、諸君ヨリ本案ノ叫ビガ出ルノハ、此議會ニ於テアルベキ筈ト私ハ承認ヲ致シマス、併ナガラ此問題ハ提出者第一ノ目的ハ本案通過以テ米價ヲ上ゲテ而シテ農民ヲ保護シタイト云フ御趣意ヨリ出デタノデアル、ソレ故ニ若シ目的通リニ本案ガ成立ッテモ米ノ直段ガ上ラナカッタナラバ本案ノ提出者、竝ニ贊成者ハ御失望ニナルベキトコロノ案デアル、ソレト反對ニ若シ米ノ直段ガ上ッタナラバ商工其他一般消費者ニ取ッテハ或ハ產業ノ問題トナリ、或ハ生活費ノ問題トナッテ由々シキ關係ヲ有ッテ居ルトコロノ案デゴザイマス、無論私等デモ農業ノ進歩ト云フコトヲ圖ル上ニ於テハ一言モ反對ハナイノデゴザイマス、又農事ノ改良ト云フコトニ於テ農ヲ擁護スルコトノ點ニ於テモ亦一言モ反對ハナイノデゴザイマス、併ナガラ此案ハ卽チ間接ノ保護デアッテ動モスレバ米價ガ上リハセヌカト云フ疑ノアル案ニ於テハ、其關係スルトコロノ影響ガ廣キガ故ニ、本員ハ玆ニ承認スル譯ニイカヌノデアル、一面カラ見レバ米價騰貴ノ恐レアリトシタナラバ、是ハ社會政策トシテノ重大ナル問題ニ外ナラヌノデゴザイマス、農ノ利益ト商工ノ利益ト或點ニ於テハ一致スルケレドモ、或點ニ於テハ一致シ難イトコロノコトガアルト云フコトハ、諸君モ既ニ御承知デゴザイマセウト思フ、此點ニ於テ私ハ大ナル疑ヲ玆ニ提供シテ而シテ提出者竝ニ本案ノ贊成者ニ向ッテ御反省ヲ促スノデアル、玆ニ

至ッテハ果シテ千田君ノ提案ノ如ク、又委員會ノ査定ノ如クシテ、此案ノ成立ヲ計ッタナラバ、果シテ米ガ騰ルヤ否ヤト云フコトヲ論斷シナケレバナラヌ、此事ニ至ッテハ私ハ二箇ノ相反シタルコトニ付テ論斷ヲ下サウト思ヒマス、其一ツハ或ル場合ニ於テハ此關稅ハ米ノ値段ニ少シノ關係ヲモ及ボスコトハナイト云フコトデアル、即チ此關稅案ガ成立ノタメニ米ノ直段ガ騰ルト云フコトハ決シテナイト云フ場合ト、或時ニハ非常ナル影響ヲ受ケテ米ノ直段ニ此關稅ガ及ボシテ而シテ恐ルベキ米價ノ騰貴ヲ見ルコトガアルト云フコトデゴザイマス、此二ツノ事實ニ相反スルヤウデアルケレドモ、共ニ本案提出者竝ニ農業ヲ以テ國家ノ大本トナサルトコロノ人ニハ同ジク失望ヲ與ヘルトコロノコトデアル、米ノ直段ニ少シノ關係モ及ボサヌト云フ場合ハ如何ナルトキデアルカト云ヘバ、即チ米作ガ平年作以上ヲ保ッタ場合ニハ少シモ米ノ直段ニ影響スルトコロハナイト云フコトデアリマス、ソレト反シテ若シ凶作ノ場合ニ於テハ存外思ウタヨリモ强キ働キヲ以テ米ノ直段ニ影響シテ、而シテ米ハ大ニ之ガタメニ騰貴スルト云フ私ノ論斷デゴザイマス(ノウ〱)併ナガラ此二箇ノ事實ハ共ニ「ノウ」ト云フ諸君ニ向ッテ決シテ滿足ナル希望ヲ充タスコトハ出來ナイ、アベコベニ失望ヲ與ヘル法案ナリト云フコトヲ云ハナケレバナリマセヌ、(拍手起リ「島田君ノ口吻ナリ」ト呼フ者アリ)ソレデ事實ハ如何ニ語ッテ居ルカ、我邦ノ事實ヲ今カラ述ベマスレバ(「モウ分ッタ」ト呼フ者アリ)外國ノ米ハ我邦ノ消費高ノ中僅ニ一部分――一割以下ノ五六分シカ之ハ占メテ居ラヌ、大部分ハ我邦ヨリ生産スルトコロノ米デ我邦ノ人口ハ賄ッテ居ルノデゴザイマスカラ一小部分ヲ占メテ居ル外米即チ豌豆ノ上ニ小豆一ツヲ載セル程ノ分量モナイトコロノ小サイ分量ガ、外國米ニ依ッテ供給サレテモ我邦ノ米價ハ決シテ動キハシナイ(「ノウ〱」「ヒヤ〱」ト呼フ者アリ)我邦ノ消費高ヲ見テ見マスレバ凡ソ十箇年ノ平均デ四千四百五十万俵程費ヤスノデアル、其中ノ外國ヨリ仰グ外米ノ分量ハ幾干アルカト云フコトヲ検査シテ見マスルト、農商務省ノ統計ニ依レバ百五十万石カラ、多イトキニ三百万石ニ外ナラヌノデアリマス、既ニ大部分ハ我邦ノ産米ニ依ッテ充タサレ得タル其上ニ僅ニ百五十万石カ二百万石ノモノガ、入ッテ來タトコロガ――之ニ供給ヲ仰グトシタトコロガ、我邦ノ米價ガ之ニ依ッテ決シテ動クト云フコトハナイノデゴザリマス、平年作以上ノトキニ於テハ決シテ外米ノ爲ニ米價ハ左右セラレヌノデ、ヤハリ我邦ノ供給米ノタメニ米價ハ左右サレルノデゴザリマスカラ、此點ヨリ言ヘバ豐年ノトキニハ縦令此關稅アリト雖モ、我邦ノ米價ハヤハリ下落スルノデゴザイマス、(ノウ〱)此點ニ至ッテ私ハ米ノ直段ガ豐作ノ時ニハ關稅アリト雖モ影響シナイト云フ點ニ於テ「ノウ」ト云フ諸君ニ失望ヲ與ヘルト云フコトヲ論斷シテ差支ナイト思フ、此點ヨリ言ヘバ、何レノ場合ニモ此關稅案ガ通過スレバ米ノ直段ガ騰ッテ以テ農民ヲ保護スルコトガ出來ルト思ハル、諸君ハ、恐ラクハ御失望デハナイカト思フ(ノウ〱)ソレト反對ニ若シ我邦ノ米ガ非常ナル凶作ヲ告ゲタ場合ニハ如何ニナルカ、此時ニハ無論「ノウ」ト云フ諸君ノ言ハレル如ク我邦ニハ大ニ此關稅ガ米ノ上ニ働イテ、而シテ米價ハ騰貴スルト云フコトヲ承認致シマス、私モ御同意デゴザイマス、此米ガ凶作ノ場合ニハ非常ナル力ヲ以テ關稅ノタメニ騰貴スルト云フコトニ付テハ深ク考ヘナケレバナリマセヌノハ、地主ノ利益ト小作人ノ利益ト此場合ニ於テ一致スルヤ否ヤト云フコトガ疑問デアリマス、(「餘リ氣取ラナイデ早クヤッテ呉レ」ト呼フ者アリ)我ハ唯說ヲ述ベルバカリデゴザイマス、(「屈スル勿レ」ト呼フ者アリ)此地主ト云フモノガ此場合ニ於テ利益ヲ得ルケレドモ小作人ト云フモノハ決シテ利益ヲ得ナイト云フコトヲ私ハ言ハナケレバナラヌ、ナゼナレバ諸君、此場合ニ於テハ米ノ直段ガ騰ルノデゴザイマスルカラシテ、小作人ガ收得シタル米ヲ金ニ換ヘレバソレダケ騰貴シタダケ己レノ收益ハ增スノデゴザイマス、此時ニドウ云フ經濟ノ理法ガ行ハル、デゴザイマセウ、勞力ハ其勞力ノ報酬即チ勞力ノ收益ノ多イ處ニ向ッテ流レテ往クト云フコトハ經濟ノ理法デゴザイマス、若シ小作即チ農勵者ノ收穫ガ米ノ直段ガ騰ッタタメニ增シタ場合ニハ其方ニ向ッテ農業勞働者ハ增スノデゴザイマス、市街ト農村トノ分界點ニ於テハ半農半商而シテ半工ノ勞力者ガ己レノ收益ノ多キニ從ッテ移ッテ往クトコロノ勞力ガアル、之ガ其場合ニハ小作人ノ方ニ流込ンデ而シテ玆ニ小作料ノ遞減即チ勞銀ノ平均ヲ得ルノデアル、之ハ欺カザル經濟上ノ理法デゴザイマスガ故ニ、地主ハ利益ヲ得ルケレドモ米價ガ騰ッタタメニ小作人ハ左程ノ利益ヲ得ヌト云フコトハ此經濟ノ理法ガ示スノデハゴザイマセヌカ、(ヒヤ〱)而シテ若シ此米ノ直段ニ連レテ一般ノ物價ガ騰貴シタナラバドウデゴザリマセウ、米價ノ騰貴ハ言フマデモナク主タル食物ノ騰貴デゴザイマスルガ故ニ、總テノ勞働者職工ヲ通ジ一般消費者ヲ通ジテ之ハ生活費ノ騰貴デアルト云フコトハ申スマデモナイ、己レノ食フベキ生活シテ往クベキトコロノ金ガ――費用ガ增シタナラバ總テ勞働者ハ船大工デモ、鐵工デモ總テノ勞働者ハ己レノ勞力ノ價ノ騰貴ヲ望ムノデゴザリマセウ、己レノ勞力ノ報酬ノ增加ヲ要求スル次第デゴザイマス、之ヲ救フノハ唯一ツデゴザイマス、即チ勞銀ノ增加ト云フコトヲ圖ルノ外ハナイノデゴザリマス、其結果ハ興業ニ對シテハ生産費ノ增加デアルガ故ニ、總テノ品物ガ此米價ニ連レテ騰ルト云フコトモ經濟ノ理法ニ於テ明カニ分ルノデゴザイマセヌカ、之ヲ例ヘテ言ヘバ米價ハ總テノ物ノ直段ノ大綱デゴザリマス、其大綱ヲ一ツ騰ゲレバ百ノ目即チ百ノ網目タル一般ノ物價ハ騰ルノデゴザイマス、總テノ物價ガ此米價ニ連レテ騰ルコトハ論ヨリ證據、過去十年間ニ渡ッテ日本銀行ノ調査ガ明カニ示シテ居ルノデゴザイマス、其證據ハ明治三十三年ノ十月ノ米價ト一般ノ物價ノ平均ヲ百トシテ、日本銀行ノ調査ヲ見テ見マスレバ之ハ決シテ私ガ作ッタノデゴザイマセヌ、日本銀行ノ印刷致サレタル調査書類ニ依ッテ見マスレバ明治三十三年十月ノ物價ト米價ヲ百トシテ年々ノ比較ヲ取リマスルト、斯ウ云フコトニナルノデゴザイマス、三十三年ノ米價ガ百デゴザイマス、而シテ一般ノ物價ハ其時價ハ其時ニ九十九ト云フ位ヲ保ッテ居ル、三十六年ニハ米價ガ百二十二トナッテ居ル、而シテ一般ノ物價モ亦騰ッテ百一トナッテ居リマス、(「明治初年カラノ分ヲ擧グベシ」ト呼フモノアリ)ソレカラ三十九年ノ米價ガ百二十八ニ騰ッタトキニハ一般物價ハ百二十トヤハリ騰ッテ居ル、四十年ノ米價ガ百四十二ニ騰ッタトキニハ一般ノ物價モ亦百二十九ト騰ッテ居ルノデゴザイマス、其通リニ米ノ直段ガ騰ルトキニハ、ソレニ連レテ一般ノ物價モ亦騰ッテ居ル以上ハ此事實ハ吾々ガ此處デ打消スコトハ出來ナイノデアルカラシテ、初メ收穫ヲシタ米ヲ小作人ガ金ニ換ヘマシタトキニハ、米ノ直段ノ低イトキヨリモ懷ノ中ノ金ノ數ハ多イデゴザイマセウ、ケレドモ之ヲ一年ノ間自分及家族ノ食料タル鹽魚デアルトカ、或ハ着物デアルトカ、石油デアルトカ、酒デアルトカ、總テノ生活ノ資料ニ換ヘマシタ後ニハ、前年通リ懷ノ中ニハ一文モ殘ラズシテ、ヤハリ左程ノ利益ハナカッタト云フコトニナルデゴザイマセヌカ(拍手起ル)是カラ考ヘテ見ルトチヨット本案ノ提出ヲシテ農民ヲ喜バシテ此案ガ通過スレバ御前達ノ所得ハ米價ガ騰ッテ利益ヲスルト云ッテ喜バセラレタ諸君ノ功績ハ一年ノ間ニ小作人ハ暮シテ見テ總テノ生活ノ原料ヲ換ヘテ見ルト一文モ殘ラヌト云フトキニナッテ、初メテ諸君ヲ怨ムノデアル、玆ニ至リテハ少シモ本案提出者ノ農民ヲ喜バセラルルトコロノ理由ハ立タナイデ、米價騰貴ノ場合ニモヤハリ消ヘテ、ヤハリ諸君ハ失望ナサルデアルト云ッテ差支ハナイ(「ノウ〱」「ヒヤ〱」ト呼フ者アリ)而シテ此米價騰貴ガ我國ノ商工業竝ニ貿易其他勞働者一般ノ消費者ニ對シテ如何ナルコトヲ及ボスカト云フト、之ハ由々シキ問題デゴザイマス、生活費増加ヨリ來ッテ勞働者ノ賃銀ヲ増給ヲ要求スルコトニ向ッテ救濟スベキ策ハ唯勞銀ノ増加デゴザイマス、其結果ヨリ總テノ品物ノ生產費ノ増加ト云フモノハ諸君モ御承知下サルデアラウ、其ソレガ貿易ニ及ボストコロノ結果ハ如何デゴザイマセウ、勞銀ノ増加生產費ノ増加而シテ品物ノ原價ノ騰貴ト云フコトハ諸君貿易上ニ於ケル輸出ノ困難デアッテ、輸入ノ容易ト云フコトデハゴザイマセヌカ(拍手スル者アリ)此輸入ノ容易ニシテ輸出ノ困難ト云フコトハ言フマデモナク正貨流出ノ増進デゴザイマス、ソレ故ニ一般消費者ノ點ヨリ見レバ本案ハ生活難ノ問題デアル、而シテ此政府委員席ニ居ラル、如キ月給取、一般勞銀ニ依ッテ衣食スルトコロノ職工ノ如キモノニ向ッテノ即チ征伐案デアル、月給取征伐案、勞働者征伐案、而シテ貿易ノ上ニ於テハ輸入促進案、正貨流出ノ促進案ト云フコトニナルノデゴザイマス、(「一升八厘ノ差ダ」ト呼フ者アリ)本案ガ若シ通過シマスレバ米價ガ騰ルト假定シナケレバナラヌ、又サウシタナラバ初メ本案ヲ提出ナサル、トキニ千田君ハ此壇上ニ於テ米價ガ騰ラナケレバ――米價ガ騰ラナケレバ餓莩野ニ滿ツルト論ゼラレタ、本員ハ茲ニ於テソレヲ斯ウ云ヒタイ、若シ本案通過シテ提出者ノ希望ノ如ク米價ガ大ニ騰ッタナラバ、農本位ノ本家即チ農商務省而モ其農務局ノ中ニハ先ヅ僅カノ月給ヲ取ルトコロノ判任官諸君ハ先ヅ其机ヲ枕トシテ餓死スルダラウト云フコトヲ言ヒタイ(「ソンナコトガアルカ、馬鹿ヲ云フナ」ト呼フ者アリ)若シ斯ウ云フコトニナリマシタナラバ、茲ニ一ツノ要求ヲ致シタイノハソレデモ宜シイ――ソレデモ宜シイガ若シ米價ガ豫想ノ如ク騰貴シタリトシテ、我國ノ農產物ガ非常ニ増加シテ而シテ國ノ富ガ増スナラバソレデモ宜シイ、私ハソレデ承認致シマス、併ナガラ我國ノ農業ノ程度ハ何レノ處マデ餘地ガアルカト云フコトヲ見テ見マスルト、農商務省ノ調査ニ依リマスルト今カラ總テノ有ラユル農事改良方法ヲ用ヰテ、而シテ三十年ノ歲月ヲ要シタ上ニ於テ、即チ農商務省ノ三十年計畫トモ云フベキモノ其中ノ諸君ノ半バハ既ニ故人トナリ、半バハ白頭ノ翁トナッタ三十年後ニシテ、漸ク我國ノ米作ノ程度ハ六千七百万石ノ外ハ取レナイト云フノデアル、諸君、此程度ガ何時實現スルカト云フコトハ未ダ覺束ナイノデアル、私ガ調ベマスルトコロニ依ルト米價ハ二十六年カラ今日マデニ之ハ千田君モ能ク御調ベダラウ、米價ハ二十六年カラ今日マデ如何ニ變化シタカト云ヘバ、十二圓代ヨリ十六圓代ヲ破ッテ居ルノデアル、甚シキ騰貴デゴザイマス、十二圓代カラ十六圓代マデ破ル程ノ此最近ナ數年間ニ米價ガ昂ッタナラバ、經濟ノ理法ニ從ッテ我國ノ耕作面積モ大ニ膨脹シテ居ナケレバナラヌ筈デアル、併シナガラ事實ヲ見ルト少シモ膨脹ハセヌトコロヲ見マスレバ如何ニ米價ヲ政策ヲ以テ釣上ゲテモ、我國ノ國土其モノ、天然ニ於テ最早農作ノ増加ト云フコトハ許サヌト云フコトニナッテ居ルト思ハレル、二十六年ニハ我國ノ米作ノ耕作地ハ二百七十万町歩デゴザイマス、而シテソレガ十六圓代ヲ破ッタ、四十年ノ統計ヲ見テモヤハリ二百九十万石僅ニ十數万町歩ヲ増シタノデゴザイマス、二十六年耕作町歩ガ二百七十万町歩デ、四十年ガ二百九十万町歩シカ出來ナイノデアル、之ヲ見テ見マスルト米價ヲ十六圓代ニ引上ゲテモ耕作地ハ既ニ増スコトハ出來ナイト云フコトハ、既ニ證據デアル、斯クマデモ最早如何ナル政策ヲ執ッテモ農業ノ範圍擴張ト云フコトハ我國ノ國土天然ガ許サヌト云フ場合ニ於テ、米價ガ若シ騰貴シタナラバ農民ノ中地主ハ幾ラカ利益スルデアラウガ、其他一般ノモノニ於テハ甚シキ大ナル問題ヲ惹起スト云フ本案ノ如キモノヲ吾々ハ農業商業者工業者其他一般勞働者ノ利益ヲ犧牲トシテモ此國ハ地主ヲ保護シナケレバナラヌノデゴザイマセウカ、(「商業保護」ト呼フ者アリ)如何ニ保護シテモ農產ガ増サズ其國ノ富ガ増サナイ以上ハ保護スル事變ハナイノデアル、斯ク論ジ來レバ農民ノ一般即チ商工業者、一般勞働者其他消費者ノ利益ヲ犧牲トシテ、而シテ此地主ヲ保護シナケレバナラヌ程國ハ農業地主ニ對シテ義務ハ有ッテ居ラヌノデゴザイマス、(ヒヤ〳〵)又此韓國ノ經營ト云フコトヲ考ヘマスレバ農業ヲ除イテ殆ド我國民ノ韓國發展ノ餘地ハナイノデアル、漁業ヲ除イテ殆ド韓國發展ノ餘地ハナイノデゴザイマス、ソレ故ニ韓國經營ノ生命ハ米價ニアルト云ッテ私ハ差支ナイト思フ(拍手スル者アリ)而シテ我國民ハ韓國ニ往ッテ耕シタ米ノ一般ハ何處ニ諸君落著イテ居ルノデアル、本國ノ日本ニ來テ之ヲ消費スルニアラザレバ、本國ノ日本ニ來テ賣ルニアラザレバ、韓國ニ於ケル農業ノ發展ハムヅカシイノデアリマス、韓國ノ米ガ出ルトコロノ輸出ノ中殆ド全部ハ我日本ニ來テ入ッテ居ルト云フコトハ統計ノ示ストコロデゴザイマス、四十一年ノ韓國米輸出ハ六十万石ニ近イ、其中ノ約五十万石ハ我帝國ニ來テ居ルノデゴザイマス、然ルニ之ガ本案通過後ニ於テ如何ニナルノデゴザイマセウ、諸君一石約三圓七十錢程ハ此關税ノタメニ本案ガ通過シタナラバ韓國米ノ輸入ニ原價ガ加ハルノデゴザイマス、今ハ朝鮮ノ米ガ仁川デ十圓程致シテ居リマス、ソレガ日本ニ持テ來ラル、ノニハ本案ガ通過スレバ四圓程ノ諸掛ガ掛ルノデゴザイマス、算盤ノ上ニ四圓程ノ諸掛ガ掛ルコトハ吾々ヲ欺カヌノデゴザイマス、シマスレバ韓國米ガ大阪ニ著イタトキニハ十四圓ノ原價ヲ投レテ居ルノデアル、即チ韓國米ノ原價ハ十四圓ト云フコトニナルノデアル、所ガ韓國米ノ質ガ少シ惡ルク又砂ガアルト云フノデ大阪市場デハ日本ノ米ニ比シ一割五分減デナケレバ賣レナイノデアリマス、諸君今大阪市場ニ於ケル我國ノ米ハ十三圓八十錢臺デアル八十錢臺デアル、ソレヨリ一割五分引ケバ十二圓臺デナケレバ朝鮮米ヲ賣ッテ益ヲシナイノニ、原價ト費用ガ既ニ十四圓掛ッテ以上ハ、朝鮮米ガ我國ニ來ルト云フコトハ美事本案ニ付テ征伐サレ盡シ、其生命ハ絶ユルノデアル、是ニ於テ朝鮮ノ經營ハ斯ウ云フコトニナル、米ノ輸出ガ日本ニ來ヌト云フコトニナレバ、朝鮮ト日本トノ貿易ハ片貿易デアリマス、片貿易ハ決シテ朝鮮ニ於ケル我國ノ發展ノ策デハナイノデアル、而シテ我國ノ朝鮮ニ對スル輸出モ亦之ガタメニ妨害セラル、ノデアリマス、ナゼナレバ韓國ニ於ケル購買力ヲ減ズルガ故デアル、斯ノ如キ重大ナル關係ヲ朝鮮ノ經營ニ及ボストコロノ、即チ朝鮮ニ於ケル我國人ノ發展ヲ根柢ヨリ破ル如キ本案ノ如キモノヲ御承認ニナルナラバ何ガ故ニ吾々ハ二度マデモ戰ヲシタノデアルカ、何ガ故ニ國庫ノ補助マデモ與ヘテ東洋拓殖會社ヲ作ッタノデアルカ、(「默レ」「何ヲ云フカ」「謹聽」ト呼フ者アリ)諸君ガ如何ニ本員ノ云フ所ヲ妨害ナサレテモ事實ガ斯ク證明スルデハナイカ、ソレカラ穀物ニ關税ヲ從イテ內地農業ヲ保護スルト云フコトモ先ヅ宜シイトシテモ、ソレハ國柄ニ依ルト思フ、我國ハ元來動モスレバ國民ノ食料トシテ米ノ作高ガ少ナイ國デゴザイマス、十年間ノ平均ヲ見テモ年々百万石カラ三百万石程外國ニ米ノ供給ヲ仰ガナケレバナラヌ國デアル、ソレナラバ成ルベク米ヲ廉クシテ生活ノ容易ヲ圖ッテ而シテ商工業ノ繁榮ヲ圖ッタ方ガ日本ノタメ利益デハゴザイマセヌカ、我國ノ購買力即チ消費力ガ農民ニ多イト云フコトハ私ハ無論同情ヲ表シマス、其故ニ農家ノ利益ヲ圖ッテ而シテ商工業者ガ供給スル品物ニ向ッテ消費力ヲ増スト云フコトモ私ハ同意ヲ致シマス、併ナガラ我國現在ノ國富策ハ獨リ內地ノ購買力位ニ依賴シテ宜イトキデゴザイマセウカ、私思フニ廣ク海外ノ市場ヲ相手トシテ廣イ海外ノ購買力ヲ相手トシテ、即チ輸出ヲ増進シテ國ノ富ヲ圖ルベキ時期デアルト思フノデアル、然ルニ米ガ足リナイ國ニシテ關税ヲ三倍モ上ゲテ而シテ米ヲ成ルベク入レマイトスルコトハ果シテ國ノタメニ利益デゴザイマセウカ、我對岸ノ支那ハ開拓スレバ幾何デモ殆ド滿目皆平原ト云フ荒撫地ガアッテ、大ニ農作ヲ與シテ而シテ餘ッタ米ヲ海外ニ出シテ利益ヲスル、其國ガ姑息ニモ防穀令ヲ出シテ成ルベク出スマイトシテ耕作シテ餘ルベキ性質ヲ有ッテ居ッタ支那、海外ニ輸出シテ國ヲ富マスベキ性質ノ國ガ防穀令ヲ布イテ成ルベク出スマイトスル、足ラヌ國デハ成ルベク廉ク入レナケレバナラヌ、我國ガ關稅ヲ高メテ成ルベク入レマイトスル、東洋ニ於ケル二ツノ穀物關稅ガ餘リ愚ナル政策デアルト私ハ思フ、此國柄ト云フコトハ諸君ニ於テ篤ト私ハ考ヘテ戴キタイ、穀物ニ向ッテ深キ關稅ヲ――大ナル關稅ヲ課シテ、而シテ內地ノ耕作ヲ奬勵シテ居ル國モゴザイマス、我國ノ極度ガ漸ク六千七百万石ハ三十年後ニ於テ得ルト云フ、此小サナ國ニ於テ却テ此穀物關稅ヲ極端ニ採ルト云フコトハ果シテ宜シイコトデアリマセウカ、初ヨリ工ト商トヲ專門トシテ居ルトコロノ國ハ決シテ此穀物關稅ハゴザイマセヌ、英國又然リ、米國モサウデゴザイマス、和蘭陀モサウデゴザイマス、僅ニ瑞西ハ百「キログラム」ノ小麥ニ僅カ七錢ト云フ關稅ヲ置イテ居ル場合デアリマス、(「米國ハ如何」ト呼フ者アリ)米國ノ如キハ成程關稅政策ヲ行ッテ穀物關稅ガゴザイマス、併ナガラ其國ノ產額ハ幾何デゴザイマスカ、我國ノ僅ニ五千万石ヲ收穫シテ而シテ未曾有ノ豐年トシテ喜ンダ國デアル、米國ハ麥類ダケニシテモ一年ノ產額ハ三億三千万石デアリマス、加奈陀ハ七千万石ノ多キニ達シテ居ルノデアリマス、麥類バカリデ然リ、而モ粗雜ナル耕作ヲ以テ未耕地ノ餘裕ハ尙綽々トシテ餘裕ガアリト云フ彼等ノ國ニ尙日本程ノ關稅ハゴザイマセヌ、米國ノ小麥關稅ハ漸ク一圓十一錢デアル、加奈陀ハ四十一錢デアリマス、我國今度ノ案ニ依リマスト白米稅ハ一圓五十錢ニ上ゲラレテ居ルノデハゴザイマセヌカ、(「獨逸ハドウナッテ居ルカ」ト呼フ者アリ)世界ニ於ケル斯ル小サナ國柄ニシテ斯ノ如ク大ナル關稅ヲ置イテアル國ハ一箇所モゴザイマセヌシ、斯ク論ジ來リマスレバ此農民ノ購買力ノミニ依賴シテ國ノ商工業ヲソレニ依ッテ維持シヤウト云フコトハ甚ダ私ハ僻論デアルト謂ハナケレバナラヌ、又千田君竝ニ同論者諸君ハ米ノ値段ガ騰レバ、日本ノ景氣ガ――商賣上ノ景氣ガ好クナルト斯ウ論ゼラレタ、併ナガラ私ハ此米ノ値段ノミニ依賴シテ景氣ガ好クナルト思ハルヽコトハ、少クトモ天保時代以前ノ考デアルト謂ハナケレバナラヌ、德川時代、鎖國時代、天保時代マデノ考デアルナラバ我國ハ唯獨リ農民ニ依ッテ經濟ハ維持サレタガ故ニ然リト云フテ宜シイ、今ハサウデゴザイマセヌ、商賣上ノ景氣ノ善惡ト云フコトニ付テハ諸君第一貿易ノ趨勢如何ト云フコトヲ見ナケレバナラヌ、第二ニ銀貨ノ相場ガドウデアルカ、第三ニ銅相場ガドウデアルカ、第四ニ生絲ノ輸出ハ如何デアルカ、第五ニ金融ノ狀況ハ如何デアルカト云フコトハ米ノ値段ソレ以上ニ大ナル力ヲ景氣ニ有ッテ居ルノデアル、諸君久シク輸入超過ノ逆潮ガ保タレタナラバ我國ノ經濟界ハ甚ダ惡シキ狀況ヲ呈スルト云フコトハ幾多ノ事實ニ依ッテ諸君ハ知ラレテ居ルノデゴザイマセウ、唯今ハ昨年來銀ガ非常ニ暴落ヲシテ、日清貿易ガ如何ニ阻害サレテ居ルカト云フコトハ諸君モ今日目擊サレテ居ルデハナイカ、紡績業者其他對淸貿易業者ソレガタメ泣イテ居ルノデアル、森本君ガ燐寸ノ救濟案トシテ交附金ヲ與ヘテハドウカト云フ案ヲ出サレタモノモ、其原因ノ第一ハ米價ノ下落ニアラズシテ銀價暴落ノ結果デゴザイマセヌカ、又倫敦ノ銅相場ガ下落シテ我國ノ鑛山業ハ如何ニ衰頹シタカト云フコトモ目擊シタノデアリマセヌカ、(「ソレハ何論デアリマスカ」ト云フ者アリ)是ハ商賣上ノ景氣ハ米價ヲ上ゲテハ動カヌト云フ論デアリマス、ソレカラ金融ガ動イテ、諸君昨年來金融逼迫ノトキニハ米價等ト云フモノハ少シモ商賣上ニ於テ働ク力ガナクシテ一時銀行ノ取締メ、銀行ノ引締メニ依ッテノミ經濟界ハ常ニ動イタノデハアリマセヌカ、斯ノ如ク複雜ナル關係ニ依ッテ商工業ノ景氣ハ動クノデゴザイマスルガ故ニ、千田君始メ同論者ガ唯米ノ値段ヲ上ゲサヘスレバ世ノ中ノ景氣ハ好クナッテ、而シテ商工業モ活氣ヲ呈スルト言ハレルノハ大ナル是ハ夢デアルト私ハ申シマス、(「ノウヽヽ」)又千田君其他同論者ハ農民ノ負擔ガ甚ダ重過ギルガ故ニ米價ヲ上ゲル關稅政策ヲ執ッテ、之ヲ救濟シナケレバナラヌト論ジラレタ、諸君負擔ノ重イト云フコトハ商業モ工業モ其他一般ノ勞働者モ亦悉ク戰後ハ負擔ガ重イノデアル、此點ヨリ言ヘバ農業者モ、工業者モ、商業者モ、勞働者モ、總テ共難儀デゴザイマス、獨リ農業者ノ負擔ガ重キガ故ニ、關稅政策ヲ以テ米價ヲ引上ゲテ而シテ之ヲ救濟シナケレバナラヌト云フ國ニ――此帝國ハ少シモサウ云フ義務ハ有タヌノデアル、私ハ此商工業者ノ間ニハ正直ニ極ク眞面目ニ事業ヲ經營シテ居ル者アリト雖モ、時トシテハ景氣ノ非常ナ變動ノタメニ破產アルコトヲ聞クケレドモ、未ダ農業者ハ生活難ノタメニ破產シタルコトヲ私ハ聞カヌノデアル、(「馬鹿言ヘ」「破產サヘ知ラナイ」ト呼フ者アリ)諸君、斯ノ如ク世ノ中ノ景氣ト云フモノモ維新以前ノ如ク唯單ニ米價ノ善惡、農民ノ善惡ニ依ッテ動クニアラズシテ、多クノ事情ニ依ッテ動クノダカラシテ、本案ハ如何ニシテモ私ハ承認ガ出來ナイデアル、私ノ論ズルトコロガ不幸ニシテ――此壇ニ於テ論ジタルトコロガ不幸ニシテ破レタナラバ、ソレハ選擧法卽チ衆議院選擧法ノ然ラシムルトコロデアルト斷言シテ、私ハ憚ラヌノデアル(「其意味ヲモウ少シ說明スベシ選擧法ガ何故ニ惡ルイカ」ト呼フ者アリ)ソレ故ニ私ハ本案ノ否決ヲ望ミマス(拍手起ル)

○副議長(肥塚龍君)　大岡育造君

(大岡育造君登壇)

(拍手起ル)

(「長ク願ヒマス」「ノウヽヽ」「大政治家ハタッタ一分間デヤッテシマヘ」ト呼フ者アリ)

○大岡育造君　諸君、本問題ハ唯今反對論者ノ淺野君カラ申サレタルガ如クニ實ハ餘程重大ナル問題デアル、國家ノ大部分ヲ占メテ居ルトコロノ農業者ノ上ニ大關係ノアルノミナラズ、何レノ國ニ於キマシテモ其國家ノ經濟ニ關シテ重大ナル關係ヲ有ツ問題デアリマス、斯ノ如キノ問題ヲ揭ゲテ而シテ此機會ニ細カニ討論ヲ致スト云フコトハ私ノ最モ光榮トスルトコロデアリマスル、唯遺憾ナルハ私ガ餘リ深ク農事ニ通ジマセヌタメニ或ハ要領ヲ失フコトガアルカモ知リマセヌガ、力メテ其要ヲ得ルヤウニ自ラ祈ル譯デアリマス、(「三稅廢止ノ言譯ノ問題ト」呼フ者アリ)此問題ハ三稅廢止ヨリハ遙ニ上ノ問題ト私ハ思フ(ヒヤヽヽ)三稅ノ廢止ハ一時ノ問題デアリマスルケレドモ、此農業ガ健全ニ發達シ得ルヤ否ヤト云フコトハ國家ノ永久ナル問題デアリマスルカラシテ、此事ハドウゾ御承知ニナリタイノデアリマス、(「要領ヲ得テ下サイ」「ソンナ三百的ニ言ハズニ」「默レ」ト呼フ者アリ)而シテ淺野君ハ吾々ヲ以テ單ニ農黨ト云フコトヲ言ハレマスルケレドモ、是ハ私ガ一言辯解シテ置キタイト思フノデアリマス、農業家ガ不利益ニ陷ッタ場合ニ決シテ商工業者ノミ利益ニ居ルコトハ出來ナイノデアル、(「其通リ」ト呼フ者アリ)日本ノ人口ノ稍〻七分ヲ占メテ居ル者ハ農民デアリマスカラ、是ガ購買力ヲ有ッテ居ルト居ラザルトニ於テ商工業者ニ大ナル關係ガアリマスカラ是ハ詰リ共同ノ問題デアル、共同ノ問題デアッテ外國ノ農業家ノタメニ壓セラルベキカ、日本ノ農業ヲ保護シテ彼レト戰ッテ彼レヲ驅逐スベキカト云フコトハ大切ノ問題デアルノデアル、內地ニ於ケル商業家ト工業家ノ爭ヒト思フガ如キハ甚ダ私ハ誤解デアラウト思フノデアリマス、ソレデ吾々ヲ以テ單ニ米價ヲ引上ゲル目的ニ於テ此事ヲスルヤウニ論ゼラルヽノハ少々其當ヲ得ナイ、成程其理由モ一ツアルニ違ヒナイ、提案者ノ言フタコトニ其事モアルニ違ヒハナイノデアリマスルケレドモ、要ハ我國ノ農業ト外國ノ農業トノ競爭ニ於テ確ニ勝利ヲ得ベク吾々ガ計畫スルコトニアルノデアル、(「ヒヤヽヽ」)此點ヲドウゾ能ク御了承ニ相成リタイ、ソレデ扨テ此農業ニ對シテ――卽チ穀物ニ對シテト申シマセウ、穀物ニ對シテ關稅ナル政策ヲ採ル國ト採ラヌ國ト此二ツアル、前ノ論者ノ言ハレタ通リデアルガ、果シテ此穀物ニ付テ保護政策ヲ採ッテ居ル國ハ如何ナル國デアル、抽象的ニ之ヲ申シマスレバ國ノ勃興シテ行ク進運ヲ有ッテ居ル大國ハ如何ナル政策ヲ採ッテ居ルカ、今ヤ老朽老境ニ入ッテ漸ク日ガ暮レントスル方ノ國ハ、如何ナル政策ヲ採ッテ居ルカト云フコトヲ見タイト私ハ思フ、（「眼ヲ開イテ見給ヘ」ト呼フ者アリ）北米合衆國、英領加奈陀、獨逸、佛蘭西、伊太利、墺地利、露西亞、此諸國ハ――加奈陀ハ暫ク別トシマスガ、此諸國ガ即チ今世界ノ列強大國ト云フモノデアル、此他ニ英吉利ガ居ル、英吉利ダケヲ取除ケマスルガ、英吉利ヲ除イテ今數ヘタ國ハ列強ト稱ヘラレル國デ、皆勃興ノ國運ヲ有ッテ居ル國デアリマス、此國ガ此米ニ對シテドレダケノ税ヲ課シテ居ルカト云フコトヲ先ヅ報告シマセウ、英吉利ダケ無税デアリマスルガ、北米合衆國ガ玄米百斤ニ向ッテ三圓三十二錢ヲ課シテ居リマス、（「問題外ダ」ト呼フ者アリ）問題外デナイ、獨逸ガ一圓十五錢ヲ掛ケテ居リマス、佛蘭西ガ一圓八十六錢掛ケテ居リマス、伊太利ガ一圓十六錢掛ケテ居リマス、墺地利ガ極ク少クテ二十二錢、露西亞ガ二圓二十七錢掛ケテ居リマス、是ガ百斤ノ税デアリマス、（「米デスカ」ト呼フ者アリ）米デス、玄米デス、（「是等ノ國ニ米ガ澤山出來マスカ」ト呼フ者アリ）出來テモ出來ナクテモ宜イ、能ク御聞キナサイ、而シテ無税ト云フ國ヲ見マスルト英吉利ガ無税デアリマス、和蘭陀ガ無税デアリマス、白耳義ガ無税デアリマス、瑞西ガ無税デアリマス、丁抹ガ無税デアリマス、葡萄牙ガ無税デアリマス、此諸國ヲ見レバ能ク分ルデハアリマセヌカ、（此時發言スル者多シ）暫ク靜ニ御聽キナサイ、唯今申シタノハ即チ米デアリマスルガ、小麥ニ對シテモ課税シテ自國ノ產物ヲ保護スルノ政策ヲ執ッテ居ル國ハヤハリ前ニ讀上ゲタ大國列強デアル、即チ前ニ申上ゲマシタ私ノ算ヘマシタ無税ノ方ノ國ナルモノハヤハリ瑞西、丁抹、和蘭陀、葡萄牙等ノ國デ、僅ニ瑞西ガ七錢ノ税ヲ掛ケテ居ル、是モ無税ト見テ宜イ、此類ノ國ノ眞似ヲ數スベキカ吾々ハ此勃興ノ國運ヲ持ッテ居ル國ト同ジヤウニヤッテ行クベキカト云フコトヲ考ヘテモ是ダケデモ能ク分ルノデアル、（拍手起ル）關税ノ政策ヲ執ルガ宜イカ、執ラヌガ宜イカト云フコトニ付テハ議論ガ様々デアッテ、未ダ誰モ一定セヌト云フコトニ私ハ假リニ鈴敬シテ言フ、併シ是ハ實ハ今日ノ勃興ノ政策ヲ執ラナケレバナラヌ時分ニハ必ズ關税政策ヲ執ラナケレバナラヌコトニ極ッテ居ル、唯大國勃興國ニ算ヘベキ國ノ中デ取ラヌノガ英吉利デアル、此英吉利ヲ除イタ外ノ國ハ諸君皆御承知ノ通リデ、是ハ學ブベキ國デハナイ、昔百年前ニ於テハエラカッタ、二百年前ニハエラカッタガ今ハ吾々ガ気ノ毒ナガラ學ブベキ國デハナイノデアル、此學ブベキ國ニ於テ英吉利ノ外ハ他ニアリマセヌ、而シテ英吉利ノ今日ノ狀態ハ如何デアリマスカ、此國ニ於テ是非回復致シタイ、是非行ヒタイト云フ問題ガ二ツアル、何デアルカト言ヘバ英吉利ノ識者ガ切ニ望ムノハ徵兵ノ制度デアル、此徵兵ノ制度ノ實行セラレヌ以上ニハ、獨逸ヲ敵ニ取ッテ如何ニ此國ヲ防護スルカト云フコトガ今日ノ英吉利ノ問題ニナッテ居ルノデアル、（「問題外ダ」「謹聽謹聽」ト呼フ者アリ）御聽ナサイ、今一ツハ自國ノ穀物ノ回復ヲ如何ニスルカト云フ問題デス、（ヒヤ〳〵）實業家カラ見テモ學者カラ見テモ是ハ實ニ大切ナル問題デアル、併ナガラ英吉利ノ内情ハ農業ニ付テハ實ハ十分ノ取調ハ今日付イテ居リマセヌ、或ハ言フニ箇月ノ食料ヲ自國ノ物デ保チ得ルト言ヒ、或ハ極端ニ言フ者ハ三週間以上ハ自國ノ穀物ヲ以テ英國民ノ生活ハ出來ヌト言フ、併ナガラ私ガ確ニ信ジテ居ルノハ英吉利ノ數箇國ノ中デ、本國ヲ去ッタ愛蘭ダケハ「ポテート」馬鈴薯ダケヲ皆十分ニ作ッテ居ル、農產ノ確カナ物ハ是位ノモノデアル、我日本ヲ英吉利ノ如クニシテ我農業ヲ打捨テ、シマフナラバ兎モ角モデアリマスケレドモ（ノウ〳〵）苟モ我農業ヲ十分ニ保チ、之ヲ進メントスルナラバ是非トモ關税ノ政策ヲ執ラナケレバナラヌデノアル、（拍手起ル）倍此關税ノ政策ヲ執ル上ニ於テ如何ニスレバ宜イカト云フト是ハ成ルベク外カラ入ル物ヲ止メテ日本

ノ農業ヲ保ッテ行ケルヤウニシナケレバナラヌ、又斯様ニ申シマスルト云フト唯農業ノ贔負ヲシテ商工業ニ粗末ナルガ如ク思フ人モアルカモ知レマセヌガ、御考下サイ斯ウナルノデス、農業ナルモノノ外ニ商工業ガ確カニ發達シナケレバナラヌ、私ハ發達ヲ祈ル者ノ一人デアリマスケレドモ、今日ノ現狀ニ於テ如何デアリマスカ、少シバカリ昨年カラ不景氣ガ續クト云フト何所ノ工事モ事業ヲ緊縮シマス、機關モ休マセマス、此狀態ノ未ダ幼稚ナ商工業ニ依頼シテ我農業ノコトヲ忘レテ居ッタナラバ如何ナル惨況ニ陷ルデアリマセウ、（「ヒヤ〳〵」「ノウ〳〵」ト呼フ者アリ）職工者デモ直キニ解傭サレテシマウモノハ澤山アルデハアリマセヌカ、斯ウ云フコトヲ能ク御考ヘニナルト唯偏ッテ商工業トノミ名乘ルニ及バヌ、是ハ共同ノ問題トシテ研究スルガ宜イノデアル、ソコデ我國ニ於テモ農業ヲ諸君ト共ニ之ヲ助ケルトシテ、我國ノ農業ノ有様ハドウ云フ有様デアルカ、是ダケ研究シテ見レバドウ云フ政策ヲ執レバ宜イカト云フコトガ分ルニ相違ハナイノデアル、ソコデ此報告ヲ一ツ私ハ念ヲ入レテ聞イテ見マシタガ、繰返スト餘リ長クナリマスカラ要領ノミヲ申シマス、農商務省カラ態々印度ノ米產地方ヲ視察ニ遣ッタ者ノ報告ガアルノデアリマス、其報告等ヲ併セテ概略ノ表ヲ作ッテ見タ、一々ニ申シマセヌ結論ダケ申サウト思ヒマスガ、日本ノ一段ニ對スル小作農業者ガ彼ノ工業者ト同ジヤウニ賃銀ヲ拂フト致シマスナラバドウ云フ結果ヲ得ルカト云ヘバ、一段ニ付テ五圓五十八錢二厘ノ損ガ行クト云フノデス、諸君ドウカ御聽ヲ願ヒタイ、是ハ私共ノ拵ヘタノデハナイ、農商務省ニ作ラセテ見タノデアリマスガ、相當ナ即チ一日ニ付テ三十錢位ノ賃銀ヲ拂ウテ農事ニ掛ルトスレバ、此租税マデヲ拂ヒ地價ニ對スル金利モ皆拂フト云フト、一段歩作ッテ而シテ收入ハ二十二圓九十七錢得ルトシテ、而シテ尚損スルトコロハ幾ラ損シテ居ルカト云ヘバ、五圓五十八錢ノ損ヲスル譯ニナル、一々給料ヲ拂フトスレバデス、ソコデ韓國ハドレ位ニナルカト云ヘバ、韓國ニナルト二圓八十八錢ノ利益ニナルト云フ勘定ガ付クノデス、モウ一ツ此柴棍トカ緬甸トカ印度ノ農業ハドウカト云ヘバ、此方ハ五圓三十七錢ノ利益ヲ得ルト云フ計算ガ出テ居ルノデアリマス、暹羅ノ方デモ三圓八十錢ノ利益ヲ得ルコトニナッテ居ル、之ヲ今日ノ賃銀ニ割付ケテ仕事ヲスルトナルト日本ノ農者ハ實ハ損ヲスル結果ガ出ル位ノ度合ニ居ルノデアル、是ハ甚ダ困ッタモノデアリマスケレドモ、幸ニシテ先祖代々此コトニ從ッテ居リマスカラ、農業家ガ自ラ此不利益ヲ忍ンデ氣モ付カズニヤッテ居ルカラ出來マス、然ルニ之ニ敵對スルモノハ何物デアルカト云フト、暹羅ニシテモ緬甸ニシテモ交趾支那ニシテモ是等ノ者ハ裸體デ生活ヲシテ行ケル人民、租税ハ何程拂フカト云フト一段ニ付テ借賃五十錢ヲ拂フニ過ギナイ、日本人ハ三圓五十錢平均ヲ拂ッテ居ル、兵隊ヲ置クデモナケレバ此世界即チ吾々ノ東洋方面ノ平和ヲ保ツタメニ何等ノ貢獻ヲスル人民デナイ、今一ツ申シマシタナラバ吾々ノ生產物ヲ多ク買入レルト云フ地方デモナイ、僅ニ我國カラ鱗寸ガ印度地方ニ往ク位ノモノデアリマスガ、ソレモ西洋人ノタメニ近頃ハ大分負ケテ居ルノデアリマス、（「朝鮮ハ如何」ト呼フ者アリ）朝鮮ノ如キハ能ク考ヘテ見ナケレバナラヌ、是ハ私ハ一ツ別ニ考フベキモノト思ヒマスガ、併ナガラ二回マデモ大戰爭ヲ吾々ハ經テ居ル――二度ノ戰爭ヲシテ彼ヲ今日マデノ程度ニシテヤルニハ幾ラノ金ヲ使ッテ居ルカ、幾ラノ人民ヲ失フテ居ルカ、此問題デモ先ヅ考ヘサヘスレバ直ク分ルコトデアル、而シテ今日ノ統監政治ノ費用ハ無論、今日師團ヲ置イテ彼ヲ守ル費用ハ何程デアルカ、昨年ハ御承知デアリマセウ豫算ニ於テ一千五百万圓バカリヲ二年三年ニ分ケテ使ッテヤルコトニシタ、既ニ人モ出シテヤリ、教ヘルコトモシテヤリ、金ヲ注イデヤッテ、而シテ今日ノ程度ニ導イテヤッテ居リマスカラ、吾々ノ朝鮮ニ對スル又努メタリト云フベキデアル、然ラバ斯ノ如ク努ムベキコトヲ努メテ置イタ以上ハ、我國民ノ農產物トノ釣合ヲ失ナフコトニナラヌヤウニ彼等ニモ努メサセル位ノコトハシナケレバナルマイト思フ、（拍手起ル）唯何カ大名ノ

若殿様デモ預ッタヤウニ大事ニサヘスレバ宜イカト思フノハ新領土若クハ保護國ノ見方ガ少シ違ヒハセヌカト思フ、韓國ニ於テノ米價ヲ此頃十圓ト云フコトヲ先刻淺野君ガ云ハレマシタガ、其表ニ依レバ或ハサウ見エル、韓國ト云フ國ノ米價ガ十圓ニナッタノハ何故デアルカト云ヘバ、吾政治ノ光デアル、彼ノ野蠻政治ノ半開政治デアル時代ハ、一石ガ六圓カ七圓ニ過ギナカッタノデアル、今日是ダケノ米價ヲ保ツニ至ッタノハ畢竟我國保護ノ力デアル、卽チ彼等ハ是ダケノ購買力ヲ有ッテ居ルノデアリマスカラ、商工業者ハ之ニ向ッテ相當ノ運動ヲサヘスレバ利益モ亦得ラレルノデアリマス、斯ノ如ク考ヘテ見マスト韓國ト云フモノニ心配ヲシテ吾國ヲ保ツ所以ノ政策ヲ躊躇スル必要ハ決シテアルマイト私ハ考ヘルノデアリマス、(ヒヤ〱)通ッテ之ヲ私ガ申シマスレバ全體日本ノ學者先生達――今日此處ニ居ラレルトコロノ賢明ナル諸君達モ吾々ノ此案ヲ以テ愚カナル案、若クハ愚案ト云フヤナコトヲ呼ンデ喜ンデ居ラレマス、或ハ諸君ノ賢明ヲ以テシテハ吾々ノ行動ハ愚カナリト見エルカモ知レヌケレドモ、吾々ヲ以テ見レバ必シモサウデナイ、元來英吉利ヲ崇拜シタトコロノ學者先生達ノ欽ヲ汲ムトコロノ先生達ハ唯自由貿易デサヘアレバ、此國ガ發達スルカノ如ク誤解シテ居ル人ガ多イノデアル、(ヒヤ〱)全ク要點ハ此處ニアル、實ハ日本ノ大藏省ノ役人デモ、大學デ敎ヘル敎師デモ、多クハ英語ヲ以テヤッテ居ルカラ英吉利ノモノハ何デモ宜シイカノ如ク考ヘテ居ル、是ガ一ノ病デアル、又民間ノ論者モ多クハ英書ヲ讀ムカラ英吉利人ノ論ヲ金城鐵壁ノ如ク考ヘテ居ル、所ガ是ハ無理モナイ、諸君――私ニ反對スル諸君ガ英吉利ノモノヲ大層結構ト思ヒ、之ヲ金科玉條ト思フハ無理ハナイ、世界ノ多クハ斯ウ云フコトヲシテ居ル、佛蘭西デモ那翁三世ガ軍ヲ止メテ生產ノ方ニ力ヲ用井ル始メニ當ッテハ、ヤハリ英吉利ヲ學ンデ自由貿易ノ政策ヲ執ッテ來タコトガアル、却テ先進ノ英吉利ト後進ノ佛蘭西トガ同ジ寸丈ニ同ジ場所ニ戰ッテ見タカラ、忽チ自國ノ生產力ガ競爭ニ負ケテ、アノ工場モ閉ヂル、此工場モ破產スルト云フ狀態ニナッテ俄ニ其政策ヲ一變シタノデアル、單ニ那翁三世ノミデナイ、彼ノ有名ナビスマルクモ戰捷ノ後ニ於テ是デハナラヌ、斯ウ貧窮ニナッテハイカヌト云フコトカラシテ、是モ英吉利流ノ政治ヲ執ルコトニシタ所謂「マンチエスター」派ノ政策ヲ執ッテ來タノデアル、執ッテ之ヲ行ウテ見マシタケレドモ、到底其成績ヲ得ルコトガ出來ナカッタ、故ニ更ニ戻ッテ自國ノ政策ヲ執ルニ至ッタ(「問題外」ダト呼フ者アリ)亞米利加ハ御承知ノ通リ英吉利ノ全ク殖民地デアル、云ハヾ英吉利ノ子分タル國デアルケレドモ、彼ハ決シテ英吉利ノ自由貿易政策ヲ學バズシテ、確ニ彼ハ保護貿易ノ政策ヲ執ッテ今日ノ成功ヲシテ來タノデアル、唯學者先生達ガ經濟書ヲ讀ンデ自由貿易政策ト云フモノダケヲ覺エテ、英吉利ガ當時如何ニシテ成功シタカト云フ四圍ノ狀況ヲ考ヘズニ往ッタカラ、間違ッテ來タ、今ヨリ百年ノ前ニ於テハ英吉利人ハ如何ニスレバ和蘭陀人ニ追付クコトガ出來ルカ、彼ト比肩スルコトガ出來ルカト云フコトヲ標準ニシテ、ナカ〱勉強シテ來タモノデアル、斯ノ如クニシテ研究スレバ和蘭陀ト云フ國ハ海運ニ富ンデ居ル國デアッテ、而シテ多クノ世界ニ殖民地ヲ有シテ居ル國デアル、此二ツヲチヤント考ヘタノダ、故ニ十九世紀ノ始メニ於テハ海賊的ノ業ヲナシテ和蘭陀ノ船ヲブチ壞ハシ、而シテ和蘭陀ノ新領土ヲ襲ヒ、內ニハドウカシテ彼ニ追付カウ追付カウト云フノハ倘我々ガ歐羅巴人ニ追付カウ、彼ヲ超セント云フガ如キ態度ヲ以テ進ンデ、諸種ノ發明ヲ應用シ、有ラユル新器械ヲ利用シテ彼ノ製造業ヲ發達セシメタ、斯ウ云フ――英吉利ノ歷史ヲ御覽ナサイ此通リニナッテ居ルニ相違ナイ、斯ウ云フ狀態ニナッテ初メテ實ハ保護貿易ヲ捨テ、所謂「マンチエスター」派ノ議論ヲ行ヒ得ルコトガアル、其場合ニ歐羅巴各國ハドウシタカト云ヘバ、マダ戰ヲシテ土地ヲ取リ權力ヲ爭フ夢ヲ見テ居ッタ場合デアル、此際進ンダカラ宜イガ今日ハ如何ト云ヘバ、今日ハ世界ガ生產政策ヲ講ズル最中デアッテ、各々已レノ國ノ生產ヲ膨脹シ發達セシムルコトニ競爭ヲシテ居ル、此時代ヲ知ラズニ唯百年昔ノ夢ヲ御覽ナサッテ先生ノ講義ヲ丸呑ニシテ御間違ヲナサルハ困ッタコト、思フ(「關稅政策ノコトナラコッチノ方ガ餘ッ程知ッテ居ル」ト呼フ者アリ)能ク餘リ物ヲ知リ過ギルト間違ヲ生ズルカラ世界ノ大勢ニ鑑ミテ、我國ノ結局生產ヲ十分ニ發達セシメテ、彼ノ裸坊ノ印度人ヤ緬甸人ヤ或ハ交趾支那人ノタメニ諸君ハ力ヲ盡スコトヲ止メテ、我國ノタメニ力ヲ盡サレンコトヲ望ミマス(拍手起ル)

○副議長(肥塚龍君) 鈴木力君

○伊藤大八君 討論終結ノ動議ヲ提出致シマス

(「贊成々々」ノ聲起ル)

(鈴木力君登壇)

(拍手起ル)

(「議長ハ何故ニ登壇ヲ許スカ、討論終結ノ動議ガ出テ居ル」ト呼フ者アリ)

(「議長ハ既ニ發言ヲ許シテ居ル、ヤルベシヤルベシ」ト呼フ者アリ)

(此時發言スル者多ク、議場騷然聽取スルコト能ハス)

○鈴木力君 マダ演說ヲセヌ先キニ……

(「討論終結贊成々々」「何ヲ言ッテ居ル下セ〱」「ヤリ給ヘヤリ給ヘ」ト呼ブ者アリ、議場騷然)

○副議長(肥塚龍君) 靜ニ――靜ニ――靜ニ……

(「討論終結討論終結」ノ聲起リ發言スル者多ク議場騷然)

○鈴木力君 本員ハ既ニ許シヲ得テ登壇致シマシタ……

(「討論終結討論終結」ト呼ヒ議場騷然)

○副議長(肥塚龍君) ドウゾ靜ニ願ヒマス……

(議場騷然)

○鈴木力君 マダ述ベザル前ニ諸君ガ……

(「討論終結ノ動議ニハ贊成ガアル何セ決ヲ採ラヌカ」ト呼フ者アリ、議場騷然)

○副議長(肥塚龍君) 靜ニ――靜ニ――サウ騷ガヌデモ宜シイ……

○鈴木力君 斯ル大問題ヲ討論終結トハ何者ダ……

(「討論終結討論終結」「ヤルベシヤルベシ」ト呼フ者アリ、議場騷然)

○副議長(肥塚龍君) 靜ニ〱……

○鈴木力君 吾輩ハ諸君ガ靜ニシナケレバ益々反對ヲ述ベル――之ヲ要スルニ吾輩ハ簡單ニ言フ、米一石ニ付二圓ノ稅ヲ課スルト云フハ甚ダ怪シカラヌ……

(議場騷然)

○副議長(肥塚龍君) 靜ニ〱

(此時議長席ノ前ニ登ル議員多ク議場騷然)

○鈴木力君 吾輩ハ議場ノ神聖ノタメニ云ヒマス、靜ニナル……

(議場騷然)

○鈴木力君 吾輩ハ此壇上ニ登リ反對演說ヲ試ミントスルニ當ッテ(「討論終結ノ動議ガ出テ居ル」「討論終結ニ贊成」「ヤルベシヤルベシ」ト呼フ者アリ、議場騷然)吾輩ハ肝腦地ニ塗ミルマデヤル――吾輩ハ此壇上ニ於テ反對演說ノ二十分デモ三十分デモヤル權利ヲ有ッテ居ル(議場騷然)此案ニ付テ反對ノ意見ヲ聽ク程ノ雅量ガ諸君ニナイト云フノハ何事デアル――斯ル一石二圓ノ稅ヲ課スルニ當ッテ反對ノ論ヲ聽ク雅量ガナイト云フハ何事デアル……

(議場騷然)

○鈴木力君　私ハ四十八時間休憩ノ後ニ此壇ニ登ルコトノ光榮ヲ得マシタノハ、頗ル此大問題ヲ議スルニ當リマシテ不足ナガラノ腦髓モ四十八時間休ミマシタカラ聊其タメニ養ハル、コトヲ得タリト云フコトニ向ッテ殊ニ又此壇上ニ登リマスル唯今マデノ手續ニ付テハ、之ヲ不言不語ノ間ニ議會武士道ト云フ前代未聞ノ一種ノ武士道ガ横ハルモノトシテ、私ヲシテ此處ニ登セシメタル空氣ニ向ッテ滿腔ノ感謝ヲ豫メ表シマス、私ノ本問題ヲ以テ重大ナリトナストコロノ骨子ト申シマスルノハ、此關稅增率ノ唯今ノ案ニ從ヒマスルト即チ修正案ニ從ヒマスルト一石ニ付テ約二圓ノ關稅增率ニナルノデゴザイマス、而シテ贊成者ノ主張セラル、トコロハ依ッテ以テ此二圓ノ關稅ヲ上ゲテ、農民ヲ保護スル米價ヲ騰ゲテ農民ヲ保護スルト云フノガ御希望デ、即チ關稅ヲ上グレバソレダケ米ガ騰ルト云フ筋ノ下ニ主張ナサルノデゴザイマスカラ、即チ贊成者ノ御希望ノ通ニスルトシマスルト一石ニ付テ二圓全國一年ノ需用高五千万石ニ對シテ丁度一億万圓ノ間接稅ヲ拂ハシメルト同樣ナ結果ヲ生ズルノデアリマス、(ノウ〱)ソレハ贊成者ノ議論ニ基イテ論理的必然ノ結果デアリマス、關稅ヲ上ゲタダケハソレダケ米價ガ騰ルト云フ前提ノ下ニ御主張ナサルノデアルカラ、其前提ニ基イテ私ハ斯ル論結ヲ致スノデス、而シテ又モウ一ツハ此國民ノ食物ハ獨立セシメネバナラヌト云フ御議論、即チ兵器ノ獨立ト併セテ國民ノ食料モ日本人ガ食フ米ハ日本デ作ラナケレバナラヌ、其方針ニ向ッテ進ムタメニハ外國米ヲ拒絕スルモ問ハズ關稅ヲ高ク上ゲテ以テ日本ノ農業ヲ保護スルト云フノハ是ハ委員會ニ於テ屢々贊成者ノ言明サレタトコロデゴザイマシテ、委員會ハ十五名ニ對シテ僅カ二名ノ反對、而モ其二名ノ中一名ハ委員長報告通リ、頗ル微弱的ノ反對デアリマシテ、絕對的ノ反對ハ私一人デアッタ位デゴザイマシテ、大勢ハ全ク此米稅直上ゲノ論ニ傾イテ居ルノデゴザイマス、然ルニ其根柢トスルトコロノ米價ノ高イトキニハ商工業ノ景氣ガ宜シイト云フコト、因テ米價ヲ引上ゲサヘスレバ一般ノ景氣ヲ能クスルノデアルノデアルト云フコト議論ノ根柢ニナッテ居リマスルケレドモ、凡ソ景氣ガ好イタメニ米價ガ高イノカ、米價ガ高イタメニ景氣ガ好イノカ、是ハ互ニ因果相待ツモノデアッテ、決シテ米ガ高イカラ景氣ガ好イト云フコトニハ限ラヌノデゴザイマス、ドウモ此所謂原案者並ニ修正案贊成者ハ米ノ高イトキニハ景氣ガ好イト云フトコロノ私ヲシテ極端ニ言ハシムレバ是ハ內國經濟一方デアッテ、未ダ世界貿易――世界ト云フモノヲ見ルトコロノ眼光ヲ放タザル議論デアル、極端ニ言ヘバ昔ノ商買往來ト云フ本ヲ讀ンダ觀察デアル、今日ノ國際貿易上カラ考ヘルナラバ若シ論者ノ如ク農家ヲ保護スルト云フニハ外國米ヲ拒絕シテモ構ハヌト云フ論ノ如クスルナラバ、即チ今日ノ日本ノ經濟ヲ立テ、居ルトコロノ外國貿易ノ主モナル品、例ヘバ生絲――生絲ニ依ッテ年々一億二千万ノ金ヲ外國カラ取ル、即チ是ニ對シテハ明治四、五年以來元ノ內務卿大久保利通卿、其後民間ニアッテハ福澤諭吉先生ナドガ率先シテ米田ヲ廢シテ桑ヲ植ヘル、生絲ヲ取ッテ海外カラ金ヲ取ルコトヲ非常ニ奬勵サレタ結果トシテ、即チ是ノ養蠶――生絲ガ盛ンニナッテ今日デハ海外ヨリシテ金ヲ取ルトコロノ殆ド第一位ニ居ル商品ニナッテ居ル、然ルニ此養蠶業ヲ農業トハ考ヘズニ、農業ト言ヘバ唯米ヲ作ルト云フコトバカリノヤウニ狹思想ヲ以テ此問題ヲ議セラル、ト云フコトハ、甚ダ遺憾トスルトコロデゴザイマス、若シ其タメニ、二百万石以上ノ米ガ足リナクナリ、即チ桑畑モ作ラズニ米バカリ作ッテ日本ノ經濟ヲ立テ、居ル時代ナラバ、コンナ問題ハ起ラヌノデゴザイマスガ、其タメニ、年ニ二百万石以上ノ不足ヲ生ズル、ソレハ價ニ積ッテ二千万圓バカリ金ヲ外國ヘ出スノデアリマス、其二千万圓ノ金ヲ惜マンガタメニ今ノ一億二千万圓ヲ捨テ、宜シイカト私ハ贊成者ニ反問スルノデゴザイマスケレドモ、委員會ニ於テハ是ニ對シテ明瞭ナル御答辯ガナカッタノデゴザイマス、モウ一ツハモウ是ハ淺野君ノ論點中ニモアリマシタガ、朝鮮ノ經營、朝鮮カラ年々六百万圓バカリノ米ヲ日本ニ輸入スル、是ハ朝鮮ノ米ヲ日本人ガ買ッテヤッテ、サウシテ朝鮮人カラ物ヲ買フ代リニ、コチラカラモ物ヲ賣付ケル、即チ日韓貿易ノ最モ重ナル商品ニナッテ居ルコトハ屢々言ハレタ話デゴザイマスガ、若シ此際朝鮮米ヲ原價十圓ノトコロガ十二圓ニナルト言フヤウナ急激ナル變動ヲ與ヘマシタナラバ、此朝鮮米ヲ輸出スル業務ニ從事スル商人等ハ、如何ナル商品ト雖モ一時ニ二割モ原價ガ上ッテ商賣ノ出來ルモノデハゴザイマセヌカラ、是ニ至ッテ朝鮮ノ貿易商ハ商賣ヲ休マナケレバナラヌ(「問違ッテ居リマス」ト呼フ者アリ)必ズサウナル、ソレヲ大岡君等ノ說ニ依ルト、朝鮮ニハ日露戰爭ニ依ッテ人ヲ殺シ、日淸戰爭ニ依ッテ財産ヲ費シ、非常ニ朝鮮ニ對シテハ吾々ガ骨ヲ折ッテ居ルノデアルカラ、朝鮮人バカリ可愛ガラヌデモ宜シイカラシテ關稅位上ゲテモ宜イト云フヤウナ話ガアリマシタケレドモ、是ハ大間違デゴザイマシテ關稅ハ無論朝鮮人ガ拂フノデナイ、況ヤ苟モ積極進取ヲ以テ其旗印トシテ常ニ開國ト云ヒ、進取ト云ヒ、積極經營ヲ誇ラレルトコロノ大政黨ノ領袖ガ、今日朝鮮ノ經營ヲ蔑ニシ、或ハ朝鮮ノ人民ヲ我扶翼ノ下ニ置クコトヲ疎カニシテ(「朝鮮バカリ考ヘテ日本ノ本國ヲ忘レテハイカヌ」ト呼フ者アリ)本國ト同樣ニスルノガ目的デス、日韓協約ノ實行ト云フコトハ將來ノ經濟上(「屈スルナカレ、確ッカリヤリ給ヘ」ト呼フ者アリ)一向ヤリマスカ、其經營トシテ朝鮮ヲ――抑々日露戰爭ハ何ガタメニ起シタカ、此交戰ノ大義名分、交戰ノ趣意ヲ考ヘタナラバ固ヨリ朝鮮ト云フモノハ社會上經濟上ニ於テ日本ト同一ニスル目的ガアルノデゴザイマス、サモナクンバ何ノタメニ所謂積極政策ヲ諸君ガ行ウタカ趣意ガ立タヌコトニナル、サウ云フ御趣意ヲ平生行ハレルトコロノ大政黨ノ領袖ガ、朝鮮ヲドウデモ宜イト云フヤウナ論法ヲ用ヰラレルニ至ッテハ、是ハ即チ自刀自刺、自ラノ刀デ自ラヲ刺シテ居ルノデアル、況ヤ此問題タルヤ、朝鮮貿易ヲ今日杜絕セシムルガ如キ本案ヲ此儘通過セシムルガ如キコトハ、政府ニ於テモ出來得ベカラザルコトデアル、殊ニ統監府ノ如キハ最モ苦痛トセシレルコトハ其委員ノ既ニ言明サレタコトデアルガ、私ノ考ヘルニハ伊藤統監其人ニシテ誠實誠意ヲ以テ諸君ニ今日マデノ御話ヲシタナラバ、斯クマデ賢カラザル案ヲ非常ナル多數ヲ以テ贊成セラレルガ如キ、面白カラザル現象ガ起ラナカッタト思フノデス(拍手起ル)然リ而シテ伊藤公ハ「笠重韓山雪、杳香湘南華」、馬關海峽ヲ一ツ渡ルト渡ラヌトデマルデ雪ノ天地ハ華ノ天地ト御變リニナッテ、今ハ何所ニゴザルカ居ル所ヲ知ラヌ位ナコトデアリマスカ、諸君ハ伊藤公ヲ贊成シ伊藤公ノ政策ヲ繼承シタル人ト共ニ志ヲ同ジウシテ、今日マデ對韓政策ヲ樹立シ來リ積極政策ヲ主張シ、經費增加ヲ甘ジテ受ケテ居リナガラ、其自分デヤリツ、アルトコロノ一番ノ骨子タル――對韓政策ノ骨子タル朝鮮其モノヲ等閑ニ付シテ顧ミナイコトハ本意デゴザイマセウカ、諸君ハ或ハ自ラ忘レテ居ハセヌカト思フノデアル(「忘レテ居リハセヌ」ト呼フ者アリ)モウ一ツハ凡ソ政府、政黨、議院、總テニ於テ今日民衆政策――多數ノ人民國民ト云ッテモマダ適切デアリマセヌカラ、私ハ之ヲ民衆ト申シマス、之ヲ十分ニ御認メニナッテ居ラヌノデハナイカト思フコトハ、所謂消費税ノ方面ヲバ構ハズ幾ラデモ御増シニナル、甚ダ激ニ御増シニナル傾キガアル、既ニ前議會ニ於テハ所謂酒煙草等ノ増税ヲナサレ、而シテ今議會ニ於テハ更ニ三税ヲ否決ナサレテ、而レテ今又一石ニ付テ金二圓ヲ價ヲ高メント欲スルトコロノ、卽チ毎日食フトコロノ米ノ税ヲ諸君ハ上ゲヤウト云フノデアル(拍手起ル)取ル方ニハ誠ニ酷烈猛烈デアル、其儘ニシテ行クナラバ諸君ハ恐クハ石地藏ノ胸藏デモ取リサウニ猛烈デアル、是ハ今選擧權ヲ有スルモノ、數ガ少クテ多數ノ人民ハ發言權ヲ持テ居リマセヌシ、知識ノ程度ガマダ低イカラデアルケレドモ、若シ今日ノ如ク商工業モ萎靡シテ政治上ニ於テモ振ハズ、而シテ對外ノコトモ内治ノコトモ甚ダ微々トシテ居ルトコロノ今日、僅ニドウナリ食ッテ行クカ、食ウテ行カヌ位ナ境ニ居ル今日、而シテ政府トシテ何等ノ能力ガアッタカト云フト、曰ク博覽會ノ中止、競馬賭博ノ禁止、而シテ借金政策、債權者本位ノ政策、ソレヨリ外ニナイ政府ソレヨリ外ニ能力ハナイ、是ガ政府ノ三大能力デス、而シテ是ハ財政整理ハ端緒ニ就イタカモ知レヌケレドモ、凡ソ社會ノ經濟上ノ奮興振起、生活部面ノ刷新トデモ云ヒマスカ、凡ソ人民ノ生活ナリ事業ナリノ上ノ振與ト云フコトニ付テハ何等ノ施ストコロガナイノデス、其儘ニ送ッテ居ル今日、若シ一朝此夏ニ不作デモアリ、又サナキダニ生活方面ノ苦シクナッテ居ルトキニ當ッテ、一ッ米ガ高クナル、益々高クナルト云フトキニ當ッテハ、若シ此儘ニ進ンデ斯ル場合ニ至ッテ、諸君ガ如何ニ此議場ニ於テ或ハ多數ヲ以テ此案ヲ通過スルニセヨ、斯ル生活問題ノ烈シクナル矢先キニ當ッテ、諸君ハ所謂其増税主義ヲ把持シ、斯クマデモ増税ヲ好ンデナストコロノ人デアルカト云フ面目ヲ甘ジテ御受ニナルノデゴザイマセウカ、若シ一旦社會ノ生活問題ガ益々盛ンニナッテ來ルトキニ當ッテ、諸君ハ議場ニ如何ニ三百人ノ多數ヲ制シテモ、社會ニ於テ天下ニ於テ一人若シ叫ンデ彼等ハ皆我々ノ生活ヲ顧ミズ、増税バカリヤッテ居ルモノデアルト叫ブモノアラバ、天下恐ラクハ響ノ如ク應ジテ如何ニ大政黨ト雖モ、土崩瓦解收拾スベカラザルニ至ルコトアルヲ私ハ信ズルノデアル(拍手起ル)願ハクハ斯ル意味ニ於テ諸君ノ聰明ニ訴ヘテ之ヲ決シタイ、此苦言ヲ呈スルハ敢テ大政黨ノタメニ不忠デハナイ、ドウゾ十分ノ考慮ヲ以テ徒ラニ此問題ハモウ議會ガ濟ムノデアルカラドウデモ宜イヂヤナイカト云フ話デナシニ、根柢ヨリシテ十分ノ研究ヲ以テ斯ル賢カラザル案ハ願クハ此儘通過スルコトナク、アベコベニ絕對ノ大多數ヲ以テ此案ハ否決セラレンコトヲ望ミマス、是以上ノ事ハ私ハ進ンデ天下ニ訴ヘマスルカラシテ今日ハ是デ止メマスル

○議長(長谷場純孝君) 吉植庄一郎君――此場合ニ御諮リ致シマス、治水事業費繰延復活ニ關スル建議案ノ委員會ヲ本會議中ニ開キタイト云フ委員長ヨリ請求ガアリマスガ、許可シテ差支アリマセヌカ

(「異議ナシ異議ナシ」ト呼フ者アリ)

○議長(長谷場純孝君) 御異議ガナイト認メマスカラ許可スルコトニ致シマス

(吉植庄一郎君登壇)

○吉植庄一郎君 諸君、我國ノ農業――是ガ世界ノ農業國――農産輸出國ノ農産物ニ對シテ我國ノ農業ガ如何ナル地歩ヲ占メテ居ルカ、我農産物ガ世界ノ農産國ト自由競爭ノ上ニ於テ競爭シ得ルヤ否ヤト云フ此重大ナル問題ハ不幸ニシテ由來我一流ノ政治家、學者、新聞記者等ノ間ニ閑却セラレタル問題デアリマス、此問題ハ非常ニ關係スルトコロ重大ナルニモ拘ラズシテ農業ニ關係スル問題ハ極メテヂミニシテ極メテ質朴ナルトコロノ農民ニ關スル問題タルガタメニ華々シカラヌノデアル、華々シカラヌガタメニ此問題ハ動モスレバ流行ヲ逐フトコロノ政治家ヨリ忘レラレルノデアル、天下ノ新聞ノ如キモ此問題ヲ唱フルトコロノモノニ向ッテハ是レ農民黨デアル、百姓黨デアルト云フ單純ニ此言葉ヲ以テ葬ラレントシテ居ルノデアル、僅ニ最近ニ於テ此問題ニ對シテ同情ヲ寄セタモノハ獨リ萬朝報アルノミデアル、論說ニ於テ最近ノ萬朝報ハ「我國中等農民ノ保護」ト題シテ論說ヲ掲載シテ居ル、是ハ實ニ我新聞紙界ニ於テ空谷ノ跫音ヲ聞ク所ノ――萬綠叢中紅一點デアル、實ニ天下ノ新聞紙多キ中ニ於テ萬朝報一ッガ僅ニ此論文ヲ掲ゲテ居ルト云フコトヲ以テ見テモ、此問題ガ社會ニ忘レラレ輕ンゼラレテ居ルト云フコトヲ證スルニ足ルノデアリマス、然ルニ幸ヒニシテ此問題ガ今ヤ我帝國議會ニ於テ二時間ニ亙ル大論議ヲ開イテ之ヲ決スルト云フ時機ニ遭遇シタルコトヲ悅ブノデアル、諸君、反對論者ノ中ニ於テハ又新會ノ鈴木君及淺野君、何レモ當代ノ名士ニシテ殊ニ淺野君ノ如キハ最モ經濟財政ニ通ゼリトシテ自カラモ許サレテ居ルトコロノ人デアリマス、此人ガ本問題ニ對シテ娓々數千言ヲ費サレマシタケレドモ、此案ヲ破壞セントシテ列擧サレタルトコロノ要點ハ凡ソ八ツ程アルト思フ、第一ニハ此議論ハ農民黨ノ百姓論デアル、第二ニハ重農主義ハ宜シクナイ、世界列國今ヤ商工主義ヲ採リツヽアル、殊ニ日本帝國ノ立場ハ最モ商工立國ノ國是ヲ以テ進マナケレバナラヌノニ、今時分二百年モ二百年モ古イ代ニ流行ッタトコロノ重農主義ヲ採ラントスト云フノガ第二デアル、第三ニハ米價ノ騰貴ト云フコトヲ圖ルコトハ直チニ勞銀ノ騰貴トナル、物價ノ騰貴トナル、一般經濟上ニ尠カラザル惡影響ヲ及ボスモノデアル、商工ノ發展ニ妨ヲナスモノデアルト云フノガ第三ト思フ、第四ニハ併ナガラ關税ヲ上ゲテモ米價ハ騰ラヌゾ、關税ヲ引上グルガタメニ米價ノ騰ルト思フノハ本案提出者ノ心得違デアル、故ニ此案ガ通過シテモ農民ハ利益ハシナイト云フノガ第四デアル、第五ニハ米作ナルモノヲ如何ニ保護シテモ最早日本ノ今日ノ面積ニ於テ發達ノ餘地ナシ、其段別ヲ増加シ、其收穫ヲ増加スルノ望ガナイ、是ガ第五デアッタト思ヒマス、第六ハ韓國ノ拓殖ヲ害シ、我國ノ對韓政策ヲ誤ルト云フコトニ付テハ殊ニ九州ノ豪傑鈴木天眼君ノ如キハ案ヲ打ッテ政友會ヲ罵ッタノデアル、是ガ第六デアリマス、第七ハ凶作ノ場合ニ於テハ南洋ノ方面、此關貢米ヲ輸入スルコトニ付テ一旦杜絕セレムルト、之ヲ再ヒ開クト云フコトハ困難デアルト云フノガ第七ノ點デアッタト思ヒマス、第八ニハ關税政策ノ根本ニ於テ國産保護主義ヲ採ルコトガ非ナリト云フ點デアッタト記憶シテ居リマス、以上列擧シタルモノガ反對論者ノ要旨ニシテ、此論點ニ向ッテ聊反駁ヲ試ミヤウト思ヒマス、諸君、第一ノ反對論者ノ言フコトニ付テハ、殆ド言說ヲ用井ル必要ガナイト思フ、細野次郎君ハ織物業者ノ先陣トナッテ織物税反對ヲ唱フルガ故ニ織物黨デハナイノデアル、三税廢止ヲ唱フルトコロノ又新會ハ必シモ鹽屋ノ手代デモナケレバ織物屋ノ番頭デモナイノデアル、此農業者保護ノ法案ヲ出シタルガ故ニ、農民黨タリト云フノ理由ハ之ヲ以テ明瞭デアルト思フノデアリマス、(細野次郎君「此後トデオレニ演說ヲサセテクレルト宜イガナ」ト呼フ)斯ノ如キ問題ヲ討議スルハ最モ諸君ガ謹嚴ナル態度ヲ以テ討論セラレンコトヲ望ムノデアル、徒ラニ農民黨デアル、或ハ織物屋ノ手代デアルト云フガ如キ卑陋ナル言論ハセラレザランコトヲ希フノデアル、第二ニハ重農主義ハ宜シクナイ、日本ハ商工立國ノ國是ヲ以テ進マナケレバナラヌト云フコトハ、殆ド淺野君ガ心血ヲ盡サレタルトコロノ是ガ論點デアラウト思フ、諸君、此重農主義ガ惡ルイカ宜イカト云フガ如キ經濟論ハ机上ノ空論ヲ以テ直チニ活キタル事實ニ應用シヤウト云フコト

ハ餘リニ大膽過ギルト本員ハ考ヘルノデアリマス、學說上ニ於ケル主義ハ其國ノ事情其時代ニ於テ應用スベキモノデ、世界列國ノ事情ハ必ズ一律ヲ以テ律スルコトハ出來ヌノデアリマス、學說トシテハ世界ノ大勢ハ特ニ商工主義ニ傾イテ居ルト云フコトヲ否認スルモノデハゴザイマセヌト同時ニ、亞米利加ノ國ニ於テハ其祖先ノ英國――其風俗ニ於テモ習慣ニ於テモ手本トシテ居ルトコロノ其祖國タルトコロノ英國ヲ學バズシテ何故ニ彼ノ米國ハ關税保護主義ヲ執ッテ居ルカ、英國デノ自由貿易主義ニ對シテ何故ニ亞米利加ハ保護主義ヲ執ッテ居ルカ、是レ國情ヲ異ニスルカラデアリマス、英國ノ如キ食物ヲ外國ニ仰ガナケレバナラヌ國ト、亞米利加ノ如キ尨大ナル天地ヲ有シテ非常ニ多イ農產額ヲ持ッテ居ルトコロノ國ガ、同一ノ政策ヲ執ルト云フコトハ出來ヌト云フ、之ガ證據デアリマス、又英國ノ本國ト其殖民地ノ國々ニ於ケル關税政策ハ必シモ一致シテ居ラヌノデアリマス、之ハ即チ農業ヲ主トスル國柄ト、英國ノ如キ農業ニ依ル能ハザル國ニ於テハ自ラ政策ヲ異ニセナケレバナラヌ所以デアリマス、此一事ヲ以テ致シマシテモ必ズ農業重農主義ガ宜シクナイ、若クハ商工立國主義デナケレバナラヌト云フコトハ曾テ淺野君ガ述ベラレマシタガ、之ヲ講壇ニ於テノ講義トスレバ吾々ハ之ヲ謹聽致シマスルガ、活キタル政治家ガ實際問題ニ付テ論ズル場合ニ、其政策トシテ論ズル場合ニ於テハ半文ノ價値ナシト斷言スルニ憚ラヌノデアリマス(拍手起ル)諸君、我國ノ農民ハ既ニ大岡君等ニ依ッテ言ハレタル如ク人口ノ四分ノ三ヲ占メ、其農產額ハ十三石以上ニ達シテ殆ド日本ノ生產物ノ半分ヲ占メテ居ル、斯ノ如ク人口ニ於テモ其產額ニ於テモ日本ハ正ニ重農ノ國デアル、現狀ニ於テ農業ガ基礎ニナッテ居ル、此國ニ於テ直チニ英國流ノ如ク外國ヨリ食物ヲ得ナケレバ生活スル能ハザル國ト比較シテ、此商工主義ヲ以テ日本ヲ商工主義ニ變ヘントスルガ如キハ迂愚殆ド笑フニ堪ヘタルコトデアリマス、反對者ノ言葉ヲ以テ言ヘバ愚カナルコト笑フニ堪ヘタリト言ハナケレバナリマセヌ(拍手起ル)第三米價騰貴ハ勞銀及物價ノ騰貴トナッテ商工業ヲ阻害スル云々ト云フ反對ノ理由、元來失禮ナガラ又新會ノ諸君ハ針ノヤウナコトヲ棒ノ如ク言フコトニ於テハ實ニ天下無類ノ技術ヲ有シテ居ル(「ノウノウ」)諸君試ミニ見給ヘ(「政治家ノ資格ナシ」ト呼フ者アリ)默ッテ聽キ給ヘ(「討論終結」ト呼フ者アリ笑聲起ル)淺野君ハ頻リニ此米價ヲ騰貴セシムル云々、物價ノ變動ヲ來ス云々ト論ゼラレマシタガ之ハ勿論サウデアル、勿論サウデアルガ今回本案ニ於テ增加セントスル關税ハ幾ラデアリマスカ、百斤ニ付テ僅ニ三十六錢デアリマス、一石ニ付テ九十錢デアリマス、先刻鈴木君ハ豪傑ナルガ故ニ數字ヲ間違ッタノデアル、一石ニ付テ二圓上ゲル案ト言ハレマシタガ、之ハ一石九十錢ノ增加デアリマスカラ御安心ヲ願ヒマス、此一石九十錢ハ一升ニ付テ一體幾ラデアルカト云フニ、一升九厘デアリマス、一錢銅貨デハ一厘ノ釣ガ來ルノデアリマス(拍手起ル)此九厘ノ增加、日本ノ人間ハ一年ニ先ヅ一石食ベルト云フコトハ農商務省ノ調査ニ依ッテ明カデアリマス、一箇年ニ於テ一石即チ九十錢此案ニ依ッテ金ガ高クナル、之ヲ一箇月ニ致シマスルニ一箇月ニハ此九十錢ナルモノハ幾ラニナリマス、七錢ニナリマセヌノデアリマス、之ヲ一日ニ割リマスト一日二厘デアリマス、諸君食料ガ一升ニ付テ僅カ八厘カ九厘、人間一人分ガ一日ニ割ルト二厘デアリマス、此二厘一日ニ如何ナル勞働者デアリマシテモ、タッタ二厘增加シタルガ爲メニ天下正ニ亂レテ政友會ハ土崩瓦解スル狀態トマデ論ゼラレシ御論法ハ白髮三千丈ノ御論法ト言ハナケレバナリマセヌ(拍手起ル)第七關税ヲ引上ゲテモ米價ハ騰ラヌ、故ニ農民ヲ助ケルコトハ出來ナイト淺野君ハ言ハレマシタ、又斯ノ如キ論理ノ矛盾撞著自殺セルコトヲ同ジ論者ガ言ハレルニ至ッテハ、御趣意ノアルトコロヲ本員ハ愚ニシテ之ヲ解スルコトガ出來ヌ、誠ニ愚カナルモノデゴザイマス、此案ヲ傷ケンガタメニ此案ガ通過シヌタメニ天下ノ國民ノ同情ヲ得ルコトヲ嫉ンダノデハナイカト思フ、此案デ關税ヲ引上ゲテモ米價ハ騰ラヌガ故ニ農民ハ苦マヌゾ、斯ウ仰レヤルナラバ何ノ必要アッテ本案ガ通過スルナラバ商工政策ヲ害シテ之ガタメニ物價ガ騰ル、之ガ爲ニ勞銀ガ騰ルト云フ結論ハドコカラ來マスルカ(拍手起ル)斯ノ如ク自殺矛盾ヲ御存ジナクシテ洛々述ベラレルニ至ッテハ本員實ニ了解ニ苦シムノデアル、第五米作ハ保護シテモ發展ノ餘地ナシト斷言ヲ下サレマシタ、之ハ豪傑ガ大言壯語スルナラ本員ハ之ヲ許シマス、若シ鈴木君ノ口ヨリ言ハレタナラバ、本員ハ敢テ追窮シマセヌ、併シ經濟通ヲ以テ任ゼラレル淺野君ノ腦髓カラ割出シテ此論ヲサレルニ至ッテハ勢ヒ之ニ反對シナケレバナリマセヌ、凡ソ經濟學者ハ最モ統計ニ重キヲ置クト云フコトヲ聞イテ居リマス(此時發言スル者多シ)先ヅ聽給ヘ、諸君、此農商務省カラ調査シタ農務局ノ調査ヲチョット淺野君ガ聽カレナカッタカラ斯ノ如キ御論ヲサレタノデアラウト思フ、日本ノ既往十箇年間ニ於テノ耕地ノ增加、先ヅ十年間――明治二十年ヨリ四十年マデノ二回ニ之ヲ調ベテ斯ウ見マスルト十年間ニ――明治二十年ヨリ三十年ニ至ル間ニハ十五万町歩ノ耕地ノ增加ガアリマス、明治三十年ヨリ四十年マデノ十年間ニ於テ十二万町歩ノ增加ガアリマス、ソレカラ此產額ニ於テハ明治二十年ニハ三千九百万石デアッタ米ガ、四十年ニハ四千九百万石ニナッテ居リマス、即チ一千万石ノ增收ヲ致シテ居リマス、而シテ一段步ノ收穫ノ價ト云フモノヲ五年間ノ平均ヲ取ッテ見マスルト明治二十年ヨリ二十四年マデノ五箇年間ニハ一段步平均一石四斗二升三合デアリマシタモノガ、最近五箇年ノ平均ニ於キマシテ一段步ノ收穫高ガ一石六斗八升七合即チ一段步ニ於テ約二斗ノ增收ヲスルヤウニナリマス、是ハ即チ學術ノ進步、耕地整理ノ進行、及北海道內地ニ於ケルトコロノ開墾ノ增加等ニ依ッテ、米價ノ騰貴スルニ從ッテ米ヲ作ル利益ガ大キクナル、利益ガ大キクナルト同時ニ耕地ノ面積ノ增加トナリ、收穫ノ增加トナッタ爭フベカラザル證據ヲ何故ニ抹却致シ、之ヲ抹殺シテ何故ニ日本ノ米作ノ發展ノ餘地ナシト斷言致シタノデアリマスカ、是ハ即チ事實ヲ全ク沒却シテ徒ラニ本案ニ反對スルタメニ空論ヲ述ベタニ過ギナイト云フコトヲ斷言致シマス(拍手起リ「淺野君ハ其統計ニ依ッテ議論ヲシテ居ル」ト呼フ者アリ)第六(「默ッテ聽ケ」ト呼フ者アリ)韓國ノ拓殖ヲ害シ、我對韓政策ヲ妨ゲル是デス、是ガ大變金科玉條ニナッテ居リマスルヤウデアリマスルカラ、是ニ對シテ鐵槌ヲ與ヘザルヲ得ナイ(「謹聽」ト呼フ者アリ)諸君、不幸ニシテ反對論者ハ農業ノ實際ニ通ゼナイ(「ヒヤヒヤ」)統監府ニ於テ調査致シマシタトコロニ據リマスルト、此統監府ノ調査ナルモノハ甚ダ杜撰ニシテ信ヲ措クニ足ラヌノデアリマスルガ、マア是ヲ稍々信ニ近イモノナリトシテ見ルトキハ一段步當リノ純益ハ幾ラデアルカト云フト、四圓八十八錢、斯ウナッテ居リマスデアリマス、日本ノ一段步ノ純益ハ何程デアルカト云フト五圓八十五錢トナッテ居ルノデアリマス、朝鮮ニ於ケル田ノ直段ハ何程致シマスカ、一段步最近ニハ大分騰貴致シマシタヤウデアリマスガ、先ヅ平均三十圓ヨリ五十圓ノ間ニアルト本員ハ思フノデアリマス、日本ノ內地ニ於ケル田一段步ノ價ハ百五十圓ヨリ三百圓ノ間ヲ上下スルト思フノデアリマス(「其通リ」ト呼フ者アリ)此百五十圓ヨリ三百圓ト云フ、即チ一段步ノ代價ヲ積リマシタナラバ、朝鮮ノ五段步ハ我內地ノ一段步ニ匹敵致シテ居ルノデアリマス、農業者ガ朝鮮ノ田五段步ヲ作ッテ稼ルトコロノモノハ即チ一段步四圓八十錢ト致シマシテモ一二十四圓ナニガシト云フモノニナッテ來ルノデアリマス、此先ヅ面積ノ上カラ申シマシテモ既ニ五分ノ一ニ足ラザルトコロノ代價ヲ以テ買得ル朝鮮ノ一段步當リ純益ガ、日本ノ田ヲ作ルノト僅ニ一圓ノ差ヒシカナイト云フコトハ、是レ朝鮮ノ農業ノタメニ日本ノ農業ガ大ナル壓迫ヲ被リツヽアルトコロノ是ガ確證デアル（拍手起ル）諸君、此文明ノ進步シタル國ト、半開若クハ未開ノ國ニ於キマシテハ、第一ニ違フモノハ生活費デアリマス、第二ニ違フコトハ勞働賃銀ノ高低デアリマス、既ニ一段步ノ價ニ於テ三分ノ一若クハ五分ノ一ニ過ギザル朝鮮ノ農業ハ、其勞働費ニ於テモ日本內地ノ文明ノ進ンダル生活費ノ高マッタル地方ノ人民ヨリモ、朝鮮ノ人民ハ廉イ勞働費ヲ以テ滿足ガ出來ルノデアリマス、資本ガ少ナク廉イ勞働費ヲ拂ッテ是デ競爭スルノデアリマスルガ故ニ、此不利ニ加フルニ日本ノ租稅ハ非常ニ重イトコロノ租稅ヲ負擔シテ、朝鮮ハ最モ輕イ租稅ヲ負擔シテ居ルノデアリマス、是等兩々相對照致シマシテ見マスルト云フト、日本ノ農業ナルモノハ今日ニ於テ既ニ朝鮮ノ農業ノ壓迫ヲ被ルト云フ形ニナッテ居ルノデアリマシテ、決シテ日本ノ農業ガ朝鮮ノ農業ヲ壓迫スルト云フコトノ結論ニ撞著致シテ居ラヌノデアリマス（拍手起ル）殊ニ朝鮮ニ於テハ輸出稅ヲ米一石ニ付テ今日ニ於テ現下ニ於テモ約五十錢ヨリ六十錢マデノ輸出稅ヲ朝鮮政府デ取ッテ居ルノデアリマス、先刻鈴木君ハ朝鮮ト日本ハ同一云々ノ希望ヲ論ゼラレマシタガ、是ハ希望デゴザイマス、希望ヤ然ルベシ、併シ現狀ニ於テハ朝鮮ノ政府ハ自分ノ國ノ米ヲ日本ニ輸出スルニ向ッテ、是ニ五十錢以上ノ輸出稅ヲ掛ケテ居ルノデアリマス、今回此法案ニ於キマシテ要求スルトコロノ增率ハ僅ニ一石ニ付テ九十錢デアリマスルガ故ニ、若シ朝鮮ノ政府ニ於テ自國ノ產業ヲ保護スル、自國ノ米作ト云フモノ、發達ヲ必要ナリトスルナラバ、先ヅ朝鮮政府ニ於ケルトコロノ輸出稅ノ五十錢ト云フモノヲ下ゲテ一石ニ付テ五分ノ輸出稅ヲ減ジマシタナラバ、今回ノ法律ニ據ッテ增加スルトコロハ僅ニ四十錢ニ過ギナイ、一升ニ四厘デアリマス、斯ノ如キ些々タルモノヲ以テ何カ朝鮮ニ一大事變デモ起ッタカノ如ク早鐘ヲ鳴ラシテ茲ニ喝破セラルルニ至ッテハ、其針小棒大ナルニ驚カザルヲ得ナイノデアリマス（拍手起ル）第七凶作ノ場合ニ南洋及佛領支那ヨリ我邦ヘ輸入スルトコロノ杜絕ヲ平生ニ於テ見テ居ッタナラバ、一朝凶作ノトキニ困ルヂヤナイカト云フ淺野君ノ御議論ガアッタノデアリマスルガ、是ハ實ニ經濟論者ニモ似合ハヌ、算盤ニ合ヒサヘ致シマスレバ今日ノ進步シタル社會ニ於テハ、殊ニ交通機關ノ最モ完備シ最モ運賃ガ廉クナル時代ニ於テハ、算盤ニ合フトキニハ直チニ天涯ノ地ヨリ產物ガ入ッテ參ルノデアリマス、之ガ毎日取引ヲシテ居ラヌカラ凶作ノトキニ買ハウト云ッテモ買ッテ吳レナイダラウカト云フ御懸念ハ、ソレハ甚ダ私ニ於テハ了解ニ苦シムノデアリマス、斯樣ナル無駄ナ御心配ハナサラナクトモ、其時分ニ算盤ガ合ヘバ商人ガドン〳〵輸入致シテ參リマスカラ、是ハ御安心遊バシテ然ルベシト茲ニ保證ヲ致シテ置キマス（拍手起ル）最後ニ關稅ノ政策ヲ以テ我日本ノ米作其他重要農產物ヲ保護スル得失如何、是ハ最後ノ大問題デアリマス、是ニ付キマシテハ聊カ、日本ノ農業ガ世界ノ農產國ニ對シテノ立場、卽チ此自由競爭ニ於テ日本ノ農業ガ克ク對抗シ得ルヤ否ヤト云フ吟味ニ取掛ッテ見ヤウト思ヒマス、諸君、日本ノ農業、是ハ殆ド習慣性ヲ爲シテ居リマシテ、豐葦原瑞穗國デアルト云フ觀念ノ上カラ、日本ノ農業ヲ世界列國ニ比較シ、比較研究ヲシテ日本ノ農業政策ヲ建テルト云フノ著眼ハ甚ダ識者ノ間ニ忘レラレテ居ルノデアル、元來日本ノ天然ノ狀態、日本ガ天然ヨリ享ケタルトコロノ狀態ハ農業國トシテ果シテ保證無レニ立チ得ルヤ否ヤト云フ論點デアリマス、日本ノ如キデス、風ノ多イ國、雨ノ多イ國、此氣象上ヨリ斷定ガ出來マス、日本ノ如キ雨多ク、風多ク、而シテ此列島ハ火山列島デアッテ、傾斜ノ最モ激シイ國デアリマス、斯ノ如キ國ガ先ヅ世界ノ農業國ノ何レニアリマスカト云フコトヲ吟味シテ見ナケレバナラヌ、凡ツ世界ノ農業國デ斯ノ如キ天然ヨリ不幸ナル狀態ニ置カレテアル國ハナイノデアリマス、雨ノ多イト云フコトノ結果ハ收穫ガ少ナクナルノデアリマス、其收穫ノ品質ガ惡ルクナルノデアリマス、ソレカラ收穫ヲ取入レル――收穫ノ取始末ヲスルタメニ二重モ三重モ手數ヲ要スル、卽チ多大ノ勞力ヲ要スルト云フコトニナルノデアリマス、是等三ツノ外ニ風害水害ト云フモノハ傾斜地ガ急デアッテ、川床ノ高イト云フタメニ日本ノ如キハ少ナル洪水ガ多イ國ハ、又世界ニ類ガナイノデアリマス、此天然ノ狀態ヨリシテ非常ナ風水害ヲ被ルノミナラズ、其收穫シタルトコロノ作物ハ總テ品質ガ劣等ニシテ而シテ、手數ヲ要スル卽チ多大ナル勞費ヲ要スルト云フコトニ歸著スルノデアロマス、加之火山灰ヲ多ク撒散ラシテ居ルトコロノ日本國ノ地味ハ、世界ノ農業國ニ於テ斯ノ如キ劣等ナル地味ノ國ハ甚ダ少ナイノデアリマス、支那ノ黃河ノ附近ノ如キ、若クハ埃及ノ「ナイル」附近ノ如キ、斯ノ如キ肥沃ナル處ハ又世界無比デアリマスルガ、此農業地ト目セラレタ處ノ國々ニ於テ日本ノ如ク狹小ナル面積ト傾斜ノ激シイ國、而シテ地味ノ惡ルイ風雨ノ害ヲ被ムル國ハ世界ニ其類ガナイ、凡ツ競爭ナルモノハ對等ノ力ヲ有ッテ競爭シテ初メテ角逐スルコトガ出來ルノデアリマス、諸君、此又新會ノ諸君ハ意氣天ヲ衝クトコロノ氣力ガアルト雖モ、戰ニ於テ政友會ニハ常ニ負ケテ居ルデハアリマセヌカ、對等ニアラズンバ必ズ對等ノ戰ハ出來ナイノデアリマス、世界ノ列國ノ農產國ニ於ケルトコロノ――農產國ニ於テノ農業ト云フモノハ亞米利加ヲ見、其外ノ諸國ヲ見ヨ、加奈太ヲ見ヨ、濠洲ヲ見ヨ、支那ヲ見ヨ、歐羅巴ノ大陸ノ農業地ヲ見ヨ、是ハ決シテ日本ノヤウナ憐レナル天然ノ狀態ノ國ハナイノデアリマス、此前提ニ於テ諸君ガ否認セラレザル以上ハ自由競爭ノ元ニ於テ世界ノ列國ト農業上ノ角逐ガ何デ出來マスカ、斷ジテ出來ナイト云フコトハ既ニ此明々白々タル事實デアリマス、（「然リ〳〵」ト呼フ者アリ）此事實ニ依ッテ研究ヲ致シテ參リマスルト、日本ニ於テ大農組織ノ與ラザル所以、日本ニ於テ集約的、園藝的ノ農業ニアラズンバ生活ヲナシ能ハザル所以、日本ニ於テハ殆ド牛馬以上ノ勞力ニ依ッテ僅ニ此天然ノ狀態ニ戰ヒツヽアル所以、是皆分ッテ來ルノデアリマス、面積ノ廣イ處ニアラズンバ器械的ノ農業ヲ施スニ由ナレ、如何ニ文明ノ發達進步シテ物質的ノ進步ガ激シクアリマシテモ日本ノ如ク此細カニ區劃サレタ土地傾斜ノ激シイ土地ニ於テハ、大ナル器械農業ハドウシテモ出來ナイ、器械ヲ應用スル餘地ガナイ、之ハ決シテ鎖國ノ狀態ニ於カレテ日本ガ農ヲ主トシタルニ於テ斯ノ如キ狀態ヲ來タシタニアラズ、之ハ日本ノ天然ノ狀態ガ勢ヒ已ムヲ得ズ今日ノ農業狀態ヲ現ハシタモノト本員ハ信ズルノデアリマス、諸君、殊ニ又新會ノ諸君、殊ニ藏原君等ノ海外ノ事情ニ通ジタル方々ニハ聞カナケレバナラヌ（「論ヲ俟タズ」ト呼ブ者アリ）諸君ガ海外ヨリ一度ビ橫濱ノ港ニ歸ッテ參リマシタ時分ニ、橫濱ノ港カラ東京ノ汽車ニ乘ッタトキニ此兩脇ニ小サナ笠ヲ冠ッテ、サウシテ百姓ガ田ノ中ニ這入ッテ、鍬ヲ使ッテ居ルノヲ見ルトキニドウ云フ感ジヲ起シタカ、此感ジヲ起サヌナラバ無神經、之ヲ見タトキニドウ云フ感ジヲ起ス（「君ガドウ云フ感ジヲ起ス」「吉植代議士ハ美術家ニアラズ分ルカ」ト呼フ者アリ）之ヲ見タトキニ日本ノ勞働ナルモノハ成程勞働ト云フモノハ支那朝鮮ノ如ク、未ダ文化ノ度ノ低イ國ハ卒ザ知ラズ、文明諸國ト言ハル、國々ニ於テ勞働ト云フ文字ガ日本ノ農夫ノ如ク當嵌ッタ國ハナイノデアリマス、斯ル狀態ヲ一度見タトキニハ亞米利加ノ牛ヨリモ亞米利加ノ馬ヨリモ、日本ノ農夫ハ過大ナル勞働ヲ爲シテ居ルノデアル、諸君ハ社會問題ヲ云々シテ弊害ガアッテ困ルト云フ、併シ日本ノ勞働者ガ斯ノ如キ世界列國ニ類ナキ苦痛ト、非常ナル難儀ヲ致シテ居ルコトニ付テ眼ハ閉ヂテ居ルデアルカ、諸君、文明ノ諸國ニ於テハ牛馬ノ如キ動物ニ向ッテモ、動物虐待廢止會ナルモノガアルノデアル、日本ニ於テ文明ノ國民トシテ――此日本ノ最モ進歩シタル國ニ於キマシテ、而モ公民權ヲ有シ選擧權ヲ有シテ奉公愛國ノ精神ニ富ンデ居ルドコロノ日本ノ農民ガ、此牛馬以上ノ勞働ニ服シテ而シテ牛馬ヨリモ尚下等ナル粗食ニ甘ンジテ居ル、此狀態ヲ見タトキニ此狀態ハ文明ノ進歩ト永ク伴フコトヲ約スルト思フノデアルカ、是ハ實ニ（「ソレハ論旨ガ間違ッテ居ル」「默レ」ト呼フ者アリ）斯ノ如ク此非常ナル窮境ニナッテ居ルトコロノ日本農民ノ狀態ハ此狀態ハ僅ニ習慣ノ惰力――習慣ノ惰力ニ於テ日本ノ農業ナルモノガ維持セラレテ居ルノデアル、此過大ナル勞働ニ依ッテ維持セラレテ居ルノデアル、此習慣ニ依ッテ牛馬ヨリ劣等ナル食物ニ甘ンズルコトニ依ッテ維持セラレテ居ルノデアル、此日本ニ比シテ今日ノ現狀ヲ有ッテ居ルトコロノ國ハ、日本以外ニハ一ツモナイノデアリマス、斯ノ如キ實況ヲ考來ッタナラバ、此日本ノ農民ハ社會問題トシテモ此劣惡ナル狀態ヨリ日本ノ農民ヲ救出シテ、日本ノ農業狀態ノ改善ヲ圖ルト云フコトハ洵ニ國家ノ問題デアルト同時ニ社會問題トシテモ之ハ諸君ハ殊ニ又新會ノ諸君ガ努メナケレバナラヌ問題デアル、先ヅ以上列擧シタルトコロノ事柄ニ依ッテ、反對論者ノ論據ハ骨灰微塵ニ挫ケタリト本員ハ認メマス カラ是デ此壇ヲ退キマス（拍手起ル）

○恆松隆慶君 討論終結ノ動議ヲ提出致シマス

（「贊成々々」ト呼フ者アリ）

○恆松隆慶君 成規ノ贊成ガアリマス

○議長（長谷場純孝君） 討論終結ノ動議ニ制規ノ贊成ガアルト認メマス

（「アリマス、アリマス」ト呼フ者アリ）

○議長（長谷場純孝君） 恆松隆慶君ノ討論終結ノ動議ニ御異議ハアリマセヌカ

（「異議ナシ異議ナシ」ト呼フ者アリ）

○議長（長谷場純孝君） 御異議ハナイト認メマスカラ、討論ハ是ニテ終結致シマス

（「ヒヤヒヤ」ト呼フ者アリ）

○恆松隆慶君 直チニ二讀會ヲ開カレンコトヲ望ミマス

○議長（長谷場純孝君） 本案ノ第二讀會ヲ開クヤ否ヤト云フコトヲ採決ヲ致シマス

○恆松隆慶君 直チニ二讀會ヲ開カレンコトヲ望ミマス

（「贊成」「採決」ト呼フ者アリ）

○議長（長谷場純孝君） 本案ノ第二讀會ヲ開クベシト云フニ同意ノ諸君ノ起立ヲ請ヒマス

起立者 多數

（「大多數」ト呼フ者アリ）

○議長（長谷場純孝君） 多數――本案ハ二讀會ヲ開クベシト云フコトニ決シマシタ

○恆松隆慶君 今度ハ直チニ二讀會ヲ開カレンコトヲ望ミマス

○議長（長谷場純孝君） 直チニ二讀會ヲ開クコトニ御異議ハアリマセヌカ

（「異議ナシ異議ナシ」ト呼フ者アリ）

○議長（長谷場純孝君） 御異議ハナイト認メマスカラ、直チニ二讀會ヲ開キ、議案全部ヲ議題ニ供シマス

關稅定率法輸入稅表中改正法律案 第二讀會、確定議

○恆松隆慶君 讀會ヲ省略シテ可決セラレンコトヲ望ミマス、委員長報告通リ……

○議長（長谷場純孝君） 讀會ヲ省略シ、委員長報告通リニ可決スルニ御異議ハアリマセヌカ

（「異議ナシ」ト呼フ者アリ）

○議長（長谷場純孝君） 御異議ハナイト認メマスカラ、其通リ決シマス、本案ハ是ニテ確定致シマシタ、御諮リヲ致シマス、明治三十七八年戰役ノタメ損害ヲ被リタル者ノ救恤ニ關スル法律案、之ハ先刻御報告ヲ致シ置キマシタガ、本議會ノ切迫シタ今日デアリマスカラ、緊急決議ヲ希望スル旨政府カラ要求ガアリマシタ

○元田肇君 唯今政府カラノ請求セアルト云フコトデアリマスルガ、如何ニモ會期モ切迫致シマシタカラ、本員ハ玆ニ緊急動議ヲ起シテ議事日程ノ變更ヲ求メマス、唯今ノ問題デス

（「贊成々々」ト呼フ者アリ）

○議長（長谷場純孝君） 元田君ノ發議、卽チ明治三十七八年戰役ノタメニ損害ヲ被リタル者ノ救恤ニ關スル法律案、政府提出、此場合ニ於テ議事日程ヲ變更シテ此案ヲ議セヤウト云フコトニ御異議アリマセヌカ

（「異議ナシ異議ナシ」ト呼フ者アリ）

○議長（長谷場純孝君） 御異議ガナイト認メマスカラ卽チ議事日程ヲ變更致シマス

明治三十七八年戰役ノ爲損害ヲ被リタル者ノ救恤ニ關スル法律案（政府提出）

明治三十七八年戰役ノ爲損害ヲ被リタル者ノ救恤ニ關スル法律案

第一條　露西亞領亞細亞、淸國滿洲及韓國義州方面ニ在留シタル帝國臣民ニシテ明治三十七八年戰役開始ノ際引揚ケタル爲損害ヲ被リタル者ニ對シテハ本法ニ依リ救恤金ヲ下付ス

第二條　前條救恤金ノ總額ハ百萬圓以内トス

第三條　救恤金ハ額面金額ニ依リ五分利付國債證券ヲ以テ之ヲ給付ス但シ五十圓未滿ノ金額ハ現金ヲ以テ之ヲ給付ス

第四條　政府ハ前條ノ規定ニ依ル給付ニ必要ナル國債證券ヲ發行スルコトヲ得

第五條　本法ニ依リ救恤金ヲ受ケムトスル者ハ明治四十二年七月三十一日迄ニ申請スヘシ

附　則

本法ハ公布ノ日ヨリ之ヲ施行ス

○元田肇君　政府委員モ居ラレヌコトデアリマスルガ、大抵此表題デ分リマスルガ、之ハ前ニ損害ヲ被リタル者ノ救恤カ何カニ關係致シマシテ建議案ノ委員ガ出來テ居リマス、其委員ニ付託サレンコトヲ望ム

（「贊成々々」ト云フ者アリ）

○福井三郎君　議長

○議長（長谷場純孝君）　福井君ハ何デスカ、此案ニ付テヾスカ

○福井三郎君　イヤ、其委員ヲ決セラレル前ニ本員ハ一言シタイコトガアリマス

○議長（長谷場純孝君）　質問デスカ

○福井三郎君　サウデス

○議長（長谷場純孝君）　質問ナラ許シマス、福井君

○福井三郎君　政府委員ハ出テ居ラレマセヌガ、出テ居ラレマセヌナラバ、委員ガ出來テ居ルト存ジマス、其委員カラ御答ナサッテモ宜シイ、此案第一條ニ露西亞領亞細亞、淸國、滿洲及韓國義州方面ニ在留シタル帝國臣民ニシテ」ト土地ヲ限ッテアル、サウスルト北韓ノ地方ニ對スル例ヘバ城津トカ、或ハ露領樺太ノ本邦臣民ガ同樣ナ損害ヲ受ケテモ是ハ救濟ハシナイノデアルカ、若シ救濟シナイノデアルナラバ何故ニソレヲ救濟シナイデアルト云フコトヲ聞キタイ、ソレカラ第二ハ昨年ノ議會ニ數回請願委員會ニ上ッタト思フ、然ルニ此法案ヲ見ルト百万圓ト限ッタト云ノハ何ヲ根柢ニシテ百万圓ト限ッタノデアルカ、又此百万圓ヲバ千有餘万ノ損害ニ按分比例ニデモ割テヤルト云フノデアルカ、又損害ヲ百万圓以上ヨリ無イト見タノデアルカ、之ヲ承ハリタイ、ソレカラ第三ハ引揚ノトキ損害ヲ被リタル者ニ對シテトアル、サウスルト臣民卽チ人間ノ損害ヲ被ッタ者バカリデアッテ、海上デ船ガ擊沈メラレタトカ云フモノハ中ニ入ラヌ、例ヘバ奈古浦丸トカ淸榮丸デアルト云フモノハ隨分請願委員會ニ上リ、又議會ニモ問題トナッテ居ルモノガアル、斯ウ云フヤウナモノハ此中ニ含蓄シナイノデアルカ、若シ含蓄レナイト云フナラバ何故ニ省イタノデアルカ、先ヅ最初ニ此三點ヲ伺ヒタイ、外務大臣ガ見エタヤウデアリマスカラ直チニ外務大臣カラ御答ヲ願ヒマス

（外務大臣伯爵小村壽太郎君登壇）

○外務大臣（伯爵小村壽太郎君）　今回政府ニ於テ唯今議題トナリマシタル法律案ヲ提出致シマシタ理由ヲ簡單ニ述ベマス、日露戰役ニ關スル損害ハ政府ニ於テ之ヲ賠償スル義務ナキコトハ勿論デゴザイマスケレドモ、露西亞領亞細亞、滿洲及韓國義州方面ニ在留シテ居リマスル帝國臣民ハ、開戰ノ際突然且急激ニ該地方ヲ引揚ゲナケレバナラヌコトニナリマシテ其情狀最モ憫ムベキモノデアリマスカラ、政府ニ於キマシテハ此等帝國臣民ニ對シマシテ恩惠トシテ其損害ノ幾分ヲ救濟スルコトヲ至當ト認メマシテ、卽チ、爰ニ露西亞領亞細亞、滿洲及韓國義州方面ニ在留致シマシタル帝國臣民ガ開戰ノ際引揚ノタメニ被リマシタル損害ニ限リ、若干ノ救恤ヲ爲スタメニ此案ヲ提出致シマシタ次第デゴザイマスカラ、審議ノ上速ニ御協贊アランコトヲ希望致シマス

○福井三郎君　本員ノ今御尋申シタコトハドウナッタノデスカ

○議長（長谷場純孝君）　アナタノ御發言ノトキニハ外務大臣ガ出テ居ラレナカッタンデスカラ、分ラナイデセウ、更ニ御繰返シニナッタラ宜カラウト思ヒマス

○福井三郎君　ソレデハモウ一度繰返シマシテ外務大臣ニ御尋致シマスガ、此法案ハ請願委員會ニモ現ハレ、又本會ヘ建議ニモナリマシテ居ルノデアッテ其通ヲ願ミテ御提案ニナッタノデアラウト思ヒマス、與論ニ御同意ヲナサレタト云フコトニ付テハ深ク感謝ヲ致シマス、而シテ第一條ノ中ニハ「露西亞領亞細亞、淸國滿洲及韓國義州方面ニ在留シタル帝國臣民ニシテ」ト土地ヲ限ッテアル、所ガ日露戰爭ノ時分ニ損害ヲ受ケタル者ハ獨リ此方面ノミナラズ、韓國北韓地方例ヘバ城津居留民モ引揚ゲノ際ニ被ッテ居ル、又當時露西亞領デアッタ所ノ樺太ニモ我國ノ人民ガ立退ノ際ニ種々ナ損害ヲ被ッタコトガアル、是ハ議會ノ問題トシテ現レテ居ル、斯樣ナモノハ此一條ノ中ニ含蓄シテ居ラヌノデアリマスカ、居ルノデアリマスカト云フコトヲ御尋シタイ、若シ又含蓄ヲシテ居ラヌトシタナラバ、何故ニソレ等ヲ御省キニナッタノデアルカト云フコトヲ伺ヒタイ、ソレカラ第二ハ昨年ノ議會ニ於テ審査ヲ致シマシタ時分ニハ、記憶スル所ニ依リマスト一千有餘万圓ノ額ニ上ッテ居ッタト思ヒマスガ、然ルニ今回ノ御提案ニハ百万圓ニ限ッテアル、其百万圓ニ限ラレタノハ百万圓以上ノ損害ナシト認メラレタノデアルカ、乃至ハ幾ラアッテモ百万圓ニ限ッテ按分比例デ救濟スルト云フ御考デアルカ、サウデアルナラバ一千万圓以上ノモノヲ百万圓ト定メタル勘定ノ仕方ハ何處カラ出テ來タカト云フコトヲ伺ヒタイ、ソレカラ第三ハ「臣民ニシテ」トアルガ、凡テ引揚ゲノ際ニ受ケタル損害ノミヲ救濟スルヤウニ見エテ居ル、所ガ之ヲ外ニシテ海上ニ於テ船舶ガ敵艦ノタメニ擊沈セラレタ損害ガアル、實例ヲ擧ゲテ言ヘバ奈古浦丸トカ淸榮丸トカ斯樣ナモノニ對シテハ救濟ヲナサラヌ御考デアリマスカ、若シ救濟ヲナサラヌ御考デアルトスルナラバ、何故ニソレハ救濟ヲナサラヌノデアリマスカ、以上ノ三點ニ付テ先以テ御尋シタイノデアリマス

（外務大臣伯爵小村壽太郎君登壇）

○外務大臣（伯爵小村壽太郎君）　唯今ノ御尋ニ對シ御答致シマス、第一ノ御尋中ニ樺太ヲ含蓄シテ居ルカドウカト云フコト、承ハリマシタガ、樺太ハ無論入ッテ居リマス、此法律案ニハ「露西亞領ノ亞細亞」トアリマスカラ樺太ハ無論入ッテ居リマス

○福井三郎君　北韓ハドウデスカ

○外務大臣（伯爵小村壽太郎君）　義州方面トアリマスカラ此議案ニハ……

○福井三郎君　其中ニ城津ナドハ含蓄シテ居リマスカ

○外務大臣（伯爵小村壽太郎君） 城津ハ義州方面デゴザイマセヌカラ含蓄シテ居リマセヌ、第二ハ金額デゴザイマスルガ、唯今政府ニ出テ居リマスル被害者ノ届出ヲ大略調べマシテ先ヅ百万圓デアレバ十分足リルト云フ考デ此額ヲ極メタ譯デアリマス、第三ノ御尋ハ引揚ゲマシタ際ニ被ッタル損害ニ限ッテ救恤ヲスル、其他ノ損害卽チ海上ニ於ケル損害ノ如キハ入ッテ居ルノカ居ラヌカト云フ御尋デゴザイマスガ、無論入ッテ居リマセヌ、御承知ノ如ク戰爭ヨリ生ジタル損害ハ國家ノ責任トシテ之ヲ賠償セヌノガ當然デアリマス、然ルニ日露戰役開催ノトキニ當リマシテハ露西亞領滿洲等ニ居リマシタル我臣民ニ對シテハ、豫告ヲ與ヘズシテ引揚ヲ命ジマシタタメニ各自其財產ヲ處分スル暇モ得ナカッタノデアリマシテ、其情狀最モ憫ムベキモノト認メマシテ政府ニ於キマシテハ篤ト詮議ノ結果、引揚ノタメニ被リマシタル損害ニ限ッテ其損害ノ幾部分ニ對シテ救恤金ヲ交付スルト云フコトニ決定シタ譯デゴザイマス

〔「採決々々」「委員付託」ト呼フ者アリ〕

○議長（長谷場純孝君） 元田君ノ動議、本案ハ日露戰役個人救濟ニ關スル建議案ト云フ特別委員ガ出來テ居リマス、此同一委員ニ付託スルト云フコトニ御異議アリマセヌカ

〔「異議ナシ異議ナシ」ト呼フ者アリ〕

○議長（長谷場純孝君） 御異議ナイト認メマスカラ其通リ決シマス、御諮リヲ致シマス、衆議院議員選擧法中改正法律案ヲ本會ノ會議時間中ニ豫算委員室ニ於テ開キタイト云フ、委員長鳩山君カラノ請求ガアリマス、許可シテ御異議アリマセヌカ

〔「異議ナシ異議ナシ」ト呼フ者アリ〕

○議長（長谷場純孝君） ソレデハ許可スルコトニ致シマス

第十五　清酒税源涵養ニ關スル建議案（中川虎之助君提出）

清酒税源涵養ニ關スル建議案

現時國庫ニ於テ地租ニ次ケル有力ナル租税ハ清酒税ナリ而レテ清酒ハ國内ノミノ需用ニ充ツルニ過キサルノ状態ナルニ依リ常ニ競爭濫賣ノ爲年々酒造業者ノ蒙レル損失ハ多大ノモノタリ則チ是等ノ弊害ヲ杜絶シ清酒業ノ發展ヲ計ラムカ爲清韓兩國ニ向テ輸出スルノ方針ヲ立テ之カ販路ヲ擴張スルハ我カ清酒ノ税源ヲ鞏固ナラシムルト同時ニ斯業發達ノ上ニ大ナル效果アルモノト認ム依リテ政府ニ於テ適當ノ法ヲ制定シ清韓兩國ニ清酒ニ關スル利權ヲ扶植スル計劃ヲ爲サムコトヲ望ム

右建議ス

（中川虎之助君登壇）

（「簡單」ト呼ノ者アリ）

○中川虎之助君　簡單ト云フノハ御尤デアルガナヤ、コイツドウモ簡單ト云フテモ簡單デハ分ラヌ、三十分ダケ特別ニ御願ヒデアル、トテモ三十分掛ラナケレバ一通リ御分リニナルヤウ申シ上ゲルコトガ出來ナイ（「委員會ニ於テ手品使ヒヲヤッタラ宜カラウ三十分モヤルト定足數ガ缺ケルゼ」ト呼フ者アリ）諸君此議案ノ説明ノ前ニチョット一言御斷リ申シテ置キタイノハ私ハ先日砂糖ノ案ヲ四案提出致シマシタガ、一案ダケハ幸ニ御協賛ヲ得マシテ通過ヲ致シマシタガ、殘リノ三案ガ今以テ委員會ノ方デ「ドンタク」ヲシテ進行ガ出來ズニ居ル、アノ案ガ通過シタ案ト共ニ聯運シテ居ルノデ、之ガ四案ナガラ解決ガ出來ヌコトニハ我帝國ノ砂糖政策ト云フモノハ完全ニ解決ガ出來タモノデナイト思ッテ居リマスカラ、早晩廻ッテ來マスヂヤラウカラ參ッタトキニハヤハリ宜シク御協賛ヲ願フコトデゴザイマス、ソレカラモウ一ツハ森本駿君ニチョット御注意マデ申上ゲテ置キタイノハ、先日私ガ登壇シタラ、コリヤ堪ラヌト云フテ議場カラ逃出シタト云フコトガ新聞ニアッタガ私デモサウ甘イコトバカリヤルト云フ譯ヂヤナイ、今日ノハ辛イ方デアルカラ、同君ノ如キハ餘リ御嫌デモナイ方デアラウト思ヒマスノデ、却テ垂涎三千丈ヲ以テ歡迎シテ呉レラレル今日ノ案デアルカラ、御安心ニナッテ御聽取ヲ願ヒタイ、ソレカラ尙御斷リ申上ゲテ置キタイノハ御土産演説ト云フ御疑ガアッタラシイガ御土産デハナイ、（「早ク要領ヲ云フベシ」ト呼フ者アリ）チョット待給ヘ、之ハ一昨々年四國ノ酒造聯合大會ニ於テ二度ナガラ聯合會デ決議シテアル案デアリマシテ、此時間切迫ノ時分ニ諸君ニ迷惑ヲ掛ケテ聽イテ戴キタイト云フ必要ハ何デアルカト云フト、此二、三年四國地方ノ酒造團體デハ之ヲ可決シテ之ヲ天下ニ鼓吹スルト云フコトニナッテ居ル案デアリマスルカラ、假ニ思付デ此處デアナタ方ニ面倒臭イコトヲ聽イテ戴キタイト云フヤウナコトハ私ハ遠慮シテ、シタクハナイケレドモ、已ムヲ得ヌコトデアルカラ之ヲ今日成ルベク短ク申上ゲマスカラ、聽イテ戴キタイ、今一ツハ此間アナタ方ガ三税廢止案（「簡單ニヤラヌト定足數ガ缺ケル」ト呼フ者アリ）宜シイ、ソレデハ折角ノ御注意ニ依リ成ルベク短クヤリマス（「委員ニ掛ケタ方ガ宜イ、サウセヌト目的ヲ達セヌゾ」ト呼フ者アリ、發言スル者多シ）

○議長（長谷場純孝君）　靜カニ――靜ニ、サウ云ウテ居ル中ニ時間ガ經ッテシマフ

（「委員會デ御願シマス」ト呼フ者アリ）

○中川虎之助君　此案ヲ清酒税源涵養ト云フノデゴザイマスルガ、清酒税源涵養ト云フテモドウ云フ風ニシテ涵養スルカ、空々漠々ノヤウニチョット聽クトナリマスケレドモ、一通涵養スル所ハドウ云フ風デアルカト云フコトヲ聽イテ戴キタイ、此日本ノ酒ノ餘ッタノヲ清韓兩國ヘ輸出ヲスルト云フノガ本案ノ骨子ナノデ、其餘リ酒ヲ輸出スルコトハドウ云フコトデ出來ルカト云フ、此工風ヲ一ツ聽居ケテ貰ヒタイ（委員付託ニナスッタラドウデス」「頭ガ足リナイカラ早クヤリ給ヘ」「「講聽」ト呼フ者アリ）サウ云ハレルト尙云ヘナイ（「公德ノタメニ早クヤリ給ヘ」ト呼フ者アリ）御承知ノ通リ清酒ハ唯今七千万圓乃至八千万圓ノ財源ヲ國家ニ提供シテ居ル重大ナ税源デゴザイマスルガナヤ、現在ノ我國ノ清酒業者ノ状態ハ唯モウ税ヲ過重ニ掛ケラレルノト、一方ニハ當業者ガ競爭ヲシテ儲カラナイト云フコトガ實際デゴザイマスガ、コイツニ血路ヲ與ヘルト遮二無二酒造業者ハ商賣上儲カル、サウシテ又國際上デハ一大利源ニナルト云フ工風ナンデス、ドウ云フ具合デアルカト云ツト、此餘リ酒ヲ餘所ニ出ストコロノ幹部ヲ拵ヘテ、サウシテ、地方ニハ今デモ小サイ團體ト云フモノハ法律デ酒屋ヲスレバ必ズ組合ヲ先キニシナケレバ酒屋ガ出來ナイコトニナッテ居ルガ、中央ニ大キナル幹部ガ出來テ居ラナイ、此幹部ヲ拵ヘテ實行ヲシヤウト云フ、幹部ハドウ云フ工風デアルヤト云フト、之ハ私考ヘルニ一升ニ五厘位アッタラ二百万圓ノ金ガ寄ル、五十錢アッタラ四百万石程ノ酒デアリマスカラ、二百万圓ノ金ガ寄ル、之ヲ政府ガ本税徵收ノ序ニ（「定數ヲ缺ケテ居リマス」「簡單」ト呼フ者アリ）ソレデハ今日ハマア簡單ノ御催促ガアレバモウ之デ止メマス、之ヲ委シク御話ヲスレバ砂糖ヤ或ハ煙草、麥酒、イロ〳〵ノ飲食物ノ適例ヲ委シク述ベンケレバ分ラナイデアラウト思フ（此發言スル者多シ）少シノ間聽イテ下サイ（「贊成ダヨ、決シテ惡意ヲ以テ云フノヂヤナイ」「定數ガ缺ケルヨ」ト呼フ者アリ）ソレデ一升ニ五厘アレバ諸君二百万圓ノ金ガ寄ルノデス、之ヲ本税徵收ノ序ニ此幹部ノ活動資金ヲ徵收スルコトヲ政府ガ世話デモシテ呉レルコトデアッタラ、內ノ同業者ガ餘ッテ競爭濫賣ト云フコトヲシナイヤウニナル何ノ商賣デモ競爭濫賣ト云フヤツハ儲カラナイ、競爭濫賣ト云フコトノ刷新ガ出來テ、餘ッタヤツデ（「議長定足數ニ充タナイ」ト呼フ者アリ）隣國ニ輸出スルト云フコトヲスルノデス、サウシテ此ヤ方ハ獨逸ノ如キヤリ方ヲスルカ、或ハ又年月ノ掛ル、既往ニ麥酒ガ我國ニ來テ廣マッタ云フヤウナヤリ方ニスルカ、又煙草ヲ我國デ高イ煙草ヲ御互ニ喫マセテ、向フデハ生産費以上ニ賣ッテモ、英米ノ煙草「トラスト」ニ競爭サレテ居ルト云フヤウナコトガ此酒ニハナイ、此品ノ證據ヲ御目ニ懸ケナケレバナラヌガ、酒ハ米デ造ルノデ、日本ノ酒ト支那ノ紹興酒ト能ウ似テ居ル、ソレデ若シ五年ナリ十年ナリノ歲月ヲ假シタナラバ追々（「定足數ヲ缺カントス」ト呼フ者アリ）支那ヘハキット廣マル、同ジ米デ造ッタ酒デ麥酒ガ清酒ニ代ッテ我國ニ得意ガ出來タヨリ早イ、現ニ臺灣ノ支那人ガ日本ノ酒ヲ飲ンデ居ル、必ズ紹興酒ノ嗜好者ヲシテ日本酒ノ嗜好者タラシメルコトニナラウト思フ、サウスレバ（「簡單々々」ト呼フ者アリ）官業デハナイガ民業デ官業ノヤウナコトガ出來ル、サウシテドウナルカト云フト、詰リ五年カ十年カ先ニハ朝鮮ヲ除イテモ、支那ダケデモ、日本ノ酒ヲ飲ムト假定スレバナカ〳〵莫大ナ酒代ガ日本ニ這入ッテ來ル、內ノ當業者ハ遮二無二儲カッテ國家ハ一文モ錢ヲ出スコトナクシテ隣國カラ數億ノ金ヲ入レルコトニキットナルノデアラウト思フデアリマス、今我邦ニ御承知ノ通リ兵力ハ列國デ認メルガ、財力ニ至ッテハ果シテ遺憾ナシトセザルカ、大ニ遺憾ガアル、（「同情ヲ失フヨ」ト呼フ者アリ）ソレデハシ精シク委員會デ申スガ、此團體ヲ拵ヘルニ五十錢ダッタラナカ〳〵大キナ金ガ出來ル、內ハ當業者ガ遮

二無二儲カリ、餘所カラハ金ヲ取ッテ來ル、支那ノ紹興酒ヲ嗜好セシムルガ如ク日本ノ清酒ヲ發展サセルト云フコトニ付テ、我邦ノ財力ヲ富マスニ於テハナカ〱棄置クベカラザル當時ニ於テ有益ノ仕事デアラウト思フノデアル、冗談デハナイ、確信シテ居ルノデアル、此問題ハ長ク云フタイガ止ミマス、アナタ方ノ方デ聽イテクレント短ウヤレト云フト調子ガ弛ンデシマウテヤレヌカラ、是デ止メマス、是ハ二時間モ掛ケテ貰ハヌトヤララレヌ

○恆松隆慶君　本案ハ十分委員會デ說明ナルコトヽシテ此場合九名ノ委員議長指名アランコトヲ望ミマス

○中川虎之助君　大キニ御邪魔ヲ致シマシタ

○議長（長谷場純孝君）　本案ハ議長指名九名ノ委員ニ付託スルト云フニ御異議ハアリマセヌカ

（「異議ナシ異議ナシ」ト呼フ者アリ）

○議長（長谷場純孝君）　御異議ガナイト認メマスカラ、其通リ致シマス、日程第十六、小學校教科用圖書ニ關スル建議案ヲ議題ト致シマス朗讀ハ省略致シマス、提出者早川龍介君外一名、濟峩太郎君

明治四十二年三月二十一日　議長ノ報告

（左ノ質問書ハ朗讀ヲ經サルモ參照ノタメ玆ニ掲載ス）

在本邦清韓留學生待遇ニ關スル質問主意書

右成規ニ據リ提出候也

明治四十二年三月十九日

提出者　塚田啓太郎君

贊成者　齋藤珪次君

外三十九名

在本邦清韓留學生待遇ニ關スル質問主意書

一在本邦清韓留學生ニ對シ保護ヲ厚クシ待遇ヲ善クスルハ德義上政策上最必要ノコトナリト信ス政府ハ如何ナル意見ヲ有スル乎

一政府ハ在本邦清韓留學生ヲ敎育スル公私立學校職員及生徒ニ對シテ充分ノ監督ヲ爲シ其寄宿舍旅館等ノ取締ニ關シ果シテ遺憾ナシト認ムル乎

右及質問候也

明治四十二年三月二十一日

○栗原亮一君　明治四十二年度總豫算第二號追加、四十二年度特別會計第二號追加豫算、竝ニ豫算外國庫ノ負擔トナルベキ契約ヲ爲スヲ要スル追第一號、之ヲ併セテ報告ヲ致シマス、此追加豫算ハ多クハ本院ニ於テ可決ニナリマシタトコロノ法律ノ結果デアリマス、其金額ノ最モ大ナルモノハ輸入原料砂糖戻税法ノ改正竝ニ菓子ノ製造ニ對シテ原料ノ戻税ヲスルト云フ案ガ通過致シマシテ其結果トシテ四百四万圓ヲ要スルノデアリマス、四百万圓ガ輸入原料砂糖戻税デ、四万圓ガ菓子ノ分ニ屬スルノデアリマス、ソレカラ製材所貸下ガ豫算ニ於テ否決ニナリマシテ官ニ於テ之ヲ經營スルト云フコトニナッタノデ、其經費ガ二十七万圓餘デアリマス、ソレカラ東京市ノ市區改正ニ伴フテ從來ノ電信電話ノ柱ガ道ノ眞中ニアッテ不便デアルカラ、電信電話線ヲ移轉スルト云フ經費、是ガ十一万圓餘デアリマス、其他ハ法律ノ結果デアリマスガ、卽チ度量衡法改正ノ結果、經常費ガ四万七千餘圓、臨時費ガ三万五千圓ヲ要シ、耕地整理法ノ改正ガ確定ニナリマシテ此經費ガ三万千五百圓餘ヲ要スルノデアリマス、特許法意匠法實用新案法商標法改正ノ結果、經費ヲ要スルモノガ二万圓餘デアリマス、ソレカラ伊太利ニ於ケル萬國農事協會ノ會議ガアリマシテ、是ニ帝國ヨリ委員ヲ派遣シマス其經費ガ四千三百圓餘デアリマス、其他ハ火事ノ經費デアリマス、四十一年ノ十月ニ樺太守備隊ノ兵舍ガ燒ケ、又四十二年ノ二月ニ同ク樺太ノ步兵第二十聯隊及野砲兵第七聯隊ノ工場ガ燒ケマシテ、是ガ復舊トシテ十四万餘圓ヲ要スルノデアリマス、四十二年ノ一月ニ北海道廳ガ燒ケマシテ帳簿器具等ガ燒失シマシテ、ソレヲ元ノ通リニスル、是ハイロ〱アッテ道路又ハ開拓ニ關スル地圖ガアッタ、其地圖ヲ更ニ調製シナケレバナラヌ、ソレ等デ十万餘圓ヲ要スルノデアリマス、ソレカラ四十一年ノ十二月ニ門司ノ稅關支署ノ廳舍ガ燒ケテ是ガタメニ復舊ヲ要シ六万八千餘圓、ソレカラ其建物ノ出來ルマデ建物ヲ借リル其借料ガ三千八百餘圓ヲ要スルノデアリマス、ソレカラ四十二年ノ二月ニ韓國京城理事廳附屬ノ監獄ガ類燒シタノデ其復舊工事ト、ソレカラ其囚人ノ留置場ニ充ツベキトコロノ建物ノ修繕ヲ致ス、此二ツデ八万八千圓餘ヲ要スルノデアリマス、ソレカラ四十二年ノ二月ニ舞鶴水雷團ノ廳舍ガ燒ケマシテ是ガ復舊ノタメ二万三千餘圓ヲ要スルノデアリマス、又同ジ月ニ東京ノ海軍局ノ廳舍ノ一部ガ類燒ニ罹ッテ其復舊工事ガ五千餘圓要スルノデアリマス、寔ニ追加豫算ハ火事ノ多イコトデ火事ハ好ンデ起スモノデハアリマセヌガ、此火事ノ復舊費ガ總テ三十七万圓餘デアリマス、依テ豫算總會ニ於キマシテハ火ノ用心ヲスルコトヲ政府ニ深ク警告致シタノデアリマス、サウシテ政府ニ於テ火事ノ原因ヲ調査致シ成ルベク今後警戒ヲ加ヘルヤウニシヤウト云フタノデアリマス、是ハ大藏省ニ於テ建築部ガ出來テ居リマスカラ建築上ノ研究ヲ加ヘテ成ルベク火災類燒ノナイヤウニシタイト云フコトデアリマシタ、ソレデ此等ノ經費ガ總テ併セテ歲入歲出各々四百九十四万圓餘デアリマス、是ニ對スル歲入ハ前年度ノ繰入金ガ四百六十三万餘圓デ、製材所ヲ官營ニ致シマスルタメ其事業ノ收入ガ增加スルコト二十二万七千餘圓デアリマス、ソレカラ特許法意匠法商標法、度量衡法、及登錄稅法等ノ改正ニ伴フテ印紙收入ノ增スモノガ八万四千圓餘リアリマス、右申シタダケガ歲入トナッテ是等ノ經費ニ充ツルコトニナッテ居リマス、ソレカラ特第二號ノ四十二年度ノ特別會計ノ追加豫算、是ハ文部省所管ノ學校及圖書館ノ經費デ、歲入ハ用途指定ノ寄附金ガ五千四圓アリマシテ是ハ寄附者ヨリ其用途ヲ指定シテ斯ウ云フコトニ使ッテ貰ヒタイト云フノデ、東北農科大學ノ設備ニ用ヰルト云フコトデアリマス、ソレカラ神戸ノ高等商業學校ノ分ニ五百圓充テ、アリマス、是ハ寄附支出殘金デ前年度繰越ト云フコトニナッテ居リマス、是ガ卽チ特第二號ノ經費ノ要求デアリマス、ソレデ分科會ヲ開キ種々審査ノ結果、原案通リ可決スベキモノト決定致シマシタ、但シ火ノ用心ハ餘程ヤカマシク申シタノデアリマス、ソレカラ豫算外國庫ノ負擔トナルベキ契約ヲ爲スヲ要スルモノ、報告ヲ致シマス、是ハ遠洋航路補助法ガ旣ニ制定ニナリマシテ、其法律ノ結果トシテ此豫算ガ出タノデアリマス、此規定ニ依リマスレバ明治四十三年一月ヨリ四十七年十二月マデ五箇年間ニ三大航路ニ對シテ補助ヲ與ヘルト云フコトニナッテ居ルノデアリマス、今回ハ此法律ニ依テ大ニ補助ヲ與フルトコロノ方法ガ改正ニナリマシテ、之ガタメニ從來ノ方法デアルヨリモ金額ガ餘程減ッタノデアリマス、從前ノ補助總額ハ一箇年千二十六万圓餘デアリマシテ、是ハ五箇年間別ニ遞減モナクシテ此金額ヲヤラナケレバナラヌト云フコトニナッテ居ッタノデアリマシタガ、今回ハ段々此遞減率ヲ行ッテ船ガ古クナルニ從ッテ其補助額ガ減ルト云フコトニナッタノデアリマシテ、今回ノ補助總額ハ一箇年七百二十六万圓餘デアリマスカラシテ、從來ノ補助法ニ比較スレバ約三百万圓バカリ減少ニナッタノデアリマス、現行ノ航海奬勵法ニ於キマシテハ八百三十六万圓餘與フベキ筈デアリマスルケレドモ、此度制定ニナリマシタ所ノ遠洋航路補助法ニ依リマスルト云フト、比較シテ約一百万圓許リノ減少ニナルノデアリマス、從前ノ補助總額ガ千二十六万圓餘デアリマシタカラシテ、是ト比較シマスレバ今回制定ニナッタ所ノ法律ニ依レバ約三百万圓カラノ減少ニナリマスカラシテ、國庫ノタメニ餘程良クナッタノデアリマス、是ハ法律ノ結果デハアリマスケレドモ、尙豫算會ニ於キマシテ此契約ニ付キマシテハ議論ハアッタノデアリマス、其議論ノ要點ハ法律ニ於テハ五箇年以內トナッテ居ルノデアリマスルガ、此法律ノ精神ニ依レバ航路ノ狀況ニ依ッテ或者ハ三箇年、二箇年、五箇年之ガ最長限ヲ定メタノデアッテカラニ、必ズシモ悉ク五箇年ニスベシト云フ意味合デハナイノデアル、ソレデ又此補助ノ方モ五十錢以內ト法律ニ規定ハアリマスケレドモ、是ハ最高額ヲ定メタモノデアッテ航路ノ狀況ニ依ッテハ或ハ四十錢乃至四十五六錢トカ云フヤウナ以內ト云フ方デ其斟酌宜シキヲ加フベキモノデアル、ソレヲ線路ノ狀況ノ各々其異ナルニモ拘ラズ總テ均一ニ與ヘルト云フノハ甚ダ不當デアル、斯ウ云フ議論モアリマシタガ、段々審査ノ結果遂ニ是モ原案ノ通リ贊成スルコトニ致シタノデアリマス、要スルニ原案通リニ此國庫負擔ノ契約ガ極ッタノデアリマス、唯今報告致シマシタガ會期切迫ノ際デアリマスカラシテ、此際日程ヲ變更シテ速ニ決議アランコトヲ希望致シマス

（「贊成々々」ノ聲起ル）

○議長（長谷場純孝君）　日程變更ノ動議ニ御異議ハアリマセヌカ

（「異議ナシ異議ナシ」ノ聲起ル）

○議長（長谷場純孝君）　御異議ガ無イト認メマスカラ議事日程ヲ變更シ、第二號明治四十二年度歲入歲出總豫算ノ追加案、特第二號明治四十二年度特別會計歲

入歳出豫算追加案、追第一號豫算外國庫ノ負擔トナルベキ契約ヲ爲スヲ要スルモノ、
之ヲ一括シテ議題ト致シマス

明治三十七八年戰役ノ爲損害ヲ被リタル者ノ救恤ニ關スル法律案　第二讀會

○長島鷲太郎君　私ハ此際ニ於テ修正ノ動議ヲ提出致シタイ考デアリマス、ソレハ唯今委員長ヨリ報告ニナリマシタトコロノ原案ヲ修正致シテ、政府提出ノ原案ノ通リニ直サレンコトヲ——修正サレンコトヲ——復活サレタイト云フ修正動議ヲ提出致シマス、其理由ハ——即チ委員長ノ修正意見ニ反對ノ意見ヲ提出スルノデアリマス——前ノハ少シ問違ヒマシタ、其理由ハ本院ニ提出サレマシタトコロノ建議ノ趣意ハ、日露戰爭ノ際極ク問近イ時ニ於テ損害ヲ受ケタトコロノ者ノ救濟ヲ求メタイト云フコトガ本院ニ提出サレタトコロノ建議案ノ趣意デゴザイマシタ、政府ニ於テモ其意味ヲ汲マレマシテ、即チ政府提出ノ法律案ガ出タンデアリマス、其委員會ニ於テノ修正意見ニ依リマスト、救濟ヲ受クル者ノ範圍ヲ一層廣メタンデアリマス、救濟ヲ受クル者ノ範圍ヲ廣メルニ於テハ、敢テ異議ハゴザイマセヌケレドモ、數額ニ制限ガアルノデアリマス、限リアルノ數額ヲ以テ、サウシテ一層救濟ヲ受クベキ者ノ範圍ヲ廣メルト云フコトニ付キマシテハ、其救濟ヲ受クベキ實ヲ失フコトニナリマスカラシテ、私ハヤハリ委員長ノ修正意見ニ反對ヲ致シマシテ、原案ノ復活即チ政府案ニ復活サレンコトヲ希望スルノデアリマス、其理由ヲ以チマシテ反對ノ意見ヲ提出シタ次第デアリマス

○議長(長谷場純孝君)　長島君ニチョット御尋ヲ致シマスガ、委員會ニ於テハ第一條ニ文字ノ修正ガ澤山アリマスガ、全然長島君ハ原案ニ御贊成ニナルノデアリマスカ

○長島鷲太郎君　修正ヲ加ヘタ部分ノミニ付テ反對ノ意見ヲ述ベタ——全然政府案デス

○元田肇君　本員ハ此際修正ニ付テノ政府ノ意見ヲ確メタイノデアリマス、外務大臣ガ出席シテ居リマセヌカラ仕方ガアリマセヌ、次官ニ於テ責任ヲ以テ御答辯ヲ願ヒタイ、ドウ云フ意見デアリマスカ

（政府委員石井菊次郎君登壇）

○政府委員(石井菊次郎君)　本案ニ付キマシテ政府ノ意向ヲ御尋ニナリマシタカラ申上ゲマスガ、政府ニ於キマシテハ法律案ヲ出シマシタ當初ヨリ未ダ其決心ヲ翻ス理由ヲ發見致シマセヌノデアリマス、即チ政府ガ提出致シマシタノガ勿論時宜ニ適シタル處置ト認メマシテ衆議院ノ委員會ニ於ケル修正ト云フモノニハ反對ヲ致シマス

○澤田寧君　私ハ長島君ノ修正意見削除ト云フコトニ反對致シマス、其理由ハ極ク簡單デスカラ是カラ申サウト思ヒマス、ト云フモノハ既ニ救助ト云フコトヲサレテ政府ガ此案ヲ出サレタ以上ハ、此範圍ヲ滿韓若クハ義州トカ他ノ方面ノ陸上ニ限ッテノミ救助スルト云フ理由ヲ吾々ハ見出サナイ、日露戰役ノ爲ニ海上ニ於テ損害ヲ被ッタモノト雖モヤハリ損害ハ陸上トサマデ變ッタコトガナイ、唯修正動議ニ反對スル人ノ意見ヲ聞イテ見マスルト陸上ノ人ハ戰爭ノ豫告ヲ受ケルコトガ出來ナイ、或ハ當局者ガ戰爭ガ近キ將來ニ於テ開ケルコトヲ知ッテ居ッテモ、戰略上駈引上サウ云フコトハ明言スルコトガ出來ヌカラ見ス〳〵困難ニ陷ラシメタ傾キガアルカラシテ、ソレ故ニ陸上引揚ゲノ臣民ニ對シテ救助スル理由ガアル、成程或ハ戰爭上ノ駈引カラサウ云フ理窟ガアッタカ知リマセヌ、併ナガラ海上ニ於テモ同ジコトデアリマス、戰爭ヲスルカシナイカ軍事當局者ノ意見ヲ知ラナイカラシテ、國交斷絶ノコトガナイダラウト思ッテ航海通商其他ノコトニ從事シテ居ル、然ルニ航海中ニ於テ戰爭ガ始マッテサウシテ害ヲ被ッタト云フコトハ——陸上ニアル者ニ戰爭ノコトヲ豫告スルコトガ出來ズシテ害ヲ被ラシメタルコトト、海上ニアッテ戰爭ガ始マルヤ否ヤト云フコトヲ豫知スルコトガ出來ヌデ、害ニ罹ッタト云フコト、ドレダケノ區別ガアルカ少シモ區別ガナイト吾々ハ信ズル、ソレ故ニ救助ノ方法ガアレバ海陸ヲ問ハズ此タメニ害ヲ被ッタモノハ一般ニ救助スルコトガ穩當ダラウト思ヒマス、本員ハ委員長ノ報告ニ贊成スル者デアリマス

○元田肇君　本員ハ廣ク救恤ガ出來マスルナラバ修正案ノ通ニ致シタイノデアリマスルガ、政府ニ於キマシテ修正案ニ同意ガ出來ヌト云フコトデアリマス、空シク案ノ潰レルコトハ甚ダ遺憾ニ存ジマスカラ已ムヲ得ズ原案ヲ贊成シテ少ナクトモ活キルヤウニ致シタイト云フコトヲ希望致シマス

○宮古啓三郎君　チョット政府ニ御尋致シマス

○議長(長谷場純孝君)　宮古君質問デスカ

○宮古啓三郎君　サウデス、政府ノ御意向ハ原案ノ通リニ即チ露西亞領亞細亞、清國滿洲及韓國義州方面、是ヨリ以外ニハ救恤スベキ人ガナイト云フノ意見デアラウカ、或ハアルケレドモ其方ニハ救恤セヌデモ宜シイト云フ意見デアルカ、政府ノ意見ノアルトコロハ何所デアルカ

（政府委員石井菊次郎君登壇）

○政府委員(石井菊次郎君)　唯今ノ御質問ニ御答致シマスルガ、此日露戰爭ノタメニ損害ヲ被ッタル者ハ露領亞細亞、滿洲及義州方面ノ外ニモアリマスノデアリマス、此外ニ於テ損害ヲ被ッタル者ニ對シテモ誠ニ同情ヲ表スル次第デゴザイマス、サリナガラ此法律案ノ目的ハ以上三箇所ニ於テ開戰ノ際ニ引揚ゲノタメニ被ッタル損害ニ限ッテ救恤ヲ施スト云フ趣意デゴザイマシテ、其趣意ハ過日外務大臣ガ此議場デ申上ゲタ通リノ次第デゴザイマス

（「採決」ト呼フ者アリ）

○議長(長谷場純孝君)　採決ヲ致シマス、先ヅ委員長ノ報告ヲ採決ヲ致シマス、即チ委員長ノ報告ニ贊成諸君ノ起立ヲ請ヒマス

起立者　少數

○議長(長谷場純孝君)　少數、原案ニ御異議ハアリマセヌカ

（「異議ナシ異議ナシ」ト呼フ者アリ）

○議長(長谷場純孝君)　御異議ナイト認メマスカラ、全部原案ニ決シマス

○元田肇君　直チニ三讀會ヲ開イテ確定セラレンコトヲ望ミマス

○議長(長谷場純孝君)　直チニ三讀會ヲ開クト云フコトニ御異議ハアリマセヌカ

（「異議ナシ異議ナシ」ト呼フ者アリ）

○議長(長谷場純孝君)　御異議ナイト認メマスカラ直チニ三讀會ヲ開キ、議案全部ヲ議題ニ供シマス

明治三十七八年戰役ノ爲損害ヲ被リタル者ノ救恤ニ關スル法律案　第三讀會

○元田肇君　二讀會決定ノ通リ可決サレンコトヲ望ミマス

○議長(長谷場純孝君)　元田君ノ發議、即チ二讀會決定通リト云フコトニ御異議ハアリマセヌカ

（「異議ナシ異議ナシ」ト呼フ者アリ）

○議長(長谷場純孝君)　御異議ナイト認メマスカラ、其通リ決シマス、本案ハ之ニテ確定致シマシタ

○元田肇君　マダ御宣告ハゴザイマセヌガ、玆ニ私ハ願ヒタイ、第七ノ行政裁判再審ニ關スル件ハ一口デ濟ムノデアリマスカラ、議會切迫ノ際デアルカラドウカ諸君ニ於テ……

〔「贊成々々」ト呼フ者アリ〕

○議長（長谷場純孝君）　日程第七、行政裁判再審ニ關スル法律案、第一讀會ノ續キヲ開キマス——委員長元田肇君

○塚田啓太郎君　諸君、本員ハ在本邦清韓留學生ノ待遇ニ關スル質問書ヲ提出シテ置キマシタガ、會期切迫ノ今日ニ於テ貴重ノ時間ヲ費シマスノハ恐縮ノ至リデゴザイマスカラ、極メテ短簡ニ質問ノ要點ヲ述ベル積リデゴザイマス、暫ク御靜聽ヲ願ヒマス、近來清韓兩國ヨリ多數ノ學生ガ渡來シテ、我國ノ學術ヲ學ブヤウニナリマシタノハ兩國及我帝國ノタメ大ニ賀スベキコト、存ジマス、此留學生諸君ハ今日ハ一少年ノ學生デアリマスガ、將來ハ政治家トナリ、學者トナリ、軍人トナリ、商工トナッテ、兩國ノ文明ヲ發展シ、國力ヲ增進スルトコロノ重任ヲ帶ビテ居ルトコロノ俊傑デゴザイマス、我帝國ハ明治維新以來開國進取ノ國是ヲ定メマシテ先進國ノ學術技藝ヲ輸入スルカタメニ年々歐米諸國ヘ留學生ヲ派遣シマシテ、諸種ノ學術ヲ學バセマシテ、彼ノ長所ヲ取ッテ諸般ノ改良ヲ致シマシタ、未ダ十分ニ居イテ居ルトハ申セマセヌガ政治モ法律モ具備シ、軍備モ擴張シ、商工業モ發達シタタメニ、强大ナル露國ト戰ッテモ戰勝國ノ光榮ヲ得テ居リマス、世界ノ强國ノ中ニ列スルニ至リマシタガ、是ハ當年ノ留學生タル先輩諸君ノ賜デアルト信ジテ居リマス、清韓兩國ヨリ來ッテ我國ヘ在留シテ居リマス所ノ學生諸氏ハ、我國ノ先輩ガ歐米諸國ヘ留學シタノト同樣ノ任務ヲ負ウテ居ルモノデゴザイマシテ、將來我國民ガ東洋ノ平和ヲ保全スルニ付テ大切ナルトコロノ良友デアルト思ヒマス、自分ガ敎育ヲ受ケタ學校ノ敎師ト同窓ノ學友間ニハ親族同樣ノ親愛ノ關係ガ出來マス、學校所在地ハ第二ノ故鄕トモ云フベキモノニナリ、其所在地ノ人ハ別段懷シイモノデ何事ニ付ケテモ同情ヲ表ハスモノデアリマス、東京デ學問ヲシタ者ハ東京ノ人ヲ愛シ、京都デ學問シタ者ハ京都ノ人ヲ愛シマス、獨逸ヘ留學シタ者ハ獨逸人ヲ愛シ、米國ヘ留學シタ者ハ米國人ヲ愛スモノデアリマス、日本ニ留學シタ外國ノ學生ガ日本人ヲ愛スヤウニナルノハ自然ノ人情デアリマス、我國民ハ宜シク此點ニ注意シテ留學生ノ待遇ヲ善クシタイト思ヒマス、千有餘年以前ノ我國ハ諸君ノ御承知ノ通リ、清韓兩國ノ學術技藝ヲ學ンデ國利民福ヲ增進シタコトハ歷史上明確ノ事實デアリマシテ、我國民ノ忘レテハナラヌ恩義デゴザイマス、今日我國ノ文明ハ長足ノ進步ヲナシテ彼等ニ學術技藝ヲ敎授致シマスノハ一ハ舊恩ヲ報ズル義務ヲ盡スノデアリマシテ、一ハ先進國ノ天職ヲ盡スノデアリマス、官民一般誠意ヲ以テ彼等ヲ親切ニ待遇致サネバナリマセヌ、德ニ報ユルニ德ヲ以テスルハ人情ノ常デアリマス、日本人ガ彼等ヲ敬愛スレバ彼等モ必ズ日本人ヲ敬愛致シマス、怨ニ報ユルニ德ヲ以テスルニ大人君子ノ爲ストコロデ、通常ノ人ハ怨ニ報ユルニ怨ヲ以テスルノ弊ガアリマス、彼等多數ノ中ニハ卒業シテ本國ニ戾ッタ後ニ外國民ニ對シテ惡意ヲ含ンデ居ッテ、動モスレバ我國民ニ反抗セントスル者ガアルト云フコトヲ時々新聞紙上ニ見ルコトガアリマス、彼國ヲ漫遊シタ人ヨリ聞イタコトガアリマスガ、其原因ヲ聞ケバ留學中日本人ニ輕蔑サレタトカ、不親切ナ取扱ヲ受ケタトカ申スノデアリマス、若モ我官民中ニ彼等ヲ輕蔑シタリ不親切ナ取扱ヲシタリスル者ガアリマスト、將來ノ交際上貿易上ニ重大ノ障碍トナル恐ガアリマス、良友トナルベキ者ガ却テ敵トナルヤウニナリマス、當局者ハ其害ノ重大ナラザルニ先ッテ善後ノ方法ヲ立ツルノハ勿論、詳細ニ事實ヲ調査シテ彼等ヲ優待保護スベキ責任ガアルト信ジマス、此點ニ付テ當局者ハ如何ナル意見ヲ有シテ居ルカ、如何ナル方針ヲ取ッテ居ルカ、是ハ質問ノ第一デアリマス、我日本人ハ西洋人ニ對シテハ何レモ敬意ヲ表シ禮儀ヲ厚クシテ送迎スル風習ガアリマスガ、文明國ノ人ニ對スル美風トシテ稱スベキモノデアリマスガ、東洋諸國ノ人ニ對シテハ誤ッテ之ヲ輕ンズル者ガ少シモナイト云フコトハ斷言ハ出來マセヌ、世界ノ大勢ハ常ニ變動スルモノデ、文明國モ衰頽シテ弱國トナリ、野蠻國モ勉强スレバ强國トナリマス、如何ナル國民ト雖モ輕蔑スルコトハ出來マセヌ（拍手起ル）我日本人ハ東洋人ニ對シテモ西洋ノ人ニ對スルガ如ク尊敬スルヤウニ致シタイモノデアリマス、國民一般ヲシテ清韓ノ學生ヲ敬愛セシムルニハ第一ニ當局者ガ彼等ト直接ノ關係ヲ有スル學校職員、及我國ノ學生ニ方針ヲ示シテ保護待遇ヲ善クシ、國民一般ガ其美風ヲ習フヤウニスルノガ必要ト思ヒマス、學生ノ宿泊スル寄宿舍、旅館等モ相當ノ注意取締ヲ要スルモノト存ジマスガ、當局者ハ公私立學校ノ職員、又ハ我國ノ學生ニ對シ如何ナル管理監督ヲ爲シテ居ルカ、寄宿舍、旅館等ハ如何ナル取締ヲ爲シテ居ルカト云フノガ、是ガ質問ノ第二デアリマス、當局者ハ速ニ詳細ナル答辯ヲ與ヘラレンコトヲ望ミマス

○議長（長谷場純孝君）　日程第一、第一號明治四十二年度歲入歲出總豫算追加案貴族院回附ヲ議題ト致シマス

第一　（第一）明治四十二年度歲入歲出總豫算追加案（貴族院回附）

○大岡育造君　本案ニ付テハ延期ヲ請ウテ取調中デアリマスガ、尙御取調ガ濟ミマセヌカラ本日モ延期ヲスルト云フコトノ動議ヲ提出致シマス

○議長（長谷場純孝君）　大岡君ノ動議即チ本案ハマダ取調ガ結了セヌカラ延期スルト云フ動議、是ニ御異議ハアリマセヌカ

（「異議ナシ」ト呼フ者アリ）

○議長（長谷場純孝君）　御異議ガナイト認メマスカラ、延期スルコトニ決シマス、日程第二、種痘法案、貴族院回附ヲ議題ト致シマス

第十五　韓國横貫鐵道敷設ニ關スル建議案（金尾稜嚴君外六名提出）（委員長報告）

（日向輝武君登壇）

○日向輝武君　諸君、私ハ韓國横貫鐵道敷設ニ關スル委員會ノ成績ヲ御報告致シマス、此建議案ニ付マシテハ特別委員會ヲ開クコト一回、多少ノ討論ヲ闘ハセマシテ滿場一致、本案ヲ可決致シマシタ、可決致シマシタトコロノ理由ハ此韓國ノ西海岸ト東海岸ヲ接續スルニハ、京城平壤等ヨリ元山ニ通ズル横貫ノ鐵道ニ依ルヨリ外ニ無イノデアリマス、而シテ此横貫鐵道ハ韓國ノ拓殖上、韓國ノ商業上、竝ニ軍事上ニ於テハ必要ニシテ缺クベカラザル線路デアルト云フノデアリマス、其哩數ハ元山ヨリ平壤ニ到ル百五十五哩デアリマス、敷設ニ要スル費用ハ約千九百万圓デアリマス、若シ此鐵道ガ一度開設ニナリマスルト、日本ノ山陰道ト韓國ノ東海岸トハ直チニ聯絡スルノデアリマシテ、元山ヨリ直チニ平壤ニ通ジ、平壤ヨリ義州ニ通ジマシテ、遂ニ滿洲ノ方ニ達スル線路ニナルノデアリマス、又韓國ノ東海岸ハ西海岸ニ比シテ文化ノ程度ガ遙ニ劣ッテ居ルノデアリマス、御承知ノ如ク暴徒出沒致シマシテ、生命財產ノ安固ハ東海岸ニ於テハ保タレナイノデアリマス、故ニ此横貫鐵道ヲ建設シマシテ、韓國ノ東西兩岸ヲ聯絡スルト云フ必要ヲ切ニ認ムル理由ヲ以テ此建議案ヲ可決シタノデアリマス、之ニ對スル政府ノ意見ハ政府ニ於テモ疾ニ其必要ヲ認メ、屢〻之ニ向ッテ計畫ヲ盡シタノデアルガ、中央財政ノ都合上ニ依ッテ未ダ之ニ著手スルノ機ニ至ラナイノデアル、併ナガラ決シテ之ヲ放任シテ置ク譯デハナイ、又此建議案ニ付テハ全然同意デアルト滿腔ノ同情ヲ表シタノデアリマス、此段御報告ヲ致シマス

○福井三郎君　本案ニ付テハ本員ハ登壇ヲシテ贊成ノ意ヲ表シタイノデアリマスガ、日向君ノ説明ヲ以テ略〻盡キテ居リマスカラ會期切迫ノ場合ニ於テ登壇ハ致シマセヌ、聞クガ如クンバ或ル黨派中ニハ自由決議ニナッテ居ルト云フコトヲ仄カニ承ハリマスガ、左樣ナ次第デアリマスナラバ、ソレヲ幸ニ是非是ニ御贊成下サルコトヲ特ニ本員ヨリ希望致シマス、若シ御贊成下サラヌトナラバ、唯今ヨリ演壇ニ立ッテ十分意見ヲ陳述シタイト思ヒマス、是非御贊成ヲ希望シマス

○議長（長谷場純孝君）　委員長報告通御異議ハアリマセヌカ

○吉植庄一郎君　私ハ本案ニ反對致シマス、今福井君カラ威嚇サレマシタニ付テハ一言此處ニ言ハナケレバナリマセヌ、唯反對ダト云フダケ言ウテ置カウト思ヒマシタガ、福井君ガ吾々ヲ嚇シタモノデスカラ已ムヲ得ズ一言致シマス、此案ハ趣意ニ於テ吾々モ絕對ニ反對ト云フ意デハアリマセヌガ、是ハ必要ハナイ、ト云フモノハ韓國ニ於ケル鐵道ハ此横貫鐵道以外ニ本員等ノ見ル所ニ於テハ尚大ナル必要ヲ感ジテ居ル線路ガアルト考ヘテ居リマス、ソレハ元山ノ方面ヨリ間島ヲ通ジテ長春ノ方面ニ出ルトコロノ線路ノ如キハ、是ハ韓國開發ノ上ニ於テ又國防上ノ關係カラ云ヒマシテモ、大ニ此事ヲ攻究ヲ要スル問題デアルト思フノデアリマス、今輕卒ニ多大ナル經費ヲ投ジテ横貫鐵道ヲ敷設スルト云フガ如キコトハ先以テ間島問題ノ解決ヲ致シテ、此間島方面ニ於ケル鐵道ノ計畫ガ如何ニナルカト云フコトガ極ッタ後ニ於テ決シテ遲カラヌ問題ト思フノデアリマス、此意味ニ於キマシテ必シモ此横貫鐵道ニ反對スルト云フコトデハナイカマダチト早イ、斯ノ如キコトハ今決スベキ問題デハナイ、間島問題ノ極ッタ後ニ於テ之ヲ決シテ遲カラヌト云フ趣意ヲ以テ反對致シマス

○宮古啓三郎君　私ハ此案ノ通過サレルコトヲ望ミマス、ソレハ本院ニ於テ既ニ請願ガ出テ居リマスノヲ採決スルコトニ決シテ居リマス、是ハ諸君モ御承知デゴザイマセウ、ヤハリ韓國縱貫鐵道敷設ニ關スル請願ト云フモノガ出テ、請願委員會ニ於テ是ハ滿場一致デ可決シテサウシテ院議ニ附シテ院議デハソレヲ採擇スルコト、決シテ居ルノデアリマス、其趣旨ニ於テ本案ハ何等異ナル所ハナクシテ、而シテ韓國ノ横貫鐵道ト云フモノハ最モ必要ナルモノト吾々ハ考ヘマスカラ、之ヲ可決セラレンコトヲ望ミマス

○議長（長谷場純孝君）　採決致シマス、即チ是ハ所謂否決ノ説ガ出テ居リマスカラ可否ニ付テノ採決ヲ致シマス、本建議案ニ同意ノ諸君ノ起立ヲ請ヒマス

起立者　少數

○議長（長谷場純孝君）　少數――本案ハ否決ニナリマシタ――日程第十六、奥羽南部横斷鐵道敷設ニ關スル建議案ヲ議題ト致シマス、委員長丸山孝一郎君

明治四十二年三月二十四日　　議長ノ報告

衆議院議員塚田啓太郎君提出在本邦清韓留學生待遇ニ關スル質問ニ對シ別紙答辯書差進候也

明治四十二年三月二十三日　　內閣總理大臣侯爵桂太郎

衆議院議長長谷場純孝殿

（別紙）

衆議院議員塚田啓太郎君提出在本邦清韓留學生待遇ニ關スル質問ニ對スル答辯書

一在本邦清韓留學生待遇ニ關スル政府ノ意見ハ質問提出者ノ意見ト敢テ異ナルトコロナシ

一政府ハ在本邦清韓留學生ヲ教育スル公私立學校職員及生徒ニ對シテハ相當ノ監督ヲ爲シ其寄宿舍旅館等ニ關シテモ必要ナル程度ニ於テ取締ヲ爲シ居レリ

右及答辯候也

明治四十二年三月二十三日

外務大臣伯爵小村壽太郎

文部大臣　小松原英太郎

第四十八　（特別報告第百二十八號）清津敦賀直通航路開始ノ請願　（委員長報告）

○立川雲平君　本請願ハ韓國咸鏡道清津港吉川町士族商吉川佐太郎外六名ノ提出ニ係ルモノ、請願ノ趣旨ハ韓國清津ト本島ノ敦賀トノ間ノ直通航路ヲ開カナケレバナラヌ、是ハ交通ノ上ノミナラズ國勢發展上ニ於テ多大ノ利益ガアルタメニ速ニ該航路ノ開始ヲ命ゼラレタイ、斯ウ云フ趣旨デアルカラ採擇スルコトニ決シマシタ、相當ノ補助ヲ與ヘラレタイト云フコトデアリマス

（「異議ナシ異議ナシ」ト呼フ者アリ）

○議長（長谷場純孝君）　御異議ガナイト認メマスカラ、採擇スルコトニ決シマス、日程第四十九、特別報告第百二十九號、電話所設置ノ請願――委員長報告

第一　明治三十九年度歳入歳出總決算及特別會計歳入歳出決算

第二　臨時軍事費歳入歳出決算

（小川平吉君登壇）

○小川平吉君　御報告ヲ致シマス、決算委員會ハ前後十回總會ヲ開キマシテ、分科ニ別チマシテ、第一分科陸海軍ニ於テハ四回、第二分科司法、大藏ニ於テハ三回、第三分科遞信、内務ノ方ニ於テハ二回、第四分科農商務、外務、文部ノ部ニ於テハ二回是ダケ會議ヲ開キマシテ議決ヲ致シマシタ、會議中ニ研究ヲ要スベキ問題ガ二ツ起リマシテ、特別調査委員九名ヲ舉ゲテ調査ヲ致シマシタ、其一問題ハ北海道廳室蘭支廳ノ土地拂下ニ關スル問題ト及戰時中占領地ニ於テ徴收シタル收入金ニ關スル一問題デアリマス、此問題ニ付テハ後ニ尙御報告ヲ致シマス、ソレデ審査ノ結果ヲ是ヨリ御報告ヲ致シマス、審査ノ結果ハ明治三十九年度歳入歳出總決算ノ中、歳入ニ於キマシテハ租税ノ徴收不足ニ關スルモノ四件、低價ニ土地ヲ拂下ゲ國庫ニ損失ヲ來シタルモノ八件、公益事業ヲ名トシ隨意契約ニ依リ特賣ノ目的ニ使用セザル物件ノ賣却ヲ爲シタルモノ十二件、公益事業ヲ名トシ、隨意契約ニ依リ物件ノ賣却ヲ爲シタルモノ五件、競争入札ニ附スベキ物件ノ賣却ヲ隨意契約ニ依リタルモノ五件、歳出ニ於キマシテハ未竣功若クハ設計違背ノ工事ニ對シ、請負金額ノ全部ヲ仕拂ヒタルモノ一件、虛構ノ事實ニ對シ支出ヲ爲シタルモノ十件、豫算目的外ノ支出ヲ爲シタルモノ七件、競争入札ニ附スベキ物件ノ購買ヲ競争入札ニ依ラズシテ隨意契約ニ依リタルモノ四件、翌年度ノ經費ニ充テンガ爲メ事實ヲ作爲シ支出ヲ爲シタルモノ一件、ソレカラ正當債主ニアラザルモノニ對シ仕拂ヲナシタルモノ一件、傭入ヲ爲サヾル外國人給與ノ豫算ヲ要求シ殘餘トシテ資金ニ編入セシモノ一件、臨時事件費ヲ以テ通信事業ノ擴張ニ伴フ經費ヲ支辨シタルモノ一件、ソレカラ官有物ニ於キマシテハ貸付未開地ニシテ事業成功セザルモノヲ成功セリトシテ付與シタルモノ一件、建物ヲ交換シタルモノ一件、價格不同ノ土地ヲ交換シ家屋ヲ得有シタルモノ一件、是ダケアリマス、明治三十九年度各特別會計歳入歳出決算ニ於テハ歳入ニ於テ調査價格宜シキヲ得ズ低價ヲ以テ土地ノ賣却ヲナシタルモノ一件、臨時軍事費歳入歳出決算ニ於テ歳出ニ於テ豫算目的外ノ支出ヲナシタルモノ六件、工事ノ實施ニ當リ確實ナル仕譯書ノ調製ヲ缺キ且材料價格ノ算定其當ヲ得ザルモノ一件、粗惡ノ工事ニ對シテ請負金額ヲ支出シタルモノ一件、工事ノ施行適當ナラズシテ工費ヲ無用ニ歸セシメタルモノ二件、ソレカラ不適當ナル家屋ヲ買收シ國庫ノ不利ヲ來シタルモノ一件、ソレカラ會計ノ監督宜シキヲ得ズ巨額ノ官金ヲ竊取セラレ國庫ニ損失ヲ生ゼシメタルモノ一件、ソレカラ虛僞ノ事實ニ對シ支出ヲナシタルモノ三十一件、其他不當ナルモノ三件、ソレカラ既往年度ノ檢査未確定ニ屬セルモノデアッテ此度檢査確定ノモノニ於テ虛僞ノ事實ニ對シテ仕拂ノ契約ヲナシタルモノ二件、是ダケ題目ヲ舉ゲマスルトアリマスルノデ、此三十九年度ノ決算ニ於テ夥シキ不當ノ歳入歳出ガアルノデアリマス、非常ニ數ガ多イノデアリマスカラ出來得ルダケ此報告ハ省略シテ成ルベク簡單ニ摘ヘテアリマスル、詳シイコトハ會計檢査院ノ檢査報告書ニ書イテゴザリマスルカラ若シ此私ヨリ陳述スル報告ニシテ足リマセヌトコロハ檢査院ノ報告書ニ就テ御覽下サイ、又一面ニ於テ政府ノ辯明書ヲ御覽下サルト詳細ナルコトガ御分リニナルノデアリマス、報告ハ成ルベク簡單ニ申上ゲマス、明治三十九年度歳入歳出總決算、歳入ノ中歳入經常部第一款租税第二項所得税ノ中第一新大橋税務署ニ於テ徴收不足ニ屬スルモノガ一万九十圓五十一錢、是ハ京釜鐵道買收法第十一條ニ依リマシテ京釜鐵道株式會社ニ仕拂ヒタル交付金五十万四千五百二十五圓四十七錢九厘ニ對スル所得税ヲ徴收セザルニ因ルノデアリマシテ、右ノ交付金ハ其性質國債ノ利子ニ屬スルノデアリマスカラ當然第二種ノ所得税ヲ賦課スベキモノデアルニ之ヲ賦課セザリシハ不當デアルト云フノデアリマス、第二横濱税務署ニ於テ徴收不足ニ屬スルモノ二百二十一圓七十一錢、是ハ株式會社横濱蠶絲外四品取引所ノ所得額ヲ決定スルニ當リ決算期ニ於テ社員ニ給セシ手當金三千五百四十六圓八十五錢ヲ損金ニ計算シタルニ因ルモノデアリマシテ、右ノ手當金ハ俸給給料ノ如ク損益ノ有無ニ拘ラズ會社ノ義務トシテ支給スルモノニアラザルヲ以テ、利益ノ處分ニ屬シ之ヲ損金ニ計算スベキモノデナイ、然ルニ之ヲ損金ニ計算シタノハ不當デアルト云フノデアリマス、第三ハ松戸税務署ニ於テ徴收不足ニ屬スルモノ六十二圓五十錢、是ハ利根運河株式會社ノ所得額ヲ決定スルニ當リ事務員賞與金千圓ヲ損金トシテ計算セルニ依ルモノデアリマシテ、右ノ賞與金ノ如キハ會社ニ於テ任意支給スルモノデ俸給給料ノ如ク會社ノ義務トシテ支給スルモノデナイカラ利益ノ處分ニ屬シ、之ヲ損金ニ計算スベキモノデナイ、然ルニ之ヲ損金トシテ計算シタノハ不當デアルト云フノデアリマス、第二項營業税ノ部ニ於テ第四ノ小倉税務署ニ於テ徴收不足ニ屬スルモノ八千七百三十三圓七十三錢、是ハ九州鐵道株式會社ノ收入金ヲ算定スルニ當リ車輛貸上料金三十四万九千三百四十九圓三十錢ヲ算入セザルニ依ッテ生ジタルモノデアリマシテ、右ノ料金ハ營業上ノ收入金ニ外ナラザルモノデアリマスカラ、之ヲ課税標準ニ算入スベキモノデアル、然ルニ之ヲ課税標準ニ算入セザルハ不當デアルト云フノデアリマス、次ハ第三款官業及官有財產收入ニ付キマシテ第二項森林收入ノ中第六是ガ卽チ問題ニナリマシタノデアリマシテ、特別調查委員ノ調查ニ附サレタノデアリマス、此分ハ便宜上他ノ占領地ノ徴收金ノ問題ト共ニ特別委員會ニ於テ調查シタ分デアリマスカラ是ハ後ニ讓ッテ御報告申上ゲルコトニ致シマシテ、此處ニハ略シマス、次ニハ第七北海道廳室蘭支廳ノ徴收ニ係ル二十一圓六錢一厘、是ハ同國同郡西村輪西原野四万二千百二十二坪ノ拂下代デアッテ、北海道國有未開地處分法第十八條ヲ適用シ栗林某ニ拂下ゲタモノデアリマス、其拂下ハ法律規則ニハ違背シテ居リマセヌケレドモ其賣買ノ價格ガ甚ダ低廉ニ失シテ不當デアルト云フノデアリマス、第八同支廳ノ徴收ニ依ル五百三十三圓六十錢二厘、是ハ同國勇拂郡苫小牧村大字苫小牧原野五十三万三千六百二坪ノ拂下デアッテ、北海道國有未開地處分法第十八條ヲ適用シ王子製紙株式會社ニ拂下ゲタモノデアリマスガ、其價格ガ甚シキ低價ニ失シテ國庫ニ尠カラザル損失ヲ來シタノハ不當ナリト云フノデアリマス、第九同廳ノ徴收ニ係ル四圓十五錢四厘、是ハ同國幌別郡幌別村「ライバ」原野八千三百八坪ノ拂下代デアッテ、北海道國有未開地處分法第十六條ヲ適用シ三井物產合名會社ニ拂下ゲタノデアリマスガ、其價格ガ低廉ニ失シテ國庫ニ損失ヲ與ヘタノハ不當ト認メルト云フノデアリマス、第十北海道廳上川支廳ノ徴收ニ係ル四千三十三圓九十六錢六厘、是ハ石狩國空知郡下富良野村シーソラチ官林蝦夷松外二種千九百四本ノ拂下代デ、橋本組熊谷某ニ公益事業ノ爲メ必要ナリトノ事由ヲ以テ特賣シ、次ハ同支廳ノ徴收ニ係ル二千九百八十二圓九十一錢六厘、是ハ同國上川郡美瑛村「ウバクベツ」官林蝦夷松外一種立木二千二百本ノ拂下代デアリマシテ、小樽木材株式會社ニ對シ公益事業ノ爲メ必要ナリトノ事由ヲ以テ特賣シ、同支廳ノ徴收ニ係ル二千六百十八圓九十八錢七厘、是ハ同國空知郡下富良野村シーソラチ官林椴松外一種立木千三百九十二本ノ拂下代デアッテ伊藤某ニ對シ公益事業ノタメ必要ナリトノ事由ヲ以テ特賣シ、同支廳ノ徴收ニ係ル八百五十四圓四十七錢六厘ハ、同國上川郡比布村比布官林蝦夷松外三種立木七百七十本ノ拂下代デアリマシテ、中谷某ニ對シ公益事業ノタメ必要ナリトノ事由ヲ以テ特賣シ、同支廳ノ徴收ニ係ル六百十一圓六十二錢八厘ハ、天鹽國上川郡劍淵村劍淵官林栓外一種立木二百九十六本同村パンケヌカナンプ官林槲外一種立木四百二十二本ノ拂下代デアリマシテ、酒井某ニ對シ公益事業ノタメ必要ナリトノ事由ヲ以テ特賣シ、次ハ北海道廳室蘭支廳ノ徴收ニ係ル七千五百六十七圓八十三錢七厘ハ、膽振國虻田郡辨邊村辨邊官林外三箇所栓桂等ノ立木及燒枯損木七千五百三十七本ノ拂下代デアリマシテ、三井物産合名會社ニ對シ公益事業ノタメ必要ナリトノ事由ヲ以テ特賣シ、同支廳ノ徴收ニ係ル四千二圓八十二錢六厘ハ、同國同郡與狩村喜茂別官林蝦夷松外二種立木二千九百七十八本ノ拂下ゲデアッテ、天鹽材木株式會社ニ對シ公益事業ノタメ必要ナリトノ事由ヲ以テ特賣シ、次ハ同支廳ノ徴收ニ係ル六百六十八圓七錢五厘ハ、同國有珠郡壯瞥村長流官林蝦夷松立木二百九十八本ノ拂下代デアリマシテ、小樽材木株式會社ニ對シ公益事業ノタメ必要ナリトノ事由ヲ以テ特賣シ、次ハ北海道廳岩內支廳ノ徴收ニ係ル千四百五十五圓二十八錢八厘ハ、膽振國虻田郡倶知安村倶知安官林槲外三種立木及枯損木千四百八十本ノ拂下代デアリマシテ、天鹽材木株式會社ニ對シ公益事業ノタメ必要ナリトノ事由ヲ以テ特賣シタモノデアル、右ハ孰レモ明治三十年勅令第二十一號ヲ適用シ、公益事業ノタメ必要ナリトノ事由ヲ以テ隨意契約ニ依リ特賣シタルモノデアルケレドモ、要スルニ公益事業ヲ名トシテ隨意契約ニ依リ特賣ノ目的ニ使用セザル物件ヲ隨意契約ヲ以テ拂下ヲ爲シタモノデアルカラ不當デアル、次ハ第十一北海道廳上川支廳ノ徴收ニ係ル八千二百三十六圓四十錢是ハ石狩國空知郡上富良野村エホロカアルベツ官林椴松外三種立木二千六百二十三本、同郡下富良野村シーソラチ官林蝦夷松外二種立木三千百三十四本、天鹽國上川郡名寄村名寄官林蝦夷松立木及燒損木千二百五十六本ノ拂下代、北海道廳室蘭支廳ノ徴收ニ係ル千八百三十七圓九十五錢七厘ハ膽振國白老郡敷生村敷生官林桂外五種立木及枯損木千六百二十八本、同村ネップ官林桂外三種立木三百十二本、同國幌別郡幌別村幌別官林桂外四種立木及枯損木五百二十二本拂下代、北海道廳增毛支廳ノ徴收ニ係ル四千六百四圓六十三錢九厘、是ハ同支廳管內官林蝦夷松外一種立木三万五百二十三尺〆餘ノ拂下代、右ハ孰レモ三井物産合名會社ニ對シ公益事業ノタメ必要ナリトノ事由ヲ以テ特賣シタモノデアリマスガ、要スルニ公益事業ヲ名前トシテ隨意契約ニ依ッテ特賣ノ目的ニ使用セザル物件ノ拂下ヲ爲シタルモノデ、不當デアルト云フノデアリマス、第十二北海道廳上川支廳ノ徴收ニ係ル千三百六十二圓六錢二厘、是ハ石狩國上川郡東川村「ノカナン」官林蝦夷松立木百七十本、同村忠別官林蝦夷松立木二百二十三本、同國空知郡上富良野村エホロカアルベツ官林蝦夷松外一種立木三百六十七本ノ拂下代、又同支廳ノ徴收ニ係ル四百十四圓四十八錢五厘、是ハ天鹽國中川郡下名寄村智惠文官林蝦夷松立木百八十二本ノ拂下代、又北海道廳壽都支廳ノ徴收ニ係ル四百五十九圓七十錢七厘ハ、後志國磯谷郡南尻別村蘭越內官林椴松外三種立木三百六十四本ノ拂下代、北海道廳室蘭支廳ノ徴收ニ係ル九百六十一圓十七錢九厘ハ、膽振國白老郡敷生村敷生官林桂外三種立木八百七十六本ノ拂下代、同支廳ノ徴收ニ係ル六百一圓五十六錢七厘ハ、同國有珠郡壯瞥村壯瞥官林桂外二種立木百五十二本ノ拂下代、右ハ孰レモ明治三十年勅令第二十一號ヲ適用シ、公益事業ノタメ必要ナリトノ事由ヲ以テ隨意契約ニ依ッテ特賣シタルモノデアルケレドモ、該勅令ノ規定タル事業直接ノ起業者ニ限リ適用スベキモノニシテ、營利ヲ目的トスル請負業者ニ拂下グルガ如キ間接ノ場合ヲ包含シテ居ッタ、加之特定ノ目的ニ使用ノタメ拂下ヲ爲ス場合ニ於テハ其所要數量ノ當否ヲ調査シ以テ過剩ナキヲ期セザルベカラザルニ、之ガ調査ヲ爲サズ若クハ所要數量ニ超過セル拂下ヲナシタルモノデ不當デアルト云フノデアル、第十三北海道廳壽都支廳ノ徴收ニ係ル千七百五十圓三錢六厘ハ、後志國磯谷郡南尻別村蘭越內官林槲外二種立木三百二十四本、同國歌棄郡熱郛村熱郛官林槲外二種立木三百四十一本、同國壽都郡黑松內村朱太川官林楢外二種立木三百九十本ノ拂下代、同支廳ノ徴收ニ係ル九百三十二圓二十六錢二厘是ハ同國磯谷郡南尻別村目名官林槲松外一種立木九百三十四本ノ拂下代、北海道廳室蘭支廳ノ徴收ニ係ル千六百二圓八十五錢ハ、膽振國有珠郡壯瞥村長流官林蝦夷松外一種立木千四百六十四本ノ拂下代、同支廳ノ徴收ニ係ル八百五十二圓五十七錢ハ、同國虻田郡辨邊村辨邊官林栓外二種立木千三十七本ノ拂下代、北海道廳上川支廳ノ徴收ニ係ル九百七十一圓六十九錢三厘ハ、天鹽國上川郡劍淵村劍淵官林栓外三種立木百六十四本、同村マタルシユケヌプチ官林槲外四種立木百十六本、同村和寒官林槲外四種立木二百九十四本、石狩國上川郡美瑛村美瑛官林栓立木二百九十本ノ拂下代、右ハ孰レモ明治三十年勅令第二十一號ヲ適用シ公益事業ノタメ必要ナリトノ事由ヲ以テ隨意契約ニ依ッテ特賣シタルモノデアルケレドモ、該勅令ノ規定タル前申シマシタル如ク事業直接ノ起業者ニ限リ適用スベキモノニシテ、營利ヲ目的トスル請負業者ニ對シ拂下グルガ如キ間接ノ場合ヲ包含シナイ、因テ不當デアルト云フノデアリマス、第十四北海道廳岩內支廳ノ徴收ニ係ル二千三百九十九圓二錢九厘、是ハ膽振國虻田郡倶知安村倶知安官林栓外五種立木二千四十六本ノ拂下代、北海道廳札幌支廳ノ徴收ニ係ル千六百八圓八十四錢六厘ハ、同國千歲郡千歲村ケヌッチ官林桂外五種立木千八百七十五本ノ拂下代、同支廳ノ徴收ニ係ル千百六十四圓九十二錢一厘ハ、同官林楢立木九百五十五本ノ拂下代、北海道廳上川支廳ノ徴收ニ係ル九百四十八圓九十七錢六厘ハ、天鹽國中川郡名寄村智惠文官林蝦夷松立木百六十六本ノ拂下代、北海道廳空知支廳ノ徴收ニ係ル四百六十八圓九錢六厘ハ、石狩國夕張郡由仁村安手官林栓立木百六十三本ノ拂下代、右ハ孰レモ競爭入札ニ附スベキモノデアルニ、殊更ニ之ヲ分割シ隨意契約ニ依リタルモノデアッテ、會計法第二十四條ニ違背シタル不當ナモノデアリマス――歲入經常部ハ是デ終リマシタ――次ハ歲入臨時部第一款官有物拂下代ノ內、第二項地所拂下代ノ內、第十六北海道廳札幌支廳ノ徴收ニ係ル四千五百三十六圓、是ハ明治三十九年五月北海道札幌區ニ對シ、同區北三條東一丁目官有市街宅地三千六百坪ノ內三千二百四十坪ヲ拂下ゲタル代價デアッテ、三百六十坪ハ無償讓與ヲナシタルモノデアッテ、之ニ對シ北海道廳長官ハ前者ハ官有地特別處分規則第一條ヲ適用シ、隨意契約ヲ以テ之ヲ拂下ゲ、後者ハ官有財産管理規則第十二條ヲ適用シ、之ガ讓與ヲ許可シタト云フノデアリマス、右ハ法規ニ違背シ無償ヲ以テ土地ヲ讓與シ、且甚シキ低價ヲ以テ土地ヲ拂下ゲ、國庫ニ多大ノ損失ヲ來タシタルモノデ不當ナリトス、第十七北海道廳札幌支廳ノ徴收ニ係ル百十四圓二十錢是ハ北海道札幌區北七條西七丁目所在原野四筆、此坪數千四坪荒蕪地四筆、此坪數九十二坪ノ拂下代デアッテ、此代價ハ一坪原野ハ十錢、荒蕪地ハ十五錢ニ當リ二十九年中同人ニ拂下ゲタル代價ニシテ甚シク低廉デアッテ適當ノ價格ト認ムルコトヲ得ナイ、因テ不當デアルト云フノデアリマス、第十八北海道廳室蘭支廳ノ徴收ニ係ル百十一圓四十錢、是ハ北海道室蘭廳ニ點在セル官有地十二筆、此坪數四百十二坪ノ拂下代ニシテ、明治三十九年八月ヨリ四十年二月ニ至ル間ニ於テ官有地特別處分規則第一條ニ依リ秋場某外十名ニ拂下ゲタルモノデアルガ、其拂下代價ガ甚シク低廉ニシテ不當ナリト云フノデアリマス、第十九北海道空知支廳ノ徴收ニ係ル四十五圓二錢四厘、是ハ石狩國空知郡歌志内村ピラシノケオマナイ原野四万五千二十四坪ノ拂下代ニシテ、北海道國有未開地處分法第十八條ヲ適用シ、鑛業用地ノ目的ヲ以テ明治三十九年五月北海道炭礦鐵道株式會社ニ拂下ゲタル代金デアリマス、右代金ハヤハリ甚シク低廉ニ失スル代金ヲ以テ拂下ゲタカラ、不當デアルト云フノデアリマス、歳入ハ是デ了リマシタ、頗ル長クナリマスガ、非常ニ此三十九年度ニ於テ不當ノ歳入ガ多イト云フコトデアリマス、私ノ報告ハ前年度ノ報告ヨリモ殆ド六分ノ一乃至十分ノ一ニ略シテアルノデアリマスケレドモ、而モ尚斯ノ如ク多イノデアリマスカラ其積リデ御聽ヲ願ヒマス、內務省所管歳出臨時部第三款營繕費、第二項新營費、第一大阪府ノ支出ニ係ル二万九千七十四圓二十一錢七厘、是ハ大阪爆發物倉庫二十棟及周圍木柵延長四百九十間ノ新設工事費ニシテ、佐藤某外一名ノ請負ニ係リ、明治四十年三月竣工セルモノトシテ工費ヲ仕拂ヲ致シマシタノデアリマスガ、然ルニ同年六月之ヲ檢査シタルニ未タ竣工セズ、若クハ設計ニ違ヒタルニモ拘ラズ、既ニ設計通リ竣工シタルモノトシテ、請負金額ノ全部ヲ仕拂ヒマシタノハ不當デアルト云フノデアリマス、大藏省所管歳出經常部第三款恩賞諸祿、第一項賞勳年金、第一東京府ノ支出ニ係ル五百圓、是ハ陸軍三等主計正大野某ニ對スル年金トシテ證明シタルモノデアル、然ルニ同人ニ對スル年金ハ明治四十年一月中既ニ仕拂濟ノモノデアルニ拘ラズ、再ヒ其交付ヲ請求シ、之ヲ詐取シタモノデアル、因テ之ガ不當ノ支出デアルト云フノデアリマス、次ハ陸軍省所管歳出經常部、第二款軍事費、第一項俸給及諸給、第一第九師團經理部ノ支出ニ係ル四十七圓二十一錢、是ハ步兵第七聯隊第一大隊第三中隊出納官吏陸軍步兵曹長米原某ガ明治三十九年五月ヨリ同年七月ニ至ル間ニ於テ、下士卒給料仕拂證書ニ虛僞ノ記載ヲ爲シタル受領者ノ印影ヲ盜用シテ、之ヲ詐取シタルモノデアル、次ノ臺灣陸軍經理部ノ支出ニ係ル四十一圓四錢、是ハ臺灣守備步兵第三大隊第一中隊出納官吏陸軍步兵曹長森某ガ、三十九年十一月ヨリ四十年三月ニ至ル間ニ於テ下士卒中轉隊逃亡處罰等ノタメ給料額ニ異動ヲ生ジタルニ拘ラズ異動ナキモノト粧ヒテ、虛僞證書ヲ作リテ詐取シタルモノデアル、此二項ハ何レモ虛構ノ事實ニ對シ仕拂ヲ爲シタルモノニシテ、不當ノ支出デアル、歳出臨時部第四款、營繕及初度調辨費、第一項臺灣兵營廳舍營繕及初度調辨費、第二臺灣經理部ノ支出ニ係ル二万三百十七圓六十五錢、是ハ基隆要塞司令官臺北將官宿舍建築及設備ニ用ヒシ費用デアル、然ルニ本項ノ豫算ハ臺灣ニ於ケル步兵六箇大隊、砲兵一箇大隊及臺中衞戍病院ノ新營費ヲ見積リタルモノデアッテ、宿舍建築ノ費用ヲ包含シタモノデハナイ、因テ豫算ノ目的外ニ屬シタルモノニシテ、會計法第十二條ニ違背シタル不法ノ支出デアリマス、第九款淸國事件費第一項、淸國事件費ノ中第四陸軍會計監督部ノ支出ニ係ル十二圓二錢七厘、是ハ淸國駐屯軍病院附陸軍一等計手國友某ガ明治三十九年五月及九月ニ於テ用達商狀城某ヲシテ物品ヲ修理セシムルニ際シ、其代金ヲ附加シ、若クハ購入セザル物品ヲ購入シタルガ如ク粧ヒ、虛僞ノ證書ヲ作成シテ詐取シタルモノデアッテ、不當ノ支出デアリマス、第十款臨時事件費第一項、臨時事件費ノ中第五陸軍會計監督部ノ支出ニ係ル千百九十圓、右ハ明治三十九年八月近衞步兵第二聯隊ニ於テ東京市山根某外二名ヨリ購入セル金櫃行李及公用行李ノ代金デアル、同部ノ支出ニ係ル三千二百五十四圓七十錢ハ同年六月中第二師團經理部ニ於テ競爭入札ノ方法ニ依ラズ、仙臺市齋藤某外二名ヨリ隨意契約ニ依リ分割購入シタル同物品ノ代價ヲ、會計法第二十四條ニ違背シタルモノデアル、第六陸軍會計監督部ノ支出ニ係ル三千二百六十圓九十五錢、是ハ明治三十九年九月中第八師團經理部ニ於テ競爭入札ノ方法ニ依ラズシテ、東京府ノ西村某ト隨意契約ヲ爲シ購入シタル金櫃行李及公用行李ノ代價ニシテ、會計法第二十四條ニ違背シタルモノデアリマス、第七陸軍會計監督部ノ支出ニ係ル八千十四圓五十六錢、是ハ明治三十九年九月中第十二師團經理部ニ於テ競爭入札ノ方法ニ依ラズシテ隨意契約ヲ以テ購入シタル馬匹手入具ノ代價ニシテ會計法第二十四條ニ違背シタルモノデアル、第八陸軍會計監督部ノ支出ニ係ル三百八十五圓四十九錢、是ハ臨時鐵道大隊器具材料手入及運搬等ノ人夫賃ニシテ、鐵道大隊習志野派遣隊傭員齋藤某ガ、三十九年十二月ヨリ四十年十月ニ至ル間ニ於テ實際使役セザル傭夫ヲ使役シタルモノ、如ク粧ヒ、證明書ヲ僞造シ而シテ使役以外ノ員數ヲ附加シテ數回ニ賃金ヲ詐取シタルモノデアル、第十三師團經理部ノ支出ニ係ル、百二十七圓四十錢、是ハ步兵第五十聯隊韓國甲山守備隊長陸軍步兵大尉石黑某ガ臨時傭人楠某等ト共謀シ、甲山郡書記韓某ヲシテ輸送用駄馬賃金ノ代價ヲ增額シテ請求セシメ、駄馬總數千二百七十四頭ニ對スル賃金ノ差額ヲ詐取シタモノデアリマス、樺太守備隊經理部ノ支出ニ係ル五十八圓七十八錢、之ハ樺太守備隊附陸軍砲兵二等蹄鐵工長田口某ガ商人上村某ト共謀シ蹄鐵材料購入ニ際シテ其納附數量ヲ僞リ、若クハ購入セザル物品ヲ購入シタル如ク裝ヒ、虛僞ノ證書ヲ作成シテ之ガ代金ヲ詐取シタモノデアル、右ハ何レモ虛構ノ事實ニ對シ仕拂ヲ爲シタル不當ノ支出デアリマス

○高柳覺太郞君　委員長ニ御相談デスガ、之ヲ全部御報告ニナリマスヤウデアリマスガ、如何デセウ、是ハ報告書デ詳細分ッテ居リマスカラ、此報告書ノ決定シマシタ理由ダケヲ大體總括シテ御述ベニナッタラソレデ宜カラウト思ヒマスカラ、便宜上サウ云フコトニ願ヒタイ

明治四十二年三月二十五日　議長ノ報告

衆議院議員大竹貫一君提出韓國統監政治ニ關スル質問ニ對シ別紙答辯書差進候也

明治四十二年三月二十四日
内閣總理大臣侯爵桂太郎

衆議院議長長谷場純孝殿

（別紙）

衆議院議員大竹貫一君提出韓國統監政治ニ關スル質問ニ對スル答辯書

第一　帝國政府ノ韓國保護方針ハ日韓兩國現在ノ關係ヲ形成セル各種ノ協約ヲ誠實ニ實施スルニ在リ就中明治三十七年二月二十三日調印ノ日韓議定書同三十八年十一月十七日調印ノ日韓協約同四十年七月二十四日調印ノ日韓協約ハ其ノ最モ重要ナルモノナリ統監府ハ右協約ヲ基礎トシ帝國政府ノ對韓方針ニ隨ヒ保護ノ實ヲ擧ケンコトヲ期ス

第二　帝國政府ハ韓國ノ地方行政不統一ニ陷リタルモノト認メス曩ニ收税制度及司法制度ヲ改革シテ地方行政官ノ職務ヨリ司法及徵税事務ヲ分離シ別ニ相當ノ機關ヲ設ケ之ヲ取扱ハシムルコトト爲シタル結果ハ從來韓國地方行政ノ宿弊タリシ貪官誅求公金未納等ヲ根絶スルコトヲ得タリ

第三　帝國政府ハ韓國政府ノ發スル法令ハ孰レモ韓國現下ノ情勢ニ適シ韓國統治上必要ナルモノト認ム

第四　韓國ニ於ケル日本官吏ノ官紀ハ甚タ弛廢セリト云フハ事實ニアラス多數ノ官吏中ニハ時ニ或ハ一二ノ非行ナキニアラスト雖是ニ對シテハ直ニ嚴重ノ處分ヲ加ヘ毫モ假借スル所ナシ

第五　統監府ハ徒ニ言論ノ自由ヲ拘束セス新聞雜誌ノ論調日韓ノ好誼ヲ害シ施テ韓國ノ治安ヲ妨害スル場合ニ法令ノ規定ニ從ヒ相當ノ制裁ヲ加フル外新聞記者及通信員ヲ買收若クハ壓迫シ其他凡テノ言論ヲ拘束シテ韓國ノ輿想ヲ雍蔽シタルコト斷シテナシ

尙ホ理事官ハ決シテ猥リニ退韓命令ヲ發セス淸國及韓國在留帝國臣民取締法第一條ノ規定ニ該當スルモノアル場合ニ限リ適用スルノミ

右及答辯候也

明治四十二年三月二十四日
内閣總理大臣侯爵桂太郎

辯護士ノ職務竝判官評定官檢察官及辯護士ノ在職年限ニ關スル法律案（兩院協議會成案）

辯護士ノ職務竝判官評定官檢察官及辯護士ノ在職年限ニ關スル法律案

第一條　裁判所所屬辯護士ハ臺灣總督府法院ニ於テ、臺灣總督府法院所屬辯護士ハ裁判所ニ於テ各其ノ職務ヲ行フコトヲ得但シ臺灣總督府法院所屬辯護士ハ辯護士法ニ依リ辯護士タル資格ヲ有スルモノニ限ル

第二條　臺灣總督府法院所屬辯護士ニシテ辯護士法ニ依リ辯護士タル資格ヲ有スルモノノ在職年限ハ裁判所構成法第六十五條、第六十九條及第七十條ニ掲クル年限ニ之ヲ通算ス

第三條　臺灣總督府法院判官、臺灣總督府法院檢査官、統監府法務院評定官及統監府法務院檢察官ニシテ裁判所構成法ニ依リ判事檢事タル資格ヲ有スルモノノ在職年限ハ裁判所構成法第六十九條及第七十條ニ掲クル年限ニ之ヲ通算ス

（鳩山和夫君登壇）

○鳩山和夫君　此問題ニ付キマシテハ衆議院ノ議長ハ鳩山和夫、副議長ハ花井卓藏君、貴族院ノ議長ハ伯爵徳川達孝君、副議長ハ男爵波多野敬直君デアリマス、抽籤ニ依リマシテ衆議院ノ議長ガ議長トナリマシタ、要スルニ協議會ノ成案ハ貴族院修正通リデアリマス、是ダケガ報告デアリマス、序ニ發言ヲ求メマス、議長

○議長（長谷場純孝君）　鳩山和夫君

○鳩山和夫君　更ニ議長ノ發言ヲ得マシタカラ玆ニ動議ヲ提出致シマス、卽チ協議等ノ成案ニハ吾々ハ同意セズ、卽チ之ヲ否決スベシトノ動議ヲ提出致シマス

（「賛成々々」ノ聲起ル）

○議長（長谷場純孝君）　卽チ辯護士ノ職務竝判官評定官檢察官及辯護士ノ在職年限ニ關スル法律案ノ兩院協議會ノ成案ヲ議題ニ供シマス、而シテ此成案ニ對シテ鳩山和夫君ヨリ否決ノ動議ヲ提出サレマシタ、御異議アリマセヌカ

（「異議ナシ異議ナシ」ト呼フ者アリ）

○議長（長谷場純孝君）　御異議ガナイト認メマスカラ、貴族院決議ノ通リト云フ成案ニ對シテ反對、卽チ否決ト云フコトニ決定致シマス

○元田肇君　唯今藏原惟郭君ヲ懲罰委員ニ付スル動議ガ成立致シマシタ以上ハ、時刻モ切迫ノコトデアリマスカラ委員ハ直チニ開會スベキコト、思フノデアリマスガ、未ダ委員長ハ此席ニ在ッテマダ御開キニナリマセヌカラ此動議ハ極メテ明瞭ニ審査シナケレバナラヌト思ヒマスカラ、速ニ御開キニナルヤウニ希望致シマス

（「賛成々々」ノ聲起ル）

○議長（長谷場純孝君）　議長ハ再ビ宣告致シマシタ、卽チ議會ノ切迫ノ唯今ノ場合デアルカラ事議員ノ進退ニ關スル重大ナル問題デアルカラ、速ニ御開キニナッテ其調査ヲセラレンコトヲト云フコトヲ議場ニ向ッテ再ビ忠言ヲ與ヘテ置キマシタ

○江間俊一君　議長ノ御許シヲ得テ是ヨリ直チニ懲罰委員會ヲ開キタク考ヘマス

○議長（長谷場純孝君）　御異議ハアリマセヌカ

（「異議ナシ異議ナシ」ノ聲起ル）

○議長（長谷場純孝君）　御異議ガ無イト認メマスカラ、許可スルコトニ致シマス

○小川平吉君　本員ハ嚮ニ國務大臣ノ議院ニ對スル權限調査ニ關スル緊急動議ヲ提出シテ置キマシタガ、今日花井卓藏君ノ質問ニ對スル政府ノ答辯ニ依リマシテ國務大臣ハ他人ヲシテ其職務ヲ代理セシメ得ルト云フ點ハ之ヲ取消スト云フ答辯ガアリマシタ以上ハ、本員ガ嚮ニ提出致シマシタトコロノ國務大臣權限調査ニ關スル緊急動議ハ自然其必要ヲ認メザルニ至リマシタカラシテ、玆ニ該緊急動議ヲ撤回致シマス

○吉植庄一郎君　所得税法中改正法律案ノ委員會ノ結果ヲ御報告致シタイト思ヒマスカラ、日程變更ノ動議ヲ提出致シマス

○議長（長谷場純孝君）　今吉植庄一郎君カラ此場合ニ議事日程ヲ變更シテ、所得税法中改正案ノ委員長ノ報告ヲナシ、併セテ之ヲ議シタイト云フコトデアリマスガ、日程變更ニ御異議ハアリマセヌカ

（「異議ナシ異議ナシ」ノ聲起ル）

○議長（長谷場純孝君）　御異議ガナイト認メマスカラ日程ハ變更サレマシタ、委員長吉植庄一郎君

○內閣總理大臣(侯爵桂太郎君)　諸君、本大臣ハ茲ニ政府所見ノ概要ヲ陳述スルノ機會ヲ得マシタルヲ光榮ト存ジマス、諸君、締盟列國トノ交誼ハ益〻親善ヲ加ヘ、特ニ日英同盟ノ基礎ハ、年ヲ追フテ益〻鞏固ナルヲ致シ、又昨年露國ト更ニ協商ヲ重ネマシテ、從來ノ協約ノ基礎ヲ一層確實ニスルヲ得タ次第デゴザイマス、其他各國トノ協約等ニ付キマシテモ、孰レモ漸次其效果ヲ收メマシテ、爲ニ東洋ノ平和ヲ增進シ、帝國ノ安全ヲ保障スルニ於テ、何等遺憾ナキヲ得マスルノハ、實ニ國家ノ幸福ト言ハナケレバナラヌノデゴザイマス、諸君、列國トノ條約改正ニ關スル交渉モ、漸次其歩武ヲ進メテ居リマス、本大臣等ハ諸君ト共ニ速ニ其目的ヲ達シ、其期ニ到リマシテ、圓滿ナル實施ヲ見ンコトヲ切望シテ已マヌ次第デゴザイマス、韓國ニ對シマシテハ、帝國ハ常ニ其最善ヲ盡シマシタガ、從來ノ政策遂行ノ結果ハ、未ダ以テ完全ニ帝國ノ所期ニ副ヒマセヌ、又同國開發ノ目的ヲ達スル所以デモゴザイマセヌカラ、昨年八月ニナリマシテ、終ニ同國ヲ永遠ニ帝國ニ併合セラルヽコト、相成リマシタノデゴザイマス、爾後朝鮮ノ情勢ハ、平靜デアリマシテ、庶民共堵ニ安ンジ居リマスルナレドモ、尙今後一層其施設經營ヲ完ウシ、同地方ノ發達同化ヲ圖リマシテ、以テ十分ニ併合ノ效果ヲ收メタイト存ジテ居リマス、諸君、本大臣ハ就職以來財政經濟ノ整理ヲ計畫致シ、諸君ノ御贊同ヲ得テ其方針ヲ實行致シマシタガ、幸ニ致シマシテ今日ニ至リ、稍〻其效果ヲ實現致シマシテ、內外ニ對スル帝國財政ノ信用鞏固トナリ、經濟界モ亦漸次穩健ナル發達ヲ見ルニ至リマシタノハ、實ニ國家ノ幸デアルト存ジマス、政府ハ尙從來ノ方針ニ依リマシテ、益〻財政經濟ノ調和ヲ圖リ、國力ノ發展ヲ確實ナラシメンコトヲ希望シテ居ルノデゴザイマス、國防ノ充實ヲ期シマスルノハ、東洋ノ平和ト帝國ノ安全トヲ維持スルニ於キマシテ、已ムヲ得ナイコト、存ズルノデゴザイマス、故ニ政府ハ財政ノ許ス範圍ニ於テ、之ガ補充ノ計劃ヲ立テマシタ、又交通、殖產教育等國運ノ發展ニ必要ナル事業ニ付キマシテハ、ソレ〲既定ノ計畫ヲ遂行致シ、又新ニ計畫ヲ定メ、治水事業ニ付キマシテモ相當ナル企畫ヲ致シマシテ、何レモ來年度豫算案ニ其費額ヲ計上ヲ致シマシタ、尙其他各種計畫等ニ付キマシテハ、更ニ各大臣又ハ本大臣ヨリ、相當ノ時機ニ於キマシテ、其內容ノ詳細ヲ陳述致シマス、本大臣ハ諸君ガ時勢ノ須要ニ鑑ミ、政府ノ意ノアル所ヲ諒トセラレマシテ、提出致シマシタル各案ニ對シテ、協贊ヲ與ヘラレンコトヲ切望シテ止マヌノデゴザイマス

○高木正年君　議長、總理大臣ノ御演說ニ付テ承リタウゴザイマス

○議長(長谷場純孝君)　マダ……

○大藏大臣(侯爵桂太郎君)　是ヨリ財政ノコト、歲計豫算ニ付キマシテ、所見ヲ述ベヤウト考ヘルノデゴザイマス、諸君茲ニ明治四十四年度歲計豫算ヲ諸君ニ紹介ヲ致シマスルハ、本大臣ノ光榮ト致ストコロデゴザイマス、明治四十四年度總豫算ニ付キマシテハ、編成後ニ至リマシテ、治水事業ニ關シ、後段述ベマスルガ如キ、經費ノ成案ヲ得マシタルヲ以チマシテ、政府ハ之ガ實施ニ伴ヒ、豫算ヲ修正スルノ必要ヲ認メマシテ、既ニ之ガ修正案ヲ提出ヲ致シマシタ、今其修正ノ結果ニ依リマシテ、大要ヲ述ベマスルニ、明治四十四年度總豫算ニ計上スルトコロノ歲入ハ經常部ニ屬シマスルモノガ四億九千二百十二万八千圓、臨時部ニ屬スルモノガ五千九百八十九万四千五百三十九圓、合計五億五千二百二万二千五百三十九圓デアリマシテ、其歲出ハ經常部ニ屬スルモノ、四億七百十六万三千九百九十一圓、臨時部ニ屬スルモノガ一億四千四百八十六万八千五百四十八圓、合計五億五千二百三万二千五百三十九圓デアリマス、故ニ經常歲入ヲ以テ經常歲出ニ比較スレバ、八千四百九十七万四千九圓超過デアリマシテ、之ヲ前年度ニ於ケル經常部歲入歲出ノ關係ニ對照ヲ致シマスレバ、一層良好ナル狀態ヲ示シテ居ルノデアリマス、右總豫算ニ計上ヲ致シマスル歲出ノ外、明治四十四年度ニ於キマシテハ、臨時軍事費特別會計ヨリ繰越シマシタル經費ノ中、二百六十五万圓ヲ使用スルノ豫算デアリマシテ、前年度剩餘金ヲ以テ之ヲ支辨スルノ經畫デアリマス、明治四十四年度ノ歲入ヲ以テ之ヲ前年度豫算ニ比較致シマスルト、經常部ニアッテハ前年度ニ於テ決定ヲ致シマシタル稅法整理ノ結果、前年度ニ於キマシテ、一部ノ減額ヲ示スニ止マレル地租ハ、本年度ニ於キマシテ其全部ノ減額ヲ來シ、營業稅ハ今年度ヨリ新率ヲ適用セラル、ニ依リマシテ、共ニ減額ヲ見マスルノ外、前年度ニ於ケル稀有ノ水害ハ自ヲ各種租稅ノ收入ニ影響ヲ及ボスベキモノガナイノデハアリマセヌナレドモ、一般經濟上ノ發達及新關稅率ノ實施ニ伴ヒ增加スルモノガアリマスガタメニ、結局租稅收入ニ於キマシテ、三百八十餘万圓ヲ增加シ、其他印紙收入官業及官有財產收入等ニ於キマシテ、朝鮮總督府特別會計設定ノ結果、前年度ニ於テハ一般會計ニ屬シタル歲入ノ一部ヲ、本年度ニ於テ同特別會計歲入ニ移シ變ヘタルモノガアリマスガタメニ二百七十九万餘圓ヲ減少致シマシタケレドモ、一般經濟上ノ發達ニ伴フ收入ノ增加スルモノガアリマス等ニ依リマシテ、差引百四十七万餘圓ヲ增加致シ、結局經常部ニ於テ五百三十餘万圓ノ增加ヲ示シ、臨時部ニ於キマシテハ主トシテ軍艦水雷艇補充基金繰入ノ增加、及新ニ設置シタル治水費資金ノ繰入アル等ニ依リマシテ、差引千二百三十餘万圓ヲ增加致シマスルタメニ、歲入總額ニ於テ千七百七十餘万圓ヲ增加致シマシタ、明治四十四年度ノ歲出ヲ以テ、之ヲ前年度豫算ニ比較致シマスルト、經常部ニアリマシテハ、一方ニ於キマシテ既定ノ計畫ニ基ク事業ノ進捗及軍備充實等ニ依リマシテ、歲出ノ增加スルモノガアリマスルモ、他方ニ於テ國債整理基金繰入及諸拂戾金等ノ減少スルモノガアリマスガタメニ、差引三百九十六万餘圓ヲ減ジ、臨時部ニアリマシテハ一方ニ於テ既定繼續費年割額ノ減少若クハ前年度限リノ費途デアリマシテ、本年度ニ於テ之ヲ要セザルガタメニ、歲出ノ減少スルモノガアリマスルモ、他方ニ於テ既定繼續費年割額ノ增加、若クハ前年度ニ於テ著手シタル關門海峽ノ改良、神戶稅關防波堤ノ築造等ニ關シマシテ、事業ノ進捗ニ伴ヒ工費ノ增加スルモノガアリマス等ノ外、海軍軍備充實、治水事業、製鐵所擴張、鹽稅統一等、國防ノ充實國土ノ保全、竝ニ產業ノ發展上緊急缺クベカラザル事項ニ關シ、或ハ既定ノ計畫ヲ擴張シ、或ハ新ニ特別ノ方策ヲ定メタル等ニ依リマシテ、歲出ノ增加スルモノガアリマスルガタメニ、差引二千百六十九万餘圓ヲ增加シ、結局歲出總額ニ於キマシテ千七百七十餘圓ノ增加ヲ見ルノデゴザイマス、以上明治四十四年度豫算ニ關シ、其歲入歲出增減ノ大體ヲ說明ヲ致シマシタ、本大臣ハ更ニ進ミマシテ同年度豫算ニ關スル財政計畫ノ綱領ニ付キマシテ、一言致サウト考ヘルノデゴザイマス、歲計ノ基礎ヲ確實ニシ公債ニ對スル信用ヲ厚クシ致シマスルハ、政府ガ前々年度以來銳意其實行ニ努メタル財政上ノ大方針デアリマス、明治四十四年度豫算ヲ編成スルニ當リマシテモ、亦從來ノ方針ヲ繼承致シ財政基礎ノ鞏固ヲ維持スル範圍內ニ於キマシテ、

内外ノ情勢ニ鑑ミ國勢ノ進運上緊急已ムヲ得ザル施設ヲ實行スルノ政策ヲ取リマシタノデゴザイマス、今其計畫ノ主要ナルモノヲ擧ゲマスレバ次ノ如ク相成ルノデゴザイマス、第一海軍ノ製艦及造兵方針ニ適當ナル變更ヲ加ヘ、以テ軍備ノ充實ヲ圖ルコト、二、治水ノ根本策ヲ定メ生民ノ災厄ヲ除キ、國土ノ保全ヲ期スルコト、三、鐵道ノ改良及普及ニ努メ、以テ交通機關ノ整備ヲ圖ルコト、四、新ニ帝國版圖ニ歸シタル朝鮮ニ對シ其開發ニ必要ナル各般ノ施設ヲ爲スコト、五、其他産業ノ發達國民經濟ノ進歩ニ必要缺クベカラザル諸般ノ經營ヲ行フコト、此五箇條デゴザイマス、諸君、最近列國海軍ノ趨勢ハ製艦及造兵ノ方針ニ一大革新ヲ來シマシテ、船型並ニ砲徑ニ於キマシテ愈〻其大ヲ競フニ至リマシタ、從ッテ帝國海軍ニ於キマシテモ、亦其既定計畫ニ係ル軍備ノ補充ニ關シマシテ、製艦造兵ノ方針ニ適當スル變更ヲ加ヘ、國防ノ充實ヲ圖ルノ必要ガアリマス、政府ハ現下ニ於ケル我財政ノ狀態ニ鑑ミマシテ、其經常歳入ヲモチマシテ、支辨シ得ベキ範圍內ニ於キマシテ、海軍軍備充實ノ計畫ヲ改定ヲ致シ、既定繼續費ニ對シマシテ、本年度以降六箇年間ニ亙リ總額約八千二百万圓ヲ追加致スコトニ致シマシタ、而シテ本年度ニ於キマシテ其既定ノ年割額ニ對シマシテ、增加ヲ要シマスル金額ハ千四百八十万圓ニ相成ルノデゴザイマス、前年ニ於ケル洪水ハ廣ク各地方ニ亙リマシテ多大ノ損害ヲ及ボシ、人民ノ苦痛極メテ大ナルモノガアリマス、故ニ政府ハ是ガ應急ノ手段ニ於テ遺算ナカランコトヲ期シマシタ、又其復舊工事費ニ關シマシテモ、或ハ國庫補助ニ付テ臨機ノ處置ヲ執リ或ハ預金部ヨリ低利ノ資金ヲ融通ヲ致シマシテ、地方費負擔ニ屬スル經費ノ財源ニ充テ、專ラ地方人民ノ負擔ヲ輕減シ、其恢復ヲ速ナラシムルノ方法ヲ講ジマシタ、之ガタメ既ニ國庫ヨリ支出シ、又ハ將來支出スベキ金額ハ、實ニ七百餘万圓ニ達シ、低利資金ノ貸出高ハ實ニ千七百餘万圓ニ上ルコト、相成リマス、而モ是レ單ニ前年ニ於ケル水害後ノ應急手段ニ過ギヌノデゴザイマス、抑〻本邦ノ國土タル地勢ノ關係上、容易ニ出水ノ害ヲ見ルコトガアリマス故、政府ハ夙ニ河川ノ改良ヲ實施シ來リマシタナレドモ、未ダ十分ニ是ガ災厄ヲ防止スルニ足リマセヌ、今ニシテ早ク百年ノ大計ヲ定メマセヌトキハ、將來爲ニ國土ヲ損シ、生命ヲ傷ヒ、又ハ財産ヲ失フ等、其慘害寔ニ測知スルコトガ出來ヌノデゴザイマス、是ヲ以チマシテ、政府ハ根本的治水策ヲ定ムルノ一刻モ猶豫スベカラザルヲ認メマシテ、嚮キニ特ニ臨時治水調査會ヲ置キ、河川ノ改良、砂防ノ實施、森林ノ增殖其他治水ニ關スル各般ノ計畫ヲ其議ニ附シマシタ、爾來同會ニ於キマシテ、周密ナル調査審議ヲ經マシタルノ結果、最近ニ及ビマシテ、茲ニ永遠ニ亙ル治水策ノ成案ヲ得マシタルガ故ニ、政府ハ右ノ計畫ニ基キマシテ、本年度以降是ガ實行ヲ期スルノ考デアリマス、其第一期ノ事業ニ要シマスル經費ノ總額ハ、一億九千三百餘万圓トナルノデゴザイマス、而シテ十八箇年間ニ完成スルノ豫定デアリマシテ、本年度ニ於テ要スル經費ハ千二百七十九万餘圓デアリマス、右治水事業ニ要スル經費ハ、國庫並ニ關係府縣ニ於テ之ヲ分擔スベキハ當然デアリマスケレドモ、其經常歳入ヲ以チマシテ、年々必要ナル金額ノ全部ヲ支辨セシメントスルトキハ、負擔重キニ過グルモノト言ハナケレバナリマセヌ、故ニ政府ハ中央並ニ地方財政ノ負擔ヲ考慮シ、姑ク借入金ヲ以テ其足ラザルトコロヲ補ヒ、以テ一擧シテ先ヅ其事業ヲ完成シ、然ル後徐ニ是ガ償還ヲナスヲ以テ適當ナリト認メマシタ、而シテ多年ニ亙リマシテ、此計畫ノ遂行ヲ確實ニ致シマスルガタメニハ、特別ニ其資金ノ經理ヲ爲スヲ必要ト考ヘマスニ依リ、治水費資金ニ關シマシテハ、特別ノ會計ヲ設置致シマスル考デゴザイマス、産業ノ發達上交通機關ノ整備ヲ緊切トスルハ、今特ニ申上グルマデモナイトコロデアリマス、今ヤ財政ノ整理漸ク其歩ヲ進メマスルニ及ビ、交通機關ノ整備ヲ圖リマシテ、以テ産業ノ發達ニ資シ國運ノ發展ヲ期シマスルノハ、刻下ノ急務デゴザイマス、因テ現在ノ鐵道ニ對シマシテ、大ニ改良ヲ加ヘマスルト同時ニ、新橋下關間ノ幹線ヲ廣軌式ニ改築ヲ致シ、並既ニ著手致シマシタル線路ノ外、更ニ數線ノ建設ヲ規畫シ、且ツ既成鐵道交通ヲ補成スベキ經便鐵道ノ建設ヲ奬勵スベキ計畫ヲ立テマシタ、之ガタメニ既定計畫ニ對シ、更ニ建設費ニ於テ總額四千六百餘万圓、改良費ニ於テ總額二億七千四百餘万圓ヲ增加シ、本年度以降前者ハ七箇年、後者ハ十三箇年ヲ以テ之ヲ完成スルノ豫定デアリマス、右改定ノタメ本年度ニ於キマシテ、支出スベキ帝國鐵道建設改良費ノ年割額ハ、五千百九十三万餘圓ニ達スルノデゴザイマス、新帝國ノ版圖ニ歸シマシタル朝鮮ニ對シマシテハ、其開發ニ力メ、以テ新附ノ人民ヲシテ永ク福利ヲ享ケシメナケレバナラヌノデゴザイマシテ、ソレガタメニ朝鮮總督府ノ會計ハ、特別ノモノト致シ、其歳入ヲ以テ其歳出ニ應ジ、足ラザルトコロハ之ヲ一般會計ヨリ補充シ、以テ必要ナル施設ヲ實行スル考デゴザイマス、本年度以降該特別會計ニ於キマシテ、實施致シマスル計畫ノ主要ナルモノハ、鐵道ノ建設改良、海陸連絡ノ設備、道路ノ修築、各種産業ノ補助及土地ノ調査等ニシテ、或ハ從來ノ規模ヲ擴張シ、或ハ新ニ計畫ヲ立ツル等デアリマシテ、是レ皆富源ノ開發民力ノ養成ニ要スルトコロノモノデアリマス、而シテ本年度ニ於キマシテ、一般會計ヨリ補充ヲ要シマスル金額ハ千二百二十五万圓デアリマシテ、之ヲ前年度ニ於テ舊韓國ノタメ一般會計ヨリ支出セシ金額ニ比較對照ヲ致シマスルトキハ、純粹ニ一般會計ノ負擔ヲ增加シタル金額ハ百三十六万圓デゴザイマス、前年度ニ於キマスル大水害ノ後ヲ承ケテ、國費多端ナルノ際ニ方リ、以上各般ノ施設ヲ實行スル外、製鐵所ノ擴張、蠶種統一ニ關スル事業等、産業ノ發達ニ資スベキ計畫ヲ定メマシテ、之ニ要シマスル金額モ亦少クナイノデゴザイマス、ケレドモ歳計全體ヲ通ジマシテ努メテ緊縮ヲ圖リマシタルガ故ニ、一般ノ歳計ニ於キマシテハ、公債財源ニ依ラズシテ、能ク歳入歳出ノ均衡ヲ保ツコトヲ得マシタルノミデナク、公債ニ關シマシテハ從來ノ方針ヲ繼承致シ、本年度ニ於キマシテモ、亦元金償還資金ト致シマシテ、五千万圓ヲ繰入ルルノ計畫ヲ定メマシタ、前年度ニ於テ實行致シマシタル、公債借換ノ成績ヲ一言致シマスルニ、借換ノタメニ發行致シマシタル四分利公債ハ、總額五億五千六百餘万圓デアリマシテ、之ヲ以テ償還ヲ致シマシタル五分利公債ノ總額ハ、五億千八百餘万圓デアリマス、其結果毎年利子ノ節約ヲ得ベキ金額ハ三百六十餘万圓ニ達シマス、公債ノ借換ハ永ク國庫ノ負擔ヲ輕減ヲ致シ、財政上利益スルトコロ大ナルノミナラズ、右低利借換ノ結果ハ、自カラ一般金利ノ低落ヲ誘致シ、産業ノ發達ヲ刺激シ、之ニ依リマシテ又間接ニ國庫ヲ益スルモノ尠クナイノデアリマス、政府ハ今後モ亦市場ノ情勢ヲ察シ、適當ト認ムル方法ニ依リ、既定ノ計畫ヲ遂行シ、以テ一旦著手シタル事業ヲシテ、能ク終始スルトコロアラシムル考デアリマス、飜ッテ前年中ニ於ケル我經濟界ノ趨勢ヲ案ズルニ、金融ハ常ニ緩慢ノ狀態ヲ呈シタルノミナラズ、稀有ノ水害ハ各地ニ於ケル産業ヲ害シ、地方人民ノ購買力ヲ損シタル狀況デアリマスガ、同年中銀行會社ノ新設又ハ擴張ノ計畫ヲナシタルモノハ、約四億八千餘万圓ニ達シテ居リマス、現實社債又ハ株金拂込ヲ爲シタルモノガ、約二億圓ニ上リ、大體ニ於テ各種ノ事業漸次穩健ナル發達ノ兆ヲ呈シツヽアルノハ、一般ニ認メラル、トコロデアリマシテ、殊ニ製造工業ニ要スル資金最モ多額ヲ占メ、其計畫ニ係ルモノ約一億四千万ニ達シマシタルコトハ、最好ノ傾向ト云ハナケレバナラヌノデアリマス、本年度ニ於テハ、諸般ノ財政的施設ト相俟チマシテ、更ニ一層良好ナル狀況ヲ呈スベキコトハ、疑ヲ容レナイノデアラウト思ヒマス、又同年中ニ於ケル我外國貿易ノ狀況ヲ見マスルニ、輸出額四億五千八百餘万圓、輸入額四億六千四百餘万圓、合計九億二千二百餘万圓デアリマシテ、輸出入ハ輸入額ノ輸出額ニ超過スルコト僅ニ五百八拾餘万圓デアリマス、之ヲ前年度ノ貿易額ニ比較シマスルニ、輸出ニ於キマシテ、四千百餘萬圓、輸入ニ於キマシテ七千万圓ノ增加ニナッテ、實ニ一億一千五百餘万圓ノ增加ヲ致シタノデゴザイマス、若シ右輸出入額ニ更ニ內地朝鮮間ニ於ケル貨物ノ移出入ヲ加算致シマスルトキハ、輸出輸入各々四億七千二百餘万圓、合計九億四千四百餘万圓ト相成ルノデゴザイマシテ、之ヲ最近貿易額ノ最モ多カリシ明治四十年ニ比スルニ、尙總額ニ於キマシテ一千八百餘万圓ノ增加ヲ致シテ居ルノデゴザイマス、更ニ進ンデ昨年中ニ於ケル貿易內容ヲ案ジマスルニ、輸入ニ於キマシテハ主トシテ生產原料ヲ增加シ、輸出ニ於テハ全製品ヲ增加セルノ實績ヲ認メルノデゴザイマス、以テ我內地ノ產業ガ近時漸ク長足ノ進步ヲナシツヽアルコトヲ知ルコトガ出來ルト考ヘルノデゴザイマス、之ヲ要シマスルニ大戰役ノ後ヲ承ケテ、財政上愼重ノ注意ヲ要スベキトキニ方リ、上下心ヲ協セマシテ、財政ノ緊縮ヲ斷行シ、國債償還ノ大計ヲ確立致シマシテ、銳意之ガ整理ニ力メマシタ其結果、公債ノ市價漸次恢復ヲ致シ、戰時匆倉ノ際ニ制定ヲ致サレマシタル稅法ハ、大體ノ整理ヲ經、公債ノ低利借換亦其進行ノ途ニ在リ、緊急已ムヲ得ザル各般ノ施設、漸次其實行ヲ見ルニ至リマシタノハ、本大臣ノ深ク喜ブトコロデゴザイマス、諸君、本大臣ハ諸君ガ愼重審議以テ速ニ豫算案ニ協賛アランコトヲ切ニ希望致スノデゴザイマス

（「議長々々」ト呼フ者アリ）

○議長（長谷場純孝君）　總理大臣ノ演說ニ對シテハ、通告ガゴザイマスカラ、其順序ニ依ッテ發言ヲ許可致シマス、松田源治君

（松田源治君登壇）

○松田源治君　本員ハ桂總理大臣ノ施政ノ方針ニ付テ、說明ヲ求メタイコトガアルタメニ演壇ニ登ッタノデゴザイマス、ソレハ韓國併合ト憲法ノ關係ニ付テ、桂總理大臣ニ說明ヲ求メタイノデアル、桂內閣ガ昨年韓國ヲ合併スルニ當ッテ、幾多ノ緊急命令ヲ出シ、憲法七十條ニ依ッテ幾多ノ財政上ノ處分ヲ出シ、臨時議會ヲ開カナイノハ憲法上如何ナル處ニ根據ヲ有スルモノデアルカ、是ガ說明ヲ求ムルトコロノ大眼目デアルノデゴザイマス、憲法ノ條規ヲ案ジマスルニ、諸般ノ條約ヲ締結スルニハ、絕對ニ　天皇ノ大權ニ屬スルコトハ勿論デゴザイマス、併シ此條約ヲ執行スルニ當ッテハ、法律ヲ要シ、豫算ヲ要スル場合ニ於テハ、又帝國議會ノ協賛ヲ要スルト云フコトモ是レ論ナキトコロデアル、之ヲ要シマスルニ　天皇ノ大權事項ト、立法事項トハ兩々相對峙致シマシテ、毫モ互ニ其侵犯ヲ許サナイノデアリマス、然ルニ政府ガ昨年韓國ヲ合併スルニ當ッテ、緊急勅令ノコトハ少々議論ノ餘地ガアリマスカラ、是ハ他日ニ讓リマシテ、何レモ疑ヲ容ル、餘地ノナイ憲法七十條ノ財政處分ヲナシタノハ、吾々ノ見ル所ニ依リマスレバ、殆ド憲法違反デアルト私ハ考ヘルノデアリマス、緊急勅令ハ憲法ノ八條ニ規定シテアル如ク「天皇ハ公共ノ安全ヲ保持シ又ハ其ノ災厄ヲ避クル爲メ緊急ノ必要ニ由リ帝國議會閉會ノ場合ニ於テ法律ニ代ルヘキ勅令ヲ發ス」此場合ハ公共ノ安全ヲ保持シ、又ハ災厄ヲ避クルタメニ緊急ノ必要ガアレバ、帝國議會閉會ノ場合ニ於テハ如何ナルトキニ於テモ、緊急勅令ヲ發スルコトガ出來ルノデゴザイマス、併シ憲法七十條ノ條文ヲ見マスレバ「公共ノ安全ヲ保持スル爲緊急ノ需用アル場合ニ於テ內外ノ情形ニ因リ政府ハ帝國議會ヲ召集スルコト能ハサルトキハ勅令ニ依リ財政上必要ノ處分ヲ爲スコトヲ得」ト云フコトガ書イテアル即チ七十條ノ財政處分ハ八條ニ比較スレバ愼重ヲ要シ、戒愼ヲ要スルノデゴザイマス、左樣ナ臨時緊急ノ事情ガアルナラバ、臨時帝國議會ヲ召集シテ、帝國議會ノ協賛ヲ待ツガ宜シイ、臨時ニ帝國議會ヲ召集スル能ハザル場合ニ限ッテ、始メテ憲法七十條ノ財政上ノ處分ヲ爲スト云フコトハ、憲法ノ明文上昭々乎トシテ日月ノ如ク明カナルモノデアラウト思フノデゴザイマス、然ルニ韓國ヲ政府ガ合併スルニ當ッテ、果シテ內外ノ情形ニ因リマシテ臨時帝國議會ヲ召集スルコトガ出來ナイヤウナル狀態ガアッタデゴザリマセウカ、ドウデゴザリマセウカ、之ヲ言ヒ換ヘマスレバ、臨時帝國議會ヲ召集スルコトガ不能ノ狀態ニ在ッタデアリマセウカ、ドウデゴザリマセウカ、若モ臨時帝國議會ヲ召集スルコトガ出來ルニ拘ハラズ、臨時帝國議會ヲ召集スルコトガ出來ナイト云フコトニ口ヲ藉ッテ、——口實ト致シテ帝國議會ヲ開カズシテ、議會ノ權利ヲ侵犯致シテ、憲法七十條ノ處分ヲ爲シタ時分ニ於テハ、政府ハ憲法違反ノ責任ニ任ジナケレバナラヌト云フコトハ明カナルコトデアルノデゴザリマスル、本員ハ韓國合併ニ付キマシテ、內外ノ情形ハ臨時議會ヲ開イテモ——十分臨時議會ヲ開キ得ルトコロノ有樣ニ在ッタト云フコトヲ確信スルノデゴザリマス、御承知ノ如ク韓國ノ併合ト云フモノハ、殆ト既定ノ事業デゴザリマシテ、諸外國ニ於テモ之ヲ承認致シテ居ルノデアル、合併前韓國ニ於テモ既ニ知ッテ居ルノデゴザリマス、之ヲ公ケニシタタメニ一大動亂ヲ起シ、一大紛擾ヲ起シ、外國ノ抗議ニ逢ッテ韓國合併ノ目的ヲ遂行スルコトガ出來ナイト云フコトデアルナラバ、殆ド日本ノ外交ガ無ッナルト言ッテ宜シイ、韓國ニ於テ統監政治ガ無クナルト言ッテ宜シイト思フ、日本ニ外交ガアリ、韓國ニ於テ統監政治ガアル以上ハ、韓國合併ト云フコトヲ公ケニシテモ、韓國合併ニ付テ障礙ヲ來スコトハ、本員ハナイト確信致シテ居ルノデゴザリマスル、內地ノ模樣ハドウデゴザイマスル、交通機關モ完全シテ居リ、其他ノ設備モ完全致シテ居ルノデゴザリマスル、憲法ノ七十條ニ所謂內外ノ情形ニ於テ、政府ガ帝國議會ヲ召集スルコト能ハザルト云フトコロノ事實ハ一モナイノデゴザリマスル、然ルニ憲法七十條ニ政府ハ省ミマシテ、帝國議會ヲ開カズシテ、帝國議會ノ權利ヲ侵シマシテ、憲法七十條ノ處分ヲ爲シタノハ、如何ナル理由ニ基クカト云フコトガ、是ガ說明ヲ求メタイノデゴザリマス、元來桂內閣ハ憲法ヲ無視シ、憲法ヲ尊重セザル傾ガアルノデゴザリマス、二十六帝國議會ニ於キマシテ、我政友會ハ韓國ニ於ケル裁判事務ニ關スル法律第五十六號ヲ緊急勅令ヲ以テ廢シテカラ、其廢シタルニ拘ハラズ、桂內閣ハ其緊急勅令ヲ憲法ノ命ズルトコロニ於テ、事後承諾ノタメ議會ニ提出セザリシニ依リ、我會ハ其提出ヲ政府ニ求メマシテ、滿場一致ノ諸君ノ贊成ヲ得マシテ違憲ノ決議ヲ爲シテ、桂內閣ノ反省ヲ求メタノハ、二十六議會デハアリマセヌカ、然ルニ此憲法違反ノ決議——桂內閣ヲ反省セシメタル決議ノ半歲經過シタルニ拘ハラズ、朝鮮ヲ併合スルニ付キマシテ、殆ド形式ノ上カラ見マシタナラバ、憲法違反ノ事實ヲ生ジタト云フコトハ、桂內閣ガ我憲法政治ニ付テ忠實ナラザル例證デゴザ

リマシテ、憲法ヲ尊信セザル者ナリト斷定シテモ私ハ差支ナカラウト思フノデアル、政府ガ誠意ヲ以チマシテ――至誠ヲ以テ、將來ニ斯ルコトガアルカラ、內外ノ情形ニ於テ帝國議會ヲ召集スルコトガ出來ナカッタモノデアルト云フコトヲ例示シマシテ、帝國議會ノ協贊權ヲ侵シタト云フノハ、斯ル事實ガアルカラ、決シテ憲法違反デナイト云フコトヲ明カニシマシテ、以テ吾々ニ御答辯アランコトヲ望ムノデゴザイマス、若シモ其答辯ガ要領ヲ得ナケレバ、是ヨリ政府ノ提出セントスルトコロノ事後承諾ヲ求ムル緊急勅令、或ハ財政上ノ案ニ付テハ、大ニ考慮ヲ要シナケレバナラヌコトニナルノデアル、又ソレノミナラズ、政府ハ或ル場合ニ於テ、本件ニ付テ、憲法違反ノ責ヲ負フニ立到ルトモ計ラレルノデゴザリマス、故ニ政府ハ外交其他ニ於テ祕密ガアルデゴザリマスレバ、議院法ノ明文ニ據ッテ祕密會議ヲ要求シマシテ、堂々正々詳細ナル理由ヲ以テ、本議會ヲ滿足セシムルトコロノ答辯アランコトヲ本員ハ望ムノデゴザリマス

○議長(長谷場純孝君) 高木正年君ハヤハリ總理大臣ニ向ッテ、此通告ニ依リ説明ヲ求メラレルノデアリマスカ

○高木正平君 私ハ説明ヲ求メルノデアリマス

○議長(長谷場純孝君) 後トデ許シマス

(內閣總理大臣侯爵桂太郎君登壇)

○內閣總理大臣(侯爵桂太郎君) 唯今松田君ヨリ御質問ノゴザイマシタコトニ付キマシテ、御答辯ヲ致サウト考ヘルノデゴザイマス、韓國併合ノコトハ唯今御質問中ニモ御述ベニナッタ如ク兩國ノ條約ニ據ッテ成立ッタノデゴザリマス、然ルニ此併合ノ際ニ於キマシテハ、事最モ急速ヲ要シテ處理決定ヲ致サニヤナラヌコトガ多カッタノデゴザリマス、之ガタメニ緊急勅令ヲ仰キ、其結果ト致シマシテ、憲法七十條ニ據リマシテ、臨時ノ支出ヲ仰イダノデゴザイマス、此緊急勅令竝ニ其他ノモノニ付キマシテハ、議會ノ承諾ヲ求ムルタメニ、政府ハ提出ヲ致シテ置キマシタカラシテ此ノ場合ニ置キマシテ、其事情等ニ付キマシテハソレ〱御説明ヲ致ス考デゴザイマス、左樣御承知ヲ下サルヤウニ願ヒマス

○議長(長谷場純孝君) 高木正年君

○高木正年君 私ハ簡短デアリマスカラ當席カラ申シマス、總理大臣兼大藏大臣ノ御演説ガアリマシタガ、財政ノ方針ニ付テハ、今日ノ御演説ハ最モ數回ノ御演説中デ、漠然ヲ極メタモノト私ハ信ズルノデアリマス、先ヅ第一ニ私ノ承リタイノハ、政府ハ公債募集ノ方針ニ付テ、從來政府ノヤリ來ッタトコロニ依リマスルト、所謂低利借替ノ外ニハ、公債ヲ募集セヌト云フコトヲ一定ノ主義トシテ居ラレルガ、今日ハ之ニ付テハ説明ヲ致サレヌヤウデアッタ、併ナガラ、四圍ノ狀況ヨリ考ヘテ見マスルト、現ニ昨年ノ暮ニ政府ガ發表セラレタトコロノ豫算綱領ニ就テ見テモ、依然トシテ公債非募集主義ヲ持續スルト云フコトガ第一頁ニ書イテアリマス、更ニ塚田局長ヲ馘リマシタ處分ニ付テモ、此主義ヲ表示セラル丶ガ如クデアリマスガ、政府ガ發表スル方針ノ上ニ於テモ左樣ニ見ラレマスルガ、其手段ニ於テハ、或ハ大藏證券ト云フモノヲ濫發シ、或ハ事業費ノ借入ニ、或ハ南滿鐵道ノ資金ヲ借入レテ、殆ド公債募集ト少シモ變ラヌヤウナ事ヲ從來ハ取ラレテ居ルノデアリマス、殊ニ今日此議場ニ提出セラレタトコロノ朝鮮事業公債、帝國鐵道ノ改正法等ニ依ッテ讀ンデ見マスルト、鐵道ノ會計法ニハ斯樣ナコトガ書イテアル、第二條ノ二ニ「但書ノ場合ニ於テハ政府ハ割引ノ證券若クハ無記名ノ短期證券ノ借入ヲ爲スコトヲ得」ルト云フコトガ入ッテ居ル、更ニ其理由ヲ讀ンデ見マシテモ、一層適切ニ、名ハ證券デアッテモ其事實ハ借入證券――借入證券ハ卽チ公債デアルト云フコトヲ意味シテ居ル、鐵道起業公債ノ如キハ、尙更一層其主義ヲ成シテ居リマス、朝鮮ノ特別會計ト云フ今日提出セラレタノヲ讀ンデ見マシテモ、公債ヲ募集シテ事業ニ充テル時分ニハ、政府ガ先ヅ之ヲ發行シテ、其金ヲ朝鮮事業公債ニ向ケルト云フコトニナッテ居ル、政府ノ方針トシテハ非募集公債デアルケレドモ、事實ニ於テハ全ク此方針ヲ撤回セラレテ居ル、所謂打切ラレテ居ル、此事ハ甚ダ事柄ハ明瞭ノ如クニシテ、政府ノ言フトコロハ頗ル明瞭ヲ缺イテ居ル、此點ニ於テ、政府ハ明カニ公債非募集主義ニ於テハ、從來ノ主義ヲ打切ラレタノデアルト云フコトノ明言ガアレバ兎モ角モ、サウデナクシテ、漠然トシテ財政ノ上ニ付テハ吾々ヲシテ方向ヲ迷ハシムルノミナラズ、帝國公債ノ上ニ付テ、總テ暗雲ノ中ニ居ッテ仕事ヲスルガ如キ有樣ニナッテハ、甚ダ得策デナイト思フガタメニ、殊ニ此事ニ付テハ十分ナル御説明ノアランコトヲ希望スルノデアル、更ニ第二ニ伺ヒタイノハ、政府ハ税制整理ト云フコトヲ打切ラレタノデアルカト云フコトヲ御尋シタイ、昨年所得税ノ改正法案ヲ撤回スルニ當ッテ、イヅレ調査ノ上ニ於テハ次ノ議會ニ於テ之ヲ提出スベシト云フコトヲ、殆ド確言サレテ居ルノデアリマス、然ルニ今日ノ議會ニ於テ、此事ノナイノハドウ云フコトデゴザイマス、政府ハ税制整理ト云フ名ノ上ニ付テ、營業税ハ改正ヲセラレタカ、其事實ニ於テハ毫モ納税者ヲシテ此問ニ付テ營業ノ自由ヲ伸バスト云フ手段ヲ取ッテ居ラヌノデアリマス、或ルモノニ付テハ殆ド增税ヲ爲シタガ如キ有樣ニナッテゴザイマス、公債募集ニ付テハ如何、税制整理ニ付テハ如何、此二ツニ付テ先ヅ政府ノ答ヲ承リタク私ハ思フノデゴザイマス

(政府委員若槻禮次郎君登壇)

○政府委員(若槻禮次郎君) 唯今高木君ノ御質問ニナリマシタコトハ、私カラ御答辯ヲ申上ゲマス、公債ノコトニ付テハ、明治四十二年度ノ財政計畫ノトキニ、大藏大臣カラ申シテアリマスコトヲ繰返シテ申上ゲルト云フト、一般ノ歲計――一般ノ會計ニ於テハ公債ヲ財源トセズシテ、歲計ノ均衡ヲ保ツヤウニシテ、財政ノ基礎ヲ固クスル鐵道ノ會計ニ付テハ、是ハ公債ヲ財源トシテ經營スルノガ當然デアル、併ナガラ之ト雖モ、今日ノ公債ノ狀況ニ於テハ公債ヲ募集スルコトハ、市場ノ狀況ニ於テハ適當ナラヌト見ルガ故ニ一兩年ノ間ハ公衆ニ向ッテ募集ハシナイ、此間ハ借入金其他ノ方法ニ依ッテ經營シテ往クノデアル、又臺灣ノ如キ新領土殖民地ニ付テノ經營ハ、是ハ一般會計ニ於テ公債ハ募集セヌト云フケレドモ、是ハヤハリ公債ノ財源ニ依ッテ經營シテ往クノデアルト云フ、斯ウ云フ政綱ハ宣言シテアルノデアリマス、其事ハ今日ニ至ッテ、少シモ變更ハナイ、先程大藏大臣カラ述ベラレマシタ通リ、一般ノ歲計ニ於テハ公債ヲ財源トシテ、均衡ヲ保ッテ居ルト云フコトデ、此處デ明言ヲセラレマシタ、ソレカラ鐵道ノコトニ付テエライ御疑ガアルヤウデゴザイマス、イロ〱ナモノカラ借リテ居ル、滿鐵ノ社債ヲ募集シテ、鐵道ノ資金ニ充テ、居ルヤウナ御疑念ヲ御持チニナッテ居リマスガ、是ハ甚ダ事實ニ相違スルト云フヨリモ、全然ナイコトヲ御問ヒニナッタコトデアッテ、是ハ甚ダ迷惑ヲスル譯デアリマスガ、南滿洲鐵道ハ此經營ニ付テ資金ヲ要スルノデアル、今日安奉線ノ鐵道ヲ架ケテ居リマス、是モヤハリ資金ヲ要スルノデアル、其他港灣ノ設備ニ付テモ、其他ノコトニ付テモ、マダ大ニ資金ヲ要スルコトデアッテ、之ニ要スル資金ヲ社債ニ求メテ、今日經營シテ居ル次第デ

アッテ此金ヲ鐵道ニ使用シテ居ルト云フ御言葉ハ、全然事實ニ當ッテ居ナイノデアリマス、大藏證券ガ多イト云フ御言葉デアリマスガ、大藏證券ハ是ハ毎年豫算ノ御協贊ノ際ニ於テ、歳入ノ足リナイトキ、一時大藏證券ニ依ッテ辨ズル額ニ依ッテ協贊ヲ受ケテ居ル、其協贊ヲ受ケテ居ル範圍内ニ於テ、政府ハ大藏證券ヲ募ッテ居ル次第デアリマス、朝鮮ノ今度ノ特別會計ニ付テ、公債ノコトガアル、是ガ公債ヲ募集セヌト云ハレタニ對シテ、宣言ニ反スル、斯ウ云フ御非難ノヤウデアリマスガ、朝鮮ニ付テハ、丁度四十二年ニ於テ臺灣ノ經營ニ付テ、大藏大臣ガ臺灣ノ如キ新領土ニ對シテハ公債、斯ウ云フヤウナ場合ニ於テハ公債ヲ財源ニスルト言ハレタト同ジ事情ガ、朝鮮ニ付テモアルノデアリマス、之ニ基イテ朝鮮ノ富源開發ナリイロイロノコトニ付テ、速ニ經營ヲ辨シテ往ク必要ガアル、ソレニ付テハ一部公債ノ財源ニ依ルト云フ政府ノ計畫ニナッテ居ルノデアリマス、公債ニ付テハ政府ガ當初宣言シテアリマス通リニ行ッテ居ルト云フコトヲ茲デ申上ゲテ置キマス、ソレカラ税制整理ニ付テドウ考ヘテ居ルト云フ御質問ノヤウデアリマスガ、税制整理ニ付テハ、前年モ既ニ大藏大臣カラ申シテアル通リ、税制整理ハ何處マデモヤルノデアル、故ニ提出シタノミデ尚足リナイナラバ、更ニ尚進ンデ財政ノ許ス限リ税制ノ整理ヲスルノデアルト云フコトガ言ウテアリマスカラ、政府ニ於テハ税制整理ト云フコトハ、決シテ拾テ、居ナイ、只大藏大臣ノ演説ニアリマス如ク、財政ノ基礎ヲ確實ニスルト云フノガ、政府ノ大體ノ財政ノ方針デアル、故ニ之ヲ失ハヌト云フノガ總テノ經營ヲスルト云フ根本ノ主義ニナルノデアリマス、先程モ御聞キニナッタ通リ、海軍ノ經營モスル、或ハ其他治水ノ經營ヲ定メル即チ前年度ノ水害ノ後ノ善後策ヲ講ズル、斯ウ云フヤウナ場合ニ於テ、而シテ一方ノ歳入ヲ減ズルト云フコトニナレバ、茲ニ財政ノ基礎ヲ確實ニ進行シテ往クト云フ目的ヲ遂シマセヌカラ、ソレ故ニ來年度ノ財政計畫ニ就テハ、所得税法ノ改正案ヲ提出セヌト云フコトニナッテ居リマス、併シ政府ニ於テ税制ノ整理ヲスルコトヲ廢メルト云フ意味ハ全然ナイノデアリマスカラ、此事ヲ申シテ置キマス

○議長（長谷場純孝君） 早速整爾君

○早速整爾君 私モ大藏大臣ニ質問ヲ致シタイト思ッテ居リマス、其大體ハ唯今ノ高木君ノ御尋ニナッタコト、略々能ク似テ居ルノデアリマス、唯今大藏次官カラノ御答ヲ承ッタノデアリマスガ、ヤハリ此大藏次官ノ辯明モ、財政ノ大方針ニ關シテハ、吾々ハ十分ニ疑ヲ解クコトハ出來ナイノデアリマス、確定ノ歳入ヲ以テ歳出ヲ支辨スルト云フコトガ、桂内閣ノ組織セラレタ當時、財政整理ノ大方針トシテ誇顔ニ世ニ示サレタトコロデアリマス、所謂確定歳入主義ト世間ニ唱ヘラレテ居ッタノハ是デアル、即チ公債ヲ募集シナイイロイロ財源モアッタガ、確定ノ歳入ニアラザレバ、之ヲ豫算ノ上ニ計上スルニ當ッテモ、ソレハ臨時ノモノト認ムルト云フ風ニ解釋セラレテ居ッタノデアリマス、私ハ所謂確定歳入主義ト云フモノハ、既ニ此四十四年度ノ豫算編成ノ際ニハ、政府自ラ之ヲ打毀ハサレタノデハナイカト云フコトヲ御尋シタイノデアル、繼續事業ハ、イロイロ御計畫ニナッテ居リマス、幾多ノ繼續事業ハ御計畫ニナッテ居ル、唯今ノ大藏大臣ノ御演説ニアリマスヤウニ、積極的ニイロイロ御計畫ニナッテ居リマス、ケレドモ、豫算ヲ調ベ、大藏大臣ノ御演説ヲ承ッテモ、之ニ應ズル繼續的ノ此歳入ト云フモノハ、殆ド之ヲ認ムルコトハ出來ナイ、豫算全體カラ申シマシテモ、五億四千万ノ歳出ニ對シテ、公共的ノ歳入即チ誰ガ見テモ、永久ニ確定ノ歳入ト認ムルモノハ、能ク積ッテ見マシテモ、五億一千九百万圓、其不足モ即チ二千四五百万圓ノ不足ヲ告グルコトニ相成ッテ居ル、是ハ政府ニ於キマシテハ、無論前年度ノ剩餘金ニ依ッテ、之ヲ支辨スルト御答ニナルダラウト思ヒマスガ、桂内閣ノ解釋ニ依リマスレバ、前年度ノ剩餘金ト云フモノハ、詰リ確定ノ歳入ト認ムルコトハ出來ナイト、斯ウ云フ御解釋ニナッテ居ル、確定ノ歳入ト認ムルコトノ出來ナイ前年度ノ剩餘金ニ依ッテ四十四年度ノ豫算ハ、編成セラレタリト雖モ、此繼續的ノ事業ヲ支辨スルタメニ、將來ノ財政ノ計畫ハ如何ニ相成ルデアラウカ、明治四十四年度ノ一年度ノ豫算ハ、イロイロノ遣繰リデ、イロイロ彌縫手段デ之ヲ計上セラレタト致シマシテモ、此ノ如キ確定ノ歳入ガ無イニモ拘ラズ、繼續事業ガ幾多計畫セラル、コトニナリマスレバ、將來ノ財政計畫ニ付テハ、吾々ハ大ニ疑ヲ抱カナケレバナラナイノデアリマス、是故ニ此點ニ關シテハ、政府ハ兩三年前ヨリ財政事務ノ大方針トシテ、確定ノ歳入主義ニ依ルト稱ヘラレタトコロノ此桂内閣ノ標榜セラレタルトコロノ方針ハ、四十四年度ノ豫算編成ニ對シテハ、自ラ之ヲ打毀ハサレタノデハナイカ、即チ確定歳入主義ト云フモノハ桂内閣自ラ之ヲ打毀ハシテ、而シテ自ラ矛盾ト云フ境遇ニ陷ッタデハナイカト思フノデアリマス、唯今高木君ノ御質問ニ對シテハ、大藏次官カラ公債ノ問題ニ付テ答辯ガゴザイマシタ、私ハ此點ニ付テ、更ニ財政ハ矛盾ヲシテ居ラヌ、將來ノ財政計畫ニ於テ、決シテ此確定歳入主義ト云フモノヲ撤回ハシナイト、斯ウ云フ御意見デゴザリマスレバ、ソレニ就テ更ニ詳細ナル説明ヲ煩ハシタイノデアリマス

（政府委員若槻禮次郎君登壇）

○政府委員（若槻禮次郎君） 四十四年度ノ歳計ノ上ニ於テ、前年度ノ剩餘金ガ二千百餘万圓アルコトハ事實デアリマス、併ナガラ政府ガ此四十四年ノ財政計畫ヲ立テマストキニハ、獨リ四十四年度ノ歳入歳出ノ状況ノミヲ見テ立テタノデハアリマセヌノデ、今日立テタ財政計畫ニ依ッテ進メバ、四十五年度以降尚四十六年度、七年度、八年度、九年度、總テ本年度以降如何ニ歳入歳出ノ状況ガ如何ニナルヤト云フコトマデモ見通シテ、サウシテ是ダケノ計畫ニシテ置ケバ、獨リ來年度ノ歳入ニ於テ均衡ヲ得ルノミナラズ、將來ノ財政ニ於テモ、歳入歳出ハ確實ニ往クト云フコトノ見込ヲ附ケテ、此計畫ヲ立テタノデアリマス、其計畫ニ於テ唯獨リ四十四年度ノトコロデ、此前年度ノ剩餘金二千百餘万圓ヲ繰入レ、バ、全體ニ於テ此財政計畫ガ歳入歳出共ニ、相當ルモノニナルト云フ見込ヲ立テ、ヤッタノデアリマスカラ、四十四年度ノ財政計畫ノ中ニ於テ、前年度繰入金二千餘圓アルト云フコトヲ見テ、是デ後年度ニ至レバ、ソレダケノ歳入ノ不足ガ常ニ續クモノデアルト云フヤウナ、御斷定ヲナサレタト云フコトハ是ハ事實ニ反シテ居リマス、政府ノ計畫ハ明年度ニ至ッテモ、尚歳入歳出相當ルヤウニナルヤウニ、此四十四年度ノ財政計畫ヲ立テタノデアリマス

（高木正年君「前ノ答辯ニ付テ御聽キシタイ」ト呼フ）

○議長（長谷場純孝君） 根本正君

（根本正君登壇）

○根本正君 諸君、本員ハ總理大臣ノ施政ノ大方針ニ付キマシテ、御説明ヲ求メタイコトガアリマス、此施政ノ方針ハ五箇條ニ依ッテ、即チ第一ニハ軍艦ヲ拵ヘルコト、又第

二ハ治水ノコト、第三ハ交通、第四ハ満韓ニ善ク設備ヲシナケレバナラヌ、又第五ニハ殖産興業ヲ發展センケレバナラヌト云フ、五箇條ノ大方針デアリマスガ、私ガ説明ヲ求メントスルトコロハ、此敎育ニ關スル方針ト云フモノハ、我内閣ニハドノ邊ニアルカト云フコトヲ甚ダ疑フモノデアリマス、唯今御演説中ニ更ニ此國家ノ根本トナルベキトコロノ敎育ニ關スル御方針ト云フモノヲ、私ハ伺フコトガ出來ナカッタノハ甚ダ遺憾トスルトコロデアル、故ニ定メテ此等ニ付テモ、ソレ〳〵抱負ガ御アリニナルダラウト思ヒマスカラシテ、此事ハ特ニ伺ヒタイト思フノデアリマス、殊ニ私ガ此敎育ノ方針ニ付テ伺ヒタイコトハ、國民敎育ノコトデアリマス、デ國家ノ敎育ノ改善ト云フコトハ、最モ今日ノ急務デアリマシテ、サウシテ此敎育ノ改善ヲシヤウト思フナレバ、良イ敎員ヲ得ンケレバナリマセヌ、此良イ敎員ヲ得ントスルニハ、卽チ之ニ相當ノ俸給ヲ與ヘンケレバナラヌ、無論此事ニ付キマシテハ、漸次是迄ソレ〳〵優待ニナッタヤウナコトモアリマスケレドモ、此小學校ノ敎員ニ對シテハ、我現内閣ハ更ニ注意スルコトガナイト云フコトヲ認ムルモノデアリマス、卽チ一般ノ官吏ノ俸給ハ大ニ增加サレマシタ故ニ、多分文部大臣ニ於カレマシテモ、此度ノ豫算ニ——聞ク處ニ依レバ三百万圓ノ豫算ヲ組ンデ出シタト云フコトヲ仄カニ承ッテ居ル、然ルニ是ハ今日更ニ此豫算ニ見エマセヌガ、卽チ之ヲ今日見ルコトノ出來ナイト云フモノハ、卽チ此總理大臣ノ施政ノ方針ニナイ故ニ抹殺サレタモノト私ハ思フコトデアリマス、故ニ今日ノ施政ノ方針ニシテ、唯軍艦ヲ澤山拵ヘルコトデアルトカ、或ハ交通機關ヲ斯樣々々ニスルコトデアルトカ云フヤウナコトバカリハ、卽チ是等ハ枝葉デアル、實際ノコトハ卽チ今日我帝國五千有餘万ノ人ガ知識ヲ有タナケレバナリマセヌ譯デアリマス、然ルニ此大切ナル根本ヲ一言モ發スルコトガナイト云フコトハ、吾々五千有餘万ノ遺憾トスルトコロデアリマス、然ルニ此增俸ニ於キマシテ、實ハ今日相悲シムトコロハデス、大學ニハ三十餘名ノ一等官ガアリマス、是ハ卽チ決シテ外ノ國ニ見ルコトモ出來ズ、又我邦ニ於キマシテモ、陸軍ニ於テモ、海軍ニ於テモ、一ノ省ニ於テ一ト所ニ三十餘名ノ一等官ヲ見ルコトハ唯大學アルノミデアリマス、又是等ノ極ク低イ給料ノ者ニシマシテモ四等官以上デアッテ、今日增俸ノ結果、此大學ニ在ルトコロノ人ハ三千圓以上二千圓位ノモノヲ取ッテ居ル、是ハ宜シイトシテモ此小學校ニ在ルトコロノ者ハデス、一圓タリトモ此度增俸ヲスルコトガナイト云フコトニナッテ居リマス、又中學校敎員ノ如キモ、是モ最近ニ於テ段々〳〵四割五分ノ增加ヲ見テ居ルヤウニナッテ居ル、今日ハ卽チ平均デ四十八圓位ノ月給デアル、又師範校ニ於テモ今日ハ四十五圓位デアル、唯最モ吾々ノ大切トスルトコロノ國民敎育ノ敎員ニ向ッテ、幾ラ我帝國ガ支拂ッテ居ルカト云フナラバ、其敎員一人ニ付キ僅ニ十七圓四十三錢四厘デアル、又高等科ヲ敎ヘルトコロノ敎員ニ於テモ僅ニ二十二圓二十七錢五厘ニナッテ居リマス、此尋常科ノ十七圓ノ月給ト云フモノハデス、勞働者社會ニ於キマシテモ立派ナ勞働者デアリマセヌ、又二十二圓ノ此高等科ヲ敎ヘル敎員ニ於キマシテモ立派ナ職工デハアリマセヌ、此ノ如キ者ニ實ニ吾々ノ愛スルトコロノ兒童ヲ預ケテ——後來我日本帝國ヲシテ世界列強ト肩ヲ駢ベセシムル國民ヲシテ、此ノ如キモノニ依託スルト云フノハ遺憾デアル、幾ラ良イ先生ヲ得ヤウトシテモ、今日ノ待遇デハ長ク止マル者ハナイ、直ニ去ルヤウナ弊害ヲ來スヤウニナルコトヲ私ハ深ク憂ヘテ居ルノデアリマス、諸君、我日本帝國ニ於キマシテ國庫ハ幾ラ出シテ居ルカ、僅ニ百万圓デアル、是ハ卽チ明治三十三年ニ諸君ノ御盡力ニ依ッテ決議サレマシタトコロノモノデ、此百万圓デサヘモ各府縣ヘ分ケルコトデナクシテ國庫ヨリ法律ノ結果當然出スベキトコロノ年功加俸ニ用ヰテ居ル、而シテ之ヲ受クルモノハ幾ラアルカト云フト、僅ニ百万人位デアル、サウシテ一人ニ付テ僅カ一圓九十八錢位シカ受クルコトガ出來ナイ、斯ウ云フコトニナッテ居ル、實ニ我日本帝國ニ於キマシテハ、唯上ノ方ニバカリ多クヤッテ、下ノ方ニ低クヤルト云フコトハ、誠ニ是ハ悲ムベキトコロノ現象ト思ヒマス、市町村費ノ年々ノ增加ト云フモノハ實ニ驚クベキモノデアッテ、明治三十六年度ニ於テハ、九千七百五十六万圓餘デアリマス、サウシテ四十一年度ニ於テハ、一億五千二百二十一万四千五百五十圓ト云フコトニナッテ居リマス、其一億五千万圓以上ノ中、卽チ吾々國民ノ負擔スルトコロノ地方ノ税ヲ國家ノタメニ出ストコロノモノハ、ドレダケデアルカト云フナラバ、五千八百七十八万二千何百圓ト云フ、卽チ此地方税ノ三分ノ一ト云フモノガ、小學校ノ方ヘ出シテ居ル、國庫カラハ僅カ百万圓デアル、勿論例ノ敎育基金ノ利子ガ五十万圓アリマス、ケレドモ、是ハ別物デアッテ、國カラ出シマスルモノハ僅ニ九牛ノ一毛デアルト云フコトデアリマス、ドウカ我内閣諸公ハデス、只枝葉或ハ花ノミ咲スコトヲ考ヘズ、如何ニモシテ此敎育ヲ大切ニシナケレバナラヌト云フコトヲ示シテ戴キタイト思ヒマス、英吉利ニ於キマシテモ、佛蘭西ニ於キマシテモ、亦亞米利加ニ於キマシテモ此國民敎育ト云フモノハ、其國ノ最モ大切ナルモノトシテ、卽チ英吉利ニ於キマシテハ、小學校ノタメニ幾ラ金ヲ費スカト云フナラバ、一億六千七百八十七万圓以上費シテ居ル、其内デ、國庫カラ幾ラ出スカト云フナラバ、僅カ百万圓デハナイ、一億千五百五十八万圓費シマス、卽チ其國庫カラ出ストコロノモノハ幾ラデアルカト云フナラバ、六割以上ヲ出シテ居ル、此大事業ヲ扶ケテ居ルノデアル、又佛蘭西ニ於キマシテモ、小學校ノ費用ハ八千九百六十五万圓以上デ、其内國庫カラ出スモノハ幾ラデアルカト云フト、六千三百二十万圓餘デアッテ、是モ七割以上デ、英吉利ヨリ佛蘭西ハ一割多イト云フコトニナッテ居ル、獨逸モ其通リ一億六千六百十餘万圓デアリマシテ、國カラ出ス金ハ幾ラデアルカト云フト、四千何百万圓ト云フモノヲ出シテ居リマス、殊ニ亞米利加ノ如キハデス、小學校ノタメ六億八千三十二万圓餘ヲ出シ、サウシテ國カラ出シ、或ハ州カラ出ストコロノモノハ、一億二千四百万圓餘出シテ居リマス、而モ小學校ニ於テハ授業料ハ一錢モ徴シナイノデアリマス、實ニ此ノ如ク文明國ニ於テハ、此國民敎育ト云フコトヲ最モ大切トシテ居ルノデアリマス、卽チ立憲政治ノ國ニ於テハ、一般ノ普通ノ智識ヲ增シ、一般ノ人民ノ利益ヲ與フルトコロノ本トスルタメニハ、ドウシテモ小學校ヲ良クシナケレバナラヌト云フノデ、今御話シ申シタ通リ、或ハ七割、或ハ六割、或ハ半分以上ト云フモノヲ、國庫カラ出シテ、國民ヲ敎育スルト云フモノハ、卽チ之ニ重キヲ置ク所以デアリマス、然ルニ我當局者ハ今日此大切ナル問題ニ付キマシテ、諸君ニハ如何カ知リマセヌケレドモ、私ノ耳ニハ一言半句モ伺フコトガ出來ナカッタ、實ニ是ハ大ニ考ヘナケレバナラヌ、此ノ如キ風デアリマスカラ、白晝東京市ニ強盗ガ入ッテ來ルヤウナコトモアリマス、諸君私ハ、是ハ大切ナ問題デアルト思ヒマス、直グニ金ニナル問題デハナイケレドモ、五年十年ノ後、我日本帝國ヲシテ與ニ列強ノ位置ニ立タシムルニハ、是非共敎育ヨリシナケレバナラヌト私ハ思フ、亂臣賊子ノ起ルノハ何デアルカト云フナラバ、實ニ此邊ヨリ考ヘナケレバナラヌト私ハ思フノデアリマス、ドウカ我國ニ於キマシテ、此小學敎員ノ俸給ヲ殖スノミナラズ、此税ヲ取立テル方法ヲ只地方税ニスルノミナラズ、ドウレテモ國税ヲ以テスルヤウニシナケレバナラヌ、何故ニ之ヲ國税ニシナケレバナラヌカト云フナラバ、則チ金持カラ餘計取ッテ、貧シイ者カラ尠ク取ッテ、淨山ヤルト云フコトデアリマス、尚其他ニ之ヲ國税ニスル理由ハ淨山アル、ケレドモ、唯今ハ最モ大切デアル時間デアリマスカラ申上ゲマセヌ、ケレドモ東京市ノ如キハ明治三十三年ノ勅令法律ヲ守ラズシテ、尋常科カラ二十錢宛取ッテ居ル文部大臣ハ何故ニ此ノ如キ法律ヲ無視スルコトヲ許シテ居ルカ、大阪デモ其通リ、十一万圓ト云フ取ルベカラサルモノヲ尋常科カラ取ッテ居ル、神奈川縣デモ其通リ九万圓取ッテ居ル、此ノ如キハ即チ國家ノ將來ニ如何ナル結果ヲ來スカト云フコトヲ大ニ考ヘナケレハナラヌ、ドウカ諸君此事ニ付テ大ニ御勘考ニナッテ總理大臣モ願クバ三百万圓ヲ此小學校敎員優待ノ補助トシ、追加豫算トシテ出スヤウニ願ヒタイト思フ（「御質問デスカ意見デスカ」ト呼フ者アリ）尚此事ニ付テ如何ナル御意見デアルカ御說明ヲ願ヒマス

○議長（長谷場純孝君） 小川平吉君

（根本正君「議長、御說明ヲ願ヒマス」ト呼フ）

○小川平吉君 私ハ關税ノ問題ニ付テ、少レク質問ヲ致シマス、先刻總理大臣御演說中ニ日英同盟ハ日ニ益〻鞏固ヲ加ヘルト云フ御演說ガアッタノデアリマスガ……

（「登壇スベシ」「登壇々々」ト呼フ者アリ）

（小川平吉君登壇）

（拍手起ル）

○小川平吉君 先刻總理大臣ノ御演說ニナリマシタトコロ、唯今ノ日英同盟云々ノコトニ付テ、少シク御辯明ヲ求メタイト思フノデアリマス、昨年議會ヲ通過致シマシタ關税定率法、此關税定率法ガ如何ニ英國ノ朝野ニ反對ノ聲ヲ生ゼシメタカト云フコトハ、玆ニ喋々ト述ベルマデモナイコトデアル現ニ本員ノ如キハ昨年彼國ニ在リマシテ、現ニ親シク彼國朝野官民ノ盛ナル反對ヲ致シ、又猛烈ナル非難ヲ此關税法ニ向ッテ加ヘツヽアルコトヲ、現ニ見聞ヲ致シタ一人デゴザイマス、而シテ聞クトコロニ依リマスレバ、英國ニ於テハ自由貿易制度ヲ執ッテ居ルガ故ニ、我國ノ關税定率法ニ向ッテ、是ガ復讐ノ策ヲ講ズルコトガ出來ナイトコロカラシテ、已ムヲ得ズ我國ニ於テ此關税定率法ニ基イテ、英國ノ輸入品ヲ取扱フナラバ、英國ニ於テハ決シテ通商條約ニ調印ヲシナイト云フ決心デアルト云フヤウナコトヲ私ハ承ッタノデゴザイマス、是ガ果シテ事實デアリヤ否ヤ、之ヲ第一ニ私ハ御尋ヲ致シタイノデゴザイマス、申スマデモナク日英同盟ノ基礎ハ、即チ兩國官民ノ精神ノ一致ニ在ルト云フコトハ、言フマデモナイコトデアルト思フ、紙ノ上ニ書キマシタトコロノ協約ハ、唯紙ノ上ニ書イタニ過ギナイノデアル、若シ一度兩國ノ人心ガ相離レマシタナラバ、紙上ノ空文何ヲカ爲サンヤデ即チ空文ニ歸シ終ルト云フコトハ、是ハ論ヲ俟タヌトコロノコトデアル、然ルニ一國ノ政府、人民、反對黨、擧ッテ我國ノ關税法ニ反對ヲ致シ、其極トシテ遂ニハ通商航海條約ニ捺印ヲシナイト云フコトニナリマシタナラバ、ソレデモドウモ條約ノ紙ノ上ニ書イテアルト云フコトデ、日英同盟ノ基礎ハ鞏固ナリト云フコトガ出來ルデゴザイマセウカ、如何デゴザイマセウカ（「ヒヤ〳〵」ト呼フ者アリ）ソレデモ日英同盟ノ基礎ガ日ニ益〻鞏固ヲ加ヘルト云フヤウナコトハ、如何ナル無責任――厚顏無智ナル人デアルト雖モ、言フコトガ私ハ出來ナイト思フガ、政府ニ於テハヤハリ此ノ如キ英國ノ事情デアリ、此ノ如キ英國ノ決心デアッテモ、尚且日英同盟ノ基礎ハ日ニ益〻鞏固ヲ加ヘルト云フコトニ御考デアルカドウデアルカ、ソレヲ第二ニ伺ヒタイ、又近頃承ルトコロニ依リマスト云フト、英國ノ上下ノ反抗ノ甚シキヲ見テ、我政府ニ於テハ是迄ノ方針ヲ變更セラレテ、更ニ一種ノ交渉ヲ彼國ニ向ッテ試ミルト云フヤウナ說ヲ承ッタノデゴザイマスガ、果シテ彼國ニ向ッテ税率ニ付テ協定ヲスルコトノ御考デアルカドウデアルカ、若ハ又既ニ協定ニ着手セラレタノデアルカドウデアルカ、此點ニ付テモ承リタイノデアリマス、私ハ昨年ノ議會ニ於ケル速記錄ヲ調査致シテ見マシタトコロガ、昨年ノ議會ニ於テ我小村外務大臣ハ、明カニ斯樣ナコトヲ述ベラレテ居ルノデアル、即チ「此度ノ税率ハ片務協定デハゴザイマセヌ、雙務的即チ兩方共ニ税率ヲ協定スルコトニナルノデゴザイマス、先ヅ一箇國カ二箇國ト考ヘテ居リマス」斯樣ニ述ベラレタ、即チ雙務的雙方共ニ税率ヲ協定スルノデアルト云フコトヲ述ベラレタ、更ニ進ンデ斯樣ニ述ベラレテ居ル「事實ニ於テ利益ノ交換ノ實ガ擧ラヌ以上ハ、協定ヲ致サヌ積リデゴザイマス、左樣御承知ヲ願ヒ最後ニ至リマシテ、斯樣ナ御答ニナッテ居ル「御承知ノ如ク自由貿易ノ國デゴザイマスマスルト、協定ノ餘地ガナイノデ、即チ英國或ハ白耳義ノ如キ、自由貿易ノ政策ヲ執ッテ居リマスカラ、協定ノ餘地ガナイト云フコトハモウ明カデアリマス、斯「ウ云フ御答ニナッテ居ルノデアリマス、此御答辯ガ如何ニ歐羅巴ニ傳ヘラレ、如何ニ英國官民ニ受取ラレタカト云フコトハ、私ハ更ニ此處ニ重ネテ述ベルコトハ致シマセヌガ、此ノ如ク議會ニ向ッテ言明シ、中外ニ向ッテ發表セラレタトコロノ政府ノ方針ハ、即チ税率ノ協定ヲスルナラバ、雙務的デアル、彼ガ税ヲ下ゲタナラバ我モ下ゲル、決シテ彼レ税ヲ下ゲザルニ、我レ獨リ下ゲルト云フ片務的協定ハ致サヌノデアル、從ッテ英吉利國ノ如キ所ニ向ッテハ斷ジテ協定ハシナイノデアル、何ントナレバ自由貿易ノ國デアルガ故ニ、彼ノ低減スベキ税率ガナイ、故ニ我亦決シテ之ヲ低減セズ、斯樣ナ政府ノ方針ヲ明ニ議會ニ向ッテ言明ヲセラレ、中外ニ向ッテ發表セラレタ、而シテ吾〻議會ニ於テハ之ニ向ッテ協贊ヲ與ヘテ、即チ關税定率法ト云フモノガ成立ッタノデアル、然ルニ若シ道路傳フルトコロノ如ク、或ハ片務協定ノ名ヲ藉リ、或ハ如何ナル名義形式ヲ以テスルト雖モ、今日彼ノ官民上下ノ反對ヲ招ギ、事窮スルニ至ッテ此言明ニ反シ、中外ニ發表セラレタルトコロノ政府ノ方針ヲ變更シ、政策ヲ變更シテ、サウシテ更ニ引繰リカヘッテ英吉利ニ向ッテ税率ノ交渉ヲスルト云フヤウナコトニナッタナラバ、政府ノ政治上ノ責任、帝國議會ニ對スル中外ニ對スルコトロノ政治上ノ責任ト云フモノハ、全ク「ゼロ」デアル、全ク無責任デアルト云フコトニ歸著セネバナラヌト思フガ、果シテ此ノ如キ交渉ヲ是マデ既ニ爲サレタノデアルカ、着手ヲセラレタノデアルカ、或ハ又今後ト雖モ、是マデノ方針ニ依ッテ遂行スルコトノ出來ナイ結果トシテ、協定即チ税率ヲ變更スルトコロノ關税定率法、規定ノ租税ヲ減ラスヤウナ交渉ヲ英國ニ向ッテスルト云フ御考デアルカ、政府御自身ガスルト云フ御考デアルカドウカ承リタイ、之ヲ變更シヤウトスルナラバ、何人ガ考ヘマシテモ、今日又昨年議會ニ於テ明言シタトコロノ方針ヲ、捨テルコトニナリマシタナラバ、當局者自ラ責ヲ引イテ辭職ヲシテ、更ニ他ノ內閣ガ出來マシタナラバ、是レ即チ更ニ變ッタトコロノ方針ニ基イテ、關税定率法ノ改正若ハ關税定率法規定ノ税率ヲ變更シ、低減スルトコロノ交渉ヲスルコトガ出來ルデゴザイマセウカ、今日ノ政府トシテ是ガ議會ニ於テ、明言シタ方針ヲ變ヘテ、而シテ條約ヲ以テ關税定率法ニ定メタ税率ヲ低減スルコトハ、私ハ決シテ出來ナイコトデアルト考ヘルノデアルガ、道路傳フルトコロニ依レバ、此ノ如キ風說ガアルノデゴザイマスカ、此點ニ向ッテモ政府ノ是マデノ事實、今後ノ御考ト云フモノヲ承リタイノデアリマス（拍手起ル）

○議長（長谷場純孝君） 小村外務大臣

（外務大臣伯爵小村壽太郎君登壇）

○外務大臣（伯爵小村壽太郎君） 唯今小川君ノ御質問ニ御答致シマス、條約改正ニ關スル方針ニ關シマシテハ、昨年本院ニ於テ大體ノ方針ヲ開陳致シテ置キマシタ、爾來政府ニ於キマシテハ、此方針ニ準據致シマシテ、諸般ノ準備ヲ整ヘテ、御承知ノ如ク昨年七八月頃ヲ以テ、現行條約廢棄ノ通告ヲ關係諸國ニ與ヘマシテ、續イテ是等ノ諸國ニ向ッテ新條約案ヲ提出致シマシタ、此新條約案ニ於キマシテハ、政府ハ條約改正ニ關スル方針ニ付テ、併セテ維新以來ノ皇謨ニ基キマシテ、全然我ガ税權ヲ恢復シ、且ツ從來ノ條約中ニ存在シテ居リマスル不對等ノ條項ハ一切之ヲ除去スル趣意ヲ以テ、此新條約案ヲ調製致シマシテ、關係國ニ出シテアリマス、此條約改正ニ關スル方針ハ昨年開陳致シタ通リデゴザイマシテ、今日寸毫モ之ヲ變更シタコトハゴザリマセヌ、此後モヤハリ此方針ニ依ッテ進行致ス積リデゴザイマスル、又小川君ノ御心配ニナッテ居リマスル、英國トノ新條約、或ハ關税問題ニ付キマシテハ、既ニ日英兩國ノ意志相疏通致シマシテ、改正談判ハ目下順當ニ進行シテ居リマスカラ、關税問題ノタメニ日英間ノ政治上ノ關係ニ影響ヲ及ボスト云フコトハ萬々無イト云フコトヲ確言致シマスル、而シテ其交渉ノ内容ニ付キマシテハ、目下談判中デゴザイマスルカラ、適當ノ時機ニ達スルマデハ發表致スコトヲ差控ヘル責任ヲ有シテ居リマスルカラ、左樣御承知ヲ願ヒマス

○議長（長谷場純孝君） 鈴木力君

（鈴木力君登壇）

（拍手起ル）

○鈴木力君 先刻總理大臣ノ御演説ニ付キマシテ、如何ニモ了解シ難イトコロガアリマス、折角ノ御大儀ナ長キ御朗讀ニ對シテ、分ラズニ受取ルコトハ失禮ト存ジマスカラ一層明瞭ニ説明ヲ願ヒタイ、其爲メニ登壇致シマシタ、日英同盟ノ根柢ノ薄弱ト云フ點ニ付テモ御質問シタイノデゴザイマスガ、餘リ拔雜ノ嫌ヒガアリマスカラ、私ハ直ニ韓國合併ニ對シテ何故ニ政府ハ功ヲ急ニシ、合併ノコトニアセッテ、國民ニモ諮ラズ財政上ノ緩急ヲモ問ハズシテ、斷行シタ理由如何ト云フコトヲ問ヒタイ、是ハ先刻ノ憲法違反ノ問題トハ論點ガ違ヒマス、質問ノ點ガ違ヒマス、ソレハ大藏大臣トシテノ桂氏ガ明白ニ述ベラレタル如ク、政府今日ノ政綱ノ随一ハ財政整理ニアル、財政ノ基礎ヲ鞏固ニスルト云フコトガ、戰後經營ノ至緊至急至重至大ノコトトシテ、政府ガ畫策シテ居ルト云フ意味デ、吾々モ之ヲ承認シテ居リマスルトコロ、韓國合併名ハ美ナリト雖モ、其實ハ吾々國民ニ對シテ重大ナル負擔ヲ餘儀ナクセシメ、直ニ財政ニ影響スルコトハ、既ニ合併匆倉五千六百万圓ノ事業公債ヲ起サニヤナラヌト云フ案ヲ政府自身ガ出シテ居ルノミナラズ、此韓國ノ經費ニ對シテハ、約二千五百万圓バカリノモノヲ要スル、アチラノ歳入不足ヲ――是等ハ政府ガ主トシテ、汲々今日マデ財政ノ基礎ヲ鞏固ニスルト云フ點ニ對シテ、矛盾トハ言ハザレドモ、未ダ財政ノ基礎十分ナラザルニ、之ヲ斷行スルニ付テハ、斷行スルニ足ルダケノ緊急ナル餘程重大ナル理由ガアッタノデゴザイマセウカ、恐ラクハ武臣專權、新式武門政治ガ、辛ノ神ノ顏ヲシテ災ノ「ビリツケン」ヲ行ヒ（笑聲起ル）己レガ功ヲ急ニシ、名ヲ貪ランガタメ、或ハ寵ヲ君前ニ爭フノ私心アッテ、己レノ功名手柄ノタメニ、其樣ナ彼自ラガ標榜スルトコロノ財政整理ト云フ根柢ヲ動カシテモ、尚且之ヲ斷行スルニ急ナリシニハアラザリシヤト疑フノハ、本員ノミナラズ、随分人民中ニ多イニ依ッテ（拍手起ル）此點ヲ明瞭ニ具體的ニ、唯必要アッテ致シマシタデハ一向ニ分リマセヌカラ、御當人ガ分ッテ居ル以上ニハ、吾々ニモ分ルヤウニ御説明ヲ願ヒタイ、第二ニ桂總理大臣ノ演説ハ終始天下泰平、開闢以來ノ樂天主義デアルケレドモ、併シ之モ漠然タル御話デナクモット親切ナル具體的ナル御話ヲ願ヒタイ、論ヨリ證據、我日本帝國建國以來ノ一大凶事我民族精神ノ根本ヲ傷ケ、國家存立ノ基礎ヲ危ウセントシタトコロノ（拍手起ル）一大凶事ガ起ッタルコトニ付テ、桂總理大臣閣下及各宰相ハ之ヲ何トカ見テ居ラレルニヤ、何等言及スルトコロナクシテ、例ノ天下泰平病、詐リノ泰平、人造泰平（笑聲起ル）ソレ等ノタメニ言及セザルニハアラザリシヤト本員ハ疑フノデアリマス、故ニ此ノ如キ重大事件、上ニ對シテモ恐レ多イ、下ニ對シテモ随分ト恐縮スベキトコロノ此重大事件ニ對シ、各宰相ハ何ト心得テ居ラルヽニヤ、其意志ヲ聽キタイ、言及セザリシ理由ヲ聽キタイ、餘リ長クナリマスカラ右二點ダケニ付テ明瞭ナル御話ヲ願ッテ退キマス

（拍手起ル「答辯々々」ト呼フ者アリ）

○議長（長谷場純孝君） 佐々木安五郎君ハ先刻カラ度々發言ヲ求メラレマスガ、モウ通告モ濟ミマシタ、何カ説明ノ請求デモナサルノデアリマスカ

○佐々木安五郎君 私ハ極ク簡單デゴザイマスカラ、此處カラ申シマス、謹ンデ總理大臣ノ施政ノ方針ヲ拜聽致シマシタ、向フニ見エル政府委員ハ濟々タル多士デアル、斯ノ如キ政府ノ知識、政府ノ俊髦ヲ集メテ御出デニナッタ以上ハ、定メテ吾々國民ノ代表者ノ滿足スルダケノ方針ガ示サレルモノデアルト云フコトヲ期待シテ居リマシタニ、豈料ランヤ施政方針ナルモノハ例ニ依ッテ例ノ如ク毎年御極リノ文句ヲ活版刷ニ刷ッタヤウナモノヲ承ルノハ實ニ想ヒノ外デアッタト云フコトヲ實ニ遺憾ニ思ヒマス、其證據ハ國交ハ益々親善ヲ加ヘト云フコトヲ仰シレマスガ、其國交ハ益々親善ヲ加ヘト云フ漠然タル、多ク語ッテ何事ヲモ言ハヌト云フノハ、外交ノ方面ニハ必要ナル言葉デアルカモ知レマセヌケレドモ、一國ノ總理大臣ガ議會ニ於テ國民ノ代表者ニ向ッテ説明スル場合ニ於テハ多ク語ッテ何事ヲモ言ハズト云フヤウナ、外交ニ向ケル言葉ヲ、内交ノ方面ニ向ケテハ、是ハ方角違ヒデアルト私ハ信ズルノデアル、ソレニ所謂國交ノ親善ヲ加ヘルト云フノハ、其國々國々ノ當路者ガ即チ外交官同士ガ、御世辭ノ交換ヲシテ居レバ、ソレガ國交ノ親善ヲ加ヘタト思ウテ居タカドウデアルカ、其國ノ國民ヲ度外視シテ、唯政府同志デ御世辭ノ交換ヲスレバ、ソレガ親善デアルト謂フベキモノデアルカドウデアルカ、干戈ヲ執ッテ兵馬ノ間ニ相見エザル限リハ、是ガ即チ親善デアルト謂フベキデアルヤ否ヤ、若シモ眼ヲ開イテ宇内ノ大勢ヲ見タナラバ、亞米利加ニ於ケル排日熱ハ如何、濠洲ニ於ケル排日熱ハ如何、非律賓ニ於ケル排日熱ハ如何、此ノ如ク世界ノアラユル方面ニ向ッテ、日本ヲ排斥シヤウト云フ熱ガ烈烈トシテ加ッテ居ル、是ニモ拘ラズ外交ヲ親善ナリト云フノハドウ云フ親善デアルカ、親善ト謂フモノハ排日ヲサレテモソレデモ親善ト云フ意味デアルカ、此親善ハ果シテソレガ國際ノ親善ト云フコトデアレバ――、親善ガ此ノ如キ意味デアルト云フコトナラバ、吾々ハ國交ノ親善ト云フコトハ、左程有難ク信用スルコトガ出來ナイト思フ若モ國交ノ親善ト云ッコトガ、政府ノ眼中ニ排日ト云フコトガアッテモ親善デアル、サウ云フコトヲ言ハレルナラバ、更ニ言葉ヲ改メテ問返シタイト思ヒマスガ、先ヅ第一ニ政府ノ親善ト云フモノハドノ程度ヲ以テ親善ト謂ハレルカ、斯ウ云フコトヲ一ツ承リタイ、第二ニ此各方面ニ排日熱ガ起ッテ之ニ對シテ如何ナル手段ヲ以テ此排日ヲ排除スル御心持デアルカ、全ク排日ガ幾ラ起ッテモ、年々七十五万人ヅヽ人口ガ増殖スル日本ガ、其出先ヲ塞ガレテモ知ラザル顏ヲシテ濟シテ居ルノハ、當局者ノ當然爲スベキ處置デアルカドウデアルカ、ソレデ是ダケ年々餘ッテ

行ク人間ヲ何レノ方面ニ向ッテ排出シテ行クト云フ御考デアルカ、或ハ曰ク、滿韓集中デアル、滿韓集中ト云フコトヲ言ハレルナラバ、其滿洲ハドウデアルカ、唯今到ル處ニ排日熱ガ起ッテ、警察官ハ之ガタメニ傷ケラレ、兵隊ハ兵隊ト爭フノミナラズ、何等ノ害意モ持タヌテ、唯旅行スル中西正樹ト云フヤウナ、一個正直ナルオ若爺サンニマデ向ッテ、排日ノ刃ヲ加ヘタト云フ有樣デハナイカ、斯ノ如キ烈々タル排日熱ノアル所ニ向ッテ、陛下ノ赤子ヲ送ルト云フコトハドウ云フモノデアルカ、數ノ上カラ考ヘテモ、山東省ヨリ清國民ガ十五万人年々行ッテモ、ソレガ滿洲ニ移住ガ出來ヌト云フヤウナ有樣デアルノニ、其滿洲ニ向ッテ果シテ移民ガ出來ルカドウカ、移民ガ出來ナイト云フコトハ分ッテ居ルノミナラズ、滿韓集中ト謂フテモ、滿洲ト云フモノガ如何ニモ自己ノ占領地ノ如ク言過ギタタメニ、支那ノ方デハ却テ排日熱ヲ激增シタト云フコトガアル、サウ來ラレテハタマラヌト云フトコロカラ、益々日本ヲ排斥シテ、日本人ノ出口ヲ塞グト云フ有樣デアルデハナイカ、之ニ對シテハ政府自ラガ責任ヲ負ハナケレバナラヌト思ヒマスガ、如何ナル手段ヲ以テ此排日熱ヲ止メテ、サウシテ是ダケ七十五万人ヅヽ、餘ッテ行ク人間ヲ何レノ方面ニ向ケテ行ク積リデアルカ、此邊ヲ明カニ尋常一樣ノ月並口調デナク、明カニ答辯アランコトヲ希望致シマス――答辯ヲ願ヒマス、答フル能ハザルカ

○石橋爲之助君　議長

○議長（長谷場純孝君）　石橋君ハ說明ヲ求メラレルノデスカ

○石橋爲之助君　サウデス、先刻外務大臣ノ御答辯ニ付テ一二伺ッテ置キタイコトガアリマス、昨年御通告ニナリマシタ十三箇國ノ條約改正ニ付イテハ、如何ナル程度マデ交渉ガ進ンデ居リマスカト云フコトヲ伺ヒタイ果シテ今年七月十八日マデニ首尾好ク完結シ得ラルヽヤ否ヤト云フ御見込ヲ伺ヒタイ、萬一十三箇國ノ條約改正ガ、七月十八日滿期ニ至ッテ締結セラレナイ場合ニ、如何ニ處理セラルヽカト云フコトヲ承リタイ、或ハ暫定協約ヲ以テ一時ノ急ニ備ヘル御考デアルカ知レマセヌガ、其暫定協約ハヤハリ協定稅率ヲ許スト云フ趣旨ノ暫定協約デアリマスカ、其暫定協約ノ中ニハ全然サウ云フモノヲ入レナイト云フ趣旨デアリマスカ、其邊ヲ確メテ置キタイノデアリマス

○澤來太郎君　唯今佐々木安五郎君ヨリ……

○議長（長谷場純孝君）　ドナタデスカ

○澤來太郎君　澤來太郎デス

○議長（長谷場純孝君）　ヤハリ說明ヲ求ムルノデスカ

○澤來太郎君　サウデス――佐々木君ガ質問致シタル事柄ニ對シテ、何等ノ明答モアリマセヌガ、明答ヲナサルノデアルカ、御答ナサラヌノデアルカヲ質問致シマス

○佐々木安五郎君　議長――議長ハ聽エザルカ、答辯ヲ求メマス――總理大臣ニ答辯ガ出來ナケレバ當局ノ大臣、卽チ外務大臣ガ來テ居ラレマスカラ、外務大臣ヨリ答辯サレルコトヲ希望致シマス

○議長（長谷場純孝君）　佐々木君ノ聲ハ能ク聽エテ居リマスカラ、政府ノ各大臣モ承知シテ居ルト思ヒマス、然ルニ議長ニ向ッテ發言ヲ求メラレマセヌカラ、議長ハ答辯ナキモノト認メマス、――モウ質問モ餘程盡キタヤウニ思ハレマスカラ、是ヨリ日程第一及第三ヲ議題ニ供シマス、日程第一及第三ハ關聯シテ居リマスカラ、一括シテ議題ト爲スニ御異議アリマセヌカ

〔「異議ナシ異議ナシ」ノ聲起ル〕

○議長（長谷場純孝君）　御異議ガナイト認メマスカラ、明治四十一年法律第十一號中改正法律案外一件ヲ議題ニ致シマス、――第一讀會ヲ開キ、議案ノ朗讀ハ省略致シマス、

明治四十四年一月二十二日　議事日程第八乃至第十九ノ件

第十一　朝鮮ニ於ケル貨幣整理ノ爲生シタル債務ヲ貨幣整理資金特別會計ニ移屬セシムル件ニ關スル法律案（政府提出）　第一讀會

第十二　右議案ノ審査ヲ付託スヘキ委員ノ選擧

第十三　朝鮮事業公債法案（政府提出）　第一讀會

第十四　右議案ノ審査ヲ付託スヘキ委員ノ選擧

第十五　朝鮮事業公債金特別會計法案（政府提出）　第一讀會

第十六　右議案ノ審査ヲ付託スヘキ委員ノ選擧

第十七　朝鮮鐵道用品資金會計法案（政府提出）　第一讀會

第十八　右議案ノ審査ヲ付託スヘキ委員ノ選擧

第十九　朝鮮森林特別會計法案（政府提出）　第一讀會

朝鮮ニ於ケル貨幣整理ノ爲生シタル債務ヲ貨幣整理資金特別會計ニ移屬セシムル件ニ關スル法律案

朝鮮總督府特別會計ノ負擔ニ屬スル債務ニシテ貨幣整理ノ爲生シタルモノハ貨幣整理資金特別會計ニ移屬ス

附　則

本法ハ明治四十四年三月三十一日ヨリ之ヲ施行ス

朝鮮事業公債法案

朝鮮事業公債法

朝鮮ニ於ケル事業費支辨ノ爲政府ハ公債ヲ發行シ又ハ三年以内ノ期限ヲ以テ借入金ヲ爲スコトヲ得

朝鮮ニ於ケル事業費支辨ノ爲從來負擔シタル債務及本法ニ依ル借入金ノ整理又ハ償還ノ爲必要アルトキ亦前項ニ同シ

第一項ノ公債及借入金ノ額ハ通シテ五千六百萬圓以内トス

附　則

本法ハ明治四十四年四月一日ヨリ之ヲ施行ス

朝鮮事業公債金特別會計法案

朝鮮事業公債金特別會計法

第一條　朝鮮事業公債法ニ依ル公債金ノ會計ハ特別トシ一般ノ歲入歲出ト區分スヘシ

第二條　公債金ヲ使用セムトスルトキハ一般會計ヲ經由シテ其ノ金額ヲ朝鮮總督府特別會計ノ歲入ニ組入レ其ノ歲出トシテ之ヲ拂出スヘシ但シ公債又ハ借入金ヲ償還スル場合ニ於テハ直ニ之ヲ國債整理基金特別會計ニ繰入ルヘシ

第三條　公債金ニ餘裕アルトキハ之ヲ大藏省預金部ニ寄託シ其ノ利子ハ之ヲ本會計ノ歲入ニ編入スヘシ

第四條　公債金ノ毎年度内ニ使用セサルモノハ遞次之ヲ翌年度ニ繰越スヘシ

本會計ノ毎年度歲出豫算ニ於ケル支出殘額ハ遞次之ヲ翌年度ニ繰越シ使用スルコトヲ得第二條ノ規定ニ依リ朝鮮總督府特別會計ノ歲入ニ組入ルヘキ一般會計ノ毎年度歲出豫算ニ於ケル支出殘額ニ付亦同シ

第五條　公債金ヲ以テ支辨スル事業完成ノ後本會計ニ剩餘アルトキハ之ヲ朝鮮總督府特別會計ノ歲入ニ繰入ルヘシ

第六條　政府ハ毎年本會計ノ歲入歲出豫算ヲ調製シ歲入歲出ノ總豫算ト共ニ之ヲ帝國議會ニ提出スヘシ

附　則

本法ハ明治四十四年度ヨリ之ヲ施行ス

明治四十三年勅令第四百六號第五條ニ於ケル公債金特別會計ニ屬スル資金ノ殘餘ハ明治四十三年度朝鮮總督府特別會計ノ歲入ニ編入ス

朝鮮鐵道用品資金會計法案

朝鮮鐵道用品資金會計法

第一條　鐵道用品ヲ購入貯藏及製作修理シ朝鮮鐵道ノ運輸營業及建設事業ノ需用ニ應スル爲朝鮮鐵道用品資金ヲ置キ特別ノ會計ヲ立テシム

第二條　朝鮮鐵道用品資金ハ明治四十三年度末現在ノ韓國鐵道用品資金ヲ以テ之ニ充テ尙朝鮮總督府特別會計ヨリ漸次繰入シテ百萬圓トス

第三條　朝鮮總督府ニ於テ本會計ヨリ鐵道用品ヲ購入スルトキハ前金拂又ハ概算渡ヲ爲スコトヲ得

第四條　本會計ニ屬スル諸品ノ賣拂價格ハ其ノ自然ノ損減步合、製作改製修理費及其ノ附屬費用竝購入ニ附隨スル諸費ヲ其ノ購入原價ニ加算シテ之ヲ定ムヘシ

第五條　本會計ノ決算上該資金額ニ過剩ヲ生シタルトキハ其ノ過剩金ヲ同年度朝鮮總督府特別會計ノ歲入ニ編入スヘシ

第六條　政府ハ毎年朝鮮鐵道用品資金會計ノ歲入歲出豫算ヲ調製シ歲入歲出ノ總豫算ト共ニ之ヲ帝國議會ニ提出スヘシ

第七條　本會計ノ收入支出ニ關スル規程ハ勅令ヲ以テ之ヲ定ム

第八條　本會計ノ經營ニ妨ナキ限リ一般ノ需要ニ應シ機械其ノ他ノ物件ノ製作修理ヲ爲スコトヲ得

前項ノ場合ニ於テハ本會計ニ屬スル用品ヲ以テ其ノ材料ニ充ツルコトヲ得

附　則

本法ハ明治四十四年度ヨリ之ヲ施行ス

韓國鐵道用品資金會計ニ屬スル明治四十三年度末現在ノ收入及支出未濟額ハ之ヲ本會計ニ移スヘシ

朝鮮森林特別會計法案

朝鮮森林特別會計法

第一條　鴨綠江及豆滿江沿岸森林ヲ經營スル爲特別會計ヲ設置シ其ノ事業上ノ收入ヲ以テ其ノ支出ニ充テシム

第二條　本會計ノ資本ハ明治四十三年度末現在ノ韓國森林特別會計ノ資本ヲ以テ之ニ充ツ

第三條　毎年度事業上ノ益金ハ朝鮮總督府特別會計ノ歲入ニ編入スヘシ

第四條　政府ハ毎年朝鮮森林特別會計ノ歲入歲出豫算ヲ調製シ歲入歲出ノ總豫算ト共ニ之ヲ帝國議會ニ提出スヘシ

第五條　毎年度ノ豫算ニハ災害事變其ノ他豫期セサル歲出ノ不足ニ應スル爲豫備費ヲ設クヘシ

第六條　本會計ノ收入支出ニ關スル規程ハ勅令ヲ以テ之ヲ定ム

附　則

本法ハ明治四十四年度ヨリ之ヲ施行ス

韓國森林特別會計ニ屬スル明治四十三年度末現在ノ收入及支出未濟額ハ之ヲ本會計ニ移スヘシ

（政府委員若槻禮次郎君登壇）

○政府委員（若槻禮次郎君） 唯今議題ニナリマシタ中ノ一番初メノモノニ付テダケ、私ガ說明ヲ申上ゲマス、此第一ノ分ハ朝鮮ニ於ケル貨幣整理ノ爲生シタル債務ヲバ、貨幣整理資金特別會計ニ移屬サセルト云フ法律デアリマス、朝鮮ノ貨幣整理ニ付キマシテハ、從前ノ計畫デハ朝鮮ノ補助貨ノ鑄造益金デ以テ此債務ノ辨償ヲスルト云フ計畫ニナッテ居ッタノデアリマスガ、此度韓國併合ノ結果トシテ、貨幣ヲ統一スル必要ガアリマスカラ、補助貨ノ鑄造ニ付テモ今後ハ、一切一ツ所デ之ヲ鑄造致シマシテ、朝鮮ト內地ト別々ニハセナイト云フコトニ致スコトニ相成ルノデアリマス、然ル以上ハ從前ノ計畫ニ於テ、朝鮮ノ方ニ這入ッテ行ク筈デアリマシタトコロノ、朝鮮ニ流通スル補助貨ノ鑄造益金ガ、朝鮮特別會計ノ益金ニナリマセヌ、故ニ其債務ヲ朝鮮特別會計ニ殘シテ置キマスト云フト財源ガ無イ、償還ノ財源ガ無イト云フコトニ相成ルノデアリマス、ソレ故ニ一般ノ貨幣整理資金ノ方ヘ此債務ヲ移シマシテ、補助貨鑄造ノ益金ハ朝鮮ニ行ハレルモノデアラウガ、內地ノモノデアラウガ、總テ內地ヘ收入スルト共ニ、貨幣整理ノタメニ衍レタ債務ノ辨償ハ、共ニ此貨幣整理資金ヲ以テ之ヲ辨償シテ行クト云フコトニシタイト云フノガ、本案ノ趣旨デアリマス、是亦ドウゾ御協贊ニ相成リタイト思ヒマス

（政府委員荒井賢太郎君登壇）

○政府委員（荒井賢太郎君） 朝鮮事業公債法案、是ハ朝鮮ニ於キマシテ鐵道道路築港ト云フヤウナ事業ノタメニ公債ヲ募集致シマス、デ、其事業ヲ經營スルト云フ計畫ヲ立テマシタノデ、ソレニ依リマシテ、此事業公債ヲ募集スルト云フ法律案ヲ提出致シマシタ次第デゴザイマス、ソレカラ此朝鮮事業公債金特別會計法案、是ハ唯今ノ事業公債ヲ募集致シマシタルモノヲ特別會計ト致シマシテ、事業ノ進行ニ從ヒマシテ必要ナル投額ヲ毎年繰入レテ行カウ、ソレマデハ是ハ特別會計ニ致シテ、其資金ハ留保シテ置キマス、斯ウ云フ趣意ヲ以チマシテ、特別會計法案ヲ提出致シマシタ次第デゴザイマス、ソレカラ朝鮮鐵道用品資金會計法案、是ハ唯今マデハ朝鮮ノ鐵道ハ、ヤハリ內地ノ鐵道ト同一ナル會計ニ於テ經理ヲ致シテ來マシタモノヲ、此度朝鮮ノ方デ、朝鮮總督府ニ於テ、此鐵道ノ經營ヲ致スト云フコトニナリマシタ、依ッテソレニ伴ヒマシテ、用品資金卽チ鐵道ノ運轉用、竝ニ建設用ノ材料諸品ヲ買入レテ置クト云フ、此用品資金ヲ必要ト致シマスルノデ、其用品資金ノ特別會計法案ヲ提出致シマシタ次第デゴザリマス、ソレカラ、此朝鮮森林特別會計法案、是ハ朝鮮ニ於ケル鴨綠江竝ニ豆滿江沿岸ノ森林ノ經營ハ從來モ日韓兩國ニ於テ資本ヲ提供致シマシテ、經營致シテ居リマシタ、然ルニ今回韓國併合ノ結果、制度ノ變更ヲ要シマシテ、新ニ此森林經營ノ上ニ特別會計ヲ設置スルノ必要ガ生ジマシテ、本案ヲ提出致シマシタ次第デゴザイマス、何レモ右樣ノ理由ニ依リマシテ出マシタノデアリマスカラ、御協贊アランコトヲ願ヒマス

○議長（長谷場純孝君） 別ニ御質問モ無イト思ヒマスガ、此場合御諮リヲ致シマス、今此第十一ヨリ第十九マデヲ一括シテ議題ニ供シ、サウシテ政府委員モ同時ニ說明ヲ致サレマシタ、唯此場合、其委員付託ハ、卽チ第十一ヨリ第十七マデヲ、卽チ第十一、第十三、第十五、第十七、之ヲ同一委員ニ付託シタイト思ヒマスガ、御異議ハゴザイマセヌカ

（「異議ナシ異議ナシ」ノ聲起ル）

○議長（長谷場純孝君） 其數ハ幾名ニシマスカ……

○菅原傳君 此諸案ヲ一括シテ議長指名十八名ノ特別委員ニ付託セラレンコトヲ望ミマス

○議長（長谷場純孝君） 第十一ヨリ第十七マデ、ゴザイマスカ

○菅原傳君 サウデゴザイマス

○議長（長谷場純孝君） ソレデハ第十一、第十三、第十五、第十七ノ議案ヲ一括シテ議長指名ノ特別委員十八名ニ付託スルト云フコトニ御異議ハゴザイマセヌカ

（「異議ナシ異議ナシ」ノ聲起ル）

○議長（長谷場純孝君） 御異議ハナイト認メマスカラ 其通リ決シマス、日程第二十……

第二十 右議案ノ審査ヲ付託スヘキ委員ノ選擧

○菅原傳君 本案ハ九名ノ議長指名ノ特別委員ニ付託セラレンコトヲ望ミマス

（「贊成々々」ノ聲起ル）

○議長（長谷場純孝君） 日程第十九ノ朝鮮森林特別會計法案ハ議長指名ノ特別委員九名ニ付託スルト云フコトニ御異議ハアリマセヌカ

（「異議ナシ異議ナシ」ノ聲起ル）

○議長（長谷場純孝君） 御異議無イト認メマスカラ、其通リ決シマス、日程第二十一、輕便鐵道補助法案ノ第一讀會ヲ開キ議案ノ朗讀ハ省略致シマス

○議長(長谷場純孝君)　御異議ガナケレバ豫算委員長ヨリ請求ノ通リニ可決致シマス、尙念ノタメニ申シテ置キマスガ　豫算委員會ヲ開クコトハ、本日ニ限ッタコトデハナイ、豫算委員會ノ期限中ハ本會ノ開會中ニモ開キタイト云フコトデスカラ、左樣御承知ヲ請ヒマス、是ヨリ小村外務大臣ノ演說ガアリマス

(外務大臣伯爵小村壽太郎君登壇)

○外務大臣(伯爵小村壽太郎君)　諸君、茲ニ本院ニ於テ外交ノ經過ニ關シ、其概要ヲ陳述スルノ機會ヲ得マシタノハ、本大臣ノ最モ光榮ト致ストコロデ　ゴザリマス、帝國外交ノ方針ガ東洋ノ平和ヲ維持シ、帝國ノ安固ヲ確保シ、併セテ帝國ノ利權ヲ擁護スルニ在ルコトハ、本大臣ノ本院ニ於テ曾テ開陳致シタルトコロデゴザリマス(「佐々木安五郎君「高聲ニ望ム」ト呼フ)帝國政府ハ此方針ニ遵據致シマシテ、宇內ノ形勢ニ適應シテ、常ニ必要ナル措置ヲ取ルヲ怠ラザルコトヲ期シテ居リマス、帝國ト列國トノ關係ハ年ヲ逐ウテ益々敦厚トナリマシテ、其間ニ何等親交ヲ害スルガ如キ事實ノ發生スルコトナキハ、本大臣ノ諸君ト共ニ最モ欣幸ト致ストコロデゴザイマス、殊ニ日英同盟ハ年ト共ニ其鞏固ヲ加ヘ、日英兩國政府ノ意思ハ十分ニ相疏通シテ居リマシテ、東洋平和ノ維持ニ資スルトコロ愈々大ナルハ、慶賀ニ堪エザル次第デゴザイマス、昨年倫敦ニ開催セラレマシタル日英博覽會ハ、英國皇室並ニ同國朝野ノ最モ深厚ナル庇護同情ノ下ニ、遺憾ナク其目的ヲ遂ゲマシテ、我同盟國國民ノ多數ハ該博覽會ニ就キマシテ、親シク我帝國文化ノ眞相ト、淵源ヲ知悉致シマシテ、大ニ兩國國民ノ親睦ニ資スルトコロガアッタ次第デゴザイマス、而シテ該博覽會ガ通商上ニ及ボシタル影響ニ至リマシテハ、其日英貿易將來ノ發展ニ貢獻スルトコロ大ナルベキコトハ、本大臣ノ信ジテ疑ハヌトコロデゴザイマス、次ニ日露兩國ノ關係ガ益々親厚ヲ加フルニ至ルベキハ、本大臣ノ前議會ニ於テ既ニ開陳致シタトコロデゴザイマス、爾來兩政府ハ善鄰ノ交誼ヲ敦クシ、東洋ノ平和ヲ確保センガタメニ互ニ腹藏ナク其意見ヲ交換致シマシテ、其結果日露兩國ノ利害ガ滿洲ニ於テ相接觸シテ居ル事實ニ鑑ミマシテ、更ニ兩國間ニ一ノ協約ヲ締結致シ以テ、前回ノ協約ヲ補成シ兩國ノ利害ヲ調和スルコトヲ以テ最モ適當ト認メマシテ、昨年七月四日ヲ以テ露都ニ於テ第二回日露協約ニ調印ヲ致シタル次第デゴザイマス、世間或ハ該協約ガ何等危險性質ヲ有スルヤノ疑ヲ懷ク者モアルヤウデゴザイマスルケレドモ、該協約ハ前協約ノ主義ヲ確認シ、且其規定ヲ補充致シマシテ、以テ滿洲ノ現狀ヲ維持シ、東洋ノ平和ヲ確保スルヲ唯一ノ目的トスルモノデアルコトハ、本大臣ノ茲ニ明確ニ宣言スルヲ憚ラヌトコロデゴザイマス、該協約ノ締結以後日露兩國ノ交情ハ其敦キヲ加ヘマシテ、兩國政府ハ互ニ友好和衷ノ精神ヲ以テ、時々起生スルトコロノ案件ヲ處理シツツアルノハ、本大臣ノ諸君ト共ニ最モ滿足スルトコロデゴザイマス、次ニ韓國ニ關シマシテハ、帝國政府ハ東洋ノ平和ヲ維持シ、帝國ノ安固ヲ確保センコトヲ欲シマシテ、曩ニ韓國ヲ我保護ノ下ニ置キ、鋭意諸般ノ改革ヲ行ヒマシテ、努メテ豫期ノ目的ヲ遂センコトヲ期圖セシコトハ、諸君ノ御承知ノ通リデゴザイマス、然ルニ帝國政府ノ所期ハ保護ノ制度ニ依リ、十分ニ之ヲ收ムルヲ得ザルノミナラズ、速ニ其統治方法ニ對シテ根本的改革ヲ加フルニアラザレバ、遂ニ或ハ收拾スベカラザル事態ヲ生ズルノ虞ナキヲ保シ難キニ至リマシタカラシテ、政府ハ已ムヲ得ズ斷然韓國ノ併合ヲ實行スルコトニ決定致シマシテ、昨年八月ヲ以テ其意ヲ韓國政府ニ致シマシタルトコロ、韓國政府モ既ニ併合ノ已ムベカラザルコトヲ承認致シ、又韓國皇帝陛下ニ於カレマシテモ、大局ヲ洞鑒セラレマシテ、日韓兩國ノ併合ヲ以テ相互永遠ノ幸福ニ合スルモノト認メラレマシタルニ依リ、八月二十二日ヲ以テ併合條約ノ調印ヲ了スルニ至ッタ次第デゴザイマス、該條約當然ノ結果ト致シマシテ、從來韓國ト諸外國トノ間ニ存在シテ居リマシタル條約ハ、全然消滅シマシテ帝國ト諸外國トノ條約ガ之ニ代リ、朝鮮ニ行ハル、コトニナリマシタ、是ト同時ニ從來諸外國人ガ朝鮮ニ於テ有シテ居リマシタル治外法權ノ特典ハ、全ク廢滅ニ歸スルコト、ナッタノデゴザイマス、蓋シ朝鮮ニ於テ外國人ヲシテ治外法權ノ特典ヲ保有セシムルハ其統治ニ非常ノ不便不統一ヲ來スノミナラズ、外國人ヲシテ既ニ日本本土ニ於ケルト同一ノ權利特典ヲ享有セシムル以上ハ、其治外法權モ亦之ヲ抛棄セシムルコト固ヨリ當然ト認メマシタカラ、政府ニ於キマシテハ條約ノ消滅ヲ機ト致シマシテ、治外法權ヲ廢滅スルコトニ致シマシタル次第デゴザイマス、又從來韓國ト諸外國トノ間ニ於ケル協定稅率モ、條約消滅ト同時ニ廢滅ニ歸シタル譯デゴザイマスケレドモ、帝國政府ニ於キマシテハ諸外國人朝鮮ニ有スルトコロノ經濟上ノ利害ニ對シマシテハ、出來得ル限リ不利ナル影響ヲ及ボサザルコトヲ期シ、且日鮮間ノ經濟關係ニ對シ、急遽ナル變革ヲ加フルガ如キ措置モ亦成ルベク之ヲ避クルヲ得策ト認メマシタカラ、帝國政府ハ協定稅率ノ既ニ廢止トナレルニモ拘ラズ、其任意ノ處置ト致シマシテ、十年間從來ノ關稅率ヲ維持スルコトニ決定致シタル次第デゴザイマス、前述ノ次第ハ併合條約締結ノ事實ト共ニ、既ニ之ヲ關係諸外國ニ其當時通牒致シマシタ諸外國ガ東洋ノ大勢ニ鑑ミ、又我帝國ノ位地ニ顧ミマシテ、韓國併合ノ已ムベカラザル措置タルヲ諒承セルコトヲ、茲ニ確言致スコトヲ得ルノハ、本大臣ノ喜ブトコロデゴザイマス、次ニ條約改正ニ關シマシテハ、帝國政府ハ談判開始ニ關スル諸般ノ準備ヲ終ヘマシテ、維新以來ノ宏謨ニ基キ全然我稅權ヲ回復シ、且從來ノ條約中ニ存在シテ居リマスル不對等ノ條項ヲ除却スルノ主旨ヲ以テ、新條約案ヲ起草致シマシテ、昨年七八月ノ交ヲ以テ、現行條約廢棄ノ豫告ヲ關係諸國ニ發シ、尋イデ新條約案ヲ是等ノ諸國ニ提出致シマシタ關係諸國中ニハ、既ニ我提案ノ審査ヲ了ヘマシテ、其對案ヲ我ニ致セルモノモアリマスノミナラズ、其他ノ諸國ニ於キマシテモ、目下我提案ニ付キ講究ヲ遂ゲツ、アル次第デゴザイマス、帝國政府ハ成ルベク速ニ是等ノ諸國トノ間ニ、全然對等ノ基礎ニ於テ、新條約ヲ締結センコトヲ期シ、鋭意談判ノ進捗ニ努力シツ、アルトコロデゴザイマス、殊ニ英國トノ條約改正談判ハ、目下順當ニ進行シツ、アルヲ以テ遠カラザル中ニ、該談判ノ終了ヲ告ゲ、日英兩國倶ニ滿足スベキ新條約ノ成立ヲ見ルニ至ルベキハ帝國政府ノ確信致シテ居ルトコロデゴザイマス、外交ノ經過ハ概略唯今述ベタル通リデゴザイマスカラ、諸君ニ於テ宜シク御諒承アランコトヲ希望致シマス

○議長(長谷場純孝君)　外務大臣ノ演說ニ對シテ、說明ヲ求ムルノ通告ガアリマス、尾崎行雄君

○尾崎行雄君　極メテ簡單ナル說明ヲ求ムル條項デアリマスカラ、此席カラ……

(「登壇々々」ト呼フ者アリ)

明治四十三年勅令第三百二十四號

勅令第三百二十四號

第一條　朝鮮ニ於テハ法律ヲ要スル事項ハ朝鮮總督ノ命令ヲ以テ之ヲ規定スルコトヲ得

第二條　前條ノ命令ハ內閣總理大臣ヲ經テ勅裁ヲ請フヘシ

第三條　臨時緊急ヲ要スル場合ニ於テ朝鮮總督ハ直ニ第一條ノ命令ヲ發スルコトヲ得

前項ノ命令ハ發布後直ニ勅裁ヲ請フヘシ若勅裁ヲ得サルトキハ朝鮮總督ハ直ニ其ノ命令ノ將來ニ向テ效力ナキコトヲ公布スヘシ

第四條　法律ノ全部又ハ一部ヲ朝鮮ニ施行スルヲ要スルモノハ勅令ヲ以テ之ヲ定ム

第五條　第一條ノ命令ハ第四條ニ依リ朝鮮ニ施行シタル法律及特ニ朝鮮ニ施行スル目的ヲ以テ制定シタル法律及勅令ニ違背スルコトヲ得ス

第六條　第一條ノ命令ハ制令ト稱ス

附　則

本令ハ公布ノ日ヨリ之ヲ施行ス

明治四十三年勅令第三百二十六號

勅令第三百二十六號

舊韓國政府ニ關スル歲入歲出ノ豫算ハ當分ノ內從前ノ儘之ヲ襲用ス

附　則

本令ハ公布ノ日ヨリ之ヲ施行ス

明治四十三年勅令第三百二十七號

勅令第三百二十七號

朝鮮ニ於ケル臨時恩賜ニ充ツル爲政府ハ三千萬圓ヲ限リ五分利附國債ヲ發行スルコトヲ得

附　則

本令ハ公布ノ日ヨリ之ヲ施行ス

明治四十三年勅令第三百二十八號

勅令第三百二十八號

從來大藏省預金部ニ對シ韓國政府ノ負擔スル債務ハ別ニ規定ヲ設タル迄一般會計ノ負擔ニ屬セシム

附　則

本令ハ公布ノ日ヨリ之ヲ施行ス

明治四十三年勅令第三百二十九號

勅令第三百二十九號

第一條　朝鮮ニ於ケル臨時恩賜ハ明治四十三年勅令第三百二十七號ニ依リ發行シタル國債證券ヲ以テ下付ス

前項ノ國債證券ハ記名式トス但シ政府ニ於テ特別ノ事由アリト認ムルトキハ之ヲ無記名式ト爲スコトヲ得

第二條　前條ノ記名國債證券ハ政府ノ認可ヲ受クルニ非サレハ之ヲ讓渡又ハ質入スルコトヲ得ス

第三條　元金償還、利子仕拂、證券及登錄ニ關スル取扱手續ハ大藏大臣之ヲ定ム

附　則

本令ハ公布ノ日ヨリ之ヲ施行ス

明治四十三年勅令第三百三十號

勅令第三百三十號

明治四十三年勅令第三百二十六號ニ依ル豫算ニ關スル會計ノ經理及舊韓國政府ニ屬シタル財產ノ管理ニ關シテハ當分ノ內從前ノ例ニ依ル

附　則

本令ハ公布ノ日ヨリ之ヲ施行ス

明治四十三年勅令第三百三十一號

勅令第三百三十一號

第一條　朝鮮ヨリ內地、臺灣及樺太ニ貨物ヲ移入スルトキハ輸入稅ト同率ノ移入稅ヲ課シ朝鮮ヨリ入港スル船舶ニハ噸稅ヲ課ス

第二條　移入稅ニ關シテハ關稅法、關稅定率法、保稅倉庫法及稅關假置場法ヲ噸稅ニ關シテハ噸稅法ヲ準用ス

第三條　朝鮮ヨリ移入スル貨物中外國ヨリ輸入スル場合ニ於テ內國稅ヲ課スヘキモノアルトキハ外國ヨリ輸入スルモノニ準シ內國稅ヲ課ス

第四條　外國ニ輸出スル貨物ニ關シ內國稅ヲ免除若ハ下戾シ又ハ交付金ヲ下付スルコトヲ定メタル規定ハ之ヲ朝鮮ニ移出スル貨物ニ準用シ外國ヨリ輸入シタル貨物ニ關シ輸入稅ヲ下戾スヘキコトヲ定メタル規定ハ之ヲ本令ニ依リ移入稅ヲ課セラレタル貨物ニ準用ス

第五條　內國稅法中同法ヲ施行セサル地ヨリ同法施行地ニ貨物ヲ移入スルコトヲ禁止シタル規定ハ朝鮮ヨリ移入スル貨物ニ之ヲ適用セス

附　則

本令ハ公布ノ日ヨリ之ヲ施行ス

明治四十三年勅令第三百三十三號

勅令第三百三十三號

內地、臺灣及樺太ト朝鮮トノ間ニ出入スル船舶及物件ノ檢疫及取締ニ關シ

テハ別ニ法令ヲ以テ規定スル迄從前ノ例ニ依ル

附　則

本令ハ公布ノ日ヨリ之ヲ施行ス

明治四十三年勅令第三百三十六號

勅令第三百三十六號

第一條　本令施行前特許法、意匠法又ハ實用新案法ニ依リ發生シタル特許權、意匠權又ハ實用新案權ノ效力ハ朝鮮ニ於テ同一ノ事項ニ付特許權、意匠權又ハ實用新案權ヲ有スル者アル場合ニ於テハ朝鮮ニ及ハサルモノトス

第二條　韓國特許令、韓國意匠令又ハ韓國實用新案令ニ依リ發生シタル特許權、意匠權又ハ實用新案權ハ特許法、意匠法又ハ實用新案法ニ依リ發生シタルモノト看做ス

前項ノ特許權、意匠權又ハ實用新案權ノ效力ハ本令施行前同一ノ事項ニ付特許法、意匠法又ハ實用新案法ニ依リ發生シタル特許權、意匠權又ハ實用新案權ヲ有スル者アル場合ニ於テハ朝鮮以外ニ及ハサルモノトス

第三條　本令施行ノ際同一人ニシテ同一發明ニ付特許法及韓國特許令ニ依リ發生シタル特許權ヲ有スルトキハ其ノ存續期間ノ短キモノハ消滅スルモノトス

第四條　特許法ニ依リ發生シタル特許權ノ效力ハ朝鮮ニ於テ、第二條第一項ノ規定ニ依ル特許權ノ效力ハ朝鮮以外ニ於テ左ノ各號ノ一ニ該當スルモノニ及ハス、

一　本令施行ノ際現ニ其ノ發明實施ノ事業ヲ爲シ若ハ設備ヲ有スル者又ハ其ノ承繼人ノ特許發明ノ實施

二　本令施行ノ際現存スル物及前號ニ依リ製作シタル物

第五條　韓國特許令ニ依リテ爲シタル處分、手續其ノ他ノ行爲ハ特許法ニ依リテ之ヲ爲シタルモノト看做ス、

第六條　前三條ノ規定ハ意匠又ハ實用新案ニ關シ之ヲ準用ス

第七條　韓國特許令、韓國意匠令及韓國實用新案令ハ之ヲ廢止ス

附　則

本令ハ公布ノ日ヨリ之ヲ施行ス

明治四十三年勅令第三百三十七號

勅令第三百三十七號

第一條　本令施行ノ際同一人ニシテ同一商品ニ使用スヘキ類似商標ニ付商標法及韓國商標令ニ依リ發生シタル商標權ヲ有スル場合ニ於テハ其ノ商標ハ聯合商標トス

第二條　商標法ニ依リ發生シタル商標權ハ朝鮮ニ於テ、韓國商標令ニ依リ發生シタル商標權ハ朝鮮以外ニ於テ本令施行後六月間ハ其ノ商標ト同一又ハ類似ノ商標ヲ使用シタル商品ヲ交付若ハ販賣シ又ハ交付若ハ販賣ノ目的ヲ以テ所持スル者ニ對抗スルコトヲ得ス

第三條　商標カ商標法第二條第四號又ハ第五號ニ該當スル場合ニ於テハ商標法ニ依リ發生シタル商標權ハ朝鮮ニ於テ、韓國商標令ニ依リ發生シタル商標權ハ朝鮮以外ニ於テ其ノ效力ヲ有セス

第四條　明治四十三年勅令第三百三十六號第一條乃至第三條及第五條ノ規定ハ商標ニ關シ之ヲ準用ス

第五條　韓國商標令ハ之ヲ廢止ス

附　則

本令ハ公布ノ日ヨリ之ヲ施行ス

明治四十三年勅令第三百三十八號

勅令第三百三十八號

韓國著作權令ニ依ル登錄ハ之ヲ著作權法ニ依ル登錄ト看做ス

韓國著作權令ハ之ヲ廢止ス

附　則

本令ハ公布ノ日ヨリ之ヲ施行ス

明治四十三年勅令第四百六號

勅令第四百六號

第一條　朝鮮總督府ノ會計ハ特別トシ其ノ歲入及一般會計ノ補充金ヲ以テ其ノ歲出ニ充ツ

第二條　前條ノ收入支出ニ關スル規定ハ勅令ヲ以テ之ヲ定ム

第三條　政府ハ每年朝鮮總督府特別會計ノ歲入歲出豫算ヲ調製シ歲入歲出ノ總豫算ト共ニ帝國議會ニ提出スヘシ

附　則

第四條　本令ハ明治四十三年十月一日ヨリ之ヲ施行ス

第五條　鐵道、森林、平壤鑛業所及公債金ノ特別會計竝通信ノ會計ニ付テハ明治四十三年度分限リ仍從前ノ例ニ依ル

第六條　舊韓國政府ニ屬シタル債權及債務ニシテ本令施行ノ際現存スルモノハ本會計ニ移屬ス

第七條　明治四十三年勅令第三百二十六號ニ依ル豫算ニ關スル會計年度ハ明治四十三年九月三十日ヲ以テ終結ス

前項ノ豫算ニ計上シタル一時借入金ハ本會計ノ負擔ニ於テ之ヲ爲スコトヲ得

第八條　前條ノ歲入歲出竝統監府及其ノ所屬官署ニ係ル歲入歲出ノ出納ニ關スル事務ハ明治四十三年十二月三十一日迄ニ悉皆完結スヘシ

第九條　第七條ノ經費竝統監府及其ノ所屬官署ノ經費ノ支辨ニ屬スル工事又ハ製造ニシテ明治四十三年九月三十日迄ニ經費ノ支出ヲ終ラサルモノハ其ノ支出未濟ノ豫算額ヲ本會計ニ移シ之ヲ使用スルコトヲ得

第十條　前條ノ經費支辨ノ諸費ニシテ既ニ契約ヲ爲シ又ハ仕拂義務ヲ生シ明治四十三年九月三十日迄ニ支出ヲ終ラサルモノハ其ノ支出未濟ノ豫算額ヲ本會計ニ移シ使用スルモノトス

第十一條　第七條ノ會計ノ過不足ハ之ヲ本會計ニ移シ整理ス

○松田源治君　本員ハ一昨日桂總理大臣ニ施政ノ方針ニ付キマシテ、說明ヲ求メマシタガ、其說明ヲ求メタイト云フ事項ハ朝鮮併合ト憲法ノ關係ニ付テ求メタノデゴザイマス、其時分ニ桂總理大臣ハイヅレ緊急勅令及憲法七十條ノ財政處分ヲ爲シタルコトニ付テハ、各〻議會ニ承諾ヲ求ムルタメニ提出シテ居ルカラ其際ニ臨時議會ノ召集ガ出來ナカッタトコロノ事情ニ付テハ、詳細ニ辯明ヲスルト云フ約束デアリマスカラ、此際桂總理大臣ノ出席ヲ求メ、本會ニ於テ其辯明ヲ聽キタイノデゴザイマス

（「贊成々々」ト呼フ者アリ拍手起ル）

（政府委員安廣伴一郎君登壇）

○政府委員（安廣伴一郎君）　唯今總理大臣ハ豫算委員會ノ方ニ御出席ニナッテ居リマシテ、此方ニ御出デニナリマセヌカラ、私カラ……

○松田源治君　是ハ重大デスカラ、桂總理大臣ノ……

○議長（長谷場純孝君）　先ヅ御聽キニナッタラ宜イデセウ、何ント言ハレルカ……

○政府委員（安廣伴一郎君）　本件ニ關シマシテハ、先日總理大臣ヨリ御說明ニナリマシタ通リ、日韓併合條約ノ締結ト同時ニ、韓國ハ我領土ノ一部分ヲ形成スル次第デアリマシテ、ソレト同時ニ帝國ノ法律ガ新領土ニ向ッテ、其效力ヲ及ボシマスル譯デアリマス、併ナガラ風俗人情ヲ異ニ致シテ居ルトコロノ、此新領土ニ向ッテ同一ノ法律ヲ以テ律スベカラザルコトハ明カナル次第デゴザイマス、因ッテ此事ハ一日モ忽セニスルコトハ出來ヌ次第デアリマスカラ、政府ハ憲法ノ條項ニ遵由致シマシテ、緊急ノ處置ヲ取リマシタ次第デゴザイマス、御承諾アランコトヲ希望致シマス

○法學博士花井卓藏君　本期ノ議會中ニ於キマシテ、最モ重要ナル問題ハ即チ今御紹介ニ相成マシタル承諾案ノ幾多デゴサイマス、而シテ此承諾案ノ中ニハ立法上ノ非常命令權モゴザイマスルシ、又財政處分ニ關スル非常命令權モアルノデアリマス、ノミナラズ憲法アリシヨリ以來未ダ曾テアラザル緊急勅令ヲ以テ委任立法ヲ授ケルト云フガ如キ、最モ遂倒ナルトコロノモノモアルノデゴザイマス、吾々ガ憲法ニ依ッテ授ケラレタルトコロノ立法ノ大變例ニ關シテ居ルノデゴザイマス、此ノ如キ重大ナル問題ニ向ッテ內閣大臣一人モ出席スルコトナクシテ、微々タル關係ヲシテ此說明ヲナサシムルト云フコトハ、實ニ許スベカラザルコトヽ本員ハ信ズルノデゴザイマス、私ハ多クヲ言フヲ欲シマセヌ、又帝國議會ニアラザレバ有スルコト能ハザル立法權ノ變例ヲ取リタル、變道ヲ取リタル其說明ヲ爲スト云フコトハ、閣臣總テノ責任ニ係ルコトヽ信ジマス、憲法布カレテヨリ以來二十三年議會開カレテヨリ以來二十七回、未ダ曾テ今回ノ如キ大變例ノモノヲ出サレタコトハナイノデゴザイマス、故ニ本員ハ閣臣ノ總テノ出席ヲ得マシテ此說明ヲ得マスルマデハ、此案ヲ延期スルト云フ動議ヲ提出シマス

○高木正年君　私モ松田君花井君ノ唯今ノ御發言ニ贊成ヲスル者デアリマス、此委任立法ノ緊急勅令中ノ三百二十四號ノ緊急勅令ハ、非常ニ重大ナルモノデアルト云フコトヲ知ラネバナラヌ、唯今花井君ノ言ハレタ如ク、單ニ立法ヲ委任スルト云フバカリデハナイノデアリマス、此三百二十四號ノ勅令第三條ヲ一讀シ來リマスレバ、如何ニ此勅令ガ帝國憲法ヲ蹂躪シツヽアルカヲ考ヘネバナラヌ、此第三條ニハ斯樣ナコトガアル、朝鮮總督ハ緊急ナ場合ニ於テハ命令ヲ發スルコトヲ得、此命令ハ命令ヲ發シタ後勅裁ヲ受ケ、若シ勅裁ヲ得ザルトキハ、其將來ニ於テ效力ヲ失フト云フコトガ書イテアル、臺灣律令六十三號ノ如キモノニモ、斯樣ナコトハナイノデアリマス、是ハ單リ立法ヲ委任スルバカリデナクシテ、緊急勅令ノ存續ヲモ委任スルト云フ重大ナル事件デアル故ニ、今日ノ場合ニ於テハ之ヲ延期シテ、花井君松田君ノ言ハレル通リ、閣臣全部出席ノ上ニ於テ、之ヲ討議シタク思フノデアリマス

○菅原傳君　是等諸問題ハ實ニ重要ナル問題ト思フノデアリマスカラ、此問題ヲ議スルニ當リマシテハ、是非總理大臣ノ出席ヲ望ムノデアリマス、若シ出席セヌト云フ場合ニハ、更ニ決議等モ致スデアリマセウガ、先ヅ第一ニ出席ヲ希望致スト云フ動議ヲ提出致シマス

（「贊成々々」ト呼フ者アリ）

○議長（長谷場純孝君）　ソレデハ、大臣ノ出席ヲ求ムルト云フコトニ御異議ガナイト認メマス、直ニ豫算委員會ニ居ラレマスカラ、通知ヲ致シマス、暫ク……御諮リヲ致シマスガ、大臣ノ來ルマデハ此問題ハ是デ保留シテ置イテ議事日程ガ、マ一ツ殘ッテ居リマスカラ、之ヲ議題ニ致シテ進メヤウト思ヒマスガ、御異議ハアリマセヌカ

（「異議ナシ異議ナシ」ト呼フ者アリ）

議事日程第五乃至第二十七ノ件

○議長（長谷場純孝君） 御異議ガアリマセヌカラ其通リ決シマス、今內閣員モ列席ニナリマシタカラシテ、前ニ宣告致シマシタ日程ノ第五、第七、第九、第十一ヨリ第二十七マデ卽チ朝鮮ニ關スル事後承諾ヲ求ムル議案ヲ一括シテ議題ニ付シマス

第五　明治四十三年勅令第三百二十四號（承諾ヲ求ムル件）
第七　明治四十三年勅令第三百二十六號（承諾ヲ求ムル件）
第九　明治四十三年勅令第三百二十七號（承諾ヲ求ムル件）
第十一　明治四十三年勅令第三百二十八號（承諾ヲ求ムル件）
第十三　明治四十三年勅令第三百二十九號（承諾ヲ求ムル件）
第十五　明治四十三年勅令第三百三十號（承諾ヲ求ムル件）
第十七　明治四十三年勅令第三百三十一號（承諾ヲ求ムル件）
第十九　明治四十三年勅令第三百三十三號（承諾ヲ求ムル件）
第二十一　明治四十三年勅令第三百三十六號（承諾ヲ求ムル件）
第二十三　明治四十三年勅令第三百三十七號（承諾ヲ求ムル件）
第二十五　明治四十三年勅令第三百三十八號（承諾ヲ求ムル件）
第二十七　明治四十三年勅令第四百六號（承諾ヲ求ムル件）

（內閣總理大臣侯爵桂太郎君登壇）

○內閣總理大臣（侯爵桂太郎君） 本官ハ御承知ノ如ク豫算委員總會ガ先刻カラ開カレテ居リマシテ、丁度大藏省所管ノ件ニ付キマシテ種々ナル質問又意見等モ委員會デ出マシテ、ソヒソレガタメニ此重大ナル緊急勅令其他ノ事後承諾ヲ得ルノ議題ガ當議場ニ上リマシタ際不在デゴザイマシタタメニ、次ノ日程ニ回サレルヤウナ次第ニ相成リマシタノハ、甚ダ右樣ナ次第デ、茲ニ不在ヲ致シテ居ッタト云フコトヲ先以テ諸君ニ御斷リ致シテ置キマス、諸君、唯今日程ニ相上リマシタトコロノ緊急勅令等先般モ一通リ申述ベテ置キマシタ如ク、誠ニ此併合ハ緊急已ムヲ得ザル至急ヲ要シマシタ場合デゴザイマシテ、緊急勅令及其他ノ財政等ノ處分ニ付キマシテモ、憲法ノ第八條若クハ七十條ニ則リマシテ緊急ノ處分ヲ仰ギマシタ次第デゴザイマス、其事情其當初ノ情勢ニ付キマシテハ、宜シク御諒察ヲ下サレマシテ、速ニ此緊急勅令ニ御協贊アランコトヲ希望シテ已マヌノデゴザイマス

○松田源治君 今ノ御說明ニ於キマシテハ要領ヲ得マセヌノデゴザイマスガ憲法ノ八條ニ據リマスル處分、ハ緊急ノ必要ガアレバ、憲法第八條ニ據ッテ政府ハ處分シテ宜シイノデゴザイマスケレドモ、財政上ノ必要ノ處分ハ緊急已ムヲ得ザル場合ニ於テハ臨時議會ヲ召集スヘシ、臨時議會ヲ內外ノ情形ニ依ッテ召集スルコト不能ナル場合ニ限ッテ、初メテ財政上ノ處分ヲ爲スコトヲ得ルノデゴザイマス、本員ノ聞カントスルトコロハ緊急已ムヲ得ザル場合デアッタト云フコトモ、緊急勅令ノ事後承諾ヲ議スルニ付テハ必要デアリマセウケレドモ、緊急勅令ヨリモ憲法第七十條ノ處分ナルモノハ尙一層ノ戒心ヲ要シテ政府ニ愼重ヲ憲法ノ處分ニ依ッテ望ンデ居ルノデゴザイマス、總理大臣ノ說明ノ如ク緊急已ムヲ得ザルモノナラバ、進ンデ臨時議會ヲ召集スルガ憲法ノ命ズルトコロデアル內外ノ狀形ニ依ッテ臨時議會ヲ召集スルコト能ハザルトキニ限リ、初メテ財政上必要ノ處分ヲ爲ストニ云フコトハ憲法ノ明文上昭々乎トシテ日星ノ如キモノデアラウト思フノデゴザイマス、デアリマスカラ私ノ問ハントスルトコロハ緊急ノ事情ガアッタト云フコトヲ總理大臣ハ申スガ、緊急ノ事情ガアルナラバ臨時議會ヲ進ンデ開クベシ、內外ノ狀形ニ依ッテ、臨時帝國議會ヲ開クコトガ出來ナカッタ卽チ不能ナル事實ハ斯ク斯クナ事實デアルト云フコトヲ、斯ル憲法上ノ大問題ヲ決シタル政府ニ於テハ具體的ニ事實ヲ述ベテ、斯ル事實ニ依ッテ內外情形ハ臨時議會ヲ召集スルコトガ不能デアッタト云フコトヲ親切ニ切實ニ具體的ノ事實ヲ本議會ニ述ベルガ當然ト思ヒマスカラ、憲法七十條所謂內外ノ情形ニ因リ、臨時議會ヲ召集スル能ハザルトキノ具體的ノ事實ヲ詳細ニ御述ベニナランコトヲ、第一ニ要求スルノデアリマス、第二ト致シマシテハ、他ノ勅令ノ事後承諾ノコトニ付キマシテモ、說明ヲ求メタイガ、ソレハ委員會ニ讓リマシテ、最モ重大ナル勅令三百二十四號、卽チ立法委任ノ緊急勅令デゴザイマスガ、此勅令三百二十四號ノ立法委任ノ緊急勅令ヲ發シタノハ、餘リ帝國議會ヲ無視シタヤリ方デハナカラウカト思フノデアリマス、翻テ此臺灣ノ時分ノ狀況ヲ調ベテ見マスレバ、臺灣ノ場合ニ於キマシテハ、明治二十七八年戰役ガ終ルヤ、直ニ臺灣ハ我國ノ領有ニ歸シタノデゴザイマス、併シ時ノ政府ハ桂內閣ノ如ク立法協贊權ヲ無視セズシテ、直ニ緊急勅令ヲ以テ委任立法ヲ規定セズシテ、徐ロニ明治二十九年ノ第九回ノ帝國議會ノ開ケルヲ待ッテ、法律案ヲ提出シテ議會ノ協贊ヲ求メ、明治二十九年ノ三月ノ三十一日ニ、法律第六十三號トナッテ發布サレタノデアル、朝鮮ヲ統治致スニ付テ、殆ド憲法違反ノ嫌ガアル世ノ學者ニ於テモ――世ノ憲法學者ニ於テモ立法委任ハ憲法違反デアルト云フ說ガアル、此重大ナル立法委任ヲ爲スニ付テ、帝國議會ノ臨時議會ヲモ開カズ、普通議會ヲモ俟タズシテ、直ニ此臺灣ノトキノ先例ト違フトコロノ緊急勅令ヲ發シタノハ如何ナル理由ニ基イタノデゴザイマスカ、本員ノ考ヘニ依リマシテ、政府ノ當然ノ處置トシテハ先ヅ一ツノ緊急勅令ヲ發シテ當分朝鮮ニ行ハル、法律ハ當分效力ヲ有スルト云フ急緊勅令ヲ發シタナラバ、此二十七議會ノ開會ヲ俟ッテ徐ロニ朝鮮ノ統治委任ニ付テハ法律案ヲ提出シテ、吾々ノ協贊ヲ求メタ方ガ當然ノ處置ト信ズルノデゴザイマス、憲法政治ハ申スマデモナク、極ク窮屈ナル政治デアル、毫モ此間ニ武斷專制ト云フコトヲ許サヌノデアル、極ク規則デ以テ詰メテ憲法ノ條規ニ依ッテ束縛シテ極ク窮屈ナル政治ヲスルノハ憲法政治ノ常デアル當局者ハ緊急勅令ニ依ッテ委任立法權ヲ授ッタナラバ、隨分融通ガ利イテ窮屈デハナイ、融通ガ利クケレドモ是レ憲法ノ精神ニ反スルカラレテ窮屈デアル、此二十七議會ノ開ケルヲ持ッテ徐ロニ斯ル重大ナル問題ハ解決スルガ當然トスルニモ拘ラス、直ニ他ノ緊急勅令ト同一ニ重大ナル立法委任ニ關スルトコロノ緊急勅令ヲ發セラレタノハ、政府ノ帝國議會ノ立法權ヲ無視スルヤウナ嫌ヒガアルト本員ハ考ヘルノデアリマス、之ニ付テハ其時分ニ此立法委任ノ緊急勅令ヲ發スルニハ事情已ムヲ得ナイトコロノ事情ガアルカ、斯ル重大ナルコトニ付キマシテ、其事情ヲ詳細ニ說明ヲ求メタイ、此制令權ヲ政府ニ權力ヲ取リマシテ其後ニ朝鮮ニ出テタル勅令ヲ見マスレハ辯護士ノ資格ヲ剝奪スルトカ、

或ハ朝鮮ニ會社令ヲ出シテ――武斷專制ノ會社令ヲ出ストカ、或ハ三箇月以下ノ懲役ヲハ警察署デ即決スルト云フヤウナ、專制ノ法令ヲ出シタノミデ、其他ニ公益ヲナス朝鮮ノ統治ニ付テ必要已ムヲ得ザル制令ハ本員ハ未ダ出テ居ナイト考ヘマス、政府ハ何故ニ二十七帝國議會ノ開ケルヲ待ッテ、此重大問題ヲ決シナカッタカ、是ガ本員ノ問ハントスル第二デアリマス、以上憲法上重大ナル問題デアリマスカラ、詳細ナル御答辯アランコトヲ望ミマス

（內閣總理大臣侯爵桂太郎君登壇）

○內閣總理大臣（侯爵桂太郎君） 唯今松田君ヨリ憲法七十條竝ニ制令權ノコトニ付キマシテ、御質問ガゴザイマシタ、此併合ノコトハ前々モ松田君ノ御質問ノゴザイマス如ク、當議場ニ於テ申述ベマシタ通リ、韓國政府ト條約ニ依ッテ相成リマシタコトデゴザイマス、ソレガタメニ內外ノ情勢又韓國ノ情勢ニ於キマシテモ、其併合當時ノ治安ヲ保チ又治安ヲ保ツ上ニ付キマシテハ、外ニ對シテモ最モ必要ナ場合デゴザイマス、之ガタメニ緊急ノ勅令ヲ仰ギマシテ、一方憲法八條ニ依リマシテ、處分ヲ致シタ次第デゴザイマス、當時此ノ如キ場合デゴザイマシタタメニ、財政ノ處分ニ付キマシテモ、內外ノ情勢最モ其緊急――至急ニ此處置ヲ致サナクテハナラヌトコロノ場合ニ際會致シマシタタメニ、政府ハ憲法七十條ニ依リマシテ、已ムヲ得ズ財政上ノ處分モ同時ニ仰ギマシタ次第デゴザリマス、又勅令ノ點ニ付キマシテハ、松田君ハ臺灣ノ我領土ニ編入ヲセラレタトキニモ、暫クノ間經ッテ後ニ帝國議會ニ法律ヲ提出シテ議會ノ協贊ヲ經テ、爰ニ至ッタデハナイカ、韓國ノ情勢モ亦サウハ出來ナカッタノデアルカ、斯ウ云フ御質問デアリマシタ、松田君モ、御承知ノ如ク、臺灣ハ臺灣領土ノ――臺灣ガ我領土ニ編入ヲ致サレマシタ當時ハ軍政ガ施カレテ居リマシタ、丁度二十九年ノ六月幾日デアリマシタカ、私ガ初メテ臺灣總督トシテ參リマシタトキニ、所謂此法律六十三號ヲ以チマシテ、初メテ總督ニナッテ參ッタノデアリマス、其間ハ御承知ノ如ク軍政デアッタノデアル、朝鮮ハ御承知ノ如ク、左樣ナ處置ヲ取ル譯ニ參ラナカッタノデゴザイマス、ソレガタメニ已ムヲ得ズ是又右樣ナ處置ヲ執ラニヤナラヌ場合ニ至ッタノデゴザリマス、此邊ノ點ニ付キマシテハ宜シク御諒察ヲ下サッテ遂ニ御承諾ヲ得ンコトヲ希望シテ已マヌノデゴザイマス、尙其他詳細ノコトニ付キマシテハ、願クハイヅレ委員付託ニモナルコトデアラウト信ジマスカラ、委員會等ニ於キマシテ、其當時ノ詳シキ事情ハ本官又ハ其他ノ當局者ヨリ申述ベマシテ、諸君ノ御參考ニスル積リデゴザイマス

○議長（長谷場純孝君） 花井卓藏君

○法學博士花井卓藏君 緊急勅令ノ性質ニ付キマシテ、大切ナル憲法上ノ事項ナルニ拘ハラズ、議員ト政府ト爭ッテ明白ナル解決ヲ得テ居リマセヌ、此明白ナ解決ヲ得マセヌガタメニ、常ニ屢々立法ノ變例ヲ濫用シテ此ノ如キノ命令ヲ濫發セラレルヽモノデアルト信ジテ居リマス、此機會ニ於キマシテ、根本的ニ緊急勅令ニ關スル政府ノ見ル所ト議會ノ見ル所トヲ定メタイト信ズルノデアリマス、第一問トシテ御尋ヲ致シマスルノハ、此度提出ニナリマシタル、勅令第三百二十四號ナルモノハ、政府ハ非常ノ場合ニ於テ非常立法權ヲ行ヒタル事情ノ審査ヲ議會ニ求メ、而シテ責任ノ解除ヲ議會ニ請ハルヽト云フ主旨デアルカ、若クハ又此ノ如キノ觀念ハ緊急勅令ニ對シテ政府者ノ抱クモノニハアラズシテ、全ク此勅令ヲ共儘將來ニ效力ヲ持續セシメンガタメノミノ主旨ニ於テ提出セラレタノデアルカ、責任解除ノ主義デアルカ或ハ效力持續ノ主義デアルカ、此點ニ於テ極メテ明白ナル御答ヲ得タイト思フ、此問題ハ學術問題トシテ爭アルニ拘ハラズ、政治上ニ於テハ全ク解決セラレテ居リマセヌ、居リマセヌカラ常ニ屢々妄リニ此非常立法ヲ企テラル、如キ帝國議會ノ有スル正道ノ立法權ヲ蹂躙セラレテ居ル、之ヲ今日ノ機會ニ於テ定メテ置キタイト思フノデアリマス、第二ニハ緊急勅令ハ憲法上ノ觀念如何ニ拘ハラズ、法憲政治ト致シマシテハ、議會ハ勿論ノコト、政府ト雖モ、此立法手段ニ依ルト云フコトハ欲セラレザルトコロデアラウト信ズルノデアル、已ムヲ得ザルガ故ニ行ハル、立法デアラウト信ジテ居ル、此處ニ私ガ誠意ニ政府ノ意見ヲ聽カント欲スル點ガアルノデアル、御承知ノ通リ緊急勅令ハ如何ニ議會ガ承諾ヲ與ヘマシテモ、法律トナルベキ性質ノモノデナイ、勅令ハ依然トシテ勅令デアル、議會ハ之ニ承諾ヲ與ヘテ、而シテ後ニ此緊急勅令ノ力ト云フモノハ、憲法議會ノ外ニ治外法權ヲ保ッテ、既ニ議會ノ承諾ニ依ッテ、長ヘニ將來ニ效力ヲ有スル、之ヲ改廢スルニ付テハ、議會トハ沒交涉デアル、憲法トハ沒交涉デアル、得タル政府ノ自由自在デアルト云フコトハ論ヲ俟タヌノデアリマス、私ハ此ノ如キコトハ憲法政治ノ政治機關トシテ政府ノ欲セザルトコロデアラウト思フ、故ニ議會ニ於テ之ニ承諾ヲ與ヘザリシナラバ、政府ハ朝鮮ニ施行スベキ法令ニ關スル法律トデモ名クベキモノヲ組立テラレテ、以テ立法ノ正道ニ復ル、而シテ此緊急勅令ニ代ルベキ立法手段ヲ御執リニナルベキモノト、私ハ信ジテ居ル、議會ハ承諾ヲ與ヘザリシ場合ニ於テハ、此ノ如ク信ジテ居ル、私ハ政府ニ向ッテ一言希望ガ述ベタイノデアル、議會ノ承諾ヲ與フルト否トニ拘ハラズ、立法ノ正道ニ顧ミ、今日既ニ議會ノ開カレテ居ルノデアリマスカラ、此緊急勅令ノ通リニ法律案ヲ立テマシテ、議會ノ協贊ヲ御求メニナルト云フコトハ、洵ニ立憲大臣ノ立法ニ對スルトコロノ誠意デハアルマイカ、私ハ考ヘル、政府此ノ如キノ考慮ヲ有セラル、ヤ否ヤト云フコトノ御尋ヲシタイ、御參考ノタメニ申上ゲマスルガ、何レノ議會デゴザイマシタカ、本員ハ緊急勅令ニ對シマシテ、極力政府ト爭ッタコトガゴザイマス、而シテ素論ヲ貫徹センガタメ、試ニ法律案ヲ具シテ議會ニ提出ヲ致シマシタ、議會ハ之ニ承諾ヲ與ヘテ責任ノ解除ヲナシ、先ヅ政府ハ當然ノ處分ヲ同時ニ於テナシタモノデアルト云フコトニハ、一旦ハ決定致シマシタガ、越エテ數日、更ニ本員ノ提出致シマシタル法律案ヲ可決シテ、是ト同時ニ非常命令ヲ廢棄セラレタ、斯ウ云フ實例ガアル、是ハ政府モ同意セラレタコトニナッテ居ル、其途ニ出デラルヽ御存念ハナイノデアルカ、之ヲ實際問題トシテ今日承ッテ置キタイ、第一問ハ憲法上ノ措置トシテ政府ノ所見ヲ十分ニ承ッテ置キタイ、第二ハ實際問題トシテ當面ノ勅令案ニ就テ、私ガ申ス途ニ出デラルヽヤ否ヤト云フコトニ付テ、御尋ヲシナケレバナラヌ、第三ニ御尋ヲ致シマスルノハ唯今松田君ノ最モ熱心ニ御述ベニナリマシタル憲法七十條ノ問題、私ハ松田君ヨリハ更ニ一步ヲ進メテ、帝國議會アル場合ニ於キマシテハ、必ズ臨時召集ノ手續ニ出デザルベカラザルモノト、條文ヲ解釋致スノデアリマス「內外ノ情形ニ因リ帝國議會ヲ召集スルコト能ハサルトキハ」ト云ヘル文字ハ、或ハ兵亂ノタメニ議會アリト云フト雖モ、開ク能ハズ、或ハ解散ノタメニ議員無キノ故ヲ以テ開ク能ハズ、此ノ如キ場合ニ限定セラルベキモノデゴザイマシテ、兵亂モゴザイマセズ、解散モゴザイマセズ、帝國議會ノ議員ト云フモノハ、確ニ何等ノ差支ヘナクシテ召集ニ應ズベキ途ニ居ル場合ヲ指スベキモノデハナイト信ジマス、然ルニ七十條

ノ處分ヲナサルニ當ッテ、憲法ノ法文ノ示セル途ヲ履マズシテ、議會ノ召集ヲセラレナカッタノハ如何ナル理由デアルカ、斯ウ私ハ切實ニ法文ノ上ヨリ質問ヲ致シテ御答ヲ得タイト思ヒマス、尤モ此點ニ付キマシテモ、本員ハ經驗ヲ有シテ居ル、是ハ何レノ議會デアッタカ存ジマセヌ、ソレハ申サヌ方ガ宜イカモ知レヌ、三十七八年ノ役ノ際、外債三億圓ヲ募ラル、ニ當リマシテ、當時臨時議會召集不能ノ狀態ニハアラザリシニモ拘ハラズ、議會ヲ召集セズシテ、財政上ノ緊急處分トシテ、此外債ノ募集ヲセラレシコトガゴザイマシタ、而シテ承諾ヲ議會ニ求メラル、ニ當ッテ、本員ハ絕對ニ之ニ反對ヲ致シマシタ、論ズルトコロハ唯今申ストコロノ如ク、松田君ノ論ゼラル、トコロノ如クデアル、而シテ之ニ對シテ先輩元田肇君ノ本員ニ對スル反對論、而シテ長君、森君等ノ反對ノ論ハ、議場ニ勝ヲ制シテ、憲法七十條ノ讀方ハ松田君ノ讀マル、ガ如ク、本員ノ讀ムガ如キコト、ナラナカッタ 惡先例ガアルノデアル、政府恐ラクハ此惡先例ニ隱レテ、憲法七十條ヲ解スルノ要ナキヲ保セズデアリマス、併ナガラ曾テ此惡先例ヲ唱道セラレシトコロノ方々ハ、松田君ニ依ッテ立派ニ本員ノ見ルトコロト同ジヤウナ意見ヲ提出セラル、今日デアリマスルカラ、卽チ政府モソレノ襲ニ倣ハレテ、此惡先例ニ隱レザランコトヲ望ムノデアリマス、惡先例ヲ作リタル一派ノ人ガ、惡先例デアルト云フコトヲ明言セラレル以上ハ、是ハ先例トナスベカラズト云フコトモ、一言致シテ置キタイノデアル、桂總理大臣、寺内朝鮮總督ハ、現ニ御列席ノコトデアリマスカラ、此問題ニ關スル當局ノ任務ト致シマシテ、本員ヲシテ滿足セシムルダケノ御答辯ヲ御與ヘ下サラレルコトヲ切望致スノデアリマス

（政府委員安廣伴一郎君登壇）

○政府委員（安廣伴一郎君） 唯今花井君ノ御質問デゴザイマスガ、是ハ法律ニ關係シテ居リマスカラ、私カラ御答ヲ致シマス、第一ノ御質問ニ係リマストコロノ此緊急勅令ヲ出シタノハ、責任解除ノ意味デアルカ、將又將來ニ向ッテ其效力ヲ存續セシムルトコロノ意味デアルカト云フ御尋デゴザイマス、憲法ニハ責任解除ノコトハ何等ゴザイマセヌノデ、政府ト致シマシテハ責任解除ト云フ意味ハ少シモ含ンデ居リマセヌ、憲法ノ第八條ニ從ヒマシテ、將來ニ向ッテ其效力ヲ維持スルガタメニ承諾ヲ求メタル次第デゴザイマス、第二ノ御質問ノ若シ是ガ不承諾ニナッタ時ハ、如何デアルカト云フ御尋デゴザイマスガ、唯今政府ハ此十二件ノ勅令ニ對シマシテ、承諾ヲ求ムルタメニ帝國議會ニ提出シテゴザイマス、次第デ、今日ヨリ其承諾ヲ豫期シテ不承諾ノ場合ニハ、此ノ如クスルデアラウト云フコトハ少々御答ニ苦ム次第デゴザイマス、第三ノ御尋デゴザイマスガ是ハ帝國議會ノ存在不存在ノ如何ニ拘ハラズ、先例ハ澤山ゴザイマス、之ヲ惡先例ト云ハレマスカ知リマセヌガ、兎ニ角先例ニハ相違アリマセヌデ、政府ハ是ヲ惡先例トハ認メマセヌ、而シテ其理由ハ先程總理大臣ヨリ既ニ述ベラレマシタ通リ是ハ已ムヲ得ザル緊急ノ必要ガアッテ致シマシタ次第デアリマス

○法學博士花井卓藏君 法律問題デハナイノデアリマス、政治問題デアリマス（「ヒヤ〳〵」ト呼フ者アリ）桂總理大臣ニ向ッテ御尋ヲ致シマス趣旨ハ、三點ゴザイマスガ唯今直チニ御答ヲ得ント欲スルトコロハ一點ニ止メテ置キタイト思フノデアリマス、非常立法ハ憲法ノ喜バザルトコロデアル、故ニ政府モ喜バヌデアル、立憲政府ハ喜バヌデアル、當時已ムヲ得ザルガ故ニ發シタル非常立法デアル、今日議會ガ開カレテ居ル以上ハ、此勅令當時ノ政府ハ朝鮮ニ施行スベキ法令ニ關スル法律案ヲ提出シテ、之ヲ以テ彼ニ代フ、換言スレバ、正道立法ノ出來得ベキ今日ナルガ故ニ、常規ニ則リテ此法律案ヲ出ス、而シテ彼ノ變例立法ヲナシタル當時ノ事情情勢緊急逼迫ハ已ムヲ得ザルガ故ニ、議員ノ諒トセラレンコトヲ望ムト云フ趣旨ニ出デラレナケレバナラヌモノデアラウト考ヘル、依然トシテ此變例立法ヲシテ、效力ヲ持續セシムルト云フコトハ、開カレタル議會目前ニ在リナガラ、餘リニ正式ノ立法權ヲ輕ク御覽ニナルヤウニ見エハ致シマセヌカ、一國ノ宰相トシテ、憲法政治ノ宰相トシテ、憲法上ノ常規ニ復ヘラレヨ、復ヘラレルヤ否ヤト云フコトノ質問ニ存スルノデゴザイマスカラシテ、政治上ノ問題トシテ、議會ノ面目ヲ保タレ、憲法ノ精神ヲ貫ク趣旨ニ於テ、法律案ヲ御提出ニナル御考ハナイノデゴザイマセウカ、如何デゴザイマセウカ、斯ウ云フ趣旨デアリマス、尙添ヘテ申シテ置キマスガ、議會ニ於テ承諾ヲシタナラバ、同ジモノヲ形ヲ變ヘテ提出スルノ必要ハナイト云フ御論ガアルカ知ラヌガ、決シテ然ラズ、法律ハ議員ノ有スル權能ニ依リマシテ、如何樣ニモ改廢ヲスルコトガ出來ルノデゴザイマス、然ルニ勅令ハ議會ノ力ヲ以テ致シマシテハ一字一句モ修正加除ヲ試ムルコトガ出來ナイノデアリマス、今日ニ於テモ出來ナイノデアル、將來ニ效力ヲ持續セシメタ後ニ於テモ、議會ハ一指モ染ムルコトハ出來ヌノデアリマス、若シ是ガ法律ノ形ニナッテ居リマスナラバ、今日若クハ將來ニ於テ此條ハ、斯ク改メナケレバナラナイ、彼ノ規程ハ斯ク改メナケレバナラナイ、此法律ハ最早廢シナケレバナラヌト云フコトノ自由ト云フモノハ、議會ニ於テ保チ得ラルベキ順序ニ相成ルノデアル、ソレ故ニ承諾ヲ與ヘシナラバ、ソレニテ同一物デアルト云フガ如キ、辯解ハ、本員聞クコトヲ欲セザルガ故ニ、豫メ御斷リヲ申シテ置クノデアル

（内閣總理大臣侯爵桂太郎君登壇）

○内閣總理大臣（侯爵桂太郎君） 唯今花井君ヨリノ御質問竝ニ御意見ニ對シマシテ、御答ヲ致シマス、政府ハ議會ノ承諾ヲ得ルタメニ、此勅令ヲ提出シテ居リマスノデ、此場合ニ於キマシテ、花井君ノ御意見ノ如ク考ヘテ居リマセヌ、左樣御承知ヲ願ヒマス

○高木正年君 私ハ極メテ簡單デアリマスガ、極メテ重要ナ質問ヲ致シタイ、此承諾ヲ求ムル緊急勅令ノ案ノ中デ、先刻來問題トナッテ居リマスル此法案ノ內容ニ付テ承リタイノデアリマスガ、此法案ハ啻ニ委任立法ノコトヲ規定シタノミデハナイノデアリマス、第一條ハ朝鮮ニ於ケル法律ノ事項ニ付テハ命令ヲ以テ之ヲ定ム、第二條ハ此命令ヲ出ス手續ニ付テ總理大臣ヲ經テ勅裁ヲ請フコトニナッテ居ル、第三條ハ緊急場合ニ於テハ勅裁ヲ受ケズシテ直ニ命令ヲ發スルコトヲ得トアル、ソレ故ニ勅令第三百二十四號ハ直ニ立法ヲ委任スルノミナラズ、憲法第八條ノ大權ノ發動ヲモ之ヲ委任スルト解サネバナラヌノデアリマス、政府ハ何故ニ朝鮮ノ立法ニ付テ斯ル重大ナコトヲ總督ニ委任シナケレバ朝鮮ノ治安ヲ保ツコトガ出來ヌノデアルカト云フコトヲ御尋ネ致シマス臺灣ニ於ケル律令ノ六十三號ヲ規定スル場合ニ於テハ初メテ日本ノ領土トナッテ特ニ緊急勅令ヲ以テ其當時ノ必要ハ充タシタガ、將來ニ於テハ委任立法デナケレバナラヌト云フコトハ、當時ヨリ吾々ニ議論ノアッタコトデアル、朝鮮ハ臺灣ヨリモ、モット事情ガ我日本ト近接致シテ居ル、其距離ノ上カラモ電報ヲ以テ縱令其委任立法ヲ任セルトシテモ、上奏裁可ヲ得ル手續ノ上ニ於テ、幾ラノ時間ヲ要スルコトデアリマセウ、立法ヲ委任スルノミナラズ

更ニ憲法八條ノ大權ノ發動ヲモ任セネバナラヌト云フ必要ハ何レニアルノデアリマスカ、此點ニ付テ明快ナル答辯ヲ私ハ希望スルノデアリマス(拍手起ル)

○政府委員(安廣伴一郎君) 唯今高木正年君カラノ御質問デゴザイマスルガ、此緊急勅令ハ既ニ例ノアルコトデゴザイマシテ、臺灣ノト同一ノモノデアリマスノデス高木君ノ御意見デハ朝鮮ハ臺灣ヨリモ尙我國ニ近イノデアルカラ、斯ウ云フモノハ要ルマイト云フ考ノヤウニ、見エマスガ政府ノ考ヘルトコロニ依リマスレバ、朝鮮ハ臺灣ヨリモ尙風俗人情ヲ異ニシテ居ルト考ヘテ居リマス、故ニ此必要アリト認メテ提出致シマシタ次第デアリマス

○議長(長谷場純孝君) 岡田泰藏君

○岡田泰藏君 唯今ノ問題ニ對シテ先ヅ松田君カラ說明ヲ求メラレ、此七十條ノ緊急勅令ハ具體的ニ政府ガ說明ヲシテ之ニ對スルトコロノ協贊ヲ經ベキモノデアルガ、之ハ至極最モダ七十條ハ「公共ノ安全ヲ保持スル爲緊急ノ需用アル場合ニ於テ內外ノ情形ニ因リテ政府ハ議會ヲ召集スルコト能ハサルトキ」云々トアル、吾々議會ハ此緊急勅令ニ對シテ承認ヲ與ヘルマデニハ、二段ノ判斷點ヲ有シテ居ルノデアル、卽チ第一ハ事實上此法文ノ示ストコロノ條項ニ當嵌ルベキ事實アリシヤ否ヤ、此事實ノ上ニ對シテ吾々ガ果シテ事實アリシモノナラバ、承認ヲ與ヘルノデアル、唯政府ノ如クニ朝鮮ト條約ニ依ッテ是ハ出來タノデアル、緊急ノ必要ガアッタノデアル、是ガ果シテ憲法七十條ノ勅令ヲ發布スルニ至ル原因ヲ證據立テ說明サレテアルノデゴザイマセウカ、ドウデアリマセウカ、我政府ガ求ムルトコロノ事實ヲ明カニシテ、議會ニ對シテ承認ヲ經ベキトコロノ責任ガアル、法律上ノ議論ヲ以テ答辯シテ、此勅令ノ協贊ヲ求メントスルハ誤リデアル、事實其モノ、判明ヲ俟タナケレバ、第一ノ此勅令ヲ發布サレタトコロノ承認ヲ得ル要件ガ判明セナイノデアル、而シテ第二ニ此發布サレタトコロノ法律其モノハ、果シテ是ハ永續セシムベキトコロノ吾々ハ相當ノ法律ト見ルヤ否ヤハ、第二ノ判斷點デアル、此二點ニ對スル順序ヲ經ルニアラザレバ、政府ハ徒ニ此緊急勅令ヲ發シテ、道理ヲ明カニセズシテ、此法律ノ永續ヲ希望サレルモノト言ハナケレバナラヌ、事玆ニ出デザルニ於テハ、自分等ハ無論之ニ對スルトコロノ議決ヲ爲スノ外ニ途ハナイト信ジテ居リマス(拍手起ル)政府ノ說明ヲ求メタイ

○內閣總理大臣(侯爵桂太郎君) 唯今御質問者ノ言ハレマシタ如ク、政府ハソレ以上ノ必要ノ場合ヲ認メマシタカラレテ、此ノ如キ緊急ノ處分ヲシテ、而シテ議會ノ承諾ヲ求ムルニ出デタノデアリマス、何ヲ苦シテ政府ガ我儘ヲスルタメニ、此ノ如キ緊急勅令ヲ出シテ、玆ニ提出スル必要モ無イ、又サウ云フ信念モ無イノデアリマス、其邊ヲ御答辯ヲ致シテ置キマス

○議長(長谷場純孝君) ドウデセウ、次ノ日程ニ移ラウト思ヒマスガ……

(「贊成々々」「異議ナシ異議ナシ」ト呼フ者アリ)

○議長(長谷場純孝君) 御異議ガゴザイマセヌカラ、明治四十三年勅令第三百二十四號外十一件各案審査ノ委員選擧ヲ一括シテ議題ニ付シマス

(「贊成」ト呼フ者アリ)

○議長（長谷場純孝君）　御異議ナイト認メマスカラ、其通リ決シマス、日程第五、朝鮮ニ施行スヘキ法令ニ關スル法律案ノ第一讀會ヲ開キ、議案ノ朗讀ハ省略致シマス――提出者花井卓藏君

第五　朝鮮ニ施行スヘキ法令ニ關スル法律案（花井卓藏君提出）　第一讀會

朝鮮ニ施行スヘキ法令ニ關スル法律案

第一條　朝鮮ニ於テハ法律ヲ要スル事項ハ朝鮮總督ノ命令ヲ以テ之ヲ規定スルコトヲ得

第二條　前條ノ命令ハ內閣總理大臣ヲ經テ勅裁ヲ請フヘシ

第三條　臨時緊急ヲ要スル場合ニ於テ朝鮮總督ハ直ニ第一條ノ命令ヲ發スルコトヲ得

前項ノ命令ハ發布後直ニ勅裁ヲ請フヘシ若勅裁ヲ得サルトキハ朝鮮總督ハ直ニ其ノ命令ノ將來ニ向テ效力ナキコトヲ公布スヘシ

第四條　法律ノ全部又ハ一部ヲ朝鮮ニ施行スルヲ要スルモノハ勅令ヲ以テ之ヲ定ム

第五條　第一條ノ命令ハ第四條ニ依リ朝鮮ニ施行シタル法律及特ニ朝鮮ニ施行スル目的ヲ以テ制定シタル法律及勅令ニ違背スルコトヲ得ス

第六條　第一條ノ命令ハ制令ト稱ス

附　則

本法ハ公布ノ日ヨリ之ヲ施行シ明治四十八年十二月三十一日迄其ノ效力ヲ有スルモノトス

（法學博士花井卓藏君登壇）

（拍手起ル）

○法學博士花井卓藏君　諸君、本案ハ極メテ重大ナル問題デゴザイマスルガ、說明ノ理由ハ最モ簡略ニ述ベヤウト存ジマス、立法權ハ立法部之ヲ司リ、斷ジテ行政部ニ讓ルベカラズ、法律事項ハ法律之ヲ定メ、斷ジテ命令ニ讓ルベカラズ、是ガ提出ノ理由ノ根本義デゴザイマス、憲法第五條竝ニ第三十七條ハ本員見ルトコロノ如クニ、誤ッテ居ルノデゴザイマス、憲法ノ精神解釋ト致シマシテハ、本員見ルトコロト毫モ異ナラザルモノデゴザイマス、此ノ如クニシテ立憲政治ガ生命アラシメンコトヲ欲スル趣旨ニ於テ提出致シマシタルトコロノモノガ、卽チ本案デゴザイマス、法律ニ代ルベキ命令、卽チ緊急勅令、之ヲ以テ法律ノ委任ニ基ケル命令、卽チ委任命令權ヲ授ケルト云フガ如キ事例ハ、憲法アリシヨリ以來議會アリシヨリ以來未ダ曾テ有ラザルトコロノモノニ屬セルコトヲ吾々ハ記憶セナケレバナラヌノデアリマス、政府ハ屢ゝ緊急勅令ヲ發シタリト雖モ、議會ハ曾テ緊急勅令ニ承諾ヲ與ヘ、若クハ與ヘザリシコトアリト雖モ、未ダ曾テ本案ノ如ク緊急勅令委任命令ヲ倂セ兼ネタルトコロノ勅令案ヲ出シタルコトハ曾テ無イノデゴザイマス、此問題ハ已ニ本院ノ議ニ付セラレタル明治四十三年勅令第三百二十四號ノ議ニ於キマシテ質問モゴザイマシタシ、政府ノ意見モ表明セラレマシテ、今將ニ委員會ニ於テ鬪ハレツヽアル際デゴザイマスカラシテ、議論ヲ此場ニ紹介ヲ致スト云フコトハ致シマセヌ、本員ノ望ムトコロハ學術上ノ議論如何ニ拘ハラズ、政治家ノ態度トシテ憲法ノ欲スルトコロニ從ヒ、憲法ノ望ムトコロニ副ハンコトヲ努メラルベキガ至當ナリト信ジテ居ルノデアル、憲法ハ正則ノ立法ヲ欲シテ居ル、望ンデ居ル、變例ノ立法ヲ欲シナイノデアル、望マナイノデアル、欲スルトコロニ從ヒ、望ムトコロニ副ヒ、欲セザルトコロヲ避ケ、望マザルトコロヲ避ケント欲スルノガ、立憲政治ノ面目ナリト信ジテ居ルノデゴザイマス、本員ハ勅令案ノ更ニ再ビ議ニ付セラルヽニ當リマシテ大ニ論ジテ政府ノ誤レル點ヲ爭ハント欲スルノデゴザイマスルガ、今日ハ之ヲ致シマセヌ、願ハクハ勅令案ノ委員ニ付託セラレマシテ御研究ヲ願ヒタイト云フコトヲ申シテ此壇ヲ降ル積リデゴザイマス、倘一言致シテ置キマスガ理由ノ要領ハ理由書ニ認メテ置キマシテ、御配付ヲ致シテ置キマシタ、此趣旨ヲ敷衍ヲ致スト云フコトヲ省カンガタメニ速記錄ニ載セラレンコトヲ要求致シマス

（參照）

朝鮮ニ施行スヘキ法令ニ關スル法律案理由書

一　朝鮮ハ人情風俗其ノ他各種ノ事情內地ト異リ同一ノ法令ヲ以テ之ヲ律スルコトヲ得ス而シテ又時ニ機宜ノ措置ヲ施スノ要アルコト政府見ル所ノ如シ故ニ朝鮮總督ニ授クルニ命令ヲ以テ法律事項ヲ規定スルノ權ヲ以テセムトス

二　明治四十三年勅令第三百二十四號ハ本法ノ規定ト其ノ內容ヲ同シクセリト雖非常命令ヲシテ將來ニ效力ヲ保タシムルハ憲法ノ常規ニ戾リ又立法權ヲ重ムスル所以ニアラス從テ議會ハ發令當時ノ事情如何ニ拘ラス事後承諾ヲ與ヘサルヘキヲ信セムトス故ニ法律ヲ以テ朝鮮總督ニ授クルニ前項ノ權ヲ以テセムトス

三　議會假ニ緊急勅令ニ對シ事後承諾ヲ與フルモノトスルモ勅令ハ法律ニアラサルヲ以テ如何ナル方法ニ依ルモ之ヲ修正シ若ハ改廢スルコトヲ得ス而シテ修正改廢ノ餘地ヲ存スル法律ヲ制定シ現在竝將來ノ立法ニ便スルハ協贊權ヲ活動スル所以ナリ況ヤ本案ノ如キ規定ハ性質上法律ヲ要スル事項ニ屬スルニ於テオヤ

四　參照法律左ノ如シ

臺灣ニ施行スヘキ法令ニ關スル件（明治三十九年法律第三十一號）ハ法律ヲ以テ制定セラレタリ

俘虜處罰ニ關スル件（明治三十八年法律第三十八號）外國ニ於テ流通スル貨幣紙幣銀行券證券ノ僞造變造及模造ニ關スル件（明治三十八年法律第六十六號）ハ法律ヲ以テ制定セラレ緊急勅令ニ代ヘラレタルモノナリ

○松田源治君　花井君ニ質問致シマスガ、花井君ノ所說ハ法律ヲ以テ規定スルコトガ正道デアル、此點ニ付テハ、本員之ヲ諒スルノデゴザイマス、然ルニ此法律案ノ理由書ノ第三ニ付キマシテハ、本員花井君ト異ナルトコロノ見解ヲ有シテ居ルノデゴザイマス、花井君ノ見解ハ議會假ニ緊急勅令ニ對シ事後承諾ヲ與フルモノトスルモ、勅令ハ法律ニアラザルヲ以テ如何ナル方法ニ依ルモ之ヲ修正シ若クハ改廢スルコトヲ得ズ、而シテ修正改廢ノ餘地ヲ存スル法律ヲ制定シ、現在竝ニ將來ノ立法ニ便スルハ協贊權ヲ活動スル所以ナリ花井君ノ說ニ依リマスト、緊急勅令ニ事後承諾ヲ議會ガ與ヘマシテ、其後ニ其緊急勅令ヲ法律ヲ以テ修正シ、改廢スルト云フコトガ出來ナイト云フ意見デゴザイマスルガ、此意見ハ憲法ノ如何ナル所ニ根據ヲ有セラレテ居ルノデゴザイマスカ、本員ノ見ル所ニ依リマスレバ、緊急勅令ハ法律デ規定スベキモノヲ政府ガ花井君ノ所謂變則立法ニ據リマシテ規定シタモノデアリマスカラシテ、議會ニシテ承諾ヲ與ヘレバ法律ト當然同一ナル效力ヲ有シテ居ルノデゴザイマス、其形式ガ緊急勅令ナルト法律ナルトヲ問ハヌノデゴザイマス、故ニ本員ハ緊急勅令ハ法律ニ依ッテ修正スルコトモ出來レバ、改廢スル

コトモ出來ルト云フコトヲ信ジテ居ル、又法律モ緊急勅令ニ於テ修正シ改廢スルコトガ出來ルモノト信ジテ居ルノデゴザイマス、憲法ノ九條ニ依リマシテ、憲法ノ九條ノ行政命令、憲法ノ所謂行政命令ハ、是ハ法律ト命令ノ共同事項デアル、立法事項ニシヤウガ、命令事項ニシヤウガ差支ナイ事項デアル、一度憲法九條ノ行政命令ヲ法律ヲ以テ規定シタ時分ニハ、法律ニ依ラザレバ變更スルコトガ出來ナイ、即チ第九條ニ「但命令ヲ以テ法律ヲ變更スルコトヲ得ス」ト書イテアル、命令デ法律ハ變更ハ出來マセヌケレドモ、緊急勅令ナルモノハ元ト法律ノ規定スベキ規程ヲ非常立法ニ依ッテ、政府ガ緊急命令ヲ發布シタルモノデアリマスカラ、議會ニ於テ承諾スレバ其後法律ニ依ッテ改廢變更修正ハ自由デアルノデゴザイマス、緊急勅令ハ承諾スルニ付テハソレハ承諾スルカ、非認スルカ、二途アルノミ、修正ノ權利ハアリマセヌケレドモ、一度議會ガ承諾シタル以上ハ、修正改廢ハ自由デアルト云フコトハ、憲法ノ第八條、九條ニ依ッテ明カニナッテ居ルノデゴザイマス、憲法上法律ヲ以テ規定ノ出來ナイ事項ハ、即チ大權事項デアル例ヘバ官制ヲ定メルトカ、陸海軍ヲ統帥スルトカ、戰ヲ宣シ和ヲ媾ジ諸般ノ條約ヲ締結スル、或ハ戒嚴ヲ宣告スルトカ、爵位、勳章、榮典ヲ授與スルトカ、大赦、特赦、減刑、復權等ヲスルコトハ、是ハ大權事項デアッテ、立法ノ事項ト兩々相對シテ毫モ互ニ其侵犯ヲ許サヌノデアル、然ルニ緊急勅令デ第八條ノ事項ハ元ト法律ニ依ッテ規定スベキ事項デアッテ、是ハ立法事項デアル、法律ニ依ッテ規定スベキハ當然デアル、政府ハ緊急已ムヲ得ズト認メタルガ故ニ、緊急勅令ノ形ヲ取ッタ以上ハ之ニ議會ガ承諾ヲ與ヘタル以上ハ、改廢修正ハ自由デアルト論ジナケレバナラヌニ拘ハラズ、花井君ハ第三ノ理由書ニ依ッテ緊急勅令ハ法律ニ依ッテ改廢修正ガ出來ナイト云フコトヲ論ズルノハ如何ナル點ニ根據ヲ置カレタノデアルカ、法律ハ大權事項ヲ除クノ外ハ法律ヲ規定スルコトガ出來ル、憲法ノ變更ハ許サヌケレドモ法律其他大權事項、憲法ヲ除クノ外ハ法律ハ萬能デアルニ拘ハラズ、緊急勅令ガ法律ニ依ッテ廢セラレ、法律ニ依ッテ修正サレルト云フコトハ如何ナル御論據ニ依ルノデアルカ、其詳細ノ御答ヲ望ミマス第二ニ……

○法學博士花井卓藏君　一ツヅヽ御答致シマス、唯今ノ御問ノ事項ハ至極理由ハ長クアリマスケレドモ、御問ノ趣旨ハ甚ダ簡單デアル、簡單ニシテ而シテ松田君ノ全ク憲法ヲ解セラルヽコトノ誤リナリト私ハ信ジテ居ル、御意見ハ然ルベキ機會ニ於テ鬪ハスコトハ毫モ避クルトコロデアリマセヌ、松田君ノ御問ノ趣旨ハ緊急勅令ト云フモノニ對シテ承諾ヲ與ヘタナラバ直ニ法律トナリ得ルノデアル故ニ、議會ハ修正改廢ハ自在ナリト論ゼラレルノデアル、本員ニ向ッテ本員ノ解釋ハ憲法上如何ナル條規ニ依ルカト云フ御問デアリマスガ、本員ハ松田君ノ解セラルヽコトハ憲法ノ條規ハ勿論、憲法ノ精神ニ夢ニダモ見テ居ルトコロデナイト御答致シマス、即チ勅令ハ承諾ヲ與ヘタリト雖モ依然トシテ勅令デアル、承諾ヲ與ヘタルガ故ニ法律ニ化スルモノデナイ、法律ニ代ルベキモノト致シマシテモ即チ命令デアル、法律自體デハナイノデアル、松田君ハ憲法ニ於テノ專門家ト見エマシテ、始終憲法論ヲナサルノデアリマスガ、緊急勅令ニ承諾ヲ與フレバ、忽チ法律ト化シ去ル如キモノデアルト云フ御見解ヲ御採リニナリマシタガ、憲法ハ其誤解ヲ嘆息スルノデアッテ、政府ガ緊急勅令ヲ濫發スルヨリモ松田君ノ見解ハ大ニ誤レリト思ヒマス、是以上ノ爭ハ然ルベキ機會ニ於テ學術上ノ議論ト致シ、政治問題ト致スコトヲ避ケタノデアル、唯夫レ緊急勅令モ承諾ヲ與フレバ法律デアルガ故ニ、議會ニ於テ修正改廢ハ自在ナリト云フ御論結ニ至リマシテハ、本員寧ロ其大膽ニ驚カザルヲ得ヌノデアル、是ダケノ答辯デ宜カラウト思フ

○松田源治君　法律ニナルト云フコトハナイ、勅令ハ勅令デアルケレドモ、勅令ハ法律ニ於テ變更ガ出來ルノデアル、即チ第九條ニ命令ヲ以テ法律ヲ變更スルコトハ出來ヌケレドモ、法律ハ大權事項ト憲法ヲ除ク以外ニ於テハ、自由ニ勅令ヲ改廢スル權利ガアル、即チ本員ハ緊急勅令ヲ議會デ承諾ヲ與ヘテモ法律ニナルト云フコトハ云ハヌ、勅令ハ勅令デアル、法律ノ實質ヲ有スル勅令デアル、此勅令ハ法律ニ於テ變更スルコトハ憲法ハ禁ジテナイ勅令ヲ以テ法律ヲ改廢スルコトハ出來マセヌ、法律ハ憲法及天皇ノ大權事項ヲ除クノ外ハ自由自在デアル、此點ニ付テ花井君ノ憲法ノ解釋ハ違ッテ居ルト信ジテ居リマス、併シ是ハ議論デゴザイマスカラ此處デ止メテ置キマス、之ニ對スル御答辯ガアレバ其答辯ヲ承リマシテ、第二ノ質問ヲ致サウト思ヒマス

○法學博士花井卓藏君　御問ハ能ク分リマシタ、是ハ御問ノ趣旨ハ分リマシタガ、根據ガ誤ッテ居ル、松田君ハ緊急勅令ニ承諾ヲ與ヘタナラバ、法律ト同ジ效力ヲ有スル、然レドモ命令タルニ於テハ本員ノ見ル所ト異ナラズ、法律ト同一ノ效力ヲ有スル以上ハ法律ト同ジキ取扱ヲナシテ、議院ハ修正改廢ヲナシ得ルニアラズヤト、斯ウ云フ御趣旨ニ承リマシタ、前問ヨリハ稍々理論的ニ傾イテ參リマシタ、其御趣旨ニ於キマシテモ、松田君ノ御論ハ依然トシテ誤ッテ居ルト本員ハ思フノデアル、帝國憲法ノ第五條ニハ「天皇ハ帝國議會ノ協贊ヲ以テ立法權ヲ行フ」ト斯ウ書イテアル、而シテ其第三十七條ニハ「總テ法律ハ帝國議會ノ協贊ヲ經ルヲ要ス」ト斯ウ書イテアル法律事項ニ對シテ立法ノ權ヲ有スルハ帝國議會デアル、法律事項ハ常ニ必ズ帝國議會ノ協贊ヲ經ザルベカラズト定メラレテアル、承諾ヲ與ヘタリト雖モ勅令ハ勅令デアル、命令ハ命令デアル、命令勅令ソレニ承諾ヲ與ヘタル場合ニ於テハ、變ジテ立法ノ權、行政ノ權ヲ議院ガ有スルト云フ規程ハ帝國憲法第何條ニアリヤト反問セザルヲ得ヌノデアル、私ハ平生松田君ノ議論ニ敬服シテ居ル、本員ノ議論ハ屢〻此議場ニ破レタルモ、松田君議員トナラレシ以來、大ニ宿昔ノ目的ヲ達シタル點多キヲ覺エテ居ル、併ナガラ唯今ノ如キ御質問ヲナスッテハ、憲法ニ對スル知識ノ輕重ヲ松田君ニ問ハナケレバナラヌヤウニナル、是以上ハ意見デアリマスカラ述ベマセヌ、勅令ニ關シテ議院協贊ノ權ヲ保ツト云フ規程ハ何處ニアリマスカ、日本ニハアリマセヌ、歐洲諸國ノ憲法ヲ見マシテモ、命令勅令ニ關シテ議院立法權ヲ有シ、協贊權ヲ有スルト云フ規程ハ斷ジテナイ、學理論トシテハ更ニナイノデアルト云フコトヲ明言ヲ致シテ置キマス

○松田源治君　問題ガ外レテ居リマスカラ急所ヲ突キマセウ、花井君ハ勅令ト云フモノハ法律ヲ以テ變更改廢ガ出來ナイト云フコトヲ絶叫スルノデアル、勅令ハ……大權事項ニアラザル、勅令ハ法律ニ於テ改廢修正ハ自由デアル、法律ヲ勅令デ改廢スルコトハ出來ナイコトハ憲法第九條ノ但書ニ制限ガアル、法律ハ萬能デアル、此點ニ於テ大權事項ト憲法ヲ除ケバ、命令ノ變更改廢ハ自由デアル、然ルニ勅令ナルモノハ法律ニ依ッテ改廢修正ノ出來ナイト云フ意見ヲ有セラレテ居ルノカ、隨分皮肉ナル御答デアリマシタガ、本員ハ皮肉ナルコトハ申シマセヌガ、詰リ憲法ノ解釋ハ花井君ノ絶對ニ有セラルヽモノデナイ、今日ノ花井君ノ申スコトハ絶對ニ憲法上間違ッタ議論ト云フコトヲ私ハ確信シテ居ルノデアル、其論ハ申シマセヌガ、勅令ナルモノハ法律ニ於テ改廢變更ガ出來ナイト云フ議論ヲ有セラレルカドウカ、ソレヲ短刀直入ニ伺ヒマス

○高柳覺太郎君　議場整理ノタメニ憲法ノ討論ハ御免ヲ蒙リタイ

（「ヒヤ〳〵」ト呼フ者アリ）

○法學博士花井卓藏君　御問ガゴザイマシタ以上ハ、御答ヲ致サヌト云フコトハ敬禮デナイ、（「議論ハ盡キテ居ル」ト呼フ者アリ）私ハ御問ニ對シテ御答ヲシナケレバナラヌノデアル、松田君ハ法律ハ萬能デアルト申サレタ、勿論萬能デアル、萬能ナリト雖モ憲法ノ

條規ヲ以テ定メラレタル權域ト云フモノヲ紊ル譯ニハ參リマセヌ、法律ハ法律、命令ハ命令、立法部ノ有スル權限ハ立法部ノ有スル權限、行政部ノ有スル權限ハ行政部ノ有スル權限、萬能ナルガ故ニ憲法ノ定メタル諸般ノ權域ヲ紊リテ、ドノ區域ヲモ侵シ得ルト云フガ如キ萬能ハ、憲法法律ハ夢ニダモ持ッテ居ラヌノデゴザイマス、此點ハ御注意ニ相成ッテ然ルベキコトデアラウト思ヒマス、而シテ又憲法第九條ノ御引用デゴザイマスガ、憲法第九條ハ通常命令ノ規程デアッテ、本案ニ關スル御質問ト致シテ、沒交渉デアルト云フコトヲ御答致シテ置キマス、詳細ハ松田君ト爭フベキトキハ院ノ內外ニ於テ幾度モゴザイマセウカラ、是デ御滿足ヲ望ミマスガ、今一般ノ御攻究ヲ煩シタイト思ヒマス

○松田源治君　モウ一ツ別ナ質問ガアリマス、次ノ質問、花井君ハ委任立法ヲ憲法違反ナリト叫ンデ居ル論者デアル、憲法違反ナリト叫ンデ居ッタニ拘ハラズ、第二十二議會ニ於テ憲法違反デアルカドウカト云フコトハ攻究シナケレバナラヌト云フコトニ論ガ少シ弱クナッテ來テ居ル、而シテ憲法上爭議ハ十分アル、疑義ハアル、疑義アリ爭議ノアルコトハ帝國議會ハ面目上避ケナケレバナラヌト云フコトノ論ヲ有セラレテ居ルトコロノ御方デアル、卽チ此委任立法、花井君ノ今日提出シタトコロノ委任立法ハ花井君ハ憲法違反デアル縱令憲法違反デナイトシテモ憲法ノ爭議疑義ニ關シテ居ルモノデアルカラ、帝國議會ノ面目上委任立法ハ避ケナケレバナラヌト云フ論ヲ今日マデ執ラレタ御方デアル、然ルニ今日ハ其說ガ改良サレタカ、改惡サレタカ知リマセヌケレドモ、政府カラ提出スベキ當然ノ議案ナルニ拘ハラズ、花井君ハ今日マデ憲法違反、憲法違反デナイトシテモ憲法ノ疑議ニ關シテ居ル立法權ノ委任ニ關スル法律案ヲ自カラ出シタノハ如何ナル論據ヲ有セラレテ居ルカ、本員ノ考ニ依リマスレバ緊急勅令ノ事後承諾案ハ委員付託ニナッテ居ルノデアル、花井君ノ議論ヲ貫徹スレバ緊急勅令ニ向デ――テ勅令三百二十四號ニ向ッテ否認スレバ宜シイノデアル、否認シタイナラバ政府ガ朝鮮ノ統治ノ上カラ日本ト同一ノ法制ニ於テ統治スルコトガ出來ナイト云ウタナラバ、政府ハ頭ヲ下ゲテ吾々議員ニ向ッテ此立法權ヲ委任シテ呉レンカト云フ案ヲ政府自ラ出スガ當然ノ處置ト思フノデアル、然ルニ早計ニモ未ダ緊急勅令ガ委任立法ニナルモノト致シテ宜シイカドウナルカ分ラヌノニ、政府ノスベキコトヲ花井君ハ今日マデノ持論ヲ御拋棄ニナリマシテ、帝國議會ノ面目トシテ避ケナケレバナラヌトコロノ委任立法ニ關スル法律案ヲ自ラ進ンデ御出シニナッタノハ如何ナル理由デアルカト云フコトヲ質問致シタイノデアリマス

○法學博士花井卓藏君　是モヤハリ御尋デゴザイマスカラ御答ヲ致スノデアリマス、諸君ハ定メテ御迷惑デゴザイマセウガ、問ヲ受ケタ私デゴザイマスカラ、御答ヘヲスルダケノ機會ハ御與ヘヲ願ヒマス、(「ヤルベシ〳〵」ト呼フ者アリ) 松田君ノ仰セラレル如ク、本員ハ委任命令ヲ以テ憲法違反ナリト常議場ニ屢々絶叫シタトコロノモノデアル、而シテ近ク數年前ニ於テ違憲ナリト論斷スル學理上ノ根據ハ之ヲ違憲ニアラズトスル議論ノ根據ト竝立スル位ノ割合デアル、本員ハ寛大ナル學理ノ調和トシテ違憲ナリヤ否ヤハ疑問デアル、假ニ違憲ナラズトシテモ憲法上ノ疑義ナリト論ジタルコト、松田君言ハル、トコロノ如シデアリマス、而シテ又此法案ヲ提出致シタルコトニ付テ政府自ヲ爲スベキコトヲ議員進ンデ之ヲ爲スハ如何ナル理由ナリヤト云フコトヲ御尋ニナッタノデアリマス、此點ニ付イテハ誤解ノナキヤウニ御答ヲ致シテ置キタイ、又憲法上ノ問題トシテ確ニ御聽取ヲ願ヒタイト思フノデアル、本員ハ立法ノ權ヲ有スルコト政府ヨリハ議院ニ於テ之ヲ有スルヲ以テ寧ロ正式正當ナリト信ジテ居ルノデアル、政府ガ法律案ヲ出スノヲ待ツガ宜イデハナイカ、議院自カラ立法權ヲ有シナガラ止メタラ宜イデハナイカト云フ御尋ニ歸著致スノデゴザイマスガ、立法ノ權ニ付テハ政府以上ニ議院ハ持ッテ居ルモノト思フ、(「ヒヤ〳〵」ト呼フ者アリ) 憲法ノ條規ニ則リマシテ本員ハ此法律案ヲ提出致シタノデアル、政府ナドノ力ヲ借リナイノデアル、議院當然ニ有スル立法權ヲ行用シタノガ乃チ本案デアッテ、汝其權利ノ行用ヲ暫ク見合セテ政府ノ行用ヲナスヲ待テヨト仰シヤル御質問デゴザイマスガ、是ハ少々理窟ニ違ヒハシナイカト考ヘテ居ルノデアル、而シテ理論然ルノミナラズ、實例ニ於キマシテモ前年ノ議會ニ於テ本案ト同樣ノ例ヲ襲踏致シテ、議院ノ贊同ヲ得タコトガアルノデアリマス、政友會ノ領袖元田肇君、進歩黨ノ領袖鳩山和夫君、當時本員ト同一ノ案ヲ提出セラレマシテ、本員提出セシ以後三十日ニ於テ提出セラレマシテ而シテ兩者共ニ成立チマシテ、責任解除ノ意義ニ於テ承諾ヲ與フ、然レドモ法律事項ハ法律事項ナルガ故ニ、議院當然ノ機能ニ依ッテ立法ヲ爲スノ優レルニ如カズト云フノデ、本案ト同ジ事例ハ滿場一致ヲ以テ通過致シテ居ルト云フ先例ガゴザイマス、松田君當時議席ヲ保タレザリシ故ヲ以テ御承知ゴザイマセヌカ知レマセヌガ、議院典例ハ照シテ日星ノ如シデアルト御答致シテ置キマス

(「討論終結」ト呼フ者アリ)

○松田源治君　發言權ノ許可ヲ得テ居リマス、御默リナサイ、私ノハ花井君ニ誤解サレテ居ル、花井君ノ年來主張シタトコロノ憲法違反、竝ニ少クトモ憲法違反デナクテモ帝國議會ノ面目上委任立法ハ爭議デアリ疑義デアルカラ避ケナケレバナラヌト云フコトハ、縷返シ〳〵絶叫サレタルトコロノ花井君デアル、然ルニ自ヲ進ンデ斯ル案ヲ出シタノハ如何ナル理由デアルカ、數年來ノ御論ハ御拋棄ニナッタノデアルカト云フノガ私ガ主タル質問ノ趣意デアリマス、ドウカ此要點ニ向ッテ御答ヲ願ヒタイ

○法學博士花井卓藏君　成程私ノ議論ノ變遷沿革ヲ語レヨト云フ御趣旨ノヤウニ聽エマス(「無用々々」ト呼フ者アリ) 私ハ松田君ノ御尋マデモナク研究ノ結果發見シタル理窟ニハドコマデモ隨ッテ參ル趣旨デアリマス、委任立法ハ憲法上ノ疑義ナリトスルナラバ、其委任立法ヲ是認セル此法案ヲ提出センハ如何ナル理由ナリヤ、斯ウ云フ御論點デアル、成程憲法上ノ疑義デハゴザイマス、併ナガラ此疑義アルガ故ヲ以テ勅令案ヲ承認スルト云フコトニ致シマシタナラバ、立法府ノ司ルベキ立法權ヲ侵サレタル儘ニシテ、法律ヲ以テ定ムベキ法律事項ハ命令ニ讓ラレタル儘ニシテ居ルト云フ、此害ニ比スレバ、疑義ノ若干ハ犧牲ニ供シテモ、憲法ノ條規ニ則ルヲ可ナリトスルト云フ比較論ヨリ提出シタ案デアリマス、尙御尋ガアレバ御答致シマスガ、要スルニ憲法上ノ議論ト致シマシテ、尙一段ノ御攻究ヲ願ヒタイト申シテ置キマス

○菅原傳君　本案ハ憲法上勅令法律等ノ關係ヨリ論ジマシテモ、餘程重大ナル案件デアリマスカラ、直ニ此場合ニ於テ可否ヲ決定スルト云フコトモ如何ト思ヒマスカラ、委員ニ付託セラレンコトヲ望ミマス、サウシテ其委員ハ勅令三百二十四號外十一件ノ委員ト同一委員ニ付託セラレンコトヲ望ミマス

(「贊成々々」ト呼フ者アリ)

○議長(長谷場純孝君)　本案ハ憲法上ニモ重大ナル關係ヲ有シテ居ル議案デアルカラ、直ニ可否ヲ決セズシテ勅令第三百二十四號外十一件ノ委員ニ付託シタイト云フ動議ガ出マシタ、御異議ハアリマセヌカ

(「異議ナシ」ト呼フ者アリ)

第九　北陸帝國大學設立ニ關スル建議案（戸水寛人君外五名提出）

北陸帝國大學設立ニ關スル建議案

北陸帝國大學設立ニ關スル建議

我カ國夙ニ東京帝國大學ノ設アリ而シテ後ニ京都帝國大學ヲ立テ輓近又東北帝國大學及九州帝國大學ノ建設ヲ見ルニ至レリ然レトモ人智開發ノ點ヨリ之ヲ觀レハ帝國大學ノ數尚未タ足ラサルヲ覺ユ依リテ北陸帝國大學ヲ設立セラレムコトヲ望ム

右建議ス

（法學博士戸水寛人君登壇）

○法學博士戸水寛人君　諸君、北陸帝國大學設立ニ關スル建議案、之ニ付テ少シク説明ヲ致シマス、私ハ北陸ノ人間デアルカラ大學ヲ拵ヘテ欲シイト云フ簡單ナ理由デハナク、議論ニ少シク根據ガアル積リデアリマス、日本ニ帝國大學ノ數ハ四ツアル、即チ東京、京都、東北、九州、此四ツノ數デハ日本人口五千万ニ對シテ甚ダ足リナイト思フノデゴザイマス、之ヲ歐羅巴ノ大學ト比較シテ見ルト云フト、英吉利ノ人口ガ四千五百万アル、サウシテ大學ノ數ガ十五デアリマス、日本ノ四ツニ比較スルト約四倍デアル、又佛蘭西ノ人口ガ四千万デアル、サウシテ其大學ノ數ガ十九ノ多キニ至ッテ居ルノデアル、日本ノ四ツト對照シテ見ルト云フト約五倍デアル、獨逸ノ人口ガ六千万強デアッテ、日本ノ人口ヨリモ多イガ、併ナガラ其代リニ大學ノ數ガ二十一デゴザイマス、佛蘭西ヨリモマダ二ツ多イ、其他西班牙ニ於テハ九ツノ大學アリ、伊太利ニ於テハ、十モアル、固ヨリ伊太利ハ歴史上特別ノ理由ガアッテ、多クナッテ居ルノデゴザイマス、和蘭ノヤウナ小サナ國デ大學ノ數ガ四ツアル、瑞西ニハ七ツアル、是モ面積ガ小サクシテ人口ガ少イノニ對照シテ見ルト、甚ダ多キニ過ギルヤウナコトデゴザイマスガ、是モ國情ガ然ラシメテ居ルノデゴザイマスカラ、日本ノ手本ニハナラヌ、要スルニ歐羅巴列國ニ於テハ所々ニ於テ澤山ノ大學ガアルガ、之ニ比較シテ日本ニ四ツシカ無イト云フノハ甚ダ少イト思フ、日本ノ開化ト歐羅巴ノ開化ト對照シテ見ルト云フト、日本ノ長所モイクラモアルノデゴザイマスケレドモ、併ナガラ近世的ノ學術ニ於テハ日本ハ歐羅巴ノ下ニ在ルト云ハナケレバナラヌ、故ニ今日日本ヲ盛ンニシヤウト云フニハ、ドコマデモ人知ノ開發ト云フコトガ必要デゴザイマスカラ、唯今アルトコロノ四ツノ大學ヲ以テ滿足ハ出來ナイト思フ、我輩ノ考ヲ申シマスト現在アルトコロノ大學ノ外ニ、五ツヤ六ツノ大學ヲ增設シテ然ルベシト考ヘルノデアリマス、併ナガラ諸君、既ニ日本ニ於テハ幾度モ戰爭ヲ經テ居ルカラ、民力休養ノ必要モアル、而シテ世界全體ノ不景氣ノ影響ヲ被ッテ居ルノデアルカラ、唯今直グニ五ツモ六ツモ拵ヘタラ宜カラウト云フコトハ言ヒマセヌガ、近キ將來ニ於テ其位ノモノヲ增設スル必要ガアルト考ヘテ居ルノデアリマス、サウシテ差當リ北陸ニ帝國大學ヲ速ニ至急拵ヘル必要ガアル、北陸ト云フ所ハ御存ジノ通リ開化ノ程度ニ於テハ甚ダ下デアル、北陸ノ沿岸ニ於テハマダ鐵道ガ十分ニ出來テ居ラヌ位デスカラ、開化ノ程度ハ固ヨリ低イ、併ナガラ風俗ハ至ッテ淳朴デゴザイマシテ、住民ハ甚ダ正直デアリ、山間ノ景色ハ甚ダ明媚デアッテ、水ハ甚ダ清冽デアル、此ノ如キ場所ニ於テ學生ガ集ッテ學術研究ニ從事スルト云フコトハ、甚ダ適當デアルノデアル、サウデゴザイマスカラ、速ニ豫算ヲ拵ヘテ、來年ノ豫算位ニ計上シテ成ルベク早ク留學生ナドヲ增遣シテ、サウシテ北陸帝國大學ヲ拵ヘテ欲シイト云フ考デアリマス、中ニハ唯今拵ヘテアルトコロノ東北帝國大學、九州帝國大學ナドハナカナカ完備スルニ時ガ掛ルカラ、ソレガ稍〻完備スルノヲ待ッテ北陸帝國大學ヲ拵ヘタラ宜カラウト云フ議論ヲ立テル方ガアルカモ知レマセヌケレドモ、一體此大學ナドト云フモノハ急ニ發達スルモノデハナイノデ、大學ヲ增設スル必要ガアルトシタナラバ、今帝國大學ヲ北陸ニ置イテ、一生懸命ニ之ガ發達ヲ圖ッタトコロデ、十年ヤ二十年ニハ大シタ立派ナモノニナラヌノデアル、ソレダカラソレガ必要デアルトシタナラバ、今日ヨリ速ニ之ヲ拵ヘル方ガ宜イト云フ考ヲ持ッテ居ル、回顧シマスト、森文部大臣ノトキデゴザイマシタカ、大學ノ豫備門ヲ廢シテ所謂高等中學ナルモノヲ拵ヘタ、其數ガ五ツアッタ、第一ガ東京、第二仙臺即チ東北、第三ガ京都、第四ガ金澤、即チ北陸、第五ガ熊本、即チ九州、斯ウ云フ具合ニ高等學校ヲ配置シテアッタノデアル、然ルトコロ其中東京ノ帝國大學ヲ除イテ、後ニ京都ニ帝國大學ガ出來、今又東北ニモ九州ニモ帝國大學ガ出來テ、唯北陸ダケガ取殘シニナッテ居ル次第デゴザイマスカラ、此際ソレヲ拵ヘタラ宜カラウト云フノデゴザイマス、ドウゾ私ノ建議案ニ御賛成下サルコトヲ願ヒタイノデアリマス（拍手起ル）

○鈴木力君　提出者ニ質問ガアリマス、提出者ニチョット伺ヒマスガ、提出ノ理由トシテ一大根據ガアルト云フノ前置デゴザイマシタカラ、拜聽致シテ居リマシタケレドモ、人口ト大學トノ數ノ比較論ヨリ以上ニハ何等ノ根據ノ無イヤウニ私ハ感ジマス、天下ノ大博士トシテ而シテ將來ハ大政黨ノ首領乃至入閣ノ候補者ト云ハレル方ニシテ、北陸土産ノ御演説デハ甚ダ物足リナイト考ヘル、今ヤ我國ハ憲法違反ヲ爲シテスラモ朝鮮合併ヲ斷行シ、而シテ之ニ要スル大費用ヲ我々ハ負擔シテ居ルノデアル、斯ル場合ニ何故ニ進ンデ我新附ノ民ニ――朝鮮ハ遂ニ我文化ノ光被スルタメニ、而シテ我國威竝ニ新領土ニ對シ實形實物ヲ以テ學ブベキ便宜ヲ與ヘンガタメニ旁〻以テ朝鮮ニ大學ヲ置クガ如キ等ノ議ヲ提出セズシテ、而シテ却テ區々タル片田舍ノ北陸方面ニ大學ヲ造ラネバナラヌト云フ、コ、イラノ比較上ノ御話ヲ承リタイ、是ハ即チ大博士、大政治家ニ對スル敬意ノタメノ故ニ、斯ウ云フノデ、提出者ニシテ凡々タル陣笠ナリセバ、斯ル大局ノ質問ハ致サヌノデアリマスカラ、願クハ之ヲ諒トセラレテ、鄭重ナル御答辯ヲ願ヒタイノデアリマス

○法學博士戸水寛人君　先刻私ガ日本ニ於テ少クトモ五ツ六ツノ大學ヲ設ケナケレバナラヌト云フコトヲ申シマシタ、日本ト申スノハ固ヨリ朝鮮ヲ含ンデ居ル積リ、アレハ已ニ合併セラレタ、ソレデデス、其五ツ六ツト云フ中ニハヤハリ朝鮮ハ入ッテ居ルノデゴザイマス（拍手起ル）ソレハ漸々ニヤッテ行ク積リナンデス、ドウゾ御安心下サイ

○菅原傳君　本案ハ議長指名九名ノ特別委員ニ付託セラレンコトヲ望ミマス

○議長（長谷場純孝君）　本建議案ハ議長指名ノ特別委員九名ニ付託ト云フニ御異議アリマセヌカ

（「異議ナシ」ト呼フ者アリ）

○武藤金吉君　唯今蠶絲業法案ニ付キマシテ、當局大臣カラ理由ノ御說明ガアリマシタガ、此我國ノ生命タル蠶絲業ノ政策ニ付キマシテ、此法律ヲ出シマスニ付キマシテハ、唯今ノ理由ヲ以テハ私共滿足スルコトハ出來ヌノデアリマス、當院ニ於キマシテ昨年建議ヲ致シマシタ趣意ト、此蠶絲業法案ノ項目ヲ見マスルノト、唯今ノ御說明ヲ承ハリマスルノトシテ見マスレバ、誠ニ當院デ決議ヲ致シマシタ建議ニ副ハナイノデアリマス、且此蠶事政策ニ付テ當局大臣ノ御意見ガナイノハ、甚ダ私共不滿足ニ思フノデアリマス、我國ノ蠶業ハ之ヲ伊太利、佛蘭西ニ對シ、近ク支那ニ對シテ、大ナル競爭ノ位地ニ立ッテ居リマス、然ルニ政府ニ於キマシテ此定見ノナイト云フコトハ、甚ダ我國ノ蠶業發達ノ上ニ於テ遺憾ノコトデハナイカト思フノデアリマス、今ヤ我國ノ蠶業ハ殆ド世界ノ共主位ニナッテ居リマス、而シテ其歐羅巴、亞米利加ニ於ケルトコロノ價ハ最モ其低イ位ニアルノデアリマス、而シテ我國一億三千万圓以上ノ生絲ノ輸出ヲ致ス外ニ、羽二重ノ上ニ於テ數千万圓ノ輸出ヲ致シテ居リマス、然ルニ此蠶業政策ノ確定ト云フコトハ、現內閣ニ於テ我國ニ於テ、マダ致シテ居ラヌノデアリマス、デ此蠶種統一ノ問題ハ此我國民ノ生絲ノ價ヲ高クシ、若クハ我國唯一ノ輸出品タル生絲貿易ノ發展ヲ圖ルト云フ趣意カラ、此建議ハ昨年當院ニ於テ決議サレタノデアリマス、而シテ其後ニ於テ政府ハ生產調査會ヲ設ケテ、是等ノ御調査ヲナサレ、其御調査ヲナサレタ結果ハ、甚ダ吾々ガ得テ大ニ益スルトコロモアリマスガ、此蠶種統一ノ目的ニ副ウテ居リマセヌデ、蠶種ノ統一ハ生絲ガ商品デアル以上ハ、是ハ何處マデモ統一ヲ致シマシテ、サウシテ其價ヲ貴クシ、生產額ヲ貴クスルト云フコトニシナケレバナラヌノデアリマス、今ヤ我國ノ蠶業ハ桑園ヲ見マスレバ四十三万餘町ニ上ッテ居リマス、當局者モ言ハレマス通リ、整理スレバ五割ノ桑ノ增收ヲ見ルコトガ出來ル、尙且我國ニ於キマシテハ現在アルダケノ桑園ヲ倍加スルコトモ出來ルノデアリマス、殊ニ新領土タルトコロノ朝鮮ハ我國ノ蠶業地トシテハ、或ハ內地ヨリモ以上ノ希望ヲ囑サナケレバナラヌカト思フノデアリマス、尙且臺灣ハ支那同樣ニ五回、六回ノ此發蠶ヲ爲スコトノ出來ル地デアルノデアリマス、然ルニ此蠶業政策ハ未ダ內地ノ當業者ヲシテ滿足サセルコトガ出來ナイノミナラズ、朝鮮、臺灣等ニ對シマシテ何等施設ガナイ、一定ノ蠶業ノ政策ガナイト云フコトハ、實ニ此大ナル問題ヲ決定致ストコロノ大缺點デハナイカト思フノデアリマス、伊太利ニ於キマシテハ唯今ノルサッチ總理大臣ハ十年以前ヨリ此政策ヲ提唱致シマシテ、彼ノ伊太利ノ頽敗セルトコロノ財政ヲ恢復シ近ク此十年間ニ於キマシテ伊太利ノ蠶業ハ見ルベキモノガ多イノデアリマス、千九百八年ニ於キマシテノ產額ト、千九百九年卽チ一昨年ノ產額ヲ較ベマスレバ、其產額ハ百分ノ二十九增シテ居リマス、尤モ歐羅巴ニ於キマシテハ佛蘭西ハ年々一割以上ノ退步ノ狀態ヲ現ハシテ居リマスルケレドモ、此伊太利ノ進運ハ實ニ恐ルベキモノデアリマシテ、共總テ施設ガ整ッテ居ルニモ拘ハラズ、我國ハ是ニ對スルトコロノ政策ノナイノハ、甚ダ殘念デアルノミナラズ、實ニ我國家ノ大損失デアルト私ハ信ズルノデアリマス、而シテ此伊太利デ曾テ現內閣ニ向ッテ蠶業同盟ヲシヤウト云フ申込ヲセラレタノデアリマス、此伊太利ト蠶業同盟ヲ結ンデ「ツラスト」ヲ組ムト云フコトハ、果シテ日本ノ利益デアルヤ否ヤ、今ヤ我國ハ此多大ナルトコロノ桑園ヲ持チ、生產力ヲ增スダケノ力ヲ持ッテ居リ、又國民ハ勤勉努力シテ、大ニ發展スルトコロノ力ヲ持ッテ居ル現在デアリマスレバ、是ハ蠶業同盟ニ加ハラヌト云フコトハ、最モ宜シイト思フノデゴザイマス、此點ニ付キマシテハ現內閣ニ於キマシテモ、之ヲ避ケタノハ甚ダ我國家ノタメニ、又蠶業者ノタメニ喜ブベキコトデアル、而シテ我國ノ今日ノ養蠶家ハドノ位アルカト云ヘバ、一般御承知ノ通リ百六十万戶以上ニ達シテ居ルノデアリマス、併ナガラ此蠶絲業法ヲ行フニハ、茲ニ書イテアリマス通リ、養蠶、蠶種製造、眞綿製造、殺蛹、乾繭、又ハ蠶種、繭、生絲、屑物類ノ賣買仲立若クハ保管ヲ業トスル者――保管ヲ業トスルト云フコトハ明カニ書イテハゴザイマセヌガ、蠶種ヲ保存スルトコロノ冷藏庫業デハナイカト私ハ思フノデアリマスガ、是等ノ法律ノ制定ヲ致レマスルニ、此蠶種統一ノ卽チ原蠶種法ヲ別ニ制定ヲ致シマセヌデ、原蠶種法ト蠶病豫防法トヲ同一ニシタト云フノハ、如何ナル譯デアルカ、倘ソレニ加ヘテ組合法ヲ强テクッツケテ、二ツノモノヲ一ノ蠶絲業法ト云フモノニセラレタト云フノハ、如何ナル次第デアルカ、實ニ是等ハ第一ノ蠶業ノ根本政策ト云フモノハ、現政府ハ如何ナル方針ヲ立テ、居ラレルノデアルカト云フコトヲ第一ニ當局大臣カラ御說明ヲ願ヒタイ、第二ニハ政府ハ原蠶種製造所トシテ豫算ニ之ガ計上ヲ致シマシテ、費用ヲ要求サレテ居ルノハ、蠶種統一ハ勿論、繭質ノ統一ヲ圖ランタメナルコトハ明カデアル、然ルニ蠶絲業法案ニハ統一ニ關スル條項ガ五十二箇條ノ中一箇條モナイノハ、如何ナル譯デアルカ、是等ハ明カニ御說明ヲ願ヒタイ、段々長クナリマスカラ質問ノ要點ダケヲ云フコトニスル方ガ却テ宜カラウト思フ、第三ニハ蠶種ノ整理統一ハ何箇年ヲ以テ全國ニ普及スル積リデアルカ、繭質ノ統一ヲ期シテ、生絲貿易ノ發展ニ資スル目的ヲ遂スルノハ、何年ノ後ニ出來ルモノデアルカ、例ヘバ今日ノ產額桑園ヲ增シ、サウシテ生產力ヲ增シテ發展シタル場合ニハ、今日一億三四千万圓ノ生絲輸出額ハ、十年ヲ期レテ三億ニスルノデアルカ、二十年ヲ期レテ五億ニスルノデアルカ、今日現在ニ於キマシテ世界ノ絹ノ需用ハ年々二割近ク增加ヲ致シテ居リマス、其外ニ人造絹絲ノ製造モ三年前マデハ五分デアッタモノガ、今日ハ天然蠶絲ノ二割增加シテアル、此趨勢ニ依ッテ、我政府ハ我國ノ此唯一ノ生絲貿易ヲ何億萬圓ヲ何年ノ間ニ增シテ行クト云フ政策ヲ執ッテ居ルノデアルカ、之ヲ承リタイ、第四ニハ蠶業行政ノ機關ハ益々複雜ニ涉リ統一ヲ缺クガ如シ、政府ハ冗費ヲ省キ、方針ヲ一定スルノ意ナキヤ、例ヘバ蠶業行政ト申シマスレバ、西ケ原ニ蠶業講習所アリ、京都ニモ蠶業講習所アリ、地方ニハ農會アリ、又地方ノ蠶業講習所アリ、又學校ガアル、是等ハ日本ノ政府ハ兎角數積アルトコロノ學校或ハ講習所トカ云フモノハ、人ノタメニ官ヲ設ケルノ風ガアッテ、殊ニ蠶業上ニ付キマシテハ、此西ケ原ノ如キハ二十四箇年間何等ヲ爲シツツアッタノデアリマスカ、年々十七万五千圓ノ國費ハ何ノタメニ使ハレタノデアリマスカ、西ケ原ノ講習所ノ如キハ實際ニモ遠ザカリ、又科學ノ實際ノ研究ニモ遠ザカッテ居ル、小學校ヲ卒業シタ位ノ生徒ヲ出シテ、地方ノ蠶病豫防法ノ役人若クハ講習生ニ出シテ居ルトコロノ者ハ、果シテドレダケノ效果ヲ擧ゲテ居ルカ、然ルニ此法律ヲ以テ別ニ原蠶種製造所ヲ設クト云フコトハ、益々人ノタメニ官ヲ設クルノ風ガアルト云ウテ宜カラウト思フ、是等ニ付キマシテハ蠶種ヲ統一シ、繭質ヲ統一スルト云フ方針ナルニ拘ハラズ、蠶業ノ行政ハ多々益々複雜ニナルト云フコトハドウ云フ積リデアルカ、冗費ヲ省イテ方針ヲ一定スルト云フ考ハ、政府ニナイカアルカ、是ガ第四ノ質問デアリマス、第五ハ蠶絲業一般ニ關スル試驗研究事業ハ設備ト人才トヲ要スルノデアルカ、是ガ政府ノ施設如何、是ガ質問ノ趣意デアリマス、例ヘバ蠶絲ニ付キマシテハ科學ノ研究ト經驗ト云フコトヲ合致サセテ行クト云フコトガ、最モ必要デアル、然ルニ日本ニ於キマシテハ外山君、横井君、又大森君ノ如キ、蠶絲業ニ付キマシテハ隨分世界ニ冠絕トマデハ往カヌケレドモ、世界デ有名ナルトコロノ科學ヲ研究シタ人ガアル、然ルニモ拘ハラズ西ケ原ノ意見ト農學校ノ學士、博士ノ意見トハ往々意見ガ合致シナイ、而シテ又西ケ原ノ講習所、京都ノ講習所ハ、此學士ノ說ヲ迎ヘテ、サウシテ共ニ研究シテヤルト云フ風ニ始終行ッテナイ、故ニ西ケ原アタリデ造リマシタトコロノ繭、ソレカラ總テノモノハ却テ地方ノ實際家ガ造ッタモノガ、澤山良イモノガ出來テ居ルト云フコトハ、既往ノ經驗ニ依ッテ明カデアル、是等ハ此試驗研究等ハ如何ナル人才ヲ俟ッテスル積リデアルカ、例ヘバ此蠶病豫防法ニ付テ申シマスレバ、蠶病豫防法ヲ如何ニシテ實際ニ效果ヲ收メルト云フコトニ政府ガ御氣ガ付カレテ居ルカドウデアルカ、ソレカラ共外ニ此科學ノ研究ニ付テモ、若クハ桑、製絲、金融機關、經濟狀態ト云フコトニ付キマシテハ、更ニ御研究ガナイヤウデアルガ、是等ニ付キマシテハ既ニ注意サレテ居ルノデアリマスルカ如何デアリマスカ、之ヲ承リタイト思フノデアリマス、第十六ニハ蠶病豫防法デアリマス、蠶病豫防法ハ御承知ノ如ク地方費ヲ百何万圓カラ使ヒマシテ、年々ヤッテ居ル、此蠶病豫防法ハ法律案ニモ書イテアル通リ、今迄不備デアッタカラ效力ガナイト云フコトガ書イテアル、然リ、蠶病豫防法ハ實施サレテ居リマスケレドモ、此病毒ヲナクスルト云フ點ニ於テハ、全クナイノデアル、日本ノ蠶病豫防法ハ「ホルマリン」液ヲ百分ノ一以上ト云フコトデ、一シカ使ッテナイ、是ガ伊太利、佛蘭西ニ於テハ「ホルマリン」液ヲ百分ノ二「プロセント」以上使ッテ居ル、斯樣ニ此科學ノ研究ヲ致サズシテ、蠶病豫防法ト云フ法律ヲ今日マデ行ッテ居ッテ、サウシテ之ニ違背スル者ハ蠶具總テノモノヲ沒收シテ燒イテシマフ、又五百圓カラ千圓マデ罰金ヲ取ルト云フヤウナコトヲドシ〳〵ヤッテ、此被害ニ罹ッタモノハ枚擧ニ遑ナイ程デ、蠶病豫防法ノ勵行ニ付テハ、當局者ハ迷惑ヲ感ジテ居ル、勿論迷惑バカリデナイ、是ガタメニ消毒ト云フコトニ付キマシテハ、大ニ當業者ヲ益スルトコロガアルノデアリマスカ、既往ニ於テ蠶病豫防法ハ多ク效力ヲ見ナイ、今度是ガ改正セシト云フ該法案ハ敢テ舊法ト大差ナイノデアリマス、大差ナケレバ適用ノ範圍ハ何處マデ擴大サレテアルノデアルカ、之ヲ詳細ニ御說明ヲ願ヒタイノデアリマス、次ハ第七、官營原蠶種ヲ特別蠶種ト名ヲ付ケタ、能ク是ハ良イ文字ヲ考ヘタト思ッテ感服致シマシタ、穢多村ノ名ヲ特別部落ナド、付ケマシタガ、官營原蠶種ヲ特別蠶種トハ、誠ニ政府ニ於テモ其人ニ乏シカラズシテ、立派ナ名ヲ付ケタト敬服シテ居ル、特別蠶種デモ官營原蠶種デモ宜イガ、之ヲ希望配付ニ止メテ、希望スル者ニヤル、サウシテ希望配付ニ止メテ、サウシテ蠶絲當業者ノ希望ナキ場合ハ、其蠶種ヲ如何ニ處分セラレルノデアリマスカ、是迄政府ガ西ケ原デ拵ヘタ蠶種ハ第一貰人ガナイ、殊ニ西ケ原ノ如キハ桑園ヲ持タナイ、桑園ヲ持タナイトコロノ蠶業試驗所ノ蠶種ト云フモノハ役ニ立タナイ、又經驗ノナイ蠶種ノ成績ト云フモノモ亦役ニ立タナイ、今希望アル者ニハ分チテ、一方希望ノナイ者ニヤラヌト云フコトニナレバ、今度ノ法律ニ依リマシテハ御說明ガアリマセヌケレドモ、此日本ノ蠶種ノ三百六十二万石ノ繭ヲ造ルトコロノ土臺ノ蝶ハ、五十蛾デアリマス、五十蛾ノ種ヲ造ルコトハナイガ、共十分ノ一ヲ造ルトコロノ政府ハ共種ノ希望者ガナイトキニハ、皆燒棄テヽシマフノデアリマスカ、蠶種統一ノ方針ト云フモノガ確定シナイデ、唯希望者ニヤルト云フコトニナリマシタナラバ、恐クハ私ハ希望者ハナイト思フノデアリマス、此邊ノ希望者ノナイトキニハ共政府デ造リマシタトコロノ蠶種ハ如何ニ處分ヲナサレル積リデアリマスカ、是モ御答辯ヲ願ヒタイ、第八ニハ官營蠶種ハ地方選出ノ蠶種ト競爭ガ起ッタル場合ニハ、遂ニ官營蠶種排斥ノ惡結果ヲ來ス場合ドウナル、唯今申シマス通リ必ズヤ今マデヤッテ居ル從來ノ蠶種製造業者ニモ之ヲ許シテ、二ツナガラヤル場合ニハ、必ズ競爭ガ起ルニ相違ナイ、競爭ノ起ッタトキニ假ノ惡イ種、民間デ造ッタ方ガ宜イトナッタトキニハ、此官營ノ蠶種ハドウシテ之ヲ始末ヲ付ケルカ、是ハ生絲貿易ノ發展ノ上ニ於キマシテハ餘程考フベキコトデアルト思ヒマス、第九ハ法案ノ第十八條ニ主務大臣又ハ地方長官ノ必要ト認ムルトキハ原蠶種ノ製造若クハ其讓渡讓受又ハ原蠶種ノ種類ヲ制限スルコトヲ得ルト規程ガシテアリマス、而シテ地方長官ハ種繭審査會ノ組織アリテ、是ニ參スルモ主務大臣ガ制限ス場合ニ是ガ機關ナキハ如何、地方長官ガ種ヲ選擇スル場合ニハ民間カラモ審査委員ト云フモノヲ選定シテ、サウシテ相談ヲシテ、此採擇研究等ヲスルガ、主務大臣ハ之ヲ制限スル機關ガナイ、然ラバ大臣萬能デアッテ、大臣ノスルコトハ此蠶種ニ付キマシテハ、何等ノコトヲサセテモ差支ナイト云フ意味デアルカ、農商務省萬能デアッテ、此機關ガナクテモ差支ナイト云フ御見込デアルカ、是亦御答辯ヲ煩シタイ、第十ハ原蠶種製造場ヲ日本ノ中央ニ一箇所、支所三箇所デアリマス、諸君、我國ノ氣候、風土、地域ハ臺灣ヲ除キマシテ、北緯二十四度カラ五十度マデノ間非常ナル長島國デアリマス、此島國ニ於テ日本ノ中央ニ一箇所、支所三箇所ヲ置イテ、果シテ氣候、風土、例ヘバ山間種デアルトカ、平坦種デアルトカ、沿海種デアルトカ云フモノニ適合スルトコロノ選定ヲ誤マラナイ試驗ガ出來ルノデアリマスカ、私ハ少クトモ蠶種統一ヲシマスニハ、全國數十箇所ニ於テ試驗ヲ經テ、氣候、風土ニ適スルトコロノ試驗場ヲ置イテ、此原蠶種ノ試驗ヲシナケレバ、蠶種統一ノ目的ヲ遂シ得ラレナイト思フノデアリマス、是ニ付テ政府ハ如何ニ責任ヲ負フノデアリマスカ、是亦御明言ヲ願ヒタイト思フ、次ニハ第十一政府ハ蠶種統一、原蠶種製造所ノ設置ノ責任ヲ免レンガタメニ、此法案ニハ漠トシテ施行ノ方法ガ書イテナイ、補助規程其他ノコトハ、全部ノ責任ヲ地方長官ニ負ハシメテ、自ヲ高見ノ見物ヲスルト云フコトデアル、此等ニ付テハ總テノコトガ法律ニ精シク書イテナイ、命令ニ讓ッテアル、例ヘバ蠶病豫防ノ如キ、蠶病豫防ト云フ法律ガアッテモ、共命令ガ法律ニ無イコトマデ罰シタ例ハ澤山アル、故ニ政府ハ地方長官ニ責ヲ負ハシテ、サウシテ中央政府ノ內閣ニ於テハ之ヲ高見ノ見物シテ居ッテ、此問題ヲ傍觀スルト云フ意デアルヤ否ヤ、是モ御明言ヲ煩ハシタイノデアリマス、第十二ハ地方長官ガ種類ヲ制限スル場合ニハ、主務大臣ノ認可ヲ受ケテ始メテ效力ヲ生ズルモノデアリマス、然ルニ主務大臣ハ絶對ニ無限ノ權力ガアッテ、種類ヲ判定スルノ明ガアラバ、何ヲ苦ンデ制限ヲ地方長官ニ委任スル必要ハナイト思フ、主務大臣ガ此蠶種ノコトニ付テハ、神ノ如ク總テノ物ヲ透キ徹シテ見ルダケノ明ガアルナラバ、何ヲ苦ンデ之ヲ地方長官ニ委任スルノ必要ガアルカ、之ヲ地方長官ニ委シテ置クノハ、如何ノ次第デアルカ、是亦明答ヲ煩ハシタイノデアリマス、第十三、政府ハ地方長官ノ選定セル種類ニ付キ、如何ナル形式ノ下ニ認可ヲ與ヘントスルノデアリマスカ、例ヘバ種類ノ名稱ニ重キヲ措クノデアルカ、又ハ繭ノ形ノ大小ニ依ルノデアルカ、升目ノ順數ニ依ルノデアルカ、或ハ出殼繭ナドニ依ルノデアルカ、是等ヲ查定スル機關ハ中央ニ無イノハ如何ナル次第デアルカ、例ヘバ我國ノ繭ハ此形ヲ長サヲ一寸一分ト限ッタリ、繭ノ半バガ括レテ居ラナケレバナラヌト云フ、共進會品評會ニ於ケル農商務省アタリノ繭ノ查定方針ニナッテ居ル、共形狀共姿バカリ良イノヲ以テ優等賞ヲ出シテ居ルガ、伊太利、佛蘭西ニ於テハ先以テ繭ノ纖維ト云フモノニ重キヲ措イテ居ル、形狀ノ如キハ別ニ構ハヌ、然ルニ日本ノ繭ハ形狀トカ、升目トカ云フコトニ重キヲ措イテ、之ヲ採ルト云フコトハ、ドウデアルカ、此點ニ付テハ、大臣デ御答ガ出來マセヌケレバ、其局ニ當レル局長ノ答辯デモ宜シイノデアル、第十四ハ蠶種ヲ地方ノ選定會ニ於テ選定セルモノヲ、一々許可スルトセバ、蠶種ノ整理統一ハ地方々々ニ限ラレ、全國統一ノ期ナキコト、現今ノ如クナルハ、全體政府ハ此地方主義、即チ鎖縣主義ノ實行ヲ以テ蠶種ノ統一ト看做スノデアルカ、現在ノ如ク地方々々デヤッテ居リマスレバ、島根、鳥取等ニ於テ斯ウ云ウ經驗ヲ有シテ居ル、又三重縣或ハ愛知縣等ニ於テモ其經驗ヲ有シテ居ル、地方々々デヤルベキモノデナクシテ、我國ノ蠶業ハ日本ノ國ノ蠶業デアッテ、或縣或縣ノ蠶業デハナイ、例ヘバ荷造リシテ横濱ニ出レバ、ソレカラ先キハ日本ノ産物トシテ出テ行クノデアル、日本ノ商品デアル以上ハ、亞米利加ナリ歐羅巴ナリニ於テ五千万斤デモ一億万斤デモ注文ガアッタナラバ、ソレニ應ズルダケノ品物ガ出來ナケレバ、値段ハ折合ハナイノデアル、現ニ亞米利加ニ參リマストコロノ竪絲デ、歐羅巴カラハ百分ノ八十九デアリマシテ、支那絲ガ百分ノ六、日本ガ僅カニ百分ノ一、三四デ、日本ノ絲ハ情ナイガ、一般ニ達シナイノデアリマス、斯様ニ一般ニ達シナイ結果ハ一梱ニ付テ三四百圓ノ値段ガ廉イノデアル、故ニ現在ノ産額ニ於テハ四千万斤以上ト云フ産額ハ多イケレドモ、値段ハソレダケ取レナイト云フ結果ニナッテ居ル、結局收量ヲ多クスルト云フコトハ、實ニ此蠶種ノ統一ヲ圖ラナイタメデアリマスカラ、當局者ハ之ニ對シテ如何ナル方法手段ヲ執ラレルカト云フコトヲ承リタイ、第十五、政府ハ地方長官ガ選定スルトモ、主務大臣ノ認可ヲ得ザレバ、施行シ能ハザルニ依リ政府ハ各府縣ニ共通スル種類ハ特別ノ場合ノ外許可ヲ與フル方針ナリトセバ、寧ロ地方長官ニ制限權ヲ與フルノ必要ガアルヤ否ヤト云フコトデアル、是ハ今私ガ云ウタ通リデアリマスカラ、説明蛇足ハ省キマス、第十六、地方長官ニ是ガ選定ヲ委シ(「簡單々々」ト呼フ者アリ)私ノ質問ヲスル問題ハ、此工場法案ノ如キハ一遍否決ニ遭ッテ、各工場ニ諮問ヲサレタ問題デアルガ、斯ノ如キ重要ナ問題デアルニ拘ハラズモ當局ハ今マデ秘密ニシテ置イテ、此案ヲ公ニサレナイ、殘念ナガラ議員ニ於テモ蠶絲業法案ナルモノハ、如何ナルモノデアルカ、又蠶絲ト云フモノハ我國ノ大産物デ、重要物産デアルト云フコトヲ――私ハ質問ヲシテ、サウシテ政府ノ答辯ヲ求メテ天下ニ周知セシメテ、此問題ヲ研究シヤウト云フノデ、此質問ヲスルノデアリマスカラ、モウ少シ御辛抱ヲ願ヒマス、第十六、地方長官ニ是ガ選定ヲ委シテ、府縣ヲ一地區トシテ制限スル場合ニハ從來甲縣ヨリ乙縣ニ供給シタル蠶種ハ、本法施行後ニハ乙縣ハ乙縣ト同一ノ種類ニ選定セル、丙縣ガ又ハ他ノ縣ヨリ之ガ供給ヲ仰グカ、或ハ自縣内ニ之ガ供給ヲ求メザルベカラザルニ至ラン、其結果トシテ甲縣ノ技倆アル蠶種製造家ハ空シク其技倆ヲ振フ餘地ナキニ反シ、乙縣ハ未熟ナル製造家ノ蠶種マデモ泣ク〳〵甘ンゼザルベカラザルニ至リ、結局甲乙甚シキ生産上ニ優劣ヲ來ス處アリ、製品ヲ統一セントシテ、統一ノ實果ヲ贏チ得ザルノミナラズ、一面ニハ亡國的政策ヲ意味スルモノデアル、何故ニ事件ニ重キ主務大臣ニノミ制限權ヲ與ナイノデアルカ、之ハ私ハ今言ッタ通リデ説明ハ省キマス尙モウ一ツ二ツデアリマスガ、第十七、政府ガ地方補助政策ハ原蠶種製造所ヲ府縣ニ起サシメ、蠶種ノ需用供給ヲ府縣ノミニ强行セントスルニ外ナラナイノデアル、其得失ハ果シテ如何デアルカ、畢竟未熟ナル蠶種製造ヲ强テ之ヲ飼育ヲ爲サシムルノ結果ハ、當業者ハ甚シキ失敗ヲ招クコトニナルノデアリマス、政府ハ氣候、風土ニ適セザル蠶種ヲ供給シテ、其責任ヲ地方ニ嫁セントスルニアラザルナキカ、之ヲ御答辯ヲ願ヒタイ、モウ一ツハ是デオシマヒデアリマス、第十八、政府ハ何ノ必要アリテ蠶絲業法案中ニ組合ノ規程ヲ殊更ニ設ケタノデアルカ、組合ハ法人デアルカラシテ、組合ニ致セバ宜シイノデアル、然ルニ此法案ヲ見マスレバ原蠶絲法ト、ソレカラ蠶病豫防法ト組合ト云フモノヲ三ツクッ付ケテ、丁度木ト竹ト草ト接イダヤウナ法律ヲ拵ヘタノデアル、何ノ必要アッテ斯様ナ法律ヲ拵ヘタノデアルカ、從來組合ニ對シテハ幾多ノ法律ガアッテ、生産ヲ助長スルガタメニハ産業組合ガアル、製品ヲ矯正スルタメニハ同業組合ノ設ガアル、然ルニ生産組合ヲ同業組合ニ混同シテ、今又茲ニ産業組合ノ規程ヲ此法律中ニ編入シタノハ、何ノ必要ガアルカ、恐クハ産業組合ハ宜イノデアルト云フ輕信ヲシタ結果、此組合ニ入レタノデハナイカ、之ハドウ云フ譯カト云ヘバ、全國百六十万モアル養蠶家ト云フモノハ、農ノ片手間デアル、米麥ヲ作ル片手間ニヤル、本業モアルケレドモ小農ガ集ッテヤッテ居ルモノニ、二重三重ノ組合ヲ拵ヘテ、强行シテ組合ニ入レト云フコトハ、一種ノ税ヲ課スルノデアル、繭ノ三升、五升、一斗位取ル者デモ、組合費ノ三十錢、五十錢ヲ課セラル、モノガアッテ、此組合ニ付テハ、此蠶業上ニ付テハ全國ニ大失敗ヲシタ經歴ヲ持ッテ居ル、現在ノ蠶絲業中ニ於ケル同業組合ハ、百六十程アルケレドモ、完全ニ發達ヲシテ居ル組合ハ一ツモナイト云フニ徵シテモ明カデアル(「ノウ〳〵」ト呼フ者アリ)良イモノモアリマスケレドモ、多クハ良クハ出來テ居リマセヌ、是等ハ別ニ組合ヲシテ此蠶絲業法ノ下ニ組合ヲ置クノ必要ハ私ハナイト思フノデアルカラ、是等ニ對シテハ大體ノ蠶業政策ニ在テハ當局大臣カラ答辯ヲ望ミ、詳細ノコトニ付テハ局長若クハ技術官デモ宜シウゴザイマスカラ、詳細ナル答辯ノアル方ガ、國家ノタメニ、又此目的ヲ達スル上ニ於テ、適當デアルト信ジマスカラ、好イ加減ノ答辯ヲセラレナイコトヲ切望致シマス、其代リ一ツ書ハ此處ニ置イテ參リマスカラ、之ニ據ッテ御答辯ヲ願ヒタイ

明治四十四年二月十日　議長ノ報告

朝鮮ノ關税ニ關スル質問主意書

右成規ニ據リ提出候也

明治四十四年一月二十四日

提出者　早速整爾

賛成者　花井卓藏

外三十一人

朝鮮ノ關税ニ關スル質問主意書

一　朝鮮ヲ併合シテ帝國ノ領土ト爲シタルニ拘ラス何カ故ニ速ニ經濟共通ノ策ヲ取ラサル乎帝國ノ關税法ヲ直ニ朝鮮ニ施行セサル理由如何

二　外務大臣ハ曩ニ「諸外國人ノ朝鮮ニ有スル經濟關係ニ不利ノ影響ヲ及スヲ避ケムカ爲ニ今後十年間從來ノ關税率ヲ維持スルコトニ決定シタリ」ト説明セリ乃チ帝國ノ關税法ヲ朝鮮ニ施行セサルハ諸外國人ノ利害ヲ顧念シテ然ル乎

三　朝鮮ハ外國ノ朝鮮ニ非スシテ日本ノ朝鮮ナリ特ニ經濟上ノ關係ニ於テ然リト爲ス然ルニ朝鮮ニ對シテ我カ關税自主權ヲ施ス能ハサルハ抑外交上ノ一大失態ニ非サル乎

四　朝鮮經營ノ根本策ハ其ノ産業ノ發展ヲ圖ルニ在リ其ノ産業ノ發展ヲ圖ラムカ爲ニハ内地トノ交通ヲ便ニシ其ノ經濟的聯絡ヲ完ウシテ速ニ雙互間ノ障壁ヲ撤スルノ必要アルニ非サル乎然ルニ尙移出入税ヲ課シテ同一領土ノ間ニ障壁ヲ築クノ理由如何

五　然カク經濟上ノ關門ヲ撤セスシテ而モ完全ナル合邦ノ實擧レリト信スル乎抑亦帝國國運ノ發展ヲ沮止スル所以ナリト思惟セサル乎

右及質問候也

明治四十四年二月十日　早速整爾君ノ質問演說

○早速整爾君　諸君、私ハ朝鮮ノ關稅ニ關スル質問ヲ提出致シ置キマシタニ付キマシテ、聊カ茲ニ其理由ヲ陳述致シマス、昨年八月韓國併合ノコト成リマシタル當時、我帝國政府ハ從來韓國トノ間ニ條約ヲ有シ、又ハ韓國ニ於テ最惠國ノ待遇ヲ受クベキコト、相成リ居リマスル列國ニ對シ、此併合ニ關シテハ一ノ宣言ヲ致シタノデゴザイマス、其中ニ付キマシテ關稅ニ關シマシテハ斯樣ナル宣言ヲ爲シタノデアル「帝國政府ハ從來ノ條約ニ關係ナク今後十年間朝鮮ヨリ外國ニ輸出シ又ハ外國ヨリ朝鮮ニ輸入スル貨物及朝鮮開港ニ入ル外國船舶ニ對シ現在ト同率ノ輸出入稅及噸稅ヲ課スヘシ朝鮮ヨリ日本ニ移出シ又ハ日本ヨリ朝鮮ニ移入スル貨物及朝鮮開港ニ入ル日本ノ船舶モ亦今後十年間前項ノ貨物及船舶ニ對スルト同率ノ課稅ヲ受クルモノトス」卽チ韓國ト列國トノ間ニ於キマスル條約ハ當然無效ニ歸シテ居ル、從ッテ從來ノ協定稅率モ全然消滅ニ歸シタルニ拘ハラズ特ニ今後十年間ハ從來ノ關稅率ヲ据置クト云フ宣言デゴザイマス、誠ニ驚入ッタル處置デゴザイマシテ、私ドモハ如何ニシテモ其理由ヲ解スルコトガ出來ナイ、茲ニ私ガ此質問ヲ提出致シマシタノモ誠ニ已ムヲ得ザルニ出デタノデゴザイマス、諸君朝鮮ガ一タビ帝國ニ併合セラレマシタル以上、朝鮮ハ勿論我帝國ノ領土ト相成ッタノデゴザイマス、政府ノ宣言ニモゴザイマス如ク、朝鮮ハ我帝國ノ一部ヲ爲スコト、相成ッタノデアリマス、朝鮮ハ既ニ朝鮮ノ朝鮮ニアラズシテ我日本ノ朝鮮デアル、卽チ何處マデモ同心一體ト相成ッテ我國家ノ完全ナル統治權ヲ運用スルノ處置ヲ取ラネバナラヌコトハ勿論デゴザイマス、然ルニ政府ハ此宣言ニ依ッテ從來ノ關稅率ヲ今後十年間据置クト云フ處置ヲ取ッタノハ果シテ何故デゴザイマセウカ、我內地ト新領土トノ間ニ於キマシテ通商關係ノ統一ヲ圖ルコトガ出來マセヌ以上ハ我國家ノ完全ナル統治權ヲ運用スルコトハ全ク出來ナク相成ルノデアル、「朝鮮一タビ我帝國ノ領土ト相成リマシタル以上ハ帝國ハ帝國ノ關稅自主權ニ依リマシテ、我帝國ノ關稅法ヲ此新領土ニ行フノ覺悟ガナケレバナラヌコトハ勿論デアル、縱令多少ノ事情アリト致シマシテモ帝國ハ此關稅ノ自主權ニ依リテ何處マデモ我關稅法ヲ此新領土ニ行ハナケレバナラヌノデアル、然ルニ帝國政府ハ自ラ屈シテ此關稅自主權ヲ制限ヲシ關稅自主權ヲ束縛ヲ致シ、今後十年間ハ從來ノ關稅ヲ据置クト云フ處置ヲ取ッタノデアル、是ニ付キマシテ外務大臣ハ過日ノ本會議竝ニ豫算委員會ニ於テ其理由ヲ說明ヲ致サレタノデゴザイマス、豫算委員會ニ於テ一委員ノ質問ニ對シテ答辯ヲ與ヘラレタル外務大臣ノ言葉ハ斯樣デアル、「政府ニ於キマシテハ政治上主トシテ此政治上ノ已ムヲ得ザル事情ノタメニ合併ヲ致シタノデゴザイマスカラ」云々「從來朝鮮ニ於テ利權ニ關スル特典ヲ有シテ居リマシタル外國人ノ利害ニ對シ不利ナル影響ヲ及ボスト云フコトハ成ルベク之ヲ避ケル方ガ得策ト考ヘタノデゴザイマス、韓國ノ法權ヲ此併合後ニ存續セシムルト云フコトハ韓國ノ統治上ニ至大ノ關係アルコトデゴザイマスカラ、是ハ併合ト共ニ斷然之ヲ廢滅ニ歸セシムルコト、覺悟致シマシタ、其代リ此關稅ニ關スル利益ハ先ヅ十年間ヲ限リ列國人ヲシテ等シク享有セシムルコトガ最モ得策デアラウ」斯ウ云フ答ニ相成ッテ居ル、此辯明ニ依リマスレバ韓國ノ併合ト云フモノハ主トシテ政治上ノ理由ニ基クノデアル、外國人ノ利害ヲ重ンジテ外國人ノ利益ヲ擁護スルガタメニ此關稅ノ据置ヲシナケレバナラヌト云フ意味ニ歸著スルノデゴザイマス、卽チ列國ノ利害ヲ重シトシテ諸外國人ノ利益ヲ擁護スルガタメニ我日本ノ關稅自主權ヲ犧牲ニスルト云フコトヲ自白シタモノト謂ハネバナラヌノデアル、諸君、我帝國ノ外交ガ振ハナイト云フコトハ、イツモ此壇上ニ於テモ私共承ハルトコロデゴザイマス、此朝鮮ノ併合處分ニ付キマシテ此ノ如ク外國人ノ利益ヲ重ンズル、外國人ノ利益ヲ擁護スルト云フコトノタメニ重要ナル關稅自主權ヲ犧牲ニスルト云フ處置ハ如何ニシテモ外交上ノ一大失態デアルト斷言シナケレバナラヌノデアル、折角韓國ヲ併合致シテ其成效ニ誇ラントスルトコロノ桂內閣ガ此ノ如キ不面目ナル、此ノ如キ不利益ナル措置ヲ取ッタト致シマスレバ私ハ思フ、此韓國ノ併合ト云フモノハ殆ド無意味ニ終リハシナイカト考ヘテ居ルノデゴザイマス、卽チ私ハ此處置ガ我外交上ノ一大失態ニアラザルカト政府ニ向ッテ質問セザルヲ得ナイノデアル、更ニ內地ト朝鮮トノ間ニ於ケル此輸出入稅ノコトニ付テ觀察ヲ致シテ見マスルノニ、抑〻朝鮮ヲ併合致シマシタノハ主トシテ政治上ノ理由ニ基クト申シマスケレドモ、凡ソ殖民地ヲ得ントスルモノ固ヨリ唯政治上ノ目的ノミニ出ルモノデハゴザイマセヌ、實ハ經濟上ノ勢力ヲ伸長セントスルト云フ此目的ガ最モ重ナル點デアル、極言ヲ致シマスレバ經濟上ノ統一、所謂經濟共通ト云フ目的カラ打算セラレルニアラザレバ、私ハ政治上ノ統一ト云フコトモ殆ド空想ニ終リハシナイカト思フノデアル、縱シ政權統一セラレタリト雖モ經濟上ノ統一ヲ缺クト云フ一段ニ相成リマシテハ恰モ骨ヲ取ッテ肉ヲ捨ツルト一般、併合ノ價値ハ何レニアルカ、私ハ經濟上ノ共通ヲ得ルニアラザレバ、新領土ノ併合ト云フコトモ殆ド其成功ヲ抹殺スルニ足ルト思フノデアリマス、經濟上カラ申セバ朝鮮ハ依然タル韓國ノ地位ヲ占メテ居ル、名ニ於テ併合セラレタリト雖モ併合ノ事實ト云フコトハ經濟上ニ於テ少シモ之ヲ認メルコトガ出來ナイノデアリマス、全體ヲ申セバ此朝鮮併合ノコトアラザル以前ニ於キマシテモ、經濟上ノ共通ト云フコトハ疾クヨリ其必要ヲ認メラレテ居タノデアル、保護國ノ關係タリシ當時モ內地ト朝鮮トノ間ニ關稅ト云ヘル如キ關門ヲ設ケズシテ、互ニ交通ヲ便ニシ互ニ此產業ノ發達ノ獎勵ニ資センガタメニ、人工的ノ障壁ハ之ヲ撤廢ヲシナケレバナラヌト云フコトハ疾クヨリ識者ノ間ニ認メラレテ居ッタノデゴザイマス、況ヤ併合既ニ成ッテ內地ト朝鮮ハ同身一體デナケレバナラヌト云フ今日ニ方リマシテ、此人爲的ノ障壁ヲ存續セシムルト云フコトハ果シテ何等ノ拙劣ナル政策デアルカ、從來ハ唯日本ノ內地ニ於キマシテ此日本ノ內地ガ一ノ經濟的ノ塊マリトナッテ產業ノ組織ヲ立テ、居ッタニ拘ハラズ、今後ハ內地ト朝鮮ト母子一團トナッテ此經濟界ヲ組織シナケレバナラヌト云フ今日、徒ラニ此關門ヲ存續セシムルト云フコトハ誠ニ經濟上ニ於キマシテハ私ハ驚クベキ失策デアルト斷言ヲ致サウト思フノデアル、朝鮮ヲ農本位ノ土地ト致シマシテモ、或ハ工業地ト致シテ見マシテモ、或ハ又單ナル消費地トシテ之ヲ見マシテモ、兎ニ角內地ト朝鮮トノ間ノ此關稅一ツノ關門ト云フモノハ之ヲ撤廢スベキ必要ガアル、萬々一內地ト朝鮮トノ間ニ於キマシテ大ナル利害ノ衝突ガゴザイマスレバ兎モ角モ、サマデ利害ノ抵觸スルコトナキ以上ハ、何處マデモ此關門ヲ撤去シテ所謂經濟共通ノ途ヲ取ルト云フコトハ今日ニ於ケル急務中ノ急務デアルト私ハ思フノデアル、由來朝鮮ハ申スマデモナク輸入超過ノ國デゴザイマシテ、最近十年ノ間ニ於キマシテモ、實ニ一億六千万ノ超過ヲ示シテ居ル、是ハ日本人ガ多數朝鮮ニ入込ミ、日本人ノ朝鮮ニ於ケル經營ガ段々ト其步ヲ進メテ來タ結果デゴザイマスケレドモ、朝鮮其モノ、タメニ申シマスレバ何處マデモ輸出ヲ獎勵ヲシテ此輸入超過ノ大勢ヲ殺スト云フコトガ朝鮮ノタメニ利益デアルト云フコトハ言フマデモナイ話デアル、卽チ朝鮮ノ產業ノ發達ヲ進メ、朝鮮ノ輸出ヲ獎勵スルト云フコトハ無論必要デアルノデゴザイマスガ、此點ニ關シテ依然トシテ移出稅ヲ取ル、何ガ故ニ此移出ニ向ッテ稅ヲ課セナケレバナラヌカト云フコトハ私共ハ如何ニ考慮ヲメグラシテモ其理由ヲ解スルコトガ出來ナイ、又其移入ニ付テ申シマシテモ移入稅ヲ撤廢ヲ致シテ朝鮮ノ人民ニ向ッテ低廉ナル品物ヲ供給スルト云フコトハ此位朝鮮ノ利益ニナルコトハナイノデアル、今日ノ狀況カラ申シマスレバ朝鮮ニ於ケル輸入ノ總額ノ六割三分マデハ我ガ內地トノ關係デゴザイマス、假ニ移入稅ヲ撤廢スルト致シマスレバ朝鮮ノ人民ハ其需用ニ於テ六割三分マデハ低廉ナル品物ノ供給ヲ得ルコトガ出來ルノデアル、更ニ進ンデ日本ノ生產ノ品物ヲ以テ外國ノ商品ヲ驅逐スルト云フ場合ニ臨ミマスレバ、朝鮮ノ人民ハ益々低廉ナル品物ノ供給ヲ得テ益々其利益ヲ享有スルコトガ出來ルト云フコトニ歸著スルノデアル、是ハ分リ切ッタ話デ移出ニ付キマシテモ移入ニ付キマシテモ總テ課税ヲ廢シ、自由ニ出ルコトモ出來、自由ニ入ルコトモ出來ルト云フコトニ相成レバ、朝鮮ノ利益ト云フモノハ實ニ其大デアラウト私ハ思フ、隨ッテ朝鮮ノ産業ヲ發達セシムル上ニ於キマシテハ、非常ナル效果ガアルト云フコトヲ疑ハヌノデアル、此點ハ我内地モ同ジコトデゴザイマス、内地ノ品物ヲ朝鮮ニ移出スル朝鮮ノ産品ヲ我ガ内地ニ向ッテ移入ヲスル、出入共ニ我内地ノ利益ト相成リ、我内地ノ産業ヲ奬勵スル上ニ付テハ非常ナル利益ヲ得ルコト、相成ルノデアル故ニ朝鮮ニ於ケル産品ハドシ／＼之ヲ内地ニ移入レ、内地ニ於ケル産品ハドシ／＼之ヲ朝鮮ニ移出スル、互ヒニ其出入ノ便宜ヲ圖ルト云フコトハ此經濟共通ノ策ヲ畫スル上ニ於キマシテハ、最モ今日ノ急務ニ屬シテ居ルノデアル、然ルニ此謂ハレナキ障壁中間ニ於テ關門ガアル、此謂ハレナキ障壁ヲ存續シテ内地ト朝鮮トノ間ニ於ケル品物ノ出入ヲ阻害シ隨ッテ産業ノ發達ヲ阻害スルト云フ此ノ如キ拙劣ナル處置ヲ取ッタト云フコトハ、元來如何ナル理由ニ依ッテ斯樣ナル處置ヲ取ッタノデアルカ、私ハ明瞭ニ此理由ノ説明ヲ求メナケレバナラヌノデアル、政府ハ朝鮮ノ産業ヲ奬勵シナケレバナラヌト唱ヘ、頻リニ此産業ノ奬勵ト云フコトニ付テハ心配ヲシテ居ルトキニ而シテ一方ニ於キマシテハ此ノ如キ人工的ノ關門ヲ存續セシメテ、産業上發展ヲ阻害セシムルヤウナ處置ヲ取ッテ居ル、是ハ我帝國政府ノ産業上ニ所謂産業政策ノ矛盾デアルト、私ハ斷言ヲ致シタイト思フ、諸君、外國貿易ノ上ニ於テコソ關税ハ必要デゴザイマセウ——關税ノ作用ハ必要デゴザイマセウ、内地ノ貿易——内國ノ貿易ニ於テ關税ガ存在ヲシテ居ルト云フコトハ是ハ根本ニ於テ貿易ノ原則ニ反スルノ甚シキモノデアルト私ハ思ッテ居ル、政府ノ今日ノ處置ハ——政府ノ今日ノ政策ハ此根本ニ於テ貿易ノ大原則ニ反シテ關税ヲ存續スルト云フコトハ誠ニ屆シタル處置ヲ執ッテ、居ルト云フコトヲ斷言シテ妨ゲナイノデアル、此ノ如ク致シマスレバ朝鮮ハ依然トシテ朝鮮、經濟關係ニ於テハ殆ド内地ト朝鮮トノ間ニ保護ガ出來テ居ラヌ、依然トシテ朝鮮ハ朝鮮デアル、經濟關係ニ於テ韓國タル地位ハ依然トシテ存在シテ居ルト私ハ繰返シテ此理由ノ説明ヲ求ムルノデアリマス、朝鮮ト内地トノ間ニ此ノ如キ關門ヲ置クノ必要ガアルト唱フル論者ハ動モスレバ言フ、此移出入税ヲ撤廢致セバ朝鮮ノ歳入ヲ減ズル、斯ウ云フコトヲ以テ此關門ガ要ルト云フコトヲ是認セントスル トコロノ論者ガアル、今我帝國ノ關税法ヲ朝鮮ニ行フト致シマスレバ、朝鮮ノ歳入ヲ幾ラカ減ズルト云フコトハ事實デゴザイマス、内地トノ間ノ移出ニ於テ約百三十七八万圓ノ税額ガアル、其移入ニ於テ約六十万圓バカリノ金額ニ相成ッテ居ル、此出入ノ税額ヲ和合シマスレバ百九十八万圓、約二百万圓デアル、私ハ此二百万圓ヲ犧牲ニスルト云フコトハ相互ノ産業發達ノ上カラ見レバ蓋シ其價ガ低廉ナリト信ジテ居ルノデアリマス、而モ二百万圓ハ相互ノ同胞兄弟ガ互ニ拂ッテ居ル税額デアル、此二百万圓ノ金ヲ犧牲ニ致シマシテモ、内地竝ニ朝鮮ノ産業ノ發達奬勵ヲスルト云フ上カラ見マスレバ、私ハ其金額ト云フモノハ誠ニ僅カデアルト唱ヘテ差支ナイト思フノデアル、二百万圓ノ金ヲ吝ンデ相互ノ産業發達ヲ阻害スルト云フコトニナレバ、ソレコソ一文吝ミノ百失フト云フコトニ陷ルノデゴザイマス、況ヤ朝鮮ニ向ッテハ漸次内地税法ノ一部ヲ行ハナケレバナラヌト云フ運命ニ接シテ居ルノデゴザイマス、歳入ノ減ズルト云フコトヲ理由トシテ此關税ヲ存續セシムルト云フコトハ謂ハレナキコト、思フノデアル、又或ル論者ハ朝鮮ト内地トノ間ニハ税制ガ異ッテ居ル此税制ガ異ッテ居ルガタメニ今關税作用ヲナクシテシマフト云フコトニナリマスレバ内地ノ産業ハ打擊ヲ受ケルト云フ虞レガアル、例ヘバ朝鮮ニ於テ無税デ以テ製造スル品物ガドシ／＼内地ニ這入ッテ來ルト云フコトニナレバ、内地ノ産業ハソレダケ打擊ヲ受ケルト云フ議論ヲ唱フル者ガアルガ、是ハ又適當ナル施設ニ依ッテ其業ヲ制限スルハ勿論デアリマス、無論我帝國專賣法ノ一部我帝國ノ消費税法ノ一部ハ何レモ朝鮮ニ行ハナケレバナラヌト云フコトハ勿論ノコトデゴザイマスルカラシテ、税制異ナルト雖モ日本ノ事業

ガ打擊ヲ受ケナイヤウニ其間ニ按排スルト云フコトハ是ハ勿論容易ナ話デアル、是ガ出來ナイト言ヘバ卽チ政府當局者ハ無能デアル、無責任デアルト私ハ斷言シヤウト思フノデアル、ソレカラ又我内地ノ農業ヲ保護シナケレバナラヌト云フ理由ノ下ニ此内地ト朝鮮トノ間ニ此關税ヲ撤廢シテハナラヌト云フ論者ガアルノデゴザイマス、是等ハ誠ニ理由ナキ説デアルト言ハナケレバナラヌ、又朝鮮ノ品物ヲ容易ニ内地ニ移入スルト云フコトニシテ、内地ノ品物ヲ又容易ニ朝鮮ニ移出スルト云フコトニシテ直ニ共足ラザルトコロヲ補ウテ而シテ事業ノ發達ヲ期スルト云フ、此位利益ナコトハナイノデアル、徒ラニ關門ヲ設ケテ日本ノ内地ノ食料品ヲ騰貴セシムルト云フ議論ノ如キハ全ク私ハ愚論ノ極デアルト信ジテ居ルモノデアリマス、今ハ朝鮮モ内地モ何レモ變ッタコトハナイ、外國ト思ヘバコソ此ノ如キ農業保護論モ起ルノデゴザイマス、朝鮮ハ日本ノ領土デアル、朝鮮ハ我帝國ノ一部デアル、北海道ト異ナラズ、又九州ト異ナラヌ、臺灣ト異ナラヌ、朝鮮ニ於ケル産業ハ我同胞兄弟相携ヘテ之ヲ奬勵シナケレバナラヌ、朝鮮ノ産業ハ我内地ノ人民ガ之ヲ奬勵シツヽアルノデアル、倂合相成ッテ我日本ノ領土ト相成リマシタル今日ハ朝鮮ト内地トノ間ニ區別ヲ立テル必要ハ少シモナイノデアル、此ノ如キ反對論ハ殆ド是ハ一顧ノ價モナイノデゴザイマス、然ルニ尙我政府ハ此新領土トナリタル朝鮮ト我内地トノ間ニ殊更ニ此關門ヲ設ケテ之ガ撤廢ノ處置ヲ執ラナカッタト云フコトニ付キテハ、益々私ハ其理由ヲ解スルニ苦シムノデゴザイマス、之ヲ要スルニ日本ト朝鮮トノ間ニ此ノ如キ關門ヲ存續セシムルト云フコトハ雙方ノ産業上非常ニ不利益ナルノミナラズ、今日ノ處置ト致シマシテハ一日モ早ク之ヲ撤廢スル必要ガアルノデアル、殊ニ外交上ノ關係ニ依リマシテ十箇年間ハ之ヲ存續スルト云フ宣言ヲ致シタト云フコトニ至リテハ、私ハ政府ニ向ッテ更ニ詰問ヲセザルヲ得ヌノデアル、日本帝國ハ此宣言ニ依リマシテ十年ノ間ハ如何ニシテモ此朝鮮ト我内地トノ間ニ於ケル關税ノ改正ヲスルコトノ出來ナイト云フ自ラ屆シテ自ヲ我自主權ヲ束縛スルト云フ態度ニ出デタノデアル、宣言ニ於テ十年間ト明カニ書イテアル、此十年間ハ如何樣ナコトガアッテモ之ヲ改正スルコトガ出來ナイト云フヤウナ處置ニ出デタ、是ハ殆ド何等ノ理由ニ出デタカ了解スルコトガ出來ナイ、十年ノ間ハ如何樣ナコトモ出來ナイト云フ我權利ヲ留保スルコトスラモ能クシナカッタト云フノハ誠ニ外交上ノ一大失態デアルト繰返シテ言フヨリ外ニ仕方ガナイノデアル、朝鮮ノ貿易ハ私ガ申スマデモゴザイマセヌ、輸入ニ於テハ日本ガ總計ノ六割三分ヲ占メテ居ル、輸出ニ於キマシテハ約七割五分マデハ日本トノ關係デアル、歐羅巴亞米利加ハ相合シテ見マシテモ其輸出ニ於キマシテハ總額ノ僅カニ一分一厘輸入ニ於キマシテハ英吉利ノ國ガ一割二分、北米合衆國ガ僅ニ一割、斯ウ云フ比例ニ相成ッテ居ルノデゴザイマスカラ、歐羅巴ナリ亞米利加ナリハ利害關係ノ上カラ申シテモ此朝鮮ノ關税問題ニ付テハ彼是云フベキ筈ハナイノデアル、極言致シマスレバ歐米ノ列國ト云フモノハ朝鮮ニ對シテハ殆ド利害關係ハナイト斯樣ニ申シテモ少シモ差支ナイノデゴザイマス、ソレデアルノニ諸列國ノ利害重シトシ諸列國人ノ利益ヲ擁護センガタメニ、此關税ヲ十年間据置クト云フ、殆ド利害關係ヲ有シナイ歐米列國ニ對シテ何等ノ遠慮ニ出デタモノデアルカ、私ハ實ニ我當局者ノ非常識ナルニ驚カザルヲ得ナイノデアル、諸君、私ガ前ニモ申述ベマシタル如ク朝鮮ノ倂合未ダ成ラズト雖モ、此關税ノ共通ト云フコトハ是非トモ帝國政府ハ之ヲ計畫シナケレバナラナカッタノデアリマス、況ヤ倂合成リタル今日ニ於テハ一日モ速ニ此經濟共通ノ途ヲ採ラナケレバナラナカッタコトハ明カデアルニ拘ハラズ、政府ガ此ノ如キ聲言ヲ爲シテ一方ニハ外交上ノ失態ヲ演ジ、又他方ニ於キマシテハ我内地ト朝鮮トノ間ノ經濟上ノ關門ヲ撤去スル能ハズ、産業ノ發達ヲ阻害スル、此二樣ノ失敗ニ付キマシテハ私ハ政府ハ如何ニカ之ニ對シテ適當ナル處置ヲ爲スベキ必要ガアリハシナイカト思フノデゴザイマスル、本員ハ卽チ此點ニ付キマシテ此ノ如キ失態ヲ爲シナガラ政府ハ尙依然トシテ此十年間ヲ經

過スル積リデアルカ、或ハ又日本帝國ノ面目ノタメニ日本帝國ノ利益ノタメニ、併セテ朝鮮ノ利益ノタメニ、何等カ適當ナル手段ヲ施スノ覺悟アリヤ否ヤ、之モ序ニ私ガ政府ニ向ッテ答辯ヲ求メタイト思フ點デゴザイマス(拍手起ル)

（第三號）明治四十三年度歳入歳出總豫算追加案
（特第三號）明治四十三年度特別會計歳入歳出豫算追加案
（第一號）明治四十四年度歳入歳出總豫算追加案
（豫算委員長報告）

（原敬君登壇）
（拍手スル者アリ）

○原敬君　明治四十三年度歳入歳出總豫算追加ノ第三號ト、同ジク特第三號ニ付テ先以テ御報告致シマス、是ハ北京關東州朝鮮等ニ於テ「ペスト」流行ノタメニ要スル費用デアリマス、何レモ已ムヲ得ザル費用ナリ、且當然支出スベキモノトシテ豫算委員會ハ全會一致テ可決致シマシタ、次ニ明治四十四年度歳入歳出總豫算追加第一號、是ハ英國皇帝陛下ノ戴冠式ニ際シマシテ、我帝國ヨリ二艦ノ軍艦ヲ派出セラル、費用デアリマス、之ニ付キマシテハ我同盟國ノ皇帝陛下ノ戴冠式ヲ祝スルタメニ軍艦ガ派出セラル、コトハ國民ノ最モ喜ンデ賛成致スベキコト、シテ、是亦全會一致可決致シマシタ、此段御報告致シマス（拍手起ル）

○議長（長谷場純孝君）　若シ御異議ガアレバ一案毎ニ採決ヲ致シマス、併シ委員長ノ報告ニ付テ御異議ガ無ケレバ三案ヲ一括シテ採決シヤウト思ヒマス

（「異議ナシ」ト呼フ者アリ）

○議長（長谷場純孝君）　御異議ナイト認メマスカラ、委員長報告通リ三案トモニ決定致シマス、是デ確定

（拍手起ル）

第十　青森港修築ニ關スル建議案（阿部政太郎君外二名提出）

青森港修築ニ關スル建議案

青森港修築ニ關スル建議

青森港ハ本州東北端ナル青森灣ノ中央ニ位シ海水深クシテ大船巨舶ヲ繫泊スルニ足リ三百年來ノ商港トシテ設備及荷役等東北ニ冠タリ東北鐵道線及奧羽鐵道線玆ニ歸一終局スルヲ以テ本州ト北海道トノ鐵道聯絡點ト爲リ聯絡定期船ヲ以テ海陸ヲ共通シ且樺太ノ帝國領土ニ歸セシヨリ本港トノ關係一層ノ密接ヲ來タシ運輸交通頓ニ頻繁ヲ加フルニ至レリ加之近年貿易港ニ指定セラレシ以來露領浦鹽斯德沿海州ヨリ淸韓ニ於ケル諸港トノ交通漸次增加スルト同時ニ九州山陽山陰北越等ノ各地ニ於ケル關係モ亦一層ノ近接ヲ加ヘ民業ノ發展製材事業等ノ爲物資ノ集散長足ノ發展ヲ爲シタリ顧ミテ青森港ノ現況ヲ視ルニ灣形廣大ニ過キ風濤ヲ避クルニ便ナラス爲ニ旅客ニ不快ノ念ヲ去ラシムル能ハス荷役ニ不便ヲ來タスノ虞アリ而シテ此ノ缺點ハ冬期日本海ニ於ケル通有ノ狀態ニシテ東北各地ノ諸港交通中絕ノ姿ヲ呈スルヲ以テ反對ニ却テ旅客ノ交通貨物ノ運輸ヲ本港ニ依リ充タササルヘカラサル特種ノ事情ヲ有セリ今ヤ國運ノ發展ニ伴ヒ海陸ノ連絡ヲ簡易有利ナラシメ以テ交通運輸ノ便ヲ增加スルハ產業發展人文開發ノ上ニ一日ヲ緩フスヘカラサルナリ特ニ本港ハ利用ノ關係廣大ナルヲ以テ之ヲ修築シテ公私ノ利便ヲ增加スルハ刻下ノ急務ナリトス依リテ政府ハ速ニ調査ヲ遂ケ青森港修築ニ著手セラレムコトヲ望ム

右建議ス

（阿部政太郎君登壇）

○阿部政太郎君　本案ハ前議會ニ於キマシテ諸君ノ御贊同ヲ得テ滿場一致ヲ以テ通過致シタ案デゴザイマス、ソレデ本案ノ必要卽チ本港ノ位置ヤ若クハ北海道、樺太ノ拓殖トノ關係、尙外國貿易ト致シマシテハ浦鹽斯德竝ニ露領沿海州、是等ニ對スルノ關係若クハ所謂北備軍事上ノ關係其外東北振興策ニ係カル關係ト云フヤウナ事柄ニ付テハ、疾クニ諸君ノ御耳ヲ瀆シテアリマシタガ故ニ、今更再ヒ之ヲ說明スルノ必要ヲ認メマセヌノデゴザイマス、唯一言ニシテ之ヲ言ヒマスレバ我帝國ト致シマシテ西ノ方馬關ノ必要ヲ認メテアルトスレバ、ヤハリ北ノ馬關ト唱ヘラレテ居ルトコロノ青森港ノ必要ヲモ認メナケレバナルマイト思フノデゴザイマス、其必要ヲ認メ、馬關ノ改修ヲ必要トシマスルナラバ、自ラ北ニ於ケル同樣ノ關係ヲ持ッテ居ルトコロノ本港ノ修築モ必要ニナルデアラウト云フ此一言ヲ以テ本案ノ說明ハ盡キルコト、存ジマス、唯此場合ニ於キマシテ一言辯ジテ置ク必要ガアリマスルガ、是ハ外ノコトデゴザイマセヌ、諸君モ近頃御耳ニモシ、又口ニモナサレテ居ルヤウデゴザイマスルガ、嚢ニ大湊要港部ノ司令官タル上泉其人ノ口ヲ藉リテ世ニ紹介セラレマシタノハ、同灣卽チ陸奧灣ニ於ケル大湊ノ開港論デゴザイマス、此論ガ一度社會ニ紹介セラレテヨリ意外ニ世ノ歡迎ヲ受ケマシテ、俄ニ一ノ問題トナリマシタ、然ルニ之ヲ傳唱スル人ノ言フコトヲ聽キマスルト大湊論ト云フモノヲ過信スルノ餘リカ、或ハ從來一般ニ唱ヘテ來マシタトコロノ青森港ノ修築ノ必要ヲモ疑フヤウナ語氣ヲ往々耳ニ致シマスノデゴザイマス、ソレハ青森灣ハ其灣形甚ダ廣クシテ殊ニ西北ヲ控ヘテ居ルガタメニ最モ陸奧ニ於テ恐ルヽトコロノ西北ノ風ノ吹クトキ、又吹雪ノ最モ烈シイ冬季ニ於テノ、縱シヤ今日多額ノ經費ヲ投ジテ青森修築ヲ努メテ見テモ或ハ恐ル冬期ノ彼ノ暴風ヲ防グニ足ラヌデ一向要ヲナサヌト云フヤウナ傾ガアルマイカ、若シ左樣デアルトスルナラバ位置ヲ他ニ求ムルニ如カズト云フヤウナ說ヲ私ハ耳ニスル所デゴザイマス、而シテ說クトコロ甚ダ是ハ事實ニ違ッテ居ルノデ若シ其說クトコロ事實ナリトスレバ云フマデモナク本案ヲ提出スル必要ハゴザイマセヌケレドモ、事實ハ甚ダ違ウテ居ル、卽チ之ヲ說ク人ガ大ナル誤解ニ陷ッテ居ルノデゴザイマスルガ故ニ、私ハ一言此誤解ヲ解イテ置ク必要ガアルト思フノデアリマス、是モ極ク簡單ニ說明ガ出來ルノデゴザイマス、此唱フルトコロノ青森港非難、何ニ依ル所ガアッテ斯樣ナ說ガ出テ來タノデアルカ、私ハ殊ニ怪訝ニ堪ヘナイノデゴザイマス、近ク明治四十二年及四十三年ニ於ケルトコロノ此港灣ヲ利用シテ航海シタトコロノ確實ナル統計ノ示ストコロニ依リマスルト、唯今流布セラレテ居ル所說ハ全ク根據ノナキ說ト云フコトガ分リマス、其統計表ハ私ガ此處ニ持ッテ居リマス、ソレヲ一々讀上ゲマスト倦切ッテ居ル唯今ノ議場ニ於テ、少シ御退屈デアラウト思ヒマスガ故ニ、此表ヲ讀ムコトダケハ止メマスガ、扨テ此表ニ依ッテ見マスルト斯樣ニナリマス、天候ニ原因致シテ航海ヲ缺イタ度數ト云フモノハ、明治四十二年ニ於テ函館ヲ發シテ青森ニ向ッタ船ガ四回航海ヲ缺イテ居リマス、ソレニ對シテ青森ヲ發シテ函館ニ向イタ船ニ於テドレダケノ缺航ガアルカト言ヒマスルト、丁度其半分二回アリマスル、ソレカラ其翌年ハ函館ヲ發シテ缺航シタコトガ六回ゴザイマスルガ、青森ヲ發シテ函館ニ向イタ船ハ四回ヨリ外ゴザイマセヌ、又天候險惡ノタメニ二時間以上船ノ出ルノヲ延バシタト云フ度數ガドレダケアルカ、青森ヨリ出タモノト函館ヨリ出タモノト之ヲ比ベテ見マスルト青森ヨリ出タモノハ函館ニ比ベマシテ二割乃至三割少イノデゴザイマス、ソレカラ其中デ汽車ノ連絡ヲ缺イタト云フ度數ヲ之ヲ函館ヲ發シタモノニ比ベマスルト青森ヲ發シタ方ガ確ニ多クナッテ居リマスル、是ハ四十二年度ニ於テ青森ガ三割程多イ、四十三年ニ於テ一割餘ゴザイマス、併ナガラ是ト云フモノハ全ク航海ノ途中ニ於テ故障ノタメ此聯絡ヲ缺イダノデアル、卽チ御承知ノ通リニ彼ノ津輕ノ海峽若クハ函館山附近ニ於ケル濃霧若クハ吹雪、是ハ實ニ冬季ニ於テ往々アルデゴザイマス、是等ノ事故ノタメニ卽チ途中ノタメニ此列車トノ不接續ト云フ結果ガ出來マスノデアッテ、決シテ港內ニ於ケル作業ノ出來ヌト云フガタメニ之ヲ缺イタト云フヤウナ結果デハ無論ナイノデゴザイマス、況ヤ又其外ニ此聯絡ヲ缺ク原因ト云フモノハ獨リ港內ノ冬季ノ關係ノミデハアリマセヌ、汽車ノ延著、ソレモ原因デアリマセウシ若クハ又船ノ積ムベキ所、荷ノ量ノ多少モゴザイマセウ、斯樣ナ事柄ノタメニ起ルモノデアッテ、決シテ港內ノ作業不可能ノタメノ結果ト見ルコトハ無論出來ヌノデゴザイマス、ソレカラ最モ諸君ガ意外ト思フ統計ガ現ハレテ居リマス、ソレハ何デアルカト云フニ、若シ港內ノ作業不可能ノタメニ起ッタトコロノ缺航デゴザイマス、是コソ眞ニ其港內ニ於ケル作業ガ實際不可能デ已ムヲ得ズ航海ヲ缺イタト云フ事柄デアル、ソレハ如何ニナッテ居ルカト云フト、四十二年ニ於テハ青森、函館共ニ二回ヨリ外ハナイ、四十三年ニ於テ函館ニ於テハ二回アリマシタケレドモ、青森ハ唯一回デゴザイマス、如何デゴザイマセウ諸君、斯樣ナ確實ナル統計ノ示ストコロニ依ッテ、明ニ青森港ハ航海ノ任務ヲ盡スコトノ出來ヌ港ト云フコトハ無論言フコトガ出來ヌデアラウト思フノデゴザイマス、承知ノ通リニ函館ハ日本ノ五港ノ一ニ數ヘラレ、而シテ港ノ位置ニ於テモ帝國中優秀ノ港デアルト云フコトハ何人モ首肯スルトコロデゴザイマス、然ルニ斯樣ナル安全且國費ヲ以テ年々大ニ之ヲ修築シテ居ルトコロノ函館、其函館ガ港タルノ任務ヲ盡ス上ニ於テ何等設備ノナイトコロノ青森ガ所謂港タルノ任務ヲ盡シテ居ル、其成績ヲ斯ク比例シ來ルトキハ、蓋シ函館ノ優ルコトハ數等ト云ッテモ敢テ過言デハナカラウト思ヒマス、故ニ唯今世間ニ流布セラレテ居ルトコロノ說ノ如キハ誠ニ據處ナイ、取ルニ足ラヌ說デアッテ、三文ノ値打モナイ說デアラウト私ハ信ジマス、斯樣ナ根據ノナイ說ニ依ッテ賢明ナル諸君ハ恐ラクハ之ニハ迷ヒナサルヤウナコトハアルマイト思ヒマスケレドモ、如何ニセン地二百里以外ニアッテ、僻遠ノ地デアルガ故ニ、或ハ實地ヲ御辨ヘニナラナイガタメニ、斯樣ナ浮說ニ迷ハサレテ、本港ノ必要ヲ阻害スルヤウナコトニ萬一ナッテハ甚ダ遺憾ナコトヽ思ヒマスルガ故ニ、時間モ此通リ切迫セル唯今ニモ拘ハラズ、特ニ諸君ノ清聽ヲ煩シタノデゴザイマスル、何分宜シク御審議ノ上御賛助アランコトヲ切ニ願ヒマス

○菅原傳君　本案ハ議長指名九名ノ委員ニ付託スルト云フコトニ致シタイ

○議長（長谷場純孝君）　本案ハ議長指名特別委員九名ニ付託スルト云フコトニ御異議アリマセヌカ

〔「異議ナシ」ト呼フ者アリ〕

第二　朝鮮ニ於ケル貨幣整理ノ爲生シタル債務ヲ貨幣整理資金特別會計ニ移屬セシムル件ニ關スル法律案（政府提出）　第一讀會ノ續（委員長報告）

（板倉中君登壇）

（拍手起ル）

○板倉中君　本案ハ他ノ朝鮮事業公債法案外一件ノ案ト共ニ審査ニ附セラレタノデゴザリマスルガ、其中本案ハ標題ノ長イニ拘ハラズ極メテ簡單ナル案デゴザイマシタ、卽チ標題ニ揭ゲマシタ通ノモノデゴザイマスル、但其内容ニ於テハ聊カ考慮ヲ要スルトコロモゴザイマシタタメニ、三回ノ會ヲ開キマシタ結果、イロイロ質問ノ後ニ於テ、卽チ結局七百二十七万三千六百三十七圓ト云フモノハ卽チ此本案成立ノ結果、貨幣整理資金特別會計ニ移屬スルコトニ相成ルノデゴザイマス、ソレデ漸次貨幣鑄造ノ益金等ヲ以テ償却ニ相成ル見込ノ案デコザイマス、委員會ハ滿場一致ヲ以テ可決スルコトニナリマシタカラ、此段御報告ニ及ビマス

○菅原傳君　本案ニ對シテ直ニ二讀會ヲ開キ、三讀會ヲ省略シテ委員長報告通リ決定セラレンコトヲ望ミマス

○議長（長谷場純孝君）　唯今ノ動議、本案ハ直ニ二讀會ヲ開キ、三讀會ヲ省略シテ委員長報告通ト云フコトニ御異議ハアリマセヌカ

（「異議ナシ異議ナシ」ト呼フ者アリ）

○議長（長谷場純孝君）　御異議ナイト認メマスカラ、直ニ二讀會ヲ開キ、議案全部ヲ議題ニ供シマス

朝鮮ニ於ケル貨幣整理ノ爲生シタル債務ヲ貨幣整理資金特別會計ニ移屬セシムル件ニ關スル法律案　確定議

○議長（長谷場純孝君）　御異議ナイト認メマスカラ三讀會ヲ省略シテ本案ハ委員長報告通確定致シマス――日程第三、第四ハ同一委員ニ付託セラレタル議案ナルニ依リ、併セテ委員長ヨリ報告致サセマス――日程第三ハ治水費資金特別會計法案、日程第四ハ府縣災害土木費國庫補助ニ關スル法律案、卽チ第一讀會ノ續ヲ開キマス――特別委員長元田肇君

○守屋此助君　能ク前後ノ事實ヲ說明致サナケレバ我輩ノ說明スル要旨ガ我輩ニ言ヒ盡セナイノデアルカラ、左樣御承知ヲ願ヒタイ(「短クヤラヌト又騷動ガ起ル」ト呼フ者アリ)ソレデ所得稅ノ事柄ニ付キマシテ政府ニ問フトコロノモノハ是ダケデアリマス、ソレカラ其次ハ官營事業ニ對スル方針ヲ御問致シタイノデアル、官營事業ニ付テ政府ハ今日製鐵所トカ、製材所、此ヤウナ類ノモノヲ今日官營トシテ居ラレルモノヲ近キ將來ニ製材所ノ如キモノヲ時ヲ見テ民業ニ移スト云フ、此時ヲ見テト云フモノハ如何ナル時ヲ云フノデアルカ、近キ將來ニスルノデアルカ、又製鐵所ノ如キモノハ政府ハ千住ニ製絨所ヲ持ッテ居ルガ、之ヲ民業ニ移スノハ何レノトキ、ドレ〱デドウ云フトキニスルノデアルカト云フノガ第一ノ問、ソレカラ第二ハ國有鐵道――鐵道ヲ國有ニスルトキニ、アノ法案ヲ政府ガ提出シタトキニハ、政府ガ官營ニスル鐵道ノ方針ハ營利主義ニアラズ――營利主義ニアラズシテ運輸ヲ目的トスルモノデアル、ト斯樣ニ政府ハ提出セラレルトキノ說明デアル、其後ニ政府ノ方針ガ變ッテ、國有鐵道ハ營利ガ目的デアル、斯ウ云フコトヲ言ハレタ、斯ウ云フ事柄ヲ言ハレタ、營利ノ目的デアルナラバソンナラ營利主義カト云ヘバ、山ノ手線ニ電車ヲ併用シテ、殆ド一年ニ十万圓ノ損ヲシテ此營業ヲ爲シテ居ル、政府ノ官營ノ方針ガ如何ニモ矛盾致シテ居ル、ソレカラ營利ガ目的デアルト云フ事柄ニ一朝國有法ヲ政府ノ都合デ帝國議會ニ向ッテノ說明トハ何時ノ間ニヤラコロット變ヘマシタタメニ、官業ヲ以テ民業ト競爭シ、官業ヲ以テ民業ヲ壓迫スルタメニ、世ノ中ノ一般ノ資本家、內ガノ資本家ハ非常ニ此民業ト云フモノニ恐レノ心ヲ懷イタ、恐レノ心ヲ懷イタト云フ事柄ハ今日ノ日本ノ事業ガ盛ンニナラザルトコロノ一ノ因ヲ爲シテ居ルト本員ハ考ヘルガ、政府ノ所見ハドウデアルカ、此事柄ガ此官營方針ニ付テ問ヒマスル點デアリマス、ソレカラ其次ハ第五デス、第五ノ東洋拓殖會社ト會社令、此東洋拓殖會社ト云フモノガ此前年ニ出來マシタトキニ、我輩ドモハ滿腔ノ同情ヲ以テ之ニ贊成致シタノデアル、之デコソ朝鮮八道ニ於ケル經營ガ實ニ實地ノ仕事ガ出來ルノデアルト大ニ喜ンデ居リマシタガ、此法ヲ實行スルト云フコトニナッテカラ、事志ト違ヒ、全然豫期ニ反シタノデアル、我輩ニハ――政府ハ之ガ豫期ニ背イテ居ルカ居ラナイカ、之ガソレガ東洋拓殖會社ニ對スル問ノ一ツ、我輩ノ見ルトコロデハ此拓殖會社ハ初メノ法律ガ望ンダトコロ、命ジタトコロノ義務ヲ盡サズシテ啻ニ無益ナルノミナラズ、有害物デアルト云フコトヲ感ズルノデアル、卽チアノ東洋拓殖會社ト云フ政府ノ厚キ保護ノ下ニアル會社ガ朝鮮ニ出來テ居ルタメニ、之ガ競爭壓迫ヲスルガタメニ普通ノ民業ガコハガッテ朝鮮ニ發達ノ出來ナイノガ今日ノ事實デアル、此事實ヲ政府ハ知ルヤ知ラズヤ、是ガ第二番目ノ問、ソレカラ東洋拓殖會社トシテ其ヤウナコトヲ申セバ、イヤサウデハナイ、東洋拓殖會社ハ斯ク〱ノ成功ガアルト云フナラバ、東洋拓殖會社ガ爲セシ立派ナ事實ヲ茲ニ列擧シテ置キタイト云フ事柄ヲ尙東洋拓殖會社ノコトヲ問フニ付テ私ガ附加ヘテ御問ヲスルノデアリマス、ソレカラ此度ハ會社令――會社令、此會社令ニ付キマシテ又私ハ斯ウ云フコトヲ云ハナケレバナラヌ、朝鮮合倂ト云フ事柄ヲセラレタトキハ私ハ非常ニ喜ンダ、獨リ私ガ喜ンダノミナラズ擧國ノ喜ビデアリマシタラウ、今後――今後日本帝國ガ名實共ニ世界ノ一等國トナル、私ノ考デハ發祥地デアル、ソレ故ニ非常ニ朝鮮合倂ト云フ事柄ハ私ハ喜ンダ、私ノミナラズ前ニ申上ゲル通リ擧國ノ喜ビデ大ニ望ヲ囑シタノデアル、然ルニ一朝茲ニ會社令ナルモノヲ布カレテ落膽失望シタ者デアル、抑々此朝鮮會社令ナルモノハドウデアルカ、總督府ノ――總督府ノ意ニ滿タザルモノハ朝鮮八道ノ山河草木一木一草ト雖モ發育成長ヲ逐ゲシメナイト云フ程威力ノアル「サーベル」主義ノモノデアル、此會社令ガ出タトキニ吾輩ガ失望シタノミナラズ實業家ノ泰斗温厚ナル君子ノ稱アル澁澤男爵ハ何ト云ハレテ居ル、澁澤男爵ハ斯ウ云フ評ヲセラレテ居ルノデアル、淵ノタメニ魚ヲ狩ルモノハ獺ナリ、朝鮮ノ地ヨリ民業ヲ驅ルモノハ會社令ナリ、會社令ハ桀紂ノ政ナリ、斯樣ニ言ハレテ居ル、斯樣ニ申セバ政府ノ諸君ハ、ナニソレハ澁澤ハ朝鮮ノ事業ヲ知ラナイカラ分ラヌノダト言ハレルカモ知レナイ、ソレハ許サレナイ、何ゼナレバ澁澤男爵ハ明治九年朝鮮ニ第一銀行ヲ置カレマシテ以來支店ヲ幾ツモ置キ、諸般ノ事業ニ關係ヲシテ朝鮮ノ總テノ事柄ニハ精通シテ居ラレルノデアル、サレバコソ澁澤君ガ推薦シタル市原盛宏君ノ總裁デアルトコロノ韓國銀行ト東洋拓殖會社ヲ竝ベテ御覽ナサリマセ、其優劣ハ啻ニ天淵ノミナラズ、片一方ハ隆々トシテ盛ンニ行クノニ、片一方ハ二百五十万圓ノ拂込ニ三十万圓ノ補助金ヲ貰ッテモ唯其補助金ヲ食ッテ居ル、其補助金ヲ使ッテ居ル事業ト守屋ハ認メルガ、ソレヨリ外ノ事實ハ吾輩ノ目ニモ映ジナイノデアル、政府モ定メシ是ニハ不滿足デアラウト思フ、アノザマデアル、アノザマデアル(「御後トガ支ヘテ居リマス」ト呼フ者アリ、笑聲起ル)ソレデ(「緩ックリヤリ給ヘ」ト呼フ者アリ)此朝鮮ノ地ニ向ッテハ、東洋拓殖會社ヲ以テ盛ンニナルコト、吾輩ハ豫期シタガ、ソレニ背イタ其東洋拓殖會社ガ民業ヲ壓迫スル事柄ハ此會社令ト云フモノガ助太刀ヲシテ居ルノデアル、助太刀ヲシテ居ルノデアル、サウシテ日本ガ前ニ申シマシタ通リ實業家ノ泰斗ニ桀紂ノ政ダト云ハレ、バ、此先生ハ朝鮮ニハソレダケ精通シテ居ル人デアルカラ、政府諸君ハ此言ニ頭ヲ傾ケテ百万ノ兵ヲ率ヰテ千里ノ野ニ戰ヲ爲スノハ寺內閣下ノ長所デアラウガ、實業ト云フ事柄ハ澁澤君ノ如キ人ノ言ニ傾カレルノガ畏レ多クモ十一日ニ下シ給ヘリ勅語ノ中ニアル業ニ于テ進ムルト云フ事柄ガツマリ此業ヲ進ムルト云フ趣意ニ之ガ能ク適フノデアル、輿論ヲ聽クノガ立憲政治デアル、輿論ヲ聽ッテ云フテモ澁澤君ノ如キ人ノ言フコトハ一人ノ言デハナイト云フ雅量ヲ伴フノガ當然デアル、イヤ、澁澤ガ何ヲ知ルドコロカ彼ハ市井ノ徒ダ(「サーベル」ノ方ガエライト云フノハ實地朝鮮ノ仕事ヲシヤウト云フ私ハ人ノ考ヘデナイト思フノデアルガ、尙今後何處マデモ會社令ヲ振回シテ桀紂ノ政ト言ハレテモ忍ンデ改ムルトコロ無シヤ有リヤ、是ガ卽チ私ガ說明ヲ求ムル要領デス(拍手起ル)

○議長(長谷場純孝君)　桂總理大臣

〔內閣總理大臣侯爵桂太郎君登壇〕

○內閣總理大臣(侯爵桂太郎君)　私ハ唯今(「簡單ニ願ヒマス後トガ支ヘテ居リマス」ト呼フ者アリ)宜シイ、少シ待ッテ下サイ、此機會ニ辯ジテ置カナケレバナラヌコトガアル、唯今守屋君ガ長イ間御演說ガアッテ、唯今又本官ガ此所ヘ出マシタラバ早クヤレ、速ニ應答シロト云フコトデアリマス、謹ンデ之ヲ御忠告ヲ容レル、併ナガラ守屋君ノ言ハレタコトニ付テハ事實相違ノコトガアルカラシテ、此滿場ノ諸君ニ誤解ヲセラレルト云フコトハ甚ダ本官ノ遺憾トスルトコロデアリマシテ、此事ヲ搔摘ンデ二三ノ點ヲ御答シテ置カウト考ヘル、第一ニ守屋君ハ海陸運輸ノコトニ付テ喋々ト意見ヲ述ベラレマシタ、質問デアルカ、本官ノ聞イタトコロデハ意見ノヤウニ承ハル、是ハ本年ノ豫算ニ於テモ守屋君ハ親シク御承知デアラウト考ヘルガ、政府ハ陸ノ上ノ運輸ニ付テ、港灣ノ設備ノコトニ付テモヘ、豫算ヲ出シテ、唯今協贊ヲ得ツ、居リマスカラシテ、之ニ付テ決シテ陸ヲ重ンジ、海ヲ輕ンズルト云フ意思デナイト云フコトヲ說明シテ置キマス、尤モ港灣ノコトニ付テハ、尙政府ハ港灣ノ調査會ト云フ機關ヲ以チマシテ、ソレ〱調査ヲ致シテ居ルノデアルカラシテ、漸次此調査ニ基イテ港灣ノ設備ハ守屋君ノ希望セラル、如キ滿足ニ結了致シタイト云フ考ヲ持ッテ居ルト云フコトモ茲ニ明言ヲ致シテ置キマス(「餘リ積リハ當テニナリマセヌ、斷行ヲ願ヒマス」「默レ」ト呼フ者アリ）繁文縟禮ト云フコトヲ言ハレタ、是ハ昨年行政整理ヲ致シマシテ、サウシテ當議會ニ於テ卽チ協贊ヲ得ルニ當リマシテ、官吏增俸其他ト共ニ既ニ是等ノ點ニ付テハ政府ハ注意ヲ致シテ整理ヲ致シタ上デ協贊ヲ經ルニ至ッタノデアリマス、尚進ンデ政府ハ爲スベキコトガアレバ決シテ繁文縟禮又其他ニ付キマシテ爲スコトヲ憚ラナイ積リデアリマス、税制整理ノコトニ付テハ既ニ先般來委員會ニ於テ、又守屋君ガ先日御質問ニナッタトコロノ御質問ニ對シテ、本官ガ御答ヲ致シテ置キマシタ通リデゴザイマス、茲ニ更ニ御聽ヲ煩ハシテ說明ヲ致ス必要ハナイト考ヘマス、官營事業ノコトハ是又委員會ニ於テソレぐ御答辯ヲ致シテ居ル次第デアリマスルガ、是ハナスベキモノハ民營トナシ移ス、又爲スベカラザルモノハ必ズ官營ニシテ維持セナケレバナラヌト云フ考デアリマス、（笑聲起ル）ソレカラ東洋拓殖會社ノコトニ付テ守屋君ハ批難又ハ他ノ比較ヲ取ッテ喋々意見ヲ述ベラレマシタガ、本官ノ認メテ居ルトコロノ、又報告ヲ得テ居ルトコロニ依リマシテハ、守屋君ノ云ハル丶如キ東洋拓殖會社ノ狀況デナイト云フコトヲ御答ソシテ置キマス、又殊ニ守屋君ノ御質問ノ中ニ政府ハ先年安奉鐵道ヲ清國政府ト協商ヲ致シテ改築ニ著手スルニ當リマシテ、其間ニ於テ日本政府ハ内地ノ鐵道ヲ廣軌ニスルト云フ――某國某ノ質問ニ對シテ約束ヲシタメデハナイカト云フ飛ンデモナイ御質問ヲ受ケタンデアリマス、此ノ如キコトハ政府ハ決シテ致シテ居ラナイ、又アラウ道理モナイト云フコトヲ御答致シテ置キマス

○守屋此助君 廣軌鐵道ト軍事ノ關係ハ說明ハナイカ

○藻寄鐵五郎君 私ハ豫算ノ總體ノコトニ付テ總理大臣ニ一言質問致シタイコトガアリマス

○議長（長谷場純孝君） 質問ハナリマセヌ

○藻寄鐵五郎君 說明意味ヲ聽キタイ、說明ヲ求メタイ

（「無用々々」「ヤレく」「說明ノ意味ダ」ト呼フ者アリ議場騷然）

○藻寄鐵五郎君 一分間ダ

○議長（長谷場純孝君） 藻寄鐵五郎君

○藻寄鐵五郎君 私ハ豫算總體ノ可否ヲ決スル前ニ於キマシテ（「質問ヲ許スノデスカ」ト呼フ者アリ）一言桂總理大臣ノ意思ヲ伺ヒタイ、外デハアリマセヌガ、吾々ハ誠意誠心大體ニ於テ現内閣ノ施政ノ方針ヲ贊成シテ、而シテ此豫算ニ贊成スルモノデアリマスガ、桂君ハ果シテ誠意誠心國家ニ盡サル丶ノ人デアルカ否ヤ（笑聲起ル「ヒヤく」「默レ」ト呼フ者アリ）德孤ナラズ必ズ隣アリ、德望ノアル人ハ必ズ天下公衆ガ認ムルトコロノ聖人デアルニ拘ハラズ、吾輩ハ未ダ桂太郎君ガ果シテ國家全體ニ德望ノアル人ト云フコトハ聞イタコトハナイ（拍手起ル）故ニ桂太郎君ガ今後國家ニ於テ誠意誠心盡スト云フ一言ヲ聞イテ、此全部ノ可否ヲ決シタイ、サモナケレバ吾輩ハ政友會ヲ除名サレテモ確ニ此案ニ反對致シマス

（「ヒヤく」「答辯々々」ト呼フ者アリ）

（内閣總理大臣侯爵桂太郎君登壇）

○内閣總理大臣（侯爵桂太郎君） 唯今御質問ナスッタ御方ハ藻寄君デシタカ――誠ニ痛入ッタル御質問ヲ受ケタ、（「其通リデス」ト呼フ者アリ）本官ハ御親任ヲ受ケテ以來尤モ又御親任ヲ受ケル受ケヌニ拘ハラズ、誠意誠心ヲ以テ國家ニ忠節ヲ盡シテ居ルモノデアルト云フコトヲ茲ニ明言シテ置ク

○議長（長谷場純孝君） ドウデセウカモウ……

○日向輝武君 議長々々

（「發言ヲ求メテ居ルモノガアル」ト呼フ者アリ）

○議長（長谷場純孝君） 何デス――豫算ニ付テ說明ヲ求メラル丶ノデスカ

○日向輝武君 サウデス

○議長（長谷場純孝君） 成ルダケ簡明ニ

（「登壇々々」ト呼フ者アリ）

（日向輝武君登壇）

○日向輝武君 朝鮮ノ諸事業ヲ經營スル其費用ヲ支辨スルタメニ政府ハ茲ニ五千五百万圓ノ公債財源ヲ有シテ居ルノデアリマス、（拍手スルモノアリ、「共點ダ」ト呼フ者アリ）政府ハ朝鮮ノ經營ヲ完成センガタメニ此五千六百万圓ノ公債ヲ以テ足レリトスルヤ否ヤ、私考ヘマスルノニ、トテモ此ノ如キ小額ヲ以テ朝鮮ノ經營ノ完成ヲ期スルコトハ出來ナイト思ヒマスガ、政府ノ所見ハ如何、此朝鮮ヲ合併シマスル當時緊急處分ト致シマシテ、政府ハ三千万圓ノ恩賜公債ヲ發行シタノデアリマスルガ、此分配ガ宜シキヲ得ザルガタメカ、又ハ其公債ニ不足ヲ告ゲテ居ルタメデアルカ、何レニシテモ今朝鮮ニ於テハ不平ガ大ニ國内ニ發ッテ居ルノデアルト云フ有樣デアッテ、遠カラズ更ニ第二ノ恩賜公債ヲ發行シナケレバナラヌト信ジテ居リマスガ、政府ハ果シテ第二ノ恩賜公債ヲ發行スル考アルヤ否ヤ、政府ノ所見如何、第三ハ此事業公債ノ五千六百万圓ナルモノニ二三年又ハ五六年ニシテ悉ク完成スルトコロノ事業ニ充テ、居ルノデアル、故ニ敷年ナラズシテ此財源ガ悉クナクナルト云フコトハ明カデアル、政府ハ此場合ニ於テ更ニ第二ノ公債又ハ借入金ヲナスノ意思ナルヤ如何、私ガ此質問ヲ起ス所以ナルモノハ（「質問ハ往カヌ」ト呼フ者アリ）說明ヲ求メル所以ノモノハ、茲ニ御列席ニナッテ居ルトコロノ桂侯爵ハ朝鮮ノ會計ニ付キマシテ、天下民衆ニ宣言シタノデアル、ソレハ朝鮮ノ合併ハ成ルベク累ヲ我邦ノ財政ニ及ボサセナイヤウニスルタメニ、茲ニ特別會計ヲ設定シテ、サウシテ其費途ニ付テハ特ニ適當ナル方法ヲ講ジタルガタメニ、來年度――四十四年度ニ於ケルトコロノ一般會計ヨリ朝鮮特別會計ニ繰入レラル丶金ト云フモノハ、一千二百万圓有餘デアル、前年度ニ於テハ豫定名義ヲ以テ我邦ガ朝鮮ニ向ッテ支出シタルトコロノ金額ハ總計一千一百万圓デアル、其差百万圓デアル、朝鮮ノ合併ハ政治上ニ於ケル從來ノ大ナル困難ヲ解決シ、其問題ヲ解決シタノデアル、然ルニ其結果財政上我邦ニ及ボストコロノ累此ノ如ク小ナルコトハ、實ニ滿足スルトコロデアルト云ッテ天下ニ公言シタノデアリマス、今此四十四年度ノ豫算ヲ見マスルト、成程一般會計ヨリ特別會計ニ繰入レタルトコロノ金額ハ桂大藏大臣ガ宣言レタルガ如ク一千二百三十五万圓デアリマスルガ、政府ハ別ニ朝鮮公債法案ナルモノヲ提出シテ、而シテ借入金又ハ公債ニ五千六百万圓ノ財源ヲ求メタノデアリマス、曩ニ桂侯ガ宣言レタルトコロノモノハ、此朝鮮公債法ノ提出ニ依ッテ全ク虛デアッタト云フコトガ明カデアルノデゴザイマス、（「ヒヤく」ト呼フ者アリ）桂侯ハ之ニ向ッテ如何ナル辯明ヲ與ヘラレルカ、國民ハ之ヲ聞カント欲スルトコロデアリマス、朝鮮ノ合併ハ過去ノ事實デアッテ、是ガ是非善惡ハ論ズル必要ハ無イノデアル、既ニ帝國ガ朝鮮ヲ合併シ、朝鮮統治ノ大責任ヲ負フタル以上ハ之ニ要スルトコロノ費用、必要ナルトコロノ費目ハ苟モ必要デアル以上ハ之ヲ負擔スルニ吝ナラナイノデアリマス、決シテ之ヲ拒ム者デハナイ、唯其言フトコロ其ノ爲ストコロト全ク相反スルコトガ豫算ノ數字ノ上ニ明カニナッテ居ル以上ハ、天下ニ向ッテ詳細ニ最モ親切ニ此點ヲ說明スルコトガ當然ノ義務ナリト私ハ信ズルノデアリマス、卽チ之ヲ繰返シテ申シマスルト言フト、五千六百万圓ノ財源ハ既ニ盡キテシマフノデアッテ、更ニ第二ノ公債ヲ發行スル計畫ヲ立テナケレバナラヌト思フガ、政府ノ所見ハ如何デアルカ、恩賜公債ノ如キハ三千万圓デハ全ク不足デアル、三千万圓發行シタノハ抑々間違デアル、第二ノ恩賜公債ヲ發行ス

ルコトハ避クベカラザル事實デアラウト思フガ、政府ノ所見ハ如何、第三ハ五千六百万圓ノ此財源ニ付テ前ニ一千二百万圓ト云フコトヲ言ッタコトト全ク牴觸スル、此點ハ如何デアルカ、勿論其五千六百万圓ハ道路鐵道又ハ關稅等ニ向ッテ……海岸工事等ニ向ッテ費シタノデアッテ、其內ニ生產的事業モアル、返ッテ來ル事業モアルガ、多クハ朝鮮經營ノタメニ帝國ガ經營シナケレバナラヌコトニナッテ居ル、卽チ日本ハ朝鮮ヲ併合シタル結果トシテ財政上多大ノ負擔ヲ負フコトニナルト私ハ信ズルノデアル、此點ニ對シテ桂總理大臣兼大藏大臣ニ詳細ナル說明ヲ希望致シマス

（內閣總理大臣兼大藏大臣侯爵桂太郎君登壇）

○內閣總理大臣兼大藏大臣（侯爵桂太郎君）　唯今質問者ニ於カレマシテ（「質問デハアリマセヌヨ」ト云フ者アリ）質問ヂヤアリマセヌ、說明ヲ求メラレマシタ、之ニ對シテ簡單ニ御答致シマス、唯今第一ノ御問ハ五千万圓ノ公債ヲ朝鮮經營ノタメニ政府ハ要求致レマシタガ、其公債ハ決シテ是ダケデハ將來不足デアラウ、必ズ他日又公債ヲ以テ協贊ヲ經ルニ至ルダラウト、之ニ對シテ御答ヲ致シマス、或ハサウ云フ場合ガ來ヌトモ測ラレヌト考ヘルノデアリマス、如何トナレバ政府ガ四十四年度以降要求致シタノハ先ヅ朝鮮事業トシテハ是ダケノモノヲシタナラバ朝鮮經營ノ上ニ於テ足レリ、ト斯ウ認メタタメニ之ヲ要求致シタノデアリマス、併ガラ追々朝鮮ノ經濟ノ發達自然ノ結果トシテ要求スル場合、又公債ヲ拵ヘテ經營シ得ル場合ガ來マスレバ、必ズヤ倘是ヨリ多クノ公債ヲ拵ヘテ以テ朝鮮ノ將來ノ益々發達ヲ計ルノ場合ニ至ラウト考ヘルノデアリマス、併シ目下ノトコロデハ是ヨリ以上ヲ要求スル必要ハナイト云フ考ヲ持ッテ居ルノデアル、夫カラ第二ニ朝鮮ノ併合ヲセラレマシタ際ニ本官ハ朝鮮ヲ併合シテモ費用ハ澤山要ラヌノデアル、然ルニ如何ニモ此經常ノ費用ニ於テハ云フタ通リデアルヤウデアルガ、併シ一方ニ於テハ卽チ五千万圓ノ公債ヲ作ッテ以テ經營ニ充ツルデナイカト云フ御非難デアッタ、本官ハ此ノ如キ事ヲ決シテドコマデモ公會ニ於テ明言シタコトハナイ、併ナガラ誠意誠心此費用ヲ併合ノタメ餘リ增加ヲ致サヌヤウニ致スト云フコトハ、政府當然ノ責任デアルト云フ考ヲ持ッテ居ッタノデアル、故ニ經常費ニ於テハ唯今述ベラレマシタ如ク左程ノ差ヲ見ズシテ幸ニ此朝鮮ヲ統治スルコトヲ得ル次第デアルノデアリマス、是ハ大ニ諸君ト共ニ滿足シテ本官ハ居ルトコロデアリマス、併ナガラ一方ニ於テ此經營ヲ致スタメニハ唯今述ベラレマシタ如ク、生產事業其他ノ事業ヲ起シテ以テ朝鮮ノ前途發達ヲ計ルト云フコトニ付キマシテハ、更ニ多數ノ金ヲ要スル、卽チ五千万圓ノ公債ヲ要求シタ次第デアリマス、ソレカラモウ一ツ第三ハ何ンデシタカ（日向輝武君「恩賜公債」ト云フ）恩賜公債ヲ復再ビ發行シナイカト云フ御質問デアル――御質問ヂヤナイ御說ガアッタガ、是ハ決シテ再ビ無イト云フコトヲ明言シテ置キマス

（「討論々々」ト云フ者アリ）

○日向輝武君　議長……

（「ヤルベシヤルベシ」又「討論々々」ト呼フ者アリ）

○非上角五郎君　諸君、本員ハ四十四年度歳計豫算ニ付キマシテ大體ニ關シ本員ノ意見ヲ述ブル積リデゴザイマス、諸君、本員ハ此四十四年度ノ歳計豫算ヲ論ズルニ當リマシテハ、吾々豫算委員タリシ一人ト致シマシテ、今年ノ議會ニ於テ豫算委員ガ各豫算ヲ査定シテ、此議場ニ出シタ其査定ノ手段、査定ノ方針ニ付テ御話ヲ申上ゲルガ一番大切デアラウト思ヒマス、諸君ハ昨年議會ニ於テ吾々ハドウカ地租ヲ輕減シテ貰ヒタイ、政府ハ官吏ノ増俸ヲシタイ、政府ガ官吏ノ増俸ヲ望メバ吾々ハ地租輕減ヲ望ンダ結果、政府ノ官吏増俸ノ三割ハ之ヲ減ジテ二割五分トシ、吾々ノ望ムトコロノ地租ノ輕減ハ八分ニ止メマシタ、尚政府ヲシテ相當ノ行政整理ヲ行ハシメタ、此ガ昨年議會ニ於テ吾々ト政府ト相互ニ折衝シタル結果トシテ、昨年ノ議會ニ成立シタルトコロノモノデアリマス、其昨年ノ議會ニ於テ成立シタル官吏ノ増俸二割五分ヲ認ムルト同時ニ、一方ニ地租八分ノ減少ヲナシタト云フ此コトガ社會ニ於テ國民ノ感情ノ上ニ於テ、如何デアリシカト云フコトハ其後今日マデノ輿論ガ之ヲ證明シテ居ルカラ、私ガ茲ニ喋々スルノ必要ガナイノデアル、ソレ故ニ我々ハ明治四十四年ノ歳計豫算ヲ請取ルヤ先ヅ第一ニ此豫算其モノハ昨年議會ニ於テ吾々ガ豫算ヲ査定シタル當時ノ豫算ト如何ナル關係ヲ持ッテ居ルカ、政府ハ卽チ吾々ノ望ムガ如キ査定ノ方針ヲ以テ豫算ヲ編成サレタモノデアルヤ否ヤト云フコトヲ調査シタノガ、吾々豫算委員會ニ於テノ最初ノ仕事デアッタ、諸君、明治四十四年度ノ政府提出ノ豫算ハ經常部ノ歳出ガ四億七百十六万三千圓、四十三年度ノ議會ガ決定シタル經常部ノ歳出ハ四億千七百六十三万八千圓デ、昨年議會デ決定シタルモノヨリモ、今年政府ノ提出シタモノハ經常ダケデ云ヘバ、金高ニ於テ一千四十六万五千圓ヲ減少シテ居ル、此ノ如ク昨年ノ議會ガ決定シタルモノヨリハ、今年ノ政府ガ出シタモノガ、經常部ニ於テ千万圓以上モ減少シテ居ルト云フノハ如何ナル理由デアルカ、是ガ卽チ吾々豫算委員トシテ最初ニ調ベタル仕事デアル、アレハ何故デアルカト云ヘバ、統監府ノ司法及監獄費並ニ朝鮮遞信ノ諸費ト云フモノガ四十三年度ノ經常部ニ計上シテアッタガ、四十四年度ハ之ヲ他ニ組換ヘタ、ソレガタメニ減ッタ、一方ニハ拓殖局、原蠶種製造所ヲ拵ヘタ、海軍ノ軍事費其他同種ノモノデ自然ニ増加シタルモノガ多少アル、又一面ニハ國債整理基金ノ繰入ヲ減シテ居ル、詰リ是等ノ理由デ今年政府ガ出シタトコロノ豫算ノ經常部ノ金高ハ、昨年議會ガ決定シタルモノヨリ減少シテ居ル、是ダケノ事實ヲ見ルト吾々ハ斯樣ニ經常部ノ金ハ昨年ヨリ本年ハ歳出ガ減ッテ居ルカラト云ッテモ是デ政府ガ能ク行政整理ヲナセリト言ヒ得ナイノハ甚ダ殘念デアル、金ハ減ッテ居ルガ決シテ行政整理デハナイ、是ガ行政整理ノ結果デアルト云フコトヲ吾々ガ言ヒ得ナイノハ甚ダ殘念デアルケレドモ、併シ一面ニ於テ昨年吾々ガ議會デ決定シタル通リノ方針其儘ニ置イテ政府ハ豫算ヲ編成シテ居ルカラ、此豫算ノ上ニ向ッテ更ニ削減ヲ加ヘルノ途ガナイト云フコトニ認メナケレバナラヌダケハ滿足シテ居ルノデアル、サウ云フヤウナ譯デゴザイマシテ、經常部ニ於テハ政府ノ出シマシタモノガ昨年吾々議會ニ於テ決定シタルモノト對照シテ、能ク政府ハ行政整理モ約束シタダケハシタ、又官吏ノ増俸ハ二割五分ヲ確ニ二割五分ニ止メテ、多少ノ人員ヲ減少シタト云フ事實ガ認メラレル以上ハ、經常部ニ於テ削減スベキ餘地ガナイ、餘地ガナイニモ拘ハラズ、吾々ガ司法省監獄費デ約ソ二十九万四千圓ヲ減少シタノハ是ハ特ニ他ノ理由ガアッタコトデ、其理由ハ豫算委員長カラモ述ベラレタシ、先ッキ大岡君カラモ述ベラレタシ、且諸君ハ御承知デアラウカラ敢テ之ヲ私カラ申上ゲル必要ハナイ、然ラバ經常部ニ向ッテ削減スベキ餘地ガナク、削減スベカラザルモノデアル、又吾々ガ昨年政府ト交渉シテ地租ヲ減少セシメタル當時ノコトニ遡ッテ考ヘレバ、其査定方針以上ニ切込ムベカラザルモノデアッタト云フコトハ必ズ諸君ニ於テ認メラレテ、豫算委員會ノ處置ヲ至當ナリト御認メニナルコトハ私ハ信ジテ疑ヒマセヌ（「ノウ〳〵」ト呼フ者アリ）ソレカラ臨時部ハドウナッテ居ルカ、唯今ノハ經常部デアル、臨時部ハドウナッテ居ルカト云フコトニ付キマシテ申シマスルト、臨時部ノ一般會計ノ歳出合計ハ四十四年度ノ政府提出ハ一億四千四百八十六万八千圓、四十三年度ニ議會ガ決定シタル臨時部ノ歳出ハ一億一千二百八十万千圓、差引シテ見ルト、本年ハ昨年ヨリ三千二百六万七千圓ヲ増加シテ居ル、今年政府提出ノ臨時部ノ歳出ハ昨年議會ガ決定シタル臨時部ノ歳出ヨリモ三千二百六万七千圓ヲ増加シテ居ル、此ノ如ク三千二百六万七千圓ヲ増加シタルコトハ何々デアルカト云フコトヲ分析シテ見マスルト、第一ガ斯樣ナモノデアル、朝鮮ヲ合併シタ結果トシテ昨年ハ經常部ノ統監府ヤ其他ノ費用ヲ減少シタノデ總テ特別會計トナシテ、別ニ朝鮮總督府特別會計補充金千二百三十五万圓ヲ本年度ハ臨時部ニ計上シタト云フノガ是ガ卽チ臨時部ノ金ノ増加シタル一ノ原因、朝鮮補充金、第二ハ治水事業擴張ノタメニ內務省ヤ農商務省ノ臨時部ノ支出ガ増加シタノガ約ソ八百万圓、ソレカラ大藏省ノ治水資金特別會計繰入ガ約ソ四百万圓足ラズ（「違ッテ居ル」ト呼フ者アリ）此八百万ト四百万足ラズノ金ヲ昨年ニ較ブレバ、特ニ多ク計上シタト云フノガ是ガ臨時部ノ増加シタル所以、第三ハ海軍ノ擴張デアル、第四ハ卽チ製鐵事業デアル（「ソレハ違ッテ居ル」ト呼フ者アリ）此第一ト第二ハ朝鮮合併ノタメニ豫算繰替ガ違ッテ臨時部ノ金ガ増シタト云フノハ是ハ議論ニハナラヌ、第二ノ治水費ノタメニ又治水資金繰入ノタメニ帳簿上金ガ増シテ居ルト云フノハ是ハ吾々ガ治水費ヲ贊成スル以上ハ已ムヲ得ナイコトデアル、第三第四海軍ノ擴張ハドウデアルカ、製鐵所ノ擴張ハドウデアルカト云フノガ、是ガ要スルニ問題デアッテ、多少ノ議論スベキ餘地ガ存シテ居ルト思フ、サウシマシテ臨時部デ減ッテ居ルモノハ國債整理基金ノ繰入ガ昨年ハ七百五十万デアッタガ、本年ハ之ヲ見合セタカラ、卽チ差引キシテ臨時部ノ金ガ右樣ニ三千万以上増加シタノデアル、サウシテ見ルト經常部ト云ヒ、臨時部ト云ヒ、昨年吾々ガ議會デ決定シタル方針其マヽニ政府ガ之ヲ提出シ、サウシテ我々ガ能ク之ヲ調査シテ見ルトコロガ、總テ昨年政府ガ我々ニ明言シタモノガ實行セラレテ居ル、唯今海軍擴張ハ如何ナルモノデアルカ、我々ハ之ヲ贊成セザルヲ得ナイ、製鐵所ノ擴張ハ如何ナルモノデアルカ、我々ハ是マデノ製鐵事業ノ不成績ハ知ッテ居ル、故ニ此不成績ハドコマデモ改メルヤウニ大ニ忠告スルト同時ニ、鋼鐵事業ノ獨立ハ已ムヲ得ナイコトデアル、故ニ年限ハ後レテモ之ヲ贊成スル、諸君ガ本年ノ豫算ニ付テ正面ニ我々ト爭フナラバ海軍擴張ヲナゼスルカ、製鐵事業ノ擴張ヲナゼスルカ、斯樣ニコソ論ジテ來テ然ルベキデアル、斯樣ニシテ考ヘマスレバ、臨時部モ經常部モ共ニ昨年ノ議會査定方針ノマヽデアッテ、唯論ズベキハ海軍擴張デアル、唯論ズベキハ製鐵所擴張デアル、ソレニモ拘ハラズ我々ハ經常部ニ於キマシテ或ル特別ノ事情デ司法省デイクラカノ金ヲ削リ、又臨時部ニ於テモ水田調査費ニ於テイクラカノ金ヲ削ッタノデアル、此他特別會計ニ於キマシテ一、二多少ノ修正スルトコロガアッタ、就中廣軌鐵道ノ問題ニ於テハ其調査ガ杜撰ナルヲ以テ之ヲ削ッタノデアル、斯ウシテ考ヘテ見ルトデス、本年ノ豫算其他ニ付テ茲ニ論ズベキトコロガアルカ、或ハ曰ク昨年ハ三百万以上ノ金ヲ減ラシタデハナイカ、今年ハ僅ニ三十万圓內外ノ金ヲ減ラシ、昨年ハ二百万圓減シタモノガ本年ハ三十万圓減ラスト云フノハ、元來近頃聞クトコロニ依レバ政友會ハ政府ト情意投合シタト云フ結果此交讓ヲナスノデハナイカト云フトヤウナ話モ聞カヌコトハナイ、（「其通リ」

ト呼フ者アリ）是ハ別段辯解スルホドノコトモナク、數字ヲ知ッタ者ハ能ク知ッテ居ルコトデアルガ、併シ一言スレバ昨年ハ官吏ノ増俸ヲ三割ト政府ガ積ッテ出シタ、ソレヲ二割五歩ニスルガタメニ削ッタ金高ト云フモノガ二百万以上ニナッタ、此二百万以上其他ニ節減ヲ加ヘテ三百万圓ニナッテ居ルノデアル、本年ハ官吏ノ増俸ガ勿論新規ニ出ス筈ハナク、昨年決定シタ通リニ計算シテ出シタ、茲ニ削ルベキ餘地ガナイカラ此二百万以上ノ金ハ削減ノ上ニ現ハレテ來ナイノデアル、サウシテ見レバ本年ノ金高ノ三十万圓ト云フモノ、減ヲシ高ト云フモノハ決シテ少ナイト言ハレナイ、昨年ノ三百万圓ハ決シテ多イトハ言ハレナイ、又茲ニ一ノ問題ガアル、ソレハ何ンデアルカト云ヘバ、元來租税ヲ輕減スルガ良イトカ、其通リデアル、租税ヲ輕減スルガ宜シイ、吾〻トテモ租税ノ輕減ト云フコトニ付テハ出來得ル限リ是ニ贊成スルニ躊躇シナイ、要スルニ國庫ニ餘裕ガアッテ財政ニ餘リヲ生ジタ場合ニハ何ニハ捨テ置イテモ人民ノ負擔輕減スルノハ當リ前デアルカラ、租税ヲ輕減スルガ如キニハ決シテ反對スル譯デハナイ、然ルニ此租税ヲ輕減スルコトニ付テ其論者ガ若シ僕ヲシテ言ハシムレバデス、其論者ガ此處デ議論ヲシテ、武富君ノ先ッキノ御説ヲ聽イタトコロカラ言ヘバ、租税ノ輕減ハ或ハ財政ヲ整理シタナラバ餘裕ガアルカノ如クニ聽カレル、又島田君ノ議論ヲ聽イテ見レバ元來豫算ハ決算現計ニ於テ餘裕ガアッテ、豫算ニハ餘裕ガナイ其決算現計ニ生ズル餘裕ヲ豫算ニ現ハシテ來レバ、租税ノ輕減ハ出來ルデハナイカト言ッタバカリニ聽エル、然ルニ過日來分科會ニ於テ又豫算總會ニ於テ、早速整爾君ハ國債整理基金二千万圓ヲ減ラスガ宜シイト云フ案ヲ出サレタ、卽チ今茲ニ現ハレテ居ル修正案モ國債整理基金二千万圓ヲ減ラスト云フ修正案――成程早速整爾君等ノ一派ノ望ミノ如クニ租税ヲ輕減スレバ織物税、通行税、所得税、他鹽ノ税、合計シテ二千七百万圓減サナケレバナラヌ、此三税廢止ト所得税トデ二千七百万圓、今日ノ財政ハ六億ニ近イ五億何千万圓ノ歳入歳出デハアルケレドモ、此處デ二千七百万圓ノ金ヲ減ラセル筈ハナイト云フコトハ早速君自ヲ自覺シタト見エル、故ニ此人等ハ國債整理基金ヲ二千万圓減ラシテ此減税ヲスルガ宜イト云ッテ居ル、諸君若シ豫算ヲ政府ニ返シ――返付シテ作リ直シテヾス、能ク多少ノ減税ヲ爲ス餘裕ガ見付ケラレルト云フコトデアルナラバ、吾〻ハ之ヲ返付スルニ何ノ躊躇ハシナイ、併シ武富君ハ種々ノ議論ヲセラレタ、私ハ感服シテ聽イタ、御尤モナ論デ、總テ其論點ニ付テ尤モダト思フ、ケレドモ私ノ武富君ノ議論ノ尤モナリト云フノハ斯ウ云フ點ニ於テ尤モナリ、桂總理大臣ガ此處デ演説ヲレタノハ少シ自惚レ過ギテ自慢過ギテ居ル、實地以上ノコトヲ言ウテ居ル、實際以上ノコトヲ彼等ハ言ッテ居ルト云フ、其點ニ於テ武富君ノ御議論ハ御尤モデアル、是ガ桂侯爵ノ演説ガ實際以上ニ誇張シテ手柄ラシク言ッテ居ルト云フ點ニ付テ武富君ノ御議論ハ御尤モデアルカラ、若シ桂侯爵ノ演説返付ト云フコトナラバ私ハ喜ンデ演説返付ニ贊成スルノデアル、（拍手起ル）併シソレガ豫算ノ上ニ如何ナル關係ガアル、（「冗談ニ演説スルナ」「靜ニ聽ケ」ト呼フ者アリ）國民黨ノ諸君ハ試ニ考ヘテ御覧ナサイ、豫算委員ニ選バレテヾセウ（此時發言スル者多シ）

○議長（長谷場純孝君） 靜ニ〱

（阪本彌一郎君登壇）

○阪本彌一郎君　諸君、本員ガ政府ニ問ハントスル所ノモノハ對大平洋政策デアリマスルガ、他ノ幾多ノ議員ガ御論ジニナリ、又御尋ニナッタヤウニ私ハ軍事若クハ國防ノ方面ヨリ政府ノ施設ヲ聽カウトスルモノデハナイノデアリマス、私ノ聽カント欲スルトコロハ政府ガ大平洋方面ニ對シテ通商貿易ノコトニ關シマシテ如何ナル施設ヲ爲ス趣意デアルカト云フコトヲ聽カント欲スルモノデアリマス、故ニ私ノ重ニ尋ネマスルトコロハ政府ノ見テ居ルトコロノ外國ノ軍備、日本ノ國防、ソレ等ノコトヲ比較對照致シマシテ尋ヌルノガ趣意デナイノデアリマス、私ハ是等ノ事柄ハ悉ク之ヲ申上ゲマセズ、重ニ直接ニ通商貿易ニ關スル點ニ付テ政府ノ所見ヲ質サントスルモノデアリマス、此三十七八年ノ戰役以前ニアリマシテハ、我帝國ニ於キマシテハ日本海方面ニ注視サレタコトハ事實デアリマス、無論是ハ商事上ノ關係ノミデナクシテ、軍事上ノ關係モ十分ニ備ヘラレテアッタト云フコトヲ私ハ認ムルノデアリマス、故ニ其以前ニ於キマシテ日本海方面ニ於ケル施設ノ見ルベキモノハ多々アッタノデアリマス、實際ノ例ニ就テ申シマスレバ舞鶴軍港ハ之ヲ外ニ致シマシテ、彼ノ敦賀港ノ如キ、又富直鐵道ノ敷設ノ如キ、北越線又ハ山陰線ノ延長改良完成ノ如キ、又新潟其他ノ方面ニ於キマシテ築港若クハ其港ト港トノ間ノ聯絡ノ船舶運輸ト云フコトニ付キマシテ意ヲ用ヰラレタト云フコトハ、確ニ諸君ノ御認メニナッテ居ルトコロデアルト私ハ信ズルノデアリマス、所ガ是ハ對岸ノ露領ニ於ケル西比利亞鐵道ノ完成ハ確ニ日本海方面ニ其影響ヲ來シタノデアリマス、故ニ私ハ日本海方面ニ於ケル其施設モ之ヲ以テ足レリトスルト云フ意味ノモノデハナイノデアリマス、併ナガラ今日ハ既ニ日露協約モ出來マシテ、又朝鮮併合モ實行サレマシテ、一口ニ申シマスレバ、此方面ハ軍事上ニ於キマシテモ、又商事上ニ於キマシテモ、先ヅ泰平ニ安穩ニ發達ヲ遂ゲツヽアルト云ッテ宜イノデアリマス、デアリマスルカラシテ私ハ今日ノ場合ニ於キマシテ特ニ日本海方面ノコトヲ措キマシテ、反對ニ此大平洋方面ノ通商貿易ニ關スル施設ヲ聽カントスルモノデアリマス、日本海ハ此ノ如クデアリマシテ、而シテ大平洋方面ノ施設ハドウデアリマセウカ、茲ニ事新シク申述ベルマデモゴザイマセヌガ、大平洋ヲ取圍ンデ居リマストコロノ國々ハ隨分廣イノデアリマス、亞米利加ノ南北洲若クハ清國、若クハ濠洲、而シテ我帝國ハ確ニ此大平洋方面ニ於テ最モ多キ沿岸ヲ有シテ居ルトコロノ國デアリマス、然ルニ此大平洋ヲ間ニ致シマシテ、ソレ等ノ國々ノ關係ハドウデアルカト云フコトヲ考ヘマスレバ、北米合衆國――北米合衆國ハ數十年來親交ヲ續ケマシタトコロノ國デアリマシテ、殊ニ我國ノ先進國トシテ始終尊敬ヲ拂ッテ居ルトコロノ國デアリマス、ソコデアリマスカラシテ其關係ノ貿易モ甚ダ繁多デアリマシテ、隨分多額ニ上ッテ居ルトコロノモノデアリマス、加之此方面ニ於キマスルトコロノ我帝國ノ移住民ハドウデアリマス、私ノ見ルトコロニ依リマスレバ我帝國ノ移住シテ居ルトコロノ人民ハ此方面ニ於テハ最モ多キヲ極メテ居ルモノト信ズルノデアリマス、成程一部ニ於キマシテ或ハ排日ノ聲ノアルト云フコトヲ聞カヌデハアリマセヌ、併ナガラ此排日ノ聲ト云フモノハ我々ガ新聞紙ニ其他ノ報告ニ依ッテ認メマスル程大ナルモノデハナイノデアリマス、彼ノ一小部分ノ加洲ニ於キマシテモ其排日的法案ナルモノハ通過シナイ、否決サレタト云フヤウナ事情デゴザイマスルカラシテ、此排日ノ氣勢ト云フモノハ決シテ盛ンナルベキ狀態ノモノデハナイノデアリマス、私ハ寧ロ我同胞ガ此排日ト云フコトニ付キマシテ、却テ之ヲ大キク誇大ニ報告シ、誇大ニ之ヲ主張サレルト云フコトヲ怪ム位ノモノデアル、是程親善ナルトコロノ關係ヲ持ッテ居ル米國デゴザイマス、此米國デゴザイマスカラシテ或ハ一朝軍艦ヲ以テ相對スルトカ、軍艦ノ數ヲ比較シテ相對スル如キハ、甚ダ私ハ當ヲ得ナイモノデアル、故ニ此亞米利加ト私ノ信ズル帝國トノ關係ハ、私ハ通商貿易ヲ以テ今後愈々倍々親善ニ、互ニ國家ノ利益ヲ交換シナケレバナラヌ關係ヲ持ッテ居ルモノデアルト信ズルノデアリマス、ソレカラ顧ミテ清國ノ方面ハ如何デアリマセウ、清國ノ方面ハ諸君ノ御承知ノ通リ北清ノ戰役ニ於キマシテハ確ニ我帝國ハ清國ノタメニ事ニ從ヒマシテ、多大ノ損害ヲ被ッタニモ拘ハラズ、清國ノタメニアレダケノ手柄ヲ樹テタノデアリマス、清國トノ關係ハ元來同文同種ノ國デゴザイマスガ、其清國トノ關係ハ一朝不幸ニシテ意思ノ疏通ヲ缺キマシタコトガアッテ、二十七八年ノ戰役ニ於キマシテ多少面白カラヌ關係ヲ持ッテ居ッタデゴザイマスガ、其以後ハ唯今申シマシタ如ク北清戰役其他ノ場合ニ於テ多ク此國ヲ助ケマシテ日本ハ此清國ノタメニ盡シタコトハ實ニ少カラヌ事柄デアルノデアリマス、而シテ此清國ノ最モ東洋ニ於テ誇リト致シテ居リマスル即チ東洋貿易ノ中心ト言ハルヽ上海ハドウデアルカト云ヘバ、ヤハリ大平洋ニ臨ンデ居ルトコロノ港デアルノデアリマス、近時ニ至リマシテハ濠洲其他ノ關係モ愈々親密ニナリマシテ、此方面ニ於キマスル殖民モ相當ニ出來タノデアリマス、此ノ如ク四邊ノ大平洋ニ關係ヲ持ッテ居ル國々ガ日本トハ種々ノ交渉ヲ持ッテ居ルノデアリマスガ、此大平洋ヲ如何ニ利用サレテ居ルカト云フコトガ、私ガ政府ニ聽キタイ一ツナノデアリマス、ソコデ私ガ明治四十四年度ノ豫算案ヲ一讀致シマシテ甚ダ政府ガ大平洋方面ニ向ヒマシテ其施設ノ薄イト云フコトヲ認メタノデアリマス、貿易ノ消長ハ懸リテ交通ノ便否ニ依ルコトデゴザイマスルガ故ニ、先ヅ四十四年度ニ於キマシテ政府ガ大平洋方面ノ貿易ニ如何ナル考ヲ持ッテ居ルカト云フ事柄ハ、政府ノ交通政策ニ之ヲ見ナケレバナラヌノデアル、所ガ交通ノ第一ニ於キマシテ其鐵道ノ部分ニ於テ見マスレバ、政府ガ大平洋方面ニ於テ設計セラレタルトコロノ鐵道ハ九州ニ於キマシテ僅ニ宇佐、佐伯、此間ニ百十万圓、吉松、宮崎間ニ百二十万圓、ソレカラ中部ニ於キマシテハ山田、鳥羽間ニ三十万圓、鐵道ニ費ストコロノ金額ハ見積リマシタ豫算額ガ、二百六十万圓デアリマス、總建設費二千三百四十万圓ノ僅ニ十分ノ一強ニシカ當ッテ居ラヌノデアリマス、固ヨリ此吉松宮崎間ニ於キマシテハ都ノ城ヘ迂廻ヲ致シマシタタメニ追加ノ要求ガアッタノデゴザイマスケレドモ、是トテ決シテ多額ノ金額デハナイノデアル、鐵道ノ關係ハ此ノ如キモノデアル、而シテ港灣ハドウデアルカト云ヘバ、港灣ニ付キマシテハ僅ニ北海道ノ釧路港ニ於キマシテ二十五万圓、函館港ニ於キマシテ十七万圓、合計四十二万圓ノ設計ヲサレタニ過ギナイノデアル、此港灣ト鐵道トノ連絡ヲ取ルベキ船ノ交通、其交通ニ資スルトコロノ航路標識、此航路標識ハドウデアルカト言ヘバ、是ハ申スマデモナク諸君ノ御承知ノ通リ陸ニ於テノ街燈ト同ジコトデアリマス、此陸ニ於テノ街燈ト同ジキ關係ヲ持ッテ居ルトコロノ航路標識ハ如何、駿河ノ清水港ニ於キマシテ一万三千圓、志摩ノ鳥羽港ニ於キマシテ一万八千圓ノ新設ヲスルノミデアル、是ハ合計三万一千圓ニ過ギナイトコロノ金額デアリマス、此大平洋方面ニ於キマシテ政府ガ交通ノタメニ立テラレタルトコロノ政策ハ金額ニ見積リマスレバ三百五万一千圓デアル、即チ鐵道ニ、港灣ニ、而シテ航路標識ニ、是等ノモノヲ加ヘマシテ、僅ニ三百五万圓ノ金額シカ見積ラレテ居ラヌノデアリマス、諸君、帝國ノ領土ニ屬シテ居リマスルトコロノ大平洋沿岸即チ臺灣ヨリ北海道ノ端ニ至リマスマデ此幾千哩ノ間ニ於キマシテ、其施設セラレタルトコロノモノ僅ニ三百万圓デアルト云フニ至ッテ、豈其少額ニ驚カナケレバナラヌデハアリマセヌカ、（拍手スル者アリ）其他ニ改良費ト致シマシテ鐵道ニ付キマシテハ熱田ノ海陸連絡ニ十万ノ金ヲ出サレテ居ルノデアリマス、又大阪ノ海陸連絡ニ二十五万圓ノ金ヲ見積ラレテ居ルノデアリマス、ソレカラ大藏省ノ營繕費中ニ横濱ノ陸上設備費トシテ金七十万圓バカリノ計上ガアリマス、神戸ノ海陸連絡設備費トシテ百七十万圓、税關防波堤築造費トシテ金四十五万圓ヲ計上サレテ居ル、政府ハ是等ノモノヲ以テ共ニ大平洋ニ對スル設備ナリト言ハルヽカモ知レヌノデアリマス、如何ニモ横濱、熱田等ノ設備ニ對シテ之ヲ對大平洋ノ設備デアルト云フコトハ、決シテ間違ガナイト思ヒマス、唯設備ノ完全ナルヤ否ヤト云フ事柄ハ是ハ別問題ト致シマシテ之ヲ對大平洋設備デアルト云フノ辯解ニ於キマシテ私ハ首肯ヲ致スノデアル、併ナガラ其中ノ最モ巨額ヲ占メテ居リマスルトコロノ神戸港ノ設備デス、神戸港ノ設備ヲ以テ之ヲ對大平洋策ノ施設デアルト云フニ至リマシテハ本員ハ大ニ其見ルトコロヲ異ニシテ居ルノデアリマス、本員ノ信ズルトコロニ依リマスレバ是ハ或ハ政府ガ從來ノ惰力ニ從ッテ從來ノヤリ來リニ從フテ誤レル基礎ノ上ニ於テ立テラレタルトコロノ設計デハナイカ知ラヌト思フノデアリマス、諸君、近時造船ノ趨勢ヲ考ヘマスルノニ、造船ハ總テ大船巨舶主義ニナッテ居ルノデアリマス、維新ノ當時ノコトハ申シマセヌガ、僅ニ十四五年ノ以前ニ於キマシテハ夢ニダモ思ハナカッタトコロノ三万噸以上ノ大船ガ續々トシテ今日デハ現出シテ居ルノデハゴザイマセヌカ、此以上此大船巨舶主義ハ如何ナル程度ニマデ進ムノデアルカト云フコトハ預メ見ルコトハ出來マセヌケレドモ、其趨勢ハ少クトモ近キ將來ニ於テハ變更セラルベキモノデハナイト私ハ考ヘルノデアリマス、又私ガ左様ニ考ヘマスルバカリデナク、一面今日ノ貿易ノ趨勢カラ以テ考ヘテ見マスレバ、貿易ノ發達ト來往ノ頻繁トニ伴ヒマシテ漸次此主義ハ進ムトモ退クモノデハナイト云フコトヲ信ジマス、若シ此大船巨舶主義ガ其底止スルトコロヲ知ラザルマデ進マヌニシタトコロガ、此主義ガ改メラレナイモノデアルト致シマシタナラバ、其上カラ以テ神戸港ト云フモノヲ見マシタラ果シテ如何ナル考ガ起ルデアリマセウ、神戸港ハ航海幼稚ノトキ即チ航海思想ノ極メテ程度ノ低イ維新前ニ於テ計畫セラレタルトコロノモノデアリマス、此神戸港ガ果シテ今後ヨリ港ト致シマシテ任務ヲ盡スコトガ出來ルデアルカ否ヤト云フコトハ今日ニ於テ大ニ私ハ疑ヲ存シ、大ニ之ヲ研究シナケレバナラヌモノデアルト信ズルノデアリマス、私ハ寧ロ今日ノ趨勢カラ考ヘマスレバ是ハ疑問ノ時代デハナイ、最早疑問ノ時代ハ過ギ去ッテ、神戸港ハ遂ニ此時代ノ要求ニ副ハヌモノデアルト認メナケレバナラヌトコロノ新時代ノ來ッタモノデアルト信ズルノデアル、神戸港ノ發達上ト云フモノハ今ヤ頂上ニ達シテ居リマス、諸君、一度神戸ニ足ヲ御踏入レニナリマシタナラバ、直ニ御分リニナルコトデアリマセウ、神戸ハ海岸ヨリ山ノ上ニ到ルマデ最早人家櫛比致シマシテ人口ハ殆ド充溢致シテ居ルノデアル、元ノ所謂神戸港ニ最早家ノ建ツルノ餘地ナク、人ヲ容ルヽノ餘地ガナイ現狀デアリマス、從ッテ東ハ住吉ニ延ビ、西ハ須磨ニ延ビテ居ルト云フ趨勢デアリマス、左様ナ有様デアリマスガ故ニ、市中ハ掃除ナドガ十分行屆イテ居ラヌ、一朝傳染病毒デモ入リマスレバ、之ヲ取除クニ苦ミマスト云フコトハ、既ニ諸君ノ十分經驗サレタトコロデアルト考ヘルノデアリマス、ソレデ此ノ如ク神戸港ハ寧ロ今日ハ不自由ノ港ト見ナケレバナラヌ關係デアル、是ハドウデアルカト云ヘバ、唯神戸港ナルモノハ維新前ニ僅ニ極ク小サイトコロノ規模ヲ以テ計畫セラレタルトコロノ一ノ港ニ過ギナイノデアリマス、時代ノ進運ニ從ヒマシテ最早此ノ如キ小サイトコロノ港ヲ以テ滿足スルコトハ出來ナイ事情ニアルト私ハ思フノデアリマス、併シ此港ノ小サイト云フ事柄ハ尚强テ堪ヘレバ堪ヘ得ルデアリマセウ、今後ハ知ラズ今日ノ現狀ニ於テハ强テ堪ヘ得ナイト云フコトデハゴザイマセヌガ、此港ニ入ルベキ通路、港ニ入ルベキトコロノ路ガ、小規模デゴザイマシテ、大キナ船ヲ入レルノ餘地ガナイ、此ノ如キ通路デアルト云フコトヲ御感ジニナリマシタナラバ、神戸港ノ運命ト云フモノモ決シテ長イ運命ヲ持ッテ居ルモノデナイト云フコトヲ御認メニナルコトガ出來ルデアラウト思フノデアル、神戸港ヲ西ニ去リマシテ、大平洋ニ出デントスレバ、必ズ關門海峽ヲ通過シナケレバナラヌノデアリマス、又神戸港ヲ東ニ出デテ太洋ニ出デント致シマスレバ、必ズヤ紀淡海峽ヲ通過シナケレバナラヌノデアル、此關門海峽ノ狹ク且淺キ事柄ハ、今日ニ於キマシテハ現ニ政府ガ此改修費ト云フモノヲ要求ヲ致シマシテ、又議會ガ之ニ協贊ヲ與ヘタト云フ事實ニ於キマシテモ、此關門海峽ハ此儘ニシテ置キマシテハ大船巨舶ノ通路ニ堪ヘナイト云フ現狀デアルコトハ十分證據立テラレテ居ルノデアリマス、然ラバ紀淡海峽ハ如何ニ、紀淡海峽ノ淺ク且狹イ事柄ハ、是ニ三十七八年戰役ノ際ニ於キマシテ十分證據立テラレテ居ルノデアリ、御承知ノ通リ紀淡海峽ニハ由良ノ要塞砲兵ガアル――由良ノ要塞ガアル、此要塞ノ副防禦ヲ致シマスレバ、白晝ト雖モ餘程注意ヲシナケレバ通行ガ出來ナイト云フ程ニ狹ク、且淺クナッテ居ルトコロノ航路デアリマス、此航路ヲ通過致シマセヌケレバ出來ナイト云フノハ大道ニ立派ナ路ガ付テアルノニ、其路ニ依ラズシテ殊更ニ路次ノ内ニ小サイ人ヲ入レ、小サイ船ヲ入レルト云フコトニ歸著スルト同ジ關係ヲ持ッテ居ルノデアリマス、諸君、唯私ハ此單ニ紀淡海峽若クハ關門海峽ノ通航路ガ狹ク、且淺イト云フ一事ノミヲ言フデハアリマセヌ、諸君モ既ニ御承知デアリマセウ私モ素人デアリマスカラ之ヲ明カニ諸君ノ前ニ統計表ヲ以テ示スコトハ出來マセヌケレドモ、實際ニ於テ自分ノ知ッテ居ルトコロニ依レバ、此關門海峽紀淡海峽ノ通路ノ困難ヨリ以上ニ此困難ナルコトガ内海ノ航海デアルノデアリマス、瀨戸内海ノ航海デアルノデアリマス、瀨戸内海ハ潮流ガ急激デゴザイマシテ、而シテ暗礁、奇岩、其間ニ介在シテ居ルノデアリマス、故ニ若モ一朝針路ヲ誤リマシタナラバ忽チ破滅ノ憂ニ罹ルノデアル、是マデニ於キマシテ幾多ノ商船、幾多ノ軍艦ガ災厄ニ罹ッタト云フ事柄ハ諸君モ十分ニ御承知ニナッテ居ル事柄デアラウト考ヘルノデアリマス、是マデ小サイ船ヲ以テ、而モ速力ノ鈍イ船ガ内海ヲ航海致シマスル場合ニ於キマシテモ、尚左様ニ澤山ノ災厄ニ罹ッタノデアル、若シ今後ニ於キマシテ何万噸ト云フ大船ヲ以テ此狹イ内海ヲ航行致シマスレバ、其危險ヤ實ニ測リ知ルベカラザルモノデアル、現ニ今日ニ於キマシテモ上海ヨリ神戸ニ入ルモノハ悉ク四國ノ沖ヲ通リマシテ、サウシテ紀伊水道ヲ通ッテ神戸ニ入ルト云フ狀況デアル、是ハ關門海峽ノ狹イ處ヲ通ルノヲ助カルノミデナク、内海ノ急激ナルトコロノ潮流ヲ避クルト云フ利益ガアルカラ、即チ上海ヨリ神戸ニ直ニ入リマスルモノハ悉ク外海ヲ通ルト云フ實況デアルノデアリマス、此ノ如ク考ヘマシタナラバ神戸港ハ決シテ今後ノ大平洋ニ對スル設備ノアルコトデハナイカ知ラヌト考ヘルノデアリマス、政府ハ少クトモ此點ニ於キマシテハ十分ナル研究ヲ遂ゲラレマシテ、サウシテ後來百年ノ計ヲ爲シテ、而シテ大築港ヲシナケレバナラヌト思フノデアル、翻ッテ此上海ヨリ横濱ニ到リマスマデニ全體此四國ニ於キマシテモ、九州東海岸ニ於キマシテモ、若クハ紀州半島ニ於キマシテモ、決シテ此神戸港ニ代ルベキ港ガアルカナイカト云フコトヲ考ヘマスレバ、私ハ決シテ神戸ニ代ル港ハナイトハ思ハレヌノデアリマス、是ニ於キマシテハ勢ヒ政府ノ築港政策ト云フモノニ付キマシテ、私ハ確ニ間違ッテ居ル點ガアリハシナイカト云フコトヲ信ズルノデアリマス、政府ガ今日陸上ニ於キマシテハ鐵道網ヲ計畫サレテアルト云フコトハ既ニ諸君御承知ノ通リノコトデアル、此鐵道網ノ中ニ包含セラレテ居ルトコロノ大平洋沿岸ノ線路ト云フモノハ、多クハ豫定線若クハ豫想線ニ屬シテ居ルノデアリマス、是等豫想線若クハ是等豫定線ノ實現ト云フモノハ果シテ何レノトキデアリマスカ、此實現ノ時ノ分ラヌコトハ暫ク措キマシテ、是等ノ鐵道ガ出來ルト致シマシテ、此鐵道ノ效用ヲシテ遺憾ナク發揮セシメヤウト致シマスルニ付キマシテハ、必ズヤ同時ニ海運ノ安全ヲ圖ラナケレバナラヌト私ハ考ヘルノデアリマス、汽車ガ陸上ニ於テ安全ニ走レル必要アルタメニ廣軌案ノ計畫ヲ立テラレタノデアル、果シテ然ラバ海上ニ於テ船舶ガ汽車ノ陸上ヲ走ル如ク、安全且敏速ニ之ヲセシメナケレバナラヌト致シマスナラバ、私ハ此鐵道網ニ相應ズルトコロノ築港計畫ト云フモノハ必ズ之ヲ立テ、置カナケレバナラヌト考ヘルノデアル、政府果シテ此鐵道網ニ適フトコロノ築港計畫ト云フモノヲ備ヘラレテ居ルヤ否ヤ、殊ニ此航路ノ街燈トモ言フベキ即チ航路標識デアリマス、此航路標識ガ日本ニ於キマシテハ實ニ少イ、殊ニ大平洋沿岸ニ於ケルトコロノ航路標識ト云フモノハ極メテ少イノデアリマス、此極メテ少イ航路標識ヲ以テ、而モ政府ハ尚甘ンジテ居ルノデアリマスカ、政府ハ本年ノ計畫ノ如ク、僅カ清水港其他ノ一箇處ニ依ッテ滿足サレルノデアルカ、私ハ政府ノ所信ヲ甚ダ疑フノデアリマス、私ハ此場合ニ於キマシテ諸君ノ御參考ニ供スルタメニ神戸港以外ニ於テモ神戸港ニ代ルベキ立派ナ港ノアルト云フ事柄ヲ一言申上ゲテ置カウト考ヘルノデアリマス（「御土產ニアラザルカ」ト呼フ者アリ）今太平洋沿岸ニ於キマシテ米國ニ最モ近ク、上海ニ最モ近ク、濠洲方面ニ於テ最モ近ク、而モ海陸ノ任務ヲ完全致シマスルトコロノ眞港ハナイデハナイト私ハ思ヒマス、本員ハ九州方面ニ於キマシテモ、四國方面ニ於キマシテモ、亦紀州半島ノ方面ニ於キマシテモ、之ヲ得ルコトハ難カラヌト云フコトヲ知ッテ居ルノデアリマスガ、本員ガ最モ精シク承知ヲ致シテ居リマストコロノ紀州半島ニ付キマシテ、其例ヲ申シマスレバ諸君ハ一層明確ニ其事柄ヲ御承知下サルコトデアラウト考ヘルノデアル、此港ニ付キマシテ一言私ガ特ニ申上ゲテ置カナケレバナラヌノハ、政府ガ昨年以來蒐集ヲサレマシタトコロノ港灣設計ト云フモノガアリマス、此港灣設計ナルモノハ餘程完全ニ取調ヲサレタノデアリマス、マダ取調ノサレテナイモノモアリマスガ、既ニ取調ヲサレテ居ルモノハ餘程完全ニ取調ヲサレテ居ル、併ナガラ其完全ナ取調ヲサレテ居リマスル中ニ――其中ニ唯政府ハ海上ノ出入ノ船舶海上ノ出入ノ貨物ノミヲ見ラレマシテ、陸上ノ物產等ニ重キヲ措カレテ居ラヌ、陸上ノ物產等ハ港灣設計ノ中ニ入レラレテ居ラヌト云フコトハ、私ハ甚ダ遺憾トスルトコロデアリマス、今日ノ港灣ノ現狀ニ於キマシテ船舶ノ出入ガ少イノハ決シテ貨物ノ生產ガ少イト云フ譯デハナイノデアリマス、又人ノ出入ガ少イト云フバカリデハナイノデアリマス、ソレハ港ガナイガ故ニ、其港ノ不便利ナルガ故ニ、其處デ荷物ヲ出サナイト云フノガ實況デアリマス、ソコニ於テ人ガ出入ヲシナイト云フノガ實況デアリマス、是ハ私ガ多ク申シマスルマデモナク、鐵道ノナイ所ニ鐵道ガ敷ケマシテ、サウシテ新ニ貨物ガ殖エルナント云フコトハ、諸君ノ親シク御承知ニナッテ居ル事柄デゴザイマスカラ、私ハ港ニ於テモ其通リノ實況デアルト云フコトヲ申上ゲテ置ケバ、ソレデ宜イト考ヘルノデアル、ソコデ此貨物ノ集散ノ模樣ハ海上ノ現在ニ於テ見ルバカリデナク、海上ノ未來ニ於テモ見ナケレバナラヌ、築港ノ出來上ッタ未來ニ於テモ見ナケレバナラヌ、而シテ現時ニ於キマシテモ、唯海上ニ出入スル貨物バカリヲ根據トシテ見ルベキモノデナクシテ、陸上ニ於テ澁滯、堆積シテ居ルトコロノ貨物ガドノヤウニアルカト云フコトハ、必ズ之ヲ調ベナケレバナラヌノデアル、政府ノ港灣設計ハ私ハ海ノ出入ノ點ニ於キマシテハ餘程綿密ニ調ベラレタコトヲ歎賞スルノデアリマスガ、是ト同時ニ陸上ノ方面ヲ總テ忘レラレテ居ルト云フコトヲ歎息セナケレバナラヌノデアリマス、ソコデ私ガ最モ能ク承知ヲ致シテ居リマスル此紀州半島ノ現狀ニ就テ諸君ニ申上ゲマスレバ、紀州半島ノ首府デアル和歌山ハ種々ノ歷史ヲ有シテ居ル所デアル、殊ニ港ニ於テ變ッタトコロノ歷史ヲ有シテ居ルト云フコトヲ、諸君ハ御承知ヲ願ヒタイノデアリマス、ソレハ明治維新前ニ於キマシテ外人ガ開港ヲ求メテ參リマシタ際ニ和歌山港ヲ開イテ呉レト云フコトヲ求メタト云フコトハ、歷史上ニ於テ明カデアル、歷史ノ資料ニ於テ十分ニ證明サレルノデアリマス、今日又古老ノ口碑ニ歷然ト傳ッテ居ル事實デアル、所ガ其場合ニ於キマシテ、時ノ幕府ハ自分ノ御親藩タル、南海ノ雄鎭タル、紀州ノ港ヲ開クト云フコトハ甚ダ國家ノ不利益デアルト云フコトヲ認メタノデアル、ソレデアルノミナラズ紀州ハ幕府ノ海軍根據地ヲ以テ目サレタ所デアル、海軍ノ根據地ヲ開イテ之ヲ港ニスルト云フ事柄ハ國ノ狀態ヲ危クスルト云フヤウナ觀念ヲ持ッテ居ラレタノデアリマス、ソレガ故ニ一モ二モナク此紀州港ヲ開クト云フコトハ廢メラレマシテ、遂ニ其當時一漁村デアリマシタトコロノ神戸港ヲ開クト云フコトニ決定シタノデアリマス、神戸港ハ其港ヲ開カレマスマデハ實ニ微々タル一漁村デアッタノデアル、其神戸港ト云フ港ヲ開カレマシテ、僅ニ五十年經ツカ經タヌカノ今日ニ至リマシテハ、既ニ神戸ト云フモノガ狹イト云フマデニ發達ヲシテ來タノデアル、果シテ然ラバ港ヲ開ケバ其場所ノ發達スルト云フコトハ、最早私ハ多ク言フヲ用ヰナイノデアル、ソコデ和歌山ノ港ハ左樣ナ事實ニ依ッテ之ヲ拒マレタノデアリマスガ、實際ノ地理ノ上カラ申シマシテモ、私ハ確ニ神戸港ヨリ勝ッテ居ルトコロノ關係ガアリハシナイカト云フコトヲ認メルノデアル、上海ヨリ直ニ大阪方面ニ參リマスニハ、紀州港ニ若シ港ヲ拵ヘマシタナラバ――和歌山港ニ港ヲ拵ヘマシタナラバ、殆ド神戸ト同ジ距離ヲ以テ、餘リ神戸ト相違ノナイ距離ヲ以チマシテ、ヤハリ大阪ニ通ズルコトガ出來ルノデアル、而シテ航海者ガ最モ嫌忌スルトコロノ内海ノ航行ヲ危ウシナケレバナラヌト云フ不便利ガナイノデアルノミナラズ、狹キ關門海峽、狹キ紀淡海峽ヲ通過シナケレバナラヌト云フ不便利ハ毫モナイノデアリマス、而シテ他ノ方面ヲ顧レバドウデアルカト云フト、四國縱貫鐵道ナルモノガ出來マシテ、果シテ鐵道網ノ計畫ノ如ク鐵道ガ施設サレマシタ曉ニ於キマシテハ、本土トノ聯絡ハ何レニ取ルガ宜イカト言ヘバ、私ハ確ニ紀州ニ取ルガ神戸ニ勝ルコト萬々ナリト信ズルノデアル、是ハ啻ニ航路ノ危險ヲ免レルバカリデナクシテ、最モ海ノ上ニ於テ省ブトコロノ近道デアリマス、時間ノ省略ガ出來ルト云フコトデアルノデアリマス、神戸港ヘ參リマスニハ徳島ヲ發シテ少クトモ五時間以上六時間餘ノ時間ヲ費サナケレバ達スルコトガ出來ナイノデアル、和歌山ニ參リマスレバ僅ニ三時間卽チ其時間ヲ半減致シマシテ和歌山ニ通ズルトコロノ便利ガアルノデアリマス、而シテ大阪ヲ經テ東京ニ參リマスヨリハ、和歌山ヲ經テ直ニ東都ニ通ズル方ガ時間ノ上ニ於キマシテモ、餘程節約ガ出來ルト云フコトニナッテ居ルノデアリマス、此ノ如キ便利ヲ持ッテ居ルトコロノ我和歌山ニ卽チ和歌港ノ立派ナ港ガアル、然ルニ政府ハ曾テ之ヲ顧ミラレテ居ラヌノデアル、ソレノミナラズ諸君、昨年當院ニ於キマシテ全會一致ヲ以テ可決サレタトコロノ紀勢鐵道ナルモノガアリマス、若シ一朝此紀勢鐵道ハ當院ノ建議ヲ容レラレマシテ、實行サレル曉ニ於キマシテハ、此和歌山港ノ有望ナルコトハ是マデノ歷史又現在ノ狀態ニ於テバカリノミナラズ、和歌山デ現ニ拵ヘマストコロノ綿「ネル」ノ產額ハ一千万圓ニ上ッテ居ルノデアル、諸君ガ既ニ御承知ニナッテ居ルトコロノ紀州蜜柑ナルモノハ四百万圓ニ上ッテ居ルノデアル、此外ニ致シマシテ鑛產物アリ、水族アリ、而シテ木材アリ、殆ド是等ノトコロノ物資ハ無盡藏デアリマス、今日ノ紀州殊ニ此紀勢鐵道ノ通過致シマスルトコロノ熊野方面ノ山ハ悉ク價ノナイモノデアル、其價ノナイト云フ中ニハ澤山ノ材木ガアル、澤山ナ鑛物モ含ンデ居ルノデアル、而シテ又海邊ニハ澤山ナ魚ガ捕レテ、澤山ニ給供シ得ル所デアリマス、而レテ此紀勢鐵道ガ全通シタ曉ニ於テハ確ニ是等ノ價ノナイモノガ皆價ヲ持チマシテ、確ニ國家ノ富源ヲ開發スル一ニモナルノデアル、是ト相對シマシテ和歌山港ヲ開キ、四國トノ聯絡ヲ取リ、サウシテ上海若クハ亞米利加若クハ濠洲、若クハ日本ノ横濱ナド、安全ニ出入ヲナシ得ルコトガ出來タナラバ、私ハ此和歌山ノ港ナルモノハ決シテ今日ノ神戸港ヨリ以上ノ發達ヲナスモノデアル、決シテ之ヲ顧ミナイト云フヤウナ價ノナイモノデナイト云フコトヲ信ズルノデアリマス（「和歌ノ浦ニハ名所ガゴザル」ト呼フ者アリ）勿論和歌ノ浦ニハ名所ガゴザル、此ノ如キ名所ノアルコトヲ諸君ガ知ッテ居ラルルナラバ、必ズヤ僕ノ言フコトヲ信ゼラル、デアラウト思フ、此ノ如キ狀態デアリマス、是ハ私ガ自ラ知ッテ居ルトコロノ紀州半島ニ付テ例ヲ取ッタノデアッテ、ドナタカノ批評ニモアッタヤウデアリマスガ、御土產ト云フ說モアッタガ、私ノハ御土產デハナイ、宜イ加減ニ調査シタモノヲ諸君ノ前ニ披瀝スルノデハナイ、立派ニ事實ヲ知ッテ居ルトコロヲ有リノ儘ニ諸君ノ前ニ披瀝スルノデアッテ決シテ御土產デハナイノデアル、此ノ如キ事情ニ於テ太平洋沿岸ニハ爲スベキ施設ガ澤山アリマスルガ、政府ハ僅々二三百万圓餘リノ金額ヲ以テサウシテ明年度ニ施設ヲ爲サレヤウトスルノデアル、而シテ最モ金ヲ多ク費ヤストコロノ神戸港ハ前途ニ於テ左樣ニ價値ノナイモノデアル、前途ニ於テハ少クトモ大ニ攻究ヲ要サナケレバナラヌト云フコトノ御考ガアリマシタナラバ、私ハ政府ハ更ニ四國ノ方面ニ、更ニ九州ノ方面ニ、太平洋ニ對スル經營ヲ一層擴張致シマシテ十分ナル國利ヲ開發スルコトニ努メラルベキ筈ト信ズルノデアリマス、是ニ於テ私ハ更ニ諸君ニ申上ゲテ置キタイノハ、紀州半島ハ如何ニモ言葉ハ古臭クアリマスガ、憲法施カレテヨリ二十餘年、議會ノ數ヲ重ヌルコト二十七回、如何ニモ古臭イ言葉デアリマスガ、此古臭キ言葉ガ殆ド忘レラレントスル年限ヲ經タル今日ニ至リマシテモ、紀州半島ハ嘗テ國庫ノ補助ヲ受ケタト云フ事實ガナイノデアリマス、國庫カラ顧ミラレタト云フ事實ガナイノデアル、北海道ノ拓殖政策、樺太ノ拓殖政策、臺灣ノ拓殖政策、イロイロ皆サン御研究ニナッテ居ル事柄ハアリマスガ、ソレヨリ最モ近キ近畿ニ於テ紀州半島ハ國家ニ於テ顧ミラレテ居ラヌト云フ事實ガアルノデアリマス、一昨年ニ於テ漸ク農商務大臣トソレカラ司法大臣トガ和歌山ニ一夕御泊リガケニ來ラレタ、又文部大臣ハチヨット通過セラレタノデアル、平田内務大臣ハ日歸リニ紀州ヲ通ラレタ、而モ僅ニソレハ紀州ノ一端デアル和歌山ノ一部分ヲ見テ御歸リニナッタコトデアル、和歌山縣ガ年々國庫ニ納ムル金ハ相當ノ金ヲ納メテ居ルノデアリマス、少クモ二百万圓以上ノ金ヲ納メテ、サウシテ皆國家ニ忠實ヲ盡シテ居ルト云フモノデアリマス、而シテ是等ノ地點ニ爲スベキ事柄ガナイト云フナラバ卒ザ知ラズ、既ニ爲スベキトコロガアルト致シマスレバ、國家ノ經營ノ上ニ於テ對太平洋策ノ上ニ於テ、ソレ等ノ施設ヲスルガ必要ナルコトデアリマスレバ、此點ハ十分ニ御賢察ヲ願ハナケレバナラヌト私ハ信ジマス、諸君ガ「和歌ノ浦ニ名所ガゴザル」ト云ハレマシタガ、ソレハ宵ノ口デアル、若シ進ンデ熊野ノ名所ヲ探ラルヽナラバ天下廣シト雖モ名山麗水ナラザル所ハナイト私ハ斷言スルノデアリマス、故ニ私ハ改メテ政府ニ御尋スルノハ政府ハ對太平洋策、殊ニ通商貿易ヲシテ我國ニ有利ナラシムルタメニ如何ナル經營ヲナセルヤ、太平洋沿岸ニ於ケル鐵道築港航路標識等ニ付現在ノ設計ハ規畫甚ダ狹小ニ失セズヤ、四國縱貫鐵道ハ何時頃之ヲ貫通セシメラルヽヤ、其完成後本土トノ連絡ハ何レニ取ラル、計畫ナリヤ、太平洋沿岸ニ於ケル鐵道網ノ豫想線ハ何時頃之ヲ實現セシムルノ計畫ナリヤ、殊ニ昨年本院ニ於テ可決シタル紀勢鐵道ハ何時頃實現セラルヽ、目的ナルヤ、鐵道線路網ノ計畫ト合致セシムル港灣及航路標識ノ新設ニ付新計畫ナキヤ、此五點ヲ改メテ御尋致シ、以テ政府ノ對太平洋策ヲ何ハントスルノデアリマス

三、朝鮮總督府鐵道及通信官署ニ於テ取扱フ現金ノ出納ニ關スル法律案ノ第一讀會ヲ開キ、議案ノ朗讀ハ省略致シマス

第三　朝鮮總督府鐵道及通信官署ニ於テ取扱フ現金ノ出納ニ關スル法律案（政府提出）　第一讀會

朝鮮總督府鐵道及通信官署ニ於テ取扱フ現金出納ニ關スル法律案

朝鮮總督府鐵道、郵便、電信、電話官署ニ於テ取扱フ現金ノ出納ニ關スル事務ハ當該官署ノ事務員ヲシテ之ヲ分掌セシムルコトヲ得

前項ノ事務員ニ對シテハ會計法第九章ニ定ムル出納官吏ニ關スル規定ヲ準用ス

附　則

本法ハ公布ノ日ヨリ之ヲ施行ス

（政府委員安廣伴一郎登壇）

○政府委員（安廣伴一郎君）　本案モ極メテ簡單ナ案デゴザイマシテ、朝鮮總督府ノ鐵道、電信、電話ノ官署ニ於キマシテ現金ノ出納ニ關スル事務ヲ取扱ヒマスノニ官吏ノミデハ十分ニ手廻リ兼ネルコトガゴザイマスカラ是ハ事務員ヲシテ其衝ニ當ラシムル案デゴザイマス、御贊成アランコトヲ希望致シマス

○議長（長谷場純孝君）　別ニ御質疑モナイト認メマスカラ、日程第四、右議案ノ審査ヲ付託スベキ委員ノ選擧ヲ議題ト致シマス

第四　右議案ノ審査ヲ付託スヘキ委員ノ選擧

○菅原傳君　前ノ委員ト同一委員ニ付託セラレンコトヲ望ミマス

（「贊成々々」ト呼フ者アリ）

○議長（長谷場純孝君）　前ニ決定セラレタ同一委員ニ付託スルト云フコトニ御異議ハアリマセヌカ

（「異議ナシ異議ナシ」ト呼フ者アリ）

○議長（長谷場純孝君）　御異議ナイト認メマスカラ前ニ決定シタル同一委員ニ付託スルコトニ決シマス、日程第五、朝鮮森林特別會計法律案、第一讀會ノ續、委員長渡邊修君

第五　朝鮮森林特別會計法案（政府提出）　第一讀會ノ續（委員長報告）

（渡邊修君登壇）

○渡邊修君　本案ハ鴨綠江及豆滿江沿岸ノ森林ヲ經營スルタメニ特別會計ヲ設ケタイト云フ案デアリマス、日露戰役以前ニ於キマシテ一露西亞人ガ朝鮮政府ト協商ヲ致シマシテ、アノ森林ノ經營ヲヤッテ居ッタノデアリマスガ、其實ハ露國政府ガ之ヲヤッテ居ッタノデアリマス、故ニ日露戰役後此方ニ沒收致シマシテ、四十年ノ三月ニ韓國森林特別會計法ト云フモノヲ設ケテ、日韓兩國政府ガ各六十万圓ノ資本ヲ出シテ經營ヲシツヽアルノデ、然ルニ朝鮮合併ノ結果、更ニ朝鮮森林特別會計法ヲ制定シタト云フニ過ギヌノデアリマス、多クノ箇條ニ於キマシテ以前ノ分ト變ッタ所ハ餘リアリマセヌ、唯一箇條以前ノ法律ニハ時宜ニ依レバ森林經營ヲ目的トスル會社ニ委託シテ、之ヲ經營セシムルト云フコトヲ得ト云フ、卽チ場合ニ依レバ民業ニ移スコトガアルト云フ箇條ガ以前ハアリマシタガ、此度ノ法律案ニハ此箇條ガ削除シテアルノデアリマス、此點ニ付キマシテハ委員會ニ於キマシテモ多少議論ガゴザイマシテ、政府當局者ニ質問ヲ致シマシタルトコロ、其說明ニ依リマスレバ彼處ハ新領土ト滿洲ノ境界ニ當ルノデアッテ、政治上及國防上ニ種々煩雜ナ關係ガ生ヲ易イノデアル、今日ト雖モアノ森林ノ主事其他ノ役人ハ皆陸軍ノ軍人ヲ以テ經營ヲシテ居ッテ「サーベル」ヲ持チ「ピストル」ヲ持タナケレバ仕事ガ出來ナイト云フヤウナ狀況デアルガ故ニ、當分之ヲ民業ニ移スト云フコトハ困難デアルト云フ答辯デアリマシタ、故ニ委員會ニ於キマシテモ是ハ已ムヲ得ヌコトデアルト認メタノデアリマス、併ナガラ將來民業ニ移シテモ差支ナイト云フ時代ニ相成リマシタナラバ、之ヲ移スト云フコトハ差支ナイ積デアルト云フコトヲ政府モ答ヘテ居ルノデアリマス、右ノヤウナ次第デアリマシテ、委員會ニ於キマシテハ原案全部ヲ可決致シマシタ次第デアリマス、此段御報告ニ及ビマス

○菅原傳君　他ニ御異議モナケレバ直ニ第二讀會ヲ開キ、三讀會ヲ省略シテ委員長ノ報告通リ決定セラレンコトヲ望ミマス

（「贊成々々」ト呼フ者アリ）

○議長（長谷場純孝君）　唯今ノ動議、直ニ二讀會ヲ開キ、三讀會ヲ省略シテ委員長ノ報告通リ決定シタイト云フコトニ御異議ハアリマセヌカ

（「異議ナシ異議ナシ」ト呼フ者アリ）

○議長（長谷場純孝君）　御異議ガナイト認メマスカラ、直ニ二讀會ヲ開キ、議案全部ヲ議題ニ供シマス

朝鮮森林特別會計法案　確定議

（「異議ナシ異議ナシ」ト呼フ者アリ）

○議長（長谷場純孝君）　御異議ガナイト認メマスカラ、三讀會ヲ省略シテ本案ハ是ニテ確定致シマス、日程第六乃至第七第八ノ議案ハ提出者同一ナルニ依リ、便宜上一括シテ議題トシタイト思ヒマスガ、御異議ハアリマセヌカ

（「異議ナシ異議ナシ」ト呼フ者アリ）

○議長（長谷場純孝君）　御異議ナケレバ六、七、八此三案ハ一括シテ議題ニ致シマス、織物消費稅法廢止法律案外二件ノ第一讀會ヲ開キ、議案ノ朗讀ハ省略致シマス――提出者島田三郎君

明治四十四年二月二十二日　議事日程第十一乃至第十三、第十五ノ件

第十三　明治四十年法律第四十八號中改正法律案（政府提出）　第一讀會

第十五　明治四十年法律第四十九號中改正法律案（政府提出）　第一讀會

明治四十年法律第四十八號中改正法律案

明治四十年法律第四十八號中「統監府」ヲ「朝鮮總督府」ニ、「判任」ヲ「內地人タル判任」ニ改ム

附　則

本法ハ公布ノ日ヨリ之ヲ施行ス

本法ハ本法施行前退官シタル者ニモ之ヲ適用ス

統監府及其ノ所屬官署竝鐵道院韓國鐵道管理局及朝鮮鐵道管理局ニ於ケル在職ハ朝鮮總督府及其ノ所屬官署ニ於ケル在職ト看做ス

明治四十年法律第四十九號中改正法律案

明治四十年法律第四十九號中「統監府」ヲ「朝鮮總督府」ニ、「巡査」ヲ「內地人タル巡査」ニ改ム

附　則

本法ハ公布ノ日ヨリ之ヲ施行ス

本法ハ本法施行前退職シタル者ニモ之ヲ適用ス

統監府及其ノ所屬官署ニ於ケル在職ハ朝鮮總督府及其ノ所屬官署ニ於ケル在職ト看做ス

第三十三　全國荷造改良共進會開催ニ關スル建議案（遠藤吉平君提出）

全國荷造改良共進會開催ニ關スル建議案

全國荷造改良共進會開催ニ關スル建議

荷造改良ノ緊要ナルコトハ曩ニ本院ヨリ請願ノ送付ニ依リ又第二十六回議會ニ於テ建議スルトコロノ如シ而シテ荷造改良ノ促進ヲ圖ラムト欲セハ全國荷造改良共進會ヲ開クヲ以テ最必要ノ方法ナリト認ム荷造改良共進會ハ已ニ大阪商業會議所主催ト爲リ二回同市ニ開會シ好成蹟ヲ擧ケタルモ尙充分ノ效果ヲ生セシメムニハ一層大規模ノ擧ニ出テサルヘカラス依リテ政府ハ全國商業會議所（朝鮮及臺灣ノ商業會議所ヲ加フ）、東京廻米問屋組合、全國産業組合、全國米穀取引所、府縣農會、全國海港場貿易商組合其ノ他之ニ關係ヲ有スル團體ノ主ナルモノヲ網羅シテ發起人タラシメ明治四十五年ヲ期シ東京市ニ全國荷造改良共進會ヲ開催シ又其ノ補助費トシテ參萬圓ヲ次年度ノ豫算ニ計上シ帝國議會ニ提出シ之カ協贊ヲ求メラレムコトヲ望ム

右建議ス

（遠藤吉平君登壇）

○遠藤吉平君　諸君、全國荷造改良ノコトニ付テ、昨年ノ議會ニモ建議致シマシタガ、又此度荷造共進會ノコトニ付テ建議致シマス、其趣意ハ大阪ニ於テ昨年十月商業會議所ノ主催トシテ全國ノ荷造共進會ヲ開キマシタガ、其前三十七年ニモ大阪デ第一回ヲ開キ、又第二回モ大阪デ開キマシタ、然ルニ大阪デ開キマシタトキハ攝、河、泉及其附近ノ地方ヨリハ出品モアリ、又觀覽者モアリマシタケレドモ、昨年ノ共進會ノ成績ヲ見マスト、山陰山陽或ハ東海道、東北、北陸其他北海道邊ノ人ハ實ニ稀ニ見受ケル位デ、其觀覽者ノ數ハ二十三万餘人アッタケレドモ實業家ニシテ觀覽スル者ハ一向ニ見エナイ位ノコトデゴザイマシテ、其中主ナル御方ハ桂總理大臣始メ農商務大臣、後藤總裁、大久保商務局長、床次地方局長、下岡農務局長、大阪府知事、其他ノ官吏ハソレゾレ觀覽ナサレタケレドモ、實業家ト云フモノハ實ニ稀デアルノミナラズ、團體商業會議所トカ、或ハ府縣農會トカ、或ハ米商組合トカ言フモノハ實ニ稀ナコトデアリマシタ、第三回ノ荷造共進會ハ諸君ノ御手許ニ廻ッテ居ル建議案ニアル如ク之ヲ東京ニ開キタイト云フ希望デアリマス、先年大阪ニ開キタル第一回、第二回ハ共ニ規模狹小ニシテ、一口ニ言ヘバ費用ノ十分ナラザルガタメニ其效果ヲ全國ニ及ボスニ至ラナカッタノデゴザイマス、尤昨年開會前ニ大阪ノ會議所ガ政府ニ向ッテ補助ヲ願ッタケレドモ豫算編成後ナルヲ以テ、政府ハ補助ガ出來ヌト云フノデ支出サレナカッタ、ソレ故ニ當業者卽チ郵船會社トカ、或ハ大阪ノ商船會社トカ、大阪ノ府會、市會、其他個人ノ寄附ヲ以テ之ヲ開催シタル位デゴザイマス、然ルニ其問題ハ實業上忽セニ出來ナイ事業デアルカラ、本年ハ豫算編成前ニ此建議案ヲ提出シテ、共進會ノ經費ノ中ヘ三万圓ノ政府ノ補助ヲ請ヒ、其不足額ハ發起人或ハ當業者ノ寄附ヲ以テ開催スル積リデゴザイマス、而シテ其發起人ハ此建議書ニ書イテアル如ク、各團體ヲ網羅スル組織デゴザイマス、是等ノモノヲ發起人トシタナラバ、開會中ニ一度ヤ二度位ハ責任上觀覽セザル者ハアルマイト思フ、地方費或ハ政府ノ補助ヲ受ケテ居ル團體、或ハ人民ヨリ經費ヲ徵收シテ居ル商業會議所ノ如キモ、此ノ如キ今日改良スレバ今日ヨリ利益ノアル事業デモ、ナカナカ此事ニ眼ヲ著ケナイト云フノガ、或ハ多忙ノタメニ大阪マデ行カレヌト云フノカ、併シ是等ノコトハ予ガ申スマデモナイ、二十五億トカ三十億ノ內外債ガアッテ其責任ハ誰ガ持ツカト云ヘバ、五千万六千万ノ御互ガ連帶責任デ子々孫々マデ負ウテ往カナケレバナラヌ、幾ラ地租ガドウノ何税ガ惡税ダノト云ウテ見タトコロガ、此負債ノ返セナイ中ハ皆人民ノ負擔人民ノ責任デアルト言ハナケレバナラヌ、ソレハ戰爭ヲシテ見タトコロガ、國防ニハ宜イケレドモ戰ヲシテ利益ヲ得ルト云フコトハ出來ナイ、戰爭程國家ニ損ナモノハナイ、戰爭ヲシテ勝ッテ見タトコロガ、其損害ノ實費ヨリ外ニ取ルトコロハナイ、戰爭ヲシテモ戰爭ヲシナイ平和ノトキデモ其大ナ負債ハ皆生產或ハ產業ノ發達ニ依ッテ人民ガ返シテ往カナケレバ、到底幾十年經ッテモ此負債ヲ償還スルコトハ出來ナイ、然ルニ此荷造ト云フモノハ唯荷造ガ不完全ナタメニ途中ニ廢棄スルトカ、或ハ損ズルトカ云フコトハ申スマデモナイガ、其損失ハ今日ノ歲出トカ歲入トカ云フ多額ノ膨脹シタ點カラ云フト、一千万二千万ノ損失ハ憂フルニ足ラヌト云フカモ知ラヌガ、商取引ノ發達ヲ妨ゲルト云フコトハ、此荷造ノ不完全ヨリ起ルコト、實ニ甚シク、此日本ノ商取引ハ全國ノコトハ申スマデモナイガ、東京ノ一部ニ於テモ、米ノ値段ガ一石十五圓トカ、或ハ十七圓トカ、小賣店デ往ケバ一斗何升トカ、唯今ノトコロデハ三升トカ、五升トカ何レヘ行ッテモ物價ノ値段ナドト云フモノハ區々マチマチデアルガ、ドウシテモ之ヲ一定スルヤウニセネバナラヌ、今度ノ建議書ニモ枡量ハ全國四斗俵ト云フコトニ書イテアルケレドモ、是ハ當業者ト當局者ニ能ク協議シタ上デ何レニスルカ分ラナイケレドモ、時期ハ到來シテ居ル、其他總テノコトガ私ハ此荷造ノコトニ付テ、年來眼ヲ著ケタタメニ昨年ノ暮ニ新橋ノ荷捌所、秋葉ノ原ノ荷捌所ヘ行ッテ見ルト、實ニ目モ當テラレルモノデハナイ、又此春一週間バカリ前ニ再ビ右ノ兩處ヘ行ッテ見タガ、ドウモ荷造ノ不完全ト云フコトハ夥シイ、然ルニ之ヲ改良スルニ巨多ノ費用ト勞力ヲ要スルカト云ヘバ、決シテ左樣デナイ、ソレハ極ク容易イコトデ、是マデノ荷造ニ聊カ手入ヲ精密ニスレバ、汽車デモ汽船デモ運搬ニ堪ヘラレルヤウニナル、今マデノ姿デハ汽車ニモ汽船ニモ運搬ニハ堪ヘラレナイ、目モ當テラレナイ有樣デアル、鐵道院ニ向ッテ何故コンナ物ヲ受ケルカ、苦情ガ起ルデハナイカト言ヘバ、サウデナイ、是ニハ條件ヲ附ケル、條件ハ何ダト云フト、痛ンデモ構ハナイ、御迷惑ヲ掛ケヌカラト、斯ウ云フ條件ヲ附ケルト云フコトダ、ソレ故ニ其損害ハ需用者ニ歸スルノデアル、卽チ十錢ニ賣ル物ハ十二錢、八錢ニ賣ルモノハ十錢ニ賣ルト云フヤウニ需用者ガ皆損ヲスル、需用者ノ損ハ卽チ國ノ損ダ、又鐵道院ノミナラズ郵船會社ヘ行ッテ見テモ、大阪ノ商船會社ヘ行ッテ見テモ、實ニ目モ當テラレルモノデハナイ、之ヲドウモ直サナイト云フコトハ、是ハ年來斯ウ云フコトヲ言ウテモ、今日マデ米穀ニ對シテハ輸出檢査所ノ設アルノハ漸ク十五縣バカリアル、其他ハマダ其設備ガナイ、併シ十五縣デモ、ソレダケノ分ハ先ヅ米穀ニ付テハ稍々荷造ガ完全ニナルヤウニ見エテ居ル、其他ハマダマダ從前ノ如ク少シモ改マラナイ、ソレデ二十億三十億ノ負債ヲ人民ガ負擔シテ往カウ、子々孫々マデ借金ヲ背負ッテ往カウト云フヤウナコトハ思ヒモ寄ラヌコトダ、此事ハソンナニムヅカシイコトデハナイ毎度言フ通リ荷造改良ト云フコトハ、ソンナニ費用ヲ掛ケテヤルト云フノデハナイ、從前ヤッタコトヲバ從前ノ通リ精密ニシテ、陸デモ海デモ迅速ナ機關ニ堪ヘラレサヘスレバ宜シイ、又外務省ノ通商局ノ各國ノ日本領事館ノ報告ヲ御覽ナサイ、其報告ヲ見ルト實ニドウモ耻入ル話デアル、ソレハ定メテ御覽ニナッテ居ルダラウガ、主ニ此支那地方或ハ浦鹽トカ滿洲其他向フヘ行ッタ物ハ其船ノ著ク度每ニ苦情ヲ言ウテ來ル、サウ云フコトガ外務省ノ通商局ノ報告ニ依ッテ能ク分ッテ居ルノダカラ、ドウカ是ハ一日モ早ク荷造改良ト云ウテモ全部

他ノ物ヲ以テ錢ヲ掛ケテヤラウト云フノデハナイ、從前ノ通リノ儘デ唯精密ニスルト云フノダカラ、ソレナニムヅカシイコトデハナイ容易イノダ、ソレヲヤラナイト云フノハ財嚢ノ中ヘ朝口ヲ開ケテ物ヲ入レ、晩ニ口ヲ括ルノニ其財嚢ノ尻ガ扱ケテ居ルノダ(笑聲起ル)尻抜ケト云フ程デハナイガ、確ニ日本帝國ノ財嚢ニ綻ガ出來テ居ル、綻カラ出ル物ハ大シタモノダ一年ニ一千万ヤ二千万デハナイコトハ統計デ明デハナイカ、山口縣デアラウガ、大分縣デアラウガ其他ノ諸縣ニ依ッテ明カナモノダ共他無形ナ損ト云フモノハ夥シイモノダ、自分ノ物ナラバ「ポッケット」ノ綻ビタ所カラ銅貨一枚落チテモ直グ綻ヲ直ス、サウ云フヤウナ譯ダガ何デモ國ノ損ダ、社會ノ損ダト思ッテ居ルガ、國ノ借金ハ御互五千万人連帶デ借用シテ居ルノダ、ソレカラ一日モ早ク之ヲ改良スルヤウニ此運搬ニ堪ヘヲレルヤウニシタイ、此事ハ今日物新シク言フノデハナイ、既ニ三十年前カラ證據ガアル共證據ハ商業會議所ノ時分カラ之ヲヤッテ、親切ニ扱タノダ、所ガ共時分ニハ今ノ澁澤榮一男爵、澁澤喜作トカ或ハ益田孝トカ森村トカ或ハ川崎正藏トカ皆生キテ居ルカラ明カナ證據ニナル、私ハ共時説明ニ出テ一々共事ヲ説明シタケレドモ、三十年後ノ今日ニナッテモマダ同ジコトダ、ナカナカ是ハ改マラナイガ、國民ニ之ヲ改良スル責任ガアリ、國民ノ最モ注目スベキトコロデ、之ヲシナケレバ損ダト思フ、ソレ故ニドウカ一日モ早ク之ヲ改良スルコトヲ希望スルタメニ、本案ヲ提出シタノデアリマスカラ、滿場諸君ドウカ御賛成ヲ願ヒタイ(拍手起ル)

○菅原傳君　本案ハ議長指名九名ノ特別委員ニ付託セラレンコトヲ望ミマス

○議長(長谷場純孝君)　本案ハ議長指名ノ九名ノ特別委員ニ付託スルコトニ御異議ハアリマセヌカ

(「異議ナシ」ト呼フ者アリ)

第十三　青森港修築ニ關スル建議案（阿部政太郎君外二名提出）（委員長報告）

（長晴登君登壇）

○長晴登君　備單デ登壇スル必要モナカッタノデアリマスケレドモ、議席カラ言ヘバ速記者ガ聽エヌト云フ註文ガアリマシタカラ登壇ヲ致シマシタ、本案ハ御承知ノ青森港ノコトデアリマシテ、委員長理事ノ互選ヲ行ヒ、二回程會議ヲ開キマシタ、本案ニ於ケルトコロノ青森港ハ既ニ世間ニモ知レ渡ッタ場所デアリマシテ、政府ニ於キマシテモ地方ノ重要港トシテ調査ヲサレ、既ニ之ニ對シテハ相當ノ補助金ヲ與ヘテ助成セシムルト云フノ内定ニナッテ居ルト云フコトデゴザイマス、之ニ對シテ尙委員會ニ於テ互ニ意見ノ交換ヲ爲シマシテ、政府ニ於テハ既ニ青森市ガ今ノ通リノ狀態ニナッテ居ッテ、今ニ於テ之ヲ修築改良スルト云フコトハ、種々ノ點カラシテ時機デアッタデハナイカト云フコトヲ申シタトコロガ、其點モ追々盡力モシテ見タガ、尙又調査スベキ點モアルカラ共儘ニナッテ居ルガ、今日ニ於テモ尙調査ヲ要スル次第デアルト云フコトデゴザイマシタ、委員會ニ於テハ此重要ナル港ヲ日本ノ運輸ノ狀態カラ言ヘバ、大キナ規模ヲ立テ、大船巨舶ノミヲ當テニスルヨリハ、寧ロ内地ノ各地ニ於ケルトコロノ運輸ノ關係ヲ都合好クシ、尙近海即チ支那朝鮮等ノ航路等ニ適スル中段ノ船ヲ以テ運輸交通ノ便ヲ充スト云フヤウナ簡單ナ仕組デ、港ノ速成ヲ圖ッテ見タラドウカト申シテ見タトコロガ、政府ニ於テモソレハ大ニ考ヘルトコロデアッテ、第一ニ將來大規模ノ計畫ヲ立ツルニ差支ナキダケノ繩張ヲシテ、而シテ目今ニ於テ必要ナルコトヲ取急グ方針デアルト云フコトノ答ヲ得マシタ、又地方ニ於テ之ヲ改良スルトスレバ、地方ハ財源ノ無キコトニ苦ムノデアルカラシテ、之ニ對シテハ地方ノ財源ノ一トシテ即チ入港料若クハ使用料等ヲ徴收セシムルト云フヤウナ方法ニ付テハ、ドウ云フ考ヲ持ッテ居ルカト云フコトヲ質問シタトコロガ、政府ハ又之ニ對シテ其點ハ今日調査中デアルカラシテ相當ニ是ハ調査ヲ遂グル積リデアルト云フコトデゴザイマシタ、尙又委員會デハ全般ニ於テ此青森港ノ如キモノハ單ニ一地方ノ港トスル以上ノ價値ガアリサウニ思ハレル、即チ此北門ニ於ケルトコロノ吞吐口トシテ内地ノ關係カラ言ヘバ北海道ノ小樽、室蘭或ハ函館、是等ノ三方カラ來ルトコロノモノ、竝ニ樺太カラ來ルトコロノモノ、遠ク言ヘバ或ハ浦鹽斯徳ヨリ沿海州ノ漁業等ニ付テモ、非常ニ關係ガアッテ、是等ノ貨物及旅客ヲ吞吐スル處デアッテ見レバ、單ニ一地方ノ港トスルバカリデナク、ソレ以上ニ注意ヲ拂フノガ適當デアラウト思フ、尙又今日ノ青森縣ノ狀態及青森市ノ狀態カラ見レバ、多少資力ノ點ニ付テ遺憾ナキ能ハザルトコロガアルカラ、是等ノ點モ斟酌シテ、地方ノ重要港トシテ單ニ通リ一遍ノ補助ノミデハ出來マイト思フカラ、之ニ對シテハ十分ノ注意ヲ拂ッテ貰ヒタイト云フコトヲ註文シタトコロガ、政府モ亦其意ヲ諒シテ更ニ調査ヲ遂ゲテ相當ノコトヲ致シマセウト云フコトデゴザイマシテ、全會一致ヲ以テ本案ハ可決致シマシタカラ、御贊成アランコトヲ希望致シマス

○菅原傳君　本案ハ委員長報告通リ決定サレンコトヲ望ミマス

（「贊成々々」ト呼フ者アリ）

○議長（長谷場純孝君）　別ニ御異議ガナイト認メマスカラ、委員長ノ報告通リ本建議案ハ可決致シマス、日程第十四、福島縣立蠶業學校ヲ高等專門學校ト爲スノ建議案、委員長報告、委員長福井三郎君

第十二　冷藏事業保護ニ關スル建議案（三浦覺一君提出）

冷藏事業保護ニ關スル建議案

冷藏事業保護ニ關スル建議

人生一日モ缺クヘカラサル食品問題ハ今ヤ最緊急ナル經濟問題トシテ漸ク世人ノ注目ヲ惹クニ至レリ是レ社會實際ノ必要ヨリ促サレタル自然ノ趨勢ト謂ハサルヘカラス本邦ノ如キ近年各種ノ食品著シク昂騰シ特ニ邦人ノ習慣上一日モ缺クヘカラサル魚類ノ如キハ漁獲ノ豐否ニ依リ市價ノ騰落常ナキモ近年需要ノ激增ハ市價殆ト上進ノ一方ニ偏シ中流以下民衆ノ需要ヲ充ス能ハサルノ狀態ニ在リ而シテ各種ノ食品亦隨テ昂騰シ生活難ノ聲ハ漸ク世上ニ大ナラムトシ總テノ破壞的行動ハ動モスレハ其ノ源泉ヲ茲ニ發セムトスルノ情況ニ至レリ豈憂フヘキノ至リナラスヤ此ノ秋ニ際シ國家ハ宜シク細大各種ノ方法ヲ施シ以テ食品ノ低價平準ヲ圖リ社會救濟ノ方法ヲ講セサルヘカラサルナリ

食品ノ低價平準ヲ圖ルノ途多々アルヘシト雖其ノ最捷徑ニシテ最適切ナルハ之ヲ歐米各國ニ於ケル事實ニ徵スルモ冷藏事業ヲ奬勵勃興セシメ之ニ因テ其ノ目的ヲ遂行スルコト蓋良策タルヲ疑ハス昨四十三年澳國維納府ニ開カレタル萬國冷藏會議ニ於テ各國政府ヲ代表シテ參集シタル二千有餘名ノ會員ハ皆異口同音ニ人世食品問題ノ解決ハ冷藏事業ニ俟タサルヘカラス冷藏事業ハ世界食品價格ノ均一ヲ圖ルヘキ唯一ノ事業ナリト絕叫シタリ蓋世界ノ輿論ハ卽チ茲ニ一致シタルコト明カナリ

冷藏事業タルヤ機械ノ力ニ依リ空氣ヲ冷却シ魚類肉類其ノ他腐敗シ易キ食料品ヲ永ク貯藏シ毫モ其ノ品質形體ヲ損傷セス滋養成分ヲ失ハス假令ハ鮮魚ノ如キ豐漁興獲ノ際之ヲ冷藏庫ニ收容シ不足ノ際隨事出庫供給シ以テ市場ノ需給ヲ圓滑ナラシメ價格ノ平準ヲ保タシムルト共ニ常ニ淸鮮ノ狀態ヲ保ツヲ得ルヲ以テ之ニ依テ得ラルル吾人衞生上ノ利益モ亦甚大ナリ故ヲ以テ歐米各國ニ於テハ夙ニ該業ノ效果顯著ニシテ國家必要ノ機關タルヲ確認シ政府又ハ公共團體ハ之ニ對シ各種ノ保護奬勵法ヲ講究シ全ク國家事業トシテ之カ進步發達ヲ促進セシメタルハ近世產業界ニ於テ顯著ナル事實ナリ卽チ僅ニ四十餘年前ニ於テ製氷ノ目的ヲ以テ發明セラレタル一種ノ機械ハ忽ニシテ幾多ノ改良ヲ加ヘラレ廣ク之ヲ冷藏業ニ應用セラレテ輓近ニ至リテハ米國ヲ始メトシ英、佛、獨到ル處大小ノ都市ニハ必ス數箇所以上此ノ事業設備ヲ見サルコトナキニ至レリ是レ蓋國家又ハ公共團體カ社會民衆ノ公益ノ爲ニ極力保護奬勵ヲ加ヘタルカ爲ナリ

今ヤ本邦文明ノ風潮ハ各種事業ノ發達ヲ促進勃興セシメタルニ拘ラス單リ國家最必要機關タル冷藏事業ノ未タ一モ見ルヘキモノナキハ國家社會ノ爲ニ深ク遺憾トスル所ナリ一兩年前一二私設會社ノ創立ヲ見タリト雖事業微々トシテ振ハス僅ニ其ノ名目ヲ認ムルニ過キス畢竟事業ノ性質多額ノ固定資本ヲ要シ而シテ利益之ニ添ハス單ニ營利ヲ目的トスルニ適セサルニ依ルヘシト雖亦一ハ社會カ尙未タ本事業ノ必要機關タルヲ感知セサルト國家カ何等一點ノ之ニ對シ施ス所ナカリシモ又其ノ最大因ナルヲ免レス之ヲ歐米ノ實例ニ徵スルモ第一步ニ於テ奬勵保護ニ起リ又奬勵保護ニ養成セラレ今ヤ漸ク獨立經營ノ程度ニ進步シタルハ事實ナリ

合邦以前ニ於ケル韓國政府ハ此ノ事業ノ國家必要機關ナルヲ認メ費ヲ投シテ冷藏庫ヲ釜山其ノ他ニ設備シタリト聞ク當時ニ於ケル韓國政府既ニ然リ本邦豈遜色ナキヲ得ムヤ

生活問題以外ニ於テ更ニ冷藏事業ノ必要ナルハ本邦經濟上重要ノ事業タル蠶業ニ缺クヘカラサル蠶種ノ貯藏ナリトス由來蠶種ハ其ノ貯藏ニ最苦心スル所ナルモ科學ノ不進步ハ尙未タ天然貯藏ノ方法ニ放任シ危險謂フヘカラス若之ヲ冷藏庫ニ貯藏スルヲ得ルニ至ラハ適應ノ溫度ニ機械的ニ斟酌シ全ク危險ノ根源ヲ絕滅スルニ至リ蠶業上ノ一大革新ヲ叫ハシムルニ至ルヘシ斯ノ如キハ前段生活問題ト關係スル所ナシト雖尙此ノ問題ノミニテモ政府ハ須ク該業ヲ奬勵保護スルノ價値アルヲ認ム

現時食品問題喧々囂々ノ時ニ方リ政府ハ宜シク社會ノ狀勢ニ鑑ミ此ノ國家的事業ニ對シ速ニ適當ナル奬勵ノ方法ヲ講セラレムコトヲ望ム

右建議ス

（三浦覺一君登壇）

○三浦覺一君　私ヨリ提出致シマシタ建議案ノ趣意ヲ說明致シテ、諸君ノ御贊成ヲ得タイト思ヒマス、此吾人日用生活問題ハ一日モ缺クベカラザル重要ナ問題デゴザイマシテ、殊ニ此食品ニ關シタル問題ハ實ニ大キク申サバ一國ノ强弱ニ關スル重大ナ問題ト考ヘテ居リマス、ソレデアリマスカラ是ハ一日モ看過スベカラザル問題デゴザイマシテ、殊ニ近年御案內ノ通リニ各種ノ食料品ガ著シク騰リマシテ、殊ニ此都市ニ於テ甚シイノデ、吾人ガ缺クベカラザルトコロノ副食物ノ中デモ魚類ノ如キハ漁獲ノ豐否ニ依リマシテ、市價ガ更ニ一定致シテ居リマセヌ、近年ハ唯需用ガ增スノミデアリマシテ、殊ニ又市價モ唯高クナルバカリデアリマシテ、中流以下ノ者ノ需用ヲ充スコトガ出來マセヌ狀態ニナッテ、實ニ此生活上ニ於テ甚ダ困難ヲ致シテ居リマス、獨リ是ハ魚類バカリデゴザイマセヌデ、日用必需品ノ鳥肉、獸肉或ハ野菜類デアルトカ、其他ノ食品モ又隨ッテ非常ニ高クナッテ參ッテ、常ニ生活難ノ聲ガ絕ヘヌヤウニナッテ來タノハ畢竟スルニ副食物ガ高クナッタト云フタメデアリマス故ニ、忌ハシキトコロノ行動ガ動モスレバ發生スルト云フヤウナル源泉モ皆此生活難ヨリ出來ルコトデアリマスカラ、吾々ハ此日用品ノ低廉ニシテ、サウシテ成ルベク平均ヲ保ッテ行クト云フヤウナコトヲ研究致シマスコトハ最モ今日ニ於テ大切ナル問題デアルト考ヘテ居リマス、此日用食品ノ低廉平準ヲ圖ルノ方法ハ幾ラモゴザイマセウケレドモガ、最モ輕便ニ致シテ適切ナルモノハ之ヲ歐米各國ニ於ケルトコロノ事實ニ徵シマシテモ冷藏事業ヲ奬勵勃興セシムルト云フコトガ一番早道デアッテ且良策タルコトヲ信ジマス、卽チ昨四十三年ニ墺國ノ維也納府ニ開カレタ萬國冷藏會議ニ於テモ各國ノ代表者ガ集マリマシタモノガ二千有餘名モアッタ、本邦ヨリモ長岡博士ガ參リマシテ其當時ノ各國ノ澤山ナ冷藏事業ニ對スル政府代表者ノ寄リマシタトコロノ模樣ハ皆異口同音ニ人生食用品問題ノ解決ハ卽チ冷藏事業ニ俟タザルベカラズ、冷藏事業ハ世界食品價格ノ均一ヲ圖ルベキ唯一ノ事業ナリト絕叫シタノデアリマス、卽チ世界ノ輿論ハ卽チ食品ノ低廉平準ヲ保ツトコロノ問題ハ冷藏事業ヲ勃興セシメ發達セシメルコトデアルト云フコトニ歸著致シタノデアリマス、故ニ此冷藏事業ノ必要ナルコトハ私ノ私言デハナイ、冷藏事業ハ御承知ノ通リニ機械ノ力ニ依ッテ空氣ヲ冷ヤシテ、サウシテ魚類、肉類其他腐敗シ易イトコロノ食品ヲ長ク貯ヘマシテ、毫モ其品質形狀ヲ損セズシテ滋養分ヲ失ハズ、又

大漁トカ澤山ナ漁ノアル際ニハソレヲ冷藏庫ニ納メテ置イテ、不漁若クハ不時ノ用アルトキニハ是ヨリ出シマシテ、市場ノ需用ヲ充タス、サウシテ價格ノ平均或ハ低廉ヲ圖ル大切ナルコトデアリマス、共故ニ歐米各國ニ於キマシテハ夙ニ此冷藏庫ノ事業ヲ奬勵致シマシテ、又獨リ政府ノミナラズ、公共團體ニ於キマシテモ、各種ノ奬勵保護ヲ加ヘ、全ク國家事業トシテ是ガ進歩發達ヲ圖ッテ居ルノデアリマス、近世産業界ニ於ケルトコロノ是ハ顯著ナル事實デアルノデアリマス、即チ僅ニ四十餘年前ニ於テ此冷藏機械ヲ發明サレタ當時ハ唯製氷スルト云フ目的ヲ以テ發明サレタノデアリマス、ケレドモガ爾來幾多ノ改良ヲ加ヘテ、廣ク此冷藏ヲ應用スルト云フコトニナッテ參ッタ、即チ北米加奈陀ノ今日ノ發達ヲ致シタル原因モ主ナルモノハ此冷藏庫ノ發達ガ起因致シテ居ルノデアリマス、其他獨リ米國ノミナラズ英、佛、獨デモ至ル處大小ノ都會ニ必ズ數箇若クハ幾ツノ冷藏庫ヲ拵ヘテ置イテ、サウシテ今申シマスルヤウナルトコロノモノヲ救濟致シテ居ルノデアリマス、唯今申上ゲマシタヤウニ世界各國ハ此事業ニ向ッテ非常ナ力ヲ盡シテ居リマスガ、我國モ各種ノ事業ハ起リマシタ今申上ゲマルスヤウナ日用食品問題ノ中ニ於テ一番大切ナルトコロノ冷藏事業ニ付テハ少シモ見ルベキ施設ガナイノデアリマス、實ニ是ハ遺憾ト致シテ居ル次第デアリマス、一兩年前ハ二三會社ノ出來タコトハ承知致シテ居リマスケレドモガ、其事業ハマダ微々トシテ少シモ振ハナイ、何等今申シマスヤウナル大切ナ問題ヲ解決スルニ貢獻致シテ居ラナイ、ソレト申シマスノモ此冷藏事業ニ對シテ社會ガ尙未ダ此事業ノ必要デアルト云フコトヲ能ク知ラナイノデアル、又一ニハ國家ガ是ニ對シテ何等少シモ注意ヲ拂ハナカッタタメデアルト、私ハ信ジテ居ルノデアリマスカラ、歐米ノ實例ニ徵シマシテモ最初ニ於テハヤハリ各國共同樣デアッテ、此事業ニ付テハ政府ハソレヽ保護ヲ與ヘテ今日ノ如キ隆盛ニナッタノデアリマス、諸君モ此合併以前ニ於キマシテ韓國政府ハ既ニ此事業ニ注意サレテ冷藏庫其他ノモノヲ釜山等ニ韓國政府ガ設ケテ居ッテ、今申上ゲタヤウナコトヲ救濟致シテ居リマシタ、然ルニ本邦ニ於テ斯樣ナ未ダ企テノ無イト云フコトハ、實ニ遺憾ニ堪ヘヌノデアリマス、此冷藏問題ハ今申上ゲマシタヤウニ、獨リ此日用食品ノ救濟問題デアルバカリデナイ、歐米各國ニ於テハ段々今申上ゲマスルヤウニ低溫度ヲ利用致シマシテ、各種ノ事業ニ之ヲ應用致シテ居ル、即チ工業若クハ衞生上ニ於テ盛ンニ此事ヲ應用サレテ居ル、最モ危險ナル彼ノ爆發物ノ如キ冷藏ヲ能ク利用シテ參ッタナラ、決シテ危險ナコトハナイノデアル何時デアリマシタカ、大阪ニ於テ出來マシタ火藥ノ爆發ノ如キハ、冷藏庫ノ此事業ヲ應用致シマシタナラバ、アノヤウナ慘事ヲ生ズルコトハ無イノデアル、尙又軍隊ニ於キマシテモ此冷藏庫ヲ能ク利用致シマシタナラ、軍事需要品等ニ於テモ非常ニ便利デアリ、殊ニ又本邦ノ經濟上重要ナ事業トナッテ居リマス養蠶業ニ於テハ、此冷藏庫ノ設備ハ缺クベカラザルモノトナッテ居リマス、唯今デハ蠶種ヲ貯藏致シマスニ、信州其他甲州アタリニ於テモ風穴ヲ利用シテ、天然ノ冷氣ヲ利用致シテ居リマス、ケレドモ是ハ甚ダ不完全デアル、サウシテ尙外氣ガ入リマスカラ危險ガ伴ウテ居リマス、ケレドモ今私ガ申上ゲマス冷藏庫ノ設備ガ出來テ參リマシタナラバ、此等ノ大切ナル事業ニ向ッテモ非常ニ便利ニシテ、殆ド理想的ノ成績ヲ得ルコトガ出來マス、詰リ蠶業界ニ於ケル一大革新デアルト信ジテ居リマス、右申上ゲマスヤウニ此事業ハ獨リ生活問題ニ關係スルバカリデナクシテ、各種ノ工業其他衞生上ニ關係致ストコロノ重大ナル問題デアリマスカラ、政府ハ宜シク此事業ヲ保護奬勵致シテ今申上ゲマスヤウニ、刻下ノ急務ニ應ズルヤウナ施設ヲシテ貰ヒタイト云フコトヲ本員ハ切ニ希望致ス次第デゴザイマス、滿場諸君ノ御贊成ヲ得テ本員ノ希望スル目的ヲ達シタイト存ジマス

○松田源治君　本案ハ議長指名特別委員九名ニ付託セラレンコトヲ望ミマス

（「贊成々々」ト呼フ者アリ）

○議長（長谷場純孝君）　本案ハ議長指名九名ノ特別委員ニ付託スルト云フコトニ御異議ハアリマセヌカ

（「異議ナシ」ト呼フ者アリ）

（小久保喜七君登壇）

○議長（長谷場純孝君）　日程第十四、特別報告第六十八號、志士ノ恩典ニ關スル請願

第十四　（特別報告第六十八號）志士ノ恩典ニ關スル請願　（委員長報告）

○小久保喜七君　本件ハ東京市牛込區簞笥町四十三番地平民商金山正太郎呈出、上埜安太郎君ノ紹介ニ係ルモノデアリマス、私ハ何時デモ非常ニ簡單デゴザイマスガ、是ハ古ノ志士ニ對スル禮儀ト致シマシテ、要旨ダケチヨット申上ゲタイト思ヒマス、是ハ故桐野利秋、篠原國幹、前原一誠、江藤新平ノ諸氏ハ嘗テ賊臣トサレタモノデアリマスガ、能ク〳〵其事情ヲ調ベレバ朝鮮問題カラ廟閣ト議合ハズシテ遂ニ事此ニ至ッタノデアルガ故ニ、既ニ今日朝鮮合併ト云フモノガ出來タ以上ハ、何等カノ方法ヲ以テ之ガ表彰スルガ宜カラウト云フノガ、本請願ノ趣旨デゴザイマシテ、請願委員會ニ於キマシテハ此四人ニ止ラズ、島義勇君ノ如キ、村田新八君ノ如キ、是等ノ志士ニハヤハリ同一表彰スルガ宜カラウト云フコトデ、委員會ハ之ヲ可決致シマシタノデゴザイマス、何卒諸君ノ御贊成ヲ請ヒマス

○議長（長谷場純孝君）　御異議ガナケレバ委員長ノ報告通リ本請願ハ採擇ニ決シマス、日程第十五、特別報告第六十九號、青森港ト樺太及釧路間定期航路開始ノ請願

（外務大臣伯爵小村壽太郎君登壇）

○外務大臣（伯爵小村壽太郎君）　諸君、今回帝國ト米國トノ間ニ締結シタル條約ニ關シマシテ其概要ヲ開陳致シマシテ、諸君ノ御參考ニ供シタイト考ヘマス（「謹聽」ト呼フ者アリ）帝國ト諸外國トノ間ニ存スル通商航海條約ハ御承知ノ如ク帝國政府ニ於テ當該國ニ對シ、既ニ是ガ廢棄ノ通告ヲ致シマシタカラ、本年七八月ノ頃ヲ以テ何レモ終了スルコトニナッテ居ルノデゴザイマスルガ、獨リ日米現行條約ニ至リマシテハ其終了期限ニ關シ兩國政府間ニ見解ヲ異ニ致シマシテ、是ガタメ種々交涉ヲ累ネマシタケレドモ、到底兩國政府ノ意見ノ一致ヲ見ルコトガ出來ヌト云フコトヲ認メマシタカラ、帝國政府ハ終了期限問題ヲ別ト致シマシテ、本年七月十七日ヨリ現行條約ニ代ルベキ新條約ヲ日米兩國間ニ締結センコトヲ提議致シマシテ、米國政府ノ同意ヲ求メタ次第デゴザイマス、然ルニ米國政府ニ於キマシテハ專ラ兩國傳來ノ交誼ヲ顧念シ十分ノ厚意ヲ以テ我提案ニ考量ヲ加ヘマシタ結果、遂ニ新條約締結談判ヲ直ニ開始スルコトニ同意ヲレタノデゴザイマス、然ルニ新條約ヲ本年七月十七日ヨリ實施致シマスルニハ目下開會中ナル米國議會ノ閉期中ニ元老院ノ批准協贊ヲ得ルノ必要ガゴザイマスルカラ日米兩國政府共ニ銳意商議ノ進捗ヲ圖リマシタ、其結果幸ニ迅速ニ妥結ニ達スルヲ得マシテ、遂ニ二月二十一日ヲ以テ華盛頓ニ於テ、兩國全權委員ノ間ニ新通商航海條約ノ調印ヲ了シタノデゴザイマス、米國政府ハ此條約ヲ直ニ元老院ノ議ニ付シマシタガ、元老院ハ同月二十四日ヲ以テ批准協贊ヲ與ヘタル次第デゴザイマス、今回ノ新條約ハ我政府ノ提案ト米國政府ノ修正案トニ基キマシテ、商議決定シタノデゴザイマスルガ、新條約ヲ現行條約ト對照致シマスルト、其主ナル相違ノ點ハ五ツ程ゴザイマスル、第一新條約ニ於テハ現行條約第二條末項ニ存シテ居リマスル勞働者ノ移住其他ニ關スル但書ヲ削除致シマシタ、蓋シ合衆國ヘノ移民ニ關スル帝國政府ノ方針ハ、嘗テ第二十五議會ニ於テ本大臣ノ言明シタルトコロデゴザイマシテ、帝國政府ニ於キマシテハ此方針ヲ變更スル意思ハゴザイマセヌカラ、新條約締結ノ際、帝國政府自ラ其旨ヲ米國政府ヘ宣言シタ次第デゴザイマス、第二新條約ニ於キマシテハ關稅ハ兩國間ノ別箇ノ條約又ハ各自ノ國內法ニ依ルコトニ致シマシテ、之ト同時ニ協定書ヲ以テ今後日米兩國間ニ別箇ノ條約ノ締結セラルヽニ至ルマデハ、現行條約中關稅ニ關スル條項ヲ維持スルコトニナッタノデゴザイマスル、卽チ關稅ニ關シマシテハ日米兩國相互ニ最惠國待遇ヲ保障スル次第デゴザイマスル、第三新條約ハ現行條約第十條ノ末項ニ規定シテゴザリマスル如ク、一定ノ帝國開港場間ニ於テ米國船舶ノ積荷運搬ヲ許可スルコトナク、沿岸貿易ニ付キマシテハ、全然各自ノ國內法ノ規定ニ一任致シマシテ、唯互ニ最惠國待遇ヲ保障スルニ止メテゴザリマス、第四新條約ニ於キマシテハ永代借地權ニ關スル現行條約中ノ條項ヲ削除致シテゴザイマス、帝國政府ハ本件ノ根本的解決ニ付キマシテハ、別ニ米國政府ト協議ヲ致ス筈デゴザリマス、第五現行條約中遭難船ニ關スル規定及脫船人ニ關スル規定ノ如キ、領事官ノ職務ニ當ル者ハ、今後日米兩國間ニ商議決定スベキ領事職務條約ニソレヲ讓ルノ趣意ヲ以チマシテ、新條約中ヨリ之ヲ削除致シタ次第デゴザリマス、新條約ト現行條約ト異ッテ居リマスル主ナル點ハ、唯今申述ベタ通リデゴザリマス、新條約ニシテ愈ヽ兩國間ニ批准書交換ヲ了シマスルニ於テハ、本年七月十七日ヨリ現行條約ニ代ッテ實施セラルヽコトニナルノデゴザリマスル、之ガタメ彼我通商ノ利益ヲ確保シ、兩國傳來交情ヲ益〻鞏固ナラシムル上ニ於テ、其效果ノ尠ナカラザルベキハ帝國政府ノ確信致ストコロデゴザリマス、今回ノ日米新條約締結ノ顚末ハ概略唯今申述ベタ通リデゴザリマスルガ、尙新條約公布ノ時期ヲ待チマシテ、詳細ノコトヲ開陳致シマスル機會モアラウト考ヘテ居リマスカラ、諸君ニ於テ宜シク御諒承アランコトヲ希望致シマス（拍手起ル）

○議長（長谷場純孝君）　大石正己君――今大石君カラ外務大臣ノ演說ニ對シテ質疑ノ通告ガアリマシタカラ左樣……

（大石正己君登壇）

○大石正己君　外務大臣ニ御尋シマスガ、新日米條約ニ二條ノ但書ヲ削除シタ、斯ウ云フ御報告デアリマス、アノ日米條約ノ中ノ主ナル箇條ハ恐ク此第二條ノ但書ノ意味デアル、其專實デアル（「マツト大キイ聲デ頼ム」ト呼フ者アリ）所ガ條約ニ表面ニ二條ノ但書ヲ削除シタ代リニ日本政府ハ亞米利加政府ニ向ッテ從來ノ移民ノ方針ヲ進ンデ聲明ヲレタト云フコトヲ仰シヤッタガ、此日本政府ノ聲明ヲナサレタ　其文句ハ、ドウ云フ文句デアリマスカ、是モ伺ヒマスルガ、察スルトコロ、但書ノ表面ニ書イテアッタ亞米利加政府ノ目的ヲ達シサスルト云フコトヲ聲明ヲシタノデハアリマセヌカ、若シ然リトスレバ此條約面ニ但書ヲ削除シタト云フコト、削除セザルト云フコトノ間ニ於テ、如何ナル差ガアル、日本國民ハ決シテ此文字ノ上ニ移民制限其他ノ日本帝國ノ面目ニ關スル條約ヲ唯文句ノ上ニ反對ヲスルト云フ譯デヤナイ、事實ノ上ニ於テ此ノ如キ不名譽ナル、國辱トナルベキモノヲ我黨々タル日本帝國ガ外國ニ向ッテ左樣ナル約束ヲスルト云フコトヲ反對スルノデアル（「ヒヤ〳〵」ト呼フ者アリ）然レバ今回唯條約面ノ上カラ但書ヲ削除スルト云フコトハ、何ノ效能ガアルノデアルカ、斯ヤウナル不名譽ナ、日本國民ノ恥辱トナルベキ、而モ實利上日本國家ノ大損害ヲ受クベキトコロノ條約ヲ敢テスルト云フコトハ、抑〻此政府ハ何ヲ代表シテ此ノ如キ條約ヲナサルノデアル、日本國民ガ日本政府ノ移民制限ニ對スルトコロノ政策ヲ決シテ褒メテハ居ラヌノデアル、此過去數年ノ間、日本政府ガ亞米利加ニ對スルトコロノ外交上ノ態度ト云フモノハ、卑屈、從順、殊ニ日本ノ國利民福ヲ害スルトコロノ外交デアッテ、一人モ之ヲ贊成スル者ハナイノデアル（「ヒヤ〳〵」ト呼フ者アリ）凡ソ執政ノ局ニ當ル者ハ國家全體ノ利害國ノ面目國ノ輿論ト云フモノヲ標準ニシテ外交ヲナスベキモノデアル、之ニ依ッテ始メテ日本政府ガ日本國家ヲ代表スルトコロノ條約ト云フコトガ出來ルノデアル、今ヤ政府ノ亞米利加ト結ンダル條約ニ於テ日本國民ノ輿論ヲ代表スルニアラズ、日本國家ノ利益ヲ標準トスルニアラズ（「ヒヤヒヤ」ト呼フ者アリ）何ヲ以テ此ノ如キ條約ヲナサレタノデアル、又亞米利加ニ對シ、屈辱的ノ外交ヲスル償トシテ、日本政府ハ滿韓集中ヲ以テ方針トスルト云フコトヲ聲明シタ、滿韓ニ移民ヲ如何程昨年以來、若クハ一昨年以來、如何程滿韓集中ノ實行ヲ擧ゲタノデアル、是レ一々統計ヲ以テ御示シナサレ、吾々ガ見聞スルトコロニ於テ、此政府ノ亞米利加ニ屈スルトコロノモノヲ滿韓ニ伸ベル、其聲明ト云フモノハ皆嘘八百デアル（拍手スル者アリ「ヒヤ〳〵」ト呼フ者アリ）事實ニ於テ一點モ實行スルコトハ出來ヌノデハナイカ（「ヒヤ〳〵」ト呼フ者アリ）而モ尙高言ヲシテ曰ク、日本政府ハ從來ノ移民ノ方針ヲ決シテ變ヘテ居ラヌ――變ヘテ居ラヌト云フコトハ、亞米利加ニ對スル屈辱的ノコトヲ變ヘテ居ラヌノデアル（「ヒヤ〳〵」ト呼フ者アリ）日本政府ノ聲明シタルトコロノ滿韓ニ移民ヲ集中スルト云フコトハ、何ヲ一點行ッタ事實ガアリマス、吾々ハ其他ニ付テモ此日米條約ニ付テ批評ヲ試ムルコトハアリマスケレドモ、先ヅ此日米條約ノ中ノ其主眼トナルベキトコロノ第二條削除ノ一端ニ於テ、十分ニ議會ヲ滿足サセ、國民ヲ滿足サセルダケノ御辯明アランコトヲ希望スルノデアル（拍手スル者アリ）

（外務大臣伯爵小村壽太郎君登壇）

○外務大臣（伯爵小村壽太郎君）　唯今大石君ニ御答致シマス、御承知ノ通リ日米現行條約ノ第二條但書ニ依リマスト、米國政府ハ自國ノ法律ヲ以テ何時デモ自由ニ日本人ノ移住制限ヲスルコトガ出來ルノデゴザイマス、此規定ハ兩國ニ取リマシテ甚ダ危險ナルモノデゴザイマスルカラ、政府ニ於キマシテハ此條項ヲ削ルト云フコトヲ今回ノ談判ノ主眼ト致シタ次第デゴザイマス、又米國ヘノ移民ニ關シマシテハ先年來政府ニ於テハ一定ノ方針ヲ定メマシテ、ソレヲ實行シ來リタル次第デゴザイマス、此方針ハ條約ノ如何ニ拘ハラズ之ヲ變更スルノヲ――變更セザルノヲ最モ得策ト考ヘマスカラ、之ヲ變更スル意思ハゴザイマセヌ、故ニ此度新條約締結ニ際シマシテ、此方針ヲ變更スル意思ハナイト云フ事實ヲ亞米利加政府ニ向ッテ申述ベタ次第デゴザイマス、左樣御承知ヲ願ヒマス

○議長（長谷場純孝君） 服部綾雄君

（服部綾雄君登壇）

○服部綾雄君 私モ二三點伺ヒタイコトガアリマス、現行條約ノ第二條ノ但書ヲ削除セラレタコトニ付キマシテハ、私ハ何モ申シマセヌガ、外ノ點ニ付テ伺ヒタイ、是ガ削除セラレタニ付キマシテハ、米國ノ領土內ノ旅行竝ニ轉住、帝國ノ臣民ニシテ自由ヲ得タモノデハゴザイマスカ、アレデハ布哇ノ住マウテ居ル帝國ノ臣民ハ、自由ニ米國ノ領土內ニ入ルコトガ出來マスガ、即チ何レノ州デアラウトモ、何所ニ參ッテモ、其轉住ノ權ヲ自由ニ用井ルコトガ出來ルヤ否ヤト云フコトデ、第二ニ伺ヒタイノハ是マデ各州ノ法律トシテ、吾々同胞ノ不利益ナル法律ガ設ケラレテゴザイマス、此第二條ノ但書ガ削除セラレタガタメニ、ソレ等ノ法律ハ如何ナッテ居リマスカ、或ハ「カリホルニヤ」州ニ於テ、或ハ華盛頓州ニ於テ、或ハ「オレゴン」州ニ於テ、吾々即チ日本帝國ノ臣民ヲバ他國ノ臣民ト異ッテ取扱フ條項ガ殊更ニ日本人トハ指シテゴザイマセヌガ、吾々同胞ヲ指レタルトコロノ法律ガ澤山ゴザイマス、此等ハ依然トシテ活キテ居ルモノデアルカ、此等ガ働クモノデアルトセバ、第二條ノ但書ヲ取除カレテモ、各州ハ又帝國ノ臣民ニ對シテ別々ノ法律ヲ作リテ、之ヲ苦メ、或ハ米國中央政府ニ於テ之ヲ壓セントスルトキニハ、洲權ヲ稱ヘテ何カ申スヤウナ憂ハナイモノデゴザイマスルカ、此條約改正ニ於テハソレ等ノ點ニ付テハ如何ナッテ居リマスルカ、之ヲ伺ヒタイ、ソレカラ第三ニ伺ヒタイノハ唯今御話ニナリマシタ中ノ第三ト心得マスガ、沿岸貿易ノコトデゴザイマスガ、是マデハ我邦ニ於テハ米國ノ船ガ自由ニ神戸ノ港、横濱ノ港ヘ繋グヤウナコトモ出來マシタノデアリマスガ、今承ッタトコロニ依リマスト、是ハ出來ナイヤウニナッタヤウデ、ダガ何ゼ我邦ニ於テ沿岸貿易ヲ禁止シテ置イタ、ソレニ傚ウテ米國ノ沿岸貿易自由權ヲ取ルコトニ變ヘテ、是ヲ禁ジテ兩方同ジヤウニスルコトニセラレタカ、之ヲ伺ヒタイ、實業團ガ先年米國ノ方ニ參リマシタトキニモ「ボルチモーア」ニ於テ開カレタ宴會ニ於テモ、「ヒラデルヒヤ」ニ於テ開カレタ宴會ニ於テモ、「ボルチモーア」ニ於テハ幾ノ內閣員デアリマシタ、即チ「ボナパール」ト云フ人ガ、ソレカラ「ヒラデルヒヤ」ニ於テハ「ワナメーカル」ト云フ人ガ、日本ト米國ノ東洋沿岸トノ聯絡ヲ計ランガタメニハ熱心ナル希望ヲ以テ彼ノ實業團ノ人々ヲ歡迎シマシテ、其席上ニ於テ「パナマ」運河ノ開カレル曉ニ於テハ、日本ハ此沿岸ニ直ニ船ヲ送ッテ呉レルヤウニ、吾々モ亦出來得ルダケノコトヲナシテ、貴國ノタメニ盡スト云フ意味ヲ十分ニ言現ハシテアル、其當時ニ於テ其實業團ノ中カラシテ確ニ之ニ答ヲナサレタ、答ヲ私ハ見タコトガアル、其希望ヲ以テ此實業上ノ聯絡ヲ米國各州ト付ケタイト云フ希望ヲ以テ、雙方ガ喜ンダ場合ガアッタヤウデゴザイマスルガ、三四年ノ後ニ「パナマ」運河ガ開カレルトキニ於キマシテハ、日本ガ米國沿岸ニ自由ヲ得テ居ルト云フコトハ、莫大ナル利益デアルト思フノデ、或ハ會社ノ如キモノガ政府ニ多少ノ補助ヲ受ケテ居ルヨリハ、遙ニ此自由權ヲ得マシテ或ハ「ボルチモーア」ニ參ッタ船ガヤハリ「ボルチモーア」カラ「テキサス」ニ着イタトコロノモノガカリホルニヤニ客ヲ乘セ、荷物ヲ載セテ、サウシテ日本ノ航路ガ進ムコトガアリマシタナラバ、餘程ノ利益デアルト私ハ思ウテ居リマス、亞米利加ニハ船ガナイノデス、亞米利加ハ船ガ乏シイノデアル、亞米利加ノ沿岸ニハ獨逸ノ船ガ競ウテ居ルトキデアリマス、米國ガ今日或ハ朝鮮ト日本トヲ繋ギ、或ハ此島ノ一部ト他ノ部トヲ繋グ權ヲ持ッテ居ッテ、大ニ吾々ハ權利ノ上ニ於テハ彼ニ此權利ガアルナラバ、我モ此權利ヲ取ラナケレバナラヌト、平素思ッテ居ッタノデアル、之ヲ互ニ禁止スルデナシニ、互ニ得ルト云フコトニシタナラバ、非常ナル利益デアルモノデアルト平素思ッテ居ッタ、今回條約改正ノ場合ニ於テハ、必ズ彼ニ與ヘテ居ッタ權利ハ我得ルモノデアラウト思ッテ居ッタ、所ガ今ノ御説明ヲ伺ッテ初メテ承知ヲ致シマシタガ、此沿岸貿易權ハ互ニ禁止シテ、サウシテ米國カラ申シマスレバ、サノミ利益ノナイモノナラ止メラレテ、何ノ苦痛ノ無イモノト思ヒマスガ、我進ンデ得ルナラバ莫大ノ利益アル、之ヲ主張セラレタノデアリマスカ、ソレトモ最初カラ此點ニ於テハサウ云フ風ニ進メズシテ、サウ云フ風ニ掛ラズシテ、サウシテ是ハ互ニ禁止スルト云フコトノミデアリマシタカ、私ハ實ニ遺憾ニ存ズル餘リ此點ヲ御尋申シマス、即チ是ガ第三點デアリマス、ソレカラ前ニ戻ルヤウデアリマスガ、但書ヲ取ラレタタメニ今一ツ伺ヒタイコトガアル、我帝國ノ臣民ノ入籍權威或ハ養子トナリ、或ハ婿入シ、又亞米利加人ト結婚スルト云フヤウナ場合、斯ウ云フコトニ付テハドウ云フ風ニナッテ居リマスルカ、各州通ジテ差支ナイモノデアリマスカ、ソレトモマダサウ云フ風ノ權利ハ此條約ダケデハ得ラレヌモノデアリマスカ、即チ入籍ノ件デアリマス、斯ウ云フ四點ニ付テ私ハ失禮デアルガ御答辯ヲ願ヒタイ（拍手起ル）

（外務大臣伯爵小村壽太郎君登壇）

○外務大臣（伯爵小村壽太郎君） 唯今服部君ノ御質問ニ御答致シマスルガ、沿岸貿易ノコトニ關シマシテハ今回ノ條約改正ニ於キマシテハ政府ノ方針ハ沿岸貿易ノコトハ全然國內法ノ規定ニ依ルト云フコトニシテ居ッテ、唯單ニ最惠待遇ヲ保障スルコトニ止メテ置キタイト云フ方針デゴザイマス、今日ノ場合ニ於キマシテハ是以上ノコトヲヤルコトハ到底見込ガ無イト考ヘマシタ結果デゴザイマス、其外御質問ノ第一第二ノ點、第四ノ點ニ關シマシテハ、イヅレ新條約ノ公布ノ上條約ニ付テ篤ト御互ニ研究シタ上デ、申上ゲルガ宜カラウト考ヘマスカラ、之ニ對スル御答ハ暫ク見合セテ置キマス

○石橋爲之助君 本員ハ極ク簡單ニ此處カラ質問致シマス、本員ノ問ハント欲スルトコロハ服部君ノ問ハレタ中ニ籠ッテ居リマスルトコロノ沿岸貿易ノコトデアリマス、唯今ノ御答辯ニ依ッテ尚説明ヲ請ハナケレバナラヌコトニナリマシタ、即チ沿岸貿易ハ國際法ノ原則ニ依ッテ互ニ禁ズルト云フコトヲ本則ト致ス、其代リニ最惠國條款ヲ保留シテ置ク、斯ウ云フコトニ承リマシタガ、サウ致シマスルト其結果ニ付テ或ノ生ズルノデアリマス、米國ハ沿岸貿易ヲ禁ズル國柄デアリマス、然ルニ英國及白耳義ノ如キハ、沿岸貿易ヲ許シテ居ル國デアリマス、所ガ米國ニ對シテ我國ハ禁ジテ居ルガ、併ナガラ其例外トシテ取除ケトシテ最惠國條款ヲ存シテ置ク以上ハ、日本ガ英國トノ間ヲヤハリ相互的ニ英國ニモ許スガ故ニ、我國ニモ許スノデアッテ、沿岸貿易ヲ許スコトニナリマスルト、其利益ニ米國ハ均霑スルコトガ出來マス、併ナガラ我國ハ米國ノ方ニ對シテハ何等均霑スルコトノ出來ナイ結果ニナリマス、サウナリマスレバ即チ雙務ニアラズシテ、ヤハリ片務ト云フコトニナリマス、其邊ノ利害得失ハ如何ニ御辯明ニナリマセウカ伺ヒタイ

○外務大臣（伯爵小村壽太郎君） 英國トノ條約ハマダ出來テ居リマセヌ、出來マシタ上デ御答シタ方ガ便利ト思ヒマス

○大石正己君 簡單デゴザイマスカラ、此處カラ御尋ネシマスガ、先程ノ質問ヲ致シテアル滿韓ヘ移民ノ集中ト云フ點ガ御答ハナイデスガ如何デゴザイマスカ、滿韓ヘハ既ニドレダケノ移民ヲ集中ナサレタノデアルカ、又如何ナル計畫ヲナシツヽアルカ、其アタリヲ明カニ御答ニ與リタイ、且亞米利加ニ對シテ日本政府ハ從來ノ移民制限ノ主意ヲドコマデモ誠實ニ實行スルト云フコトヲ聲明シタト云フコトデアルガ、之ハ日本國ノ何等ノ利益ニナル思召ヲ以テ、此ノ如キ聲明ヲナサレタノデアルカ、唯既定ノ、政府既定ノ其方針ヲ聲明スルト云フコトハ取モ直サズ日本ノ國辱ヲサレタト云フコトデアル、此度對等ノ條約ヲ結ブ機會ニ當ッテ尚此ノ如キ陋態ヲ演ズルト云フコトハ、何等ノ日本ノ利益ヲ保護

スルタメニナサレタノデアルカ、其説明ヲ承リタイ

○外務大臣（伯爵小村壽太郎君）　大石君ノ御質問ニ對シテハ先刻答ヘテ置キマシタソレ以外ノコトハ唯今申上ゲル必要ハナイト考ヘマス

○大石正己君　不都合デス、ソレハ大間違デアル、今御尋シタトコロノモノハ滿韓ニ移民ヲ集中スルト云フ點ハ先程質問シテアルニ御答ガナイ、ナイカラ其催促ヲシテ居ルノデアル、御答ガナイノデアル、又亞米利加ニ向ッテ日本政府ヨリ腰ヲ屈メテ屈辱的聲明ヲセヌナラヌト云フ理由ハ、如何ナル點デアルカト云フコトハマダ說明ニナラヌノデアル

○外務大臣（伯爵小村壽太郎君）　第一ノ點ハ日米條約トハ關係ガゴザイマセヌ、此際ニハ御答致シマセヌ、第二ノ點ハ大石君ハ屈辱的聲明ト申シマスガ、政府ニ於テハ全ク所見ヲ異ニ致シテ居リマス

○大石正己君　最早御答モ出來ヌコトヲ追窮スルモ甚ダ惡ノコトノヤウニ思ヒマスケレドモ、併ナガラ其答ガ出來ヌナラ出來ヌト御答ニナレバ宜イガ、又抗辯シテ滿韓移民集中ノコトハ此問題ト關係ガナイト仰シヤルノハ何デアルカ、卽チ此移民制限、亞米利加ニ對シテ屈シテ居ルトコロノモノハ、滿韓ヘ移民ヲ集中シテ伸ブルト云フ譯デ、昨年以來議會ニ於テ政府ハ公言ヲサレテ居ル（「ヒヤヒヤ」ト呼フ者アリ）之ガ何等ノ關係ガナイト云フコトハ、是ハ全ク政府ノ遁辭デアル（「外務大臣ハ健忘症ナリヤ」ト呼フ者アリ）又後ノ點ハ屈辱デナイト仰シヤル、是ハ意見ガ違フニ相違ナイ、屈辱デナイト仰シヤルナラバ意見ガ違フニ相違ナイガ、是ハ外務大臣若クハ內閣大臣ノ私見デアル、此ノ如キモノガ屈辱デナイト云フ註解ハ此日本國民ハ信用シナイコトデアル

（「ヒヤヒヤ」ト呼フ者アリ）

○議長（長谷場純孝君）　是以上ノ御質問ハ議院法ノ四十八條ニ依ッテ御質問ニナルガ宜カラウト思ヒマス――御諮ヲ致シマス、請願委員第一分科員中砂糖政策ニ關スル件、調査委員會ヲ本會議ノ開議中ニ開キタイト云フ請求ガアリマス、御異議ハゴザイマセヌカ

（「異議ナシ異議ナシ」ト呼フ者アリ）

○議長（長谷場純孝君）　御異議ナケレバ許可スルコトニ致シマス、日程第一及第二ハ關聯シタル議案ニナルニ依ッテ、一括シテ議題トナスニ御異議ハアリマセヌカ

（「異議ナシ異議ナシ」ト呼フ者アリ）

○議長（長谷場純孝君）　御異議ガナケレバ日程ノ第一、市制改正法律案、日程ノ第二、町村制改正法律案、之ヲ一括シテ議題ト致シマス、議案ノ朗讀ハ省略致シマス

第十五　間島ニ於ケル領事官ノ裁判ニ關スル法律案　第一讀會
（政府提出）

間島ニ於ケル領事官ノ裁判ニ關スル法律案

第一條　間島ニ駐在スル帝國領事官ノ豫審ヲ爲シタル死刑、無期又ハ短期一年以上ノ懲役若ハ禁錮ニ該ル罪ノ公判ハ朝鮮總督府地方裁判所之ヲ管轄ス

第二條　間島ニ駐在スル帝國領事官ノ管轄ニ屬スル刑事ニ關シ外務大臣ニ於テ必要アリト認ムルトキハ其ノ事件ヲ管轄スヘカラサルコトヲ當該領事官ニ命シ且被告人ヲ朝鮮ニ於ケル監獄ニ移送セシムルコトヲ得

第三條　前條ノ規定ニ依リ被告人ヲ朝鮮ニ於ケル監獄ニ移送スル場合ニ於テ朝鮮總督ハ其ノ事件地方裁判所ノ權限ニ屬スヘキモノナルトキハ被告人ノ移送セヲルル監獄所在地ヲ管轄スル朝鮮總督府控訴院ノ檢事ヲシテ裁判管轄指定ノ申請ヲ其ノ控訴院ニ爲サシメ其ノ事件區裁判所ノ權限ニ屬スヘキモノナルトキハ被告人ノ移送セラルル監獄所在地ヲ管轄スル朝鮮總督府地方裁判所ノ檢事ヲシテ裁判管轄指定ノ申請ヲ其ノ地方裁判所ニ爲サシムヘシ

前項ノ申請及裁判ニ關シテハ刑事訴訟法第三十三條ノ規定ヲ準用ス

第四條　地方裁判所ノ權限ニ屬スル事項ニ關シ間島ニ駐在スル帝國領事官ノ爲シタル裁判ニ對スル控訴又ハ抗告ハ朝鮮總督府控訴院之ヲ管轄ス區裁判所ノ權限ニ屬スル事項ニ關シ間島ニ駐在スル帝國領事官ノ爲シタル裁判ニ對スル控訴又ハ抗告ハ朝鮮總督府地方裁判所之ヲ管轄ス

第五條　第一條及第四條ノ場合ニ於テ管轄權ヲ有スヘキ朝鮮總督府裁判所ハ朝鮮總督之ヲ定ム

附　則

本法ハ公布ノ日ヨリ之ヲ施行ス

本法施行前受理シタル訴訟事件及非訟事件ニ關シテハ從前ノ例ニ依ル

（政府委員石井菊次郎君登壇）

○政府委員（石井菊次郎君）　本案ハ昨年朝鮮總督府ノ設置サレマシタ結果ト致シマシテ、從來間島ニ於テ豫審ヲナシタル或ル事件ノ管轄ヲ是マデ統監府裁判所ニ於テナサレタモノヲ總督府裁判所ニ於テスル、事實ニ於テハ何等ノ變更ハアリマセヌガ、其名稱ニ於テ「統監府裁判所」トアルノヲ「總督府裁判所」ト改メマシタ、其他「韓國」トアリマシタノヲ「朝鮮」ト改メ「統監」トアリマシタノヲ「朝鮮總督」ト改メルト云フ法律案デアリマシテ、内容ニ至リマスルト何等ノ變更ハゴザイマセヌ、至ッテ簡單ノ法律案デアリマスカラ、成ベク速カニ御協贊ヲ願ヒマス

第十七　朝鮮事業公債法案（政府提出）　第一讀會ノ續（委員長報告）

第十八　朝鮮事業公債金特別會計法案（政府提出）　第一讀會ノ續（委員長報告）

第十九　朝鮮鐵道用品資金會計法案（政府提出）　第一讀會ノ續（委員長報告）

（板倉中君登壇）

○板倉中君　此朝鮮事業公債法案デゴザイマスルガ、本案ハ朝鮮ノ築港、鐵道道路等ノ修繕ニ要シマスル資金ヲ公債ニ依リ、又ハ借入金ヲ以テ支辨スルコト、及從來是等ノ事業ニ要スル朝鮮政府ノ負擔ニ歸シテアリマシタトコロノ債務モ同樣ニ公債又ハ借入金ヲ以テ整理若クハ償還セントスル法案デゴザイマス、其必要ナル理由ヲ精細調査致シマシタトコロガ、總計五千五百七十三万千六百八十九圓ト云フモノデゴザイマス、即チ本案ノ第三項ニゴザイマスル公債借入金ニ要スルモノデゴザイマス、即チ五千五百七十三万圓、殆ド五千六百万圓デアリマスカラ、第三項ニ於テ公債借入金ノ額ヲ五千六百万圓ト定メタ譯デアリマス、ソレカラ第二項ニアリマストコロノモノ、即チ從來負擔シタルトコロノ債務、及本邦デ借入レタルトコロノ金額ヲ整理若クハ償還スルタメニ同ク借入レルコトノ法案デゴザイマスガ、是ハ豫メ額ハ定マリマセヌガ、從來負擔シタルトコロノモノガ、千九百八万圓デゴザイマス、ソレト本法ニ於テ新タニ借入レマシタルモノヲ整理、若クハ償還スル必要ノタメニ第二項ニ依リマシテ公債若クハ借入ヲ致ス案デゴザイマス、要スルニ此事業ハ已ムベカラザル必要ノモノト認メマシタ、故ニ之ヲ大體ニ於テハ可決スルコトニ相成リマシテゴザイマスガ、唯借入金ノ方ニ於キマシテ二年以內ト云フコトニ期限ヲ付シテアルニ拘ラズ公債ノ償還期限ガナイノヲ全カラザルモノト信ジマシテ、委員會ハ第一項ノ「事業費支辨ノ爲ニ政府ハ」ノ下ニ「五十五年以內ノ期限ヲ以テ」ト云フトコロノ追加挿入ヲ致スコトニ決定致シマシタ、他ハ本案ヲ可決致スコトニ相成リマシタノデアリマス、而シテ朝鮮ニ於ケル事業ノ詳細ヲ總テ質問精査ヲ遂ゲマシテゴザイマスルガ、是ハ速記錄ニ詳シクゴザイマスル、故ニ之ニ讓ッテ改メテ報道致シマセヌ、ドウカ御可決アランコトヲ希望致シマス、第二ノ朝鮮事業公債金特別會計法案デゴザイマス、是ハ既ニ朝鮮ニ於ケル事業公債法案ヲ可決致シマシタ結果ト致シマシテハ、此處理ニ付テ必要已ムベカラザルモノト信ジマス、故ニ委員會ハ本案全體ヲ可決致シマシテゴザイマス、第三ハ朝鮮鐵道用品資金會計法案デゴザイマス、是ハ從來本國ノ鐵道用品資金會計法ヲ用井テ居リマシタノデゴザイマスガ、凡テノ鐵道ニ關スル會計ガ統監府ノ特別會計ニ包含セラル、コトニ相成リマシタ故ニ、均シク鐵道用品資金會計ト云フモノガ四十三年度限リ消滅スルコトニ相成リマシタ故ニ、四十四年度カラハ即チ鐵道ノ事業ヲ行ウテ行クタメニ必要デアルカラ本案ヲ提出サレタ次第デアリマス、是亦必要ナル法案トシテ委員會ハ可決スルコトニ相成リマシタ、唯其「第八條ノ一般ノ需用ニ應ジ機械其他ノ物件ヲ製作、修理ヲナスコトヲ得ル」ト云フ箇條ニ付キマシテハ委員會ハ多少ノ疑ガアリマシテ取質シマシタガ、是ハ即チ政府ノ方ニ於テハ餘リ望マナイトコロノモノ、寧ロ迷惑ナル箇條デアル、ケレドモ朝鮮ニ於テハ折々仁川等ニ於テ、或ハ船ガ破損シタトカ、若クハ碇綱等ガ切レタト云フヤウナ場合ニ於テモ、民間ノ是ニ應ズル事業家ガアリマセヌ、修理ヲナスベキ場所ガアリマセヌ、故ニ四十一年度ヨリ單行法ヲ發シテ以テ此民間ノ需用ニ應ズルコトニナッテ居リマシタノデアリマス、ソレヲ此度法案ニ纏メマシテ、即チ第八條ニ此一項ヲ加ヘテ以テ民間ノ不時ノ需用ニ應ズルコトニ致シタイト云フ次第デアッテ、是亦必要ナルコトニ信ジテ本案全體ヲ可決スベキモノト致シマシタ次第デゴザイマス、此段御報告ニ及ビマス、朝鮮鐵道用品資金會計法案モ、是亦全體ニ於テ必要ナルモノト認メマシテ、可決スベキモノト致シマシタ次第デゴザイマス

○議長（長谷場純孝君）　朝鮮事業公債法案及朝鮮事業公債金特別會計法案ニ反對ノ通告ガアリマス、鈴木力君

（鈴木力君登壇）

○鈴木力君　私ハ唯今委員長ノ報告ノ朝鮮事業公債法案竝ニ朝鮮事業公債金特別法案、此二箇ニ反對ノタメニ立チマスルガ、實ハ委員會ニ於キマシテ發言ノ機會ヲ失ヒマシテ、甚ダ遺憾ニ存ジテ居リマスルガ、又我所屬團體モ此案ニ對シテハ贊成ノ方ニナッテ居リマス、私ハ特ニ除外例ヲ要求シテ出マシタノデゴザイマシテ、サナキダニ少數黨ノ中ノ最モ少數黨ノ單位トナッテ現ハレタル次第デゴザイマスガ、併シ頗ル重大問題ト考ヘテ、斯ル時既ニ迫リタルニモ拘ラズ、且單位ヲ以テ立ツ以上ニハ既ニ時間モ迫リマシタケレドモ、願クハ十分御聽取アランコトヲ先ヅ祈ル次第デアリマス、私ノ反對ノ大綱ハ財政計畫ノ大本ヨリシテ財政ノ基礎ヲ鞏ウスルタメニハ、此朝鮮事業公債ト云フモノヲ五千六百万圓ト云フ額ヲ大束ニ茲ニ輙ク募ルコトヲ許スト云フコトガ宜シクナイ、即チ財政計畫ノ點ヨリ第一反對シマス、第二ノ點ハ朝鮮總督ノ權力過大ナリ、殆ド第二ノ朝鮮國王、新國王ノ如キ權利ヲ有シテ居ル此事實ニ照シマシテ、斯ル際ニ倘之ニ與フルニ既ニ名ヲ以テシ、器ヲ以テシ、倘之ニ假スニ無限ノ財本ヲ以テシタルトキニ於テハ、此議會ノ財政ニ關スル監督權ナルモノハ事實上ニ於テ縮メラレテ、即チ法理上ノ憲法違反ハ既ニ多數黨ノ諸君ニ於テ之ヲ御責メニナルト云フコトヲ聞キマシテ滿足致シテ居リマスルガ、此有樣デ朝鮮總督ヲシテ此上ノ權力及財力ヲ握ラシテ、自由行使ニ委シタトキニ於テハ、法理上ニアラズシテ實際上ノ憲法侵害乃至協贊權迫害ヲ結果スルト云フコトヲ一番恐レルノデアリマス、第三點ニ於キマシテハ殖民地經營ノ方針ガ確ニ立ッテ居ラヌコトヲ憾ミマシテ、殖民地經營トシテ先ヅ臺灣ト朝鮮トノ事業ノ緩急財源ノ有無ヲ計ッテ、彼此ノ長短緩急宜シキヲ得セシメテ、臺灣ニ餘アレバ之ヲ朝鮮ノ事業經營費ニ投ジタイ、大綱ハ右三點デアル、此第三番目ノ點ニ於キマシテハ所謂大勢既ニ此ノ如シト云ヘバ、十ノモノヲ十五ニシテモ盲從スルトコロノ政府デゴザイマスカラ、餘程敬意ヲ拂ッテ御聽キニナッタラウト思フコトガアル、ソレハ政友會ニ於ケル財政上ノ豫算等ニ對シテハ一隻眼、恐ク兩眼モアルトコロノ井上角五郎君ガ、過般委員會ニ於テ此臺灣ノ經費ニ付テハ頗ル過大ナルトコロヲ認ム、之ハ能ク節減スレバ一千万圓位ノ削減ハアルデアラウト云フ見込デアル、次ニ特別會計ノ濫發ニ瀕ク、三十九ノ特別會計ヲ以テシテ、此財政上ノ大部分ヲ殆ド唯款アッテ項目ナキトコロノ細目ニ涉ッテ、議會ガ論議スルコトノ出來ナイヤウナル此特別會計ガ三十九モアッテハ、甚ダ遺憾デアル、因テ政府ハ將來之ヲ本會計ニ繰入ルヤウ――一般會計ニ繰入ルヤウニスルコトヲ望ムト云フ意味ヲ井上君ガ言ハレタ、是ハ私至極同感デアッテ、如何ニモ豫算ヲ審議スル程ノモノハ斯ル點ニ著眼シテ、サウシテ實際ノ急所ヲ突イテ政府ヲシテ其弊ヲ改メシメルト云フコトガ肝要デアル、蔭ナガラ敬服シ且欣ンデ居ッタノデアリマス、斯ル次第デアリマスルカラ我輩今茲ニ論ズルトコロノ點モ敢テ少數黨中ノ少數ナルガ故ニト云ッテ挫サンアタリガ此座ヲ立ツガ如キハ、自ヲ揣ラザルノ至リノモノデアリマス、彼ノ大政黨ノ中ノ大部分ガ斯ル精神デアルト云フコトヲ顧ミタナラバ、焉ゾ知ンヤ他日宰相倉皇トシテ憫ミヲ大政黨ノ軍門ニ乞フヤウナコトガ出來ルカモ知ラヌト思フ、況ヤ我輩ノ聊不備ナルトコロノモノハ此朝鮮合併ノ第一年ノ議會、

而シテ朝鮮事業公債ト云フ巨額ナル經費ヲ要求スル席ニ總理大臣既ニ去リ、更ニ朝鮮總督ノ見エナイ如キニ至ッテハ、是レ聊不親切デハナイカト私ハ憾ムノデゴザイマス、(「ヒヤヽヽ」ト呼フ者アリ)ソレ又可ナリ、大體諸君ニ朝鮮今日ノ現狀ノ概念ヲ御定メアランコトヲ祈ルデス、今日ノ現狀ハドウ云フ風デアルカト云フト、朝鮮ハ合併サレタニ相違ナイケレドモ政治面財政面ノ有樣ト云フモノハ決シテ地圖ガ赤ク染メラレタ如クニ日本ト同化シテ居ルコトハ無イデス、朝鮮ハ朝鮮デ、殆ド獨立王國——獨立ナラ宜イケレドモ其費用其入費ト云フモノハ我々ノ母國國民ノ負擔ニ歸セシメテ、無限ノ財力ヲ要求スルトコロノ厄介ナル獨立國デス、其事情ハ細目ニ涉ッテ後ニ申上ゲマスガ、寺內總督ナル人ハ總督ニアラズシテ副王デス、是ハ西洋人ガ言ッテ居リマス「ガバナーゼネラル」デナクテ「ヴイセロイ」デアル——副王デス、實際上ノ權力ガ全ク副王ト云ッテモ宜イ、日本ハ朝鮮ヲ合併シタケレドモ、第二ノ國王ヲ今造ッテ居ル、曰ク制令權、曰ク總督府特別會計、曰ク陸海軍ノ統轄、曰ク朝鮮事業公債ノ獨斷專用、之ヲ悉ク許シタル曉ニ於テハ實ニ寺內總督ナル人ハ立憲國ノ君主ヨリモ尙無檢束ナルトコロノ絶對至高ノ權力者デハアリマスマイカ、朝鮮ノ經費ハ、年額四千八百万圓而シテ一切ノ會計ハ會計法第六條ノ制裁ヲ免レテ豫算ヲ提出スルニ當ッテ、項目ニ分ケテ微細ニ費途ヲ示シテ、サウシテ議會ノ協贊ヲ經ルマデノコトナシニ、唯大ザッパニ、曰ク仁川築港三百八十幾万圓ナリ、釜山築港三百四十幾万圓ナリ——釜山ト仁川ハ違ヒマシタ——ト云フヤウニ大頭ノ、大ザッパノ金高ヲ寄出シタダケデ、サウシテ後トノ使途ハ自由自在ニナルノデアリマスカラ、其權力ハ財力ノアル處ハ卽チ權力ノ生ズル處、況ンヤ武權ハ陸海軍ヲモ統轄シテ居ルノデアル、ナカヽヽ以テエライ權力デゴザイマス、然ルニ今ノ人動モスレバ朝鮮ト云フ代物ノ——品物ノ好イコトハ申シマスルケレドモ、其品物ニ對スル代價ヲ吟味シタ人ハ少イヤウデアル、第一政府ハ朝鮮ト云フ品物ノ代價ヲ國民ニ對シテ知ラシメルコトハ殆ド嫌ツカノ如クアル、其代價デ大層好イモノヲ取ッタ功名手柄顏ハ能クナサルヤウデアルケレドモ、我國民ヲシテ今日如何ナル負擔ノ下ニ、如何ナル苦痛ノ下ニ、此朝鮮ヲ脊負ハナケレバナラヌカト云フコトヲ知ラシメルコト深切ナラズ、隨ッテ朝鮮ニ對スル觀念ヲ甚ダ粗末ニサセルヤウナ傾キガアル、ザット積リマセウ、朝鮮ノ代價ヲ積リマスルト三千万圓、恩典公債一千九百幾十万圓、先刻委員長ノ報告ニアリマシタ通リ是ハ舊韓國政府ヘノ立替金、ソレハ捧引デス、七百幾十万圓朝鮮ノ貨幣整理ノ補助金、ソレカラ一千二百三十五万圓ト云フ年々ノ補充金、而シテ今又茲ニ事業公債法案ト云フ法案ニ依ッテ、大東ニ頭カラ五千六百万圓ヲ掴マントスルトコロノ此法案デアリマス、合セテ約一億二千万圓ト云フモノガ差詰眼前ニ見エルトコロノ朝鮮ノ代價デアリマス、ソレデ此事業公債法案ト總豫算トハ不可分ノ性質ヲ持ッテ居ルモノデアル、既ニ總督府ノ經費トシテ協贊シタルトコロノ鐵道建設並ニ改良費八百五十万圓ノ如キハ此法案ガ通過セズンバ一半ハ成立ッテ、一半ハ成立ヌコトニナルノデ、ナカヽヽ大切ナル是ハ法案デゴザイマス、然ルニ衆議院ハ前ニ前者卽チ一般歲計豫算ヲ通過セシメタカラ、是モ勢ヒ此儘通ス外ナイノデゴザイマセウケレドモ、併ナガラ此案ヲ若シ否決致シマシテモ、否決ノ理由ニ依リマシテハ又之ヲ救フノ道ガアルト心得テ私ハ之ヲ主張スルモノデアリマス、其細目ニ亙リマシテハ第二段ニ申上ゲマスルガ、尙一層朝鮮ノ現狀ニ對スル觀念ヲ深ク心ニ刻マレタナレバ、成程サウ云フ風ナラバ是ハ餘リ容易ク見テハナラヌト云フ其强ミヲ與ヘルコトガ出來ルト考フ、尙一層申上ゲマスルガ官僚政治ナド、云フ言葉ハ最早古イデス、今ヤ官僚政治ドコロヂヤナイ、官僚政治ニ高度ノ馬力ヲ加ヘタトコロノ陸軍絶對主義ノ天下デアリマス、朝鮮ヲ政權上ニ於テ母國ヨリ引離シテ、サウシテ形式ト權柄トノ一本槍ヲ以テ之ヲ治メント欲スルトコロノ朝鮮總督萬能政治デアリマス、ソレハ單ニ淡然ト申上ゲル譯デハゴザイマセヌ、朝鮮總督府ノ豫算ニ現ハレタモノニ於テ恐ク之ヲ證明スルコトガ出來マス、卽チ朝鮮總督府ノ經費二百八十万圓、是ハ俸給、旅費、機密費等ノ一切ヲ籠メタモノデ、ソレニ加フルニ地方廳費四百三十万圓、斯ウ計上サレテアル、之ヲザット見マシテモ朝鮮ノ如キ茫々タル又人民ノ程度ノ低キ處ニ當ッテ、斯ク巨大ナル廳費並ニ地方廳費ヲ使フト云フコトハ、チヨット見テモ朝鮮ハ軍人或ハ官僚ノ樂園、キタナイ言葉デ申シマスレバ月給取ノ掃溜カト思ハレルノデアル、而シテ之ヲ統治スルノ實力ハ何カト云フ唯一ノ「サーベル」デス、曰ク警務費二百八十五百圓、憲兵補助費百五万圓ナリ朝鮮部隊費——陸軍省支出ノ分ハ此外デス、朝鮮部隊費二十四万圓ナリ、合セテ四百三十万圓ト云フ次第デス、其他ニ補助費ト云フモノガアル、卽チ拓殖會社ニ補助スル三十万圓、其他ノ補助費合セテ百四十三万圓モアルノデス、日本ノ近狀トシテ過日窮民醫療恩賜金百五十万圓ガ下ッタニ付テ、孰レモ恐懼措ク能ハザルコトハ私モ同感デゴザイマスルガ、大臣大將ノ面々華族、貴族院、衆議院等ノ方々ハ此恩賜金ノ忝キコトニ恐懼スルコトヲ知ッテ、朝鮮總督府ハ此恩賜金以上ノ恩典ヲ夙ニ朝鮮國民ニ下シ給ッテ居ル事實ヲ御見遁シニナルノハ怪シカラヌデス、朝鮮總督府ハ慈惠醫院費三十五万圓ト云フモノヽ年額ヲ計上シテ居リマス、此經常歲出慈惠醫院ノ三十五万圓ト云フモノハ桂大藏大臣ノ理想トスルトコロノ年利子三朱五厘ニ合セマスルト——其利率ヲ以テスルト一千万圓ノ金高ニ該當スルノデアリマス、而シテ是ハ朝鮮人民ノ窮民ノ醫療ノタメニスルトコロノ慈惠醫院費デゴザイマス、之ヲ賜ハル總督ノ威光、其財力ノ大ナルコトハ推測ラレルハゴザイマセヌカ、然ルニ母國人民ハドウカト云フト無殘ナル哉、チリヽヽ貧乏ノ姿デ怨聲ハ日ニ高マリ、善政ハ固ヨリ期スベカラズ、セメテ虐政暴政ヲダモ免レンカト沙上ニ偶語シ、口耳相傳スル今日デアリマス、然ルニ折角ノ聖旨ニ對ヘ奉ランニハ、一千万圓ノ金ヲ支出セニヤナラヌガ、サリトテハ今日ノ景氣、今日ノ懷合ニ於テ、申シテハ恐レ多イケレドモ實ニ樂デハナイト云フノガ實狀デアリマス、ソレト此ト對照シテ見マスルト、如何ニモ此對照ガ奇拔デゴザイマセヌカ、顧レバ地方ノ自治團體ノ國稅徵收費ヲ五百万圓デスカ知ラヌ、大政黨ノ諸君ガ五百万圓——否ナ五十万圓デセウ、僅ニ五十万圓バカリヲ此財政計畫中ヨリセリ出サント欲シテ、非常ナ御盡力デアッタサウデス、而シテ政府ノ之ニ應ズル所以ノモノハ常ニ逡巡、曖昧、曰ク財政窮乏、諸君ノ意ニ滿タザルコトヲ憾ムト云フテ哀訴嘆願シテ居ルヤウナ始末ト承ハル、然ルニ斯ルウラ寂シキ母國人民ノ有樣ニ引替ヘテ對岸ノ朝鮮ハ此ノ如キ勝々タル仕事ヲシテ居ルノデス、此一事デ以テ總督ナルモノヽ權柄ガ如何ニ大ナルニ過グルカト云フコトハ、心察シ得ルト心得ルノデス、斯ウナリマスルト遺憾千萬ナルノハ本年ノ總豫算ニ付テアラユル名士ガ一言ノ朝鮮合併ノ事實ガ如何ニ財政ニ影響スルカ、總督府ノ經費ナルモノハ總豫算ニ如何ナル關係ヲ持ツカト云フ點ヲ著眼點ト爲シ論據ヲ此所ニ置イテ、此豫算ヲ審議シ、大經世ノ大論議ヲ試ミル人ノナカッタコトハ、私ハ聊カ寂莫ノ感ガアルノデス、固ヨリ諸名士ハ政府ノ態度ガ所謂風旛風ヲ通サズ、俗ニ言フトコロノ綏靡ニ腕押シデアルカラ、ソレニ呆レテ絶望ノ餘リニ斯ル點ヨリシテ巨細ニ論議スルコトハナカッタノデハゴザイマセウケレドモ、何レニセヨ斯ル有樣デ通過シテ來マシテ、今又此事業公債金五千六百万圓ヲムザヽヽ通ストキニ於テハ、間接ニハ朝鮮總督府ノ權力ノ過大ヲ是認シ、直接ニハ議會自ラガ監督權ヲ縮小スルコトヲ拒マナイト云フ結果ニナルノデス、諸君心シテ拜シ奉レ、李王家ノ經費ハ年額百五十万圓デス、此百五十万圓ハ尊嚴ヲ保ツ上ニ付テ決シテ不足ハナカラウト拜シ奉ルノデス、然ルニ總督府ハ斯ル尊嚴ノ大ナル李王家ト對抗シ、其威嚴ヲ保チ形式ヲ保ツタメニハアラユル權柄ト形式トヲ盛ンニシテ居ルノデス、卽チ李王家ノ御座ルトコロノ昌德宮以上ノ總督官邸ヲ建テズンバ蟲ガ納マラナイ、人情ノ常トシテ澤山ナ入費ガ手ニアルト云フト從ッテ濫費或ハ驕奢ニ傾クト云フコトハ免レマセヌカラ、李王殿下如何ニ賢明ナリト雖モ、左右ノ臣、侍御ノ輩ガ、或ハ濫費或ハ驕奢等ノ形跡ナシト云フコトハ出來ヌ、然ルニソレト對抗シテ世間ノ坊チヤンノ如キ調子デ金ヲ使ッタトキニハ何所マデ行キマスカ、誠ニ底止スルトコロヲ知ラナイデアラウト思フ、事實ハ明白デス、且何ヨリ宜イ證據ニハ桂侯ノ機關新聞タルトコロノ國民新聞ガ此事實ノ證據人トナッテ呉レマス、ソレハ先達國民新聞ノ第一頁ニ朝鮮第一ノ大建築トシテ龍山ニ於ケルトコロノ總督官邸ヲ紹介シテ居リマスガ、朝鮮ノ文化並ニ生活程度ト云フコトヲ考ヘマシタナラバ、彼ノ大建築物ハ之ヲ古ノ所謂阿房宮ニ比シテ宜カラウト思フ、亞細亞式行列政治ト言ウテ宜イ、唯亞細亞式行列政治ヲ以テ本領トシテ自ラ鮮民ニ臨ンデ快トスルヤウナル稚氣、其子供氣ヲ除カザル限リハ政治ニ於ケルトコロノ事務ノ簡捷政治ヲ爲スコトノ經濟的ナルコト、或ハ文官ノ能力ヲ相當ニ發揮スルコト等ハ斷ジテ期スコトハ出來マセヌ、文武兼行フト云フコトハ政治ノ根柢デアッテ、我國モ三千年來文武二ツナガラ行ハレテ居ッタケレドモ、歷史上ノ傳説或ハ事實ヲ無視シテ今ヤ唯武卽チ無文ナルトコロノ政治ヲ朝鮮ニ布カント欲シテ居ルノデス、故ニ斯ル稚氣幼稚ナル虛榮心等ヲ以テ經營シテ居ルカラ事實ニ現ハレテ來タトコロハドウカト云フト、豫算面ノ數字ガ又明カニ證據立ッテ居ル、卽チ豫算面ノ數字ガ公々然トシテ吾等ニ告ゲテ曰ク、廳舍新營費ハ八十万九千圓ナリ、官舍新營費十三万四千圓ナリ、設備費、是ハ窓掛ダノ靴脫ヲ洒落レルノデセウ、十七万圓、而シテ韓國銀行出資金七十五万圓、元モ子モ保護シテヤルカラ韓國銀行ニ更ニ六万圓ト云フ補給金ヲ計上シテアリマス、而レテ寺內總督ハ韓國銀行卽チ併國ニ於ケル日本銀行同樣タラント欲スルトコロノ韓國銀行ノ事實上ノ總裁デアリマス、卽チ兵馬ノ權ヲ有シ、更ニ政治ノ絕對權能ヲ有シテ、今ヤ又銀行ノ本總裁ニマデナルニ至ッテハ權力ノ大ナルコト、古今東西此ノ如キコトハ殆ド類例ナカラウト思フノデゴザイマス、內ニハ卽チ所得稅改正ノ公約ヲ行フ能ハズシテ、僅々三百圓ト云フ所得額マデ之ヲ削ルコトハ出來ヌト言ヒ、而シテ納稅滯納者ハ頻々トシテ相踵ギ、如何ニ辛抱強キ良民デモ日ニ日ニ七零八落セントスル有樣、外ニハ卽チ列國海軍擴張ノ趨勢ハ我國ヲ强威シテ我財政難ハ海軍擴張費ヲ以テ一層高メントスル今日ニ當ッテ、製艦費ノ如キハ僅ニ姑息、僅ニ彌縫、所謂朝三暮四スル今日ニ當ッテ、獨リ朝鮮ニ限ッテ卽チ陸軍ノ權力ノ普及シテ居ルトコロノ朝鮮ニ限ッテ、陸軍勢力ノ本城タルトコロノ朝鮮ニ限ッテ此ノ如キ無遠慮ニ大束ニ經費ヲ使用シ經費ヲ要求スルト云ココトハ如何ニモ矛盾、擅著、倒行、逆施、政治ニ統一ナク、血脈ナク、人情ナキ致方デハアリマスマイカ、故ニ私ハ斯ル根本觀念ヲ以テ諸君ガ私ノ今カラ細論ヲ御聽キニナルコトヲ望ムノデス、是カラ多少細論ニ入リマス(笑聲起ル)卽チ本案ノ目的トスルトコロノ事業デス、其事業費ノ設定ヲ朝鮮ノ統治及朝鮮ノ中ノ經營內地方經營ノ現狀ニ照シマシテ、其事業費ノ當不當、或ハ緩急等ヲ考ヘテ、其不急ノ理由ヲ此所ニ證據立テルノデス、第一今日ノ朝鮮ノ道路ト云フモノハ官本位デアッテ民本位デナイ、道ハ道ナリデ多クノ民ガ步ルクコトヲ本位トシナケレバナラヌノデ、御役人ノ步ルクコトヲ本位トシテ居ル證據ニハ、折角拵ヘタ道ガ草茫々トシテ居ル、ソレハ朝鮮ノ「ヨボー」ガ卽チ「ヨボー」ト云フノハ農民デス、御存知デセウ其「ヨボー」ガ農繁ノ時期ヲモ顧ミズシテ其草ヲ取ラシテ居ルノガ現狀デス、然ルニ今日此五千六百万圓ノ事業費余トシテ、其中一千万圓ヲ道路費ニ充テ、アルノデゴザイマス、併シ是等ハ敢テ臨時費中ノ臨時費トシテ要求セズトモ、經常費トレテ使ッテ宜シイト思フ、第一ニハ總テ經營スル經營ハ官營主義ノ修理專門ナリ、而モ一氣可成的ノ官營壟斷ノ方針ニ……

（議長長谷場純孝君議長席ヲ退キ副議長肥塚龍君議長席ニ著ク）

○鈴木力君　御辛抱下サイ――官營壟斷ニ狂奔スル方針デアリマスケレドモ、ソレヲ抑制シテモット人民側カラ仕事ヲ始メテ發展ノ氣力アル人民ヲ多ク植付ケテ日本人民ノ部落ヲ作ルコトヲ專一ニセネバナラヌ、卽チ農業地デサウシテ今ヤ商業中心點トナリツヽアルトコロノ太田ノ如キハ一向官ノ力ヲ藉ラズシテ日本人民ノ發展的氣力アルモノガ彼所ニ移住シテ、斯ル土地ヲ經營シタノデス、此種ノ日本人ノ部落ヲ方々ニ段々ニ造ッテ、ソレヲ植付ケルコトヲ專一ニシテ貰ヒタイ、拓殖會社ノ如キガ常ニ世上ノ非難ヲ致ルノハ壟斷ノ志アルガタメ、而シテ個人ト云フモノヲ認メズシテ、大束ニ自分達ガ仕事ヲスルコトバカリヤリ居ルタメニ反對ヲ受ケテ居ル、其證據ニハ拓殖會社ニ限ラズ、此總督府ガ鐵道ヲ經營スルヤ釜山ヨリ京城マデノ運賃ハ長距離ニ付テ一哩一錢ノ割ニ二百七十四哩然ルニソレヨリ少々短距離ナル處ハ一哩三錢ニナッテ居リマスカラ、仁川ノ如キモ釜山カラ貨物ヲ吞吐サレルタメニ寂レテ來タ、此京釜鐵道ノタメニ最モ打擊ヲ受ケタノハ仁川デス、是等モ鐵道運賃率ノヤリ方如何ニ依ッテ仁川ヲ救フコト難カラズ、然ルニ政府ハ當然爲シ得ルトコロノ右樣ノ運賃率等ノ方ヲ度外視シテ置イテ、曰ク仁川築港ニ三百四十万圓ヲ投ジヤウト云フノデス、是等モ緩急ヲ誤ッテ居ル、本末ヲ誤ッテ居ル所以デス、第三ハ先進國民ノ殖民地經營ノ歷史ニ因ッテ學術及實際ノ二方面ヨリシテ天然富源ノ開發並ニ其順序ヲ定ムルト云フコト、云フ、此點ヨリ見マス、朝鮮ト云フ國ハ山ハ禿山デ、川ハ洪水ヲ來シ、道路ハ道路ノ如クシテ道路ナラズ、畑ガ變ジテ川ニナルコトモアルヤウナ土地デアル、是ハ皆サン御存ジデアル、然ルニ今此禿山ニ植林ヲスルコトヲ先キトセズシテ、川ヲ治メルコトヲ先キトスルコトノ不可ナルコトハ、三尺ノ童子ト雖モ分ッテ居ルコトアル、又委員會ニ於テ荒井度支部長ニ説明ヲ請ヒマシタトコロガ、ソレハ地質學上ノ調査並ニ氣象學上ノ調査ガ朝鮮ノ經營ニ付テ出來テ居ルカト云フト、荒井政府委員ハ寔ニ誠實ニ極ク丁寧親切ニ答ヘラレマシテ、本員大ニ滿足シテ居リマスガ、實ハ御存ジノ通リデ未ダ十分ト云フコトニハ至ッテ居リマセヌ、併シ朝鮮經營ノ急ナルヤ悉ク其成立ツコトヲ待ッテ居ラレヌカラ、先ヅ取急ノ分ヨリ經營ヲ致スト云フコトノ御話デゴザリマシテ、其點ハ或ル程度マデハ之ヲ諒ト致シマスルケレドモ、道路ノ如キ一千万圓ヲカケテモ未ダ足ラヌ、更ニ一千八百万圓モカケナケレバ前途イカヌト云フ道路デアリマス、是等ノ道路ヲ輕々ニ經營サレタノデハ是ガ濫費ニ陷ルコトヲ本員ハ最モ恐ル、、尤モ是ニ付テハ委員會ニ於テ道筋ハ幾本、而シテ幾百哩ト云フ豫算デ、サウシテ其中ノ何處カラ何處マデハ幾ラノ經費ト云フ、細カイ説明マデ政府委員ノサレタコトハ決シテ本案ニ對シテ不忠實ナル點ハ認メマセヌ、十分滿足ハシテ居リマス、ケレドモソレハ一般會計ノ如ク款項目ヲ詳シク每年ノ豫算ニ示シテ出サレテコソ吾々ハ十分ニ審議シ得ルノデゴザイマスガ、短日月ニ於テ平常餘リ關係ノナイ――關係ノ薄イトコロノ道ヲ二十六本何處々々ト云ッテ一遍ニ出サレテハ分リヤウガナイ、ヤハリ所謂特別會計ヲ廢シテ一般豫算ノ如キ方式ヲ以テ出サレナイデハ、之ヲ審議スルニ甚ダ當惑、ソレカラ鐵道及港灣ヲ築クコトハ軍國的見地卽チ軍國主義卽チ總督府ノ威容ヲ張ルトコロノ土木主義、ソレ等ノ大キイコトヲ致シマスルカラ之ヲ制抑セナケレバナラヌ、抑制セナケレバナラヌ、例ヘバ棉花ノ栽培ハ南朝鮮ニ於ケル有望ナル事業ト既ニ是認サレテ居リマシテ、ソレニ付テハ同ジ築港ヲスルニモ木浦乃至群山等ヲ築港ヲシテ、彼ノ道ノ方ノ開發ヲ誘導シタ方ガ宜イト云フコトハ實業家ノ頻リニ望ンデ居ルトコロデス、然ルニ此元山京城卽チ京元線ト云フ鐵道ヲ先ニシテ、群山平壤間ノ鐵道ヲ後ニシタ如キハ開發ト云フ上カラ云フト、尙遺憾デゴザイマスガ、此所京城ヲ中心トスルト云フ中ニハ總督府朝鮮官府威嚴中心ト云フコトデス、是ガ含マレテ居ルト云フコトヲ、忘レテハナラヌ、卽チ亞細亞式ノ自儘ヲ基トシタノデハ面白クナイ、現ニ群山ノ人民ノ如キハ、斯ル大金ヲ投ジテ仁川及釜山ノ築港ヲヤカマシクナサルガ、群山地方ヲ顧ミザル理由ハ如何ニト云フノデ、頻リニ躍起運動ヲヤッテ居ルト云フ次第デアル、(「簡單々々ト」呼フ者アリ)此場合ニ於テ簡單ヲ望ムノハ多分其人ハ電車ニ乘ッテ停電ヲ望ム人デアラウ、ナカナカ重大デス、私ハ唯空漠ノ論デハアリマセヌ、事實ヲ擧ゲテ尙諸君ノ視聽ヲ聳カシテ御目ニ懸ケマセウ、世ニ云フ鎭南浦三大事業ナルモノガアル、斯ル四圍ノ狀況ヲ知ラズニ漫然ト協賛スルコトガ、卽チ新聞デ能ク書イテアル盲從ナンデス、鎭南浦ノ二大事業トシテハ停車場附近ノ百万坪ノ埋立ト云フコトガアル、是ハ李完用ト云フ人ト大倉組トガ結託ヲシテ、李四歩、大倉六歩ノ利益配當ノ契約書ヲ作ッテ、サウシテヤッテ居ルデス、諸君ハ五十万圓位ノ金ヲ政府カラ――財政上カラ取出セヌト言ウテ騷イデ居ルガ、百万坪ト云フモノハ十兩坪ニシテ一千万圓デス、埋立費用ヲ差引イテモ百万乃至六七百万ノ利益デセウ、ナカナカ小サイコトデハアリマスマイ、サウ云フ利益アル事業等モ若シ親切ニ朝鮮ノ經費ヲ審査スル上カラ言ヒマスルト利益アルモノコソ、官營ニシテホシイト云フ注文モ持出サレル次第デス、次ニ製鹽事業、天日製鹽ト云フコトハ總督府ガ昨年行ッタ百二十万ノ資本ヲ以テサウシテ二億斤ノ製鹽ヲヤル積デアッタトコロガ、昨年ノ水害デ是ハ大失敗ヲ來シテ六十万圓ノ損害、尤モ其原因トシテハ支那地方カラ鹽ノ密輸入ガアッタト云フ事實モアリマシタ、又製鹽ノ新シイ簡便ナル方法ガ發明サレタタメニ、天日ト云フコトニ損害ヲ與ヘタト云フ點モアリマス、併シ是等モ朝鮮經營ノ上デハ見遁スベカラザル點デス、私ノ言フトコロハ餘リ輕ミシク大金ヲ經營ニ投ジサセルハ餘程檢束ヲ加ヘ、監督ヲ以テ之ヲ與ヘネバナラヌト云フノデス、是ガ大趣意デアリマス、マダアリマス(「簡單」ト呼フ者アリ)ソレカラ漁業――漁業ニ付テモ內地ノ漁民ト、朝鮮ノ漁業トノ間ニ脈絡ガ十分ニ出來テ居ラヌ、卽チ農商務省ト總督府トノ間ノ關係ガ十分ニ出來テ居ラヌ、其證據ニハ群山沖ノ如キニハ支那「ロヤンク」ガ數千艘ト云フモノガ來テ、密漁ヲシテ居ル、日本ノ之ヲ四國乃至、日向對州等ノ人民ニ普ク知ラシテ、而シテ農商務省ト總督府トガ一致ノ行動ヲ以テ奬勵シタナラバ、此支那人ノ「ジャンク」ヲ逐拂ッテ、日本ノ漁業上ニ利益ヲ得ルコトハ必ズ出來ルコトデス、然ルニ總督府ハ陸上ノ經營、官府本位デス、京城中心ノ觀念ガ主デアッテ海陸併見ルノ明ガナイガ故ニ、斯ル事實ヲ生ジテ居ルノデス、(「簡單」ト呼フ者アリ)ソレカラ商人――商業ト云フモノニ關スルトコロノ觀念ノ誤謬、誤レル觀念ヲ正サニヤナラヌ、ナゼカト言ヒマスルト、此總督府ハ軍人政治デアル、軍人ト云フモノハ誠ニ頭ノ堅イ規律ト云フコトヲ本位ニ置クモノデアリマシテ、是ハ決シテ惡意デナイ、立派ナ心デスルノデアル、ケレドモ兎角商人ト云フモノ、性質ヲ認メナイデ、往々ニシテ商人ト謂ヘバ盜賊カノ如キ觀念ヲ持ッテス、ソレデドウナルカト言フト內地カラ何分宜シクナイ商人ガ多ク入込ンデ困ル、之ヲ取締ルニハ卽チ會社令デナケレバナラヌト云フヤウナ、隨高飛車的ノ制法バカリ考ヘテ居ル、然ルニ是ハ北海道ノ實例ヲ以テ分ル話デ、北海道ノ開ケ始メノトキニハ、隨分浮浪ノ徒乃至不良ナル人間ガ入込ンダノデアル、ケレドモ彼是ヤリ居ル中ニドウヤラ斯ウヤラ開發シテ、今日ノ北海道ヲ現出シタモノデアリマシテ、餘リニ軍人式ノ偏屈ナル頭デ經營スル段ニナルト云フト、決シテ其效ヲ收メルコトハ出來ヌ、第八マダアリマス(「モウ宜カラウ」「謹聽々々」ト呼フ者アリ)同ジヤウナ頗ル類似ノ點ガアリマスルガ、此人造牆壁ヲ撤去スルコトヲ努メ、卽チ其中ノ主ナル問題ハ言論ノ抑壓ヲ防遏セニヤイカヌデス、此朝鮮ノ商業關係ナルモノハ大阪ト朝鮮――大阪中心デス、然ルニ新聞紙ノ言論ト云フモノカラ言ヒマスルト大阪ニ於ケル諸新聞ハ動トモスルト朝鮮ニ入ルコトガ出來ヌ目ニ逢フ、一番肝腎ナ大阪ノ新聞ガ朝鮮ニ入ルコトガ出來ヌ、輸入ヲ禁止サレテ居ル、而シテ唯一ノ德富蘇峰先生ノ主宰スルトコロノ御用新聞ガ朝鮮ニ跋扈シテ、其他雑誌等ニ於テモ朝鮮デ發行スルト云フト、ナカナカニ種々ノ迫害ガ生ジテ來マシテヤリニクイ、ソンナ風デハイケマセヌカラシテ、私ノ言ウトコロハモット商工業者ノ情義ニ通ジロ、商人ト云フモノ、性質ヲ能ク知ッテ、軍人的デナシニヤルニハ、衆智衆力ヲ請ハニヤナラヌ、ソレニハ先ヅ言論ノ抑壓ヲ止メテ、衆智衆力ナルモノハアラユル新聞ヤ雑誌等ニ依ッテ吸收スルコトガ出來ルノデアルカラ、此方針ヲ以テ進マネバナラヌト云フコトモアル、今ノ儘デ往クトコロノ政治ニ金ヲマダ此上ブッ込ムト云フコトハドウシテモ不利デアラウト考ヘル、ソレカラ第九、一部ノ朝鮮貴族竝ニ日本ノ大御用商人等ニ濫惠貪恩スル、惠ヲ濫ニシ恩ヲ貪ルコトヲ差控ヘテ、サウシテ人民直接ノ利害休痛、痛痒ヲ本トシテ政治ヲヤルヤウニシテ貰ハネバナラヌ、又總督府ニヤタラニ經費ヲ差出スコトハ不利ダト言フノデス、事實ヲ申上ゲマスルト云フト前政府ノ各大臣ニ對シテ先達二十万圓ト云フ金ヲ惠マレタ、ソレハ李王家カラ出スコトニシテ惠マシタデス、ドウ云フ理由デアッタカ知リマセヌガ、李完用ノ如キハ內五万圓ヲ頂戴シタデス、然ルニ是ハ李王家ヨリシテ如何ナル方法デ出サレタカハ知リマセヌケレドモ、其資金調達ノ際日韓瓦斯株式二千三百株ト云フモノハ李王家ヨリ市場ニ賣出サレタト云フ事實ヲ私ハ承知シテ居リマス偖デ其コトノ善惡ヲ玆ニ言ヒ且之ヲ彈劾スルノデハナイ、總督府ノ諸官、總督ハ固ヨリ清廉潔白ノ人デアッテ、何等此處等ノ關係ハナイノデス、キタナイ關係ナドノアラウト云フコトヲ匂ハセヤウト云フ氣ハナイ、決シテナイ、併シソンナ方ニハ非常ニ力ヲ盡シテ居ル、ケレドモ何方面卽チ朝鮮農民ノ痛イ痒イニ對シテ、ドレダケノ注意ヲ與ヘテ居ルカ、一部ノ朝鮮ノ大官竝ニ御用商人等ニ付テハ斯クマデ――李王家ノ經費中ヨリ金ヲ出シテマデ惠マレルケレドモ一般農民ノ痛痒ニ對シテハ冷々淡々、例ヘバ朝鮮人ハ籾ヲ搗ル機械ヲ使フコトヲ知ラヌ、ソレカラ又金ノ乏シキタメニ靑田ナリニ商人ニ賣ル、ソレカラ又本當ニ乾シ上ゲヌ中ニ米ニシマスルカラ非常ニ物ガ粗惡ニナル、價モ從ッテ廉イ、是等ノ點ニ對シテ農業奬勵團ト云フヤウナモノデモ拵ヘマシテ、日本ノ近頃特許等ニアルトコロノ籾摺機械等ヲ補助シ、或ハ廉イ金ヲ以テ貸スト云フヤウナコトデモシマシテ、全國ヲ與ニ農事改良ノタメニ朝鮮農民ニ說イテ廻ル等ノコトハ如何ニモヤッテ欲シイコトデアリマスル、ケレドモ總督府ハ大ナル上バカリニ汲々トシテ、仕事ノコトハ細カイコトハ甚ダ冷淡ナモノデス、諸君道路開鑿ヤ築港ハ之ヲ請負フ者ハ大ナル御用商人デアルカラ彼等ハ本案ノ成立ヲ大ニ望ンデ居ルデセウ、ケレドモ日本內地デアッテモ大湊ノ築港ハ僅カ數十万圓位デ足リルカモ知レヌト云フ噂デアルニモ拘ラズ、之ガ成立ハ遲々タル有樣デアル、又越前ノ敦賀、浦鹽カラ船ノ著ク敦賀、此處ニ西伯利亞鐵道カラ直通デ歸ッテ來ル人ガ、敦賀ニ泊ル處ガナイカラト云ッテ、米原アタリマデ來テ泊ル有樣デアリマス、是等ニ對シテ何等ノ設備ヲ爲ス計畫モナケレバ、又財源モナイト云フ有樣、然ルニ一方朝鮮ハ右申ス通リ極ク自由デ築港乃至鐵道此等ノ速成ガ出來ル、第十條トシマシテハ浮華虛張ヲ以テ外國旅客ノ泡沫錢ヲ迎合シ――アブク錢ヲ迎合シ、又ハ外面的經營ヲ以テ外資吸收ノ手段ニ供セント欲スル滿鐵詭策――今日後藤大臣ハ見エマセヌガ、滿鐵式詭策ト云フコトガアル、ソレヲヤラズニ、飜ッテ經濟ノ理法ニ忠實ナルコトヲ私ハ望ム、ソレガ出來ヌカラ事散漫ニナッテ、事業ノ本末ヲ誤ルト云フコトヲ惱ムノデス、卽チ滿鐵ノ現狀ハ長春「ホテル」、旅順「ホテル」、大連「ホテル」、――大連「ホテル」等ハ必要デアリマスケレドモ、旅順「ホテル」ハ殆ド裝飾ノ道具ニナッテ居ル、サウシテ曰ク、外人ニ對シテ是マデ立派ニシテ飾カナケレバナラヌ、外國人ヲ此處ニ遊バセテ外國人ノ金ヲ取ラネバナラヌト云フコトヲ本位トシテ裝飾的ニヤッテ居リマス、是等ノヤリ口ヲ稱シテ私ハ滿鐵的ノ詭策ト申シマス「キ」ハ詭辯ノ詭デス、卽チ大連ニ電車ガアル、大連ノ電車ハ不思議ナル電車デアッテ、人ノ乘ラナイ電車偶々乘ッテモ一人カ二人シカ見受ケマセヌ、人ハ乘ラヌデモヤタラニ驅廻ッテ居ル、廻レバ景氣ガ好イト云フ、是等ガ卽チ外國人ノ眼ニ對シテ大連ノ經營ヲ大層大キク見セテ而シテ外資輸入ノ一手段ニ供セント欲スルノデス、斯ルコトハ平田內相等ガ御覽ニナッタナラバ、戊申詔勅乃至報德講ノ論ナドハ如何ニ隔ッテ居ルカト云フコトヲ必ズ血涙ヲ振ッテ御怒リニナルコトデアラウト思フ、第十一ハ朝鮮ノ統治及經濟獨立ノ範ヲ臺灣經營ニ取ッテ、漫然トシテ獨立ヲ空想スルコトヲ戒メ、朝鮮ト臺灣トノ天然ノ相違ヲ諦メ以テ獨立的、王國的、總督政治ノ誤マレル觀念ヲ詔ヘスベシ、動トモスルト總督府ハ朝鮮經營ヲ臺灣ノ如クスルノデアル、卽チ制令權モ六三號ト同ジ意味デアル、朝鮮モ今事業公債ヲ募ッテモ、臺灣ノ如クナッテ、收支相償ッテ獨立スルコトガ出來ルノデアルト云フノデス、然ルニ是ハ大ナル誤リ、臺灣トハ地勢ガ違フ、地味ガ違フ又臺灣ニハ政治上ノ關係ガ違フ、ドノ方面カラ見マシテモ天然ノ富源ノ盛ンナル臺灣ト、茫々タルナカ〳〵開發ニ困難ナルトコロノ朝鮮トハ之ヲ一律ニ日ヲ同ウシテ論ズルコトハ出來ヌノデス、之ヲ詳シク言ヒマスルト云フト餘リ長クナリマスカラ今日ハ略シマスガ、私ハ之ニハ論據ヲ持ッテ居ルト云フコトダケ此處ニ言明シテ置キマス（「モウ好イ加減ニヨシテ呉レ」ト呼フ者アリ）ソレデモウ少シ分リ易ク話ヲシマセウ、朝鮮ハ例ヘバ貧乏人ノ貰ッタ麥粉菓子ノ如キモノデアル、麥粉菓子ヲ貰フノハ子供ハ之ヲ喜ブケレドモ、貧乏ナ親ハ砂糖ガ澤山要ッテ非常ニ弱ルノデアリマス、此邊ナラ通用ガ宜イデセウ、以上十一箇條ノ理由ニ依ッテ之ヲ綜合シテ拔テ省ミテドウナルカト云フト、私ノ論ノ歸著ハ今日ノヤリ口ヲ此儘是認セザルタメニハ先ヅ事業公債法案ヲ否決シテ、若シ必要已ムヲ得ベカラザル經費ナラバ、更ニ追加豫算ヲ以テ要求シテモ宜シイ、但之ヲ特別會計ニセズシテ、本會計ニ打入レテ、サウシテ臺灣ト朝鮮トノ財源ノ緩急ヲ圖ッテ、臺灣ノ有ヲ朝鮮ノ無ニ通ジテ、サウシテ財政ノ基礎ヲ鞏固ニセヨト云フノデス、ソレニ付キマシテハ臺灣ニ果シテソレダケノ餘裕ガアルカト云フコトヲ調ベマシテ、私ハ確ニアルト云フ證據ヲ持ッテ居リマス

〔副議長肥塚龍君議長席ヲ退キ、議長長谷場純孝君議長席ニ著ク〕

○鈴木力君　臺灣總督府ノ歲計剩餘金ヲ割キ得ベキ見込、其證據デス、ソレハ臺灣總督府ノ經常歲入三千七百四万九十圓ト云フ、之ハ內地稅卽チ地租關稅等ト竝ニ官業及官有財產ノ收入竝ニ印紙稅等ノモノデアリマシテ、非常ニ確實デス而シテ多大デス、而シテ經常歲出部ニハドウアルカト云フト、二千五百七十五万圓、此經常歲出部ノ費目ヲ考ヘレバソレデ臺灣ノ政治ハ大體出來ルト云フコトガ分ル、卽チソレハ總督府費、法院費、地方費、警察費、監獄費、醫院費、國語學校費、中學校費、高等女學校費、稅關費、通信費、鐵道作業費、專賣局費、農事試驗場費、一般會計繰入金、地方費補助、豫備金等一切包含シテアルデス、是デ臺灣ノ政治ハ出來ル、是ハ豫算ノ款項目ヲ御覽ニナレバ大抵推測シ得ル、然ルニ今ノ歲入ノ確實ナルモノヨリシテ之ヲ差引キマスト、差引キ千百三十二万圓ト云フモノ、剩餘ガ出テ來ル、之ヲ母國財政ノ一般會計ニ繰入レテ繰入レラレナイコトハナイ、然ルニ特別會計ノ因襲日久シキタメニ議會ト、乃至國民ト臺灣トノ距離ガ遠クナッテ、彼ノ地ノ實情ニ餘リ直接セヌガタメニ、我々初メ議會ノ耳目ガ誠ニ此經費ニ切入ッテ審査スルコトニ迂濶ニナッテ居ル、ソコデ臺灣ガ治外法權、獨立天地ノ傾キガアッテ現ニ唯今決算委員會デ問題ニナッテ居リマス通リ、鐵道敷設金ガ二十三万圓バカリ殘ッタト云フテ、之ヲ皆ノ慰勞金ニ分取リヲレテ、會計檢査院ガ之ヲ否認シタル事實ノ如キハ、最モ臺灣ノ現狀ヲ證明シテ居ルノデアリマス、斯ル有機デアリマスカラ必ズ茲ニハ餘裕アリト大體認ムルコトガ出來ルノミナラズ、此度ノ豫算ニ現ハレルトコロノ總督府ノ事業ノ名目ヲ見テ見マスルト、臨時費トアリマスル中ニ相變ラズ不急ナルコトガ多イ、卽チ金ガ餘ルカラシテ其餘ッタ金ヲ如何ニ使フカト云フコトヲ名目ヲ考ヘルコトガ先デアル、此事ガ必要ナリト云フコトガ根柢ニナッテ居ラヌト云フコトハ、歷々トシテ讀ムコトガ出來ル、卽チ第一ニハ總督府廳舍新營費四十万圓、總督府官邸改良費六万圓、第三、新營費九十一万餘圓――新營費――新ナルイトナムノ費、跡ハ何モ書イテナイ、唯漠然トシテ新營費九十一万圓、臺北市區改正費十万圓、打狗市區改正費二万圓、舊慣及法案調査費六万圓餘、此等ハ此三項ノ如キハ經常費中デ支辨スル餘地ガアル筈ノモノデアル、右六口合計百五十餘万圓、是ハ一目シテ不急ノモノト知ラレル、尤モ此外ニモ阿里山問題二百万圓等モアリマスガ、此等ハ嘗テ問題ニナリマシタガ、此等ノコトハ一向手ヲ觸レズニ右ノ如ク割出スコトガ出來ルデス、次ニ擧クベキハ勸業費ノ款デ唯漠乎タル勸業補助ト云フ項ヲ以テ揭ゲマシテアルノガ、三百四十一万餘圓デス、此等ノモノハ經常費ノ方ノ地方補助費ニ十分取ッテアル以上ニハ、是ハ削減ノ餘地十分アルモノト考ヘラル、第三ハ理蕃費二百十三万圓、此大部分モ亦削除シ得ルコトガ出來ルト云フ考デス、第四ハ――此年ノコトバカリヂヤナイ、第四ハ航海補助費九十一万餘圓中ノ大部分モ整理シマスレバ、之ヲ假ニ半額減ズルトシテモ一二百万圓ハ出テ來ル（「簡短ニ願ヒマス」ト呼フ者アリ）其外水利事業費百二十万圓、打狗築港費百六万圓、臺東鐵道建設費五十万圓、此中カラ整理シマシテ繰延ベ得ベキモノヲ繰延ベタナラバ、或ハ是モ三分一位ハ減ズルコトガ出來ルダラウト思ヒマス、然ラバ茲ヨリモ百万圓ハ產出スコトガ出來ル、（「簡單」ト呼フ者アリ）之ヲ簡單ナドト仰シヤル諸君ハ鐵道建設ノ建議案乃至港灣等ヲ十分各地ノ人民ノ情誼ニ訴ヘテ御通過ニナッテ居ル、非常ニ御熱誠デヤッテゴザルカ、是ノ財源如何ト云ヘバ同ジ身上ノモノデアッテ、右ニ厚ケレバ左ニ薄クナルコトハ當然ノコトデス、是故ニ財政ノ根本基礎ヲ固クシテ、彼ニ厚クシテ此ニ薄キヤウナコトノナイヤウニスルニハ、斯ル削減シ得ベキトコロニハ切込ンデ、サウシテ剩餘金ヲ殘シテ置イテ始メテ今マデノ諸君ノ鐵道建議ハドウカ活キテ來ルダラウト思フ、ソレヲセズシテ諸君ノタメニ忠ナル此言論ニ簡單トハ諸君御土產鐵道案ニスラモ不忠ナルモノト心得マス、（「ヒヤ〳〵」ト呼フ者アリ、笑聲起ル）此ノ如クシテ通計九百万圓バカリト云フモノハ臺灣ノ經費中ヨリ取出シ得ルト云フ考デ、サウシテ之ヲ朝鮮事業費ニ入レル心組ニシテ、一方ハ更ニ一般會計ヨリシテ公債ノ七百万圓モ之ニ加ヘテ、今二千四百万圓ノ補充――公債ノ補充金ト兩方デ要求シテアルノデ、責メテ一千七百万圓位ニデモ之ヲ節減シテ、始メテ總督府ヲシテ此過大ナル權力ヲ制限セシムルコトガ出來ヤウカト云フ是ハ希望デス、併シ今日ノ如ク臺灣ハ旣ニ金ヲ澤山入レテ、餘裕アル財政ニナッテ居ルガ、金ハ餘ッテ此方ニハ澤山ハ融通セヌ、臺灣ハ臺灣デヤッテ往クンダト云ウテ飽マデモ積極的ニヤッテ、一方ハ母國人民ガ窮苦ヲ訴ヘテ居ルニモ拘ラズ之ヲ顧ミズシテ、朝鮮ニ無限ノ金ヲ投ズルト云フコトハ政治ト云フモノ、上ノ道ヲ誤ッテ居ルモノト考ヘル「分ッタ〳〵」ト呼フ者アリ）更ニ軍事上外交上ヨリ大體ヲ觀察シマスルニ（笑聲起ル「ヤレ〳〵」ト呼フ者アリ）ヤレ〳〵ナント云フ話デハナイ、諸君ソンナコトデハ往カヌ、吾輩ガ茲ニ立ッテ立論スルニ當ッテハ諸君ハ御存知ナイカモ知リマセヌガ、今日ノ總督府ノ權威ヲ冒レテ出テ居ル總督府ノ權威、將又總督府ノ權威ニ限ラズ、陸軍主義ノ天下ト先刻申シタル通リ如何ニ此權力威勢ノ烈シキカヲ顧ミタナラバ、茲ニ立ツ吾輩ハ普通ノ覺悟決心デハ立テヌト云フコト位ハ御承知

デナケレバナラヌ、ソレヲ漫然トシテ御聽キニナルノハ、甚ダ不親切デアラウ(笑聲起ル)軍事上、外交上ト云フノハ何デアル、曰ク支那ハ戰フ能ハズ、露西亞ハ戰ハズ、日本ハ戰フベカラズ、當分ノ間ハ此三ツヲ以テ原則トシテ居ッテ差支ナカラウト思フ、故ニ築港事業ノ如キモ、鐵道事業ノ如キモ、徒ラニ軍國主義ニ逸ッテ前後緩急ヲ觀ミズシテ採擇スルト云フコトハ、根本ニ於テ宜シクナイ、是ハ大體論デス、今日ノ儘デ此朝鮮總督ノ權力過大ヲ是認シ、而シテ此儘デ推移ッタナラバ、諸君今ニ御覽ナサイ、關東都督府兼朝鮮總督——都督兼朝鮮總督、而シテ滿洲ト朝鮮ニ對スル經費ハ益々張ルバカリデス、而シテ諸君ガ如何ニ所得稅改正案ヲ出サウトシテモ——出シテモ更ニ行フベキ餘地ナシ、先ッ金ノ無暗ニ掛ル方ノ口ヲ抑ヘズシテ、サウシテ、財政ヲ救ハウト欲シテモ無理デス、是故ニ吾輩ハ其元ヲ救フ、其本ヲ正スノ意味ニ於テ、是非ナク本案ニ反對スルノデス、若夫レ總督ノ行政等ニ對スル——關スルコトハ多少直接ナラザル——本案ニハ直接デハナイヤウナルトコロノコトマデ論及シマシタケレドモ、是ヲ云ハネバ朝鮮ノ光景ガ明カニナラヌ、ソレガ頭ニ入ッタ以上ニハ今日ノ如ク陸軍天下デ、何等文官ノ力、文章ノ力衆智衆力ト云フコトヲ認メナイトコロノ政治デ、如何ニシテ此朝鮮ガ治メラルヽカ、乃至此財政將來ノ發展上ノコトガ往ケルカト云フコトハ到底絕望デアルト云フコトハ御分リニナルダラウト思フ、吾輩ハ此見地ヨリシテ反對スルノデアリマシテ、固ヨリ本案ノ運命ハ定マッテ居リマスケレドモ、願クハ茲ニ發シタル此言ヲシテ鄕ニ貴族院及樞密院モゴザイマス、竝ニ天下茫々タリト雖モ、マダ〳〵立國ノ大本ヲ忘ルヽニ至リマスマイカラ、天下ノ識者、乃至新聞有ラユル人民ノ誠ノ心アッテ國ヲ憂フル人ニ訴ヘルノデス、卽チ今日ハ甚ダ御淸聽ヲ煩ハシテ濟ミマセヌガ、我輩ノ精神ニ對シテ御同情アランコトヲ祈ルノデス(拍手起ル)

朝鮮事業公債法案　第三讀會

朝鮮事業公債金特別會計法案　第三讀會

朝鮮鐵道用品資金特別會計法案　第三讀會

○議長（長谷場純孝君）　御異議ナイト認メマスカラ、二讀會ニ於テ決定サレタ通リ朝鮮事業公債法案、朝鮮事業公債金特別會計法案、朝鮮鐵道用品資金會計法案、此三案ハ是ニ於テ確定致シマシタ、茲ニ緊急ノ動議ガ提出サレテ居リマス、菅原傳君ヨリ此場合第四號明治四十三年度歳入歳出總豫算追加、特第四號明治四十三年度各特別會計歳入歳出豫算追加ヲ日程ヲ變更シテ議シタイト云フ動議ヲ提出サレテ居リマス

（「異議ナシ」「異議ナシ」ト呼フ者アリ）

○議長（長谷場純孝君）　御異議ナケレバ第四號明治四十三年度歳入歳出總豫算追加案、特第四號明治四十三年度各特別會計歳入歳出豫算追加案ヲ議題ト致シマス――原敬君

（第四號）明治四十三年度歳入歳出總豫算追加案
（特第四號）明治四十三年度各特別會計歳入歳出豫算追加案

（原敬君登壇）

○原敬君　唯今議題トナリマシタル追加豫算二案ニ付テ、豫算委員ノ審査並ニ其結果ヲ御報告致シマス、明治四十三年度歳入歳出總豫算追加第四號ニ付キマシテハ、全部何等ノ異議ナク可決致シマシタ、ソレカラ明治四十三年度各特別會計歳入歳出豫算追加特第四號、此案ニ付キマシテハ他ノ部分ニ於テハ何等ノ議論モナク可決致シマシタガ、朝鮮總督府ノ歳出臨時部第五款水道買收費二百九十二万六千七百九十二圓ト云フコトニ付キマシテハ、段々分科會ニ於テ調査ヲ致シマシタ結果、相當ナルモノト見テ可決致シマシタ、是ハ京城ニ於ケル水道ガ是マデ外國人ノ所有デアリマシタガ、公益上其他ノ關係ニ於テ是ハ政府ノ所有ニ致スガ適當デアルト云フ考ヲ以テ、總督府ニ於テ澁澤榮一其他二名ノ手ヲ經テ外國人ヨリ買收致シタノデアリマス、其費用ガ二百九十二万幾ジト相成ルノデアリマスガ、是ガ三月三十一日ヲ以テ計算ヲ打切ッテ、其金ヲ交付スルト云フコトニナッテ居リマスカラ、買收シタトコロノ金額ニ對シテ多少ノ利息其他ヲモ總テ含蓄致シテ居ルノデアリマス、尤モ此澁澤榮一其他二名ノ手ヲ經マシタケレドモ、其間ニ何等ノ報酬等ヲ與ヘテアルノデハナイト云フコトデアリマス、而シテ將來ニ於キマシテハ日本人ノ京城ニ在留スル者ノ増加ニ考ヘ、其幾部分ガ水道ヲ使用スルモノト致シマシテモ、收支ハ償フデアラウト云フ計算デアリマス、是ハ相當ナルモノトシテ可決致シマシタガ、サリナガラ此ノ如キコトハ殆ド議會ノ協贊ヲ豫期シテ、一面ニ於テハ議會ヲシテ必ズ協贊ヲセシメザルヲ得ヌヤウナ境遇ニ於テ、此約束致シタト云フコトハ甚ダ穩當デナイ、故ニ此事ハ適當トシテ可決スルケレドモ、將來ニ於テ此ノ如キ手續ニ出デナイヤウニ注意アリタイト云フ警告ノ下ニ之ヲ可決致シタ次第デアリマス、其他ノ部分ニ付キマシテハ何等ノ議論モナク、皆原案ノ通リ可決致シマシタ（拍手起ル）

○菅原傳君　別ニ御異論モナケレバ委員長ノ報告通リ決定セラレンコトヲ望ミマス

（「贊成々々」ト呼フ者アリ）

○議長（長谷場純孝君）　別ニ御異議ハナイト認メマスカラ、第四號、明治四十三年度歳入歳出總豫算追加、特第四號、明治四十三年度各特別會計歳入歳出豫算追加、此二案共ニ豫算委員長ノ報告通リ可決致シマス――日程第十六乃至二十七ハ同一委員ニ付託セラレ、且朝鮮ニ關スル事後承諾案及之ニ關聯セル議案ナルニ依リ、便宜上一括シテ議題トナシ、其大體ニ付テ討論ヲナシ、採決ハ之ヲ各別ニナシタイト思ヒマス、御異議ハアリマセヌカ

（「異議ナシ異議ナシ」ト呼フ者アリ）

○議長（長谷場純孝君）　御異議ガナケレバ其通リニ致シマス、特別委員長伊藤大八君卽チ第十六ヨリ第二十七マデ、明治四十三年勅令第三百二十六號ノ承諾ヲ求ムル件、明治四十三年勅令第三百二十七號承諾ヲ求ムル件、明治四十三年勅令第三百二十八號承諾ヲ求ムル件、明治四十三年勅令第三百二十九號承諾ヲ求ムル件、明治四十三年勅令第三百三十號承諾ヲ求ムル件、明治四十三年勅令第三百三十一號承諾ヲ求ムル件、明治四十三年勅令第三百三十三號承諾ヲ求ムル件、明治四十三年勅令第三百三十六號承諾ヲ求ムル件、明治四十三年勅令第三百三十七號承諾ヲ求ムル件、明治四十三年勅令第三百三十八號承諾ヲ求ムル件、明治四十三年勅令第四百六號承諾ヲ求ムル件、朝鮮ニ施行スヘキ法令ニ關スル法律案、卽チ之ヲ一括シテ議題トナシ、特別委員長ヨリ報告ガアリマス

○議長（長谷場純孝君）　尤モ此場合ニ御注意ノ御報告ヲシテ置クコトガアリマス、日程第二十七、朝鮮ニ施行スベキ法令ニ關スル法律案、花井卓藏君提出、是ハ今日ノ日程ニハマダ政府案ガ後ニアリ、政府ノ同意ヲ求メナケレバナラヌノデゴザイマスカラ、豫テ政府ノ同意ヲ求メマシタトコロ、政府モ同意致シマシタカラ、茲ニ掲ゲタノデアリマス

○伊藤大八君　諸君、委員會ノ經過結果ヲ御報告致シマス、委員會ニ於キマシテハ總理大臣其他政府委員等ノ出席ヲ求メマシテ、數回質問應答ヲ重ネマス、就中勅令第三百二十四號ノ如キハ大ニ問題トナリマシテゴザイマス、併ナガラ此案ニ付キマシテハ未ダ委員會ノ決定ヲ以テ諸君ニ御報告致シマスルノ運ビニ參ッテ居リマセヌ、其他御依託ニナリマシタトコロノ十二案ヲ議了致シマシタニ付キマシテ此段御報告ニ及ビマス、便宜ノタメニ委員會ニ於キマシテハ憲法第七十條ニ關シマスルトコロノ法案卽チ三案ガゴザイマス、此三案ヲ一括シテ議題ニ致シマシタトコロガ、委員會ニ於キマシテハ三案トモ何等ノ反對演說モゴザイマセズシテ、朝鮮ノ併合ニ際シテ緊急ノ處置ヲ執ラレタノハ相當ノコトデアル、故ニ緊急已ムヲ得ザルモノトシテ承認ヲ與ヘルコトニ是ハ致シマシテゴザイマス、其次ニハ憲法第八條ニ關スル勅令デアリマスルガ、是ハ七案デゴザイマス、此七案トモ一括シテ議題ニ供シマシテ、是亦當時ノ狀態ニ於テハ緊急已ムヲ得ザルノ必要アルモノト委員會デハ認メマシテ、承諾ヲ與フベキモノト決議致シマシテゴザイマス、第三ニハ憲法第八條竝ニ憲法第七十條ニ依リマシテ發セラレタルトコロノ明治四十三年勅令第三百二十四號、此案ニ付キマシテハ多少ノ議論モゴザイマシタ、サリナガラ委員會ニ於テハ是亦已ムヲ得ザルモノト致シマシテ承諾ヲ與フルコトニ相成リマシテゴザイマス、是ガ卽チ政府ヨリ承諾ヲ求メラレタルトコロノ十一案デゴザイマス、其次ハ花井卓藏君ヨリ御提出ニナリマシタル朝鮮ニ施行スベキ法令ニ關スル法律案、此案ヲ議題ニ供シマシタトコロガ、委員會ニ於キマシテハ本案ヲ修正致スト云フ動議ガ出マシタノデ、其修正ノ理由ト致シマシテハ、斯ウ云フ趣旨ヲ以テ修正致シタイト云フコトデゴザイマス、卽チ「明治四十三年緊急勅令第三百二十四號ハ朝鮮ノ現今ノ狀態ニ考ヘマシテ相當デアルト信ズルデゴザイマス、其內容ニ於キマシテハ贊成スルニ躊躇致シマセヌケレドモ、委任命令ノ規定ハ最モ重大ナル事柄デアリマスカラシテ法律ヲ以テ規定スルト云フコトヲ穩當トスルノデアリマス、斯樣ナル趣旨デ附則ノ期限ノ處ヲ删除シテ、「本法ハ公布ノ日ヨリ施行ス」ト此案ヲ修正致シタイト云フ動議ガ出マシテ、委員會ハ其趣旨ヲ認メマシテ可決致シマシタ、サリナガラ花井君ノ提出ヲ致サレタルトコロノ其法律案ノ理由ノ中第三項デゴザイマス、其三項ニ「議會假ニ緊急勅令ニ對シ事後承諾ヲ與フルモノトスルモ勅令ハ法律ニアラサルヲ以テ如何ナル方法ニ依ルモ之ヲ修正シ若クハ改廢スルコトヲ得ス」斯樣ニ書イテゴザイマスガ、之ハ斯樣ナ理由デハナイ、卽チ法律ヲ以テ勅令ハ改廢自由ナリト云フノ委員會デハ見解ヲ以チマシテ、此理由ハ否認致シテ居リマス、其緊急勅令ヲ法律ヲ以チマシテ改廢致シタリト云フ例ハ二三アリマスガ、ソレ等ノコトハ委員會ノ速記ニ精シク載ッテ居リマスカラ、此處デ私ガ蛇足ヲ添ヘルノ要ハ認メマセヌカラ、之ハ省キマスカヤウナ譯デ、委員會デハ十二案ヲ愼重ニ審議致シマシテ可決致シマシテゴザイマスカラ、何分此ノ如キ重大ナル案ニハ冷靜ニ愼重ニ御討議アッテ御贊成アランコトヲ偏ニ希望シマス

○議長（長谷場純孝君）　此場合高柳君カラ先決問題ガ出テ居リマスカラ御諮リヲ致シマス

○高柳覺太郎君　先決問題ノ前ニ委員長ニチョット質問シタイコトガアル、委員會ニ於テ三百二十四號ヲ特ニ後囘シニシテ、他ノ議案ハ今日此日程ニ上ルニ拘ラズ、三百二十四號ヲ今日ノ日程ニ上スマデノ順序ニナラナカッタ順序ヲ委員長ヨリ深ク御報告アランコトヲ希望致シマス

○伊藤大八君　三百二十四號ハ委員會デハ問題ニナリマセナンダ、マダソレハ後ニ愼重ニ審議シ、諸君ニ御報告致シマス機ガアルト考ヘマシタ故ニ、其事ノ理由ハ御答ノ必要ハナイト考ヘマス

○高柳覺太郎君　ソレハ宜シウゴザイマス――私ハ此際先決動議ヲ提出致シマス、ソレハ唯今日程ニ上ッテ居リマスル提案ノ中第二十七朝鮮ニ施行スベキ法令ニ關スル法律案、所謂花井案デアリマス、此案ノ討議ヲ延期スルト云フ動議ヲ提出致シマス、ソレハ……

（「登壇々々」ト呼フ者アリ）

（高柳覺太郎君登壇）

○高柳覺太郎君　至ッテ理義明白デアリマスルカラ餘リ諄々シクハ申シマセヌガ、一應其延期ノ理由ヲ辯明シテ置カウト思ヒマス、其延期シマスル譯ハ此同ク委員會ニ付託セラレタルトコロノ勅令ノ三百二十四號ノ本會議ニ上リマスマデ此議事ヲ延期スルノ趣意デアリマスル、何故ナラバ申スマデモナク此花井君ノ提出シタルトコロノ法律案ハ緊急勅令三百二十四號ニ代ルベキトコロノ法律案デアリマスル、提出者若クハ此案ヲ直ニ議決セントスルトコロノ諸君ハ緊急勅令ヲ第一ニ承諾ヲ與ヘザルノ趣意ヲ以テ、今日直ニ議決スルデアリマセウ、併ナガラソレハ豫斷デアリマス、緊急勅令ハ政府ガ既ニ議會開カル、ヤ間モナク本會ニ提出シテ其承諾ヲ求メテ居ルトコロノ重大ナル案デアリマスル、殊ニ委員會ニ於キマシテモ深ク研究調査ヲ遂ゲラレテアルトコロノ問題デアリマスル、故ニ此勅令ヲ承諾スルヤ否ヤト云フコトハ最モ唯今委員長ノ報告シタ通リ愼重ニ愼重ヲ重ネベキトコロノ重大問題デアリマスル、而モ今日此花井案ヲ議決セントスルトコロノ諸君ノ胸中ニハ無論此勅令ニ對スルトコロノ斷案ハ胸中ニ存在シテ居ルコトデアルト思フデス、併ナガラ何ヲ苦ンデカ此事後承諾案ヲ後ニシテ先以テ此法律案ヲ議スルヤト云フコトヘ、私ハ本末輕重ヲ顚倒スルモノデアルト、斯樣ニ深ク思フノデアリマス

○日向輝武君　議長

○議長（長谷場純孝君）　日向君ハ本案ニ對シテノ御發言デアリマスカ、何カ

○日向輝武君　チョット質問ヲシタイノデス

○議長（長谷場純孝君）　質疑

○日向輝武君　サウデス

○議長（長谷場純孝君）　日向君

○議長（長谷場純孝君） 高柳君御注意シマスガ、日程ノ第十六ヨリ二十七マデヲ一括シテ議題ニ供シタイト云フコトハ先刻御諮ヲシテ、議場ノ多數ガ容レテ居ル、ソレデ其時アナタノ其御發議ガナケレバナラヌ場合デアッタラウト本職ハ思ヒマス、併シ委員長ノ報告ニ對シテソレヲ又發見サレテ此案ダケヲ延バストズフ趣意ナラバ、ソレデ宜シイ

○高柳覺太郎君 宜シイ

○議長（長谷場純孝君） ソレナラ……

○高柳覺太郎君 其本末輕重ヲ轉倒スルタメニ若シ假ニ例ヲ設ケテシマスレバ、私ハ奇態ナル結果ヲ來ス場合ガアリハセヌカト思フ、衆議院ハ茲デ多數デ以テ彼ノ事後承諾案ヲ承諾ヲ與ヘザル豫斷ヲ以テ此法律案ヲ可決スルト假定シマシタトコロガ、此法律案ガ貴族院ニ回ッタ場合ニ於テ、ドウデアリマセウ、貴族院ハ此場合ニ於テヤハリ衆議院ト同ク此勅令案ハ承諾ヲ與フベカラズト云フ豫斷ガアルナラバ、成程此法律案ガ通過スルデアリマセウ、併ナガラソレハ同ク豫斷デアリマスル、若シ其豫斷ガ相矛盾衝突スル場合ニ於キマシテハ、此法律案ガ一案ヲ通過シマシテ、折角成立タウトスルトコロノ法律案モ遂ニ其豫斷ノ相違カラシテ意外ノ結果ヲ來ス譯デアル、折角法律トシテ成立サスベキトコロノ希望モ意外ノ結果ヲ來スコトニナルノデアリマス、ソレ故ニ私ハ豫斷ヲセズシテ先以テ此緊急勅令ヲ議シテ、緊急勅令直ニ承諾ヲ與フベクンバ與ヘ、與フベカラズト決スルナラバ速ニ首ヲ斬ッテ然ル後ニ大ニ議スルモノハ議シテ宜カラウト思ヒマスカラ、先以テ緊急勅令ノ三百二十四號ノ本議ニ掛ルマデハ此花井案ノ議事ハ暫ク延期スルノ動議ヲ提出致シマス

（「贊成」ト呼フ者アリ拍手起ル）

○議長（長谷場純孝君） 採決致シマス、日程第十六ヨリ二十七マデハ一括シテ議題ニ供シ、委員長ノ報告ガアリマシタトコロガ、今高柳君カラ日程ノ第二十七ダケハ延期シタイト云フ先決問題ガゴザイマシタカラ採決致シマス、高柳君ノ動議ニ贊成ノ諸君ハ起立

起立者 少數

○議長（長谷場純孝君） 少數、消滅——政府及委員長ニ對シテ質疑ノ通告ガアリマス、神藤才一君

（神藤才一君登壇）

○神藤才一君 諸君、本員ハ當問題ノ議題ニ上ッテ居リマスルトコロニ直接ノ關係アルトコロノ事件、言換ヘレバ是ヨリ先ニデス極メナケレバナラヌト云フトコロノコトヲ總理大臣ニ質問スルノデアリマス、併シ其理由ヲ簡單ニ私ハ述ベマスルガ、議論ニ渉ルト議長ヨリ御差止メニナルカモ知レマセヌガ、我輩ノ思フニハ理由ヲ述ベンケレバナラヌモノダカラ極ク簡單ニ述ベマスル、隨ッテ又本員ハカラッ下手ノコトデ馬車馬的ノコトデ、御承知ノ通リ演説ヤラ何ヤラ分ラヌカ知レマセヌケレドモ、併ナガラ演説デハナイ神藤ノ言葉ト思召シテ十五分間御清聽ヲ願ヒマス（笑聲起ル）段々ニ末ニ至ル程此問題ニ近寄ルトコロノ直接ノ關係ヲ引出シマスカラ、最初ハ餘談ノ横道ニ入ルト云フ御叱リモアルカモ知レマセヌガ、ドウカ十五分間——大末ニ至ッテ最モ直接ニ關係スルトコロノ論議ヲ述ベマスル故ニ、ドウカ暫クノトコロ御清聽ヲ願ヒマス（拍手笑聲起ル）我輩ガ此壇ニ登ル以上ハ滿洲ノ戰爭ニムレ果テタトコロノ軍人ノヤリ損ヒト思召シテ宜シイ、餘談ハサテ措イテ（笑聲起ル）我帝國ガ併合シタル朝鮮ガデス、其併合以前卽チ我帝國ノ保護ノ下ニ在リシ時代ト竝ニ其併合後ニ於ケル朝鮮ノ國境ガ其鄰接國トニ關係アルトコロノ國境其モノデアリマス、之ヲ卽チ總理大臣ニ問ヒ、次ニ勅令ニ關スルトコロノ御說明ヲ願フコトデアリマス、先ヅ是カラシテ簡單ニ述ベマス、凡ソ國家ガ外交上最モ忽セニスベカラザルモノハ諸君ノ御承知ノ通リ、其國ノ國境其モノデアル、故ニ一國ガ新ニ新版圖ヲ發見スルカ、或ハ他國ヲ統一スルカ、或ハ之ヲ併合スルトキニ於テハ、先ツ第一著ニ其新版圖ノ國境ヲ明瞭ニ劃一スルノデアル（「ヒヤヒヤ」ト呼フ者アリ）、之ハ丁度諸君ノ御承知ノ通リ、個人間ニ於ケル土地ノ賣買及其受授ニ先ダッテ其境界ヲ明瞭ニ致シ、後日相互間ニ於テ爭論ヲ惹起サザルガタメノ手段ト同一デアル、而シテ此國境ナルモノハ諸君ノ御承知ノ通リ、天然的國境アリ、人造的國境或ハ精神的國境等アリテ、之ヲ規定スルガ卽チ國際公法上ノ原則デアル、然ルニ若シ一國ガ此新版圖ヲ獲得スルニ當リテ、此最モ大切ナル國境ヲ忽セニスルニ於テハ其鄰接國トノ間ニ葛藤ヲ惹起シ、事甚シキニ至リマシテハ、此葛藤ヨリ事ヲ干戈ニ訴ヘ、或ハ訴ヘントシタル事實ハ歐米各國ハ勿論國ノ東西ヲ問ハズ往々アッタコトデアル、其實例ヲ擧ゲマスレバ諸君ノ御承知ノ通リ、千八百二十六年佛蘭西ト「ハーデン」トノ國境大問題、千八百六十八年ハ彼ノ「サンステファノー」ノ條約、千八百七十八年ニ伯林條約、或ハ諸君ノ御承知ノ通リ、索瑞西ト和蘭兩國間ニ於ケル國境ニ發見シタル鑛山大鑛脈ノ如キハ最モ然ルトコロデアル、其他ノ實例ハ枚擧スルニ遑アラザル程デアリマスガ、是等ノコトハ大抵皆列國會議或ハ國際裁判ノ御世話ヲ蒙ッタノデアル、諸君現ニ露淸兩國間ニ於テ西藏方面ノ國境ノ紛議ハドウデアリマセウ、殊ニ英淸兩國間ニ於ケル國境ノ紛議ハ益々風雲ノ急ヲ告ゲテ居ルデハナイカ、現ニ此兩國ノ軍隊ガ日々ニ軍隊ヲ其國境ニ進メツヽアルト聞クノダ、況ヤ總理大臣ガ先日御述ベニナリマシタトコロノ東洋ノ平和ヲ保タンガタメノ朝鮮併合ニ於テハ、最モ是ガ鄰接國タル諸國卽チ露淸兩國ニ對シテ國境ヲ明瞭ニ致シ置クコツ卽チ是ガ東洋平和ノ骨髓デアル、ドウデゴザイマセウ（笑聲起ル）況ヤ稀有ノ外交ヲ翻弄スル露淸兩國ニ對シテハ尙更ノコトデアル、諸君浦鹽港ノ咽喉タル「ポセット」大砲臺ノ鄰地鹿島ノ地ハドウデス、國境明カナラザルガ故ニ、韓國ハ露國ニ之ヲ横奪セラレシニアラズヤ、第二十四回ノ帝國議會ニ於テ本員ガ時ノ政府ニ質問シタル彼ノ間島ノ問題ハドウデス

○議長（長谷場純孝君） 神藤君

○神藤才一君 ハイ

○議長（長谷場純孝君） 此十二案ノ中ニハ國境ノ問題ハ加ッテ居ラヌヤウデアリマスカラ、是ニ國境ヲ御加ヘニナルコトハ差支アリマスマイケレドモ、直接ニ關係アルコト、云フコトヲ先刻議長ガ宣言シテ置キマシタカラ、何等ノ言葉ヲ用ヰルニ拘ラズ、今ノ御言葉ハ議院法第四十八條ニ依ッテ質問スベキモノト思ヒマス、直接當該問題ニ付テ御質問ガアレバ格別

○神藤才一君 ハイ、卽チ是等ノ問題カラ勅令事後承諾モ産出スコトニナル、卽チ彼ノ間島ノ問題ハドウデセウ、卽チ九州四國ヲ併合シタルヨリモ廣大且肥饒ニシテ我帝國ノタメニハ軍事外交及經濟ノ此三見地ヨリシテモ實ニ一大切要ナル間島ハ徹頭

徹尾韓國ノ領土デアッタノデアル、是レ當時議會ニ於テ本員ガ詳シク述ベ置キタルヲ以テ當時ノ議員諸君ハ既ニ能ク御承知ノコトナルナランガ、此間島ガ韓國ノ領土デアリシコトハ清國ガ韓國ノ微弱ニ乘ジ横領ニ横領ヲ極メ、遂ニ清國自身ハ清韓兩國ノ境界線即チ白頭山頂所謂分水嶺ニ康煕五十一年五月一日定界碑ヲ建テ、是ヨリ人造的ヲ以テ啞呀、布爾哈圖河ニ延長シタル國境ヲ作リ、又明治三十五年韓國駐箚公使ノ露國公使「ウエバール」氏ハ時ノ韓國外和李道宰ト露韓兩國協治爲政ヲ此間島ニ設ケタノデアル、且自治團體ヲ作リ、若シ第三位ノ國ニシテ此間島ニ干渉センカ、露國ハ獨リ責任ヲ以テ是ニ當ルベシト殆ド保護的協約ヲ爲シテ間島ハ韓國ノ領土デアルコトヲ確證シタノデアル、此ノ如ク實地ト外交トノ實歷實證アルニモ拘ラズ保護國タル我ガ帝國ハ被保護國タル韓國ヲシテ此廣大ナル間島ノ領土權ヲ清國ニ讓與セシムルニ至ラシメタノデアル、是レ所謂屈讓的外交カ將タ君子的外交カハ知ラザレドモ、兎モ角モ第二十四議會ニ於テ竹越三叉先生ガ御祭音樂的外交トノ稱贊的ノ外交ニ離シ立テラレテ、他ニ一物ノ交換モナク御目出度和濟シタノデアル、是レ畢竟國境定マラザルガ故ニ亦爰ニ至ッタノデアルガ、固ヨリ國境ノ不定ハ其國外交家ノ手腕ニ依ッテ其領土ノ伸縮ヲ起生スルハ勿論デアル、是レ非凡ナル外交家ノ最モ得意トスルトコロデアルガ、我國外交家ノ手腕トシテハ如何ナモノデアラウカ、是レ大ナル疑問デアル、聞ク當議會ニ於ケル或ル政府委員ハ朝鮮ノ國境ハ其併合後今日ニ於ケルモ尙錯雜不定デアルトノコトヲ申サレタト云フコトデアリマス、宜ウゴザンスカ――宜イカ、間島讓與以來白頭山以北ニ於ケル露清兩國ニ對スル朝鮮ノ國境ハ如何又白頭山以南新義州ニ至ルマデノ清國ニ對スル朝鮮國境ハドウデアル、豆滿鴨綠ノ兩江竝ニ長白山ハ東洋屈指ノ大森林デアル國境定マラザルガ故ニ滿韓兩國民ハ入亂レテ之ヲ濫伐シツヽアルデハナイカ、殊ニ楚山ヨリ新義州殊ニ昌城邊マデノ鴨綠江中ニハ大島嶼ノ諸所ニ散點シテ之ニ大葦ノ繁茂シアルヲ以テ、此兩岸ノ滿韓兩國民ハ此葦萱ヲ獲收センガタメニ每年大爭鬪ヲ惹起シテ居ル、是レ諸君モ御承知ノ通リ滿韓兩國民ノ家屋ニハ最モ此葦萱ハ必要缺クベカラザルモノデアル、故ニ大島嶼ニ繁茂スル葦ハ彼等兩國民ノタメニハ一大切要ナル財産デアル

○議長（長谷場純孝君） 神藤君ニ御注意致シマス、唯今議題トナッテ居ルノハ主ニ朝鮮ノ財政ニ關スル案デアリマス、議院規則ニモ質疑ハ當該案ニ對シテ直接ノ疑ヲ質スノデアリマスカラ、御承知デモゴザイマセウケレドモ、今ノ御演說ハ當該案ト少シ隔ッテ居ルヤウニ議長ハ認メマスカラ暫ク發言ハ許シマシタケレドモ是ニ遠キコトナレバイケマセヌ

○神藤才一君 ソレカラ段々入ッテ行ク――繁茂スル葦ハ彼等兩國民ノ爲ニハ一大切要ナル財産デアル、是レ彼等ガ毎年大爭鬪ヲシテモ之ヲ獲收セントスルニ外ナラザルモノデアル、又清韓兩國ノ官憲モ相互ニ其國境ノ不定ナルニ乘ジテ、是レ自國ノ領土ナリトシテ之ヲ爭フノハ已ムベカラザルモノデアル、苟モ一國ノ體面殊ニ大陸ニ立脚ノ地ヲ得テ、世界第一等國ニ昇進シタル我日本帝國ノ體面ヲ以テ外ト外交ニ當ランニハ、國境ハ最モ忽セニスベカラザル一大問題デアル、況ヤ國ト國トノ併合シタル今日、況ヤ總理大臣ガ先日御述ベニナリマシタ東洋平和ノ名ノ下ニ於ケル日韓兩國ノ併合シタル今日ニ於テハ最モ然ルトコロデアルト本員ハ確信スルノデアル、殊ニ彼間島讓與ノ如キ界屈的外交ノ轍ヲ再ビ履マザランガタメニ此大陸國境即チ露清兩國ニ對スル朝鮮國境ニ付テ總理大臣ニ御說明ヲ求ムルノデアルガ、是ガ即チ今日勅令ナリ法律ナリ經濟ナリ皆是等ノコトヲ產出スノデアル、畢竟國境ガ定マラナイカラ何事モ出來ヌ、二十四議會ニ於テ縷々述ベテ置イタ通リ、間島ハ九州四國ヨリモ大キナ地ヲ横領セラレタモノデアル、殊更ニ東洋ノ平和ヲ保ツト云フ名ノ下ニ朝鮮併合ノ實ハ何レノ點ニアルカ、即チ露清英清ノ國境問題――國境ヲ定メズシテ其國ハ何ヲスル、ソレデ以テ不明不法不當ナル問題ヲ亦後承諾トスルハ如何ナモノデアルカ、段々言ッテ居ルト妨ゲニナルニ依ッテ、是ハ述ベマセヌガ如何デアリマセウ、總理大臣閣下或ハ總督閣下ヨリ詳シク御說明アランコトヲ望ミマス

（内閣總理大臣侯爵桂太郎君登壇）

○内閣總理大臣（侯爵桂太郎君） 唯今御質問ニナリマシタ境界ノコトニ付テ一言申述ベテ置キマス、質問者ノ言ハレマスニハ境界ハ不定デアルト言ハレマシタガ、境界ハ定ッテ居ルト云フコトヲ御答辯致シテ置キマス

○法學博士花井卓藏君 議長

○議長（長谷場純孝君） 花井君ハ先刻カラ發言ヲ求メラレマシタガ、何デスカ

○法學博士花井卓藏君 本員ハ衆議院規則第十條ノ第二項ノ規定ニ依リマシテ發議者トシテ發案ニ對スル趣旨ノ辯明ヲ爲サンガタメニ再ビ演說ヲ致シタイノデアリマス

○議長（長谷場純孝君） ソレハ提出者トシテ御辯明ニナルノハ宜シウゴザイマスガ、モウ少シ質問モアルヤウデアリマスカラ、ソレノ終ッテ討議ニ入ッタトキ二十七ノ日程ノ御辯明デアラウト思ヒマスカラ……

○法學博士花井卓藏君 ドチラデモ宜シウゴザイマス

○議長（長谷場純孝君） 其場合ニ御演說ニナル方ガ宜カラウト思ヒマス

○日向輝武君 私ハ此際朝鮮統治ノ根本策ニ付テ政府ニ質問ヲ致シタイト思ヒマスガ、宜シウゴザイマスカ

（「登壇々々」「贊成々々」ト呼フ者アリ）

○議長（長谷場純孝君） 此日程ニ直接ノ關係ガアルノデアリマスカ

○日向輝武君 大ナル關係ヲ持ッテ居リマス

○議長（長谷場純孝君） 根本策ト朝鮮ノ合併ニ關スルト云フコトヽハ直接ノ關係ハナイヤウニ思ヒマスガ……

○日向輝武君 朝鮮ノ合併ナドハ過去ノ事實デ問ハナイ

○議長（長谷場純孝君） 此日程ニ直接ノ關係ガアルナラバ、發言ヲ許シマス

（「登壇々々」ト呼フ者アリ）

（日向輝武君登壇）

○議長（長谷場純孝君） 日程ノ十六カラ二十七マデニナッテ居リマスカラ、御注意ヲ致シテ置キマス

○日向輝武君 承知致シマシタ――簡單ニ要領ダケヲ述ベマシテ、桂侯ノ說明ヲ求メタイト思ヒマス、桂侯ハ第二十六議會ニ於キマシテ斯ウ云フコトヲ明言セラレタノデアル、帝國政府ハ韓國トノ現在關係ヲ變更スルノ意思ヲ有セズ、二十六議會ガ終リヲ告

ゲマシタノハ昨年ノ三月末デアリマシテ、韓國ガ我國ニ合併セラレマシタノハ同ク其年ノ八月デアリマス、韓國トノ現在關係ヲ變更スル意思ヲ有セズト明言セラレタ其舌根未ダ乾カザルニ、韓國ハ帝國ノ領土トナッタノデアル、桂侯ハエライ政治家デアリマス、併ナガラ時ニハ嘘ヲ言フエライ政治家デアル(「ヒヤ〳〵」ト呼フ者アリ)私ガ問ハントスル條項ハ、此朝鮮ノ併合ナルモノハ財政上我國ニ累ヲ及ボスコトハ極メテ大ナリト信ズル、今後其經費ハ益々膨脹シ、是ガタメニ生ズル國民ノ負擔ハ益々增加シテ行クト云フコトハ明カデアル、何故ニ桂侯ハ其實ヲ明ラサマニ語ッテ、事ヲ國民ト共ニ圖ラナイノデアルカ(拍手起ル)第二ハ既ニ本會ヲ通過致シマシタ朝鮮事業公債案ナルモノハ是ハ形ヲ變ヘルトコロノ陸軍擴張費デアッテ、其實ハ朝鮮ヲ武裝スル費用デアル、何故ニ桂侯ハ其事實ヲ事細カニ語ッテ言葉ヲ飾ラズ事實ヲ明ラサマニ語ッテ、國民ト共ニ朝鮮ノ經營ニ盡サレナイノデアルカ、第三ハ帝國ガ大陸ニ足ヲ踏ミ――一度足ヲ踏ンダノデアッテ、此大陸政策ナルモノハ主トシテ海軍ヲ以テシ、帝國ノ海軍ガ膨湖島以東ノ支那海、黄海及日本海ノ海上ニ於テ優勢ナル制海權ヲ維持シタナラバ、朝鮮及滿洲ニ於ケル我大陸政策ハ遂行セラルヽノデアル、然ルニ桂侯ガ陸軍ヲ中心トシテ居ルトコロノ軍國主義ヲ取ッテ、サウシテ朝鮮經營ノ著手ニ當ラレタノハ大ナル誤リデアラウト信ズルノデアル、桂侯ハ須ク是ニ對シテ其誤ラザル所以ヲ辯明セラレタイノデアリマス……

○議長(長谷場純孝君) 御注意シマス

○日向輝武君 直グ止メマス

○議長(長谷場純孝君) 直接ノ關係ガナケレバ發言ヲ中止シマス

(「ヤルベシヤルベシ」ト呼フ者アリ)

○日向輝武君 私ハ大ナル關係ガアルト信ジマス――第四ハ寺内子爵ハ――寺内子爵ハ朝鮮總督デアル、同時ニ又國務大臣デアリマス、身常ニ 陛下ニ咫尺シ 陛下ノ御側ニアッテ、サウシテ閣臣連帶ノ補弼ノ大任ヲ全ウスルコトハ朝鮮ニ居ッテドウシテ出來マセウカ、朝鮮ノ總テニ關スル法律モ此朝鮮總督ガ一方ニ國務大臣ヲ兼ネテ居ッテ 陛下ヲ輔弼スルトコロノ大任ガドウシテ果セルノデアルカ、又根本ノ重大ナル問題ヲ桂侯ハ何故ニ放任シテ顧ミナイノデアルカ、或ハ朝鮮ニ居ッテモ陸軍省ノ事務ヲ指揮スルニ差支ナイト云フコトヲ答ヘラレルカモ知レマセヌガ、ソレハ一省ノ行政長官トシテノ其所管スル事務ハ差支ナイカモ知レナイ、併ナガラ國務大臣タルトコロノ大任ハ又別問題デアリマス、或ハ 陛下ノ大命ナリト云フコトヲ以テ御答ヘニナルカモ知レマセヌ、併ナガラ 陛下ノ大命ナリト云フコトハ議會ニ對スル答辯トハナラナイノデアル、此四點ヲ尚敷衍シテ詳細ニ其質問ノ趣意ヲ述ベタイノデアリマスガ、ソレハ總テ略シテ唯此要點ダケヲ述ベテ桂侯ノ詳細ナル御辯明ヲ希望致シマス(拍手起ル)

○議長(長谷場純孝君) 桂内閣總理大臣

(内閣總理大臣侯爵桂太郎君登壇)

○内閣總理大臣(侯爵桂太郎君) 唯今質問者ノ御質問ニナリマシタ其第一點ニ於テ本官何時ノ場合ニ此ノ如キコトヲ申シタカ、一向記憶ニナイノデアリマス、本官ノ信ズルトコロデハ斯樣ナコトヲ何レノ場合ニ言ウタカ、決シテ公會ニ於テ言ッタコトハナイト信ジマス、其他ノコトハ質問者ノ御意見デアル、又之ニ御答辯スルノ限リデナイト考ヘマス

(「速記錄ニアッタラドウシマス」ト呼フ者アリ)

○村松恒一郎君 直接關係ノアル質問ヲ致シタイ

○議長(長谷場純孝君) 村松君

(「登壇」ト呼フ者アリ)

(村松恒一郎君登壇)

○村松恒一郎君 本員ハ極メテ簡單ニ質問ヲ致スノデアリマス、ソレハ朝鮮總督府ノ豫算ニ關スルコトデアリマスガ、昨年來朝鮮總督府ニ於キマシテハ總督府ニ反對シツヽアルト認メラレテ居ルトコロノ朝鮮ニ於ケル各種ノ新聞雜誌ヲ盛ンニ買潰シヲヤラシテ居ル、之ハ事實デアリマス、今現ニ交渉中ノモノモ確アルト私ハ信ズルノデアリマスガ、此ノ如キ費用ハ如何ナル財源ニ依リ、如何ナル費用カラ支出セラレルノデアリマスカ、是ダケヲ御尋致シマス(拍手起ル)

○議長(長谷場純孝君) 是ヨリ討論ニ移リマス

(「答辯ナカラザレバ國民ノ疑惑ヲ奈何セン」「答辯シ能ハザル理由ヲ示スベシ」ト呼フ者アリ)

○議長(長谷場純孝君) 答辯ハアリマセヌカラ討論ニ移リマス、大石正巳君

(大石正巳君登壇)

○大石正巳君 私ハ政府ノ求メラレテ居ル事後承諾案ニハ一切反對ヲ致シマス、又此場合議題トナッテ居ル朝鮮ノ將來ノ統治策、即チ法律ヲ以テ總督ニ多大ノ權能ヲ與ヘルト云フ案ニモ反對ヲ致スノデアリマス 第一此承諾ヲ――事後承諾ヲ求ムルト云フコトソレ自身ガ大分近來ハ事柄ノ輕イヤウニ之ヲ看做スト云フ風ニ流レテ居ルト云フコトハ、甚ダ此議會ノ機能上ヨリ私ハ嘆息ヲ致シテ居ル、或ハ事後承諾案ノ如キハ承諾ヲセナクテモ其效力ノ上ニハ敢テ關係ハ無イ抔ト云フヤウナ風ニナッテ居ルガ、私ノ見ルトコロデハ此事後承諾案ニシテ若シ承諾ヲ得ナイト云フ場合ニハ當然此内閣ノ不信任デアル(「ヒヤ〳〵」ト呼フ者アリ)其意味ヲ以テ事後承諾ヲ求メ、又議會モ其意味ニ於テ事後承諾ヲ與ヘルト云フヤウニ鄭重ニ致スベキコトデアルト思フ、ソコデ今日ノ委員長ノ報告ニ依リマスルト云フト、緊急已ムベカラザルコトヲ認メテ委員會ハ承諾ヲ與ヘラレタト云フコトデアル、此緊急已ムベカラズトシテ事後承諾ヲ與ヘタト云フコトニ付テハ私ハ大ニ見込ヲ異ニシテ居ルガ、第一此事後承諾ヲ求ムルニ當ッテ政府ノ答辯ト云フモノハ如何ナル答辯ヲセラレテ居ルカト云フコトヲ見ルト、承諾ヲ求ムベキ理由ガ具ッテ居ナイ、又承諾ヲ與ヘタ方ノ委員會ニ於テハ如何ナル事實ヲ指シテ緊急已ムベカラザルコトデアルト云フノデアルカ、私ハ甚ダ疑フノデアル、何トナレバ總理大臣ノ委員會ニ於ケル説明ヲ見ルト云フト二ツデアル、一ツハ至急――最モ至急ニ最モ急速ヲ要スル場合デアッテ議會ニ諮ル餘地ガ無カッタト云フコトデアル、是ハ時ノ問題ニナル、モウ一ツハ總理大臣ノ辯明ニ依ルト云フト、不測ノ變災ガ起ル虞ガアッタカラシテ、議會ニ諮ルコトガ出來ナカッタ、若シ議會ニ諮ッタナラバ此不測ノ變災ガ起ッテ遂ニ合併ノ計畫ヲ誤ルノデアル、此二ツニ外ナラズ、所デ最モ至急ニ最モ急速ニシテ議會ニ諮ルノ餘地ガナカッタト云フコトハ、是ハ更ニ受取レナイ、何トナレバ此朝鮮併合ノコトタルヤ凡ソ一年程モ前カラ是ハ廟議ニ於テ決定シテ、サウシテ其準備ニ掛ッテ居ルノデアル、時ノ問題ニ於テハ最早餘地

ハナイ、何ト言譯ヲシテモ容スベキ餘地ハナイ、不測ノ變災ガ起ルト云フコトニ付テ總理大臣ハ如何ニ辯ゼラレテ居ルカト云フト、內外ノ情勢ニ於テ之ヲ議會ニ諮ルヤウナ時間ヲ潰シヨッタナラバ不測ノ變災ガ起ル虞ガアッタ、斯ウ云フ、ソコデ委員ノ人ノ質問ニ其不測ノ變災ト云フモノハ如何ナルモノヲ指シテ言フノデアルカト云フコトヲ推サレテ見ルト云フト、今度ハ曰ク、其不測ノ變災ハ言ハウモ言ヘナイ、當局者ノ位地ニ立ッテ御考ヲ下サレト、斯ウ言ッテ居ル、即チ此不測ノ變災ト云フモノハ事實ニ於テ決シテ存在ヲシテ居ナカッタノデアル、若シ之ガ存在ヲシテ居ッタナラバ、不測ノ變災ノ實物ヲ抑ヘテ此處デ御辯明ニナル譯、不測ノ變災ト云フコトハ事實ニ於テハナカッタガ、當局者ガ朦朧トシテ唯當局者自身ノ所謂妄想デアッタニ相違ナイ、私ハ此處デ其緊急已ムベカラザルコト及不測ノ變災ガ起ルト云フコトニ付テ、之ヲ解剖シテ見タナラバ、ドウ云フモノニナルカト云フコトヲ一言辯ジタイノデアル、朝鮮併合ノ際ニ當ッテ政府ガ帝國議會ニ當然諮ルベキモノヲ專斷ヲスルト云フコトニ於テハ、確實ナル茲ニ理由ガナケレバナラヌ、其確實ナル理由トハ何デアルカ、第一ニハ若シ議會ニ諮リシナラバ國防上危險ノアル場合ト云フノガ一ツデアル、國防上危險ガアル、斯ウ云フノガ一ツノ理由ニナル、然ルニ此朝鮮併合ノ際ニ於テ國防上危險ナリト云フ何ノ虞ガアッタノデアル、外國ガ兵力ヲ以テ之ニ干涉スルトカ、若ッハ外交上ニ於テ帝國ニ壓迫ヲ加ヘルト云フ國ガアッタナラバ、國防上危險ノアル場合ト云フコトガ言ヘル、左樣ナ場合ハ一切成立ッテ居ラヌノデアル、モウ一ツハ被合併國即チ朝鮮、朝鮮內部ニ於テ內亂若クハ變動ノ起ル虞ガアルト云フ場合ハ確ニ是ハ理由ニナル、朝鮮併合ノ際ニ左樣ナ狀態ガ成立ッテ居ッタカドウデアル、朝鮮ノ當時ノ形勢ト云フモノハ既ニ彼ノ兵力ヲ褫ヒ、警察權ヲ日本ノ手ニ收メ、司法ノ權ヲ取リ、外交、內政、財政ノ權ト云フモノヲ擧ゲテ日本帝國ノ手中ニ收メテ居ッタ場合デアル、(拍手スル者アリ)殊ニ其併合前ニ當ッテ朝鮮ノ軍隊ト云フモノハ總テ解散ヲシテ居ル、此場合ニ於テ或ハ朝鮮官憲ノ以外ニ於テ、國民的政治的團體ナルモノガアッテ、若シ是ガ反對ヲスルト云フコトガアッテモ、ソレハ多少ノ言前ニナルノデアルガ、併シ朝鮮ノ當時ノ情勢ト云フモノハ即チ一進會其他朝鮮ニ於ケル政治的團體ト看做サレルトコロノモノハ皆日本ニ併合ヲ望ムトコロノ請願ヲ出シテ運動シテ居ル、此朝鮮ニ於テ內亂若クハ變動ヲ起ス憂ガアッタト云フコトハ、ドコヲ見テ當局者ハ想像ヲサレタノデアル、又此場合併合スルトコロノ即チ母國タル日本帝國內ニ於テ何カ併合ニ反對ヲスル大運動ヲ起ス虞ガアッタカト云フニ決シテナイノデアル、當局者ガ緩慢ニシテ朝鮮併合ノ遲緩ナルコトヲ罵ルト云フ有樣デアッテ、一人モ朝鮮併合ニ反對スル運動ヲ起スト云フ虞ハ決シテナカッタノデアル、然ラバ即チ內外ニ於ケル情勢ハ如何ト云ヘバ不測ノ變災ガ起ルト云フ憂ハ毫モナイ、モウ一ツハ何デアル、政治上經濟上ニ於テ若シ議會ニ諮リツヽアッタナラバ、重大ナル損害ヲ受ケルト云フ場合若クハ諮ラズシテヤレバ大ナル利益ヲ收メルト云フ場合デアル、決シテ左樣ナ政治上經濟上ニ於テ議會ニ若シ諮ッタナラバ、是ダケノ損害ヲ受ケルト云フ事實ハ毫モ成立ッテ居ラナカッタノデアル、而モ斯樣ニ一々分析ヲシテ申上ゲナクテモ朝鮮ト日本帝國ノ勢力ノ權衡上カラ考ヘテ見テモ分リ切ッタ話デアル、日本帝國ハ百万ノ强兵ヲ提ゲテ居ル、五十万噸ノ艦隊ヲ浮ベテ居ル、朝鮮國ニ於テ此際寸鐵ヲ帶ヒテ居ラヌ、此大勢力ヲ以テ此貧弱ナル朝鮮ニ臨ンデ何ノ不測ノ變災ガ起ル虞ガアルト云フノデアル(「ヒヤ〳〵」ト呼フ者アリ)若シ尙此ノ如キ內外ノ形勢ニナッテ居ルノニ不測ノ變災ガ起ルコトヲ恐ルヽト云フナラバ、全ク事實ニハナイガ、唯幽靈ヲ夢ミルガ如クニ當局者ノ妄想デ恐レタト云フダケノ話デアッテ、事實恐ルベキモノハ存在ヲシテ居ラヌ(拍手スル者アリ)此ノ如キ場合ニ於テ尙朝鮮ヲ併合スル上ニ於テ其不測ノ變災ノタメニ日本帝國ノ計畫ヲ誤ルナドト云フコトヲ恐ルヽナラバ、是ハ世界無類ノ臆病人デアル(拍手スル者アリ)ソレデ吾々ハ當時現內閣ガ朝鮮併合ニ際シテ財政上及其他政治上ノ處置ヲ取ル上ニ於テ當然帝國議會ニ協贊ヲ求メテ悠々トシテ之ヲ斷ジテ差支ナイモノト看做ス、唯妄想ニ依ッテ何モ內外ノ情勢ニ於テ此計畫ヲ誤ラシメルダケノ事實ガ存在シテ居ラヌモノヲ、或ハ不測ノ變災ガ起ランコトヲ恐レタト云ヒ、緊急已ムベカラズト云フ、其緊急已ムベカラザル事實ト不測ノ變災ト云フモノ、正體ヲ茲ニ示サズシテ、唯言葉ノ上ニ於テイロ〳〵ト緊急已ムベカラズト云フコトヲ主張サレ、又當局者ガ自ラ辯解ノ出來ヌコトニ至ルト、委員ノ諸君ニ向ッテ、當局者ノ位地ニ立ッテ御考慮ヲ下サレタナラバ御分リニナラウナド、云フニ至ッテハ、全ク此事後承諾ヲ求ムルノ理由ノ存在シテ居ラヌモノト看做ス(拍手起ル)議會モ亦此重大ナル事件ニ對シテ事後承諾ヲ與ヘルト云フニハ與ヘルダケノ理由ト其名義ガ成立タナケレバナラヌガ、吾々ハ其名義其理由ヲ見出スコトガ出來ナイ、是ハ當局者ノ承諾ヲ求ムルニ對シテ吾々ハ不承諾ヲ與ヘルト云フ主ナル理由デアル、而シテ一轉シテ朝鮮ノ將來ニ對シテ之ヲ如何ナル方法デ統治スルカト云フノ案ガ、即チ花井君ノ提出サレテ居ルトコロノ法律ニ依ッテ議會ノ權能ヲ殺イデ總督ニ專制ノ權ヲ與ヘルト云フ案デアル、是ハ又吾々ノ甚ダ贊成ヲスルコトニ躊躇スル所以デアル、何トナレバ吾々ハ勅令ガ宜イ、或ハ法律デ極メルガ宜イト云フ區域ニ入ッテ爭フコトハ一向必要ガナイ、勅令ヨリハ法律デ極メタ方ガマシデアルトカ、或ハ勅令デヤッタ方ガ宜イトカ云フコトハ、是ハ既ニ此議會ノ權能ヲ殺イテ、總督ニ大權ヲ與ヘルト云フコトガ極ッタ後ノコトデアル、吾々ハ朝鮮ヲ統治スル上ニ於テ、決シテ變則的ノ方法ヲ以テ治メル必要ガナイト見テ居ル、無論風俗人情ガ異ナル故ニ、法律規則モ異ナラナケレバナラヌト云フコトハアル、ソレ故ニヤハリ此議會ノ監督ノ下ニ法律ヲ制シテ、而シテ之ヲ實行サセルコトヲ總督ニヤラレテ宜シイ、今日ノ場合日本程朝鮮ノ事情ニ明ルイ人民ハナイ、朝鮮ヲ併合致シタト云フコトハ近日ノコトデアル、ケレドモ朝鮮ヲ我帝國ノ恰モ府縣ノ如ク、郡村ノ如ク、朝鮮ノ政治ヲ執ッテ來タト云フモノハ即チ日本人デアル、或ハ彼ノ國ニ顧問トナッテ彼ノ政治ヲ指導シ、若クハ彼ト委任ノ條約ヲ結ンデ我ニ朝鮮ノ政權ヲ委託セシメ、若クハ朝鮮ノ役人ト日本人ガ自ラナッテ朝鮮ノ政治ヲ執ッテ來テ居ル、朝鮮ノ人情風俗ニ明ルイコトハ新領地ヲ扱フ上ニ於テ日本人程明ルイ國民ハナイ、殊ニ朝鮮ト日本ノ地理上ノ關係カラ申シテモ敢テ九州、北海道ト異ナルモノデハナイ、海ノ便アリ、陸ノ便アリ、何モ特別ナル總督ノ權力ヲ附與シテ置カナケレバナラヌト云フ必要ガ第一ナイ、此憲法ノ制定セラレテ居ル處ニ所謂正則的ノ政治ヲ朝鮮ニ施シテ、決シテ差支ナイ、事實上ニ於テ決シテ差支ナイ、殊ニ年々議會ハ開ケル、尙已ムヲ得ズンバ臨時議會モ開ク、其議會ニ以テ朝鮮ノ法律規則ヲ前以テ知レテ居ルコトハ協贊ヲ經テ置ク、又或ハ出來事ガアレバ重大ナル出來事ハ無論內地ニ於テモ事後承諾ヲ得テヤルノデアル、然ラザルモノハ順々ト其次ノ議會ニ提出シテ、法律ヲ極メレバ宜シイ、事實上ニ於テ特殊ノ權力ヲ――議會ノ權力ヲ殺イデ總督ニ與ヘテ置クト云フ前以テ左樣ナコトヲスル必要ハ決シテ存シテ居ラヌ、是ハ變則政治ヲ爲サウト云フコトニ對シテノ所謂吾々ハ正則的ノ統治法ニ依ッテ朝鮮ヲ治メテ行カウト云フノデ、而シテ總督ニ若モ議會ノ權能ヲ剝イテ之ヲ與ヘテ置クト云フコトカラ起ル弊害ノ方カラ觀タトキニハ、益々吾々ハ此法律ニ依ラウトモ、勅令ヲ以テシヤウトモ、總督ニ著大ナル權力ヲ附與シテ置クト云フコトハ頗ル不贊成デアル、是ハ數箇月ノ經驗デアリマスルケレドモ、朝鮮合併以來總督府ニ於テ朝鮮ニ對スル法律規則其他政略上ノ處置ヲ見マスルト云フト、吾々ハ甚ダ寒心セザルヲ得ヌコトガアル、抑々朝鮮ヲ統治シテ行クトコロノ大方針ト云フモノハ、朝鮮ノ產業ヲ發達セシムルト云フコトガ主眼ニナルノデス、又日韓ノ彼我ノ同化ヲ速ニ圖ルト云フコトハ是ハ主眼ニナラニヤナラヌ、此大方針ト云フモノハ 如何ナル 人ガ如何ナル 手段ニ依ッテ朝鮮ヲ統治シテモ、此二ツヲ出デヌコトハ是ハ明カナコトデアル、然ルニ 此朝鮮ノ生產的發達ヲ圖リ、若クハ彼我ノ同化ヲ速ニシテ、日本帝國ノ國防上、經濟上ノ基礎ヲ鞏固ニスルト云フ目的ヲ達スルト云フコトハ、卽チ是ハ 朝鮮人デハ出來ヌノデアル、日本人ノ力ニ俟チ、日本人ノ資力ニ俟ツト云フコトハ無論ノコトデアル、無論日本人ノ多クガ朝鮮ニ移住ヲスル、日本人ノ資本ガ朝鮮ヘ注入セラル、ト云フコトヲ圖ルコトハ最モ急務中ノ急務デアル、然ルニ此朝鮮總督ノ政略ノ方針ナルモノハ 如何ナル點ニ 向イテ居ル、何ト辯解ヲ致シタトコロガ、ドウ云フコトヲ以テ之ヲ辯護シテ見タトコロガ、大體ニ於テ朝鮮總督府ノ今日マデヤッテ來タトコロノ所謂警察ノ卽決例或ハ會社令其他此新聞言論人民ノ自由權利――思想ノ自由ニ對スル束縛的、壓制的ノ手段ヲ執ラレタト云フコトハ、是ハ爭フベカラザルコトデアル、事實ハ澤山アリマス、一々事實ヲ擧ゲヤウト云フナラバ日モ亦足ラヌ、吾々ハ唯此綱領ヲ擧ゲテ此三箇條デ十分デアル、餘リ內密ニ入ッテ之ヲ訐キハシナイ、此ノ如キコトヲシテ朝鮮ヲ治メルト云フコトガ果シテ朝鮮ニ向ッテ產業ノ發達ヲ奬勵シ、彼我ノ同化ヲ速ニスルト云フ方ノ途ニ是ガ行クノデアルカ、將タ其反對ニ行クノデアルカト云フコトハ、誰ガ見テモ明カナコトデアル、既ニ此總督府ニナッテ以來ノ日本人竝ニ朝鮮人ノ批評ハ姑ク措イテ、外交團――領事或ハ宣敎師其他朝鮮ニ出入スルトコロノ外國ノ人ノ批評ト云フモノハ又聽クニ價スル、是等ガ此總督政治ト云フモノヲ見テ何ト言ウテ居ル、全ク此日本ノ朝鮮統治策ト云フモノハ軍政デアル、民政ヲ假裝スル軍政デアルト云フコトハ、殆ド是ハ通語ニナッテ居ル、凡ソ此殖民地ノ發達ヲ圖リ、此ノ如キ未開國ヲシテ速ニ我國ニ同化セシムル、或ハ彼ノ產業其他ノ發展ヲ圖ルト云フニハ、餘程此政治向キニ於テモ種々樣々ノ人間ガ多ク移住シテ、多ク資本ヲ下シテ種々ナ企業ヲサスルト云フ方ニ之ヲ誘導スルヨリ外ニナイ、此軍政的ノ束縛壓制的ノ方法ニ依ッテ何レモ朝鮮ニ住フコトハ精神上ニモ不愉快ヲ感ズル、事業上ニモ干涉ヲ受ケル、斯ウ云フ處ガ決シテ榮エタト云フ例ハナイ、既ニ總督モ過日來實業家ヲ集メテ朝鮮ノ產業的發達ヲ圖ルニハ實業家ノ力ヲ俟タナケレバナラヌナド、云フ隨分御世辭ヲ振撒イテ居ルヤウデアル、ケレドモ此朝鮮ノ生產的發達ヲ圖ルト云フコト、未墾地ヲ開墾スル、或ハ鑛山、山林ノ開發ヲヤル、詰リ此朝鮮ト云フモノガ商工業ノ盛ンナ國デナイ以上ト云フモノハ、農事的ノ事業ヲ奬勵發達セシムルト云フヨリ外ニナイ、然ルニ此農事的鑛山或ハ山林、或ハ漁場等ニ對スル總督ノ手心地ハドウデアルカ、之ニ行ッテ事業ヲ企テルモノハ數千万人アルノデアル、種々ナ政府ニ向ッテハ請願ヲシ、種々ナ特許ヲ得テ業ヲ營マントスルトコロノモノハ總督府ニモ其願書ノ多キ卓上山ヲ成スト云フコトデアル、一向是等ノモノニ對スル裁決ヲ與ヘヌト云フコトモ輿論デアル、此結果ト云フモノハドウ云フ方面ニ向ッテ進ミ居ルカト云フト、卽チ或ハ民業ヲ干涉シ、成ルタケ民業ヲ抑ヘテ、此官營ト云フコトヲ企テルト云フ是ハ措置デハナイカ、若シ然ラズト言ヘバソレハ然ラズト言ッテモ宜カラウガ、併ナガラ今ノ方針ト云フモノハ詰リ官營ニ傾ク方ノ方針ニナッテ居ル、民業ハ何處マデモ干涉ヲスル、何處マデモ或ハ資力ノ乏シク、或ハ總督府デ如何ハシイト見ルヤウナ人間ハ追々退去條例モ制定セラレルト云フ話デアルガ、段々嚴シクナッテ來ルデアラウ、サウ云フコトヲシテ此新殖民地、新領土ノ發展ヲ計ルト云フコトハ到底是ハ望ミ得ラレヌコト、是等ノ事實ニ考ヘテモ總督府ニ無限ノ權力ヲ與ヘ、法律ヲ制定スル權力ヲ與ヘ、又政治的總督府ノ手心地ニ依ッテ事業ノ許否ヲ決スル、總督府ノ憎惡ニ依ッテ卽チ人ヲ韓國カラ退ケル、斯ウ云フコトニナレバ 此日韓合邦ノ結果ト云フモノハ詰リ日本帝國ノ財政ヲ枯渴シ、日本帝國ノ國防的基礎ヲ薄弱ナラシムルト云フ結果ニ陷ルノデアル、吾々ハ左ナキダニ必要ノナイノニ議會ガ自ラ其權能ヲ殺イデ、總督ニ與ヘル、又憲法上ノ意味ニ於テモ甚ダ疑シイトコロマデ之ヲ侵シテ、尙種々ナ工風ヲシテ法律ヲ立テ勅令ヲ拵ヘルト云フヤウナ行掛リニ之ヲ進メルト云フコトハ、元々不同意デアル、況ヤ現總督府ノ筆法政策ト云フモノ、傾キハドチラカラ之ヲ批評致シテモ決シテ將來朝鮮ヲ產業的ニ發達セシムル所以ニアラズ、又一面新聞、出版、集會ノ自由ヲ禁ロテヤルト云フコトハ詰リ敎育上ニモ干涉ヲ恣ニシテ、朝鮮ニ於ケル人智ノ發達ヲ妨ゲルト云フコトハ疑モナイコトデアル、此ノ如キ壓制、專制ヲ行フト云フ人ノタメニ折角合邦ヲシタトコロノ朝鮮ト云フモノヲ犧牲ニ供スルコトハ、我輩敢テ取ラヌ(拍手起ル)或ハ進ンデ憲法論、法律論ニ入レバ多々反對ノ點ガアリマス ケレドモ、吾々ハ政略上ヨリ、朝鮮統治ノ大方針上ヨリ此ノ如キ、總督府ニ無限ノ大權ヲ附與シテ朝鮮ヲ統治セシムルト云フコトハ大反對デアリマス(拍手起ル)

○議長(長谷場純孝君) 柴四朗君

(柴四朗君登壇)

○柴四朗君 諸君、嘗テ韓國ニ公使トシテ手腕ヲ揮ハレ、今ハ外交通ヲ以テ名高イ大石君ノ後ヲ受ケマシテ、此演壇ニ登リマシタノハ私ノ光榮トスルトコロデゴザイマス、而シテ諸君ニ本問題ニ移ル前ニ願ッテ置キマスノハ、私ハ性來演說ト云フコトハ好マナイモノデアリマシテ、此演壇ニ登ラヌコトモ既ニ數年デゴザイマスガ、今日已ムヲ得ズシテ此演壇ニ立チマシタニ依リマシテ、或ハ辯ガ冗長ニ流レルカモ知リマセヌガ、諸君ニ於テ暫時雅量ヲ以テ御清聽アランコトヲ希望スルノデゴザイマス、私ハ委員長ノ報告ニ全部贊成ヲ表スルモノデゴザイマス、而シテ大石君ニハ反對デゴザイマスガ、第一ニ大石君ノ述ベラレタコトニ付テハ私モ略々贊成デアリマス、ソレハ大石君ハ此ノ如キ重大ナル問題ハ輕々ニ論ズベキモノデハナクシテ、是ハ重大ナル信任問題デアルト云フコトヲ述ベラレマシタガ、私モ此韓國併合ノタメニ起ルトコロノ此事後承諾ト云フノハ最モ重大ナル案件デアリマシテ、是ヲ議會デ否決シマシタナラ無論政府ノ信任問題デアルト解スルノデアリマス、併ナガラ是ガ政府不信任デアルカ、信任デアルカハ僅ニ數日ノ間ニ決スルコトデアラウト思ヒマス、是ハ事實ニ徴シテ、後トテ諸君ノ見ラレンコトヲ希望スルノデアリマス、而シテ大石君ハ之ニ承諾ヲ與ヘラレナイト云フコトニ付テ縷々御述ベニナリマシタガ、此大案件ハ此ノ如キハ承諾ヲ與フル必要ノナイト云フコトヲ申サレタノデゴザイマスガ、抑々此朝鮮併合ニ就キマシテハ憲法第十三條ノ大權ニ依リマシテ條約ヲ締結サレ、而シテ御裁可ニナリマスヤ否ヤ、其瞬間ニ法律ヲ要スルノデアリマスカラ、是ニ於テ法律ニ代ルベキ勅令ガ發布サレマシタト同時ニ又財政ノ處分ヲ爲サナケレバナラヌノデアリマスカラシテ、財政處分ヲ政府ハ緊急ニ依ッテ取ッタノデアリマス、而シテ之ヲ憲法ニ依ッテ議會ニ提出サレタノデアリマスカラシテ、此事ニ付テハ何等政府ノ責任ヲ問フベキ議論ガナイト信ズルノデアリマス(ノウ〳〵ト呼フ者アリ)又大石君ハ此財政ノ處分ヲ爲スニ當ッテ急ヲ要スルニアラズ、議會ヲ開イテ其協贊ヲ經テ、而シテ後ニ決スベキモノデアルト云フコトヲ申サレマシタガ、此ノ恩賜金或ハ免租ノコト、其他ノコトハ議會ヲ開キマシテ是ノ協贊ヲ得ルタメニ此コトニ付テ或ハ朝鮮ノ貴族ヲ如何ニスル、或ハ免租ヲ如何ニ取計フカト云フコトヲ論ジマシテ、而シテ後ニ恩賜金等ヲ下サイマシタナラバ朝鮮人ノ如キ事大主義ニ感化サレタモノハ如何ニ考ヘルデアリマスカ、其聖恩ノ效能ト云フモノハ非常ニ薄イト云フコトヲ私ハ斷言スルニ憚ラナイノデアリマス(ノウ〳〵ト呼フ者アリ)加之大石君ハ不測ノ災害ト云フコトハ認メナイ、朝鮮ハ平穩デアルト云フコトヲ申サレマシタケレドモ、僅ニ一年前ニ於テハ日本カラ討伐隊ヲ送ラレマシテ既ニ三十二年カラ三十三年ニ掛ケマシテ議會ニ此項提出ニナリマシタ通リ、三百六十万圓ノ討伐費ガ要ルデハゴザイマセヌカ、ソレガ此朝鮮併合ヲ去ルコトマダ一年經タヌノデゴザイマス、此ノ如キ事實ヲ抹殺シ去ルト云フコトハ大石君ハ此頃禪門ニ歸依サレテ屢々無我ノ境ニ遊ンデ居ラレルト云フコトデアリマスカラ、或ハ其コトカラシテ御忘レニナッタカモ知レマセヌガ、私ノ如キ凡俗ハ事實ヲ事實トシテ陳述スルヨリ外ナイノデゴザイマス、私ガ之ヲ精細ニ論ジマスレバ少シク過去ノ事實ニ遡リタイト思フノデアリマス、抑々朝鮮ハ日本建國以來幾多ノ聖主、賢相、名將、志士ガ心血ヲ注ギ、熱血ヲ濺イデ、而シテ倘打ッテ一丸トスルコトガ出來ズシテ、ソレガタメニハ近クハ大久保、西鄕或ハ伊藤諸公ノ非命ニ斃レマシタノモ、皆是ハ朝鮮問題ノ禍源カラ起ッタコト、思ヒマス、然ルニ今日允文武允天皇ノ御世ニ於テ、而シテ今日ノ併合ヲ得マシタノハ本員等ハ實ニ欣喜措クトコロヲ知ラズシテ、此併合ノ日ヲ以テ祝日トマデモ致シタイト考ヘル位デアルノデアリマス、然ルニ(「ソンナコトハ關係ガナイ」ト呼フ者アリ)マア默ッテ御聽キナサイ、而シテ私ガ經歷カラシテ此御話ヲ致シタイ考デアリマス、私ガ朝鮮ノコトニ關係ヲ致シマシタノハ犬養君ノ紹介ニ依リマシテ始メテ彼ノ亡命客金玉均、朴泳孝諸氏ト交際ヲ致シマシテ、彼ノ亡命客ガ日本ノ聲援ヲ當テニシテ事ヲ擧ゲマシタトコロガ、事破レテ日本ニ亡命致シマシテ、而シテ日本政府ハ列國ヲ憚ッテ殆ド捨テ、路傍ノ人ノ如ク、又有志家モ尙之ヲ助ケナイト云フコトデアリマシタガ、犬養君ハ之ニ同情ヲ表シマシテ大ニ朝鮮ニ向ッテ事ヲ爲サントセラレマシタコトカラシテ、吾々ガ之ニ關係ヲシ始メタノデゴザイマス、而シテ吾々ハ彼等ヲ助ケ、而シテ遂ニ刺客ヲ送ラレマシテ遂ニ二十七年ノ變亂ガ起ッタノデゴザイマス、此二十七年ノ變亂ガ起リマシタトキニ當ッテ、此間カラシテ朝鮮總督ノ權限、或ハ其他ニ向ッテ烈シキ議論ヲ爲サレタトコロノ鈴木力君ノ如キハ如何デアリマスカ、當時少壯ニシテ一劍ヲ携ヘ、爆裂彈ヲ强奪シテ、彼ノ禍中ニ投ジテ朝鮮ヲ助ケントセラレタル一人デゴザイマス(「佳人之奇遇ヲ去ルコト遠シ」ト呼フ者アリ)鈴木君カラ此ノ如キ議論ヲ聽クト云フコトハ實ニ今昔ノ感ニ堪ヘヌノデゴザイマス、而シテ朝鮮ニ於テ果シテ不測ノ災厄ガ潜ンデ居ルヤ否ヤト云フコトハ一昨年ノ暮私ガ同志ヨリ朝鮮竝ニ滿洲露國ノ視察ヲ託セラレマシテ而シテ滿洲ニ參リマシテ、而シテ哈爾賓ニ往キマシタトキニ當ッテ彼ノ朝鮮人ガ哈爾賓或ハ浦鹽斯德等ニ於テ非常ニ危險ナ分子ノアルト云フコトヲ發見シタノデゴザイマス、私ガ哈爾賓ヲ去リマシタノハ伊藤公ノ遭難ノ二日前デアッタノデゴザイマス、(「ソンナコトハ問題外デアリマス」ト呼フ者アリ)問題外デアリマセヌ、是カラ事實ヲ證明スルノデアリマス、外交ヲ論ズルニハ大石君ヨリ嘗テ外交ヲ論ズルニハ事實ト歷史ヲ以テ判斷スルヨリ外ニナイト云フコトヲ大石君カラ聽イタコトガアリマスカラ、此事ヲ以テ是カラ論ジヤウト思フノデアリマス、而シテ私ガ滿洲カラ朝鮮ニ入リマシテ、非常ニ驚キマシタノハ朝鮮ガ數年前ヨリモ著シク變化シタコトデアル、ソレハ宣教師ノ勢力ガ非常ニ發達致シマシテ、ソレガタメニ學校ト云フモノモ澤山ニ起リマシタ、而シテ彼等ハ常ニ朝鮮獨立ノ歌ヲ歌ヒ或ハ危險ノ書籍ヲ頒布致シマシテ、是ガタメニ朝鮮人ハ非常ニ日本ニ反抗ノ氣勢ヲ高メタノデゴザイマス、是等ノ事實ヲ私ガ見マシタカラシテ急イデ日本ニ歸リマシテ、朝鮮ハ彼ノ通リニシテ置カレルト云フコトハ實ニ危險デアリマスカラ、早ク處置スルコトヲ當局者ニ忠言ヲ致シタコトモゴザイマス、而シテ此事ヲ忠告シテモ具體的ニアラザレバ甚ダ要ヲ得ナイト思ヒマシタカラシテ、其處ニ居ラレルトコロノ大竹君或ハ小川平吉君其他ト屢々集會ヲ致シマシテ朝鮮ニ關スル問題ヲ具體的ニ調査シテ之ヲ當局者ニ提言シタコトモゴザイマス、而シテ今日併合ノ結果ヲ見マスト、吾々ノ提案ハ多クハ採用サレタモノト考ヘテ居ルノデアリマス(「報告終リ」ト呼フ者アリ)而シテ大石君ハ日本ノ外交ハ朝鮮ニ對シテハ失敗デアルト云フ御議論デアリマスガ、私ガ一昨日哈爾賓カラ受ケタトコロノ哈爾賓ノ新聞ニアルコトヲ諸君ニ御參考ニ供シテ置キタイト思フノデアリマス、是ハ露國ノ半官報「ノーオエウレミヤ」ノ數日ニ亙ッタ社說中日本ガ韓國ヲ合併致シマシテカラ種々ノ活動ヲ初メル中ニ其中ノ最モ主ナルモノハ鐵道ノ普及デアル、其鐵道ハ京元鐵道ヨリシテ會寧ニ到リ、會寧ニ到レバ既ニ浦鹽斯德ニ、百二十哩ニシテ達スル、是ヨリ吉林ニ到リ、而シテ長春ニ達スルノデアル、然ルニ今日ハ日露兩國ニ於テ協定ヲ重ネテ居ルカラ危險ノ虞ハナイト雖モ、國力競爭ハ力ニアル故ニ、他日國交斷絶ト云フ不幸ニ遭遇シテ、干戈相見ルニ至ッタトキニハ、露國ハ六年前ニ嘗メシヨリモ尙辛イ經驗ヲ嘗メニナラヌノデアル、然ルニ露國ノ鐵道政策ハ依然トシテ進步シナイノデアルト云フコトヲ論ジ、是ヨリシテ朝鮮內地ノコトヲ論ジマシテ、終リニ外交ニ付テ斯ク論ジテアルノデアリマス、日本外交ノ成功ハ日韓合併ニ於テ最モ顯著ナルモノデアリマス、昨年八月日本ハ極メテ簡單ニ韓國ヲ合併シテ韓帝ヲ廢セリ、而モ各國揃ッテ之ヲ默認シ一國トシテ之ニ何等ノ故障ヲ申出ヅル者ナカリシ、若シ韓半島以外ノ地ニ於テ此ノ如キコトアリタルトセバ幾許ノ抗議紛出シ、幾種ノ虛喝物議ヲ惹起シタルヤ知ルベキノミ、曾テ露國ガ朝鮮ニ於テ優先權ヲ得ントシタルトキ全世界ハ擧ッテ反對セリ而モ吾人ハ當時朝鮮ヲ以テ萬國ニ對シ萬國ノ貿易ニ對シテ其市場ヲ開クベキヲ宣言シ置キタリ然ルニ日本ハ朝鮮ヲ閉鎖シタリ朝鮮ニ於ケル歐米人ハ治外法權ヲ失ヒ日本ノ行政日本ノ裁判權ニ服スルコト、ナレリ、曩ニ哈爾賓ニ於テ自國ノ領事以外如何ナル官憲ヲモ承認スルヲ欲セサリシ獨逸人或ハ英國人ノ如キモ今日京城ニ於テ温順ニ日本ノ裁判ニ従ヒ其刑罰ニ服シ居ルナリ而モ一言抗議ノ聲アリシヲモ聞カサルナリ是レ日本外交ノ巧妙ナリシ結果ニ外ナラス」之ハ寧ロ外國ノ新聞ニ於テモ尙此讃辭ヲ呈シテ居ルノデアリマス(「ソレガ何ノ關係ガアリマス」ト呼フ者アリ、笑聲起ル)此ノ如クニシテ私ハ此統監政治ニ付テハ今度ノ合邦ニ付テ最モ巧妙ナル外交ニ依ッテ施行サレヌト云フコトヲ信ズルモノデアリマス(「ノウノウ」ト呼フ者アリ)今マデ伊藤公ノ如キ大政治家ガ朝鮮デ指導ヲヤラレルニ對シマシテモ屢々暴徒ガ蜂起シマシテ、而シテ或ハ鐵路ニ大集會ヲ催シ、負商褓商儒生ガ四方ヨリ集マリテ妨害ヲシタト云フコトハ極ク近年ノ事實デゴザイマス、然ルニ此度ノ併合ノ最モ靜平ニ行ハレマシタノハ、此間總督ノ演說ニアリマスル通リニ、朝鮮ノ皇帝ヨリシテ統治權ヲ日本皇帝陛下ニ讓與サレ、而シテ其詔勅ハ日本皇帝陛下ノ詔勅ト竝ニ統監ノ諭告ト云フモノガ、今マデハ韓國ノ內地マデニ行渡リマスニハ、二月或ハ三月掛ッテ居リマスノニ、今度ハ僅ニ二三日卽チ郵遞シテ命ヲ傳フルヨリ速ナリト云フ勢デ、悉ク僻遠ノ地ニマデ行渡ッテ居ルノデアリマス、故ニ今日マデ朝鮮人卽チ兩班ノ人ガ浮說流言ヲ事トシ、常ニ禍亂ヲ起スト云フコトモ此詔勅ニ對シテ此機會ガカナカッタノデアリマス、是等ハ最モ巧妙ニ行ハレタル概例デアル、故ニ此間ノ統監ノ演說ニハ如何ナルコトヲ以テ施政ノ方針ニスルト云フコトノ答ニハ、第一番ニ朝鮮人ニハ激變ヲ與ヘズシテ安心セシメ、生命ノ安固、財產ノ安固、營業ノ自由ト云フモノヲ根本ニスルト、斯ウ云フコトデ、吾々ハ無論承諾ヲ與ヘルコトニ躊躇シナイノデアリマス(「ソレハ贊成スル理由トハナラヌ」ト呼フモノアリ)而シテ大石君ガ先程人權問題其他ニ付テ縷々御議論デゴザイマシタガ、或ハ日本ノ人ニ付テハ多少ノ束縛ト云フコトガアッタカモ知レマセヌ、併ナガラ之ハ吾々ガ深ク考慮ヲ費サンナラヌモノハ、日本ノ彼地ニ居留シテ居ルトコロノ十五六万ノ人ヲ元トスルカ、千三百万ノ將來吾々ト兄弟ニ成行クベキ者ヲ同化シ、之ガ人望ヲ收メルタメニ法律規則ヲ作ルモノデアルカ、卽チ十六万ノ者ヲ元ニスルカ、千三百万ノモノヲ元ニスルカト云フコトハ、吾々ガ愼重ノ考慮ヲ費サナケレバナラヌ問題デアルト考ヘルノデアリ、之ニ加フルニ日本裁判官ガ臨席ニ裁判シ、竝ニ收稅吏ガ今日マデ朝鮮人ガ賄賂ヲ以テ裁判ヲ左右シ、收稅吏ト云フモノモ半バハ其私嚢ヲ肥スト云フコトガアッタノヲ、之ヲ日本ノ役人直ニ裁判ト云フモノハ公平デアル、稅ト云フモノヲ納メル者ハ必ズ吾々ノ安寧幸福ノタメニ納メルモノデアルト云フコトヲ彼等ガ理解レマシタナラバ、朝鮮人ヲ同化スルコトハ敢テ難キコトデナイト思フノデアリマス、而シテ今日朝鮮總督ノ施政ヲ責メルニ種々ノ非難モアルノデアリマスルガ、總督ノ此間議會ニ述ベラレタトコロヲ以テ見マスルト、官制ヲ發布シテ、而シテ役人ガ其赴任地ニ往ッタノハ十二月マデ、アル、ソレカラ僅ニ三箇月ニシテ施政ノ要點ヲ擧ゲルト云フコトハ、頗ル無理ナル注文デアルト私ハ考ヘルノデアリマス、之ハ總督ヲ信任シテ、假スニ時日ヲ以テスルコトハ至當ト思フノデアリマス、現ニ英吉利ノ「クローマー」卿ガ埃及ニ臨ンデ施政ヲ擧ゲマシテ、非常ナ名聲ヲ博サレタノハ、何年掛リマシタカト云フト、十數年ノ歲月ヲ費レタノデアリマス、然ルニモ拘ラズ昨年米國前大統領「ルーズヴェルト」ガ彼地ニ遊ンデ、尙之ヲ以テ餘リニ悠長デアル、何故ニ英人ハ尙一步進ンデ埃及ヲ治メナカッタカト云フコトヲ述ベ、英國人ハ驚イタノデアリマス、此ノ如クデアリマスカラシテ臺灣ノ側ニ見マシテモ、臺灣デモ初メハ種々ノ非難ガゴザイマシタガ、幸ニ兒玉總督竝ニ今日ノ遞信大臣後藤男ノ手腕ニ依ッテ其非難モ消ヘテ、立派ナ國ニナリマシタ、故ニ朝鮮ニ於テモ吾々ハ此事後承諾ハ無論與ヘ、法律委任ノ權ヲ與ヘ、假スニ時日ヲ以テシテ、大ニ事蹟ノ擧ランコトヲ希望スルノデアリマス、尙憲法問題、法律問題ハアリマスガ、大石君ハ大體ヲ論ジテ、之ヲ扱キニサレマシタカラ、私ハ之ハ扱キトシテ、アトハ鵜澤、花井博士其他ノ諸君ノ御討論ニ委シマシテ、私ハ諸君ノ清聽ノ榮ヲ謝シマシテ、壇ヲ降リマス(拍手起ル)

○議長(長谷場純孝君) 花井卓藏君――花井君ハ卽チ日程ノ第十六、第十七、第十八、第二十六ニ反對ノ意見ヲ述ベ、而シテ次ノ日程ノ二十七、自ラ提出サレタ法律案ノ說明ノ補足ヲ爲スト云フコトデアリマス

(法學博士花井卓藏君登壇)

(拍手起ル)

○法學博士花井卓藏君 諸君、本員ハ明治四十三年勅令第三百二十六號、第三百二十七號、第三百二十八號、第四百六號ニ承諾ヲ與フルヲ非トスル者デアリマス、之ヲ以テ憲法ノ條規ヲ悖ルモノナリト斷定致ストコロノ者デゴザイマス、憲法ハ議會ニ授クルニ財政協贊ノ權ヲ絕對ニ以テシ、政府ノ獨斷專決ヲ許スコトヲ認メテ居ラヌノデアリマス、財政ハ國家ノ歲入歲出ヲ整理スル所以ノ要道デゴザイマシテ、臣民ノ負擔ト離ルベカラザル最モ密接ノ關係ヲ保ツトコロノモノデゴザイマス、ソレ故ニ憲法ハ特ニ之ヲ愼重ニ取扱フベキコトヲ要求致シテ居リマシテ、必ズ議會ノ協贊ヲ經ベキモノナリト規定ヲ致シテ居ルノデゴザイマス、誠ニ財政協贊ノ權利ハ立法協贊ノ權利ト共ニ憲法上議會ノ有スル重大ナル權利デアリマス、立法協贊ノ權利財政協贊ノ權利ハ議會ノ生命デアリマス、此權利ヲ侵蝕致スト云フコトハ議會ノ生命ヲ傷ツクルモノデアリマス、憲法ノ議會ニ授ケタル權利ヲ全ク蹂躪スルモノデアリマス、憲法ハ毎年一次ノ通常議會ヲ要求致シテ居リマス、緊急必要ノ場合ニ於キマシテハ臨時議會ノ召集ヲ要求致シテ居リマス、通常議會ニ於テ臨時議會ニ於テ必ズ立法協贊ノ權利ハ行フベキモノデアル、財政協贊ノ權利ハ行フベキモノデアルト規定ヲ致シテ居ルノデアリマス、明治四十三年八月二十九日及同年九月二十九日ニ公布セラレタルトコロノ問題ニ懸ッテ居リマスル緊要勅令、此勅令ハ通常議會閉會中ニ發セラレタルモノナレバ臨時議會ヲ召集ヲセラレテ之ニ依ッテ以テ帝國議會ノ表決ニ俟ツベキ性質ノモノデゴザイマス、然ルニ政府ハ此重大ナル問題ニ關シテ曾テ議會ノ召集ヲ爲サナカッタノデアリマス、議會召集ノ奏請ヲ致サナカッタノデアリマス、而シテ擅ニ憲法第七十條ニ基キマシテ、緊急勅令ニ依リマシテ、財政上ノ處分ヲ致シタノデアリマス、本員ハ此行動ヲ以テ憲法上許スベカラザル行爲ナリト認ムルモノデアリマス、獨リ本員ノ違憲處分ナリト斷定ヲ致スノミナラズ、本議會開會ノ第一日ニ於テ尊敬スベキ政友會ノ幹事松田君ハ此壇ニ立ッテ朝鮮施政ノ方針ヲ質スベク專ラ此問題ニ集中セラレタノデアル、政友會ノ諸君ハ拍手喝采シテ其意見ヲ迎ヘラレタノデアリマス而シテ、本員ノ語ルトコロ、松田君ノ語ルトコロト異ラズ、憲法ノ語ルトコロ亦然リト致シマシタナラバ政友會諸君モ本員ノ說ニ御贊成ニナッテ然ルベキモノナリト信ジテ居ルノデアル(拍手起ル)憲法第七十條ニハ如何ナル規定ガアリマスカ「公共ノ安全ヲ保持スル爲緊急ノ需用アル場合ニ於テ內外ノ情形ニ因リ政府ハ帝國議會ヲ召集スルコト能ハサル

トキハ勅令ニ依リ財政上必要ノ處分ヲナスコトヲ得」ト斯様ニ規定セラレテアルノデアリマス、理窟ハ多ク申上ゲマセヌガ、憲法第八條ニ掲ゲラレテアル文字ト七十條ニ掲ゲラレテアル文字トニハ大ニ異リタル意味ノ含マレテ居ルモノデアルト云フコトハ豫メ諒セラレンコトヲ望ンデ置クノデアリマス、抑々法文ニ所謂内外ノ情形ニ因リ議會ヲ召集スルコト能ハザルトキト云ヘル文字ハ如何ニ解釋ヲスルノガ相當デアリマセウカ、文字ハ文字ノ如クニ讀マナケレバナラナイノデアリマス、内外ノ情形上議會ノ召集不能ナリト云フ場合ハ、例ヘバ國家ニ兵亂ガゴザイマシテ議會ヲ召集スルコト能ハザリシ場合ノ如キ、若クハ議會解散セラレテ召集スベキ議員ナキ場合ノ如キ是デゴザイマス、是以外ニ召集不能ト云フモノハ憲法ハ毫モ想像ヲ致シテ居ラナイノデゴザイマス、明治四十三年八月及九月ノ間ニ於テ果シテ此ノ如キ情形ノ中ニ我日本帝國ハ居ッタデゴザイマセウカ、如何ナル兵亂ガアッタノデゴザイマセウカ、大石君ノ演説ニ所謂不測ノ變災ハ或ハ兵亂ノ意味ナランモ知ルベカラズト雖モ、不測ノ變災ノアリシヤナカリシヤ具眼者ハ之ヲ知ル、此ノ如キ言辭ノ下ニ内外ノ情形ヲ解スルコトハ許シマセヌ、抑々財政上ノ緊急處分ハ最モ重大ナルモノデゴザイマシテ、殊ニ嚴重ナル要件ヲ憲法ハ要求ヲ致シテ居ルノデアリマス、唯夫レ内外ノ情形議會ヲ召集スルコト能ハザル場合ニ於テノミ、之ヲ認メテ居ルノデアリマス、此ノ如キ場合ハ所謂非常ノ場合デアリマス、内外ノ情形非常ナル場合ニ於テノミ第七十條ヲ以テ財政上ノ緊急處分ヲ許スノデアリマス、通常ノ場合ニ於テハ決シテ緊急處分ヲ許サザル法ノ精神ハ明文上ノ一點ノ疑ハナイノデアリマス、兵亂ナキナリ解散ナキナリ議會ハ何レノトキニ於テモ容易ニ召集シ得ラレタノデアリマス、諸君、朝鮮ノ併合ハ國論ノ認メテ居ルトコロデゴザイマシテ、日清日露兩戰役ノ處分ノ延長タルニ外ナラヌノデアリマス、兩戰ニ與リタルトコロノ國民ハ首ヲ翹ゲ足ヲ企テ、喜ンデ此最終ノ處分ヲ聽カンコトヲ欲シテ居ルノデアリマス、内外ノ情形ハ臨時議會ノ召集ヲ迎ヘテ居ッタノデアル、召集スルコト能ハザルニアラズシテ、召集ヲ希望シテ止マナカッタ當時ノ狀態デアリマス、國民ハ議會ノ召集ヲ欲シ、政府ハ議會ノ召集ヲ遮リタリト云フノガ當時ノ情形ヲ寫シタルモノト本員ハ信ジテ居ル、(拍手起ル)政府ハ委員會ニ於テ種々ナル辯明ヲセラレタルノデゴザイマスカ、或ハ政治上ノ意味ニ於テ、或ハ外交上ノ意味ニ於テ、殆ド取ルニ足ラザルトコロノ辯解デアッテ、之ニ對スル駁撃ハ大石君ノ議論ニ於テ盡サレテ居リマスカラ、繰返スコトハ致シマセヌ、諸君、國論ノ一致セル問題ニ向ッテ國民ニ對シテ之ヲ秘密ニスベキ謂レハ萬々ナイノデアル、召集シ得ベキ議會アリ、而シテ之ヲ召集セズ、秘密ニスベカラザル問題ニシテ而シテ之ヲ秘密ニナシ、急速逼迫ノ事情アルニアラズシテ言ヲ急速逼迫ノ事情ニ藉リ、此ノ如クニシテ國民ノ全體ニ於テ勝利ヲ博シタル日露日清戰役ノ最後ノ處分ヲ國民ヲ除外シテ政府一人ノ功ニ歸セント欲スルガ如キハ、斷ジテ許スベカラザル行爲デアルト信ズルノデアリマス(拍手起ル)之ヲ要スルニ問題ト相成ッテ居リマスルトコロノ財政處分ニ關スル緊急勅令ノ總テハ憲法第七十條ノ法規ニ戻ルコト論ヲ俟タヌト信ジマス、本員ハ此ノ如キ理由ノ下ニ斷ジテ承諾ヲ與フベカラザルモノト確信致シマス、承諾ヲ與ヘズト雖モ財政處分ハ既往ニ溯ッテ其處分ノ效力ハ保チ得ラルヽノデゴザイマス、卽チ之ガタメニ事前ノ效力ハ失ハナイノデアリマス、權利義務ニハ何等ノ關係ガナイノデアリマス、故ニ實質ニ於キマシテハ政府毫モ痛痒ヲ感ズルトコロハゴザイマセヌ、政府痛痒ヲ感ゼスト雖モ、吾々ハ憲法ノ條規ニ照シ、統治機關ノ違憲行爲ヲ責ムルガタメニ、之ニ承諾ヲ與フルヲ以テ最モ非ナリトスルモノデアリマス、財政協贊ノ權利ヲ尊重スル趣旨ニ於テ、政府當局ノ責任ヲ糺スノ所以ノ道ニ於テ、憲法竝ニ議會ニ生命精神アラシムル所以ノ理義ノ下ニ於テ、本員ハ此數個ノ勅令ニハ承諾ヲ與フベカラザルモノト論定スルコトヲ以テ憲法ノ法意ニ適ヒタルモノナリト信ズル次第デアリマス、事後承諾ニ關スル憲法上ノ意義ハ大石君ノ論ゼラルヽトコロノ如ク、柴君ノ論ゼラルヽトコロノ如ク、大臣問責ノ精神タルコト論ヲ俟タヌト信ジテ居ル、本員ハ政治上ノ意味ニ於テ然リト信ジテ居ル、法律上ノ意味ニ於テ然リト信ジテ居ル、伊藤公ノ憲法義解ノ説明スルトコロニ據リマシテモ然リト信ジテ居ルノデアリマス、故ニ問題ノ内容事項ニ關シテハ權利義務ノ關係トシテ、政府何ノ痛痒ヲ感ゼズト雖モ、此財政協贊ナル重大ナル權利ヲ侵蝕シテ憲法ノ條項ヲ守ラザリシ點ニ於テハ其責任ハ斷ジテ解除スベカラザルモノデアル、法理的ノ見地ヨリ許スベカラザルモノデアル、政治上ノ見地ヨリ許スベカラザルモノデアルト云フコトヲ以テ本論ヲ結ビタイト存ジマス(拍手起ル)――本員ハ是ヨリ本員提出ノ法案ニ關シマシテ衆議院規則第百十條第二項ニ依リマシテ趣意ノ辯明ヲ再ビ致スコトヲ許サレンコトヲ望ミマス、本員ノ本案ヲ提出致シマシタル理由ハ其理由書ニ盡サレテ居ルノデアル、而シテ理由書ノ第一第二ニ於テ諸君ト見解ヲ同ウスルニ拘ラズ、第三ニ於テ第三ノ前段ニ於テ幾部ノ諸君ト見解ヲ異ニスルト云フコトハ本員ノ甚ダ遺憾トスルトコロデゴザイマス、論據ハ人各々見ル所ヲ異ニスルノデアリマスガ、本員ハ幾部ノ諸君ノ見ラルヽトコロヲ以テ却テ法ノ精神ニ副ハザルモノト論定ヲスルノデアリマス、反對説ハ憲法第八條ニ基ケル勅令ノ内容事項ハ常ニ立法事項デアル、ソレ故ニ法律ヲ以テ之ヲ修正改廢スルハ自由ナリト云フノデアリマス、是ハ松田君ニ依ッテ稱ヘラレ、委員會ニ於テ多數諸君ノ贊成セラレシトコロデゴザイマシテ、委員長ハ特ニ其趣意ヲ此壇上ニ言明ヲセラレタノデアリマス、去ル四日本員不在ニシテ缺席ノ儘裁判ヲ受ケテ居ルノデゴザイマスカラシテ、職責上再ビ立ッテ辯明ヲスベキ責任ガアラウト存ズルノデアリマス、本員思フニ若シ此説ノ如クンバ直ニ勅令ニ向ッテ修正改廢ヲナシ得ベシトスルニアラザレバ貫カザル理窟ニナリハシナイカト考ヘルノデアリマス、第八條ニ掲ゲマシタル内容事項ハ立法事項デアル、法律事項デアル、ソレ故ニ法律ヲ以テ修正改廢スルハ自由自在ナリト云フ論ヲ以テ眞ナリトセバ承諾ノ有無拘ハラズ法律ヲ以テ直ニ勅令ニ向ッテ修正ヲ加ヘ若クハ之ヲ改廢スルコトヲ得ベシトノ論、貫クニアラズンバ反對論者ノ説ハ貫カヌモノト考ヘルノデアル、憲法ハ第八條ニニ於テ其立法事項タルノ故ヲ以テ論者ノ論ヲ助クベキ何等ノ規定ヲ致シテ居ラヌノデゴザイマス、却テ第八條第二項ニ於テ此勅令ハ次ノ會期ニ於テ帝國議會ニ提出スベシ若シ議會ニ於テ承諾セザルトキハ政府ハ將來ニ向ッテ其效力ヲ失フコトヲ公布スベシト云フ責任ヲ課シテ居ルノデアル、内容ガ立法事項ナレバ法律ヲ以テ勅令ト雖モ自由自在ニ修正改廢ガ出來ルト云フノデアッタナラバ、八條二項ノ規定ヲ以テ此變例立法ヲナシタルモノニ向ッテ責任ヲ課スベキ憲法ノ意義ガ分ラナクナルノデアリマス、是故ニ論理一貫セザル誤解ナリト私ハ論定ヲ致スノデアリマス、委員會抔ニ於キマシテハ本員ノ論ヲ以テ憲法上ノ論據ヲ誤ッテ居ルト云フ甚シキ攻撃ヲ向ケラレタヤウデゴザイマスガ、本員ノ論ハソレ程弱イ論デハゴザイマセヌ、尤モ留守デゴザイマシタカラシテ御批評ハ御隨意デ宜シウゴザイマスケレドモ、論者ノ申サル丶如ク脆弱ナル論デハナイト云フコトダケハ諸君ノ諒トセラレンコトヲ望ムノデアル、若シ對席ノ場合ノ議論デゴザイマシタナラバ、本員ノ議論ハ迎ヘラレタモノデアルト云フコトヲ認メラレンコトヲ望ムノデアル、是ダケノコトヲ辯明致シマシテ、尙此論據ヲ强ウスルタメニ本院ノ先例ヲ引用致シテ置キタイト思フ、衆議院先例彙纂九十二頁ニ依レバ緊急勅令ハ修正スルコトヲ得ストアル事後承諾ヲ求ムル議案ハ一箇條ニテモ不承諾ナラバ全部不承諾トナルトアル、又伊藤公ノ憲法義解ニモ議會ハ勅令ヲ修正シテ之ヲ承諾スルコトヲ許サズトアル、此ノ如ク理論モ實例モ定マッテ居ル、又法律ヲ以テ勅令ヲ廢止シタル實例ト云フモノハゴザイマセヌ、此ノ如ク私ガ議論ヲ致シマスルトキハ似寄リタルモノガ澤山アルト、斯ウ來ルノデアル、本員劈頭ニ辯明致シテ置キマシタル通リ、論者ノ說ノ如クンバ承諾ノ有無ニ拘ラズ云々ト云フコトヲ申シタコトニ御注意ヲ願ハンケレバナラヌ、承諾以前ニ於テモ承諾以後ニ於テモ立法事項ナレバ修正改廢自在ナリト云フ論ナリト致シマシタナラバ――後ニ修正改廢ガ出來ルノデアッタナラバ、前ニモ修正改廢ガ出來ナケレバナラナイ、後ニ向ッテノ例ハ幾ラカアリマスガ、論ヲ强ウスル所以ニ於テ大切ナル前ノ方ニ付テノ例ト云モノハ全クナイ、ト云フコトヲ申スノデアリマス、此點ニ關シテハ尙大ニ論究スベキ點モゴザイマスケレドモ、要スルニ本案提出ノ理由ハ政友會諸君ノ大多數ノ御贊成ニナリマシタ通リ、第一第二ハ主タル理由デゴザイマシテ、第三ノ如キハ附從ノ理由デアッテ、唯學說上ノ爭ヲナスニ外ナラヌノデアリマスカラシテ、私ハ是以上申上ゲルコトハ致シマセヌ、他日緩々論議ヲ致スベキ機會ガアルデアラウト思ヒマス、此問題ニ付テ、此法案ニ付テ、大石君ハ委任立法タル本案ニ反對セラレテ、法律デモ勅令デモ問フトコロデナイ、議會ノ權能ヲ割イテ朝鮮總督ニ與フルコトハ政治上ノ理由ニ於テ斷ジテ不可ナリト云フ、御演說ノ下ニ本員ノ案ニモ一擊ヲ加ヘラレタノデアリマスガ、凡ソ立憲法治ノ國ニ於テ、法律ニモ據ラズ、勅令ニモ據ラズ、而シテ一國ヲ治ムル途ト云フモノハ何所ニアルカト云フコトニ向ッテ本員ハ甚ダ惑フノデアル、勅令モ要セズ、法律モ要セズ、議會ノ權能ヲ割イテ朝鮮總督ニ授クルコトハ危險デアル、其レ故ニ本案ニ反對デアル、ト云ハル丶モノトセバ、然ラバ何ニ依ッテ朝鮮ヲ治メルノデアルカト云フ點ニ於テ私ハ甚ダ惑フノデアリマス、委任立法ノ當否ハ憲法ノ問題トシテハ疑義ナリトハ本員ノ年來主張スルトコロデアル、疑義ナリト雖モ今日ノ議會ハ明治二十三年以來之ヲ認メテ、幾千幾百ノ實例ヲ存シテ居ルノデアリマスカラシテ、實際問題トシテ委任立法ノ憲法上ノ當否ヲ爭フコトハ政治上ニ於テハ全ク用ヲナサヌ、學理上ニ於テハ多少價ガゴザイマスルガ、政治上ニ於テハ用ヲナサヌ、ナサヌガ故ニ本員ハ誠ニ惜キ問題デゴザイマスケレドモ、三年前ヨリ違憲論ヨリ疑義論ニ移リ、今日ニ於テハ違憲ニモアラズ、疑義ニモアラズト云フ論定ヲ保ッテ居ルノデアル、而シテ此法案ヲ授クルヲ以テ危險ナリトセラル丶ハ、朝鮮總督ヲ信ゼラレザルガタメノミニ原因スルコトデアラウト思フ、人宜シキヲ得ザルガ故ニ、一國ヲ治ムル法律マデモ倂セテ葬ラントセラル丶ガ如キハ、本末輕重ヲ知ラザル甚シキモノト謂ハザルヲ得ヌノデアリマス、以上ノ理由ニ據リマシテ問題ニナッテ居リマストコロノ財政處分ニ關スル緊急勅令ニハ全體反對シ、本員提出ノ法令案ニ關シテハ滿場一致ヲ以テ御贊成アランコトヲ希望致シマス

○議長（長谷場純孝君）　鵜澤總明君

（法學博士鵜澤總明君登壇）

○法學博士鵜澤總明君　諸君、本員ハ此議題ニ對シマシテ政略上ノ意見ヲ述ベルダケノ力ノナイコトヲ甚ダ遺憾ト致スノデアリマス、併ナガラ此政略上ノ問題ニ付キマシテハ既ニ大石君、柴君カラシテ十分ニ御議論ガアッタコト、考ヘテ居リマスカラ、本員ハ本體ニ於テ帝國議會ニ附議セラレテ居ルトコロノ緊急勅令、是ハ果シテ承諾ヲ憲法ニ據ッテ與フベキモノナルヤ否ヤト云フ點ニ付キマシテ、審議ヲ致シマシタ結果ノ意見ヲ申述ベタイト思フノデアリマス、イロ／＼此帝國議會ヲ開カザルコトニ付テノ非難ガアリマシタガ、若シ條約前ニ於テデス、條約前ニ於テ何故ニ帝國議會ヲ開カザリシヤト云フ議論デアリマシタナラバ、此議論ハ緊急勅令ト相對シテ頗ル理由ノアルコトニ思フノデアリマス、併ナガラ此朝鮮ノ倂合ノ場合ニ於キマシテハ條約ノ批准ハ八月二十二日デアル、而シテ之ヲ公布セラレタノハ八月二十九日デアリマス、八月二十九日ニ於テ天皇ノ大權ノ作用ニ依ッテ條約ガ締結セラレテアル、條約ガ締結サレテ、今迄保護國ノ一部ガ日本ノ領土トナリマシタ以上ハ、之ニ依ッテ財政ノ處分ハ權利上ノ種々ノ關係ト云フモノガ當然生ジテ來ルト云フコトハ疑ナイ、而シテ此事柄ハ條約ノ卽日カラ生ジテ來ナケレバナラヌコトデアラウト思フノデアリマス、從ッテ此緊急勅令ニ付テ承諾ヲ與フベキモノデ有ルヤ無イヤト云フ問題議會ヲ開クコトノ暇アリシヤ否ヤト云フコトニ付キマシテハ、幾ド議論ヲスル餘地ガナイト考ヘテ居ルノデアリマス、併ナガラ國家ノ倂合ト云フコトハ將來屢々起ルベキ問題デアル、而シテ將來ニ於テ倂合スル場合ニ於テハ尙單純ナル條約ニ依ラズシテ國民ニ十分諮ッタナラバドウデアルト、斯ウ云フヤウナ議論ナラ格別デアリマスケレドモ、然ラザル以上ハ此勅令ノ內容ヲ一々吾々ガ調ベテ見マシテ、何故ニ議會ヲ開カザリシヤト云フ質問ニ對シテハドウモ議論ガ弱イヤウニ考ヘテ居ルノデアリマス、先ヅ此議題ニナッテ居リマス勅令ノ數ガ十一件アルノデアリマスガ、併ナガラ少シク之ニ付キマシテ內容ヲ御覽ヲ願ヒマスト、三百二十六號、ソレカラ三百二十七號、ソレカラ三百二十八號、是ハ孰レモ條約ノ其日ニ發布サレテ居ルトコロノ緊急勅令デアリマス、多大ナルトコロノ人口ヲ持ッテ居リ而シテ長イトコロノ歷史ヲ持ッテ居ル、ソレカラシテ從來ノ國際關係モアルシ、內國ノ種々ノ法律上ノ關係モアルノデアリマスカラ、何等カノ緊急ノ處分ヲ採ラヌト云フコトニナリマスト、折角倂合シタル朝鮮ノ國民ヲシテ全ク路頭ニ迷ハシムルト云フ結果ヲ生ズルノデアル、ソコデ勅令第三百二十六號ハドウ云フモノデアルカト申シマスルト、舊韓國政府ニ屬スル歲入歲出豫算ハ當分ノ內從前ノ儘之ヲ襲用ス、其日ノコトデアリマスカラ誰ガヤッテモ是以上ノコトハ餘程困難デアラウト思フノデアル、ソレカラ勅令第三百二十七號ハドウ云フコトニナッテ居ルカト云フト、所謂臨時恩賜金デアリマシテ、此場合ニ於キマシテモヤハリ直ニ之ヲ發布スルコトガ必要デアッタ事情ガアルト私ハ考ヘルノデアリマス、ソレカラ勅令第三百二十八號ハドウ云フコトニナッテ居ルカト云フト、從來保護國ノ關係ト致シマシテ、大藏省ノ預金部ハ韓國政府ノ負擔ニ屬スル債權債務ノ關係ガアルノデアリマス、卽チ保護ノ結果ト致シマシテ所謂債權債務ノ混同ガ起リマスカラ、此場合ニ於テ一般會計ノ負擔ニ屬セシムルト云フ規定ハヤハリ條約ノ結果當然必要デアラウト思フノデアリマス、ソレカラモウ一ツノ財政處分四百十八號デアリマスガ、此四百十八號ト云フモノハ成程チョット見マスルト一箇月ヲ經テカラ出テ居ルヤウニ思ハレル、倂ナガラ此

四百六號ノ内容ヲ御覽ヲ願ヒマスルト、其勅令ノ出シ方ニ於キマシテハ或ハ誤解デアッタカモ知ラヌノデアリマスケレドモ、又後トカラ承諾ヲ與フルヤ否ヤト云フコトニ付テハ、ドウモ仕方ノナイ關係ニ出來テ居ルノデアリマス(「ソレハ前カラ分ッテ居ル」ト呼フ者アリ)勅令第四百六號ト云フモノハ先ヅ本則ガ三箇條デアリマス、其三箇條ニハ特別會計ヲスル必要ガ生ジタト云フコトニナッテ居ル、ソレデ此本則ノ三箇條ニ付テハ何ニ依ッテ居ルカト申シマスルト、憲法第八條ニ依リマシテ先ヅ此法律ニ代ルダケノ命令ヲ出シテ居ル、此場合ニ併合後一箇月經ッテカラ何故ニ特別會計ニスル必要ガ起ッタカト云フコトニ付テハ、是ハ政略上ノ議論ト致シマシテハ、ヤハリ議論ガアルカモ知リマセヌガ、政略上ノ議論ト致シマシテハ、ヤハリ反對ノ議論モ出來ルノデアル、ソコデ法律ノ上カラ見ルト先ヅ緊急勅令ニ依ッテ一ノ法文ガ出來テ居ル、ソコデ此特別會計ヲ立ツルト云フコトニナルト、直ニ從來ノ關係ヲ變ジマシテ、ヤハリ財政上ノ或ル處分ヲ執ラナケレバナラヌト云フトコロカラシテ、直ニ九月二十九日ニ此緊急勅令ノ出ルト共ニ十月一日カラ共令ヲ施行スルコトニナッテ居ル、十月一日カラ之ヲ施行スルコトニナルト、前ノ財政處分ト後ノ財政處分トノ間ニ於キマシテ互ニ經過ノ規定ヲ設ケナケレバナラヌノデアリマスカラシテ、其經過處分ガ所謂附則ニ依ッテ四條カラ十一條マデ非常ナ附則ノ長イ規定デアリマスケレドモ、是ガ出テ居ルノデアリマス、斯ウ云フヤウナコトニナッテ居リマシテ、之ニ對シマシテモ同ク憲法ノ上カラ甚ダ不當デアル、斯ウ云フヤウナ議論ヲ容ル、餘地ガナイト考ヘテ居ルノデアリマス、ソコデ此憲法七十條ノ解釋ト云フモノニ付キマシテハ、ヤハリ公共ノ安全ノタメト云フコトガ目的デアルガ、此ノ如キ條約ヲ結ンデ直ニ財政上ノ處分ヲ執ル事柄ガ、ヤハリ公共ノ安全ノタメニ甚ダ必要デアル、其安全ノタメニ必要ナ處置ヲ執ッタモノデアル、斯ウ認ムルコトニ付テ差支ガナイト思フノデアリマスガ、併ナガラ斯樣ナ朝鮮ノヤウナ國ヲ併合スル際ニ於テ、其條約前ニ當ッテ何故ニ議會ヲ開イテ之ヲ諮ラザリシヤト云フ政略上ノ議論デアレバ、ソレハ別論デアリマス、併ナガラ其點ハ此緊急勅令ノ承諾ニ大シタ關係ノナイ問題ト思ヒマス、ソコデ財政上ノ處分ニ對シマシテ吾々ガ審査スルトコロノ結果ニ依リマスト、成程多少ノ不穩當ノ點ガアッタカ知リマセヌケレドモ、之ニ向ッテ承諾ヲ與ヘル外他ニ致方ガナイト思フノデアリマス、ソレカラ其他ニ付キマシテハ勅令第三百二十九號ハ是ハ此朝鮮ニ於ケル臨時恩賜ニ關スル件ノ規定デアリマシテ、是モ亦仕方ガナイ、ソレカラ勅令第三百三十號ハヤハリ會計ノ經理舊韓國政府ニ屬スル、財産ノ管理デアリマスカラシテ、是ハ前ノ勅令第三百二十六號ト相對シテ必要ナルトコロノ場合デアラウト思フノデアリマス、ソレカラ勅令第三百三十一號ニナルト、朝鮮カラ移入スル貨物ノ移入税等ニ關スル件デアリマスカラシテ、是モ國ハ一刻モ休ムコトハ出來ナイノデアリマスカラシテ、當時此ノ如キ場合ノ規定ガ要ルト思ヒマス、勅令第三百三十三號ハ内地、臺灣及樺太ト朝鮮トノ間ニ出入スル船舶及物件ノ檢疫及取締ニ關スル件デアリマスカラ、是モヤハリ必要デアラウト思フノデアリマス、ソレカラ勅令第三百三十六號ハ緊急勅令デハナイ、普通ノ勅令ノ三百三十五號ト致シマシテ特許法ト意匠法、實用新案法、商標法著作權法等ヲ朝鮮ニ施行シテ居ル譯デアリマスカラ、斯ウ云フ場合ニ於キマシテハ朝鮮ニ行レテ居ルトコロノ從來ノ法律ト新ニ施行スル法律トノ經過ノ規定ガナケレバナラヌノデアリマスカラ、ソコデ其經過ノ規定ガ勅令第三百三十六號デアリマス、ソレカラ勅令第三百三十七號ハ商標法ヲ朝鮮ニ施行スルコトニ關スル件デアリマシテ、是モ經過ノ規定デアリマス、勅令第三百三十八號ハ是ハ著作權法ヲ朝鮮ニ施行スルコトニ關スル件デアリマスカラシテ、是モ亦必要ナ法令デアル、斯ウ見テ差支ガナカラウト思フノデアリマス、サウ云フヤウナ次第デアリマスト是等ノ大體ノ勅令ニ付キマシテハ今日ドウモ承諾ヲ與ヘナイト云フトコロノ理由ヲ發見スルニ私ハ甚ダ苦ムト思フノデアリマス、其點ニ付キマシテハ全部私ハ委員長ノ報告通リ賛成致シタイト思フノデアリマス、次ニ殘ッテ居リマスノハ花井案ノ朝鮮ニ施行スベキ法令ニ關スル件デアリマスガ、是ハ既ニ花井君カラシテ十分ニ説明ガアリマシタカラシテ重ネテ餘計ナコトヲ申ス必要ハナイト思ヒマスケレドモ、尚一應何故ニ此法律案ガ必要デアルカト云フコトヲ述ベテ見タイト思フノデアリマス、先ヅ勅令第三百二十四號ニ依ッテ如何ナル制令ガ朝鮮ニ與ヘラレテ居ルカト云フコトヲ少シク見マスルト、此ノ如キ場合ハドウシテモ法律ニ讓ラナケレバナラヌト云フ理由ハ自ラ明白ニナルト思フノデアリマス、制令ハ朝鮮ニ先ヅ十三件程布カレテ居ルノデアリマス、其中デ就中重要ナルモノハ制令第一號ノ帝國法令ト韓國法令ノ關係ノ規定ヲ示シタモノデアリマス、ソレト制令第五號ノ舊韓國法トソレカラ朝鮮財政ト云フモノヲ示シテ居リマス、ソレカラ制令第六號ニ依リマシテ裁判所構成法施行ノ件、ソレカラ制令第十號ニ依ッテ犯罪即決例、制令第十一號ニ依リマシテ民事訴訟規定ニ關スル件、制令第十二號ニ依リマシテ辯護士規則、制令第十三號ニ於テヤカマシイトコロノ會社令ト云フモノガ布カレテ居ル、是等ガ總テドウ云フ順序ニ於テ布カレテ居ルカト申シマスト、何レモ重要ナル立法ノ事項デアルニ拘ラズ之ヲ緊急勅令ニ依リマシテ議會ト云フモノヲ全ク無視シテ、議會以外ニ此勅令ニ依ッテ此ノ如キ制令ヲ朝鮮ニ布カシメル、斯ウ云フヤウナ状況ニナッテ居ルノデアリマスカラ、斯樣ナ必要ナルトコロノ法律上ノ規定ニ關スル部分ハ之ヲ以テ先ヅ法律案ニ讓ッテ、而シテ此議會ト協同シテ十分商議シタ上ニ出スコトノ方ガ將來ハ必要デアルマイカ、斯ウ云フヤウニ考ヘテ居ルノデアリマス、既ニ勅令ガ從來出テ居ッテ今日ニ至ルマデハ先ヅ效力ヲ持ッテ居ルノデアリマスカラ、今日マデノ苦情ヲ言ッタトコロデ仕方ガナイ、併ナガラ將來ヤハリ此議會ノ權能ヲ、ソッチ除ケニシテシマッテ、サウシテ單純ナル緊急勅令ノ效果トシテ濫リニ法律ヲ出スコトハ餘程考ヘナケレバナラヌコト、思ヒマス、諸君ノ御承知ノ通リニ憲法ノ多クハ三權分立論ノ主義ニ出來テ居ルノデアリマス、併ナガラ其後新シイトコロノ領土ノ加ハルコト、或ハ他ノ領土ヲ合併スル、此場合ニ於キマシテ三權分立ノ主義ヲ嚴正ニ適用スルコトノ出來ナクナッタメニ、種々ナル解釋ヲ取ッテ調和ノコトヲ講ジテ居ルノデアリマス、獨リ新領土ノミナラズ國内ニ於キマシテモ一々其立法府ガ僅ニ三箇月或ハ二箇月ノ期間ニ於テ、國内ニ行ハルベキ總テノ法律關係ヲ規定スルコトハ甚ダ困難デアリマスカラ、先ヅ立法府ト行政府トノ協同ニ依リマシテ、之ニ處スルトコロノ相當ノ處置ヲ執ルト云フコトニナッタノデアリマシテ、三權分立ノ主義ヲ害セザル範圍ニ於キマシテ互ニ相牽制スルノデナクシテ、互ニ相助合フト云フトコロノ精神カラ一種ノ委任命令ノ如キモノガ出來テ來テ居ル、日本ニ於キマシテモ明治二十三年以來出來テ居ル、斯ウ云フヤウナ譯デアリマスガ、サウ云フヤウナ事柄ガ段々新領土ノタメニ益々利用サレルト云フ傾向ヲ生ジテ居ルノデアリマス、サウ云フヤウナ場合デアリマスナラバドウ云フトコロカラ見マシテモ、先ヅ此勅令ト云フモノダケデアッテ、議會ニ諮ラズシテ仕事ヲスルヨリモ、議會ノ立法權ノ範圍内ニ於テ行政權ト協同ノ仕事ヲスルコトガ甚ダ憲法ノ精神ニモ適ヒ、又議會ノ協贊權ヲ重ンズルトコロノ所以デアラウト思フノデアリマス、而シテ此法律案ニ於キマシテハ提出ノ理由ニ付テハ花井君ガ先程論ゼラレタ通リニ緊急勅令ト雖モ法律ヲ以テ廢止スルコトガ出來ナイト云フ議論ヲ以テ花井君ハ本案ヲ提出サレタ、ソレカラシテ松田君ヨリ之ニ反對ガアリマシテ、緊急勅令ト云フモノハ法律ヲ以テ改廢スルコトハ自由デアル、緊急勅令ニ關スル條件付ノ承諾、或ハ承諾スル前ニ之ヲ變更スルト云フヤウナコトハ出來ヌケレドモ、之ヲ改廢スルコトガ出來ルモノデアル、斯ウ云フヤウナ議論ノ二ツガアッテ、此議論ハ學者ノ間ニモイロ〳〵アルコトデアラウト考ヘテ居ルノデアリマスルガ、吾々ハ所謂緊急勅令ニ對シマシテハ法律ト全ク獨立シマシテ法律ニ依ッテ廢止スルコトノ出來ナイ勅令、ソレカラ緊急勅令ノ如キハ效力ノナイ法律ト同一デアルカラシテ法律ニ依ッテ改廢スルコトノ出來ルモノデアル、斯ウ云フヤウナ見解ヲ取ッテ勅令ハヤハリ法律ニ依ッテ改廢スルコトノ出來ルモノデアル、斯ウ云フ趣旨ニ於テ花井案ニ贊成シタヤウナ次第デアリマスガ、先ヅ何レノ方面カラ見マシテモ此法案ハ甚ダ必要デアッテ、而シテ緊急勅令ニ於ケルガ如クニ其第一條ニ於キマシテ無限ニ此立法ノ權ヲ直ニ此議會ニ何等諮ルコトナクシテ他ニ與ヘルト云フヤウナコトニ見ルヨリハ法律案ヲ以テ之ヲ出シテ吾々ハ立法權ト行政權トノ此共同ノ働ヲ明白ニスル方ガ甚ダ穩當デアラウト斯樣ニ信ズルノデアリマス、右ノヤウナ次第デアリマスカラシテ、總テ委員長ノ報告通リ御贊成ヲ願ヒタイノデアリマス(拍手起ル)

(「討論終結」ト呼フ者アリ)

○議長(長谷場純孝君) 卜部喜太郎君

○清水市太郎君 議長、唯今ノ御演説ニ對シテ御尋ヲシタイコトガアリマス

○議長(長谷場純孝君) 卜部君ニ發言ヲ許シマシタ

(「ヤルベシ〳〵」ト呼フ者アリ)

(卜部喜太郎君登壇)

(拍手起ル)

○卜部喜太郎君 諸君、唯今議事ニ上ッテ居リマスル合計十一ニ亙リマスルトコロノ事後承諾案ハ何レモ憲法上重大ナル問題デアリマシテ、若シ此緊急勅令ノ中ノ唯一ツナリトモ議會滿場ノ容ルヽトコロトナラズシテ議會ガ之ニ承諾ヲ與ヘナイト云フヤウナモノガ一ツアリマシテモ、無論政府ノ責任ヲ負フベキ問題デアラウト思フノデアリマスル、今マデモイロ〳〵議論ノアリマシタ如ク、事後承諾案ハ分ケテ二種トスルノデアリマスル、其第一ハ憲法ノ第八條ニ據リマスルトコロノ法律ニ代ルベキ緊急勅令デアル、第二ハ憲法ノ第七十條ニ據ルトコロノ財政上ノ緊急處分デアリマスル、而シテ此多クノ緊急勅令中デ最モ議論ノ種トナッテ居リマスルノハ勅令ノ第三百二十四號デアリマスルケレドモ、此三百二十四號ハ今日ノ議事日程ニ上ッテ居ラヌノデアリマスルカラシテ、イヅレ他日此本會議ノ上ニ於テ大ニ議論ヲ鬪ハスベキ問題デアルノデアリマスル、勅令ノ第三百二十四號ヲ除キマスルト云フト、勅令第三百二十七號ノ財政上ノ緊急處分ガ是モ必要ナル問題デアリマスルガ、此問題ニ付キマシテモ既ニ花井君大石君等ヨリ十分ニ説明ガアッタ點デゴザイマスルカラシテ、私ハ時間ヲ節約シ且成ルベク簡明ニ自己ノ意見ヲ述ベルト云フ便宜ノタメニ細カイ議論ハ避ケルノデアリマスル、大體ニ於テ此承諾ヲ與フベシト云フ議論ノ諸君ノ説ヲ伺ヒマスルト云フト、何カ此朝鮮合併ト云フコトハ豫期モセズ、偶然ニ起ッタ事柄デアッテ、狼狽シテ此始末ヲ著ケナケレバナラヌト云フ問題ノヤウニ思ハレルノハ、之ハ甚ダ此韓國合併ノ由來ト云フモノヲ忘レタトコロノ議論デアラウト思フノデアリマス(拍手起ル)韓國合併ト云フ事柄ハ一年ヤ二年ノ間ニ突然ト起ッタ問題デハナイノデアリマス、古イ歴史上ノコトハ暫ク措キマシテ現ニ統監府ヨリ公ニサレマシタトコロノ韓國合併顚末書ト稱スルトコロノ此書物ヲ一讀ナサレタナラバ、此韓國合併ト云フ問題ハ「ポーツマス」ノ條約、日英同盟約款ニ既ニ其原因ヲナシテ居ルノデアリマスル、ソレニ續イテ明治三十八年ノ十一月ノ十七日ノ日韓新協約ト云フモノガアリマスルガ、此日韓新協約ニ據ッテ初メテ統監府ヲ置イテ、韓國ノ外交權ト云フモノヲ我ニ收メタノデアリマスル、ソレニ續イテ裁判、警察等一切ノ韓國ノ内政ト云フモノハ悉ク統監ノ手ニ歸シタノデアリマスル、爾來既ニ四年有餘ノ歳月ヲ經過致シマシテ韓國ノ政治上ノ實權ト云フモノハ悉ク我國ノ手ニ歸シテ居ルト云フ事柄ハ之ハ事實デアリマスル、ソレ故ニ韓國合併ノ條約ト云フノハ唯一片ノ形式ニ止ッテ、其實ハ既ニ疾ク韓國ト云フモノハ我國ニ合併サレタルトコロノ實ヲ持ッテ居ッタモノデアルト云フコトヲ申シテモ決シテ過言デハナイノデアリマスル、然ラバ政府ハ既ニ統監府ヲ置イテ四年以上モ經過シテ居ルノデアリマスカラ、著々其準備ト云フモノヲ致シマシテ、萬違算ナキ筈デアルニモ拘ラズ、韓國合併ニ對シテハ非常ニ狼狽ヲシテ何事モ議會ニ諮ラズ、法律モ財産上ノ處分モ總テ議會ニ諮ラズシテ之ヲ獨斷ニ擅行スルト云フヤウナコト、云フモノハ、實ニ韓國合併ノ由來ト云フモノヲ全ク忘却シタモノト言ッテモ差支ナイノデゴザイマスル(拍手起ル)多クノ緊急勅令ノ内容ニ付テ今算ヘ舉ゲテ一々申ス必要ハアリマセヌガ、私ハ勅令ノ第三百二十六號ト、勅令ノ第三百三十號ト、勅令ノ第三百四號ト云フモノニ付テ其内容ト云フモノガ、果シテ憲法ノ規定ニ基クトコロノ法律ニ代ルベキ緊急勅令タル價ヲ持ッテ居ルモノデアラウカ、憲法第七十條ノ財政上ノ緊急處分ト云フモノニ該當スルモノデアラウカト云フ點ニ止メテ、少クトモ此三ツノ勅令ト云フモノハ憲法違反デアルト云フコトヲ私ハ斷言シテ憚ラナイノデアリマスル、今マデノ反對ノ論者ハ帝國議會ヲ開クコトノ出來ナイ狀況デハナカッタノデアル、憲法第八條ノ處分ト云フモノヲ爲スベキ場合デハナイト云フコトニ付テ力ヲ籠メラレタノデアリマスルガ、假ニ政府ノ見ルガ如ク内外ノ情形ニ依ッテ帝國議會ヲ開クコトノ出來ナイ事情ノアッタモノデアル、憲法第八條ニ據ッテ法律ニ代ルベキトコロノ緊急勅令ヲ發スベキ必要ノアッタモノデアルト假定致シマシテモ、勅令第三百二十六號勅令第三百三十號竝ニ勅令第三百四十號ト云フモノハ確ニ憲法違反デアルト云フコトヲ斷言シテ、是ヨリ其理由ヲ述ベントスルノデアリマスル(「謹聽々々」ト呼フ者アリ)勅令ノ第三百二十六號ハ帝國憲法第七十條ニ據リ財産上必要ノ處分デアルト云フノデアリマスル、然ルニ其内容ヲ見マスルト云フト「舊韓國政府ニ屬スル歳入歳出ノ豫算ハ當分ノ中從前ノ例ニ之ヲ襲用ス」トアルノデアリマスル、韓國ノ合併ト共ニ朝鮮總督府ト云フモノガ新ニ設ケラレマシテ、其政治ニ關スル幾多ノ經費ヲ要スルト云フコトハ申スマデモナイコトデアリマスルガ、其經費ヲ要スル點ニ付テモ相當ノ財政ノ計畫ト云フモノガナケレバナラヌノデアリマス、然ルニ勅令第三百二十六號ハ舊韓國政府ニ關スル歳入歳出ノ豫

算ハ當分ノ中從前ノマヽ之ヲ襲用ストノミ示シテアッテ其財産ノ緊急處分トシテノ内容ト云フモノハ少シモ示シテナイノデアリマス、諸君ガ之ヲ財政上緊急處分ナリトシテ是ニ協贊ヲ與ヘ、是ニ承諾ヲ與ヘラレントスルノデアリマスルガ、舊韓國政府ニ關スルトコロノ歲入歲出ノ豫算ノ内容ト云フモノハ、ドウ云フモノデアリマスカ、何千何百万圓ノ金ガドウ云フ豫算ノ款項ニ編輯セラレテ、ドウ云フ使途ニナッテ居ルト云フ事柄ハ、此勅令ソレ自體ニ於テハ少シモ見ルコトガ出來ナイノデアリマス、苟モ帝國議會ノ協贊ヲ經ベキ豫算ニ關シテ憲法ノ條規ニ則ッテ緊急ノ處分ヲスルト云フナラバ勅令ソレ自體ニ於テ其緊急ノ財産處分ノ内容ト云フモノヲ示シテ置カナケレバ何ノコトデアルカ分ラヌデハアリマセヌカ、勅令第三百二十四號ニ付テハ吾々ニ向ッテ白紙ノ委任狀ヲ出セト云フコトヲ迫ッテ居リマスガ第三百二十六號ニ於テハ何モ其豫算ノ内容ヲ示シテナイ之ニ承諾ヲ與ヘヨト云フテモ之ヲ可ナリトシ、之ヲ不可ナリトスルニハ、何ニ依ッテ決定スルコトガ出來ルノデアリマセウカ、鵜澤君ガ先刻各勅令ニ對シテ甚ダ輕妙ニ恰モ何等ノ問題モ伏在シテ居ラヌカノ如ク言ハレ、輕々ニ看過セラレテ居ルノデアリマスガ、歲入歲出ノ豫算ハ當分ノ中從前ノマヽ襲用ストト云フノミデハ何ノコトヤラ一向分ラヌデハアリマセヌカ、之ヲ諒ンデ諸君ガ成程舊韓國政府ニ關スル豫算ト云フモノハ斯ウ云フモノデアルト云フコトガ御分リニナル諸君ガ一人デモアッタラ私ハ御目ニ懸リタイノデアリマス、斯樣ナモノガ憲法第七十條ニ依ルトコロノ財産上ノ緊急處分ソレ自身デアルナド、云フコトハ何カラ申スノデアリマセウカ、ドウゾ十分ニ御研究ヲ願ヒタイノデアリマス、ソレカラ勅令第三百二十六號ニ卒聯致シテ、ヤハリ三百三十號デアリマス、此三百三十號ハ韓國ノ歲入歲出ニ關スル會計法ヲ定メタモノデアリマス、然ルニ其勅令ヲ見マスルト明治四十三年勅令第三百二十六號ニ依リ豫算ニ關スル會計ノ經理及舊韓國政府ニ屬シタル財産ノ管理ニ關シテハ當分ノ中從前ノ例ニ依ル、是ガ憲法第八條ニ依ル法律ニ代ルベキ緊急勅令デアルト云フコトデアリマス、苟モ憲法第八條ニ依ル緊急勅令デアルト云フナラバ、其緊急勅令自體ニ於テ法律ノ内容ヲ備ヘテ居ナケレバナラヌノデアリマス、即チ法律ニ代ルベキ勅令デナケレバナラヌノデアリマスガ、當分ノ中從前ノ例ニ依ルト云フコトノミデ、此中ニ何ノ會計法ガ書イテアルノデアリマスカ、國民ハ法律ニ代ルベキ勅令第三百三十號ヲ一讀シテ、是ガ朝鮮ノ歲入歲出ニ關スル會計ノ法規デアルト申シマシテモ、其法規ノ内容ト云フモノガ此勅令ノ中ニ書イテナイノデアリマスカラ、當分ノ中從前ノ例ニ依ルト云フノミデハ、即チ勅令ノ體ヲ成シテ居ラヌノデアリマス、此點ニ關シテ委員會ニ於キマシテ政府委員ニ説明ヲ求メタノデアリマスガ、當分ノ中從前ノ例ニ依ルトカ、或ハ外國ノ例ニ依ルト云フ事柄ハ往々法律上ニアルコトデアルカラ差支ナイノデアル斯ウ云フ答辯デアッタノデアリマスケレドモ、此從前ノ例ニ依ルト云フコトハ舊韓國ノ會計法ニ依ルト云フコトデアリマセウケレドモ、舊韓國ハ明治四十三年ノ八月二十九日ニ日本國ニ合併セラレテ朝鮮ト云フ名前ノ行政區劃ニ變ジタノデアリマス、其故ニ舊韓國ノ會計法ナド、云フモノハ今日ハ天下ニ存在シテ居ラナイモノデアル、世ノ中ニ存在シテ居ラナイトコロノ舊韓國ノ歲入歲出ト云フモノハ當分ノ中其豫算ヲ從前ノ通リニ之ヲ襲用スル——世ノ中ニナイトコロノ韓國ノ會計法ト云フモノヲ當分ノ中從前ノ例ニ依ルト云フヤウナ事柄ヲ勅令ニ書イテアッテモ、何ノ效モナイノデアリマス、即チ勅令ノ第三百二十六號ト第三百三十號ト云フモノハ法律ニ代ルベキ緊急命令ニアラズ、憲法第七十條ノ財政上ノ緊急處分デナイノデアル、諒ンデ何ノコトヤラ意味ノ分ラヌ勅令デアルト申シテモ一向差支ナイノデアリマス、而シテ此二ツノ勅令ト云フモノハ其自體ト云フモノガ甚ダ大切ナルモノデアリマス、韓國ガ日本國ニ合併セラレタ以上ト云フモノハ舊韓國ノ歲入歲出ニ關スルトコロノ總テノ財産上ノ事柄ト云フモノヲ日本政府ニ引繼ガナケレバナラヌノデアリマス、又舊韓國ニ關スル總テノ財産ノ經理ノ方法ト云フモノモ無論日本國ニ於テ立テナケレバナラヌノデアリマス、然ルニ單ニ勅令ソレ自體ニ當分ノ中從前ノ例ニ依ルトカ、或ハ又從前ノマヽ之ヲ襲用スト云フダケデハ何デ此勅令ト云フモノヲ實地ニ適用スルコトガ出來ルデアリマセウカ、此勅令ニ依ッテ財政上ノ處分ヲシテ往カナケレバナラヌ、此勅令ノ規定ニ依ッテ此會計ノ經理ヲシテ往カナケレバナラヌト云フノデアリマスケレドモ、勅令ノ上ニハ少シモ其内容ヲ示シテ居ラヌノデアリマスカラ、何ニ依ッテ此總テノ活動ト云フモノヲヤッテ行クコトガ出來ルノデアリマセウカ、是ハ實ニ容易ナラヌ問題デアルト私ハ思フノデアリマス、更ニ勅令第四百六號ニ至リマシテハ更ニ駭クベキモノガアルノデアリマス、豫メ反對論ノアルベキコトヲ考ヘラレテ鵜澤君ヨリ聯辯明ニナッタ點モアリマスガ、勅令ノ第四百六號ト云フモノハ明治四十三年九月二十九日ニ發布セラレタトコロノ緊急勅令デアリマス、サウシテ此緊急勅令ハ何ニ依ッテ發セラレタノデアルカト申シマスト、憲法第八條竝ニ第七十條ニ依レルトコロノ處分デアリマス、然ルニ憲法第七十條ニ依リマスト前ニモ議論ノアッタ通リニ「内外ノ情形ニ因リ政府ハ帝國議會ヲ召集スルコト能ハサルトキハ勅令ニ依リ財政上必要ノ處分ヲ爲スコトヲ得」トアリマス、朝鮮既ニ我國ニ合併セラレ、而シテ凡テ緊急ノ事項ト云フモノガ處理セラレタル曉ニ於テ四十三年九月二十九日ニ至リテ、倘議會ヲ開クコトガ出來ナイ狀況ガ存シテ居ッタノデアリマセウカ、韓國併合ニ關スルトコロノ必要ノ處分ヲ爲シマスル間際ニ當リテハ、或ハイロ〳〵ノ事情ノ下ニ事ヲ急速ニ決行シナケレバナラヌ場合モアッタデアリマセウケレドモ、既ニ平穩無事ニ併合ヲ終ッテ一月ヲ經過シタトコロノ九月二十九日ニ至ッテモ、倘議會ヲ開クコトガ出來ナカッタノデアラウカ、而シテ此緊急勅令ト云フモノハ何時カラ實行サレルト申シマスレバ、四十三年ノ十月一日ヨリ實行サレルノデアル、四十三年ノ十二月ニナリマシタナラバ立派ニ議會ヲ開ケルノデアリマスルガ、僅ニ其間一二箇月ヲ待ツコトガ出來ナイデ、而モ議會ヲ開クコトノ出來ナイ狀況ナキニモ拘ラズ、此ノ如キ緊急勅令ト云フモノヲ濫發シタ責任ト云フモノハ到底私ハ政府ハ免カレルコトノ出來ナイ點デアラウト思フノデアリマスル（拍手起ル）多クノ緊急勅令ノ中デ重要ナルモノニ付テ既ニ議論ガアッタノデアリマスルガ、唯今私ガ數ヘ上ゲマシタトコロノ勅令三百二十六號竝ニ三百三十號竝ニ四百六號ノ緊急勅令ト云フモノハ確ニ憲法違反ノ緊急勅令デアルト云フコトニ付テハ少シモ疑ヲ挾ムベキ餘地ハナイノデアリマスル、餘リ緊急ノ勅令ガ濫發サレテ數ガ多イモノデアリマスルカラシテ、其最モ主ナルモノニ付テハ諸君ガ十分ニ御注目ニナッテ居ルノデアリマスルケレドモ、一ツ一ツ數ヘ上ゲテ其内容ヲ詮議スルト云フコトニ付テハ餘リニ諸君ガ注意ノ足ラザルコトヲ私ハ憾ムノデアリマスル（「ヒヤ〳〵」ト呼フ者アリ）私ガ申シマスル如ク一々其内容ヲ詮議致シマスルト今申スガ如クドウシテモ憲法上如何ニシテモ承諾ヲ與ヘルコトノ出來ナイ此勅令ト云フモノガ幾ツモアルノデアリマスルカラ、斯ウ云フモノハ十分ニ區別ヲシテ吾々ノ職責ヲ盡ス上ニ於テ此憲法ノ規定ト云フモノヲ飽クマデ擁護スル上ニ於テ十分ニ注意ヲ私ハ拂ハナケレバナラヌ點デアラウト思フノデアリマスル(拍手起ル)諸君緊急勅令ハ合セテ十二濫發セラレタノデアリマスルガ、顧ミテ帝國憲法ノ條規ヲ一讀ヲ願ヒマシタナラバ斯様ナル重大ノ案ニ向テ輕々ニ承諾ヲ與ヘルコトノ出來ナイト云フ事柄ハ本員ノ口ヨリ申上ゲルヨリモ寧ロ憲法ノ明文之ヲ許サズト云フコトヲ申上ゲタ方ガ最モ適當ノコトデアラウト思フノデアリマスル、帝國憲法ノ第五條ニハ「天皇ハ帝國議會ノ協贊ヲ以テ立法權ヲ行フ」第三十七條「凡テ法律ハ帝國議會ノ協贊ヲ經ルヲ要ス」第六十四條「國家ノ歳入歳出ハ毎年豫算ヲ以テ帝國議會ノ協贊ヲ經ヘシ」第四十三條「臨時緊急ノ必要アル場合ニ於テ常會ノ外臨時會ヲ召集スヘシ」斯様ニ明文ガアルノデアル、諸君ハ憲法モ能ク御覽ニナラナイデ此職責ヲ盡サントスルノガ誤ッテ居ルノデアル(「ノウく」ト呼フ者アリ)唯今私ガ念ノタメニ列擧シタトコロノ憲法ノ條規ト云フモノハ緊急勅令ヲ濫發セラレタルガタメニ悉ク無視セラレテ居ルノデアリマスル(拍手起ル)而シテ帝國議會ノ存スル所以、諸君ガ今日此議席ニ着イテ此案ノ討議ヲセラル、ノモ亦私ガ唯今列擧シタトコロノ憲法ノ條章ニ則ッテ居ルノデアリマスル、然ルニ政府ガ此ノ如ク多クノ緊急勅令ヲ濫發シタルガタメニ是等ノ條規ト云フモノハ悉ク無視セラレテ居ルト云フ事柄ハ言葉ヲ繰返シテ申シテ置カナケレバナラヌ點デアラウト思フノデアリマスル(拍手起ル)ソレ故ニ此總テノ緊急勅令ト云フモノハ憲法ノ規定ニ背イタモノデアッテ、所謂憲法第八條並ニ憲法第七十條ノ規定ニ則リタル適當ナル緊急勅令ナリトシテ之ヲ認メルコトガ出來ナイノデアリマスルカラシテ、全部之ニ向ッテハ承諾ヲ與フベカラズト云フノガ、本員等ノ固ク執ッテ動カナイトコロデアッテ、又是レ憲法擁護ノ途ニ於テ最モ其當ヲ得ルトコロノモノデアルト云フコトヲ信ジテ疑ハナイノデアリマスル、恐クハ諸君ガマサカニ此情意投合ノ犧牲ノタメニ憲法ノ條規マデモ無視スルト云フヤウナ致方ハ致サレナイデアラウト云フコトヲ私ハ固ク信ズルガ故ニ、多キヲ言ハズ、諸君ノ眞心ニ愬ヘテ公明ナル判斷ヲセラレルコトヲ私ハ望ムノデアリマスル

○清水市太郎君　議長チョット御尋シタイ

○議長(長谷場純孝君)　質疑デスカ

○清水市太郎君　唯今三君ノ御演説ニ對シテ

○議長(長谷場純孝君)　極ク簡單ニ御述ベアランコトヲ望ミマス

○清水市太郎君　簡單デアリマス

(「登壇々々」ト呼フ者アリ)

(清水市太郎君登壇)

○清水市太郎君　本員ハ大體政府ノナサレルトコロニ對シテハ大ニ反對スルトコロガアルモノデアリマス、併ナガラ此朝鮮ノ併合ニ際シテ發セラレタル緊急勅令ノ件ニ關シテハ贊成デアル(「何ヲ言フノダ」ト呼フ者アリ)

○議長(長谷場純孝君)　質問ノ趣旨ヲ御述ベナサイ

○清水市太郎君　其譯ハ質問ノ趣旨ハ先刻來花井君ノ言ハレルトコロヲ聽キマスルニ、憲法第八條第七十條ニ政府ハ反對シテ居ルト云フ御議論デアル、併ナガラ是ハ其憲法第七十條ハ緊急勅令ヲ發スルコトノ出來ル場合ガ規定シテアル、其緊急勅令ヲ發スル場合デアッタカ、ナカッタカト云フコトハ判斷ニ依ッテ決スルノデアル、而シテ朝鮮當時ノ狀態ヲ考ヘマスレバ實ニ(「何ンデスソレガ質問カ」ト呼フ者アリ)憲法第七十條ノ緊急勅令ヲ發スルコトノ出來ルト云フノト出來ヌト云フノハ解釋ニ依ッテ異ナル、其解釋ハ憲法第七十條ヲ花井君ハ戰爭ノ場合ト若クハ議會ガ解散シテ居ル場合ニ限ラレル……

○議長(長谷場純孝君)　清水君ニ警告シマス

○清水市太郎君　サウ云フトキニ緊急ダト認メラレタ、併ナガラ戰爭ハ決シテ現ニ起ッテ居ル戰爭バカリヲ言ハナイ、將ニ起ルベキ事變ヲ豫想シタトキモ亦此緊急勅令ヲ發スルコトガ出來ルノデアル、ソレデアリマスカラ苟モ朝鮮併合ト云フコトヲ其併合前ニ於テ中外ニ發表シタナラバ如何ナル事變ガ出來スルカモ分ラヌト云フコトヲ政府ガ豫想シテ、其豫想シタノガ適當デアッタナラバ、卽チ憲法違反ニナラナイノデアル

(「誰ニ質問シテ居ルカ」ト呼フ者アリ)

○議長(長谷場純孝君)　清水君、討論ナラ許シマセヌ、通告ガアリマス

○清水市太郎君　憲法ノ疑義ニ對シテ御尋スルノデアリマス、憲法ノ第七十條ハ決シテ戰爭ガ現ニ起ッテ居ル場合ヲ想像シタノデハナイト私ハ思フノデ、此點ニ對シテ大ニ疑ヲ存スルノデアル、而シテイロく御話ガアリマシタガ、其起ルベキ事變ヲ豫想スレバ幾ラモアルノデ、誰モ「ポーツマウス」平和條約ノトキニ伊藤公ガ毒手ニ殪レルト云フコトヲ豫想シタモノハナイ、ソレデアリマスカラ如何ナル事變ガ發生スルカ分ラナイ……

○議長(長谷場純孝君)　清水君、清水君發言ヲ中止シマス

○清水市太郎君　其事變ノ發生ヲ豫想シテ政府ガ適當ニ之ヲ臨機ノ處分ヲセラレタコトハ憲法違反デナイ、斯ウ云フ意味デアリマス、憲法第七十條ノ意味ハ解釋次第デス

○議長(長谷場純孝君)　清水君發言中止ヲ命ジマス――鳩山和夫君

(法學博士鳩山和夫君登壇)

○法學博士鳩山和夫君　諸君、此比較的大キイ問題デアッテ國家ノタメニハ隨分大切ナル問題デアルニ拘ラズ、何ダカ今日ノ討議ハ物足リナイヤウナ心持ニ今マデハ拜聽致シマシタ、併ナガラ私ガ是カラ言ハントスルトコロモヤハリ平々凡々デアラウト思フノデアリマス、何ントナレバ一體餘リ論議ヲ盡スベキ場所ガ無イノデアルデス、斯様ナ分リ切ッタ問題ニ付キマシテハサウ面白イ議論ハ出ナイ筈デス、殊ニ大石君ノ如キ雄辯家デモ雄辯ガ出ナイノデスカラ、私ヂヤ尙駄目ダト思ヒマス、其事ガ諸君ニ分ルト餘程何カアルトコロヲ諸君ニ分ラシメタコトニナルト思フノデアル、本來此朝鮮合併問題ト云フモノハト部君ノ言ハレタ通リ、隨分前カラ噂ニハアル問題デアル、人ノ噂ニハアッタ問題デアッテ、ソレハ「ポウツマウス」條約ドコロデハナイ、モット古ク日本ノ古イ歷史ニ入ッテ豐臣秀吉ナドモサウ云フコトヲ考ヘテ居ッタト思フノデスカラ(「問題外」ト呼フ者アリ)近來ノ問題デナイカヲ日本人ハ大分古ク、議會開設以前カラシテ此問題ハ考ヘテ居ッタ問題デ、或ハ明治二十三年ニ憲法ヲ布キ、帝國議會ヲ開イタトキニ之ヲ豫期シテ一ノ議題トシテ居ッタナラバ、早手回シデアッタカモ知レナイノデアル、併ナガラサウ云フコトハ出來ナイ、而シテモウ一ッ此問題ニ付テ記憶シテ置キタイコトハ、朝鮮合併問題ト云フモノハ唯今私ノ言フ通リ、古ク日本人ノ頭ニアッタト同時ニ憲法制定者ノ憲法ヲ起草スルトキニ新領土ヲ日

本ニ合併スルト云フコトガアッタカ否ト云フコトハ是ハ問題デアルト思フデス、或ハ臺灣ノ合併或ハ朝鮮ノ合併ト云フコトハ憲法起草者ノ頭ニハ無カッタカトモ思フノデアル、アッタナラバ斯ウ云フ場合ニ適應スベキ箇條ガモウ少シ上手ニ、モウ少シ器用ニ出來テ居ッタカモ知レナイト思フノデアル、併ナガラ朝鮮合併ト云フコトハ事實トシテ此聖明ナル　今上陛下ノ御世ニ行ハレルコトニナッタ、甚ダ結構ナコトデ之ニ對シテハ上下共ニ皆喜ンデ居ルノデス、此時ニデス、憲法ノ條章ガ丁度之ニ適應スルモノガアリヤ否ヤ、此憲法ノ明文ニ反カズシテ相當ノ處分ヲナシテ行クト云フコト、是ハ政治家ノ職務デアルノデス、此場合ニ於キマシテハ學者ハ學者トシテ大學ノ隅ニ於テナリ何レノ場所ナリニ於テ勝手ナ議論ヲスルガ宜イノデアル、政治家ナルモノハ其學説ニ拘泥シテ大事ナ眼前ノ目的ヲ呑過スルト云フコトハ出來ナイ、極ク近イ例ヲ取レバ朝鮮合併ニ付テハ委任命令ト云フコトハ憲法ニ於テ許シテアル方ガ宜イ、憲法第五條之ヲ禁止シタルガ如クデアル、斯ウ考ヘタナラバ合併前ニ憲法ヲ改正シタナラバ學者ハヤカマシイコトヲ言ヘナイデセウ、併ナガラ此コトヲ行フ前ニ憲法ノ改正抔ト云フコトガ到底行ヘルモノデナイ、併ナガラ今ノ憲法ハ政治家ガ讀メバデス、ヤハリ此憲法ニ依ッテ合併ニ對スル相當ノ處置ヲナス――ハ出來ルノデアル、委任立法是ハ憲法違反デアルト學者ハ言フ併シ政治家ハ疾ニ此問題ハ極メテシマッテ居ル、臺灣ニ對シテ委任立法ヲ行ッテ居ルデハナイカ、事實憲法ヲ解釋シテ居ルデス、事實ヲ以テ確ナル解釋ハ憲法ノ上ニ下スベキコトハナイト思フ、委任立法ハ事實トシテ政治家仲間ノ間ニハ此憲法ノ下ニ行ヒ得ルト云フコトハ、モウ極ッテシマッテ居ルノデアル（「憲法蹂躙ナリ」ト呼フ者アリ）學者ハ蹂躙トカ何トカ言フデス、ソレカラ其次ニ責任立法ト云フモノハ憲法ノ條章ノ下ニ爲シ得ルト云フコトデアルナラバ、其次ニハ緊急勅令ヲ以テ委任立法ヲ爲シ得ルカ、或ハ法律ニアラザレバ委任立法ヲ爲シ得ザルカト云フ、是亦憲法ノ條章ガ明カニ我々ニ敎ヘテ居ル、是ハ解釋モ何モ要ラナイ、憲法ノ第八條ハ――憲法ノ第八條ハ或場合ニ於テ法律ニ代ルベキ緊急勅令ヲ政府ガ出スコトヲ許シテアル此緊急勅令ハ卽チ法律ニ代ルベキモノデ、法律ト同一ナル效力ヲ有スルノデアルカラ、委任立法ナルモノハ勅令ヲ以テ之ヲ爲スコトヲ得ベシ、又法律ヲ以テ爲スモ可ナリ、（「ノウ〳〵」ト呼フ者アリ）此コトハ我國ノ憲法ノ解釋トシテハ事實ニ於テ最早極ッテシマッテ居ルノデアルデス、私ハ先刻ノ大石君ノ委任立法ニ對スル攻撃ニ對シテハ之ヲ以テ御答トシテ宜カラウト思フ、大石君ノ議論ハ少シ花井君ニ曲解セラレタト思フデスガ、大石君ノ意思ハ公平ニ聽ケバ勅令デモ法律デモソンナコトハ論ズルトコロデハナイ、元來總督ニ斯樣ナ權限ヲ與ヘルノガイケナイト云フノガ大石君ノ論據ラシイト思フ、其形ハ問ハヌト云フ御議論ノヤウニ承ッタノデアルデス、ソレデモ宜イ、私ハ總督ニ是ダケノ制限ヲ與ヘ得ルト云フコトガ憲法上ノ解釋ナラバ、ソレカラ先ハ政略上ノ問題ニナル、而シテ政略上ノ問題ト致シマシテハ事情ノ内地ト異ナル場所ニ向ヒマシテハ内地ト異ナル政治ヲ行フノガ、適當ト思ウテ居ルノデアル、現ニ英國ノ如キハ進ッタ殖民地――事情ノ異ッタ殖民地ヲ外ニ持ッテ居ル、而シテ濠洲、加奈陀ト香港ハ又進ッタトコロノ政策ヲ行フテ、進ッタ方法ニ依ッテ居ルノデアルカラ、之ヲ内地ト同一ニ劃一ナル方法ニ依ッテ政治ヲ爲スト云フノハ殖民政策トシテハ其當ヲ得ナイモノデアルカラ、私ハ總督ニ一任政策ヲ執ルノガ政策トシテハ適當デアル、且憲法亦之ヲ許スト云フ論據ヲ執ルモノデアルノデアル、殊ニ大石君ノ如ク總督ナリ其他ノ殖民地ノ役人ニ大ナル權能ヲ與フルノハ不得策デアルト云フコトニナルト、マダ是ハ今ノトコロデハ分リマセヌケレドモ、朝鮮ハ我國ノ鄰國デアッテ歴史上、言語上、多少ハ我國ト似タトコロガアル、併シ是カラ先キ日本ガドンナ領土ヲ取ルカモ分ラナイ、ソレハ大キナ聲デハ云ヘナイケレドモ、其場合ニハヤハリ私ハ大ナル權能ヲ與ヘタトコロノ總督ヲ置クノガ宜イト思フノデアル、ソレカラシテ卜部君ノ御論ナカ〳〵緻密デ原案ヲ見ナイト充分ニ御答ガ出來ヌカモ知レヌガ、私ノ聽覺エタトコロハ卜部君ハ數歩ヲ讓ッテ、モウ議會ヲ開ク時モ無カッタ内外ノ事情開クコトヲ許サナカッタト云フトコロマデ數歩ヲ讓ッテモ、尙三百二十六號外二ツバカリノ勅令ハ憲法違反デアル、卽チ内容ヲ示サヾルガ故ニ、憲法違反デアルト云フヤウニ承リマシタガ、是ハ極ク造作ナク御答ガ出來ルト思フデス、内容ヲ示スノハ少シココデ學校ノ講義ラシクナリマスガ列記ノ方法ト、概括的ノ方法ト、他ノ文書ニ依ル方法等ガアリマスルノデ、今ノ勅令ガ内容ヲ示サナカッタノハ列記法ヲ採ラズシテ、概括的表示方法ヲ採ラズシテ、他ノ文書ニ讓ッタダケノ方法ヲ採ッタノデアリマスカラ、明カニ表示セラレテ居ルト考ヘマス（拍手起ル）

○菅原傳君　討論終結ノ動議ヲ提出致シマス

（「贊成々々」ノ聲起ル）

○議長（長谷場純孝君）　定規ノ贊成者アルト認メマス――桂總理大臣

（内閣總理大臣侯爵桂太郎君登壇）

○内閣總理大臣（侯爵桂太郎君）　先刻ヨリ議題ト相成ッテ居リマストコロノ此數多ノ御承諾ヲ求ムル案ニ付キマシテ、反對贊成ノ御議論モアッタヤウデアリマスルガ、此點ニ付キマシテハ政府ハ已ニ此議場ノ反對贊成ノ御説ニ依ッテ明瞭ニ諸君ニ御分リニナッテ居ルト信ズルノデアリマス、玆ニ願クハ諸君ノ公明ナル御判斷ニ依リマシテ、政府ノ提出致シテ居リマスルトコロノ緊急勅令ヲ御承諾アランコトヲ希望スルノデゴザイマス

○議長（長谷場純孝君）　討論終結ノ動議ニ定規ノ贊成ガアリマスカラ採決ヲ致シマス

（「異議ナシ」ト呼フ者アリ）

○議長（長谷場純孝君）　御異議アリマセヌカ――別ニ御異議ガナケレバ討論ハ終結致シマス、採決ニ付テ御諮ヲ致シマス、先ヅ日程ノ第十六、第十七、第十八、此ノ三案ニ付テハ御議論モアリマスカラ、此三案ヲ一括シテ採決ヲ致シ、次ニ第十九ヨリ第二十五マデヲ一括シテ採決ヲ致シ、次ニ第二十六ヲ採決シ、次ニ御二十七ハ卽チ法律案デアリマスカラ勿論別ニ採決致シマス、ソレデ御異議アリマセヌカ

（「異議ナシ」ト呼フ者アリ）

○法學博士花井卓藏君　十六、十七、十八ト二十六ヲ一緒デ宜シウゴザイマス

○議長（長谷場純孝君）　先ヅ今宣告シタ通リヤリマセウ、日程第十六、明治四十三年勅令第三百二十六號承諾ヲ求ムル件、第十七、明治四十三年勅令第三百二十七號承諾ヲ求ムル件、第十八、明治四十三年勅令第三百二十八號承諾ヲ求ムル件、

此三案ヲ一括シテ採決致シマス、本案ニ反對ノ諸君ノ起立

起立者　少數

○議長（長谷場純孝君）　少數、他ハ委員長ノ報告通リ御異議ハアリマセヌカ

（「異議ナシ」ト呼ブ者アリ）

○議長（長谷場純孝君）　御異議ナケレバ委員長ノ報告通リ決シマス、即チ承諾ヲ求ムルコトニ決シマス、（笑聲起ル）承諾ヲ與フルコトニ決シマス、確ニ正誤致シ置キマス、日程ノ第十九、明治四十三年勅令第三百二十九號承諾ヲ求ムル件、第二十一、明治四十三年勅令第三百三十一號承諾ヲ求ムル件、第二十二、明治四十三年勅令第三百三十三號承諾ヲ求ムル件、第二十三、明治四十三年勅令第三百四十六號承諾ヲ求ムル件、第二十四、明治四十三年勅令第三百三十七號承諾ヲ求ムル件、第二十五、明治四十三年勅令第三百三十八號承諾ヲ求ムル件一括シテ……

○菅原傳君　唯今議長ハ日程第二十ヲ御朗讀ナイヤウデアリマスガチヨット御注意致シマス

○議長（長谷場純孝君）　日程第二十ヲ讀落シマシタナラバ日程ノ第二十ハ明治四十三年勅令第三百三十號承諾ヲ求ムル件、此七案ヲ一括シテ議題ニ供シマス

（「異議ナシ」ト呼ブ者アリ）

○議長（長谷場純孝君）　反對ノ諸君ノ起立ヲ請ヒマス

起立者　少數

○議長（長谷場純孝君）　少數、他ハ御異議アリマセヌカ

（「異議ナシ」ト呼ブ者アリ）

○議長（長谷場純孝君）　御異議ナケレバ七案トモニ承諾ヲ與フルコトニ決シマス、日程第二十六、明治四十三年勅令第四百六號承諾ヲ求ムル件、本案ニ反對ノ諸君起立

起立者　少數

○議長（長谷場純孝君）　少數、他ハ御異議ハアリマセヌカ

（「異議ナシ」ト呼ブ者アリ）

○議長（長谷場純孝君）　御異議ナケレバ承諾ヲ與ヘルコトニ決シマス

○菅原傳君　日程第二十七ノ法律案ハ直ニ二讀會ヲ開キ、三讀會ヲ省略シテ委員長報告通リ決定セラレンコトヲ望ミマス

○議長（長谷場純孝君）　日程ノ第二十七、朝鮮ニ施行スベキ法令ニ關スル法律案、花井卓藏君提出、第一讀會ノ續、即チ本案ハ直ニ二讀會ヲ開キ三讀會ヲ省略シテ委員長報告通リト云フコトニ御異議ハアリマセヌカ

（「異議ナシ」ト呼ブ者アリ）

○議長（長谷場純孝君）　御異議ナケレバ直ニ……

（「ノウ／＼」「開クベカラズト云フ論ガアル」ト呼ブ者アリ）

○議長（長谷場純孝君）　異議ガアリマスナラバ採決致シマス、直ニ二讀會ヲ開クト云フコトニ反對ノ諸君ノ起立

起立者　少數

○議長（長谷場純孝君）　少數、直ニ二讀會ヲ開クト云フコトニ御異議ハアリマセヌカ

（「異議ナシ」ト呼ブ者アリ）

○議長（長谷場純孝君）　御異議ナケレバ直ニ二讀會ヲ開キ、議案全部ヲ議題ニ供シマス

朝鮮ニ施行スベキ法令ニ關スル法律案　確定議

（「委員長報告通リ」ト呼ブ者アリ）

○議長（長谷場純孝君）　委員長ノ報告ニ御異議ハアリマセヌカ

（「異議ナシ」ト呼ブ者アリ）

○議長（長谷場純孝君）　御異議ナケレバ三讀會ヲ省略シ委員長ノ報告通リ本案ハ是ニテ確定致シマス

（拍手起ル）

○議長（長谷場純孝君）　日程第二十八、不動産登記法中改正法律案、政府提出貴族院送附、第一讀會ノ續、委員長報告――濱名信平君

明治四十四年三月十日　議長ノ報告

朝鮮總督府ノ施政ニ關スル質問主意書

右成規ニ據リ提出候也

明治四十四年三月九日

提出者　大竹貫一

贊成者　石橋爲之助
外三十一人

朝鮮總督府ノ施政ニ關スル質問主意書

一　母國人ノ朝鮮移住ニ對シ總督府ハ果シテ如何ナル政策ヲ採リツツアルカ其方針ノ明示ヲ望ム

朝鮮併合ト共ニ總督府ハ直ニ飲食店仲介業者金貸業者代書人一種ノ企業者又ハ求職者等ニ對スル各取締規則ヲ續發セルヲ初メトシ或ハ會社令ヲ布キテ企業ヲ拘束シ或ハ鑛山森林未墾地等ノ出願ニ向テ不許可主義ヲ內定シ甚シキハ官吏ノ年末年始ノ贈答品ヲ禁シ又ハ歳暮賣出シ景品ノ制限ヲ爲ス等微細ノ點迄苛酷ノ干涉ヲ加ヘ爲ニ人氣ヲ沮喪セシメ市場ヲ沈衰セシムルニ至レリ而シテ是等ノ干涉ト壓迫トハ特ニ母國人ヲ目標トセルモノニシテ今ヤ實際ニ於テ殖産若ハ定職ナキ母國人ハ全然其移住ヲ禁遏セラレムトスルノ狀況ニ在リ以上ハ實ニ彼地ニ於ケル一般民間ノ所說ニシテ近時總督府ノ施政ニ對シ我カ母國人カ多大ノ不平ヲ抱キツツアルハ掩ユヘカラサル事實ナルカ如シ如是ハ曩ニ我カ移民ノ滿韓集中ヲ主張セシ政府ノ態度ニ顧ミテ頗ル矛盾ノ現象ト云フヘク却テ其方針ヲ破壞スルモノト爲ササルヘカラス是レ果シテ當局者ノ眞意ナルカ

二　總督府ハ甚シク言論ヲ拘束シ苟モ總督政治ニ關シテ云々スルモノハ其ノ事ノ如何ヲ問ハス殆ト絕對ニ禁壓セムトスルノ風アリト聞ク事實果シテ然ルヤ否ヤ若然リトセハ是レ何ノ必要ニ因ルカ其理由ノ說明ヲ求ム

總督府ハ朝鮮併合ト共ニ新聞統一ヲ計リ一面民間新聞ノ買收ヲ行ヒ一面新聞通信ノ新設ヲ許可セサルノ方針ヲ執レルノミナラス僅ニ殘存セル民間新聞若ハ通信等ニ對シテハ殆ト常識ヲ以テ律スヘカラサル迄極端ノ干涉ヲ加ヘ苟モ言論ノ總督政治ニ及フアレハ忽チ發行停止等ノ處分ヲ敢テスル風アリ現ニ昨年末一通信カ市場歳暮ノ不景氣ヲ敍シ其ノ原因ノ一トシテ官吏ノ年末年始ノ贈答品ヲ禁止シタルコトヲ以テセシニ忽チ發行停止ヲ命セラレタルカ如キ以テ其ノ一斑ヲ察スヘシ又近來ハ母國ヨリ輸送スル新聞紙ニ對シ併合當時釜山ニテ行ヒシト同一ノ程度ニ極メテ嚴酷ナル檢閱ヲ試ミ苟モ總督政治ニ關シ云々スルモノハ一切其ノ輸入ヲ禁止スルノ目的ヲ以テ新ニ新聞紙取締規則ヲ制定シ將ニ之ヲ發布セムトスルト傳ヘラレ甚シキハ新聞記者ニ免許制度ヲ布カムトスルノ內議サヘ提出セラレタリト聞ク其如何ニ苛酷ノ傾向ヲ示シツヽアルカハ推測ニ餘アルカ如シ若果シテ如是ノ事實アリトセハ當局者ハ何ノ必要アリテカ斯ク言論ノ壓迫ヲ試ミムトスルカ

三　朝鮮會社令ハ彼地實業界ニ多大ノ不便ト惡影響トヲ與ヘツツアリト云フ果シテ如何

朝鮮會社令發布ト共ニ官憲側ノ吹聽スル所ニテハ彼地實業社會ニ於テ同令ヲ歡迎セルカノ如クナルモ事實ハ全ク之ニ反シ今ヤ母國人ト朝鮮人トヲ問ハス苛酷ノ惡法トシテ之ヲ排斥シ爲ニ會社事業ノ勃興ヲ阻害シ殊ニ朝鮮人間ニハ近來漸ク發達セムトセシ企業心ヲ挫折シ一般ニ團體的企業ヲ避クルニ至リ其ノ經濟界ニ及ホス惡影響少ナニアラスト云フ現ニ昨今會社組織ヲ變シテ組合組織ト爲スモノ頻々トシテ現ハルルカ如キ亦該令ノ影響ニ外ナラサルニ似タリ而モ當局者ハ尙該令ノ必要ト信用トヲ自信シツツアリヤ

四　鑛山森林未墾地漁區等ノ出願ニ對シ總督府ハ大體ニ利源閉鎖ノ方針ヲ採リ不許可主義ヲ內決シ居レリトノ說專ラナリ果シテ如是ノ事實アリヤ否ヤ

鑛山森林未墾地漁區等ノ出願件數今ヤ數千件ニ達シ當局者ノ机上其ノ願書ノ山ヲ爲シツツアルニ拘ラス尙多クハ之カ解決ヲ與ヘサルカ上ニ其ノ有望ナル材料ハ大體之ヲ不許可タラシメムトスルノ內議アリト聞ク殊ニ鑛山就中鐵鑛ノ如キハ或ハ官營主義ヲ採ラムカ爲其ノ有望ナルモノハ一切之ヲ許可セサル方針ナリトノ說アリ當局者ハ果シテ如是方針ノ下ニ民間ニ對シ其ノ利源ヲ閉鎖セムトスルノ眞意ナルカ假ニ斯ル方針ヲ採ルトシテモ從來適法ノ手續ニ依リ提出シアル出願ニ對シ其ノ既往ニ溯リテ之ヲ奪ヒ去ルカ如キハ穩當ノ措置ナルヘキカ

五　朝鮮ニ於ケル外人側ノ我カ總督政治ニ對スル感情ハ果シテ好良ノ傾向アリヤ」

聞ク所ニ依レハ彼地ニ於ケル外人側ハ一般ニ我カ總督政治ニ對シテ民政ヲ假裝セル軍政ナリト稱シ特ニ憲兵制度ヲ惡ムコト蛇蝎ノ如シト云フ事情果シテ如何

六　總督府側ノ揚言ニ依レハ併合後朝鮮人ハ頗ル我カ總督政治ニ悅服セルカノ如クナルモ事實ハ全然之ニ反シ今ヤ朝鮮人ハ一般ニ多大ノ失望ヲ以テ我カ施政ヲ怨嗟シツツアリト聞ク眞相果シテ如何

現ニ昨年末黃海全南地方ニ蜂起セル暴徒ハ從來ノ草賊ト趣ヲ異ニシ當時當事者ハ例年末ノ鼠賊ノミト辯明セルニ拘ラス密ニ龍山駐屯軍ノ殆ト全部ヲ動カシテ討伐ニ從事セシヤノ說アリ朝鮮人ハ之ヲ以テ總督政治ニ對スル不平者ノ煽動ニ出テタルモノト認メツツアリ又近時朝鮮人中間島移住者ノ益增加スルハ獨リ生活上ノ必要ヨリ來ルモノニアラスシテ政治的不平ニ關スルモノ亦少カラサルカ如ク且彼等ノ所謂大官連ナル上流社會ニ於テモ亦我カ總督政治ノ武斷的壓迫ニ對シテ多大ノ反感ヲ抱キ心窃ニ他國ノ干涉ヲ希望スルノ風アリ今ヤ彼等ノ上下ヲ通シテ漸ク我カ政治ヲ嫌忌シ民心日々ニ離反スルノ傾向アリト傳ヘラル而モ當局者ハ今モ尙彼等ノ悅服ヲ信シ毫モ不良ノ傾向ナシト認メツツアリヤ

七　曩日朝鮮貴族ニ對スル授爵ノ御沙汰ニ關シ其ノ詮衡ニ不平ヲ抱ク者多ク爲ニ物議ヲ釀スニ至リシト聞ク事實果シテ如何

當時授爵ニ關スル詮衡ハ專ラ李完用、趙重應等二三氏ノ手ニ一任セラレシ爲其ノ結果頗ル公平ヲ缺キ均衡ヲ失シ朝鮮人間ニ多大ノ不平ト物議トヲ招キ彼ノ謹厚ナル元老金允植氏スラ尙且憤然トシテ一時辭退ノ意ヲ漏スニ至リ終ニ金聲根、尹用求、洪淳馨、金奭鎭、韓圭卨、兪吉濬、李容元、趙鼎九、趙慶鎬等ノ人々ハ頑トシテ右ノ御沙汰ニ應セス殊ニ金奭鎭ハ爲ニ毒ヲ仰テ自殺ヲ遂ケ趙鼎九モ亦自殺ヲ謀ラムトセシト云フカ如キ不體裁ヲ暴露スルニ至レリト聞ク若如是ノ事實アラムニハ苟モ大命ニ對シ奉リ斯ル不體裁ヲ招致セシハ頗ル恐懼ノ至リニシテ當局者カ豫メ愼重ノ詮議ヲ遂ケサリシ責ハ到底免ルヘカラサルカ如シ

八　朝鮮ニ於ケル敎育方針如何

朝鮮ニ於ケル敎育事業ハ其ノ統治上一日モ忽ニスヘカラサル緊要問題タリ然ルニ併合後ノ敎育狀態ハ尙從來ノ儘ニシテ各學校ノ職制等ニ對シテモ未タ何等施設スル所アルヲ見ス其敎科書モ亦一定ノモノアルナレ從テ彼ノ外國宣敎師等ノ設立セル各學校ハ地方ニ依リ依然トシテ從來ノ排日的敎科書ヲ使用シテ憚ラサルモノ多シト云フ事實果シテ然ルヤ否ヤ

九　朝鮮ノ統治上其ノ地方行政ハ最モ重キヲ置カサルヘカラス而モ總督府ハ之ニ伴フ施設ヲ完備シツヽアリヤ

地方行政ニ重キヲ置クト共ニ地方官ノ權限ヲ擴張スヘシトハ當初當局者モ亦公言セシ所ナルモ今日ノ事實ハ益中央集權ニ傾キ現ニ地方官ハ尙ホ警察權ヲモ付與セラレス且ツ其ノ人材選擇ノ上ニモ疑議スヘキモノ多キニ似タリ如是ニシテ果シテ地方行政ノ發達ヲ期スヘキカ

右及質問候也

第一　韓國鐵道會計所屬資金ノ繰入ニ關スル法律案　第一讀會
（政府提出）
（左ノ議案ハ朗讀ヲ經サルモ參照ノタメ玆ニ掲載ス以下之ニ傚フ）

韓國鐵道會計所屬資金ノ繰入ニ關スル法律案

韓國鐵道會計ノ資本勘定ニ屬スル明治四十三年度末現在ノ資金ハ之ヲ朝鮮總督府特別會計ノ歳入ニ繰入ルヘシ

附　則

本法ハ公布ノ日ヨリ之ヲ施行ス

（政府委員荒井賢太郎君登壇）

○政府委員（荒井賢太郎君）　韓國鐵道ハ唯今マデノトコロハ特別會計ニナッテ居リマシテ（「高聲ニ望ム」ト呼フ者アリ）建設改良共ニ特別會計ヲ以テ支辨ヲシテ居リマシタ、然ルニ明年度ヨリハ此韓國鐵道ノ經營ヲ朝鮮總督府ニ豫算ヲ移シマシタ、サウ致シマスルト云フト今年度ノ豫算ノ殘額ヲ朝鮮總督府ノ豫算ニ繰越シマスル時分ニソレニ伴フ財源ノ繰入ヲ必要ト致シマス、ソレカラ致シマシテ本案ヲ提出シタ次第デゴザイマス、極メテ簡單ナ案デゴザイマスルカラ御協贊ヲ願ヒマス

○副議長（肥塚龍君）　御質問ガナイヤウデゴザイマスカラ日程第二ニ移リマス、右議案ノ審査ヲ付託スベキ委員ノ選擧ヲ議題ト致シマス

第二　右議案ノ審査ヲ付託スヘキ委員ノ選擧

○松田源治君　本案ハ議長指名九名ノ特別委員ニ付託セラレンコトヲ望ミマス
（「賛成」ト呼フ者アリ）

○副議長（肥塚龍君）　議長指名九名ノ特別委員ニ付託スルト云フコトニ御異議ナイト認メラレマスカラ左樣致シマス、日程第三、司法事務共助法案ノ第一讀會ヲ開キマス、議案ノ朗讀ハ省略致シマス

第三 司法事務共助法案（政府提出） 第一讀會

司法事務共助法案

司法事務共助法

第一條 内地及樺太、朝鮮、臺灣、關東州又ハ帝國ノ領事裁判權ヲ行フ地域ニ於テ司法事務ヲ取扱フ官廳間ノ司法事務ノ共助ハ本法ニ依ル

第二條 司法事務ヲ取扱フ官廳ハ民事及刑事ニ關シ相互ニ左ノ事項ヲ囑託スルコトヲ得

一 訴訟書類ノ送達

二 證據調

三 令狀ノ發付及執行

四 犯罪ノ搜査

第三條 民事ノ判決ハ其ノ執行力アル正本ニ基キ司法事務ヲ取扱フ他ノ官廳ノ管轄區域内ニ於テ其ノ强制執行ヲ爲スコトヲ得但シ執行地ノ法令ニ依リ許スヘカラサル請求ニ付テハ此ノ限ニ在ラス

第四條 刑事ノ判決ハ謄本ヲ送付シテ其ノ執行ヲ囑託スルコトヲ得但シ死刑又ハ笞刑ヲ言渡シタル判決ニ付テハ此ノ限ニ在ラス

前項ノ囑託ニ依ル執行ニ付テハ刑名同シキモノハ之ヲ同一ノ刑ト看做シ舊韓國法規ノ流刑又ハ禁獄ハ之ヲ禁錮ト看做ス

第五條 前條ノ規定ニ依リテ囑託ヲ受ケタル官廳ハ其ノ管轄區域内ノ監獄ニ於テ刑ノ執行ヲ繼續スルコト能ハサル事由ヲ生シタルトキハ囑託ヲ爲シタル官廳ニ其ノ管轄區域内ノ監獄ニ於テ繼續シテ之ヲ爲スヘキコトヲ請求スルコトヲ得

第六條 司法事務ノ共助ニ關スル費用竝受刑者及刑事被告人ノ護送ニ關スル規程ハ勅令ヲ以テ之ヲ定ム

附 則

本法施行ノ期日ハ勅令ヲ以テ之ヲ定ム

（政府委員法學博士平沼騏一郎君登壇）

○政府委員（法學博士平沼騏一郎君） 此法案ハ司法事務共助ニ關スル法律デゴザイマスルガ、元來内地ト朝鮮臺灣關東州此間ニ於キマシテノ司法官廳ノ間ニハ共助ノ法律ガアリマシタノデゴザイマス、併シ是ハ各々各別ニ規定セラレテ居ッタノデアリマス、然ルニ帝國ノ領事裁判權ヲ行フトコロノ場所ニ關シマシテハ其共助ノ規定ガ缺ケテ居ッタノデアリマス、此司法官廳トノ間ノ共助ヲ爲スト云フコトモ必要ニナッテ參ルノデゴザイマス、ソレカラ又朝鮮總督府ノ裁判所、之ハ是マデハ統監府ノ裁判所トノ間ノ共助デゴザイマシタガ、是ガ朝鮮總督府ノ裁判所ト相成リマシタニ付キマシテハ、其官廳ト他ノ官廳トノ間ノ共助ニ關シマシテモ、ヤハリ規定ヲ設ケルノ必要ガアルノデゴザイマス、要スルニ本案ハ在來ノ不備ヲ補ヒマシテ各別ニ是マデ規定セラレテ居リマス事項ヲ此法律ニ據リマシテ統一ヲ致シタイト云フ趣意デアルノデゴザイマス、宜シク協贊ヲ仰ギマス

○副議長（肥塚龍君） 御質問ガナイヤウデゴザイマスカラ、日程第四ニ移リマス、日程第四、右議案ノ審査ヲ付託スヘキ特別委員ノ選擧ヲ議題ト致シマス

第四 右議案ノ審査ヲ付託スヘキ特別委員ノ選擧

○松田源治君 本案ハ議長指名ノ特別委員九名ニ付託セラレンコトヲ望ミマス

（「贊成」ト呼フ者アリ）

○副議長（肥塚龍君） 本案ハ議長指名ノ九名ノ特別委員ニ付託スルニ御異議アリマセヌカ

（「異議ナシ」ト呼フ者アリ）

○副議長（肥塚龍君） 然ラバ左樣ニ致シマス、日程第五、明治三十九年法律第三十一號中改正法律案ノ第一讀會ヲ開キマス、議案ノ朗讀ハ省略致シマス

第五 明治三十九年法律第三十一號中改正法律案（政府提出） 第一讀會

明治三十九年法律第三十一號中改正法律案

明治三十九年法律第三十一號中左ノ通改正ス

附則ヲ左ノ如ク改ム

本法ハ明治四十九年十二月三十一日迄其ノ效力ヲ有ス

（政府委員内田嘉吉君登壇）

○政府委員（内田嘉吉君） 明治三十九年法律第三十一號ハ御承知ノ通リ臺灣ニ施行スベキ法令ニ關スル法律デゴザイマシテ、本年十二月ヲ以テ期間終了ト相成リマスル、然ルニ臺灣ニ於ケル狀態ハ尚此法律ヲ施行スルコトヲ必要ト致シマスルノデ、卽チ附則ニ改正ヲ加ヘマシテ此法律ノ延期ヲ致シタイト云フ趣意デゴザイマス、既ニ本問題ハ度度御研究ヲ或イタ次第デゴザイマス、速ニ御審議ノ上御協贊アランコトヲ希望シマス

（「理由不分明ナリ」ト呼フ者アリ）

○加瀨禧逸君 私ハ唯今ノ政府委員ノ辯明ニ對シマシテ、一應御諭メヲシテ置キタイト思ヒマス、唯今ノ説明ニナリマシタル法案ハ世ニ所謂六三繼續案ト稱スルノデアリマス、臺灣ガ我領土ニ歸シマシテカラ茲ニ十有餘年デアリマス、五年、五年、又五年、更ニ五年何レノトキニ此繼續ヲ打切ラル、デアルカ、其時ガ分ラナイノデアリマス、勿論臺灣ニ於ケルトコロノ人情風俗ガ内地ノソレノ如クアラザルコトハ私モ之ヲ認ムルニ躊躇致サヌ、始メ臺灣總督府ニ律令ヲ制定スル權限ヲ委任スル六十三號ノ出來マシタノモ、卽チ當時ニ於テハ内地ト臺灣ニ於テノ人情風俗ガ著シク異ッテ居ルカラト云フコトハ云フマデモナイ、併ナガラ此律令ハ後ニ委任立法ノ名義ニ變ッテ居リマスガ、兎モ角臺灣總督ニ此憲法上ノ立事項ヲ制定スルコトノ委任ヲシテ、ソレニ依ッテ命令ヲ發セシムルト云フトコロノ權限ヲ附與シマシタノハ、將ニ十七年ニ垂ントスルノデアル、然ルニ此案ハ本年一年ノ後ニ於テ更ニ五年ノ繼續ヲナサル、ノデアリマスガ、餘リニ長キニ失ス、彼ノ手腕ヲ有セラル、トコロノ臺灣總督デアリマスルナラバ、最早此ヤウナ變例ナル立法ノ形式ニ依ラズシテ、憲法ノ本則ニ立戻ラレテ宜カラウト思フ、然ルニ更ニ今後ニ五箇年ノ繼續ヲ期セラル、ト云フニ至リマシテハ私ハ餘リ長キニ失スルデハナイカト思フカラ、茲ニ一ツ御尋ネシテ置キタイノハ、此法律ガ假ニ通過ヲ致シマスルモノトシテ、五年ノ年限デアリマスルガ、其時限リ其繼續ヲ打切ルト云フ御趣意デアリマスカ、ソレ共更ニ更ニ數年數百年後マデモ繼續ナサルト云フ御趣意デアリマスカ、當局者ノ臺灣ニ對スル當時ノ經過カラ將來ヲ推シテ御答スルコトモ、決シテ難カラザルベシト信ズルガ故ニ、今日マデナシ來ル臺灣總督ノ治政

ノ見地ヨリ將來ニ何時マデ此案ヲ繼續スルカト云フコトヲ確メテ置キタイト思フノデアリマス

（「ヒヤ／＼」ト呼フ者アリ）

（政府委員內田嘉吉君登壇）

〇政府委員（內田嘉吉君） 唯今加瀨君ノ御尋ニ御答申上ゲマス、此三十一號ハ當初政府カラ提出致シタル際ハ期限ヲ附シテゴザイマセヌノデアリマシタ、然ルニ帝國議會ニ於テ五箇年ノ期限ヲ御附レニ相成マシタノハ、是ハ五箇年後ノ即チ此當時ニ於キマシテ事情ニ應ジテ相當ノ措置ヲスルト云フ考デゴザイマス、即チ先程申上ゲマシタ通リ、此臺灣ノ狀態カラ推察致シマスルト、尙此法律ヲ繼續スル必要アリト申上ゲタ所以デアリマス、即チ更ニ此五箇年ノ經過ノ後ニ於キマシテハ其當時ノ狀況ニ訴ヘマシテ考ヲ極メル積リデアリマス

（「其後ノ經過ハ如何」ト呼フ者アリ）

（副議長肥塚龍君退席、議長長谷場純孝君、議長席ニ著ク）

〇議長（長谷場純孝君） 別ニ御質問ガナケレバ日程第六、右議案ノ審査ヲ付託スベキ委員ノ選擧ヲ議題ト致シマス

第六 右議案ノ審査ヲ付託スヘキ委員ノ選擧

〇松田源治君 本案ハ朝鮮ノ緊急勅令トシテ出マシタルトコロノ制令權ノ勅令第三百二十四號ノ案ガマダ委員會ニ付託サレテ居リマスカラ、勅令第三百二十四號ノ前委員ニ付託セラレンコトヲ望ミマス

（「贊成々々」ト呼フ者アリ）

〇議長（長谷場純孝君） 本案ハ勅令三百二十四號ノ同一委員ニ付託スルト云フコトニ御異議アリマセヌカ

（「異議ナシ異議ナシ」ト呼フ者アリ）

〇議長（長谷場純孝君） 御異議ナケレバ其通リ決シマス、日程第七、明治四十二年度豫備金支出ノ件、明治四十二年度豫備金外ニ於テ豫算超過及豫算外支出ノ件、明治四十二年度特別會計豫備金支出ノ件、明治四十二年度特別會計豫備金外ニ於テ豫算超過及豫算外支出ノ件、明治四十二年度韓國派遣部隊豫備金支出ノ件、承諾ヲ求ムル件ヲ議題ト致シマス

第七
明治四十二年度豫備金支出ノ件
明治四十二年度豫備金外ニ於テ豫算超過及豫算外支出ノ件
明治四十二年度特別會計豫備金支出ノ件
明治四十二年度特別會計豫備金外ニ於テ豫算超過及豫算外支出ノ件
明治四十二年度韓國派遣部隊豫備費支出ノ件
（承諾ヲ求ムル件）（委員長報告）

（井上角五郎君登壇）

〇井上角五郎君 明治四十二年度豫備金支出ノ件外四件ノ委員會ノ經過ヲ御報告申上ゲマス、委員會ハ度々會合致シマシテ十分ニ審査ヲ致シマシタ、明治四十二年豫備金支出總計算書ハ第一豫備金豫算百万圓、第二豫備金豫算二百万圓デ、全部支出シタモノデアリマス、明治四十二年度豫備金外ニ於テ豫算超過及豫算外支出ヲナシタル總計算書ハ百九十九万三千五百七十六圓三十九錢デアリマス、其中第一豫備金支出同樣ノモノガ八十一万千四百零八圓、第二豫備金支出同樣ノモノガ百十八万二千百六十八圓三十九錢ニナッテ居リマス、是ハ是マデノ年々ノ豫備金外ニ支出シタ剩餘金ノ支出ト較レバ四十二年度ハ甚ダ少クテ濟ンデ居リマス、明治四十二年度特別會計豫備金支出總計算書ハ專賣局、韓國森林、韓國鐵道、關東都督府、臺灣總督府、樺太廳、東京砲兵工廠、東京帝國大學、京都帝國大學、製鐵所デ即チ第一第二ノ豫備金豫算中カラ五十七万三千九百十一圓二十六錢ガ支出ニナッテ居リマス、明治四十二年度特別會計豫備金外ニ於テ豫算超過及豫算外支出ト申シマスルモノハ大藏省ノ預金利子ガ百二十六万七千三百三圓、是ハ預金ガ超過シタカラ要シタルモノデ據處ナイモノデアリマス、韓國森林デ其當時ノ歲入金カラ十一万九千七百五十五圓、臺灣總督府デ、其臺灣總督府前年度剩餘金カラ二十一万八千五百六十五圓ト云フモノガ支出ニナッテ居リマス、是モ例年ニ比シテ甚ダ少イ高デゴザイマス、モウ一ツハ明治四十二年韓國派遣部隊費ニ支出ノ件デアリマシテ、是ハ豫算ニ三百六十三万圓ゴザイマスノヲ、三百六十万六千百三十圓支出ヲ致シテゴザイマス、借テ是カラ本件ヲ承諾スルヤ否ヤト云フ場合ニ至リマシテ委員會ハナカ／＼ニ議論ガゴザイマシタガ、要スルニ豫備金豫備費豫算以內ノ支出ハ總テ之ヲ承諾スルコト、但豫算編成ニ關シテハ當局ノ注意ヲ望ム、斯ウ云フヤウナ議論デゴザイマシタ、早速特別委員カラ注意トシテ述ベラレタトコロノモノハ、支出各目ヲ審査シテ見レバ甚シク妥當ヲ缺クモノハナケレドモ、豫算編成ニ當局ガ注意ヲ怠ッタト思フモノガアル、其一例ヲ擧ゲレバ退官賜金死傷手當褒賞費、滯納費、又條約改正準備委員會費ノ如キモノハ、左樣ナモノデアルト云フ意味ヲ以テ精密ニ述ベラレテ、是ダケノ注意ヲ添ヘテ、第一豫備金、第二豫備金竝ニ豫備費カラ支出シタモノハ承諾レヤウト云フ御議論デゴザイマシタ、其議論ノ詳細ハ委員會ノ速記錄ニ載ッテ居リマスカラ此處デハ申上ゲマセヌガ、此事ハ滿場一致ヲ以テ早速委員ノ說ノ通リニ決定致シマシタ、剩餘金カラ支出シ、歲入金カラ支出シタモノハ憲法法律ノ精神ニ反スルカラ之ヲ承諾シナイト云フ議論ガアリマシタ、之ニ對シマシテ成程憲法法律ノ精神ニハ反シテ居ル嫌ハアルケレドモ、幾年モ慣例トナッテヤリ來ッタモノデアルカラ、此際全ク承諾シナイト云フモ穩當デナイカラ承諾ハシヤウ、剩餘金歲入金ノ支出承諾ハシヤウガ、併シ政府ニ向ッテ憲法法律ノ精神ト成ベク一致スルヤウニ、今後相當ノ手段ヲ取ラレタイト云フ警告ヲスルコトニ止メタイト云フ議論ガゴザイマシテ、是ハ雙方ノ議論ヲ採決シマシタ結果、多數ハ剩餘金歲入金ノ支出モ承諾スルガ、政府ニ憲法法律ノ精神ニ一致スルヤウニト云フ警告ヲ與ヘテ置クト云フコトニ決定致シマシタ、要スルニ委員會ノ結果ハ五案共ニ承諾スル、但豫算編成ノコトニ付テ當局ノ注意ヲ望ミ、又憲法法律ノ精神ト今後ハ成ベク一致スルヤウナ手段ヲ執ッテ貰ヒタイト云フコトニ付テ政府ノ注意ヲ促シテ置ク、本案ハ兎ニ角總テ承諾スルト云フコトニ決シマシタ、此段報告致シマス

〇議長（長谷場純孝君） 早速整爾君

（早速整爾君登壇）

〇早速整爾君 諸君、明治四十三年度豫備金支出竝ニ豫備金外支出事後承諾案ニ付キマシテ、唯今委員長カラ御報告ガゴザイマシタ、全部承諾ヲ與フベシトノ御意見デゴザイマシタガ、私ハ其前半ニ於テハ同意ヲ致シマスルト同時ニ後半ニ付キマシテハ、

反對ノ意見ヲ有シテ居ル者デアリマス、即チ豫備金ノ支出ト云フコトニ付キマシテ發告ヲ與ヘテ之ヲ承諾スルト云フコトガ宜シイト思フノデアリマスガ、獨リ豫備金外ノ支出ニ關シマシテハ全然承諾ヲ與フベカラズトノ意見ヲ有シテ居ル者デアリマス、是ハ年々歳々議會ニ現ハル、トコロノ問題デゴザイマシテ、何人モ頭ノ内ニモ其理非ハ分明ニ分ッテ居ルコトデアラウト考ヘテ居ルノデアリマスガ、兎角イツモ此問題ガ解決セラレズシテ、曖昧ノ間ニ看過セラル、ト云フコトニ相成ッテ居リマスカラ、憲法竝ニ會計法上如何ニモ之ヲ默過スルコトガ出來ナイ、私ハ茲ニ反對意見ヲ述ブルノ已ムヲ得ザルニ至ッタ次第デゴザイマス、憲法ノ條規ニ依リマシテ國家ノ歳入歳出ハ豫算ヲ以テ帝國議會ノ協贊ヲ經ザルベカラザルコトハ勿論明白デゴザイマス、即チ憲法第六十四條ノ規定ガゴザイマシテ、如何ナル支出ト雖モ帝國議會ノ協贊ヲ經ズシテ之ヲ行フコトハドウシテモ出來ナイノデアル、非常ノ場合ニ於キマシテハ 憲法第七十條ニ取除ガゴザイマスガ、緊急需用アル場合ニ方ッテ、内外ノ情形帝國議會ヲ召集スルコト能ハザル場合ニ於キマシテハ、是ハ勅令ヲ以テ財政上ノ臨時處分ヲスルコトガ許シテアリマスガ、此非常ノ場合ヲ除クノ他ハ議會ノ協贊ヲ經ズシテ國庫ノ支出ヲ敢テスルコトハ斷ジテ憲法ガ禁ジテ居ルノデアル、憲法第六十四條ノ二項ニゴザイマスル豫算ノ款項ニ超過シタル場合、竝ニ豫算外ニ要シタル支出ヲ補フタメニハ是ハ恰度憲法六十九條ニ於テ立派ニ其規定ガシテゴザイマス、即チ憲法第六十九條ハ此六十四條ノ第二項ヲ受ケテ此事ヲ明白ニ規定シテ居ル、即チ避クベカラザル豫算ノ不足ヲ補フ爲若ハ豫算外ニ生ジタル必要ノ支出ニ充テル爲豫備費ヲ設クベシト云フ規定ガアルノデゴザイマス、即チ豫算ノ不足ヲ告グル場合ニ當リ、又豫算外ニ要シタル支出ヲ支辨セントスルニ當リマシテハ、此豫備費ニ依ッテ處分スルト云フコトノ途ガ開イテアル、而シテ此豫備費ト雖モ固ヨリ豫メ豫算ヲ以テ議會ノ協贊ヲ經ナケレバナラヌモノデゴザイマシテ、其内容ダケハ事後ノ承諾ヲ求ムルト云フコトニ相成ッテ居リマスケレドモ、兎角豫算ニ於テ豫メ議會ノ協贊ヲ經ナケレバナラヌモノデアル、前ヲ詰ムレバ、憲法第七十條ニ規定シテアル場合ノ外ハ即チ非常ノ場合ヲ除クノ外ハ帝國議會ノ協贊ヲ經ザレバ一錢一厘ノ金ト雖モ政府ガ濫リニ之ヲ支出スルト云フコトハ出來ナイノデアル、是ハ憲法ノ條規ノ上デ誠ニ明白ナル事柄デゴザイマス、然ルニ政府ハ豫備金外ノ支出ト云ヘル最モ曖昧ナル名義ノ下ニ、最モ曖昧ナル手段ヲ以テ、年來議會ノ協贊ヲ經ザルトコロノ國庫ノ支出ヲ敢テシテ居ルノデゴザイマス、實ニ議會ノ協贊權ヲ蹂躪スルノ甚シキモノト云ハネバナラヌ、全ク此憲法ノ條規ヲ無視シタルトコロノ違法ノ處分デアルト私ハ斷言ヲ致スノデアリマス、豫備金外ノ支出ハ豫備費ガ足ラナイ場合ニ之ヲ補フト云フ風ノ性質ニ相成ッテ居ルノデゴザイマス、此ノ如キ不當ノ支出、違法ノ行爲、議會ノ協贊權ヲ蹂躪シ憲法ヲ無視シタルトコロノ此財政處分ノ如キハ私ハ憲法上ノ大問題トシテ彈劾スベキ價値アリト信ジテ居ルノデアリマス、(拍手起ル)而シテ此豫備金外ノ支出ニ付キマシテ財源ハ何レニ在ルカト申シマスルト、即チ是ガ國庫剰餘金デアル、剰餘金ヲ濫リニ支出スルノガ、即チ豫備金外ノ支出ト稱ヘラレテ居ルノデゴザイマス、抑々會計法ノ第二十條ニ依リマシテ國庫ノ剰餘金ハ翌年度ノ歳入ニ繰入ルベキモノト相成ッテ居ルノデゴザイマス、國庫ニ剰餘金ガアリシ場合ハ是ハ翌年度ノ歳入ニ繰入ル、ノ外ハ、決シテ政府ハ濫リニ此剰餘金ヲ使フコトハ出來ナイノデアリマス、明白ニ會計法ノ二十條ニ規定シテアルノデゴザイマス、然ルニ此會計法ノ規定ト云フモノヲ無視シテ、此會計法ノ規定ニ違反シテ濫リニ此國庫ノ剰餘金ヲ支出スルト云フ貫列ニナッテ居ルノデアリマス、私ハ實ニ亂暴ナル處置デアルト斷言ヲ致シタイト思フ、此亂暴ナル處置ハ年來盛ンニ行ハレテ居ルノデゴザイマス、明治二十四年以降今日ニ至ルマデ此亂暴ナル支出ヲセラレタル金額ハ殆ド一億圓ニ垂ントシテ居ル、明治四十二年度ノ如キハ先刻委員長ノ御報告ノ如ク幸ニ此剰餘金ノ支出ノ金額ハ少ナクゴザイマシタ、併シ始メカラノ此支出ノ金高ヲ平均ヲ致シテ見マシテモ、一年度六百万圓以上ニ及ンデ居ル、多キ年ニハ三千六百万圓ト云フ此多額ノ剰餘金ヲ濫リニ支出ヲ致シテ居ルノデアリマス、最近ノ七八年ノ平均ヲ致シテ見マシテ一箇年千万圓以上ニ及ンデ居ルノデアリマス、之ニ對シマシテ大藏次官ハ過日委員會ニ於キマシテ本員ノ質問ニ對シテ斯樣ナ辯明ヲセラレテ居ル、國庫ノ剰餘金ハ會計法二十條ニ依ッテ翌年度ノ歳入ニ繰入ル、ト云フコトハ極ッテ居ルガ、其翌年度ノ歳入ニ繰入ル、前ニ臨時ニ支出スベキ必要ノモノガアルカモ知レヌ、例ヘバ憲法七十條ノ如キ非常ナ場合ニ於テ支出スベキモノガアルカモ知レヌ、ソレヤ之ヤヲ支出シテシマッテ愈々最後ニ餘ッタモノヲ翌年度ノ剰餘金トシテ翌年度ノ歳入ニ繰入レルノデアル、斯樣ナル奇怪極マルトコロノ辯明ヲセラレテ居ルノデゴザイマス、會計法ノ二十條ニ規定シテアル剰餘金ハ何處マデモ剰餘金デアッテ、翌年度ノ歳入ニ繰入ル、モノデ其中間ニ於テ剰餘金ダカ、剰餘金デナイカ分ラヌ性質ノモノガ存在シテ居ラウ筈ガナイノデアル、然ルニ大藏次官ハ又窮シタリト云フベシテ、本員ノ質問ニ對シテ斯樣ナ奇怪極マル驚クベキ辯明ヲセラレテ居ルノデゴザイマスガ、假ニ大藏次官ノ言ウガ如ク國庫ニ金ガ餘ッテ翌年度ノ歳入ニ繰入ルマデハ會計法ニ所謂剰餘金デナイト致シマスレバ、尚更會計法ノ規定ヲ無視シタルモノデアルト私ハ思フノデアリマス、即チ會計法ノ第十一條竝ニ第十二條ニ於キマシテ政府ノ經費ニ充ツルトコロノ定額ハ其年度内ノ歳入ヲ以テ之ヲ支辨シナケレバナラヌト云フコトニ相成ッテ居ルシ、又豫算ニ定メタル目的ノ外ニハ定額ヲ流用スルコトガ出來ナイト云フコトガ規定ヲシテアルノデゴザイマス、大藏次官ノ所謂最後ノ剰餘デアルト致シマシテモ、其中間ニ在ルトコロノ剰餘金デアルト致シマシテモ、名義ハ何レニ致シマシテモ、一錢一厘モ此國庫ノ剰餘金ト云フモノハ勝手ニ之ヲ支出スルコトハドノ箇條ニ於テモ出來得ナイノデアル、剰餘金ニアラザル金デアレバ尚更之ヲ流用スルコトハ出來ナイ、尚更之ヲ支出スルコトハ出來ナイ、大藏次官ノ辯明ノ如ク致シマスレバ愈々以テ此會計法ノ明文ニ違反ヲスルコトニ相成ルノデゴザイマス、併シ之ハ大藏次官ハ非常ニ窮セラレタ上ニ自ラ能ク會計法ノ規定、會計法ノ精神ヲ知リナガラ詭辯ヲ弄セラレタ點デアルト私ハ思フテ居ルノデアリマス、更ニ之ヲ詰責ヲ致シマスレバ、イヤ、實ハ多少ノ疑ハアルデゴザイマセウガ、是ハ年來ノ慣例ニ依ルモノデアル、斯樣ニ御答ニ相成ッテ居ル、成程多年此豫備金外ノ支出ト云フコトハ行ハレツ、アルノデゴザイマスカラ、政府ハ是ハ先例ニ依ッタノデアルト御答ニナルベキ筈デゴザイマス、申スマデモナク所謂先例ハ惡例中ノ最大惡例デゴザイマシテ、固ヨリ吾々ガ之ヲ看過スルコトノ出來ナイトコロノ惡例デアル、議會ノ協贊權ヲ蹂躪スルトコロノ惡例、憲法ヲ無視スルトコロノ惡例、會計法ヲ無視スルトコロノ惡例デゴザイマス以上ハ、先例ガアルカラ之ヲ手本トシテヤルト云フコトハ、其説明トシテモ誠ニ亂暴ノ極デアルト私ハ思フノデアル、此ノ如キ惡例中ノ最大惡例ハ政府トシテモ無論之ヲ改メナケレバナラヌ、議會トシテモ亦之ヲ改メナケレバナラヌ、誠ニ憲法上ノ大問題ニ關スルニ拘ラズ先例ニ名ヲ藉リテ依然トシテ此惡例ヲ襲ウテ居ルト云フコトハ國家ノ爲メニ如何ニモ忍ブ能ハザルトコロデアルト私ハ思フテ居リマス(拍手起ル)議會ノ方ニ於キマシテモ是ハ實ニ先例デアルカラト云フコトデ、此ノ如キ憲法上ノ大問題ヲ看過シテ、憲法並ニ法律ニ違反ヲシテ不法ナル亂暴ナル行爲ヲ自然ニ放任ヲシテ置クト云フ形ニ相成ッテ居ルノデゴザイマスル、自ヲ議會ノ協賛權ヲ蹂躙セラレナガラ、先例デアルト云フコトヲ以テ議會ガ之ヲ看過シテ居ル、誠ニ自ヲ侮ルノ甚シキモノデアラウト私ハ思フ、是ニ於テカ政府ノ方デモ實ハ高ヲ括ッテ居ル、多少議會デ異論ガアルデアラウケレドモ、ヤハリ先例ニ依ッテ議會ハ之ヲ承諾スルニ相違ナイ、多少ノ議論ヲ唱ヘル者ガアッテモ憲法上會計法上ヤカマシイ理窟ヲ言フ者ガアッテモ、最後ニハ政府ノ言フガ如ク是ニ服從スルニ相違ナイト云フコトヲ見縊ッテ居ルノデゴザイマスカラ、好イ氣ニナッテ此ノ如キ違法ナル此ノ如キ憲法違反トモ云フベキ非常ナル此不法ノ行ヒヲ敢テシテ居ルノデアル、先例ト云フ言葉ハ實ニ憲法ニ對シテ罪ヲ深クスルトコロノ言葉デアル、政府モ議會モ共ニ倶ニ此先例ト云フコトニ名ヲ藉リテ憲法上ノ罪跡ヲ深クシツヽアルモノデアルト、私ハ斷言ヲ致シマス、警告ヲ與ヘルト云フ此警告ハ年々歳々現ハルヽトコロノヤハリ例デアッテ、憲法上誠ニ濟マナイ、會計法上濟マナイカラ政府モ少シハ御注意ニ相成ルガ宜シイト云フ警告デアル、此警告ハ何ニナルカ、曾テハ政府モ議會ノ警告ニ對シテ成ベク之ヲ改メヤウト云フコトヲ答ヘタコトモアルノデゴザイマスガ、議會ヲ馬鹿ニシテ居ル政府ハ此ノ如ク答ヘルト同時ニ決シテ其約ヲ履マナイノデアル、議會自ラ自己ノ協賛權ヲ蹂躙セラレテ、自ラ侮ルノ甚シキニ陷ッテ居ル場合デゴザイマスカラ、議會ノ警告位ハ政府ハ何トモ思ッテ居ラヌノデアル、警告ハ唯一種ノ形式ニ止ッテ政府ガ憲法ニ違反ヲスルトコロノ不法ノ行爲ヲ是認スル上ノ一ノ儀式ニ止ッテ居ルノデアル、斯樣ナ譯デゴザイマスカラシテ、議會ハ是ガ憲法上ノ大問題デアルコトヲ自ラ認メテ已ムヲ得ズ警告ト云フ形式ヲ執ッテ儀式一片ノ年々歳々警告ヲ與ヘテ居ルノデアル、此警告ヲ與ヘルト云フ先例ガ益々以テ憲法上ノ罪惡ヲ深クセシムル所以デアルト私ハ信ジテ居ルノデアリマス(「ヒヤ〱」ト呼フ者アリ)又此問題ハ實ハ財政上已ムヲ得ザル事情ニ出デタノデアルト辯解セラレテ居ルノデゴザイマスル、事情論ハ憲法並ニ會計法ノ前ニ於テ之ヲ唱フルノ餘地ハ無イ、其實事情ノ上カラ考ヘマシテモ私ハ此剩餘金ノ支出ト云フコトハ決シテ已ムヲ得ザル事情デハナイト信ジテ居ルノデアリマス、政府ハ正面ノ規定ニ據ッテ豫算ノ不足ヲ補フタメニ、豫算外ノ支出ニ充ツルタメニ、憲法ノ規定ニ據ッテ、會計法ノ規定ニ據ッテ、豫備金ヲ以テ之ヲ補ヘバ可ナリ、豫備金ノ金額ガ不足ヲ告ゲルト致シマスレバ、之ヲ增加スルト云フコトハ決シテ困難ナコトデハナイ、二三百万圓ノ豫備金ガ餘リニ少キニ失スル、之ヲ增加スルト云フコトハ必要デアルト云フコトヲ年々議會モ之ヲ唱ヘ、多數ノ議員諸君モ豫備金增加ノ必要ヲ現ニ認メテ居ル今日デゴザイマスカラ、政府ガ豫算ノ上ニ於テ此豫備金ノ增額ヲスルト云フコトハ固ヨリ容易ニ行フコトノ出來ル問題デアル、ソレニモ拘ラズ豫備金ノ增加ヲスルト云フコトハ財政上甚ダ困ル、豫備金ノ增額ヲスレバ之ニ對スル財源ヲ見出サナケレバナラヌ、徒ニ豫備金ヲ增額スルト云フコトニナルト、他ノ必要ナル經費ヲ削減シナケレバナラヌト云フコトニ相成リマスカラ、卽チ豫備金ノ增額ト云フコトハ政府ハ之ヲ行フニ困ルト云フヤウナ斯樣ナ辯解ヲセラレテ居ルノデアリマス、是モ固ヨリ謂レナキ辯解デアル、事ノ前ニ於テ剩餘金ヲ使フノヲ事ノ後ニ至ッテ剩餘金ノ支出ト云フコトニ付テ承諾ヲ求メルノデアル、年々歳々ノコトデゴザイマスカラ、玆ニ長キ習慣ヲ作ルト云フコトニ相成リマスレバ、豫備金ノ增額ヲスルニ於テ政府ガ辯ゼラレルガ如キ左樣ナル困難ハ少シモ無イノデアル、唯一度ノ英斷――最初ニ於テ一度英斷ヲ下セバ豫備金ノ增額ト云フ慣例ヲ開キ、其次ノ年度又其次ノ年度ニ至リマシテハ此豫備金ノ增額ト云フコトニ付テ豫算ノ編成上少シモ苦ムベキトコロハナイノデアル、唯ホンノ一度ノ英斷――憲法ノ前ニハ如何ナル英斷ヲモ施サナケレバナラヌ、法律ノ前ニハ如何ナル英斷ヲモ施サナケレバナラヌ、唯此一度ノ英斷ヲ施ス能ハザルガタメニ已ムヲ得ザル事情アリト稱シテ憲法ニ違反シ、會計法ニ違反シテマデモ此豫備金ノ增額ヲ敢テシナイト云フコトハ誠ニ無責任ノ甚シキモノデアルト私ハ斷言ヲシヤウト思フ(「ムヤ〱」ト呼フ者アリ)畢竟イロ〱ノ先例――先例ト稱シマシテ議會モ之ヲ認容スルト云フコトノ惡例ヲ開イテ居リマスカラ、政府ハ豫備金ノ增加ヲスルヨリモ一番便利ナ剩餘金、是ハ政府ノタメニハ御都合ノ好キ金穴デアル、勝手ニ之ヲ使ッテ、使ッタ後ニナッテ議會ノ承諾ヲ求メルト云フ憲法上出來ルコトデナイコトヲシテ居ル、此便利ナ財源ガ玆ニ存シテ居リマスカラ豫備金ノ增額ヲスルヨリモ豫算ニ計上スルヨリモ我儘勝手ニ使フコトノ出來ル剩餘金ヲ殘シテ置ケバ、ドンナコトデモ出來ルト云フ此便宜主義カラ來テ、政府ガ我儘ヲシテ居ルモノト斷言ヲスルヨリ外ニ仕方ガナイノデアル、此ノ如キハ政府トシテモ議會トシテモ誠ニ憲法ニ對シテ相濟マヌコトデゴザイマスルカラ、ドウシテモ是ハ改メナケレバナラヌ、是ハ改メナケレバナラヌ、名ヲ先例ニ藉リ、財政上已ムヲ得ズト云フ事情ノタメニ此ノ如キ大問題ヲ放任スルト云フコトハ、私ハ實ニ議會ノタメニモ大ニ慨嘆セザルヲ得ヌノデゴザイマス、要スルニ此問題ハ左樣ニイツマデモ此解決ヲ遷延スベキモノデハナイ、永年行ハレタル慣例デゴザイマシテモ、此ノ如キ憲法上ノ重大問題デアル以上ハ一日モ早ク最後ノ解決ヲ著ケルト云フコトガ必要デアル、最後ノ解決ヲ著ケルト云フコトハ憲法ニ對シテハ政府モ亦之ヲ望マルノデアラウト私ハ思フノデアリマス、議會ト致シマシテモ已ムヲ得ナイカラト云フコトノタメニイツマデモ此問題ノ解決ヲ遷延シ、荏苒スルト云フコトハ憲法上忍ブコトガ出來ナイノデアリマスカラ今日ノ場合ニ於キマシテ、此解決ヲ速ニスルガタメニ此豫備金外ノ支出憲法違反ノ支出、會計違反ノ支出ニ對シテハ承諾ヲ與ヘナイト云フコトガ、一ノ方法デアラウト私ハ思フノデアル、今議會ガ自ヲ屈シテ已ムヲ得ナイカラ之ヲ承諾スルト云フコトニ相成リマスレバ、年々歳々同ジ惡例ヲ追フテ何年先キニ至リテモ此憲法上ノ大問題ヲ解決スルト云フ時期ハナイカラ一日モ早ク最後ノ解決ヲ與ヘテ憲法ニ對シテハ政府モ、議會モ、誠ニ安心ヲスルト云フコトニ相成ラナケレバナラヌノデゴザイマスカラシテ、私ハ政府ノ事情ニ關シマシテハ或ハ之ヲ諒スルトコロガナイニモ限ラナイノデゴザイマス、ケレドモ一日モ早ク此問題ヲ解決セシメンガタメニ豫備金外ノ支出卽チ剩餘金ノ支出ニ對シテハ全部承諾ヲ與フベカラズト云フコトヲ唱フルモノデアリマス、憲法上ノ大問題タルコトヲ知リナガラ(「分ッタ分ッタ」ト呼フ者アリ)イツマデモ解決ヲ爲サズシテ(「分ッテ居ルカラモウヨシ給ヘ」ト呼フ者アリ)此最後ノ解決ヲ躊躇スルト云フノハ果シテ何故デアリマセウカ、私ハ憲法上ノ大問題ノ前ニ――憲法ノ前ニハ情意投合モナイ筈デアルト思フノデアリマス

○議長(長谷場純孝君)　井上角五郎君

○井上角五郎君　此問題ニ付キマシテ唯今早速君ヨリ長々ト御演説ガゴザイマシテ、實ニ有難イコトニハ一ツコトヲ幾タビカ繰返サレテ御述ベニナッタコトデアリマス、其早速君ノ憲法論、法律論ハ要スルニ此議會ニ於テ昨年モ、一昨年モ、其前モ、又其前モ、幾タビカ吾々ガ繰返シタコトヲ集メテ聞カサレタノデ、勢ヒ御同意申上ゲル外ハナイノデアリマス、御尤モ千万、早速君ノ御議論ノ通リデアリマス(「然ラバ承諾ヲ與フベカラズ」ト呼フ者アリ)併ナガラ此事ハ一期以來ノ慣例ニナッテ、明治二十四年以來續イテ來タ習慣デアル、其習慣ハ縦シ惡ルカラウ、惡ルイトシタトコロデ其責ハ政府ニアリトスレバ、又吾々

議院ニモ其責ガアルノデアル、決シテ吾々モ責ナクシテ政府ノミ獨リ責アリト云フコトハ出來ナイ、其慣例ヲ守ッテ吾々ガ已ムヲ得ズ今日マデ來リタルコトニ付テハ吾々ニモ亦責ガアル、ソレデアルカラシテ茲ニ於キマシテ其慣例ヲ改メルノ工夫ヲ講ズルコトハ甚ダ必要デアルケレドモ、遡ッテ明治四十二年ノ支出ニ對シテ而モ其支出タルヤ例年ニ比シテ見レバ甚ダ少ク且道理アル支出ニ對シテ、茲ニ承諾ヲ與ヘズト云フコトヲ言フノハ吾々モ議員トシテ其慣例ヲ其儘ニ置キ、又政府モ其儘ニ從イタノハ勿論惡ルイケレドモ吾々ガ其儘ニ從イタ其當時ニ出來タコトヲ今遡ッテ承諾セヌト云フコトハ如何ニモ道理ノナイコト、思ヒマスカラ卽チ委員會ノ多數ハ承諾ヲ與ヘル、併シ相當ノ方法ヲ後日ニ執ルヤウニ望ムト云フコトヲ申シテ居ル、尙吾々ハ諸君ト共ニ其相當ノ方法ヲ執ルコトヲ研究シナケレバナラヌト思ヒマスガ、要スルニ早速君ノ御議論ハ御議論デ、同意スルト同時ニ此場合ソレヲ以テ承諾ヲ與ヘズト云フコトハ道理ノナイコト、思ヒマスカラ、之ニ反對シテ委員會ノ結果通リ御贊成アランコトヲ希望致シマス

（「堅白異同ノ辯」ト呼フ者アリ）

○加瀨禧逸君　私ハ簡單デアリマスカラ此席カラ申上ゲマス、時間モ大分過ギマシタカラ、且早速君ノ演說ニ於キマシテ能ク其說ヲ盡サレテ居リマス故ニ、私ハ發言ノ取消ヲ致サウト思ッテ居リマシタガ、委員中一人ノ反對ナカルベシト期シタリシニ、而モ其委員長タリシ井上君ガ少シ誤解セラレタル理由ヲ以テ反對セラレマシタカラ、私ハ是ニ付テ一言早速君ノ說ニ贊成ヲシテ、井上君ニ敢テ酬ヒザルヲ得ザルニ至ッタノデアリマス、其剩餘金ノ支出ガ憲法ニ悖リ、法律ニ反スルト云フ點ニ付キマシテハ、早速君ガ縷々詳述セラレマシタノデ、井上君御自身モ此理由ニ付テハ同意セラレタノデアル、唯從來ノ例モアルカラ承諾ヲ與フルノデアル、併シ斯樣ナコトヲ將來サレテハ困ルカラ警告ヲシテ置クト云フノデアリマスガ、私ハ是ニ於テ非常ニ惑ヒヲ起シタノデアル、理由ハ汝ノ言フ如ク贊成スルガ、警告ニ止ムルト云フノハ如何ナル所以デアルカ、私甚ダ迷フノデアル、理由ハ宜イガ云々ト言ヒマスト、其警告ト云フ中ニハ或ル意味ノ讓歩、或ル意味ノ希望ガ含マレテ居ル嫌ヒガアル、警告ト云ヘバ叱責デアル、叱リ置クト云フノデアル、警告ト希望トハ相容レヌノデアル、希望ノアル如キ意味ヲ含マレタル警告トハ未ダ嘗テ聞カヌノデアル、政府ガ警告ヲ屢々受ケテモ、其警告ヲ守ラザル所以ノモノモ、畢竟スルニ此警告ハ名ハ警告ナリト雖モ希望位デアルト看過スル結果デアリマス、ソコデ井上君ハ更ニ今マデ警告ヲシテモ政府ハ改メナカッタ、併シ是ハ政府獨リノ罪デハナイ、或ハ議院モ其罪ガアルデアラウト言フ誠ニ其通リデアル、議院ニ罪ガアリ、政府ニ罪ガアル、故ニ政府議會共ニ此例ヲ改メヤウト云フノガ、吾々ノ趣旨デアルノデアル、畢竟政府ガ數回ノ警告ヲ受ケツ、尙且之ヲ改メザルハ議院自ラ其半分ノ責ヲ擔フベシト思フガ故デアル、議院自ラ改メテ、政府ヲシテ改メシムベキハ、此機會ニアルデハアリマセヌカ、警告ヲ與ヘルニモ人ニ依リマス、恥ヲ知リ善ヲ勵ムニ汲々タル政府ナラバ、一片ノ警告モ尙其效ヲ奏スルデアリマセウ、併ナガラ恥ヲ知ラズ惡ヲ繰返スコトヲ意トセザル政府ニ向ッテ、警告ヲ繰返シテモ何ノ效ガアリマセウ警告ハ獨リ此件ニハ止マリマセヌ、幾多ノ提案ニ付テ警告的ノ議決ヲシタモノハ數多アリマス、本期ノ議會ニ於ケル警告ノ數ヲ擧ゲマシタナラバ、實ニ數フルニ遑ナキ程デアルト思ヒマス、此ノ如ク政府ハ幾多ノ警告ヲ受ケテモ尙且平然洒々タルモノデアルノデアル、是ニ於テ政府ノ眞情ヲ露骨ニ言ヘバ、警告先生能クゴザッタ、イヅレ來年御目ニ懸ラウ位ノコトデアラウト思ヒマス、斯樣ナ政府ニ向ッテ幾ラ警告ヲシテモ何ニモナラナイ、警告スルト同時ニ議會又自ラ其非ヲ改メテ、政府ニ向ッテ此改善ノ途ヲ效ヘルノガ、憲法擁護ノ職責デハアリマセヌカ、或ハ此場合ニ井上君ハ更ニ進ンデ成程過去ハ惡ルカッタトシテモ、今是ニ承諾ヲ與ヘナカッタナラバ大變ナコトガ出來ル、恰モ是ニ承諾ヲ與ヘザレバ過去ニ遡ッテ支出サレタル總テノ金額ヲ歸シ、原狀ニ回復スル結果ニナルト考ヘラレタヤウナ演說ヲナサレタヤウニ聽取リマシタガ、左樣ナコトハ斷ジテナイ、結局此承諾ヲ求ムルト云フコトハ或ル意味ニ於テ政府ノ支出シタルモノニ對シテ事後ノ承諾ヲ求メ、之ニ依ッテ政治上ノ責任解除ヲ求ムル途ガアリマス故ニ、此支出ニシテ不當ナリトスレバ、議院ハ鼓ヲ鳴ラシテ斷々乎トシテ之ヲ攻メナケレバナラヌ、之ニ承諾ヲ與ヘヌトシテモ過去ニ於テ支出サレタモノヲ原狀ニ回復シナケレバナラヌト云フコトハナイノデアリマス、所謂政治上ノ責任ニ於テ汝非行ヲナシタリト宣告シ、爾後ニ此過ヲ再ビサセザランガタメノ意味デアリマスカラ此場合ニ於テ井上君ガ既ニ政友會ヲ代表セラレテ吾々ノ議論ノ是ナルコトニ贊同セラレタル以上ハ、自ラ其非ヲ覺リ、早ク其非ヲ改メテ、再ビ此ノ如キ失態ナカランコトヲ期スルコトガ、當然ノ職分デアラウト思ヒマス、之ハ議會ノ職責タルト共ニ又吾々ガ議會ニ立ツトコロノ本分デアラウト思ヒマス、故ニ早速君ニ贊成致シマス

（「採決々々」ト呼フ者アリ）

○議長（長谷場純孝君）　討論ハ盡キタリト思ヒマスカラ、採決ヲ致シマス

○松田源治君　本案ハ委員長報告通リ承諾ヲ與ヘルコトニ確定セラレンコトヲ望ミマス

（「贊成々々」「是ヲ警告議會ト云フ」ト呼フ者アリ、笑聲起ル）

○議長（長谷場純孝君）　採決ヲ致シマス、早速君ノ明治四十二年度豫備金外ニ於テ豫算超過及豫算外支出ノ件及明治四十二年度特別會計豫備金外ニ於テ豫算超過及豫算外支出ノ件卽チ剩餘金ヲ以テ支出シタ分ニ對シテハ承諾ヲ與ヘズト云フ方ニ同意ノ諸君ハ起立

起立者　少數

○議長（長谷場純孝君）　少數、消滅、其他ハ委員長ノ報告ニ御異議ハアリマセヌカ

（「異議ナシ」ト呼フ者アリ）

○議長（長谷場純孝君）　日程ノ第七、明治四十二年度豫備金支出ノ件、明治四十二年度豫備金外ニ於テ豫算超過及豫算外支出ノ件、明治四十二年度特別會計豫備金支出ノ件、明治四十二年度特別會計豫備金外ニ於テ豫算超過及豫算外支出ノ件、明治四十二年度韓國派遣部隊豫備費支出ノ件、共ニ承諾ヲ與ヘルト云フコトニ決シマス——日程第八乃至第十一ハ同一委員ニ付託シ、且關聯セル議案ナルニ依リ、一括シテ議題ト致スコトニ御異議ハアリマセヌカ

（「異議ナシ」ト呼フ者アリ）

○議長（長谷場純孝君）　御異議ガナケレバ在外指定學校職員退隱料及遺族扶助料法中改正法律案、市町村立小學校敎員退隱料及遺族扶助料法中改正法律案、府縣立師範學校長俸給並公立學校職員退隱料及遺族扶助料法中改正法律案、帝國學士院學術獎勵金特別會計法案、此第一讀會ノ續ヲ開キマス、委員長三土忠造君

第十三　朝鮮總督府鐵道及通信官署ニ於テ取扱フ現金ノ出納ニ關スル法律案（政府提出）　第一讀會ノ續（委員長報告）

（日向輝武君登壇）

○日向輝武君　二案トモ極メテ簡單ナル案デアリマシテ、委員會ハ二案トモ之ヲ可決致シマシタ、會計檢査院法中改正法律案ノ方ハ會計檢査院法第二條中ノ十四員トアルノヲ十八員」ト改ムト云フノデアリマシテ、四名ノ增員ヲ要求スルノデアリマス、是ハ朝鮮ハ新タニ合併シマシタ結果、會計檢査院ガ歳出入ヲ檢査シマスル上ニ必要ナルモノデアリマシテ、其四名ノ中三名ハ朝鮮ニ於テ主トシテ支出ヲ調ベ、一名ハ主トシテ金庫ヲ調査スルト云フコトデアッテ、當然ナル提案ト認メタノデアリマス、委員會ニ於キマシテハ朝鮮ノ財政ガ成ルベク紊亂ヲセヌヤウニ朝鮮統治著手ノ當時ヨリ成ルベク會計檢査ヲ嚴密ニシテ、將來惡弊或ハ間違等ノ起ラザルコトヲ希望致シマシテ、此四名ノ增員ト云フコトヲ可決シタ理由デアリマス、是ダケ御分リニナッタラウト思ヒマス、次ノ朝鮮總督府鐵道及通信官署ニ於テ取扱フ現金ノ出納ニ關スル法律案モ同ク可決致シマシタノデ、是ハ朝鮮ニ於キマシテ官吏ナラザル出納員ナラザル事務員ヲ以テ會計法ニ依ルトコロノ出納員ノ任務ヲ盡サシメルト云フノデアリマス、是モ實際一々細カナルトコロノ郵便電信料鐵道料等一々出納官ヲ以テ之ニ充テルト云フコトハ不可能デアリマスルシ特ニ又韓國ニ於キマシテハ內地ト事情ヲ異ニ致シマシテ、郵便局ニ於テ租稅ノ收入ヲ致スト云フコトノ便法ヲ設ケテ已ムヲ得ズヤッテ居ルヤウナ場合デアリマシテ、一々之ニ官吏任命シテ置クト云フコトハ絕對ニ不可能ノコトデアル、不便ノコトデアッテ、已ムヲ得ズ玆ニ變則ヲ設ケテ官吏ナラザル事務員ヲ以テ此出納ノ事務ヲ取扱ハシムルト云フ案デアリマス、是モ當然ナル案トシテ審査ノ結果可決シタ次第デアリマス

○菅原傳君　兩案ニ對シマシテモ反對或ハ修正等ノ御意見モ無キニ於テハ、直ニ二讀會ヲ開キ、三讀會ヲ省略シテ委員長報告通リ決定セラレンコトヲ望ミマス

（「贊成」ト呼フ者アリ）

○議長（長谷場純孝君）　二案ニ對シテモ別ニ修正反對ノ通告ガアリマセヌ、因テ一括シテ二讀會ニ移シタイト思ヒマスガ、御異議ハアリマセヌカ

（「異議ナシ異議ナシ」ノ聲起ル）

○議長（長谷場純孝君）　御異議ガナケレバ直ニ二讀會ヲ開キ日程第十二、第十三ヲ一括シテ議案全部ヲ議題ニ供シマス

會計檢査院法中改正法律案　確定議

朝鮮總督府鐵道及通信官署ニ於テ取扱フ現金ノ出納ニ關スル法律案　確定議

（「異議ナシ」ト呼フ者アリ）

○議長（長谷場純孝君）　御異議ナイト認メマスカラ會計檢査院法中改正法律案及朝鮮總督府鐵道及通信官署ニ於テ取扱フ現金ノ出納ニ關スル法律案共ニ三讀會ヲ省略シテ、是ニテ確定致シマス、此場合御諮致シマス、先刻御報告シタ朝鮮銀行法案ハ會期モ切迫シテ居リマスカラ此際日程ヲ變更シテ會議ニ附シ委員ニ付託セラレテハ如何デゴザイマセウカ

（「異議ナシ異議ナシ」ノ聲起ル）

○議長（長谷場純孝君）　御異議ナケレバ日程ヲ變更シテ朝鮮銀行法案ノ第一讀會ヲ開キマス

第一讀會

朝鮮銀行法案(政府提出)

朝鮮銀行法案

朝鮮銀行法

第一章　總則

第一條　朝鮮銀行ハ株式會社トシ其ノ本店ヲ朝鮮京城ニ置ク

第二條　朝鮮銀行ハ朝鮮總督ノ認可ヲ受ケ支店代理店ヲ設置シ又ハ他ノ銀行ト「コルレスポンデンス」ヲ締約スルコトヲ得

朝鮮總督ハ必要アリト認ムルトキハ支店代理店ノ設置ヲ命スルコトヲ得

第三條　朝鮮銀行ノ存立期間ハ設立登記ノ日ヨリ五十年トス但シ朝鮮總督ノ認可ヲ受ケ之ヲ延長スルコトヲ得

第四條　朝鮮銀行ノ資本金ハ一千萬圓トシ之ヲ十萬株ニ分チ一株ノ金額ヲ百圓トス但シ朝鮮總督ノ認可ヲ受ケ資本金ヲ增加スルコトヲ得

第五條　朝鮮銀行ノ株券ハ記名式トス

帝國臣民ニ非サレハ朝鮮銀行ノ株主ト爲ルコトヲ得ス

第六條　政府ハ朝鮮銀行ノ株式中三萬株ヲ引受クルモノトス

政府ハ前項ノ規定ニ依リ引受ケタル株式ヲ離權スルコトヲ得ス

第二章　重役

第七條　朝鮮銀行ニ總裁一人理事三人以上監事二人以上ヲ置ク

第八條　總裁ハ朝鮮銀行ヲ代表シ其ノ事務ヲ總理ス

總裁事故アルトキハ理事中一人其ノ職務ヲ代理シ總裁缺員ノトキハ其ノ職務ヲ行フ

理事ハ總裁ヲ補佐シ定款ノ定ムル所ニ從ヒ朝鮮銀行ノ業務ヲ分掌ス

監事ハ朝鮮銀行ノ業務ヲ監査ス

第九條　總裁ハ朝鮮總督ノ推薦ニ依リ政府之ヲ命シ其ノ任期ヲ五年トス

理事ハ百株以上ヲ有スル株主中ヨリ株主總會ニ於テ選擧シタル二倍ノ候補者中ヨリ朝鮮總督之ヲ命シ其ノ任期ヲ三年トス

監事ハ五十株以上ヲ有スル株主中ヨリ株主總會ニ於テ之ヲ選任シ其ノ任期ヲ二年トス

第十條　總裁及理事ハ何等ノ名稱ヲ以テスルニ拘ラス他ノ職務又ハ商業ニ從事スルコトヲ得ス但シ朝鮮總督ノ認可ヲ受ケタルトキハ此ノ限ニ在ラス

第三章　株主總會

第十一條　通常株主總會ハ定款ニ定メタル時期ニ於テ總裁之ヲ招集ス

第十二條　臨時株主總會ハ臨時必要アルトキ總裁之ヲ招集ス

第十三條　監事ノ全員又ハ資本ノ五分ノ一以上ニ當ル株主ハ會議ノ目的タル事項ヲ示シテ臨時株主總會ノ招集ヲ總裁ニ請求スルコトヲ得

總裁前項ノ請求ヲ受ケタルトキハ臨時株主總會ヲ招集スヘシ

第十四條　株主ノ議決權ハ一株ニ付一箇トス但シ十一株以上ハ十株ヲ增ス每ニ一箇ヲ加フ

第十五條　株主ハ株主ニ非サル者ヲ代理人トシ其ノ議決權ヲ行フコトヲ得ス但シ法定代理人ハ此ノ限ニ在ラス

第十六條　定款ノ變更ハ資本ノ半額以上ニ當ル株主出席シ其ノ議決權ノ過半數ヲ以テ之ヲ決ス

第四章　營業

第十七條　朝鮮銀行ハ左ノ業務ヲ營ムモノトス

一　爲替手形其ノ他商業手形ノ割引
二　平常取引スル諸會社銀行又ハ商人ノ爲手形金ノ取立
三　爲替及荷爲替
四　確實ナル擔保アル貸付
五　諸預リ金及當座貸越勘定
六　金銀貨、貴金屬及諸證券ノ保護預リ
七　地金銀ノ賣買及貨幣ノ交換

前項ノ外營業ノ都合ニ依リ國債證券、地方債證券其ノ他朝鮮總督ノ指定スル確實ナル有價證券ノ買入ヲ爲スコトヲ得

第十八條　朝鮮銀行ハ前條ニ揭クルモノノ外朝鮮總督ノ認可ヲ受ケ左ノ業務ヲ營ムコトヲ得

一　公共團體ニ對スル無擔保貸付
二　他銀行ノ業務代理

第十九條　朝鮮銀行ハ營業ノ爲必要ナル物件ヲ取得シ又ハ債務辨濟ノ爲物件ヲ引受クル場合ヲ除クノ外動產及不動產ヲ所有スルコトヲ得ス

第二十條　朝鮮銀行ハ本法ニ記載セサル業務ヲ營ムコトヲ得ス但シ朝鮮總督ノ命令ニ基ク場合ハ此ノ限ニ在ラス

第五章　銀行券

第二十一條　朝鮮銀行ハ銀行券ヲ發行スルコトヲ得但シ銀行券ノ樣式及種類ニ關シテハ朝鮮總督ノ認可ヲ受クヘシ

前項ノ銀行券ハ朝鮮銀行ノ本店及支店ニ於テ營業時間中何時ニテモ金貨又ハ日本銀行兌換券ト引換フルモノトス但シ支店ニ於テハ本店ヨリ準備金ノ到達スヘキ時間其ノ引換ヲ延期スルコトヲ得

第二十二條　朝鮮銀行ハ銀行券發行高ニ對シ同額ノ金貨、地金銀又ハ日本銀行兌換券ヲ置キ其ノ仕拂準備ニ充ツヘシ但シ銀地金ハ仕拂準備總額ノ四分ノ一ヲ超過スルコトヲ得ス

前項ノ仕拂準備ニ依ルノ外朝鮮銀行ハ特ニ三千万圓ヲ限リ國債證券其ノ他確實ナル證券又ハ商業手形ヲ保證トシテ銀行券ヲ發行スルコトヲ得

前二項ニ規定スルモノノ外市場ノ狀況ニ依リ銀行券ノ發行ヲ必要トスルトキハ朝鮮總督ノ認可ヲ受ケ國債證券其ノ他確實ナル證券又ハ商業手形ヲ保證トシテ其ノ發行ヲ爲スコトヲ得此ノ場合ニ於テハ朝鮮總督ノ命スル所ニ依リ其ノ發行高ニ對シ一年百分ノ五ヲ下ラサル割合ヲ以テ發行稅ヲ納ムヘシ

第二十三條　朝鮮銀行ノ發行スル銀行券ハ朝鮮總督ノ管轄地域內ニ於テ無制限ニ通用スルモノトス

第二十四條　朝鮮銀行ハ銀行券ノ發行額及仕拂準備ニ關スル每週平均高表ヲ官報ニ公告スヘシ

第二十五條　銀行券ノ製造、發行、損券引換及銷却等ノ手續ハ朝鮮總督之ヲ定ム

第六章　積立金及納付金

第二十六條　朝鮮銀行ハ毎營業年度ニ於テ資本ノ缺損ヲ補フ爲利益ノ百分ノ八以上ヲ積立テ且利益配當ノ平均ヲ得セシムル爲利益ノ百分ノ二以上ヲ積立ツヘシ

第二十七條　株主ニ對スル利益配當額カ拂込資本ニ對シ一年百分ノ十二ノ割合ヲ超過スルトキハ朝鮮銀行ハ該超過額ノ二分ノ一ヲ政府ニ納付スヘシ

第七章　政府ノ監督及補助

第二十八條　朝鮮總督ハ朝鮮銀行ノ業務ヲ監督ス

第二十九條　朝鮮銀行ハ其ノ定款ヲ變更セムトスルトキハ朝鮮總督ノ認可ヲ受クヘシ

第三十條　朝鮮銀行ハ株主ニ配當金ヲ分配セムトスルトキハ朝鮮總督ノ認可ヲ受クヘシ

第三十一條　朝鮮總督ハ必要アリト認ムルトキハ銀行券ノ種類、發行高、貸付割引ノ金額方法利子若ハ歩合、爲替料又ハ正貨準備若ハ保證準備ニ關シ制限ヲ付スルコトヲ得

第三十二條　朝鮮銀行ノ營業上法令若ハ定款ニ違反シ又ハ公益ヲ害スル事項アリト認ムルトキハ朝鮮總督ハ之ヲ制止スルコトヲ得

第三十三條　朝鮮銀行ハ朝鮮總督ノ定ムル所ニ依リ其ノ營業ニ關スル諸般ノ景況及計算ノ報告書ヲ差出スヘシ

第三十四條　朝鮮總督ハ特ニ朝鮮銀行監理官ヲ置キ朝鮮銀行ノ業務ヲ監視セシム

第三十五條　朝鮮銀行監理官ハ何時ニテモ朝鮮銀行ノ金庫帳簿及諸般ノ文書ヲ檢査スルコトヲ得

朝鮮銀行監理官ハ監視上必要アリト認ムルトキハ何時ニテモ朝鮮銀行ニ命シ營業上諸般ノ計算及景況ヲ報告セシムルコトヲ得

朝鮮銀行監理官ハ株主總會其ノ他諸般ノ會議ニ出席シテ意見ヲ陳述スルコトヲ得但シ議決ノ數ニ加ハルコトヲ得ス

第三十六條　朝鮮銀行ノ利益配當金ニシテ政府持株以外ノ株式ニ對シ毎營業年度ニ於テ一年百分ノ六ノ割合ニ達スル迄ハ政府持株ニ配當ヲ爲スコトヲ要セス

第三十七條　朝鮮銀行ノ利益配當金ニシテ政府持株以外ノ株式ニ對シ毎營業年度ニ於テ一年百分ノ六ノ割合ニ達セサルトキハ政府ハ創立初期ノ末日ヨリ五年ヲ限リ之ニ達スル金額ヲ補給ス

第八章　罰則

第三十八條　朝鮮銀行ニ於テ左ノ事犯アルトキハ總裁又ハ總裁ノ職務ヲ行ヒ若ハ代理スル理事ヲ百圓以上千圓以下ノ過料ニ處ス其ノ事犯ニシテ理事ノ分擔業務ニ係ルトキハ理事ヲ過料ニ處スルコト亦同シ

一　第十九條、第二十條、第二十二條第一項又ハ第二十六條ノ規定ニ違反シタルトキ

二　本法ニ依リ認可ヲ受クヘキ事項ニ關シ其ノ認可ヲ受ケサルトキ

第三十九條　朝鮮銀行ノ總裁又ハ總裁ノ職務ヲ行ヒ若ハ代理スル理事第十一條又ハ第十三條第二項ノ規定ニ違反シ株主總會ヲ招集セサルトキハ百圓以上千圓以下ノ過料ニ處ス

第四十條　朝鮮銀行ノ總裁又ハ理事第十條ノ規定ニ違反シタルトキハ二十圓以上二百圓以下ノ過料ニ處ス

第四十一條　前三條ノ過料ニ關シテハ非訟事件手續法第二百六條乃至第二百八條ノ規定ニ依ル

附　則

第四十二條　本法施行ノ期日ハ勅令ヲ以テ之ヲ定ム

第四十三條　舊韓國隆熙三年法律第二十二號ニ依ル韓國銀行ハ朝鮮銀行ト稱シ韓國銀行設立ノ日ニ於テ本法ニ依リ設立シタルモノト看做シ韓國銀行ノ爲シタル行爲ハ朝鮮銀行ノ爲シタルモノト看做ス

韓國銀行ニ付爲シタル登記ハ朝鮮銀行ニ付爲シタル登記ト看做シ登記簿ニ於ケル銀行ノ名稱ハ當然變更セラレタルモノトス

第四十四條　韓國銀行ノ總裁、理事及監事ハ朝鮮銀行ノ總裁、理事及監事トシテ就職シタルモノト看做ス

第四十五條　韓國銀行ノ發行シタル韓國銀行券及其ノ發行ト看做シタル株式會社第一銀行ノ銀行券ハ朝鮮銀行ニ於テ發行シタルモノト看做ス

（政府委員荒井賢太郎君登壇）

○政府委員（荒井賢太郎君）　朝鮮銀行法案、本案ハ舊韓國政府ニ於キマシテ金融機關ノ中樞トシテ一昨年十一月韓國銀行ヲ設立致シマシタ、其韓國銀行ヲ朝鮮銀行ト名前ヲ變ヘマシテ、ヤハリ營業ヲ繼續セシムル、斯ウ云フ目的ヲ以チマシテ此案ヲ提出致シマシタデアリマシテ、此韓國銀行ハ併合ノ際ニハ制令ヲ以テ其效力ヲ存續セシメマシタ、併ナガラ此銀行ノ名稱ヲ改メ、其他ニ於テ兌換券ノ發行額ノ多少今日ノ情勢ニ應ジテハ引直ス必要ガアルト云フヤウナ事情ガ生ジマシタカラ、法律ヲ以テ此銀行條例ヲ制定スルコトガ適當ト認メマシテ、此法律案ヲ提出致シマシタ次第デゴザイマス、右ノ理由デゴザイマスカラシテ此案ニ付テ御協贊ヲ願フ

○高柳覺太郎君　質問ガアリマス、チヨット御聽致シマスルガ此朝鮮銀行法案ニ依ルトコロノ朝鮮銀行ハ彼ノ會社令ノヤハリ支配ノ下ニ置カレルノデアリマスルカ、之ヲ伺ヒタイノデアリマス、卽チ朝鮮銀行法ト彼ノ制令ノ會社令トノ關係如何ト云フコトヲ第一ニ伺ヒタイノデアリマス、尙ホ精シク言ヘバ彼ノ制令ノ會社令ハ一般ノ會社銀行ヲ取締ルトコロノ會社令デアル、此朝鮮銀行法案ハ卽チ朝鮮銀行ヲ取締ルトコロノ特殊ノ法案デアル、單行法案デアル、一ハ朝鮮總督ノ彼ノ委任立法權ニ依ッテ會社令ヲ發布シ、唯特別ノ此單純ナル朝鮮銀行法案ハ特ニ法律ヲ以テ茲ニ帝國議會ニ提出スルト云フ意味ハ其趣意ノ在ルトコロヲモウ少シ説明ヲ願ヒタイト思フノデス、大ナルトコロノ會社令ハ制令ヲ以テ制定シ、單純ナル銀行法案ハ法律ヲ以テ議會ニ提出スル政府ノ意思ハ此帝國議會ノ立法權ヲ此場合ニ於テ尊重シテ、此法案ヲ提出シタノデアルカ、ドウデアルカ、此點ニ付キマシテ伺ヒタイノデアリマス

（政府委員荒井賢太郎君登壇）

○政府委員（荒井賢太郎君）　朝鮮銀行法案、是ハ一般ノ銀行條例其他商法等ニ

モ關係ヲ有シマスルノデ、是ハ法律ヲ以テ制定シテ差支ナイコトデアリマシテ、又法律ヲ以テ制定スルト云フコトガ極メテ必要ナノハ此銀行ハ內地ニ於キマシテモ其支店ヲ設クト云フ事情モ生ジマスカラ是ハ勿論法律デ制定スルト云フコトガ必要デアリマシテ、法律デ制定致シマシタモノデ、本則ニ從ッテ提出致シマシタ次第デゴザイマス

○菅原傳君　本案ハ議長指名十八名ノ特別委員ニ付託セラレン事ヲ望ミマス

（「贊成々々」ノ聲起ル）

○議長（長谷場純孝君）　議長指名十八名ノ特別委員ニ付託スルコトニ御異議アリマセヌカ

（「異議ナシ」ノ聲起ル）

○議長（長谷場純孝君）　御異議ナケレバ其通リ決シマス、日程第十四、第十五ハ同一委員ニ付託シ且關聯シタル議案ナルニ依リ、一括議題トナスニ御異議ハアリマセヌカ

（「異議ナシ」ト呼フ者アリ）

○議長（長谷場純孝君）　御異議ナケレバ明治四十年法律第四十八號中改正法律案、明治四十年法律第四十九號中改正法律案、第一讀會ノ續ヲ開キマス、委員長東武君

第十四　明治四十年法律第四十八號中改正法律案（政府提出）　第一讀會ノ續（委員長報告）

第十五　明治四十年法律第四十九號中改正法律案（政府提出）　第一讀會ノ續（委員長報告）

（東武君登壇）

○東武君　此法律案ハ朝鮮合併ノ結果デ、統監府ガ朝鮮總督府ニ改ッテ其官制上ノ結果トシテハ統監府ヲ朝鮮總督府ニ改メルト云フコトニ從來內地ノ判任官ニ對シテ特別ナル恩給ノ恩典ガアリマス、其特典ヲ與ヘルト云フ案デアリマシテ、四十八號ハ總テ原案ニ可決致シマシタ、四十九號ニ於キマシテハ是亦ヤハリ官制改正ノ結果統監府ヲ朝鮮總督府ニ直シ、又巡査ヲ內地人タル巡査ニ改ムルト云フノデ、朝鮮ニハヤハリ朝鮮人ノ巡査モアリ、又ハ朝鮮ニハ內地人デナイトコロノ朝鮮人タル判任官モアル、其官制ノ結果デアル、ソレカラ此四十九號ニ於キマシテハ、イロイロ議論ガアリマシテ修正ヲ致シマシタガ、此修正ハ警部補ト云フモノガ樺太ニアル、朝鮮ニハ此警部補ト云フモノガナイノデアッテ、樺太ノ方ノ恩典ニ漏レテ居ル、此法案ハ關東都督府若ハ朝鮮樺太ニ皆適用サレル恩給法ノ規定デアルノデアリマシテ、ソレデ樺太廳ニ於テ警部補ト云フモノガアルガ、巡査其他ハ加俸ヲ受ケルガ、警部補ハ受ケルコトガ出來ヌト云フヤウナ妙ナ結果ニナッテ居ルノデ、特ニ改正ノ要求ガアリマシテ、是ハ政府委員ト再三協議ノ結果、總テ警部補ヲ入レマシテ、サウシテ倚一二三本文ヲ修正ヲ致シマシテ、原案可決シタ次第デアリマス、左樣御承知アランコトヲ希望致シマス

○菅原傳君　兩案トモ直ニ二讀會ヲ開キ、三讀會ヲ省略シテ委員長報告通リ決定セラレンコトヲ望ミマス

○議長（長谷場純孝君）　菅原君ノ發議ニ御異議アリマセヌカ

（「異議ナシ」ト呼フ者アリ）

○議長（長谷場純孝君）　御異議ナイト認メマスカラ、明治四十年法律第四十八號中改正法律案、明治四十年法律第四十九號中改正法律案兩案一括シテ直ニ二讀會ヲ開キ、議案全部ヲ議題ニ供シマス

明治四十四年三月十二日　議長ノ報告

衆議院議員早速整爾君提出朝鮮ノ關稅ニ關スル質問ニ對シ別紙答辯書差進候也

明治四十四年三月十日　　内閣總理大臣侯爵桂太郎

衆議院議長長谷場純孝殿

（別紙）

衆議院議員早速整爾君提出朝鮮ノ關稅ニ關スル質問ニ對スル答辯書

帝國政府カ當分ノ内朝鮮從來ノ關稅率ヲ維持スルコトト爲シタルハ一月二十六日ノ衆議院豫算委員會ニ於テ演述シタルカ如ク諸外國人ノ朝鮮ニ於テ有スル所ノ經濟的利益ニ不利ノ影響ヲ及ホスヲ避クルヲ得策ト認メ又内地朝鮮間ノ貿易關係ニ急激ノ變改ヲ加フルノ大ニ考慮ヲ要スヘキモノアルヲ念ヒ帝國政府任意ノ措置トシテ右ノ決定ヲ爲セルモノニシテ政府ハ併合ノ際ニ於ケル内外ノ關係ニ顧ミ之ヲ以テ最適當ノ措置ナリト認メ居ル次第ナリ

右及答辯候也

明治四十四年三月十日　　外務大臣伯爵小村壽太郎

衆議院議員石橋爲之助君提出郵便貯金ニ關スル質問ニ對シ別紙答辯書差進候也

明治四十四年三月十日　　内閣總理大臣侯爵桂太郎

衆議院議長長谷場純孝殿

（別紙）

衆議院議員石橋爲之助君提出郵便貯金ニ關スル質問ニ對スル答辯書

一　日本貯金銀行貯蓄預金ノ引繼ハ預金者ノ動搖ヲ未然ニ防クノ手段トシテ特定ノ場所ニ限リ短期間ニ數十万人ノ預金ノ引繼ヲナスノ要アリシヲ以テ當時預金者ノ利便ト取扱上ノ簡捷トヲ期スル爲一時之ヲ郵便貯金ニ組入レ引繼期間終了後直ニ郵便貯金法第十六條ノ趣旨ニ依リ之カ整理ヲナスコトトナシ第二項ニ記載セルカ如ク殆ント之カ整理ヲ了シタリ

二　前項ノ如ク普通郵便貯金トシテ取扱ヒタルモノニシテ郵便貯金法第四條第四號ヲ適用セス

三　日本貯金銀行ヨリ引繼ニ係ル預金中ノ千圓ヲ超過セルモノハ共總數一千三百十口ニシテ此等預金者ニ對シテハ第一項答辯ノ趣旨ニ依リ引繼期間滿了後通知書ヲ發シ預ケ人ノ任意ニ依リ減額處分ヲ促シ既ニ一千二百十八口ハ之カ任意ノ整理ヲ了シ未濟ノ分ニ對シテハ目下再應預金者ニ處分方督促中ニ屬セリ

四　政府ハ國民ヲシテ勤儉貯蓄ノ美風ヲ涵養セシムルノ必要ヲ認メ各種ノ施設ニ依リ共ノ實效ヲ擧クルニ努メ規約貯金ニ就テモ之カ發達ヲ期セリ然レトモ各官衙ニ於テ規約貯金ヲ强制シ如何ナル事情アルモ在職中之カ貯金ノ拂戾ヲ許サザルカ如キ事實ナシ

右及答辯候也

明治四十四年三月十日　　遞信大臣男爵後藤新平君

（左ノ報告ハ朗讀ヲ經サルモ參照ノタメ玆ニ掲載ス）

一　去九日議長ニ於テ選定シタル委員左ノ如シ

韓國鐵道會計所屬資金ノ繰入ニ關スル法律案

笠川繼孝君　江原節君　大坂金助君
鈴木友治郎君　有木國藏君　大津淳一郎君
金尾稜嚴君　淺羽靖君　山田珠一君

司法事務共助法案

山岡國吉君　高森新君　夏井保四郎君
中村啓次郎君　武市庫太君　卜部喜太郎君
佐野春五君　矢島浦太郎君　花井卓藏君

朝鮮銀行法案

粕谷義三君　榊田清兵衞君　稻村辰次郎君
小川平吉君　野田卯太郎君　大野久次君
秋岡義一君　中沼信一郎君　板東勘五郎君
福田又一君　高柳覺太郎君　小寺謙吉君
富田幸次郎君　淺羽靖君　鈴木摠兵衞君
岡崎運兵衞君　早速整爾君　濱岡光哲君

一　明治四十三年勅令第三百二十四號（承諾ヲ求ムル件）委員木戸豐吉君辭任ニ付キ共補闕トシテ中村啓次郎君ヲ議長ニ於テ選定セリ

一　委員長及理事左ノ通リ當選セラレタリ

朝鮮銀行法案委員會

委員長　野田卯太郎君　理事　小川平吉君　粕谷義三君　富田幸次郎君

韓國鐵道會計所屬資金ノ繰入ニ關スル法律案委員會

委員長　笠川繼孝君　理事　山田珠一君

司法事務共助法案委員會

委員長　卜部喜太郎君　理事　武市庫太君

（左ノ質問書ハ朗讀ヲ經サルモ參照ノタメ玆ニ掲載ス）

言論出版ノ自由及藝術ノ取締ニ關スル質問主意書

右成規ニ據リ提出候也

明治四十四年二月二十三日

提出者　關和知　　贊成者　石田仁太郎　外三十八

言論出版ノ自由及藝術ノ取締ニ關スル質問主意書

政府ノ言論出版ノ自由及藝術ノ取締ハ往々ニシテ人權ヲ抑壓シ文化ヲ沮害スルノ嫌ヒアリ共ノ方針如何

右及質問候也

朝鮮穀物移入稅ニ關スル質問主意書

右成規ニ據リ提出候也

明治四十四年三月十一日

提出者 大内暢三 石橋爲之助

贊成者 瀬原惟郭

外三十五人

朝鮮穀物移入稅ニ關スル質問主意書

朝鮮ニ於ケル輸出及移出品ハ農產物ニシテ就中穀物ヲ以テ輸移出貿易ノ重要品ト爲シ常ニ全輸移出額ノ七割内外ヲ占メ每年米穀ノミノ輸移出額少クモ九百万圓乃至一千二百万圓ヲ下ラス依テ以テ購買力ヲ增進シ其一箇年ノ輸移入額三千七百万圓乃至四千万圓ノ間ニアリ而モ其輸移入品ノ十分ノ八内外ハ悉ク之ヲ母國製產品ニ仰キ亦輸移出ノ穀物ハ殆ト其ノ全部ヲ母國ニ移出セリ因テ朝鮮ニ於ケル穀物輸移出ノ增減ハ直ニ以テ朝鮮人ノ購買力如何ニ關シ延テ母國製產品ノ朝鮮移出ニ大ナル影響ヲ及シ相互ノ不利殆ト計ルヘカラスサレハ現行法ニ依ルトキハ朝鮮ニ於ケル一般農民ノ收入ヲ減シ其發達ヲ阻碍スルノミナラス朝鮮ニ於ケル農業ノ進步發達ヲ圖ラムトシテ常ニ多大ノ經費ヲ投シ幾多ノ奬勵的方法ヲ講シツヽアル主旨ニ矛盾スルモノト認ム政府ノ所見如何

右質問ハ其趣旨辯明ヲ爲ササルニ付直ニ答辯有之度候也

第四　間島ニ於ケル領事官ノ裁判ニ關スル法律案（政府提出）　第一讀會ノ續（委員長報告）

（橋木久太郎君登壇）

○橋本久太郎君　此法律案ハ卽チ昨年四月五日ニ旣ニ法律ニナッテ居リマスルモノニ極メテ簡單ナ修正ヲ加ヘタモノデゴザイマス、諸君モ御承知ノ通リ昨年八月ニ日韓合併ニナリマシタ、其結果ヨリ以前ノ統監府トアッタノガ朝鮮總督府ト變ルトカ、或ハ又韓國トアッタノガ朝鮮トナッテ居ルト云フ位ノ文字ノ小修正ニ過ギマセズシテ、內容ハ決シテ昨年ノ法律トナッテ居リマスルモノト毫モ違ヒハゴザイマセヌ、然ルニ御承知ノ通リ此間島ナルモノハ領土權ニ對シテ淸韓ノ一時爭地ニナッタ箇所デゴザイマスル、ソレガ一昨年日淸協約ノ結果トシテ淸國ノ所屬トナッテ居リマスルガ、然ルニ其以前ニ遡ッテ參考マデニ委員トシテ、竝ニ又議會ノ參考ニナラウト思ヒマスル事柄モゴザイマスルカラ、種々其邊ノコトニ付テ來歷結果等ニ付テ政府ニ質問ヲ致シマシタ、竝ニ又此日韓協約ノ結果トシテ治外法權ヲ淸國ニ對シテ失ウテ居リマスル事柄ニ付キマシテモ、其利害上ヨリ種々政府ニ對シテ質問ヲ致シマシタガ、ソレ〳〵明瞭ナル答ヲ得テ居リマスル、是ハ速記錄ニ明カニナッテ居リマスルカラ御覽ナサル御方ハ御覽下サッタラ分リマスルガ、之ヲ要スルニ間島ノ土地ニ是マデ朝鮮人ガ住ンデ居リマスルトコロノモノガ、若シ此治外法權等ノ權利ヲ主張スルタメニ或ハ所有權、住居權、移住權竝ニ又耕作權等ヲ失ヒマスルヤウナコトニナリマスルト、此間島ハ土地ノ豐穰ナ處デゴザイマシテ、北韓地方ノ供給地トナッテ居リマスルガ、唯今中シマスルヤウナ權利ヲ主張スルガタメニ實利ヲ失フコトニナッテハ甚ダ不得策デアルト云フコトデ、トウ〳〵此北韓地方ノ供給地デアルタメ、大變實利上ニ影響スルトコロノ地デアリマスルガタメニ、唯今ノ住居權或ハ耕作權等ヲ得ルガタメニ治外法權上ノ權利問題ノコトニ付テハ多少讓步ヲシテアルト云フコトデゴザイマスルガ、ソレ等ノ事柄ハ皆卽チ速記錄ニ明カニナッテ居リマスル、昨日ニ至ッテ此修正ノ通リ全會一致ヲ以テ可決致シマシタカラ左樣御承知アランコトヲ希望シマス、念ノタメニ修正ヲ申上ゲマスルガ、第一條ニ「朝鮮總督府」ト修正ニナッテ居リマスルノハ、以前ガ「統監府」トアッタ文字デゴザイマス、ソレカラ第三條ニ「朝鮮總督府」トアルノモ元ハ「統監府」ト云フノデゴザイマシタ、ソレ位ノ修正ニ過ギマセヌカラ、左樣御承知ヲ願ヒマス

○菅原傳君　直ニ二讀會ヲ開カレンコトヲ望ミマス

○議長（長谷場純孝君）　直ニ二讀會ヲ開クノニ御異議ハアリマセヌカ

（「異議ナシ」ト呼フ者アリ）

○議長（長谷場純孝君）　御異議ガナケレバ直ニ二讀會ヲ開キ、議案全部ヲ議題ニ供シマス

間島ニ於ケル領事官ノ裁判ニ關スル法律案　第二讀會

（「異議ナシ」ト呼フ者アリ）

○菅原傳君　御異議ナケレバ直ニ三讀會ヲ開キ、二讀會通リ決定セラレンコトヲ望ミマス

○議長（長谷場純孝君）　御異議ナケレバ委員長報告通リ第二讀會ニ於テ決定致シマス、直ニ三讀會ヲ開クト云フコトニ御異議アリマセヌカ

（「異議ナシ」ト呼フ者アリ）

○議長（長谷場純孝君）　御異議ガナケレバ直ニ三讀會ヲ開キ、議案全部ヲ議題ニ供シマス

間島ニ於ケル領事官ノ裁判ニ關スル法律案　第三讀會

（「異議ナシ」ト呼フ者アリ）

○議長（長谷場純孝君）　御異議ナケレバ第二讀會決定通リ本案ハ是ニテ確定致シマス、日程第五ハ委員長ノ都合ニ依リ延期ノ申出ガアリマス、御異議アリマセヌカ

（「異議ナシ」ト呼フ者アリ）

○議長（長谷場純孝君）　御異議ナケレバ日程第五ハ延期致シマス、日程第六、鐵道敷設法中改正法律案ノ第一讀會ヲ開キ、議案ノ朗讀ハ省略致シマス、提出者中村啓次郎君外三名提出

明治四十四年三月十五日

衆議院議員大内暢三君外一名提出朝鮮穀物税移入税ニ關スル質問ニ對シ別紙答辯書差進候也

明治四十四年三月十四日

内閣總理大臣侯爵桂太郎

衆議院議長長谷場純孝殿

（別紙）

衆議院議員大内暢三君及石橋爲之助君提出朝鮮穀物移入税ニ關スル質問ニ對スル答辯書

内地朝鮮間ノ貿易ニ關スル政府ノ所見ハ早速整爾君提出朝鮮ノ關税ニ關スル質問ニ對シ本月十日ヲ以テ答辯シタルカ如シ穀物ノ移入税ノ改廢ハ内地經濟上竝ニ政府財政上十分ノ調査ヲ經テ始メテ決スヘキノ問題ニシテ目下直チニ之ニ關スル所見ヲ述フルコトヲ得ス

右及答辯候也

明治四十四年三月十四日

外務大臣伯爵小村壽太郎

大藏大臣侯爵桂太郎

農商務大臣男爵大浦兼武

第三　韓國鐵道會計所屬資金ノ繰入ニ關スル法律案（政府提出）　第一讀會ノ續（委員長報告）

（笠川繼孝君登壇）

○笠川繼孝君　御報告致シマス、韓國鐵道會計所屬資金ノ繰入ニ關スル法律案、此案ハ韓國鐵道會計ノ資金勘定ニ屬スル明治四十三年度末ノ現在ノ資金ヲ韓國總督府ノ特別會計ノ歳入ニ繰入ル、案デアリマシテ誠ニ單簡ナル案デアリマス、委員會ハ政府委員ノ出席ヲ求メ、誠實ニ質問應答ノ結果、委員會ハ滿場一致ヲ以テ本案ニ同意可決ヲ致シマシタ、此段報告ニ及ビマス

○菅原傳君　本案ニ對シ別ニ御異議モナケレバ、直ニ二讀會ヲ開キ、三讀會ヲ省略シテ委員長報告通リ決セラレンコトヲ望ミマス

○議長（長谷場純孝君）　本案ハ直ニ二讀會ヲ開キ、三讀會ヲ省略シテ委員長報告ノ通リ決定シタイト云フ動議ニ御異議アリマセヌカ

（「異議ナシ異議ナシ」ト呼フ者アリ）

○議長（長谷場純孝君）　御異議ナイト認メマスカラ、直ニ二讀會ヲ開キ議案全部ヲ議題ニ供シマス

韓國鐵道會計所屬資金ノ繰入ニ關スル法律案　確定議

○議長（長谷場純孝君）　御異議ナイト認メマスカラ三讀會ヲ省略シテ委員長ノ報告通リ本案ハ是ニテ確定致シマス、日程第四、租稅外諸收入金整理ニ關スル法律案、第一讀會ノ續、委員長秋岡義一君

第六　司法事務共助法案（政府提出）　第一讀會ノ續（委員長報告）

〇卜部喜太郎君（卜部喜太郎君登壇）　司法事務共助法案ニ關スル委員會ノ經過結果ヲ報告致シマス、本案ハ曩ニ提出ノ際ニ政府委員ヨリ說明ノアリマシタ如ク、內地及樺太朝鮮臺灣關東州又ハ帝國ノ領事裁判權ヲ行フ地域ニ於テ司法事務ヲ取扱フ官廳間ノ司法事務ノ共助ニ關スル法律デアリマス、此法案ニ對シマシテハ委員會ニ於テ審議ノ結果悉ク政府案ニ賛成スルコトニナリマシテ、第三條ノ末項ニ前項ノ規定ハ假差押又ハ假處分ノ命令ノ執行ニ之ヲ準用ス」是ダケヲ加入スルコトニナッタノデアリマス、要スルニ司法事務ノ共助ニ關スル事項ハ民事刑事ノ裁判ノ執行訴訟書類ノ送達、證據調令狀ノ發布及執行犯罪ノ捜査、之ニ假差押又ハ假處分ノ命令ノ執行ヲ修正シテ加ヘル、斯ウ云フコトニ委員會ニ於テハ決定致シマシタ、此案ガ通過シテ現行法トナリマスルト明治三十三年法律第八十三號、明治四十年法律第五十二號、明治四十二年法律第三十六號、此三ツノ法律ハヤハリ何レモ司法事務共助ニ關スル法律デアリマスルガ、總テ此三ツノ法律トモ廢止ニナルノデアリマシテ、此三案ヲ整理シテ一案ニ纏メタノガ卽チ本案デアリマス、委員會ハ唯今修正事項ヲ加ヘタ外ハ總テ原案通リニ決定ヲ致シマシタ、此段報告致シマス

〇菅原傳君　本案ハ直ニ二讀會ヲ開キ、三讀會ヲ省略シテ委員長報告通リ決定セラレンコトヲ望ミマス

（「賛成」ト呼フ者アリ）

〇議長（長谷場純孝君）　別ニ御異議アリマセヌカ

（「異議ナシ」ト呼フ者アリ）

〇議長（長谷場純孝君）　御異議ナイト認メマスカラ直ニ二讀會ヲ開キ、議案全部ヲ議題ニ供シマス

司法事務共助法案　確定議

〇議長（長谷場純孝君）　御異議ナイト認メマスカラ本案ハ三讀會ヲ省略シテ委員長報告通リ確定致シマス、日程第七大藏省預金部利益金ヲ一般會計ニ繰入ルヽ件ニ關スル法律案、第一讀會ノ續――委員長關信之介君

第十六　前參議司法卿江藤新平表彰ニ關スル建議案

（尾崎行雄君外六名提出）

前參議司法卿江藤新平表彰ニ關スル建議案

前參議司法卿江藤新平表彰ニ關スル建議

前參議司法卿江藤新平ハ夙ニ尊王ノ大義ヲ唱ヘ維新ノ大業ニ翼贊シタル功臣ナリ維新ノ初メ天下ノ人心其ノ方嚮ニ迷フノ時ニ當リ率先シテ東武遷都ノ議ヲ唱ヘ國家治安ノ大計ヲ建テムコトヲ主張シタルカ如キ大村益次郎ニ說キ彰義隊討滅ノ議ヲ建テ之ヲシテ上野攻擊ノ策ヲ實行シ其ノ巢窟ヲ掃蕩セシメタルカ如キ鎭將府ノ判事ト爲リ百般ノ民政ヲ處理シ宿弊ヲ打破シ紀綱ヲ振肅シ都下ノ安寧秩序ヲ維持シタルカ如キ司法卿ト爲リ參議ト爲リ大ニ力ヲ中央政府ノ組織ニ竭シ奇材異能ノ士ヲ網羅シ新律綱領ヲ制定シテ刑法改正ノ端緒ヲ啓キ各府縣ノ聽訟課ヲ廢シテ司法ノ事務ヲ統一シ裁判所ヲ全國各府縣ニ新設シテ司法權ノ獨立ト司法行政ノ統一トヲ圖リ以テ法治國ノ基礎ヲ建設シタルカ如キ朝鮮ノ無禮ヲ我ニ加フルヤ參議西鄕隆盛等ト共ニ大使派遣ノ議ヲ建テ東邦ノ禍源タル朝鮮問題ヲ解決シ永遠ノ平和ヲ維持セムコトヲ主張シタルカ如キ其ノ豐功偉績千載ニ亙リテ朽チサルモノアル敢テ喋々ヲ俟タサルナリ

新平ノ政治上ニ於ケル功績ノ偉大ナル此ノ如シ而シテ一旦朝野兩黨軋轢ノ結果七年ノ變ヲ激成シ終ニ子弟ノ擁スル所ト爲リテ王師ニ抗シ空シク賊名ヲ負ヒ其ノ極刑辟ニ觸ルルノ已ムヘカラサルニ至リシト雖一片心事ノ在ル處ヲ察スレハ未タ嘗テ國家ヲ憂フル熱誠ニ出テスムハアラサル也

十年ノ役西鄕隆盛ハ其ノ子弟ヲ率ヰテ王師ニ抗シタリト雖　天恩ノ優渥ナル隆盛生前ノ功績ヲ嘉ミシ業ニ已ニ正三位ヲ贈リ侯爵ヲ其ノ子孫ニ授ケラレタルハ國民ノ感泣シテ措カサル所ナリ新平ノ如キ亦一旦王師ニ抗シタルノ形迹アルヲ免レサリシト雖其ノ心事ニ至テハ君國ニ存シ敢テ治安ヲ攪亂スルノ意ナカリシ以上ハ今日ニ當リ維新ノ大業ニ翼贊シ國家ニ貢獻シタル生前ノ勳功ヲ勒シ相當ノ恩典ニ浴セシメラルルハ抑亦　陛下一視同仁維新ノ功臣ヲ待ツ所以ノ道ナリト信ス

右建議ス

○川原茂輔君（川原茂輔君登壇）　諸君、前參議司法卿江藤新平表彰ニ關スル建議案ハ満場大多數諸君ノ御贊同ヲ得マシテ、茲ニ問題トナリマシタニ付キマシテハ私ハ同鄕後進ノ者トシテ聊カ紹介ノ言葉ヲナスノ光榮ヲ與ヘラレンコトヲ願ヒタク思フノデアリマス、江藤先生ハ此建議案ニモ認メマシタ如ク、既ニ世間ニ定評アル經世的雄才ヲ有シタル偉人英傑デゴザイマシタ、維新ノ風雲ニ際會シマシテ、復古ノ大業ニ翼贊シタル其功績ノ赫々タルコトハ天下ノ人之ヲ認ムルノデアッテ、賢明ナル満場ノ諸君、賢明ナル內閣ノ諸公、特ニ維新當時ニ於テ國事ニ盡瘁セラレタルトコロノ薩長土肥其他ノ人ニシテ今日生存シテ居ラレマストコロノ人々ガ能ク熟知セラレ居ルコトデアルト信ズルノデアリマス、其功績ニ於キマシテ之ヲ法律ノ上カラ論ジ、其他幾多ノ事蹟ガアルコトハ申スマデモナイコトデゴザイマスガ、今日ニ於テ此江戶城ノ民政ニ關スル場合ニ江藤先生ガ力ヲ致サレタルコトノ如キハ世間ノ人能ク之ヲ知ラザルノ遺憾ヲ有シテ居ルノデアリマス、是レ一ツ此處デ申上ゲレバ、則チ明治二年ノ十月ニ太政官ヨリ下賜セラレタルトコロノ辭令ノ寫ヲ此處デ朗讀致シマスレバ、「江藤新平戊辰江城ニ新ニ定ルノ時ニ當テ專ラ民政ヲ修メ、日夜鞅掌奉職勉勵候段　叡感不淺仍賞其勤勞祿百石下賜候事、己巳十月太政官」此ノ如キコト卽チ江戶城拔ルニ當ツテ能ク此今ノ東京市ニ於テ民政ニ力ヲ致シ日夜鞅掌シテ叡感淺カラザル結果、祿百石ヲ賜ッタト云フ、此一事ヲ以テモ其當時ノ事蹟ノ赫々タルコトヲ證スルニ足ルコト、信ズルノデアリマス、（拍手起ル）然ルニ不幸ニシテ七年佐賀ノ變亂ニ王師ニ抵抗レタルノ故ヲ以テ、生前ノ功績ト云フモノハ殆ド抹殺セラレマシテ、剩ヘ身首所ヲ異ニシ、刑場ノ露ト消エ、今日ニ於テハ在天ノ靈魂ヲ慰ムルコトモ出來ナイト云フ次第デアリマス、而シテ江藤先生ノ未亡人トシテ本年七十九歲ニナラレル人ハ未ダ生存シテ居ラレルノデアリマス、昨年白玉樓中ノ人トナラレタ江藤新作君ノ未亡人ハ三十九歲ニナリマシテ十四歲ヲ頭ニ、男女五人ノ子供ヲ抱イテ漸ク今日其日々々ノ糊口ヲナスノ一家悲慘ニ泣クノ狀態デアルノデアリマス、維新ノ功臣タル赫々ノ功績アル者ガ今ヤ世間ガ之ヲ顧ル者モナキニ至ッテ、吾々ハ一念茲ニ到ル每ニ暗淚ノ滂沱タルヲ覺エルノデアリマス、西鄕南洲先生モ一旦王師ニ抗抵シ賊名ヲ負フテ城山ニ斃レマシタガ、其後天恩ノ優渥ナル既ニ恩典ニ浴シテ位ヲ贈ラレテ、其子孫ハ侯爵ニ敍セラレテ、朝野ノ有志ハ又其祭典ヲ擧ゲテ在天ノ靈魂ヲ慰メツヽアルノデアル、而シテ江藤先生ハ身ハ草莽ヨリ起ッテ、維新ノ大業ニ翼贊シ、其功績赫々タルコトハ前申上ゲタ次第デアリマス、而シテ冤未ダ霽レマセズ、生前ノ大業ハ殆ド湮滅シテ現ハレズ、子孫ハ流離ニ泣クノ狀アルハ明治昭代ノ缺點デハアルマイカト考ヘル次第デアリマス、（拍手起ル）故ニ此次第ヲ述ベテ諸君ノ御同意ヲ得、內閣ノ諸公ハ功臣ヲ待ツノ途ニ於テ相當ノ恩典ニ浴サセラレンコトヲ望ムト云フ趣旨ニ外ナラヌノデゴザイマス、（「贊成」ト呼フ者アリ）此事ニ付キマシテハ的野半介君ガ專ラ事蹟調査其他ノコトニ付テ力ヲ致シテ居ノデアリマス、私ハ前申上ゲタ通リ同鄕ノ後進トシテ唯茲ニ本問題ヲ紹介スルノ光榮ヲ得マシテ、委細ハ的野君ヨリ陳辯ヲスルコトニナッテ居リマスカラ、ドウカ御聽取リアランコトヲ希望致シマス、（拍手起ル）

○副議長（肥塚龍君）　諸君ニ御諮ヲ致シマスガ、時間ガ最早定刻ニ達シマシタガ、會期ノ終了モ追々切迫致シテ來マシタカラシテ、少々時間ヲ延バシテモ、今日ノ日程ヲ議了致シタイト思ヒマスルガ、御異議ハアリマセヌカ

（「異議ナシ異議ナシ」ト呼フ聲起ル）

○副議長（肥塚龍君）　然ラバ左樣ニ致シマス、——的野半介君

○的野半介君（的野半介君登壇）　満場ノ諸君、私ハ此江藤氏表彰ノ義ニ關スル問題ヲ諸君ト共ニ提ゲテ此議場ニ立ッタモノデアリマシテ、此問題ヤ區々タル黨派ノ問題デナクシテ、實ニ天下ノ大問題デアリマス、ソレ故諸君ハ各派ヨリシテ相當ノ人數ガ揃ハレテ提出者ノ地ニ立タレ又二百四十何人ト云フノ贊成者ト云フ殆ド満場ノ贊成者ト同樣ノ非常ナル贊成ヲ以テカラ此議場ニ此建議案ガ提出サレタモノデアリマス、古來武功ト云フモノハ外ニ現ハレテ其功ヤ赫々トシテ外ニ現ハレテ居ル、田夫野人モ之ヲ欣仰スルコトガ出來ルモノデアリマスガ、文勳ニ至ッテハ內ニ包マレテ一切ノ事情ガ朋友同僚ト雖モ能ク分ラナイコトガ多々アリマスノデ、武功ノ外ニ現ハルヽノト、文勳ノ內ニ包マレルノトハ、此邊ハ非常ナル功勞者ニ於テハ損得ガアリマス、近クハ維新ノ例ヲ見マスルニ、彼大西鄕ノ如キ、若クハ大村益次郎ノ如キハ、非常ニ名ガ高イ、武功ノ赫々トシテ名ガ高イ人デアリマス、ソレカラ木戶、大久保ノ如キ、所謂維新ノ三傑ト稱ヘラレタル人ノ如キハ、申スマデモナク薩長ト云フ後楯ガアッタ故ニ非常ナル武勳者トシテモ、文勳者トシテモ、名聲ヲ博シタ人デアリマスガ、此文勳ニ至ッテハ多クハ惟幄ニ參シテ實際ノコトガ世ノ中ニ現ハレヌカラ、世人ガ西鄕南洲先生ヲ稱揚レテ止マヌノニ、一方ニ江藤新平氏ノ如キハ

之ヲ稱スル人ガ甚ダ少イ、ソレハ畢竟此邊ニ存スル所以デヤラウカト思フノデアリマス、當時此文勳トシテ江藤氏ガ如何ニ活動サレテ、アノ維新ノ事業ニ盡力サレタカト云フコトニ付テハ聊カ茲ニ木戸侯、三條公、若クハ岩倉公ガ江藤氏ニ與ヘラレテ居ル書面ニ依ッテモ確ニ之ヲ證明スルコトガ出來ルデヤラウト思ヒマス、之ハ岩倉公ガ江藤氏ニ送ラレタルモノヽ一ツトシテ――澤山アリマス、――岩倉公、三條公、ソレカラ木戸侯アタリノ書面ト云フモノハ澤山江藤ノ家ニアリマスルガ、其中ニ於テ維新ノ史料トシテ掲グベキモノハ全ク文勳者ハ包マレテシマッテ斯ル人デアッタト云フ江藤氏ノ人格ヲ認ムルコトハ世間デ知ラナイ、同僚タリトモ知レナイカラシテ私ハ此建議案ノ一人トシテ幸ニ諸君ノ前ニ此事ヲ御披露致シタク存ジマス、是ハ岩倉公ノ直筆デアッテ、江藤家ニ保存シテアルモノデアル、新作ハ一度カ見タ儘デ御母サンガ之ヲシマッテ居ッタノヲ今度私ガ強テ取出シテ來タモノデアリマス、丁度是ハ木戸侯ガ維新ノ際――廢藩置縣ノアノ問題ニ關シテ江藤氏ニ賴マレタノデアリマス

昨日者御苦勞共砌御賴申入候元來ノ御趣意宇内形勢一變所詮從前ノ姿ニテハ皇威海外ノ竝立ノト被仰候得共萬々ナラザル譯ヨリ四藩奉還隨而郡縣論兎ニ角ニ力ヲ一ニシ以テ各國ヘ向ハセラレ次第日本全國ノ人力ニ食ムヲ不知座シテ大祿ヲ世々ニシ自ラ足レリトスル所人才敎育ノ上ニモ害有テ益ナキ始終スベテ分明ニ一書ニ御認メ人々振テ　皇國ヲ起スノ旨趣ニ引導候樣足下力ヲ極メテ御書取給ハリ度存候殊ニ急々御認メ被下度存候事ニ候尙昨日談ジノ通リ公卿ノ所モ私ニ不相成候樣家祿取極メ序ニ公家諸官人ニモ人々此國ヲシテ富强ノ國タラシメ外侮ヲ不受ニ不至ンバ男子ニ非ズト云フ樣ニ振ヒ候樣有之度亦至尊今日ニ御復古被遊候得ド前後御囘顧被爲在候得バ眞ニ此御代ニシテ維新ノ御基礎不被爲立候而ハ却テ御不孝ノ筋ニモ被爲當事ニ付テ今日ノ所人々薪ニ臥シ膽ヲ嘗メルノ所存ニナクテハ不相濟迚思召ニテ出人ニテモヨロシク此次第ハ厚ク御勘辨賴存候尤モ是迄被下仰出候御誓文始メ大綱目モ御調ベニテ御配慮被下度存候仍草々如此候也

六月六日　具視

江藤中辨殿

内啓

ソレカラ三條サンカラノ手紙ノ一ツトシテ是ハ――參議時代デ居ラレタトキノ手紙

彌濟康大賀候然ハ島津老卿國事御諮詢被仰付候以來一事之御下問モ無之有名無實ノ姿ニ相成候而者不可然且彼情實ハ追々承知之通都合モ有之候間何ニ而モ一二個條國事御諮詢被爲在候樣仕度就而ハ右之個條何ニ可然哉四五箇條御下問相成可然條件相考書付致呉候樣賴度内々要用而已申入度如此候也

五月十七日　實美

江藤參議殿

ソレカラ……(「必要ナシ」「必要アリ」ト呼ブ者アリ)アルトモ――木戸公カラ來タ書面

拜啓昨日一書呈上仕候其御答ヲ不相窺無餘儀事有之外出仕候處御光來賜ハリ候由甚以奉恐入候今朝參上可申上ト奉存候得共客來引ツヾキ不圖時刻相移リ兎角ノ内昨日申上置候樣前約有之不得寸暇候處何分ニモ粗申上候一條ハ速ニ御相談申上候御高按ヲモ奉窺度必竟爲　皇國悲泣痛歎之至ニ御座候明朝ヨリハ鈍弟モ故障無御座候間御都合ヲ窺置是非登門可申上奉存候イツ頃參上仕候而可然哉御口頭御示玉ハリ候樣奉願候草々拜

六月二十八日

倘々此一條ハ極々密々ノ次第ニ付先他ニハ何トモ御無言ニ被爲成置候樣奉願候

根本ヨリ他日不可拔之患害ヲ醸シテハ實ニ新造ノ鋼宮モ其限リト存候

允

江藤盟宮

維新政府ノ初年ニ方ッテハ微弱ナモノデアッタカラ、木戸侯ノ書面ニ依ルト何カ大切ナ書面ラシイ新造ノ舞臺モソレ限リト存ジ奉リ候ト、斯ウ云フ手紙ハ江藤ノ方ヘ澤山來テ居ル、是ハ文勳ハ所謂内ニ包マレテ一切ノ事情ハ同僚朋友ト雖モ江藤ノ功績ヲ認ムルコトハ出來ナカッタ、彼ノ武勳ヲ以テ世ノ中ニ立ッタ西郷或ハ大村ノ如キ先生等ハ世ノ中ニ其武勳ト云ソモノハ赫々トシテ知互ッテ居ルカラシテ、田夫野人モ其武勳ニハ欽敬シテ居ルノデアル、江藤ニ至ッテハ一切ノコトガ元來人ノ表ニ立ッタノデナク、自分ハ裏ニ立ッテ仕事ヲシタ人デアルカラ一切文勳ト云フモノハ世ノ中ニ知レヌモノガ澤山アリマセウ、此機會ニ於テ之ヲ發表スルコトハ實ニ必要ダト思ヒマス今日ハ甚ダ時間モ切迫シテ随分御疲レデモアリマセウト思ヒマスカラ、一ツ書ニシテ江藤ノ來歷ヲ概略申シマス、江藤先生ハ第一番ニ佐賀藩中随一ノ勤王家デアッテ、藩論未ダ一定セザルトキニ於テ文久年間ニ脱藩ヲシテ、京都ニ行ッテ姉小路卿ニ依ッテ先帝ニ王政復古ノ密奏ヲ奉ッタト云フコトガ事實デアリマス、是ハ土方伯アタリノ認メラレテ、盛ンニ江藤ノエラカッタコトヲ稱揚シテ居ラレル、江藤新作ガ親父ノ遺稿ヲ編纂スルニ當ッテ土方伯アタリガ此南向遺稿ト云フモノニ序文ヲ書イテ、所謂書物ノ上ニ裏書ヲシテ、此書物ハ確ナモノデアルゾト云フコトヲ世ノ中ニ證明シテ居ルモノ、中ニ於テモ、文久年間ニ江藤氏ガ脱藩ヲシテ、先帝ニ密奏ヲ奉ッタト云フコトハ、是ハ事實トシテ世ノ中ニ知レ互ッテ居ル話デアル、所ガ先生ガ歸ルヤ、脱藩ノ罪ヲ以テ死ヲ賜ハルベキトコロ、僅ニ鍋島公ガ一死ヲ救ウテ、サウシテ遂ニ江藤ヲシテ永蟄居ト云フ處分ヲサレタト云フ話デアル、ソレカラ永蟄居中ニ再ビ其永蟄居ヲ破ッテ又太宰府ニ往ッテ三條公其他ノ諸卿ニ會ッテ盛ンニ王政復古ノコトヲ論ジタ、其事蹟ハヤハリ此江藤新作ノ拵ヘタトコロノ南白遺稿ニ明カデアル、ソレカラ第二ニ東武遷都論デアリマス――都ヲ東京ニ遷スト云フコトハ恐クハ世ノ中ニ能ク出所ヲ知ルコトガ出來ナイノデアリマス、所ガ遷都論ト云フモノガ多クハヤハリ大久保公ノ大阪ニ遷スノ遷都ヲ以テ遷都論ト世ノ中ニ呼ビ做サレテ御役所筋デハ相變ラズ、遷都ハ大久保ト云フコトニナッテ居ルラシイケレドモ、其證據ハ澤山アリマス、生證人トシテハ板垣伯ガアル、此遷都論ニ付テハ上野ノ戰爭以前カラ此戰爭ガ濟ンダラ、速ニ都ヲ此所ニ移サナケレバイカヌト云フコトヲ江藤氏ガ主唱シタト板垣サンガ私等ニ其話ヲ傳ヘラレタ、又大木遠吉伯ノ話ニ自分ノ親父ガ遷都論ノ主唱者ガアルト云フコトヲ云フテ居ラレル、所ガ段々書面ハ澤山アリマス、大木江藤兩氏ノ明治二年閏四月一日岩倉公ニ遷都ノ議ヲ奉ッタノデアル、又文部省ニ就テ聽イテ見ルト遷都ニ付テハ佐賀藩ノ藩論ニナッテ居ルト云フコトデ、文部省ハ斯ウ紹介セラレテ居ル、所ガ佐賀藩ト云フモノハ畢竟江藤ノ藩デアルカラ恐クハ江藤ト云フ名前ヲ削リテ佐賀藩トナッテ居ルラシイ、遷都論ノ出所ハ板垣伯ガ證人デアル、ソレカラ大木伯ノ家ニ此遷都府ニ付テノ奏議ト云フモノガ現ニアリマス、ソレカラ江藤南白遺稿ニハ此遷都ニ付テ御遲延遊バサレタカラシテ行幸ノ御遲延ヲ御諫メ申スト云フ激烈ナル上表ハ同年ノ七月末ニ捧呈シタノデアル、是ハ江藤氏ノ直筆デ遲延ヲ御諫メ申スノ議デアル、私ハ此處ニ持ッテ來テ居ル、兎ニ角實ニ壯快ナルモノデ最後ノ一節ヲ讀ミマスレバ

「御幸御遲滯遊バサレ候御事ニモ相成候ハヽ、伏シテ願クハ臣即チ御暇ヲ賜ハリ飯藩被仰付度奉希願候若又前條臣所論ハ暴言過當實ニ大不敬ノ極ニ候得バ臣身ハ即車裂被仰付候共急速御幸ノ御運ビ相成駿東十三州臣民ノ方向相定マリ天下ノ御基本相立候ハヽ、無此上難有仕合ニ奉存候云々

斯ウ云フコトガ書イテアリマス、ソレカラデ遷都論ト云フモノハ全ク江藤ノ奏議ニナッテ居ルト云フコトハ今日ニ於テ爭ハレヌ證據ガ澤山アリマス、ソレカラ第二ハ彰義隊ノ討伐ニ付テノ建議デアリマス、江藤氏ハ彼ノ伏見鳥羽ノ戰爭ガ終ルヤ直様大西郷其他ノ人ハ東海道ヨリシテ有栖川宮ヲ奉ジテ東京ノ方ニ向ハレ、ソレカラ板垣伯其他ノ人ハ東山道、ソレカラ北陸道ト彼ノ三道ヨリ東京――江戸ニ向ハレタ譯デアル、其折ニ勝ト西郷隆盛ト云フ人ハ所謂肝膽相照スノ間ニ一兵ニ衂ラズ、百万ノ生靈ヲ塗炭ニ救フト云フ所謂肝膽相照スト云フノ間ニ殆ド江戸城ト云フモノハ慶喜公ハ恭順ノ意ヲ表シテカラ水戸ニ引込マレル、其場合ニ於テ此西郷ノ方デハ鎭撫論ヲ以テ彰義隊ニ對スルノ卽チ一切ノコトヲ勝ニ託レテ肝膽相照スノ間デアルカラ、鎭撫論ヲ以テヤッテ居ル、所ガ勝ノ方デハ江戸ノ取締ヲシテ居ッタガ、トテモ勝ト云フ人ハ戰ハズシテ此城地ヲ官軍ニ渡スト云フコトハ實ニ國ヲ賣ルノ逆賊ダト云フコトヲ勝ノ側ノ所謂徳川思ヒノ方デハ勝ニ向ッテハ殆ド逆賊呼バリヲシテ居ル、此場合ニ於テ東京市ハ秩序ヲ紊亂シ手モ附ケラレヌヤウナ狀態ニナッテ居ルノヲ、江藤公ハ此儘デ東京市ニ向ッテ彰義隊ノ討伐論ヲ立テラレルケレドモ、大總督府ハ一切動カナイカラシテ、江藤新平ハ此東京ノ事情ヲ齎ラシテ晝夜兼行シテ京都ニ歸ッタ、サウシテ之ヲ上奏シタ結果ガ遂ニ大村益次郎ヲ將トシテ彰義隊討伐ヲ爲サシメタノデアル、固ヨリ彰義隊ハ僅々三千カソコラノ人デアッタニ相當ナイガ、此討伐ノ一擧ニ依ッテ天下三百ノ諸侯向背ヲ決セシメタノデアル、此一擧ハ王政復古ニ偉大ナル功績ヲ與ヘタノデアリマス、是ガタメニ奥羽ノ戰爭モ早ク鎭定シタト云フ次第デ、兎ニ角此彰義隊ヲ討伐シタ人ハ大村益次郎デアル、ソレカラ之ヲシテ討伐セシムルニ至ラシメタ人ハ江藤新平デアルト、斯ウ云フ事實ニナッテ居ル、ソレカラ第四番目デ江藤氏ハ中央政府ノ制度編成行政制度ノ組織ニ盡力シ、ソレカラ最早幕府ガ東京ヲ引拂ヒ三百諸侯ガ引拂ッタ折ニハ實ニ東京ノ有樣ハ非常ナ慘憺タル荒廢ヲ極メタ、此場合ニ於テ東京ノ荒廢ヲ救ハナケレバナラヌト云フノデ熱心ニ働カレタ、又昔漢ノ高祖ガ洛陽ニ入ルトキ秦ノ帳簿書册ヲ收メタル蕭何ニ傚ヒ、此江戸城ノ受渡ニ於テハ私ハ山岡鐵舟先生ヨリ曾テ聽イタコトガアリマス、江戸城ノ受渡ノ日ニ於テハ江藤氏ハ大西郷其他ノ人ト――大西郷ハ江戸城ニ入ッタ譯デアル、江戸城ニ入ッテ大西郷先生ハドウ云フ仕事ヲシタカ、農ニ關スル一切ノ書類ヲ取纏メヨト云フコトヲ誰カニ命ゼラレタ、ソレカラ海江田信義ト云フ人ハ金ハ何處ニアルカ、何處ニアルカト云ッテ金ヲ非常ニ搜サレタ、其場合ニ山岡サンガ金ト云フモノハオ前ノ詮議スル限リデナイト、非常ニヤカマシク云ウタト云フコトデ、江藤氏ハ此場合自ラ直グニ龍ノ口ナル所謂天下ノ評定所ニ至ッテ、サウシテ行政百般ニ關スル帳簿書册ヲ一切收メタノデアル、卽チ馬上天下ヲ取ルコトハ出來ルガ、馬上天下ヲ治ムルコトハ出來ナイカラ、一切ノ所屬簿册ヲ納メタト云フコトハ江藤ノ力デアル、此書類ハ今上野ノ圖書館ニ一切ノモノガ封ジラレテシマッテ、彼所ニ保存セラレテアル譯デ、是ハ江藤ノ力ニ依ッテ斯ウ云フ簿册ガ取納メラレタ譯デアル、山岡先生ハ此折私ニ云ハル、ニハ三人ノ性格ガ、此江戸城明渡ノ際デスッカリ分ル、卽チ西郷氏ハ農業ニ關スル書類ヲ取集メルト云ハレタノハ、農ハ卽チ國ノ本デアルト云フ義ニ依ッテ茲ニ眼ヲ著ケラレタラシイ、海江田信義氏ハ金ハドコニ在ルト、金ニ眼ヲ著ケタ、又江藤氏ハ行政百般ノ書類ハドコニアルカト、自ラ天下評定所ヘ走リ込ンデ書類ヲ引出シタト云フコトハ能クモ三人ノ人物ヲ分明ニ說分ケルコトガ出來ルト山岡先生ハ云ッテ居ル、又是以來中央政權ニ對シテ如何ニ江藤氏ガ苦心セラレタカ、當時ニ於テ氏ハ一方ニ三條公ヲ引出シテ駿東十三州ノ政治ヲ爲スタメニ鎭將府ヲ置イテ、三條公ヲ以テ鎭將府ノ頭トシテ江藤氏ガ其間ニ働カレタノデアル、ソレカラ一方西京ニハ太政官ガアッテ、岩倉公ノ下ニ木戸大久保ガ働イテ居ッタ、申サバ當時日本國ニハ東西ニ政府ガアッテ、兩頭政治ガ行ハレテ居ッタ場合デアル、兎ニ角江戸ノ民政ニ第一著ニ手ヲ著ケラレタノハ此江藤氏デアッタト云フコトハ掩ハレザル事實デアル、ソレカラ第五ニ中辨ト云フ、是ハ今日ノ內閣書記官長ト云フヤウナ役目デ自ラ當リ、法律制度ヲ以テ日本ハ是カラ先キ進マナケレバナラヌト云フノデ、左院ト云フヲ拵ヘルコトヲ建議サレタ、此建議案ヲ起草サレルニ付テハ今小田原ニ住ンデ居ル西岡逾明ト云フ大審院ノ判事ガアル、アノ人ガ建議書ニ付テ淸書サレタ、是ハ此頃西岡氏ニ依ッテ證明スルコトガ出來タ、此左院ト云フモノハ申サバ今日ノ立法府ト云フヤウナ側デアッタデセウ、當時日本ノ行政權ト云フモノハエライモノデアッタ、一切ノ仕事ガ司法トカ立法トカ云フモノガナカッタカラ、江藤氏ガ自ラ左院ト云フモノヲ拵ヘルコトヲ建議シテ、終ニ其建議ガ容レラレテ、左院ガ拵ヘラレテサウシテ左院ノ議長ニハ强テ後藤象次郎氏ヲ推シテ、自分ハ副議長ノ名義ノ下ニ法典編纂等ニ盡力サレタコトハ事實デアル、是デ如何ニ江藤氏ガ法典編纂卽チ詞ヲ換ヘレバ憲法編成ト云フ側ニ向ッテ如何ニ努力サレタカト云フコトモ、此左院ガ起ッテ左院以來ノ歷史ニ依ッテ認メルコトガ出來ル、江藤氏ガ最後ニ高知ニ於テ縛ラル、ヤ、江藤氏ノ鞄ノ中ニ憲法草案ト云フモノト、金三千圓ト、太刀一口、此三ツノモノガ其所持品ノ中ニアッタ、憲法草案ト云フノハ卽チ左院ニ居ル時代ニ於テ草案セラレタモノガドコマデモ逃ゲテ行ク間ニモ、之ヲヤハリ齎シテ居ラレタト云フコトハ如何ニ憲政――憲法政治ニ力ヲ盡サレタカ、努メラレタカト云フコトハ分ル話デアリマセウ、又其逸話トシテハ箕作麟祥ニ命ジテ佛蘭西民法ヲ速ニ翻譯シロト云フコトヲ云ハレタ、所ガサウ速ニ翻譯スルコトハ出來ナイト云フコトヲ云ハレタガ、兎ニ角誤謬デモ宜イカラ早ク翻譯シロト云ハレタ、其翻譯ノ節中ニ「民權」ト云フ文字ガアル、或ハ「未遂犯」ト云フ文字ガアル、是ハ全ク江藤氏ノトキニ斯ウ云フ翻譯ガ出來テ居ル「民權」ト云フ文字ガ翻譯ノ出來タ場合ニ民ニ權利ガアッテ、タマルカト云フ議論ガ非常ニヤカマシカッタ、左院デヤカマシカッタラシイ、ソレヲ其儘置イタラ何カ相當ノ場合ニ於テ使フ途ガアルデアラウト云フテ此「民權」ト云フ文字ハ江藤氏ガ翻譯ガヤカマシカッタノヲ容レラレタト云フコトデアル、ソレカラ此民權ト云フコトハ佐賀ノ亂ノ起ル所謂佐賀征韓黨ノ檄文中ニ於テ斯ウ云フ一節ガアル「夫レ國權行ハルレバ民權從テ全シ」ト是ガ佐賀征韓黨ノ檄文ノ冒頭ニ於テ、斯ウ云フ文字ガ書カレテ居ル、是ガ日本ニ民權ト云フ文字ノ筆ノ先ヘ傳ヘラレタ最初ノ文句デアルト云フ、是ハ南白遺稿ヲ御覽ナサルト「民權」ト云フ文字ヲ初メテ活用シタルモノハ佐賀ノ征韓黨ノ檄文中ニ現ハレテ居ル、後年江藤氏ガ後藤板垣其他ノ人ト共ニ民選議院ノ建白ヲサレタト云フコトハ全ク此邊ニ基イタト云フコトガ承知サレル、ソレデ今日御互ニ此議席ヲ構ヘテ茲ニ居ルモノモ其當初ニ於テノ江藤氏ノ苦心ト云フモノハ、御互ニ感謝ヲセザルヲ得ヌダラウト考ヘマス、ソレカラ第六ニハ司法卿トシテ功績ノ大ナルコト、是ハ司法制度ノ統一ヲ企劃シテ司法權ノ獨立ヲ計ッタ、ソレカラ府縣ノ聽訟課ト云フモノヲ廢シタ、府縣ノ聽訟課ト云フモノハ總テ當時ニ於テハ地方ノ知事ニ委託シテ聽訟課ト云フモノガアッタニ過ギナイ、之ヲ廢シタコトハ全ク司法權ヲ獨立セシメテ、活動スルト同時ニ總テノ裁判――聽訟課ヲ廢シテ司法省ノ直轄ノ下ニ裁判所ヲ開カナケレバナラヌト云フコトデ、斯ウ云フコトニナッタラシイ、又人才ヲ拔擢シ、紀綱ヲ振肅スルト云フ、之ガタメニハ當時司法省ト云フモノハ各省ニ擢デ、所謂臺閣ヲ壓スル程ノ勢力ガアッタ、江藤氏ノ立場ト云フモノハ殆ド關白內覽ト云フ評判デアッタ位デ、兎ニ角今ノ司法大臣ノ如キ伴食宰相デナクシテ、餘程司法上ニハ力ヲ用ヰラレテ エラカッタト云フコトハ世間デ以テ之ヲ認メルコトガ出來タ、ソレカラ其顯著ノ事業トシテ新律綱領ヲ廢シテ改定律令ヲ制定シ、刑法改正ノ端緒ヲ開イタト云フコトハ江藤氏ノ仕事デアル、其場合ニ歐米ノ學者ヲ招イテ法典ノ編纂ヲシタト云フヤウナコトデアッタ、一言以テ之ヲ許スレバ江藤氏ナル人ガ今日ノ法治國ノ基礎ヲ建設シタ大功ト云フモノハ實ニ爭ハレナイモノデアリマスカラ、帝國ノ憲法史上ニ於テハ江藤氏ノ赫々タル文勳ト云フモノハ大筆特書スル價アルモノト思ヒマス、而モ紀綱ノ振肅ヲ圖リ、司法權ノ獨立ニ活動シタル結果、或一部ノ人士ノ怨ヲ買ウテ山城屋和助事件ノ如キハ是ニ關係ガアルトシテ、之ガタメニ怨ヲ買ヒ、ソレカラ尾去澤事件ノ如キ、又或ル一部人士ノ怨ヲ買ウタ結果、今日ハ江藤氏ノ人物ガ全ク世間ニ誤解セラル、ヤウナ感ガアリマス、(東武君「質問ガアリマス」ト云フ)チョット御待チナサイ、後トデ宜シイ、ソレカラ第七ハ征韓論ノ主張者ト云フコトハ世間ノ認メタルトコロデアリマス、ソレデ江藤氏ハ朝鮮問題ノ解決ニ熱心ニシテ、東洋ノ平和ノ基礎ヲ確立セントスル希望ガ非常デアッタコトデアリマス、此征韓論ハ大西郷以下五參議ガ進退ヲ賭シテ爭ッタモノデアッタガ、其議ガ終ニ行ハレズシテ五參議ト云フモノハ終ニ野ニ下ッタ次第デアル、所ガ江藤氏ハ明治四年「對外策」ト題シテ岩倉公ニ上ル一篇ノ書ヲ呈シタガ、其意見ニ(「餘リ長クナリ過ギルカライヤニナル」ト云フ者アリ)暫ク(「謹聽」ト云フ者アリ)岩倉公ニ上ル對外策ノ一篇ト云フモノハ其意ヲ見ルニ朝鮮バカリデハナイ、大陸ニ著眼シタト云フコトハ爭ハレヌコトデアル、サレバ江藤氏ト云フモノハ東邦問題ノ先驅者トシテ御互ニ非常ニ謝意ヲ表セネバナラヌダラウト思フ、ソレカラ第八ハ征韓論ノ議ガ行ハレズシテ野ニ下ルヤ、江藤氏ノ更ニ輿論ノ力ヲ藉ッテ政府ヲ動カサウト云フコトデ、其大抱負ヲ實行センコトヲ期シタ譯デアル、佐賀ニ歸ルヤ、佐賀ノ方デハ江藤ニ同情シテ居ル人ガ非常ニ多カッタ、征韓論ト云フモノハ實行シナクテハナラヌト云フヤウナコトデ、同情者ガ非常ニ多カッタ譯デアル、政府ノ反省ヲ促スニ付テ、其目的ヲ達センガタメニ、何處マデモ武器ノ活動デナクシテ、所謂示威運動ト云フ側カラ起ッテ、更ニ進ム積リラシカッタ所ガ政府ハ此場合ニ於キマシテ兵隊ヲ遣ッテカラシテ非常ナル壓迫ヲ加ヘントシタ其結果ガ所謂佐賀征韓論者ノ激昂スルトコロトナッテ、サウシテ江藤氏ナル人ハ此青年子弟ニ到頭擁セラレテ、彼ハ鎭撫ノ目的デ佐賀ニ歸ッタノダガ、氏ガ鎭撫スルコトガ出來ズシテ其子弟ノ擁スルトコロトナッテ、アノ先生ニ心ナキモ、アノ形勢ヲ將ヘタト云フ譯デアル、其證據ニハ東京ヲ起ッタノガ、明治七年ノ一月十三日デアッタコトデアル、ソレカラ長崎ニ嬉野ニ、ソレカラ深堀ニ各所ニ暫ク憩ウテ佐賀ヲ鎭撫シヤウト云フコトニ餘程苦心シタラシイ、到頭イカズシテ佐賀ニ歸ッタノガ一月ノ十三日ニ東京ヲ起ッテ、二月ノ十日頃佐賀ニ歸ッテ、十三日ニ遂ニ子弟ニ擁セラレテ開戰ノ始末ニナッタ譯デアル、官軍ニ抵抗シタ形跡ハ確ニ是ハ免カレ難イ形跡ヲ持ッテ居ルニ違ヒナイケレドモ、遂ニ梟首ニ逢フタ譯デアッテ、其江藤ノ梟首ニ逢フタノハ明治七年四月十三日デアル、其宣告書ニハ「江藤新平、其方儀朝憲ヲ憚ラズ名ヲ征韓ニ托シ黨與ヲ募リ兵器ヲ集メ官軍ニ抗敵シ逆意ヲ逞フスル罪ニ依リ除族ノ上梟首申付ル」ト闇カラ闇ニ全ク葬ラレタ次第デアッテ、今ノ大逆事件ニスラモ尚辯護士ヲ附ケテ相當ノ途ヲ開イタガ、此場合ニ於テハ非常ニ法律ガ不備デアルシ、臨時裁判ガ無茶苦茶ニ闇カラ闇ニ葬ッタト云フ江藤氏ノ始末デアル(「モウ宜イ」ト呼フ者アリ)モウ少シデアリマスカラ少シ我慢シテ下サイ、總括シテ江藤ノ功罪ヲ論ジマスレバ、王師ニ抗シタル罪ハドウモ免レナイ話デアリマスガ、併ナガラ其罪ハ一ツデアル、サウシテ其功績ナルモノハ非常ニ多イモノデアリマス、繰返シテ此功績ヲ申シマスレバ維新ノ前ニ於テハ一身ヲ賭シテカラ尊王討幕ノ實行ニ努メタ人デアリマス、第二番ニハ所謂都ヲ東京ニ遷シタ實行者デアリマス、第三番ニハ彰義隊ノ討伐ノ衝ニハ大村ガ當ラレタノデアリマスガ、之ヲ刺戟シテ討伐ヲナスニ至ラシメタ人ハ江藤氏デアリマス、第四番ニハ東京ノ荒廢ヲ救ウテ今日ノ如ク世界有數ノ帝都タラシムルニ至ラシメタモノハ江藤氏デアッテ、同時ニ東京ノ民政ト云フモノニ熱心ニ盡力サレテ併セテ中央政府ノ組織ニ向ッテ非常ナル功勞ヲ有セラレタ人デアリマス、第五ニハ所謂左院ヲ開イテ憲法政治ノ先驅トシテ非常ニ働カレタ人デアリマス、第六ハ司法ノ獨立第七ハ征韓論ノ首唱、今日朝鮮ガ合併ニナルモ其犧牲トナッテ自ラ身ヲ殺シテ仁ヲ爲シタ人ハ江藤ナリ、大西郷デアリマス、兎ニ角吾々ハ朝鮮ノ合併ヲ迎ヘタ今日ニ於テハ江藤氏ヲ思フコトガ非常ニ厚イデアリマスカラ、此場合ニ於テ適當ナル途ヲ圖ルコトガ急務ダラウト云フ考ヲ持ッテ居リマス(拍手起ル)モウ少シ言ハシテ下サイ、之ハ一方ニ於テ非常ナ諸君ノ御贊成ノ下ニ出レタ話デアリマスカラ、總招シテ申シマスレバ、今ノ如ク罪ハ一ツデアッテ、其功ト云フモノハ枚擧ニ遑ナイモノデアル、一體ノ役人達ハ或ハ「ボーツマウス」ニ使ッタトカ、何トカ云フ一ノ功勞ガアッテモ、其功勞ヲ認メラレテ侯爵トカ伯爵ヲ下サルニ、江藤氏ニ至ッテハ其事蹟ハ煙滅シテ傳ヘラレザラントシ、尚且亂臣賊子ノ汚名ガ霽レナイ、實ニ英雄ノ末路ハ一掬ノ涙ナキコト能ハヌ譯デアル、(「民選議院ノ建白ガ拔ケテ居ル」ト呼フ者アリ)言ツトモ言ッタ――ソレデ詰リ要スルニ大西郷ト云フ人ハ兎ニ角其器ニ於テハ非常ニ大キナ人デアッタニ相違ナイガ、政務ノ才幹ニ於テハ或ハ江藤氏ハ大西郷氏以上ニアッタト云フコトハ天下ノ公論デアリマシテ、サウシテ一ハ天恩枯骨ニ及ンデ他ノ一ハ寃名未ダ霽レズ、地下ニ徨ッテ居ル有樣デ、且其遺族ハ慘憺タル有樣デアルカラカウ云フコトデアルカラシテ今日ノ如ク朝鮮合併ノ場合ニ於テ、皇威四表ニ輝ク場合ニ於テ、江藤西郷ノ目的ヲ達シタル場合ニ於テ、江藤氏ガ生前ニ於ケル其偉大ナル功績ト一ノ罪トカケ較ベテ見レバ、確ニ雲泥ノ差ガアルト云フヤウナ風デ、明カニ分ル話デアル、ドウカカウ云フ場合ニ於ケル江藤家ノ始末デアルカラ、セメテハ彼ノ遺族ノ人デモ慰メルヤウニ此功臣ノ遺族ヲ何處マデモ表彰シテ貰ヒタイ、之ハ贊成デアリマセウガ、政府側ニ於テハ(「言ハナイデ言ハナイデ」ト呼フ者アリ)ドウカ此妖雲ヲ排シテ、俗論ヲ排シテ、スッカリ世ノ中ニ江藤氏一家ノ功績ヲ認ムルヤウニ御盡力ヲ願ヒタイ(拍手起ル)

○齋藤二郎君 チョット御演說ノ方ニ御問シタイデスガ、折角江藤先生ノ事蹟ヲ御述ベニナッタ中ニ、故子爵海江田信義ニ對スル問題ガアリマシタ、アレハドウカ削除シテ欲シイト思ヒマス、江藤先生ノコトヲ仰シャルノハ宜シイガ、海江田信義其人ニ對シテ言及スルノハ穩當デナイト思ヒマス、御取消ヲ願ヒマス

○的野半介君 如何ニモ……

○東武君 提出者ニ質問致シマス、私ハ此建議案ニ對シテハ滿腔ノ同情ヲ持ッテ居リマスガ、提出者ノ提出シタル意味ヲ質問シテ明カニシテ置カナケレバ此建議ニ贊成スルコトガ出來ヌノデアルガ、總テノ江藤新平ノ國家ニ功勞アルコトハ何人モ認メテ居ルトコロデアル、併ナガラ一タビ王師ニ抗シテ反逆ノ罪ヲ受ケタト云フ者ニ向ッテ、之ヲ國家ガ表彰シナケレバナラヌト云フコトニナッタラ、我帝國ノ人倫或ハ道德其他ノ點ニ於テ如何ナル御解釋ヲ執ルノデアリマスカ、或人ハ老西郷ハ王師ニ抗シタノデアルケレドモ、而モ廟食ヲ致シテ居ル、百世ニ廟食シテ、子孫ハ榮祿ニ浴シテ居ル、斯ウ稱スル者ガアリマスガ若シ大西郷ノ廟食ヲシ、若クハ恩典ニ浴シテ居ルト云フコトハ特ニ 陛下ノ思召ヲ以テ特免ニナッテ居ルコトヲ聽イテ居ル、此點ニ於テ江藤新平君ハ國家ニ功勞ガアルト同時ニ叛逆ヲ企テタト云フコトニ付テ、事理ヲ明カニシテ江藤新平君ガ其當時叛逆ノ意志ガナカッタト云フコトヲ證據立テ、之ヲ明カニシナイ以上ハ我帝國ノ國體トシテ斷ジテ許スコトノ出來ナイコトデアラウト信ジマス、其點ニ付テモウ少シ詳シク御說明ヲ願ヒタイ

○的野半介君 兎ニ角叛逆ト云ヘバ、江藤ト云ヒ、西郷ト云ヒ、同ジコトデアル、然ルニ西郷ハ贈位ノ恩典ガアリ、子孫ニ授爵ヲナサレルト云フ恩典ノアル以上ニハ、江藤ニモ同樣ニシテ欲シイト云フダケノ話ナンデス

○菅原傳君 本案ハ議長指名九名ノ特別委員ニ付託セラレンコトヲ望ミマス

（「贊成々々」ト呼フ者アリ）

○副議長（肥塚龍君） 御異議ガナイト認メマスカラ此案ハ議長指名九名ノ委員ニ付託スルコトニ致シマス、日程第十七、生絲檢査所ニ試織場併置ニ關スル建議案、朗讀ハ省略致シマス――武藤金吉君

朝鮮民團議員任期延長ニ關スル質問主意書

右成規ニ據リ提出候也

明治四十四年三月七日

提出者　鈴木力

賛成者　大內暢三

外二十九人

朝鮮民團議員任期延長ニ關スル質問主意書

一　朝鮮各民團議員ノ任期ハ明治四十三年十月二日限リ滿了シタルニ統監府令ヲ以テ四十四年一月三十一日迄任期ヲ延長セリ是レ民團ノ選擧權ヲ無視セシ嫌アリ上述選擧中止竝議員任期ノ延長ノ事由ハ如何

一　上述延長滿限期一月三十一日ニ至リテ議員ノ選擧ヲ行フタルハ何ノ事由有リヤ本來居留民團法ハ領土外ニ實施スル法令ナルニ朝鮮カ日本領土ニ歸シテ半歲ニ及テ尚民團議員制ヲ廢止セサル理由如何

一　政府ハ民團議員制ヲ廢止スルノ意有リヤ若之レ有リトセハ果シテ何時頃實行スル豫定ナリ耶

右ハ質問主意ノ說明演說ヲ要セス尚在朝鮮舊居留民ノ方向上右諸點ノ不明ハ不安ヲ抱ク恐有ルニ付至急政府ノ答辯アラムコトヲ望ム

右及質問候也

○副議長（肥塚龍君）　委員ノ選定竝ニ日程ハ公報ヲ以テ御報告致シマス今日ハ是テ散會致シマス

午後七時十九分散會

第四　明治三十九年法律第三十一號中改正法律案　第一讀會ノ續

○中川虎之助君　政府當局ニ對シテ疑問ガアリマスカラ説明ヲ請求シタノデス

○議長（長谷場純孝君）　成ベク簡明ニ當該問題ニ直接ニ御述ベニナランコトヲ望ミマス

○中川虎之助君　畏リマシタ

〔「登壇」「無用」ト呼フ者アリ〕

（中川虎之助君登壇）

○議長（長谷場純孝君）　中川君ハ咽喉ヲ痛メテ居ッテ、少シ病氣ノタメニ布片ヲ巻イテ居ルカラ御許ヲ請フト云フコトデス

〔「異議ナシ」「簡單」ト呼フ者アリ〕

○中川虎之助君　簡單ニヤリマス、（「緩ックリヤリ給ヘ」ト呼フ者アリ）私ハ今度ノ議會ニハ現内閣ノ政策ヲ協贊スル方ノ側ノ黨員ノ席末ニ居ル者デアリマスカラ、成ベク先日ヨリハ一層丁寧ニ、極メテ公平ニ、極メテ明晰ニ能ク審議シタ上デ協贊ヲシタイ積リデアリマス、サウシナケレバマルデ無責任ナ協贊ヲシタト言ハレルコトハ陣笠ノ身分デモ甚ダスマナイ、ソコデ此三十一號ノ繼續案ニ對シテ本員ノ考ヘマスルトコロハ是ヲ此儘繼續ヲスルコトニナリマスルト云フト、恐クハ臺灣ノ遺利ヲ開發シ、新領土ノ經營ノ上ニ於テ却テ目的ヲ達スル上ニ利益ハナクシテ害ガ増長スルヤウニナリハセヌカト云フ私ハ疑問ヲ持ッテ居ルノデアリマス、ソレハ政府ノ方ニ言ハレルトコロハ風俗、習慣、言語ガ内地トハ異ッテ居ル、又經濟狀態モ近頃ハ餘程膨脹シテ來テ居ルカラ、此繼續ヲ必要トスル、今一ツハ總督ノ威嚴ヲ保ツ上ニ於テ立法ト行政トヲ併セ兼ネルニアラザレバ新領土ノ人民ニ對シテ威信ヲ失フ虞ガアル、此三ツヲ以テ此三十一號ノ繼續ヲ請求ヲセラレテ居ルヤウニ承ッテ居リマスルガ、是ガ私ノ考ヘカラ見ルト唯官僚ノ我田引水ノ僻説デナイカ知ラヌト思フノデアリマス、モウ臺灣モ領臺當時トハ違ヒマシテ餘程是マデノ統治ノ成績ガ現ハレテ、鐵道モ電話、電信、道路、衛生、警察、教育、總テ四國ヤ九州ニ較ベテ一般ノ民度ノ上カラ見テモ、何レカラ見テモ、格別臺灣ハ内地カラ大ニ劣ッテ居ルトコロノヤウナコトハナイヤウニ思フノデアリマス、ソレデ格別是マデト違ッテ是カラ先ニ此風俗、言語、習慣ト云フコトバカリニ掛ッテ、此繼續ヲ必要デアルト主張スルノハ試ミニ隣リノ沖繩縣ナドニ較ベマシタラドンナモノデアルカト言ヒマシタラ、御承知ノ沖繩縣ハ言語モ違ヒ、風俗モ違ヒ、習慣モマルデ違ッテ居ル、明治十三年ニ内務省ノ出張所ヲ置イテ以來、當時ハ二箇月ニ一遍カ航海ガナク、電信モナイ、ソレデモ或程度マデハ習慣ヲ認メテ同化主義ノ政策ハ全ク成效シツヽアルノデアル、ソレデ私ハヂヤ、今度此繼續案ヲ政府カラ請求スルニ對シテ必ズ臺灣ノ裁判所令ヲ改正シテ上告ヲ許ス位ノコトハ政府トシテ當然セラルヽデアラウト思ウテ居リマシタガ、一向其臺灣ノ裁判所令ノ改正案ト云フモノヲ提出セラレテ來ナイ、御承知ノ通臺灣ニハ如何ナルコトガアッテモ總督ノシタコトニ對シテ今以テ上告スルコトハ絶對ニ出來ナイコトニナッテ居ル、一方ニハ法律ニ代ルベキ制令權ヲ握リ行政權ハ固ヨリデアル、以上ノ特權ヲ以テ行カネバナラヌト云フコトニナル、其結果ガドウナルカト云フト、先キニ申シマスル新領土經營ノ妨害ニナリハセヌカト云フノハ外ノコトデハナイ、生命財産ノ最後ノ保證ノ付カヌトコロニ對シテ將來穩健ナ資本ヲ卸シテ安心シテ事業シテ事業ヲ經營スルト云フコトハ著實ナ事業家ハ餘リ好マヌ筈デアラウト思ヒマス、誰デモ穩健ナ資本ヲ卸シテ生命財産ノ最後ノ保證ノ付カヌトコロドシ〳〵金ヲ入レルト云フコトハシヤウ筈ガナカラウト思フノデアリマス、ソレデ上告ヲ許ス位ノコトハシナケレバナルマイト思フノデアリマスガ、是カラ先キニ臺灣山中ノ遺利ヲ開發シ、東海岸ノ原野ヲ開發シ、多々倍々爲スベキ事業ハアルヤウニ思ハレル、ソレニ何ノコトハナイ、官僚萬能本位デ破格ノ特權ヲ總督ニ與ヘテ一朝總督ノ御機嫌ヲ損ヂタラ、如何ナル迫害ヲセラレテモ昔ノ征夷將軍時代ニアッタヤウナコトヲセラレテモ、却テ耐ヘテ居ラナケレバナラヌト云フヤウナ危險千万ナトコロデハ安心シテ穩健ノ資本ヲ投ズルコトハ出來ナカラウト思ヒマスガ、從ッテ臺灣ノ眞ノ經營ヲ遂ゲラシムルト云フ上ニ付テハ故障ニハナラウガ、利益ニハナラヌデアラウト私ハ思ウノデアル、ソレデナラウコトナラバ此案ヲ通ス前ニ「上告スルコトヲ得」ト云ッ臺灣ノ裁判所令ノ改正案ヲ政府ガ提出セラレタナラバ、之ヲ認メテモ敢テ不都合ハナカラウカト私ハ思ウテ居ルノデアルガ、政府當局ハ上告權ヲ與ヘルト云フ意志ハナイノカアルノカ、此點ヲ承リタイ、ソレカラ今一ツハ……

○議長（長谷場純孝君）　成ベク簡單ニ……

○中川虎之助君　モウ止メマス、ソレカラ此上告權ヲ許スト云フコトニシナイト現在ノ實況ヲ私ガ知ッテ居ルダケノコトヲ政府委員ニ伺ヒ一層疑問ノ範圍内デ御尋致スノダガ、其儘デ居タナラバ――マア咽喉ガ惡ルイカラチョット水一杯――（「簡單」ト呼フ者アリ）臺灣割讓ノ本旨ト云フモノヲ沒却シテシマヒハシナイカト私ハ心配ヲスルノデアル、今日アナタ方モ御承知デアラウガ、昨年臺灣ノ民政長官ナドガ休職セラレタト云フコトモ恐クハ是マデノ其總督府ガ人民ニ對シテ、新附ノ民ニ對シテ、所有權モ時ニ依ッタラバ迫害シ、又人權モ迫害スルト云フコトハ事實デアル、新領土ノ人民ヲ統治スル上ニ付キマシテハ或時機ニハサウ云フコトモ萬已ムヲ得ズシナケレバナラヌ必要モアリマセウケレドモ、イツマデモソレヲヤルト云フノハ恐クハ三百万ノ新附ノ人民ヲシテ王化ニ浴セシムルト云フコトハ事實上ニ出來ナイコトニナッテ、寧ロ彼等ノ教育ナドヲサレヽバ謀反心ヲ増長セシムルト云フコトニ陷ッテ來ルグラウト私ハ思フノデアリマス、臺灣ノ土匪ト云フモノハ殆ド今日ハナイノデアルガ、今日ハ臺灣ノ土匪ハナイガ却テ内地人ノ土匪ト云フモノガ將ニ大ニ跋扈セントシツヽ、居リハシナイカト云フ私ハ心配ヲ持ッテ居ルノデアル（此時議長中川虎之助君ニ注意ス）宜シウゴザイマス、ソレデドウカ上告スルコトヲ得セシムルヤウナ政府ハ一方ニ手續ヲ付ケテ、サウシテ此繼續案ヲ協贊スルヤウニシタイト云フ私ハ希望ダガ、政府ハイツマデモ上告權ヲ與ヘズシテ穩健ノ資本ヲ臺灣ニ投ジテ生命財産ノ最後ノ保障ヲ附ケル意志ガアルカナイカト云フノガ御尋申ス要領デアル、モウ是デ跡ハ止メテ置キマス（「ヤルベシ〳〵」ト呼フ者アリ）

（政府委員内田嘉吉君登壇）

○政府委員（内田嘉吉君）　唯今中川君ヨリ御尋ノ點ニ付テ御答ヲ申上ゲマス、同君ノ唯今ノ御尋ハ（「高聲ニ望ム」ト呼フ者アリ）大半ハ御意見ノヤウニ承知致シマシタガ、其御質問ノ要點ハ大審院ヘ上告ヲ許スヤ否ヤト云フコトニ伺ッタノデゴザイマス、此問題ハ既ニ第二十五回――二十五回ノ帝國議會ニ於テ法案ノ御提出ガアリマシテ、共當時不成立ニ終ッタノデゴザイマス、デ又先頃委員會ニ於キマシテモ御質問ガゴザイマシテ、詳細御答致シテ置イタノデゴザイマス、即チ現在ニ於キマシテハ現行法ノ規定ヲ適當ナリト認メテ居ルノデゴザイマス

○議長（長谷場純孝君）　高木正年君

○高木正年君　（高木正年君登壇）諸君、私ハ法律第三十一號ノ繼續ノ義ニ付テ反對ノ意見ヲ主張スルノデアリマス、此問題ハ頗ル重要ナ問題デアリマス、唯私共此問題ニ付テ多少感慨ノ情ニ堪ヘザルノハ、既ニ此問題ガ四回ノ討議ヲ經テ第五回ノ討議トシテ本日此議場ニ現ハレタノデアリマス、第一回ハ言フマデモナク二十九年日清役ノ後ニ臺灣ガ占領セラレタルトキニ此問題ハ發シタンデアリマス、二十九年ニ亞イデ三十二年、三十五年、三十九年卽チ本年ノ此問題ガ第五回ノ討議ヲ續ケルト云フコトニナルノデアリマス、何故私ガ此問題ニ付テ感慨ノ情ニ堪ヘナイカト言ヒマスルト、常ニ六十三號ノ問題ハ今日ハ三十一號デアリマスルガ、此問題ガ議會ノ問題ニ接シタトキヨリ常ニ憲法違反ヲ以テ目サレテ居ッタノデアリマス、然ルニ議會ニ於ケル此問題ノ經過ハドウ云フコトデアルカト云フト、私共ハ今日ノ場合ト雖モ決シテ其所論ヲ翻ヘサナイノデアリマス、ヤハリ憲法上重要ノ問題トシテ本日ノ討議ニ臨ムノデアリマス、併シ議會ノ經過ハ二十九年ヲ初メトシテ常ニ此問題ヲ以テ憲法上或一種ノ必要ナル手段ノ如ク爲サレツヽアッタノデゴザイマス、併シ私共之ニ付テ思ヒマスルノデ帝國議會ノ議論トシテハヤハリ憲法上ノ大問題タルコトヲ失ハヌノデアリマス、唯政府自身ガ其便宜ノタメニ政府ヲ助クル黨與ノ人々ガ政略的ニ之ヲ憲法上異例ニアラズト言ハレヌノデゴザイマス、而モ此議論ハ段々變遷シテ參ッテ既ニ過日ノ本議ニ於テ朝鮮ニ於ケル委任立法ヲ議シタル今日ニ於テハ此問題ヲシテ殆ド重要ナラザル問題ノ如ク看過セラルルノハ頗ル私共ノ遺憾トスルノデアリマス、若シ憲法ニ魂魄アリトセバ寧ロ今日ノ議會ヲ以テ頗ル寂寥ヲ感ズルノデアラウト私ハ思フノデアリマス、私ハ先ヅ憲法上ノ爭議ヨリ事實ノ上ニ付テ此問題ガ果シテ今日尙繼續スルノ必要アリヤ否ヤト云フコトヲ言ハント欲スルノデアリマス、臺灣律令、何故ニ此律令ノ繼續ヲ今日以後ニナサネバナラヌノカ、是ガ卽チ事實ノ問題デアリマス、政府ガ律令ヲ施行シテ以來、其事實ニ付テ之ヲ考ヘテ見マスルト、決シテ臺灣ニ立法ヲ委任セサレバ臺灣ニ於ケルトコロノ法令ナルモノハ實際ニ行ヘ得ズト云フコトハ解スベカラザルコトト謂ハネバナラヌノデアリマス、私共委員會ニ於テ參考トシテ受取ッタ臺灣ノ律令ノ內容ニ付テ調ベテ見マスト、若シ臺灣內地ニ於テ吾々ノ手ニ受取ルナラバ法律ト謂ハンヨリハ寧ロ省令ト云ヒ、或ハ廳令ト致スベキモノマデモ、悉ク律令トシテ發布シテアルノデアリマス、臺灣總督府ヨリ出デマシタ政府委員ハ臺灣ハ內地ト事情ガ違フノデアル、內地ト事情異ナルノデアル、之ニ依ッテ律令トシナケレバナラヌト云ハレタ、是ハ議論ニハナラヌノデアリマス、臺灣ニ於ケル法律ガ內地ト事情ヲ異ニスベシト云フコトハ謂フマデモナイコトデアリマス、我帝國議會ガ臺灣ニ於ケル法令ヲ定メタコトハ此臺灣律令ヲ委任シタル後ニ於テモ屢々議會ノ決議ヲ以テ臺灣ニ施行スル法律ヲ作ッタ例ハアルノデアリマス、其他申セバ臺灣ニ於ケル巡査監守費ニ關スル法律ノ如キ、卽チ其モノデアリマス、是ハ臺灣律令ヲ必要トスル條件ノ中ニ私共稍々耳ヲ傾クベキモノアリトスレバ、ソレハ所謂緊急ニ起ッタコトニ付テノ處分ノ律令デアリマス、普通ノ臺灣律令ハ決シテ晨ニ定メテ、夕ニ之ヲ出ストモ云フ程ニ緊急ノモノデナイト云フコトハ最モ明カナ事實デアリマス、先ヅ臺灣ガ如何ニシテ律令ヲ定ムルカト云フコトノ手續ヲ調ベテ見レバ、此事ガ最モ容易ニ分ルノデアリマス、臺灣ガ律令ヲ發スル前ニ於テハ臺灣律令ニ定メタトコロノ手順ニ依ッテ、之ヲ總督府ニテ起草シテ、更ニ之ヲ主務大臣ニ稟請スル、主務大臣ハ之ヲ調査シテ更ニ之ヲ法制局ニ送リ、法制局ニ送ッタ後上奏裁可ヲ經テ發布スルト云フノガ、臺灣律令ノ普通ノ場合ニ於ケル形式デアリマス、是ハ幾ド內地ニ於ケル法律ヲ起草スルト少シモ其間ニ手段ノ異ナル點ハナイノデアリマス、唯議會ニ聽カザルト云フダケガ彼等ノ以テ便利トナストスト云フニ過ギナイノデアリマス、六十三號卽チ三十一號ノ第三條ニ所謂緊急事件ト云フモノガアルノデアリマス、是ハ朝鮮ニ於ケル制令ト同ジ性質ノモノデアリマス、若シ此緊急ノ命令ヲ出スベキ必要ガアルタメ、臺灣律令ヲ置クベキカト申シタナラバ、若シ事實ニ於テ斯樣ナコトガアッテ、而モ帝國議會ニ聽クベキ時間ガナイトスレバ、此場合憲法ノ八條ノ緊急命令ヲ發セラルルモ少シモ差支ナイノデアリマス、而モ實際ニ於テ臺灣ノ律令デ定メタモノト斯ル緊急ノモノハ事實ニ於テ實ノナイト云フコトモ云ヒ得ルノデアリマス、政府ヨリ提出セラレタトコロノ參考書ニ依ッテ調ベテ見マスト二十九年ニ緊急事件ガ二件、三十一年ニ緊急事件ガ三件、最後ノ決議ヲナシタル時ノ三十九年以後ニ於テハ唯僅ニ一件シカ緊急事件ガナイノデアリマス、三十九年以後ノ緊急事件ハ如何ナル場合ニ之ヲ發シタカ、其實際ハ如何ナルモノデアルカト調ベテ見マスト、支那人ノ土地臺帳ニ支那人ヲ業主ノ名義トナス場合ニ處スル件ト書イテアル、臺灣ノ土地臺帳ニ支那人ノ其名義トナス場合ニ於ケル處分法デアル、是ハ決シテ緊急ナリト云フ程ノ事件ノモノデナイト云フコトハ其名目ノ上デ分ル其他二十九年、三十一年ニアッタ緊急事件ハドウ云フ風デアルカト申シマスルト、其中デ一ツ所謂緊急デアラウカト思フモノヲ搜シ出スト、匪徒ノ處分ト云フモノガアル、今日ハ臺灣モ我領土トナリマシテ以來、既ニ十六年經過シテ居ル、之ヲ占領シタ當時ニ於テスラモ律令ノ上ニ於テ緊急ノ必要アリトスルトコロノ命令ナルモノハ幾ド無シト云ッテモ宜イノデアル、匪徒ノ處分ノ如キ臺灣ノ占領ノトキヨリ此問題ノアルト云フコトハ分ッテ居ルノデアリマス、「ペスト」ニ關スル豫防法ノ如キ、是等モ緊急事件トシテアリマスガ、傳染病豫防法ト云フ法律サヘ定メテ置ケバ必ズ緊急ニ出サナケレバ處分ガ出來ナイト云フコトハナイ、既ニ事實ノ上ニ臺灣律令ハ幾ド今日ニ於テ必要ガナイノデアリマス、元來臺灣ノ律令ハ如何ナル必要ヨリ起ッタカト云ヘバ、占領ノ當時ニ於テハ幾ド臨戰地ノ狀態デアッタ、臨戰地ノ狀態デアッタカラ此場合ニ於テ所謂軍令的ニ此命令ヲ委任スル必要ガアッタカモ知レヌ、併シ之ヲ永續スベキ臺灣ノ律令トナスト云フコトハ頗ル不穩當デアルノデアリマス、中川君ノ先刻ノ質問ノ如キ當然ノコトデアルト思フ、臺灣ノ今日ノ狀態ハ其內容ハ幾ド世間ニ知レ亙ラヌノデアリマス、是ハ朝鮮ニ於ケル手段ト同ジヤウニ新聞ヲ總督府ノ手ノ內トナシ、少シクモ之ニ抵抗スル者ガアレバ、內地ニ退出セシムル、是マデモ種々雜多ノ專制的政治ヲ行ッタノデアリマス、臺灣ノ施政ガ治績ヲ得タリト云ヒマスガ、其成績ヲ得タリト云フ他ニ幾何カノ政治上容スベカラザル逆政ノ行ハレタト云フコトモ亦事實デアルノデアリマス、之ヲ他ニ出スコトノ機關ガナク、之ヲ他ニ云フベキトコロノモノナキタメ今日マデ臺灣ハ上々ノ首尾デ成績ヲ得タリト云フコトニナッテ居ルノデアリマス、斯ル狀態ノ下ニアルトコロノ臺灣デアリマスレバ、玆ニ今日ハ緊急トスルノ必要ナク、不斷ノ場合ニ於テモ豫メ定メラルベキトコロノ法律若クハ命令ノ下ニ之ヲ行ッテ少シモ臺灣ノ治安ニ缺クルコトナシト公言シ得マスルノデアリマス、私ハ更ニ憲法上ノ疑義トシテ一言此場合ニ言ハネバナラヌコトガアリマスル（「簡單ニヤレ」ト呼フ者アリ）臺灣ノ律令ヲ以テ憲法上ノ疑義ナリトシタコトハ殆ド之ニ對シテ反對スベキコトハナイノデアリマスル、我憲法ノ委任立法ハ何レノ場合ニ於テ認ムベキカト云フコトニ付テハ、何人モ之ニ對シテ確實ナル議論ヲ爲スモノハナイノデアリマスル、朝鮮ノ委任命令ニ付テ諸博士ノ議論モデス、主トシテ臺灣ニ於ケル委任立法ヲ認メタリト云フコトヲ以テ議會ノ先例ナルガ如ク、之ニ依ッテ朝鮮ニ於ケルトコロノ委任立法ヲ認メラレタト云フコトハ事實デアルノデアリマスル、私共是ニ至ッテ已ムナク一言セネバナラヌノハ先刻モ申シタ如ク我議會ノ憲法ヲ委任立法ノ上ニ讀マレタト云フコトハ言ハヾ政府乃至政府ニ同意スル人ガ政略的ニ之ヲ讀ミタリト云フヲ以テ之ニ答フルヨリ外ナイノデアリマスル、或法律ノ或部分ニ於テ命令ニ委任スル、是以テ此委任モヤハリ一ノ委任立法ナリト云フ議論ヲスル人ガアルノデアリマスル、併シ法律ガ命令ニ委任スル場合ニ於テハ法律タル其本體ヲ傷ケザル場合ニ於テ之ヲ委任シツヽアルノデアリマスル、命令其物ガ直ニ法律其物ヲ變換シ法律其物ヲ改廢スルト云フコトハ出來ナイノデアリマスル、命令ノ分限、法律ノ分限ハ自ラ劃然トシテ此間ニ境界ヲ保ツテ居ルノデアリマス、法律ノ或部分ヲシテ命令ニ委任シタルヲ以テ之ヲ以テ委任立法ノ第一歩ナリト云フコトハ殆ド解スベカラザルコトデアルト云フコトヲ言ハネバナラヌノデアリマスル、私ハ是ニ於テ諸君ノ記憶ヲ喚返スベキ一ノ事柄ガアルノデアリマスル、曾テ帝國議會ノ初メテ開カレタル時分ニ如何ナルコトガ此議會ノ問題デアツタカト申シマスト、所謂法律八十四號ナルモノヲ廢止セント云フコトガ、最モ鞏固ナル代議士諸君ノ口ヨリ出タノデアリマスル、法律八十四號ナルモノハ命令ニ罰則ヲ附スルト云フ即チ一ノ供託法案デアルノデアリマスル、議會ガ如何ニシテ此八十四號ヲ廢サントナシタノデアルカト云ヘバ、苟モ人ヲ處罰スルコトハ法律ニアラザレバ之ヲナスコトヲ得ナイノデアルガ、議會ノ權能タル此法律制定權ヲ命令ニ委任スルト云フコトハ議會ノ權能ヲ縮小スルノデアツテ、且危險デアルト云フコトヲ言ハレタノデアリマス、殆ド當時ニ於テハ帝國議會ノ一院ノ識トシテ疑問ナキモノトナリマシタガ、遂ニ是ガ帝國議會ノ總テヲシテ同意セシムルコト能ハザルガタメニ、今日マデ八十四號ナルモノハ存シテ居ルノデアリマスル、警察官ガ或處罰ヲナシ警察官ニ或刑罰ヲ委任スルニ於テ、種々ナル弊害ノ起ツテ居ルノモ主トシテ此八十四號ナルモノ、生存スルガタメニ今日此ノ如キ弊害ヲ受ケ、國民ガ其上ニ付テ大ナル不便ヲ感ジツヽアルノデアリマスル、命令ニ罰則ヲ附スルスラ之ヲ以テ是ナリトセザリシ帝國議會ガ、憲法ノ條規ニ衝突シテマデモ立法ヲ委任セネバナラヌト云フコトハ私共帝國議會ニ出席シテ以來、殆ド夢ニダモ見ザル狀態ヲ今日現在目リ見ルノデアリマス、諸君憲法ハ能ク成長スルト云フコトハ泰西ノ文明國ノ上ニ於テ屢々私共ガ其歷史ノ上ニ於テ感ズルトコロデアリマスル、我國ノ憲法ハ如何、政府ノ政略ノタメニ所謂官僚萬能ノタメニ殆ド憲法ハ年々縮小サレルト云フ運命ヲ持ツテ居ルコトハ頗ル悲ムベキコトデゴザイマセヌカ、帝國ノ版圖ハ先ヅ臺灣ニ伸ビ、朝鮮ニ伸ビ、樺太ニ伸ビ、而シテ之ヲシテ我領土ニ歸スルニ拘ラズ帝國憲法ナルモノハ其實質ニ於テ是等ノ領土ノ上ニ於テ其力ヲ伸バスコトガ出來ナイト云フコトハ、即チ如何ナルモノデアルカ、能ク此場合ニ於テ我帝國ノ憲法ハ成長スト云フコトヲ言ヒ得ルノデアルヤ否ヤ、甚ダ私ハ是ハ迷ハザルヲ得ナイノデアリマスル、斯ル考ヲ以テ法律三十一號ノ繼續ニ付テハ絕對ニ反對スル意思ヲ表示スルノデアリマス

朝鮮銀行法案（政府提出）　第一讀會ノ續（委員長報告）

（野田卯太郎君登壇）

○野田卯太郎君　朝鮮銀行ノ委員會ノ報告ヲ致シマス、本案ハ多少ノ修正ヲ致シテ可決致シマシタ、其修正ハ御手許ニ配付シテ置キマシタカラ略シテ宜シケレバ略シタイト思ヒマス（「異議ナシ」ト呼フ者アリ）此理由ハ主ナル事項デアリマス、條項ト云フ方ガ宜シウゴザイマセウ、是ハ政府ガ直接ニスル方ガ宜イト云フ理由ヲ以テ第三條、第四條、第九條、第二十八條ハ其理由ヲ以テ修正致シマシタ、第二十七條ハチヨット辯明シテ置キマス、是ハ文字ノ修正デアリマシテ、趣意ニ於テハ政府案ヲ贊成シタ譯デアリマス、是モ配付シテアル通リノコトデアリマスガ、原案ニハ「株主ニ對スル利益配當額カ一年拂込資本ニ對シ一年百分ノ十二ノ割合ヲ超過スル時ハ朝鮮銀行ハ其超過額ノ二分ノ一ヲ政府ニ納付スヘシ」斯ウシテアリマスガ、此拂込額ニ對シ是ニハ、百分ノ十二トアリマスガ、一割二分ヲ配當シテ其上ニ配當ヲスルトキ二分ノ一ヲ政府ニ納メシムルカト言ヘバ、サウデハナイ、總テノ利益――純益ノ中ヨリ法定積立ヲナシ、重役ノ賞與ヲナシタ其殘リヲ此拂込金額ニ割當テ一割二分以上ニ當ルトキハ配當ノ如何ニ拘ラズ二分ノ一ヲ納附サセルト云フ意味デアルト、斯ウ政府ガ申シマスカラ、ソレデハ文字ガ惡ルイ、ソレヲ修正シテ「株主ニ對シ配當シ得ヘキ利益金額カ」ト斯ウ修正シテゴザイマス、アトハ何モゴザイマセヌガ、今申シタ理由ヲ以テ修正ヲ致シマシタ、是ハ滿場一致ヲ以テ委員會ハ通過致シマシタ（「ノウ〳〵」ト呼フ者アリ）ドウカ御贊成アランコトヲ希望シマス、而シテ此修正ノ外ニデス、ノウ〳〵ト云フ早速君カラ修正ノ意見ガアリマス、ソレカラ富田君ニモアリマス、併ナガラ大少數デ潰レテ居リマスカラ、此段御報告申シテ置キマス

○早速整爾君　議長……

○副議長（肥塚龍君）　早速君修正意見デスカ、二讀會ヲ開クト云フコトヲ決シテカラ――直ニ二讀會ヲ開クニ御異議ハアリマセヌカ

（「異議ナシ異議ナシ」ト呼フ者アリ）

○副議長（肥塚龍君）　然ラバ直ニ二讀會ヲ開キマス――早速整爾君

朝鮮銀行法案　第二讀會

（早速整爾君登壇）

○早速整爾君　此朝鮮銀行法案ニ對シマシテ唯今委員長カラ修正ノ御意見ガゴザイマシタ、其中デ數箇條ニ亙リマシテ此「朝鮮總督」ト云ヘル文字ヲ「政府」ト改メルト云フ御修正ガアッタノデアリマス、此朝鮮總督ノ文字ヲ改メラレマシタル理由ハヤハリ此銀行ノ業務ノ監督上朝鮮總督ニ之ヲ一任スルヨリモ、政府ノ監督ノ下ニ置ク方ガ得策デアルト考ヘテ、修正ヲセラレタノデアラウト思フノデゴザリマス、此點ニ於キマシテハ勿論此委員會ノ修正意見ハ誠ニ御尤モデアルガ、唯何故ニ此主義ニ於テ他ノ箇條ニ於ケル修正ヲ加ヘラレナカッタカト云フコトヲ疑フノデアリマス、此法律案中ニ「朝鮮總督」ノ文字ハ各條ニ亙ッテ澤山使ハレテ居ルノデアリマス、其中ニハ勿論其文字ヲ必ズ改メナケレバナラヌト云フ其必要ヲ感ロナイ點モ多イ、併ナガラ委員會デ修正ニナリマシタル主義ノ上カラ申シマスルト、唯アノ數箇條ノ修正ノコトニ止マリマシテハ此法律案ハ不具ニナル、尚改ムベキ點ガ多々アルノデゴザリマスカラシテ、私ハ茲ニ簡單ニ申述ベマスルガ、第二條ニ於ケル「朝鮮總督」ノ文字ヲヤハリ改メタイ、ソレカラ第十條――イヤ、第十條ハサウデハゴザイマセヌ、第十七條ニ於ケル此「朝鮮總督」ノ文字ヲ改メタイ、ソレカラ第十八條、竝ニ第二十條ニ於ケル文字モ「政府」ト改メタイ、ソレカラ二十一條モ同ジデアリマス、二十二條ニ至リマシテハ此第二項ニ於テ役ノ分ノ「朝鮮總督」ハ委員會ニ於テ「政府」ト改メラレタノデゴザイマスルガ、前ノ分ノ「朝鮮總督」ト云フ文字ガ其儘ニナッテ居リマスカラシテ、是モ「政府」ト改メタイ、ソレカラ二十五條ノ「朝鮮總督」ノ文字モ是モヤハリ「政府」ト改メタイ、ソレカラ、二十九條、三十條、三十一條、三十二條、此各條ニゴザリマスル「朝鮮總督」ノ文字モ同ジク之ヲ改メタイト思フノデアリマス、是ハ先刻モチヨット申シマシタルガ如ク委員會デ修正ニナリマシタル主義ヲ擴張スルノデアル、委員會ノ修正ニナッタ主義ニ從ッテ此各條ノ文字ヲ修正致サナケレバ折角ノ委員會ノ御修正ト云フモノ、趣意ヲ貫クコトガ出來ナイト思フカラデアル、財政上ノ統一ヲ期シマスルタメニ、金融機關ノ統一ヲ期シマスルタメニ、兎ニ角此銀行ニ對スル監督、ソレカラ銀行ノ總テノ此業體ヲ支配スルモノハ成ルベク之ヲ一ニ歸セシムルト云フ必要ガアル、一方ハ日本ノ政府ガ監督ヲスルト云ヒナガラ、他ノ一方ニ於キマシテハ朝鮮總督ノ權限ヲ以テ之ヲ支配スルト云フコトニ相成リマシテハ銀行ノ監督上決シテ其統一ヲ期スル譯ニハイカナイノデアル、勿論些々タル事柄ニ關シマシテハ何レニナッテモ差支ハナイノデアル、從來此特種銀行ニ對スル法律ノ規定ハ、或場合ニハ主務大臣トアリ、或場合ニハ政府トアル、今回委員會ノ修正ハ外ノ臺灣銀行ナドニアルトコロノ「政府」トアルトコロハ之ヲ「政府」ト改メテ、外ノ銀行法ニアル「主務大臣」ト云フトコロハヤハリ「朝鮮總督」ト云フ文字ヲ其儘ニ使ッタト云フヤウナ意味ニ相成ッテ居ルノデゴザイマセウガ、併ナガラ是ハ「主務大臣」トゴザイマスレバ銀行ノ監督上差支ナイ、「政府」トゴザイマシテモ「主務大臣」トゴザリマシテモ左程ノ差支ヲ見ナイノデゴザリマスガ、一方ニハ「政府」トアリ、他方ニハ「朝鮮總督」トゴザリマスルト、此金融機關ノ統一ヲ圖ル上ニ於キマシテハ非常ナル差支ヲ生ズルコト、私ハ思フノデアル、例ヘバ此委員會ノ意見ニ依ッテ二十二條ニ於テ「朝鮮總督」ノ文字ヲ改メラレタノハ發行稅ノ歩合ヲ定メル場合――割合ヲ定メル場合ハ朝鮮總督ノ命ズルトコロニ依ルトアッタノヲ之ヲ「政府」ト改メラレタノデアル、然ルニ此銀行券ノ制限外ノ發行ヲ許ス場合ハ誰ガ許スカト云フト朝鮮總督ガ之ヲ許スト云フコトヲ其儘認メラレテ居ル、制限外ノ發行ヲ許スト云フコトヲ其權利ヲ朝鮮總督ニ與ヘテ置イテ、唯其發行稅ノ割合ヲ定ムルト云フコトニノミヲ政府ノ權限ニ歸セラレルト云フコトハ如何ニモ此委員會ノ修正ガ釣合ヲ得テ居ラヌ、委員會ノ修正ト云フモノガ全ク不具ニナッテ居ル、其他營業上ノ不法ヲ制止スルトカ、或ハ銀行券ノ割引法利子歩合等ノ制限ヲ定メルトカ、國債證券等ノ買入ヲスルトカ、或ハ一般ノ此規定外ノ業務ヲ定メル法律ニ記載シテアル以外ノ業務ヲ此朝鮮銀行ニ營マシムルト云フヤウナ是等ノ規定ト云フモノハ總テ朝鮮總督ガ勝手ニ出來ルコトニナッテ居ル、一方ニハ業務監督ヲ政府ニ一任スルト云フ修正ヲシナガラ、唯今申シマスル如ク此營業上ノ總テノ監督ニ關係ノアルモノハヤハリ依然トシテ朝鮮總督ノ權限ニ一任ヲスルト云フコトニ相成リマシテハ是コソ銀行法ノ――朝鮮銀行法ノ統一ト云フコトヲ保ツコトガ出來ナイノデアル、私ハ朝鮮銀行ハ朝鮮ニ於ケル特種ノ銀行トシテ當分ノ間ハ之ヲ設立スル必要アリト認ムルモノデゴ ザイマスルガ、併ナガラ日本ノ此國ノ

中ニ帝國ノ中ニ設立セラレル銀行ト致シマシテハ、ドコマデモ此財政上ノ統一ヲ期スルタメニ成ベク之ヲ監督スル頭ハ之ヲ一ツニシタイト云フ論者デアル然ルニ、折角委員會ハ統一ヲ認メテ——統一ノ必要ヲ認メテ、「朝鮮總督」ノ文字ヲ「政府」ニ改メタニ拘ラズ、其改方ガ足ラナイ、修正ガ不足デアル（「簡單々々」ト呼フ者アリ）主ナル點ニ於テ修正ガ不足デゴザリマスルカラシテ、委員會ノ決定ヲセラレタトコロノ主義ヲ擴張致シテ、サウシテ此擴張ニ於ケル「朝鮮總督」ノ文字ヲ重ナル點ニ於テ總テ之ヲ「政府」ト改メマシテ、サウシテ此銀行ノ監督ノ統一ヲ保チ、帝國ノ財政上ノ統一ヲ保チ得ルヤウニ致シタイト思フノデゴザイマス想フニ此事ハ政府ト雖モ御異存ノアルベキ筈ハナイ、金融機關ヲ監督スル上ニ於キマシテ不統一ヲ其儘ニスルト云フコトハ政府トシテモ決シテ之ヲ得策トハ認メラレナイノデゴザイマスカラ、本員ノ修正ニ對シテハ實ハ政友會ノ諸君ト雖モ御異存ノアルベキ筈ハナイト私ハ思フノデゴザイマス、諸君ノ御同意ヲ求メマス（拍手起ル）

（西村丹治郎君登壇）

（拍手起ル）

○西村丹治郎君　私ハ委員長ノ報告ニモ賛成シ、唯今ノ早速君ノ御修正ニモ賛成スル一人デアリマス、尚更ニ一ツノ修正ヲ茲ニ提出シテ皆様ノ御賛成ヲ仰ギタイト思ヒマス、ソレハ第二十二條ニ於ケル保證準備發行高ノ三千万圓トアルノヲ二千万圓ト修正致シタイト云フ意見デアリマス、私ハ政府ガ現在ノ韓國銀行ニ規定シテアルトコロノ保證準備發行高ノ二千万圓ヲ一時三千万圓ニサレタト云フコトニ付テハ何カ此間ニ祕密ガ蟠ッテ居リハセヌカト云フコトヲ疑フ一人デアリマス、ソレ故ニ此疑ヲ質シテ皆様ノ御判斷ヲ煩シタイト思フノデアリマス、極ク簡單ニ述ベマスルガ、保證準備ノ發行高ト云フモノハ如何ナル程度ニ定ムベキカト云フコトハ、頗ル是ハ重要ナル問題デアルト思ヒマス、學者ハイロイロナコトヲ申シテ居リマスケレドモ、私ノ考ヘマスルトコロデハ詰リ朝鮮ニ於ケル紙幣ノ需用高ハ幾何デアルカト云フコトヲ見テ、朝鮮ニ於ケル紙幣需用高ノ最低度ヲ標準トシテ、ソコニ此保證準備發行制限高ヲ定メルノガ適當デアルト思フ、而シテ朝鮮ニ於ケル目下ノ紙幣流通高ハイクラデアルカト申シマスレバ、昨年十二月末日ノ發行高ト云フモノハ二千万圓内外ヲ上下シテ居ルデス、然ラバ朝鮮ニ於ケル目下ノ紙幣需用高ト云フモノハ二千万圓内外ト見ルノガ最モ適當デアル、然ラバ朝鮮ニ於ケル朝鮮銀行ノ保證準備發行高ト云フモノモ此今ノ流通高ノ最高度ヲ標準トシテ定メテモ、マダ私ハ多イ位ニ思フノデアル、併ナガラ現在ノ韓國銀行條例デ二千万圓トナッテ居リマスカラ、卽チ此二千万圓ニ修正シタノガ適當デアラウト思フ、外國ノ例ヲ見マスルノニ英蘭銀行ノ如キ、アレダケ大ナル銀行デアッテモ——殆ド世界ノ金融機關ト云ハレル位ナ銀行デスラ、其保證準備發行高ト云フモノハイクラデアルカト云ヘバ、僅ニ千八百四十五万磅ニナッテ居ル、卽チ一億八千四百五十万圓バカリ、ソレカラ獨逸中央銀行ハイクラニナッテ居ルカト申シマスレバ、是モ四億五千万麻克ニナッテ居ル、更ニ日本ノ中央銀行ノ發行制限高ハ、保證準備制限高ハイクラニナッテ居ルカト申シマスト、僅ニ一億二千万圓デアル、ソレカラ更ニ朝鮮ニ於ケル——朝鮮デハアリマセヌ、臺灣ニ於ケル臺灣銀行ノ保證準備發行高ハイクラニナッテ居ルカト云ヘバ、僅ニ一千万圓デアル其僅ニ一千万圓ニナッタノモ諸君モ御承知ノ通リ昨年ノ議會ニ於テ始メテナッタノデアル、昨年前ハドウデアッタカト云フト、臺灣銀行設立ヨリシテ昨年ノ四五月頃ニ至ルマデハ、ヤハリ五百万圓ニ過ギナカッタノデアル、而シテ臺灣ニ於ケル臺灣銀行ノ紙幣發行高ハイクラデアルカト申シマスレバ、正貨準備保證準備兩方合シテ詰リ臺灣銀行ノ紙幣發行高ハ一千二三百万圓ヲ往來シテ居ル、一千二三百万圓ヲ往來シテ居ッテ其流通高ガ其位アルニモ拘ラズ此保證準備ノ發行高ハ五百万圓ニ限定サレテ居タノデアル、ソレガ漸クニシテ昨年是ガ一千万圓トナッタノデアル、併ナガラ尚臺灣ニ於ケルトコロノ保證準備紙幣流通高ハ一千二三百万圓アッテ、其保證準備發行高ヨリハ二三百万圓マダ上ニアル、二三百万圓上ニアル位ナトコロニ定ッテ居ル、日本銀行ハドウデアルカト云フト詰リ保證準備發行高ハ一億二千万圓デアル、一億二千万圓ナルニモ拘ラズ日本銀行兌換券發行高ハ現在イクラデアルカト云ヘバ、三億有餘万圓ニナッテ居ルト確ニ記憶シテ居リマス、現ニ昨年十二月末日ニハ確ニ四億万圓ヲ凌駕シテ居ッタヤウニ思フデス、時トシテハ四億万圓ヲ凌駕シ、一番少ナイ時分デモ近來三億圓ヲ下ッタコトハナイノデアリマス、兌換券ノ發行高ハ其一番少ナイ時分ト雖モ三億圓ヲ下ッタコトガナク、多クハ四億万圓位デアル、斯ク多大ノ兌換券ヲ發行スルニ拘ラズ保證準備ノ制限高ト云フモノハ僅ニ一億二千万圓ニナッテ居ル、然ルニ此ノ如ク外國ノ事例ヲ見テモ、日本ノ日本銀行ノ事例ヲ見テモ、臺灣ニ於ケル臺灣銀行ノ事例ヲ見テモ、殆ニ各其區域其國家ニ現在需用シテ居ルトコロノ紙幣發行高ヨリハ更ニ多ク保證準備發行高ヲ定メテ居ルト云フ國ハ恐ラク一ツモ無イノデアル、要ラナイトコロノ、其國ニ需用シナイ高ニ持ッテ行ッテ此保證準備ノ發行高ヲ置クト云フ國ハ朝鮮以外ニハ無イノデアル、卽チ今將ニ行ハントスル此法案コソ要ラザルトコロノ金ヲ無暗ニ注込マレトスルトコロノ法案デアル、朝鮮ノ國家ハドウデアル、朝鮮ノ地域内デハ一昨年アタリハ僅ニ一千四五百万圓ノ紙幣ヲ要シテ居ッタノミデアル、昨年末ニ至ッテモ漸ク二千万圓ニ足ルカ足ラナイカ位ノ紙幣シカ要求シナイノデアル、朝鮮經濟社會デハ二千万圓内外ノ紙幣ガアッタラ是デ澤山デアルト云フコトヲ要求シテ居ルノデアル、然ルニ拘ラズ要求以上ニ茲ニ假ニ一千万圓モ多ク無理ニ之ニ向ッテオ前達ハ食ヘ、所謂是ダケノモノハ是非發行シルト云フヤウナ此法案ヲ提出スルニ至ッテハ、私ハ何カ其間ニ一ツノ秘密ガ蟠ッテ居ルデハナイカト云フノハ、卽チ此故デアル、道路風説スラク今回政府ハ朝鮮事業公債トシテ五千六百万圓デアリマシタカ、其數ハ能ク記憶シテ居リマセヌガ、確カニ五千幾百万ノ金ヲ事業公債デ募ルト云フコトニナッテ居ル、ソコデ此事業公債ヲ募ルノ途ハ最早内地ニ於テ求ムルコトハ出來ナイ、ソレ故ニ朝鮮銀行ニ此發行高ヲ一千万圓増加シテ而シテ此朝鮮銀行ニ命令シテ所謂强制シテ此事業公債ノ募集ニ應ゼサセヤウト云フ意味合カラシテ、斯ク増加シタノデアルト云フコトヲ道路ニ風説シテ居リマス（拍手スルモノアリ）私ハ前來ノ理由ニ依ッテ如何ニ此風説ヲ辯護セントスルモ能ハズデアル、朝鮮ノ經濟社會ニ何等要ラナイ金ヲ政府ガ無暗ニオ前ハ必ズ三千万圓マデハ保證準備ヲ高メテヤルカラ發行シロト云フヤウナコトヲ强ユルニ至ッテハ——强ユルニ至ッテハ此道路ノ風説確ニ眞ナリト云フコトヲ斷言スルニ私ハ憚ラナイノデアル、ソレデ之ヲ事業公債ニ用ユルニシテモ何ニシテモ、私ハソンナコトハ一向構ハヌ、サウ云フ趣意デ殖ヤスノガ其趣意ノアルトコロハ何處ニアッテモ一向構ヒマセヌガ、此要ラザル一千万圓ノ兌換券ヲ朝鮮銀行ニ强制シテ發行セシメテ、之ヲ財政上ニ利用スルト云フ其結果ヲ見タナラバ、誠ニ私ハ寒心ノ至リニ堪エヌコト、思フノデアル、何故ナレバ要ラザル貨幣ヲ此朝鮮ノ區域内ニ一千万圓投出シタナラバ、ドンナ結果ヲ呈スルカ、直ニ諸君物價ノ騰貴ト云フコトハ免レナイノデアル、要ラザル金ヲ此經濟社會ニ一千万圓、所謂五割ノ要ラザル金ヲ朝鮮ノ流通社會ニ發シサレタナラバ、若シ之ヲ數理的ニ必ズ影響スルモノトスレバ、五割ノ物價騰貴ヲ來スト云フコトハ明カデアル、併ナガラ直ニサウトハ申シマセヌガ、兎モ角此ノ要ラザル一千万圓ヲ經濟市場ニ向ッテ增發サレタ結果ハ直ニ朝鮮ニ於ケル經濟社會ニ一大打擊ヲ與ヘルモノデアル、朝鮮ノ經濟及財政ノ紊亂ヲ惹起サシムルモノデアルト云フコトヲ斷言スルニ私ハ憚ラナイノデアル、ソレ故ニ願クハ此三千万圓ヲ二千万圓ニ減ズルト云フ提案ニ付テ切ニ皆様ノ御贊成アランコトヲ御願致シマス次第デゴザイマス

○副議長（肥塚龍君） 粕谷義三君

（粕谷義三君登壇）

○粕谷義三君 唯今問題トナッテ居リマスル朝鮮銀行法案ニ對シマシテハ委員會ノ修正卽チ委員長ノ報告ニ對シマシテハ既ニ反對黨ノ諸君モ滿腹ノ同意ヲ表セラレテアリマスルカラ、之ニ對シテハ彼此辯ヲ費ス必要ハナイト思ヒマス、唯更ニ早速君及西村君ヨリノ御修正ガ提出ニナッテ居リマスカラシテ、此修正ニ對スル吾々ノ反對ノ意見ヲ玆ニ表明致シタイト思フノデアリマス、早速君ノ御修正ハ要スルニ政友會否ナ、委員會ニ於テ加ヘマシタトコロノ修正ガ物足リナイ、マダモソット今ノ「朝鮮總督」ト云フトコロノ文字ヲ「政府」ト換ヘタイ、斯ウ云フ御說デアル、誠ニ是ハ他愛モナイコトデアル、一口ニ申シマスレバ程度問題デアル、早速君ノ御說ハ卽チ程度問題吾々ハ此法案ノ中ニ於テ最モ重要ナリト認ムルトコロノモノヲ唯今委員長ノ報告ノ如クニ修正ヲ致シタノデアル、然ルニ早速君ノ修正ハ殆ド此法案ノ全部ニ亙ッテ居ルト申シテモ宜シイ位デアル、其一例ヲ此處ニ擧ゲテ申シマスレバ、第二條ニ於テ朝鮮總督ガ朝鮮ノ內ニ此朝鮮銀行ノ支店ヲ設ケルトカ、或ハ代理店ヲ置クトカ、サウ云フ權能マデモ一々政府ノ認可ヲ受ケナケレバナラヌト云フヤウナ御意見ノヤウニ承ルノデアリマス、早速君モ大體ノ吾々ノ修正ニ對シテハ反對ノ御意見ハナイノデアル、唯早速君ガ憂ヘラレルトコルノモノハ、要スルニ斯ウ云フ點ニ歸著シテ居ルヤウニ思ハレル、詰リ吾々ノ修正ノ通リデハ甚ダ不安心デアル、金融機關ノ統一ノ上若クハ銀行監督ノ上カラ言ッテ、マダ〳〵斯樣ナ修正デハ足リナイ、モソット修正スルガ宜シイト云フヤウナ御懸念デゴザイマスルガ、決シテ是ハ御心配ニハ及バナイ、何故ナレバ此第二十八條ニ於テ吾々ノ加ヘマシタトコロノ修正ハ原案ニハ「朝鮮總督ハ朝鮮銀行ノ業務ヲ監督ス」ト斯ウアルノヲ「政府ハ朝鮮銀行ノ業務ヲ監督ス」斯ウ修正ニナッテ居リマス、卽チ此朝鮮銀行ニ對シマシテハ大體ノ監督權ト云フモノハ卽チ政府ガ之ヲ握ッテ居ルノデアリマスガ故ニ、此吾々ノ修正ノ如ク致シテ置キマシタトコロデ、何等朝鮮總督ガ專橫ノコトヲスルコトモ出來ナイノデアリマス、又金融機關ノ統一上決シテ玆ニ何等支障ヲ生ズルトコロノ虞ハナイモノデアリマス、ソレカラ又其他ノ箇條ニ對シマシテハ一々討論ヲ費シテ居リマシタナラバ、非常ナ長時間ヲ要シマスカラ多辯ヲ費シマセヌガ、要スルニ早速君ノ御修正ト云フモノハ先ヅ此類デアル、極ク細カナトコロニマデモ政府ノ監督權ヲ及ボサウト云フコトデアル、ソレハ詰リ吾々ノ考ヘルトコロニ依リマスルトサウ云フ風ノ細密ナル、支店ヲ設ケルトカソンナ細カナトコロニマデ立入ル必要ハナイ、ソレ等ノコトハ朝鮮總督ニ一任シテ可ナリト思フ、唯玆ニ少シク早速君ノ御說ニ付テ聽クニ足ルベキトコロノモノハ何デアルカト云ヘバ、卽チ此制限外ノ問題デアル、早速君ハ此制限外發行ノ權能ヲ朝鮮總督ニ一任シテアルノガ宜シクナイ、是ハ一應御尤ニ應ジマス、併ナガラ此制限外發行ト云フコトガ如何ナル場合ニ於テ起ルモノデアリマセウ、多クハ此節季デアル、盆デアルトカ、暮デアルトカ、何レモ金融ノ非常ニ逼迫スル時期ニ於テ始メテ此制限外發行ノ必要ヲ感ズルノデアル、而シテ其瞬間ハ實ニ危機一髮デアル、其場合ニ於テ此制限外ヲ發行スルコトヲ一々政府ノ認可ヲ經ナケレバナラヌト云フコトデアッタト致シマシタナラバ、果シテ能ク是ガ金融機關ノ任務ヲ盡スコトガ出來マセウカ、（「電報ニテ二時間」ト呼フ者アリ）イヤ、サウ云フ譯ニ行キマセヌ、要スルニ此事タル制限外ノ發行ト云フモノハ頗ル急ヲ要スルトコロノモノデアル以上ハ、之ヲ朝鮮總督ノ權能ニ一任スルノハ固ヨリ當然デアルト思フ、殊ニ此制限外ノ發行ト云フモノハサウ何時デモ之ヲ出シテ置クモノヂヤナイ、縱令之ヲ發行スルト致シマシテモ、忽チニシテソレハ囘收スベキモノデアリマス、此ノ如キトコロノモノデアル以上ハ、此權能ヲ朝鮮總督ニ一任シテ置キマシタトテ、何等ノ懸念ハナイト吾々ハ信ズルノデアル、ソレカラ又西村君ノ御說ハ保證準備ニ依ル銀行券ノ發行高ヲ假ニ擴張シタノガ宜シクナイ、此裏面ニハ定メテ何カ魂膽ガアルデアラウ、朝鮮總督府ニ於テ何カヤラウト云フノデアラウ、斯ウ云フ風ニ御想像ガアッタヤウデアル、或ハドウ云フコトガアルカ知レマセヌガ、吾々ハ不幸ニシテ道路ノ風說ナドハ承知致シマセヌガ、兎ニモ角ニモ此擴張ト云フコトハ吾々ノ見ルトコロニ依リマスレバ、全ク必要ナルトコロノ擴張デアリマシテ、今玆ニ此事實ヲ證明ヲ致シテ見マスレバ、朝鮮銀行ニ於テ明治四十一年ヨリ四十三年マデ每年末ニ於ケルトコロノ銀行ノ發行高ガ四十一年ガ千三十八万圓、四十二年ガ千三百四十三万圓、四十三年ハ二千十六万圓、斯ウ云フ風ニ漸次增加ヲ致シテ居ルノデアリマス、此增加ノ有樣ヲ見マスルト如何ニモ急激ナルトコロノ增加ヲシテ居ルノデアル、又貿易ノ關係ヨリ見マシテモ實ニ此朝鮮ノ最近ノ發達ト云フモノハ驚クベキモノガアル、殊ニ昨年ノ八月韓國ガ合邦ニナリマシテヨリ以來ト云フモノハ朝鮮ニ於ケルトコロノ經濟上ノ發達ト云フモノハ更ニ長足ノ進步ヲ致シテ居リマシテ、其貿易高ノ如キモノモ今此處ニ數字ヲ擧ゲテ申シマスレバ、四十二年八月ヨリ十一月マデノ增額ガ千九百十四万幾ラト云フモノデアリマシタノガ、昨年卽チ四十三年ノ八月カラ十一月マデノ貿易ト云フモノハ二千三百餘万圓ト云フ高ニ上ッテ居ル、僅カ四箇月ニ於テ貿易額ノ增加シテ居リマスルコトガ千四百万圓ニ達シテ居ルノデアリマス、此ノ如キ有樣デアル、而シテ此朝鮮ハ將來ニ益々發達スベキトコロノ運命ヲ持ッテ居ル國デアリ、又御同樣此朝鮮ノ開發ヲ圖ラナケレバナラヌノデアル、此ノ如クニ考ヘテ見マスレバ成程此二千万圓ノ保證準備ノ發行ノ制限ト云フモノハ今日ニ於テハ或ハ十分カモ知レマセヌノデス、併ナガラ此駿々トシテ進ミツヽアル朝鮮ノ狀況ヨリ考ヘテ見マレバ、此三千万圓ノ制限額ト云フモノハ決シテ多キニ過ギルトコロノ心配ハナイノデアル、若モ此朝鮮ノ進步ト云フモノヲ認メナイナラバ、或ハ二千万圓デモ宜シイト云フ議論モ立チマセウガ、朝鮮ノ將來ハ愈々益々發達スベキコトハ明瞭デアリマスカラ、玆ニ二千万圓ノ制限ヲ三千万圓ニ擴張シテ置クト云フコトハ決シテ是ハ不當ノコトデハナイト私ハ思フ、唯今西村君ガ或ハ英蘭銀行、若クハ獨逸ノ中央銀行、或ハ內地ノ日本銀行ノ例ヲ御引キニナッテ、是等ニ較ベテ見テモ朝鮮ノ銀行ノ保證準備ノ發行高ト云フモノハ頗ル多キニ過ギル、斯ウ云フ御論デゴザイマシタ、併ナガラ是ハ蓋シ此經濟界ノ一面ヲ見テ他ノ一面ヲ御覽ニナラナイトコロノ御論デアラウト思フ、凡ソ一國ノ通貨ノ需用ノ大小ト云フモノハ其國ノ經濟上ノ發達ノ程度如何、殊ニ共國ノ信用制度ノ發

達如何ト云フコトガ與ッテ力アルトコロノモノデアリマス、若モ經濟界ガ非常ナル發達ヲシテ、サウシテ又信用取引、信用制度ガ非常ニ發達ヲシテ居ル國デアリマスレバ、通貨ノ需用ト云フモノガ極メテ小ナイノデアル、之ニ反シマシテ信用制度ノ發達シナイトコロノ國デアリマスレバ、其人口ノ割合カラ言ッテ見テモ共經濟上ノ程度ニ比較シテ見テモ、必ズヤ比較的兌換券卽チ通貨ヲ多ク要スルト云フコトハ是ハ明カノ事實デアル、而シテ朝鮮ノ國情ハドウデアリマス、朝鮮ハ御承知ノ通リ遺憾ナガラ今日デハ十分信用ノ發達シタ國デアルト云フコトハ言ヘヌノデアル、此國ニ於テ比較的多クノ兌換券ヲ要スル、卽チ通貨ヲ要スルト云フコトハ是ハ經濟上明カナ道理ト思ヒマス、(「現在二千万圓使ッテ居ラヌ」ト呼フ者アリ)イヤ、居リマス、斯樣ナ譯デアリマス以上ハ此二千万圓ヲ三千万圓ニ增加スルト云フコトハ朝鮮ノ現狀及將來ニ考ヘマシテ固ヨリ當然ノコトデアルト吾々ハ信ズルノデアリマスカラシテ、唯今ノ西村君ノ御修正等ニハ吾々ハ絕對ニ反對ヲ表明致スノデアリマス(「討論終決」ト呼フ者アリ)

○副議長(肥塚龍君) 御議論ガナイヤウデゴザイマスカラ決ヲ採ル順序ヲバ斯樣ニ致サウト思ヒマス、修正ガ早速整爾君、西村丹治郎君、兩君カラ出テ居リマス、第一ニ早速君ノ修正ニ付テ決ヲ採リ……

(政府委員荒井賢太郎君登壇)

○政府委員(荒井賢太郎君) 特別委員會ノ修正ニ付キマシテハ政府ハ同意ヲ表シマス

○副議長(肥塚龍君) 第一ニ早速君ノ修正ニ付キ決ヲ採リ第二ニ西村君ノ修正ニ付テ決ヲ採リ、最後ニ委員長ノ報告ニ付テ決ヲ採ラウト思ヒマス、修正又ハ朗讀ヲ致シマセヌ、早速君ノ修正ニ付テ同意ノ諸君ハ起立

起立者 少數

○副議長(肥塚龍君) 少數デゴザイマス、次ハ西村丹治郎君ノ修正、是モ朗讀ヲ省キマス、西村君ノ修正說ニ同意ノ諸君ハ起立

起立者 少數

○副議長(肥塚龍君) 是モ少數デゴザイマス、次ハ委員長報告ニ付テ御異議ハアリマセヌカ

(「異議ナシ異議ナシ」ト呼フ者アリ)

○副議長(肥塚龍君) 然ラバ委員長報告通リ第二讀會ヲ決シマス

朝鮮銀行法案 第三讀會

○菅原傳君 三讀會ヲ省略シ第二讀會決定通リ卽チ委員長報告通リニ決定セラレンコトヲ望ミマス

(「異議ナシ異議ナシ」ト呼フ者アリ)

○副議長(肥塚龍君) 御異議ガナイヤウデゴザイマスカラ直ニ三讀會ヲ省略シテ委員長報告通リ確定ヲ致シマス、次ハ日程第十三、治安警察法中改正法律案第一讀會、議案ノ朗讀ハ省略致シマス、日野國明君

明治四十四年三月二十一日

朝鮮總督府ノ施政ニ關スル質問主意書

右成規ニ據リ提出候也

明治四十四年三月九日

提出者　大竹貫一

贊成者　石橋爲之助

外三十一人

朝鮮總督府ノ施政ニ關スル質問主意書

一　母國人ノ朝鮮移住ニ對シ總督府ハ果シテ如何ナル政策ヲ採リツツアルカ其ノ方針ノ明示ヲ望ム

朝鮮併合ト共ニ總督府ハ直ニ飲食店、仲介業者、金貸業者、代書人、一種ノ企業者又ハ求職者等ニ對スル各取締規則ヲ續發セルシ初メトシ或ハ會社令ヲ布キテ企業ヲ拘束シ或ハ鑛山、森林、未墾地等ノ出願ニ向テ不許可主義ヲ內定シ甚シキハ官吏ノ年末年始ノ贈答品ヲ禁シ又ハ歲暮賣出シ景品ノ制限ヲ爲ス等微細ノ點迄苛酷ノ干涉ヲ加ヘ爲ニ人氣ヲ沮喪セシメ市場ヲ沈衰セシムルニ至レリ而シテ是等ノ干涉ト壓迫トハ特ニ母國人ヲ目標トセルモノニシテ今ヤ實際ニ於テ恆產若ハ定職ナキ母國人ハ全然其ノ移住ヲ禁遏セラレムトスルノ狀況ニ在リ以上ハ實ニ彼地ニ於ケル一般民間ノ所說ニシテ近時總督府ノ施政ニ對シ我カ母國人カ多大ノ不平ヲ抱キツツアルハ諱ユヘカラサル事實ナルカ如シ如是ハ曩ニ我カ移民ノ滿韓集中ヲ主張セシ政府ノ態度ニ顧ミテ頗ル矛盾ノ現象ト云ハヘク却テ其ノ方針ヲ破壞スルモノト爲ササルヘカラス是レ果シテ當局者ノ眞意ナルカ

二　總督府ハ甚シク言論ヲ拘束シ苟モ總督政府ニ關シテ云々スルモノハ其ノ事ノ如何ヲ問ハス殆ト絕對ニ禁壓セムトスルノ風アリト聞ク事實果シテ然ルヤ否ヤ若然リトセハ是レ何ノ必要ニ因ルカ其ノ理由ノ說明ヲ求ム

總督府ハ朝鮮併合ト共ニ新聞統一ヲ計リ一面民間新聞ノ買收ヲ行ヒ一面新聞、通信ノ新設ヲ許可セサルノ方針ヲ採レルノミナラス僅ニ殘存セル民間新聞若ハ通信等ニ對シテハ殆ト常識ヲ以テ律スヘカラサル迄極端ノ干涉ヲ加ヘ苟モ言論ノ總督政治ニ及フアレハ忽チ發行停止等ノ處分ヲ敢テスル風アリ現ニ昨年末一通信カ市場歲暮ノ不景氣ヲ敍レ其ノ原因ノ一トシテ官吏ノ年末年始ノ贈答品ヲ禁止シタルコトヲ以テセシニ忽チ發行停止ヲ命セラレタルカ如キ以テ其ノ一斑ヲ察スヘシ又近來ハ母國ヨリ輸送スル新聞紙ニ對シ併合當時釜山ニテ行ヒシト同一ノ程度ニ極メテ嚴酷ナル檢閱ヲ試ミ苟モ總督政治ニ關シ云々スルモノハ一切其ノ輸入ヲ禁止スルノ目的ヲ以テ新ニ新聞紙取締規則ヲ制定シ將ニ之ヲ發布セムトストト傳ヘラレ甚シキハ新聞記者ニ免許制度ヲ布カムトスルノ內議サヘ提出セラレタリト聞ク其ノ如何ニ苛酷ノ傾向ヲ示シツツアルカハ推測ニ餘アルカ如シ若果シテ如是ノ事實アリトセハ當局者ハ何ノ必要アリテカ稱カク言論ノ壓迫ヲ試ミムトスルカ

三　朝鮮會社令ハ彼地實業界ニ多大ノ不便ト惡影響トヲ與ヘツツアリト云フ眞相果シテ如何

朝鮮會社令發布ト共ニ官憲側ノ吹聽スル所ニテハ彼地實業社會ニ於テ同令ヲ歡迎セルカノ如クナルモ事實ハ全ク之ニ反シ今ヤ母國人ト朝鮮人トヲ問ハス苛酷ノ惡法トシテ之ヲ排シ爲ニ會社事業ノ勃興ヲ阻害シ殊ニ朝鮮人間ニハ近來漸ク發達セムトセシ企業心ヲ挫折シ一般ニ團體的企業ヲ避クルニ至リ其ノ經濟界ニ及ホス惡影響少々ニアラスト云フ現ニ昨今會社組織ヲ變シテ組合組織ト爲スモノ頻々トシテ現ハルルカ如キ亦該令ノ影響ニ外ナラサルニ似タリ而モ當局者ハ尙該令ノ必要ト信用トヲ自信シツツアリヤ

四　鑛山、森林、未墾地、漁區等ノ出願ニ對シ總督府ハ大體ニ利源閉鎖ノ方針ヲ採リ不許可主義ヲ內決シ居レリトノ說專ラナリ果シテ如是ノ事實アリヤ否ヤ

鑛山、森林、未墾地、漁區等ノ出願件數今ヤ數千件ニ達シ當局者ノ机上其ノ願書ノ山ヲ爲レツツアルニ拘ラス尙多クハ之カ解決ヲ與ヘサルカ上ニ其ノ有望ナル材料ハ大體之ヲ不許可タラシメムトスルノ內議アリト聞ク殊ニ鑛山就中鐵鑛ノ如キハ或ハ官營主義ヲ採ラムカ爲其ノ有望ナルモノハ一切之ヲ許可セサル方針ナリトノ說アリ當局者ハ果シテ如是方針ノ下ニ民間ニ對シ其ノ利源ヲ閉鎖セムトスルノ眞意ナルカ假ニ斯ル方針ヲ採ルトシテモ從來適法ノ手續ニ依リ提出シアル出願ニ對シ其ノ既往ニ溯リテ之ヲ奪ヒ去ルカ如キハ穩當ノ措置ナルヘキカ

五　朝鮮ニ於ケル外人側ノ我カ總督政治ニ對スル感情ハ果シテ好良ノ傾向アリヤ

聞ク所ニ依レハ彼地ニ於ケル外人側ハ一般ニ我カ總督政治ニ對シテ民政ヲ假裝セル軍政ナリト稱シ特ニ憲兵制度ヲ惡ムコト蛇蝎ノ如シト云フ事情果シテ如何

六　總督府側ノ揚言ニ依レハ併合後朝鮮人ハ頗ル我カ總督政治ニ悅服セルカノ如クナルモ事實ハ全然之ニ反シ今ヤ朝鮮人ハ一般ニ多大ノ失望ヲ以テ我カ施政ヲ怨嗟シツツアリト聞ク眞相果シテ如何

現ニ昨年末黃海、全南地方ニ蜂起セル暴徒ハ從來ノ草賊ト趣ヲ異ニシ當時當事者ハ例年末ノ鼠賊ノミト辯明セルニ拘ラス密ニ龍山駐屯軍ノ殆ト全部ヲ動カシテ討伐ニ從事セシヤノ說アリ朝鮮人ハ之ヲ以テ總督政治ニ對スル不平者ノ煽動ニ出テタルモノト認メツツアリ又近時朝鮮人中間島移住者ノ益增加スルハ獨リ生活上ノ必要ヨリ來ルモノニアラスシテ政治的不平ニ因スルモノ亦少カラサルカ如ク且彼等ノ所謂大官連ナル上流社會ニ於テモ亦我カ總督政治ノ武斷的壓迫ニ對シテ多大ノ反感ヲ抱キ心竊ニ他國ノ干涉ヲ希望スルノ風アリ今ヤ彼等ノ上下ヲ通シテ漸ク我カ政治ヲ嫌忌シ民心日々ニ離反スルノ傾向アリト傳ヘラル而モ當局者ハ今モ尙彼等ノ悅服ヲ信シ毫モ不良ノ傾向ナシト認メツツアリヤ

七　曩日朝鮮貴族ニ對スル授爵ノ御沙汰ニ關シ其ノ詮衡ニ不平ヲ抱ク者多ク爲ニ物議ヲ釀スニ至リシト聞ク事實果シテ如何

當時授爵ニ關スル詮衡ハ專ラ李完用、趙重應等二三氏ノ手ニ一任セラレシ爲其ノ結果頗ル公平ヲ缺キ均衡ヲ失シ朝鮮人間ニ多大ノ不平ト物議トヲ招キ彼ノ謹厚ナル元老金允植氏スラ尙且憤然トシテ一時辭退ノ意ヲ漏スニ至リ終ニ金聲根、尹用求、洪淳馨、金奭鎭、韓圭卨、俞吉濬、李容元、趙鼎九、趙慶鎬等ノ人々ハ頑トシテ右ノ御沙汰ニ應セス殊ニ金奭鎭ハ爲ニ毒ヲ仰テ自殺ヲ遂ケ趙鼎九モ亦自殺ヲ謀ラムトセシト云フカ如キ不體裁ヲ暴露スルニ至レリト聞ク若如是ノ事實アラムニハ苟モ大命ニ對レ奉リ斯ル不體裁ヲ招致セシハ頗ル恐懼ノ至リニシテ當局者カ豫メ愼重ノ詮議ヲ遂ケサリシ責ハ到底免ルヘカラサルカ如シ

八　朝鮮ニ於ケル敎育方針如何

朝鮮ニ於ケル敎育事業ハ其ノ統治上一日モ忽ニスヘカラサル緊要問題タリ然ルニ併合後ノ敎育狀態ハ尙從來ノ儘ニシテ各學校ノ職制等ニ對シテモ未タ何等施設

スル所アルヲ見ス其ノ教科書モ亦一定ノモノアルナシ從テ彼ノ外國宣教師等ノ設立セル各學校ハ地方ニ依リ依然トシテ從來ノ排日的教科書ヲ使用シテ憚ラサルモノ多シト云フ事實果シテ然ルヤ否ヤ

九　朝鮮ノ統治上其ノ地方行政ハ最重キヲ措カサルヘカラス而モ總督府ハ之ニ伴フ施設ヲ完備シツヽアリヤ地方行政ニ重キヲ置クト共ニ地方官ノ權限ヲ擴張スヘシトハ當初當局者モ亦公言セシ所ナルモ今日ノ事實ハ益中央集權ニ傾キ現ニ地方官ハ尙警察權ヲモ付與セラレス且其ノ人材選擇ノ上ニモ疑議スヘキモノ多キニ似タリ如是ニシテ果シテ地方行政ノ發達ヲ期スヘキカ

右及質問候也

明治四十四年三月二十一日

外交ニ關スル質問主意書

右成規ニ據リ提出候也

明治四十四年三月十一日

提出者　佐々木安五郎

贊成者　高木益太郎

外二十九人

外交ニ關スル質問主意書

一　小村外相カ帝國外交ノ方針トシテ公示セル東洋ノ平和ヲ維持シ帝國ノ安固ヲ確保シ併セテ帝國ノ利權ヲ擁護スト云々トハ外交ノ目的ト云フヘキモノニシテ方針ト稱スヘキモノニ非ス政府ハ外交ノ目的ト方針トヲ間違ヘ居ルモノノ如シ依リテ改メテ其ノ方針ヲ問フ

二　當局ノ外交事項ハ國内ニ祕密ヲ厳守シテ國外ニ露出ヲ防カス内外ヲ顚倒セルノ嫌ヒアリ斯ノ如クニシテ外交祕密ト云フハ國民ヲ疎外シテ徒ニ疑懼不安ヲ抱カシムルニ過キス政府ハ將來モ猶此ノ態度ヲ持續セムト欲スルカ

三　外相ノ言明セル國交ノ親善若ハ敦厚ハ當局自ラ認メタル各國ノ排日熱ト併行シテ相悖ラサル性質ノモノナリヤ如何

四　大和民族ノ發展トハ滿韓集中ノ如キ縮小策ノ別名ナリヤ而モ滿韓集中ノ言明アリタル後滿韓在住ノ同胞ハ却テ母國ニ退嬰セムトスル者多キヲ加ヘタルノ觀アリ之ヲモ猶發展ト稱シ得ヘキヤ若然ラスト言ハハ當局ノ執リ來レル集中ノ方法及其ノ結果トシテ現ハレタル集中增率ヲ具體的ニ示サレタシ

五　外交ノ本義ハ國勢ノ發展ヲ期スルニ在ルハ言ヲ待タサルモ國勢ノ發展ハ危險思想ヲ誘致スルコト內務大臣所說ノ如シトスレハ外相ハ如何ニシテ此ノ危險ヲ妨遏シテ而モ能ク其ノ本義ヲ貫徹セムトスルカ此ノ點ニ付テ外相ハ內務大臣ト根本的觀察ヲ一ニスルヤ否ヤ

六　日英博覽會ノ結果ニ對シテハ農商務大臣ト外相ト其ノ所見ヲ異ニセルカ如シ知ラス孰レヲ正當トシテ受取ルヘキヤ

七　外交上任意ノ屈辱ハ屈辱トスルニ足ラサルカ若任意ノ屈辱モ猶屈辱ナリトセハ日米條約第二條但書削除ハ卽チ此ノ義ニ該當セスヤ外相ノ之ニ對スル見解如何

八　政府ハ輿論ノ後援及識者ノ斡旋等凡テ國民的外交ヲ無視スル傾ナキヤ

九　淸國遊歷者中彼國暴民ノ毒手ニ罹リ慘禍ニ陷リタル能美寬及中西正樹等ニ對スル當局ノ措置ヲ問フ

十　淸國ニ於ケル外交ノ不振ハ如何ニシテ之ヲ恢復スヘキカ政府ノ畫策如何

右及質問候也

朝鮮ノ關稅ニ關スル再質問主意書

右成規ニ據リ提出候也

明治四十四年三月十三日

提出者　早速整爾

贊成者　花井卓藏

外三十人

朝鮮ノ關稅ニ關スル再質問主意書

一　朝鮮從來ノ關稅率維持カ「諸外國人ノ朝鮮ニ於テ有スル所ノ經濟的利益ニ不利ノ影響ヲ及ホスヲ避クル」ノ目的ニ出テタリトセハ帝國政府ハ諸外國人ノ利益ノ爲ニ我カ關稅自主權ヲ犧牲ニスルニ甘ムスルモノナルカ

二　我カ關稅定率法ヲ朝鮮ニ實施セハ諸外國人ノ經濟的利益ニ對シ如何ナル程度ニ於テ不利ノ影響ヲ及ホスヘキヤ

三　內地朝鮮間ノ貿易關係ニ變改ヲ加フルヲ非トセサルハ如何ナル事實上ノ判斷ニ基クモノナリヤ

四　內地ト朝鮮トノ間ニ移出入稅ヲ設クルハ双互ノ產業發展ヲ沮害スル所以ナリト信セサルカ

五　政府ハ今後十年ノ間ハ如何ナル場合ニ於テモ此ノ關稅竝移出入稅ヲ改廢セサルノ精神ナルカ

右及再質問候也

朝鮮穀物移入稅ニ關スル質問主意書

右成規ニ據リ提出候也

明治四十四年三月十一日

提出者　大内暢三

贊成者　藏原惟郭

外三十五人

石橋爲之助

朝鮮穀物移入稅ニ關スル質問主意書

朝鮮ニ於ケル輸出及移出品ハ農産物ニシテ就中穀物ヲ以テ輸移出貿易ノ重要品ト爲シ常ニ全輸移出額ノ七割内外ヲ占メ毎年米穀ノミノ輸移出額少クモ九百萬圓乃至一千二百萬圓ヲ下ラス依テ以テ購買力ヲ增進シ其ノ一箇年ノ輸移入額三千七百萬圓乃至四千萬圓ノ間ニ在リ而モ其ノ輸移入品ノ十分ノ八内外ハ悉ク之ヲ母國製産品ニ仰キ亦輸移出ノ穀物ハ殆ト其ノ全部ヲ母國ニ移出セリ因テ朝鮮ニ於ケル穀物輸移出ノ增減ハ直ニ以テ朝鮮人ノ購買力如何ニ關シ延テ母國製産品ノ朝鮮移出ニ大ナル影響ヲ及シ相互ノ不利殆ト計ルヘカラスサレハ現行法ニ依ルトキハ朝鮮ニ於ケル一般農民ノ收入ヲ減シ其ノ發達ヲ阻碍スルノミナラス朝鮮ニ於ケル農業ノ進歩發達ヲ圖ラムトシテ常ニ多大ノ經費ヲ投シ幾多ノ奬勵的方法ヲ講シツツアル主旨ニ矛盾スルモノト認ム政府ノ所見如何

右質問ハ其ノ趣旨辯明ヲ爲ササルニ付直ニ答辯有之度候也

第七　前參議司法卿江藤新平表彰ニ關スル建議案（尾崎行雄君外六名提出）（委員長報告）

〔川原茂輔君登壇〕

○川原茂輔君　諸君、本案ハ委員會ヲ開キマスコト屢〻開キマシテ、御手許ニ配付シテアリマス通リ原案ノ末項ニ「相當ノ」ト云フ二字ヲ削リマシテ、「功臣ヲ待ツ所以ノ道ナリト信ス」ノ下ニ「ルヲ以テ閣臣ハ輔弼ノ責ニ顧ミ相當ノ處置ヲ取ラレムコトヲ望ム」ト云フ文字ヲ加ヘルト云フコトニ決シタノデアリマス、聊此修正ヲ致シマシタコト竝ニ委員會ハ滿場一致ヲ以テ本案ニ贊成致シマシタ理由ヲ簡單ニ説明ヲシヤウト思ヒマス、御承知ノ如ク西郷隆盛、江藤新平此兩人共ニ明治維新ノ功臣デアリマス、一ハ武勳ニ於テシ、一ハ文勳ニ於テシ、而シテ一ハ七年ニ於テ一ハ十年ニ於テ王師ニ抵抗シテ賊名ヲ被ッタト云フコトモ同一デアリマス、然ルニ西郷隆盛ハ御承知ノ如ク憲法發布ト共ニ贈位ノ恩命ニ浴シ、子孫ハ卽チ侯爵ヲ授ケマシテ居ルト云フ次第デアリマス、江藤新平ハ征韓論ノ主唱者デアッテ、今日ニ於テ朝鮮ヲ合邦セラレタト云フ場合ニ方リマシテハ、此機會ニ於テ特ニ表彰ヲシテ戴キタイト云フ趣意モアルノデアリマス、等シク維新ノ功臣デアレバ、文勳武勳トシテ敢テ軒輊スルコトハナイト信ズルノデアリマス、西郷ハ城山ニ於テ自刃シ、江藤ハ佐賀ニ於テ刑ニ處セラレ、等シク是レ征討ノ令出テ、賊軍トナッタト云フコトハ同ジコトデアッテ、一ハ表彰シ、一ハ表彰シナイト云フ理由ハナイノデアルト云フ意見デアリマス、近時説ヲナスモノアリ、西郷ハ自刃セリ、江藤ハ刑ニ處セラレタト云フ故ヲ以テ、維新ノ功臣タルニハ違ヒナイケレドモ、之ヲ表彰スル能ハザル所以ナリト云フ説ヲナス人ガアルサウデアリマス、然ルニ此説ノ間違デアルト云フコトハ一ノ事例ヲ委員會ハ述ベタノデアリマスガ、ソレハ御承知ノ通リ元治甲子長州ノ家老福原、益田、國司其人ハ久坂玄瑞、眞木和泉等ト兵ヲ率井テ禁闕ヲ侵シタト云フコトガアッタデアリマス、其禁闕ヲ侵シタル罪ニ依ッテ、遂ニ梟首セラレタト云フコトデアリマス、然ルニ後年ニ至リ卽チ維新ノ功臣ナリトシテ位ヲ贈ラレタト云フ先例ガアルノデアリマス、然ラバ江藤ハ卽チ刑ニ處セラレタタメニ表彰スル能ハザルナリト云フ議論ハ此事例ニ於テ確ニ打消シ得ベキモノト信ズルノデアリマス、又大赦ハ死者ニ及ハズト云フ説ヲナス人ガアルサウデアリマス、併ナガラ大赦者ハ天恩ト云フモノヘ、苟モ之ヲ狹義ニ解釋スベキモノデナイト云フコトヲ信ズルノデアリマス、委員會ニ於テハ大赦ハ卽チ死者ニ及ブト云フ解釋ヲ滿場一致ヲ以テ取ッタノデアリマス、大赦ト云フモノハ是マデノ事ヲ忘レテシマッテ、元ノ白紙ニナルト云フ意味ダサウデアリマスカラ、憲法發布ノ年ニ於テ大赦ヲ仰出サレ、其後又大赦ヲ御發布ニナリマシタガ、憲法發布當時ノ大赦ニ於テ西郷ニ贈位ノ場合ト共ニ江藤ノ其罪ト云フモノモ消滅シテ居ルト云フ解釋ヲ委員會ハ取ッタノデアリマス、天恩枯骨ニ及ブナドト云フコトハ、是ハ文章ニ書キ能ク口ニ言フコトデハアリマスガ、天恩ノ枯骨ニ及ブト云フコトハ卽チ死者ニ及ブト云フ意味ニ外ナラヌト信ズルノデアリマス、生キテ居ルモノニ向ッテ枯骨ト云ヘル道理ハアリマセヌ、卽チ天恩ノ枯骨ニ及ブト云フノハ死者ニ及ブト云フ意味デアリマスカラ、大赦モ從ッテ死者ニ及ブト云フ解釋ヲ滿場一致デ取リマシタ次第デゴザイマス、其他種々ナル御演説モアリマシタガ、會期切迫ノ場合デアリマスカラ速記錄ニ於テ御承知下サレマシテ、本案ハ滿場一致ヲ以テ御贊成アランコトヲ望ミマス

○議長（長谷場純孝君）　委員長ノ報告通リ御異議ハアリマセヌカ

〔「異議ナシ異議ナシ」ト呼フ者アリ〕

明治四十四年三月二十一日

衆議院議員早速整爾君提出朝鮮ノ關税ニ關スル再質問ニ對シ別紙答辯書差進候也

明治四十四年三月二十日

内閣總理大臣侯爵桂太郎

衆議院議長長谷場純孝殿

(別紙)

衆議院議員早速整爾君提出朝鮮ノ關税ニ關スル再質問ニ對スル答辯書

一、質問第一項ニ關シ諸外國人ノ朝鮮ニ於テ有スルトコロノ經濟的利益ニ不利ノ影響ヲ及ホスヲ避クルノ目的ヲ以テ朝鮮從來ノ關税率ヲ維持スルコトニ決定シタルハ帝國政府ニ於テ之ヲ得策ト認メタルニ依ル

二、質問第二項ニ關シ若シ關税率ヲ變更スルコトヽスレハ是カタメ諸外國人ノ被ルヘキ經濟的不利益ノ程度ハ朝鮮ト諸外國間貿易額ニ依リ推知スルコトヲ得ヘシ

三、質問第三項及第四項ニ關シテハ帝國政府ハ内地朝鮮間貿易關係ハ暫ク從來ノ通リトナスヲ得策ト認メタルニ依ル

四、質問第五項ニ關シ帝國政府ハ曩キニ列國ニ對シ爲シタル宣言ノ精神ヲ維持スヘシ

右及答辯候也

明治四十四年三月二十日

外務大臣伯爵小村壽太郎

第一　決議案（衆第一三七號）（犬養毅君外二名提出）

決議案

近時列國トノ條約改訂ニ際シ政府ハ屢議會ニ對シ維新以來ノ宏謨ニ基キ全然彼我對等ノ基礎ニ據リ新條約ヲ締結スヘシト聲言シタルニ拘ラス依然苟且彌縫ヲ事トシ表面對等ノ形ヲ裝ヒテ其ノ實多クハ退讓ニ陷リ殊ニ日米新條約ニ關シ移民渡航禁止ノ聲明ヲ彼ニ與ヘタルハ是レ帝國ノ國權國利ヲ毀損スルモノト認ム

右決議ス

（島田三郎君登壇）

（拍手起ル）

○島田三郎君　唯今日程ニ上ッテ居リマスル本決議案ハ政府ノ外交處置ニ對スル非難ノ趣意デアリマス、更ニ附帶シテ當局者外務大臣ガ議會ニ對スルトコロノ言動ニ付テ甚ダ不感服ナ擧動ノアルコトヲ非難スル趣意デアリマス、決議案ノ本文ハ既ニ印刷セラレテ諸君ノ御手許ニ配付セラレテ居リマス、ソレ故ニ更ニ朗讀スル必要ハナイト思ヒマスカラ、直ニ其說明ニ掛リマス、其大體ニ付テ如何ナルコトデアルカト言ヒマスルト、第一ニ外務大臣ノ議會ニ對スル言動ヲ考ヘテ見マスルト、此條約改正ニ關シテ曾テ一定ノ見込ナク、常ニ大言壯語シテ外ニ意氣ノ盛ンナルヲ示シツヽ、其實行ニ臨ミマスルト云フト、何時モ其揚言シタルトコロノ言質ニ適ハナイ、サウシテ其破綻ノ點ヲ議會ヨリ質問ヲ致シマスルト、牽強附會ノ遁辭ヲ設ケ、甚シキハ顧ミテ他ヲ言フト云フ不親切ナル態度ハ、極メテ國民ノ同情ヲ得テ外ニ對スル強硬ナル外交ノ政略ヲ取ルトコロノ不利益ナル態度デアルト本員ハ確信ヲ致シマス、此間ニ一點ノ誠意ヲ見出スコトガ出來ナイ、前ニ述ベタルコトニ事實ノ上ニ齟齬ガ現ハレタナラバ、誠實ニ其順序其事實ノ次第ヲ述ベテ議會ニ成程左樣ナル順序ニ依ッテ茲ニ至リシカト思ハシメル、此誠意ガアッタナラバ、議會ノ當局ニ對スルトコロノ態度モ亦寬大ノ考ヲ持ツノハ當然ナル反響デアルト思フ、所ガ當局外務大臣ノ爲ストコロハ常ニ前ニ豪語シテ、後ニ萎微退縮シテ共陋態ヲ蔽フニ虛僞ノ言辭ヲ以テスルニ至ッテハ、本員言フヲ憚ルコトデアリマスケレドモ、市井ノ小人モ尙恥ルトコロデアルト思フ、斯樣ナ本員ガ急激ナルトコロノ言葉ヲ以テ當局ヲ非難スルカラニハ、共實質ノ確ニ唯今申述ベマシタトコロノ事柄ノアルト云フコトヲ明言シ、說明スルトコロノ責任ガアルト思ヒマス、昨年ヨリ今年ニ掛ケテ外務大臣ハ何ト申サレタカ、條約改正ノ趣意ハ維新ノ宏謨ニ基イテ對等ノ條約ヲ爲スニアリト云フコトハ、昨年此議會ニ明言セラレタトコロデアル、而シテ本年ニ至ッテ共爲ストコロ此揚言ニ背イテ居リマスカラ是デモ對等ト云フヲ得ベキカト云フ此質問ニ逢ヒマスルト、右ニ避ケ左ニ避ケテ、常ニ其事實ヲ曖昧ノ間ニ沒了スルト云フ態度ヲ取ラレルノハ、如何ニモ奇怪ノ次第デアルト思ヒマス、本員等ハ米國ノ議會ニ現ハレタルトコロノ彼ノ當局者ガ親切ニ我日本ニ對シテ爲シタルトコロノ共有樣ヲ議會ニ說明シ、不同意者ヲ鎭メテ、サウシテ共順序ヨク運ンデ居ルコトハ、直接責任アルトコロノ議員ガ此議會ニ於テ承ルヨリハ、却テ三千里ヲ隔ッタルトコロノ米國ノ通信ニ依ッテ共實狀ヲ知ルト云フニ至ッテハ奇怪至極ト言ハナケレバナラヌ、（拍手起ル）彼ノ議會ニ於ケルトコロノ有樣ハ共議論ノ何レニ拘ラズ、極メテ當局者ガ議院ニ對スルトコロノ親切ヲ極メ、議院ニ對スルトコロノ親切誠實ハ卽チ國民ニ對スルトコロノ親切、誠實デアル、丁度之ヲ此議會ニ於ケル外務大臣ノ言動ニ較ベテ見マスルト、議會ニ對スル不親切、不誠實ハ卽チ國民ニ對スルトコロノ不誠實、誠ニ眞面目ヲ缺イテ居ルト云フコトニ思至ラザルヲ得ヌノデアリマス、抑々昨年外務大臣ガ此議會ニ於テ述べ、更ニ本年ノ議會ニ於テ繰返シタルトコロノ維新ノ宏謨ニ基キ對等ノ條約ヲ結ブト、斯樣ニ申サレタルコトハ果シテ其心ニ自ラ信ジテ左樣ニ爲スト云フ胸中ニ成竹ガアッタカ否ヤヲ本員ハ疑フノデアリマス、ソレトモ前ニハ誇大狂的妄信ヲ懷イテ、事實之ニ副ハザルトコロノ窮境ニ陷ッタノデアルカ、果シテ何レカノ一ニ居ラナケレバナラヌト本員ハ思フノデアリマス、自ラ省ミテ此次第ノ變化ヲ考ヘラレマシタナラバ、唯今本員ガ強キ言葉ヲ以テ非難スルコトニ決レテ御異存ナカルベキコトデアラウト思フ、是ヨリ其事實ヲ說明致シマスレバ、昨年國定稅率ヲ定メテ之ヲ關稅ノ標準ト爲スト云フ場合ニ於テ、本員等ハ同志ノ人ト共ニ斯樣ニ致シテ果シテ諸國ノ總テ同意ヲ得ルトコロノ見込ガアルヤ否ヤ、其中ニ就テ最モ難事ト吾々ノ考ヘマシタノハ卽チ英國デアリマス、之ニ付テ注意ヲ與ヘタルトキニ外務大臣ハ何ト申サレタカ、英國ハ自由貿易ノ國デアルカラ協商ノ餘地ナシト斯樣ニ申サレタ誠ニ意氣盛ンナリト言フベシ、是デ英國ハ同意サセルト云フ自信ヲトデ、是ハ米國政府ノ日本帝國ニ對スルトコロノ好意デアル、此好意ニ依ッテ一部ノ僅カナ難關ヲ切拔ケタト云フノハ、外務ノ成功ニアラズシテ、全ク米國ノ好意デアルト云フコトハ終リニ於テ此議會ニ明言シテ、國民ガ如何ニ米國ニ對シテ感想ヲ抱イテ居ルカト云フコトハ、此反響ニ依ッテ彼ニ知ラシムルト云フコトガ其外務ノ失策ヲ議會ガ之ニ依ッテ補ハントスルトコロノ帝國忠良ノ民ノ心ヲ代表シテ、終リニ其一言ヲ申述ベルノデアリマス（拍手起ル）

○片岡直温君　本員ハ總理大臣竝ニ大藏大臣ノ御演說ニ對シマシテ、一二御質問ヲ申シタイト存ズルノデアリマス、本年度ノ豫算ハ世間傳フルトコロニ依レバ、極メテ緊縮ノ方針ヲ採ラレタヤウニ承ッテ居ッタノデアリマスルガ、唯今豫算案ヲ披見致シ且其御說明ヲ承ッテ甚ダ失望ト且頗ル不安ノ念ヲ生ジタノデアリマス、本年度豫算ニ於キマシテハ、イヅレ豫算委員會ニ於テ精細ナル御說明ヲ得テ、此不安ノ念ヲ氷解致シタイト存ジマスルガ、唯今最モ經濟界ニ密接ノ關係ノアル一二ノ點ヲ擧ゲテ御尋ヲ申上ゲ、此御答ニ依ッテ不安ノ念ヲ幾分ニテモ減少スルコトヲ得マシタナラバ、甚ダ滿足ニ考ヘルノデアリマス、私ノ御尋ヲ致シタイト云フ卽チ經濟界ニ密接ノ關係アリト認メマスル點ハ、此豫算中ニ大藏證券ノ發行額ヲ一億圓ニ增加サレテ居ルノデアリマス、是ハ從來八千万圓ヲ限度ト致シタモノヲ、此際一億圓マデニ增加ヲ要スルト云フコトハ、必ズ限度以上ノ――今日ノ限度以上ノ發行ヲ要スル理由ガアッテ、增加ヲ求メラレテ居ルコトデアラウト考ヘルノデアリマス、然ラバ何故ニ二千万圓モノ增額ヲ要スルコトニ至リマシタカ、其實狀如何、卽チ大藏證券ヲ、從來八千万圓ヲ限度ト致シタモノヲ、一億万圓マデニ增額ヲ要スルコトニ至リマシタルトコロノ實狀ハ、如何ナル次第デアルカト云フコトガ第一ノ御尋デアリマス、此御答ヲ得マスルトキニ、尙外ニ之ニ附加ヘテ御說明ヲ請ヒタイソレハ今日ノ大藏證券ノ發行ノ狀態ヲ見マスルニ、煙草專賣資金運用補足ノタメニ八百五十万圓ト云フモノガ、既ニ極ッテ居ルノデアリマス、尙且製鐵所運轉資金補足ノタメニ、同ク二千一百万圓ヲ發行スルコトニナッテ居ルノデアリマス、サウシテ現年度ニ於キマスル鐵道ノ作業費中四千万圓ハ現ニ大藏證券ヲ發行シテ居ルヤウニ私ハ見テ居ルノデアリマス、然ラバ茲ニ一億万圓ノ大藏證券ヲ發行シテ、サウシテ一方ニ煙草專賣資金ノ運用補足ノタメニ八百五十万圓、製鐵所ノ運用資金補足ノタメニ、二千一百万圓、合計之ガタメニ一億三千万圓ニナル、ソコヘ持ッテ來テ現年度ニ於ケル四千万圓モ大藏證券ヲ以テ發行シテ居ル、是モ期限到來スレバ必ズ相當ノ處分ヲシナケレバナラヌ金デアリマス、然ラバ大藏證券ヲ發行致シマスルトキニ於テ、民間ノ金融界ニ於ケル、之ヲ消化スルトコロノ力ハドウデアルカト申シマスルト、從來卽チ既往ノ經驗ニ徵シマスレバ、五千万圓以上ノ消化力ハナイノデアル、現ニ昨年末ニ於ケル日本銀行兌換券ノ發行――一番膨脹致シマシタ、其金額ヲ見マスルト、四億三千三百万圓以上ニナッテ居ル、其兌換券ノ發行未ダ曾テ見ザルトコロノ膨脹ヲ致シタ、其時ノ日本銀行ニ於テ、所有致シテ居ル大藏證券ハ幾ラアルカト云フト、五千五百万圓ノ所有ヲ致シテ居ル、サウシテ此四億三千三百万圓ノ兌換ノ中ニ於テ大藏證券ヲ持ッテ居ル五千五百万圓ト、サウシテ法定政府貸上金ト、臨時政府貸上金ト、サウシテ國債ヲ所有シテ居ルモノトノ合計ヲ致シテ、サウシテ民間ノ普通融通資本ニ充テラレテ居ルトコロノ金ハ、ドノ位デアルカト見テ見ルト、僅ニ一億五百万圓內外ノ金シカ無イ、四億三千三百万圓ノ發行ノトキニ於テ、民間ノ融通資本ト云フモノニ充ツベキ――融通資本ト看ルベキモノガ、僅ニ一億五百万圓デ、一億一千万圓ニ足リナイト私ハ考ヘル、卽チ民間ニ於テ大藏證券ヲ消化スルトコロノ力ノドレ位アルカト云フコトハ、之ヲ以テ分ルノデアリマス、此時ニ當ッテハ寧ロ大藏證券發行ノ額ヲ低メルノガ必要デアル、其必要ニ迫ッテ居ルトキニ當ッテ、尙茲ニ二千万圓モ增額ヲ要スルト云フコトニ致シマシタナラバ、如何ニシテ之ヲ消化スルカ、民間ニ消化力ガ無ケレバ、卽チ日本銀行ヲ以テ、之ニ應ゼシムルヨリ外ハ無イ、之ニ應ゼシムルナラバ、非常ノ兌換券ガ發行ノ膨脹ヲ來スノデアル、從ッテ是ハ間接ニハ金利ノ向上ヲモ促スモノデアル、一面ニハ物價ノ騰貴ヲモ促スモノデアル、此關係ヲ論ズレバ段々長クナリマスカラ、此席ニ於テハ、其枝葉マデノ論ハ致シマセヌガ、之ヲ要スルニ、民間ノ此消化力ト云フモノハ、既往ノ實驗ニ徵シテ、五千万圓以上ノ消化力ハ無イ、サウシテ之ヲ尙增サウトスレバ、經濟界ニ壓迫ヲ加ヘルヨリ外ハ無イ、其壓迫ヲ加フルトコロノモノハ、生產力ノ發達如何ニモ關係スルノデアル、故ニ此御答ヲ受ケマスル場合ニ於テハ、ソレ等ノ懸念ガ毫モ無イ、必ズ消化力ハソレ以上ニ如何ナル方法ヲ講ジテ、以テ之ヲ生ゼシメルカト云フ御成算ガアルデアラウト考ヘル、之ヲ附加ヘテ御答ヲ願ヒタイト思ヒマス、其次ニモウ一ツ經濟界ニ密接ノ關係ノアリマセウト存ジマスル一點ヲ伺ヒタイ、ソレハ鐵道作業費ノ中ニ於テ本豫算ヲ見マスレバ、四千万圓ノ借入金ヲ計上シテアルノデアリマス、此四千万圓ト現年度ニ於ケル現在大藏證券ヲ以テ、融通サレテ居ルトコロノ四千万圓ト加ヘテ、鐵道資金ノ調達ヲ要スル金ハ八千万圓デアル、既往ノ容子ニ依リマスレバ、預金部ヨリ振替ヘテ之ニ應ズルト云フコトデゴザイマシタガ、現ニ今日ノ現年度ニ於ケル四千万圓スラモ、預金部ヨリ之ニ應ジテナイ、然ラバ預金部ニ於テ其餘裕ノ金ノ無イト云フコトヲ見定メルコトガ出來ルノデアル、尙且本年度ノ豫算ヲ見マスルニ預金部豫算中ニ、鐵道費ニ融通スルト云フ豫算ハ組ンデ無イノデアル、然ラバ是ハ他ニ必ズ求メラレル御成算ガアラウト考ヘル、若モ前提ニ於テ質問致シマシタ、大藏證券ノ方法ヲ、此鐵道ノ資本マデヲモ混ズルコト、シマシタナラバ、其金額ハ更ニ二億一千万圓ニナルノデアル、一億三千万圓スラモ右消化力ノ無イコトヲ申上ゲタノデアリマスガ、之ヲ鐵道ノ資金ヲモ融通證券ニ依ルト云フコトニ致シマシタナラバ、其金額ハ加ヘテ二億一千万圓ニナル、到底執行シ能ハザル事柄デアルト思フ、然ラバ此現年度ニ於ル四千万圓ノ大藏證券ハ如何ニ御處分ニナルカ、ソレカラ明年度ノ豫算ニアルトコロノ四千万圓ハ如何ニシテ御調達ニナルカ、若モ之ヲ公債ニ求ムル、斯ウ云フコトデゴザイマシタナラバ、其公債ヲ募集スルト計畫致シマシテモ、今日現在ニ於ケルトコロノ公債ノ狀況カラ見マスレバ、縱令五朱ニ致ストシテモ百圓ノ額面ダケノモノ、應募ハ得難イ筈デアル、然ラバ之ニ尙且ツ條件ヲ備ヘルトスレバ、現在ノ公債ニ必ズ影響スルデアラウト思フ、尙且一方ニ於テ先刻ノ御說明ニ依リマシテモ既往ノ公債ニ向ッテハ、五千万圓ヲ償還スルコトニシテアルト云フ豫算ヲ拜見致シマシテモ其通リデアル、然ルニ一方ニ減債基金中ニ組入レテ、公債ノ償還ヲスルトシテ置イテ、サウシテ一面ニ更ニ公債ヲ募ル、其公債ハ既往ノ公債ニ甚ダ影響ヲ致ストコロノ公債ヲ募ルト云フコトデアッタナラバ、是ハ一面ノ五千万圓ア、ヲ償還スルト云フ政策ヲ打壞スモノデナイカ知ラヌト思フ、然ラバ明年度ニ於ケル要求ノ其四千万圓ヲ如何ニシテ調達スルカ、預金部ニハ預金ノ豫算中ニナイノデアリマスカラ、無論是ハ其資本缺乏、然ラバ民間ニ求メルトスレバ今初段ニ於テ申述ベタ通リノコトデアル、然ラバ公債ニ依ルカ、公債ニ依レバ現在ノ公債政策ニ矛盾モセズ、影響モセザル方法ハ如何ニシテナサルカト云フコトヲ御答ヲ得タイト思フノデアリマス、尙之ニ附加シテ御答ヲ請ヒタイト存ジマスルコトハ、朝鮮總督府ノ事業費デアリマス、是ハ從來朝鮮銀行ニ於テ之ニ應ズルト云フ策ガ執ッテアッタノデアリマスガ、今日ノ狀態ヲ以テ見マスレバ朝鮮銀行ノ準備金ハ、此事業費マデモ應ズルコトノ出來ル餘地ハナイ筈デアル、而シテ此朝鮮ノ事業費ト云フモノハ、豫算ヲ見マスレバ公債ニ依ルガ如クニ見ユルノデアル、果シテ公債ニ依ルトスレバ前ニ鐵道費ニ對シテ御答ヲ求メマシテタ如ク、今日ノ現在ニ於ケル公債ニ影響ナク又其政策ニ矛盾セズシテ如何ニ御調達ニナル積リデアルカト云フコトヲモ附加ヘテ御答ヲ得タイト存ジマス、ソレカラモウ一ツハ支那事件費デアリマス、此支那ニ對スル政府ノ方針ノアルトコロハ、是ハ姑ク措イテ、今外務大臣ヨリ伺ッタノデゴザイマスガ、此擾亂起ッテ以來、多少日月ガ經ッテ居ル、又之ニ對シテ邦人保護ノタメニ兵員ヲ増發シテアルト考ヘルノデアル、無論議會開カザル前ニアッテハ、此ノ如キ豫定スベカラザルトコロノ費用デアリマスルカラ、是ハ剩餘金中ヨリ支辨セラルト云フガ如キノ形式ハ已ムヲ得ザル執リ方デアリマセウ、然ルニ此豫算編成中ニ既ニ其擾亂ハ生ジテ居ル、今ヤ其豫算ヲ下附セラルヽニ方ッテモ、豫算中ニ少シモ此費用ハ見エヌノデアル、然レドモ此豫算中ニ於テ剩餘金ガ澤山ゴザイマスルナラバ、定メシ之ニ依ッテ求メラルヽノデアラウト推測シテ、此場デ質問ヲセヌデモ宜イノデアリマスガ、然ルニ先刻大藏大臣ノ御演説ニ依レバ、成ルベク剩餘金ヲ以テ此不足ヲ補フコトニ致シタト云フコトデアル、成程其通リ豫算ヲ見レバ僅ニ三百七十万圓シカ剩餘金ハナイ、三百七十万圓ノ剩餘金ヲ以テ四十四年度ノ追加豫算、四十五年度ニ要スルトコロノ追加豫算ヲ求メラルヽ御考デアリマセウカ、果シテソレガ足ルノデアリマスカ、且又現在兵員ハ往ッテ居ルノデアル筈デアリマスガ、ソコヘ持ッテ來テ豫算ハナイ、然ラバ此一月、二月、三月ナルモノハ其經費ハ何ニ依ッテ御支出ニナルノデアル、定メシ是ハ追加豫算ノ形式ヲ以テ議會ノ協贊ヲ求メラルヽ手順デアラウト思ヒマスガ、然レドモ總體我財政計畫ノ上ニ於テ三百七十万圓シカ剩餘金ハナイ、三百七十万圓シカナイモノヘ持ッテ來テ、淸國事件ガ如何ナル程度ニ止ッテ、如何ナル經費デ濟ムト云フ御考ガアルノデアルカ、現在ニ要スル金ヲ何ニ依ッテ支出スルカト云フコトハ、將來ノ費用ハ追加豫算ノ形式ヲ以テ求メラルヽカ否ヤト云フコトヽ、ソレカラ此追加豫算ヲ以テ求メラルヽナラバ、其財源ハ何ニ求メラルヽデアルカ、此三ツヲ御答ヲ煩ハシタイト思フノデアリマス、若モ此剩餘金デ足ルト御認メガアレバ卒知ラズ、此事件ガドノ程度マデ發展スルト云フ御見込ガアルデアラウ、然ラバ其詳細ノコトハ言ヒ能ハズトシテモ、大體此事件ノタメニ遂ニドレ位ノ財源ハ見テ置カナケレバナラナイト云フ、御豫算ハナクチヤナラヌノデアル、然ラバ其財源ハ今ノ三百七十万圓ヲ引イタ後トノ足ラヌトコロノモノハ、ドウ云フ手段ヲ執ラルヽノデアルカ、之ヲモ併セテ御答ヲ得マシテ又質問致シマス（拍手起ル）

明治四十五年度豫算案

（野田卯太郎君登壇）

（拍手起ル）

○野田卯太郎君　諸君、是ヨリ四十五年度ノ豫算委員會ノ經過ヲ報告致シマス、委員會ハ去ル二十四日ニ始メテ開キマシテ、二十五日、二十六日、二十七日ト、此四日間周到ナル質問ヲ致シマシタ、ソレヨリ直ニ分科ニ移シマシテ、分科ニ於テハ尚更精密ニ質問討議ヲ致シマシテ、十日ニ分科ノ決議ガ了ッタ次第デゴザイマス、而シテ本日本會ヲ開キマスル順序ニ相成リマシタガ、其審査ノ結果、歳出歳入共ニ經常部ニ於テハ全部原案ニ決定致シマシタ、尚特別會計ニ於キマシテモ歳入歳出共ニ全部原案ニ決シタ次第デゴザイマス、尤モ豫算外國庫ノ負擔トナルベキ契約ニ關スル件ニ於テ修正ガ多少アリマスル、ソレハ一般會計ニ於テ遞信省ノ所管卽チ清國航路補助中ニ四十九年マデ五箇年トアッタノガ、四十七年マデ三箇年ト修正相成リマシタ、尚大連航海補助中ニ於テ是モ四十八年マデ四箇年トアッタノガ、四十七年マデト修正ニ相成ッタ譯デゴザイマス、尚上海線航海補助、北清線航海補助、浦鹽斯德線航海補助、本州北海道聯絡線航海補助中四十六年ヨリ四十九年マデ四箇年トアッタノガ、四十七年マデト改リマシタ、精シイコトハ此分科長ノ報告ニアリマスルカラ、又速記錄ニアリマスルカラ、是ハ略シマシテ、總テ又本會ニ於テモ速記ニ載セヤウト思ヒマスカラ、此字句ノコトハ略シマス、就テ南洋航路補助中、是モ四十八年マデトアルノガ、四十七年マデトナル次第デゴザイマスガ、此金額ハデス、總テニ於テ二年若クハ一年繰上ゲルガタメニ二百四十四万四千二百四十八圓減ズル次第デゴザイマス、是ハ本年ノ豫算ニハ關係アリマセヌ、年度割ガ變ッテ來ル譯ニ相成リマス、ソレカラ特別會計ニ於テ大藏省ノ所管朝鮮總督府ノ是モ航海補助デアリマスルガ、是モ四十六年度ヨリ五十年度マデトアルノガ、ヤハリ是モ四十七年度ト相成リマスル、大概此通リデゴザイマスルガ、此修正ノ理由ト云フモノハ歐洲航路及南米、北米、此航路ガ丁度四十七年度デ滿期ニ相成リマスカラシテ、是ト同樣ニ航海補助費ノ按排ヲシタナラバ、大ニ整理スル餘地アリト云フ委員會ノ見込デアリマシテ、之ヲ共滿期スル航路ト同時ニ整理ヲスルト云フ理由ノ下ニ斯クノ通リニ修正ニナッタ次第デゴザイマス、尚豫算會ニ於キマシテ政府ニ警告スルコトガ點々ゴザイマス、臺灣ノ航路モゴザイマスガ、是ハ精シイコトハ速記錄ニ載セマスカラ左樣御承知アリタウゴザイマス、陸海軍省ニ於キマシテ陸海軍ニ於テハ他ノ省ト異ッテ大ニ經費ノ整理ヲスル餘地ガアルト認ムルカラシテ、此海陸軍ニ於テハ他ノ者ニ異ッテ將來一層ノ整理ヲ希望スルト云フガ、大體ノ警告ノ趣意デゴザイマス、是モ文章ニナッテ居リマスカラ詳シイコトハ速記錄デ御覽ヲ願ヒマス、ソレカラ農商務省ニモ亦警告事項ガゴザイマス、是ハ殖産興業ガ何分振ハナイ、ソレデ當局者ハ今ヨリ一層此殖産興業ヲ振起スベシト云フ警告デゴザイマス、ソレカラ朝鮮ニ尚警告ガゴザリマス、朝鮮總督府ハ土地整理ヲ大ニ急グベシト云フ警告デゴザリマス、東洋拓殖會社ニ對シテ尚警告ガアリマスルガ、東洋拓殖會社ニ於テハ當初ノ目的ヲ未ダ貫徹シナイデ、當初ノ目的ノ通リニ移民ノコトハ勿論デス、北韓ニ於テハ朝鮮デモ人ガ少ナイカラシテモウチット朝鮮ノ北部ニ於テ移民ヲシタガ宜カラウ、其他此人口ノ調節ヲ計ラネバナラヌガ、大體拓殖會社ニ於テハ未ダ働ガ足リナイカラ、一層當局者ニ於テハ當初ノ目的ヲ達スルヤウニ監督ヲシロ及利子ノ補給ハ嚴密ニモウチット調査ヲシテ、是ガ不都合ノナイヤウニ補給ノコトニ付テモ總テ監督ヲスルヤウニト云フガ、此警告ノ趣意デゴザリマス、尚臺灣總督府ノ鹽業ニ付テ警告ガゴザイマス、臺灣總督府ノ鹽デゴザイマス、製鹽——是ハ本國卽チ大藏省ノ專賣局ニ直ニ賣買スル方ガ高ノ賣レル譯デアル、之ヲ殊更ニ中ニ仲介人ヲ作ッテ之ニ金ヲ儲ケサセテ、而シテ買入レテ居ルト云フコトデアリマス、是ハ直接ニ賣買ヲスルヤウニト云フガ、警告ノ趣意デゴザイマス、警告ハ大概ソンナモノデゴザイマス、終リニ臨ンデ加ヘテ置キマスガ、一體政府ハ議會ノ警告ノ如キハ今マデ輕視スルノ觀ガアリマスカラ、此度ノ内閣ニ於テハデス、大ニ之ヲ重ジテ實際此警告ノ行ハルヽヤウニ御取計ヲ希望シテ置キマス

（拍手スル者アリ）

○小橋榮太郎君　本案ノ討論ニ先チマシテ大藏大臣ニ……

（「報告中ニ何ダ」「報告中ダ」ト呼フ者アリ）

○野田卯太郎君　委員會ノ内容ニ付テ一通リ報告ヲシテ置キマス、委員會ニ於キマシテハ武富君外二名ヨリ動議ガ提出ニナリマシタ、其動議ハ一般會計歳出ニ於テ六千万圓ヲ減ズル、其款項ノ金額ハ政府ト協議ヲシテ定ムベシ、斯ウ云フコトデアリマシタ、付テハ井上君、小川君等カラ質問モアレバ、反駁モアリマシタガ、要スルニ武富君ハ此財政ヲ今ニ於テ整理セザレバ帝國ノ將來ガ甚ダ危イデアル又豫算ノ運用モ出來兼ネルデアラウ、デ政府ハ來年制度局ヲ設ケテ是ガ整理ヲナスト云フニアレバ、政府モ多分同意デアラウ、然ラバ本年ニ於テ之ヲヤルベシ、ソレデ豫算會ニ於テ、此動議ガ通過スルナラバ、本會デ議決シテ更ニ今ヨリ政府ト協議シテ、此豫算案ヲ作リ變ヘルト云フガ、武富君ノ理由ノヤウニ思ヒマス、大體ヲ申上ゲマス、之ニ對スル小川君、井上君ノ意見ヲ綜合スレバ、此議會ノ會期モモウ切迫シテ居ル今日デアル、ソレニ武富君等ハ今ヨリ政府ト之ヲ協議シテ此豫算ヲ組變ヘルト云フガ、政府ニ於テハ既ニ之ニハ同意シナイト云フコトヲ言明シタノミナラズデス、議會ニ於テハ二十一日間モ審議討論ヲシテ居ルヂヤナイカ、ノミナラズ此削減ヲシヤウト思フナラバ、權能ガアルカラ款項ニ就テ之ヲシタガ宜カラウ、然ルニ漠然六千万圓天引ニ之ヲ決議シテ、而シテ其款項ノ金額ノ如キハ政府ト協議ヲシテスルト云フヤウナコトハ、甚ダ同意ガ出來ナイ問題デアル、又議院ノ權能ヲ自ラ輕ンズル趣意ニナル、此ノ如キ論ニハ同意出來ナイト云フ反駁論ガアリマシテ、ツイ武富君ノ動議ハ少數デ倒レマシタ、又次ニ加治君ヨリ修正動議トシテ提出ガアリマシタ、是モ大體ハ同ジコトデアルガ、餘程又趣キガ違フ處ガアリマス、加治君ハデス五千万圓、是ハ武富君ヨリ千万圓少ナウゴザイマス、一般會計ノ上カラ皇室費、神宮費、李王家ノ費用、契約ニ依ッテ國家ノ義務ニ屬スル預金ノ利子、及手數料、國債整理基金等ヲ除クノ外ニ於テ、各項目ヨリ總テ一割三分ヲ減ズルト云フ加治君ノ動議デゴザイマス、是ハ餘リ問題ニモナラナカッタ（拍手スル者アリ）ナルハナッタケレドモ、餘リ重イ駁撃モナカッタガ、遂ニ少數デ潰レマシタ、次ニ申上ゲテ置キマスガ、前ニ申上ゲマシタ通リ豫算案全部金額ニ於テハ聊カ修正モアリマセヌノデゴザイマスガ、之ヲ賛成スル理由ト云フモノハ、今日ニ於テ此豫算ハ適當ノ豫算デアルト云フガ、固ヨリ大趣意デゴザイマスノミナラズ、現政府ハ制度調査局ヲ設ケテ總理大臣ガ其總裁トナッテ、委員會ニ於テモ屢々之ヲ來年度ニ於テハ行政、財政——財政ハ固ヨリ根本的ニ於テ整理ヲスルト云フコトハ言明ニナッテ居リマス、ソレデ武富君等ノ議論ニ於テモ唯時期ノ問題ニ過ギヌ話、今年之ヲ決行スルカ、一年待ッテ之ヲ實施スルカト云フニ外ナラヌ次第デアリマス、然ラバ法律其他ノ關係モ此豫算ニ於テハ大ニアルコトデアレバ、是ハ政府ニ於テ整理スルハ適當ノコトデアル、適當ノコトデアルカラ一年待ッテ而シテ之ヲ爲スノガ何ノ差支ガアルカト云フガ議論ニ

モアリマスレバ、豫算委員會ノ全體ハ之ヲ至當ナリト致シマシテ總テ幾ニ報告シマシタ通リ原案ヲ賛成シメ次第デゴザイマス、願クハ滿場御賛成アランコトヲ希望シマス

（參照）

一般會計

遞信省所管

清國航路補助中

「同四十九年度迄五箇年間」ヲ「同四十七年度迄三箇年間」ニ改ム

大連線航海補助中

「同四十八年度迄四箇年間」ヲ「同四十七年度迄三箇年間」ニ改メ「同四十九年度ニ於テ五萬圓以内」ヲ削ル

上海線航海補助、北清線航海補助、浦鹽斯德線航海補助及本州北海道連絡線航海補助中

「明治四十六年度ヨリ同四十九年度迄四箇年間」ヲ「明治四十六年度及同四十七年度ニ於テ」ニ改メ「本州北海道連絡線航海補助五萬圓以内」ヲ下ニ「明治四十八年度ニ於テ同四十七年度ノ下半期分ニ對スル上海線航海補助拾貳萬五千圓以内北清線航海補助四萬八千參百貳拾壹圓以内浦鹽斯德線航海補助壹萬貳千五百圓以内本州北海道連絡線航海補助貳萬四千九百參拾壹圓以内」ヲ加フ

南洋航路補助中

「同四十八年度ニ於テ七萬五千圓以内」ヲ削ル

特別會計

大藏省所管

朝鮮總督府

朝鮮沿岸及河川航路補助中

「同四十六年度ニ於テ貳拾六萬參千四百貳拾四圓以内同四十七年度ニ於テ貳拾五萬六百五拾六圓以内同四十八年度ニ於テ貳拾參萬七千八百拾九圓以内同四十九年度ニ於テ貳拾參萬參千五百四拾圓以内同五十年度ニ於テ五萬八千參百八拾五圓以内」ヲ「同四十六年度ニ於テ貳拾八萬五千七百八拾七圓以内同四十七年度ニ於テ貳拾六萬參千七百拾七圓以内同四十八年度ニ於テ六萬四千五百參拾參圓以内」ニ改ム

臺灣總督府

航海費補助中

「同四十九年度迄五箇年間」ヲ「同四十七年度迄三箇年間」ニ改ム

第四分科會ニ於テ決議シタル希望

第四分科會ハ概要左ノ如キ希望ト之ニ對スル當局者ノ言明ヲ得テ原案ノ通可決セリ

一 陸海ノ軍費ハ人民負擔ノ大部分ヲ占メ而シテ其ノ經費ハ之ヲ他ノ方面ニ比較シテ餘裕アリト信ス我々ハ固ヨリ國防ノ充實ニ熱心ナルモ財政狀態ニ鑑ミテ比較的餘裕アル陸海軍兩省ノ經費ニ向テ假ニ節減ヲ加フルヲ以テ相當ナリト認ム今ヤ政府ハ已ニ制度調査局ヲ設ケテ行政財政ノ整理ニ著手シツツアルヲ以テ我々ハ暫ク政府ニ信頼シテ其ノ結果ヲ待タムカ爲ニ毫モ豫算ニ削減ヲ加フルコトナクシテ原案ヲ可決セムト欲ス就テハ陸海軍兩當局者ハ鋭意行政ノ整理經費ノ節減ヲ斷行セラレムコトヲ望ム

一 右ノ希望ニ對シ陸海軍兩大臣ハ出來得ル限リ行政ノ整理ト經費ノ節約トニ努ムヘキ旨ヲ言明セリ

第五分科會ニ於テ決議セシ希望

國力ノ發展ハ農商務省所管事務ノ整頓事業ノ伸張ニ俟ツ所大ナリ然ルニ其ノ所管ニ屬スル本年度豫算ヲ審議スルニ戰後ニ於ケル殖産興業ヲ發達セシムヘキ施設甚振ハサルモノアルヲ認ム仍テ當局者ハ此ノ點ニ鑑ミ國力ノ充實ニ伴ヒ事業振興ニ努力セラレムコトヲ希望ス

第七分科會ニ於テ決議セシ警告

朝鮮總督府ノ土地調査ニ關シ左ノ警告ヲ爲ス

土地調査ハ朝鮮國ヲ整理開發スルノ基礎ナルヲ以テ迅速ニ進捗スヘシ

東洋拓殖會社ニ對スル行政監督ニ關シ左ノ警告ヲ爲ス

一 補給ノ算定ヲ嚴正ニ爲スヘシ

二 拓殖ノ實ヲ擧ケシメ特ニ人口稠密ナル北韓ノ地ニ國内移民ノ計畫ヲ立テ人口ノ調節ヲ期セシムヘシ

○武富時敏君　諸君、私ハ四十五年度豫算ニ對シテ一般會計ノ歳出ニ於テ六千万圓ヲ減ジ、而シテ其款項ノ金額ハ政府ト協議シテ之ヲ定ムベシト云フ動議ヲ此處ニ提出ヲ致シマス、ソレデ此動議ノ趣意ノアルトコロヲ是カラ説明ヲ致サウト存ジマスル、此度ノ政府提出ノ豫算程希望ヲ以テ迎ヘラレ、又失望ヲ以テ終ッタコトハゴザリマセヌ、初メ現内閣ガ組織ニナリマシテ、山本君ガ大藏大臣ニ任ゼラレタ以來、此度ノ大藏大臣ハ前内閣ノ財政方針ニ大改革ヲ加ヘテ或ハ緊縮ノ方針ヲ以テ豫算ヲ編成スルトカ、又ハ消極ノ方針ヲ以テ豫算ヲ編成セラルヽトカ、種々樣々ナ世間ノ噂ハ立チマシテ、此山本大藏大臣ノ財政ニ對シテハ非常ナ希望ヲ世間ハ懷イテ居ッタ、所ガ此度政府カラ提出サレタトコロノ豫算ヲ熟々審査ヲ致シマスト、何ニモ變ッタコトハナイ、總テ前年度ノ豫算ヲ一般會計ニ於テハ其儘採ッテ上ニ尚多少增加シタモノコソアレ、更ニ緊縮トカ或ハ消極トカ云フ趣意ハ一點モ此豫算ニ於テ見出スコトハ出來ナイ、一般會計ハ緊縮又ハ消極ト云フ趣意ヲ見出スコトガ出來ナイバカリデゴザリマスガ、特別會計ニ至ッテハ頗ル膨脹ヲシテ居ル、緊縮トコロデハナイ、從來ノ豫算ヨリモ餘程膨脹シテ居ル、朝鮮ナリ、臺灣ナリ、或ハ鐵道ノ特別會計ナリ、總テノ特別會計ニ於テハ頗ル膨脹ヲ來シテ居ル、ソレデ私ガ言フ失望ヲ以テ終ッタ、是程失望ヲ以テ終ッタ豫算ト云フモノハ未ダ曾テ見ナイト云フノハ、此邊ノコトデアリマスル、先日此豫算ヲ大藏大臣ガ當議會ニ紹介セラレマシタトキニ、此度ハ入ルヲ量ッテ出ヅルヲ爲スノ方針ヲ採ッタト云フコトヲ云ハレタ、確ニマダ吾々ノ耳ニソレガ殘ッテ居ル、果シテ入ルヲ量ッテ出ヅルヲ爲スノ豫算デアリマセウカ、諸君ガ二三週間ノ間審査ヲセラレタ結果、此豫算ガ果シテ入ルヲ量ッテ出ヅルヲ爲スノ豫算デアリマセウカ、吾々ハ更ニ入ルヲ量ッテ出ヅルヲ爲シタルノ痕ヲ見出スコトハ出來ナイ、何トナレバ此豫算ヲ遂行スルニハ一億餘ノ借金ヲシナケレバ遂行ハ出來マセヌ、借金モヤハリ入ルト云フ中ニ數ヘ得ルナラバ、帝國政府ノ歳入ハ幾ラデモアル（拍手スル者アリ）帝國政府ノ信用ヲ以テ如何ナル不利ノ條件デモ顧ミズ、又如何ナル高利ヲ拂ッテモ構ハヌト云フコトデアリマスレバ、一億ヤ二億若クハ三億、四億ノ借金ヲスルコトモ決シテ難イコトデハアリマセヌ、（「ヒヤ〱」）此借金ヲ當テニシタ豫算ガ果シテ入ルヲ量ッテ出ヅルヲ爲スノ豫算デアリマセウカ、（拍手スル者アリ）若モ之ヲ以テ入ルヲ量ッテ出ヅルヲ爲スノ豫算トスルナラバ、五億七千万圓ノ歳出ヲ增加シテ、十億若クハ十五億ノ歳出

ノ豫算ヲ編成シテ、總テ是ハ借金デ以テ支辨ヲ附ケルト云フ豫算ヲ出シテモ、ヤハリ入ルヲ量ッテ出ヅルヲ爲スノ豫算ト云ヘルノデアル、成程山本君ガ大藏大臣ニ就職サレマシテ、當時ハ財政ノ現狀ヲ實地ニ視ラレテ、迚モ是デハ財政ノ切盛リヲシテ行クコトハ出來ナイニ依ッテ、餘程緊縮ヲ加ヘ、入ルヲ量ッテ出ヅルヲ爲スト云フ方針デ確定ノ歳入ヲ以テ總テ切盛リヲ附ケテ、成ルベク借金ノ支辨ニ係ル經費ノ如キハ削除シタイト云フ方針ヲ熱心ニ懷カレタニ違ヒナイ、必ズ熱心ニ此入ルヲ量ッテ出ヅルヲ爲スノ豫算ヲ組ミタイト云フ精神デ、ソレヲ努メラレタニハ相違ナイト吾々ハ信ズル、併ナガラ其大藏大臣ノ採ラレタ方針ハ種々樣々ノ情弊ノタメニ是マデノ行掛リノタメニ、此方針ヲ實際ニ豫算ノ上ニ現ハスコトガ出來ナカッタデアラウト思フ、(「ヒヤ〳〵」)唯今早速君ノ質問ニ答ヘラレテ、自身遂行ノ出來ナイヤウナ豫算ハ決シテ組マナイ、責任ヲ以テ此豫算ヲ遂行スルト、大ニ此壇上デ力マレマシテゴザイマスガ、自己ガ熱心ニ主張スル入ルヲ量ッテ出ヅルヲ制スルノ方針モ、尙且此豫算ニ現ハスコトガ出來ナイ位ノ技倆デ以テ、斯ヤウナ借金ヲ當テニシタ豫算ヲ責任ヲ以テ遂行スルト力マレテモ、吾々ハ信ズルコトハ出來ナイ、(拍手スル者アリ)從來借金ノ支辨ニ係ル經費ハヤハリ此度ノ豫算ニ於テモ其通リ、借金ノ支辨ニ屬セシメテアル、況ヤ大藏證券ハ是マデ最高限八千万圓デアッタノガ、今度ハ一億万圓ニ增加シテ來テ居ル、而シテ此增加ノ理由トシテ大藏大臣ハ我財政ノ窮迫ナル事情ヲ明白ニ此議場ニ先日打明ケラレタコトハ、諸君ガ御承知ノ通リデアリマス、我財政ノ困難ニ陷ッテ居ルコトハ勿論財政ニ心ヲ付ケルモノハ承知シテ居ル、併ナガラ當局ノ大藏大臣ノ口カラ斯程マデニ日本帝國ノ財政ハ困難ヲシテ居ルト云フコトヲ明々地ニ打明ケラレタノハ始メテデアッテ、尠ナカラズ國民ニ警戒ヲ與ヘタ、是ハ吾々ハ大藏大臣ガ此窮迫ナル財政ノ內幕ヲ打明ケラレタノハ頗ル感謝ノ意ヲ表スル、之ニ依ッテ政府モ國民モ大ニ警戒ヲ加ヘテ、此財政ヲ此窮迫ヨリ救ハントト努メルニ違ヒナイ、其端緒ハ卽チ過日山本大藏大臣ガ、財政ノ窮狀ヲ打明ケラレタニ始マルト思フ、此邊ハ頗ル山本大藏大臣ノ明白ナル白狀ヲ多トスル、其白狀ニ依リマスレバ從來國庫ニ屬シテ居ル特別會計ノ資金モ悉ク使ヒ果サレテ、此特別會計ノ資金デモアルナラバ、一時國庫ノ出納ヲ繰合セ流用ニ供スルコトモ出來ルノデアルガ、特別會計ノ資金モ今ハ殆ドナシ、從ッテ歳入ニ先ッテ歳出ヲシナケレバナラヌコトニ至レバ、ドウシテモ大藏證券ヲ發行シテ之ヲ塡合スヨリ外ニ手段ハナイノデアルカラ、此大藏證券ノ發行額ヲ一億圓ニ增加ノ必要ガアルト云フコトヲ云ハレタノハ、諸君ガ明ニ御記憶ニナッテ居ルデアラウト思フ、此通リニ窮迫シテ居ル、最早國庫所屬ノ特別資金ガ皆使ハレテナイ、甚シキハ淸國ノ事變ニ對スル僅ニ百五六十万圓ノ經費ノ支辨サヘモ、貨幣整理資金又ハ森林資金ノ中カラヤット繰合セテ、此以上ニハドウシテモ此貨幣整理資金又ハ森林資金ノ繰合セハ付カナイ、付カナイト云フノハ貨幣整理資金ハ九百万圓モアリ、森林資金モ七百万圓カアルト云フノハ、唯帳面ノ上ニ殘ッテ居ルノミデアッテ、事實ハ國庫ニ運用サレテ現金ガ積ンデアルノデナイノデアルカラ、其方ニ手ヲ著ケレバ、ヤハリ勢ヒ大藏證券ノ增發ニ依ッテ國庫ノ空乏ヲ救フヨリ外ニ手段ハナイト云フコトヲ委員會デ答辯シテ居ラレル、ソコデ此上ニ若シ淸國事變ガタメニ金ヲ要スルト云フコトガアレバ、勢ヒ已ムヲ得ナイ坐視傍觀モ出來ナイノデアルカラ、金ノ掛ルダケハ支辨ノ途ヲ付ケナケレバナラヌガ、何ヲ以テ之ヲ支辨スルカト云ヘバ、國債整理資金ヲ流用スルト云フ、卽チ公債償還ヲ止メテ此方ニ使フト云フヨリ外ニ手段ガナイ、尤モ十二月ニ償還スベキモノヲ、翌年ノ三月卽チ年度末マデ延ベレバ三月ノ間ハ、其樣換流用ト云フ途ハ付クノデアルガ、併シソレハドウシテ使ッタ金ヲ補充シテ返スカト云フト、返ス途ハナイト云フ、斯ウ云フ風ニ國庫ノ窮迫ナル有樣ニ陷ッテ居ル、ソコデ斯ウ云フ有樣ニ陷ッテ居ルノデアリマスカラ、一億圓ノ大藏省證券ノ最高額ヲ是ガ極ッタナラバ、是マデハ最高限ガ八千万圓デアッテモ、八千万圓ガ八千万圓發行シタコトハ殆ド少ナイ、併ナガラ今ノヤウニ國庫ノ有樣ハ非常ナ空乏ヲ告ゲテ居ルノデアリマスカラ、一億万圓、此最高限ヲ許可スレバ此一億万圓ノ大藏省證券ヲ發行セラルヽニ違ヒナイ、外ニ融通ノ途ハナイト思フ、此大藏省證券デ借金スルト云フ外ニ國庫ノ目安ヲ合セヤウガナイト云フ程、今日窮迫ニ陷ッテ居ル、所ガ從來大藏省證券ガ縱令經濟界ハ金融緩漫ヲ告ゲテ、大藏省證券ノ需用ノ多イトキト雖モ尙且五千万圓以上ノ大藏省證券ガ民間ニ賣行イタト云フコトハ殆ド無イノデアリマス、然ルニ一億圓、之ニ加フルニ專賣局、製鐵所ノ融通證券、合セテ一億三千何百万圓ト云フ大藏省證券ヲ發行スルト、ドウ云フ結果ニナル、ソレダケノ大藏省證券ヲ無論民間ノ經濟界デ吸收スルト云フコトハ出來ナイ、從ッテ是ハドウシテモ日本銀行ヲ攻立テ日本銀行ヲ絞ッテ調達ヲサセルヨリ外ハ仕方ガナイ、所ガ日本銀行モ無限ノ資金ヲ持ッテ居ルノデハナイノデアリマスカラ、多額ノ大藏省證券ヲ引受ケサセラレヽバ、卽チ兌換券ノ增發ニ依ッテ之ヲ支辨スルヨリ外ニ途ハナイ、之ニ加フルニ政府ノ大藏省ノ證券ニ加フルニ、鐵道ノ資金朝鮮ノ公債、臺灣ノ公債、其他總テ此借金支辨ノ經費ト云フモノハ、皆日本銀行ニ打ッテ掛ルヨリ外ハ仕方ガナイ、然ラバドウナル、ツマルトコロ兌換券ノ增發、兌換券ノ增發ハ卽チ物價ノ騰貴ヲ伴フ、物價ノ騰貴ハ卽チ輸出ノ減退、輸入ノ增加、正貨ノ流出ト云フ現象ヲ呈シナケレバ止マル處ヲ知ラナイ(拍手起ル)サナキダニ日本ノ正貨準備ト云フモノハ、將來誠ニ憂慮スベキ狀態デアル、先日大藏大臣ガ政府ノ所有、日本銀行ノ所有、併セテ在外正貨ナルモノハ三億幾千万圓、今日本銀行ガ發行シテ居ル兌換券ノ總額ト略々匹敵スル、誠ニ日本ノ正貨準備ハ豐富ナルモノデアルト云フコトヲ、此議場デ述ベラレタコトハ、諸君御記憶デゴザイマセウ、正貨準備ハ誠ニ豐富ナリト樂觀的ニ說明セラレタ、所ガ僅ニ數日ヲ隔ッテ豫算委員會ニ於テハ、公債又ハ私債、社債是等ノ外國デ募集シタルモノ、利子ノ外、政府ノ外國拂ト云フモノモナカ〳〵多イモノデアッテ、此外國債ノ利子ト政府ノ外國拂トヲ併セレバ一年一億餘ノ外國拂ヲ要スル、卽チ正貨ノ拂ヲ要スル、其故ニ帝國領土內ノ金ノ產額、又外國ヨリ貿易以外ニ入ッテ來マスル正貨ヲ差引キマシテモ、尙約八千万圓ノ正貨拂ヲ必要トスル、勿論是ハ貿易ハ輸出入相匹敵スルモノト見テ、卽チ貿易ハ均衡ヲ保ツモノト見テ、尙且八千万圓ノ正貨拂ヲ必要トスル、ソコデ八千万圓位ノ外國ノ正貨拂デアレバ、一二年位ハ左程慌テナクテモ宜イト考ヘマス、斯ウ云フ說明、一二年位ハ慌テナクテモ宜イト考ヘマス、併ガラ八千万圓ノ正貨拂ト云フノハ、ソレハ外國貿易ハ常ニ均衡ヲ保ツモノトシテノ八千万圓デアル、所ガ日本ノ外國貿易ハ年々輸入超過デアル、或ハ五千万圓、六千万圓ノ輸入超過ヲ見ナイ年ハ殆ド少ナイ、殊ニ又近年ハ政府ノ財政策ノタメ此貿易ノ逆潮ト云フモノハ、益々盛ニナッテ、或ハ外國債ヲ借リテ來テ——外資ノ輸入ヲ企テル、或ハ外國債ヲ募集シテ、向フノ外國ノ銀行ニ預金ヲシテ、所謂在外正貨ノ補塡ヲシテハ、內地デハ、ソレヲ抵當ニシテ兌換券ノ增發、從ッテ物價ノ騰貴、輸出減退、輸入ノ增加、詰リ日本銀行ノ兌換制度ノ自然ノ働トシテ正貨準備ガ取付ケラルレバ、ソレダケ兌換券ヲ收縮シテ正貨ヲ吸收スルト云フ自然ノ妙用ヲ妨ゲテ、日本銀行ガ通貨ヲ收縮シナケレバナラヌ時ニ當ッテ、頻ニ通貨ヲ膨脹セシメテ益々此經濟界ノ亂調ヲ呈セシメテ、輸入ノ逆潮ヲ招クト云フ是マデ政策ヲ採リ來ッテ居ルノデアル、ソレヲ現內閣モ繼續シテ居ル、電車市營ニ外債募集、何ダ、皆是ハ在外正貨ノ高ノ多キコトヲ誇ランガタメニ外債ヲ募集シテ倫敦ノ銀行ニ預金ヲシテ、コチラデ兌換券ヲ發行シテ、電車ノ株主ニ現金ヲ配當スル、七千万圓ノ兌換券ヲ增發シテ、電車ノ株主ニ配當スル、七千万圓ノ通貨膨脹ハ忽チ來ルノデアル、此ノ如キ財政ノヤリ方デ、貿易ガ均衡ヲ保タウナドトハ抑何トシテモ希望スルコトハ出來ナイ、達業奬勵――勵モスルト政府ノ當局連中ガ産業奬勵、産業サヘ盛ニナレバ輸出ガ增ス、隨ッテ外國拂モ輸出ノ超過ニ依ッテ拂フヤウニナルト云フ、何デ産業ガ發達スル、政府ノ政策ハ無暗ニ産業ヲ壓迫シテ物價ヲ騰貴サシテ輸出ノ出來ナイ、ヤウニ仕掛ケテ置イテ、輸出ノ奬勵、産業ノ奬勵ト云フ何タル囈語ゾ（拍手起ル）ソコデ斯ウ云フ有樣デゴザイマスルカラ年々二千万圓ヤ五千万圓ノ輸入超過ハアルモノト見ナケレバナラヌ、五千万圓ノ輸入超過ガアル、然ル上ニ八千万圓ノ外國債ノ利子拂ヲ要スルトスレバ、毎年一億三千万圓ノ正貨拂ヲ要スル、若シ七千万圓ノ輸入超過トスレバ、毎年一億五千万圓ノ正貨拂ヲ要スル、毎年一億五千万圓ノ正貨拂ヲ要スルトスレバ、三億ノ在外正貨ハ二年ヲ出デズ盡キルデヤアリマセヌカ、二年位ハ慌テナクテモ宜シイト大藏大臣ハ言ハレルガ、正貨ハ大缺乏トナッテ二年ノ後ニイクラ慌テ、モ追付クコトデハゴザイマセヌ、抑々正貨準備ノ基礎ヲ固クスルト云フコトハ各國ノ政府競ウテ之ヲ努メテ居ル、勿論正貨準備ハ卽チ兌換制度ノ基礎デ、基礎一度危クナレバ經濟界ノ悲慘ノ狀況ニ陷ルト云フコトハ想像スルダニ戰ニ寒心ノ至リニ堪ヘナイ、併ナガラ此正貨準備ト申スモノハ啻ニ兌換制度ノ基礎タルノミナラズ、一朝國家事有ルニ當ッテハ、卽チ是ガ軍用ノ準備ニナルノデアル、若シ國家緩急事アレバ卽チ陸海軍ノ兵力ヲ動スモノハ此正貨デアル、（「ヒヤ〳〵」）海外ニ紙幣ヲ以テ陸海軍ヲ動スコトハ出來マセヌ、ソコデ此正貨準備ノ基礎ガ危クナッテ所謂正貨ナルモノガ大缺乏ヲ來シタ日ニハ、兌換制度ハ崩レテ不換紙幣トナッテ、經濟界ノ混亂名狀スベカラザル有樣ニ陷ルト云フコトハ無論ノ話デアルガ、尚其上ニ正貨ガ缺乏シタナラバ、若シ國家事有リト雖モ百万ノ陸軍モ六十万噸ノ海軍モ何ニモナラナイ（拍手起ル）ソレ故ニ此正貨準備ノ基礎ヲ危クスルノハ啻ニ兌換制度ノ基礎ヲ亂ルノミナラズ、又延イテ國家ノ存立ニ危害ヲ及ボスモノト斷ジテ宜シイノデアル、（拍手起ル）（「實際問題ニ入ルベシ」ト呼フ者アリ）是ガ實際デアリマス、此國ノ實際ハ此通リ一億三千万圓ノ正貨ガ出レバ二年ヲ出デズシテ正貨ハ無クナル、斯樣ナ危險ナ有樣ニ陷ッテ居ル、輸入ハ年々超過シテ正貨拂ヲ要スル、外債ノ利子ハ八千万圓ヲ要スル、隨ッテ正貨ノ流失ハ止マル所ヲ知ラズト云フ有樣デアル以上ハ、日本ノ兌換制度卽チ正貨準備ノ基礎ト云フモノハ非常ナ危險ニ瀕シテ居ル、此危險ニ瀕シテ居ル、時節ニ當ッテ、山本大藏大臣ハ經濟界ハ急激ナ變化ヲ忌ムナドト晏然トシテ居ラレルト云フノハ、國家ノ重キニ任ズル責任ヲ知ッタル政治家ノ態度トハ吾々ハドウシテモ信ジナイ（拍手起ル）ドウシテモ此有樣ニナッタ以上ハ財政ヲ根本カラ改革スルヨリ外ハ仕方ガナイ、是迄ノ仕來リヲ悉ク根本カラ改メテ、財政ノ方針ヲ立直スヨリ外仕方ガナイ、實ハ今日ハ既ニ遲レテ居ル、戰役ノ後ニ政府ノ當局者ガ活眼ヲ開イタナラバ、今日ハ已ニ戰爭ノ瘡痍モ癒ヘテ經濟界モ順調ニ向ッテ居ル日デアルト思フ、戰役後六年ヲ過ギテ居ル、ソコデ經濟界ガ順調ニナッテ、國ガ富ミ、民豐カナリト云フ日ニナッテ居レバ、卽チ諸君ガ御好キノ積極說モ今日ハ實行スルコトガ出來タデアラウト思フ、所ガ初ニ誤ッテ大緊縮ヲ加ヘテ民力ヲ養ヒ、經濟ノ發達ヲ圖ルベキ當時ニ當ッテ、頻リニ積極說ヲ振回ハシタタメニ、財政ハ亂レテ經濟ヲ壓迫シ、今日マデ戰爭ノ瘡痍モ癒ヘナケレバ經濟界モ益々不順ノ境遇ニ立ツト云フノハ隨ッテ財政モ共困難ヲ感ジテ積極說ヲ實行スベキトキニ當ッテ、諸君ハ之ヲ拾テ、消極說ヲ執ラナケレバナラヌト云フ苦境ニ陷ッテ居ルノデアル（拍手起ル）併シソレハ既往ノコトデアル、既往ノコトハ何ト慨嘆シテモ致方ハナイ、既往ハ逐フベカラズ、併ナガラ尙今日爲スアルニ足ル、今日大ニ此財政ノ方針ヲ根本ヨリ改メテ掛レバ尙將來ニ爲スアルニ足ル、隨ッテ第一著手トシテ當年ノ豫算カラ大節減ヲ加ヘテ掛ラナケレバイケマセヌ、是ガ卽チ吾々ガ本年度ノ豫算ニ向ッテ六千万圓ノ節減ヲ加ヘル所以デアル、是ハ六千万圓カ七千万圓カ、其金額コソ或ハ意見ノ相違ハアリマセウガ、諸君ニ於テモヤハリ此政費ハ大節減ヲ加ヘナケレバナラヌト云フ必要ハ認メテ居ラレル、既ニ戰後ノ經營ヲ誤ッテ今日ノ財政ノ困難ニ陷ッタ以上ハ、此財政ニ大削減ヲ加ヘルヨリ外ハ仕方ガナイ、又諸君ガ認メテ居ラレルノミナラズ、政府モソレヲ認メテ居ルニ違ヒナイ、卽チ先日來屢々公約セラル、通リ營業稅モ改正スル、所得稅モ改正スル、鹽ノ直段モ廉クスル、其上ニ海軍充實ト云フヤウナ頗ル巨額ノ歲出ノ增加ヲ要スル案モ目前ニ橫ッテ居ル、是モ片ヲ付ケナケレバナラヌガ、サウ八方ニ現內閣ノ諸公ハ御約束ニナッテ、一體來年ニナッタラドウナサル積リデアラウカ、今年度豫算既ニ實行ガムヅカシイト云フコトハ、上來述ベタ通リデゴザイマス、併ナガラ前ニモ申シタ通リニ經濟界ヲ壓迫シテモ何トシテモ構ハヌ、唯豫算ガ議會ヲ通過シタラ此通リニ借金ヲシテ、高イ利息ヲ拂ッテ、幾ラ不利ノ條件デモ構ハヌカラ借金ヲシテ、此豫算ヲ遂行スルト云フナラバ、ソレハ遂行ガ出來マセウ、假リニ此實行不可能ノ豫算ヲ遂行スルトシテモ、來年度ノ豫算ヲ何トシテ內閣諸公御組ミナサル、海軍ノ充實ハ四千万トカ、五千万トカ、ソレハドウナルカ、今吾々ハ豫測ハ出來マセヌ、併ナガラ頗ル巨額ノ金ヲ要スル、又營業稅ノ改正ニモ金ヲ要スル、所得稅改正ニモ金ヲ要スル、鹽ノ價ノ引下ニモ金ヲ要スル、彼此見積レバ六千万圓、七千万圓ハドウシテモ歲出ニ――從來ノ歲出ニ節減ヲ加ヘナケレバ、出來ナイト云フコトハ、誰ガ算盤ヲ取ッテモ明白デアル、ソレヲドウナサル、唯內閣諸公ガ逃込ム一筋途ハ制度整理局ヨリナイデハナイカ、制度整理局何ノ役ニ立ツ、アレガ何ガ出來ル、農商務次官ヲ持ッテ來テ農商務ノ局ヲ廢メル、或ハ農商務省ヲ廢スルト云フ案ヲ議サシテ、ソレガ出來マセウカ、文部省ノ次官トカ局長トカ云フモノヲ伴レテ來テ、文部省ヲ廢シテ內務省ノ一局ニスル案ヲ議サシテ、ソレガ出來マセウカ、（「ソンナコトヲ言ッタ者ハ居ラヌ」「默ッテ見テ居レ」ト呼フ者アリ）ソレヲヤラナケレバ政費ノ節減ガ出來ナイ、ソレデ此制度整理局ト云フモノニ果シテ實際ノ働キヲサセヤウト云フナラバ、先ヅ大方針ヲ定メテ此大方針ノ實行ニ關スル手段方法ヲ調査サセルト云フコトデナケレバナラヌ、卽チ此豫算デ責付ケナケレバ、此制度整理局ト云フモノハ働キマセヌ、此五億七千万圓ノ一般會計ノ歲出カラ六千万圓ヲ減ジテ約五億ノ歲出デ支辨ノ付クヤウナ行政ノ組織、其他命令ノ改正等ヲ此整理局ニ調査サセテ實際ニ差支ノナイ結果ヲ得ルト云フコトナラバ、此制度整理局ニ望ムベシ、併ナガラ制度整理局デ調査ヲシテ、細カイ所カラ調査ヲ仕上ゲテ、遂ニ此豫算ノ歲出ノ總額ノ上ニ數千万圓ノ節減ヲ見ヤウト云フナラバ、ソレハ殆ド木ニ緣ッテ魚ヲ求ムルヨリモ甚シイ間違デアル、決シテ此制度整理局ト云フモノハサウ云フ働キノアルモノデナイト云フコトハ歷代ノ內閣ガ企テタ行政整理ノ歷史ニ明白ニ證據立テ、アルノデアリマスカラ、如何ニ西園寺總理大臣ガ畢生ノ事業トシテ、生命ヲ賭シテ掛ラレテモ此整理局ノ働キト云フモノハ決シテアルモノデハナイ、五百万、六百万ノ節減ヲスル調査位ハ或ハ整理局デ出來ルカモ知レマセヌガ、現在ノ政費ニ大節減ヲ加ヘ、大改革ヲ加ヘルト云フ如キコトハ、決シテ此整理局ニ望ムベカラザルコトデアル、ソレヲ望ムニハ卽チ豫算デ責付ケル、六千万圓ヲ減ジテ、此經費ノ範圍內デ行政ノ働キガ出來ルヤウニ其組織改正ノ調査ヲシロト命ジテ、始メテ此整理局ト云フモノハ働キガ出來ルノデゴザイマスルカラ、吾々ハ之ヲ諸君ト共ニ政府ニ迫ッテ、此削減ヲ政府ニ實行セシメタイト考ヘル、然ラザレバ諸君ノ政府黨タル運命ハ最早旦夕ニ迫ルノデアル、此內閣ハ決シテ長ク維持シナイ、豫算不履行ノタメニ倒レル、豫算不履行ノタメニ倒レナケレバ、來年度ノ豫算ヲ編成スルコトガ出來ズニ倒レル、伊藤公ノ內閣モ豫算實行ガ出來ナクテ倒レタ、前西園寺內閣モ公債政策ノ實行ガ出來ズニ倒レタ、是ハ諸君ノ記憶ニ新タナル歷史デアル、其故ニ吾々ハ決シテ今日政府ニ向ッテ難キヲ責メルノデモ何デモゴザイマセヌ、諸君モヤハリ政費ハ節減シタイト仰ッシャル、政府モ節減シナケレバ既ニ八方ニ公約シタ以上ハ、ドウシテモ從來ノ歳出ヲ五六千万圓ノ節減ヲシナケレバ、來年ノ豫算ハ組メナイ、殊ニ今年ノ豫算モ實行ガ出來ナイト云フ有樣ニ迫ッテ居ル以上ハ、是ハ政府モ議會モ一致ノ意見デ、唯々緩急ノ時期ヲ異ニスルノミ、來年ニナッテ政費ヲ節減スベシ、今年直ニ政費ヲ節減スベシト云フノガ、即チ吾々ノ論デアル、併シ來年ヲ待ッテモ、再來年ヲ待ッテモ、制度整理局ノ調査ニ待ツト云フナラバ、幾年待ッテモ決シテ政費ノ節減ヲ見ルコトハ出來ナイト斷言スルノデアル、諸君ハ決シテ待ツベカラザルコトヲ待ッテ居ル、何ト内閣諸公ガ整理ニ務メラレテモ、政府ノ内部ニハナカ〱一朝ニシテ拔クベカラザル、牢乎トシテ拔クベカラザル情弊ガ蟠ッテ居ル、最早半歳ノ間内閣諸公ハ政府ニ立ッテ其邊ノ消息ハ委細ニ御承知ノコトヽ信ズル、ナカ〱容易ニ思フヤウニ政府ノ改革ナドガ斷行ノ出來ルモノデハナイ、其故ニ議會ノ力ニ依ッテ議會ガ豫算ニ六千万圓ノ大削減ヲ主張シテドウシテモ政府ハ之ニ同意シナケレバ政府ノ運命ガ覺束ナイカラ、同意ヲシタ以上削減ヲ屬僚ニ命ジテ、其範圍内ニ於テ行政ノ組織ヲ改革シロト天邊下シニ命ヲ下スヨリ外ハ仕方ガナイ、ソコデ諸君ハ誠ニ誤ッタル希望ヲ以テ來年ヲ待ッテ居ラルヽノデゴザイマスカラ、諸君ノ希望ハ決シテ來年ヲ待ッテモ何ノ效果ハナイト云フコトヲ吾々ハ斷言スルニ憚ラヌノデゴザイマス、願クバ吾々ノ此六千万圓ヲ今日此豫算ニ向ッテ削減ヲ加ヘルト云フコトニ御同意ヲ願ヒタイ、是レ即チ諸君ガ此現内閣ヲシテ財政又ハ行政ノ改革ニ成功セシムル所以ノ唯一ノ手段ト吾々ハ信ズル、ソコデ諸君ハ必ズ吾々ノ說ニハ喜ンデ御賛成下サルコトデアラウト信ジマス(拍手起ル)

○竹越與三郎君　諸君、先程ヨリ武富時敏君ニ依ッテ國民黨ノ意見ヲ拜聽シ、淺野陽吉君ニ依ッテ中央派ノ意見ヲ拜聽シ、唯今石橋君ニ依ッテ獨立ニアル人々ノ意見ヲ拜聽致シマシタ、定メテ是ガ議論ノ總テデアラウト思フ(「ノウ〱」)承ッタトコロニ付テ意見ヲ陳述シタイト思フ、但中央派ノ意見ニ付テハ敢テ批評ヲ加ヘル必要ハナイト思フ、中央派ノ意見ヲ代表セラレタ淺野君ハ私ハ五六年議會ノ生活ヲ共ニシテ居リマスガ、二三回討論ヲシタコトガアリマスガ、多分其時ハ猶與會ト云フ非藩閥急進主義ノ黨派ニ就テ居ラレタヤウデ、而シテ今日ハ中央派ニ屬シテ居ラレル、誠ニ世ト共ニ移ル御方デアッテ、此等ノ人々ニ依ッテ代表セラル、中央派ナルモノモ亦極メテ巧ナル人々デアッテ場合ニ依レバ二一天作ノ六トモナリ、場合ニ依レバ二一天作ノ八トモ彈ク極メテ才氣ニ富ンダ人々デアル、此等ノ人々ノ意見ハ私ノ記憶スルダケデモ紫陽花ノ花ノ色ヨリモ多ク變化シテ居ルノデアル(拍手スル者アリ)此ノ如キ人々ノ御意見ヲ眞面目ニ批評スルト云フコトハ、狂人ヲ追フノ非狂人ニ類スルト思フ故ニ、私ハ之ヲ批評スルノ勞ヲ取ルマイト思フ、是ハ氣ノ知レヌ麻布邊リノ人ノ囈語ト承知シテ置カウト思フ(「其通リ」ト呼フ者アリ)但國民黨ノ意見ヲ代表セラレタ武富君ニ對シテハ深ク感謝致シマス、私ハ此演壇ニ立ッテ屢々武富君ト意見ヲ異ニスルコトヲ悲ンデ居リマス、今回ハ我黨ノ總裁ガ組織セラレタ内閣ニ對シテ信任ヲ表セラレタト云フコトハ、深ク感謝ヲ致シマス、同君ハ五千万圓ノ削減說ヲ出シテ而シテ此内閣ヲシテナサシムル、又此内閣デナケレバ往ケヌト云フ說デアル、誠ニ是程深キ信任ヲ表セラレタト云フコトハナイノデア(「モット深刻ニヤレ」ト呼フ者アリ)但此内閣ハ今年是非ナサネバナラヌト云フ御說デアルガ、今年ナサズンバ、明年ナスノ力ガナイト云フコトハ少シク矛盾デハナイカ、今年ハイロ〱ノ行掛リ、種々ナル不便利ニ依ッテ爲スコトガ甚ダ難イ、併ナガラ共難キヲモ爲シ得ル内閣ト云フ御信任ガアルナラバ、明年ニ至ッテ更ニ爲スト云フ御信任ガアッテモ宜カラウト思フ(「信任ガナイカラダヨ」「默ッテ聽ケ」ト呼フ者アリ)凡ソ此議會ニ於テ吾々ト意見ヲ異ニスル人々ノ心中ニ於テ未ダ發表セラレヌガ、種々我黨ノ議論ヲ批評セラル、人ノ心ノ中ニアル一ノ意見ハ、政友會ガ政府ノ豫算ヲ其儘ニ承認スルコトハ怪シカラヌト云フ考ト思フ、是ハ一應辯明ヲ要スル、我黨ハ政黨ヲ基礎トシタ内閣ヲ拵ヘタイト思ッテ居ルノデアル、尙英吉利ノ立憲政體ノ如クシタイト思フ、而シテ英吉利ノ立憲政體ニ於テハ政黨ノ首領ガ組織シテ居ル内閣ニ向ッテ、豫算ニ彼此喙ヲ挾ムナント云フコトハ拙者未ダ曾テ見聞シタコトハナイ、其黨派ノ首領ガ組織シテ居ル内閣、其内閣ガ提出シタトコロノ豫算、此ノ内閣ニ向ッテ豫算ヲドウスル斯ウスルト云フコトハ聞イタコトハナイ、此ノ如キコトハ、亂民ノ出タトキノコトデアル、而シテ此政黨ノ本色ヲ發輝スルトコロノ我黨ノ行動ニ對シテ、英吉利ノ立憲政體ヲ理想トスル國民黨ノ諸君ヨリ不平ノアルト云フコトハ、頗ル奇怪ト思ハネバナラヌ、諸君ハ平生黨内ニ於テ紛擾ヲ事トセラル、此紛擾ヲ我黨ニ望マル、ニ至ッテハ頗ル迷惑ト謂ハナケレバナラヌ、(「ソレハ豫算ニ何ノ關係ガアルカ」「ソレハ前置ダ」「豫算ニ付テ述ベタラ宜カラウ」ト呼フ者アリ)諸君、唯今承ルトコロニ依レバ武富君ハ五千万圓ヲ削減スルガタメニ政府ト協議會ヲ開クト云フコトデアル、(「六千万圓ダ」ト呼フ者アリ)六千万圓——國民黨ノ諸君ハ數日前マデハ七千万圓ト言ハレ、ソレガ六千万圓ニナッタノデアルカラ拙者極メテ之ヲ記憶シニクイノデアル、(笑聲起ル)此協議會ト云フモノハ元來別ニ設クル必要ハナイ、豫算委員會ト云フモノガ、即チ議會ト政府ト協定スル所デアル、而シテ是ニ付テハ分科會ト云フモノモアル、此豫算委員會ガ協議會デアルノニ、此協議會ニ於テ政府ト協議シテ款項ニ付テ議論ヲ立テルコトヲセズシテ、漫然別ニ政府ト協議ノ途ヲ啓クト言ハレルコトハ、是ハ實ニ奇怪千万ト謂ハネバナラヌ、(村松恆一郎君「委員會ハ豫算ヲ審査スル場所ダ、協議ノ場所ヂヤナイ」「村長默レ」ト呼フ者アリ、笑聲起ル)而シテ其六千万圓ニ付テハ如何ナル費用カラ削除スルカト聽ケバ、意見ガアルガ言ハヌト云フ話デアル、是ハ先程小川君ガ屢々御批評ニナッタトコロデアルガ、併シ小川君ハ此點ニ付テ極メテ殘酷デアル、國民黨ノ諸君ハ意見ガアラウ、アラウケレドモ、此意見ヲ定ムル年ハ國民黨分裂ノ秋デアル、故ニ其意見ヲ公表セラレナイコトヘ、即チ最モ弱點アルモノハ最モ沈默スルト云フ、箴言ヲ實行シテ居ルノデアル、然ルニ小川君ハ是非之ヲ明示セヨト言ッテ迫ルト云フコトハ、是ハ餘リ反對黨ニ對シテ殘酷ト謂ハナケレバナラヌ、此沈默ヲ私ハ名ケテ國民黨保全策ト謂フノデアル、國民黨ハ此保全策ニ依ッテ多分政友會ハ來年種々ナル稅制整理ヲシ、制度更革ヲシテ、其結果此位ノ減額ヲスルデアラウト云フコトヲ見込ンデ、吾モ其位ノコトヲナスト云フ見越輸入ノ議論ニ過ギナイノデアル(拍手起ル)之ヲ名ケテ曾我廼家式ノ芝居ト云フノデアル、(拍手起ル)又我黨ガ積極デアッテ、消極ニドウトカ云フ議論モ先程伺ッタガ、我黨ハ此豫算ニ付テ、積極トカ消極トカ云フコトハ言ハヌノデアル元來一國ノ政治ハ陸軍擴張、海軍ノ整理ト云フガ如キ國ノ存亡ヲ目的トスル、政治ヲ主トスル時代ガアル、之ヲ名ケテ國勢ト謂フ、國勢ニ重キヲ置ク時代モアル、併ナガラ國家ノ位置已ニ安泰トナッタ以上ハ、直接人民ノ幸福生活ニ關係アル政治ニ重キヲ置カナケレバナラヌ時代モアル、之ヲ名ケテ民勢ノ時代ト謂フ、吾々ハ此八九年來國勢ヲ主トシテ經營シナケレバナラヌ時代ト思ッタカラ、全力ヲ注イデ國家ノ安泰ニ關スル政治ニ重キヲ置イタノデアル、此時ニ當ッテ我國家ノ位置ト云フコトガ、第一念頭ニアルノデアルカラ、眼前ノ民勢ノ得失ニハ力ヲ注グコトガ少ナカッタト云フコトハ已ムヲ得ヌコトデアル、併ナガラ、今國家ノ位地已ニ安泰トナッテ、陸海軍已ニ十分トナッタノデアル、此上ハ我民勢ニ力ヲ注ガナケレバナラヌ時代ニナッテ來タ、即チ此主義ニ依ッテ吾々ハ此豫算案ニ賛成スル者デアル、即チ民勢ニ重キヲ置クト云フ點カラ賛成ヲスルノデアル、消極トカ積極トカ云フコトヲ今日論ズルノハ、是ハ柱ニ膠スル議論デ、時ト共ニ移ラヌ不適ノ議論ト云ハネバナラヌ、又緊縮ト云フケレドモ――緊縮ガ足リナイト云フ人ガアルガ、各省ノ要求ハ六億千五百万圓ノ要求デアル、然ルニ内閣ハ之ヲ削減シテ五億七千二百八十九万圓ニ削減シタ、即チ三千七百六十一万圓ヲ削減シテ居ル、凡ツ國費ハ人事ノ繁激ト共ニ進歩スルハ自然ノ傾デアルガ、此内閣ハ此各省ノ要求ヲ削減シテ、是ニ止メタト云フコトハ、是スラ已ニ武富君ガ豫算委員會ニ於テ多分言ハレタト思フガ、此膨脹ヲ減ジタト云フトコロハ一ノ成功ト謂ハネバナラヌ、偖此ニ於テ然ラバ何故今年カラナサヽルカト云フ議論ガ出テ來ルノデアルガ、問題ハツマリ紛々タリト雖モ此處デアル、何故ニ今年シナイカト云フコト、今年シナイカト云フコトハ水ニ流アリ、事ニ勢アリ、今マデ右ト言ッタモノヲ左ニ枉ゲルト云フコトハ、何人ト雖モ出來ナイノデアル、故ニ漸ヲ追ウテ之ヲ爲ス準備ニ著々我黨モ政府モ考ヲ運ラシテ居ルノデアル、(「其方法ハ如何」ト呼フ者アリ)諸君、例ヘバ勢ト云フコトニ付テ一言シナケレバナラヌ前内閣ニ於テ(「ソレハ無用ダ」ト呼フ者アリ)頭ダケ出シテ尻ノ出ナイ豫算ガアル、其豫算ハ(「現内閣ニモアル」ト呼フ者アリ)關門海峽改良費以下六目ニ於テ二百二十一万圓程ノ豫算ガアル、是等ノコトハ最初ニ於テハ此ノ如ク巨額ニ上ラヌト思ッテ繰ルガ、段々掲ゲテ見レバ、其綱ノ末ニハ此ノ如キモノガ付テ居ルノデアル、斯ウ云フヤウナモノハ勢ヒ豫算ニ上サヽルヲ得ヌ、又前内閣ハ國債ヲ借換テ四分利トシタ、此四分利トシテ我國ガ年々減ジ得タ利息ハ三百六十五万圓デアル、併ナガラ同時ニ我國債ノ高ハ三千八百五十一万圓程殖エテ居ルノデアル、而シテ此國債借換ト云フコトハ如何ナルコトニ結果ヲ及ボスカト云フト、種々ナル事業ニ及ボシテ居ル、一例ヲ擧ゲレバ廣軌鐵道ト云フ議論ガ盛ンデアッタガ、今ハ何處ヘ行ッタカ消エテシマッタ、此廣軌鐵道ハ何故ニ爲シ得ヌカト云フト、即チ國債借換ガ元デアル、何トナレバ國債ヲ四分利トシテ借換、而シテ此廣軌鐵道ヲヤルニハ數億ノ金ヲ要スル、此金ハ國債デヤラナケレバナラヌ、此國債ハ今日四分ヲ以テ借入レ得ル、頗ル疑問デアル、然ラバ五分デ借リルト言ヘバ、今ノ四分利ノ公債ハ忽チ下落セザルヲ得ナイノデアル、是レ即チ非常ナル危險ヲ一般人民ニ感ゼシムルモノデアルカラ、當局者トシテハ頗ル考慮ヲ要スルモノデアルカジ、私ハ廣軌鐵道斷ジテ爲スベカラズト云フ意見ヲ持ッテ居ル、此ノ如ク物ニ勢アリ、事ニ勢アリ、此勢ヲ一朝ニシテ僅カ三十日位デ、囘スト云フコトハ英雄出ヅルト雖モ、容易デナイノデアル、偖テ斯フ云フ譯デアルカラ種々ナル準備ヲ要シ、種々ナル決心ヲ要スルガ、我尊敬スル僚友ハ豫算委員會ニ出席シテ、來年ハ所謂税法ヲ改正シテ減税ヲスル、營業税モ減税スル、鹽ノ税モ改良スル、斯ウ云フコトヲ明言シタ、是レ甚ダ悅ブベキコトデアルガ當時私ハ我政府ガ制度調査ト云フコトヲ始メタトキニハ從來ハ行政整理ト云フノデアルガ、今回制度調査ト云フコトハ其文字ノ示ストコロ甚ダ深キガ如ク思ハレル、是ニハ頗ル希望ガアルダラウト思ウタガ、大藏大臣ガ豫算委員會ニ於テ明言シタトコロニ依ッテ見レバ、其希望頗ル大キイモノデアルト云フコトヲ了解ガ出來タ、政府ハ制度調査ト云フモノヲ設ケタガ、其希望ヲ公表セザルモ其結果非常ナ改良ト政費ノ節減ヲ行ッテ、國民ニ對シテ愉快ナル樂キヲ與ヘタイト思フテ居ッタニ相違ナイノデアル、此愉快ナル樂キヲ與ヘルコトガ未ダ期充タズシテ、早クモ豫算委員會デ公言セネバナラヌカッタト云フコトハ、政府トシテハ甚ダ不本意デアッタラウト思フ、併シ不本意ニセヨ、彼等ガ公言シタノデアルカラ、吾々ハ之ニ十分信頼シテ宜イト思フ、此結果トシテ來年ヨリ吾々ガ民勢ノ時代來レリ、國民ノ日常ノ生活ニ滿足愉快ヲ與フベキ時來レリト云フ、此希望ヲ充タスコトガ出來タナラバ、實ニ賢者ノ賜デアルト云ハナケレバナラヌ、諸君、先程カラ我財政ノ前途ニ付テ頗ル憂慮セラレタ議論ガアルガ、併シ凡ツ一國ノ政治ハ悲觀スレバ悲觀ハ出來ルガ、又一方ニハ樂觀スベキ「サイド」モアル、此事ダケハ忘レテハナラヌ、武富君ハ數年以前ヨリ金貨濫出デ此國ガ破産スルト云フコトヲ豫言セラレテ居ッタガ、私ハ當時武富君ハ豫言ヲスル資格ハナイト云フコトヲ言ッタノデアル、其後屢々討論ノトキニモ貿易ノ輸出輸入ノ「バランス」ガ惡ルイカラ此國ハ破産スルト云フヤウナ議論ヲ屢々聞イタガ、私ハ明治開國以來四十五年ノ間輸出ノ多カッタ年ト云フモノハ僅ニ三分ノ一シカナイ、併ナガラ國運隆々トシテ來タノデアル、單ニ輸出入ノミニ付テ、意見ヲ立ツルト云フコトハ、頗ル狹量ナル意見デアルト云フコトヲ申シタガ、今日此事ダケハマダ忘レテハナラヌト思ウテ居ルノデアル、唯今遺繰リト云フ議論ガアルガ、一國ガ四十五年ノ間遺繰リシテ居ルト云フコトハ決シテナイノデアル、國家ハ自カラ立ツベキ所以ノ基礎ヲ持ッテ居ル、吾々ハ我國ノ前途ニ付テ十分ナル希望ヲ持ッテ居ラナケレバナラヌノデアル、(「何故消極方針ヲ執ッタ」ト呼フ者アリ)決シテ緊縮ト云フコトハ前途ヲ悲觀シタ意見デナイ、民勢ノ時代來レリト明言シテ居ル、僅ニ二三十分前ノコトヲ記憶スルコトガ出來ヌノデアルカ、(「今度軍艦ヲ拵ヘル、アレニ君反對スルネ、能ク覺エテ居給ヘ」ト呼フ者アリ)諸君、吾々ハ數年前增税黨ノ名ヲ受ケタガ、吾々ハ甘ンジテ其名ヲ受ケタ、而シテ地租ヲ輕減シタモノハ何人デアルカト云ヘバ、我黨ノ主張デアル、(拍手起ル、「ノウ〳〵」ト呼フ者アリ)來年所得税ヲ改正スレ、鹽ノ直段ヲ減ズル、營業税ヲ減ズルト云フコトハ又我黨ノ主張デアッテ、我黨ノ内閣ガ之ヲ實行スルノデアル、(拍手起ル)諸君、諸君ハ須ラク議論ヲスベシ、須ラク大名ヲ取ルベシ、我等ハ唯國事ヲ了スルコトヲ知ルノミデアル、諸君此豫算案ハ單一ノ豫算案デナイ、此豫算案ノ中ニハ政策ヲ含マレテ居ル、信任ヲ含マレテ居ル、私ハ此豫算案ヲ政府ノ信任投票トシテ諸君ニ問ヒタイノデアル、(「國民ガ信用シナイ」ト呼フ者アリ)諸君、此内閣ハ内政ニ於テハ寛大デアル、反對黨ニ對シテ陷穽スルガ如キ政策ヲ執ラヌ、此内閣ハ財政ニ於テ緊縮主義ヲ執ッテ、民勢時代ニ移ルノ端緒ヲ開ク、此内閣ハ外交ニ付テハ不干渉、平和ノ主義デ驕ヲ極メ武ヲ瀆スト云フコトハセヌ内閣デアル(「能ク無能ヲ發揮シテ居ル」ト呼フ者アリ)此内閣ニ對シテ此三ツノ理由ニ依ッテ此内閣ノ政策ヲ遂ゲサセンガタメニ此豫算案ヲ政府ノ信任投票トシテ諸君ニ討論ヲ求ム、而シテ私ハ此政府ヲ信任センコトヲ願フノデアル(拍手起ル)

○議長(大岡育造君) 片岡直温君

(片岡直温君登壇)

(拍手起ル)

○片岡直温君 諸君、本員ハ武富君ノ動議ニ賛成ヲ表スル一人デアリマス、先刻來相互ノ御論ヲ拜聽致シマシタノデアリマスルガ、武富君ノ提出ニ對シテ其理由ニ向ッテ十分ナル駁擊ヲナサレタ方ハドウモナイヤウニ思フ(「憲法政治ノ賊」「演説ノ資格ハナイ」ト呼フ者アリ)唯一二點更ニ辯駁ヲ要スルトコロガゴザイマスガ、是ハ後ニ致シマシテ大體本案ニ――此豫算ニ對シテ更ニ六千万圓ノ節減ヲ要スルト云フ理由ノ武富君ノ説明セラレマシタトコロニ對シテ、餘リ補足ハ要セヌノデゴザイマスガ、唯私ノ茲ニ論ズル順序トシテ重複ヲ成ルベク避ケテ申上ゲテ見タイト思フノデアリマス、(「謹聽」ト呼フ者アリ)大藏大臣ハ本豫算ニ對シテ緊縮ノ主義ヲ執ラレテ來タト云フコトハ經常部ニ對シテハ其意ヲ諒スルニ足ルモノガアルノデアリマス、併ナガラ此主義ガ總テ一貫シテ居ルカト申シマスト、一貫シテ居ナイノデ、ソレハ繼續費、特別會計等ニ於テ既ニ年度割ガ定ッテ居ル、故ニ致方ガナイト云フ意味ニ於テ、寧ロ增額ヲ加ヘラレテ居ル、追加ヲ加ヘラレテ居ル、一般會計ト云ヒ、特別會計ト云ヒ、其歸スルトコロノ場合ハ同ジコトデアリマス、即チ唯帳合手續ノ上ニ於テ異ニシテ居ル、既ニ歳入不足ニシテドノ道カラ往キマシテモ、歳出ガ多イト云フ場合ニ於テハ、或ハ年度割ヲ變ヘ、或ハ繰延ヲスルト云フ手段ヲ執ラレテ來タナラバ、ソレハ主義一貫シテ居ルモノト見ラレルノデアリマス、然ルニ本年度ノ豫算ヲ見レバ確ニサウナッテ居ナイ、然ラバ大藏大臣ノ執ラレタトコロノ豫算編成ニ對スル方針ハ初メトシマヒハ矛盾シテ居ルノデアリマス、而シテ我國程特別會計ノ如キ種類ノ多イ財政計畫ハナイノデアリマスガ、然レドモ是ハ獨リ政府ノ罪デハナイ、議會共ニ協贊ヲ與ヘテ來タノデアリマスカラ今其損失ヲ論ズル譯ニ參リマセヌガ、併ナガラ之ニ對シテハ其年度割相當ノ計畫豫算ガアルノデアル、即チ昨年十一年計畫ノ如キモノガアッタノデアル、此豫算ノ委員會ノ開カル、初ニ當リマシテ本員ヨリ大藏大臣ニ質問ヲスレバ、四十六年以降ニ對シテハ更ニ分ラヌト云フ、然ラバ歲出ノ上ニ於テ必ズ不足ガ生ズルデアラウガ、ソレハドウスルカト云ヘバ、ソレハ不足ノ生ゼヌヤウニスルガ、若シサウナッタラ繰延或ハ廢止ヲスルト云フ、既ニ年度割ヲ定メテ置イテ、サウシテ明年ノ計畫ニ對シテハ一片ノ方法モ立タズ、若シ行詰ッタラ止メルカ延ベルカト云フ如キコトハ、恐ラク責任ヲ取ラル、地位ノ人ノ口ニスルコトデハナイト思フノデアル、大體此豫算案編成ノ主義ニ於テ一貫シテ居ラヌ、而シテ明年度ニ對スル計畫抱負ハ更ニナイ、唯次官或ハ大臣ノ御說明等ヲ綜合致シマシタナラ、整理調査ノ結果其中ヨリシテ產出スルカモ知レヌト云フ意味ハ仄メカサレタ、或ハ明カニ言ハレタ點モアルノデアル、併ナガラ此點ニ對シテモ本員甚ダ惑フトコロノモノハ總理大臣ノ豫算委員會ニ於テ說明セラル、トコロハ其意味モ即チ費用節減ノ意味モアルガ、ソレハ唯一ノ趣意デハナイ、即チ敏捷ヲ期スルト云フコトガ主眼デアル、斯ウ言ハレテアル、殆ド此制度調査ノ中ニ隱レルカト思ヘバ、又隱レ場所ヲ取ッテ除ケルト云フヤウナ有樣デアッテ、歸スルトコロ內閣大臣諸公ノ統一ガドウモ出來テ居ルヤウニ思ハレヌノデアル、一方ニ於テハ海軍大臣ハ明年ヨリ財源ノ出ヅルト出デザルトニ拘ラズ、即チ整理調査ノ結果財源ヲ得ルト否トニ拘ラズ、四國ノ狀況ニ於テハ海軍擴張ノ計畫ハ明年ヨリ延バスコトハ出來ナイノデアル、(「ソコダソコダ」ト呼フ者アリ)是ハ自分トシテハ此決心ヲ言明スルト言ッタノデアル、サウシテ一面總理大臣ニ於テハ獨リ海軍ガ世ノ中ヲ保存スル所以ニアラザルガ故ニ、未ダ極ッタ譯デハナイ、斯ウ言ハレテ居ルノデアリマスガ、其後ノ分科會等ニ於テ、或ハ秘密會等ニ於テ、海軍大臣ノ言明セラル、トコロノモノハ四國ノ狀況ニ於テ捨擲クベカラザルコトニ立至ッテ居ルト云フコトハ蔽フベカラザル事實デ、モウ一ツ之ヲ穿ッテ言ヘバ、本年度ノ豫算編成ノ當時ニ於テ既ニ內閣ニ於テハ來年度斯ウスルト云フガ如キコトガ定ッタタメニ漸ク此豫算ト云フモノデ折合ガ付テ居ルガ如ク世間デハ言ヒナスノデアル、之ヲ要スルニ明年度ニ於テ缺陷ヲ生ズルト云フコトハ是ハ明カナル事實デアッテ、之ヲ尚繰返セバ武富時敏君ノ說ヲ繰返スコトニナリマスカラ、此以上ハ申サヌノデアリマス、サウシテ武富君ノ說ハ本年度ノ豫算ガ假ニ通過致シタトシタトコロガ、是ハ實行不能ニ終ルト云フ說ガアル、若シ強テ實行スレバ經濟界ニ非常ニ壓迫ヲ與ヘルモノデアルト云フコトニ對シテハ誰モ反對ノ說明ヲナサレタ方ガナイノデアル、ソレハ恐ラク小川平吉君モ御同意デアリ、竹越君モ御同意デアッタラウト見ルヨリ外ニ仕方ガナイ、是カラ後トニ立タル、方ガ或ハ最後ノ討論終結ノ前ニチヨット言ウテ置クト云フ見込カモ知レヌ、本員ハ此實行不能ニ終リハセヌカト云フコトニ對シテ、數字的ニ之ヲ示シテ見タイ、ソレハ明治四十年ニ於テ四十一年度ノ豫算ヲ襲ニ西園寺內閣ガ定メラレマシタトキニ於テ、此財源ヲ公債ニ求メラレタ金額ガ、一億一千四百万圓デアル、本年四十五年ノ今日ニ於テ財源ヲ公債若クハ借入ニ求メラレタル金額ガ一億五十万圓デアル、其外ニ治水費等ノ借入ガゴザイマスガ、是ハ預金部ニ於テ之ニ應ズルト云フ計畫ガ立テ、アリマスカラ、先ヅ是ハ財源アルモノトシテ、財源ノ全ク民間ヨリ吸收スベキモノ求ムベキモノハ一億五十万圓、サウスルト先年於テハ一億一千四百

万圓、本年ハ一億五十万圓、少シ茲ニ一千万圓バカリノ差ガアリマス、而シテ四十年ノトキニ於テ、四十一年度ノ豫算ヲ實行スル場合ニ於テ、大藏省證券發行ハドノ位ニナッテ居ルカト見マスルト、九千六百万圓、サウシテ本年ノ豫定ハドウナッテ居ルカ、一億三千三百万圓、此方ニ於テハ三千四百万圓バカリ多イノデアル、一方ノ公債ニ求ムル點ガ少ナイ代リニ、大藏證券ノ方デ多クナッテ居ル、サウシテ四十一年ノ年ニ於テ制限外ノ發行ハドレ程デアッタカト見マスルト、八千八百二十四万千九百八十圓デアル、昨年暮ニ於ケル制限外ノ發行額ハ何程デアルカト云フト、八千四百二十四万四千九百九十六圓デアル是モ相似テ居ル、サウシテ公債ノ値段ヲ見マスト、丁度倫敦ニ於ケル相場ガ前西園寺內閣ノ其當時ニ於テ下落ガ五磅十六分ノ九デアッタ、昨年末ニ於ケル下落ハ五磅十六分ノ十五デ、是モ似テ居ル、唯內地ノ公債ノ値段ニ至ッテハドウカト云フト、前年ノトキハ即チ四十一年ノ十一月ノトコロニ於キマシテ、下落ガ五圓六十七錢デアル、本年一月ノ相場ニ依リマストチヨット比較シテ三圓二錢ノ下落デアリマス、此本年ノ公債ノ下落ノ少ナ割合ノ少イ點ハ東京市債ヲ構ヘ込ンダモノニ外ナラヌ、其外ノ點ニ於テハ同ジコトデアル、即チ昨年西園寺內閣ガ財源ヲ公債ニ求ムルト云フ計畫ヲ立テラレ、サウシテ實行不能ニ終ッタ、其實行不能ノ狀況ハドウカト云フト遂ニ國庫債券ノ第一回借換ヘノ如キモノニシテ、八朱三厘何モニ當ル、金額ニシテサヘモ、一億万圓ノ借款ガ悉ク出來テ居ナカッタノデ、サウシテ我國ノ公債ノ値段ハ七十八圓位マデ來タノデアリマス、サウシテ遂ニ此豫算ハ實行不能ニ歸シテ內閣ハ遂ニ瓦解シタト云フ始末ニナッテ居ル、サウスルト本年一億五十万圓ノ金額ヲ公債ニ求メ、サウシテ一億三千三百万圓ノ大藏省證券ニ訴ヘル、斯ウ致シマシタトキニ制限外發行ノ狀況モ同ジコトデ、日本ノ公債ノ下ルトコロノモノモ今申上ゲタ通リ同ジコト、唯今申上ゲタヤウニ今日ハ尙下ッテ居ルノデアッテ、此ノ如キ趨勢カラ考ヘマスト、到底普通ノ條件ヲ以テ大藏證券ヲ悉ク調達ヲシ、サウシテ此一億万圓餘ノ借入金ヲスルト云フ如キコトノ出來得ナイト云フコトハ、私ハ分リ切ッタコトデハナイカト思フ、凡ソ歷史ハ同ジコトヲ繰返スノデアル(「ヒヤ〳〵」)殊ニ西園寺內閣ニ於テ此場合大節減ヲセナケレバナラヌト云フ其理由ヲモウ一ツ申上ゲテ見マセウナラバ、戰後即チ四十年ニ於テ此戰後ノ經營ヲ計畫セラル、ニ當リマシテハ既ニ酒稅、砂糖消費稅、石油消費稅、ソレカラ煙草專賣ノ値上ト云フモノデ三千五十万圓餘ノ增稅ヲ既ニ執行シタノデアル、其上ニ所得稅、營業稅、相續稅、酒稅、醬油稅、砂糖消費稅、織物消費稅等ニ於テ七百八十万圓バカリハ徵稅改良ト云フ名ノ下ニ於テ增徵ヲシタノデアル、是ガ即チ世間所謂稅ノ誅求論ノ始マル原素デアル、而シテ尙之ニ加フルニ今ノ公債ニ財源ヲ俟ット云フ方法ヲ採ラシテ其結果ガ前申上ゲタ通リニナッタノデアリマス、而シテ其後ヲ承ケタル桂內閣ガ之ニ對シテ一般會計ヨリ五百二十五万圓バカリノ節減ト一億六千八百万圓バカリノ繰延ヲヤッテ、サウシテ公債ニ對シテ尙五千万圓ニ下ラザルノ金額ヲ償還スルト云フガ如キ名目ヲ拵ヘテ、サウシテ此財政經濟ノ調和ヲ計ッタノデアル、而シテ其四十一年ノ改革ハ宜カッタノデアッテ、四十二年ノ計畫ハ宜カッタノデアリマスガ、四十三年後ニ於テ即チ彌縫ニ彌縫ノ手段ヲ採ッタ、シマヒガ今日ノ經濟界ノ狀態ニナッテ居ルノデ、此狀態ヲ惹起スモウ一ツ本ヲ申シマスルト、前ニ西園寺內閣ガ一般財政ノ基礎ヲ鞏固ニセンガタメニト云フ趣旨ニ於テ、鐵道ノ國有ヲ斷行セラレタ、而シテ桂內閣ガ其次ニ整理ヲスルトキニ當ッテハ一般ノ財政ノ基礎ニ累ヲ及ボサヌコトヲ期スルガタメニ獨立會計法ヲ立テルト斯ウ言ッタ、サウシテ其獨立會計法ナルモノハ底拔ノ方法デアッテ(「ヒヤ〳〵」)何モ獨立ノ法ニナッテ居ナイ、一面ニ借入ヲシ、一面ニ融通ヲスルト云フガ如キ方法ニアッタノデアル、而シテ是等ノ政策ヲ遂行セシメタモノハ誰デアル、是ハ云フマデモナク今日ノ政友會諸君ガ或ハ妥協或ハ情意投合等ヲシ

チ、茲ニ至ラシメタノデアリマセウ(「拍手」「ヒヤ〳〵」)既往ヲ無論咎メル趣旨デハゴザイマセヌガ、事是ニ至リマスレバ此場合ニ於テハ四十一年ニ於テ桂內閣ガ此財政ノ切盛リヲ變ヘタト同ジコトニ、此際繰延ヲシ、節減ヲスルト云フコトヲ斷行シテ、初メテ相當ナコトニナルノデアリマス、(拍手起ル)策是ニ出デズシテ前年ニシテ來タトコロノモノヲ唯上塗ヲシタト云フコトヲ以テ而シテ來年度ニ於テハ大ニ改正ヲ加ヘルト云フガ如キコトハ甚ダ無責任ノ致方デハナイカト思フノデアル、(拍手起ル)殊ニ現內閣ニ於テ前ノ西園寺內閣ニ列セラレタトコロノ原敬君、松田正久君其他內閣ニ於テハ屢〻經驗ヲ持タレタ方ミガ多クアルノデアル、唯一人山本藏相ダケハ新シク入ラレタ方デアリマスルガ、政府部內ノ狀況、財政ノ全體ノ有樣等ハ今新シク入ッタガタメニ日月淺クシテ以テ計畫ヲ新ニ立テルコトノ餘地ガナイト云フガ如キ申譯ノ出來ル人ミデハナイノデハアリマセヌカ(「ヒヤ〳〵」拍手起ル)而シテ明年ニ事延バシテ足レリト云フコトナラバ、是ハ敢テ一年ヲ爭フ譯ハナイノデアリマス、併ナガラ今日ノ財政ノ狀態ハ既ニ甚シキコトニ立至ッテ居ルト云フコト〻〻ハ、最早茲ニ事實ヲ擧ゲテ陳辯シナクテモ諸君ノ了知セラルヽトコロデアル、而シテ支那事件費ノ如キモノニ對シテ要求セラレル、即チ特別會計ノ中ヨリ借入若クハ繰入ヲスル――繰替ヲスルト云フガ如キコトハ、丁度民間デ申シテ見マスルト會社ヲ拵ヘテ役員ガ一時借金拂込ヲシテ、一面銀行ニ其金ヲ預ケルト云フ、所謂預合ナルモノト同ジコトデアル(「ヒヤ〳〵」)ソレハ既ニ費途ノ極ッテ居ルモノニシテ、到底ソレヲ使盡シテ後省ミルコトニ及バヌト云フモノデハナイノデアル、又今之ヲシヤウトシテモ、或ハ大藏證券ヲ一面ニ發行シテ以テ、ソコヘ戻入レテ置イテ、サウシテ此事件費ニ使フト云フガ如キコトニシナケレバナラヌ部分ガ餘程澤山アルデアラウ、若シ金額極メテ少ニシテ濟メバソコマデニハ參リマセヌガ、少ミク大キクナレバ必ズサウナル、然ラバ民間ニ於テ預合ヒト云フコト、何等擇ブトコロハナイ、而シテ民間ノ預合ヒト云フコトハ、世間頗ルヤカマシイコトデアッテ、昨年ニ於テ商法ノ改正ノ當時ニ於テモ頗ルヤカマシク言ハレテ豫防シタコトデアル、政府ノ爲スコトハ如何ナルコトヲシテモ構ハヌト云フ道理ハ更ニナイ、而シテ爲スモ構ハヌトシテモ、其弊ヤ殆ド特別會計ノ總テヲ蹂躙スルモノト其結果ハナルノデアリマス、(「問題外ダ」ト呼フ者アリ)此ノ如キ狀況ニマデ立至ッテ居ッテ、サウシテ尙一面ニ於テ所得稅ノ改正其他ノ稅ヲ減稅ノ意味ニ於テ改正スル、其趣意ハ宜シイノデアルガ、是ハドウシテモ其財源ノ求メヤウガナイ筈デアル、然ラバ今日ニ於テ節減ヲシテ置クト云フコトニアラザレバ、生ズル餘地ハナイノデアリマス(「ドウ節減スルノカ言給ヘ」ト呼フ者アリ)是カラ追ミ御腹ニ入レマセウ、マダ諸君ノ御希望ニ滿タヌ前ニモウ一ツ言ッテ置カナケレバナラヌ、大藏大臣ハ此正貨流出ニ對シテ先程武富君ヨリモ述ベラレ、其他ノ方ヨリモ述ベラレマシタカラ、重複スル點ハ除キマスルガ、大藏大臣ノ豫算委員會等ニ於テ述ベラレタトコロニ依レバ、正貨準備ハ兌換券ノ三分ノ一若クハ四分ノ一ヲ以テ普通トス、而シテ今ヤ發行總額以上ノ金額ヲ持ッテ居ルモノデアルカラサマデ、心配ヲスルニ足ラヌト、斯ウ言ハレタ、チョット聞ケバ尤モラシク聞エマスルガ又其通リデアル、併ナガラ日本ニ於キマシテハマダ日本ノ經濟界ハ英佛獨逸等ニ於ケルガ如キ、其中央銀行ノ利息ノ作用ニ依ッテ正貨ヲ集散スルト云フ力ハナイノデアル、サウ云フ力ヲ持ッテ居ル國ニシテコソ初メテ其正貨準備ナルモノガ、四分ノ一若クバ三分ノ一デモ足ルノデアル、我國ノ如キ狀況ニシテ一方ニ輸出入ハ何時モ輸入超過、サウシテ輸入超過ノミナラズ、正貨ノ流出スルトコロノモノハ貿易ノ作用ニ依ルモノ、外、三十九年カラ四十四年マデヲ平均スルト一箇年ニ一億四千四百八十二万七千二百四圓ト云フモノガ、年々此貿易作用ノ外ニ正金ガ出テ居ル、左樣ナ國ニ於テ又貿易ノ作用ニ其正貨準備ノ手段ヲ採ルコトノ出來ヌ國ニ於テ、兌換ノ發行ノ總額ニ近イモノガアルカラ大丈夫デアルト云フガ如キコトハ、是ハ甚ダ將來ニ於テ心細イコトデアルト

思フ、況ヤ其正貨準備ノ政府ノ所有ニ屬スルモノ、如キハ或ハ帳面上ニ存シテ居ッテ、其實既ニ仕拂フコトハ極ッテ居ル、此ノ如キコトハ斯ウ云フ席ニ於テ餘リ言フコトヲ好ミマセヌガ、必ズ三億七千二百万圓アルト誇ルニハ足ラヌト本員ハ思フノデアル、然ラバ是等ヲシテ漸次其順路ニ復セシムルト云フ政策ハ、所謂生產發達ヲ促シ、輸出ヲシテ成ルベク多カラシメ、輸入ヲシテ成ルベク少ナカラシメ、即チ輸入物ハ內地デ造リ、サウシテアチラニ向ッテ十分送リ出スト云フ政策ハ、是ハ大藏大臣ノ說明ノ如クシナケレバナラヌ、而シテソレ等ニ對スル政策如何ト問ヘバ、或ハ詔勅ノ御趣意ヲ敷衍スルニ止マリ何等政策ノ茲ニ施サレタモノモ無ケレバ、又抱負モ更ニ無イノデアル(拍手スル者アリ「君ニハ何カアルカネ」ト呼フ者アリ)此ノ如キ將來ニ向ッテ改善ノ政策モ持タレズシテ、而シテ明年ノコトニ對シテ何等ノ用意ノ無イト云フ點ニ至ッテハ、ドウシテモ茲ニ明年ノ豫算ニ向ッテ即チ六千万圓ヲ減ズルト云フガ如キコトノ必要ハ、恐ラク異論ノ無イコトデアラウト思フ(拍手スル者アリ「ノウ〳〵」)サウシテ竹越君ガ此點ニ向ッテ明治元年以來、日本ハ破產スル破產スルト云ッタガ、嘗テ破產シタコトモナケレバ其國勢隆々トシテ今日ニ至ッタリト、斯ウ言ハレタ(「其通リ」ト呼フ者アリ)ソレハ其通リデアル、其通リデアルガ、其內容ヲ見レバ何デアルカト云ヘバ、僅ニ支那ヨリ取ッタ償金ト外ニ十億八千万圓ノ借金ガアルタメデアル、是ハ何カ輸入カ何カ商賣ヲシテ、國勢隆々タリト云フナラバ、竹越君ノ御說至極感服スルノデアルガ、漸ク借金ヲシテ正貨準備ヲ繰返シ〳〵シテ今日ニ來テ、サウシテ今後ニ於テ貿易作用ニ於テ每年七千二百万圓カラ八千万圓ニ近イトコロノ正貨ヲ流出セシメナケレバナラヌト云フ狀況ニ於テ、國勢隆々タリトシテ安心セラレテ居ルト云フコトハ、實ニ經濟ノコトノ御分リニナラナイ話デハナイカト私ハ遺憾ニ存ズルノデアル(「ノウ〳〵」)少シ苦シウナルトヤカマシウナル、マア默ッテ御聽キナサイ、サウシテ小川平吉君ノ御論旨ニ對シテ一言ヲ酬ヒテ見タイト思フノデアル、小川君ノ御說ニ依ルト憲法上ヨリ見テ議員タルモノ、本分ヲ忘レタ致方ニナル(「其通リ」ト呼フ者アリ)此ノ如キ意味ヲ以テ論ゼラレタノデアル、私ハ實ハ法律家デハ更ニナイノデアッテ、此法律論ニナッテハ甚ダ嗚呼ガマシイ譯デアリマスガ、併ナガラ此事タルヤ常識ノ判斷ニ依ッテ更ニ差支ナイコトデハナイカ、何トナレバ議員其物ガ議場ニ於テ豫算ニ是ダケノ削減ヲ要スル、而シテ其要スル金額ハ政府ト協議シテ之ヲ定メル、此ノ如クシタ事柄ガ若モ議員ノ職權ヲ拋棄シタモノナリト云フナラバ、諸君ガ此議場デ公然爲サッタコトデナイト逃ゲラル、カハ知ラヌガ、所謂暗ガリノ所ニ於テ妥協ヲセラレ、ソレカラ肝膽相照シ、ソレカラ情意投合シタリ、此ノ如キコトヲ以テサヘモ、政治ハ圓滿ニ行クデハアリマセヌカ況ヤ將來ニ於テ是ダケノ金額ヲ節減スルニアラザレバ、國運ノ消長ニ大關係ヲ持ツト云フ事柄ニ至ッテ、政府ト之ヲ妥協スルト云フコトハ何モ不都合ハ無イ、若シ政府ガ之ニ不同意ヲ言ウテ、其議案ヲ撤回シテ引込マスト云フコトデアレバ、政府ノソレガ爲スガ儘デアル、若シ又修正ヲスルト云フコトナレバ、其意見ヲ聽キタイト云フコトナラバ、議院ノ意見ヲ聽クガ宜イ、サウシテ政府ノ意思ヲモ發表シテ、互ニ其意思ヲ交換シテ以テ六千万圓ニ至ル金額ヲ求ムルト云フガ如キコトハ、是ハ議院ト政府ト共ニ計畫シテ產出スコトガ當然デアルノデアル(拍手起ル)若シ其策ニ出デズシテ議院其物ガ六千万圓ヲ削ラナケレバ、國家將來ノ盛衰ニ關スルト云フコトヲ極メテ、サウシテ政府ガ之ニ不同意ト云フコトナラバ政府自ラ豫算不成立ヲ希望スルモノデアル、而シテ其豫算不成立ノタメニ國運ノ消長ニ關係スルト云フガ如キ費目ガゴザイマシタナラバ、其責政府ニ在リ、議院其物ノ責デハナイ筈デアル、此ノ如ク觀察ヲ下シテ來マシタナラバ、豫算ノコトニ對シテ政府ト協議スル何ノ憚ルトコロガアルカ、斯ク論ジテ見マスルト、小川平吉君ノ憲法ニ依ッテノ論モ、ソレカラ又政府ガ同意シナカッタトキハ――同意シナカッタトキハ其責政府ニ在リ、況ヤ是ハ同意

セザリシナラバ此豫算中ニ於テ私ハ確ニ三百餘万圓減額ヲ期スルノデアル、ソレカラ本年三百万圓ノ減額デアリマスガ、此豫算ニ於テ求メラレテ居ル所謂頭ダケヲ出シテ居ル、彌ニ竹越君ノ言ハレタ前内閣ニ於テ云々ト言ハレタ方ハ、本年度ニ於テハ種々ノ補助ノ名目ノ下ニ於テシマヒノ方ニ行ケハ隨分大キイ金額ニナッテ居ルモノモアル、是モ豫算ガ不成立ニナレバ無クナルモノデアル、歸スルトコロ國家ハ寧ロ豫算不成立ガ宜イカモ知レマセヌ、併ナガラ此ノ如キコトハ體面上カラ申シマシテモ、國家進運上カラ申シマシテモ、策ヲソコニ求メルト云フコトハ自分ノ期スルトコロデハ無論ナイノデアリマス、サウシテ小川平吉君ノモウ一ツ論據ノ中ニ於テ款項ニ亙ッテ何故節減ヲシナイト云フコト、之ガモウ小川君ノ金城鐵壁ノ處デアラウト思フ、凡ソ此豫算ノ全體ニ通ズル人デゴザイマシタナラバ、之ヲ此五億何千万カラ六千万圓モ或ハ減ジ、或ハ繰延ヲ實行シヤウト云フトキニ其款項ニ亙ッテマデ、削減ヲ試ミルト云フガ如キコトハ、是ハ豫算ノ繰方モ何モ知ラヌ人ノ言フコトデアル（「ヒヤヒヤ」拍手起ル）ソレハ左様ナコトノ出來ナイヤウニチヤント出來テ居ルノデアル、ソレガ出來ナイノデハナイ、政府ト必ズ共ニ妥協シナケレバ出來ナイヤウニナッテ居ルノデアル、ソレヲ知ラズシテ唯形式上カラ云ヘバ、理窟上カラ云ヘバ、議院ハ之ヲ削減スル權能アリ、其權能ニ依ッテ何故セヌカ――チョット一言聽ケバ至極好イ論ノヤウデアルガ、豫算ノ全體ニ通ジテ能ク御熟讀御覽ニナリマシタナラバ、是ハヤルコトハ出來マスルガ、其結果ヤ必ズ實際ノ運用ノ上ニ障礙ヲ來スコトガ出來ルノデアル、ソレ故ニ政府ト共ニ相談ヲシテト云フコトデアル、併ナガラ何モ言ハヌト仰セラル、カラ、一ツ是カラ例ヲ擧ゲテ申シテ見マセウ、抑モ明治三十六年卽チ戰爭前ト今日ト見マスルト、軍事費ニ於テ約一億四百万圓増加シテ居リマス、ソレカラシテ行政費ニ於テ一億一千餘万圓増加シテ居ル、此軍事費ノ如キモノハ領土ノ廣マッタトコロノ關係、若クハ軍備ノ擴張等ニ於キマシテ多少ノ増加ヲ來スト云フコトハ當然デアリマスガ、併ナガラ其勢ノ然ラシムルトコロ非常ニ増加ニ失シテ居ルト云フコトハ事實アルノデアリマス、而シテ行政費ニ至ッテハ僅カノ年數ノ間ニ一億一千万圓ノ増加、此ノ如キ急激ノ増加ヲ要スルト云フ道理ハナイノデアル、モウ一ツ之ヲ詳シク申シマセウ、明治三十六年カラ――數字ハ隨分御迷惑デアリマセウガ、チョット申シテ見マセウ、（「謹聽」ト呼フ者アリ）勅任官ノ増加ガ百四十六人、ソレカラシテ奏任官ノ増加ガ千四百九十一人、判任官ノ増加ガ一万五千十三人、雇其他ノ増加ガ四万七千五百六十一人、俸給ノ増加ガ三千九十九万四千六百五十二圓、之ニ加フルニ四十二年ノ議會ノ協贊ニ依ッテ増加シマシタモノ約七百万圓、此ノ如ク卽チ三千七百九十、約三千八百万圓ト云フモノガ三十六年以來文官ニ對シテ――武官デハナイ、文官ニ對シテノ増額デアル、然ラバ此中ヨリ削減ノ餘地アリト云フコトハ恐ラク爭フベカラザルコトデアリマス、唯此ニ豫算ノ方ニ當嵌メテ言ヘバ、三人ヲ一人トシ、或ハ俸給ノ四千五百圓トアルヤツヲ四千圓トスルト云フガ如キコトニ出ヅルダケノ話デアル、此ノ如ク論ジテ來テ見ルト、俸給中下級ノ者ハ更ニ除キ、又役所ノ小部分ナルモノヲ除キマシテモ、俸給約四千六百二十五万五百餘圓ノ中デ、六百九十五万圓位ノ節減ハ確ニ出來ル、ソレカラ廳費ニ於キマシテモ役所ノ小サイ部分ニ於テ、廳費ノ節減ハ餘地ガアリマセヌガ、此廳費中ニ於テモ節減シ得ラルルト云フトコロノ部分ヲ擧ゲテ見マセウナラバ、總計シテ約四百三十六万圓バカリアル、其中デ六十六万圓バカリノ節減ハ更ニ行政ノ運用上差支ナイト認メテ居ル、ソレカラ又旅費ノ上ニ於キマシテモ必シモ必要缺グベカラザル旅費ノ部分ヲ除キマシテモ、六百五十万圓位ノ中カラ九十八万圓程ハ減ジ得ラレル、ソレカラ雜給、雜費等ニ於キマシテモ同様ノ金額ガ出ルノデアリマス、ソレカラ又陸軍、海軍ニ至ッテハ一言此處ニ申シテ置キタイト思ヒマス、抑、陸軍、海軍ハ今日マデ大整理ヲナシタト云フコトハ――私ハ議會カラ求メテ大整理ヲ爲サシメタト云フコトハ一向ナイヤウニ思フ、或ハ内部ニ於テハ無論ヤラレテ居ルコトデゴザイマセウガ、先ッ擴張一片ニ來テ居ル、其擴張一片ニ來テ居ッテ、糧秣費、其他所謂委任經費ノ下ニ於テ、運用ノ利ク者ガアル、此委任經費ニ於キマシテハ或ハ新シキ師團、或ハ古キ師團等ニ依ッテ多少ノ差別ハゴザイマスルガ、必ズ表面ノ通リト事實トニ至ッテハ大分違ッテ居ル、卽チ多少此ニ於テ餘地ヲ存シテ居ルト云フコトハ、私ハ確ニ之ヲ擧ゲ得ルノデアリマス、（「金額ヲ示セ」ト呼フ者アリ）金額ヲ示シテ一言ニ申シマセウナラバ、陸軍ニ於テ千五百万圓海軍ニ於テ八百万圓ノ節減ヲスル餘地ガアルト私ハ思フノデアル、又節減セザルヲ得ヌト思フノデアル、（「其理由ヲ説明セヨ」ト呼フ者アリ）説明ヲシツヽアルノデアリマス、抑、陸軍ノ如キハ十二箇師團ヲ十八箇師團ニセラレ近衞ヲ除キマシタトコロデサウデアリマスガ、兵數ヲ從前ニ比ベマストチョット一倍半、ソコヘ持ッテ來テ二年制ヲ實行セラル、ニ當ッテ、三年ノ兵ト同ジ風ノヤリ方ヲサレテ居ルガタメニ、是亦日露戰爭ノ前ヨリ之ヲ見マスルト約一倍割五分位兵數ガ殖エテ居リハセヌカト思フ、此ノ如キコトハ無論好キニ相違ナイ、國防ノ充實ト云フ點ニ於テ好キニハ相違ゴザイマセヌガ、今ヤ一面ニハ海軍ノ擴張ヲ要シ、サウシテ一般ノ歳出ハ非常ニ増加ヲ來シテ居ッテ其結果、民力ノ休養ヲサセナケレバナラヌ、又一面ニ於テ輸出ノ奬勵ヲシナケレバナラヌト云フ今日ニ於テハ、此二年兵ノ制度ニ於テ三年兵ト同ジヤウナ兵數ヲ以テセナケレバナラヌト云フガ如キコト、卽チ三年間ノ兵ヲ二年ニ於テ拵ヘルト云フコトハ一應道理アルコトノヤウデゴザイマスルガ、陸軍糧秣費、被服費、ソレカラ兵器彈藥ノ製造等ノ點ト併セテ以テ之ヲ姑ク節約ヲ加ヘテ、他日國民ノ富ト共ニ之ヲ復シテ來ルト云フガ如キ政策ヲ執ルコトハ、是ハ求ムルニ於テ已ムヲ得ザル註文デアルト私ハ思フノデアル、其他此被服ノコトニ於キマシテモ、初メハ各聯隊等ニ於テ調達ヲサセテ、所謂御用商人ナル者ニ言付ケテサセテ居ッタモノガ、段々變化シテ來テ、今日ハ聞ク所ニ依レバ陸軍省ニ於テ之ヲ裁ッテ渡スト云フコトニナッテ居ルヤウデアリマス、是モ至極必要カラ起ッタノデアリマシテ、敢テ私ハ異論ハナイガ、製絨所ヨリ陸軍省ニ納メ、陸軍省デ之ヲ裁ッテ各聯隊ニ渡スト云フマデノ間ニハ、是亦多少ノ餘地ヲ存シテ居ルト云フコトモ私ハアラウト思ッテ居ルノデアリマス、此ノ如ク細カニ論ジテ行キヨリマスルト、餘程長クナリマスルガ、要スルニ無益ニ奢侈ヲシテ居ルト云フ意味ハ少シモ持ッテ居ラヌ、必ズ是ハ公明正大ニ必要ニ應ジテ配置サレテアルコト、ハ思ヒマスルガ、今日ノ國民ノ狀況上カラ考ヘマシタナラバ、是ハ多少ノ削減ノ餘地ヲ與ヘテ、他日國民ノ富ト共ニ之ニ復スルト云フコトヲ以テ、此ニ餘地ヲ與ヘシル、ト云フコトハ已ムヲ得ザル方法デアラウト思フ、（拍手起ル）ソレカラ又海軍、外務省等ニ於キマシテモ、在留民ノ取締費トカ、海軍ノ被服糧秣――糧秣ハアリマセヌガ、旣ニ被服費ノ如キモノハ或ハ船ニ居ルトキニ於テハ成ベク仕事ヲスルトキノ著物ヲ著セ、陸ヘ上ルトキニ於テモ大祭日等ノ晴ガマシイトキノ外ハ、例ノ今日ノ著物ヲ著セヌヤウニスルト云フガ如キコト、其他軍艦等ノ修繕ニ於キマシテモ、戰爭當時ノ如キ考ヲ以テ大低ナル事柄ハ船自身ニ於テ修繕ヲシテ、敢テ船渠ヲ煩ハスト云フコトノ策モ執ラヌ、其他船具トカ、消耗品ノ節減ト云フガ如キトコロマデ立入リマシタナラバ、餘程ノ餘裕ヲ生ズルコトガ出來ル筈デアルト思フ、殊ニ此海陸ノ連絡ノ設備デアリマスルガ、是ハ明治初年以來、海軍當局者ノ方針トシテハ無論非ト御考ヘニナッテハ居ラヌ筈デアリマス、併ナガラ是モ領土ノ廣クナリマシタコト、又四圍ノ狀況、船ノ大小等ヲ考ヘマシタナラバ、或ハ鎭海灣トカ、或ハ佐世保ト云フガ如キ所ニ大勢力ヲ集中シ、其他ノトコロノモノハ小サクスルト云フガ如キコトハ、確ニ出來ル筈デアラウト思フ、此ノ如キコトヲ致シマスレバ海軍ニ於テモ尚減額ヲスルト云フ餘地アルコトハ勿論デアル、又海軍ニ於テハ一面海軍力ヲ擴張スルト云フコトノ必要ニ迫ラレテ居ル今日デアリマスカラ、他ノ事柄ニ向ッテハ多少無理ナルコトマデモ努メテ、サウシテ一面ノ目的ヲ達スルト云フコトノ手段ヲ執ラレルト云フコトハ、是ハ當然ノコトデアラウト思フノデアル、ソレカラモウ一ツ言ッテ見ヤウナラバ、關東都督府、臺灣總督府、朝鮮總督府ニ於ケル官吏ノ加俸デアル、是ガ五割若クハ六割或ハ四割六分ト云フガ如キコトニナッテ居リマスガ、私モ昨年關東都督府ノ地方ヨリシテ朝鮮ノ方ヲ歩ルイテ見タノデアル、マダ臺灣ヲ歩ルキマセヌカラ臺灣マデ論ズルコトハ少シ無理カモ知レマセヌガ、今日私ノ通過シタトコロノ容子ヲ見マスレバ、相當官舍等ノ備モ出來テ居ル、ソレカラ又日用ニ於ケルトコロノ需用品相當出來テ居ル、又物價ガ高イカト言ヒマスレバ高イ處モアリマスガ、朝鮮等ニ於テハ極メテ廉イノデアル、今假ニ朝鮮ノ如キ地方ニ向ッテ民間ノ會社ガ支店デモ出サウトシテ見タトキニ總督府ノ官吏ト云フモノヲ標準ニシテ、ヤハリ此支店員ニ向ッテモ加俸手當等ノコトヲシナケレバ行キ手ハナイノデアル、既ニ私ガソレダケノ實行ヲシヤウト云フトキニ至ッテ、非常ニ不都合ヲ感ジテ居ル一人デアリマス、而シテ此都督府ノ加俸ノ總計金額ハ二百八十万圓餘ニナッテ居ルト思ヒマス、是ヲ今悉ク全滅スルト云フガ如キコトハ無理カモ知レマセヌガ、朝鮮ノ如キハ半減シテモ更ニ差支ナイ、朝鮮モ所ニモ依リマセウ、又關東都督府ノ如キモ所ニ依ッテ半減、所ニ依ッテ現狀ノ儘ト云フガ如キコトハ確ニ出來ルト思フ、此ノ如ク致スト同時ニ、モウ一ツ論ジナケレバナラヌト思ヒマスコトハ、抑〻今日ノ此官制俸給其他ノ出テ來ルトコロノ根源ノ官制ナルモノハ、明治十八年伊藤公ノ定メラレタルトコロノモノガ御手本デ、其後ニ段々擴張シテ居ルマデノコトデアル、而シテ其時分ハ民度モ低ウゴザイマスルシ、人モ亦ナカッタ、其時分カラ申シマスレバ、政府ノ官吏ヲ民間ニ使用スルト云フ時分ニハ必ズ月給ヲ増加シナケレバ來手ガナカッタノデアル、今ハ之ニ反シテ民間ノ方ハ減額スルト云フ位ノ有樣ニナッテ居ル、而シテ民間ノ方ニ於テハ大學ヲ卒業シタ者ヲ尚西洋ニマデ出シテ、十分ニ學問ヲサセテ使用スルト云フガ如キコトガ澤山アルノデアル、然ルニ制度ハ十八年以來其儘デアリマスガタメニ現ニ監督、檢査、保護、干渉、許可、此ノ如キコトノ上ニ於テ手數ノ掛ルコト實ニ夥シイノデアル、現ニ檢査ノ如キモノモ十分ナル機關ヲ備ヘテ檢査ヲスルト云フナラバ效力ガゴザイマスガ、今ノトコロデハ檢査其モノ、機關ハ何レノ方面ニ於テモ不完全デアルタメニ、或ハ大藏省ガ銀行ノ檢査ヲシテ二三日經ット、銀行ガ仕拂停止ヲシタト云フ如キ實例モゴザイマスルシ、又其他鐵道或ハ電氣其他ノモノ、機關ニ至リマシテハ、今ノ銀行ノ如キ例ハナイト致シマシテ、其手數煩雜ニシテ、容易ナラザル日月ヲ要スルト云フコトハ、是ハ諸君ノ親シク知ラルヽトコロ、今日ニ於テモ同ジ認可ヲ請フモノニシテモ、直ニ濟ムモノガ早クテ十日遲クテ一箇月モ掛ルト云フコトハ、一向顯著シナイト云フ有樣デアル、然ラバ今日之ヲ完全ニスルコトハ制度調査ノ結果ニ待ツヨリ外アリマセヌガ、此方針ヲ根本的カラ改正スルト云フコトサヘ極レバ、其官吏ノ如キ乃至役所ノ如キモノ、分課ノ方法等ニ於テハ、其費用ヲ先以テ節減スルト云フコトハ、今日ニ於テ出來易イコトデアラウト思フノデアル、此ノ如ク論ジ來リマスレバ、經費節減ノ如キハ六千万圓ヲ求ムルト云フコトハ、餘程窮クヤウデアリマスガ、實際ヲ申シマシタナラバ、六千万圓ヲ削ッタナラバ、ソレデ以テ總テ我歳入歳出ニ於テ總テノ仕事ガ極ク樂ニ行ケルカト申シマスルト、マダ所謂繰越ヲ餘程斷行シテ六千万圓ノ外ニ尚餘裕ヲ造ルニアラサレバ、決シテ我國ノ財政ノ運用ハ出來ヌノデアル、然ラバ此六千万圓ト云フモノハ急ナルモノ、急デアル、此ノ如ク整理ヲ付ケテ卽チ方針ヲ確立シテ、サウシテ初メテ諸君等ノ常ニ希望スルトコロノ鐵道ノ如キモノモ、經營ハ私ハ出來ルダラウト思フノデアル、特別會計ト雖モ同ジコトデアル、卽チ今ノトコロデハ鐵道其モノ、資産ハ既ニ鐵道所屬ノ公債ノ利子ヲ拂ッテ後ニ尚一千餘万圓ノ益ヲ生ジテ居ルノデアル、然ラバ此一千餘万圓ノ利子ヲ以テ、サウシテ更ニ財源ヲ求メル公債ヲ募ルト云フコトニナレバ、一般財政ノ基礎ノ鞏固ナルコトニ至ッテ、初メテ利益ナル條件ニ於テ其金ハ得ラレルノデアル、其金ヲ得ラレテコソ初メテ諸君ガ地方ニ出張セラレテ、段々人民ニ向ッテ歡迎ヲサレテ居ルトコロノ鐵道計畫ノ如キモノモ初メテ出來ルノデアル、策此ニ出デズシテ爲サッタナラバ、唯徒ラニ主張スルニ止ッテ、而シテ其實ハ決シテ出來ナイト思フノデアリマス、斯ノ如キ理由ニ於キマシテ武富君ノ提出案ニ贊成ヲ表スルノデアリマス

（拍手起ル）

明治四十五年度豫算案

（井上角五郎君登壇）

（拍手起ル）

○井上角五郎君　諸君、本員ノ述ベマシタトコロノ今迄ノ趣意ヲ簡單ニ申シマスレバ、今日ノ場合ニ於キマシテハ財政ノ狀態ノ困難ナル極ニ陷ッテ居ルノデアルカラ、何者ガ豫算ヲ調製シテモ十分ナル豫算ハ出來ナイガ故ニ、出入相償フトコロノ豫算ヲ一方ニ作リ、一面ニハ制度調査ニ著手シタノデアル、此制度調査ナルモノ、結果ハ吾々ハ相當ニ大ナル結果ヲ希望スルノデアッテ、國民派ガ六千万圓、中央派ガ五千万圓敢テ驚クニ足ラヌト云フコトガ今マデ述來ッタ議論デアリマス、諸君、吾々ハ國民派ノ云フガ如ク又中央派ノ云フガ如ク、第一ニハ民力休養ヲ圖リ、且第二ニハ海軍ノ充實ヲ圖リ、第三ニハ豫算ノ施行ヲ容易ニスルト云フ點ニ於キマシテ、反對論者ト同一ノ意見デアルケレドモ、更ニ尙進ンデ吾々ハ產業發展ト云フコトニ大ニ望ヲ持ッテ居ル者デアル、例ヘバ鐵道延長ノ如キ港灣修築ノ如キ、其他農工商業全體ノ產業ヲ發達セシメントシテ十分ニ大ニ望ヲ圖シテ、多年此積極主義ヲ主張シテ居ルモノデアル、故ニ行政整理ノ結果ハ啻ニ稅制整理ヲスルノミナラズ、又啻ニ海軍ヲ擴張ヲスルノミナラズ、又今日ニ於テ海軍ヲ擴張スル方ガ大切デアルカ、經濟ノ整理ノ方ガ大切デアルカト考ヘテ見タナラバ、海軍擴張固ヨリ大切ナレドモ、經濟ノ整理ハ一層大切ナルモノデアル、故ニ吾々ハ海軍擴張ヲ圖ルト同時ニ、產業ノ發展ト云フコトニ力ヲ用ヰントスルモノデアル、諸君御覽ナサイ、現ニ昨年一年中ニ於テ在外正貨ノ減少シタル高ハ卽チ九千九十五万圓ト云フコトデアル、斯ク在外正貨ガ九千九十五万圓減少シタルコト卽チ輸出入ノ不平均カラデアル、公債ノ利子デアルトカ、又海軍其他ノ買物ノニタメ在外正貨ヲ使用シタモノガ九千九十五万圓減少シテ居ルト云フ此場合ニ於テ、吾々ハ稅制ノ整理ヲ必要ト認ムル、海軍擴張ノ必要ヲ認ムル、認ムルト同時ニ就中產業ノ發達ヲ必要ト認ムルカラ獨リ政友會ハ國民派ガ望ムガ如ク、中央派ガ望ムガ如キ望ヲ以テ滿足セズニ、更ニ大ナル希望ヲ以テ此制度調査會ニ向ッテ抱イテ居ルモノデアル、諸君先刻武富君ガ云フガ如ク、制度調査ヲヤッタトコロガ、或ハ閣僚ガ云フコトヲ聞カナカッタナラ、或ハ他ニ弊害ガ起ッテ制度調査ガ出來ナイカモ知レヌト云フコトヲ武富君ガ云ハレタガ、吾々ハ一大決心ヲ持ッテ居ルノデアル、若シ西園寺侯ガ進ム針路ニ於テ制度調査ガ十分ニ出來ナイ、之ニ阻碍ヲ加ヘルモノガアッタナラ國民ト共ニ此制度調査ノ進行ニ阻碍ヲ加ヘルモノヲ敵トシテ大ニ鬪フ決心ヲ持ッテ居ルノデアル、諸君斯樣ナル吾々ハ考ヲ持ッテ居ルノデアル、尚玆ニモウ一言シナケレバナラヌ（「簡單」ト呼フ者アリ）極メテ簡單デアリマス、此政府ハ出入相償フ豫算ヲ拵ヘタトハ云ケレドモ、歲出ヲ切詰メ切詰メテ、サウシテ剩リヲ生ジテ其剩リハ海軍ノ製艦ノ財源ニ充テ、居ル、又其剩リハ電話擴張其他ノ擴張事業ニ充テ、居ルノデアル、又其剩リハ或ハ各地ノ下水水道ノ補助ノ如キ、其他種々ノ地方補助ノ仕事ニ當ッテ居ルノデアル、西園寺内閣ハ出入相償フトコロノ今日ノ急場ニ應ズル豫算ヲ作ッタトハ云フケレドモ、其

中自カラ多年保持スルトコロノ積極主義ノ實行ニ努メテ居ルト云フコトハ、此豫算案ノ上ニ見ルコトガ出來ルノデアル、又彼ノ國民派ノ加藤君ノ如キハ――片岡君ノ如キハ、此豫算案ニハ缺陷ガアルト云フ、所謂缺陷ナリト云フモノハ何デアルカト云フト、豫算委員會ニ於テ――本會ニ於テノ議論ヲ考ヘテ見ルト鐵道延長ノタメニ四千万圓ノ金ヲ募ルデハナイカ、治水事業ノタメニ八百万圓ノ金ヲ募ルデハナイカ、又朝鮮ノタメニ千二百万幾ラノ公債ヲ募集スルデハナイカ、臺灣ノタメニ二百五十幾万ノ公債ヲ募集スルデハナイカ、合計スレバ六千五百万圓バカリノ公債ヲ募集シテ是等ノ事業ヲスルト云フコトハ恰モ缺陷デアッテ、出入相償フコトヲ目的トスルト云ヒナガラ、實ニ怪シカラヌト云フコトヲ云フテ居ル、成程是等ノ諸君ガ缺陷ト稱セラル、トコロノモノヲ止メタラ滿足デアルカモ知レヌ、現ニ中央派ガ頭割一割三分ヲ以テ議論ヲスル考デアルガ、御覽ナサイ、頭割一割三分ノ議論ヲスルナラバ彼ノ地方補助費――下水ノ補助水道補助ヲ今年ハ西園寺内閣ハ苦シイ豫算ノ中カラモ幾ラカ増加シタ、アレヲヨサナケレバナラヌ、例ヘバ市町村交付金ヲ一割三分減ラスナラバ、昨年折角吾々ノ骨ヲ折ッテ徴税手數料ノ改正ヲシタケレドモ、ソレガ今年ハ無駄ニナル、治水事業モ一割三分減ラスデアラウカ、普通教育費ノ補助或ハ實業教育奬勵費ノ如キモ一割三分ヲ減ラスデアラウカ、斯ク算ヘ來ッテ見タナラバ一割三分減ラスト云フ論ハ甚シキ消極ナル考デ、人民ノ利害發達スベキ教育又産業ヲ發達セシムルコトヲ忘レテ居ルモノト云ハナケレバナラヌノデアル(「ノウノウ」)又昨日豫算委員總會ニ於テ加藤君ハ所謂天引削減ノ議論ヲ唱ヘタトキニ、國家今日ノ如キ缺陷ノアル場合ニ於テハ鐵道延長モ見合セルガ宜カラウ、治水事業モ仕方ガナケレバ止メルガ宜カラウト述ベテ居ル、諸君、此所謂缺陷ト稱スルモノハ――所謂缺陷ト稱スルモノ、如キハ政府ハ公債ヲ募集シテ之ヲ支辯シテ差支ナイモノデアル、鐵道ヲ架ケル、治水ノ仕事ヲヤル、何ノタメニ公債ヲ募ルコトガ惡ルカラウ、公債ヲ募ッテモ差支ナイコトデアル、公債ヲ募ッテモ差支ナイ、産業發達ガ今日國家ニ必要ノ事業デアッテ、之ヲ内閣ガ出入相償フコトヲ目的トシナガラモ、爲シタト云フノヲ諸君ガ缺陷ナリトシテ非難スルナラバデス、諸君ガ西園寺内閣ハ缺陷アル豫算ヲ出シタト非難スル程、ソレ程吾々ハ西園寺内閣ノ能ク國家ノ情勢ニ通ジテ所謂我黨ノ積極主義ヲ忘レナイト云フコトヲ甚シク喜ブノデアル(「君ノ顔ニ缺陷アリ」ト呼フ者アリ)斯ク論ジテ見マシタナラバ、實ハ尚少シク申上ゲタイノデアリマスケレドモ、少シ咽喉モ痛メテ居リマシ、大概私ノ議論ハ盡キタト思フノデアル、其他天引論ニ對スルガ如キ、頭割削減ニ對スルガ如キハ、小川君、竹越君又其他同志ノ人々ガ前ニ精シク述ベテ居リマスカラ之ヲ茲ニ省キマシテ、要スルニ大體ニ於テ國民派ノ議論ハ行フノ價値ナイモノデアル、見込ヲ示サナイ、折角サッキ片岡直温君ガ見込ナリト言ハレタケレドモ、テンカラ取ルニ足ラヌ見込デアッタトシタナラバ、之ヲ到底此處デ物ニスルガモノハナイカラ、速ニ否決シナケレバナラヌ、又昨日ハ頭割一割三分減ラスノ論ヲ出シタモノガ、今日ハ改メテ武富君ト案ハ同一デアッテ、一千万圓達ヒニシタイト云フ中央派ノ議論ノ如キハ、昨日ト今日ト餘リニ早イヂヤナイカ、殆ド取ルニ足ラナイ議論デアッテ、要スルニ昨年ノ返付說ノ方ガ餘程男ラシカッタト思ヘル程、反對黨ノ議論ハ取ルニ足ラナイモノデアルカラ、速ニ之ヲ否決シテ即チ本豫算案ヲ、委員長ノ報告シタルガ如ク可決スルコトヲ私ハ希望シテ、時間モ經チマシ、是デ止メマス(拍手起ル)

○恆松隆慶君　討論終結ノ動議ヲ提出致シマス

（「賛成々々」ト呼フ者アリ）

○議長（大岡育造君）　恆松君ヨリ討論終結ノ動議ガ出マシタ、御異議ハアリマセヌカ

（「異議ナシ」「異議アリ」「討論終結反對」ト呼フ者アリ）

○議長（大岡育造君）　異議ガアレバ決ヲ採リマス、討論終結ニ賛成ノ諸君ハ起立

起立者　多數

（「大多數ダ」ト呼フ者アリ）

鐵道敷設法中改正法律案　第二讀會

○議長（大岡育造君）　茲ニ修正案ガ出テ居マスカラ之ヲ朗讀致シマシテ、然ル後ニ討議ニ移リマス

（書記朗讀）

鐵道敷設法中改正法律案中左ノ通修正ス

「第一條第一項山陰線ノ部中」及本線ヨリ分岐シテ鳥取縣下境及島根縣下杵築ニ至ル鐵道ヲ」竝本線ヨリ分岐シテ鳥取縣下境、島根縣下杵築及山口縣下萩ニ至ル鐵道」ニ改ムヲ削除ス

第七條第八號ノ次ニ左ノ一號ヲ加フ

一、奥羽豫定線ノ内岩手縣下黑澤尻ヨリ秋田縣下横手ニ至ル、鐵道

同項第十四號中「竝本線ヨリ分岐シテ鳥取縣下境、島根縣下杵築及山口縣下萩ニ至ル鐵道中、京都府下舞鶴ヨリ島根縣下濱田、山口縣下山口ヲ經テ小郡ニ至ル鐵道、竝本線ヨリ分岐シテ鳥取縣下境、島根縣下杵築及山口縣下萩ニ至ル鐵道」ニ改ムトアルヲ「竝本線ヨリ分岐シテ鳥取縣下境、島根縣下杵築ニ至ル鐵道中、京都府下舞鶴ヨリ島根縣下濱田、山口縣下山口ヲ經テ小郡ニ至ル鐵道、竝本線ヨリ分岐シテ鳥取縣下境島根縣下杵築ニ至ル鐵道」ニ修正ス

守屋此助

○議長（大岡育造君）　守屋君ニ御尋シマスガ、此修正案ニハ別段贊成者ガ書イテアリマセヌガ、成規ノ贊成者ガアルノデアリマスカ

○守屋此助君　贊成ガアルノデス

（「贊成々々」ト呼フ者アリ）

○議長（大岡育造君）　二十名ノ贊成者ガアレバ、直ニ修正案ノ提出ガ出來マス

（「贊成々々」ト呼フ者アリ）

○議長（大岡育造君）　贊成者ガアルモノト認メマス――守屋此助君

（守屋此助君登壇）

（「簡單々々」ト呼フ者アリ）

○守屋此助君　諸君、簡單ト云フ御希望モアリマスルガ、此問題ハ私ハ日本ノ鐵道全體ニ對スル政策上大事ナコトデアルト思ヒマスカラ、能ク私ノ意思ヲ徹底スルヤウニ述ベサセテ戴キタイト思ヒマス（「謹聽々々」ト呼フ者アリ）抑、東北ト云フモノハ諸般ノ政治ノ上ニ於テ私ハ云ヒタイコトガ澤山アリマシテ、東北ハ虐待ヲ受ケテ居ルコトガアルガ、是ハ今日ハ其時期デナイカラ唯鐵道ノ事ダケニ付テノ日本ノ政策ノ東北ニ對スル殘忍酷薄ナルコトヲ申シテ見タイ、第一ガ此間鐵道政策ニ付テハ本會モ――委員會デモ私ガ問ヒマシタガ、東部線卽チ東部管理局――上野ノ管理局デ管理シテ居ルトコロノ關東一府五縣、東北六縣七州、是ダケニ對スル鐵道ノ運賃ハ山陽線ヨリカ倍取ッテ居ル、倍ノ賃錢ヲ既ニ東北ノ方ハ取ッテ居ッテ、サウシテ車ノ設備ガ惡ルイ上ニ、速力ガ鈍クテ回數ガ少ナイ、斯ウ云フ鐵道ノ政策ヲ致シテ置イテ、鐵道國有法デハ甲乙ノ私設會社ガアレバ、イロイロノ運賃ノ取方ナドヲスルカラ日本全國全體ノ交通ガ全ク旨ク往カズシテ區々ノ運賃ヲ取ッテ、國ノ發達ヲ害スル賃錢均一ニスルト云フ事柄ガ確ニ鐵道國有法ノ理由ノ重ナル一箇ノ理由デアッタ、然ルトコロガ鐵道國有ニナッタ後モ依然トシテ此ノ如キ不都合ナコトヲ以テ、東北關東五縣一府ガ、此ノ如ギ虐待ヲ受ケテ居ルノデアル、サウシテ此線路ノ敷方ニ付テ今日適切ニ關係ノゴザイマスル方ニ往キマスト云フトドウデアルカト云フト、山陰山陽――此山陰線ノ方ハ此山陽線ノ方ニ出ル處ハ山口縣ノ小郡ト云フ處ニ往ッテ山陰ノ北ノ日本海ノ南ノ海ニ出ルコトニナッテ居ルノニ、茲ニ濱田ヨリ山口ヲ經テ小郡ニ到ル途中ノ日本海ノ縁ニ益田ト云フノガアル、其益田カラ分岐シテ、枝線ニナッテ二十八哩舊毛利ノ城下萩ニ往クノガアリマス、此萩ニ往クノガ二十八哩デ、何程金ガ掛ルカト云フト、政府ノ見ル所ニ據ルト、千零十七万圓掛ル、利益ガ幾ラアル、諸君、驚ク勿レ、日本一ノ利益ノ小サイ鐵道デアル、斯ヤウナ鐵道ハ日本ニ是迄民設ニモ官設ニモナイ事實デアル、諸君、何ボ利益ガアル、政府ガ調ベタトコロニ依ルト大枚一千圓ノ金ニ對シテ一年ニ一圓三十錢儲ルト云フ鐵道ノ利益、此度出タノヲ見ルト云フト、例ヘバ新發田村上間ノ如キモノハ千圓ニ付テ四十七圓二十錢儲ル、是ハ何分ニ當ルカト云フト、四分七厘儲ル、ソコデ一厘ニ毛儲ル鐵道ガ此萩ニ往ク鐵道デアル、斯ウ云フ鐵道ガ何ゼ斯ヤウナ日本ニ是迄例ノナイ鐵道、サウシテ今日本ノ公債ガ――百圓ノ公債ガ九十四圓八十錢トカ云フ――九十五圓ヲ潜ッテ居ルノデアルカラ、今政府ガ四千万圓ノ例ヘバ明年鐵道公債ヲ募集シヤウトシテモ手取ハ九十三カ四デアラウ、六朱ニ近イ利息ヲ以テ募ッタ金ガ、ソレデ百圓ノ金ニ付テハ殆ド手取ニスレバ六圓近イ――千圓ニ付テ六十圓ノ利息ヲ拂ッテ一圓二十錢儲ル鐵道ヲ敷ク、私ハ餘程此點ニ於テ親切ニ國ノ財政經濟ヲ料理スル人ハ考ヘナケレバナラヌト思フ、ソレデ是カラ後ハドウナルノデアルカト云フト――萩カラ先ハドウナルカト云フト、アノ長州ノ鼻ヲグルット回ル處ヲ鉢巻ヲシタ如クニ私設鐵道ガ――輕便鐵道ヲ願ッテ居ル人ガアルカラ、アノ先ガ聯絡ガ付クデアラウト思フト云フノガ、政府ノ說明デアル、然ラバアスコノ處三十八哩モ政府ノモ均ク輕便鐵道ニシタナラバ、ドウデアル、同ジ鐵道ガ要ルナラバ――然ルトコロガ萩ノ城下ニ行クニ限ッテ、日本ニ是迄ナイ又六朱カラノ利息ヲ拂ッテ是ダケノ少ナイ――千圓ニ付テ六十圓ノ利息ヲ拂ッテ一圓二十錢シカ儲ラヌ鐵道ヲ敷クト云フコトハ、少々守屋此助ノ頭ニハ數字ノ理解ガ出來ヌノデアル、ソコデ然ラバソレ程――ソレハサウ云フヤウナ處ニ枝線ノアル處ニマデサウ云フコトヲシテスルガ如キ鐵道ニ金ガ有リ餘ッテ居ルカト思フト云フト、一度日本ノ地圖ヲ擴ゲテ見ルト云フト、東北ノ野ハ如何ニ殘忍酷薄ニ取扱ハレテ居ルデセウカ、山陽ノ地方ハ汽車ノ代ガ半分ニシテ、サウシテ木ノ葉ノ如キ船ガ往キツ戻リツシテ、此運用ノ便ト云フモノガ開ケテ居ルノデアル、サレバコソ日本ノ事物ガ西ノ方ノ山陽デ六箇月デ開ケルモノガ、東北ハ六年モ掛ラナケレバ開ケナイ程デアル、山陽道ガ六箇月ニ三ツ開ケレバ、東北ハ六箇年モ掛ラナケレバ開ケヌコトニナルノハ種々ノ原因モアラウガ、鐵道虐待ガ確ニ其一ツデアル、之ニ付テ東北ノ野ヲ調ベテ見ルト、是ハ日本デ私ガ考フルニ急ニ敷カナケレバナラヌモノハ、此岩手縣ノ黑澤尻ヨリ秋田縣ノ横手ニ至ル鐵道（「今調査中ダ」ト呼フ者アリ）此鐵道ハ最モ私ノ今日急ヲ要スル鐵道ダ、是ハ必ズヤ三朱、四朱ノ利益ガアルデアラウト云フ推測ノ出來ルコトハ、現ニ新潟縣下新發田ヨリ――今度政府ガ――出サレタ羽越沿岸線ト云フノデスラ四朱七厘、千圓ニ對シテ四十七圓儲ル鐵道、アスコデスラ是デアルカラ、此岩手縣ト秋田縣トヲ横斷スル鐵道ハ沿道ガ、長君ノ如キハ此近所デアリナガラ守屋ノ演說ヲ妨害シ反對シテ居ラルヽノハ、アナタモ現ニ御承知ノ通リアスコニハ豐富ノ鑛山ガアルデハナイカ（「長晴登君」ソンナコトハ知ッテ居ル」ト呼フ）ソレヲ知ッテ居ッテ何故ニ守屋ノ演說ニ反對スル、此東北ノ此鐵道、ソレカラモウ一ツ望ムコトハ私ハ倘アリマス、アリマスルガヨリ多クノ希望ヲ一時ニ言フト、二兎ヲ逐フ者ハ一兎ヲ得ズデアルカラ、今ハ云ハヌガ、花卷カラ大船渡港ニ到ル鐵道ハ是ハ何トシテモ、此次ノ議會ニハ必ズヤ政府ハ出サナケレバナラヌ、出サナケレバ諸君ト吾々トドウシテモ出サナケレバナラヌ、横濱ト函館ノ間ノ最モ良キ港ハ大船渡デアル、此港カラ物ヲ出入レシテ、東北ヲ開發スルコトヲシナケレバナラヌ、ソコデ私今申上ゲル此岩手縣ト秋田縣ノ間ニアル横手黑澤尻ノ間ノ鐵道哩數ハ僅々三十七哩、三十七哩デ兩縣ノ間ガ横斷ガ出來ル、此處ニハ非常ノ鑛物ガ澤山アッテ其鑛物ノ開發ガ出來ル、開發ガ出來ルト東北ノ民ハ遊惰デアルトカ、ナマケ者デアルトカ云フガ、此東北ノ民ニ事業ヲ與ヘルコトガ出來ル、東北ノ民ヲ遊惰ノ民トハ來ル雪國デアルカラ雪ノアルトキモ鑛山ノ稼ギモ立派ニ出來ル

言フガ、政府ノ施設ガ惡ルイカラデアル、政府自ラ遊惰ニスルノデアル、朝鮮ノ人民ガ遊惰ノ民デアルト言フガ、ソレハ朝鮮ノ政治ガ惡ルイカラデアル、東北ノ民ハ遊惰デハナイ東北ニ對スル日本政治ガ惡イカラデアル、(「ヒヤヽヽ」)斯樣ナ事柄ニ氣付カズニ長君ノ如キハ守屋此助ガ此處ニ鐵道ヲ敷カウトスレバ、無闇ニ反對スル東北出身ノ御方ニ似合ハズ反對スル、(長晴登君「反對スル理由ガアルカラ反對スルノダ」ト呼フ)ソコデ此處ハ僅々三十七哩デ金ノ掛ルノハ政府ノ調ベニ依ルト六百七十万圓、三十七哩ガ六百七十万圓デ出來テサウシテ儲ル事柄ガ先ヅ羽越線ニ依ッテ見テモ分ル、羽越線ガ四朱七厘ナラバ五朱位是ハ儲ル、サウシテ日本ノ政府ガ鐵道ヲ經營スルノダカ、此小サイ特別會計ノ見地ヨリ見テモ、サウ云フ利益デアルガ、是ガタメニ日本全國、殊ニ奥羽七州ニ與フル利益ハ間接ニ枚擧ニ遑ナシデアル、ソレデ萩ノ方ハ今申上ゲマシタ三十八哩ガ千七百万圓掛ル、タッタ一哩シカ此方ハ短クナイケレドモ 六百七十万圓、大變少ナイ金デ出來ルサウシテ與フルトコロノ利益ハ是デアル、斯樣ナモノヲ閑却シテ日本ニ是マデ實例ノ無イ、今後モ亦實例ハナカラウ、一千餘万圓ノ金ヲ掛ケテ、千圓ニ對シテ一年一圓二十錢シカ利益ヲ生マヌガ如キモノヲ敷設シテ、ソレカラ其先キハドレダケノ利益ガアルカ、長州ハズット玄海灘デ取續イテ居ル、其處ヲ汽車デ回ッテ何ノ利益ガアル、此處ニ如何ナル鑛物ガアル、秋田縣、巖手縣トハマルデアノ邊ハ違フ、此鐵道無シト雖モ長州ハ玄海灘ダケデ、船ガ殆ド自由自在ニ航通スルガ、長君ナドノ御嫌ヒノ鐵道ヲ敷クト船ノ通ラヌ秋田縣、巖手縣ヲ横斷シタ立派ノ鐵道ガ出來ル、(「モット必要ノ處へ先キニヤルノダ」ト呼フ者アリ)本員ノ是カラヤラウト云フ花巻大船渡ノ港ニナルト、是ハ二万噸ノ船ガ横著ケニナル、天然ノ良キ港デアル、是ヲ何トシテモスルト云フコトニ心付カネバナラヌト私ハ思フ、然ルニ謀此ニ出デズシテ、謀此ニ出デズシテ政府ノナサレタコトナラバ、何デモ政府ニ反對シテハ宜クナイ、東北ノ民ハ如何ニ虐待ニナラウトモ國民ハドウナラウトモ、政府ノ忠義ニ急ナル人ハ守屋此助ニハ贊成ハ出來ナイ、ナゼナレバ政府ハ此通リ虐待ヲシテ居ラウト、守屋此助ハ左樣ナコトヲシテ、東北ノ民ニ一時ノ私ノ恩ヲ施スナド、云フノデハ無イ、日本帝國ノ發達ヲ如何セン、長州萩ノ城下ニ向ッテ持ッテ行ッテ此ノ如キ不經濟ノ鐵道ヲ敷クト云フヤウナ金デ、東北ヲ開イタラ、東北ハ如何ニ發展スル、東北ノ發展ハ東北一地方ノ發展デナイ、一ハ日本帝國ノ發展デアル、此鐵道ノ發達ヲ此方ニ使フ方ガ、智慧ノアル人ノ仕方デアル、是ヲ守屋此助ニ贊成セヌ人ハ先ヅ第一自分ノ智慧ヲ使フトヲ吝ム人デアル、(「ヒヤヽヽ」)智慧ノアル人ハ皆共通リ同情シナケレバナラヌ、(「守屋、守屋、默レ默レ」ト呼フ者アリ)智慧ノナイ、意氣地ノナイ者ハ同意セヌノデアル、東北ノ諸君ハ黨派ノ如何ニ拘ハラズ、是ハ何トシテモ御同意ニナルデアラウト思フ、是ニ同意シナイト云フコトナラバ、東北ノ諸君ハ失禮ダガ政府案ダカラ萩ノ城下へ此通リ不經濟ノコトヲシテ、自分等ノ地方ハ野トナレ山トナレ(「拍手起ル」)政府ニ向ッテ税ヲ拂フタメニ國會ニ議員ガ東北カラ出テ來テ居ルコトニナル、ソレデ問題ハ東北ヲ開發シテ、日本帝國ヲ盛ンニシヤウト云フノデアル、(「金ヲ出サヌデ仕事ガ出來ルモノカ」ト呼フ者アリ)金ヲ出サヌトハ怪シカラヌ、金ハ少ナクシテ、ヨリ多クノ働キヲスルト云フノデアル、長州萩ノ城下へ行ク鐵道(「山陰道ノ容子サヘ能ク分ラヌデ、東北ノコトガ分ルモノカ」ト呼フ者アリ)三十八哩ニ是ダケノ金ヲ掛ケテ、ソレデ利益ガ千圓ニ付テ一圓二十錢シカ儲ラヌモノヲ止メテ、ソレデ三十七哩ヲ六百七十万圓デ拵ヘテ、五朱ノ利益ノアル鐵道ヲ起サウト、斯ウ守屋此助ハ言フノデアル、金ヲ飲ムデハナク、金ノ使方ヲ上手ニシテ、智慧ヲ上手ニ使フノガ、必要デアル、サウデ無クシテ唯政府ニ盲從スルト云フコトバカリヲ能事トスルノデナイト云フノガ、守屋此助ノ言ヒ前ダ、國會ノ議場ニ於テハ政府ハ(議場騒然)私ハ此間モ言ッタ通リ、議員ハ(「分ッタ分ッタ」ト呼フ者アリ)(議場騒然)分ッタラ宜シク贊成シ給へ、是デ贊成シナイ人ハ分ラヌ人デアル、失禮ダガ、唯々政府案ト云フコトニ盲從シテ、政府ニ……私ハ根情デアルト思フ、サウ云フ……根情ナライザ知ラズ(「餘計ナコトヲ言フナ守屋」「奴隷トハ何ダ」ト呼フ者アリ)(議場騒然)イヤ、私ハサウ思フ、(「奴隷トハ何ダ」「謹聽々々」「守屋、守屋」ト呼フ者アリ)(議場騒然)イヤ御聽キナサイ

○議長(大岡育造君) 守屋君

○守屋此助君 ハイ

○議長(大岡育造君) 奴隷ト云フコトハ御取消シナサイ

○守屋此助君 奴隷ト云フコトハ諸君ニ御好ミガナク、議長ヨリ取消セト云フコトデアリマスカラ取消シマス、左樣ナ枝葉ノ議論デ私ハモノヲ申サヌ、ソコデ我輩ハ此意味ニ於テ此意味ニ於テ益田ヨリ萩ニ到ルト云フ線ヲ削ッテ、サウシテ巖手縣下ノ黒澤尻ヨリ秋田縣ノ横手ニ到ル鐵道ヲ繰上ゲテ、之ヲ早クスルト 斯樣ナ 修正案ヲ出シマス、御贊成ヲ願ヒマス

(「奴隷トハ何ダ怪シカラヌ」ト呼フ者アリ發言ヲ求ムル者多シ)

○議長(大岡育造君) 奴隷ト云フ言葉ハ取消シマシタ

○恆松隆慶君 守屋君ハイツデモ斯ウ云フトンチンカンノコトヲ言フ……

○内務大臣(原敬君) 議長

○議長(大岡育造君) 原内務大臣

(内務大臣原敬君登壇)

○内務大臣(原敬君) 守屋君ヨリ修正案ニ付テ縷々御辯明デアリマシタ、而シテ其修正案ナルモノハ既ニ委員會ニ於テモ少數ニ相成ッテ居ルノデアリマスルシ、又大體ニ於テ既ニ當議場ニ於テ豫算ハ既ニ 通過シテ居ル、豫算ガ通過シタ後ニ 豫算ニ伴ッテ居ルトコロノ法律案ノ修正ト云フ コトハ、已ニ時機ヲ失シテ居ル ヤウニ見エルカラ(「ノウノウ」)強テ是ニ對シテ辯明スルモ、餘リ有益ナラザルコト、考ヘル、ケレドモ併シ守屋君ハ大變東北ニ御親切デアルカノヤウニ聞エル御演説デアル、併ナガラ折角御親切ナヤウナコトデアルケレドモ、事實モ相違致シテ居ル、御調ベモドウ云フ所ニ根據ガアルカ分リマセヌケレドモ(守屋此助君「平井君ノ辯明ニ依ッテ」ト 呼フ)例ヘバ益田萩間ハ千圓ニ付テ一圓幾ラト云フコトデアリマスガ、横手黒澤尻間ナドハ 大層利益ガアルト 言ハル、ノハ、何ヲ御調ベニナッタノカ分リマセヌ、政府ノ方デハ損ノ行ク 鐵道デアル、併シ 此處ニ損ガ行ク利益ガアルト云フコトハ爭フ必要ガナイ、私ハ 東北全體ニ付テ十分ナ調査ヲ致シタイト考ヘマス、巖手縣、秋田縣、青森縣方面ニ亙ッテハ 尙鐵道ハ十分ノ普及ヲサセナケレバナラヌ必要ヲ見テ居ル、併ナガラ何レノ線ニ決定スルガ最モ東北ノ利益ナリヤ、何處々々ニドウ云フ種類ノ鐵道ヲ 架ケルガ、便利デアルヤト 云フコトニ 付テハ 十分調査ヲ致シタイト考ヘテ、四十五年度ニ於テ此調査ヲ十分ニ進メル積リデアリマスカラ、東北ニ對スル御厚意ハ私モ東北ノ一人トシテ 殊ニ感謝スルガ、併ナガラ 守屋君以上ニ 私ハ考ヘテ居ル積リダカラ御安心ヲ願ヒタイ、斯樣ナ次第デアリマスカラ此法案ハ委員會ノ決定通リニ滿場ノ御贊成ヲ得タイ次第デアリマス

○長晴登君 守屋君ノ發言ニ付テ……

○恆松隆慶君 私ハ質問ガアリマス、又守屋君ノ説ニハ大反對デアリマス

○議長(大岡育造君) 恆松隆慶君

(此時發言ヲ求ムル者アリ)

○議長(大岡育造君) 恆松君ニ發言ヲ許シテ居リマス

○恆松隆慶君 此守屋君ノ修正説ニハ(「恆松君、ヨシ給へ」ト呼フ者アリ)私ハ反對ヲ致ス積リデ、又質問モ致シタイト思ヒマシタガ、唯今當局大臣ヨリ守屋君ノ修正説ニ反對ノ理由ヲ詳シク述ベラレマシタカラ、別ニ私ハ反對ノ理由ヲ述ベルコトモナイヤウニナリマシタ、既ニ豫算本院デ議決シテ院議ヲ重ズベキニ豫算ニ附帶スベキ法律案ニ進歩黨ヨリ修正反對スルコトハ前後矛盾ナリ實ニ山陰道ノ死活問題デゴザイマス、十分事情ヲ申述ベタウゴザイマスガ、最早此處デ 辯論致シマセヌ、兎角實際ニ行ハレヌコトヲ云フノ

ハ、守屋君ノ癖デゴザイマスカラ、玆ニ討論終結トシテ採決セラレンコトヲ望ミマス

〔「贊成々々」ト呼フ者アリ〕

○議長（大岡育造君） 討論終結ノ動議ニ御異議ハアリマセヌカ

〔「異議ナシ異議ナシ」ト呼フ者アリ〕

○議長（大岡育造君） 御異議ガナケレバ討論ハ終結致シマシタ、決ヲ採リマス

○恆松隆慶君 ドウカ守屋君ノ說ハ極メテ少數ニテ否決ナランコトヲ望ミマス、此ノ二讀會ニ於テ讀會省略デ確定セラレンコトヲ前以テ申上ゲテ置キマス

〔「豫算ト法律ノ區別ヲ聞カズニ討論終結トスルモノガアルカ」ト呼フ者アリ〕

○議長（大岡育造君） 守屋君ノ修正動議ニ贊成ノ諸君ノ起立ヲ求メマス

起立者 少數

○議長（大岡育造君） 少數デアリマス、消滅致シマシタ

○恆松隆慶君 讀會ヲ省略シテ確定セラレンコトヲ望ミマス

○服部綾雄君 質問ヲ致シタイ

○議長（大岡育造君） 質問ノ時機ハ後レマシタ――讀會省略デスカ――恆松君、今一度

○恆松隆慶君 速ニ讀會ヲ省略シテ確定セラレンコトヲ望ミマシタ

〔「贊成」ト呼フ者アリ〕

○議長（大岡育造君） 此案ハ三讀會ヲ省略シテ直ニ全部一括シテ確定スルニ御異議ハアリマセヌカ

〔「異議ナシ異議ナシ」ト呼フ者アリ〕

○武藤金吉君　次ハ第四デアリマス、蠶絲ノ販賣ニ關シ保護奬勵ノ方法ヲ講ジ、横濱ニ於ケル蠶絲ノ定期取引ヲ禁止スベシト云フノデアリマス、諸君、我國ノ生絲ハ販路ノ上ニ於テ何等保護ノ恩典ヲ受ケテ居ナイ、例ヘバ、横濱生絲檢査所ガアリマスガ、未ダ横濱生絲檢査所ハ完全シナイ、併シ無イトキカラ較ベレバ此生絲檢査所ガ出來テ以來、賣手ト買手トノ紛紜ヲ減退シ、又生絲ノ品質ヲ改メル上ニハ多大ノ功勞ガアルノデアリマスケレドモ、尚之ニ加ヘテハ化學的ノ試驗ノ增加ヲ致シマシテ佛蘭西ニ於テ、或ハ伊太利ニ於テ、墺太利ニ於テ、亞米利加ニ於テ、檢査所ニアルガ如ク化學的ノ設備ヲナスコト、モウ一ハ農商務省アタリデハ更ニ試織所ヲ置イテ工務局ガ更ニ自分ノ分家ヲ殖ヤシテ試織所ヲ置クト云フ案ヲ持ッテ居ルガ、サウ云フコトハヨシテ、生絲檢査所ノ中ニ試織所ヲ置ケバ足リルノデアリマスカラ、其加工スルナドノ試驗ハ要ノヌカラ、單ニ試織所ヲ生絲檢査所内ニ置クト云フコトニ御計畫ソ立テラレルコトガ宜カラウト思フ、又生絲ノ鐵道運賃等ニ付テハ、昨年マデハ生絲ハ貴重品トシテ他ノ物品ヨリ高イ運賃ヲ取ラレタ、是ハ生産調査會ニ於テ此點ニ付テ諸君ガ論ゼラレタ結果、普通ノ運賃ニナッタガ、鐵道國有ニ此大切ナルトコロノモノヲ特ニ奬勵ヲスルト云フコトニ付テハ、必シモ無賃ト云フコトハ無理デアルト云フ議論モアリマセウガ、鐵道運賃ヲ無賃ニシテマデモ奬勵スルト云フ方策ヲ採ラナケレバナラヌ、彼ノ獨逸ニ於テハ既ニ其奬勵ヲスルト云フコトデ、何箇年ヲ限ッテ鐵道運賃ヲ無賃ニシタト云フコトハ、農産物ニ對シテモ工業品ニシテモ澤山例ノアルコトデアルカラ、我國ニ於テモ今歐羅巴、支那生産競爭ノ上ニ於テ是位ノ政策ヲ採ラナケレバ此生産競爭地ニ打勝ツコトハ出來ヌ、又横濱ノ今日ノ取引所ニ於テ蠶絲ノ定期賣買ナルモノガ行ハレテ居ルガ、是ハ果シテ蠶絲ノ公定相場ヲ標準ニシテ此間ニ介在スルトコロノ目的ヲ達シテ居ルカ、私ノ調ベタトコロニ依レバ横濱ノ蠶絲定期賣買ハ、取引所創立以來一捆モ實際ニ受渡シタコトハ無イノデアル、(「ノウ〱」)ノウデハナイ、實際其通リデアル、堀谷君ハ間違ッテ居ル、君ガ幾ラ横濱アタリカラ頼マレテ來テモ、蠶絲定期賣買ハ空相場デアッテ、製絲家、養蠶家ニハ有害無益デアル、又賣先歐羅巴亞米利加ニ向ッテ是ガタメニ見越賣ト云フモノヲヤルタメニ百六十万ノ養蠶家、幾千百ノ製絲家ヲ苦メルトコロノ惡方法デアルノデアッテ、何ンニモ利益ヲ數フベキ點ハナイノデアリマス、殊ニ蠶絲ノ定期取引ガ無クナルタメニ幾百ノ人間ガ遊ンデ喰フダケニハ困ルカ知ラヌガ、全國ノ蠶絲業ヲ奬勵スルタメニハ一日モ是ガ存在ヲ望マヌト云フコトハ、全國多數ノ養蠶家製絲家等ニ聞イテモ分ル、現ニ有力ナル横濱ノ生絲貿易商ニシテ是ガ不必要ヲ認メテ居ル位デアリマス、堀谷君ガ如何ニ選擧區ニ努メテモ、ソレハ無用デアリマス、ソレデ横濱ノ定期取引所ト云フモノハ、取引所ノ性質カラ云フテモサウデアリマスガ、株式賣買ヲシテ有價證券賣買ヲナスト云フノデ、一體生産ノ定期賣買ト有價證券ノ賣買ヲスルト云フコトハ、取引所ノ性質カラ云ウテモ愚ナルコトデ、此愚ナル仕事ヲ愚ナル政府ガ殘シテ居ル今日デアルカラ致方ガナイガ、此取引所改善ト云フコトニ付テハ横濱ノ取引所ト云フモノガ、此有價證券ノ取引ヲナスノハ取引所ノ性質トシテモ無用デアルノミナラズ、横濱ノ蠶絲定期取引所ハ東京ニアルカラ要ラナイ位ノモノデアル、此通リニ行ケバ農商務省ハ總テノコトニ干渉檢束ヲ用ユルニモ拘ラズ、横濱ノ蠶絲定期取引所ニ向ッテ一指ヲ染メ無イト云フコトハ怪シカラヌ次第デアル、速ニ是等ハ禁止シテ法律ノ許ストコロニ於テ禁止サレタイト云フノガ此建議ノ趣旨デアリマス、次ハ第五デアリマス、是ハゴク簡單ニ説明致シマス、蠶種統一ノ目的ヲ達スルタメニ全國ニ原蠶種製造支所ヲ增設致シテ、夏秋蠶ニ對シテモ研究ヲナスベシト云フノデアル、國立原蠶種製造所ニ本院ノ建議ガ土臺トナッテ、政府ハイヤ〱ナガラモ昨年蠶絲業法ヲ發布シタ、其結果トシテ東京ニ本所ヲ一箇所、地方ニ福島、群馬、京都ノ三箇所ニ出來マシテ、又此程二箇所增設ニ決シテ五箇所出來タ、併ナガラ此計畫ハ未ダ春蠶ノ十分ノ一シカ原蠶種ガ出來タノデアル、是デハ蠶種統一ノ目的ヲ達スルコトハ難イノデアリマス、行ク〱原蠶種製造所ヲ各所ニ山間ハ山間、平坦地ハ平坦地、沼海地ハ沼海地、又氣候ノ異ナル所ハ其異ナル所ニ從ッテ、各所ニ之ヲ增設シナケレバイカヌト云フノデアリマス、本年アタリハ各府縣ニ於テハ其府縣ノ經費ヲ以テ、十箇所モ此原蠶種製造ノ經營モ出來タ位デアリマスカラ、宜シク政府當局者ハ此邊ニ注意セラレテ、此方針ニ觸ハレンコトヲ切望スルノデアリマス、殊ニ外國種ノ研究ト云フコトモ今日デモヤッテ居リマスガ、伊太利、佛蘭西、瑞西、墺地利、匈牙利等、又支那ノ夏秋蠶ニ對シテハ殊ニ南清地方等ヲ研究スル必要ガアルカラ、此研究ヲシテ欲シイノデアル、此夏秋蠶種ニ付テハ我政府ニ於テハ、僅ニ長野縣ノ松本ニ夏秋蠶ノ研究所ガアルノミデ、何等保護奬勵ノ途ガ立ッテ居ナイ、春蠶ニ對シテハ蠶絲業法、蠶病豫防法ニテ取締ヲシテ居ルガ、夏秋蠶ニ對シテハ與ニ其手續ガ缺ケテ居ル、其ヤリ方ガ甚ダ粗漏デアル、然ルニ今日ノ有様カラ申シマスレバ我國ノ繭ノ出來高ハ三百六十万石モ出來ルノデアリマス、其中夏秋蠶ハ百二十万石取レルノデアリマス、政府ハ夏秋蠶ヲ壓迫シ、檢束ヲシテ居ルニモ拘ラズ、養蠶家ハ此經濟狀態カラ夏秋蠶ハ自然勃興シテ今日ハ百五十万石ノ産額ガアル、此勢デ進ンデ行クト夏秋蠶ハ春蠶ト五分五分ニナッテ、終ニ此蠶種ハ春蠶ガ半分、夏秋蠶ガ半分ト云フコトノ勢ニナッテ行クノデアル、殊ニ朝鮮臺灣ノ如キハ最モ夏秋蠶ノ好適地デアリマスカラ、數年ナラズシテ、此夏秋蠶ガ激增シテ來ルコトハ疑ヒナイ、然ルニ政府ハ僅ニ信州松本ニ一箇所ノ微々タル研究所ヲ置クト云フコトハ不足デアルカラ、之ニ對シテモ歩ヲ進メラレンコトヲ望ム、次ハ第六ノ桑園ノ整理開墾ヲナシテ産額ノ增加ヲ計リ、一般農家ノ副業トシテ經濟的設備ヲナスベシト云フノデアリマス、諸君、我國ノ桑園ハ御承知ノ通リ、既ニ四十三万町歩アル、之ヲ整理致シマスレバ五割ノ桑ノ增收ガアルト云フコトハ、政府當局者モ明言セラルルトコロデアッテ、吾〻モ之ヲ確信スルノデアル、而シテ尙内地ダケデアリマシテモ、桑園ヲ二四十万町歩ハ新開墾ヲナスコトガ出來ル、又臺灣(「ソンナコトハ知ッテ居ル」ト呼フ者アリ)君等ハ知ッテ居ルカ知ラヌガ、知ラヌ人ガ多イカラ云フノデアル、ソレデ此桑園ヲ整理致シマスレバ現在ノ養蠶家百六十万戶ト云フノガ二三百万戶乃至四百万戶ニ殖エルノデアリマス、而シテ其設備ノ方法ハ政府モ既ニ此蠶業ハ農家ノ副業トスル方針ヲ執ッテ居ラレマスルガ之ハ至極同感デアリマシテ世界各國共ニ此方針デアリマスカラ、我邦モ何處マデモ農家ノ副業トスル方針ニ異議ハナイノデアリマス、併ナガラ田ノナイ處、森林ノナイ處、畑ダケノ處デハ勢ヒ之ハ專業ニナリマス處モアリマスガ、之ハ小部分デアリマス、斯樣ニシテ桑園ヲ整理ヲシテ參リマスレバ、今後二十年乃至三十年ノ間ニ於テハ桑園ノ整理ハ此施設ニ俟ッテ居リマスレバ、今日ノ三倍乃至五倍ノ增加ハ期シテ待ツベキモノデアル、而シテ最モ當局者ニ注意ヲ要シタイト云フノハ、我邦ハ經濟的施設ト云フモノガ、一番缺ケテ居ルノデアリマス、歐羅巴ノ此養蠶ヲ見マシテモ、製絲所ヲ見マシテモ、支那方面ノ製絲所養蠶ノ方法ヲ見マシテモ、決シテ日本ヨリモ此經濟的方面設備ニ付テハ進ンデ居ルノデアリマス、日本ハ學術——科學ノ研究ニ付テ其部分々々ニハ堪能デアリマス、ケレドモガ、經濟的施設ニ對シマシテハ佛蘭西、伊太利ニ及バザルコト遠シ、又支那ニ對シテモ及バナイノデアリマス、故ニ此方面ニ付キマシテハ桑園ノ施設ニ付テモ牛馬耕ヲ用ヰルノ必要モアリマセウ、又桑ノ種類ヲ選擇スル必要モアリマセウ、又此蠶其ノ改良モ必要ガアリマセウ、又此經濟的施設ト申シマスレバ、唯今伊太利、瑞西——伊太利デハ技飼ノ方法ヲ執ッテ居ル、又南淸ノ廣東ニ於テハ輕便飼ト云フコトヲヤッテ居ル、又桑ノ植方、取方モ注意ヲ致シテ居ル、又蔟ノ作方ニ於テモ、總テノ方法ニ於テモ、十分ニ完備サレテ居リマス、宜シク桑園ノ整理ヲシ、又經濟的施設ヲスル上ニ於テハ各町村ニニ此生產組合等ノ奬勵ヲシテ、既ニ同業組合ノ蠶絲業法中ニ組入レテアリマスガ、生產ノ組織ヲ奬勵ヲ致シマシテ、是非共稚蠶ノ共同飼育、又ハ肥料ノ共同購入、又ハ生繭ノ共同販賣、又ハ蠶種ノ貯藏冷藏庫ノ設備、若クハ殺蛹乾燥共同的設備等ヲシナケレバナリマセヌ、殊ニ又研究シテ貰ヒタイト思ヒマスノハ、現在ノ生繭ノ賣買ト云フコトニ付テハ政府ニ於キマシテモ愼重ニ調査ヲサレマシテ、之ヲ訓示ヲシテ貰ヒタイノデアリマス、今日ノ生繭ノ賣買ノ結果ハ養蠶家モ、買フ者モ、共々迷惑ヲシ、又病毒ノ傳播モ恐ルベキモノデアリマスカラ、之ガ改良ニ付キマシテハ宜シク注意周到ノ研究ヲサレマシテ、サウシテ此目的ヲ遂ゲラレンコトヲ希望スル所以デアリマス、其次ハ第七、之ハ一番大切ナ問題デアリマス、此問題ハ蠶絲業法ヲ改正ヲ致シマシテ取締方法ヲ撤廢シ、國立原蠶種製造所ノ下ニ蠶種製造家ノ自治ニ任スベシト云フ問題デアリマス、昨年拵ヘタバカリノマダ施行モ漸ク今年カラヤルコトノ日淺イノヲ改正スルノハ何ノタメデアルカ、諸君我邦ノ蠶病豫防法ナルモノハ施行以來ドウ云フ效果ヲ收メテ居ルノデアリマスカ、之ハ空論デハナイ之ハ私ノ說デハアリマセヌ、學者ノ定論デアルノデアリマス、諸君蠶病豫防法ノ法律ヲ發布シテ以來、國費ヲ使フコトハ年々十万圓、ソレニ地方費ヲ使フコトガ年々百万圓、尙今後ニ於キマシテ、此法律ヲ施行シテ參リマスレバ、百五十万圓モ二百万圓モ金ヲ國家並ニ地方ハ使ッテ參ラナケレバナリマセヌ、然ルニ未ダ根本的微粒子其他病蠶ヲ滅退セシムルコトハ出來テ居ナイノデアリマセヌカ、啻ニ出來テ居ナイノミナラズ此法律ヲ施行シタ結果ハ如何ナル結果ガ擧ッテ居リマスカ、養蠶家蠶種製造家ノ犯則(「箇單」ト呼フ者アリ)箇單ニ往キマセヌ、斯ウ云フ問題ハ(「ヤルベシヤルベシ」ト呼フ者アリ)此犯則者ヲ幾千百人出シテ居リマスカ無駄ナ法律ヲ作ッテサウシテ此犯則者ヲ幾人拵ヘテ居ルカ、サウシテソレガ效能ガナイ、無辜ノ犯人ヲ法律ノタメニ出シテ居ルト云フコトハ一面ニ於テハ滑稽デアル、國民黨ノト部君アタリガ昨年此演壇デ極論シタノデアル、惡ルイコトヲ發見シタナラバ政府モ學者モ何時デモ之ハ改ムルニ吝カナラヌノガ當リ前デアル、況ヤ此法律ノアルタメニ迷惑ヲシテ無駄ノ費用ヲ使ッテ無駄ノ役人ヲ置クト云フコトハ、無用デアルト云フコトハ、天下異論ノアラウ筈ガナイ、然ルニ蠶病豫防法ハ何等ノ效力ハナイ效力ノナイノハ何デアルカト云フト根本ノ蠶病豫防法ノ消毒ノ方法ヲ誤ッテ居ルノ一事デアリマス、デ今ノ「ホルマリン」液ノ使用方法ノ如キハ佛蘭西ノ學者ノ「パストール」先生ノ流レヲ汲ンデ日本政府ハヤックノデアル、此政府ニヤラセル學者ト致シマシテハ大森博士ノ如キハ百分ノ一デ宜シイト云フ議論デヤラセタ、其大森博士自身ガ農商務大臣、農務局長其他ノ面前ニ於テ此法律ハ效力ハナイト云フコトヲ公言サレタト云フコトハ私モ承知シテ居ル、果シテ此學者ガ先キニ奬勵ヲシテ今日ニ至リテ消毒ノ方法ハ效力ガナイカラ御止メナサイト云フテ極論スルニモ拘ラズ、政府ハ之ヲ止メルコトガ出來ナイト云フノハ何ガタメデアルカト云フト、此役人ヲ罷メルコトガ出來ナイカラデアリマス、斯ウ云フ效力ノナイトコロノモノニ百万圓モ百十万圓モ金ヲ使ッテ、其上ノミナラズ此養蠶家蠶種製造人ニ臨ムニ嚴重ナル法律ヲ以テスルト云フコトハ如何デアリマスカ、(「ヒヤ〳〵」)既ニ「ホルマリン」液使用ト云フモノガ百分ノ二、百分ノ三デナケレバ效力ノナイト云フコトハ、世界ノ學者ガ證明サレテ居ルノデアル、瑞西ニ於テモ、埃及國ニ於テモ、又ハ佛蘭西ニ於テモ、伊太利ニ於テモ、——支那ニハアリマセヌガ、百分ノ二以上百分ノ三ノ「ホルマリン」液ヲ使ッテ居ル、日本ハ百分ノ一使フコトニナッテ居ッテ何等效力ガナイ、此效力ノナイト云フ結果ハ農商務省アタリノ官吏デモ四十一年六月三十日ニ發行ニナリマシタ最近日本蠶病論ニ就テ見テモ御分リニナリマセウ、又四十二年ノ四月ニ發行セラレマシタ蠶體病理論等ヲ御覽ニナッテモ明カニ學者ガ證明セラレテ居ル、併ナガラ此法律ヲ拋ッテ置クト云フコトハ何等ノ間違ヒデアリマスカ、而シテ此蠶病豫防法ヲ撤廢シテ、百十万圓ノ金ヲ何カ外ノモノニ用井テ貰ヒタイノデアル、諸君、斯樣ニ致シマシテソレデアトノ此蠶病豫防法ハドウスルカト云ヘバ、之ハソレガタメニ國立原蠶種製造所ガ出來テ、無代デ原種ヲ拵ヘテ蠶種製造人ニ配ルンダカラ此原蠶種製造所ガ監督ヲシテ蠶種製造人ニハ相當ノ規程ヲ設ケテ顯微鏡ノ試驗消毒方法ハ、技師ニ任シテヤラスレバ宜イ、サウシテ惡ルイ種ヲ拵ヘレバ其人ハ自然ニ買人ガナクナル、何處デモ其通リデアル、然ルニ法律デ以テ譯ノ分ラナイ無敎育ノ官吏ヲ以テ之ヲ強制シテ、此幾多ノ人民ヲ苦メテ養蠶業ヲ虐グルコトハ怪シカラヌコトデアル、故ニ蠶病豫防法ハ學者ノ研究ノ結果ニ於テ世界ノ定論ニ於テ一日モ是ハヤルベキコトデナイ、此蠶種製造家自治ニ任ズルノガ相當デアルト云フコトヲ私ハ建議ノ要旨トシテ極言スル次第デアリマス(「ヒヤ〳〵」)最後ニナリマシテ臺灣、朝鮮ノ產業ニ付テ政策ヲ立テロト云フコトガオシマヒデアリマス、御承知ノ通リ臺灣、朝鮮ノ新領土ニ向ッテハ既ニ臺灣ノ如キハ氣候ト雨量ガ人民ヲ俟ッコト、人民ニ恩惠ヲ與ヘルコト、甚ダ多ク、臺灣ニ於テハ既ニ砂糖政策ノ如キ、其效ヲ奏シマシテ今日ハ三千万圓以上カラ四千万圓近イモノガ取レテ居ル、又米ノ如キモ三百万石モ取レ、又茶ノ如キモ六百万圓モ取レテ居ル、近來ハ果物ノ如キモ二百万圓取レテ居ル、併シ更ニ臺灣ニ於テハ氣候ガ夏秋蠶ニ適シテ三月カラ五月マデハ六十五度カラ八十五度デアリマス、五月カラ十一月マデハ八十五度カラ九十度デアリマス、九十度以上ニ上ッタコトハ滅多ニナイ、デ臺灣ニ於テハ夏秋蠶デアリマスレバ、是ハ八回乃至十回以上モ出來ル、十回以上出來ルノミナラズ、桑ハ自然ニ肥料ナクシテ雨量ト熱ニ依ッテ發達ヲスル、而シテ此桑園ヲ開クベキ餘地數十万町步開墾スル處ガアルノデアリマス、本年ハ臺灣ニ於テ此蠶業奬勵費トシテ二十万圓カラ豫算ヲ計上サレタサウデアリマスカ、是ハ甚ダ賀スベキコトデアル、宜シク臺灣ニ向ッテハ南淸地方ノ養蠶事情ヲ究メマシテ、日本デヤッタ通リヲ必シモヤルノガ宜イトハ思ヒマセヌ、此氣候風土土地ニ敎ハッテ此施設ヲヤッテ行キマシタナレバ、臺灣ニ於テモ優ニ澤山ナ產額ヲ上ゲルコトガ出來ル、又臺灣ガ斯樣ニ發達シタナレバ內地ガ滅ルカラト云フヤウナ憂ヲ懷ク方ガナイトモ云ハレヌガ、是ハ甚ダ瞖ノ穴ノ小サイ話デアッテ、ソンナコトヲ言ッテ居ッテハ外國ニ敵スルコトハ出來ヌ、臺灣ニ於テモ、朝鮮ニ於テモ、內地ノ通リヲ學バナイデ、アソコハ獨立ヲシテ、サウシテ此南淸地方ノヤリ方ヲ學ンデ大ニ發達スベキコト、思フノデアリマス、尙此養蠶論ニ付キマシテハ、三時間デモ、五時間デモ、十時間デモ、材料ガ豐富デアリマスケレドモガ、委員會ニ於テ又大ニ論ズル積リデアリマスカラ、今日ハ蠶業政策ニ關スル大體ノ說明ヲ此ノ如ク致シタ次第デアリマス(拍手起ル)

○石橋爲之助君　此際チヨツト追加豫算ニ關シテ政府ニ質問致シタイ、四十四年度ノ追加豫算ノ中ニ陸軍省ノ所管デ百七十万圓餘ノ要求ガ出テ居リマス、其追加ノ譯ハ米價騰貴ノタメニ豫算通リノ買入ガ出來ナカッテ、不足ヲ生ジタト云フ説明デアリマス、ヤ此米價ノ騰貴ハ政府ニ於テ此ノ如キ豫算ニ狂ヒヲ生ズル程迷惑ナモノデアルト同ク、ヤハリ國民ニ於テモ非常ナ迷惑ヲ感ジテ居ルトコロノモノデアリマスカラ、政府ハ斯ウ云フ追加豫算ヲ要求シナケレバナラヌヤウニ立至ッタ原因ヲ考ヘテ、此物價ノ騰貴、米價ノ騰貴ト云フモノニ對シテ宜シク緩和ノ手段ヲ執ルベキコト、思ヒマスルガ、是等ニ對スルトコロノ政府ノ所見如何、即チ日本ノ產米ハ日本人口ノ比例ト致シテ供給ガ足ナイノデアリマスカラ、海外ヨリソレタケ補フガ至當ト思ヒマスガ、ソコニ人爲ノ關所ヲ設ケテ關税ノタメニ入ルコトヲ妨ゲテ居ルタメニ、人爲的ニ此米價ガ騰貴スルノデアリマス、殊ニ朝鮮ハ日本ノ殖民地デアッテ、同ヲ國內デアルニ拘ラズ、朝鮮カラ來ルトコロノ米穀ニ對シテ移入税ヲ課シテ居リマスタメニ、折角緩和劑ニ用ユベキ機會ガアリナガラ、其功ヲ奏スルコト能ハズ此ノ如キ追加ヲ要求シナケレバナラヌ結果ニ至ッタノデアリマスカラシテ、ドウカ政府ハソコニ見ル所アッテ、セメテハ朝鮮ノ此移入税——米穀ノ移入税ト云フ名目ニ對シテ之ヲ撤廢スルノ意思アリヤ否ヤト云フコトヲ御説明ヲ願ヒタイノデアリマス

○議長（大岡育造君）　御異議ハアリマセヌケレバ許可致シマス――質問ノ第二、清國動亂ニ關スル質問――柴四朗君

（柴四朗君登壇）

○柴四朗君　諸君、私ハ清國動亂ニ關スル質問趣意書ヲ提出致シマシタ、而シテ逐條ノ說明ニ先チマシテ提出ノ理由ヲ簡單ニ說明致シマスルカラ暫時御清聽ヲ瀆シマス（「長クテハ困ル、暫時ナラ宜イ」ト呼フ者アリ）元來我輩ハ常ニ內治ヨリモ外交ニ重キヲ置キマス、故ニ一朝不幸ニシテ外患アルノ日ハ上下一致シテ禍ヲ轉シテ福ヒト爲スノ策ヲ講ゼナケレバナラヌト云フ意見ヲ懷抱シテ居ル者デアリマス、此故ニ清國ノ視察ニ先チマシテ外務大臣竝ニ陸軍大臣等ヲ歷訪致シマシテ、吾々ガ遵奉スルトコロノ敎ヲ受クルコトガ出來ルナラ、御高見ヲ拜聽致シタイ、是ハ私ガ渡清後ニ吾々ノ言語竝ニ擧動ガ日本ノ外交方針ト背馳セザランコトヲ努メヤウト云フニ外ナラヌノデアリマシタ、然ルニ政府ニ於テハ未ダ統一セラレタトコロノ確乎タル對清方針ノ定マラザリシカ、或ハ私ノ信用ノ薄イタメカ、日清戰爭ノトキニ私ガ渡航前ニ陸奧、川上或ハ北清事件ノトキニ靑木、寺內、日露戰爭ノトキニ桂、兒玉諸公ニ吾々ガ反對派ニモ拘ラズ、能ク當時胸襟ヲ披イテ、卽チ外交ノ方針ハ斯ウ〳〵デアルト云フ眼目ニ付テノ敎ヲ拜聽スルコトガ出來タノデアリマス、然ルニ今回ハ此ノ如キ敎ヲ奉ズルコトガ出來ナカッタノハ、甚ダ遺憾トスルトコロデアリマス、故ニ渡航後內外人カラシテ日本ノ外交ノ方針孰ニ在ルカト云フ質問ヲ受ケマシテモ、私ガ之ニ答ヘルコトノ意見ヲ有セナカッタノデアリマス、我輩ノミナラズ清國ニ在ルトコロノ外交官、軍人、實業家、有志家モ各々政府ノ方針ノ如何ニ存スルカト云フコトニ付テハ疑ヲ抱イテ居ッテ、各自散漫トシテ其好ムトコロニ依ッテ行動ヲサレタデハナイカト云フ疑ヲ持ッテ歸ッタノデアリマス、歸リマシテモ尙其疑ヲ氷解シマセヌ故ニ、今日此質問書ヲ提出シタノデアリマス、是ヨリ逐條ノ說明ヲ致シマス、「一我北京駐在ノ伊集院公使ハ清帝退位マテ君主立憲主義ヲ固守セリト聞ク事實如何」私ガ北京ニ參リマシタトキニ最モ彼地ニ於テ外交ニ有力ナル人カラシテ貴國ノ公使ハ清帝退位ノ時日ノ迫リ、竝ニ閣員ノ人選マデモ殆ド決定シタ今日ニ於テ、尙君主立憲主義ヲ固執セラルト、其事實如何ト云フコトヲ質問ヲ受ケマシタ、私ハ此事實ハ勿論存ジマセヌ、併ナガラ伊集院公使ガ君主立憲主義ヲ主張サレタト云フ事實ハ、私ハ信ズベキ理由ガアルト考ヘルノデアリマス、惟フニ我政府ニ於テハ初メハ君主立憲主義ヲ訓令サレタノヲ、中途ニシテ其事ヲ曖昧ノ裡ニ葬ラントシタルヲ、伊集院公使ハ獨ノ主張ニ對シテ之ヲ撤回スル機會ヲ失シテ、此ノ如ク孤立無援ノ苦境ニ陷ラレタノデナイカト考ヘルノデアル、此ノ如クデアリマスレバ吾々ハ一片同情ノ念ニ堪ヘナイノデアリマス、又現內閣ヲ辯護セント云フ人ノ如キハ、君主立憲主義ナルモノハ共和政治ヲ嫌惡スル一二元老ノ指金デアル故ニ、現內閣ニ於テハ此君主立憲主義ト云フコトヲ嚴格ニ固持スル念ガナカッタ、斯ウ云フコトヲ申スノデアリマス、併ナガラ是ハ現內閣ヲ侮辱シタモノデアラウト私ハ考ヘルノデアリマス、總理大臣西園寺侯ガ曾テ元老ニ政治ヲ諮ル云々ト云フ答辯ヲ致サレタコトガアリマス「元老ニ事ヲ諮ル、怪シカラヌコトデアル、此ノ如ク解釋致シマシテ宜シウゴザイマスカ、私ハ豈啻ニ元老ノミナランヤ、苟モ國家ノ事ニ付、其人ハ問フベキ人デアルト云ヘバ、所謂網ヲ曝ス漁夫、鍬ヲ擔フ農夫ニモオヤデアル、國家ノ事ハ私ハ隨分問フ、而シテ其結果タル責任ハ無論憲法ニ依リマシテ、不肖ナガラ總理ノ職ヲ辱メテ居ル以上ハ私ハ持テ居ル」云々實ニ立憲政治ノ總理大臣トシテ堂々タル御演說トシテ、當時覺エズ襟ヲ正ウシテ拜聽シマシタ語尙耳ニ存シテ居リマス、惟フニ外務大臣ハ人格高尙デ居ラレルカラ此事ニ付テハ飽マデモ責任ヲ負フコト、信ズルノデアリマス、第二ニ「大總統ニ擧ケラレシ袁世凱カ南京政府ニ對シ北京ヲ去ル能ハサル理由ノ一トシテ北京ノ親王中某國ニ愚弄セラルルモノアルカ爲ナリト答ヘレハ明ニ日本帝國ヲ指シタルモノナリト云フ政府ノ所見如何」私ガ南清ニ居リマシタトキニ兩政府ノ祕密文書ガ手ニ入ッタコトガアリマス、其中ニ（「要領ヲ云ハヌトイカヌゾ」ト呼フ者アリ）（「外交問題ナラ祕密ニヤリ給ヘ」ト呼フ者アリ）外交問題デアリマスカラ暫時御清聽ヲ煩ハシマス、其中ニ時局ノ最大困難ナル清皇ノ退位竝ニ共和ノコトニ付テ殆ド其事ガ決定スルニ垂ントシテアルニ、日本ガ陰ニ反對運動ヲスルガタメニ事實紛糾シテ此事ガ成功シナイト云フコトガアルノデアリマス、私ハ是ハ袁世凱ガ罪ヲ他人ニ嫁シテ自分ノ責任ヲ遁レルモノト信ジタノデアリマス、然ルニ今回又此ノ如キ暴言ヲ聞クニ及ンデハ是ハ既ニ事實然ルコトデアルカト考ヘタノデアリマス、蓋シ聞クトコロニ依レバ恭親王ガ宗室會議ガアリマシテ慶親王ヲ詰責シ、袁世凱ヲ罵倒サレタ、其時ニ日本ノ守備隊ガ行軍シマシタ、而シテ休憩シマシタ、其處ハ恭親王ノ附近デアルト云フコトヲ知ッテ、ソコデ敬意ヲ表シタコトガアルサウデアリマス、之ヲ神經過敏ナル袁世凱ガ日本ガ恭親王ヲ敎唆シタモノト云フ疑ヲ起シタト云フコトモアリマス、又肅親王ガ滿洲ニ病氣保養ノタメニ行カレタトキニ、何者カ滿洲ニ肅親王ガ行カレルコトヲ猜疑ノ眼ヲ以テ觀テ、而シテ其出立サレタ其晩ニ支那人ガ警備スルトコロノ其區域內ノ鐵橋ヲ爆裂セシメ、僅ニ肅親王ハ危害ヲ免レテ而シテ或ル者ノ保護ニ依ッテ或軍艦ニ依ッテ滿洲ニ行カレタト云フコトガアルサウデアリマス、是等ノコトヲ以テ若シ愚弄シタリト云フコトデアリマスレバ、人ノ孤兒、寡婦ヲ欺キ、親王ヲ愚弄シ、世人ヲ飜弄シ、自分ノ腹心タルトコロノ大兵ヲ放ッテ白晝公然掠奪ヲ恣ニシ、人ヲ殺ス、此ノ如キコトコソ、吾々ハ人ヲ愚弄シタル擧動ニシテ之ヲ責ムベキ十分ノコトガアルト考ヘルノデアリマス、此ノ如ク此袁世凱ヲシテ侮蔑ノ言ヲ發セシメタルニ付テハ、政府ノ威信ニ關係スルコトナキカ、此明答ヲ煩ハスノデアリマス、「三邦人對招商局トノ借款ハ果シテ成立セシヤ其經過如何」清國動亂以來我貿易ガ多大ノ打擊ヲ受ケマシタ故ニ、禍ヲ轉ジテ福ヒトナスノ策ヲ講ジナケレバナラヌト云フ秋ニ當リマシテ、幸ニ南京政府ヨリシテ招商局ヲ抵當トシテ借款ノ申出ガアッタノデアリマス、其時ノ南京政府ノ窮乏ハ其極ニ達シマシテ、私ガ南京ニ居リマシタトキデモ若シ多少ノ金ガ出來テ、兵士ノ俸給ニ拂フコトガ出來得ヌナラバ、則チ支那ノ正月ニハ南京ニ大動亂ガ起ルト云フコトヲ警告シテ居ッタノデアリマス、故ニ若シ此借款ガ成立チマシテ彼ノ窮ヲ濟ヒ、竝ニ兩國ノ意思ガ疏通シタナラバ、他日南清ニ於ケルトコロノ我貿易ノ發展ニ非常ナル影響ヲ得ルコトデアラウト考ヘマス、當時恰モ此事ガ決シマシタトキニハ孫逸仙ノ所ヘ私モ兩三名ト列レタコトモアリマス、而シテ上海ニ歸リマシタトキニハソレガ尙一歩進デ、此招商局ノ株券ヲ日本ニ賣ルト云フ論ガ起ッタノデアリマス、ソレデ私ノ考ヘマシタノハ曾テ英國デ蘇士運河ノ株金五千万圓ヲ臨時內閣會議ノ一夜ノ中ニ決定シ、之ヲ明日ノ議場ニ報告シテ、而シテ反對黨ヲシテ覺エズ拍手セシメタ、其五千万圓ハ五億ノ價値ヲ生ジ、佛國ヲシテ茫然自失、策ノ施スナカラシメ、今日英國ガ埃及ノ優越權ヲ得タノハ此過半數ノ株券ヲ買收シタト云フコトヲ聞イテ居リマス、必ズ政府デモ此ノ如キ處置ニ出デラルヽデアラウト云フ希望ヲ以テ私ハ上海ヲ去リマシタ、後ニ聞クトコロニ依リマスレバ日本ノ元老間ニイロ〳〵異論ガ起リ、財團ノ間ニ猜疑ガ起リ、其中ニ英國ノ知ルトコロトナッテ英國ノ抗議ガアッタサウデアリマス、而シテ此英國ノ百五十万圓先ニ貸シタト云フコトニ付テ、日本ノ抗議シタト云フコトハ內容ハ私ノ聞キマシタトコロデハ、日本ガ若シ此借款ニ出シタナラバ、其金ハ革命黨ニ往ク、故ニ今日全ク嚴正中立ノ時代デアルト云フコトヲ言ハレタヤウニ外國ニ於テ聞キマシタ、併ナガラ彼地ニ於テ聞クトコロニ依リマスレバ、英國ハ百五十万圓ノ五十万ト云フモノハ確ニ革命黨ノ手ニ入ッタト云フコトヲ私ハ聞イテ居ルノデアリマス、此事ガ果シテ然ル

ヤ否ヤ、私ハ存ジマセヌ、其中ニ袁世凱ノ知ルトコロトナッテ此金ヲ南京政府ニ日本ヨリ貸シタナラバ、由々シキ大事デアルト云ウテ大妨害ガ起ッタト云フコトモ聞イテ居リマス、又日本デモ密ニ聞クトコロニ依レバ遞信省、大藏省、外務省等ノ意見ガ一致シナカッタト云フコトモ聞イテ居リマス、此事ガ今ハ如何デアルカ、御質問致スノデアリマス、尚此質問ヲ提出致シマシタ後ニ今ノ「チャイナプレス」ノ北京通信ニ依リマスレバ、袁世凱ハ日本ノ伊集院公使ニ招商局等ノ借款ニ異議ヲ申出タルニ、公使ハ確乎タル政府ノ成立スルニ至ルマデ日本政府ハ其臣民ヲシテ清國ニ於ケル何等借款契約ヲモ締結スルコトヲ許サヾル主旨ナリト回答シ云々、是ガ果シテ事實デアリマシタナラバ、政府ガ曩ニ南清ニ於テ借款問題ニ聲援ヲ與ヘラレタ意思ハ如何ナルモノデアリマスカ、又昨今問題ニ上ッテ居リマス四國借款或ハ五國借款ニ對シテ政府ハ確乎タル清國ノ政府ガ成立シ、共和政治ヲ承認セラレタモノデアリマスカ、尚此四國或ハ五國借款ノ如キ日本ガ之ニ加入シ能フヤ否ヤト云フコトモ序ニ御説明ヲ煩ハシタクアリマス「四、南滿洲ノ治安維持方策及將來ノ方針如何」南滿洲ハ日露戰爭ノ結果列國ニ機會均等主義ノ外ハ政治上、軍事上優越ナル特殊ノ權利ヲ有シテ居ルコトハ今更喋々ヲ要サナイノデアリマス、殊ニ日露ノ協約ヲ重ネマシタ以來、其地歩ハ更ニ一層ノ鞏固ナル基礎ノ上ニ立テラレルコトニナッタト信ジテ居リマス、加之滿洲ニハ一個師團ノ守備兵モ居リマス、六個大隊ノ守備兵モアリマス、又軍港モアリマス、外ニハ有力ナル艦隊ノ游弋シテ居ルノモアリマス、又平時ニハ不用視セラレルトコロノ關東都督府モ置カレテ居ルノデアリマス、然ルニ何ゾ圖ラン遂ニ南方ニ於テ革命黨ノ起ルヤ、我關東州竝ニ在滿ノ邦人ハ革命黨ニ力ヲ添ヘタノデナイカト云フ疑ガアルノデアリマス、故ニ不逞ノ徒ガ横行シテ遼陽ニ於テ我士官ガ白晝狙撃サレタコトモアリマス、又此頃本溪湖ニ於テ邦人二名ガ革命黨ト誤解サレテ殺害サレタ事實モアリマス、遂ニ此事ハ奉天ニモ鐵嶺ニモ及ンダノデアリマス、革命黨ト稱スルモノハ既ニ中立地帶ニ上陸シテ、蓋平附近ノ我鐵道ヲ脅シタコトガアリマス、大孤山ニ上陸シタ革命黨ハ安奉線ヲ脅シタコトモアルノデアリマス、私ハ一月十日奉天ニ參リマシテ、日本ノ領事館ヲ訪問致シマシタトキニ、關東都督府ノ藍天蔚ト云フモノガ書留郵便ヲ以テ日本人ガ明日ノ午後四時ヲ期シテ退去スルニアラザレバ、日本人ノ生命財産ハ其責ニ任ゼズト云フコトヲ通知シタノデアリマス、私ハ此ノ如ク滑稽ナルコトハ齒牙ニ掛ケルコトデナイト考ヘテ居リマシタ、何ゾ圖ラン其明晩ニ於テ非常ナル動亂ガ起ラントシタノデアリマス、是ハ東三省ノ總督ノ家ニ居ルトコロノ人ガ來テ話ヲ致シマシタガ、昨晩日本人ト稱スルモノガ鹽ヲ運轉スルトコロノ兵隊ニ五千圓、張作霖ノ一營ニ五千圓ヲ與ヘ、サウシテ城外ニ誘キ出シテ大叛亂ヲ企テントシ、漸ク事前ニ押ヘタト云フコトヲ申シタノデアリマスカラ、私ハ是ハ斷然日本人デナイ、卽チ洋服ヲ著ケ、髮ヲ斬ッタ革命黨ガ日本人ト稱シテ此ノ如キコトヲヤルモノデアッテ、斷然日本人デナイト云フコトヲ申シタガ、必ズ此事ハ左樣デアルト信ズルノデアリマス、併ナガラ初メ日本ハ其取締ヲ放漫ニサレテ、我居留地ニ革命黨其他ガ徘徊シ、後ニ之ヲ放逐シテ更ニ是ガ寛大ニナッタモノデアッテ、又之ヲ取締ッテ今度更ニ遼陽其他ニ於テ革命亂ノ起ラントシタトキニ警告ヲ與ヘラレタト云フコトヲ聞キタイノデアリマス、之ヲ要スルニ今日ノ形勢ニ處シマシテハ、將來南滿洲ノ治安ノ維持ハ日本ニテ獨力之ニ任ジ、各國ヲシテ日本ニ依頼セシメル方針ヲ取ラルヽヤ、或ハ過去ノ政策ノ如ク、時ノ形勢ニ從ッテ移動ノ方策ヲ取ラルヽカ、或ハ全ク官軍、革命軍ノ間ニ介在シテ嚴正中立ヲ守リ、傍手袖觀ノ擧動ニ出デラレルカ、彼ノ居留ノ我同胞ハ不安ノ念ニ堪ヘマセヌカラ、政府ノ方針ガ伺ハレルコトガ出來マスナラバ、之ヲ伺ッテ我邦人ヲシテ不安ノ念ヲ去ラシメタイノデアリマス「五、南滿洲ノ吉長及吉會鐵道ニ關スル方針如何」外務大臣ヲ訪問致シマシタトキニ滿洲ニ付テノ意見ヲ申シタコトガアリマスガ、是ハ重大問題デアリマスカラ無論御答ヲ得ヤウトモ思ハナカッタノデアリマス、併ナガラ當時鐵道ハ交通機關ノ必要ナルモノデアッテ、又滿洲ノ利源ヲ開發スルニ必要ナモノデアル、況ヤ既ニ條約ニ依ッテ得タトコロノ吉長線竝ニ朝鮮間島ノ交換的ニ得タトコロノ吉會線卽チ吉林カラ會寧ニ通ズル鐵道、其借款ダケモ成立シテ、今日此鐵道ダケノ敷設ハ得タルモノデアリマス、斯ウ申シタトコロガ外務大臣ハ大ニ此事ニ付テハヤッテ居リマス、斯ウ云フ御答ヲ記憶シテ居リマス、然ルニ彼地ニ往ッテ調査シテ見マスレバ、日本カラ借リタ金ノ百五十万圓ハ長春ヨリ吉林ニ至ル彼ノ吉長ノ線路ニ於テ、既ニ役人ノ給料賄賂或ハ「コンミッション」ニ費シテシマッテ、其金ガナイト云フコトデ、故ニ豫定ノ如クニ、條約ノ如クニ出來ナイノデアリマス、又吉林竝ニ會寧間ノ鐵道ニ付テモ、滿洲ノ内地ニ於テ種々ノ猜疑ノ眼ヲ以テ之ヲ妨害シテ居ルト云フコトデアリマスガ、外務大臣ガ大ニヤッテ居ルト云フ言葉ガゴザイマシタカラ、此經過ガ如何ニナッテ居リマスカ、御答辯ヲ煩シマス「七、我陸軍將校中ニ武昌革命軍ヨリ不當ノ金錢ヲ受領シタル者アリト云フ事實如何」宋ノ岳飛ハ「文臣不愛錢武臣不惜死天下泰平ナラン」ト斯ウ申シタコトガアリマスガ、今ヤ清國人ハ滔々トシテ唯金錢ヲ積ムノミニ汲々トシ、文臣ハ錢ヲ盜ミ、武臣ハ錢ヲ奪フト云フマデニ墮落シタノデアリマシテ、三百年ノ社稷ハ一朝ニシテ顚覆スルモ、一人ノ義ヲ唱ヘテ節ニ殉ズル者モ無イノデアリマス、是ハ畢竟スルニ極端ナル拜金宗ニ陷ッタ弊害デアラウト信ズルノデアリマス、然ルニ我邦人ハ金錢ニ廉潔デアリマス、殊ニ武士道、道德ニ鍛ヘ上ゲタル軍人ハ君國ノタメニ死ヲ顧ミナイノデアリマス、況ヤ金錢オヤデアリマス、然ルニ此ノ如キ記事ガ内外ノ新聞ニ喋々トシテ戴ッテ居リマス、又在清ノ我日本人ノ十ノ七八ハ之ヲ信用シテ居ルノデアリマス、此ノ如キコトハ軍人ノ不面目ノミナラズ、我帝國ノ汚點ト考ヘルノデアリマス、私ハ事實此ノ如キコトハ無イコト、信ズルノデアリマス、又政府ヨリモ無イト云フコトノ答辯ヲ得タイノデアリマス、併ナガラ若モ萬々一此ノ如キコトガアッタナラバ、川島司令官竝ニ外務省、陸軍守備隊長、其他カラノ報告ヲ徴セラレテ居ルコト、思ヒマスカラ、此事ニ付テ政府ノ決心ノアルトコロヲ伺ヒタイノデアリマス、此處ニ民間ヨリ調査シタト稱スルトコロノ一冊ガ手ニ入ッテ居リマス、併シ是ハ一軍人ノタメニ辯護シタ傾ガアルノミナラズ、此事ヲ茲ニ朗讀シタリ、或ハ速記ニ載セルト云フコトガアリマシタナラバ、軍事上或ハ外交上由々シキ物議ヲ釀サウト思ヒマスカラ、是ハ割愛シテ載セヌ積リデアリマス、モウ一ツアリマス「八、清國動亂以來我邦人中退清ノ處分ヲ受ケシ者アリヤ若シ是アラバ其員數及犯罪事項及將來ノ取締方法如何」是ハ説明ヲ致サヌデモ此通リデアリマス、若シ其事實ヲ擧ゲマスレバ、澤山ノ事實ヲ持ッテ居リマス、頗ル憂慮ニ堪ヘナイコトガアリマスルガ、是ハ今日ハ略シマス、之ヲ要スルニ清國ノ現勢タルヤ、實ニ累卵ノ危、不測ノ變、朝夕ヲ計ラレヌノデアリマス、現内閣ハ外交ニ秀逸ナルトコロノ四名ノ大臣モ御揃ヒニナッテ居リマスカラ、對清政策ニ付テハ無論深謀、遠慮、萬々遺算ガナク、機ニ臨ミ變ニ應ジテ、著々歩ヲ進メツヽアルデアリマセウ、蓋シ其方針ガ國民ニ貫徹致シマセヌデ、世人ガ適從スルニ迷ッテ居リマス、新聞及論客ハ曰ク、清國ノ形勢ハ如何ニ成行クデアラウ、我對清政策ハ失敗ニ歸スルニアラザルカ、實ニ不安ノ念ニ堪ヘザルナリト云フノガ、今日ノ狀態デゴザイマス、吾輩ハ政府ニ如何ナル政策ヲ執ラレヨト云フコトヲ要求スル者デハアリマセヌ、唯政府ガ確乎不拔、我國ノ國是ヲ立テ、吾々ヲシテ勇往邁進シテ其處ニ往キ、サウシテ國運發展スルノ方針ヲ立テラレンコトヲ希望スルノデアリマス、固ヨリ外交ハ紆餘曲折ニシテ、巧妙ナル手段ガアルデアリマセウ、單刀直入的ノ威壓的方策モアルデアリマセウ、已ムヲ得ズ兵馬ノ權ニ訴フルコトモアリマセウ、冀クハ當局者ニ於テ能ク胸襟ヲ披カレテ、國是ノアルトコロヲ説明サレテ、吾々ヲシテ滿足スルトコロノ御答辯ヲ得レバ幸ヒナノデアリマス、茲ニ謹ンデ賢明ナル外務大臣閣下ニ敬意ヲ表シマス(拍手起ル)

○議長(大岡育造君) 内田外務大臣

(外務大臣子爵内田康哉君登壇)

○外務大臣(子爵内田康哉君) 柴君ノ清國動亂ニ關スル質問ニ御答致シマス、質問箇條ハ八ツアリマスガ、此中七ツダケハ私ヨリ御答ヲ致シマス、第七ハ陸軍ノ當局者ヨリ御答致シマスル、此質問ニ先チマシテ柴君ハ唯今全體ノ事柄ニ付テ熱心ナル御演說ガアリマシタ、殊ニ外交ニ重キヲ置カレルト云フコトヲ聽キマシテ、私ハ其職ニ在リマシテ洵ニ有難ク之ヲ謹聽致シマシタ、故ニ其大體ノコトニ付キマシテ一應御答ヲ致シタイト思フ、唯今ノ御話ニハ清國事件勃發以來、日本政府ハ方針ガ無イ、常ニ變ッテ居ルト云フヤウナ趣意ノ御質問ト伺ヒマシタ、是ハ日清戰役、日露戰役若クハ義和團ノ事變ニ較ベテ見ルト、其計畫ヤ何カモ分ラヌ、斯ウ云フ質問モアッタヤウニ思フ、政府ガ此事件ノ發シマシタ以來、方針ハ一定シテ居リマス、即チ清國ノ領土保全ヲ大主義ト致シマシテ、又支那ノ事件ニ對シマシテハ嚴正中立ノ態度ヲ執ル、而シテ我國民ノ生命財産ヲシテ危害ナカラシムル場合ニハ、之ニ必要ナル自衞ノ途ヲ取ル、又清國ニ於ケル我國我國民ノ利權ノ擁護及其增進ハ事情ノ許ス限リ之ヲ圖ル、此ノ如キ方針ヲ立テマシテ一定シテ變リマセヌ、是ハ日露、日清ノ兩役ニ比較致シマスレバ事柄ガ違ッテ居ル、日清、日露ノ役ハアレハ敵意ヲ以テ之ニ對スルトコロノ計畫ヲ立テタノデアル、今度ハ兎モ角モ、今日マデハ支那ノ內亂ニ止ッテ居ル、且日本ヲ始メ各國ガ最モ心配シタトコロノ外人ノ生命財産ニハ成ベク手ヲ著ケナイト云フ態度ヲ官革共ニ取ッテ來マシタ、故ニ今日マデハ幸ヒニシテ何等之ニ干涉スル場合ガナカッタノデアリマス、唯々輓近北京ニ於キマシテ意想外ノ變亂ガアリマシタカラ、之ニ對シマシテハソレゾレノ處分ヲ機ヲ失セズ取ッタ積リデアリマス、即チ千二百ノ兵ヲ增派致シマシテ、又北京ニハ山海關ヨリ直ニ百名ノ兵ヲ增派致シマシテ、今後更ニ必要トアラバ內地ヨリ或ハ滿洲ノ兵ヲ補助スルコトモアルカモ知レマセヌ、此ノ如キ處置ハ一々取ッテ居ル積リデゴザイマス、大體ノ御質問ニ對シテハ是ダケ御答致シマス、是ヨリ各項ニ亙ッテ御答致シマス「第一、我ガ北京駐在ノ伊集院公使ハ清帝退位マデハ君主立憲主義ヲ固執セリト聞ク事實如何」、本問ニ對シマシテハ豫算委員會及其他ノ委員會ニ於キマシテ再三御答辯致シマシタ通リ、政府ハ初メヨリ清國ノ政體問題ニハ不干涉ノ態度ヲ取ッテ來マシテ、伊集院公使ハ其訓令ニ從ッテ行動致シタ次第デアリマス、今日清國ニ於キマシテハ義和團事變以來、清國ノ朝野ノ人々ヲ論ゼズ、能ク外人ニ向ッテイロイロノ說ヲ聞クコトガアリマス、是ハ殆ド北京ニ於ケル常ニ起ル事柄ニナッテ居リマス、故ニ信條十九箇條ノ發布サレマシタ頃ニハ官トナク民トナク各國ノ公使ヲ圍ッテイロイロノ意見ヲ求メタコトガアル、此時ハ我伊集院公使ノミナラズ、多クノ公使ハ信條十九箇條ヲシテ早ク騷亂ヲ治メルヤウニシタラ宜カラウト云フヤウナ意見ヲ述ベタコトガアル、即チ日英協同シテ居中斡旋ノ勞ヲ取リ、若クハ列國公使及官革兩方ノ代表者ニ對シテ、早ク協定シタラ宜カラウト云フ忠告ヲ致シマシタトキハ、明カニハ明言ハ致シマセヌケレドモ、ヤハリ其邊ノトコロデ妥協シタラ宜カラウト云フ意味ハ含マレテ居タト云ウテモ差支ナイト思ヒマス、即チ日本ノ政府ガ此政體問題ニ對シテ執リマシタトコロノ事柄ハ唯今申シタ通リデアリマス、第二問ノ「大總統ニ舉ゲラレタル袁世凱ガ南京政府ニ對シ北京ヲ去ル能ハザル理由ノ一トシテ北京ノ親王中某國ニ愚弄セラルヽモノアルガ爲ナリト答ヘシハ、明ニ日本帝國ヲ指シタルモノナリト云フ政府ノ所見如何」此問題ハ要シマスニ袁世凱ト南京側ニ行ハレタル問答デアリマシテ、政府ニ於テハ是ガ果シテ事實デアルカ、事實デナイカ、確言スル譯ニイキマセヌ、要スルトコロ是ハ支那當事者間ニ行ハレタ話デアッテ、我政府ニ於テ何等之ニ干與スベキモノデハナイト思ヒマス、況ヤ此日本國トシテ北京ノ親王ヲ愚弄スル要モナク、愚弄スル筈モナイ話デアリマス、是ハ日本ニハ寸毫モ關係ナキトコロノ事柄ト私ハ思ヒマス、第三問「邦人對招商局トノ借款ハ果シテ成立セシヤ其經過如何」此問題ニ付キマシテハ唯今柴君ハ實地ニ臨ンデノ御說明ガアリマシタカラ、私以上ニ御承知カモ知レマセヌガ、政府ト致シマシテモ此問題ニ干涉シタコトガアリマス、抑々此變亂ノ始マリマシタ以來、各國ノ間ニ此軍用ニ用立テラル、恐レノアル金ハ官革共ニ貸サナイト云フコトニシタイ、就テハ其國民ガ何等此種ノ借款ヲ起ストキニハ成ベク之ヲ奬勵セザルヤウニ致シタイト云フ申合セガアッタノデ、然ルニ此招商局ハ唯今柴君ノ述ベラレマシタヤウナ來歷ガアリマス、且御承知ノ如ク招商局ハ揚子江其他支那沿岸ニ於ケル貿易上最モ重要ナル場所ヲ占メテ居ル、此招商局ノ運命ハ我對清貿易、又清國ニ於ケル航運業ニ非常ニ影響ヲ及ボス問題デアリマスガ故ニ、南京側ヨリ之ヲ抵當ニ致シテ借款ヲ致シタイト云フ問題ガ起リマシタトキニハ、是ハ他ノ問題トハ違ヒマシテ、我當局ニ於テモ非常ニ注意ヲ拂ッタ問題デアリマスノミナラズ、此借款ニ對シテハ非常ナ競爭ガ起ッテ、若シ万一他國ニ之ヲ取ラレタナラバ、我航運業ニ非常ナ影響ヲ及ボス話デアリマス故ニ、政府ハ他ニ競爭ガアル間ハ之ヲ阻止スル譯ニ往キマセヌ、其事柄ハ明カニ列強ニモ答ヘタ次第デアリマス、而シテ其招商局トノ借款ノ經過ハ其後株主ニ反對ガ起リ、其他ノ障碍ガアリマシテ、遂ニ成立セザルヤニ聞イテ居リマス、倘招商局ハドコノ國ニ對シテモ之ヲ抵當ニシテ金ヲ借ラナイト云フ約束ガ出來タヤニ聞イテ居リマス、併シ是ハ主トシテ招商局ト我當業者ノ間ノ話デアリマシテ、是以上ニ立入リマシテ私ハ此所ニ報告スルノ自由ヲ得マセヌ、左樣御承知ヲ願ヒマス、第四問「南滿洲ノ治安維持方策及將來ノ方針如何」、本問題ハ甚ダ重要ナ問題デアリマシテ、南滿洲ニ於テ帝國ガ特殊ノ利權ヲ有シテ居リマスコトハ諸君ノ審ニ御承知ノ事柄ト存ジマス、關東租借地ハ申スニ及バズ之ニ四五倍スル程ノ中立地帶ニ對スル關係及七百哩ノ鐵道線路及附屬地、或ハ鴨綠江ニ於ケル木材事業、煙臺及撫順ノ炭坑、其他鐵道附屬地ニ沿ヒマシテ我人民ガ起シマシタトコロノ各種ノ事業、是等ノ利害關係ハ到底支那ノ本土ニ於テ各國トノ關係ニ於テ見ル能ハザル程ノモノデアリマス、誠ニ特殊ナ利益デアル、加之南滿洲ハ我領土タル朝鮮ト東南ノ境ニ於テ鴨綠江及豆滿江ヲ境ニシテ接近シテ居リマス、故ニ南滿洲ニ於ケル安寧秩序ノ紊亂ハ直ニ我特殊ノ利權ニ影響ヲ及ボスノミナラズ、朝鮮ノ治安ニ直ニ影響ヲ及ボス次第デアリマス、ソレ故ニ南滿洲ニ對シマシテハ此事件ノ初メヨリ最モ注意ヲ拂ヒマシテ、先方ニ於ケル我軍部ノ官憲ニ對シテ一定ノ方針ヲ定メテヤリマシタ、即チ我租借地若クハ鐵道附屬地等ヲ策源地ニシテ、何等治安及秩序ヲ紊亂スルヤウナ行動ヲ取ルモノニ對シテハ、嚴重ニ之ヲ取締ル、其我特殊ノ利權ニ關係無キ限リハ是ハ彼等ノ自由ニ任セル、又我臣民ノ生命財産ニ危害ヲ及ボスヤウナコトガアルトキニハ、是非容赦ナク取締ヲ致ス、此ノ如キ方針ヲ定メマシテ、ソレヲ今日マデ實行シテ居ル所以デアリマス、故ニ我租借地ナリ、或ハ附屬地帶ニ於テ未ダ此治安ヲ妨害セザル程度ニアリマス間ハ、敢テ干涉ヲシマセヌ、苟モ之ヲ紊亂セシムル虞ガアルトキニハ、ソレゾレノ取締ヲ致シタ次第デアリマス、唯今柴君ノ御話ニモアリマシタ中立地帶ノコトニ關シマシテモ、北伐軍ガ中立地帶ニ上陸スルト云フコトヲ聞キマシタニ依リ、再三北伐軍ノ首領ニ對シテ其上陸ノ不可ナルコトヲ警告シタ、其警告ニモ拘ハラズ彼等ハ中立地帶ニ上陸致シマシテ、遂ニ官軍ト衝突ヲ致シマシタニ依リ、我ハ出兵ヲ致シマシテ――中立地帶ニ出兵ヲ致シマシテ、雙方ニ向ッテ中立地帶ヨリ退去スルコトヲ命ジマシタ、幸ニ彼等ハ兩方トモニ快ク之ヲ承諾シマシテ、終ニ中立地帶ヲ退イタヤウナ次第デアリマス、其他鐵道沿線ニ於テ官革ノ間ニ衝突モアッタコトガ、我國民ノ生命財産ニ危害ヲ及ボス虞ガアッタモノニ對シテハ、直ニ我兵ヲ出シテ雙方ヲ引別レシメタコトモ度々アリマス、ソレデ南滿洲ノ此治安維持ニ對シマスル處置ハ唯今申シタ通リノコトデアリマシテ、今後ト雖モ同ジ方針ヲ執ッテ參ル積リデアリマス、第五問「南滿洲ノ吉長鐵道及吉會鐵道ニ對スル方針ハ如何」、吉長鐵道ハ御承知ノ通リ明治三十八年ノ末北京條約協定ノトキニ其基ヲ起シマシテ、將來清國ガ吉林長春間ニ鐵道ヲ敷設スル場合ニハ、其金ハ日本ニ借リルト云フコトヲ極メマシタノデゴザイマス、其後二三回ノ協商ヲ經マシテ、遂ニ吉長鐵道ヲ拵ヘル、其半分ノ金ハ日本ヨリ借リル、万般ノ便法ハ關外鐵道卽チ山海關ヨリ今日ハ奉天マデ達シテ居リマス、英吉利ノ資本ニ依ッテ起ッタトコロノ彼ノ鐵道ノ便法ニ依ルト云フコトヲ極メタノデアリマス、併シ此鐵道ハ支那ガ拵ヘルノダト云フノガ基ニナッテ居リマス、唯日本ノ技師長ト會計官ヲ之ニ入レルト云フ定メニナッテ居リマシテ、明治四十二年ノ末頃ニ我技師長ヲ入レ、其後又我會計官ヲ入レテ事業ニ著手セシメタ次第デゴザイマス、然ルニ不幸ニモ著手スルヤ間モナク滿洲ニ「ペスト」ガ起リマシタ、其タメニ工事ニ意外ノ障害ヲ與ヘマシタ、其上ニ總辦其人ヲ得ズ、遂ニ今日マデハ三回總辦ヲ更ヘタヤウナ次第デアリマス、且鐵道敷設ニ不熟練ナタメニ――淸國側ノ役員ガ不熟練デアルタメニ意想外ノ障碍ヲ此工事ニ與ヘタ次第デゴザイマス、是ハ獨リ吉長鐵道ノミナラズ淸國人ガ外ノ鐵道工事ニ對シマス仕打ヲ見テモ餘リ意外トスルベキモノデハナイ、往々是ハモウ有リ勝ノコトデアリマス、其上ニ我技師長及會計官ノ權限ニ於テ十分ナラザルトコロモアリマシテ、今日マデ限定通リノ進行ヲ見マセヌ、併シ昨日受取リマシタ報告ニ依リマスト、柴君ガ淸國ニ御出デニナルトキニ御面會シタトキヨリモ少シ工事ハ進ミマシテ、八十哩ノ中今日ハ四十六哩ホド出來テ居リマス、後ノ三十三哩出來マスルト、長春ヨリ吉林マデ是ガ續クコトニナリマス、唯今日最モ困難ヲ感ジテ居リマスルノハ、此鐵道資金ノ不足デアリマス、先刻御話ノ通リ三百万兩以上ノ金ヲ既ニ費消シ盡シテ居ル、サウシテ此變亂ガ起リマシタタメニ資金ノ出所ガ無クナッテ、遂ニ我ニ其補給ヲ請求シテ來テ居ルヤウナ次第デアリマス、結局我ヨリ資金ヲ補給シナクテハナラヌト覺悟ハシテ居リマスガ、唯今マデノ通リノコトデハ、ドウシテモ、之ニ應ズル譯ニ往キマセヌカラ、其金ノ仕拂ニ付テハ十分ナル保障ヲ得マシテ、此金ヲ貸付ケテ、一日モ早ク此鐵道ノ完成ヲ致サセタイト思ウテ居リマス、ソレヨリ此吉會鐵道ニ關シマシテハ、是ハ吉林ヨリ朝鮮ノ會寧ニ到ルトコロノ鐵道デアリマシテ、是モ早晩拵ヘル、併シ其時期ハ淸國ヨリ之ヲ定メテ日本ニ相談スルト云フコトニナッテ居リマス、此鐵道ハ其延長約ソ二百七十哩内外ニナルダラウト思ヒマシテ、金モ大分掛リマス鐵道デアリマス、昨年既ニ其必要ヲ感ジマシテ我奉天ニ居リマス總領事ヲ致シマシテ、總督ニ交渉ヲセシメマシタ、總督ハ直ニ其旨ヲ北京ノ方ニ通ジマシタガ、其返答ノ來ル前ニ此騷亂ニナッテ、其儘ニナッテ居ル次第デアリマス、是モ出來得ル限リ早ク話ヲ進メタイト思フ次第デゴザイマス

○柴四朗君　私ハ説明ノコトニ付テチョット一言附加ヘタイ、此第六ノ「奉天山海關ノ鐵道守備ニ對スル方針如何」ト云フ此極ク簡單ナ問題デアリマス、此問ヲ日本デ英國ト協商シテ此責ニ任ズルノ方針ヲ執ラレルヤ否ヤト云フコトヲ附加ヘテ置キマス

○外務大臣(子爵内田康哉君)　第六、是ハ先刻御説明ガ落チテ居リマシタヤウニ感ジテ居リマシタガ、唯今ノ御説明デ能ク分リマシタ、此問ノ鐵道ハ私ガ申スマデモナク、北淸ト我鐵道――南滿鐵道及滿洲ニ於テ最モ我重キヲ置ク地帶トヲ聯絡致シマスル唯一ノ鐵道デアリマス、又一朝北淸方面ニ事ガアリマシタ場合ニ、緩急之ニ應ズルノ途ハ是ヨリ外ハアリマセヌ、本邦ヨリ兵ヲ送リ、若クハ旅順ヨリ船ヲ仕立テル如キコトヲ致シテ居リマシテハ、時機ヲ失スル場合ガアリマス、其場合ニ奉天ヨリ直ニ山海關ヲ經テ兵ヲ送ルト云フコトハ、最モ早キ道デアリマス、故ニ之ニ對シテ最モ重キヲ措イテ居ル次第デゴザイマスガ、今日デハ幸ニ此鐵道ノ聯絡ヲ絕タレルヤウナコトハ起リマセヌ、唯々先般山海關ヨリ十五哩バカリノ北ノ方ニ當リマシテ、鐵橋ガ壞レマシテ、之ニ對シテハ直ニ我監視兵ヲ送ッテ之ニ監視セシメテ居リマス、其後工事モ出來マシテ、鐵道ハ今ハ通ジテ居リマス、唯々寒氣ノタメニ「コンクリート」ヲ用ユルコトガ出來ナイ故ニ、其邊ダケハ汽車ノ徐行ヲシテ漸ク通ジテ居ルト云フ次第デアリマスケレドモ、萬一將來ニ於キマシテ此鐵道ノ聯絡ヲ絕タレルヤウナ場合ニ當リマシテハ、政府ニ於テハ之ニ適應スルトコロノ處置ヲ取ル積リデアリマス、此鐵道ニ付テハ外國ノ關係モアリマスガ、其邊ノトコロハ又ソレ相應ノ手續ヲ取リマス、併シ此事ハ事外國ニモ關シマスカラ此所デハ明言ヲ憚リマス、第七ハ陸軍當局者ヨリ説明ヲ致シマス、第八卽チ最後ノ問題ニ對シテハ柴君ニ於テ御保留ニナッタ點モアリマスカラ、唯私ノ方デハ分ッテ居ル點ダケ申上ゲマス、今日マデ退清處分ヲ受ケマシタ者ハ安東縣デ三人、哈爾賓デ一人、遼陽デ一人、上海デ三人、芝罘デ二人、吉林デ二人、關東州デ七人、都合十九人デアリマス、是等ハ必シモ淸國動亂ノタメニ退清處分ヲ受ケタモノデアリマセヌ、是ハ殆ド十万ニ近イ我臣民ガ滿洲方面ヨリ支那全土ニ於テ散在シテ居リマス故ニ、平生ニ於テモ此位ノ退清處分ヲ受ケルモノガアリマス、其犯罪ノ事項モ御問ニナッテ居リマスカラ申上ゲマスガ、多クハ賭博或ハ金品ヲ强請致シマシテ、婦女ヲ誘拐致シタ者、詐欺脅迫ヲ致シタ者、不正賣買ヲ致シタ者、治安妨害ヲ致シタ者ガ一人關東州ニアリマシタ、是モ格別此動亂ニ關係シタモノトハ思ヒマセヌ、是ダケ御答致シマス

○議長（大岡育造君）　御異議ガナケレバ本案ハ前ノ十四ノ日程ノ委員ニ付託スルコトニ決シマシタ――日程第十六、朝鮮拓殖銀行設立ニ關スル建議案――提出者三浦覺一君

第十六　朝鮮拓殖銀行設立ニ關スル建議案（三浦覺一君提出）

朝鮮拓殖銀行設立ニ關スル建議案

朝鮮拓殖銀行設立ニ關スル建議

由來朝鮮ノ貧弱ナル職トシテ生産事業ノ不振ニ基因セリ故ニ之ヲ救濟セムト欲セハ須ク先ツ生産事業ノ振興ヲ圖ラサルヘカラス生産事業ノ振興ヲ圖ラムト欲セハ須ク農業ノ改良發達ヲ謀ラサルヘカラサルナリ顧フニ農業ノ改良發達ヲ謀ルノ途ハ多々之レアルヘシト雖而モ荒廢セル池塘ノ復舊、新設ヲ速成セシメ併セテ水利事業ヲ完成シ以テ民力ノ涵養富力ノ增進ヲ計ルヨリ急務ナルハナシ而シテ其ノ之ヲ行ハシムルニハ政府ハ宜シク速ニ朝鮮總督ヲシテ特種銀行卽チ恰モ母國ニ於ケル勸業銀行ノ如キ組織ノ金融機關ヲ設置シ以テ其ノ目的ヲ達セシメムコトヲ望ム

右建議ス

（三浦覺一君登壇）

（拍手起ル）

○三浦覺一君　唯今日程ニ上リマシタ朝鮮拓殖銀行ヲ設立シテ貰ヒタイト云フ建議案デス、其說明ヲ致シタイト思ヒマスルガ、一體朝鮮ヲ我帝國ニ併合致シマシタノハ唯獨リ實利上ノ問題バカリデハゴザイマスマイガ、併合致シマシタ以上ハ朝鮮ノ國民ノ富力ヲ增進シ、而シテ又我帝國ノ人民ヲシテ移住セシメ、速ニ朝鮮ヲシテ此經濟上ノ發展ヲセシメテ、成ルベク母國ノ厄介ニナラヌヤウニ、朝鮮ハ成ルベク朝鮮ノ經濟ヲ以テ立ツヤウニセネバナラヌ、臺灣ノ如ク、自分ノ經濟デ自分ノ國ガ賄ッテ往クト云フ風ニ一日モ早ク之ヲセネバナラヌノデアル、併ナガラ朝鮮ハ御承知ノ通リニ、朝鮮人ハ誠ニ貧弱ニ致シテ、經濟思想ニ乏シイノデアル、此朝鮮人ガ然ラバ貧弱ニアルト云フノハ、朝鮮ノ土地ガ一體ニ貧弱デアルカト申セバ、決シテ土地ハ貧弱デハナイ、多年ノ間ノ惡政ト所謂暴吏ノ苛斂誅求トニ依ッテ、此ノ如キモノニナッタノデアリマシテ、朝鮮人自ラ貧弱デハナイノデアリマス、朝鮮ハヤリヤウ次第ニ依ッテハ大ニ望ノアル土地デアルノデアル、今日ノ如キ貧弱ナル處ニナッタト云フモノハ、寧ロ朝鮮人ガ勉强ヲ致シマシテ財產ヲ拵ヘ、若クバ人民ガ地位勢力ヲ得レバ、却テソレガ禍ノ種デアル、金ヲ持ッタリ、財產ヲ拵ヘタリ、或ハ權力ヲ持ツヤウニナレバ、ソレガ却テ禍デアリマシテ、朝鮮人ガ其日暮シト云フノガ卽チ今日朝鮮ヲシテ貧弱ナラシメタ原因デアッテ、決シテ朝鮮其モノガ富ヲ成ストコロノ力ガナイト云フ譯デハナイデゴザイマス、故ニ朝鮮人ニ殖產興業ヲ丁寧ニ教ヘテヤッテ、サウシテ朝鮮ニ於ケル多年ノ間ノ惡政ヲ改良シテ、卽チ善政ヲ布イテ、農業ナリ、工業ナリ、水產ナリ、森林事業ナリ、畜產ナリニ最モ力ヲ入レテ朝鮮ノ富ヲ增スト云フコトニ努メタナラバ、必ズヤソンナニ閔ガ掛ラズシテ、母國ノ厄介ニナラズシテ、朝鮮ダケハ其國ノ經濟デ賄フコトガ出來ルト云フコトニナル、是ハ唯算盤ヅクノ話ノヤウデアリマスガ、決シテサウデナイ、斯ウ云フ目的ニ是非サセネバ朝鮮ヲ併合シタル目的ハ何モ無クナッテシマフコトニナルノデアル、然ラバ其事業ノ上ニ於テ何ガ一番大切デアルカト申セバ、朝鮮ニ於テハ農業ヲ改良發達セシムルガ一番大切デアル、イロ〳〵事業ハゴザイマセウガ、其中ニ於テ農業ニ力ヲ注イデヤルト云フコトガ、一番大切デアラウト思フノデゴザイマス、其又農業ヲ奬勵致スト云フコトニシテ、改良スルト云フコトニ付テノ方法手段ハ澤山ゴザイマセウ、或ハ稻子ノ改良ヲヤル、或ハ耕地ノ整理ヲスルトカ、或ハ肥料ノ改良ヲスルトカ云ッテ、此農業ノ改良ヲスル事柄ニ於テハ種々ゴザイマセウケレドモ、其種類ノ中ニ就テ最モ大切ナルモノヲ選ブノガ必要ナノデゴザイマシテ、其農業ノ改良發達ヲ圖ル種類ニ於テ何ガ一番急務デアルカト申セバ、私ハ給水、卽チ灌漑ト云フコトニ付テ力ヲ注イデ往クト云フコトガ一番大切ナルコトヽ信ズルノデアリマス、此事柄ニ付テ全力ヲ注イデ朝鮮ノ今荒廢シテ居ルトコロノ池塘、卽チ內地デ申シマスル溜池デアリマス、若クハ河川ノ水ヲ引イテ田畑ニ注グトコロノ途ヲ講ジテ、能ク整理ヲ致シテ往キマシタナラバ、必ズヤ今ノ收穫ヨリ澤山ノ增收ヲ見ルコトガ出來マスルノデゴザイマスル、現ニ朝鮮ハ昔ニ於テハ既ニ三千ノ池塘ヲ有シテ居ッタノデス、李氏ノ時代ニ於テハ三千ノ池塘ヲ持ッテ居ッテ、能ク整ッテ居ッタノデアル、決シテ今日ノ荒廢シタル朝鮮デハナカッタノデアル、又水利ノ途モ能ク行ハレ、治水等ノ方法モ能ク備ッテ居ッタノデアリマスケレドモ、前申上ゲマス通リ、惡政暴吏ノ苛斂誅求等ニ依ッテ、今日ノ如ク廢ッテ德義心モナケレバ、公共心モナイ、自己一人ガ兎ニ角活キテ暮ラセルト云フ根性カラ、今日ノ慘狀ヲ見ルニ至ッタノデアリマスカラ、第一番ニ其荒廢シテ居ルトコロノ池塘ヲ元ノ通リニシテヤル、而シテ尙モ河川等ニ堰ヲ拵ヘテ水ヲ其處ニ給シテヤルト云フ方法ヲ致シテ往ッタナラバ、今日ノ農業ヲシテ今ノ收穫ヨリ現在ノ段別ニ於テ二百万石位ノ增收ヲ見ルコトハ譯ガナイノデアル、而シテ又此水利治水ノ法ガ行ハレマシタナラバ、今ノ荒蕪地トナッテ居ル――昔ハ美田デアッテ今廢ッテ居ルトコロノ荒蕪地ナドデ、美田トナリ、良田トナルモノガ、約一千二百五十万町步位アリマス、此收穫ヲ見マスレバ若シ是ガ美田トナリ、元ノ如ク良田トナリマシタナラバ、一千万石位ノ增收ヲ見ルコトガ出來ルノデアリマス、サウ致シテ參リマスレバ是ガ――ソレモ何モ臨時ニ出來タノデハナイ、漸ク舊ニ復シテソレ位デアリマスカラ、ソレガ舊ニ復シタナラバ歲入ノ上ニ於テモ、一千五百万圓位ノ歲入ヲ得ルコトハ易イノデアリマス、一千五百万圓ノ歲入ヲ得ルコトガ出來マシタナラバ（「モウ宜カラウ」「贊成」ト呼フ者アリ）サウ云フト尙長ク言ヒマス（「贊成」「ヤリ給ヘ」ト呼フ者アリ）大ニ母國ノ經濟ヲ助ケ、又朝鮮ヲ併合シタルトコロノ目的ニモ適フノデアリマス、諸君ハ少シ位ノ時間ハ忍ンデ貰ヒタイ、私ハ眞面目ニヤッテ居ルノデス（「人數ガ足ラヌ」「眞面目ニ聽イテ居リマス」「謹聽々々」ト呼フ者アリ）故ニ左樣ナル事業ヲ興サセルノニハ、私ガ提出致シマシタル如キ、卽チ金融ノ機關ヲ設ケルヨリ外ニ仕方ガナイ、此低利資金ヲ貸ス金融機關ヲ拵ヘテ、サウシテ此前ニ申上ゲマシタルヤウナル事業ヲ完成セシムルノ最モ急務ナルヲ信ズルノデゴザイマスルガ故ニ、ドウゾ滿場ノ御贊成ヲ得テ、此私ノ熱心ナル希望ガ、速ニ達シテ朝鮮ノ今申上ゲルヤウナ荒廢シタルトコロノ池塘ガ舊ニ復シ、治水ノ水利ノ事業ガ起ッテ、今廢ッテ居ル荒蕪地ガ美田、良田トナッテ初メテ朝鮮ノ國民ガ併合サレタ日本ノ恩澤ニ浴シ、竝ニ我國ガ朝鮮ヲ併合シタル實ニ於テ副フヤウナ機會ニ達スルコトヲ偏ニ希望スル次第デアリマス、滿場ノ諸君ノ御贊成ヲ願ヒマス、マダ申シタイコトガアリマスガ、是デ止メマス

○恆松隆慶君　此三浦君ノ熱心ナル建議案ハ、第七ノ日程、農工銀行法中改正法律案ト云フ委員ニ付託セラレンコトヲ望ミマス

（「贊成々々」ノ聲起ル）

○議長（大岡育造君）　御贊成ガ多クテ御異議ガアリマセヌカラ、恆松君ノ動議ノ如ク決シマシタ

○恆松隆慶君　此場合動議ヲ提出致シマス、見渡シマスニ議員ノ定數ヲ缺イテ居ルヤウデアリマスカラ、今日ハ是デ散會シ、アトノ日程ハ次回ノ會議ニ延バサレンコトヲ望ミマス

（「贊成々々」ノ聲起ル）

○議長（大岡育造君）　御異議ガアリマセヌヤウデスカラ、今日ハ是ニテ散會、次回ノ日程ハ公報ヲ以テ御通知致シマス

午後四時三十二分散會

第二　關稅定率法中改正法律案（田川大吉郎君提出）　第一讀會

關稅定率法中改正法律案

關稅定率法中左ノ通改正ス

第六條　米及籾ノ輸入稅ハ每百斤市價五圓以下ノ場合ニ於テハ別表ノ稅率ニ依リ、每百斤市價五圓以上ノ場合ニ於テハ十錢ヲ增ス每ニ稅率ニ於テ十錢ヲ減ス

前項ノ實施ニ必要ナル手續ハ主務大臣之ヲ定ム

（田川大吉郎君登壇）

○田川大吉郎君　諸君、私ハ關稅定率法中改正案ト勅令第三百三十一號ノ改正建議案トヲ提出致シマシタ、其勅令第三百三十一號ノ改正建議案ハ後ノ日程ニ揭ゲラレテアリマスガ、唯今說明ヲ試ミントスル關稅定率法中ノ改正法律案ト二案ノ目的ハ同一デアリマス、私ハ此兩案ノ改正ニ依リマシテ、其結果トシテ朝鮮ヨリ我內地ニ輸入シ來ル輸入米ノ稅ヲ全廢シ、又外國ヨリ我國ニ輸入シ來ル輸入米ノ稅ヲ輕減シ、之ニ依ッテ內地ノ米價ヲ調節シテ目下騰キタル米價ノ騰貴ノ勢ヲ支ヘ、爲シ得ルナラバ多少ニテモ其價ヲ輕減シ、國民ノ生活ノ基礎ニ幾分ノ餘裕ヲ與ヘ、慰安ヲ與ヘ希望ヲ與ヘテ出來得ルナラバ、其活力ヲ增サント期スルモノデアリマス、先ヅ關稅定率法中ノ改正ノ私ノ希望致シマスル提出ノ要部ヲ讀ミマスルト「第六條、米及籾ノ輸入稅ハ每百斤市價五圓以上ノ場合ニ於テハ別表ノ稅率ニ依リ、每百斤市價五百圓以下ノ場合ニ於テハ十錢ヲ增ス每ニ稅率ニ於テ十錢ヲ減ス、前項ノ實施ニ必要ナル手續ハ主務大臣之ヲ定ム」是ガ私ノ提案シテ居リマス改正ヲ希望スル第六條ノ本文デアリマス、一體米價ヲ低減スベキヤ否ヤ、其低減ガ可能ナルヤ否ヤ、今日ノ米價ハ低減ヲ圖ルベキ必要アリヤ否ヤ、此問題ハ第一ニハ我經濟上竝ニ財政上ニ於ケル農產物ノ位地ヲ考ヘ、第二ニハ我國民ノ生活ニ對スル米價ノ關係ヲ考ヘ、第三ニハ農業ニ對スル國家ノ政策ヲ考ヘ、第四ニハ關稅ニ對スル國家ノ方針ヲ考ヘ、第五ニハ米價ノ關係ニ於ケル取引所ノ機能ヲ考ヘ、是等ノ方面カラシテ各種ノ利害關係ヲ精密ニ比較シテ考慮スル必要ガアルト信ジマス、併ナガラ私ハ今日ノ場合ニ於テハソレ等ノ各事項ニ關スル比較ノ議論ヲ試ムルコトヲ避ケマシテ、簡單ニ現在ノ米價騰貴ノタメニ國民ガ現ニ困憊シテ居リマスルトコロノ狀況ト、現在竝ニ將來ノ工業經濟ニ關スル其關係ニ付テ少シク意見ヲ述ベテ見タイノデアリマス、私ハ此前モ此犯罪者ノ增加ニ物價騰貴ノ影響ナキヤ否ヤト云フ問題ヲ揭ゲマシテ、其場合ニ日本ノ職工階級ノ生活ノ甚ダ困難ナル所以ヲ多少ノ數字ニ照シテ茲ニ說明ヲ試ミタコトガアリマス、其場合ニ或ル小學生徒ノ心ニモナキ犯罪ノ行爲ニ付テ、少シク述ベマシタガ、其後米價ノ騰貴ニ關スル質問者ハ又小學校ノ生徒ノ狀態ヲ述ベマシタ、故ニ繰返シテ小學校生徒ノ狀態ヲ述ベマスコトハ甚ダ本意デアリマセヌガ、併シ便宜ノタメニ茲ニ復タ一ツ小學校ノ生徒ノ狀態ヲ述ベルコトヲ御許ヲ願ヒタイ、ソレハ東京市ノ下谷ニ於ケル小學校ノ生徒ノ狀況デアリマス、其小學校ニ於キマシテハ學校ノ生徒ノ總數ガ九百四十一人アッテ、其中今月ノ一日――三月ノ一日ニ於テノ缺席ガ二百四十二人アリマス、六百九十九人ガ現ニ學校ニ登校シテ居リマス間ニ或ハ一食ヲ缺イタ者、或ハ二食ヲ缺イタ者、或ハ三食ヲ缺キツヽアル者、若クハ米以外ノ食物ヲ喰ヒツヽアル者ガ六百九十九人ノ生徒ノ中ニ九十六人アッタ、サウシテ此九十六人ハ今申上ゲル一食若クハ二食或ハ三食ヲ缺キツヽアルトコロノ者デアリマスガ、缺席シタル二百四十二人モ亦是ト同一若クハ是以上ノ悲慘ナル狀態ニ於テ學校ノ缺席ヲ餘儀ナクセラレテ居ルトコロノモノデアルト申シテ差支ナイノデアリマス、今ソレ等ノ學校ヲ管理シテ居リマストコロノ校長若クハ教員ニ就テ、ソレ等ノ子弟ノ父兄ノ生活狀態ヲ問ウテ見マスルト、夫婦小供三人、一家五人ノ暮ラシニ於テ、一箇月十七圓ノ賃金ヲ得マスルコトハ、彼等トシテハ理想的ノ收入デアル　サウデゴザイマス、一箇月十七圓――事實ハ其附近ノ父兄ハ一日ニ日額五十錢ノ收入シカ得ナイ、斯ウ云フコトデアリマス、其十七圓ノ收入ヲ標準ト致シマシテ、米ニ幾ラヲ費シテ居ルカト見マスレバ、九圓三十三錢三厘ト云フ計算ニナリマス、此九圓三十三錢三厘ハ一圓ニ付四升五合ノ米ヲ一箇月四斗二升買フノデアリマス、此前私ハ英國ノ職工生活ノ狀態ヲ或ル書類ニ依ッテ茲ニ引用致シマシタ場合ニ、英國ノ職工等ガ一週間ニ十二圓五十錢以下ノ收入アル場合ニ於テハ食料品ニ七圓七十錢ヲ費ス、斯ウ云フコトヲ申上ゲマシタ、其七圓七十錢ノ食料ノ中ニ麵麭ノ價ハ二割一分ヲ占メテ居ル、斯ウ云フコトヲ申上ゲタノデアリマス、サウスルト其二割一分ハ一圓六十錢ニ當リマス、若シ其比例ヲ以テ日本ノ職工ガ九圓餘ヲ米ノ價ニ費シマスガタメニ、他ノ副食物ニ向ッテ七割九分ノ費用ヲ拂ハナケレバナラヌト致シマスルナラバ、其費用ハ一箇月ニ於テ四十五圓ニ達シナケレバナラヌ割合ニナリマス、一箇月四十五圓――外國ノ例ニ從ヘバ一箇月四十五圓デアリマスガ、事實ハ米ニ九圓餘ヲ費シテ、サウシテ副食物ハ三圓十五錢ヲ掛ケテ居リマス、此關係カラ申シマスト彼等ノ生活ガ如何ニ不足勝デアルカト云フコトヲ想像スルドコロデハナイ、眼前ニ吾々ハ目擊シ得ルノデアリマス、其十七圓ノ收入ニ對シテ如何ヤウニ少ナク見積リマシテモ、二十圓八十六錢ノ收入ガ必要ニナル、故ニ一箇月ニ於テハ二圓以上ノ收入ガ不足シツヽアル、斯ウ云フコトヲ聞クノデアリマス、ソコデ小學校ノ校長ガ私ニ語ッテ申シマスルノニ、從來ハ其學生竝ニ父兄ニ對シテ働ケ、出來ルダケ働ケ稼グニ追付ク貧乏ナシデ、働キサヘスレバ必ズ滿足ニ生活シ得ラレルト云フコトヲ敎ヘタケレドモ、今日ノ場合ニ於テハ彼等ニ向ッテ斯ク敎ヘルコトガ出來ナイ、如何ヤウニ働キマシテモ、十七圓以上ノ收入ヲ得ルコトハ難イ、サウシテ其實際ノ生活ハ二十圓以上ノ費用ヲ要スル故ニ、働ケバ必ズ滿足ナ生活ヲ得ラレルゾト云フコトヲ言ヒ得ナイ、又曾テ彼等ニ向ッテ細カニ入ヲ量ッテ出ヅルヲ制セト云フコトヲ敎ヘタ、勘定ニ注意セヨ、規律ヲ立テ出入ノ勘定ヲセヨト云フコトヲ敎ヘタガ、彼等ノ收入狀態カラ考ヘテ見マスレバ、米價ガ今日ノヤウニ騰貴シテ居ル場合ニ於テハ、ドウシテモ理窟ニ合ッタ、筋道ニ合ッタ勘定ヲ立テ、生活ヲ爲スコトガ出來ナイ、彼等ノ生活狀態ナルモノハ無勘定ノ勘定デアル、算盤モ簿記モアッタモノデハナイ、學校ノ講堂ニ立ッテ多クノ子弟ニ對シテ、算盤モ簿記モ役ニ立タヌト云フコトヲ敎ヘネバナラヌト云フコトハ、實ニ苦痛ノ極デアル、斯樣ニ校長等ガ私ニ向ッテ嘆ジテ語ッテ居リマシタ、斯樣ナ譯デ、是ハ一端ヲ語ルニ過ギマセヌガ、今日ノ米價騰貴ノ狀態ハ中流以下ノ生活ニ向ッテハ非常ノ打擊ヲ與ヘテ居リマス、働ケ、働ケバ滿足ニ暮ラセルゾト敎ヘルコトガ出來ズ勘定ニ注意セヨ、十分ニ注意スレバ、必ズ出入ハ償フモノダト敎ヘルコトガ出來ヌヤウナ狀態ニ多數ノ細民ハ今日淪落ヲ極メテ居ルノデアリマス、之ヲ助ケルノ途ガ、私ノ今提案ヲ試ミタ米穀ニ對スル輸入稅ノ議案デアルトハ私ハ斷言致シマセヌ、此一事ヲ決行スレバ、是等ノ困難ナル狀態ガ直ニ救ハル、デアラウトハ私ハ斷言致シマセヌ、少ナクトモ之ヲ救フノニ多少ノ補ヲナスデアラウト云フコトヲ私ハ期待シテ居

ルノデアリマス、此細民ノ生活狀態ニ就テ深ク諸君ノ御注意ヲ希ヒマスト同時ニ、モウ一ツ先程申上ゲマシタ工業ノ奬勵ニ就テ申上ゲタイコトガアル、我國ノ人ハ動モスレバ日本ノ工業ノ將來ハ甚ダ有望デアルト云フ風ニ申シマス、ナゼカナラバ勞働ノ賃金ガ非常ニ低廉デアルカラ、日本ノ工業ノ將來ハ甚ダ有望デアル、日本程物價ノ低廉ナル國ハ世界ニ比類ガナイ、斯ヤウナ風ニ申シテ居ルノデアリマスケレドモ、今日ノ米價及其他ノ物價總テノ物價ノ狀態ヲ御調査ニナリマシタトキニ、日本ノ物價ガ他國ノ物價ニ較ベテ尙低廉ナリト、何人ガ斯ヤウナコトヲ言ヒ得ルノデアリマセウ、私ハ今日一々物價ノ比表ヲ掲ゲマセヌ、先日モ幾ラカハ申上ゲマシタ、ソレヲ繰返ス必要ハアリマセヌガ、少ナクトモ今申上ゲツヽアリマス、米價ダケノ關係ニ就テモ、日本ノ物價ハ決シテ外國ノソレ等ニ較ベテ低廉トハ言ヘマセヌ、既ニ低廉ト云フコトガ出來マセヌケレバ、物價ノ低廉ナルガ故ニ、勞銀ガ低廉デアルト皆ガ希望シテ居リマスルトコロノモノガ此所ニ潰ヘルノデアリマス、此所ニ壞レルノデアリマス、其勞銀ノ低廉ヲ將來ニ期スルコトガ出來ヌケレバ、勞銀低廉ナルガ故ニ、日本ノ工業ノ將來ガ有望ナリト世間デ思ッテ居リマスルトコロノ希望ガ、此所ニ破レザルヲ得ナイノデアリマス、ソコデ物價低廉ナラズ、勞銀低廉ナラズ、日本ノ工業ガ將來有望ナルコトヲ期スルコトガ出來ナイトナリマスレバ、日本ノ將來ノ經濟上、或ハ財政上、商工業ノ關係ハ如何ニナリ行クカ、此事ガ今日ニ於テ深ク諸君ニ御配慮ヲ仰ガナケレバナラナイ、日本ノ國ノ盛衰ニ大ナル關係ノアル問題ダト考ヘルノデアリマス、此點カラ考ヘマシテ更ニ先キノ細民ノ生活ノ狀態ガ甚ダ苦ンデ居ルト云フ事情ニ附加ヘテ、米價ノ低廉ヲ計ルトコロノ必要ノ大ナル現由ガ存スルト信ジマス、其意味ヲ以テ私ハ今米穀ニ對スル關稅ノ收入ノ低減ヲ計リタイ、斯ウ云フ趣意デアリマス、尙先程ノ本問題ノ意味ヲ茲ニ少シク說明ヲ加ヘマスレバ、米及籾ノ毎百斤ノ市價五圓ノ場合ニハ、輸入稅ハ一圓トナッテ居リマス、是ハ現在ノ定率デアリマス、故ニ此相場ハ米一石十二圓五十錢ノ場合ニ於テハ二圓五十錢ノ輸入稅ガ掛ルト云フノデアリマス、故ニ外國カラ來リマスルトコロノ米ニ對シテハ、內地ノ相場ガ十五圓デアリマス間ハ、外國カラ輸入セントスル米ニ二圓五十錢ノ稅率ガ掛ルノデアリマス、其以上一石ノ價十五圓以上石ヲ以テ標準トシテ論ジマスレバ、二十五錢ヲ增ス每ニ稅率ニ於テ二十五錢ヲ減ズル、百斤ヲ標準トシテ申シマスレバ、十錢ヲ增ス每ニ十錢ヲ減ズル、斯ウ云フノデアリマス故ニ、內地ノ米價ガ十五圓以上ニ上リ上ッテ、十七圓五十錢マデニ達シタル場合ニ於テハ、外國ノ入來ル米ニ關スル輸入稅率ハ全ク無クナル、十七圓五十錢ノ場合ニ於テモ、輸入稅ハ無クナルト云フ法案デアリマス、尙實際ノ狀況ニ付テ申シマスレバ、是ハ輸入稅率ノミヲ標準トシテ論ジツヽアルガ、輸入稅率以外ニハ運賃トカ保險料トカ云フモノガ附加ヘラレナケレバナリマセヌ、ソレヲ附加ヘテ考ヘマスレバ稅ノ關係ニ於テハ十七圓五十錢デアリマスケレドモ、實際日本ノ內地ニ米ノ入リマシタ場合ノ相場ヲ申シマスレバ、ソレ等ノ運賃若クハ保險料ヲ加ヘテ十八圓ヲ越エルト思フ、私ハ屢〻此議場ニ於テ重農論者ノ意見ヲ聞イテ居ル、其意見ヲ尊重スル者デアリマスガ、如何ニ其意見ヲ尊重スルニ致シマシテモ、十七圓五十錢以上、若クハ十八圓ト云フ高キ相場ヲ現ハシマシタ時代ニ當ッテ、外國ノ輸入米稅ヲ全廢スル、若クハ低減セントスルコトハ其重農論者ノ希望ト相反對スルモノデハナイト信ズルノデアリマス、故ニ此法案ハサウ云フ意見ノ方ノ御希望ニモ悖ルコトナク、而シテ今日日々騰貴シツヽアルトコロノ米價ノ騰貴ノ勢ヲ幾分カ支ヘ得ルデアラウト考ヘルノデアリマス、此說明ヲ終ルニ當ッテ私ハ甚ダ僭越デアリマスルガ、モウ一言意見ヲ附加ヘルコトヲ御許ヲ願ヒマス、ソレハ私ハ先年アリマシタ日露戰爭ハ百年前ニアリマシタ奈破翁時代ニ於ケル、英佛戰爭ノ狀態ニ能ク類似シテ居ルト云フコトヲ考ヘルノデアリマス、其時代ニ於テ英國ガ奈破翁ヲ敵トシテ殆ド七十億ノ國債ヲ起シテ非常ナル苦ヲ重ネテ居リマスル場合ニ、英國ノ輸出貿易ナルモノハ尙駸々トシテ增加シテ居ッタ、一千七百九十八年ニ英國カラ外國ヘノ輸出貿易額ハ約一億八千万圓ノモノガ、一千八百十五年奈破翁戰爭ノ終リニ於テハ、四億二千万圓ニ增加シテ居ッタ、ダカラ戰爭ノ起リマシタトキニ比ベテ、戰爭ノ終リマシタトキニ於テハ、一倍三割強ニ輸出貿易ノ增加ヲ見テ居リマス、日本ニ於テハ明治三十七年ノ輸出貿易額ハ三億千九百万圓デアリマシタ、サウシテ四十四年戰爭ヲ終リマシテ殆ド六七年ノ後ナル昨年ノ終リニ於テハ輸出貿易ノ額ガ四億四千七百万圓ニ過ギナイ、其初メ三億一千万圓デアッタモノガ戰爭ガ終ッテ六七年後ノ今日ニ於テ四億四千七百万圓ニ過ギヌ、此輸出額ニ於テ增加シテ居リマスガ、約五割ノ增加デアリマス、彼レ英國ノ臣民ガ非常ナル危難ニ際シテ多大ナル國債ヲ起シマシタ場合ニ於テモ、歐洲ノ商業關係ハ全ク斷絕シテ居ッタ場合ニ於テモ、其外國貿易額ハ駸々トシテ進ンデ、先キニ申シマシタヤウニ十年間ニ約一倍以上ノ增加ヲ示シテ居リマス、彼ニハ此ノ如ク進ンデ止マザル勢ガアッテ、サウシテ我國ハ戰後何ヲ爲シテ居リマスルカ、外國貿易ノ形勢ハ實ニ振ハヌノデアル、之ヲ此儘ニ致シテ置キマスルコトハ、日本國民トシテ日本國ノ將來ヲ憂フル者ニ取ッテ、大ナル議題デアルト言ハナケレバナラヌ、此形勢ヲ挽回致シマスルニハ、幾ツノ方法ガアリマセウガ、其方法ノ一ハ屹度工業ノ隆盛ヲ期待スルコトデナクテハナラヌ、工業ノ隆盛ヲ圖ッテ外國貿易ノ――輸出貿易ノ隆盛ヲ圖ルト云フ其計畫ガ立ッテ居ラナクテハナリマセヌガ、ソレヲ致シマスル手段ノ一トシテ此工業者ノ生活ヲ安易ナラシムルト云フコトハ是ハ缺クベカラザルノ途デアリマセウ、其工業者ノ生活ヲ安易ナラシムル途トシテ米價ノ低廉ヲ圖ルコトハ必ズ適當ナル方法ノ一デアルト信ジマス、其工事者ノ工業ニ從事スルモノ、一般ノ生活ヲ安易ナラシムルタメニハ、此外國ヨリ來ル輸入米稅ニ向ッテ、其稅率ヲ低減シ、若クハ全廢スルト云フコトハ必ズ有力ナル方法ノ一デアルト思フ、恐クハ之ヲ外ニ致シマシテハ今申シタヤウナ目的ヲ達スル良キ方法ハ滅多ニナカラウト信ズルノデアリマス、是等ノ事情ニ鑑ミテ私ハ此關稅定率法中ノ第六條ニ對シテ改正案ヲ提出致シマシタ、ドウゾ諸君ノ御同情ニ依ッテ十分ナル注意ヲ以テ、此案ノ審議ヲ賜ハルコトヲ得ルナラバ、之ヲ可決シ確定セラレンコトヲ希望ニ堪ヘザル次第デアリマス

○恆松隆慶君　本案ハ九名ノ委員、議長指名アランコトヲ望ミマス

○議長（大岡育造君）　恆松君ノ動議ニ御異議ハアリマセヌカ

（「異議ナシ異議ナシ」ト呼フ者アリ）

第十一　明治四十三年勅令第三百三十一號中改正ニ關スル建議案(田川大吉郎君提出)

明治四十三年勅令第三百三十一號中改正ニ關スル建議案

明治四十三年勅令第三百三十一號中改正ニ關スル建議

明治四十三年勅令第三百三十一號中第一條ニ「但シ米及籾ノ移入ハ此ノ限ニ在ラス」トノ但書ヲ加ヘラレムコトヲ望ム

右建議ス

(田川大吉郎君登壇)

〔拍手起ル〕

○田川大吉郎君　勅令第三百三十一號ハ御承知ノ通リ四十三年日韓併合ノ際ニ發布セラレマシタモノデアリマシテ、其第一條ヲ便宜ノタメ先ヅ朗讀致シマスト、「朝鮮ヨリ内地臺灣及樺太ニ貨物ヲ移入スル時ハ輸入税ト同率ノ移入税ヲ賦課シ朝鮮ヨリ入港スル船舶ニハ噸税ヲ課ス」トナッテ居リマス、故ニ朝鮮ヨリ内地及樺太ニ移入セラレル總テノ貨物ハ、輸入税ト同率ノ移入税ヲ課セラレル、卽チ朝鮮ハ既ニ日本ノ領ノ中ニ歸シテ居リマスケレドモ、其處ヨリ內地ヘ移入シテ參リマスル品物ニ對シテ、外國ヨリ輸入シ來ルトコロノ品物ト同樣ノ取扱ヲナス、斯ウ云フ規定ニナッテ居リマス、ソレデ其一條ノ一般規定ヲ「但米及籾ノ移入ハ此限ニアラス」ト云フヲ但書ニ加ヘテ、米及籾ノ移入ニ對シテハ移入税ノ制限ヲ免レルコトニ致シタイ、斯ウ云フ希望ヲ以テ此建議案ヲ提出シマシタ、(「分ッタ」ト呼フ者アリ)此希望ヲ致シマシタ理由ハ先程關稅定率法中改正案ノトキニ申述ベマシタ趣意ト同一デアリマスルガ故ニ、其點ニ付テハ何事ヲモ申シマセヌ、只此改正ガ容レラレテ建議案ガ實行セラレマスル場合ニ於キマシテハ、其結果トシテ朝鮮ノ農業ハ大ニ開發セラレルデアラウト信ジマス、朝鮮ノ農業ガ開發セラレル結果トシテ、朝鮮ニ移住スル日本ノ農民、農民ノ子弟ガ今日ヨリ非常ニ增加スルデアラウト信ジマス、此點ニ於テ朝鮮ノ農業ガ開發セラレ、日本ノ移民ガ朝鮮ニ移住スルコトガ增加スレバ、增加スルニ從ッテ日韓併合ノ目的ヲ有效ナラシムル所以デアルト信ジマス、斯ウ云フ點カラ此建議案ヲ提出致シマシタ、御贊成ヲ請ヒマス

(「內地ガ倒レル」ト呼フ者アリ)

（中村啓次郎君登壇）

○中村啓次郎君　神社併合ノ奬勵ハ明治三十九年時ノ内務大臣ガ地方官ニ訓達致シタトコロデアリマシテ、其要旨ハ一町村ニ一神社ヲ存置スルコトヲ條件ト致シマシテ、其餘ハ縱令如何ナル特別ノ由緒理由ヲ有シテ居ル神社デモ、即チ皇室ノ崇敬致シテ居リマスル神社デモ、武門、武將ノ崇敬致シテ居ル神社デモ、延喜式内社デアラウトモ、六國史所載社デアラウトモ、亦勅祭社デアラウトモ、准勅祭社デアラウトモ、如何ナル神社デモ、其維持ノ確實ナラザルモノハ悉ク併合ヲ奬勵スルト云フノデアリマス、無格社ノ如キハ勿論、村社以上ノ神社ニ併合スルト云フノデアリマス、若モ其併合ヲ肯ゼナイモノガアリマシタ時分ニハ、實道具ト致シマシテ或ハ尨大ナル神社ノ境内ヲ有スベシト强ヒ、或ハ鳥居トカ、拜殿、本殿、神職ノ舍宅ト云フヤウナ建築物ヲ要スルコト、强ヒ、或ル地方ニ於キマシテハ三千圓乃至五千圓以上ノ基本金ヲ積立ツルコトヲ强ヒ、此ノ如ク致シマシテ、地方ノ疲弊シテ居リマスルニ乘ジテ、無暗ニ神社ヲ併合スベシト云フ嚴達ヲ下シタノデアリマス、ソレデ地方官ハ得タリ賢シト致シマシテ、一社デモ神社ノ多ク併合スルコトヲ以テ功績ト致シマシテ、競ウテ神社ヲ破壞シ、神樹ヲ伐採シ、名所舊蹟モ、稀代ノ神林モ、概ネ皆其災禍ニ罹ッタノデアリマス、是ニ於テ本員ハ第二十六議會ニ於テ當演壇ニ立チマシテ、政府者ノ暴擧ヲ詰責シテ未ダ撲滅セラレナイ神社ヲ保存致シタイト云フ意味ノ質問ヲ致シマシタ、時ノ内務大臣平田男爵ハ本員ノ說明ヲ聽キマシテ、恐懼措ク能ハズト致シテ、直ニ其年ノ四月地方官會議ニ於テ本員質問ノ趣意ヲ地方官ニ訓令致シタトノコトデアリマス、ソレデアリマスカドウカ知リマセヌガ、其頃ヨリ神社合祀ノ火ノ手ハ段々鎭靜致シマシテ、又第二十七議會ニ於テハ貴族院ニ於テ德川侯爵、三宅博士等ガ名所舊蹟ヲ保存スベシト云フ建議案ヲ提出サレマシタシ、當院ニ於テハ神社合祀ハ危險思想ヲ誘致スルモノナリトノ村松君ノ演說トナリマシタシ、又院外ニ於キマシテモ白井博士、佐々木博士或ハ南方氏等ノ學者ニ依リマシテ、神社合祀ニ反對ノ意見ヲ發表致サレマシテ、本員ハ期セズシテ百万ノ後援軍ヲ得タル感ガアッタノデアリマス、當局モ稍々悔悛ノ色ガ見エマスルシ、又地方ノ人民モ多少考慮ヲ要シタル有樣デアリマスノデ、本員極メテ安心ヲ致シテ居ッタノデアリマス、然ルニ近頃ニ至リマシテ又々神社合祀ノ聲ガ各地方カラ起ッテ參ッタノデアリマス、最モ其甚シイモノハ埼玉縣、和歌山縣、長野縣、福島縣等ニ起ッテ參ッタノデアリマス、神社ノ合祀ヲ追窮督勵スベシナド、云フヤウナ、縣知事ノ郡長會議等ニ於キマシテ申渡サレタルタメニ、縣民ガ非常ニ恐慌ヲ致シテ、救ヲ四方ニ求メ、本員等ノ所ヘ驅ケテ來ッタ者モ甚ダ尠ナクナイノデアリマス、本員已ムヲ得ズ再ヒ此ニ壇上ニ立チマシテ、政府ニ質問ヲ試ミナケレバナラナイ立場ニ立ッタノデアリマス、第一問ノ說明ヲ致シマスルガ、神社ノ併合ト謂フコトハ併合ト言フ故ニ耳障リモシナイノデアリマスケレドモ、其實神社ノ併合ハ神社ノ撲滅デアルノデアリマス、内務當局ハ神社ノ眞意義ヲ解シナイデ、神社ト謂フモノハ單ニ鳥居ダノ、拜殿ダノ本殿ダノ、ト云フヤウナ、建築物等ヲ神社ト心得テ居ルノカモ知レナイト思フノデアリマス、併ナガラ神社ト謂フモノハ決シテ寺院ノ如ク建築セラレタル物デハナイノデアリマス、神社ノ古制ハ神林デアリマス、神ノ林ガ即チ神社デアルノデアル、樹林ハ悉ク神社デハアリマセヌケレドモ、神社ト謂フモノハ必ズ樹林ニ在ルノデアル、樹林ノナイ神社ハ神社ノ古制デナイノデアル、萬葉集ニ卯名手神社ダノ、或ハ哭澤ノ神社ダノト云フノニ此「モリ」ノ訓ヲ附ケテ居リマス、「モリ」ノ字ハ――哭澤ノ神社ト書イテアルノデアリマス、又石田ノ杜或ハ浮田ノ杜卯名手ノ杜ト申シマスノハ「社」ノ字ヲ書イテアルノデアリマス、尤モ萬葉集ニハ「社」ノ字ヲ「杜」ノ字ト誤ッテ書イテアル――木扁ニ土ノ字ヲ書イテアル、邦人ハ木扁ニ土ノ字ヲ書ケバ皆「モリ」ト云フコトヲ知ッテ居ル、ケレドモ「杜」ノ字ハ「杜塞」ノ「杜」ノ字デアッテ決シテ森デハナイ、新井白石ハ萬葉集ノ「杜」ノ字ハ「社」ノ誤字デアルト云フコトヲ詳解ナサレテ居リマス、此「杜」ノ字ハ「社」ノ字ノ誤寫デアリマセウ、併ナガラ斯ウ云フコトモ言ハレナイコトハナイ「杜」ノ字ハ作リ字デアリマシテ、林ノ半分ト社ノ字ノ半分トヲ抱合ハセタモノデアリマス故ニ、神ノ在マサザル林ハ單純ニ「林」ト云フ字ヲ書クシ、神ノ在マス林ハ「杜」ノ字ヲ書イタトモ言ヒ得ラルルノデアリマス、何レニ致シマシテモ神林ノナイ神社ト云フモノハナイノデアリマス、御承知ノ通リ論語ニモ「哀公社ヲ宰我ニ問フ宰我答ヘテ曰ク夏公子ハ松ヲ以シ殷人ハ柏ヲ以テシ周人ハ栗ヲ以テス」、マサカ此等ヲ以チマシテ内務ノ當局ハ栗材ダケ、或ハ檜材ダケ、或ハ松材ダノヲ以チマシテ神社ヲ造ッタリトハ、ヨモヤ私ハ言ヒハシマイト思フ、此等ハ皆樹木ヲ立テテ神社ト致スノデアリマス、神社ニハ樹木、樹木ト云フモノガ主要ナル物デアルト云フコトヲ知ラナケレバナラナイ、然ラバ此神社デアルトコロノ樹林ヲ伐滅シテ何物ヲ併合シヤウトスルノデアル、又何物ニ併合ヲシヤウトスルノデアル、實ニ神社併合ヲ名ト致シマシテ神林ヲ伐盡スト云フコトハ神社併合ニアラズシテ、神社ノ撲滅デアル、是意義ニ於キマシテ建築物ハ如何ニ矮小デアッテモ、亦建築物ハナクトモ、苟モ挺々トシテ天ニ聳ユル大木アリ、其境ニ臨ミマシタナラバ、自ラ神威身ニ沁ムト云フガ如キ神林ダニアラバ假令神職ガ常ニ之ヲ祭ラナイデモ拜殿モ本殿モナクテモ、古制ニ則レル神社ハ儼トシテ存スルノデアリマス、實例ヲ申シマスレバ彼ノ大和ノ官幣大社、三輪神社ノ如キハ社殿ガナイノデアル、又官幣中社ノ信州ノ諏訪神社ノ如キ、ヤハリ社殿ガナイノデアル、唯神林ノミノ神社デアル、是ハ神社ノ古制デアル、唯今ハ最モ大ナルモノヲ提ケタノデアリマスガ、其他小ナル神林ノミヲ以テ神社ト致シテ居ルモノガ澤山アルノデアル、神社ガナシトシテ――木デ苻ヘタトコロノ神社ガナシトシテ、其神社ガ小サイトカ毀レカヽッテ居ルトカ言ッテ、神林ガアルニモ拘ラズ之ヲ合併スルト云フヤウナコトハ、全ク神社ヲ撲滅スルノデアル、又神社併合ニハ二ツノ方法ガアリマシテ、合社スルノト合祀スルノトアリマス、甲神社ト乙神社ヲ丙ノ或ル所ニ一ツノ社ヲ設ケマシテ、之ニ合ハスガ如キハ稱シテ合社ト申シテ居リマス、又甲ノ神社ヲ乙ノ神社ニ遷シマスルモノハ合祀ト言ッテ居リマスガ、何レニ致シマシテモ此神社ヲ撲滅スルト云フコトニ至ッテハ即チ一ツデアリマス、神林ヲ保有スルト云フ上ニ於キマシテハ、甲神社ヲ乙神社ニ遷シタルガ如キハ甲神社ガ無クナリマスルケレドモ、乙神社ガアル故ニ尚忍ブベシト雖モ、神ヲ人間ノ如ク人格視致シマスル時分ニハ合社ノ如キハ共ニ倶ニ甲乙ノ二神ガ自分ノ神社ガ無クナッタケレドモ、新ナル一神社ヲ得テ其神社ニ於テハ對等ノ祭祀ヲ受ケルノデアルカラ忍ビ得ラレルガ、合祀ノ如キハ甲神社ニ居ル神ハ自分ノ神社ト云フモノヲ無クナサレテシマッテ、而シテ乙神社ニ寄食スルノデアル、居候ニ參ルノデアル、神社靈アラバ誠ニ自分ノ家ヲ叩壞ハサレテ、他人ノ家ニ寄食スルト云フガ如キハ忍ビ得ラレルコトデモナシ、其神ノ氏地ニ居リマス人民ハ自分ノ祖宗ノ神ノ住ヒヲ無クシテ、他人ノ神社ニ寄食サスト云フヤウナコトハ忍ビ得ラルヽコトデナイト思フノデアリマス、又神社ト云フモノハ概ネ其土地ニ深キ縁故、深キ由緒ヲ持ッテ居ルノデアリマス、譬ヘテ申セバ氷川神社ハ武藏ノ守護神デアリマシテ、日枝神社ハ皇城ノ守護神デアルガ如クデアリマス、其氷川神社ヲ以テ京都ニ遷シ、日枝神社ヲ以テ長崎ニ移スト云フコトニナレバ、其神ノ祭ラレベキ固有資格ト云フモノハ失ハレルノデアル、神力モ自ラ薄クナルノデアリマス、是ハ一例デアリマスルガ、多クノ氏神、產土神ト云フモノハ其土地ニアッテコソ初メテ正當ナル祭祀ヲ饗ケラレル、然ルニ甲ノ氏神ノ神ヲ乙ノ氏地ニ遷シテ以テ祭ラレタ時分ニハ其神ハ正當ナル祭祀ヲ設ケルコトガ出來ナイノデアリマス、氏神ニ對シ產土神ニ對シ云フノモ更ナリ、其他ノ神ニ對シマシテモ、無暗ニ其安置サレテ居ル土地ヲ動カスト云フコトハ甚ダ不敬無禮ノ行動ト言ハナケレバナラナイノデアリマス、以上申ストコロニ依リマシテ神社ノ併合ト云フコトハ神社ノ撲滅デアルト云フ本員ノ意見ヲ說明シ得ラレタト思フノデアリマス、之ニ對スル政府ノ意見ヲ聞クノデアリマス、第二ノ說明ヲ申シマスルガ、凡ソ一國ノコト、一家ノコト、一身上ノコトデモ我國民ハ苟モ芽出度コトガアリマシタナラバ吉祥ノコトガアッタナラバ、神社ニ奔ッテ之ヲ祝スルノデアリマス、又一旦禍ニ際會致シマシタナラバ、又神社ニ奔ッテ之ヲ祈ルノデアリマス、故伊藤博文公ハ歐化主義ノ人ト言ハレタ人デアリマス、此歐化主義ノ伊藤博文公ハ近キ十數年ノ間ニ公式ニ——公ケニ伊勢ノ大廟ニ參拜セラレタコト五回デアリマス、其第一回ハ何ノタメニ參拜セラレタト言フコトヲ古谷久綱氏ノ著シタ藤公餘影ニ依ッテ讀立テマス「此參拜ノ目的ニ就テハ久シク何人ニモ語ラザリシガ實ハ殿下ノ御病氣御恢復ヲ祈願セムガ爲ナリシナリ」 皇太子殿下ノ御病氣ノ時分ニ今上陛下萬歲ノ後皇統ヲ紹ガセ給フトコロノ 皇太子殿下ガ襄ニ容易ナラザル御病氣ニ御罹リニナリマシタ時分ノコトデアリマス、殿下トハ卽チ 皇太子殿下デアリマス、「殿下ノ御病氣ニ就テハ 兩陛下モ頗ル御軫念アラセラレ予モ臣子ノ分座視スル能ハズ宮內當局者ニ注意シ治療上ノ事ハ現代文明ノ及ブ限リヲ盡サシメタルモ所謂人事ヲ盡シタル上ハ天助ヲ乞フノ外ナキヲ感ジ伊勢ニ赴キテ神前ニ訴ヘタリ其節神官ヨリ所願ノ趣意ヲ承ルヲ得バ心ヲ合セテ祈願スベシト申出タルモ予ハ貴君ノ厚意ハ深謝スル處ナレドモ所願ノ筋ハ予自ラ直接ニ大神ニ訴ヘ奉リタレト述ベテ之ヲ辭シ數分間神前ニ跪キテ熱誠ヲ込メ所思ヲ披瀝シ只管殿下ノ御病氣御恢復ヲ祈願シ若シ斯ク無遠慮ニ祈願ヲ披瀝スルコト神威ヲ冒瀆スルニ當ラバ此場ヲ去ラズ神罰ヲ與ヘ給ヘト念ジタリ固ヨリ此所願ハ予一人ノ祈願ニアラズ殿下ノ御病氣ヲ聞知セル我臣民ハ孰モ予ト其念ヲ一ニシタルヲ疑ハザリシガ大神ハ幸ニ我等臣子ノ祈願ヲ容レラレ其後殿下ハ御全快今ヤ御成婚モ濟ミ三皇子ノ御誕生モアリ皇室益々御繁榮ノ徵ヲ見ルヲ得ルハ予ノ國家社稷ノ爲メ欣喜措ク能ハズ日夕伊勢大神ニ感謝シツヽアル所ナリ」卽チ歐化主義ノ伊藤公モ斯ル大切ニ臨ミマシテハ直ニ伊勢大神宮ニ奔ッテ祈願ヲ致シタ一人デアリマス、第二回ハ明治三十五年十一月立憲政友會ノ總裁トシテ時ノ內閣ニ反對セザルベカラザル境遇ニ立チマシタ時分ニ　陛下ノ內閣ニ反對セザルベカラザル至誠ヲ天祖ニ報告シ憲政ノ前途ヲ圓滿ニ發展セシメラレタキコトヲ祈ッタノデアリマス、第三回ハ明治三十七年ノ二月日露戰爭ノ初メデアリマス、振古未曾有ノ國難ニ方リマシテドウカ皇軍ノ克捷ヲ得ルヤウニト云フ祈願ヲ致シタノデアル、第四回ハ韓國統監トシテ任ニ臨ム時分ニ其任ヲ完クセラル、コトヲ祈願シタノデアル、第五回ハヤハリ韓國ニ歸任致シマス時分ニ韓國ノ前途ニ付テ祈願ヲ致シタモノ、ヤウデアリマス、第四回、第五回ハ 古谷氏ガ伊藤公カラ祈願ノ趣ヲ直接聞イタノデハナイ、自分ニ想像シテ書イタコト、考ヘマス、歐化主義ノ伊藤公ニシテ尙且此ノ如シ、又昨年デゴザイマシタガ皇太子妃殿下ノ勝レサセラレナイコトガ全國ニ行亙リマシテ知ラレマシタ時分ニ國民ハ里閭ノ神社ニ訴願ヲ罩メテ其御恢復ヲ祈ッタト云フコトハ吾々ノ極メテ新シク承知致シテ居ルコトデアリマス、我國民ハ如何ニ我國ノ皇祖皇宗我等ノ祖宗ニ對シマシテ非常ナル信仰ヲ拂ヒツ、アルカト云フコトガ知レルノデアリマス、何物ノ沒曉漢カ敢テ此神ニ對スル——我國ノ神ヲ崇敬スル此至誠ヲ信仰ニアラズト云フモノデアリマスカ、洵ニ我國神ヲ信仰ヲ致シ、吾等ノ幸福ヲ祈念スルハ我國民ノ通有性ト申シテモ宜イノデアリマス、而モ此敬神ノ至誠ナル信仰ハ我憲法上保障セラレテ居リマストコロノ信仰ノ自由ト何ノ選ブトコロガアリマスカ、然ルニ政府ハ人民ノ意思ニ背キ、神ノ御心ニ背キ、神社ノ併合ヲ强行シテ、甲地ノ神社ヲ乙地ニ遷シ、遂ニ甲地人民ノ神社ヲ奪ウテ以テ敬神ノ誠ヲ致スコトヲ出來ナク致シテ居リマス、是レ明カニ國民敬神ノ思想ヲ破壞シ、併セテ憲法上ニ有スル信敎ノ自由ヲ阻害シテ居ルモノデアリマス、又此神社ヲ撲滅致シマシタ跡ノ實地ヲ見マスルノニ國民ハ自己以上ノ威力ヲ有スルモノヲ信ズルガ故ニ、神社ガ無クナリマスト云フト、必ズ其虛ニ乘ジマシテ淫祠邪敎ガ其土地ニ跋扈スルノデアリマス、シテ見マスルト政府ノ神社併合奬勵策ト云フモノハ此正當ナル國神ニ對スル信仰ヲ排斥シテ淫祠邪敎ヲ信仰スルコトヲ强ユルモノトモ言ヒ得ルノデアリマス、誠ニ政府者用意ノ到ラザルトコロ、慨嘆ニ堪ヘナイノデアリマス、第三問ノ說明ヲ試ミマス、我國民ノ思想ニ於キマシテハ敬神尊王、殆ド同一義ニ近イト云フコトハ何人モ爭ヒナキトコロデアリマス、故ニ神社ノ撲滅ハ敬神思想ヲ攪害スルモノデアルト云フコトヲ申シマシタ以上ハ今改メテ神社ヲ併合シテ尊王思想ヲ攪亂スルト云フ理窟ハ申述ベマセヌ、唯一二ノ實例ヲ申上ゲマスコトヲ必要ト信ズルノデアリマス、此所ニ持ッテ參ッテ居リマスル此寫眞ハ是ハ和歌山縣西牟婁郡ノ出立王子神社ノ破壞ノ跡デアリマス、此神社ハ定家卿ノ　後鳥羽上皇行幸記ニモ見エテ居リマスル如ク、　後鳥羽上皇ガ自ラ此社邊ニ御宿リニナリマシテ鹽垢離ヲ取ッテ關東討滅ヲ祈リマシタ所デアリマス、北條氏ノ横暴ヲ慨シテ北條義時ヲ討滅センコトヲ祈ラレマシタトコロノ社蹟デアルノデアリマス、然ルニ此跡ハ見ルニ忍ビナイヤウニ殘酷ニ破壞サレ終ッテアルノデアリマス、又此處カラ程遠カラナイ所ニ諸君モ歷史上御承知ノ平重盛ガ父ノ淸盛ニ尊皇ノ大義、忠道ノ大節ヲ說キマシテ、其言ノ容レラレザルヤ忠ナラント欲スレバ孝ナラズ、孝ナラント欲スレバ忠ナラズ、進退谷ッテ死ヲ祈リマシタ岩田王子ノ神社ハ此神社ニ極メテ遠カラヌ所ニアルノデアリマス、此神社モ又併合ノ厄ニ逢ウタノデアリマス、又東牟婁郡ノ新宮ト申シマスル所ニハ昔カラ　神武天皇ヲ祀ッテ居リマスル「渡ル御前ノ神社」ト云フ神社ガアルノデアリマス、此神社モ今ヤ速玉神社ニ併合サレテ居ルノデ將ニ其蹟ヲ失ハントシテ居リマス、討幕ノ大策ヲ立テ、王政復古ノ大業ヲ祈願致シマシタ遺蹟ヲ撲滅シ、身ヲ以テ忠道ノ大義ヲ鼓吹セシ重盛ノ舊蹟ヲ失ヒ、我皇祖ヲ祀ッテ居リマスル神社ヲ潰滅セント致シテ居ルノデアリマス、此ノ如ク致シマシテ尊王ノ大義ハ何ニ依ッテ之ヲ奬勵シ得ルコトガ出來ルノデアリマスカ、宜ナルカナ 神社併合ノ後ニ此牟婁ノ土地カラシテ大逆徒ヲ出スコト最モ多カッタノデアリマス、當局ニ於テハ 這般ノ點ニ對シマシテハ再思參考シテ可ナリト本員ハ思フノデアル、又本員ノ承ルトコロヲ以チマスレバ皇族二千餘万ノ中四百九十万ノミノ御墓ノ外御所在ガ知レ申サヌト云フコトデアリマス、我國ノ神社ハ多ク陵墓ノ上ニ置カレマシタルモノナルガ、故ニ古神社ノ撲滅ハ又以テ皇族方ノ陵墓ヲ潰滅スルモノデアリマスカラ、神社併合ノ此暴擧ハ偶々以テ皇室ニ對シテ敬意ヲ失スルモノト本員ハ思フノデアル、當局ノ者ハ之ヲ如何ニカ思ウテ居ラル、カ、第四問ニ對スル說明ヲ試ミマス、既ニ述ベマシタルガ如ク我里閭ノ神社ハ概ネ我祖宗ノ神社デアル、其子孫タル者ハ其祖宗ノ祭祀ヲ絶タナイコトガ德デアリマス、然ルニ自ラ其祖宗ノ地ニ衣食シナガラ其祖宗ノ祭祀ヲ營ム能ハズトナシ、他ノ神社ニ寄食セシムルト云フガ如キハ洵ニ祖宗ノ恩ニ背クモノデアリマシテ、孝道ノ基礎ヲ破ッテ居ル者デアリマス、日夕祖宗ノ恩ヲ謝シ、身ヲ修メ業ヲ營ム、民德厚キニ歸スベシデアリマス、實ニ自己祖宗ノ神ヲ他ノ神社ニ寄食セシメテ恥ヅルナキガ如キハ不孝ノ兒孫ト云ハナケレバナラヌ、政府ハ何故ニ强テ斯民ノ父祖ヲ追慕スル情念ヲ薄ウシテ、孝道ノ根本思念ヲ亂ラントスルデアルカ、第五問ニ對スル說明ヲ試ミマス、上皇室ヲ初メ下臣民ニ至ルマデ祖宗ヲ神トシ、之ヲ崇拜シ、其威靈ニ服從スルハ我國體ノ精華デアル、然ラバ其祖宗ノ神社ヲ破壞スルト云フコトハ我國體ノ基礎ニ破壞ヲ試ムルモノデアル、又神社ニハ皇族初メ國家ノ功臣我等ノ祖宗ヲ祀ッテ居ル故ニ、神社ハ我國不文ノ歷史デアル、故ニ神社ヲ破壞スルハ歷史ヲ破壞スルト相均シイノデアル、國ニハ皆各固有ノ歷史ヲ有シ、風俗ヲ有シテ居リマス、我國ノ如キモ古キ固有ノ歷史ヲ有スルヲ誇リトシテ居ル、此固有ノ國體又ハ國風ヲ愛スルト云フコトハ我國ヲ我國振リニ日本ノ國ヲ日本ノ國振リニ發達セシメヤウトスルノデアル、本員曾テ宮城ニ詣デマシテ振天府ヲ拜觀致シマシタ、又濱離宮ヲ拜觀致シマシタ、新宿御苑ヲ拜觀致シマシタ、何レモ其建築物ノ御質素ナルコトヲ拜シマシテ、本員ノ知ルトコロノ所謂成金ノ徒ノ住居ト比較致シマシテ、一方ノ華麗一方ノ質素、較ブベキヤウモナイ有樣ヲ見テ無限ノ感ニ打タレタノデアリマス、伊勢大神宮ノ皇室ノ大廟デハアリマセヌカ、而モ檜皮ヲモ葺カズ、土代ヲモ敷カズ、組物モナク、彫物モナク、白木造リノ萱葺デアル、去ルニテモ我等ハ脅ビテ辱ケナサニ涙溺ルヽデハアリマセヌカ、華美莊嚴ナル社殿ノ構造ハ畢竟唐樣ヲ擬ネタモノデアル、我國風デハナイノデアル、我古神及現神タル 天皇陛下ハ皇祖皇宗ノ範ニ傚ハレマシテ、實ニ御身親ヲ我等臣民ニ向ッテ質素ヲ敎ヘ給ヘツヽアルデハアリマセヌカ、然ルニ心ナキ政府者ハ口ニ敬神ヲ說キナガラ、民ノ負擔ニ堪ヘザルトコロノ基本金ヲ積マシメテ、其社殿ヲ壯大ニスルコトヲシ、其能ハザルニ乘ジテ之ヲ破壞セシメヤウト致シテ居ルノデアリマス、又大和ノ國ニハ合祀ノタメニ武内宿禰ノ墓ハ畑ニナッテ居ル、大阪府デハ敏達天皇ノ行宮ノ蹟ハ破壞サレテ居ルノデアリマス、備前ノ邑久郡ノ平經盛ノ墓ト言傳ヘテ居リマスル塚ガアリマス、是ハ誠ニ形ガ異樣デアリマシテ與中ニハ頭分ノヤウナモノガアッテ、其周圍ニハ家來ノヤウナモノガアルヤウニ見エルノデアリマス、此邊カラシテ上古ノ石器ガ出テ居リマス、又神軍ノ傳說モアルノデアリマス、故ニ果シテ經盛ノ墓ナルヤ否ヤハ分ラヌケレドモ、我國上古ノ風俗ヲ見マスルニ洵ニ重要ノモノデアルノデアリマス、去年國寶ニ定メラレマシタル石川年足朝臣ノ墓誌ナドモ、此石川年足ト云フ人ハ左程ノ人デアリマセヌケレドモ、千年以上ノ世態ヲ見ルノニ必要ナルモノトシテ國寶ニ定メラレタノデアル、近時歐米ニ於キマテシハ風俗學ト云フ「フォークロール」ト云フ學問ガ勃興致シマシテ、英國ノ如キハ昨年斯學ノ大家「ゴム」氏ニ授爵ヲシタト云フコトデアル、然ルニ我國ニ於テハ却テ神社併合ニ依リマシテ神社ヲ破壞シ風俗學、考古學等ノ資料ヲ撲滅シテ居ルノデアリマス(日野國明君「其責任ハ何人ゾヤ」ト呼フ)內務大臣ニ在リ(日野國明君「內務大臣何人ゾ」ト呼フ)本員之ヲ述ベザルモ日野君十分之ヲ知ルノデナイカ(「簡單々々」「謹聽々々」ト呼フ者アリ)モウ僅カ一ツデアリマス、第六問ノ說明ハ我邦ノ神林ニハ數百年以來其地固有ノ天然林ヲ殘存シテ居ルモノガ多ク、之ニ加フルニ其地ニ珍シキ植物ヲ神ニ捧ゲル心ヨリ神林ニ植付ケテアルノデアル、又數百年來ノ固有ノ老木ハ大抵神社ニノミ存在スルト云フモ過言デナイ、今ノ神社合祀ニ依ッテ此老杉、古松ヲ濫伐シヤウト計畫ヲ致シテ居リマス、一番最近ノ事實ハ三重縣阿田和引作神社ト云フ神社デアリマス、是ハ昨年十一月最モ近イ今日ニ近イトキニ於キマシテ、神社合祀ノ行ハレテ居ル事實デ、而シテ最モ大ナル杉、最モ大ナル楠ヲ伐ラウト致シテ居ルノデアリマス、御承知ノ金錢ノ外何物モ貴イモノヲ知ラヌト云フ亞米利加人デスラモ「カリホルニア」ノ「ビグツリー」ハ注意ニ注意ヲ以テ保護セラレ「ニウゼルシー」ノ一所ニ在ル「フサシダ」トカ申シマス小サナ草ハ兵隊ヲ以テ守ラシメテ居ル、又英獨ノ寺院ハ古木ヲ悉ク登錄シテ之ヲ保護スル、然ルニ我邦ハ却テ之ヲ撲滅スルコトヲ獎勵致シテ居ルノデアリマス、去年末發表セラレマシタル英國ノ「バックランド」ト云フ人ノ說ニ昆蟲ノ類ハ世界ノ總テ動物ヨリ遙ニ多イトノコトデアリマス、此昆蟲ハ一日ニ自分ノ身體ノ重量ノ二倍以上ノ草木ヲ食盡スノデアリマス、故ニ此昆蟲ト云フモノヲ防グニハドウシテモ鳥類ヲ以テ防グヨリ外ニ仕方ガナイノデアル、昆蟲ノ繁殖ヲ其儘ニシテ置キマスレバ、幾ド農民ハ其樹木ヲ食盡サルヽノデアリマス、紀南ノ碩學南方熊楠氏ハ和歌山縣ニハ神社ノ林ニ「オニツバメ」ト云フ燕ガ巣クウテ居ル、此燕ハ白蟻或ハ蚊等ヲ多量ニ食フ、ソレカラ蟻吸ト云フ鳥ハ神林ニ澤山棲ンデ居リマシタガ、神社合祀ノタメニ是等ノ益鳥ハ跡ヲ絶ツニ至ッタト云フコトデアリマス(佐々木安五郎君「學ハ古今ニ渉リ、辯ハ長キニ亙ル」ト呼フ)是ハ佐々木君ハ特ニ傾聽スベキ義務ヲ有セラルヽト思フ、佐々木君ハ名所舊蹟保存ノ賛成者ノ一人デアル、名所舊蹟ノ保存ハ神社ヲ保存シナケレバ保存シ得ラルヽモノデナイ、本員或ハ然ルコトモアラント思フノデアリマス、サレバ神社合併ハ神林ノ伐採ニ依リマシテ一時幾何カノ金錢ヲ得ラレマセウガ、永久ニハ非常ナル物質上ニ於テモ損害ヲ釀スモノナリト本員ハ思フノデアリマス、殊ニ町村費負擔ノ重キニ苦デ居ル今日ニ當リ、數百年來維持シ來ッタ神社ノ改築者ハ新築ヲ强ヒ、俄ニ其負擔ヲ激增セシメ、質素ナル神社ノ古制ヲ破壞シテ、徒ニ建築物ノ宏大ヲ競ハントスルガ如キハ、閤國擧ゲテ經費ヲ節約シ、其節約シタルモノヲ國用ニ供セントシテ居ル時代精神ニモ背クモノナリト本員ハ思フノデアル、博士某ハ斯ウ云フコトヲ申シテ居ル、神社併合ハ亡國ノ一端デアルト云フコトヲ申シテ居リマス、神社併合ハ亡國ノ一端ナリ、言ヤ極メテ奇矯ニ失シ、且不祥ノコトデアリマスケレドモ、憂國ノ士ハ之ヲ以テ知言ト致シテ居ルノデアリマス、輪奐ノ美ヲ極メテ居ル埃及ノ寺院又莊嚴無比ナル巴比倫ノ殿堂ハ如何ニ永久ニ存スルモ、其國運ハ今ヤ如何デアル、之ニ反シマシテ其社殿ハ僅ニ二十年ヲ出デザルニ改築シナケレバナラヌヤウデアリマスガ、其蓊鬱タル神林ノ裡ニ在セラレテ帝國萬歲ノ光榮ヲ守護シ給フ 伊勢大神宮ハ如何デアル、内務次官床次君ハ先年歐米ヲ視察シテ歸ッテ來マシテ、歐米ノ寺院堂禮拜堂ノ多キヲ教化ノ根本ナリト感賞致シタイト云フコトデアリマス、或ハサウデアリマセウ、併ナガラ知ラズ、次官ハ歐米ニ於ケル宏大ナル寺院禮拜堂ニ馬車ヲ馳セ、自働車ヲ驅ッテ集リ往キマスル紳士、淑女ヲ黑麵麭ヲ嚙ッテ路傍ニ眺メテ羨シサウニ見テ居ル貧人ノ顏ヲ見タリヤ、我質素ナル神社ノ前ニハ草鞋掛ノ老爺モ、金冠綾羅ノ貴公子モ、共ニ倶ニ參拜シ得ルノデアリマス、彼ノ路傍ニ羨レゲニ黑麵麭ヲ嚙ッテ紳士、淑女ノ禮拜堂ニ參リマスノヲ眺メテ居ル此貧人ハ既ニ忌ハシキ社會主義者ナリ、又鑷テ社會主義者ニナラントシツヽアル者デアリマセウカ、我邦ノ神社ヲ併合シテ社殿ヲ廣大ニシ民ノ負擔ヲ重カラシムル如キハ我國民ヲ驅ッテ彼ノ異國ノ風ニ奔ラシメントスルモノデアリマセヌカ、本員ハ實ニ神社合併策ハ百害アッテ一利ナレト思フノデアリマス、故ニ政府ハ速ニ地方ニ令シテ神社合併ノ訓令ヲ取消シ、未ダ神林又ハ社殿ヲ滅却セザルモノニシテ村民ノ請願ニヨリテ速ニ復社セシメラルヽト云フコトハ時宜ニ適シタル行動ナリト恐惟スルノデアリマス、甚ダ長キニ至リマシテ諸君ニ對シテ御氣ノ毒デアリマスガ私ハ神社ヲ併合スルヲ以テ我帝國ノ盛衰興亡ニ關スルコトナリト信ジマスルガ故ニ、至誠ヲ披瀝致シタノデアリマス、之ニ對シテ内務大臣タルモノハ諄々シイ答辯ハ要ラヌノデアル、本員ノ質問シタル趣旨ニ對スル神社併合ノ令ヲ取消スト云フ一言ヲ戴ケバ、ソレデ滿足致スノデアリマス

○議長(大岡育造君) 質問者ニ申シマス、内務大臣ハ本日出席答辯ノ用意ヲ致シテ居リマシタガ、貴族院ニ於テ選擧法ノ委員會開會中デアリマシテ、茲ニ出席シ得ザルコトヲ甚ダ遺憾トシマスガ、追テ書面ヲ以テ答辯スルト云フコトデアリマス

○中村啓次郎君 參照トシテ速記ニ之ヲ添付致シテ置キタイト思ヒマスカラ御許ヲ願ヒマス

(參照)

周禮大司徒 二十五家爲社各樹其土所宜之木。周書鄭註彼三代所都異處。所宜之木不同。夏居平陽宜松。殷居亳宜柏。周居鎬京宜栗。

白虎通曰社稷所以有樹何。尊而識之。使民人望見師敬之。又所以表功也。故周

官曰司社。而樹之。各以土地所生。尙書亡篇曰大社唯松。東社唯柏、南社唯梓、西社唯栗、北社唯槐。

社稷　論語十　子路使子羔章

疏云社稷者。蓋先王立五土之神祀以爲社。立五穀之神祀以爲稷。以古推之。自顓帝以、用句龍爲社、柱爲稷。及湯之旱、以棄易柱。是知社稷之要置。白虎通曰王者所以有社稷何。爲天下求福報功。人非土不立非穀不食。土地廣博不可徧敬也。五穀衆多不可一一而祭也故封土立社示有所尊稷五穀之長故封稷而祭之也。

神社ヲ「モリ」ト訓セシ例

哭澤之神社爾三輪須惠雖禱祈我王者高日所知奴　（萬葉集第二卷三十六丁）

眞鳥住卯名手之神社之菅根乎衣爾書付令服兒欲得　（同上第七卷三十三丁）

社ヲ「モリ」ト訓セシ例

山代石田杜心鈍手向爲在味相難　（同上第十二卷三丁）

神奈備乃伊波瀨乃杜之呼子鳥痛莫鳴吾戀益　（同上第八卷十四丁）

不想乎想常云者眞鳥住卯名手乃杜之神思將御知　（同上第七卷三十九丁）

如是爲哉猶八成牛鳴大荒木之浮田之杜之標爾不有爾

神社合祀ニ關スル再質問主意書

一神社ノ合祀ハ規模狹小ナルモノニシテ格別ノ由緖ナク社殿廢頽シ氏子又ハ崇敬者ニ於テ其維持ニ堪ヘス隨テ神社ノ體面ヲ保チ難ク崇敬ノ實ヲ擧クル能ハザルモノニ在リテ行ハル、モノニシテ之ニ由リ却テ敬神ノ念ヲ厚カラシメ又之ニ由リテ神社ノ隆與ヲ期セムトスルニ外ナラストハ政府ノ答辯スル所ナレトモ從來行ハレツ、アル神社合併ノ事實ハ全ク之ニ反シ社殿頽廢セズ氏子又ハ崇敬者ガ切ニ之ヲ維持セムト勗メツ、アルニ拘ハラス政府ハ地方吏員ヲシテ强テ神社合併ヲ行ハシメツ、アリ政府ハ何ソ速ニ這般ノ眞事實ヲ調査シ之カ非行ヲ匡正セザル乎

右及再質問候也

神社合祀ニ關スル再質問演說

曩ニ本員カラ神社合祀ニ關スル質問趣旨書ハ提出シテ置キマシタトコロガ、政府ハ唯今是ニ對シマシテ神社ノ合併ハ規模狹小ナルモノニシテ格別ノ由緖ナク、社殿廢頽シ、氏子、又ハ崇敬者ニ於テ其維持ニ堪ヘズ、隨ッテ神社ノ體面ヲ保チ難ク、崇敬ノ實ヲ擧グル能ハザルモノニアリテ行ハル、モノニシテ、之ニ由リ却テ敬神ノ念ヲ厚カラシメ、又之ニ由リテ神社ノ隆與ヲ期セントスルニ外ナラズ、云々ト云フ辯解ガ參ッタノデゴザイマス、此答辯ハ全ク眞事實ヲ知ラナイカ、或ハ之ヲ知ッテ其非ヲ掩フトコロノ答辯デアル、曩ニ政府ハ地方ニ令シテ無格ノ神社又ハ基本金ノ乏シキ神社ノ合併ヲ强ヰマシテ地方ノ吏員ガ其旨ヲ受ケマシテ或ハ民人ヲ强制シ、或ハ諂詐誘導致シマシテ、一ツデモ神社合祀ノ多キコトヲ誇ト致シテ居ルノデアリマス、此問本員ガ此質問趣意書ヲ提出セントシテ、贊成者ヲ求メマレタ砌、贊成者ノ多クノ人ハ本員ニ多大ノ材料ヲ與ヘタノデアリマス、併ナガラ其多大ノ材料ヲ唯今諸君ノ前ニ申上ゲルト云フコトハ會期切迫ノ折柄御遠慮申スベキ筋合ノモノト信ジマスルガ、其中植場平君ガ私ニ與ヘタ材料ヲ申シマスレバ、殆ド此政府ノ答辯ノ全ク本員ヲ欺クカ、然ラザレバ眞事實ヲ知ラナイト云フコトガ分ルノデアリマス、植場平君ハドウ云フコトヲ本員ニ言ッタカ、是ハ大阪府下ニ澤山アル事例デアルサウデ、甲乙ノ神社ヲ併合シヤウトスル前ニ當リマシテ、下準備ノ仕事トシテ乙ノ神社ノ神官ヲ罷免シタト云フ事實、既ニ乙ノ神社ニハ神官ナルモノ、存在シテ居ルト云フ事實ガアル、即チ立派ニ村氏ガ之ヲ維持スルトコロノ力アリ、維持シツ、アルトコロノモノデアル而シテ其問題ガ起ルヤ否ヤ植場君ヲ煩ハシタト云フ事實ニ於テ、將來ニ於テモ立派ニ維持シ得ラレルトコロノ力ガアルノデアル、此ノ如ク立派ニ維持シ得ラレルトコロノ神社ヲ政府ガ本員ヲ欺クニ格別ノ由緖ナク、社殿廢頽シ、氏子又ハ崇敬者ニ於テ其維持ニ堪ヘズ、隨ッテ神社ノ體面ヲ保ツコトガ出來ナイト云フ理由デ神社合併ヲ行フノデアルト云フコトヲ言フニ至ッテハ本員ヲ誣ユルノ甚シイモノデアル、今各地方ニ此ノ如キ怨嗟ノ聲ハ充チテ居ルノデアリマスガ、僅ニ本員ノ選擧區デアル和歌山縣西牟婁郡ニ於キマシテノ一二ノ事實ヲ當時ノ新聞ニ依ッテ申上ゲマシテ、而シテ質問ノ趣意ヲ明ニ致シタイト思フノデアリマス、新聞ノ記事ニ斯ウ云フコトガアル、「本郡三川豐原村ノ如キハ山嶽重疊ノ難路ナルガ故ニ一村ノ行程ヲ積レバ其徑ハ伊都郡ニ等シト云フ其二十大字三十二社ヲ滅シテ悉ク面川ノ春日社ニ合セ、宮木ヲ伐悉シテ一千餘圓ニ賣リナガラ本社ヘハ實際八百圓ノ基本金シカ入レズ他ハ誰カガ着服トカ聞及ブ又川添村ノ竹垣內ハ二社共ニ他ノ十大字十二社ト一緒ニ市鹿野ノ濱野社ヘ合祀サル往復十里ヲ歩マズバ自家ノ產土神ニ詣デ得ズ」ソレカラ「又栗栖川村ニテハ十一大字十二社ヲ盡ク瀧尻王子ニ合セ遠路難險ノ爲メ參社シ能ハザル者各私カニ廢社跡ニ遙拜所ヲ設ケ旦夕參詣シテ昨ノ昔ヲ忍ビ居ル狀慘傷ニ堪エズ」是等ハ僅ニ神社合祀ノ非行ノ極ク一事例ニ過ギナイノデアリマス此種ノ事例ハ他ニ澤山アルト云フコトヲ先ヅ御承知置ヲ願ヒタイノデアリマスガ、聊カ此事柄ノ事實ニ依リマシテ質問ノ理由ヲ明カニ致シタイト思フノデアリマス、陳ブル本員ハ學淺ク、才乏シク言葉ノ違レナイトコロモゴザイマセウカ、ナレドモ申上ゲル事柄ハ、神聖ナル神社ト云フ事柄デアル爲メニ暫ク少シク此場合長談議ニ過ギルカモ知レマセヌガ、御清聽アラムコトヲ願ヒマス

第一神社合祀ヲ强ユルハ、國民ノ敬神思想ヲ損傷スルモノナリ、政府ハ何ゾ速ニ此擧ヲ中止セザル、神道ノ宗敎デアルカ否カト云フヤウナコトヲ申上ゲルコトハ此質問書ノ主ナル目的デハアリマセヌカラ、成ルベクサウ云フコトノ詳論ハ避ケマス、併ナガラ諸君御互ニ臍ノ緖ヲ切リマシテ呱々ノ聲ヲ擧ゲマスルヤ否ヤ、先ヅ氏子ト云フモノニナリマシテ、氏神ノ神籍ニ入リ、然ル後ニ國籍ヲ天皇ニ得テ玆ニ臣民ノ關係ガ、生ズルノデアル、右ヤウナ次第デアリマスカラ、我國民ノ敬神思想ノ深厚ナルコトハ實ニ偶然デナイト思フノデアリマス、農民ガ田畑ヘノ出掛ケ歸掛ケニ畝ノ切レタル塢切レノ手ヲ拍チマシテ、國家安全家內息災ヲ祈リマスル此聲ハ轢テ我帝國ノ太平ヲ來シツ、アルト云フコトヲ知ラナケレバナラヌノデアル、高僧智識ノシチムヅカシイ講釋ヤ、或ハ傳道師ノ鹿爪ラシイ演說デハ宗敎トシテ毫モ國民ノ性格ヲ涵養スルニハ足リナイノデアル、一人ノ僧侶左右ニアラズ、一人ノ神官前後ニアラズ、而モ半ハ朽チタル眞木作ノ小サナ祠ノ前ニ跪イテ合掌瞑目致シマスレバ、唯森トシテ神樹ノ天籟ヲ聞クノミ、此時ニ方リテ無學ノ者モ、有文ノ人モ心悠々トシテ覺ズ天地ニ參スルノデアリマス、遐殺ノ消息ハ都地ニ栖息シテ、或ハ婬祠邪敎ヲ奉ジ空理空論ノミヲ聞イテ居ル者ノ接シ得ベキ境遇デハナイノデアリマス、想起ス、日露戰役ノ當時一旦從軍令下リマシテ、以テ農民ハ鋤ヲ投ジテ戎軍ニ就キ、此氏神ニ詣デテ何ト言フテ居ルカト云ヘバ、「縱令此身ハ戰場ニ參リマシテ屍ヲ曝ストモ、祖先代々尊崇セル此產土神ニ對シ恥ヲ御見セ申スヤウナ死樣ハ致シマセム、今此祠前ニ慟哭スル妻女ノ懷中ニ餘念ナク乳房ヲ握ッテ微笑ヲ湛エテ居ル此嬰兒ガ、ドウカ神ノ加護ヲ以チマシテ成長致シテ、此者モ他日

不幸ニシテ國難ニ遭フヤウナコトガアリマシタナラバ、ヤハリ某ノ如ク潔ク戰場ヘ參リマシテ討死ヲシテ、國ノタメニナルヤウ育上ゲヲ願ヒタイ」ト云ウコトヲ神ニ祈リテ、從容トシテ死ニ就クコト歸ルガ如ク戰場ヘ赴イタト云フヤウナ事實ハ、諸君ト共ニ之ヲ眼ニ見、又耳ニ聞イタコトハ澤山アルデハアリマセヌカ、是等ノ安心立命ト云フモノハ、七十歳八十歳マデ如意棒デ頭ヲ叩カレテ、ヤット死際ニ大悟ヲシタト云フヤウナモノトハ非常ニ其匹儔ヲ異ニシテ居ルノデアリマス又其夫ヲ戰場ヘ出シ遣リ見送ル妻女ハ夫ノ爲メニ誓ヲ祈ッテ氏神ニ供ヘ、無事凱旋ヲ祈ッタト云フヤウナ事實ハ、隨分ニ新聞紙上其他ニ於テ嘖々トシテ聞キ得タ事實デアリマス、此樣ナ麗シキ宗敎心ヲ何者ノ迂儒カ敢テ神道ヲ宗敎ニアラズト之ヲ疑フノデアル、神道宗教論ヲ外ニシテモ、日露戰役ニ於ケル戰捷ハ實ニ里閭ノ農民ノ力多キニ居ルト云フコトハ何人モ爭ナキ事實デアリマス、此農民等ノ克勝ヲ得マシタ所以ハ——大原因ハ實ニ氏神ノ功德多キヲ思ハナケレバナラヌノデアル、然ルニ日露戰爭ガ熄ミ、論功行賞至ラザルナク、諸君ノ中ニモ勳四等ヲ頂戴シタ人モアル、是ハ當然頂戴スルノガ宜レイノデアルガ、論功行賞至ラザルナキトキニ方リテ獨リ此恩典ハ氏神ニ及バズ却テ今ヤ此災厄ニ遇ウテ居ル、何ゾ其恩ヲ謝シ德ヲ頌スベクシテ、而シテ却テ虐待スルノ太甚シキヤ、吾輩甚ダ疑ナキ能ハヌノデアリマス、敬神ノ思想ヲ涵養セントスルニハ、神威ヲ崇高ナラシメナケレバナラナイノデアル、然ルニ一行政官ノ意思ノ儘デ神社ヲ興廢シ得ベシトセバ、是レ一行政官ヲシテ、神以上ニ位イタモノデアル、神ヲシテ一行政官ニ如カザラシムルノデアル、此ノ如クニシテ神威ヲ失墜セシメ、國民敬神ノ心ヲ失ハシメタナラバ、他日臍ヲ噬ムハトモ及ビ難イ時期ニ到來スルコトヲ恐ル、ノデアリマス、今ヤ我邦實ニ東西ノ文物錯綜シテ未ダ調和セズ、宗敎思想ノ如キ將ニ混沌ノ秋デアル、此ノ時ニ方リ政府ハ敢テ我國固有ノ渾然タル敬神思想ヲ打破セントス、我輩痛憂ニ堪エヌノデアリマス、森有禮氏ハ明治閣臣ノ中有爲ノ人物デアッタト云フコトハ誰シモ申ストコロデアル、而モ伊勢大廟ニ於テ敬意ヲ失シタル行爲アリトシテ、大憲發布ノ當日終ニ西野某ノ毒刃ノタメニ斃サレタノデハアリマセヌカ、本員ハ決シテ今ノ閣臣ヲ呪フ者デハナイ、決シテ閣臣ヲ呪フ者デハアリマセヌケレドモ、此神社合祀ト云フ擧ニ依ッテ帝國ノ神ノ威信ヲ傷ケテ居ルト云フコトハ、甚ダ遺憾トセザルヲ得ナイ、觸ラヌ神ニ祟リナシ、敬神ノ思想ノ如キハ誠ニ測ルベカラザルモノガアリマス、電車賃一錢ノタメニスラ燒打事件ガ起ッタデハアリマセヌカ、是ハ江戸ッ子ノ鼻先バカリ強イ人ノヤルコトデアル、村落敬神ノ徒ハ斯ル空ラ騷ギハシナイデ、唯泣イテ居ルバカリデアリマス、茲ニ一ツ新聞ニ斯ウ云フ記事ガアル、之ヲ申上ゲルト南都雨水ト云フ人ノ俳句ノ小引ニ「一月七日神社合祀ノ令嚴ニシテ背クベクモアラズ、遂ニ決シテ此夜ヲ期トシ、大字ノ神ヲ、村社ニ送ル一戸二三人送ラザルナク神燈長ク續キテ外觀賑ヤカナリト雖モ人々寂トシテ聲無シ門ノ外辻ノ邊婦女童男莚上ニ跪キテ見送ル惜別ノ情禁ジ兼テカ時ニ嗚咽ヲ聞ク」如何デアリマスカ、神社合祀ニ關スル地方人民ノ怨嗟ノ聲ハ到ル處ニアルノデアリマス

又本員ハ此神社合祀ハ國民ノ愛國心ヲ損傷スルモノトスルノデアル、卽チ之ヲ第二ノ質問ト致シマス我國民敬神ノ心ハ愛國心ト一致イタシテ居ルト云フコトハ唯今申上ゲル事例ニ依リマシテ之ヲ知ルコトガ出來マス、誠ニ我邦ノ神ハ多クハ我等ノ祖先デアリマス、我國又ハ我鄕里固有ノ神デアル、然ルニ今此愛國心ノ一分子タル愛鄉心ニ至大ノ關係ヲ有シテ居リマスル此氏神ヲ鄉里ニ失ヒ、其氏神ノ藩屏タル宮木ヲ斫リ、神樹ヲ伐リ崩スト云フヤウナコトヲ致シタ時ハ、何ニ依リテ我愛鄉心、愛國心ヲ涵養スルコトカ出來ヤウカ、是等ノ點ニ對シテ此敬神思想、愛國思想ト云フコトカ一致シテ居ル事柄デアリマスガ、既ニ前段詳述シマシタノデ此件ハコレデ止メマス

第三ニハ神社合祀ヲ強ユルハ國民ノ慰安ヲ奪フモノナリ、政府ハ何ゾ速ニ此擧ヲ中止セザル、洋ノ東西ヲ問ハズ鬱蒼タル樹木ニ依リテ天然ノ景色ヲ保チ、以テ神社佛閣ノ壯嚴、畏敬ノ念ヲ培サシムルト云フコトハ卽チ其軌一デアリマス、昨年二月刊行ノ「コンテンポラリーレビュー」ニ「エリス」氏ノ天然景色論ガアリマシタ、マダ御覽ニナラヌ方ハ御覽ヲ願ヒタイ、私等ノ故鄕ニ於ケル唯一ノ天然景色ハ實ニ我鎭守ノ森デハアリマセヌカ、若シ此鎭守ノ森ヲ伐毀シテシマタナラ、我等故鄕ノ天然ノ景色ハ全滅シテシマウノデアル、我等ガ故鄕ヲ出デマシタ時分ニ、我等ノ家ノ見エナクナリマシタ後ニモ、尙我ヲ見送ッテ居ルモノハ實ニ鎭守ノ森デハアリマセヌカ、我等ガ故鄕ニ歸リマシタトキニ一番先キニ我ノ目ヲ迎ヘルモノハ鎭守ノ森デハアリマセヌカ、本員ノ如ク多年異域ニ流浪致シテ居リマスル者ハ、此故鄕ノ天然景色ニ對シマシテ一層感懷ヲ深ク致シテ居ルノデアリマス、而モ今ヤ其森林ノ主人公タル氏神ハ他ニ移サレテ跡ナク、其氏神ノ從者デアルトコロノ森林ハ悉ク斫伐サレテ形跡ダモ留メナイノデアル、我輩タルモノ豈悄然タラザルヲ得ンヤデアリマス、今ヤ都會ノ地ニハ公園ノ必要ヲ認メマシテ、或ハ公園ヲ設ケル處モアレバ、又公園ヲ擴張致シテ居ル處モアルノデアル、然ルニモ拘ラズ村落ニ於ケル唯一ノ公園タル鎭守ノ森ヲ斫伐シ盡サウト企テ、居ルノデアリマス、人間ハ苦勞バカリセントテ生キテ居ル者デハナイ、精神ノ慰安ナクンバ民何ヲ樂ンデ耕耨漁牧セン、富者ガ一年ニ七八日優遊センタメニスラ別莊ダノ苑囿ダノト云フモノヲ私有シテ居ルノニ、勞苦骨ヲ粉ニ致シテ居リマスル小民ハ僅ノ手間ヲ以テ其土著ノ氏神、及鎭守ノ森ニ向ッテスラ慰安ヲ求ムルコトガ出來ナイト云フコトハ、豈又殘酷ノ極ミデハアリマセヌカ、鎭守ノ森ノ天然景色ハ終ニ久シク村人ノミノ慰安ノ料ニ止マルモノデナイノデアリマス、嬌ァ都人モ杖ヲ曳イテ之ニ來リ、紅塵ヲ吐イテ清氣ヲ吸ヒ、以テ慰安ヲ求ムルト云フ日ガ近キニアラウト思ヒマス、御承知ノ通リ英吉利ノ倫敦——倫敦ノ近郊一時間ヲ汽車デ走ラセマシタ處ニ「エッピング」ト云フ森ガアル、此大都ノ近キ處ニ物淋シキ天然林ガ太古ノ儘デ保存セラレテアルト云フコトハ、觀ル者ノ一驚スルトコロデアリマス、是ハ實ニ「アヴエブリー」卿ヲ總裁ニシテ朝野ノ名士ヲ網羅シタ此森林ノ保護會ト云フモノガアッテ、一本ノ落チタル枝モ一本ノ枯レタル幹モ、之ヲ取除クニハ必ズ其會ノ審査ヲ經ナケレバナラヌト云フコトニナッテ居ルノデアル、田舍ガ都會ニ移リ行ク有樣ハ、過日尾崎君ガ外國人土地所有ノ問題ニ付キマシテ說明セラレタ通リデアル、サレバ我國ノ都人モ嬌テハ此天然景色ヲ鎭守ノ森ニ求ムルト云フコトハ必要ノ次第デアル、サレド今ノ如ク斫伐シ盡セバ後ノ世ニ至リ將タ何レニカ之ヲ求ムルコトガ出來マセウカ、サレバ鎭守ノ森ノ斫伐ハ單リ村人ノ慰安ヲ奪フモノミニアラズ、國民一般ノ慰安ヲ奪フモノデアル、何ヲ以テ政府ガ國民ノ慰安ヲ奪フト云フコトヲ行フノデアルカ、而シテ之ヲ中止スベシト云フ本員ノ警告ヲ容レナイノデアルカ

第四ハ神社合祀ハ科學、考古學、歷史學ノ參考ノ資料ヲ滅失スルモノナリ、政府ハ何ゾ速ニ此擧ヲ中止セザル、本員ノ選擧區デアル近畿地方ノ如キ、日本ノ中デモ最モ早ク開ケタル土地ノ神社ノ陵墓ノ上ニ築カレタルモノガ澤山アルノデアリマス今神社ノ合祀ヲ輕忽ニ行ヒマス結果ハ、科學、考古學、歷史學ノ好資料ヲ失ヒツ、アルノデアル、和歌山縣ニ於ケル神社ヲ見マスルニ、多クハ太古其地ヲ司ッテ居リマシタ貴人ノ塚ノ上ニ建立セラレタ神社ガ多イノデアル、東京邊ノ如ク僅ニ二三百年前平地ニ勸請シテ來タヤウナ神社デハナイノデアル、而モ其中ニハ所謂陵墓制ナルモノ少ナカラズ、又遺品ヲ伏藏致シテ居ルモノガ澤山アルノデアル、現ニ天智天皇卽位七年初メテ發見セラレタト云フ銅鐸ノ如キモノモ間々熊野地方ノ古塚ヨリ發見セラル、コトガアルノデアリマス、耶蘇敎ガ歐羅巴ニ入リ弘マル時分ニ、一切ノ古社舊蹟ヲ滅却シテ顧

ミナイ、ソレガタメニ今ヤ英吉利ヤ獨逸ノ如キハ、自然遺蹟保護奬勵會ト云フモノヲ盛ニシテ、以テ有史以前ノ史蹟ヲ還原保存スルニ勗メテ居ルノデアリマス、然ルニ吾々ハ折角立派ナ昔カラノ此史蹟ガ存在致シテ居ルニモ拘ハラズ、却テ之ヲ破壞シツヽアルノデアル、何ゾ其用意ノ甚ダ異ナレル、今ノ神社合祀ヲ强ユルモノ、中ニハ或ハ基本金ナキモノ、又ハ少ナキモノ、或ハ又社格ナキモノヲ以テ神社ノ合祀ヲ行ッテ居ルノデアル、即チ此答辯書ニモ由緒ノ無イ神社ヲ壞シテ居ルト云フコトヲ言ッテ居ル、ケレドモ此神社ノ社格ヲ定ムルト云フコトハ、ドウ云フコトデ神社ノ社格ヲ定メタカ、實ニ凡庸ノ選擇杜撰ノ檢定ヲ以テ此社格ヲ定メタモノデアル、古ケレバ古イ程、古イ書キ物ダトカ、或ハ古イ由緒アル品物ガ兵燹ニ罹ルトカ、或ハ水難ニ罹ルトカ云フ譯デ古イ物、由緒アル書附ハナクナッテ居ルノデアル、故ニ社格ノ選ノ如キハ誠ニ至難ノ業デアル近イ例ハ神田明神ニ見テモ、此神社ノ社格ト云フモノヲ選定スルノハ極メテ困難デアルト云フコトガワカル、此神田明神ハ太田道灌ガ房州ノ洲崎神社ヲ勸請シタルモノデアル、然ルニ世間デハ之ヲ以テ平將門將軍ヲ祭ッテ居ルノダ、イヤサウデナイ共以前カラ大己貴命ヲ祀ッテ居ルノデアルト、斯ウ云フヤウナコトヲ言ッテ居ルノデアル、今ノ社格ノ如キモノハ決シテ重キヲ置クコトハ出來ナイ、無格ノ小社必レモ今ノ官幣大社ニ劣ラザルモノ絶テ無シト斷言スルコトハ出來ナイノデアリマス、豈容易ク撲滅スルコトガ出來マセウカ(「論旨甚ダ宜シ、願クハ簡單ナレ」ト呼フ者アリ)今ヤ政府ハ各地方ニ令シテ鄕土史ノ編纂ヲナサシメツヽアル、鄕土史中氏神ノ事蹟ヲ除イテシマッタナラバ誠ニ落莫ノ感ガアラウト思フノデアル、政府ハ文書ノ歷史ヲ求ムルニ切ニシテ何ゾ事實ノ活歷ヲ保存スルト云フコトニ緩慢デアルノデアルカ、況ヤ此無格ノ神社ノ森林ニハ既ニ世界ニ紹介サレテ居ルトコロノ植物ノアルニモ拘ハラズ、之ヲ斫伐シテ科學ノ資料ヲ滅失シ、學者ヲシテ大ニ歎息セシメテ居ル事例ガアルノデアリマス、即チ牟婁郡糸田ノ日吉神社ノ境内ノ樟樹ヨリ、菌學ノ大家南方熊楠氏ガ世界稀有ノ粘菌ヲ採取シテ大英博物館ヘ送ラレタルタメ神社ハ縱令無格デアッテモ、學者ノ間ニハ此糸田日吉神社ハ極メテ著名ニナッテ居ルノデアリマス、サレバ學術ヲ尊重スル方面ヨリ考ヘマシテモ、此ノ如キ社ノ境内ニアル神樹ハ保護スベキ筈ノモノデアル、然ルニ此神社合祀、宮木斫伐ト云フ厄ニ遭逢シタノデアリマス、此樟木ニ靈ガアルナラバ泣クベク人モ亦心アルナラバ哭サナケレバナラヌト思フデアリマス、昔三十三間堂ノ棟ニスルト云フテ柳ノ木ヲ伐ッタ時分ニ其柳ガ歎イタト云フコトガアル、ソレガ戲曲ニナッテ大椽大隅ノ演伎ニ依ッテ聽衆ヲ泣カシメテ居ッタノデアル、此老樟ノ事實ハ熊野ノ地デアル、彼ハ狂言綺語ナリ、是ハ事實ナリ、狂言綺語且人ヲ泣カシム若夫レ本員ノ質問ノ主意當局ノ情緒ノ琴線ニ觸ルヽコトヲ得バ、豈單リ樟樹ノミノ喜ビバカリデハナイノデアリマス、終ニ臨ンデ一言スベキハ、本員ハ必シモ絶對ニ神社合祀ニ反對スルノデハナイ、神社合祀ノ如キハ天下ノ一大事デアル故ニ之ヲ行ハントスルニハ先ッ學者専門家ヲシテ愼重ナル調査ヲ爲サシメ、徐ロニ之ヲ行フベシト云フノデ、由緒モ民情モ、學問上ノ一切ノ關係ヲ顧慮シナイデ恰モ「マホメット」ガ異敎國ヲ征服シテ改宗シテ在來ノ祠堂ヲ壞ツカサウデナケレバ要求通リノ償金ヲ出セ、サア金ヲ出スカ、神社ヲ移サンカナド、五千圓ト云フ大金ノ責道具ヲ以テ合祀ヲ强要シ、絶對絶命ニ村民ガ之ニ調印シテ、而シテ吏員ハ人民ハ何レモ納得ノ上デ請願致シマシタカラ之ヲ合祀シタノデゴザルト、當局カラシテ我輩ニ答辯ヲ致シテ居ル、斯ウ云フコトハ一日モ速ニ廢止セラレンコトヲ望ムノデアリマス、我國古來政治ヲ「マツリゴト」ト云ッテ居ル、敬神ハ實ニ政治ノ要デアル、若夫レ民ノ敬神ノ自由ヲ妨ゲ　敬神ノ思想ヲ損傷スルアラバ爾餘ノ行政如何ニ善美ナルヲ以テモ功罪相償フニ足ラヌノデアリマス(拍手起ル)

○議長（大岡育造君）　御異議ガナケレバ本案ハ議長指名九名ノ委員ニ付託スルコトニ決シマシタ――日程第三、朝鮮醫院及濟生院特別會計法案ノ第一讀會ヲ開キマス――荒井政府委員

第三　朝鮮醫院及濟生院特別會計法案（政府提出）　第一讀會

朝鮮醫院及濟生院特別會計法案

朝鮮醫院及濟生院特別會計法

第一條　朝鮮總督府醫院、朝鮮總督府道慈惠醫院及朝鮮總督府濟生院ノ會計ハ之ヲ通シテ一ノ特別會計トシ資金ヲ有シ政府支出金、資金ヨリ生スル收入、院收入、寄附金其ノ他ノ收入ヲ以テ其ノ歳出ニ充ツ

第二條　前條ノ政府支出金ハ年額金四拾五萬圓ヲ限トシ每年度豫算ノ定ムル所ニ從ヒ朝鮮總督府特別會計ヨリ之ヲ繰入ルヘシ

第三條　資金ハ政府ヨリ交付シ又ハ他ヨリ寄附シタル財產及歳入殘餘ヨリ成ル

第四條　資金ハ之ヲ支消スルコトヲ得ス但シ用途ヲ指定シタル資金ハ用途指定者ノ同意ヲ得テ元金ヲ使用スルコトヲ得

第五條　職員ノ俸給、諸給、旅費、事務所費、診療醫育救養及救療ニ關スル諸費、修繕費、雜支出金、其ノ他寄附者ノ指定シタル費途ヲ以テ本會計ノ歳出トス

第六條　政府ハ每年度本會計ノ歳入歳出豫算ヲ調製シ歳入歳出ノ總豫算ト共ニ之ヲ帝國議會ニ提出スヘシ

第七條　每年度豫算ニハ避クヘカラサル豫算ノ不足ヲ補フ爲豫備費ヲ設クヘシ

第八條　寄附財產ニシテ特ニ用途ヲ指定シタルモノハ其ノ條件ニ從ヒ之ヲ使用スヘシ

第九條　本會計ニ於テ外國ヨリ直接ニ圖書、機械、標本、藥品及實驗用材料ノ買入ヲ爲ス場合ニハ前金拂ヲ爲スコトヲ得

第十條　本會計ノ收入支出ニ關スル規程ハ勅令ヲ以テ之ヲ定ム

附　則

本法ハ明治四十五年度ヨリ之ヲ施行ス

本法施行ノ際朝鮮總督府醫院及朝鮮總督府道慈惠醫院ニ屬スル財產ハ總テ之ヲ本會計ノ資金ニ編入スヘシ

（政府委員荒井賢太郎君登壇）

〔「簡單」ト呼フ者アリ〕

○政府委員（荒井賢太郎君）　朝鮮總督府ノ醫院、同慈惠醫院及朝鮮總督府濟生院、此經費ヲ各院ノ收入シマスルトコロノモノト、各院ノ有シマスル資金カラ生ズル利子及寄附金ト云フモノト合セマシテ、政府ノ支出金ヲ以テ支拂サシテ往カウ、恰モ内地ノ學校ノ經理ト同樣ノ風ニ經理ヲサシテ往カウ、而シテ政府ノ支出金ハ一定ノ限度ヲ置キマシテ、漸次病院等ヲシテ自衞獨立サシテ往クヤウナコトニ致シタイ、斯ウ致シマスル趣意ヲ以チマシテ本案ヲ提出致シマシタ、左樣致シマスルニハ其歳入歳出ヲ別途ノ經費ト致シテ、特別會計ヲ設置スルノ必要ガアルト云フコトカラ致シマシテ、本案ヲ提出致シマシタ、是ハ内地ノ學校等ノ例ト同樣デゴザイマスルカラシテ、何卒御協賛ヲ願ヒタイノデアリマス

○議長（大岡育造君）　異議ナケレバ延期ニ決シマシタ、日程第十七、鹿兒島開港ノ建議案、提出者山岡國吉君

第十七　鹿兒島開港ノ建議案（山岡國吉君外七名提出）

鹿兒島開港ノ建議案

鹿兒島開港ノ建議

鹿兒島港ハ九州ノ南端ニ位シ沖繩臺灣滿清朝鮮ニ對スル貿易ノ樞軸タルヘキ地位ニ在リ天然ノ良港ニ加フルニ往年ノ築港ヲ以テシ近年又肥薩鐵道ノ全通ニ因リテ内外ノ取引船舶ノ出入益共ノ繁盛ヲ致シ明治四十三年ニ於ケル出入船舶總噸數約二百十五萬噸貨物約四千萬圓ノ巨額ニ達セリ若夫レ宮崎線西薩線兩鐵道其ノ他ノ交通機關開通スルニ到ラハ本港カ内外貿易上ニ占ムルノ地位更ニ幾倍ノ重キヲ加フヘキハ蓋疑ヲ容ルルノ餘地ナケム然ルニ此ノ地未タ開港ニ至ラサルヲ以テ税關ノ手續上貨物船ヲ他ノ開港ニ寄航セシメサルヘカラサル爲尠カラサル時日ト勞費トヲ徒消セシムルノ結果貿易上ニ打撃ヲ與ヘ産業ノ發達ヲ阻害スルコト頗ル大ナリ是レ單ニ一地方ノ事ニ非スシテ實ニ國家ノ一大緊急問題タリ依テ政府ハ速ニ之ヲ開港シテ如上ノ障碍ヲ除キ以テ益産業ノ發達貿易ノ伸張ヲ圖ラムコトヲ望ム

右建議ス

（山岡國吉君登壇）

○山岡國吉君　私ハ唯今議題ニ供セラレテアリマスルトコロノ鹿兒島開港ノ建議案ノ理由ヲ述ベマス、極ク簡單ニ致シマス、御承知ノ通リ鹿兒島港ハ九州ノ南端ニゴザイマスルノデ、臺灣、朝鮮、滿清ノ貿易ニ對シマシテハ頗ル重要ノ位置ニアリマスル天然ノ良港デアルノデアリマス、先年此港ハ築港ヲ致シマシテ、多少從前ヨリモ見ルベキコトニナッテ居リマスル上ニ尚引續キマシテ肥薩線ノ貫通ヲ致シマシテ此方ト云フモノハ、頗ル内外貿易ニ繁昌ヲ來シタノデアリマス、ソレガ故ニ一昨四十三年ノ如キハ此港灣ニ出入致シマスル船舶ノ總噸數ヲ數ヘマスルト云フト、二百十五万噸、其翌四十四年ハ二百二十二万七千百二十二噸ト云フ出入ノ船舶デゴザイマス、其上ニ尚物價ノ價格ヲ積リマスルト、一切デ約四千万圓以上ノ金額ニ及ブト云フ割合ニナッテ居ルノデアリマス、若シ之ニ宮崎線及西薩線ノ鐵道ガ貫通致シマシテ、而シテ其交通機關ガ完成ニナリマシタ曉ニハ、是以上ノ發展ヲ致シマスルコトハ、決シテ疑ヲ容レヌコトデアリマセウト思ヒマス、所ガ此港ハ未ダ開港場ニナッテ居リマセヌガ故ニ、此港ニ出入致シマスルトコロノ貨物船ト云フモノハ長崎ノ港カ、或ハ其他ノ開港場ヲ經ナケレバ、來ルコトノ出來ナイヤウニナッテ居リマスルガ故ニ、ソレガタメニ頗ル時日ヲ費シマスルシ、尚多大ノ費用ヲ要スルト云フコトニナッテ居リマスルガ故ニ、貿易上ニ打撃ヲ與ヘマシテ、産業ノ發達ヲ阻碍スルト云フコトニナッテ居ルノデアリマス、是ハ一地方ノコトバカリデナクシテ、實ニ國家ノ一大緊急問題デアルト信ジテ居ルノデアリマス、ソレ故ニ速ニ政府ハ之ヲ開港致シマシテ、如上ノ障碍ヲ除キ、サウシテ産業ノ發展、貿易ノ伸暢ヲ圖ルヤウニ致サレンコトヲ切ニ希望致シマスル次第デアリマス、右建議ニ及ビマスルガ、尚詳細ノコトハ委員會ニ於キマシテ報告ヲ申上ゲルコトニ致シマス

○恆松隆慶君　本案ハ議長指名九名ノ委員ニ付託セラレンコトヲ望ミマス

○議長（大岡育造君）　恆松隆慶君ノ動議ニ御異議ハアリマセヌカ

（「異議ナシ異議ナシ」ト呼フ者アリ）

○議長（大岡育造君）　御異議ガナケレバ議長指名九名ノ委員ニ付託スルコトニ決シマシタ、日程第十八、小松島港修築ニ關スル建議案、提出者大久保弁太郎君

○議長（大岡育造君）　御異議ガナケレバ恆松君動議ノ如ク本案ハ議長指名九名ノ委員ニ付託スルコトニ決シマス、日程第二十二、朝鮮總督府辯護士規則改正ノ建議案、提出者岡田泰藏君

第二十二　朝鮮總督府辯護士規則改正ノ建議案（岡田泰藏外二名提出）

朝鮮總督府辯護士規則改正ノ建議案

朝鮮總督府辯護士規則改正ノ建議

朝鮮總督府辯護士規則第一條資格中ニ明治四十四年朝鮮總督府制令第八號ヲ以テ規定セラレタル訴訟代理業者ヲ加ヘラレムコトヲ望ム

右建議ス

○岡田泰藏君　此席カラ説明ヲ致シマスガ、此建議ハ朝鮮總督府ノ辯護士規則ノ第七條ニアリマスル辯護士資格ノ中ニ明治四十四年朝鮮總督府制令第八號ヲ以テ規定サレテ居リマスルトコロノ訴訟代理業者ヲ加ヘテ欲シイト云フ建議デアリマス、是ハ臺灣ニ於キマスル待遇ト同ジ取扱ヲ受ケタイト云フノデアリマス、（「反對」ト呼フ者アリ）三年以上朝鮮ニ於テ實地實務ニ當リ、且是等ノ人ハ日本ニ於テ法律學ヲ修メ、ソレぐ專門學校ニ就テ修メタル者デアリマシテ（「贊成」「反對」ト呼フ者アリ）ソレ故ニ臺灣ト均シク朝鮮ニ於テモ辯護士ノ資格ヲ是等二十八人ノ現在ノ人ニ與ヘルヤウニ致シタイト云フコトヲ政府ニ希望スル譯デ、ドウカ御贊成アランコトヲ求メマス

○恆松隆慶君　本案ハ議長指名九名ノ委員ニ付託セラレンコトヲ望ミマス

○議長（大岡育造君）　恆松君ノ動議ニ御異議ハアリマセヌカ

（「異議ナシ」ト呼フ者アリ）

明治四十五年三月十七日　牧野農商務大臣ノ答辯　石井外務次官ノ答辯

○政府委員（男爵石井菊次郎君）　質問第四項ニ付テ私ヨリ添ヘテ答辯ヲ致シマス、先ツ露清陸路貿易ニ均霑スルト云フコトニ付テノ御質問ニ對シテ、一言申上ゲマスルガ、一昨年韓國併合ノ當然ノ結果ト致シマシテ、朝鮮ヨリ滿洲ニ亙ル陸路貿易ハ西比利亞、滿洲ノ間ノ陸路貿易ノ規定ニ均霑シ得ルトコロノ權利ガアルト云フコトヲ政府ハ確信シテ居ルモノデアリマシテ、此確信ヲ以テ併合後間モナク清國政府ニ交渉ヲ開キマシタトコロガ、清國政府ニ於テハ一ハ露清間ニ其條約ノ改正ノ議ガアルト云フコト、二ハ又西比利亞ト滿洲ノ間ニ於ケル關係ト、朝鮮滿洲ノ間ニ於ケル關係ハ、地勢上ニ於テ大ナル差異ガアルト云フ等ノ理由ヲ以チマシテ、我要求ニハ應ズルコトハ得ナイト云フ回答ヲ申出タノデゴザイマス、サリナガラ政府ハ是等ノ理由ハ固ヨリ承認スルコトハ得マセヌノデ、交渉ヲ繼續シテ居ル中ニ此昨年以來ノ騷亂トナッタ次第デゴザイマシテ、政府ハ何機會ノアルヲ待ッテ、此交渉ハ繼續スル積リデゴザイマス、次ニ支那動亂ニ際シマシテ在清國我領事官、商務官ハ果シテ機宜ニ適シタ處置ヲ執リツヽアルヤ否ヤ、アルナラバ其事實ヲ示セト云フ御質問デアリマスルガ、我領事官及商務官ハ專心誠心此時局ニ際シマシテ、及ブ限リヲ盡シテ適當ノ研究及彼地ニ渡船スル我同胞ニ對シテ便宜ヲ與ヘルコトヲ努メテ居ル次第デアリマス、昨年十月此騷亂ノ起ルヤ、政府ハ直ニ我領事官、商務官ニ訓令ヲ與ヘマシテ、此事件ノ我對清貿易ニ及ボストコロノ影響ト、及之ニ應ジテ如何ナル手段ヲ執ルノ必要ガアルカ、又我營業者ガ之ニ對應スルノ手段ヲ講ズル上ニ於テ、如何ナル參考ナリ材料ヲ供スルコトヲ得ルカ、是等ノ事項ニ付テ十分ナル調査ヲ遂ゲテ、迅速ニ之ヲ報告セロト云フ訓令ヲ出シテ置キマシタ、此訓令ニ從ッテ領事官、商務官ハ各〻任地ノ各方面ニ出張視察ヲ遂ゲマシテ、又內外營業者ト接觸ヲ保チ、此事變ガ支那人民ニ與ヘタルトコロノ風俗、慣例、商取引等ニ變化ヲ及ボシ、從ッテ新商品、新需用ガ起ル、其新需用等ノ起ル傾向及將來ノ見込等ニ付テハ出來ルダケ詳細ナル報告ヲ致シマシテ、是等ノ報告ハ隨時或ハ官報或ハ通商彙纂、若クハ新聞紙等ニ發表致シマシテ、尙其營業者ニハ特ニ新説ト見タルトコロノモノハ、是ハ騷亂ノ我經濟界ニ及ボス影響ト題シマシテ、對清貿易ニ密接ノ關係アル各方面デ漏レナク配付スルコトヲ努メテ居リマシタ、併ナガラ是等ノ報告及調査ハ今日是ハ完結シタトハ申シマセヌ、デ領事官及商務官ハ益〻此調査ヲ進メマシテ、今日尙續々ト其報告ハ本省ニ達シツヽアル次第デアリマス、政府ハ此報告ノ達シ次第、尙引續キ通商彙纂其他ノ方法ヲ以テ世間ニ發表致シマシテ、實業家ノ裨益ニ資スル積リデゴザイマス、尙御質問ガアリマシタカラシテ、此機會ヲ以テ一言申上ゲテ置キマスノハ、此領事及商務官ト直接通信ヲ許サヾル理由ハ、ドウデアルカト云フ御質問ガアリマシタガ、此點ニ付キマシテハ從來幾度カ御質問ノアッタコトモアリマスルガ、當時ノ事情トシテ直接通信ヲ許ストエフコトハ頗ニ堪ヘナイ、事實行ヒ得ザルコトデアリマシタノデ、サリナガラ其後追〻便法ヲ研究致シマシテ、此事變ノ起ッタル以後デアリマス、過日來或ル範圍ノ下ニ相接通信ヲ許スコトニ致シマシタ出來ルダケハ――固ヨリ是ハ手數ヲ增ス次第デハゴザリマスルガ、或ル範圍內デハ之ヲ直接通信ヲ許スト云フ方針ヲ執リマシテ、各方面ニ其訓令ハ送ッテアリマスルカラ、間モナク直接通信ト云フコトハ實行スルコトニナル次第デアリマス、此事ヲ添ヘテ申上ゲテ置キマス

第七　朝鮮ニ於ケル學校職員ニシテ國庫ヨリ俸給ノ支給ヲ受ケサル文官判任以上ノ者ノ退隱料及遺族扶助料ニ關スル法律案(政府提出)　第一讀會

朝鮮ニ於ケル學校職員ニシテ國庫ヨリ俸給ノ支給ヲ受ケサル文官判任以上ノ者ノ退隱料及遺族扶助料ニ關スル法律案

第一條　朝鮮ニ於ケル學校職員ニシテ國庫ヨリ俸給ノ支給ヲ受ケサル文官判任以上ノ者及其ノ遺族ハ本法ニ依リ退隱料及遺族扶助料ヲ受クルノ權利ヲ有ス

第二條　府縣立師範學校長俸給竝公立學校職員退隱料及遺族扶助料法ハ第一條、第二條、第九條、第二十條及第二十一條ヲ除クノ外前條ノ學校職員及其ノ遺族ニ之ヲ準用ス但シ同法中文部大臣ノ職務ハ朝鮮總督、府縣知事ノ職務ハ道長官之ヲ行ヒ同法第十條及第十六條中府縣郡市町村トアルハ俸給ヲ支辨スル團體ニ該當ス

第三條　明治二十九年法律第十三號第二條及第四條ノ三ノ規定ハ之ヲ第一條ノ學校職員ニ準用ス

第四條　第一條ノ學校職員ノ在官年月數ト文官判任以上ノ敎官、敎育事務ニ從事スル文官、文官判任以上ノ待遇ヲ受クル學校及圖書館ノ職員竝小學校本科正敎員タルヘキ資格ヲ有スル公立幼稚園長及保姆ノ在官又ハ在職ノ年月數トハ市町村立小學校敎員退隱料及遺族扶助料法、府縣立師範學校長俸給竝公立學校職員退隱料及遺族扶助料法、在外指定學校職員退隱料及遺族扶助料法、明治二十九年法律第十三號、明治三十三年法律第七十七號、明治四十一年法律第三十五號及本法ニ依ル退隱料、扶助料及扶助金ノ支給ニ關シ相互通算ス

前項ノ規定ニ依リ通算スルコトヲ得ヘキ官職ノ種類及通算ニ關スル規定ハ勅令ヲ以テ之ヲ定ム

第五條　明治四十年法律第四十八號ハ之ヲ第一條ノ學校職員ニ準用ス

前條ノ規定ニ依リ文官判任以上ノ敎官又ハ敎育事務ニ從事スル文官ノ在官年月數ヲ第一條ノ學校職員ノ在職年月數ニ通算スル場合ニ於テハ其ノ朝鮮ニ在勤シタル年月數ハ之ヲ第一條ノ學校職員ノ朝鮮ニ於ケル在勤年月數ト看做ス

附　則

本法ハ明治四十五年四月一日ヨリ之ヲ施行ス

本法ハ國庫納金ニ關スル規定ヲ除クノ外本法施行前退官シタル者又ハ本法施行前死亡シタル者ノ遺族ニモ之ヲ適用ス

朝鮮ニ於ケル在外指定學校職員ノ明治四十年四月二十三日以後ノ在職ハ本法ノ適用ニ付テハ之ヲ第一條ノ學校職員ノ在官ト看做ス

(政府委員江木翼君登壇)

○政府委員(江木翼君)　唯今提案ニナッテ居リマストコロノ朝鮮ニ於ケル學校職員ノ退隱料竝ニ遺族扶助料ノ法律案ノ理由ヲ簡單ニ辯明致シマス、從來韓國ガ存在シテ居リマシタトキニハ居留民團學校組合等ニ於キマシテ、經營致シテ居リマシタ學校ハ在外指定學校ト致シマシテ、ソレ等ノ學校職員ハ退隱竝ニ遺族扶助料ヲ受クル權利ヲ有シテ居ッタノデアリマス、然ルニ韓國併合ニナリマシタ以上ハ、是等ヲ依然トシテ在外指定學校トシテ置クコトハ不當デアリマスカラ、其制度ヲ變更スル必要ガアルノデアリマスノガ、第一ノ理由デアリマス、尙舊韓國時代ニ於キマシテ、道、郡、面其他ノ舊韓國ノ公共團體ニ於キマシテ經營致シマシタトコロノ國立學校ノ學校職員ノ退隱料竝ニ遺族扶助料等ニ就テハ何等ノ保護ヲ受ケナカッタノデアリマス、然ルニ是等ニ對シテモ内地、臺灣其他朝鮮ニアリマスルトコロノ在外指定學校ト同樣ニ保護ヲ與フル必要ヲ認メタノデアリマス、尙一言付加ヘテ置キマスガ、朝鮮ニ於キマスル學校制度竝ニ組織等ニ付キマシテハ併合當時ニ於キマシテハ咄嗟ノ間ニ於テ、制度竝ニ組織等ヲ定ムルコトハ如何ナコトデアラウカ、敎育ニ關スルコトハ十分ニ愼重ナル攻究ヲ要スルモノト認メマシタ故ニ、十分ナル攻究ヲシタ結果、昨年九月ニ於テ朝鮮敎育令ナルモノヲ公布シマシテ、續イテ之ニ伴フトコロノ學校ノ組織職員ノ資格等ヲ定メタノデアリマス、是ニ至ッテ朝鮮ニ於ケル國立學校ノ組織竝ニ職員ノ資格等ノコトハ略〻整頓致シテ來タ次第デアリマス、之ニ依リマシテ是等ノ職員ニ對シテ退隱料竝ニ遺族扶助料ヲ與ヘテ、内地、臺灣等ノ例ニ依リマシテ相當ノ保護ヲ加フルノガ必要ナリト認メ、本案ヲ提出シタ次第デアリマス、御審議ノ上御協贊アランコトヲ希望シマス

○議長(大岡育造君)　次ノ日程ニ移リマス

第八　右議案ノ審査ヲ付託スヘキ委員ノ選擧

○恆松隆慶君　此題目ノ長イ法律案デアリマスガ、此付託スベキ委員ハ九名トシテ、議長指名アランコトヲ請ヒマス

○議長(大岡育造君)　恆松君ノ動議ニ御異議アリマセヌカ

(「異議ナシ異議ナシ」ト呼フ者アリ)

○議長(大岡育造君)　御異議ガナケレバ議長指名九名ノ委員ニ付託スルコトニ可決致シマシタ

○恆松隆慶君　此場合日程ヲ變更シテ朝鮮病院及濟生院特別會計法案、政府提出案ヲ議題トシテ議セラレンコトヲ望ミマス

(「贊成々々」ト呼フ者アリ)

○議長(大岡育造君)　御異議ガナケレバ日程ハ變更サレマシタ卽チ朝鮮醫院及濟生院特別會計法案ノ第一讀會ノ續ヲ開キマス、委員長渡邊修君

朝鮮醫院及濟生院特別會計法案（政府提出）　第一讀會ノ續（委員長報告）

（渡邊修君登壇）

○渡邊修君　本案ニ對スル委員會ノ經過及結果ヲ報告致シマス、朝鮮總督府ノ醫院及朝鮮ノ各道ニ在ル慈惠醫院及濟生院ヲ會計ヲ通ジマシテ、一ノ特別會計ニシタイト云フ案デアリマス、之ニ付キマシテ委員會ニ於キマシテ審議ヲ致シマシタ結果、二箇ノ希望ヲ附加ヘマシテ委員會ハ可決致シマシタ、其希望ハ一ハ此濟生院ト云フモノハ財團法人ニナッテ居リマシテ、現ニ御下賜金其他ノ資金二百四十八万圓持ッテ居ル、所ガ此度ハ別ニ總督府ニ濟生院ヲ拵ヘテ、サウシテ其財團法人ニ金ヲ持タシテ、世話ハ一切總督府デシヤウト云フ案デアリマシテ、チョット濟生院ガ二ツアリマスヤウナ形デ、甚ダヤカマシイケレドモ、現ニ在ルトコロノ財團法人ノ濟生院ハ其職員モ總テ總督府ノ役人ガシテ居ルト云フコトデアリマシテ、之ヲ前ノヤウニ財團法人ニシテ置ク必要ガナイカラ、此事ヲ總督府ニ經理サセル、其他ノ適當ノ方法デ、成ベク總督府デ直轄スルヤウニシタナラバ宜カラウト云フ希望デアリマス、モウ一ツ希望ハ朝鮮各道ニアルトコロノ慈惠醫院ノ院長ハ悉ク軍醫ノ古手デアル、普通ノ醫者ト云フモノハ一人モ採用サレテ居ラヌト云フコトハ、甚ダ宜シクナイ、軍醫ト云フモノハ概シテ兵隊ノ病氣ト云フモノハ大概極ッタ病氣ガ多イノデアルカラ、一般ノ醫者ノヤウニサウ醫者ガ上手デナイ、所ガ總テ之ヲ軍醫ノ古手ニノミ限ラレテ居ルコトデハ宜シクナイ、ナゼ普通ノ者ヲ用井ナイカト云フコトヲ質問シタトコロガ、ドウモ月給ガ安イカラ普通ノ醫者ハ來ナイダラウト云フ政府委員ノ答辯デアリマスケレドモ、是ハヤハリ朝鮮ニ在ルトコロノ弊害デアルカラ、將來ハ成ベク慈惠院ノ院長ハ軍醫以外ノ醫師モ採用スルト云フコトニシテ貰ヒタイト云フ希望、是等ノ二ツノ希望ヲ以テ委員會ハ全會一致ヲ以テ可決ヲ致シタノデアリマス、此二箇ノ希望ニ對シマシテハ政府委員モ之ヲ諒ト致シマシテ、必ズ相當ノ考慮ヲ費スト云フコトデアリマシタ、此段御報告致シマス

○恆松隆慶君　本案ハ委員會デモ全會一致ヲ以テ決セラレタ案デアル、本會モ讀會ヲ省略シテ確定セラレンコトヲ希望致シマス

○議長（大岡育造君）　恆松君ノ動議ニ御異議ハアリマセヌカ

（「異議ナシ異議ナシ」ト呼フ者アリ）

朝鮮醫院及濟生院特別會計法案　確定議

○議長（大岡育造君）　御異議ガナケレバ本案ハ讀會ヲ省略シテ委員長報告通ニ可決確定致シマシタ、日程第九、酒造税法中改正法律案

明治四十五年三月二十日　議長ノ報告

在郷軍人團竝地方青年團ニ對スル取締方針ニ關スル質問主意書

右成規ニ據リ提出候也

明治四十五年三月九日

提出者　澤　來太郎

賛成者　石田仁太郎　外三十人

在郷軍人團竝地方青年團ニ對スル取締方針ニ關スル質問主意書

在郷軍人團竝地方青年團體取締ニ關シ從來成ルヘク政治上ニ干與セシメサル方針ヲ以テ指導シ來レリト聞ク果シテ然ルカ若然リトセハ將來モ尙此ノ方針ヲ改メサルノ意乎

右及質問候也

說　明

本員ノ御尋致サウトスル問題ハ、既ニ質問書ヲ提出シテ置イタ通リ、帝國在郷軍人會竝ニ地方青年團ニ對スル取締方針ニ關スルコトデアリマス、第一ニ順序トシテ軍人會ノ方カラ伺ヒマスガ、此軍人會ナルモノハ明治四十三年十一月三日ニ創立サレマシタモ、ノデ設立ノ趣意書ニ依レバ「其團體ノ目的トスルトコロハ軍人精神ノ鍛練ト軍事智識ノ增進トヲ圖リ併セテ會員ノ相互扶助慰藉ノ方法ヲ講セントス」トアリマス、此他ニハ何等ノ目的ヲ有シテ居ラヌノデアル、然ルニ實際ハ如何ニナッテ居ルカト見マスレバ、絕對的ニ政治上ニ干涉セシメザル目的ヲ以テ創立サレタルモノ、如クニナッテ居ル、倘寺內會長ノ宣言サレタル所謂宣言書ニ徵スルニ、斯樣ナコトヲ宣言サレテ居リマス「第一本會會員ニシテ此團結力ヲ利用シ政治ニ干與スル如キコトアラムカ啻ニ軍人會設立ノ本旨ニ悖戾スルノミナラス弊害ノ及フトコロ實ニ測リ知ヲサルモノアラムトス」斯樣ナコトヲ宣告サレテアリマスガ、如何ニモ軍人會ト云フ團結カラ其儘政治ニ利用スルト云フガ如キコトガアッタナラバ、多少ノ弊害ハ免レヌモノト思フ、然ルニ實際地方ニ於テ此在郷軍人會員ニシテ個人的ニ政治ニ干與スルコトガアリマシテモ、之ニ對シテ拘束ヲ加ヘツヽアルコトハ事實デアリマス、人權ヲ拘束スルモ亦甚シキモノト言ハザルヲ得ヌノデアル、若シ在郷軍人會員ニシテ政治ニ干與スルコトガ假ニ惡シキコト、致シマシテモ、會長タル寺內君ノ行動ニ比スレバ、遙ニ穩健ノ行動ト言ハナケレバナラヌ、何故ナレバ並會員ニシテスラ政治ニ干與スルコトガ惡ルイト云フナラバ、況ヤ是ガ會長タルベキ寺內君ノ如キハヨリ以上、惡シキ行動ト言ハナケレバナラヌノデアル、然ルニ寺內會長ハ現ニ朝鮮總督トシテ政治ニ干與スルドコロカ全ク政治ノ責任者トナッテ居ルノデアルノミナラズ、時ニ貴族院ヲ操縱シ、時ニ或ハ衆議院ヲ操縱スルガ如キ行動ヲナサレテ居ルト云フコトハ、是亦掩フベカラザル事實デアリマス、是ニ由テ之ヲ觀レバ在郷軍人會員ヲ過スルコト甚タ酷ニシテ、自己ヲ許スニ甚タ寬ナルモノト申サナケレバナリマセヌ、是レ人ヲ咎ムルニ急ニシテ、己レヲ許スニ頗ル寬大ナル勝手氣儘ナ行動ト斷言セザルヲ得ヌノデアリマス、殊ニ況ヤ我軍人ナルモノハ現役時代ニ於テハ勿論政治ニ干與スルヲ許シマセヌケレドモ現役後豫備若クハ後備ニ屬シタル以上ハ普通人民ト同ク民間ニアリテ、政治ノ利害得失ヲ均シク受ケナケレバナラヌモノデアリマス、サレバ隨ッテ普通人民ト同ク政治ニ干與スルノ權利ヲ有スルモノナルコトハ我欽定憲法ノ許ストコロデアッテ在郷軍人會ニ屬スル會員ノ均シク有スルトコロノ憲法上既得ノ權利デアリマス、然ルニ在郷軍人會ニ付テ此憲法上ニ於ケル既得ノ權利ヲ拘束若クハ壓迫スルガ如キコトハ、明カニ憲法違反ノ行爲ナリト斷言セザルヲ得ヌノデアリマス、現政府ハ前內閣ト其性質ヲ異ニシテ、政黨內閣ト呼バレ、責任內閣ト目セラレテ居ルノデアリマスカラ、職ニ陸軍大臣ノ任ニ在ラル、石本君ハ必ズヤ、前內閣同樣ナ非立憲的方針ハ取ラレヌモノト思フ、然レドモ其經歷ニ徵シ、其系統ヨリ見レバ、世ニ所謂官僚派非立憲派ニ屬セラレテ居ルノデアルカラ、或ハ前內閣同樣ノ御方針ヲ以テ在郷軍人會員ヲ過シ若クハ取締ヲシテ居ルノデハナカラウカト疑ハザルヲ得ヌノデアル、若シ本員ノ疑フトコロヲシテ眞ナラシメバ、國務大臣ノ身トシテ憲法ノ規定ニ反シ、國民既得ノ公權ヲ拘束シ蹂躪シテ顧ルトコロヲ知ラザルモノト言ハナケレバナリマセヌ、果シテ前內閣同樣此在郷軍人會ニ對シテ、絕對的ニ會員ヲシテ政治ニ干與セシメザル御方針ヲ繼續スルト云フノデアルカ、將タ改ムルトコロアラントスルノデアルカ、此點ヲ明カニ御答辯アリタキモノデアリマス、終リニ臨ンデ內閣總理大臣ヨリ御答辯ヲ得タイト思フコトハ在郷軍人會ノ如ク事實ニ於テ憲法違反ノ行動ヲ取リツヽアルモノガアル以上ハ、立憲國ノ總理大臣トシテ決シテ看過スベカラザルコト、思フ、之ニ對シテ注意ヲ加ヘ、若クハ其非立憲的行動ヲシテ根本的ニ之ヲ休メサスルト云フ御考ヲ持ッテ居ラルヽヤ否ヤ、併セテ御答辯ヲ願ヒタイノデアリマス、其次ハ地方青年團ニ關スル件ニ付テ內務大臣ヨリ御答辯アランコトヲ希望致シマス、ソレハ別義デモアリマセヌガ、是モ在郷軍人會ト同樣前內閣時代ニ於テ創立サレマシタ地方青年團ニ關スル指導方針ニ關シテデアリマス、地方青年團ニ加ハリ居ル青年ヲシテ政治ニ干與セシメズ、若クハ成ベク關係ヲ有セシメザルヤウノ方針ヲ取來ッタルコトハ在郷軍人會員ヲシテサウセシメタルト同一筆法ニナッテ居リマスル、是亦謂ハレナキコトニシテ、苟モ立憲國ノ青年ヲシテ政治ニ干與セシメズト云フガ如キコトハ、恰モ水中ニアル魚ニ命ジテ水ヲ飮ムヲ勿レト云フト何ノ擇ムトコロガナイノデアリマス、既ニ立憲政治ヲ布カレタ以上ハ、其國ニ在ル國民ハ其年齡ノ如何ニ拘ラズ生レナガラニシテ立憲國民デアル、生レナガラニシテ立憲國民デアルモノガ、立憲國民的ノ行動ヲ爲シテ惡ルイト云フコトハ實ニ道理ナキコトニシテ、寧ロ噴飯ニ堪ヘザルノデアリマス、殊ニ青年ナルモノハ元氣旺盛意氣衝天ノ時代ニアルモノナルヲ以テ、此立憲政治ヲシテ益々發達セシメントスルナラバ寧ロ、此青年ヲシテ立憲的ノ智識ヲ應用セシメ隨ッテ立憲的行動ヲ活潑ナラシムルノ方針ヲ取ルベキヲ相當トスルノデアル、然ルニ實際ニ就テ之ヲ徵スルニ、啻ニ其智識ノ應用ヲ束縛スルノミナラズ、隨ッテ其行動ヲ嚴重ニ拘束シ掣肘シテ居ルノデアル、是レ取リモ直サズ元氣旺盛ナル立憲國ノ青年ニ對シテ去勢術ヲ施スモノト云ハザルヲ得ヌノデアル、凡ソ此去勢術ナルモノハ牛馬ニ施スノ術ニシテ決シテ人類ニ施スベキ術デハナイ、然ルニ牛馬ニ施スノ術ヲ以テ之ヲ我ガ敬愛スベキ青年一般ニ施スト云フコトハ、取リモ直サズ立憲國ノ青年ヲ牛馬視スルモノト云ハザルヲ得ヌノデアル、新聞ノ名ハ忘レマシタガ、十日バカリ前ノ某新聞ニ依ッテ散見スルノニ某地方ノ青年會ノ役員ニナッテ居ル一青年ガ縣會議員ノ選擧ニ奔走シ、政黨、政派ノ間ニ關係ヲ結ンダト云フ廉ヲ以テ、遂ニ其役員ヲ免ゼラレタコトガ揭ゲラレテアリマス、此ノ如キコトハ全國到ル處アルコトデアッテ、獨リ新聞所載ノ某地ニ限ラレテ居ルノデハアリマセヌ、而シテ此青年團ナルモノ、役員組織ナルモノハ動モスレバ團員ヲ拘束シ、若クバ掣肘スルニ便利ニ出來テ居ル、如何トナレバ到ル處ノ地方青年團ナルモノ、其會長ナルモノハ其郡ノ郡長デアル故ニ、此郡長ナル者ハ青年團ナルモノ、本旨ヲ誤解シ、又一方ニ於テハ總テ自己ノ命令ニ從順ナラシメントシテ、動モスレバ青年團ノ設立ノ目的竝ニ其權限ヲ超エテ、會長ト云フ地位ヲ利用シテ、此青年ヲ束縛セントスルノデアル、殊ニ驚クベキハ全國青年團中ニ模範青年團ト稱スルモノガアル、此模範青年團ト稱スルモノハ如何ナルモノデアルカト見ルノニ、模範ノ第一義ハ能ク郡長ノ命令ヲ遵奉スル者ニ限ラレテ居ル、恰モ納稅期限ヲ誤ラザル町村デアレバ、其他ノコトハ兎モ角モ模範町村ト云フ名譽ヲ與ヘラルヽト同一ニナッテ居リマス、是レ取リモ直サズ青年團ナルモノヲ自己ニ便用セントスル不法ノ行爲デアッテ、立憲國ニアルマジキ行動ト申サナケレバナリマセヌ、如何ニモ團體トシテ政治ニ干與スルト云フコトハ多少ノ弊害アルヲ免レマセヌケレドモ、縦令團體員ナル個人トシテ政治ニ干與スルコトハ、寧ロ立憲國民ノ進ンデ努ムベキコトニシテ、決シテ之ニ對シテ何者モ拘束シ加フル能ハザルモノデアリマス、現政府ハ果シテ此事實ヲ認メザルカ、若シ認ムルモノトスレバ此弊害ヲ改メ、若クハ之ヲ禁止スルノ御意志ナキヤ否ヤ、實ニ立憲國ノ消長ニ關スル問題ニシテ、又人權問題トシテモ容易ナラザル大問題ナルヲ以テ、特ニ御明答アランコトヲ希望スルノデアル

明治四十五年三月二十日　佐々木安五郎君ノ質問演說

○佐々木安五郎君　本員ノ此壇上ニ立ッテ問ハント欲スルトコロノ問題ハ對支那外交問題、此問題ハ言フマデモナク一黨、一派ノ問題デハナイノデアリマス、國家的見地ヨリシテ十分研究ヲ致シテ見タイ、就テハ國事ニ熱心ナリト云フ評アル內田外務大臣ハ宜シク此席上ニ列シテ、十分目リ聽クベキ筈デアルニ依ッテ、前以テ議長ニ此事ヲ希望シテ置イタ譯デアリマス、唯今通牒ガアッタト云フコトデ、公務多端ト云フヤウナ意味ニ於テノ通牒ガアッタト云フコトデアル、議會ノ議事ハ公務ニアラザルカ、議會ノ議事ハ重大ナル公務デアル、此公務ノ重大ナリト云フコトヲ知リツヽモ此席上ニ來ル能ハザルト云フコトガ、既ニ外交ノ無能力デアルト云フコトヲ遺憾ナク表白シテ居ル譯デアル(拍手起ル)本員ハ內田外務大臣ニ向ッテ殊更ニ挑戰的態度ヲ執ラウト思フモノデハナイ、內田外務大臣ガ曾テ清國ニ公使タリシトキニ、吾々モ清國北京ニ在リテ內田外務大臣トハ一片ノ交情ヲ有スルモノデアルカラ、平素ノ因ミニ對シテモ、極ク御手柔ニ申上ゲヤウト思ッテ居ッタノデアル、然ルニ今日ノ有樣ヲ以テ見ルト云フト、國事ヲ輕ンジラレルヤウナ風ガアル、吾々ハ一片ノ同情ヲ持ッテ居ルトコロノ同胞デアル、佐々木安五郎スラモ滿足セシムル能ハザル外交官ガ、能ク糾紛錯雜セルトコロノ外交場裡ニ立ッテ樽俎折衝ノ間ニ外國ノ人ヲ滿足セシムルコトガ出來ルヤ否ヤ、此一事ヲ以テモ既ニ外交ニ於テ能力ノ頗ル乏シキモノデアルト云フコトヲ自白セルニ了ルモノデアルト云フコトヲ私ハ申シテ置ク、ソコデ私ハ此問題ハ決シテ黨派的ニ見タクナイノデアル、又役人窘メノタメニ言フノデハナイデアル、向フニ行ッテ見ルト云フト內地デハ分ラヌコトデモ支那ニ行ッテ見ルト歷々手ニ取ルヤウニ分ル、例ヘバ彼ノ幻燈ニ映ズルモノガ、幻燈ノ硝子ノ中ヲ覗イテモ分ラヌケレドモ、向フニ引張ッテアル幕ニ映ズルモノヲ見ル方ガ早ク分ルヤウナモノデ、東京ノ眞中ニ居ッテ外交ノ遣リ口ガ分ルカ分ラヌカト云フヨリカ、映ジラレタル淸國方面ニ如何ニ是ガ現レテ來ルカト云フコトヲ見ル方ガ早ク分ル、見レバ見ル程呆レ果テタル外交ト言ハザルヲ得ヌノデアル、是ニ於テ國家ノタメニ外交ヲ根本的ニ改造シテ貰ヒタイト云フ意味ニ於テ、一黨、一派ノ黨派心ヲ去ッテ、眞面目ニ研究ヲシテ見タイト云フタメニ此壇上ニ立ッタ譯デアリマス(「質問デスカ、研究デスカ」ト呼フ者アリ)第一番ノ質問ハ「我當局ガ支那ニ對スル外交ハ其機關ニ統一ヲ缺キ其連絡ニ機敏ヲ缺キ其畫策ニ研究ヲ缺キタルノ憾アリ政府ハ根本ヨリ之ヲ一新スルノ意ナキヤ如何」是ガ第一箇條、機關ト云ヒマシテモ外交ノ機關ニモイロ〱アル、間接ノ機關モアレバ直接ノ機關モアル、正面ノ機關モ側面ノ機關モアリマスガ、歐羅巴諸國ニ於テハ帝王外交ト稱シテ、帝王自ラガ外交機關ノ樞軸トナッテ活動サレル所モアリマスケレドモ、我國ハ國體ノ相違ト、國情ノ差ニ依ッテ、帝王外交ト云フコトハ望ムベカラズトスルモ、セメテハ國民外交ト云フモノ位ハヤッテ見タイト思フ、國民外交トハ何ゾヤ、國民ノ全體ガ外交ノ機關トナルノデアル、卽チ輿論ノ聲ヲ外交ノ後楯トスルノガ始リデアル、然ルニモ拘ハラズ是ハ唯今ノ內閣ノミヲ攻メルノデナイガ、霞ケ關ト云フ所ノアノ外務省ノ邸ニ食付イテ居ル病氣ガアル、其病氣ハドウ云フ病氣カト云フニ、何時デモ彼處ノ邸宅ニ入ッタモノハ必ズ其病氣ニ罹ル、ドウ云フ病氣ニ罹ルカト云フト、輿論ヲ無視スル、輿論トハ何ゾヤ、新聞、雜誌、筆ニ現ハレルモノ、演說、講演、口ニ現ハレルモノ、之ニ依ッテ國民ノ意思ヲ發表スルトコロノ其聲、卽チソレガ輿論、之ヲ時ノ外務ハドウ云フ具合ニ見ルカト云フト、何時デモ外務ト云フモノガ輿論ヲ蔑視シテ輿論ノ要求スルトコロニ聞カザルノミナラズ、時々ハ輿論ノ鎭壓ニ掛ル、之ヲ歐羅巴諸國ノ外交ニ較ベテ見ルト、歐羅巴デハ成ルベク外交ノ後楯テトナルヤウナ輿論ヲ人民ニ起サセテ置イテ、口ニ筆ニ人民ハ此ノ如ク言フカラ私ノ言フコトハ通シテ呉レナケレバ困ルト云ウテ相手國ニ申込ム、然ルニ日本ノ方ハ人民ノ要求スル聲ト云フモノヲ成ルベク鎭壓シテ置イテ、人民ハ極クオトナシイ人民デゴザルト言ッテ、向フニ懸合フ、國民ノ聲デハナイト云ッテ、何時デモ輕蔑サレルノデアル、是ガ卽チ日本ノ外交官ガ外交ノ機關卽チ國民ヲ外交ノ機關トスルコトヲ知ラザル過カラ起ッタコトデアルノデ、之ヲ餘リ壓迫シ過シタ結果、顧ミニ思ッタ外務、其外務ノ働キガ國民ノ輿論ニ副ハナカッタ、輿論ヲ鎭壓サレタケレドモ、蓋ヲ取ッテ現ハレタルモノハ思掛ケナイモノデアッタト云フタメニ爆發シタモノガ九月十五日ノ燒討デアル、輿論ノ聲ヲ壓迫シタ、メニ起ッタ不祥ナル現象デアル、或ハソレハ國民ノコトデ、直接外交ノ機關デナイト云フカ知ラヌガ、外交ト云フモノハ國民ヲ離レテアルベキモノデナイ、國民ノ利害ト一致セザレバ外交ノ本能ガ發揮サレルモノデナイ、併ナガラ其輿論ハ輿論デアルト云フナラバ、更ニ然ラバ外務ノ方ノ直接ノ機關、出先キニ出テ居ルトコロノ公使ト云フモノト、ワレカラ本省――外務ノ本省ト云フモノトノ連絡ガ取レテ居ルヤ否ヤト云フコトヲ御尋申シタイ、北京ニ行ッテ聞イテ見ルト、北京ノ方ノ公使館デ此度ノ支那ノ動亂ニ對スル意見ト云フモノト、本省ノ意見ト云フモノハ、動モスレバ統一ヲ缺イタ形ガアル、不統一ニ陷ッテ居ルノミナラズ、同ジ日本カラ行ッタモノデモ例ヘバ公使ノ下ニ居ル領事――領事ガ居ルト云フト、傍ニ守備隊長ガ居ル、領事ト守備隊長デ外交ヲヤル、守備隊長ハ左ニ行カウト言フシ、領事ハ右ニ行カウト云フ、人々別々ノ目的ヲ執ッタト云フコトヲ聞イテ居ル、滿洲ノ如キニ行ッテ見ルト、更ニ能ク分ル、南滿鐵道ト云フモノハ南滿鐵道デ外交ヲヤッテ居ル、關東都督府ハ關東都督府デ外交ヲヤッテ居ル、其外ニ領事ハ領事デヤッテ居ル、領事ノ下ニ居ル警察官、軍隊ノ下ニ居ル憲兵、其憲兵ガ捕ヘテ有罪ニシタモノヲ警察官ガ無罪ヲ主張スル、或ル所ニ行クト、其或ル所トハ鐵嶺デアル鐵嶺ノ橋ヲコチラカラ渡ルト一圓九十五錢取ラレルガ、コチラカラ渡ルト只デ宜イ、支那人ハ日本ノ政治ハ妙デアル、左カヲ渡ルト一圓九十五錢ノ罰金料ヲ仰付ケラレ、右カラ通ルト科料ガナクテ宜イ、ソコデ第三者ノ支那人カラ見ルト日本ト云フ國ハドウ云フ國デアルカ、頭ガ二ッ三ッアッテ少シモ統一ヲシテ居ラヌ、ドウ云フ國デアラウカ、革命軍ニ對スル舉動デモドウデアル、或ル方面ニ付テハ革命軍ヲシテ右翼ヲ伸バサセルヤウニシテ、滿洲ニ於テ發展スルカト思フト、一方カラハピッシャリトソレハナラヌト云フ、ヤレト云フノモ日本ノ官憲デ、止メルノモ日本ノ官憲デアル、是デ統一ガ行ハレテ居ルカドウカ、若モ具體的ニ聽キタイト仰シヤレバ何ンデモ申シマス、地名、人名モ舉ゲテ申シマスガ、ソレニハ及ブマイト思ヒマスカラ控ヘテ居リマス、外交ニ於テハ機關ノ統一ノ缺ケテ居ルコトハ事實デアルト云フコトハ諸君モ御認メニナッタデアラウト思フ、然ラバ聯絡ト云フモノガアルカ聯絡ガ機敏ニ出來テ居ルカドウカ聯絡ノ機敏ナラザルモ夥シイノデ、殆ド聯絡ガナイト云ウテモ宜シイ、或ル西洋人ガ斯ウ云フコトヲ云ッタ、日本ハ生命ヲ懸ケテ戰フ戰爭ト云フコトニ付テハ、誠ニ働ガ立派デアルガ、生命ヲ懸ケヌデモ濟ム外交ト云フモノニ付テハ誠ニ働ガ鈍イ、ナゼサウ云フ譯デアラウト云フ評ヲシタコトガアル、生命ヲ懸ケヌコトニハ後ニ退リタガリ、生命ヲ懸ケナイデ濟ムコトニハ進ミタガルガ人情デアルガ、生命懸ケノコトハ立派ニ出來テ、生命ヲ懸ケヌデモ濟ムコトハ後ト退リヲスルト云フコトノ意味ガ分ラヌ、是ニ於テ研究ヲシテ、或ル軍人ニ問ウテ見ルト、或ル軍人ハ笑ッテ曰ク、吾々ガ戰爭ヲスルニハ斥候ト本隊ト聯絡ガアル、外務省ノ外交ニハ斥候兵ガ居ルヤ否ヤ、斥候ガ何處ニ出シテアルカ悲イ哉、外務省ノ外交ニハ斥候兵ガ居ラヌ、敵ガ何レニ在ルヤ、敵ノ弱點ガ何處ニアルカ、敵ノ長所ガ何處ニアルカ、一向分ラヌ暗中ノ摸索、探リ探リニ出テ行ッテ、田舍者ガ「パノラマ」ヲ見ルヤウニ暗イ所カラニュット明ルイ所ヘ出テ、背景ノ大キナノニ驚イテ、何處ガ本物ヤラ、何處ガ附ケ物ヤラ、粉面棒ヲ振ッテ居ルノデアル、是ニ於テ何ヲヤラウト思ッテモ、ヤリヤウガナイ、若モ聯絡ガ立派ニ付テ居ルト云フナラバ、袁世凱ノ手許ニハ何處ノ國ガ一番聯絡ヲシテ居ルカ、諸君、亞米利加ノ軍人ガ袁世凱ノ手許ニ行ッテ居ルカ、英國ノ軍人カ、露西亞ノ軍人カ、日本ノ軍人ガ行ッテ居ルカ、是ハ公然ノ秘密ダカラ云ッテモ云ハナイデモ同ジデアルガ、袁世凱ノ手許ニハ日本ノ軍人而モ阪西ト云フ人ガ行ッテ居リマス、聯絡ガ若モ機敏ニ取ラレタナラバ、袁世凱ノ心ハ一擧一動鏡ニ懸ケテ見ルガ如ク分ラナケレバナラヌガ、日本カラ軍人ハ行ッテ居リナガラモ其軍人ガ袁世凱ノタメニ働イタカモ知レヌガ、日本ニ對シテハドウ云フコトヲシテ居ルカ、餘リ聯絡ノ形ガ見エヌ、袁世凱ノヤルコトガ一モ分ッテ居ラヌ、是ガ聯絡ノ取レナイ證據デアル、此聯絡ノ取レナイコトヲ有形的ニ現ハシテ見セヤウ、最モ見易イトコロデ、ソレハ何ンデアルカ、安奉線デアル、安奉線ト云フモノガ通ジタ、ソレヲ通ズルニ付テハ南滿鐵道ガ二千五百万圓ヲカケテ居ルノミナラズ、鴨綠江ノ架橋ヲヤルニ朝鮮鐵道カラ二百万圓出シテアル、是ハ何ニカ歐羅巴ト亞細亞トノ聯絡ヲ付ケル、サウ云フ意味ニ於テ二千五百万圓ヤ二千八百万圓ハ惜クハナイト云フ意味ニ於テ安奉線ノ鐵道ヲ拵ヘルニ付テハ、支那ガ故障ヲ云ッタト云フノデ、然ラバ自由行動ヲ取ルト云ッテ刀ニ手ヲ掛ケテ威張リ散ラシタトコロノ鐵道デアル、此鐵道ガ出來上ッタ今日ノ外務省ハ之ヲ取ルトキニハ此ノ如キ決心ヲ以テヤッタガ、其後ノ運用ハ如何ニシテ居ルカ、此歐羅巴ト亞細亞ヲ繋グタメニ取ッタ其鐵道ガ、日本カラ郵便物ヲ載セテ呉レナイノハドウデス、天津、北京ニ行ッテ見ルト云フト、何時デモ郵便ハ二週間三週間モ掛ル、安奉線ガ通ジテナゼソンナニ遲イカト云フト、安奉線ハ載セテ呉レナイカラデアル載セテ呉レバ毎日々々遲レ馳セナガラモ日ニ〳〵新聞、雜誌ナドモ到著スル譯ニナルガ、安奉線ハ世界ノタメノ通路ヲ拵ヘルト云ッテ、國家ノ費用ヲ抛ッテ居リナガラ、國民ノ便宜ト云フモノハ一モ計ッテ居ラヌガドウダ、此ノ如ク聯絡ノマズイコトデ、電光石火ト云フ外交ノ社會ニ立ッテ、如何ニ此外交ヲ運用スルコトガ出來ルカ、若モ外務省ガ最初自由行動デモ取ッテヤルゾト言ッテ、支那ヲ威シツケタト云フ權幕デヤル必要ガアルナラバ、取ッタ後ノ經營ハ益々立派ニシナケレバナラヌト思フ、日本ヨリ外ニ出テ居ル者ハ恰モ絕海ノ孤島ニ流サレタ「ロビンソン」俊寛ノヤウニナッテ居ル、此ノ如キ慘狀ニ陷ッテ居ッテモ知ラヌ顏ヲシテ居ルノデアル、ソレデモ聯絡ガ立派ニ取レテアルカナイカ、能ク考ヘテ見レバ分ラウト思フ、現ニ天津、營口ニ通ズル電信線、此線ハ日本ノ外交官ノ腰一ツデ日本ガ架ケルコトハ何時デモ出來タノデアルガ、ソレモ出來ナイ、此頃新聞ニ揭ゲテ居ルトコロヲ見ルト、ソレガタメニ何倍ト云フ横文字電報料ノ非常ニ高イモノヲ出サナケレバナラヌ、其出ス金ハドウカト云フト此議會デ何時デモ默ッテ支出スル、ソレヲ能ク調ベテ見ルト、ソンナニ高ク出サヌデモ外交官ノ腕一本デ出來ルコトデアルノニ、外交官ノ無能ナルガタメニ國民ハ何時デモ無用ナル負擔ヲシナケレバナラヌ、是等總テノコトニ付テ聯絡ガ取レテ居ナイ證據デアルノミナラズ、外交ヲヤルト云フコトニ付テハ民間ノ士——各方面ノモノ商人デアラウガ、何ンデアラウガ、聯絡ヲ取ッテ、總テノモノヲ斥候兵ニ使ウテ、アレヲ斯ウスレバドウナル、何處ヲ打テバ斯ウ響クト云フコトヲ考ヘテ外交ヲシナケレバナラヌノニ、商人ハ商人デアル、書生ハ書生デアル、浪人ハ浪人デアルト云ッテ、役人唯獨リ畚シ、外交ハ十三行罫紙ニ叩込ンデアルモノト云ハヌバカリニ、汝等何ヲ知ルカト云フ態度デアルガタメニ、ドンナコトヲ知ッテ居ルモノデモ云ウテ聽カセルコトヲ憚ル、石井次官ハ極ク領事ト商人トノ聯絡ガ取レテ居ルト云フコトヲ云ハレタガ、ソレハ嘘デアルト云フコトヲ憚ラヌ、ナゼ憚ラヌカ、一モ聯絡ガ取レテ居ナイ、澤來太郎君ガ天津ニ行ッタトキニ此動亂ニ付テ領事ハドウ云フコトヲ實業家諸君ニ注意シタカト云フ問題ヲ出シタトキニ、何ニモアリマセヌ、其所ニ於テ澤來太郎君ハソレハ怪シカラヌコトデアルカラ、諸君ガ此動亂ニ付テ希望ガアレバ研究ヲスルト云フノデ、其要求ニ依ッテ始メテ天津ノ商人ガ意見ヲ出シタト云フ譯デアル、何事モ言ハナカッタト云フノハ、卽チ聯絡ノ取レテ居ナイ證據デアル、若モ聯絡ガ取レテ居ッタナラバ明治四十二年一月一日ニ袁世凱ノ方カラ電報ヲ打ッテ日本ニ居ル革命黨ノ主領黃興ノ所ニ光緖皇帝崩ゼラレタアトハモウ自分モ險呑デアルカラ、革命黨ノ味方ヲシヤウ、手ヲ握ラウヂヤナイカト云フコトヲ申シテ來タコトハ事實デアル、是ハ黃興ノ友人デアル宮崎滔天、此人間ガ自ラ發表シテ居ルカラ公然ノ祕密デアル、又日本ノ外交官ニシテ革命ノ事情ヲ探ルタメニ熱心デアッテ、滔天ヲシテ聯絡ヲ取ラシメタナラバ、袁世凱ガ革命黨ニ對スル態度ハ疾クノ昔知レテ居ラヌケレバナラヌ譯デアルニ拘ラズ、君主立憲ト謂ヘバ何處マデモ君主立憲デヤル人間デアラウ、斯ウ云フ具合ニ思込ンダコトハ聯絡ヲ缺イテ居ッタトコロノ病デアルノデアル、各種ノ方面ニ亙ッテ竝ベテ見レバ、竝ベテ見ル程聯絡ガ切レテ居ルコトハ明カナ譯デアル(「講談デスカ」ト呼フ者アリ)殊ニ畫策ト云フコトニ付テハ機敏ヲ缺イテ居ル、畫策ニ付テハ研究ヲ缺イテ居ル、此畫策ト云フコトハ餘程研究ヲシナケレバナラヌコトデアルニ拘ラズ、日本ノ立テタル畫策ハドウ云フ研究ガアルノデアルカ、最初ハ傍觀デアッタ、其次ハ立憲君主ヲ言ウテ見タ、立憲君主デ都合ガ惡ルイ、英國ガ贊成シナイ、英國ガ贊成シナイトクルット引繰リ返ッテ、今度ハ又暫ク傍觀、ソレカラ共和ニナルト今度ハ共和贊成、七面鳥ノ顏ノ如ク早變リヲスルトコロノ日本ノ外交ニ誰ガ信用ヲ措キマスカ革命黨モ信ヲ措カズ、袁世凱モ信ヲ措カヌ結果ハ、研究ノ仕方ガ足ラズニ唯暗中ニ模索シテ、無暗ニデタラメ放題ノコトヲヤッタタメニ、何レノ方面ニモ信用ヲ得ルコトガ出來ヌト云フ今日ノ勢ニナッテ居ル、此ノ如キハ今ノ外交ノミデハナイ、從前カラアリ來ッタ病デアルガ、其最モ甚シキハ淸國事件ニ付テ其病ヲ遺憾ナク發揮シタ譯デアル、或ル意味カラ言ヘバ暴露シタ譯デアル、暴露シタニ付テハ過ギタルコトハ既ニ仕方ガナイトシテ、今カラ改メルヤウナ意味ガアルカナイカ、改メルト云フ意味ガアルナラバ諸君ノ面前ニ於テ今ヨリ後ハ必ズ此病ヲ改メルト云フコトヲ誓ッテ貰ヒタイノデアル、此意味ガアルカナイカト云フコトヲ承リタイ、ソレカラ第二ハ「我帝國ト他列國トカ支那ニ對スル本來ノ立場ハ自カラ軒輊アルヘキ筈ナリ政府ハ之ヲ同一視シ若クハ帝國ヲ以テ他國ノ後塵ニ座スヘキモノト思考セルニハ非サルカ否カ」日本ト他ノ列國ト支那ニ對スル此關係ノ上ニ於テ自ラ甲乙ガアルベキ筈デアル、日本ハ東洋ニ居リ、支那モ東洋ニ居ル、歐羅巴諸國——西洋ガ支那ニ對スルノト、鄰同士ノ日本ガ支那ニ對スルノトハ、其間ニドウシテモ立場ガ違ハナケレバナラヌ譯デアル、然ルニモ拘ラズ日本ノ政府者ハ列國ガドウ言フデアラウ——外國ガドウ言フデアラウ、先ヅ西洋ノ方ノ顏ヲ御覽ゼラレル譯デアル、而シテ後ニ自分ノ意思、自分ノ定見ト云フモノハナクシテ、鄰リ而モ遠キ鄰リノ顏バカリ見テ、其後ニアトカラソロ〳〵往カウト云フヤウナ立方ガ屢々顯ハレテ居ルノデアル、ソレデ是ハ同ジ火事デモ川向フノ火事ト鄰同士ノ火事ハ火事ガ違フ、火事ハ火事デモ火事ガ違フ、火事ニ遭フ立場ガ違フ西洋列國ノ人間ガ支那ニ對シテハ川向フノ火事デアルガ日本ガ支那ノ動亂ニ對スルノハ軒續キノ火事デアル、軒續キノ火事ニハ軒續キニ對スルダケノコトヲシナケレバナラヌ、川向フノ火事ノ人ガ見テ居ルヤウナコトデ外ノヤツガヤラヌカラ俺モヤラヌト言ッテ居レルカ居レナイカ、西洋ノ人ハ何ント言ッテ居ル、露西亞ノ司令官ハ斯ウ云ウテ居ル、日本ハ亞細亞ノ主人公デアルト云フコトハ、誰モ今日異論ハナイコトデアルカラ日本ハ亞細亞ノ主人公トシテ十分働イテ呉イ、唯門戸ヲ閉ヂテ貰ッテハ困ルカラ、列國ノタメニ門戸ヲ明ケテ置イテ呉レサヘスレバ、日本ガ亞細亞ノ主人公タル役目ヲ取ルコトハ一向差支ナイト云フコトスラモ明言シテ居ル、シテ見レバ日本ガ此際十分東洋ノ主人公トシテ發動的ノ意味ニ於テ――自ラ働キ掛ケノ意味ニ於テ活動シナケレバナラヌ事件ニモ拘ラズ、外交官ノヤリ口ヲ見ルト仲裁一ツスルニモ、照會一ツスルニモ、先ヅ英國ト相談ヲシヤウト言フ、英國ト相談甚ダ宜ラウ、英國ハ日英同盟デアルカラ頗ル日英同盟ヲ尊敬スル意味ニ於テ英國ト相談ナサルモ宜シイガ、其英國ハ何ント言フ、御仲間入リハナリマセヌト言ッテ、北京デ刎ネテシマッタ、サウデスカ、英國ガ仲間ニ入ラナケレバ困ルト言ッテ、日本ガ手ヲ引イテ居ルト、豈ニ圖ランヤ英國ハ領事ノ名ニ於テ漢口ノ方面デ仲裁ヲヤラセタ、而シテ日本ノ公使カラ、アレハドウ云フ譯カト言ッテ尋ネタラ、アレハ領事ガヤッタコトデアルカラ、私ハ知ラナカッタト言フコトデ濟マシテ居ル、ソレデハ私モ付テ往キマセウカト言ッテ跡カラ復タソロ〳〵付テ往ッタノデアル、是ハドウ云フモノデアル、若モ日英同盟ナルモノガ健實ニ今ニ其楔ガ結付ケテアルナラバ、日本ガ英國ニ相談シタトキニ英國ノ公使ハ之ニ應ズベキ筈デアラウト私ハ思フ、向フガ拔ケ駈ノ功名ヲスルヤウナ水臭イ程度ノモノナラバ、外交官ハ此位ノ程度ノモノデアルト言フコトヲ先キニ見切リヲ付ケテ、向フガ刎ネタトキニハ、然ラバ御先キニ失敬シマスト言ッテ差支ナイ、東洋ニ居ル東洋ノ主人公タル日本ガ自ラ率先シテ先ンジテヤルコトハ何ニモ差支ナイ譯デアルニモ拘ラズ、英國カラ刎ネラレバ、サウデスカト言ッテ引込ンデ、英國ノ領事ガ片ッ方デヤッタ、其跡ヲ復タ日本ガソロ〳〵付テ往カウト云フコトハ、日本ヲシテ頗ル輕カラシムル所以デアルト私ハ思フノデアル（拍手起ル）昔西郷隆盛ガ「パークス」ニ逢ッテイロ〳〵ノ談判ヲ持掛ケルト、「パークス」ハイツモ佛蘭西ガ承諾シナイト言フコトヲ口癖ニシテ居ッタト云フコトデアル、所ガ或ル席上デ西郷隆盛ガ「パークス」ニ出會ッテ卒然トシテ問ウテ曰ク、時ニ英國ハ佛蘭西ノ屬國デアルカト言ッタ所ガ「パークス」大ニ怒ッテ何ニガ屬國デアル、英國ハ獨立國デアルト言ッタ、然ラバ英國ハ英國ダケデ考ガ付キサウナモノデアル、何ヲ言ウテモ「パークス」ハ佛蘭西ニ相談ヲスル、相談ヲスルト言ッテ、アナタガ仰シャルカラ佛蘭西ノ命令ヲ御聽キナサル國ト思ッテ居ッタカラ、ソレデ屬國カト問ウタ譯デアルト言ッテ、一言ピシャット言ッタトコロガ「パークス」大ニヘコタレテシマッタ、若シ西郷隆盛ガ今アラバ、日本ハ英國ノ屬國デアルカト云フ問ヲ起スカモ知レヌノデアル、之ニ對スル外務大臣ノ答辯ガ承ハリタイ、ドウ云フ答辯ガ出來ル（笑聲起リ、拍手起ル）ソコデ日本ハ日本トシテノ立場ガアル以上ハ日本ハドウシテモ他ノ列國ヨリモ一頭地ヲ拔イテ居ル東洋ノ主人公ヲ以テ自ラ任ジテモ、世界ノ人間ハ異論ハナイト云フコトハ北京デモ日本ガ今度ハ何ニカシテ呉レルダラウト言ッテ暫ク控ヘテ居ッタトコロガ、何ニモシナイ、シナイカラ英國ガ然ラバト言ッテヤリ出シタ、始メハ日本ノヤリ口ヲ見テ居ッタトコロガ、何ニモシナイノデ、日本ハ誰カ何ニカスルダラウ、自分ハ其跡ニ付テ往ケバ宜イト云フ顔ヲシテ居ッタタメニ後囘シニナッテ、向フカラ先ンゼラレタ、一事ガ萬事イツデモ遲レ馳セニナッテ居ル、此ノ如キハ日本ヲ以テ他ノ國ノ立場ト同一視シテ居ルカ、サモナケレバ日本ハ他ノ國ヨリ遙カ後坐――アトノ方ニ坐ラナケレバナラヌト思ッテ居ルガ、外務大臣ノ之ニ對スル意見ガ承リタイ、ドウ云フ積リデアルカ、是ガ第二番、第三番ハ支那ニ對スル領土保全ト政體不干渉ト云フ二ツノ主義ハ竝立ッテ往クトキモアリ、往カナイトキモアル、或時ニ於テハ領土保全ト云フコト、政體不干渉ト云フコトガ竝立ツコトガアルガ、或時ハ竝立タヌコトガアル、ナゼ竝立タヌカ、甲ノ持ッテ居ル屋敷、其地面、此等ハ人ニ讓ルコトハ出來ヌ、人ニモ分割サセナイ、質ニモ入レサセヌ、抵當ニモ入レサセヌ、賣ルコトモナラヌ、家屋敷ダケハ殘シテヤル、保存シテヤルト云フコトハ、是ハ領土保全ト能ク似テ居ルガ、併ナガラ其家屋敷ヲ賣拂ッタリ何ニカスル起リハ何ンデアルカト云フト、財政ノ不如意、即チ家ノ政治ノ立方ガ惡ルイト、遂ニハ家屋敷ヲ賣リコカサナケレバナラヌ、此場合ニ於テハ先ヅ家屋敷ヲ保テヤルタメニ家ノ政治――家政ニモ喙ヲ容レナケレバナラヌコトガ出來テ來ルニ違ヒナイ、是ニ於テ支那ニ於テノ政治ノ仕方ガ善イ惡ルイ、其政體ノ立方ノ善イ惡ルイニ付テハ、其支那ノ領土ガ四分五裂ニナルト云フ大ナル恐ガ生ズルコトガアルカモ知レヌ、又此場合ニ於テハ領土保全モ大事デアルガ、政體不干渉モ大事デアルガ、何レヲ採ルカト云フコトガ一問題ニナッテ來ル、領土保全ヲスルタメニモ政體ニ干渉セザルベカラズト云フヤウナコトガ出來ルカモ知レヌ、此場合ニ於テハドウ云フ處置ヲ執ルカ前以テ聽イテ置キタイ是ガ第三番目デアル、第四番目ハ若モ絶對ニ政體不干渉ト云フコトデアルナラバ、日本政府ハ支那ノ領土ガ四分五裂ニナッテモ、政體不干渉ダト言ッテノケルト云フナラバ、ソレデモ宜シイ、一貫シタ主義ガ此ニアッタラ宜シイ、主義アル行動ナラバ宜シイ、絶對ニ政體不干渉ト云フコトデアリトスルナラバ、伊集院公使ガ立憲君主ト云フ説ヲ以テ袁世凱ニ强ヒ付ケタト云フコトハ是ハ政體ニ干渉シタノデアル、政府ノ趣旨ハドコマデモ政體不干渉デアルナラバ、伊集院公使ハ政體干渉ヲヤッタノデアル、政府ノ節度ニ違ウタモノト言ハナケレバナラヌノデアル、所ガ此事ハ伊集院公使ノ誤解デアルカドウカ、外務大臣ハ曰ク、伊集院公使ハ個人トシテヤッタコトデアッテ、政府ハ知ラヌト云フコトヲ言ハレテ居ルガ、個人トシテノヤル人ニモ人ニ依ル、公使ト云フヤウナ人間ガヤルトキニハ、ドコマデモ個人トシテヤッタ仕事トハ見マセヌ、一國ノ公使ガヤッタト云フコトニナッテ來ルノデアル、西洋各國ノ北京ニ於テノ外交ノヤリ方ヲ見ルト、ドウ云フコトヲヤッテ居ル、或ル難問題ガ起ルト其問題ノ起ッタトキニ先ニ手ヲ出スノハ誰ガヤルカト云フト、公使ノ下ニアル一等書記官位ノモノガ難問題ヲヤッテ見テ、公使ハポント餘所ヘ往ッテ不在ニナッテ居ル、サウシテ其不在ノ間ニ一等書記官位ガ試ミテ見テ、ソレガ巧ク行クト公使ハ戻ッテ來テ本當ニ談判ヲスル若シヤリ損ヘバ、アレハ不在ニ書記官ガヤッタコトダカラト言ッテ、書記官ニ轉任ヲ命ズル、一個人デヤッタト言ッテモ、公使デハ言譯ニシマセヌ、不埒ナコトヲシタト言ッテ、公使ガ後トデ揉直ス、是ガドコノ國デモ外交ノ殆ド慣例ニナッテ居ル、然ルニモ拘ラズ政體問題、極メテ重大ナル問題ニ公使ガ不干渉ト云フヤウナ本國政府ノ趣旨ニ違ウテ、干渉シタト云フナラバ他國ノ嫌疑ヲ避ケルタメニシテモ、又ハ己レノ節ヲ守ラシメルト云フ上カラシテモ、何レニシテモ公使ト云フモノヲ交迭シテ置イテ、内外ノ疑惑ヲ解イテ、外交ノ緒ヲ滑カナラシメナケレバナラヌコトガ必要デアラウト思フ、然ルニモ拘ラズ今日マデ其儘ニシテ居ル、其儘ニシテ居ルカラ、縱令伊集院公使ガ是カラ後居ラレタトコロガ、一旦失ウタル信用ト云フモノハ容易ニ取返スコトハ出來ヌニ依ッテ、唯人形然ト坐ッテ居ルコトハ出來ルカモ知レヌガ、他ノ列國ノ公使ト共ニ縱横ニ角逐スルコトハ想ヒモ依ラヌコト、思フ、此ノ如キ公使ヲ此ノ如ク惱マシテ置イテ、恬然トシテ見テ居ッテ、是デ外交ノ趣意ヲ達シ得ルモノデアルカドウカ、外交ガ機敏デアルナラバ、公使ニハ十分働ケルダケノ餘地ヲ作ッテヤルガ宜イノデアル、働ケルダケノ餘地ヲ作ッテヤッテ働カザレバ、其トキニハ取替ヘルガ宜シイ、働ケヌヤウニシテ置イテ之ニ働ケト云フコトハ無理デアル、今ハ働カウトシテモ働クコトノ出來ナイ處ニ當嵌メラレテ居ルカラ、伊集院公使ニ對シテハ甚ダ御氣ノ毒デアルガ、伊集院公使タルモノハ自ラ去ルカ、サモナケレバ政府ハ彼ヲシテ其職ヲ得セシメテ、更ニ第二ノ新タナル方面ニ此幕ヲ切落サヌト、散々失敗ニ失敗ヲ累ネタル此外交ヲ刷新振張スルコトハ容易ニ出來マイト思フ、是ガ今ニ於テ此ニ伊集院公使其人ヲ其儘ニシテ置クト云フトコロノ意味ハドウ云フ意味デアルカ、其事ヲ承リタイ、是ハ改メル積デアルカ、改メヌ積デアルカ、ドウ云フ積デアル、是ガ第四番目ノ質問デアル、第五番目ハ支那ニ於ケル共和論者ニ對シ政體不干渉ヲ唱ヘ來リシ政府ハ他日滿蒙其他ノ地ニ於テ勤王論其他共和反對論者ノ起ッタトキニ於テモ、ヤハリ政體不干渉ト云ウテ知ラヌ顔ヲシテ見テ居ルカドウカ、之ヲ承リタイ、　今現ニ升允ト云フ男ハ陝西ノ方ニ與ッテ端郡王ヲ引伴レテ謀反ヲ起シ掛ケテ居ル、彼ハ共和反對デアル、滿洲ノ或ル方面ニモ張作霖ナル者ガ立ッテ、共和反對ヲヤリ掛ケテ居ル、其他方々ニ此模樣ガアルガ、其中ニハ將來囘々敎徒ノ如キモノガ動出スカモ分ラヌガ、是ガ動出シタトキニハ、再ビ支那ハ大擾亂ノ位置ニ立ッテモ其時ニヤハリ政體不干渉ト見テ居ル積リデアルカドウカ、殊ニ日本ニ利害ノ最モ厚イ滿洲方面、蒙古方面ニ大騷動ガ持上ッタト云フトキニ於テモ政府ハドコマデモ知ラヌ顔ヲシテ居ル積デアルカドウカ、此時ニ對スル處置ヲ承リタイ、ソレカラ第六番目ハ「我當局ハ曾テ孫黃等革命論者ノ我帝國内ニ在ルヲ忌ミ壓迫疎外シテ以テ時ノ清廷ニ好意ヲ示セシコトアリ今後モ亦袁政府ニ反對意見ヲ有セル者ニ對シテハ當年ノ孫黃ニ對スルト同樣ノ取扱ヲ爲ス積リナリヤ否ヤ」我政府ハ孫逸仙、黃興ガ日本ニ來タトキニアラユル虐待ヲ加ヘテ居ッタ、是ハ噓デハナイ、彼處ニモ居ラセヌ、此處ニモ居ラセヌ、下宿屋ニ居レバ彼等ヲ泊メテ呉レルナト云ッテ、下宿屋ニモ居ラレヌヤウニシタ、イロ〱ナル迫害ヲ加ヘタ、此頃革命ト云フコトニナルトソロ〱出テ往ッテ手續ヲヤラウト云ッテモ、ソレデハ誰モ歡迎スルモノデハナイ、是ハ畢竟隱レタルトコロニ眼ガ居カナイデ、當面ニ現レテ居ルモノバカリ大事ガッテ、將來勢力ヲ與ストコロニ眼ヲ注ガヌカラ、斯樣ナ失敗ガ起ルノデアルガ、是カラ先ニ於テモ亦今ハ袁世凱ガ出デ大總統トナッテ居ルガ、出タ日ヲ拜ムコトノミニ齷齪シテ居ッテ、反對ノ人間ガ居ルノデアルガ、其人間ガ我日本ヘ逃ゲテ來タナラバ、當年ハ清廷ニ對シテ好意ヲ示スタメニ清廷ニ反對スルモノヲ虐待セルガ、其如ク今日ニ於テモ袁世凱ニ反對ノ意見ヲ持ッテ居ルモノヲ日本政府ハ何ト取扱フカ、ヤハリ虐待スルカドウカ、現ニ或ル親王ハ、日本ノ旅順ノ官舍ニ居ル、又袁世凱ニ反對ノ人間ハ日本ヘ逃ゲテ來サウデアル、逃ゲテ來サウナモノガ澤山見エルガ、是ハ前以テドウ考ヘルカ、ソレハドコマデモ其時盛ナ人間サヘ拜メバ宜イ、後トカラドンナ人間ニナッテモ宜イト云フノデアルカドウカ、英國ノ如キハドウデアル、孫逸仙ハ香港ニ於テ牢獄ニ捕ヘラレタ、香港ハ自分ノ領分デアリナガラ支那ノ官吏ハソレヲ受領スルコトガ出來ナイデ、英國ハ談判シテ孫ヲ奪ッテ來テ保護スル、是レ英國ノ大ヲ成ス所以デアル、日本ハドウデアル、窮鳥懷ニ入ルトキハ獵夫モ是ヲ捕ラズト云フ義俠ヲ以テ任ジテ居ル國デアル、然ルニモ拘ラズ偶々賴ッテ來タモノニ向ッテソレヲ迫害バカリシテ居ルノデアル、迫害ヲシタ人間ガ漸ク芽ヲ出スト、後トカラ付イテ往カウトシテ居ル人ガアルヤウニ承リマス、政府ハヨモヤ斯ル淺薄ナル考デハアルマイト思フケレドモ、是マデ往々サウ云フ嫌ヒガアッタカラ、今度ハドウナルカト云フコトヲ聽イテ置キタイ、是ガ第六番目ノ質問デアル、第七番目ハ今囘勃發シタトコロノ北京ノ暴動ニ對シテハ政府ハ之ヲ一時的ノモノト見テ居ルカ、又ハ永續的ノ大患ト見テ居ルカ、ドウデアルカ、永續的ノモノデアルトスレバ最後ノ方策ハドウスル積デアルカ、私共ノ考ヘルトコロデハ今囘起ッタトコロノ革命騷動、共和論ノ如キモノハ南ノ方デハ徹底シテ居ルカモ知レヌケレドモ、北方ニ於テハ人民ハ共和ノ何モノタルヤ殆ド知ラヌノデアル、革命ノ何モノタルコトヲ知ラヌノデアル、革命トハ何ダ、租税ヲ拂ハズニ政治ガシテ貰ハレルサウダ、共和トハ何ダ、役人ガ居ラヌヤウニナルサウデアル、斯樣ノ意味ニシカ實際解釋シテ居ラヌ、然ルニ愈々共和政府ヲ建テ、百般ノ政治ヲ新ニスルニ付テハ金ガ澤山掛ル、然ルニ政府ニ金ガ無クナッタコトハ私ガ云フマデモナク現ニ今集ッテ居ルトコロノ兵隊ヲ解散スルニ付テハ金ガ掛ル、金ガ掛ルバカリデナク、此兵隊ガ各々解放サレテ自分々々ノ國ヘ往ッタ後ニハドウデアルカ、金ガ足リナイカラ兵隊ヲ解放スルト、掠奪ガ起ル、現ニ起ッテ居ル、支那ハ電信ガ十分通ゼザル處ガ多イカラ日本ヘ來ル情報ハ甚ダ少ナイノデアルガ、支那ハ到ル處麻ノ亂レシ如クニ亂レテ居ルノデアル、此次ニ起ルトコロノモノハ人民ハ掠奪ニ遭ヘバ戸ヲ閉ヂテ商賣人ハ商賣ヲ廢メル、工ハ工ヲ廢メル、農ハ農ヲ廢メル、從ッテ金融ハ逼迫スル、總テ不景氣ノ襲フトコロトナッテ、遂ニハ支那四百餘州ノ人民ハ悉ク飢餓ニ迫ラナケレバナラヌ、サウナッテ來ルト彼等ハ共和ト革命トカ云フヤウナ空漠タル抽象的問題ト云フヤウナコトノ以外ノ口ノ問題、麪麭ノ問題ト云フモノヲ此ニ於テ絶叫シテ立ットキニ方ッテハ、支那ノ動亂ト云フモノハ非常ナモノヲ現ハシテ來ルト解釋シテ居ル、然ルニモ拘ラズ政府ノ或ル處デハ今度ノ動亂ハ直キニ治マルト云フ人ガアルサウデアルガ、サウ云フ積リデ居ラレルカドウカ、若シサウ云フ事柄デアリトスルナラバ、大動亂ノ起ッタ曉ニハ何ト爲サルカ、其覺悟ヲ今カラ聽イテ置キタイ、ソレデ最後ニハドウナルカト云フト第一番ガ學生ノ亂、第二番ガ兵隊ノ亂、第三番ガ百姓ノ亂ト移ッテ來ルト、支那ハ殆ド四分五裂ニナッテ來ル、學生ノ亂ニ革命共和ト云フ間ハ外國人ノ生命財産ハ尊重スベシ、安全ニシテヤルベシト云フコトヲ云ウテ居ルケレドモ、第二ノ兵隊ノ掠奪戰爭ニ移ッタトキニハ、日本ノ扶桑館ト云フ北京ニアル宿屋ハ掠奪サレタ、獨逸ノ人間モ、英國ノ宣教師モ、殺サレタト云フコトデアルガ、外國人モ支那人モ構ハヌト云フコトニナル、モウ一ツ範圍ガ廣ッテ來ルト、第三番目ハ殆ド義和團ノ如キ形勢ヲ現ハシハセヌカト云フ虞レガアル、此時ニ於テ能ク東洋ノ治安ヲ保ツ實力ヲ有シテ居ルモノハ日本ニアラザレバ露西亞、日露ノ兩國ヲ除イテハ殆ドナイ、サウスルト列國ハ又再ビ人道問題ト云フコトノタメニ、日本カラ兵隊ヲ出シテ呉レト云ウテ來ルニ相違ナイ、今ヤ云ウテ來サウニ承ッテ居ル、此場合ニ於テヨシ來タ、日本ハ何日デモ東洋ノ巡査デアレバ宜イト云ウテ、巡査的ニソロ〱出テ往ク積リデアルヤ否ヤ、出テ往クナレバ出テ往ク前ニ日本ハ此ノ如キ動亂ニ對シテハ此ノ如キ處置ヲ執ルカラ、之ニ付テハ列國ハドウ云フコトヲシテ呉レルカ、支那ハ如何ナル報酬ヲ與ヘルカト云フ位ニ前以テ極メテ定メズニ置イテ、人道問題デアルト云ヘバ直樣出テ往クト云フコトハ善イコトデアルカ、惡イ事デアルカ、コイツハ考フベキ問題デアルト思ヒマスガ、政府ガ最後ノ之ニ對スル方策ヲ承リタイ、是ガ第七番目、第八番目ハ支那ノ借款問題ニ關スルコトデアル、此借款問題ハ唯今四國借款ノ中ニ日本ト露西亞ガ割込マウトシテ居ルサウデアルガ、袁世凱ノ借リタイト云フノハ六億万圓デアル、六億万圓ヲ借リテ之ヲ六箇國カラ分配シテ貸ストシテモ、一億万圓宛貸サナケレバナラヌ、一億万圓宛貸シテソレデ濟ムカ濟マヌカト云フコトニナルト、ソレダケデハ濟ミサウモナイガ、又貸シテ呉レト云フコト、又第二ノ借款ヲ云ウテ來ル、第一ハ能クヤッタガ、第二ニ懲ジラレヌヤウナ不體裁ガアッテハナラヌ、此借款問題ト云フモノハドウ云フ具合ニ働クカニ付テ研究ヲ要スル、此度ノ革命亂ニ付テ四國借款問題ハ二億万圓デアル、二億万圓ヲ貸シタノハ鐵道國有ヲヤラウト云フノガ四川ニ於テ暴動ガ發シタノデ、片ッ方ニハ利權回收借款ニ對スルイロ〱ノ權利ヲ抵當ニ入レタノヲ人民ガ反對ヲシテ、アノ權利ハ取戻サナケレバナラヌ、此權利ハ取戻サナケレバナラヌト云フコトニナリマシタガ、今度日本ガ加ハルト云フ評判ノアル四國借款ニハ、日本ガ本當ハ加ハッテ居ルカドウカ、本當ニ加ハッテ居ルナラバ、之ニ對シテ利權囘收問題、第二ノ動亂ノ原因ヲスル虞ガアルカナイカアルナラバ、ドウ云フ方法デ之ヲ防イデ、サウシテ自分ガ他ノ列國ト共ニ恥シカラヌヤウナ組入ヲスル積リデアルカドウカ承リタイ、今日ハ恰モ借款問題ニ對シテ私ノ知ッテ居ル小田切万壽之助君ガ今日出發スルサウデアルカラ、此極ク適切ナル最近ノ問題ニ付テ政府ハ此借款問題ニ付テドウ云フ積リヲ持ッテ居ルカ、之ヲ承リタイ、以上八箇條デアルガ、玆ニ外務大臣ガ來テ居ラレヌノデ、自分ハ敵ナキニ矢ヲ放ツノ憾ミナキニアラズデアルガ、外務大臣ガ來テ居ラレタトコロトガトテモ自分ニ滿足ヲ與ヘラレルヤウナ答辯ハ出來ヌト思ヒマスカラ、居ラヌトコロデアルガ、此事ヲ質問シテ置キマス、是ダケデアリマス(拍手スル者アリ)

第六　朝鮮ニ於ケル學校職員ニシテ國庫ヨリ俸給ノ支給ヲ受ケサル文官判任以上ノ者ノ退隠料及遺族扶助料ニ關スル法律案（政府提出）　第一讀會ノ續（委員長報告）

（横山金太郎君登壇）

○横山金太郎君　諸君、本員ハ本案ニ付テノ委員會ノ經過及結果ヲ報告致シマス、本案ハ頗ル簡單デゴザイマスルノミナラズ、會期切迫ノ折柄デゴザイマシタ故ニ、委員會ヲ開キマスルコトハ僅ニ一回ニ止ッテ居リマスルケレドモ、併シ審議ハ愼重ニ盡サレタノデゴザイマス、本案ハ恆松代議士ノ叫バレマシタ如ク、題目ハ甚ダ長クアリマスルガ、要スルニ國家ノ直營卽チ官立デス、又私立デナイ、所謂國家ノ直營デナイ、私立デナイ、朝鮮ノ文官判任以上ノ學校職員ニ對シマスル退隠料及遺族扶助料ヲ與フルコトヲ規定スベク政府ヨリ提出サレタ案デアルノデアリマス、案ノ内容ハ明治二十三年以來數回ノ改正ヲ經マシテ、今日現ニ行ハレテ居リマスルトコロノ内地ニ於ケル府縣郡市町長ノ公立ニ係ル學校職員ニ對シマスル退隠料及遺族扶助料ヲ規定セラレタ法律ト同一デアルノデアリマス、故ニ此案ガ法律トナリマシタ曉ニ於テ、其支配ヲ受ケルトコロノモノハ日韓合併以前ニ在ッテ韓國ノ經營ニ係ッテ居リマスル學校ノ職員ト、我帝國ガ在外指定學校トシテ取扱ッテ居リマシタ學校ノ職員トデアリマス、就中在外指定學校ノ職員ニ對シマシテハ、既ニ明治三十八年ノ法律六十四號ニ依ッテ從來本案ト同一待遇ガ與ヘラレツ、アッタモノデアリマス、併シ一朝此日韓ガ合併致シマシテ、日本ノ領土トシテノ朝鮮トナッタ後ニ至ッテハ、在外指定學校ト云フ其名稱ヲ尙存シテ、且之ニ對シテ其法律ニ依ッテ之ガ給與ヲナスト云フコトハ、自ラ穩當ナラザルコトニ歸著スルト云フ理由ガ一ツト、ソレカラ又在來ノ韓國國立學校ノ職員ハ何等此法律ノ保護待遇ヲ受ケタモノデハナイノデアル、デ此ノ如キハ合併後齊シク皇化ニ服シタル新附ノ國ヲ懷ケ、民ヲ柔グル所以デハナイト云フコトモ一ノ理由トナリ、加フルニ明治四十四年ノ九月ニ勅令ノ二百二十九號ヲ以テ教育令ガ發布セラレマシタ結果トシテ、朝鮮ニ於ケル教育行政ノ統一ガ計ラレマシタノデアリマス、其極彼ト此トノ間ニ取扱ヲ異ニスルト云フコトハ甚ダ理由ノナイコトデアルカラ、同一ノ法規ノ下ニ同一ノ待遇ヲ與ヘルコトハ、甚ダ適當ナルコトデアル、殊ニ本案ノ如キハ内地ニ於ケル府縣立其他ノ公立學校職員ノ退隠料及遺族扶助料ノ法律ト共ニ、我國ノ教育ノ普及獎勵ヲナス上ニ於テ與ッテ力ノアル言ハバ甚ダ效能ノアルトコロノモノデアルト云フコトハ疑ノナイコトデアル、委員會ハ卽チ以上ノ理由ノ下ニ全會一致ヲ以テ之ヲ可決スルコトニ決定ヲ致シマシタ、此段御報告ニ及ビマス

○恆松隆慶君　本案モ讀會ヲ省略シテ確定セラレンコトヲ望ミマス

○議長（大岡育造君）　恆松君動議ニ御異議ハアリマセヌカ

（「異議ナシ」ト呼フ者アリ）

朝鮮ニ於ケル學校職員ニシテ國庫ヨリ俸給ノ支給ヲ受ケサル文官判任以上ノ者ノ退隠料及遺族扶助料ニ關スル法律案　確定議

○議長（大岡育造君）　御異議ナケレバ本案モ讀會ヲ省略シテ可決確定ヲ宣告致シマス、日程第七乃至第九ハ同一委員ニ付託シ關聯シタル議案デアリマスカラ一括シテ議題トナシマス、御異議ハアリマセヌカ

（「異議ナシ」ト呼フ者アリ）

○議長（大岡育造君）　御異議ガナケレバ一括シテ議題ニ付シマス、委員長西谷金藏君

（明治四十三年度豫備金支出ノ件
明治四十三年度豫備金外ニ於テ豫算超過及豫算外支出ノ件
明治四十三年度特別會計豫備金支出ノ件
明治四十三年度特別會計豫備金外ニ於テ豫算超過及豫算外支出ノ件）（承諾ヲ求ムル件）

（菅原傳君登壇）

○菅原傳君　明治四十三年度豫備金支出ノ件、外三件ニ對スル特別委員會ノ經過ト結果ヲ簡單ニ御報告致シマス、特別委員會ハ八回開會致シマシタガ、今概要ヲ申述ベレバ四十三年度ニ於キマシテ一般會計ニ於テ第一豫備金百万圓、第二豫備金二百万圓ヲ支出シマシテ、尙其上ニ國庫剩餘金千三十幾万圓ヲ支出シテアル次第デアリマス、特別會計ノ方ニ於キマシテモ豫備金以外ニ巨額ノ剩餘金ヲ支出シテアルノデアリマス、是等計數ニ關スルコトハ御手許ニアルトコロノ計算書ニ明記シテアリマスカラ、玆ニハ略シテ置キマス、唯是等巨額ノ支出ニ對シテ一言申上ゲテ置キマスレバ、是等巨額ノ金ハ各省ニ亙ッテ居ル次第デアリマスケレドモ、殊ニ朝鮮併合ノ場合ニ臨時ニ多額ノ費用ヲ要シ、且四十三年度ニ於テ關東、東北等ニ大洪水ノアッタタメニ支出ガ多カッタト云フコトガ、殊ニ四十三年度ニ於テ剩餘金ノ支出ノ多イト云フ一原因ニナッテ居ルノデアリマス、計數ニ關スルコトハ大體此ノ如キデアリマスガ、之ニ對シテ承諾ヲ與ヘルカ、與ヘヌカト云フコトニ付キマシテハ、議論二ツニ岐レタノデアリマス、一方ハ承諾ヲ與フベカラズ、一方ハ承諾ヲ與フベシ、且承諾ヲ與フベカラズト云フ議論ハ之ニ附帶シテ豫備金ヲ增額スベシ、第一豫備金ニ於テ二百万圓、第二豫備金ニ於テ四百万圓、合計豫備金ニ於テ七百万圓ヲ增加スベシ、承諾ヲ與ヘザルト同時ニ此七百万圓ノ豫備金ヲ增加スベシト云フ意味ヲ以テ論ゼラレタノデアリマス、一方ニ承諾ヲ與フベシト云フ方ニ於キマシテハ附帶ノ希望ガアッタノデアリマス、其希望ハ豫備金以外ニ政府ガ責任ヲ以テ支出シタルモノニ對シテハ、次期ノ議會ニ提出シテ承諾ヲ求ムベシ、斯ウ云フ希望ヲ附帶シテ承諾ヲ與ヘタノデアリマス、今此兩方ノ論議セラレタトコロノ論據ニ付テ簡單ニ申上ゲテ見マスレバ、承諾ヲ與フベカラズト云フ人ノ論據ハ、要スルニ違憲デアルト云フノデアル、尙少シク足リヌトコロガアリマスカラ附加ヘテ置キマスガ、此豫備金ニ付テハ別ニ議論ガナカッタノデ、豫備金以外ツマリ剩餘金ニ付テ議論ガアッタノデアリマス、少シ訂正シテ置キシマス――豫備金以外剩餘金ニ付テ承諾ヲ與フベカラズト云フノハ、憲法違反デアル、一體豫算ハ申上ゲルマデモナク每年ノ經費ト云フモノハ豫算デ極ッテ居ルノデアル、ソレ以外避クベカラザルトコロノ豫算ノ不足ハ――豫算外ノ支出ニ付キマシテハ憲法六十條ニ依ッテ第一、第二ノ豫備金ト云フモノガ設ケラレテアル故ニ、通常ノ豫算ノ外ハ第一、第二豫備金ニ依ッテ支辨スベキモノデアル、其以上他ニ於テ支出ヲ許ス場合ハ憲法七十條ノ公共ノ安全ヲ保持スル云々ト、緊急ノ場合、此七十條ニ依ル外途ハナイノデアル、要スルニ第一豫備金、第二豫備金、憲法七十條ノ此三ツノ種類ノモノニ依ルヨリ外ナイノデアル、剩餘金ヲ政府ガ支出スル如キハ憲法ヨリ見テモ、會計法ヨリ見テモ、違憲デアル故ニ、是ハ承諾ヲ與フベカラズト云フ趣意デアリマス、ソレニ關聯シテ特別會計ニ付テモ議論ガアリマシタガ、殊ニ朝鮮ノ特別會計千二百何万圓ト云フコトニ付テハ法規ヲ無視シタトコロノ支出デアル、又此韓國併合ノ場合ノ百五十万圓ノ機密費ノ如キモ政府ノ說明ヲ以テ滿足スルコトハ出來ヌノデアル、說明ガ不十分デアル、是等ノ點ニ付テモ不當デアルト云フ、要スルニ憲法違反ト云フ點カラシテ承諾ヲ與フベカラズト云フ議論デアリマシタ、豫備金ヲ增加スルト云フコトニ付テハ歲計ガ一億ノ場合モ、亦今日ノ如ク六億ニモ垂ントスル場合モ、豫備金ガ同ジデアルト云フコトハ道理ニ於テ當前ノ事情カラ言ウテモ許スベカラザルコトデ、相當ニ增加スベキモノデアル、故ニ七百万圓ニ增スベキモノデアルト云フヤウナ理由デアッタノデアリマス、是ガ承諾ヲ與フベカラズト云フ議論ノ大要デアリマス、之ニ對シ承諾ヲ與フベシト云フ議論ノ大體ヲ申シテ見マスレバ、承諾ヲ與フベカラズ、憲法違反デアルト云フコトハ、必ズ排スベキ反對スベキ議論デナイ、一應道理ノアル議論デアル、サリナガラ剩餘金ニ付テハ議會開設以來幾多ノ論爭、幾多ノ議論ニ付テモ變化ガアリ、或ル場合ニ於テハ議會ニ於テ憲法違反ノ決議モアリ、或ル場合ニ於テハ實地問題ヲ取ッテ可否ヲ決シタコトガアリ、殊ニ第九議會以來ハ寧ロ實地問題ニ付テ其支出シタトコロノ事項ニ付テ可否ヲ決シテ來タヤウナ慣例デアル、故ニ不文法的此慣例ニ依ッテ處置スルガ相當デアル、唯今議題ニナッテ居ル四十三年度ノ此剩餘金ノ支出ニ付テモ其事柄ニ付テ見ルトキハ必要已ムヲ得ザルトコロノモノデアル故ニ、第九議會以來ノ慣例ニ依ッテ承諾ヲ與ヘルノガ相當デアル、サリナガラ行政官ヲシテ漫ニ剩餘金ヲ支出セシムルガ如キハ――濫出スルガ如キハ最モ不可ナルモノデアル、立法者トシテ監督ヲ嚴重ニシ出來得ルダケ責任支出ト云フガ如キヲ爲サシメザルガ宜イノデアル、若シ此剩餘金ヲ濫リニ支出スルコトアッテハ不可デアル、監督上ノ點カラシテ是マデハ翌々年度ニ剩餘金ノ支出ヲ議會ニ提出シテ是ガ承諾ヲ求メタノデアリマシタガ、ソレデハ監督上責任ヲ問フ上ニ於テモ、手ヌルイノデアル、翌年――次ノ會期ニ出スト云フコトニスルノガ當然デアルト云フノデ、將來ノ希望ヲ附加ヘテ承諾ヲ與ヘルト云フコトニシタノデアリマス、尙此豫備金增加ノコト、朝鮮合併ノトキニ機密費ノコトニ就テ承諾ヲ與ヘザル議論ニ反對スル承諾ヲ與フル方ノ議論ガアリマシタガ、之ヲ短ク申セバ豫備金ヲ或ル程度マデ增加スルト云フコトハ惡ルイコトデハナイケレドモ、多額ノ豫備金ヲ增加スルト云フコトハ今日ノ財政デ不可ナルモノデアル、加之餘リ豫備金ヲ多クシテ當局者ニ勝手ニ使ハシムルコトハイカヌカラ、餘リ多ク增スコトハイカヌト云フ趣意ガアッタノデアリマス、又朝鮮ノ機密費ト云フコトニ就テモ是ハ祕密會デアル、說明モ不十分トハ申スモノヽ、一面カラ申セバ朝鮮併合ヲ大兵ヲ動カサズシテ、所謂一兵ヲモ衂ラズシテ、アノ併合ヲ爲シタト云フコトヲ見レバ、當局者ノ力ヲ多トシナケレバナラヌ、此意味合カラスレバ百五十万圓ト云フ金額モ必ズ多イトノミハ言ヘナイ、承諾ヲ與ヘル方ハ相當デアラウト云フ意味合デアッタノデアリマス、此ノ如ク兩方ノ意見ガアッタノデアリマスルガ、反對ノ方ハ大體ノ根據ハ違憲論ナリト云フ趣意ニ於テ承諾ヲ與ヘズ、承諾ヲ與ヘル方ハ今日マデノ慣例ニ依リ、事實ヲ調査シテ不當デナイカラ承諾ヲ與ヘル、且將來監督ヲ嚴ニスル意味ニ於テ將來ハ次ギノ議會ニ此剩餘金ノ支出ハ承諾ヲ求ムルコトニ爲スベシト云フ意味デ決シタノデアリマス、概要御報告致シマス

（大藏大臣山本達雄君登壇）

○大藏大臣（山本達雄君）　今日此問題ニナリマシタ豫備金以外ノ支出ニ至リマシテ委員會ニ於テ、支出シタ次期ノ議會ニ於テ事後承諾ヲ求ムルカ如何ト云フ希望ヲ以テ御決議ニナリマシタ、其當時ニ私ハ政府ノ方針ヲ御答申シタガ、稍〻明瞭ヲ缺イテ居ル點ガアリマシタ故ニ、此所ニ改メテ御答ヲ致シマス、豫備金以外ニ於テ政府ノ責任ヲ以テ豫算外支出ヲ爲シマシタ場合ニハ、次期ノ議會ニ之ヲ提出ヲ致シマシテ、事後承諾ヲ求メルヤウニト云フ御希望ニ對シマシテハ出來ルコトナラバ、御希望ニ副フヤウニ致シタイト云フ考ヲ持ッテ居リマス、併ナガラ現行ノ取扱ハ既ニ多年行ヒ來リマシタモノデアッテ之ヲ改メマスト云フコトハ、愼重ニ考慮ヲ要スルコトデアリマスルシ、又法規ノ關係ニ付キマシテ、十分ナル攻究ヲ遂ゲナケレバナラヌコトデアリマス、從ッテ此際之ヲ如何ニスルカト云フコトヲ極メテ御答申スコトハ出來難イ次第デゴザイマス、要スルニ愼重ニ考慮ヲ致シ、十分ニ攻究ヲ盡シマシタ上デ、意見ヲ決定致シタイト考ヘマス、左樣御了承アランコトヲ願ヒマス

○卜部喜太郎君　大藏大臣ニ御尋ネシタイノデアリマス、唯今事後ノ承諾ヲ求メマス時期ニ就テ委員會ニ於ケルトコロノ質問ニ對スル答ヲ明瞭ニサレタノデアリマスガ、其時期ノコトハ姑ク措キマシテ、政府ハ今後ニ於キマシテ憲法竝ニ會計法ノ明文ニナイ國庫剩餘金ノ支出ト云フヤウナコトヲ舊來ノ慣例ニ依ッテ相變ラズ實行ナサルト云フ御考デアルノデアリマセウカ、ドウデアリマセウカ、是ハ簡單ナル質問デアリマスケレドモ、甚ダ大切ナル點デアリマスカラシテ、此際單ニ事後承諾ヲ求ムル時期ニ關スル辯明ノミニアラズシテ、今後モ尙舊來ノ惡慣習ヲ襲踏シテ、憲法違反ノ行爲ヲ敢テ爲サルト云フ御所存デアリマセウカ、ドウデアリマセウカ、此點ニ就テハッキリシタ御答ヲ得テ置キタイノデアリマス

（大藏大臣山本達雄君登壇）

○大藏大臣（山本達雄君）　御答致シマス、政府ハ今日豫算外ノ支出ヲ以テ憲法違反トハ信ジテ居ラナイ、ソレカラ又此後ニ至リマシテモ、成ベク此ノ如キコトハ實際ノ上ニ避ケタイト云フ考ヲ持ッテ居リマス、併ナガラ事實實際ニ於テ已ムヲ得ナイコトガアリマスナラバ、ヤハリ今日ノ場合支出スルヨリ外ニ致方ナイノデアリマス、御答致シマス

○議長（大岡育造君）　加藤政之助君

（加藤政之助君登壇）

○加藤政之助君　諸君、本員ハ此問題ヲ否認致シテ、併セテ將來此ノ如キ剩餘金支出ノ弊害ヲ根絶センコトヲ希望致ストコロノモノデアリマス、此豫算外支出ノ問題ハ諸君ノ御承知ノ通リ第二議會以來、今日マデ連年政府ト議會トノ間ニ紛爭ヲ重ネタルトコロノ問題デアリマス、ソレ故ニ之ヲ詳シク諸君ニ此憲法上ノコトヲ御話スルマデモナク、諸君ノ御承知ノトコロデアリマスケレドモ、手續キトシテ其要領ダケハ申上ゲナケレバナラヌト思フノデアリマス、而シテ其豫備費ノ支出ト云フモノハ諸君ノ御承知アラセラレル通リ憲法ノ六十九條ニ依ッテ豫備費ヲ設クベシト云フコトガ規定セラレテアル、而シテ憲法ノ六十四條ハ之ヲ受ケテ此豫算ノ款項ニ不足シタル費用若クハ豫算外ニ生ジタル支出ノアッタトキニハ、後日帝國議會ノ承諾ヲ求ムベシト云フコトガ明記シテアルノデゴザイマス、而シテ第一、第二ノ豫備金以外ニハ政府ハ憲法上、法律上、何等ノ金ヲモ支出スルトコロノ權能ハ與ヘラレテ居ラヌノデアリマス、唯其以外ニ於テ若シ政府ガ支出スル權能アリト致シマスルナレバ、諸君ノ御承知ノ通リ憲法ノ七十條ニ依ッテ帝國議會ヲ召集スルコト能ハザル場合ニ、勅令ヲ以テ財政上ノ處分ヲ爲スコトガ出來ルト云フ餘地ガアルノミデアリマス、然ルニ第二議會以來今日マデ政府ハ此憲法ノ規定ニ頓著セズシテ、財政上ニ生ジタルトコロノ剩餘金ヲ恣ニ支出シテ、事後承諾ヲ求ムルト云フ慣例ヲ襲踏シ來ッタノデアリマス、而シテ議會ハ常ニ之ヲ否認スル態度ヲ取ッテ參ッタノデアリマス、所ガ本年ニ於テハ唯今委員長ヨリ報告セラレマシタ通リ一般會計ニ於テ一千三十餘万圓、特別會計特ニ朝鮮ノ關係ニ於テ一千二百何十万圓、此巨額ノ剩餘金ヲ恣ニ支出シテ、而シテ本期議會ニ於テ事後承諾ヲ求ムル案ヲ茲ニ提起セラレタノデアリマス、諸君、此事後承諾ヲ求ムルト云フ案ヲ茲ニ政府ガ提出致シマシタガ、其説明ヲ承ッテ見ルト、政府ノ當局者ハ斯樣ナコトヲ申スノデアリマス、此剩餘金ノ支出ハ憲法ノ何レノ條項、會計法ノ何レノ條文、ソレニ據ッタモノデハナイノデアル、政府ハ何等ノ憲法法律ニ據ラズシテ唯責任ヲ以テ此支出ヲナシタノデアルカラ、此責任解除ヲ求ムルノデアル、斯樣ナ政府ノ辯解デアリマス、諸君、此豫算ト云フモノハ極メテ重要ナルモノデアリマシテ、國家ハ一文半厘ト雖モ帝國議會ノ協贊ヲ經ズシテ支出スルコトガ出來ナイト云フコトハ云フマデモナイトコロノモノデアリマス、然ルニ憲法ノ條文、法律ノ條文ニ據ラズシテ、政府ガ責任ヲ以テ此支出ヲナシタト云フコトハ、是ハ極メテ重大ナル事件デアリマス、故ニ政府モ之ヲナスニ當ッテハ愼重ノ態度ヲ以テ十分考慮ノ上ニ是ハ國家ノ進運上萬已ムヲ得ナイト云フ極メテ必要ナル經費ニ限ルベキ筈デアリマス、而シテ其支出ヲナシタ場合ニハ、法律ニ據ラザル支出デアリマスカラ、直ニ次ノ議會ガ開カルヽトキハ其次ノ議會ニ於テ政府ハ是ガ事後承諾ヲ求ムルコトガ當然デアルト思フノデアリマス、然ルニ此巨額ナル豫算外ノ支出卽チ剩餘金ヲ恣ニ支出シテ置キナガラ、議會ガ既ニ協贊ヲ與ヘタルトコロノ第一豫備金、第二豫備金ト之ヲ關聯セシメテ、ソレト同樣ノ取扱ヲ爲シテ、一議會通リ越シタルトコロノ今期ノ議會ニ之ヲ提出シタト云フコトハ、私共ノ考デハ如何ニモ違法不當ナルトコロノ處置デアルト云フコトニ考ヘルノデアル、殊ニ剩餘金ノ支出ノ中ニハ憲法ノ第八條、七十條之ニ依ッテ發セラレタルトコロノ勅令四百六號ハ何ンデアルカト申シマスト、朝鮮ノ特別會計デアリマス、此勅令四百六號ニ依ッテ支出セラレタル金ガ一千二百何十万圓ト云フコトニナルノデアリマス、サウスルト是ハ憲法ノ第八條ト七十條ニ依ッテ提出シタト云フノデアリマスカラ、憲法七十條ニハ諸君ノ御承知ノ通リ財政上必要ノ處分ヲ爲シタトキニハ、次ノ議會ニ提出シテ、事後承諾ヲ求メヨト明記シテアルノデアル、是レ憲法ノ命ズルトコロデアル、然ラバ政府ハ此七十條ニ依ッテ處分シタルトコロノ特別會計ノ朝鮮ノ千二百何十万圓ト云フコトハ憲法七十條ノ命ズルトコロニ依ッテ、次ノ議會卽チ第二十七議會ニ提出シテ、議會ノ承諾ヲ求ムルガ當然ト思ヒマス、然ルニ之ヲ爲サズシテ、今期ノ議會ニ之ヲ提出シタノデアル、故ニ是ハ違憲ノ處置デハナイカト云フコトヲ委員會ニ於テ、政府當局者ニ質問ヲ致シマシタトコロガ、當局者ノ申スニハ是ハ　陛下ニ奏上シテ裁可ヲ仰ギ、憲法六十四條ノ二項ニ依ッテ裁可ヲ與ヘラレタノデアルカラ、ソレ故ニ此六十四條ノ二項ニ後日帝國議會ノ承諾ヲ求ムベシト云フ形式ヲ取ッタノデアルト、斯樣ナ辯解デアリマス、所ガ是ハ如何ニモ、ドウモ政府ノ辯解ノ仕方若シ是ガ六十四條ノ二項ニ依ッテ裁可ヲ仰イダト云フモノデアリマスレバ、私ハ七十四條ニ依ッテ處分シタル件ヲ六十四條ノ二項デ裁可ヲ仰イダト云フコト、是亦其手

續ヲ誤ッタモノデアルト斷言セザルヲ得ナイト思フノデアリマス、斯樣ナ次第デアリマシテ、其事後承諾案ハ違憲、違法ノ處置デアルト考ヘマスカラ、吾々ハ之ヲ不當ト決議シテ政府ノ反省ヲ促サンコトヲ望ムノデアル、併ナガラ吾々モ徒ニ政府ト爭ヲ重ネルコトヲ望ムトコロノ者デハナイ、出來得ベクンバ此ノ如キ弊害ハ之ヲ根絶センコトヲ希望スルトコロノ者デアリマス、而シテ此ノ如キ弊害ヲ根絶スルト云フコトハ、本期ノ議會ノ如キハ最モ私ハ時機ヲ得タル場合デアルト考ヘルノデアル、ナゼカト云フト此處ニ列セラルヽトコロノ政友會ノ諸君ハ、多年吾々ト共ニ此剩餘金支出ヲ以テ或ハ違憲ナリトシ、或ハ違法ナリトシテ、時ニ之ヲ否認シ、時ニ政府ニ警告ヲ與ヘタルトコロノ諸君デアル、故ニ此ノ如ク剩餘金ノ支出ヲ政府ガ濫リニ續ケルト云フコトハ、政友會所屬ノ議員諸君ノ望マザルトコロデアラウ、而シテ現內閣ハ政友會ノ內閣ト稱シテ居ルノデアル、此ノ如キ場合コヲ此殆ド二十年ニ垂ントスル久シキ間政府ト議會トノ間ニ紛爭ヲ重ネタル問題ヲ解決シテ、將來此弊害ヲ根絶スルト云フコトハ、殊ニ好機デアルト私ハ考ヘルノデアル、ソレデサウスルニハ如何ニシタラ宜カラウカ、豫備金ヲ設ケマシタコトハ今ヨリモ十數年前ノコトデアッテ、我帝國ノ歲入歲出トモ僅カ數千万ニ過ギナカッタトキノ時代デアリマス、然ルニ今ヤ是ガ五億何千万圓、殆ド六億ニ垂ントスルトコロノ歲出デアル、此場合ニ於テ十數年前ニ定メタルトコロノ第一豫備金百万圓、第二豫備金百万圓、此ノ如キ少額ノ金ヲ以テ當局者ニ豫算外ノ支出ヲ爲スベカラズト求メテモ、是ハ實際ニ於テハ、或ハ運用上無理デハナイカト云フコトヲ吾々ハ考ヘルノデアル、然ラバ此弊害ヲ根絶スルノ途ハドウスレバ宜イカト申シマスルト、先ヅ第一豫備金、第二豫備金ヲ相當ノ程度マデ增加致シテ、サウシテ政府ニ將來剩餘金ヲ恣ニ支出スルコトナカラシムルノガ、一番適當ナル此紛爭ノ解決方デアルト吾々ハ考ヘルノデアリマス、而シテ先刻委員長ハ此豫備金ノ增加ヲ七百万圓新ニ增加スルガ如ク述ベラレタヤウデアリマスケレドモ、吾々ノ主張ハサウデハナイノデアル、即チ第一豫備金ヲ三百万圓ニ增シ、第二豫備金ヲ四百万圓ニ增シ、都合七百万圓ニスルト云フノデアリマス、而シテ諸君、過去ノ政府ガ剩餘金ヲ支出致シマシタルトコロノ平均ノ金額ヲ見マスルト云フト、議會開設以來否ナ、近キ二十年間、此二十年ノ間デ日露戰爭ノトキト朝鮮合併ノトキト、此三箇年ヲ除キマスレバ剩餘金ノ支出ノ平均額ハ三百四十万圓デアリマス、而シテ現在ノ第一豫備金、第二豫備金ハ三百万圓デアリマス、サウスルト云フト是ニ加フルニ三百四十万圓ヲ以テスレバ、此十數年間ノ平均ニ該當シテ居ル譯デアリマス、故ニ第一豫備金ヲ三百万圓トシ、第二豫備金ヲ四百万圓トスレバ、爾來政府ガ其責任ヲ重ンジテ議會ノ議決シタルトコロノ金額ノ外、分厘モ濫リニ使フベカラザルモノデアルト云フコトノ覺悟ヲ以テ、我財政ノ衝ニ當ラレタナラバ、之デ過去剩餘金ヲ支出シタト云フ此弊根ヲ全ク斷ツコトガ出來ルノデアラウト吾々ハ考ヘルノデアリマス、而シテ是ニ於テノ一ノ問題ハ、政府ノ當局者モ言ヒマスル、又委員會ニ於テモサウ云フ考ヲ持タレタトコロノ諸君ガアルノデアリマスガ、ソレハ一ノ此弊ヲ根絶スルトコロノ方法デアルニハ違ヒナイ、併ナガラ我財政ノ現況ニ於テハ今日ハ四百万圓ト云フ豫備金ヲ增加スル其財源何レニアルヤ、其財源ガナケレバ出來ヌデハナイカ、斯ウ云フコトヲ言ハレルノデアリマス、所ガ吾々ノ考ヘルトコロニ依レバ此弊ヲ根絶スルト共ニ此財源ヲ作ルコトハサノミ至難ノコトデハナイ、隨分出來得ル事柄デアルト考ヘルノデアル、ソレハ如何ナル方法デアルカト申シマスレバ、過去ニ於テハ全ク豫算不用ニ屬スルトコロノ剩餘金又自然ノ歲入ノ增加ヨリ來タルトコロノ剩餘金、是ハ年々歲々多少アルノデアリマス、殊ニ近キ數年間ニハ巨額ノ剩餘金ガアッタノデアル、此ノ如キ剩餘金ガ財政上ニ存在シテ居レバコソ、當局者ハ過去ノ慣例ニ依ッテ不用意ニモ此剩餘金ヲ濫リニ支出スルコトヲ致スノデアリマスル、故ニ斯ノ如キ種類ノ剩餘金ハ將來ニ於テハ我現在帝國ガ負フテ居ルトコロノ巨額ノ公債、此公債ノ償還ノ財源ニ充テルト云フコトニ極メテシマフガ宜カラウト思フ、此ノ如キ剩餘金ハ若シ剩餘金ガアッタナラバ、アッタダケノ額ヲ必ズ公債ヲ償還スルトコロノ基金ニ繰入レル――組込ムト云フコトニ一方極メテシマフ、サウ極メテシマフト云フト、此剩餘金ガ自然ニ公債償還ノ基金ニ回ッテ往クカラシテ、今マデ一般會計カラ公債ニ繰入レタトコロノ此金額ガ、ソレガタメニアイテ來ルト云フコトハ、一方ニソレハ不用ニナルト云フコトガ生ズル、故ニ此不用ニナルトコロノ金ヲ以テ此第一豫備金、第二豫備金ノ增加額、即チ四百万圓ヲ作出スト云フコトハ、是ハ極メテ容易ナル話デ、爲シ得ルトコロノ事柄デアルト斯樣ニ考ヘルノデアリマス、此ノ如キ其財源マデ明カニアルト云フ以上ハ此豫備金ヲ增加シテ、サウシテ過去ノ剩餘金ヲ支出シタ弊害ヲ根絶スルト云フ、吾々ノ所見ニ對シテ反對ヲ試ムル理由ハ寸分ナイコトデアラウト私共ハ考ヘマス、故ニ此剩餘金支出ノ現在ノヤリ方ヲ否認致シテ、而シテ將來之ヲ根絶センガタメニ豫備金ノ增加ヲ主張スルノデアリマス

○議長（大岡育造君） 齋藤珪次君

（齋藤珪次君登壇）

（拍手起ル）

○齋藤珪次君 諸君、唯今尊敬スルトコロノ加藤君カラ本案否認ノ御議論ヲ承リマシテゴザイマスル、私共ハ即チ委員長報告通リ本案ヲ承認致シテ、之ト同時ニ希望ノ條件ヲ抱持スルモノデアリマシテ、即チ大藏大臣ノ唯今答辯ヲ致サレマシタトコロノ希望ヲ私共ハ持ッテ此案ヲ承認セントスルモノデアリマス、加藤サンノ豫備金ヲ設ケテ將來此問題ヲ解決シテ此弊害ヲ根絶セシメントスルコトハ、一應御尤モノ議論ノヤウニ見エマスル、併ナガラ此剩餘金ノ支出即チ豫備金以外ノ支出ト云フコトハ、今日マデノ實例ニ徵シマシテ、トテモ四百万ヤ五百万ダケデ必シモ之ガ根絶ガ出來ルト云フノ實例ハナイノデアリマスル、一例ヲ以テ御話致シマシテモ此二十四年度ヨリシテ四十三年度ニ至リマスルマデノ間ニ於テ、日露戰爭以外ニ於テモ五百万、六百万ヲ支出シテ居ルコトハ幾多アルノデアリマシテ、平均致シマシテマルデ支出ヲセヌコトガ二度アリマシテモ、尙平均シタ額ハ五百七十八万二千幾ラト云フモノガ剩餘金支出ノ平均額ニナッテ居ルノデアリマス、故ニ茲ニ或ル一定ノ豫備費ヲ設ケタカラ、此剩餘金支出ヲ根絶セシムルト云フコトハ、言フベクシテ事實ニ於テ是ハ容易ニ行ハレナイノデアル若シ之ヲ際限ナキ要求ニ向ッテ之ヲ應ゼントナラバ、豫備費ヲ大ナル額ニ設ケナケレバナラヌノデアッテ、然ルトキニハ是亦一ノ濫費濫出ヲ致サシメルノデアリマスル、即チ豫備費トシテ一旦協贊ヲ與ヘタモノ、支出ハ剩餘金トシテ兎ニ角憲法上明記シテ許サレザルモノトノ、此支出ニ於テ政府ノ即チ政府者タルモノ、之ヲ支出スルニ於テ窮屈ナル度合ハ許サレタルモノト、許サレザルモノトニ於テ必ズ相違ガアルニ違ヒナイ、故ニ豫備金ヲシテ多カラシムルノハ之ヲ言ヘバ即チ濫費濫出ノ弊ヲ增スノデアッテ、寧ロソレヨリモ此協贊ヲ與ヘズシテ置イテ、而シテ之ヲ支出スルニ於テハ責任ノ問題ヲ以テ所謂責任支出ヲ致サシメテ、而シテ之ヲ今日ノ如

ク次ノ次ノ議會ニ出スト云フガ如キ、此緩漫ナル承認ノ仕方デナク、兎ニ角一部剰餘金ヲ支出シタル以上ハ、之ヲ次ノ會期ノ帝國議會ニ提出セシメテ其責任ヲ問フト云フコトヲスルコトガ全ク時機ニ適シタルモノト吾々ハ信ズルノデアリマスル、憲法上ノ議論ハ加藤サンモ申サレテアリマスガ、恐ク滿場ノ諸君モ初期議會以來ノ問題デゴザイマスカラ、是ハ吾々共申ス必要ハナカラウト思フ、又之ニ付テハ適當ナル法律家ノ所論ニ任セテ實例カラシテ吾々共ハ立論致シテ居ルノデアリマスガ、加藤サンノ御議論ハ政府ニ向ッテ本案提出ノ理由ヲ聞クト、政府ハ憲法上ノ條規ニ據リタルニモアラズ、會計法ノ明文ニ據リタルニモアラズ、唯慣例ヲ以テ之ヲ支出シタト云フガ如キハ實ニ違憲、違法ノ處置デアルト絶叫セラレテ居ル、是ハ成程共御議論ハ一期以來是亦繼續シテ居ル問題デアル、今更此處ニ御聞ヲスル要ハナイノデアル、此議論ヲ併シ政府ヲシテ今日言ハシムルニ至ッタトコロノ慣例ヲ作ッタモノハ抑々何時デアッタカ、卽チ加藤サンナドモ其内閣ニ就テ内閣ヲ助ケ、其政府ノ處置ニ同意ヲセラレタトコロノ松隈内閣ニ於テ初メテ此議論ハ起ッテ來タト私ハ記憶シテ居ル、卽チ憲法上ノ爭議ハ其場合ニ於テ遂ニ政府議會ノ間ニ一新面目ヲ起シテ卽チ憲法上ノ議論ハ御互ニ盡キルコトガナイノデアル、故ニ此承諾問題ニ付テハ憲法ノ問題ヲ避ケテ茲ニ事實問題ニ付テ其當否ヲ攻究シテ而シテ承諾ヲ與ヘルヤウニ致サウト云フコトガ、卽チ松隈内閣ノ當時ニ於テ是ハ濫觴ヲ致シタノデアル、故ニ是ハ全ク今日カラ見レバ是ガ惡ルイ、私共ハ言フノデナイ、議會ノ進行上憲法ノ解釋ヲ政府ト共ニ常ニ衝突シテ居ッタ議會ガ兎ニ角政府者ト議會デ茲ニ憲法ノ妥協ガ出來タノデアル(「憲法ノ妥協トハ何ゾヤ」ト呼フ者アリ)故ニ解釋ノ一進歩ト見ナケレバナラヌ、何故ナラバ何時マデモ此憲法ノ爭ヲ議會ト政府デヤッタトコロガ決スルトコロナカッタノデアル、私共ハ第三議會ニ於テ彼ノ憲法論ニハ同意ヲ表シテヤッタモノデアッタノデアルケレドモ、委員會ニ於テ否決シタルトコロノ此違反論ハ本會ニ於テ遂ニ倒レタノデアル卽チ違憲ニアラズト本會ハ之ヲ決セラレタノデアル、次ニ於テ又此議論ハ違憲論ガ勝ヲ得マシテカラニ遂ニ本會ニ於テ違憲ナリト云フ決議ハ致シタノデアル、併ナガラ之ニ向ッテ敢テ政府ノ反應ガナカッタノデアル、是ハ第一番ニ於テ卽チ第三議會ニ於テハ吾々ハ此支出ハ違憲ニアラズ、剰餘金支出ハ違憲ニアラズト議會ハ之ヲ容レテ其後ニ於テ違憲ナリト決議シタ先例ガアルガ故ニ、兩者ノ議論マダ一致シナイ中ニ、遂ニ兩者トモ此議論ニ疲レテ、第九議會ニ於テ此妥協ハ成立ッテ、卽チ憲法上ノ議論ハ之ヲ避ケ事實ニ於テ其問題ニ付テ當否ヲ決スルト云フコトノ進行ニナッタノデアリマスル、故ニ今日ノ政府ニ於テ之ヲ言フモ、決シテ是ハ今日ノ政府ガ發明シタノデハナイ、卽チ第九議會以來襲踏シ來リシトコロノ問題デアル、然レバ政府ハ之ニ對シテ憲法其他ニ依ルコトナクシテヤッタカト追窮ヲスレバ、已ムヲ得ナイ前ニ遡ッテ六十四條第二項ニ依ルト明言セザルヲ得ナイト云フノデアル、故ニ追窮シ來レバ、ヤハリ是ハ憲法ノ爭ニナルノデアッテ、窮極スル處ガナイノデアル、故ニ今日ノ場合ニ於テハ私共ハ議會ノ先例ヲ守リ、卽チ兎ニ角此爭ヲシテ一旦避ケシメテ此先例ヲ重シトシテ是ハヤハリ承諾ヲ與ヘタイト信ズル、併ナガラ加藤サンノ御議論其他憲法ノ御議論ニ付テハ私共ハ敢テ反對シナイノデアル、成ベク政府者ヲシテ責任支出ナル其責任ヲ有效ニ確的ニ之ヲ致サセタイノデアル、今マデノ如クニ責任デアルトハ言ヒナガラモ之ヲ翌々年度ニ提出スルガ如キハ、甚ダ緩漫タルモノデアルガ故ニ、茲ニ今回新ニ次期ノ會期ニ於テ之ヲ提出スルト云フコトノ希望ヲ以テ之ヲ通過セシメントスルモノデアル、若モダ、段々御批評ガアルヤウデゴザイマスケレドモ、加藤サンノ御議論ノヤウニシテ、唯豫備費ヲ以テ之ヲ根絶スルト云フ御趣旨デアッタナラバ、是ハ誠ニ此議論ハ薄弱タルモノデ、モウ直グニ翌年ニ於テ若シ大水害ノ如キ、若クハ大事變ガ起ッテ御覽ナサイ、翌年ニ於テ直グニ其議論ハ破レテシマフノデアル(此時發言スル者アリ)何デスカ

○議長(大岡育造君) 靜ニ願ヒマス

○齋藤珪次君 私共ハ何議論デモ鄭重ニ聞イテ居リマスカラ、暫クハ御聽キニナッタラ如何、藏原サント云フ方ハ常ニ駄辯ヲ弄スル方デアルガ、モウ少シ愼ンダラ宜シイ(此時發言スル者アリ)下ラヌトハ何事デアル、人ノ議論ヲ――要スルニ吾々ハ今日ニ於テ此剰餘金支出ヲ認ムルト云フコトハ相當ナルコト、信ジテ居ルノデアル、然ルトコロガ此憲法論ヲナサルニモ拘ラズ論者ノ一人ハ其憲法論デ大體之ヲ否認シテ置キナガラ、尚且小サイ問題ニ之ヲ否認スルコトヲバ例ニ擧ゲテ居ルノデアル、憲法論デ否認スルナラバ、ソレデハ不十分デアル、而シテ朝鮮ノ合併ニ對シテ支出シタルトコロノ機密費ガ不當デアル、或ハ此合併ニ付テノ費用ガ不當デアルト云フ如キ議論ヲ致シマスケレドモ、是等ニ付テハ私共ハ前ニ申ス如ク事實ニ於テ是ガ當不當ヲ認メルノ考タルガ故ニ、是等モ相當ト認ムルノデアル、何トナレバ朝鮮ノ合併ニ百五十万圓ノ機密費ヲ使ヒマシタノハ高イト云ヘバ高イカモ知レヌ、多額ト云ヘバ多額ト言ハレルカモ知レヌ、併ナガラ一度之ヲ實行レタナラバ如何デアル、兎ニ角二千万ノ民衆ヲ有シテ居ル朝鮮國ノ併合ヲレテ一兵ニ血ヲズ、砲火ヲ發スルコトナクシテ、此併合ヲ實行シタニ於テハ、百五十万圓ノ犠牲ハ決シテ高イモノデナイト吾々ハ確信スルノデアル、此ノ如キ事柄ヲ以テ而モ是ハ機密費ニ屬スルモノデアルノニ此問題ノ内情ニマデ立入ッテサウシテ唯感情的ニ之ヲ否認スルガ如キハ、私共取ラヌノデアル、又或ル論者ハ此ノ如キ剰餘金支出ヲ爲シ續ケテ若シ剰餘金ガ無クナリシトキハ如何スルト立派ナ難問ヲ出サレタヤウデアルガ、國家ニ剰餘金ノ無イト云フコトハ決シテナイノデアッテ、卽チ其年ノ豫算ト云フモノガアッテ、其殘ッテ居ルモノハ總テ剰餘金ト云フ範圍ニ於テ之ヲ見ルハ決シテ爲シ得ラレナイコトデナイノデアル、況ヤ吾々ハ他ノ外國ノ例證等ニ付テ見マシテモ、何レノ國デモ今日ニ於テ爲政者ニ向ッテ其國家ノ急務ニ屬スル支出ト云フモノヲ許サナイモノデハナイ、日本ノ如キ窮窟ナル憲法ト云フモノハ僅ニ一國位シカ今日ハナイ、何レノ國デモ此支出ト云フモノハ相當ナル途ヲ開イテ居ルコトデアレバ我邦ノ今日此立憲ノ――憲法運用ノ進ムニ致シマシテハ此不足ヲ補フノトキハ蓋シ近キニアルダラウト信ジマスケレドモ、今日ノ場合ハ何人ガ爲政者ニナルト雖モ、現状ニ於テ此運用微リセバ政務ヲ執ルコトハ出來ナイノデアッテ、卽チ加藤サンガ先キニモ申シタ通リ豫備金ノ如キ――三百万圓ノ豫備金デ五億――幾億圓ノ歳出ヲ處理シテ往クニ至リマシテハ、實ニ其權衡ヲ失シテ居ルモノデアルガ故ニ、此場合ニ於テハ此豫備金ノ不足ヲ補フタメニ宜シク責任支出ノ先例ヲ開イテ、サウシテ政府者ヲシテ十分責任ヲ持タシテ、此問題ヲ解決スルガ相當ト信ジマシテ、吾々ハ此承諾案ニ贊成スル者デアリマス(拍手スル者アリ)

明治四十五年三月二十一日　　議長ノ報告　武藤金吉君ノ質問演説

海底電線協約ニ關スル質問主意書

右成規ニ據リ提出候也

明治四十五年三月十二日

提出者　石橋爲之助

賛成者　稻茂登三郎

外二十九人

海底電線協約ニ關スル質問主意書

丁抹大北電信會社ト我カ政府トノ間ニ存スル海底電線協約ハ日本ト亞細亞大陸間ノ海底電線敷設權ヲ外國ノ一私立會社ノ獨占ニ歸セシメタルモノニシテ我カ國ノ利權ヲ毀損スルコト大ナルノミナラス其ノ料金ノ不廉ナルカ爲官民共ニ多大ノ不利益ヲ被ムル所ナリ殊ニ大陸方面多事ナルノ今日ニ於テ最深ク之カ利權回收ノ必要ヲ感ス然ルニ該協約ハ本年十二月ヲ以テ將ニ滿期ニ至ラントス政府ハ此ノ際如何ナル方針ヲ以テ之ニ臨マントスルカ必スヤ無條件繼續ノ失策ヲ再演セサルヘシト信スルモ之ニ對スル政府ノ用意果シテ如何

右及質問候也

政府ノ社會政策竝物價騰貴ニ關スル質問主意書

右成規ニ據リ提出候也

明治四十五年三月十二日

提出者　藏原惟郭

賛成者　野添宗三

外二十九人

政府ノ社會政策竝物價騰貴ニ關スル質問主意書

社會生存上ノ競爭物價暴騰ノ趨勢ト相竢テ社會一般ノ風習漸ク險惡ノ兆候ヲ現出シ來リ往々ニシテ法度ヲ無視シテ不穩ノ行動ニ出テ或ハ貧民ニシテ衣食供給ノ道ニ窮シテ墮落ノ淵ニ沈ミ或ハ相當ノ學問敎育アル靑年學生ニシテ就職難ニ苦ミ意思薄弱ナルモノハ自暴自棄シテ貴重ノ生命ヲ損シ其ノ比較的反抗力ニ富ムモノハ益社會ノ秩序ニ反行シテ諸種ノ罪惡ヲ犯シ遂ニハ强盜殺人ノ群ニ投シ或ハ國家社會ノ根本制度ヲ破壞シ去ル極端空理ノ社會主義無政府黨員ニ化スルノ恐アルハ上下一般普ク不安ノ念ヲ以テ視ル處ノ事實ナリ今ニシテ之カ救治ノ政策ヲ講スルニ非サレハ他日社會ノ安全ハ勿論國家存立ノ基礎ヲ危クスルノ危險アリ政府ノ社會政策ニ對スル施政方針竝物價暴騰ニ關スル救濟方法手段ハ如何

右及質問候也

○日野國明君　議長

○議長（大岡育造君）　マダ會議ヲ開キマセヌ

○日野國明君　是デハ會議ハ開カレマスマイ、報告ニシタトコロガ、定數ヲ缺イテ居ッテハイケマスマイ

○議長（大岡育造君）　報告ハ公報デモ致シマスカラ、差支アリマセヌ

○日野國明君　公報ハ人ニ見セルノデス、皆ノ揃ハヌ中ニ報告ヲスルト云フコトハイケマスマイ、兎モ角ドウデスカ、序ニ私ハ議長ニ望ミタイト思ヒマスガ、今日私ハ或ル議案ノ委員會ニ出席シタノデアリマスガ、委員ノ方々ハ議院ニ來テ居リナガラ委員會ニ出席ヲシナイ、段々詮議ヲシテ見ルト、貴族院ノ傍聽ニ往ッテ居ルト云フ話デアル、遂ニ其會議ハ今ニ開ケナイ始末デアリマス、是ハ貴族院ノ議事モ大切デアルケレドモ、過日來議長カラ度々御注意モアッタコトデアリマスカラ、議員ハ心得ナケレバナラヌコトデアリマス、此際ドウデスカ、モウ一遍議長カラ親切ナル御忠告ヲ與ヘラレテハ

（「賛成」ト呼フ者アリ）

○藏原惟郭君　議長

○議長（大岡育造君）　マダ會議ヲ開キマセヌ是ヨリ會議ヲ開キマス

○福岡精一君　唯今ヨリ朝鮮ノ辯護士規則改正ニ關スル建議案ノ委員會ヲ開キタイト思ヒマスノデ、御許ヲ願ヒマス

○議長（大岡育造君）　今暫ク御待ヲ願ヒマス

○藏原惟郭君　議員モ餘リ多ク見エマセヌ、ノミナラズ政府委員モ殆ド居ラナイヤウデス、政府委員ニ議長ハ十分督促ガアッテ、出席ヲスルヤウニ御命令ガアリマシタデスカ

○議長（大岡育造君）　先日御希望ガアリマシタカラ、私ガ諸君ニ對シテ御注意申シタト同時ニ政府ニ通ジテ置キマシタ

○藏原惟郭君　今日ハ如何デスカ

○議長（大岡育造君）　今日ハ別段ニ督促致シタ譯デハアリマセヌ

○藏原惟郭君　ドウゾ今日モ嚴達セラレテ、議長ノ力デ二三ノ有力ナル政府委員ト大臣ノ出ルヤウニ御注意アランコトヲ希望致シマス

○議長（大岡育造君）　質問ヲ始メマス――鐵政策ニ關スル質問、武藤金吉君

（武藤金吉君登壇）

○武藤金吉君　鐵政策ニ關スル質問書ノ說明ヲ致シマス、諸君、我邦ノ鐵ノ事業ハ政府ノ方針ト云フモノガ未ダ定マッテ居ラヌモノデアルノデアリマス、御承知ノ通リ若松製鐵所ハアリマスケレドモ、此鐵政策ニ關スル政府ノ方針ト云フモノガ關稅改正ヲスル當時ニ於テモ、政府當局ニ於テ定マッテ居ナイ、故ニ現在ニ於テ年々七十万噸ノ巨額ナル鐵ヲ使ッテ居ルニモ拘ハラズ、是ニ對スルトコロノ我政府ノ製鐵事業ノ方針ト云フモノハ果シテ何所ニアルカト云フコトヲ疑フノデアリマス、諸君、鐵ノ事業ノ盛ナル國ハ强國デアッテ鐵ノ事業ノ盛ナラザル國ハ弱國デアルノデアリマス、然ルニ我國ハ六大强國ノ一デアッテ、今ヤ軍備ニ於テモ、其施設ハ著々行ハレテ居リ、又內地ノ鐵道、船舶ノ事業ト雖モ、段々進ンデ居ル、現ニ船舶ノ如キハ英國ヲ除クノ外ハ世界ニ於テ第二ニ位シテ居ル、然ルニモ拘ハラズ此原料タル製鐵ノ事業ト云フモノハ萎靡トシテ振ハザルノミナラズ、此製鐵事業ニ對シ、現ニ若松製鐵所ト云フモノハ何年經ッテモ其成績ヲ擧ゲルコトヲ吾々ハ認メナイノデアリマス、デ是等ニ付テ政府ハ此製鐵ノ方針ヲ如何ニスル積リデアルカト云フノガ、第一ノ質問デアル、第二ノ質問ハ若松製鐵所ノ最近ノ成績ト、大冶鐵山トノ關係ハ如何ナルコトニナッテ居ルカ、若松製鐵所ハ年々豫算ノ上ニ於テ討議セラル、コトデアルカラ、詳シク問フノ必要モナイガ、大冶鐵山トノ關係ニ付テハ、マダ僅ニ昨年北京政府ト契約シタバカリデアッテ、其後ノヤリ方ト云フモノハ少シモ明カニナッテ居ナイ、デ御承知ノ通リ大冶鐵山ハ三十九年ニ於テ、我政府ト淸國トノ契約ニ依ッテ四十万噸ヅヽノ原鑛ガ若松ニ送ラレテ居ルノデアリマス、然ルニ此五年ノ間ニ於キマシテ五年ノ契約ハ既ニ年期ガ盡キテ、約束ノ日限ガ過ギテ、最近新ニ卽チ昨年四月結バレタルトコロノ大冶鐵山ニ付テ、我政府ト淸國政府ノ盛宣懷トノ間ニ結バレタル契約ガ、果シテ實行サレテ居ルノデアルカ、今後如何ニ政府ハ如何ナル處置ヲ取ル積リデアルカ、御承知ノ通リ大冶ノ鐵山ハ殆ド世界第一ノ鐵山ト申シテモ宜イノデアル、全山掘ルニアラズシテ、實際掘ルト云フヨリ山ヲ崩セバ、全山悉ク鐵デアッテ、而シテ我國ハ運輸ノ便利、又地利ノ關係カラモ、人間ノ關係カラシマシテモ、非常ニ廉ク採レルノデアル、非常ニ廉ク取レ

ルニモ拘ラズ、ヤハリ以前ノ通リデ、此製鐵ヲ盛ンニスルマデニ至ッテ居ラヌノデアル、大冶ノ鐵山ハ今後昨年カラ三十年後マデ清國ト我政府トノ間ニ契約ガ成立ッテ居テ、能ク百万噸ナリ五十万噸ナリヲ採ルコトガ出來ルニモ拘ラズ、僅ニ三四十万噸シカ相變ラズ採ッテ居ラヌト云フ理由ハドウ云フ譯デアルカ、是等ニ付キマシテハ政府ハ豫算委員會ニ於テモ別段此關係ヲ明カニシテ居リマセヌカラ、此若松製鐵所ノ最近ノ成績ト、大冶鐵山トノ關係ヲドウスルカト云フコトヲ明カニ說明シテ貰ヒタイ、殊ニ大冶鐵山ノ鑛ハ原鑛ガ一噸七圓デ其運賃共ニ高過ギルト聞イテ居ルノデアル、一噸七圓ハ高キニ過ギルノデ、此高キニ過ギルノヲモウ少シ廉ク採ルコトハ出來ナイカ、是等ノコトニ付テモ數字ニ依ッテ政府ハ明カニ說明アランコトヲ望ムモノデアリマス、第三ノ質問ハ政府ノ年年製鐵ノ需用高ハ七十万噸ノ巨額ニ上ッテ居テ、其中デ內地デ出來ルトコロノモノハ僅ニ二十餘万噸ニ過ギナイ、四十餘万噸ト云フモノハ外國カラ皆之ヲ仰イデ居ルノデアリマス、御承知ノ通リ我國ガ外國カラ輸入ヲスルトコロノ主モナルモノハ、鐵、綿布、米、ノ不足、羅紗デアリマス、是等ヲ合セマスト總計二億ノ輸入ヲ仰イデ居ル、其中デ最モ鐵ハ其主モナルモノデアリマス、然ルニモ拘ハラズ我國ニ於テハマダ〳〵七十万噸年々使フトコロノ製鐵ノ中デ、僅ニ現在使ッテ居ルトコロノ鐵ノ有樣ヲ見マスレバ、若松製鐵所ニ於キマシテ百五十噸、百八十噸二百噸ノ釜シカナイノデアリマス、又室蘭製鐵所ニハ五十噸ノ設備ガシテアリ、釜石ノヲ合セマシテ七十噸出來テ居ル、又仙人山ニ於テハ二十五噸出來テ居ル、是ダケシカ出來テ居ナイ、デ日々六百七十噸ノ熔鑛爐シカ持タナイデ、之ヲ一箇年ニ計算致シマシテ、一箇年三百六十五日ノ中デ休日ヲ引キマシテ、三百五十日通ッタトコロノ製鐵高ト云フモノハ、二十三万六千噸シカ出來テ居ラヌ、二十三万六千噸シカ出來テ居ナケレバ、之ヲ七十万噸ノ中カラ引キマスト、四十六万三千七百噸ト云フ此鐵ト云フモノハドウシテモ我國ガ外國カラ買ハナケレバナラナイト云フ結果ニナッタノデアリマス、諸君、政府ハ內地ニ於キマシテ鐵道ノ敷設ヲ奬勵シ、又造船ハ造船事業、製艦事業モ發達シテ、各軍港ニ於テモ大キナ軍艦ガ出來ル、大砲モ出來ル、又其他ノ兵器モ出來ルコトニナッテ居ル、又商船モ出來ルコトニナッテ居ルニモ拘ラズ、是等ノ原料ヲ造ルコトノ出來ナイノハ、ドウ云フ譯デアルカ、又原料ヲ內地ニ於テ造ルトコロノ術ハ無イノデアルカ、現ニ我國ニ於テハ朝鮮ニ於テモ、北海道ニ於テモ、熊本ニ於テモ、和歌山ニ於テモ、新潟ニ於テモ、鐵ノ鑛石ハ誠ニ豐富デアル、豐富デアッテ出來ナイト云フノハ、政府ニ政策ガ無イノト、技術家ニ其人ノ無イノデアラウ、政府ハ此製鐵ニ付テハ今後ドウ云フ積リデアルカト云フコトヲ承ッテ見タイト思ヒマス、第四ハ既ニ若松製鐵所ト云フモノガアッテ、現ニ各種ノ製鐵ヲ爲シテ居ルガ、マダ〳〵日本ノ需用ヲ充タスコトノ出來ナイ場合ニ於テ、政府ハ民間ニ此製鐵所ヲ保護奬勵スルノ途ヲ執ル積リデアルカ、執ラナイ積リデアルカ、若シ政府ガ政府ノスル仕事ダケデ足ラナイトシタナラバ、何故ニ民間ニ保護奬勵ノ途ヲ開イテ、製鐵ノ事業ヲ起サセナイノデアルカ、製鐵ノ事業ニ付テハ我國ハ悉ク失敗ノ歷史バカリデアル、又民間ノ製鐵業者ハ一ツモ成功シテ居リマセヌ、居リマセヌガ、併ナガラ世界ノ何レノ國ニ於テモ製鐵ノ事業ハ立派ニ出來上ッテ居ルノニ、獨リ我日本ニ於テ製鐵ノ事業ガ成績ヲ見ルコトノ出來ナイ筈ハナイノデアル、之ヲ要スルニ製鐵ノ事業ハ大ナル資本ヲ要シ、又溶鑛爐ノ如キモ、電氣溶鑛爐ノ如キモ、世界ニ於テ行ハレテ居ル、小サイ仕事ハ振ハナイ、大仕掛デナケレバナラヌト云フコトニナッテ居ルノデアリマスカラ、資本家ハ政府ノ保護奬勵ガアッテ、補給利子デモヤッタナラバ、政府事業ノ以外ニ於テ、大ニ與ラウト思ウノデアルガ、政府ハ果シテ民間ノ事業ニ保護奬勵ヲ與フル意思アルヤ否ヤト云フコトヲ聽キタイノデアリマス、之ヲ要スルニ國ノ強弱ハ鐵道ノ敷設ト云ヒ、艦船ノ築造ト云ヒ、機械力ノ應用ト云ヒ、一ツモ鐵ニ依ッテ國ノ進步ヲ增サナイモノハナイノデアリマス、然ルニ一面ニ於テ政府ハ鐵道ヲ架ケルコトヲ段々ヤッテ行キ、一面ニ於テ機械工業ヲ奬勵シ、一面ニハ軍備ノ擴張ヲシ、軍艦ヲ改造シ、大砲ヲ築造シ、悉ク鐵ニ依ッテノ仕事ヲヤッテ居ルニ拘ラズ、相變ラズ此貧乏身上カラ鐵ヲ買ハネバナラヌト云フ境遇ニ在ッテ、ソレデ強國ノ實ヲ此儘デ擧ゲテ行クコトガ出來ルト思フノデアリマスカ、諸君、何レノ國ト雖モ製鐵ノ事業ガ全ク成ッテ、サウシテソレト同時ニ或ハ羅紗織物ノ事業、或ハ食料等ガ充實シテ、始メテ國ガ強イト思フノデアリマス、我國ニ於テハ近來隨分總テノコトヲ奬勵サレテ居リマスガ、相變ラズ此鐵ノ問題ニ付テハ政府ハ心配サレテ居ルノデハアリマセウガ、餘リ事蹟ヲ見ルコトノ出來ナイノハ、果シテ我國ガ強國トシテ此位置ヲ維持スルコトガ出來ル策デアルカ、私ハ此鐵ノ事業鐵政策ト云フモノガ始メテ立ッタナラバ、現在ノ關稅定率ノ如キモ、鐵ノ輸入稅ニ付テモ改正スルノ必要ガ起リ、又內地ノ製鐵事業ヲ奬勵スルガ必要デアルト思フ、唯鐵道ノ敷設――唯鐵道ヲ幾ラ架ケテモ、軌道ハ外國カラ買ハネバナラヌ、又軍艦ガ內デ出來テモ、製鐵、鋼鐵ハ外國カラ供給ヲ仰グト云フコトデアッテハ、正貨ノ流出ヲ防ガントスルモ能ハズ、又內ニ於テ工業ヲ奬勵シテモ、今日ノ如ク機械ヲ一臺買ッテモ、總テ鐵デ拵ヘタモノヲ買ヘバ、悉ク重稅ガ掛ッテ居ッタノデハ我內地ノ工業ノ發達ヲ得ルコトハムツカシイノデアリマス、故ニ國ノ根本ノ問題ハ鐵政策ヲ確定スルニ在ルト思フノデアル、政府ハ鐵政策ニ對シテ歷代ノ內閣ハ迭リマスケレドモ、未ダ確立シタルトコロノ鐵政策ヲ持ッテ居ナイカラ、本員ハ此鐵政策ニ對シテ、簡單ニ質問書ヲ提出シテ、答辯ヲ求メル所以デアリマス

○議長（大岡育造君） 海底電線協約ニ關スル質問、石橋爲之助君

（石橋爲之助君登壇）

○石橋爲之助君 本員ガ提出致シマシタ質問ハ、外務省ト遞信省トニ關係アル問題デアリマス、質問主意書ニ其大要ヲ認メテ置キマシタカラ、一應朗讀致シマス、「丁抹大北電信會社ト我カ政府トノ間ニ存スル海底電線協約ハ日本ト亞細亞大陸ノ海底電線敷設權ヲ外國ノ一私立會社ノ獨占ニ歸セシメタルモノニシテ我國ノ利權ヲ毀損スルコト大ナルノミナラス其料金ノ不廉ナルカ爲官民共ニ多大ノ不利益ヲ被ムル所ナリ殊ニ大陸方面多事ナルノ今日ニ於テ最深ク之カ利權回收ノ必要ヲ感ス然ルニ該協約ハ本年十二月ヲ以テ將ニ滿期ニ至ラントス政府ハ此際如何ナル方針ヲ以テ之ニ臨マントスルカ必スヤ無條件繼續ノ失策ヲ再演セサルヘシト信スルモ之ニ對スル政府ノ用意果シテ如何」斯ウ云フ趣意デアリマスルガ、少シク此條約ノ由來ヲ簡單ニ申述ベタイト思ヒマス、明治三年八月二十日丁抹大北電信會社ニ對シテ、長崎上海間及長崎浦潮斯德間ノ海底電信線ノ陸揚竝ニ長崎橫濱間ノ海底電信線ノ新設ヲ許可スルト云フコトノ日本ト丁抹トノ兩國間ニ協定ガ出來マシタ、其翌年六月ニ至ッテ長崎上海間ノ海底電線ト、長崎浦潮斯德間ノ海底電線ハ落成致シマシテ、其後十一年間ヲ經テ明治十五年十二月二十八日ニ至リマシテ、茲ニ前ノ協約ガ改訂ニナリマシタ、其改訂ニナリマシタノハ、ドウ云フコトカト申シマスルト、前ノ明治三年八月二十日附ノ日本丁抹ノ協定ヲ廢止致シマシテ、更ニ長崎上海間ト長崎浦潮斯德間トノ海底電線ヲ各〻一條ヅヽ、增設スルコト、竝ニ日本ト朝鮮ノ間ニ海底電信線ヲ新ニ設ケルコトヲ許可致シマシタ、ソレカラ同時ニ帝國ト亞細亞大陸及其附近ノ島嶼トノ間ニ日本自ラガ海底電信線ヲ設ケナイト云フコト、竝ニ設ケルコトヲ他ノモノニ許可シナイト云フコトヲ約束シタトコロノ免許狀ヲ大北電信會社ニ與ヘタノデアリマス、サウシテ前ニ許シマシタトコロノ長崎橫濱間ノ海底電信線ハ、遂ニ敷設スルニ至ラズシテ其許可ハ消滅シテシマッタノデアリマス、是

ガ現行ノ條約デアリマシテ、詰リ日本ト亞細亞大陸間ノ海底電線ヲ丁抹ノ一會社ニ獨占ヲ許シタト云フ結果ニナッテ居ルノデアリマス、其後明治十七年ノ二月十五日ニ日本朝鮮ノ間ノ海底電線ガ開通致シマシテ、ソレカラ二十三年ノ十二月十二日ニ日本ト朝鮮ノ間ノ海底電線ノ一部卽チ呼子嚴原間、之ヲ日本帝國ニ買收スルト云フコトニ協定ガ出來マシテ、翌二十四年四月一日ニ受授ヲ了シマシタ、ソレカラ又三十三年ノ三月ニ至リマシテ、前申シマシタ明治十五年十二月二十八日附ノ免許狀ノ期限ガ二十年デアッタモノヲ三十年ニ延長スルト云フコトニナリマシテ、詰リ是ガ今年ノ十二月二十八日マデ有效ト云フコトニナッタノデアリマス、ソレカラ御承知ノ通リニ韓國併合ニナリマシタ結果、一昨年ノ十月十八日ニ日本ト朝鮮間ノ海底電信線ノ殘リノ部分卽チ小茂田釜山間ヲ日本帝國ニ買收スルコトニ協定致シマシテ、翌年十一月一日ニ是ガ受授ヲ結了致シマシタノデアリマス、以上申シマシタコトガ現在ノ此海底電線ノ協約ノ狀態デアリマスルガ、此最初カラ今日マデ四十年餘リノ間、此電信線ノ獨占ヲ此會社ニ許シテ居ッタノデアリマシテ、其間ニハ日淸日露ノ兩戰役ガアリ、此電信線ハ非常ナ大關係ノアルモノデアリマシタニ拘ハラズ、丁抹ノ大北電信會社ハ嚴正中立ヲ守リマシテ、其間何等通信上ノ支障ヲ生ジナカッタト云フコトハ、誠ニ會社ニ對シテ吾々ハ多謝スルトコロデアリマス、殊ニ此會社ト露西亞ノ皇室トハ大ナル密接ノ關係ガアリマシテ、會社ノ大株主ノ一人トナッテ居ラレルニ拘ハラズ、此ノ如キ嚴正中立ヲ守ラレタト云フコトハ、會社ニ對シテ大ニ吾々ノ謝シテ宜シイコト、考ヘルノデアリマス、併ナガラ今日マデ四十年餘ノ間、此線ヲ獨占致シマシタタメニ此會社ガ非常ナ利益ヲ得マシテ、豫期以上ノ配當ヲ爲スコトガ出來、全ク其豫想以外ノ利益ヲ收メテ居ルト云フコトハ、是ハ動カスベカラザルトコロノ事實デアリマス、然ルニ以前ハ左程デモアリマセナカッタケレドモ、今日デハ此東洋ノ局面非常ニ多事トナリマシテ、日本ト亞細亞大陸間ノ交通ハ最モ頻繁ニナッテ來タノデアリマス、デアリマスカラシテ此條約ガ今年ノ十二月二十八日ニ滿期トナルト云フコトハ、最モ吾々ノ注意ヲ拂ハナケレバナラヌトコロノ事柄デアリマス、漫然此時日ヲ經過致シテシマヒマスルナラバ、實ニ取リ得ラルベキトコロノ權利モ取損ッテ、損害ノ上ニ又損害ヲ續ケルト云フヤウナ結果ニナッテハ相成ラヌト思ヒマス、故ニ此際政府ノ注意ヲ喚起シ、並ニ先方ニ對シテ如何ナル方針ヲ以テ談判ヲスルカト云フコトヲ問フノハ、決シテ無用ノコトデナイト信ズルノデアリマス、今日上海邊ニ參ッテ居リマストコロノ日本ノ臣民ハ、既ニ一万人ニモ達セントスルヤウナ狀態デアル、又日本內地ニ居リマストコロノ支那人ノ數モ非常ナ多キニ上ッテ居ル際デアリマシテ、其交通誠ニ頻繁ニナッテ居リマスル故ニ、以前ノ如キ狀態トハ今日ハ全ク變ジテ居ルノデアリマス、故ニ斯ウ云フ實際ノ事情ヲ見マスルナラバ、此會社ト雖モ此度ノ此滿期ニ依ッテ、必シモ是マデ獨占シテ居ッタトコロノ利益ヲ何時マデモ繼續シヤウト云フ無法ナコトヲ申出ルコトハアルマイト信ズルノデアリマス、日本政府ニ於テモ今日マデ讓リニ讓ッテ、長イ間會社ニ利益ヲ獨占セシメタノデアリマスカラ、此際ニ十分主張シ得ベキトコロアレバ、其主張ヲナシテ會社ト日本政府トノ間ニ圓滿ナル解決ヲ告グル必要ハアラウト信ズルノデアリマス、ソコデドウ云フ方針ヲ以テ政府ガ之ニ臨マントスルノデアルカ、吾々ノ考ヘルトコロデハ先ヅ第一ノ策ト致シマシテハ、我國ニ有利ナルトコロノ條件ヲ提出シテ、サウシテ此現在アリマストコロノ線ヲ十分ニ便益ニ利用シ得ラレルヤウニスルト云フコトガ、先ヅ第一ノ策デアラウト考ヘルノデアリマス、現在ハ上海ト長崎間ノ電信料ガ一語四十八錢、又長崎ト浦潮斯德間ノ電信料ガ七十二錢、斯ウ云フヤウナ不廉ナ料金ヲ仕拂ッテ居ルノデアリマス、斯ウ云フコトハ卽チ今度ノ滿期ニ際シテ、十分吾々ノ方ニ利益アルトコロノ提議ヲナス必要ノアル點デアラウト考ヘルノデアリマス、例ヘバ今日ハ羅馬字ノ電報デナケレバ打ツコトガ出來ナイト云フノデアルノヲ、ヤハリ此日本ノ假名文字ヲモ用井ルコトガ出來ルヤウニスルト云フコトガ、一ノ條件トシテ宜シカラウシ、又現在ノ料金ヲ引下ゲテ、日本ト朝鮮若クハ日本ト滿洲、芝罘アタリトノ間ニ課シテ居リマスルトコロノ料金ト同率位ニ引下ゲサセルト云フコトモ、是モ必要ナル條件デアラウト考ヘルノデアリマス、サウ云フ條件ガ成立チマシタナラバ、敢テ必ズシモ此所ニ競爭線ヲ拵ヘルト云フ必要モナク、今アルトコロノモノヲ利用スルコトガ出來ルカヲ、十分ソレデ用ハ足シ得ラレルト信ズルノデアリマスガ、萬一其策ニシテ效ヲ奏シナイト云フ場合デアレバ、又第二ノ策トシテ吾々ハ全部此大北電信會社ノ現在ノ線ヲ日本政府ニ買收スルト云フコトモ、是モ一ノ策デアラウカト考ヘルノデアリマス、併シ之ヲ買收スルニ當ッテハ其價格ノ程度ガ大ナル問題デアリマシテ、一昨年議會ノ協贊ヲ經テ、朝鮮ト日本トノ間ニ海底電信線ヲ此會社カラ買取リマシタガ、其代價ノ不廉デアッタト云フコトハ、吾々ノ承知スルトコロデアリマスガ、彼ハ其有效期限內ニ向フノ權利ヲ此方ニ移スト云フコトデアリマシテ、事情ヲ忍ンデ其高イ價ヲ拂ッタノデアリマスケレドモ、既ニ滿期トナルト云フ場合デアレバ、サウ云フ必要モナイト思ヒマスルカラシテ、十分此代價ノ點ニ於テモ當局者タルモノハ此ノ如キ高キ代價ヲ拂フノ必要ナキコトニ注意シテ、失敗ヲ殘サナイヤウニスルコトハ必要デアラウト考ヘルノデアリマス、尙買收モ爲シ遂ゲルコトガ出來ヌト云フ場合デアリマスレバ、又第三ノ策ト致シマシテ、此處ニ競爭線ヲ沈設スルコトモ、或ハ必要ニナルカモ知レヌト思ヒマス、併ナガラ若シ競爭線ヲ別ニ我政府ノ手デ敷設スルト云フコトニナリマスルト、先ヅ其陸揚ニ付テ支那政府ノ承諾ヲ求メンケレバナラヌノデアリマスガ、支那ノ方ハ此大北電信會社ニ對シテ一千九百三十年マデト云フモノハ既ニ獨占ノ權利ヲ與ヘテ居ルノデアリマス、ソレ故ニ其處ヘ割込ンデ行ッテ、我政府ガ要求スル理由ヲ支那政府ガ直ニ許スモノデアルヤ否ヤト云フコトハ、少シク考ヘナケレバナラヌ點ト思ヒマス、或ハ又大北電信會社カラ故障ヲ申込ンデ、圓滿ニ行クコトヲ妨ゲルカモ知レヌト思ヒマス、併シナガラ今日ハ學術モ進歩致シマシテ、必シモ海底電信線ヲ敷設シナクトモ、便利ナル無線電信ノアルコトデアリマスカラ、モウ此條約ガ滿期トナッタ後ハ、上海ト長崎間ニ於テ或ハ其他ノ地點ニ於テデモ、無線電信ノ設備ヲ致シマシタナラバ、假ニ是等會社ノ電信ト競爭スルコトノ途モ開ケ、電信料モ廉クナルコト、信ジマス、斯ウ云フ有力ナルトコロノ機械ガ他ニ存在シテ居ルノデアリマスカラ、今日ノ此場合ニ當リマシテ政府ハ十分强ッカリシタトコロノ態度ヲ以テ此會社ニ十分我國ノ利權ヲ擁護スルダケノ決心ヲ以テ談判ニ掛ラレンコトヲ希望スルノデアリマス、ソレ故ニ政府ハ果シテ此際如何ナル方針ヲ以テ之ニ臨マントシテ居ルカ、既ニ十二月二十八日ニ至リ滿期トナルノデアルカラ、遠ラヌ中ニ談判ニ著手スルト云フ運ニ至ラナケレバナラヌト信ジマスルガ故ニ、略ボ其方針ヲ定メテ置カナケレバナラヌト信ズルノデアリマス、故ニ如何ナル方針ヲ以テ之ニ對スルカト云フコトヲ此際ニ質問致シテ置カウト云フノガ、私ノ趣意デアリマス

○議長（大岡育造君） 石橋君ニ申シマス、今政府ヲシテ直ニ答辯ヲ致サレンタメニ書記官ヲ派出致シマスガ、恰モ今大臣ハ貴族院ノ本會議ニ於テ離ルベカラザル事情ガアル、又次官ハ水先法案ノ委員會ノタメニ貴族院ニ出テ居リマシテ此席ニ出ルコトガ出來ヌト云フ事情ヲ申シテ參リマシタ、左樣御了承ヲ願ヒマス、內務大臣モ無論御承知ノ通リ選擧法ノ會議中デスカラ、貴族院ニ出席シテ居リマス、內務次官ハ此處ニ出席シテ居リマスカラ、軈テ答辯スルダラウト思ヒマス、政府ノ社會政策物價騰貴ニ關スル質問、藏原惟郭君

第四　朝鮮總督府新聞紙規則改正ニ關スル建議案（關和知君外一名提出）

朝鮮總督府新聞紙規則改正ニ關スル建議案

朝鮮總督府新聞紙規則改正ニ關スル建議

朝鮮總督府新聞規則ヲ全廢シ內地新聞紙法ヲ朝鮮ニテ準用施行スヘシ

右建議ス

（關和知君登壇）

○關和知君　諸君、本建議案ノ趣旨ハ其大要ヲ理由書ニ於テ盡シテアリマスル通リ朝鮮ニ於テ新聞ヲ發行致シマスルニ總督府ノ新聞紙規則ナルモノガ發行ニ付テハ總督府ノ認可ヲ得ベシト云フ認可ノ方式ヲ採ッテ、內地ニ於ケル新聞紙ノ發行ニ付テ屆出ニ依ルト云フコトト其方式ヲ異ニシテ居リマスルガタメニ、其認可權ノ濫用致シマシテ、往々ニ朝鮮ニ於キマスル言論、出版、思想ノ自由ヲ迫害スル虞ガアリマスルカラ、之ヲ廢止シタイト云フニ外ナラヌノデアリマスル、卽チ此案ノ目的ハ新領土朝鮮ニ於キマスル言論、出版ノ自由ヲ保障ヲ致スト同時ニ人文ノ進歩發達ヲ計ルト云フニ外ナラヌノデアリマスル、從ッテ一面ヨリ論ジマスルト云フト、總督府ノ今日見ルトコロノ所謂武斷專制政治ニ對スル一種彈劾ノ意味ヲモ含ンデ居ルモノデアリマスル、朝鮮ノ總督府ガ何事ヲ爲シテ居ルカ、又朝鮮ノ施設ガ如何ナル實況ニアルカト云フコトニ付キマシテハ、總督府ハ年々立派ナル報告ヲ發表致シマシテ、其治績此ノ如シ、其進歩此ノ如シ、如何ニモ丁寧ニ我々ノ前ニ報告ヲ致サレテ居リマスル、此報告ヲ受取リマスル我々之ニ對シテ深ク總督府ノ上ハ有名ナル寺內總督以下當局ノ官憲ガ如何ニモ新領土ノ統治ニ付テ盡瘁ナサレテ居リマスル其功勞ニ對シテハ、大ナル信用ト深キ敬意トヲ拂ウテ居ルモノデアリマス、併ナガラ唯獨リ其怪ムラクハ總督府ガ新聞紙ニ對スル政策ト致シマシテ、甚ダ意ヲ得ヌコトガアリマスル、或ハ評スル者ハ總督府ノ新聞紙ニ對スル政策ハ苟モ總督府ノ御用ヲ聞キ、命令ニ從ヒ、或其補助ヲ受クルトコロノ新聞紙ニアラザル限リハ殆ド悉ク之ヲ撲滅スルノ方針ヲ執ッテ居ルノデハナイカトマデニ傳ヘテ居ルノデアリマス、其批評ノ由テ來ル所ヲ討ネテ見マスルト云フト、民間ニ於テ發行致シマスル新聞紙ニ對シテ、總督府ハ往々ニ此買潰シト云フ手段ヲ執ル、是ハ是年ノ議會ニ於テ確カ村松君ヨリ質問ノアッタコトニ記憶シテ居リマスルガ、若シ其買潰シニ應ゼザル新聞ガアリマスレバ、新聞ニ向ッテハ有ユル迫害ヲ加ヘ、殆ド營業上自滅ニ陷ラシムルト云フ傾ヲ示シテ居ルノデアリマス、今試ミニ其一二ノ重ナル事實ヲ語リマセウナラバ、第一ニハ京城ニ於テ最近マデ發行致シテ居リマシタ京城新報ナルモノガアリマス、是ハ民間經營ノ新聞ト致シマシテ、常ニ總督府ノ施政ニ對シテハ批評ノ側、反對ノ位置ニ立ッテ居ッタ新聞デアルガ、此新聞ニ對シテ是マデ屢々發行停止ナル厄ヲ與ヘテ居リマシタガ、ツイ去月ノ末ニ至リマシテハ些細ナル殆ド言フニ足ラザル記事ヲ理由ト致シマシテ、突然其發行ヲ禁止致シタノデアリマス、發行ヲ禁止スルト云フコトニ付テハ、無論新聞紙規則ノ確カ第十條ト記憶シマスルガ、或ハ治安ヲ妨害スルトカ、風俗ヲ壞亂スルトカ云フコトノ記事デアッタト認メラレマスルガ、其記事ガアッタトスルナラバ、禁止ニ先チテ其新聞紙ノ發賣頒布ヲ禁ズルト云フコトガ、內地ニ於テモ、朝鮮ニ於テモ法ノ命ズルトコロデアリマスルガ、此手段ハ執ヲナイ、其發行シタル新聞ノ發賣ノ差押モセズ、禁止モシナイデ置イテ、直ニ其發行ヲ禁止シタノデアル、是ガ所謂此認可權ノ一ノ濫用ト私ハ思ヒマスル、又木浦ニ於テ發行シテ居リマシタ全南新聞ト云フ新聞、是モ昨年ノコトデアリマスガ、是ハ同ジ地方ニ於キマシテノ或ル御用新聞ト競爭中ニ總督府ヨリ手ヲ回シ、秘密ノ間ニ其發行名義人カラシテ廢刊ノ屆出ヲ出サシメタノデアル、スルト其事實ハ事實上ノ社主カラシテ聞イテ、其廢刊屆ノ取下ヲ願出テマシタトコロガ、是ハ既ニ書面ヲ受取ッテ受付濟ノコトデアルカラシテ最早如何トモ致方ガナイト云フ口實ノ下ニ斷乎トシテ其願出ヲ斥ケラレタノデアル、斯樣ニシテ一種ノ謀殺的手段ニ依ッテ此全南新聞ナルモノガ發行ヲ禁止セラレテシマッタノデアル、又群山ニ於テ發行致シテ居リマシタ群山日報ナル此新聞モ元ト民間ノ株式組織ニ依ッテ經營サレテ居ッタ新聞デアリマスルガ、何時ノ間ニカ其新聞ハ總督府ノ官憲ノ手ニ移ッタモノト見エマシテ、今日ニ於テハ群山ニ於ケル府尹元ノ理事官ナルモノ、及同地ニ於ケル警察署長ガ其新聞社ノ理事ト致シテ純然タル官僚的御用新聞ト變化シテシマッタト云フコトデアリマス、凡ソ斯樣ナル事實ニ依リマシテ朝鮮ニ於テハ殆ド民意ヲ代表スルトコロノ機關、輿論ヲ鼓吹スルトコロノ先驅トモ云フベキ、若クハ總督政治ヲ民間ニ於テ監督スルトコロノ利益ト云フベキ新聞紙ガ政府ノ否ナ、總督府ノ御用ヲ奉セザル限リハ、殆ド其存在ヲ許サナイト云フヤウナ事實ニ陷ッテ居ルノデアリマスル、從ッテ朝鮮ノ統治ニ付テ其事實ノ傳ヘラルヽトコロハ鷄林八道山河草木舉ゲテ總督政治ヲ謳歌シ、寺內將軍ノ功績ヲ稱讃スルトコロノ聲ヲ聞クノミデアリマス、然ラバ總督政治ハ一面ニ於テハ此ノ如ク赫々タル功績アル又灼クトコロノ治績ヲ謳歌セラレテ居リマスル、其一面ニ於テ實際如何デアリマスカト云フト、諸君ノ御承知ノ如クニ或ハ總督府內ニ於ケル文武官僚ノ軋轢ノ甚シキ、殊ニ武官ノ專制ノ甚シキコト、或ハ朝鮮銀行ノ經營、或ハ拓殖會社ノ事業振リノ有樣、又或ハ憲兵警察ノ新附ノ人民ニ對スルトコロノ態度、是等ニ付テハ實ニ其失態或ハ、其失政ノ事實、之ヲ茲ニ縷返シテ舉ゲルノ必要ハナイ程、諸君ノ認メ、天下ノ知悉スルトコロデアリマス、併ナガラ是等ノ事實ヲ民間ノ大切ナル新聞ニ於テ、或ハ批評スル、或ハ紹介スル、或ハ論議スルト云フコトヲ絕對ニ禁止レテシマフト云フコトガ、是ガ果シテ新領土ノ人民ヲ綏撫スルトコロノ喜ブベキ是ガ政府デアリマセウカ、如何デアリマスルカ、私共ハ斷ジテ之ヲ容スコトハ出來ナイノデアリマス、從來殖民地政治ノ失敗ト云フモノ、原因ガ何所ニアルカト云フト、多クハ其殖民地ガ本國ヲ離ル、コトノ遠ク、或ハ事情ノ本國ニ通ズルコトノ疎カナルガタメニ一種ノ此黑幕ノ中ニ殖民地ノ實狀ナルモノガ、蔽ハレテ居ル、此蔽ハレテ居ル裏面ニ於テハ勢ヒ殖民地ニ於ケル官憲ヲシテ、專恣橫暴ノ弊ニ陷ラシムルト云フ是ガ總テ今日マデノ世界ノ殖民政策ノ歷史ニ於テ證據立テラレテ居ルトコロノモノデアリマス、朝鮮ノ統治ガ我ノ手中ニ歸シテカラ茲ニ幾年デアリマスルカ、朝鮮ニアルトコロノ同胞ハ今日二十万ト數ヘラレテ居リマス、然ルニ依然トシテ此新領土ガ長閥軍人ノ獨占ニ歸シテ、而シテ其武斷主義其「サーベル」主義ニ依ッテ長ク之ヲ統治セラルヽト云フコトハ、苟モ文明國ノ名譽、立憲政治ヲ施行シテ居マスル大國ト致シマシテハ、縱令新領土ト雖モ今日ハ決シテ容スベカラザルトコロノモノデアルト私ハ思フノデアリマス、聞クトコロニ依リマスルト總督閣下ハ總督府ノ吏員ノ禮式ナルモノヲ定メマシテ、總督府吏員ノ禮式ハ軍人ノ禮式ヲ準用スベシ、其吏僚ノ總督ニ對シ、若クハ長官ニ對スルトキニハ、所謂直立舉手ノ禮式、外形上ノ此虛禮ヲ施シテ、之ヲ實行シテ得意ニナッテ居ラッシャルト云フコトヲ聞キマスルガ、堂々タル寺內總督ト致シマシテ、東洋ノ「ロード、クローマ」ヲ以テ任ズルトコロノ寺內伯閣下ト致シマシテハ、其吏員ニ對シテ軍人ノ禮式ヲ準用スルト云フヨリモ、寧ロ大切ナル人權ニ關スル文化ノ進歩ニ大關係ヲ持ッテ居リマスル此新聞紙規則ニ就テ須ク內地ニ於ケルトコロノ新聞紙法ヲ準用致シタナラバ、如何デアラウカト私ハ思フノデアリマス（拍手起ル）此ノ如クスルコトハ或ハ事情ヲ異ニスルガ故ニ、弊ノ伴フモノアルヲ恐ル、者モ或ハアルカモ知リマセヌガ、其伴ッテ生ズルトコロノ弊ヨリモ、言論ノ機關ヲ全ク壓迫シテ、思想ノ自由ヲ束縛スル總督政治ノ弊ハ、更ニ幾十倍大ナルモノト私ハ信ジマスルガ故ニ、昨日内地ニ於ケル新聞紙法ノ改正ヲ滿場一致ヲ以テ贊成セラレタルトコロノ同一ノ此議場ハ、新領土ニ於ケル新聞紙ニ就テモ共規則ノ改正ヲ致シテ、言論ノ自由ヲ尊重シ、新領土ノ文化ヲ開發サル、ト云フコトニハ十分ナル御同情ノアルコト、信ジマス（拍手起ル）

○恆松隆慶君　本案ハ委員付託ト致シマシテ、議長指名アランコトヲ望ミマス

○議長（大岡育造君）　委員ノ數ハ

○恆松隆慶君　九名デゴザイマス

○議長（大岡育造君）　本案ハ議長指名九名ノ委員ニ付託スルニ御異議ハアリマセヌカ

（「異議ナシ」ト呼フ者アリ）

○議長（大岡育造君）　御異議ガナケレバ恆松君ノ動議ノ如ク決シマス、日程第五、輕便鐵道速成ニ關スル建議案ヲ議題ト致シマス、提出者矢島中君

議事日程第一乃至第五ノ件

第一　朝鮮總督府判事ノ恩給ニ關スル法律案（政府提出貴族院送付）　第一讀會

朝鮮總督府判事ノ恩給ニ關スル法律案

朝鮮總督府判事ノ退職ハ官吏恩給ニ關スル法令ノ適用ニ付テハ之ヲ退官ト看做ス

附　則

本法ハ公布ノ日ヨリ之ヲ施行ス

本法ハ本法施行前退職シタル者ニモ之ヲ適用ス

（政府委員江木翼君登壇）

○政府委員（江木翼君）　唯今議題ニ上リマシタ法律案ノ提出ノ理由ヲ簡單ニ説明致シマス、昨年ノ五月ニ朝鮮總督府裁判所令ノ改正ヲ致シマシテ、朝鮮總督府ノ判事ニモ内地ノ裁判所構成法ト同樣ニ退職制ヲ設ケタノデアリマス、然ルトコロ此退職判事ニハ官吏恩給法ニ依リマシテ恩給ヲ給スルト云フトコロノ規定ハ法律ノ制定ヲ必要ト致シマスルノデ、本案ヲ提出致シタ次第デゴザイマス、内地ノ普通裁判所ニ於キマシテモ裁判所構成法ニ於キマシテ同樣ノ規定ガアリマシテ此規定ニ倣フトコロノモノデアリマス、御審議ノ上協賛ヲ請ヒマス

○議長（大岡育造君）　日程第二、右議案ノ審査ヲ付託スヘキ委員ノ選擧ニ移リマス

第二　右議案ノ審査ヲ付託スヘキ委員ノ選擧

○恒松隆慶君　本案ハ議長指名九名ノ委員ニ託セラレンコトヲ望ミマス

○議長（大岡育造君）　恒松君ノ動議ニ御異議ハアリマセヌカ

（「異議ナシ」ト呼フ者アリ）

○議長（大岡育造君）　御異議ナケレバ本案ハ議長指名九名ノ委員ニ付託スルコトニ決シマシタ、日程第三、外國裁判所ノ囑託ニ因ル共助法中改正法律案第一讀會ノ續、委員長宮古啓三郎君

第八　蠶業政策ニ關スル建議案（武藤金吉君外二名提出）（委員長報告）

（武藤金吉君登壇）

○武藤金吉君　委員會ノ結果ヲ御報告致シマス、委員會ハ七回ニ亙リ開キマシテ、政府委員ノ出席ヲ求メマシタノハ、大藏大臣、農商務大臣、文部大臣、外務、大藏、農商務、文部、臺灣總督府、朝鮮總督府等ノ各政府委員ノ出席ヲ求メマシテ、サウシテ其委員會ハ午前、午後ニ亙ッテ七回開イタノデアリマスガ、茲ニ御報告申シテ置キタイノハ七回開イタ中ニ一回モ出席ヲ致シマセヌ委員ガアリマシタ、是ハ私ガ言フノハ甚ダ報告スルコトヲ辭退致シタイト思フノデアリマスガ、委員勤惰ノタメニ御報告ヲ致シテ置キタイト思フ、一回モ出席ヲ致シマセヌノハ三浦逸平君デアリマス、網野次郎右デアリマス、蠶業政策ニ關スル第八項ニ亙リマシテ委員ト政府委員トノ應問ハ數十回ニ及ビマシテ、現ニ速記錄ハ六十八頁ニ上ッテ居リマス、而シテ政府ハ討論ノ場合ニ――討論ハ致シマセヌガ、質問ノ場合ニ於テ政府ハ此建議案ニ反對ノ意思ヲ以テ答ヘラレタ箇條ガ三箇條デアリマス、其三箇條ノ要旨ハ帝國大學ニ蠶絲ヲ特設シテ、サウシテ科學ノ蘊奥ヲ極メテ、斯業ノ指針タルコトヲ期スルニハ不同意ハナイヤウデアリマスガ、唯是ト同様ニ東京及京都ノ蠶業講習所ヲ廢スルト云フコトハ不同意ノ意思デ答ヘラレテアルノデアリマス、此帝國大學ニ蠶絲科ヲ置クト云フコトニ付キマシテハ所管ノ文部大臣ハ此必要ヲ認ムルガ、種々調査シテノ上デ、此方針ニ進ミタイト云フ御答デアリマシタ、又此講習所ヲ廢止スルコトニ反對ノ意思ヲ――意見ヲ質問ニ答ヘラレタノハ農商務省ノ政府委員ノ答辯デアリマス、東京及京都ノ講習所ハ創立以來二十餘年間、蠶業ノ上ニ貢獻セラレタルコトハ多大デアルノデアッテ、現ニ其中心トナッテ居ルカラ甚ダ必要デアルカラト云フコトデアッテ、大學ニ此蠶絲科ノ講座ヲ置クト云フコトニハ不同意ハナイガ、ソレガタメニ之ヲ廢スルト云フコトハ直ニ同意ハ出來ナイト云フ意味ヲ質問應答ノ間ニ答ヘラレタノデアリマス、次ニ此農商務省ニ蠶絲局ヲ置イテ、蠶業行政ノ統一ヲ圖リ、內、諸般ノ施設ヲ怠ラズ、外、貿易ノ發達ニ努ムベシト云フ項ニ付キマシテハ、此現在ノ蠶業行政ノ統一ヲ缺ク點ニ付テハ、農商務大臣及農商務ノ政府委員ニ質問應答ノ結果、別段不同意ノヤウナ意思ヲ見ルコトガ出來ナカッタノデアリマス、デ全然此案ニ同意ト云フコトモ表明セラレテ居リマセヌガ、反對ノ聲ハナカッタノデアリマス、次ニ第三項ノ蠶絲業ノタメ低利資金ノ金融機關ヲ設ケ、更ニ製繭製絲ニ付テ倉庫證券ヲ發行シテ是ガ便利ヲ圖ルベシト云フ項ニ付テハ大藏大臣モ御出席ニナリマシテ、此蠶絲業ノタメニ低利資金ノ機關銀行ヲ置クト云フコトハ必要デアルガ、如何ニシテ之ヲヤルカト云フコトニ付キマシテハ、マデ成案ハナイガ、此建議ト同様ナ感ヲ持ッテ居ルト云フコトヲ明言サレマシタ、而シテ横濱ノ正金銀行ニ二千万圓年二朱ノ低利ヲ以テ特別貸付ヲ爲シテ置クノハ、是ハ獨リ蠶絲ノコトバカリデハナイ、外國ノ爲替ノタメニ之ハ二千万圓貸シテ居ルノデアッテ、貿易ノタメダケニ是ハ貸シテ居ルモノデナイト云フ大藏大臣ノ辯明ガアリマシタノデアリマス、ソレカラ又此蠶絲業ニ向ッテ――又蠶絲業其他ノ農業ニ向ッテ低利資金ノ融通機關ヲ設ケルト云フコトハ、大藏省モ同感デアッテ、此方針ニ依ッテ調査ヲシツヽアルト云フ大要デアリマシタ、ソレカラ第四ハ「蠶絲ノ販賣ニ關シ保護奬勵ノ方法ヲ講シ横濱ニ於ケル蠶絲ノ定期取引ヲ禁止スヘシ」ト云フ項ニ付キマシテハ、横濱ノ生絲檢査所ヲ擴張致シマシテ、世界ノ商品タル蠶絲ヲ整一スルタメニ、賣買兩者間ノ調和ヲ計リ、又科學的施設ヲ增設シ、更ニ外國ニ輸出スルトコロノモノヲ試驗スルト云フコトノ設備ヲ爲スコトハ建議者ノ建議ノ通リ贊成デアルト云フコトヲ言ハレマシタノデアリマス、又鐵道ノ運賃等ニ付キマシテハ、既ニ昨年是ハ輕減ヲ致シタガ、必シモ之ヲ今輕減スルト云フコトガ出來ルコトハ覺束ナイガ、尙モ此點ニ就テハ調査ヲシテ見タイト云フコトデアリマス、又此横濱ニ於ケルトコロノ蠶絲ノ定期取引ハ、建議者ノ言フガ如キ弊害ハ認メナイ、建議者ハ害ガアッテ益ガナイト云フコトヲ斷言サレテ居ルガ、此横濱ノ定期取引ノタメニ蠶絲ノ貿易ヲ助ケテ居ルコトモ、多大アルシ、又實際受渡ガナイト云フコトハナイ、是ハ一箇年ニ一割位ハ實際ノ受渡ガアルト云フコトヲ言ハレテ居ルノデアリマス、蠶絲ノ定期取引ヲ改善スル必要ハ認メタケレドモ、禁止ヲスルノ必要ハ認メナイト云フコトヲ政府ハ斷言セラレタノデアリマス、第五ノ「蠶種統一ノ目的ヲ達スルタメ全國ニ原蠶種製造所ヲ增設シ、又夏秋蠶種ニ對シ研究スヘシ」ト云フ項ニ付キマシテハ、政府ハ全然同意ヲサレタノデアリマス、次ニ第六ノ「桑園ノ整理開墾ヲ爲シ産額ノ增加ヲ計リ一般農家ノ副業トシテ經濟的設備ヲ爲スヘシ」ト云フ項ニ付キマシテハ、是ハ澤山ナ項目ニ亙ッテ居リマスガ、之ヲ要スルニ我國ノ桑園ハ現在ノ四十三万町歩餘アルモノヲ整理ヲスレバ、五割ノ增收ヲ見ルコトガ出來テ、更ニ四十餘万町歩ノ新開墾ヲ內地ノミニ於テ爲スコトガ出來ルト云フコトガ明カデアル、而シテ此桑園ノ整理改良ヲスルト云フコトハ、急ニ迫ッテ居ルコトデアッテ、建議ノ趣意ニ全然同意デアルト云フコトデアリマス、サウシテ此養蠶業ハ一般農家ノ副業トシテ經濟的施設ヲ爲サシメルト云フコトハ、最モ同感デアッテ、各種ノ方面ニ於テ之ヲ研究ヲ爲サントシツヽアルモノデアル、殊ニ稚蠶ノ共同飼育、肥料ノ共同購入ト云フコトニ付キマシテハ、著々ソレヲ始メツヽアルト云フコトヲ申サレタノデアリマス、又此成繭ノ共同販賣モ必要デアル、又蠶種ノ貯藏ニ關シマシテ冷藏庫ノ設備モ必要デアル、殊ニ殺蛹乾燥所ノ共同設置ニ付キマシテハ、ドウシテモ是ガ設備ヲシナケレバナラヌ、又現在ノ生繭ノ賣買又生繭ノ夜間賣買等ニ付キマシテモ、質問應答ヲ重ネマシタトコロ、政府ハ是等ニ就テモ研究ヲ致シテ居ルト云フコトヲ答ヘラレマシタ、又經濟的施設ヲ實行スルニハ蠶具ノ改良、飼育ノ改良等ニ付キマシテハ、歐羅巴、支那、日本等ノ飼育方法等ヲ質問應答ヲ重ネマシテ、政府モ其方針デヤルト云フコトヲ明答サレマシタノデアリマス、之ヲ要スルニ品質ノ改良、産額ノ增加ヲ計ッテ、飽マデ歐羅巴ノ生産地ト競爭ヲ致シテ國家ノ富力ヲ涵養スルコトニ努メルト云フコトヲ答ヘラレタノデアリマス、第七ハ「蠶絲業法ヲ改正シ蠶病豫防法ノ取締方法ヲ撤廢シ、國立原蠶種製造所監督ノ下ニ蠶業製造業者ノ自治ニ任スヘシ」ト云フ項デアリマス、此項ハ蠶業界ノ大問題デアリマシテ、殊ニ學術ヲ基礎トシテ居ルトコロノ論點デアリマシテ、委員會ニ於キマシテハ、農商務省ノ當局者ニ質問應答ヲ重ネタル結果、農商務省ノ蠶病豫防ノ現在ノ法律ノ基礎ト云フモノハ、總テノ蠶病豫防ノ方法ガ完備セザルノミナラズ、此「ホルマリン」液ヲ百分一「プロセント」使ッテ居ルト云フコトガ標準ニナリマシテ、質問應答ヲ重ネタル結果、委員會ハ日本ニ於ケルトコロノ斯界ノ學者卽チ大森博士、佐々木博士、竝ニ本多博士等ノ出席ノ要求ヲ決議致シマシタトコロ、農商務省ニ於テハ是ガ出席ヲレナイデト云フコトデアリマス、委員會ハ其通リ要求致シマシタガ、是等學者ハ遂ニ出席ヲ求メルコトガ適ヒマセヌデ、遂ニ書面ヲ以テ意見ヲ徵シマシタ、其意見ヲ徵シタト云フノハ此「ホルマリン」ノ「プロセント」ノ問題ガ決定ヲ致シマセヌカラ、蠶病豫防ノ法律ト云フモノハ現在ニ施行シテアッテモ、是ハ甚ダ效力ガ薄弱デアリマスカラシテ、此學者ノ意見ヲ徵シマシテ決定ヲ致シタイト云フ考デ意見ヲ徵シマシタトコロ、農商務省ノ所管ニ屬シテ居リマスル西ケ原蠶業講習所ノ本多君ハ、書面ヲ以テ回答ヲセラレタ、西ケ原ノ主張ト云フモノハ百分ノ一「プロセント」デ效力ガアルノダガ、其總テノ瓦斯、室内ノ具合ニ依ッテ、其倍用井テモ宜イト云フ此速記錄ニハ明カニ長ミシク書イテアリマスケレドモ、之ヲ要スルニ、百分ノ一デ宜イケレドモ、之ヲ濃度ニスレバ宜シイト云フ回答ヲ得タノデアリマス、而シテ佐々木博士ハ之ニ對シマシテ瓦斯消毒ノ說明ヲサレテ「ホルマリン」液消毒ノ說明ヲサレヌノデアリマス、又大森博士ハ明カニ百分ノ二以上デナケレバ效力ノ無イト云フコトヲ明カニサレマシテ、サウシテ同博士ノ著シテ居ルトコロノ「最近日本蠶病論」ト云フモノヲ引用サレマシテ、證明サレタノデアリマス、遺憾ナガラ各博士ヲ參考トシテ呼ブコトノ出來ナカッタノハ委員會ニ於テ遺憾トスルトコロデアリマス、殊ニ政府ガ此重大ナ問題ヲ決スルニ、學者ノ出席ヲ拒ムガ如キ形跡ノアッタコトハ、委員會ノ深ク遺憾トスルトコロデアリマス、委員會ニ於キマシテハ段々質問應答ヲ重ネタル結果、政府委員タルトコロノ下岡農務局長竝ニ農商務省ノ蠶絲課長ノ言明ハ初手ニ答ヘタルモノト、段々後ニ答ヘタルモノデハ、百分ノ一ト云フコトハ一半ニナリ、百分ノ二用井テモ宜シイト云フガ如キトコロノ遁辭ヲ設ケ、遂ニ此建議者ノ云フトコロノ如キノ結果トナッタノデアリマス、併ナガラ此蠶業法ヲ撤廢スルト云フコトハ今日ハ出來ナイト云フコトデ反對ハサレタノデアリマス、デ此建議者モ此消毒法ヲ廢スルト云フ意味デハナイノデアル、自治ニ任セテ之ヲ消毒セシメタラバ宜イト云フ意味ニ於キマシテ質問應答ヲ重ネマシタガ、遂ニ政府ハ此意味ニ於テ反對ヲセラレタノデアリマス、第八ハ臺灣、朝鮮ノ蠶業ノ政策ニ付キマシテ、臺灣總督府竝ニ朝鮮總督府ノ政府委員ハ皺回出席ヲ致シマシテ、此兩新領土ニ於ケルトコロノ風土、氣候、採桑一切ノ計畫ヲ聽取致シマシテ、原案ノ通リノ意思ヲ答辯ヲサレタノデアリマシテ、大要委員會ハ皺回ニ亙リマシテ、以上審査ヲ致シタノデアリマス、而シテ委員會ハ出席滿場一致ヲ以テ、此建議案ヲ可決ヲ致シタノデアリマス、此段御報告ニ及ビマス（拍手起ル）

○議長（大岡育造君）　委員長報告通リ可決スルコトニ御異議ハアリマセヌカ

（「異議ナシ異議ナシ」ト呼フ者アリ）

○議長（大岡育造君）　御異議ガナケレバ委員長報告通リニ可決致シマシタ――日程第九、私設運河築港ニ關スル建議案――委員長ノ報告ヲ受クルトコロデアリマスガ、差支ニ付、理事森園造君ヨリ報告ガアル筈デアリマス――森園造君

○議長（大岡育造君）　委員長報告通リ御異議ナキモノト認メマス、因テ本建議案ハ委員長報告通可決致シマシタ、日程第十六、朝鮮總督府辯護士規則改正ノ建議案――委員長福岡精一君

第十六　朝鮮總督府辯護士規則改正ノ建議案　（委員長報告）
（岡田泰藏君外二名提出）

（福岡精一君登壇）

○福岡精一君　委員會ノ報告ヲ致シマス、此建議案ノ要領ハ朝鮮總督府辯護士規則第一條資格中ニ制令第八號ヲ以テ規定セラレタルトコロノ訴訟代理業者ニ資格ヲ與ヘルト云フ事柄ヲ加ヘントスル建議デアリマスルノデス、ソコデ制令第八號ニ依ル訴訟代理業者ト云フモノハドウ云フモノデアルカト云フ事柄ニ付キマシテハ豫テ統監府時代ニ於キマシテ理事廳、理事官ガ之ニ對シテ訴訟代理業ヲ許シタ、斯ウ云フノデアッテ、其後統監府ノ時代ニ又明治四十二年デスカ、明治四十二年ニ至リマシテヤハリ規則モ改正ヲ致シマシタケレドモ、其時ニモヤハリ訴訟代理業ヲ繼續スルト云フコトニナリ、ソレカラ其年ノ十月ニ於テモ亦規則ヲ改正シテモヤハリ其訴訟代理業ヲ繼續スルト云フコトニナッテ居ッタ、所ガ明治四十三年ノ制令第十二號ト云フノデ辯護士規則ト云フモノヲ制定致シマシタ、此制定ニ付テハ唯今申ス制令第八號ノ訴訟代理業者ハ辯護士ノ資格ヲ得ルコトガ出來ナイト云フコトニナッタ、所デ昨年請願ニ依リマシテ遂ニ四十四年五月ニ制令八號ヲ以チマシテ代理業者ヲ爲スコトヲ許サレテ來タノデアルケレドモ、未ダ辯護士ノ資格ヲ得ナイ、斯ウ云フノガ事實ナノデス、ソコデ建議案ノ理由ト致シマシテハ第一條ニ掲ゲテアリマスルトコロノ第三號ニ朝鮮人デ舊韓國裁判所又ハ舊統監府ノ裁判所ノ判事檢事又ハ舊韓國ノ辯護士タリシモノハ辯護士トヤハリナルコトガ出來ル資格ヲ持ッテ居ルノデ、是等ノモノハ母國ノ大學專門學校又ハ朝鮮ノ舊韓國ノ法律學校ニ於テ三年以上法律學ヲ修メタモノデアルノデス、所ガ彼ノ八號ニ依ッテ訴訟代理業ヲ許シテ居ラレルト云フモノハ母國人ニ致シマシテ母國ノ各專門學校ヲ卒業シ、數年間ノ間朝鮮總督府裁判所ニ於キマシテ、訴訟代理業ヲ許サレテ居タト云フコトハ曩ニ述ベマシタ通リノ事柄デアルノデス、ソコデ學力ニ於キマシテモ、亦經驗ニ於キマシテモ、彼ノ朝鮮人ニシテ曾テ判事檢事又ハ辯護士トナッテ居ッタ人ヨリモ優ルトコロガアッテモ、劣ルコトハナイ、斯ウ云フ人デアルカラシテ、此人ヲシテ辯護士ノ資格ヲ與ヘルノハ權衡上相當デアッテ、何等ノ妨ガナイ斯ウ云フノガ一ツデス、ソレカラ尙之ニ對シテ事例ヲ求メマスレバ臺灣總督府ガ臺灣辯護士法ヲ制定スルニ當リマシテ、曾テ同總督法院所屬ノ訴訟代理人ヲ致シマシテ、之ヲ辯護士資格ヲ得セシムルト云フコニシタト云フ例ト、今申シマスルトコロノ朝鮮ノ制令第八號ニ依ルトコロノ代理業者トハ少シモ違ヒガナイノデアルカラシテ、此法制上ノ事例、權衡カラ參リマシテモ、相當デアルト云フノガ一ツデゴザイマス、ソレカラモウ一ツハ朝鮮總督府ニ於キマスルトコロノ特別任用令ニ依リマストコロノ判事、檢事ハ辯護士タルコトガ出來ルト云フヤウナ內規ガアルト云フコトヲ聞ク、斯ウ云フノデス、是モ若シ果シテサウデアルト致シマスレバ、制令八號ニ係ルトコロノ代理業者モ辯護士トナルノガ相當デアル、此三ツデアル、ソコデ政府ノ方ノ意見ハドウデアルカト云フト、政府ニ於テハ制令第八號ニ依ル代理業者ト云フノハ既得ノ權ヲ尊重シテサウシテ代理業者タルコトヲ許シタト云フノ次第デアルカラシテ、今ニ於テ之ヲ辯護士ノ資格ニ加ヘルト云フコトノ必要ハ認メナイ、故ニ之ニ同意スルコトガ出來ナイ、斯ウ云フノデス、委員會ハ建議ノ理由ヲ相當ト認メマシテ全會一致ヲ以チマシテ之ヲ可決致シマシタ次第デゴザイマス

○議長（大岡育造君）　江木政府委員

（政府委員江木翼君登壇）

○政府委員（江木翼君）　本案ニ付キマシテ政府ハ遺憾ナガラ御同意ヲ表スルコトガ出來マセヌノデゴザイマスル、此事ヲ一言致シテ置キマス、此場合ニ極ク簡單ニ政府ガ同意スルコトノ出來ナイ理由ヲ申上ゲテ置キマス、訴訟代理業者ナルモノハ唯今委員長御報告ノ如ク理事廳、理事官ノ許可ヲ得テ訴訟代理業ヲ營ムトコロノモノデアリマス、其權限ハ理事廳、理事官ハ御承知ノ通リ朝鮮ニ於ケルトコロノ一地方官デアリマシテ、其權限ハ無論其地方ニ及ブダケノモノデアリマス、從ッテ其許可ノ範圍ト云フハ其地方ヲ超ユルコトガ出來ナイノヲ原則トシテ居ル次第デゴザイマス、而シテ此訴訟代理業者ハ舊韓國時代ヨリ引續イテ昨年ノ制令第八號ヲ以チマシテ同樣ノ權利ト云フモノヲ今日マデ保留シテ居ル次第デアリマシテ、政府ハ此上更ニ此權限ヲ擴メテ、普通ノ辯護士ト同樣ニスル必要ハ更ニ認メナイノデアリマス、朝鮮ノ辯護士ト云フ例ガアリマシテゴザイマスカ、此朝鮮人ニシテ辯護士タル者モ訴訟代理業者ト違ヒマシテ、相當ノ資格ヲ有シテ居ル者ヲ以テ之ニ充テル、斯ウ云フコトニナッテ居ル次第デアリマスル、訴訟代理業者ハ其許可ヲ與ヘルニ際シマシテ、何等資格ノ審査ヲシナイデ許可ヲ與ヘタトコロノモノデアリマシテ、是ガ普通資格ヲ持ッテ居ルトコロノ辯護士ト同樣ノ業務ヲ營ムト云フコトハ頗ル權衡ヲ得ナイコト、思フノデアリマス、尙モウ一ッ臺灣ノ例ヲ御引キニナッタヤウデアリマスガ、臺灣ニ辯護士ノ業務ヲ爲サッテ居ラル、御方ハ、定メシ御迷惑ニ感ゼラル、コトデアラウト存ズルノデアリマスガ、臺灣ノ元ト訴訟代理ヲ爲サレタ御方ト云フモノハ、嚴密ナル資格ノ審査ヲ經テ、總督府ノ檢定ヲ經タ後ニ辯護士トナッタモノデアリマシテ、何等ノ資格ヲ要求シナイトコロノ朝鮮ノ訴訟代理業者ト全然違フノデアリマス、以上ノ理由ヲ以テ政府ハ遺憾ナガラ本案ニ同意ヲ表スルコトガ出來ナイ次第デゴザイマス

（「採決ヲ願ヒマス」ト呼フ者アリ）

○議長（大岡育造君）　委員長報告通リ御異議ハアリマセヌカ

（「異議ナシ」ノ聲起ル）

○議長（大岡育造君）　御異議ガナイモノト認メマス、因テ本建議モ可決シタルコトヲ宣告致シマス、日程第十七、煉乳業奬勵ニ關スル建議案――理事河井重藏君

○河井重藏君　此……

○議長（大岡育造君）　登壇ヲ希望致シマス

○議長（大岡育造君）　委員長ノ報告ニ御異議ナイモノト認メマス、因テ本建議案ハ可決致シマシタ、日程第十八、朝鮮拓殖銀行設立ニ關スル建議案――委員長粕谷義三君

第十八　朝鮮拓殖銀行設立ニ關スル建議案（三浦覺一君提出）（委員長報告）

（粕谷義三君登壇）

○粕谷義三君　簡單ニ御報告ヲ申上ゲマス、本案ノ要旨ハ幾ニ本會ニ於テ提出者ヨリ詳細ニ御述ベニナッテ居リマスルカラ、今此處ニ申述ベル必要モナイト思ヒマス、要スルニ朝鮮ノ農事ヲ大ニ開發シヤウトスルノニハ特種ノ金融機關ヲ設ケナケレバナラヌ、斯ウ云フノガ此提案ノ要旨デアルノデアリマス、委員會ニ於キマシテハ愼重ニ審査ヲ遂ゲマシテ、結局少シク此修正ヲ加ヘタノデアリマス、其修正ハ御手許ニモ回ッテ居リマセウト思ヒマスガ、此建議案ノ末段ニ於テ「政府ハ宜シク速ニ朝鮮總督ヲシテ特種銀行卽チ恰モ母國ニ於ケル勸業銀行ノ如キ組織ノ金融機關ヲ設置シ以テ其目的ヲ達セシメムコトヲ望ム」斯ウアリマスルノヲ其「組織ノ金融機關ヲ設置シ」ト云フ所ヘ「設置スルカ若クハ現在ノ金融機關ヲ改良シ」是ダケノ文字ヲ入レテ「以テ其目的ヲ達セシメムコトヲ望ム」斯ウ云フ風ニ修正ヲ致シタイノデアリマス、此修正ヲ致シマシタ理由ハ今日此朝鮮ニ於キマシテ農業ニ關スルトコロノ金融機關ノ狀態ハドウ云フ風ニナッテ居ルカト云フコトヲ調ベテ見マスルト、凡ソ三ツ程アルノデス、金融組合、農工銀行ソレカラ東洋拓殖株式會社ノ金融、此三種ノ金融機關ガ今日此朝鮮ニ於ケルトコロノ農業ノ金融機關トナッテ居ルノデゴザイマス、此三種ノ金融機關ノ中デ金融組合ノ如キモノハ政府ノ交付金一万圓ト云フモノヲ資金トシテ、僅ニ此少額ナル五十圓以下ノ貸付ト云フヤウナ範圍ニ止ッテ居ル、此金融組合ノ如キモノハ斯樣ニ微々タルモノデゴザイマシテ殆ド言フニ足ラヌ、又農工銀行ハ全道ニ六箇所バカリゴザイマスケレドモ、其拂込資本ノ總額ト云フモノガ僅ニ百二十万圓デ、是亦到底今日ノ此朝鮮ニ於ケル農業ノ開發ノ必要ニ應ズルニハ足ラヌト思フノデアリマス、更ニ又此東洋拓殖株式會社ノ金融ニ至リマシテハ是ハ御承知ノ通リ拓殖會社ハ資本金一千万圓ノ大會社デハゴザイマスケレドモ、其元來ノ目的ガ移民事業デアル、故ニ此移民以外ノ農業ニ對シマスルトコロノ資金ノ融通ト云フコトニ至ッテハ今日ノ此法規ノ束縛スルトコロトナリマシテ、十分ナルコトガ出來ナイ、斯樣ナ有樣デアリマス、ドウシテモ此現狀ヲ以テ見マスルト現在ノ此金融機關ニ向ッテ十分ナル改良擴張ヲ加ヘルカ、然ラザレバ此提案ノ如クニ特種ノ金融機關ヲ設ケナケレバ、到底此今日ノ朝鮮ノ農業ヲ大ニ開發進歩セシムルコトガ出來ナイ、斯ウ云フ理由カラ致シマシテ唯今申上ゲマシタヤウニ建議案ニ向ッテ修正ヲ加ヘタノデアリマス、政府モ此建議ニ對シマシテハ大體ニ於テ其感ヲ同ウシテ居リマス、而シテ東洋拓殖會社ノ金融部ノコトニ付キマシテモ政府ハ今日頗ル遺憾トスル點モアルトカ云フコトデゴザイマシテ、是ガ改正案ヲ次期ノ議會ニ出シタイト云フヤウナ意向ヲ委員會ニ於テ漏ラサレタノデアリマス、此段ヲ添ヘテ御報告ヲ申上ゲテ置キマス

○恆松隆慶君　委員長報告通リ

○議長（大岡育造君）　委員長報告通リ御異議ガナイモノト認メマス、因テ本建議案モ委員長報告通可決致シマス、日程第十九ハ委員長ヨリ延期ノ申出ガアリマス、許可シテ御異議アリマセヌカ

（「異議ナシ」ト呼フ者アリ）

（左ノ質問書ハ朗讀ヲ經サルモ參照ノタメ茲ニ掲載ス）

朝鮮總督府ノ新聞紙取締ニ關スル質問主意書

右成規ニ據リ提出候也

明治四十五年三月十九日

提出者　鈴木力

贊成者　高木益太郎

外三十二人

朝鮮總督府ノ新聞紙取締ニ關スル質問主意書

朝鮮總督府ハ管內發行ノ新聞紙ニ對シテ軍國時代ノ取締方針ヲ用ヒ苟モ迎合阿附ヲ肯セサル者ヲハ檢束シ追窘シテ存立ヲ容サス竟ニ殘存セル唯一箇ノ反對新聞スラモ禁止シ壓リテ其ノ武權絕對ノ本志ヲ達セルニ似タリ其ノ此ニ至ル經過ニ臨シテハ買收買潰シ構陷等不快ナル文字ヲ要セムカ故ニ 本員ハ之ヲ詳論スルヲ忌メトモ其ノ結果ニ付テ之ヲ慮ルニ總督府ノ方針斯ノ如クナルハ殖民地ノ善政ヲ擧ル所以ノ道ニ非ス却テ不平ノ鮮民無告ノ殖民ヲ驅テ怨恨ヲ內層ニ鬱結セシムルノ勢ヲ馴致セム是レ實ニ禍根ノ培養ナリ抑言論自由ノ妙用ハ官民ノ意思疏通若ハ自他知識ノ交換ヲ達スルニ在ルハ今更言ヲ須ヒス他山ノ石以テ玉ヲ硏クヘシ官權ニ奴事セサル言論機關在テコソ初メテ庶僚ヲシテ憚ル所アルヲ知リテ其ノ權柄形式ノ濫用ヲ戒愼セシメ得ヘケレ若一切ノ文事業務者ヲ壓伏シテ官光ト「サーベル」ノ下ニ聲息セシメムニハ此ハ危邦ナリ君子入ラス善言イカテ進マム且夫レ朝鮮合邦ノ擧ノ圓滑ニ結了セシ所以ノ本因如何ト顧ミルニ 合邦ニ先チ各地方ニ駐勤セル日本各文官殊ニ裁判官ノ法ヲ秉ルコト公正ニシテ從來ノ朝鮮官吏ノ橫暴ト揆ヲ別ニシ鮮民ヲシテ生命財產ノ安固ハ日本ノ政治ニ依テ確保サルト云フ本能的感覺ヲ深フセシメ信賴ノ風潮ヲ素養シタルニ職由ス之ヲ罪リ武力及探偵ノ配備ノ效ト爲シテ文事ノ貢獻ヲ度外視スルハ潛越ナリ獨斷ナリ本員竊ニ憂フ總督府施政ノ基本觀念カ合邦ノ功ヲ武人ノ方面ニ獨斷スルヨリシテ武權絕對ノ主義ヲ頭腦ニ守株シ從テ古來政道ノ綱目タル文武兩道テフ大事ヲ無視シ併合後ノ平時ニ鑒ヒテモ尙且軍隊號令式ノ政治ヲ喜ヒ這般基本觀念ノ發動カ言論ノ極端ナル壓迫ニ歸著スルコトヲ本員憂フ 蓋號令ト「サーベル」ノミニテ皇化ノ普及新領土ノ經營ヲ期シ得ムニハ格別ナカラ 縱令太陽赫々氣堂々ノ總督ト雖朝鮮政費ノ財源トシテ事業公債資金前年度本年度合セテ二千五百萬圓ノ調達ニ關シテハ獨リ配下ノ朝鮮銀行ヲ頤使シテ足ル能ハス使役シ易キ朝鮮銀行ハ母國兌換券ノ金濶ニ困ムヲ常トスレハ實際ノ金穴ハ轉シテ之ヲ母國ニ求メサル能ハス是ニ於テ總督ハ其ノ絕對權ヲ揮フ朝鮮管內ニ於ケルト同一態度ヲ以テ肩ヲ聳シ劍ヲ按シテ以テ母國金融業者ニ臨ムコト協フヘカラス必ヤ息ヲ和ラケ膝ヲ屈シテ大藏其ノ他ノ母國人民ニ理解ヲ促シ意思疏通ヲ請ヒ以テ朝鮮輸入超過ノ爲替尻ノ決濟ヲ圓滑ナラシメ以テ總督府財政ノ破綻ヲ救フニ汲々タルヘシ此ハ武斷專一者流ニ取リテ辨慶ノ泣キ處トモ申スヘク政治テフモノノ上ニハ避クヘカラサル文事ノ範圍ニ屬ス既ニ然リ然ラハ則チ政道ハ推シテ言論ノ取締ニモ及ホスヘシ朝鮮總督府タル者武權絕對主義ノ非ナルヲ悟ラスシテ可ナラム耶畢竟總督府カ言論ヲ官許ニ限リ新聞紙ノ存在ヲ官府ノ氣隨若ハ私慮ニ止ムル事ハ總督府ヨリ以外ノ社會方面或ハ局外者列ノ朝鮮經營ニ關スル意向識見注意要望等ヲ豫メ憑惡シ去ル ニ該當スル者ニシテ京城官吏ノ屋賃ニ貢獻スト唱セラルル 御用請負商ノ類ヲ相手トシテ孤尊自高スルニ至ラハ 母國民ノ總督府ニ對スル信用ハ終ニ地ヲ拂テ空シキヲ來シ經費豫算ハ議會ヲ通過シタルニ拘ラス母國民ノ不安心カ投資應債ノ否拒ニ化スルノ日無キヲ保セサラム 此ハ聊カ極端ノ場合ヲ想定シテノ杞憂ニ似タレトモ善言進マス君子見限ルノ末ハ 意外ノ故障發生スルコト古來政治面ノ常タル所以ヲ忘ルヘカラス

朝鮮ノ新聞紙取締ニ關シテハ內地新聞法ヲ準用スヘシト云フ建議案ハ目下衆議院ニ於テ審査ノ懸題ト爲レリ乃チ總督府ノ此ノ事ニ關スル政務上ノ詳細意見ハ該案ノ委員會其ノ他ニ於テ聞クヲ得ヘキカ故ニ本員ハ此ノ質問ニ於テ重複煩加ノ嫌ヲ避ケ主トシテ言論ニ對スル總督府ノ一般方針ニ關シテ問フ者ナリ卽チ政務ヨリハ寧ロ政治上ヨリ總督府ノ本志ヲ問フ者ナリ本員ハ朝鮮ノ事ニ關シテ多年同志ト與ニ見聞調査ニ怠ラス若總督府反對ノ爲ニ難詰ノ言辭ヲ列ネムト欲セハ平生ノ材料ノ乏シキヲ患ヘスト雖朝鮮經營ノ大體ニ於テ當局ノ勞ヲ思フカ故ニ概シテ緘默ヲ守リテ經過ヲ觀測ス然レトモ今ヤ總督府ノ獨斷自用ノ施政方針カ官許以外ノ言論ヲ杜絕スルヤノ懸念ヲ生セシニ因テ此ノ點ハ默シテ止ム能ハス特ニ總督府ノ辯明ヲ要求スル所以ナリ

右ハ會期短ノ際ニ付演說ヲ避ケ質問書トシテ稍々簡明ノ本質ニ違シト雖不得已趣旨ヲ敍述ス時ヲ移サス答辯アラム事ヲ望ム

右及質問候也

○才賀藤吉君　議長

○議長（大岡育造君）　何デスカ

○才賀藤吉君　チヨット質問ニ付テ御尋ヲ致シマス

○議長（大岡育造君）　質問ハ政府ヘ……

○才賀藤吉君　本員ガ先日質問ヲ致シテ置キマシタ答辯ガ本日アルカト心得テ居リマシタガ、先刻來ノ政府ノ答辯ノ中ニ未ダ本員ノ質問ニ對スル答辯ガゴザイマセヌ、本員ヨリカ後ニ質問サレマシタ武藤君ノ質問ニ對シテハ、政府ノ答辯ガアリマシタヤウデスガ、其前日ニ於テ本員ガ爲シマシタトコロノ質問ニ對シテハ、未ダ答辯ガゴザイマセヌデスカ、議長ヨリ政府ニ其答辯方ヲ御催促ヲ願ヒタイ

○議長（大岡育造君）　了承シマシタ、是ヨリ會議ヲ開キマス、質問ニ移リマス、一、陰陽聯絡鐵道ニ關スル質問、提出者福井三郎君

○議長（大岡育造君）　委員長福岡精一君

第一　朝鮮總督府判事ノ恩給ニ關スル法律案（政府提出、貴族院送付）　第一讀會ノ續（委員長報告）

（福岡精一君登壇）

○福岡精一君　朝鮮總督府判事ノ恩給ニ關スル委員會ノ報告ヲ致シマス、此案ハ朝鮮ノ判事ガ身體ノ衰弱又ハ精神ノ衰弱等ニ依リマシテ、退職ニナリマシタトキニハ内地ノ判事ト同様ニ恩給ヲ付スル、斯ウ云フ案デゴザイマシテ、極メテ簡單ナノデゴザイマス、ソコデ委員會ノ質問ヲ重ネズ致シテ直ニ討議ニ入リマシテ、全會一致ヲ以テ可決致シマシタ次第デゴザイマス

○恆松隆慶君　本案ハ讀會ヲ省略シテ委員長報告通リ決セラレンコトヲ望ミマス

○議長（大岡育造君）　恆松君ノ動議ニ御異議ハアリマセヌカ

（「異議ナシ異議ナシ」ト呼フ者アリ）

朝鮮總督府判事ノ恩給ニ關スル法律案　確定議

○議長（大岡育造君）　御異議ナキモノト認メマス、因テ本案ハ讀會ヲ省略シテ可決確定シタルコトヲ宣告致シマス、日程第二、寺院境内地下戻ニ關スル法律案ノ第一讀會ヲ開キマス、提出者請願委員長武藤金吉君

○議長（大岡育造君）　御異議ガナイト認メマス、因テ本案モ可決確定シタルコトヲ宣告致シマス、日程第七、朝鮮總督府新聞紙規則改正ニ關スル建議案、委員長清崟太郞君

第七　朝鮮總督府新聞紙規則改正ニ關スル建議案（關和知君外一名提出）　委員長報告

（清崟太郞君登壇）

○清崟太郞君　御報告致シマス、此案ハ關和知君、大內暢三君カラ提出サレタノデアリマシテ、朝鮮總督府新聞紙規則ノ第一條ニ認可ヲ得ナケレバ發行スルコトガ出來ナイト規定シテアルノヲ、之ヲ屆出デト云フコトニ改メタイト云フノガ趣意デアリマス、其理由ト致シマシテハ著作印行ノ自由權ヲ侵害スルトカ、公議輿論ヲ抑壓スル、又殖民地ニ於ケル文化ノ發達ヲ妨ゲテ官憲專恣ノ弊ヲ釀シ、又朝鮮統治ノ實績ヲ全ウスルコトガ出來ナイカラ、此改正ヲシタイト云フ建議案デアリマシテ、之ニ對スル朝鮮總督府ノ政府委員ノ答辯ヲ聞キマスルト云フト、今日ノ場合ニ於テハ未ダ此認可主義ヲ廢スル譯ニハ行カナイ、屆出主義ニ改メルト云フコトハ、ドウシテモ殖民地ノ事情トシテ出來ナイコトデアル、今日ノ儘デ暫ク置イテ差支ナイト思フ、決シテ言論ヲ抑壓シ若クハ殖民地ニ於ケル統治ノ妨害ト云フヤウナコトニハ相成ラヌノデアルカラ、此儘保存スル必要ガアルト云フ答辯デアリマシタ、然ルニ此委員會ニ於キマシテハ提案者ノ言ハレタモノ、一部分ハ認ムルノデアルカラ、朝鮮總督府ニ向ッテ此新聞紙ニ對スル朝鮮總督府ノ監督ト云フモノニ對シテ少シク警告ヲ與ヘル、ドウ云フ形式ニ與ヘルト云フコトハ決議致シマセヌガ、兎ニ角警告ヲ與ヘルト云フ條件ヲ付ケテ、此案ヲ否決スルト云フコトニナリマシタ、提案者タル大內君及關君モ否決ト云フコトニ御贊成デアリマシテ、卽チ警告ヲ與ヘテ否決スルト云フコトニ相成ッタノデアリマス、此段御報告ヲ致シマス

○日向輝武君　言論ノ壓迫ト云フコトハ私ハ極ク嫌ヒナノデアッテ、已ムヲ得ズ茲ニ御問ヲ致スノデアリマス、先月ノ二十九日ニ京城新報ト云フモノガ朝鮮總督府ヨリ其發行ヲ禁止セラレタ、其發行ヲ停止セラレタ此京城日報ナルモノハ、私ノ友人ノ發行シテ居ルトコロノモノデアル、ナカ〱穩健ノ議論ヲ唱ヘテ居ル、決シテ過激ナ議論ヲ唱ヘナイノデアリマシテ、朝鮮十三道ニ獨立シタモ唯一ノ新聞デアッタノデアリマス、此新聞ガ突如トシテ何等ノ理由ナク總督府ヨリ差止メニナッタノデアリマス、朝鮮ハ總督府自ラ新聞ヲ經營シテ月刊ヲ發行シテ居リマス、其外アラユル朝鮮ノ新聞ハ悉ク買收ヲ致シテ、サウシテ德富猪一郞君ガ朝鮮ノ新聞ノ全體ヲ總攬スルトコロノコトニナッテ居ル、多大ナ金ヲ費シテ居ル、サウシテ獨リ獨立ノ旗幟ヲ飜シテ居ルトコロノ京城新聞ナルモノガ、突如トシテ二十九日差止メラレタノデアリマス、其差止メラレタル理由ト云フモノハ何等理由ガナイノデアッテ、極メテ穩健ナル新聞ナルガ故ニ、今日マデ生存シタノデアル、勿論總督府ノ秕政ニ向ッテハ之ニ論評ヲ加ヘタカ知ラナイ、併ナガラ朝鮮ノ人心ヲ攪亂シテ帝國ノタメニ有害ナルトコロノ思想ヲ起サセルガ如キ筆法ハ嘗テナイノデアリマス、是等ノコトハ委員會ニ於テ當然起ルベキ問題デ、委員長關君ハ近ク朝鮮ニ御旅行ニナッテ躬自ラ是等ノコトヲ目撃セラレタノデ、政府委員ト是等ノコトニ對スル應答ハ如何デアルカ、此京城新報ノ發行ヲ禁止シタリト云フ顯著ナル事實ハマサカ不問ニハ附セナイデアラウト思フノデアリマスカラ、之ヲ伺ヒタイノデアリマス、元來朝鮮ナルモノハ言論界ノ治外法權ノ地域ヲ爲シテ居ルモノデアル、如何ナル言論モ朝鮮ニハ居カナイノデアル、總督ノ威、十三道ニ振ッテ居ッテ、小サナ新聞ヤ雜誌ナドガ何ヲ言ッタトコロガ赫々タルトコロノ總督ノ威嚴ニハ何等關係ハナイ、且ツ、朝鮮ノ人民ハ既ニ皇化ニ浴シテ居ル、朝鮮併合ノ當時又ハ前後ナラバ或ハ言論ヲ壓迫スルトコロノ必要ヲ感ジタカモ知レマセヌガ、帝國ハ朝鮮半島ヲ領有シテ以來、今日ハ既ニ三年目デアル、其三年目ニ當ッテ尙古今未曾有ノ言論ヲ壓迫シテ、總督府ノ自ラ新聞ヲ禁止シ、禁止シタ新聞ハ悉ク總督ノ買收トナリタリト云フ奇怪ナル事實ヲ委員會ニ於テハ質問應答セラレタルカ否ヤ、ソレヲ十分ニ御尋シタイ、ソレカラモウ一ツアリマス、此案ヲ提出セラレタノハ私ノ敬スルトコロノ關君デアリマスガ、委員長ノ唯今ノ御報告ニ依リマスルト、關君ハ此案ヲ何故ニ否決ニ承諾ヲ與ヘタカ、是ハ實ニ驚イタトコロノ御報告デアル、私ハ嘗テ此ノ如キ案ヲ理由ナクシテ關君ガ否決ヲ承認セラレタト云フヤウナコトハ今日マデ殆ドナイト思ヒマス、是ハ關君ノ雅量ヲ大ニ敬服スルト同時ニ、若シサウ云フヤウナコトナラバ寧ロ提出サレナカッタ方ガ宜クハナイカ、委員長ハ關君ガ提出ヲシテ尙是ガ否決セラレヌニ付テ同意ヲ表セラレタト云フコトデアリマスガ、ソレハ從來ノ警告位ノ薄弱ナルコトデアルカ、此三點ヲ伺ヒマス

○清崟太郞君　御答致シマス、日向君モ此委員ノ御一人デアリマシタガ、委員會ノ當日御缺席ニナッタノデアリマス、サウシテオイテ此本會ニ於テ詳シイコトヲ委員長ニ報告セヨト云フコトハ、議事ノ進行ニ付テ御考ヲ願ヒタイノデアリマス、サウ云フコトハ議席ニ於テ改メテ御問ヒニナラナクテモ、控室ニ於テ委員長ニ御尋ネニナッタナラ尙詳細ニ御答致スノデアリマス、又私ハ最近ニ於テ朝鮮ニ旅行ハ致シマセヌ、又關君ハ確ニ此案ニ對シテ否決ニ御同意ニナッタノデアリマス、但其警告ハ今日向君ノ述ベラレタルガ如キコトモ一部分ノ意味ニハ含マレテ居ル、是等ノコトヲ警告シテ否決スルト云フ　コト　ニナッタノデアリマス、其他ノ點ニ付テハ政府委員ノ御答ヘニナルベキコトデアリマスカラ、私ハ答辯シマセヌ

（守屋此助君「委員長ニ質問ガアリマス」「委員會ノ速記錄ヲ見給ヘ」ト呼フ者アリ）

○守屋此助君　唯今委員長ヨリ詳細ナル御報告ガアリマシタガ、其中ニ最モ大ナルコトガ漏レテ居ル、何ガ漏レテ居ルカト云フト、警告ト云フコトハドノヤウナコトヲスルノカ、ソレハ委員會ニ於テハ不明デアルト斯ウ仰シヤル、警告スルト云フノハ、モソット言論ヲ壓迫セヨト云フ警告ヲスル譯デアルカ（笑聲起ル）言論ヲ朝鮮ニハモソット壓迫シテ桀紂ノ政治ヲ施セト云フノカ、モソット寬大ニセヨト云フ警告ヲスルノカ、ソコガ分ラヌソコデ我輩ハ斯樣ナルコトヲ考ヘル、凡ソ言論ノ自由ノ無イ國ニ人ノ生命、名譽、財產ノ安固ハ無イノデアル、生命、財產ノ安固ノ無イ國ガ盛ンニナッタ例シナシ、朝鮮ニ於テ桀紂ノ政治ガ行ハレルト云フ事柄ハ世ノ中ノ人カラ君士人ト言ハレル澁澤榮一君ガ二言目ニ言ハレテ居ルコトデアル、斯樣ナ政治ガ行ハレテ居ル拓殖會社ニ三千万圓ノ補助金ヲシヤッテ、朝鮮ノ

産業ヲ發達サセヤウナド、言ッタトコロガ、此財産、名譽、生命ノ安全デナイ所デ、ドウシテ發達ガ出來ル、ソレデ何トシテモ、イノ一番ニ朝鮮ヲ開發スルナラバ私ノ考デハ拓殖會社ニ三十万圓ノ金ヲ補助金ヲ出ストカ、若クハ朝鮮ニ向ッテ年々母國ヨリ一千四百万圓カ二千五百万圓ノ金ヲ注イデ居ルノデアリマスカ、此金ガ活キテ働クカ死ンデシマフカト云フコトハ、此言論ノ自由ガ保テルカ保テヌカデアルト思フ、實ニ朝鮮ノ開發盛衰興亡ノ分レ目ハ言論ノ自由ノ有無ニアルノデアル、是程重大ナル案デアルモノヲ、平素我輩ガ敬意ヲ拂フトコロノ諸君ガ委員長デ、日向君ノ如キ立派ナ國士ガ委員ノ御一人デアル、左様ナ方々ガ愼重ニ御審議下サッテ、サウシテ警告スルニ何ヲ警告スルノカ、委員長自ラ知ラヌト云フヤウナコトハ不熱心、不誠實ナル御報告ハ私ハ非常ニ不滿足デアル、ソレ故ニ我輩ハ此事柄ヲ委員長自身ガ知ラナイヤウナ委員會ト云フモノハ全然信ジラレヌ、特別委員會デアルカラ今一應審理セラレテ(「議會アッテ未曾有ナリ」ト呼フ者アリ)今一應審理セラレテ、委員長一人ノ考デ斯様ナ警告デアルト云フコトデハ私ハ不滿足デアルカラ、警告ハ此ノ如クスルノデアルト云フコトヲ今一度委員會ヲ開イテ、委員會ノ決議ニ依ッテ、警告トハ此ノ如キ内容デ警告スルノデアルト云フコトヲ決定シテ、此會ニ報告セラレンコトヲ希望致シマス、斯様ナ動議ヲ議長私ハ提出致シマス(「贊成々々」ノ聲起ル)再審、再ヒ審理ヲ願ヒマス

○清溪太郎君　私ニ質問デハアリマセヌカラ御答致シマセヌ

○議長(大岡育造君)　守屋君カラ動議ガ出マシタカラ、此動議ニ付テ贊否ヲ問ヒマス

(此時發言ヲ求ムル者多シ)

○關和知君　議長

○議長(大岡育造君)　關君、何デスカ

○關和知君　動議ニ關シテ其前ニ一言シタイ、日向君ノ御議論ニ對シテ……

○議長(大岡育造君)　關和知君

○關和知君　委員長ノ報告ニ對シテ提出者タル本員及大内暢三君トガ總督府ノ言論、出版ノ取締ニ對シテ極メテ抑壓專制ヲ極ムル事實ガアルガ故ニ、之ニ向ッテ警告ヲ與ヘルト云フコトノ條件ヲ附シテ、而シテ此場合此案ヲ否決スルト云フコトニ同意ヲ表シタノデアリマスガ、其同意ヲ表シタルト云フコトハ提出者ノ責任トシテ唯今日向君ノ御疑モアッタコトハ恐ク他ノ諸君ニ於テモ其御疑ヲ同ウスルコト、思ヒマスカラ一言致シマス、ソレハ此問題ニ付テノ朝鮮總督府ノ不始末デアル、失政デアルト云フコトハ、委員會ニ於ケル政友會諸君ノ多數モ同意ヲ表セラレ、事實ヲ認メテ居ラレタノデアリマス、殊ニ委員ノ一人タル三浦君ノ如キハ如何ニモ朝鮮ニ於ケル新聞紙ノ取締ハ專制ヲ極メテ居ル、是ハ如何ニシテモ言論ノ自由ヲ尊重スル上カラ當然改革ノ必要アリト云フコトヲ唱ヘラレタノデアリマス、此委員會ノ場合ニ不幸ニシテ私ハ私ノ郷地ニ關係ノ成田鐵道ノ建議案ノ委員會ガ一方ニアリマシタ故ニ、最初出席シテ委員ノ會同ヲ待ッテ居リマスル間、其成田鐵道ノ委員會ニ出席シテ居リマシタ、其場合ニ同僚ノ同ジ提出者タル大内君ヲ控室ニ迎ヘテ、サウシテ自分ハ缺席ヲスルガ故ニ、此案ニ付テ提出者ノ責任ヲ盡シテ呉レト云フコトヲ依頼シテ缺席ヲシテ居リマシタ、其中給仕ガ參リマシテ既ニ決議ヲスルコトニ相成ッテ居ルカラ、出席セヨト云フコトデアリマシタカラ、成田鐵道ノ委員會ノ席ヲ辭シテ、サウシテ其委員會ニ臨ンダノデアリマス、然ルニ其委員會ノ經過ハ今申上ゲル通リ、朝鮮總督府ノ不始末ハ認メル、併シ直ニ認可主義ヲ此場合ニ應スルコトハ、稍々穩當デナカラウト云フコトノ條件カラ、委員間ニ妥協ガ出來タノデアリマシテ、大内君ト協議ノ上既ニ大政府、而モ此大政府ハ立憲主義ヲ標榜スルトコロノ大政黨ヲ基礎トスル大政府、其大政府ノ監督シテ居リマス朝鮮新領土ノ言論、出版ノ自由ヲ尊重スルト云フコトハ、恐ク吾々少數黨ノ一二ノ委員會ニ於テ之ヲ主張スルヨリモ、大政黨ノ諸君ノ同情アルトコロノ此警告ハ寧ロ總督府ヲ刺激シ、之ヲ戒告スルニ於テ、最モ力アルモノト信ジマシタガ故ニ、政友會ヲ信ジ、政友會ノ政府ヲ信ジテ、サウシテ其政府ガ朝鮮總督府ヲ監督スル事實ヲ擧ゲルコトヲ信ズルガ故ニ、雅量ヲ以テ同意ヲ表シタノデアリマス、此段日向君ニ御答致シマス

(「採決々々」ト呼フ者アリ)

○清溪太郎君　御委員長トシテ一言致シテ置キマスガ、唯今關君ノ御述ベニナッタコトハ大體ニ於テ委員會ノ經過ニ相違アリマセヌガ、其日ニ於テ妥協ガ成ッタト云フコトハ、ソレハサウデハナイ、現ニ星君ノ如キ、山田君ノ如キハ、警告無シニト云フ全然反對ノ説モアッタノデアリマス、唯關君ノ警告付否決ト云フコトハ四名デアッテ、全然反對ト云フコトガ二名アッタノデアルト云フコトヲ申上ゲテ置キマス、故ニ妥協ニアラズト云フコトニ御承知ヲ願ヒマス、ソレカラ先刻守屋君ガ何カ方針無シノ警告トカ、種々ナル御言葉ガアリマシタガ、唯警告スト云フコトデ、警告付デ否決スルト云フコトニ委員會デハナッテ居リマスガ故ニ、私ハ此警告ノ形式ヲ文書ヲ以テスルトカ、口頭ヲ以テスルトカ、若クハ總督ヲ呼出シテヤルトカ云フ形式ガ決議ニナッテ居ルカト云ヘバ、形式ハ決議ニナッテ居ラヌト云フコトヲ御答シタノデアリマス、警告ト云ヘバ進ンデヤレト云フ無法ナ警告ハスル筈ハナイノデアリマスカラ、守屋君ニ併セテ御答ヲ致シマス

○日向輝武君　私モ委員ノ一人デアリマスカラ、急イデ出席ヲ致シマシタガ、私ガ出席シタトキニ會ハモウ了ヘテシマッタノデ、委員長ヲ選擧シ更ニ會ヲ開イテ數分間ニ此案ハ通過シマシタノデ、私ハ出席ガ少シ遲レマシタノヲ遺憾ニ思ヒマスガ、決シテ故意ニ缺席シタノデナイト云フコトヲ斷言シテ置キマス

○佐々木安五郎君　形式ハ朝鮮總督ヲ呼出シテスルカ、文書デスルカ、口頭デスルカ、サウ云フ形式ヲ問フノデハナイ、警告ノ内容ハ如何ナルコトヲ警告スルカト云フコトヲ問フ、其内容ヲ示サレナイ委員長ノ報告デアル、此ノ如キ粗忽ナル委員會ノ經過ニ對シテハ、吾々ハ滿足スルコトガ出來ヌカラ、守屋君ニ贊成シテ再審ヲ求メマス

○議長(大岡育造君)　守屋君ノ動議ニ贊成ガアリマスカ

(「贊成々々」ト呼フ者アリ)

○議長(大岡育造君)　贊成ガアレバ先決問題ト思ヒマスカラ、其決ヲ採リマス、守屋君ノ動議ニ贊成ノ諸君ノ起立ヲ求メマス

起立者　少數

○議長(大岡育造君)　少數デアリマス

(「言論ヲ重ンゼザル者ハ多數ニアリ」ト呼フ者アリ)

○議長(大岡育造君)　本案ノ可否ヲ問ヒマス

○守屋此助君　我輩ハ我輩ノ動議ガ不成立ニナリマシタカラ、此警告ノコトニ付テモソット具體的ノコトヲ附加ヘテ決議ヲシテ置カナケレバナラヌカラ、其事ヲ一言致シマス

（「謹聽」ト呼フ者アリ）

○議長（大岡育造君）　ドウ云フコトデスカ

○守屋此助君　警告ノ方法ハドウ云フ風ニスルカト云フコトガ、委員會ニ於テ極ラヌト仰シャルカラ、ソレヲ極メナケレバナラヌ、ソレヲ極メル方法ヲ私ハ申シマス、議長、發言ヲ許シマスカ

○議長（大岡育造君）　御待チナサイ、事柄ガ分ラナケレバイケマセヌ、既ニ君ハ……

○守屋此助君　我輩ハ……

○議長（大岡育造君）　マダ許シテ居リマセヌ、守屋君ノ發言ノ意味ヲ明カニシタ上デ許否ヲ決シマス、守屋君ノ唯今ノ御說ハ先刻ノ警告ノ意味ガ不十分デアルニ依ッテ、ソレヲ明カニスルガタメニ再審ヲスベシト云フ動議ガ否決ニナッタ以上ハ、再ビ之ヲ繰返ス意味ニナルヤウニ私ハ思フノデアリマス

○守屋此助君　イヤ、サウ云フコトヲ繰返スノデハナイ、其事ヲ言フノデハナイ、此警告ノ方法ガドウスルカト云フコトガ、定ッテ居ラヌト言ハレルカラ、此本會ニ於テ朝鮮總督府ノ桀紂政治ニ向ッテ斯樣ニ警告スベシト云フコトヲ我輩ハ決議ニ附加ヘテ置キタイ

○議長（大岡育造君）　宜シイ、ソレデャ修正デスネ——守屋君

（守屋此助君登壇）

（拍手起ル）

○守屋此助君　諸君、諸君ト吾々ハ言論ト云フモノヲ尊重シテ、言論ヲ以テ國ノ政治ヲ改良スルト云フ事柄ハ十年一日ノ如ク唱ヘテ居ル人方ダ、此案ヲバ輕々ニ笑ッテ議場ニ論セラル、ト云フ事柄ハ、私ハ實ニ諸君ガ失禮デアルケレドモガ、少々眞面目ヲ缺イデ居ラヌカト思フ、朝鮮八道ノ開ケルカ開ケヌカト云フ事柄ハ、私ハ朝鮮ノ言論ノ自由ガ保テルカ保テヌカヽ分レ目デアルト思ッテ居ル、此國ニ今ノ如キ「サーベル」ノ政治ガ行ハレテダ、先刻ノ私ノ質問ノトキニモ申シマシタケレドモ、朝鮮ニ桀紂政治ガ行ハレタト云フコトヲ言フテ、實業家ノ人々ハ朝鮮ニ事業ノ起スコトヲ皆恐レテ爲サヌデハアリマセヌカ、是ハ何デアル、前ニ申シマシタ通リ、朝鮮ニハ自由ノナイ所デアルカラ、生命、財産、名譽、是ノ安固ハ保テナイノデアル、安固ノ保テナイ所ヘ大切ナ財産ヲ誰ガ注グ馬鹿ガアルカ、朝鮮ニ於テ朝鮮總督府ガ出來テ、李氏ガ政治ヲシテ居ッタトキト何ヅ選バヌ形ニナッテ居ル、言論ハ壓迫ヲ致シテ、總督府ノ氣ニ入ラヌモノハ、片ッ端カラ成立タセナイ、先ヅ認可權デ以テ自分ノ氣ニ入ラナイモノニハ、先ヅ第一ニ新聞ヲ發行サセヌノデアル、發行シテ居ル者ハ戰々競々自由ノ言論ヲ爲サシメズニ置ク、左樣ナ國ガ世界萬國何處ノ國ガ盛ンニナッタ國ガアリマスカ、此處ノ道理ガ分ラヌ人ハ諸君一人モ無イノデアリマセウ

（議長大岡育造君議長席ヲ退キ、副議長肥塚龍君議長席ニ著ク）

○守屋此助君　サウシテ置イテ此朝鮮ニ於テ八道一千万ノ國民、之ヲ撫育スルトカ、新附ノ民ヲドウスルトカ云フ二千万ノ公債ヲ遣ッテ剿ケル、一千四五百万圓ノ歲入ノアル所ヘ五千万圓ノ金ヲ使ッテ、母國ヨリ年々一千四五百万圓ノ金ヲ朝鮮ニ使ッテ置イテ、此ノ如クシテ有リ餘ッタ金ヲ使ッテ居ルノデハナイ、サウシテ此國ヲ盛ンニシヤウ、朝鮮ノ新附ノ民ヲ發達セシメヤウト云フノデ、內デハ苦イ金ヲ出シテ置イテ、ソレガ活ルカ死ヌカ朝鮮ガ開ケルカ開ケヌカノ分レ目ハ、言論ノ自由ガ有ル無シニ係ッテ居ル、斯ウ云フコトヲ御承知ノ諸君ガ清君ノ如キ委員會ニ於テ警告ヲスルト云フコトニナッタ、ソレハドウ云フコトニスルノダカ、其事柄マデハ委員會デ極メマセナカッタト云フコトヲ笑ッテ受ケルトハ何事ゾヤ、無禮ナル報告デアルト私ハ憤フル、清君其人ハ一個ノ紳士デアルガ、爲サレ方ハ國家ニ對シテ無禮デアルト思ヒマシタ、委員會ガ委員長一人デハ無イ、委員會一同ガ國家ニ對シテ無禮ダ、日向君ノ如キ國士ガ遲刻ナク御出席ニナッタナラバ、斯樣ナ失態ハナカッタデアラウ（笑聲起ル「笑ッテハ無禮ダ」ト呼フ者アリ）ソレデ少ナクトモ警告ヲスルト云フノニハ朝鮮ニ是ガ出來ナイ、イツ幾日カラソレナラバ此認可ト云フコトヲ居濟ミニスルト云フ、今カラ何年何箇月スレバ朝鮮ニ於ケル期限ハ何時ノ見込デアルカ、之ヲ先ヅ切込ンデ問ハナケレバナラヌ、サウスレバ向フガ切込ンデ往クト無期限ナコトヲ定メテ、是デ「サーベル」論デ往クニ違ヒナイ、左樣ナモノニ之ヲ警告スル、是ハ恰モ蛙ノ面ニ水ヲ掛ケルヤウナ警告デス、何トモ思ハヌ、唯向フノ急所ヲ突カズニ唯警告——警告トハ何ダ、モウ少シ嚴シクスルカ、寛大ニスルカト云フ意味ガ分ラヌ、言ハズモガナ、寛大ニシヤウト云フ流石清君ハ御利口ダ、サウデアラウ、其位ハ御承知デアラウ、ソレ以上ノ事柄ガ私ハレテ欲シイト云フノハ朝鮮ニ於テハ今ヨリ半箇年經ッテ半箇年經ッタラ居濟デ直グ出來ルヤウニ條件ヲ付ケテ、之ヲ警告スル、一年待ツコトハ出來ナイ、寛大ニ半年ノ猶豫ヲ與ヘテヤラウ「サーベル」政治ニ百八十日、六箇月ノ間寛大ニスル、ソレ以上ニナルト相成ラヌ、警告ト云フ意味ハドウ云フ意味ダ、唯警告デハイケナイ、輕イ意味デ半年以上相成ラヌト斯樣ナコトヲ附加ヘテ私ハ置キタイ、サウシナケレバ是ハ幾年經ッテモ諸君蛙ノ面ニ水ヲ掛ケル如キモノデ、唯警告結構ト云フコトハ馬耳東風ダ、何等ノ效モアリハシナイ、ソレデハトテモ朝鮮ノ開發ト云フコトハ出來ナイ、諸君ガ朝鮮八道ヲドウスル、一千万ノ國民ヲドウスル、東洋ヲ何スルトカ、東洋拓殖會社ヲシテ、何トカイロ〳〵ナコトヲ仰シヤルケレドモ、是ハ空中ニ樓閣ヲ描クガ如キモノデ、一度言論ノ自由ヲ保ッタナラバ是カラ總テ活躍スルノデアル、サモナケレバ是ハ何等ノ效力モナイ、ソレダカラ私ハ警告ヲスルニハ半年以上ノ猶豫ハ相成ラヌ、六箇月以內ニ此事柄ヲ朝鮮總督府ハ改ムベシ、斯樣ナ條件ヲ付ケテ之ヲ警告ノ趣意トスル、斯ウ云フ事柄ヲ委員會デ日向君ナドガ御出席デアルナラバ此ノ如キ委員會ノ諸君ノ恥ヲ此議場デ曝ラサヌデモ宜カッタガ、殘念ナコトニハ委員諸君ノ爲サレ方ガ不十分デアルカラ、私ハ是ダケノコトヲ警告ノ條件ニスルト云フコトヲ此處ニ述ベテ置キマスカラ、諸君、朝鮮八道、一千万ノ國民否ナ、帝國ノタメニ此言論ノ自由ヲ保タシメ、朝鮮ヲ開發スルコトニ御同意ヲ願ヒマス

○福井三郎君　議長

○副議長（肥塚龍君）　福井三郎君

（「原案賛成」「登壇々々」ト呼フ者アリ）

（副議長肥塚龍君議長席ヲ退キ、議長大岡育造君復席ス）

（福井三郎君登壇）

（拍手起ル）

○福井三郎君　登壇ヲシテ論ズル程ノコトモナイノデスガ、守屋君ノ御意見ニ反對ノ意味ヲ自席デ以テ一口述ベル積リデアッタノデアリマスケレドモ、登壇ヲ强ヒラレマシタカラ、登壇ヲシマシタガ、守屋君ノ言論ヲ尊ブ意味ニ於テ、ソレデ此案ヲ否決スルヨリモ、寧ロ可決スベキモノト思ウテ居ラレルヤウニアル(「大聲ニ願ヒマス」ト呼フ者アリ)是デ聽エマセヌカ、ソレガ委員會ニ於テ條件付ノ否決ト云フコトニナッタカラシテ御氣ニ入ラヌト云フノデアル、ソレデ警告ト云フナラバ警告ノ形式ハドウスルノカ、方法ハドウスルノカト云フコトデアリマシタガ、是ハ私ハ寧ロ守屋君ノ賢明ナルニモ拘ラズ、念ガ入過ギルト思フノデアル、卽チ警告ヲスルト言ッタナラバ、是ガ卽チ警告ニナッテ、苟モ朝鮮總督ガ朝鮮十三道ノ總督トシテ臨ンデ居ッテ、其善政ヲ謳歌セラルベキニ、帝國議會ニ於テ朝鮮總督ノスルコトニ向ッテ、警告ヲスルト云フコトヲ議場ニ公言セラレタナラバ、是ガ卽チ警告ナノデアル、而シテ其警告ノ形式、方法等ヲ定メテ、斯ウ云フ風ニ警告スルト云フマデニ具體ニ之ヲ定メナケレバ、警告ヲ受ケタル總督ガ分ラヌ程ノ愚弱デハナカラウト思フ(守屋此助君「愚弱デ分ラヌ」ト呼フ)確ニ分ル、十三道ノ總督トシテ臨ンデ居ルカラニハ、警告ヲスルコトニ極ッタナラバ、自身ノ施設ノヤリ方ガ完全無缺ナ方法デナイト思フニ違ヒナイ、故ニ此點ニ於テ警告ヲスルト云フ決議ニナッタナラバ、然ラバ警告ヲ受ケタト承知シテ前後大ニ顧慮シナケレバナラヌト、向フガ考ヘル、向フガ智惠ノアル限リニ於テ(守屋此助君「智惠ガ無イ」ト呼フ)生中ニ下手ナ形式、方法ヲ定メルヨリモ、其方ガ深刻ニ向フニ響クノデアリマス、ソレカラ關君ガ警告ト云フコトヲ條件トシテ否決スルト云フコトニ同意サレタト云フコトハ、本員洵ニ敬服致シマス、平素關君ハ溫厚篤實ナル御方デアッテ、平素ノ議論モ穩健デアル、實ニ此間ノ消息ヲ解スル人ハ關君ニ幾許ノ敬意ヲ拂ハレルダラウト私ハ信ジマス、ソレニ拘ラズ同ヂ國民黨ノ黨員中ヨリ關君ノ同意サレタ其後ヨリ恰モ反覆サレタヤウナ意味ヲ以テ辯駁サレタナラバ、寧ロ穩健ナル關君ノ信任ヲ問ハレル意味ニ聽カレハセヌカト思フ、ソレヲ私ハ深ク憂慮スルノデアリマス、何トナレバ朝鮮ノミナラズ、凡ソ一般何レノ國ニ於テモ日向君ノ言ハレル通リ言論ヲ尊バザル國ハゴザイマセヌ、偶々アッテモ其國ハ必ズソレ相當ノ報ヲ受ケテ居ルノデアリマス、故ニ言論ヲ尊ブト云フコトハ言フマデモアリマセヌガ、朝鮮ニ於テ言論ヲ恣ニセシメナイト云フコトハ、穩健ナル言論ハ姑ク措イテ、動モスレバ危激ニナリ易イト云フコトヲ深ク注意シナケレバナラヌノデアリマス、新附ノ朝鮮ヲ支配スルニ於テ、到底言論ハ文筆ヲ以テノミ爲シ得ラレルモノデハナクシテ、實ニ此間ノ操縱ノ巧妙ヲ得テ、始メテ朝鮮ガ治メ得ラレルノデアリマス、或ル場合ニ於テハ他カラ見テ以テ唯ニ抑壓ナリト見ルヤウナコトヲ言論ノ上ニ加ヘナケレバナラヌ必要モゴザイマセウ、或ル場合ニ於テハサウ饒舌ラシテ置ク必要ガナイト思ハレル事柄モ所謂七擒七縱デ以テ、操縱ノ妙ヲ極メナケレバナラヌノデアル、箇中ノ消息ヲ解スレバコソ、關君ガ黨派違ヒノ位置ニ立ッテ居リナガラ、頑トシテ主張セズニ警告ト云フコトヲ條件トシテ否決ニ同意セラレタト云フコトハ、關君ガ將ヲ得ント欲セバ、先ヅ馬ヲ射ヨト云フヤリ口デ、極メテ巧妙ナルヤリ口デアル、初ヨリ此案ヲ通過スルト認メテ出サレタモノデハナカラウ、警告ト云フコトヲ條件トシテ否決スルト云フ此意味デ、議場ニ於テ否決シタナラバ、其聲ガ遠ク海ヲ隔テ、總督ノ耳ニ確カニ響イテ、イツノ間ニカ朝鮮ニ於ケル新聞ノ善政ヲ期スルコトガ出來ルト云フ、斯ウ御考ヘニナッタノデ、實ニ關君ノ考ヘラレタコトハ相當ノ處置ト思ヒマス、故ニ委員會ノ結果ハ委員長トシテ清君ガ報告セラレタヨリモ、其間ニ無量ナ旨味ヲ存シテ居リマス、寸毫本員等ハ此委員諸君並ニ此委員長ノ御審査ガ足ラヌトハ考ヘマセヌ、實ニ能ク十分ニ御審査ガ行居イテ居ルト認メテ居ルノデ深ク意ヲ用井ラレタコトヲ感謝致シマス、殊ニ日向君ノ出席ガ遲レタト申サレマシタガ、平素眞面目ニ精勵セラヽ日向君ガ、偶〻數分間ノ遲刻ヲサレタト云フコトモ實ニ餘儀ナイ用事ガアッタノデアラウト思ヒマスカラ、是ハ日向君ノタメニ寃ヲ辯ジテ置キマス、此案ハ委員長報告通リニ本員ハ贊成ヲ致シマス

○恆松隆慶君　討論終結ノ動議ヲ提出致シマス

（「議長々々」「質問ガアル」ト呼フ者アリ）

○議長（大岡育造君）　討論終結ノ動議ガ起リマシタ、質問ガアッテモ討論終結ノ動議ヲ先ヅ諮ッテ後ニ願ヒマス

（「ソレデハ質問ガ出來ナクナッテシマウ」ト呼フ者アリ）

○議長（大岡育造君）　討論終結ノ動議ニ御贊成ガアリマスカ

（「贊成」「反對」ト呼フ者アリ）

○議長（大岡育造君）　討論終結ノ動議ニ贊成ノ諸君ノ起立ヲ求メマス

起立者　多數

○議長（大岡育造君）　多數デアリマス

（「質問ガアリマス」ト呼フ者アリ）

○議長（大岡育造君）　討論終結ノ動議ガ可決シタノデアリマスカラ、最早採決ヨリ外ニ出來ナイ場合ニナリマシタ

○日向輝武君　其採決ノ前ニ質問致シタイ

○議長（大岡育造君）　質問スル時間ガアリマセヌ――委員長報告通リ御異議ハアリマセヌカ

（「異議ナシ」ト呼フ者アリ）

○守屋此助君　唯ボンヤリシタコトデハイカヌ、私ハ斯ク〱ノ如キモノニ警告スルト修正シタイ……

○議長（大岡育造君）　アナタノハ警告ヲ別ニスルノデスカ

○守屋此助君　左樣ナ警告的ノ決議ヲシテモ、唯ボンヤリシタ雲耶山耶呉耶越耶、ト云フヤウナ分ラヌ警告デハ困ル……

○議長（大岡育造君）　守屋君ノ說ハ本案ハ否決ニナルノデ、本案否決ト云フ委員長ノ報告デアリマスガ、之ニ付テ何カ提案ガアルノデスカ

○守屋此助君　其警告ヲスルト云フ其警告ハ、是認スルノデアルカ、唯警告デハ內容ガ何モ知レナイ、ソレナ警告デハイカヌカラ、吾輩ハ斯ク〱ノ如キコトヲ附加ヘタル警告ニスル、ソレヲ福井君ハ「ノウ」ト叫バル丶、議長ハ其討論ヲ許シタデハアリマセヌカ、サウスレバ一ツノ問題トナッテ居ル

○議長（大岡育造君）　本案ハ委員長ノ報告ハ卽チ否決トナッテ居ルノデアリマス、其外ニ何モ別ニ提出ガナケレバ仕方ガナイノデアリマス、警告ヲスルト云フコトハ、委員長ノ報告ニモ付テ居リマス

○守屋此助君　其警告ト云フ事柄ガチヤント付イテ居ルカラ大事ナンデス、其警告ト云フモノガ何ダカ分ラナイ警告デハイカヌカラ、之ヲ鮮明ニスルノデス、左様ナコトヲスルニ及バヌト云フノガ福井君ノ御論デアル、私ハ左様ナ事柄ニ警告ト云フコトハ、強イ意味ヲ含マセナケレバナラヌト云フノデス

○議長（大岡育造君）　守屋君ノ辯論ノ決議ヲ採ルヤウニナリハセヌカト思ヒマス

○守屋此助君　勿論辯論ノ決議デアル

（「採決々々」ト呼フ者アリ）

○議長（大岡育造君）　別ニ決議案デモ出テ居レバ格別デアリマスガ、辯論ノ決議ヲ採ルト云フコトハドウモ困リマス

○守屋此助君　其警告ト云フ意味ガ鮮明デナイカラ、ソレヲ私ハモウ一層明カニ修正ヲシタイ、其警告ト云フコトニ附加ヘテ今後六箇月間ニシテ、今ノ朝鮮總督府ハ新聞紙ニ對スル政治ヲ改良スベシト云フコトヲ附加ヘルノデス、ソレヲ附加ヘヌデモ宜イト云フノガ、福井君ノ議論デアル

○議長（大岡育造君）　本案ノ採決ヲ致シマス、本建議案ニ賛成ノ諸君ノ起立ヲ願ヒマス

（「分ラヌ分ラヌ」ト呼フ者アリ）

○議長（大岡育造君）　委員長ハ本案否決ト云フ報告ヲシマシタカラ、此案ヲ成立タシメント欲スル人ヲ尋ネルノデス、卽チ議長ノ採決ノ方法ハ常ニ案ノ成立ヲ希望スル意味ニ於テ、最初ヨリ決議ヲ採リ來ッテ居ルノデアリマスカラ、否決ヲ土臺トシテハ採ラヌノデス、可決ヲ土臺ニシテ採リマスガ故ニ、此建議案ニ賛成ノ諸君ハ御起立ヲ希望致シマス

起立者　　少數

第九　癈兵優遇ニ關スル建議案（齋藤珪次君提出）（委員長報告）

○高木正年君　此場合議長カラ御注意ヲ願ヒタイコトガアリマス、ソレハ唯今ヨリ丁度二十日バカリ以前ニ田川大吉郎君ニ依ッテ提出サレマシタ……

○議長（大岡育造君）　質問デスカ

○高木正年君　關稅改正法ノ結果ガ今日マデ報告ニナッテ居ラヌノデアリマス、此問題ハ當議會中ノ最モ重要ナル問題デアリマス……

（翠川鐵三君登壇）

○議長（大岡育造君）　答辯書ノ催促ナラバコチラカラ既ニ致シテ居ル、後刻到著スル筈ニナッテ居リマス

○高木正年君　田川大吉郎君ノ關稅改正法ノ報告ガ……

○議長（大岡育造君）　總テニ向ッテ催促ヲ致シ、總テ出スコトニナッテ居ル

○高木正年君　質問デハアリマセヌ

○議長（大岡育造君）　質問ノ答辯デセウ

○高木正年君　質問ノ答辯デハナイノデス

（「法律案ノ委員會ノ結果ノ報告」ト呼フ者アリ）

○高木正年君　御分リニナラナケレバ、其所ニ參ッテ申シマス

（「登壇々々」ト呼フ者アリ）

○議長（大岡育造君）　登壇ノ必要ハアリマセヌ、今現ニ登壇シテ居ルモノガアリマス、緊急ノコトデナクレバ後トニ回シマス

○高木正年君　ソレデハ此次ニ御許ヲ願ヒマス

○翠川鐵三君　癈兵優遇ニ關スル建議案ノ委員會ノ經過ノ顚末ヲ御報告致シマス、此案ハ委員會ヲ重ネルコト四回デアリマス、尙巣鴨ニアル癈兵院ノ實地ヲモ視察シテ、最モ委員諸君ノ熱心ナル審議討論ヲ要シ、且政府ノ意思ヲモ十分質問ヲ致シマシテ、其審議ノ結果御配付ニナッテ居リマスヤウナ修正案ヲ委員會ニ於テハ決定ヲ致シマシタノデアリマス、先キノ建議ノ趣旨ハ極メテ抽象的デアリマスカラシテ、却テ本案ノ如キモノニ就テハ具體的ノ決議ヲ要スル方ガ必要デアラウト云フ次第デ、斯ク修正ヲ致シタノデアリマス、ソレデ此修正ノ案ガ第一ニ載セテアリマスノガ「癈兵院ニ於ケル癈兵ニ寬容ナル待遇ヲ與ヘ一層ノ慰安ヲ得セシムルコト」ト云フノガ第一項ニナッテ居リマス、是ハ癈兵院ヲ視察致シマシタ結果トシテ、此ノ如キ修正ヲ爲ス必要アリト認メタ次第デアリマス、其次第ヲ掻摘ンデ申述ベマスレバ、此巣鴨ノ癈兵院ノ內容及總テノ整理ノ顚末ト云フモノハ、吾々ガ最初此院ノ視察ヲ致シマセヌ以前ニ考起シタコトヽハ全ク反對ノ結果ヲ得タノデアリマス、或ハ世上ニ於テハ癈兵トシテ入院デモ致シマスルト、獄舍ニ捕ハレテ居ル人ノ如キヤウナル考ヲ持ッテ居ッタ人モ多々アルヤウデアリマスガ、本員等親シク之ニ就テ見マスルト、其設備ノ完全ナルコト、注意ノ周到ナルコト、又此院長トシテ居リマスル山崎大佐ト云フ人ハ極メテ穩健ナ、極メテ親切ナ人デアリマシテ、此癈兵ニ向ッテ十分ナル便利ト自由ヲ計ッテ居リマス、是ハ吾々ノ殆ド豫想外ニ感ジタ次第デアリマス、殊ニ此癈兵ノ優遇ノ方法ガ或ハ食事其他ニ於テハ少シ優待ノ度ガ過ギハシマイカト感ズル程ノ次第デアリマス、併ナガラ此ノ如キ國家ノ恩人ヲ待遇致シマスルニハ、少シ過ギル位ナ事柄ハ尙吾々ノ忍ンデ爲スベキ事柄デアラウト考ヘテ居リマスガ、唯此所ニ癈兵ニ寬容ナル待遇ヲ與ヘタイト云フ事柄ハ總テガ溫室モアリ、其他球突場モアリ、又住居ヲシテ居リマス座敷ノ如キモノモ到底一圓位ナ宿料ヲ出シテハ東京デハ此ノ如キ立派ナ座敷ニハ居レナイ程ニ注意シテ居リマスケレドモ、兎ニ角陸軍軍人ノ下ニ總テ世話ヲ受ケテ居ルノデアリマスカラシテ、多少ニテモ軍隊ニ置ク考ヲ以テ此餘命極メテ不愉快ナル生活ヲ致シテ居リマスルトコロノ癈兵ニ向ッテ、軍人扱ノ意味ハ極メテ無イヤウナル寬容ノ待遇ヲ與ヘテヤリタイト云フコトヲ政府當局ニ望ンダ次第デアリマス、ソコデ一層ノ慰安ヲ得セシムルト云フ此顚末ハ、豫テ世人ガ此癈兵ニ就テハ癈兵病院ヲ獨房ト云フト可笑シイノデゴザイマスガ、獨居セシムルト云フコトハ甚ダ氣ノ毒デアル、是ハ日本古來ノ美風トスルトコロノ家族制度ノ下ニドウカ十分慰安ノ途ヲ立テタイト云フコトハ何人モ是ハ希望セラレテ居ル事柄デアラウ、然ルニ今日ノ癈兵院ノ有樣ハ此院長ノ心配ト、婦人會ノ熱心ナル注意ト、ソレカラ東京ノ確カ牛乳屋ノ細女ナドガ熱心盡力致シマシテ、今デハ此癈兵ノ妻女ノ住ムベキ家ガ二十戶出來テ居リマス、此二十戶ノ中ニ妻子ノ參ッテ住ンデ居ル者ガ十三軒アリマス、ソレデ有志家ノ力ニ依ッテ斯クマデニハ進ンデ參リマシタケレドモ、一層癈兵ノ收容ヲ普クスルト同時ニ、妻女トノ關係ヲ益〻圓滿ニ、サウシテ益〻此制度ノ擴張ヲ政府ヲシテ爲サシメタイト云フ希望ヲ以チマシテ、此所ニ待遇ヲ與ヘ、一層慰安ヲ得セシムルト云フコトノ趣意ニ出タ次第デアリマス、右ニ御了承ヲ願ヒタイノデアル、ソレカラ「癈兵院ニ入院セル者ニ對シ免除恩給ハ其支給ヲ停止セサルコト」是ガ第二項デアリマス、今日ノ扱ヒハドウナッテ居ルカト調ベテ見マスルト、此增加恩給ト免除恩給ト云フモノヽ中五分ノ四ト云フモノヲ癈兵院ニ入ッテ居リマスル間ハ、下付セラレルコトヲ停止サレテ居ル、是ハ今現在ノ有樣デ調ベテ見マスルト、此五分ノ一ガ卽チ小遣ニナッテ其他三圓某ト云フモノガ――二十五錢デアリマシタガ、外ノ寄附金カラ生ズル利益ノ分配ト云フモノヲ癈兵ガ受ケテ居リマス、是ガ一般ノ人デアレバ辛クモドウカヤッテ往ケル、其中ニ此癈兵ノ中デハ現在ニ羽織ノ紐ヲ賣ッテ居ルモノ、陶器ヲ燒イテ居ルモノモアリマス、或ハ盲啞學校ニ通ッテ鍼治ノ稽古ヲシテ居ルモノモアル、或ハ齒科醫ニ就テ學問ヲ研究シテ居ルモノモアリ、一番同情ニ堪ヘナカッタノガ、兩眼ノ失明シテ居ッテ兩手ガ無イト云フ人ガ一人アッタ、是ハドウ云フ方法デヤッテ居ルカト云フト、義太夫語リニナリタイト云フノデ、癈兵院ノ方ヨリシテ師匠ヲ呼ンデ、今義太夫ノ稽古ヲシテ居ル、斯ヤウナ譯デアリマスケレドモ、今ノ妻子ヲ呼寄セルト云フ場合ニナリマスト、婦人會ニ於テモ其妻ニ對シテ日ニ二十五錢ト、電車賃五錢、都合三十錢宛給シテ居リマスガ、ドウモ是デハ此物價ノ高イトキニ於テ甚ダ苦痛ナ生活ヲ致シテ居ルヤウナ次第デアリマスガ故ニ、此癈兵ノ恩給中增加恩給ト云フモノハ、此戰爭ノ傷ノタメニ受ケテ居ル恩給デアリマスカラ、之ハ癈兵トシテ入院ヲ致シテ、優待サレル已上ハ、之ハ國家ニ於テ下附スルコトヲ停止スルト云フコトハ、或ハ一應道理トシテ認メ得ル次第デアリマスケレドモ、此免除恩給ニ至リマシテハ、癈兵トナッテ免除セジルヽト同時ニ此恩給ヲ與ヘラレテ居リマスカラ、是

ダケハ縱令癈兵トナッテ、癈兵病院ニ入院者トナッテ居リマシテモ、之ヲ下附スルト云フコトニ付テ、政府ガ停止ヲ爲スト云フコトハ甚ダ酷ニ失スルノ嫌ガアル、故ニ此點ニ付テハ陸軍當局トモ種々談判ヲ致シマシタトコロガ陸軍當局ノ述ブルトコロニ依リマスト、餘リ澤山ヤッテ品行ヲ紊シタリ、或ハ勉強ヲスルヤウナ人ガシナイヤウニナルモドウカト云フコトデアリマスガ、兎ニ角現在ノ儘デハ置カレナイカラシテ、何トカ致シマセウト云フコトデアリマシタガ、委員會ニ於キマシテハ增加恩給ノ分ハ之ヲ停止スルモ、免除恩給ト云フモノハ全額支給スルガ相當デアルト同時ニ、成ルベク第一項ノ家族制度ノ實ヲ擧グルヤウナコトニ斯ク致シマスレバ、相俟ッテ自然癈兵ニ對シテ一層慰安ノ途ヲ與フルコトニ至ルト存ジマスルガ故ニ、斯ク決定ヲ致シタ次第デアリマス、ソレカラ次ニハ此癈兵ニ對シ國有汽車、汽船、無賃乘車ノ範圍ヲ擴張シテ、手續ヲ簡易ニスルト云フコトヲ政府ニ建議致スノデアリマス、現在デハ此癈兵ガ一項傷、二項傷ト云フノニ所謂兩眼ノ失明者、兩手ノ無イモノ兩足ノナイモノト云フニ付テハ無論デアル、但此看護ノタメニ附添ウテ居ルトコロノモノニ對シテハ賃銀半額ヲ取ッテ居ル、先ヅ之ヲ廢スル、卽チ失明者既ニ自身デ歩ケナイ已上ハ看護者ヲ附ケルハ當然デアルガ故ニ、此看護者ニ對シテ半額ノ汽車賃若クハ船賃ヲ徵スルト云フガ如キハ、國家ガ癈兵ヲ待ツノ所以デナイ、此等ニ對シテハ全然無賃トシテ優待ヲ與ヘテヤリタイト云フ希望デ、政府者ニ是又交涉致シマシタ、且又陸軍省ヨリモ鐵道院ニ對シテ相當ノ交涉ヲセラルヽヤウニ希望ヲ屬シ、陸軍省ニ於テモ爲シ得ラルヽダケ其力ヲ竭スト云フコトノ言明デアリマシタ、ソレカラ次ニハ此癈兵ノ徽章ヲ拵ヘテ、サウシテ之ヲ佩用セシメタイト云フコトデアリマス、之ハ汽車ニ乘リ、電車ニ乘リ、其他通行ヲシマスルニ付テモ、或ハ鼻ノ無イ人、目ノ無イ人、種々ナル不具者ノアル中ニ、アノ不行狀ノタメニ受ケル傷カ、或ハ國家ノ恩人トシテ名譽ノ負傷ヲ爲レタル人デアルカ、此區別ガ殆ド付カナイト云フコトハ、甚ダ癈兵ノ心中ニ取ッテ不愉快ヲ感ジ、且氣ノ毒ナ次第デアリマス、故ニ癈兵デアルト云フコトヲ一目瞭然ニ知リ得ラルヽヤウニ茲ニ徽章ヲ制定シテ佩用セシメタラバ、此癈兵ニ出會フ人ハ此名譽ノ戰傷デアルト云フコトニ同情致シテ、敬意ヲ拂ッテ癈兵ソレ自身ニ極メテ愉快ナル感覺ヲ與フルト云フノ便宜アリト認メマシテ、是又政府當局ニ向ッテ十分ニ交涉致シマシタ、此點ニ付テモ政府ハ十分考慮調査ノ上ニ、何トカ滿足ノ途ヲ與ヘタイト云フコトノ言明ヲセラレタ次第デアリマス、ソレカラ此第五ニ掲ゲテアリマスノハ癈兵ノ戰傷ニ起因スル疾病ニ付テハ年限ノ如何ニ拘ラズ國費ヲ以テ療養ヲ爲サシムルコト、云フ、是ハ癈兵ガ三年間――其戰ニアリシヨリ三年間ハ戰傷ノ傷ノタメニ種々ノ病氣ノ起ルト云フトキニハ、國費ヲ以テ治療スルト云フコトニ法規ニ規定ガアリマス、ケレドモ併シ三年ヲ經過シタト雖モ、戰傷ノタメニ基因スル病ヲ國家ガ之ヲ顧ミザルト云フコトハ、甚ダ宜シクナイ、故ニ縱令五年、十年ノ後ト雖モ苟モ戰傷ノタメニ原因スル疾病ナリトスレバ、國家ガ之ニ對シテ相當ノ優遇ヲ講ゼネバナラナイト認メマシタルガ故ニ、茲ニ第五項ヲヤハリ加ヘタ次第デアリマス、之ヲ要シマスルニ癈兵ニ對スル優遇ノ途ハ、未ダ他ニ澤山アルカモ存ジマセヌガ、委員會ニ於キマシテハ差向以上五項ノ事實ヲ實行セラレタナラバ、癈兵ニ慰安ノ途ヲ與ヘ、又將來大ニ救フノ途ニ出ルモノデアラウト認メマシタガ故ニ、此ノ如ク修正ヲ致シテ決定ヲ致シタ次第デアリマス、願クバ此修正通リニ御贊成アランコトヲ切ニ希望致シマス（「採決」ト呼フ者アリ）倘チョット御報告致シテ置キマスガ、明二十六日ノ午後二時カラ倘癈兵院ノ實況ヲ諸君ニ御覽ニ入レルコトヲ交涉致シテ置キマシタカラ、願クバ御臨場ノ上、親シク御覽ヲ願ヒタイ、ソレカラ倘茲ニ癈兵院ニ澤山入レナイト云フコトニ付テ段々模樣ヲ聞イテ見マスルト、牢舍ニデモ入ッテ居ルヤウナ風ニ感ジテ居リマスケレドモ、是ハ皆手足ノドウカ斯ウカ叶フ者ハ、ソレ〳〵ノ方法ニ依ッテ、或ハ學校ヘ通フトカ、皆ソレ〳〵ノ事業ニ從事シテ居ル者モ、學問ヲ研究シテ居ル者ガアリマス、ソレデ佐藤朔次郎ト云フ者ハ看護手デアッタ、ケレドモ癈兵院ニ入ッテ居リマシテ、醫學校ニ通ッタ結果、前期、後期、實地マデノ試驗ヲ了ヘテ及第シテ、今ハ道玄坂ニ醫師ノ開業ヲシテ居ル、ソレカラ刺繡ヲ稽古シマシタ中丸留吉ト云フ者ハ、是又十分ナル研究ヲ致シマシタ結果今日デハ大連ニ行ッテ四十人バカリノ職工ヲ使ッテ、立派ナル店ヲ開イテ居ルト云フ成功者モアルノデ、今後癈兵ニ付テ政府モ十分ノ注意ヲ拂ヒ、又地方官ナドガ之ニ向ッテ十分ニ奬勵ノ途ヲ開キマスレバ、一方ニ癈兵ヲ慰メ、一面ニハ癈兵ヲ優遇スルニ極メテ適當ナリト思ヒマスカラ、併セテ其大體ヲモ報告シテ置キマス

○佐々木安五郎君　私ハチョット質問ガアリマス、癈兵優遇ニ關スル建議案ニ付テハ御同感デス、併シ此癈兵ト云フコトガ、既ニ一種ノ侮辱ヲ意味シテ居ラヌカト思フ、此點ニ付テハ私ニ非常ニ遺憾ニ感ジテ居ル、手ガ片一方無イカラ癈兵デアル、足ガ片一方利カヌカラ癈兵デアルト云フコトガ出來ルヤ否ヤ、寺內總督ノ如キモ手ガ惡イ、而モ朝鮮八道ノ總督ヲシテ居ル、足ノ惡イ人デモ、堂々ト國政ニ參與シテ居ル（拍手聲笑起ル）是ガ手足ガ惡イト云フノヲ以テ、癈兵ト言フノハ一種ノ侮辱デアル、ソレデ癈兵ヲ優遇スルト云フ意味ガ眞ニアルナラバ、戰爭ヲシテ國家ノタメニ傷イタ者ガ聞イテモ、己ノ耳ニ快イト云フヤウナ名譽アル名前ヲ付ケテヤリタイ、癈兵ト云フ名前ハ一種ノ侮辱ノ意味ヲ持ッテ居ルト私ハ考ヘテ居リマスガ、此點ニ於テ優遇ト云フコトハ名ハ實ノ賓ナリト云ヒマスカラ、先ヅ名カラ改メルト云フコトニ其處ニ想到ラレタカドウカ、其邊ヲ一應承ッテ置キタイ

○翠川鐵三君　御答ヲ致シマス、ソレハマンザラ氣ガ付カヌ譯デモナカッタ、實ハ癈兵病院ニ往ッテ院長ニ癈兵病院ト云フ、此癈兵ト云フ名ガ面白クナイカラ、之ヲ何トカ人聞キノ宜イ適當ナ名前ニ改メルコトヲ考ヘテ呉レト註文ヲシマシタ、所ガ陸軍ノ病院ノ院長モ至極御同感デアリマスカラ、何トカ是ハ十分ナ審議ヲ致シマシテ變ヘタイト存ジテ居リマス、今日ハ癈兵ト云フ名デアリマスルカラ、此處ニ癈兵トシテ冠ラシテ置キマシタガ、元來癈兵ト云フ名前ハ餘リ面白クナイト云フコトハ承知シテ居リマス

○佐々木安五郎君　其問題ハ保留シテアル譯デスカ、將來癈兵ト云フ名ヲ改メル時機ガアルト云フ……

○翠川鐵三君　ソレハ癈兵ト云フ名前ヲ改メルコトヲ希望スル意味ニ於テ述ベテ置キマシタ

○佐々木安五郎君　分リマシタ

○議長（大岡育造君）　採決ヲ致シマス、委員長報告ニ御異議ハアリマセヌカ

（「異議ナシ」ト呼フ者アリ）

○議長（大岡育造君）　御異議ナシト認メマス、因テ本建議案ハ委員長報告通可決シタルコトヲ宣告致シマス——高木正年君

第九　臺灣ニ於ケル棉花栽培奬勵ニ關スル建議案（井上篤太郎君提出）

臺灣ニ於ケル棉花栽培奬勵ニ關スル建議案

臺灣ニ於ケル棉花栽培奬勵ニ關スル建議

我カ邦紡績業ノ發達ニ伴ヒ棉花ノ需要ハ益多大ナルニ內地ニ於ケル產出ハ殆ト絕無ニシテ其ノ大部分ハ之ヲ海外ノ供給ニ仰ケル爲我カ貿易上輸入超過ノ因ヲ爲スヤ尠シトセス幸ニ臺灣ノ地タル最棉花ノ栽培ニ適シ奬勵宜キヲ得ハ同島ノ一大產物タルヲ得ヘキコト確然タルノミナラス之ニ因リテ輸入超過ノ勢ヲ防止スルノ效大ナルモノアルヤ必セリ故ニ政府ハ同島ニ棉花ノ栽培ヲ奬勵スルノ策ヲ取ラレムコトヲ望ム

右建議ス

（井上篤太郎君登壇）

○井上篤太郎君　私ガ此本案ヲ提出致シマシタ希望ハ第一ニ逐年打續イテ居リマス輸入ノ超過、此逆潮ヲ挽回シタイト云フ、言葉ヲ換ヘテ申シマスレバ輸出入ノ貿易ガ甚ダ不均衡ニナッテ居リマスカラ、ドウゾ此「バランス」ヲ取ルヤウニシタイト云フコト、ソレカラ第二ニハ御承知ノ通リ內地ノ方デハ棉花ト云フモノハ今日殆ド耕作ヲシテ居リマセヌ、ソレデドノ位棉花ヲ內地デ消費シテシマフカト申シマスト、二億万圓以上ノ棉花ヲ輸入シテ參リマシテ、內地デ消費シテシマヒマスモノガ殆ド一億三千万圓ニ達シテ居ル、斯ノ如ク多數內地デ消費致シテ居ルニ拘ラズ、棉花ノ栽培ト云フコトハ少シモ計畫サレテ居ラヌ、幸ニ此臺灣朝鮮ト云フヤウナ棉花栽培ニ好適ノ所ガ日本ノ領土ニ歸シマシタ以上ハ、此新領土ニ向ッテ棉花栽培ヲ奬勵スルト云フコトハ、國家經濟ノ上ニ於キマシテモ殖民政策ノ上ニ於テモ、甚ダ必要ナコトデアルト考ヘルノデゴザイマス、然ルニ前ニ申シマシタ如ク、僅ニ朝鮮デ少シバカリ此施設ガシテアルダケデ、臺灣ニ於キマシテ何等施設モシテナイノデゴザイマスカラ、私ハ臺灣ニ向ッテ是非共此棉花栽培奬勵ノ方法ヲ設ケタイト云フコトヲ、政府當局者ニ向ッテ請求致スノデゴザイマス、ソレデ之ニ付キマシテハイロ〳〵統計モゴザイマスレ、長イ說明ヲシナケレバナリマセヌカラ、玆ニ其事ヲ認メテアルモノガアリマスカラ、議長ノ許可ヲ受ケマシテ速記錄ニ載セテ御目ニ掛ケルコトニ致シマス、サウ云フ次第デゴザイマスカラ、私ノ誠意ノアル所ヲ御諒察下サイマシテ、是非御贊成アランコトヲ希望致シマス

（井上篤太郎君演說參考書）

臺灣ニ於ケル棉花栽培奬勵ニ關スル建議案說明書

日東帝國ノ海外貿易ハ逐年輸入超過テフ逆潮ヲ呈シ前途ノ趨勢甚タ憂慮ニ堪ヘサルモノアルヲ以テ玆ニ其原因ヲ探究シテ之レカ救治ノ策ヲ講スルハ國家經濟上洵ニ焦眉ノ急務ナリト信ス請フ聊カ之レヲ辯セン

○貿易入超ノ主因ト棉花輸入ノ趨勢

輓近我國ノ對外貿易ハ累年輸入超過相踵キ明治四十年ニハ五千五百八万餘圓、四十一年ニハ五千〇七十五万圓ヲ算シ、四十二及四十三、兩年ノミ纔カニ出超ヲ示セリト雖モ（四十二年出超額二千七百十二万圓 四十三年出超額三百八十万二千圓）四十四年以降又復タ著シク入超額ヲ尨大シ殊ニ昨年ノ如キ九千二百万圓ノ多キニ達セリ

年度	輸出總額	輸入總額	入超額
四十四年	四四七、四三三、八八八圓	五一三、八〇五、七〇五圓	六六、三七一、八一七圓
大正元年	五二六、九八〇、八四二	六一八、九四二、五七八	九一、九六一、七三六

惟フニ斯ノ如ク貿易上尠少ナラサル入超ヲ齎ラス所以ハ主トシテ棉花輸入額ノ激增ニ基因スヘシ試ニ統計ニ依リ其實況ヲ說明セン

年次	棉花輸入額	參考 生絲輸出額
四十二年	一〇八、三〇七、七八八圓	一二四、二四三、二三九圓
四十三年	一五九、二二一、八〇八	一三〇、八三二、九四〇
四十四年	一四七、一〇二、七一七	一二八、八七五、〇九四
大正元年	二〇〇、八二四、二〇三（新記錄）	一五〇、三二七、四三三（新記錄）

更ニ棉花ノ輸移入狀態ヲ國別ニ表示スレハ

棉花輸移入國別表

國別	種別	明治四十四年	明治四十三年	明治四十一年
英領印度	數量	二、四二二、〇〇九百斤	二、〇九七、四九六百斤	二、三一七、七二一百斤
	價格	八八、〇六九、七九〇圓	一〇一、二一八、三〇五圓	六一、〇七六、一六二圓
北米合衆國	同	七三六、七七六	四四四、七〇三	七一五、〇四一
	同	二九、二五八、九五八	一七、一九三、一二八	二三、一八四、五五〇
支那	同	七四一、八二四	一、一三九、二〇一	六一二、〇五二
	同	二二、五一四、四九八	三四、一三三、〇二一	一六、一二一、〇八三
佛領印度	同	四七、八九四	四三、四四〇	六三、五〇九
	同	六二二、五五九	五三四、八三六	九〇六、二七八
埃及	同	一〇〇、四四三	七四、二一七	一〇二、八一三
	同	五、四三七、五〇〇	四、一四三、三八八	五、四三二、六五四
朝鮮	同	一五、五二六	三七、二九六	二七、四三〇
	同	三二〇、二〇五	四六八、九八二	三四二、一二六
蘭領印度	同	三〇、六三三	三四、六六一	六八、七二八
	同	三〇八、八四七	二四三、一二四	五〇五、五〇〇
關東州	同	、〇三三	、〇〇八	、二七六
	同	、六二五	、二〇二	五、五一二
暹羅	同	五、〇七五	五、八八二	一〇、九四〇
	同	五八、五〇四	六八、三七八	一〇三、六八九
英領海峽殖民地	同	四六、七八二	七五、三〇七	六六、九一一
	同	四三三、九二五	一、一六五、九四九	四九六、二九一
其他諸國	同	一、四七五	、九八八	—
	同	七七、四〇六	五二、四九五	、〇四四
合計	數量 繰綿	三、九九三、七〇二	四、七八六、三五九	三、七七〇、九〇一
	數量 實綿	一五四、七六八	一六九、五一五	二一四、五二一
	數量 右ヲ繰綿ニ換算	五一、五九〇	五六、五〇五	七一、五〇七
	數量 合計	四、〇四五、二九二	四、八四二、八六四	三、八四二、四〇八
	石俵數（三百斤ニ換算）	一、三四八、四三〇	一、六一四、二八七	一、二八〇、八〇二
	價格	一四七、一〇二、八一七	一五九、二二一、八〇八	一〇八、三〇七、七八八

因ニ大正元年度ニ於ケル二億〇〇八十二万餘圓ノ內其過半ハ英領印度ヨリノ輸入ナルコトハ贅言ヲ要セス之レカ爲メ同年度ニ於ケル日印貿易ハ左ノ如ク益〻其不均衡ヲ甚大ナラシメタリ

日本ヨリ輸出額　金二千三百六十四万八千〇七十四圓

印度ヨリ輸入額　金一億三千四百七十四万一千六百十三圓

差引輸入超過額　金一億一千百〇九万三千五百三十九圓

論者或ハ曰ハン入超ノ主因カ棉花ニ負フ所大ナル實ニ夫レ爾リ乍併棉花ハ原料品ナルカ故ニ加工製造ノ上再輸出スルニ依リテ相殺シ得ヘク隨テ入超必スシモ憂フルニ足ラスト(殊ニ大藏省官吏ノ輩屢々此ノ謬論ヲ唱道シ現ニ二月五日衆議院ニ於ケル若槻前藏相ノ演說亦タ暗ニ此ノ天下泰平ナル意味ヲ洩シ居レリ)然レトモ余輩ハ之ヲ以テ近眼者流ノ謬論ト斷スルニ躊躇セス何故カナレハ

上述ノ如ク大正元年度ノ棉花輸入額ハ二億〇〇八十二万四千二百〇三圓ニシテ此内ヨリ綿絲、綿織物、綿浴巾、綿メリヤス等ニ製造シテ輸出シタルハ八千八百九十五万九千九百三十三圓ニシテ之亦輸出額ノ新記錄ヲ作リタルモノナレトモ工費竝ニ利益ヲ最モ内輪ニ二千百三十一万八千圓ト見積リ前記輸出額ヨリ控除スレハ差引正味原棉代ハ六千七百六十四万二千餘圓ノミ其内譯次表ノ如シ

品種	昨年度輸出額	輸出價格百圓ニ對シ 工費	利益	工費及利益金ノ總額
綿絲	五三、六八〇、七九七圓	(一〇圓	一〇圓)	一〇、七三六、〇〇〇圓
綿織物	二五、七五八、六三五	(一五圓	一五圓)	七、七二七、〇〇〇
綿浴巾	二、一六〇、五四一	(一五圓	一五圓)	六四八、〇〇〇
綿メリヤス	七、三五九、九六〇	(一五圓	一五圓)	二、二〇七、〇〇〇
計	八八、九五九、九三三			二一、三一八、〇〇〇

然ラハ一億數十万圓ノ棉花ヲ輸入シ正味六千七百六十餘万圓ノ加工再輸出ヲ爲セルニ過キスシテ結局一億三千三百餘万圓テフ鉅額ハ「棉花ノ爲メニ海外ニ流出シタル正貨」ナルニ非スヤ

更ニ之ヲ別方面ヨリ反覆說明スレハ二億餘万圓ノ原棉ニ製造工費及利益金約六千万圓ヲ加算シタルモノヨリ前記各種ノ綿製品輸出額八千九百万圓弱ヲ控除スレハ差引内地消費額ハ一億七千餘万圓トナリ之レカ原料代ハ恰モ嚮ニ述ヘタル一億三千三百万圓ニ相當スルモノナリトス

既ニ吾カ棉花輸入額ハ遥ニ生絲輸出額ヲ超過シ單ニ此ノミニ就テ見ルモ炳ニ一億三千餘万圓ノ正貨流出ヲ免カレス而カモ内地紡績業ノ發展ニ伴ヒ原棉ノ消費額ハ益々增加スルモノトスレハ貿易ノ入超ハ今後ト雖トモ毎年ノ常態タラントスルノ懸念アリ斯クテハ邦家ノ爲メ寒心ニ堪ヘサル結果ヲ招來スヘク今ニシテ深ク省察スル所ナクンハ危シ

若夫這般ノ趨勢ヲ既倒ニ回ラシ入超ノ主因ヲ除去セムトナラハ其策ハ所詮次ノ三方針ヲ執ルノ外ナカルヘシト信ス曰ク

一　輸出貿易品ノ生產增加ト海外販路ノ擴張
一　領土内ニ於テ棉花ヲ栽培シ可及的自給自足ノ理想ニ近ツカシムルコト
一　一般輸入品ノ内地ニ於テ生產シ得ヘキモノハ之ヲ作リ輸入ノ防遏ヲ計ルコト勿論ナリトス

○帝國領土内ニ於テ棉花ヲ產シ能ハサル乎

由來日本内地ニハ綿花ノ生產乏シク殊ニ今日ニ在テハ唯タ纔カニ山陰道地方ニ少許ノ量ヲ產スルニ過キス然ラハ彼ノ「青梅綿」又ハ「浦園綿」ト稱スルモノアリト雖トモ之等ハ皆紡績ノ落綿ト支那綿朝鮮綿ノ値安物トヲ以テ造レル有樣ナレハ本邦ニハ全ク棉花栽培ノ見ルヘキモノナシト云フモ謬ラス乍併帝國ノ領土ハ二十年前ト異ナリ新ニ臺灣及朝鮮樺太ヲ加ヘテ版圖大ニ擴マレリ隨テ棉花ノ栽培モ内地ニ於テコソ爾ク絶望的狀態ニアリト雖トモ新領土タル臺灣朝鮮ニ於テハ頗ル有望ナル將來ヲ包藏セリ之レヨリ兩殖民地ニ於ケル棉作ノ現況竝ニ前途ノ見込ヲ說カム

○棉花栽培ト朝鮮

從來朝鮮ニ於テハ住民カ衣料ニ供スヘキ木棉ヲ製スルニ自ラ棉種ヲ蒔キ自ラ紡出シ自ラ製造シテ其需用ニ充ツルノ習慣アリ隨テ朝鮮各道到ル處(江原道ノ東沿岸及咸鏡南北兩道ヲ除クノ外ハ)棉花ヲ栽培セサル莫キ有樣ニシテ就中全羅慶尙ノ兩道ハ其主產地タリ亞テ忠清南北兩道ヨリモ相當產出ス

棉質纖維長クシテ彈力ニ富ミ各種ノ用途ニ適セリ明治三十九年舊韓國政府ハ木浦附近ニ地ヲ選ミ資ヲ給シテ(勸業模範場木浦支部)收量繰綿步合共ニ多ク纖維細長ニシテ紡績原料ニ好適セル米國種陸地綿ノ栽培ヲ獎勵セルカ爾來成績良好ニシテ益々斯業ノ發達ヲ促進セリ而シテ其結果明治三十九年ヨリ四十四年ニ至ル五箇年間ニ作付段別ハ六十二倍シ耕作者數ハ實ニ百三十倍スルニ至レリ卽チ左ノ如シ

比較對照	陸地綿作付段別	栽培者數
明治三十九年	四十五町步	三百餘人
明治四十四年	二千八百町步	四万餘人

△朝鮮總督府調査ニ依ル△

然ルニ近年日本内地ヨリ精巧ナル紡績絲移入セラルヽヤ嗜好ハ漸ク此等ノ移入白木綿又ハ「キヤラコ」ニ轉シテ亦タ自カラ紡出製織スルノ風ヲ熄メ同時ニ棉花ハ生棉又ハ繰綿トシテ内地ヘ移出スルノ途啓ラケ明治三十五年以降漸次其額ヲ增シ四十二年ニハ米綿ノ不作ニ際シ一躍需要ヲ增大セリ左レト内地向移出額ハ左表ノ如ク未タ三四十万圓ニ過キサルナリ

年次	移出數量	移出價格
四十二年	二七、四三〇俵	三四二、一二六圓
四十三年	三七、二九六	四六八、九八二
四十四年	一五、五二六	三二〇、二〇五

如斯朝鮮ニ於ケル棉花栽培事業ニハ深キ因緣ト根柢トヲ有スルモノニシテ殊ニ併合以後ハ產業奬勵方針ニ基キテ着々所定ノ施設ヲ行ヒ斯業ノ隆昌ヲ期シツヽアレハ遠カラスシテ面目ヲ一新スルノ時機ニ達スヘク現ニ東洋拓殖及朝鮮棉花ノ二大會社ハ官邊ノ優渥ナル保護ヲ恃ミ理想ノ示現ニ努力セルカ現在四十万圓前後ノ移出額ハ内地ノ棉花消費額ノ上ニハ眞ニ彈丸黑子ノ小斑點ヲ留ムルノミ故ヲ以テ朝鮮ニ於テ棉花栽培ニ從事セル當業者ハ全羅慶尙忠清南北ノ各道ヲ始メ全鮮百五十万町步ノ畑地ニ綿作ヲ試ミ今後幾年間カヲ經レハ年額三千万圓ノ移出ヲ爲スニ至

ルヘシト力味居ルト云フ

翻テ按スルニ朝鮮棉花カ將來假ニ三千万圓ニ達セシムルノ期アリタリトスルモ內地消費額ト對比スレハ漸ク其一割方ヲ供給シ得ルニ至ルノミ茲ニ於テ乎紡績原料ノ獨立ヲ圖リ棉花ニヨル輸入超過ノ趨勢ヲ沮止セムトスルノ希望ハ宛然「日暮レ路遠シ」ノ感ナキ能ハサルヲ知ルヘク果シテ斯ノ如クンハ折角ノ期待モ甚タ失望ニ終ラサルヲ得ス

況ンヤ棉花輸入ノ趨勢ハ年每ニ只增加ノ一途ニシテ本年度彼ノ「五十万錘」增錘後ハ恐ラク前年ノ二億圓ニ輪ヲ掛ケタル二億三四千万圓ヲ計上スヘク將來輸出販路ノ擴大ト內地人口ノ增殖ニ遂レ原棉消費額カ旋カテ三億トナリ四億トモナルニ至ルヘキハ自明ノ理ニ屬ス

然ルニ內地ハ棉花ノ生產絕無ナルニ搞テ、加ヘテ多大ノ嘱望ヲ繋ケル朝鮮棉作ノ前途スラ亦上述ノ如シトセハ內地紡績所要原料ノ大部分ハ飽ク迄外國品ニ仰クノ外ナク同時ニ夫レ丈ケ正貨ノ流失スルヲ覺悟セサルヘカラス

而カモ綿絲及各種綿製品ノ輸出カ如何ニ增加スト雖原綿輸入額ハ其ト正比例シテ限リナク膨脹スヘク一方現ニ一億三千三百万圓ト云ヘル鉅額ノ原棉カ內地向製品ノ爲メニ消費セラレ居ル次第ナレハ向後暫クハ棉花貿易ノ均衡ヲ保ツコトノ望ナキニ似タリ

斯クテハ我國カ輸入超過ノ苦境ヲ脫却センハ果シテ何レノ日ヲ俟ツヘキ乎寔ニ百年河清ノ嘆ヲ禁シ得サルヲ覺ユ

○臺灣ハ理想的棉作地也

斯ク論シ來レハ帝國領土內ニ棉花ヲ產出セサル可ラサル所以益〻明瞭トナレルカ從來臺灣ニ於テ棉花栽培ニ關スル研究ハ僅ニ農事試驗場、臺東拓殖會社試驗場及紡績業者中ノ有志者ノ醵金試驗場等アルニ止リ甚タ心細キ狀態ニ在リトス

抑モ臺灣南部ハ棉花栽培上最モ恰適ナル氣候風土ヲ有シ且ツ印度ニ於ケルカ如キモンスーン（氣節風）ノ關係上夏季ハ日々兩三回ノ降雨アルニ反シ摘採期間ハ連日乾燥セル好天氣ヲ持續シ溫度ハ印度ヨリハ稍低ク米國ヨリハ稍高ク恰モ其中間ニ介在スルナリ試ニ之ヲ示サム

棉作地平均溫度表（技師ノ報告ニ依ル）

（攝氏）	最高	最低	平均
印度	三一、五	二六、八	二八、八
米國	二七、〇	一六、七	二三、〇
臺南	二七、一	二三、七	二六、五
日本內地	二六、一	一七、六	二三、七

棉花ハ普通五月ニ播種シ九十日乃至百日後ニ開花シ播種後百八十日內外ニシテ開絮スル（ボールヲ開ク）ノ常ナルカ恰カモ臺南ニ於テハ五月以降十月迄カ雨期ニシテ克ク棉花ノ成熟ヲ扶ケ「ボール」ノ附着期ヨリ翌春迄ハ無雨期ニシテ摘採ニ便宜ナルヲ以テ棉作上無比ノ理想的耕作地ト謂フ可シ

茲ヲ以テ余輩ハ當局竝ニ關係當業者ニ向テ臺灣南部地方ニ棉花栽培ヲ爲スノ有利且ツ有望ナルヲ提唱セントスル者ナルカ余輩カ斯ク云フ動機ニハ尙次ノ如キ論據アリ

一　凡テ臺灣ノ如キ暴風雨ノ襲來頻々ニシテ其都度激甚ナル損害ヲ蒙ル地方ニ在リテハ九尺乃至一丈ト云フカ如キ伸長ニ達スル甘蔗作ヨリ莖ノ高サ二尺五寸乃至三尺迄ノ棉作ノ方カ被害ヲ受クルコト輕微ナルヘキハ言ヲ俟タス

二　次ニ土壤ノ疲憊ヲ防ク爲メニ甘蔗作ノ跡ヘ棉花ヲ植付クル（輪作法ノ謂也）カ如キハ作物相互ノ爲メニ好影響ヲ與フヘキハ明白ノ理數トス

三　假ニ茲ニ一大會社ヲ設立セシメ古來曾テ人工ヲ加ヘタルコトナク自然ニ放任シタル臺灣ノ河川ニ堤塘ヲ築造シ依テ以テ整理シ得タル土地ヲ其報償トシテ給與セハ十年ナラスシテ棉花栽培ニ好適ナル數万甲ノ耕地ヲ得ラルヘシ

且ツ又一步ヲ進メテ採集區域ヲ有スル製糖會社カ副業トシテ棉花ヲ栽培セハ臺灣ニ於ケル斯業ノ發展ヲ促スコト少々ニ非ルヘシ是レ製糖會社自身ノ營利增進策トシテモ强テ一考ノ餘地ナシトセサル也

然ルニ茲ニ感服出來サルハ臺灣總督府ノ措置ナリ總督府ハ昨年九月二十日附府令第二十一號ヲ以テ同島蠶業獎勵規則ヲ發布シ養蠶業ニ對シ破格ナル保護ノ恩與ヲ設ケ蠶種ヲ與ヘ蠶室、蠶具、桑畑、桑苗及肥料ニ至ル迄モ悉ク無償交付シタル上成繭生絲及眞綿等ノ製品ハ好値ヲ以テ買上クル由ナレトモ余輩ヲ以テ之ヲ觀レハ眞ニ愚策ノ骨頂ナリト謂フ可シ

蓋シ我國ニ於ケル一部人士中ニハ旣ニ日本生絲ノ生產過多ヲ唱フル者サヘアル折柄（余輩ハ此說ニ同スル者ニ非ラサルモ）何ヲ苦ンテカ臺灣ノ如キ如何ナル作物ト雖豐熟セサル莫キ土地ニ養蠶ヲ保護獎勵スルノ必要アラムヤ

何トナレハ臺灣ニ於テ養蠶ノ爲メニ莫大ナル保護金ヲ與ヘ無理强ヒニ斯業ノ盛行ヲ促ス結果ハ恐ラク印度ノ蠶業ノ如ク保護期間ノミ其命脈ヲ保維スルニ過キサル憫レナル現象ヲ見ルニ至ルナキヤ竊ニ掛念ニ堪ヘサレハナリ

印度ハ四十年前迄ハ相當ノ蠶業國（輸出額一千万圓前後）ナリシモ近年衰微シ今ヤ全ク往時ノ面影ヲ存セサルニ非スヤ

故ニ余輩ハ養蠶ヲ獎勵セントナレハ寧ロ朝鮮ニ於テシ臺灣ニハ棉作ヲ獎勵セムコトヲ希望スル者ナリ

臺灣ニ於ケル養蠶ハ廣東種最モ氣候ニ適シ年六回半ノ收繭アレトモ其絲量ハ第三化生ノ最優等品ヲ以テスルモ僅カニ四匁五分止リニテ恰モ內地最劣等品ノ絲量九匁ニ比シテ正ニ半額ニ過キスト云フ

○內田民政長官トノ問答

舊臘余輩ハ政友會總裁西園寺侯ヨリ政務調査委員ヲ囑託セラレ拓殖方面ヲ擔當シタル機會ニ於テ內田長官ト次ノ問答ヲ交ヘタリ

△余輩曰ク

「抑モ臺灣ニ蠶業獎勵ヲ發布セラレタルハ如何ナル理由ニ基クカ」

○長官曰ク

「蠶業技師ノ調査獻言ニ依リ其必要ヲ認メタレハナリ」

△余輩曰ク

「夫ハ宜シカラズ由來技術者ハ其專門ニ偏狹シテ眼局曾カラス蠶業技師カ養蠶獎勵ヲ說クハ當リ前ノミ長官ハ何カ故ニ世界產業ノ大勢ト邦家經濟焦眉ノ急務ニ

就イテ願ル所ナカリシヤ」

茲ニ於テ余輩ハ縷々數千言其所信ヲ披瀝シ臺灣ニ於テハ養蠶ヨリモ棉作ノ恰適ナルヘキヲ說キタリ

○長官曰ク

「御注意ヲ謝ス向後ハ貴說ニヨリ棉作ノ利害ニ就テモ一層切實ニ研究スル所アラン」云々ト

役人氣質ヲ擲チ雅量ヲ示セルハ頗毋敢感シタリ

爾來內田長官ト相見ユルノ機會ナカリシカ最近二月一日ノ中外商業新報紙上「臺灣施設ノ現狀」ト題シ內田氏ノ談話ヲ詳細ニ紹介セリ中ニ「兩大產業」ト稱レテ養蠶ト棉花トヲ指摘シ居ルヲ見タリ

（二月一日中外商業記事）

▲兩大產業　（一）ハ養蠶ニテ該產業ハ臺灣ハ一箇年ヲ通シテ行フコトヲ得ヘク今ヤ佐久間總督ハ自ラ官邸ニ養蠶ヲ爲シ之ヲ奬勵シ居レリ又棉花ノ栽培試驗ハ各地ニ行ハレ其發育ハ頗ル佳良ナルモ蟲付如何ヲ注意シ居レリ」

之ニ依ッテ是ヲ見レハ總督府モ最近ニ至リテ棉花栽培ノ急要ヲ養蠶ト同一程度ニ重視シ來レリト言フヘキカ兎ニ角國家ノ爲メ慶賀スヘシ

○產米ト棉作ノ關係

序ニ一言シ置キ度ハ產米ト棉作ノ關係ナリ今、日本內地、朝鮮、臺灣ノ三地方ニ類別シテ產米額ト人口トノ割合ヲ見ルニ

（概算）	總人口	米產額	比例
內地	五千万人	五千万石	一人當リ一石弱
	（內酒ト糊トニ消費スルモノ約六百万石）		
朝鮮	千三百万人	八百万石	一人當リ六斗強
臺灣	三百五十万人	五百万石	一人當リ一石四斗強

右ノ如ク臺灣ハ人口一ニ對スル產米額最モ高率ニシテ棉花栽培ノ爲メニ農民ノ移住ヲ増シ又ハ現在ノ水田ノ幾分ヲ潰シテ棉作耕地トスル場合アリトスルモ食料ノ首位ヲ占ムル「米」ノ供給ニ就テ困難スルコト莫カルヘシ

結　論

之ヲ要スルニ臺灣南部ハ帝國領土內ニ於ケル無二無上ノ理想的棉作地ナルカ故ニ茲ニ棉花栽培奬勵ノ大策ヲ樹立シ𢖫敢ヘス左シテ益ナキ養蠶保護金ヲ以テ棉花奬勵ニ轉用シ更ニ進テ棉花栽培奬勵法ヲ設ケ一ハ以テ棉花輸入ノ趨勢ヲ沮止シ一ハ以テ將來內地紡績原料ノ獨立ヲ劃サムコトヲ衷心切望シテ措カサルナリ

○久保通猷君　チヨット提案者ニ質問致シマス

○議長（大岡育造君）　久保君

○久保通猷君　唯今臺灣棉花栽培奬勵ノコトガ提案ニナリマシタガ、ソレハ臺灣ノ何レノ方面ニサウ云フ好適地ガアルカ、又其面積ハ凡ソドノ位アルカ、臺灣デ充分ノ補助奬勵ヲ加ヘレバ幾ラ位ナ棉花ガ出來ルカ、又其棉花ハ如何ナル種類ノモノガ適スルノデアルカ、其補助奬勵ノ方法ハ如何ヤウニナルカト云フコトヲ、一應承リタイ

○井上角太郎君　今之ヲ速記錄ニ願セマスカラ、之ヲ御覽ヲ願ヒタウゴザイマス、詳シイコトハ委員會デ御質問ヲ願ヒマスレバ詳細御答致シマス

○松田源治君　本案ハ議長指名、九名ノ委員ニ付託セラレンコトヲ望ミマス

○議長（大岡育造君）　本案ハ議長指名九名ノ委員ニ付託スルニ御異議ハアリマセヌカ

（「異議ナシ異議ナシ」ノ聲起ル）

○議長（大岡育造君）　御異議ガ無ケレバ其事ニ決シマス

○林毅陸君　私ノ質問ニ就テチヨット御諮リヲ願ヒタイノデアリマスガ、質問日ハ次ノ火曜日デアリマシテ、餘リ延ビマスカラ最モ近キ本會議ノ劈頭ニ於テ、總理大臣ノ出席ヲ得テ私ノ質問ノ辯明ヲ致シタイト思ヒマスガ、サウ云フ御取計ヲ願フ譯ニハ參リマセヌカ

（「贊成」ト呼フ者アリ）

○議長（大岡育造君）　質問日以前ニ於テ、質問ノ時間ヲ造リタイト云フコトデスカ

○林毅陸君　左樣デス

○議長（大岡育造君）　此次ノ會議ハ、議案ノ數モ今ノ所多クハアリマセヌカラ、編入致シタイト思ヒマス、如何デスカ

（「異議ナシ」ト呼フ者アリ）

○議長（大岡育造君）　御異議ガナケレバ御要求通リニ致シマセウ、報告ガアリマス

（書記朗讀）

一政府ヨリ提出セラレタル議案左ノ如シ

京都帝國大學臨時政府支出金ニ關スル法律案

一議員ヨリ提出セラレタル議案左ノ如シ

米及籾移入稅廢止ニ關スル法律案

提出者　大內暢三君　石橋爲之助君

一常任委員辭任ノ申出アリタル議員左ノ如シ

第四部選出豫算委員　濱岡光哲君

第四部選出決算委員　田川大吉郎君

○議長（大岡育造君）　唯今報告ノ常任委員ノ辭任ノ申出ニ付テ、之ヲ許可スルニ御異議ハアリマセヌカ

（「異議ナシ異議ナシ」ノ聲起ル）

○議長（大岡育造君）　御異議ガナケレバ之ヲ許可シマス、就テハ其後任ノ補闕選擧ヲ行ハレテ報告アランコトヲ希望致シマス、次回ノ日程ハ公報ヲ以テ通知致シマス、本日ハ是ニテ散會

午後二時四十四分散會

第十六　米及籾移入稅廢止ニ關スル法律案（大內暢三君外一名提出）　第一讀會

米及籾移入稅廢止ニ關スル法律案

朝鮮ヨリ移入スル米及籾ハ無稅トス

附　則

本法ハ大正二年七月一日ヨリ之ヲ施行ス

〔石橋爲之助君登壇〕

〔拍手起ル〕

○石橋爲之助君　本案ハ極メテ簡單ナ法律案デアリマシテ、朝鮮ヨリ移入スル米及籾ヲ來ル七月一日ヨリ無稅トスルト云フ案デアリマス、極メテ簡單デアリマスガ問題ハ數年來ノ懸案デアリマシテ、願クハ速ニ實行ニ至ランコトヲ希望スルタメニ出シマシタ案デゴザリマス、目下他ノ特別委員會ニ關稅定率法ノ改正法律案ガ審査サレツヽアリマスガ、其案ガ通過致シマスレバ此案ハ別ニ出スニ及バナイノデアリマス、併シマダ其運命ガ何レニ決スルヤ分リマセヌ故ニ、特ニ此案ヲ提出シタ譯デアリマス、此案ニハ一般的ノ外米輸入稅免除ト云フ先キニ申シマシタ法案ニ對シテ、別ノ理由ヲ有シテ居ルノデアリマス、即チ米價ノ調節、延テハ生活難ノ緩和ト云フコトニ重大ナル關係ヲ有シテ居ルコトハ申スマデモナイノデアリマスガ、特ニ朝鮮米ト云フモノニ對シテハ、更ニ緊切ナル理由ガ伴ッテ居リマス、即チ朝鮮ハ我ガ帝國ノ一部デアッテ、是ハ外國デナイト云フコトガ一ツデアリマス、ソレカラ朝鮮開發ト云フコトハ、農作殊ニ此米作ヲ奬勵スルヲ以テ最モ重要ナルモノト致シマスル、特ニ朝鮮ノ開發ハ我帝國ガ非常ニ力ヲ注イデ居ルトコロノ事柄デアリマスル、故ニ其目的ニ副フベク此朝鮮米ノ移入稅ヲ免ズルト云フコトハ、最モ是ハ必要ニ感ズル次第デアリマス、サウシテ啻ニ朝鮮ノ開發ガ出來ルノミナラズ、朝鮮人ノ購買力ヲ增シマスナラバ、從ッテ內地カラ朝鮮ヘ移出スルトコロノ製造品ガ益〻販路ヲ擴メル譯ニナリマスルカラ、雙方ニ取ッテ非常ナ利益ヲ產ミ出シテ來ルトコロノ是ハ案デアリマス、減稅ノ程度ハ僅ニ六七十万圓ニ過ギマセヌガ、之ヲ廢スルガ爲ニ得ルトコロノ利益ハ、朝鮮及ビ母國ニ於テ幾ラニ上ルカハ推測セラレル以上デアラウト考ヘルノデアリマス、唯一ツ懸念セラレル點ハ、特ニ朝鮮米ノ移入ダケヲ無稅トスルナラバ、他ノ外國米ガ朝鮮ヲ經由シテ這入ッテ來ル時ニ、之ヲ防グ方法ハ如何デアラウカト云フ點ガ懸念セラレルダラウト思ヒマス　併シ其點ニ付テハ元來他ノ外國米ト朝鮮米トハ其形狀ヲ異ニ致シテ居リマシテ、一見シテ區別ガ付クノデアリマス、尙又他ノ外國米ガ朝鮮ヲ經由シテ日本ニ入リマストスルト、ソレニ要スルイロ〳〵ノ費用ヲ計算致シマスレバ、關稅ヲ免ゼラレル程度ト大ナル相違ヒハナイノデアリマシテ、其金額ノ調査ハ出來テ居リマスル、故ニ若シ委員會ニ於テ必要ガアリマスレバ御參考ニ申上ゲテモ宜シカラウト思ヒマスガ、唯今ハ略シテ置キマス、斯樣ナ次第デアリマスル故ニ、別段其他ノ外米ガ朝鮮米ヲ裝ウテ逋稅ヲ爲ストカ云フヤウナ憂ハ、是ハ防グ途ハ確ニアルコトヲ信ズルノデアリマス、故ニ願クバ此案ヲシテ速ニ實行ニ至ラセラルヽヤウニ、諸君ノ御贊成アランコトヲ希望スルノデアリマス

○日向輝武君　朝鮮カラ來ルトコロノ穀類ニ課稅ヲスルト云フコトハ、同ジ領土內ヨリ入ル貨物ニ對シテ、關稅ノ障壁ヲ設ケルト云フコトデ、是ハ一種ノ變態デアッテ、無論長ク存續スベキモノデナイト考ヘルノデアリマス、併ナガラ先年帝國ガ朝鮮半島ヲ併有致シマシタ時分ニ、關稅ニ關スル狀態ハ依然トシテ何等ノ變更ヲ加ヘナイ、デ當時ヨリ十年即チ明治四十三年ヨリ十年間ハ關稅ニ付テハ、何等ノ變更ヲ加ヘナイト云フコトヲ列國ニ向ッテ宣言シテ居ルノデアリマス、勿論解釋ノ仕方ニ依リマシテハ何等差支ハナイカモ知レナイ、併ナガラ朝鮮カラ來ルトコロノ米ハ多額デハアリマセヌガ、ケレドモソレダケガ無稅ニナッテ入リマスレバ、日本ニ入ルトコロノ米ハ啻ニ朝鮮ノミデナイ、蘭貢米其他ノ外國米ガ皆入ッテ來ルノデアリマスカラ、是等ハ勿論其影響ヲ受ケ從ッテ是等ノ米ノ輸出國ハ是ニ對シテ抗議ヲ申込ムノ懸念アリト私ハ信ズルノデアリマスガ、提案者ハ其點ニ付テ即チ四十三年韓國併有ノ際ニ宣言シタルトコロノ關稅ハ、十年間現狀ノ儘ニ置クト云フコト、朝鮮米ヲ無稅ニシ、サウシテ外ノ國ノ外國米ノ輸入ニ影響ヲ來スコトニ付テノ輸出國ノ異議等ニ付テノ御研究ハ出來テ居リマスルカ、ソレト尙更ニ伺ヒタイノハ、此案ハ主トシテ移入稅ニ付テノ案デアリマスルガ、朝鮮カラ米ヲ出スニハ輸出稅ト云フモノガ掛カッテ居ルヤウニ思ヒマス、唯今御演說中ニ伺ヒマスニ、朝鮮ノ產業ハ主トシテ農業デアル、唯一ノ產業ハ農業デアル、農業中ノ主要ナル產物ハ米其他ノ穀類デアリマス、ソレニ向ッテ輸出稅ヲ課スルハ朝鮮ノ產業ヲ開發スル所以デナイ、提案者ハ何故ニ輸入稅ト合セテ朝鮮ニ於ケル輸出稅ノ撤廢ヲ主張シナイノデアルカ、或ハ朝鮮ノ歲入ニ於テ輸出稅撤廢ガ影響スルト云フ惧ナキニシモアラズト云フコトモアリマスガ、併シ其高ハ私ハ存ジマセヌガ、極メテ僅々タル高デアッテ、殆ド數フルニ足ラナイ高デアラウト思フ、其朝鮮輸出稅ニ付テノ提案ヲ何故ニ爲ナイノカ、其二點ヲ承リタイ

○石橋爲之助君　御答致シマス、第一ノ御尋ノ關稅十年据置宣言ト牴觸セザルヤ否ヤ、是ハ提案者ハ牴觸シナイト解釋致シテ居リマス、尙外務當局者ガ居ラレタナラバ御答ガアラウト信ジマスガ、私ノ牴觸シナイト信ズル理由ヲ簡單ニ申シマス、朝鮮ノ關稅据置宣告ニ關スル範圍ハ、朝鮮ノ輸出輸入稅デアリマシテ、內地ノ輸出輸入稅デアリマセヌノデスカラ、此方ノ輸入稅ト云フ方ニハ別段牴觸ハナイト信ジマス、ソレカラ第二ノ御尋ネハ朝鮮ノ米穀輸出稅、是レ多年私共主張致シマシテ、遂ニ其目的ヲ達シマシテ昨年來免稅ニナッテ居リマス、ソレデ是ガ免稅ニナッタ位デアリマスカラ、關稅十年据置ノ問題ハモウ其時ニ一部分解決サレタモノデアリマシテ、朝鮮ヨリ輸出スル即チ朝鮮ノ輸出輸入稅ニ關スル宣言スラ其一部分ヲ廢サレタニ拘ラズ、列國ガ別段ノ抗議ヲシナカッタノデアリマスカラ、第一問ニ對シテモ決シテ他ノ列國カラ交涉ノアル筈ハナイト信ズルノデアリマス、尙其邊ノ詳シイ事情ハ外務省竝ニ朝鮮總督府ノ政府委員カラ御答アラバ結構ト思フ

○日向輝武君　序ニモウ一ツ——輸出稅ノコトハ一向存ジマセヌデシタガ能ク分カリマシタ、尙朝鮮併有ノ際ノ宣言ハ朝鮮ニ於ケル關稅ノ狀態ヲ其儘存置スルト云フノデアッテ、日本ト朝鮮ノ間ノ關稅關係ニ關スル明白ナ宣言ト思フノデアリマス、勿論最ニ申上ゲマシタ通リ、解釋ニ依ッテハ疑義ノアルト云フコトハ申上ゲテ置キマシタガ、兎ニ角日本

ト朝鮮トノ關稅關係ハ、其儘存シテ變更ガナイト云フ以上ハ、ヤハリ向フカラ來ルモノヘ關稅ヲ日本デ廢スルト云ヘバ、日本ト朝鮮トノ關稅關係ニ一大變化ヲ來スコトニナルカラ宣言ニ背反シヤシナイカト思フ、又日本ノ關稅定率ハ國定稅率ニ依ッテ定メルノデアリマスカラ、日本デ勝手ニヤリマスガ、併ナガラ朝鮮米ノミ單リ廢スルト云フ問題ニナリマスルト、又是モ考慮シナケレバナラナイ、列國ニ異議ハナイカト云フ點ニ付テハ御答ガナイヤウデアリマスカラ其點ヲ併セテ……

○石橋爲之助君　私ノ信ズル所ハ先刻申シマシタコトデ大抵盡キテ居ルト思ヒマスカラ、尙御質問ガアレバ委員會デ……

○松田源治君　本案ハ議長指名九名ノ委員ニ付託セラレンコトヲ望ミマス

〔「異議ナシ」ト呼フ者アリ〕

（司法大臣松田正久君登壇）

○司法大臣（松田正久君）　本案ニ對スル贊成並ニ反對ノ御意見ヲ承リマシタ、司法當局者トシテ原案ヲ維持スルコトハ無論ノコトデゴザイマスガ、併シ本案贊成ノ御意見ニ依テ大概モウ盡キテ居リマスカラ、私ハ茲ニ原案ノ維持說ヲ唱ヘル積リデモナイ、併ナガラ今人ノ問題モゴザイマシタカラ、之ニ付テ一言ヲ加ヘテ置キタイノデアリマス、抑〻司法省ノ高等官ニ檢事ヲ採用シ來タト云フモノハ、是ハ司法省ノ經費ノ都合ヨリシテ斯クナッテ居ル次第デアリマス、若シモ司法省ノ參事官ハ經費サヘアリマシタナラバ、五人モ十人モソレハ使フコトハ出來ルノデゴザイマスガ、是マデノ所ニ於テ事務ノ多端ナルニ拘ラズ、參事官ト云フモノハ僅ニ司法次官ガ述ベタル如ク、僅ニ三人ナラデハナイノデアル、是デハ司法事務ノ取扱ガ出來ヌ、故ニ已ムヲ得ズ檢事ヨリシテ兼任ヲ致スト云フ習慣ニナッテ居タデアリマス、然レドモ是ハ極ク面白クナイ、故ニ官制改正ノ場合行政整理ノ場合ニ於テ、此習慣ハ改正致サナケレバナラヌト云フコトハ、既ニ當局者ニ於テ考ヘテ居ル譯デアリマス、且又司法省ノ高等官ガ檢事ヲ兼ネテ居ルカラト云ッテ檢事ノ勢力ヲ一般ノ司法官ニ及ボスノデハ決シテナイノデアリマス、ヤハリ司法省ニ居レバ司法省ノ高等官トシテ仕事ヲスル、檢事ノ職務ヲ一般司法官ニ之ヲ持ッテ行クト云フコトデハ決シテナイノデアリマス、ソレデ此點ハ餘程取違ヘテ居ラルヽノデハナイカト思フカラ、茲ニ一言ヲ致シテ置クノデアル、尙又二百圓ヲ三百圓ニ改ムルト云フヤウナコトガアリマスルガ、花井君ハ委員會ニ於テ之ヲ千圓ニ致サウト云フコトヲ言ハレタノデアル、是モ或ハ宜イカモ知レマセヌ、既ニ朝鮮ニ於テサヘモ千圓ニナッテ居ルノデアル、朝鮮ト內地ト致シタラドウデアルカ、卽チ千圓ニ致シテ宜イカモ知レマセヌガ、サウドウモ俄ニ二百圓ヲ千圓ニナスト云フコトハ餘リ急激ニ過ギルカラ、姑ク五百圓ニ止メテ置ク譯デアリマスカラ、是等ノコトモ能ク御承知アッテ、ドウカ公平ニ御判斷ヲ願ハナケレバナラヌノデアリマス

○松田源治君　討論終結ノ動議ヲ提出致シマス

第十一　鹽專賣法廢止法律案（相島勘次郎君外五名提出）　第一讀會

鹽專賣法廢止法律案

鹽專賣法ハ之ヲ廢止ス

附　則

本法ハ大正二年七月一日ヨリ之ヲ施行ス

（相島勘次郎君登壇）

○相島勘次郎君　諸君、此鹽專賣法ノ問題ハ、幾度カ此議場ニ於テ繰返ヘサレタル問題デアリマスルカラシテ、餘リ詳ク説明ヲスル必要ハナカラウト思ヒマス、鹽專賣法ノ惡法デアルト云フコトハ今更説明ヲスルマデモナク、何人ニモ同ジ負擔ヲサセルモノデアッテ、殆ド、人頭税以上ノ惡税デアルト云フコトハ世間ノ認ムルトコロデアリマスル、而シテ此鹽ト云フモノハ何人モ必要トスルトコロノモノデアリマスカラシテ、殊ニ不公平ヲ感ズルノデアリマス、鹽ノ高イタメニイロ〳〵ノ鹽ノ高イト云フ苦情ヲ聞クト云フコトハ誠ニ苦ミシキ次第デアリマシテ、何トモ吾々ハ國家ノ選良トシテ自分自ラ政治ヲ爲スノデハアリマセヌケレドモ、細民ノ鹽ノ高イト云フ苦情ヲ聞イテハ實ニ同情ノ念ニ堪ヘナイノデアリマス、若シ此專賣ナルモノニ致シマシテモ、是ガ阿片デアルトカ或ハ樟腦、酒精、煙草ト云フヤウナモノデアリマスレバ格別ノ弊害ハアリマセヌケレドモ、日常米鹽ノ資ト言ヒ、鹽ヲ舐メテ暮スト云フ誠ニ世智辛イコトニ使フトコロノ此鹽ニ向テ專賣ヲシテ、サウシテ直段ヲ引上ゲテ置クト云フコトノ不都合デアルト云フコトハ、皆様ノ認ムル所ダラウト思ヒマスル、故ニ私共ハ生活難ノ緩和ノタメニ、社會政策ノ一トシテ又此立法部ナルモノガ選擧權ナキモノニ同情ヲ表シ、選擧權ナキモノノ議論ヲ聞クトコロノ一ツノ保障トシテ專賣法ヲ撤廢シタイト思フノデアリマスル、此鹽專賣ト云フモノハ諸君モ御存ジノ通リ、百斤一圓十四錢餘デ買收シ、即チ買上ゲテ之ヲ二圓四十三錢七厘ニ賣ルノデアッテ、詰リ平均一圓二十八錢七厘ト云フモノヲ政府ガ上前ヲ刎ルト云フヤウナ形ニナッテ居リマス、洵ニ人ニ聞カシテ感ジノ惡イ税デアリマシテ、是ハ今日ノ如キハ或ハ社會主義ト云ヒ、或ハ種々ノ險惡ナル思想ノ發達スル時分ニハ、是非共廢サナケレバナラヌトコロノ税ト考ヘルデアリマス、又申マデモナク此鹽ヲ原料トスル方カラ考ヘマシテモ、鹽ノ高イ爲メニ日本ノ化學工藝ノ此發達ヲ妨ゲテ居ルト云フコトハ、諸君ノ御存ジノ通リデゴザイマスル、私ガチヨット調ベマシタガ、此日本ノ化學工藝ノ中デ其中ノ最モ主モナルモノトスルトコロノ曹達、此曹達ノ種類バカリデモ去年三百万圓餘ノ輸入ガアルノデアリマスガ、全ク是ハ鹽ノ高イタメデアリマス、更ニ財政上ノ見地カラ之ヲ申シマシテモ、鹽ノ專賣ト云フモノハ千万圓ナレバ千万圓ト云フ定ッタ額ヨリ外ニ取レナイトコロノ、所謂伸縮自在デナイトコロノ税デアリマスカラシテ、是ハ財政ノ見地カラ申シマシテモ、決シテ良イ税デハナイト私ハ思ヒマスル、或ハ鹽ノ税ト云フモノハ洵ニ微細ノ税デアルカラシテ、格別人ガ負擔ノ困難ヲ感ズルコトナク、而モ總額一千万圓以上ニ上ルトコロノ良イ財源デアルカラシテ、是ハ廢止ハ出來ナイト云フヤウナ論者モアリマスケレドモ、併ナガラ私ヲ以テ見マスレバ決シテ微細ナル税デハナイノデアリマス、現ニ三十七年專賣實施前ノ鹽ノ價ト、今日ノ價ト較ベテ見タナラバ、實ニ非常ナル相違デアリマシテ、私ノ計算ニ依レバ一家五口トシテ一年三圓三十五錢ノ負擔ヲスルコトノ計算ガ出テ居リマス、然ラバ鹽專賣ト云フモノハ能ク行ハレテ居ルカト云フニ、決シテ能ク行ハレテハ居リマセヌ、現ニ此議場ニ於テ或ハ廢止案ガ出、或ハ鹽田整理ノコトニ付テ非常ノ議論ノアッタト云フコトヲ私共承知シテ居ルノデアリマス、デ二十五議會ニ於テ非常ニ議論ノアッタ時分ニ、當時ノ大藏大臣ガ財源ガアレバ撤廢スルコトニ異議ハナイト申シタノデアルガ、今日ハ財源ガアルノデアリマス、財源ト言ッテ別ニ財源トシテハアルノデアリマセヌケレドモ行政整理ノ結果トシテ此位ノ金ハ假令吾々ノ黨ノ案ガ通リマセヌデモ必ズ、此位ノ金ハ出來ルノデアリマスカラシテ、私ハ是等ノ案ヲ決シテ黨派問題トセズ、宜シク皆様ノ御贊成ヲ得テ此案ヲ通シタイト思フノデアリマスル、現ニ鹽專賣ノ不都合デアルコトハ、今日ハ各國之ヲ認メマシテ專賣ナドヲヤルトコロノ本家本元タル獨逸ニ於テモ、之ヲ廢シテ居ルト云フトコロデアリマスル、唯伊太利墺太利ノ二國ハ今日モ之ヲヤッテ居リマスケレドモ、併シナガラ是ハ鹽坑即チ此山鹽ノ坑ヲ政府自ラ所有スルタメニ、其附帶事業トシテ之ヲヤッテ居ルノデアッテ、日本ノ如ク或ハ鹽製造人ヲ保護スル目的ヲ以テ、或ハ政府ノ收入ヲ取ル目的ヲ以テシテ居ルノデハアリマセヌ、又英國アタリニ於キマシテハ、日本ノ如キ文明國ガ鹽ノ如キ人間ノ必要品ニ向テ税ヲ課ケテ高ク賣ラナケレバナラヌト云フコトニ付テハ、非常ニ驚イテ居ルノデアリマス、日本ハ借金國デアルカラシテ英國ノ信用ヲ博レ、將來大ニ此便利良キ公債デモ募集シヤウトスルニハ、日本ノ財政ト云フモノハ貧民ノ口ヲツネッテマデモシナケレバナラヌト云フノデハナイ、財政整理ノ結果トシテ日本ノ財政ハ非常ニ確立サレタト云フコトヲ知ラセル一ツノ手段トシテモ、又鹽ノ專賣ヲ廢スルコトハ必要ダラウト私ハ思フノデアリマス、其外朝鮮ニ於キマシテハ政府自ラ鹽ヲ拵ヘマスケレドモ、是ハ鹽ヲ廉ク供給セントスルガ爲メニ鹽ヲ以テ拵ヘテ居ルノデアリマス、同ジ日本ノ政府ニ於テ朝鮮ニ於テハ人民モ鹽ヲ廉ク供給センガ爲メ鹽ノ官營ヲナシ、日本内地ニ於テハ貧民ヨリ勞働階級ヨリ多ク税ヲ徴收セムガ爲ニ、斯ウ云フコトヲシテ居ルト云フコトハ、政策上ノ矛盾デアリマス、要スルニ此鹽專賣ト云フコトハ理論上ヨリ申シマシテモ、今日ノ生活難ヲ救フ點カラ申シマシテモ、政府及立法府ガ勞働階級ニ向ッテ非常ニ同情ヲ表スルト云フ點カラ申シマシテモ、又財政上公債政策ノ見地カラシマシテモ、化學工藝ノ奬勵ヲスルト云フ點カラ致シマシテモ、ドウシテモ廢サナケレバナラヌトコロノ税ト私ハ考ヘル、諸君是ハ國民黨ヨリ申シ出マシテモ、決シテ國民黨ノ案デハアリマセヌ、又國民黨ヨリ出シタトコロノ多クノ案ガ通過スルコトハナクテモ、此位ノコトハ必ズ通過ガ出來ルノデアリマス、ドウゾ皆様ノ勞働階級ニ對スル同情ト云フ點ニ於テ御贊成ヲ下サイマシテ、サウシテ此案ダケハ大正二年ノ議會ト云フモノハ洵ニ文明的デアル、洵ニ新思想ノ入ッテ居ル議會デアルト云フコトヲ現ハシ、サウシテ新ラシキ議會ノ誇トシテ世界ニ向ッテ誇リトシタイト思ヒマス、ドウゾ皆様ノ御贊成ヲ仰ギタイト思ヒマス

○松田源治君　本案ハ第八ノ日程ト同一ノ委員ニ付託セラレンコトヲ望ミマス

（「異議ナシ異議ナシ」ト呼フ者アリ）

（澤來太郎君登壇）

○澤來太郎君　諸君、此國防問題ニ關シテハ昨年ノ議會ニ於キマシテモ、十七項ニ亙ル質問ヲ試ミマシテ、各項ニ對シテ時ノ政府ハ詳細ニ答辯サレテアッタノデアリマス、然レドモ尚御聞キスルデナケレバ、此問題ノ解決上不充分ナリト云フ感ヲ持ッテ居リマス爲メニ、議會ノ切迫致シマシタルニモ拘リマセズ、更ニ本年ノ議會ニ於キマシテ、而モ二十餘項ニ亙ル質問ヲ試ムルニ立至ッタノデゴザイマス、言フマデモナク此國防ノ問題ナルモノハ國家ノ存立ニ關スル重大ナル問題デアリマシテ、而シテ其方針ノ立テヤウ其計畫ノ立テヤウ如何ニ依リマシテハ、單リ我財政計畫ノ上ニ至大ナル影響ヲ與フルバカリデナク、或ハ交通機關ノ上ニ、或ハ文教機關ノ上ニ或ハ殖産興業上其他國民生活ノ一般ノ狀態ニ對シテ多大ナル惡影響ヲ來スモノデアリマスカラ、此問題ノ解決ナルモノハ取リモ直サズ現在ニ於ケル政治社會ノ、總テノ問題ノ解決デアルト私ハ信ジテ居ルノデゴザイマス、ソレ故ニ議會ノ度毎ニ御淸聽ヲ煩スノ已ムナキニ立至ッテ居ルノデゴザイマス、本年ノ豫算委員會其他分科會ニ對シテ、山本首相竝ニ木越陸相ノ御答辯サレタル所ニ依リマスレバ、國防ノ大計畫ナルモノハ業ニ已ニ決定シテ居ルト、斯ウ斷言サレテ居リマスルケレドモ、本員惟フニソレハ甚ダ疑ハザルヲ得ヌノデゴザイマス、如何ニモ内閣總理大臣トシテ又陸軍大臣トシテハ、其事ハ一向存ジマセヌトハ御答スルコトハ出來マスマイカラ、確ニ此計畫ハ立ッテ居ルト御答ハ致シマスルモノヽ、其實全ク此方針未ダ立タズ、計畫未ダ畫セラレテ居ラヌモノト私ハ思フノデゴザリマス、ナゼナレバ首相モ申サレマシタ通リ、此國防ノ計畫ト云フモノハ四圍ノ形勢ト國ノ位置ト國力トニ鑑ミテ、サウシテ此計畫ヲ立テナケレバナラヌト云フコトデアリマスルガ、如何ニモ其通リデアル、四圍ノ形勢若クハ帝國ノ位置竝ニ國力ノ如何、此三方面ニ鑑ミマシテ而シテ此大本ヲ立テナケレバナラヌノデアリマスケレドモ、其言葉ヤ甚ダ抽象的デアリマシテ、一モ具體的ニ御說明ニナッテ居ラレマセヌカラ、漠トシテ捉フベカラザル感ニ堪ヘナイノデアル、殊ニ此國防ノ方針ヲ立テマスル上ニ於テ、就中最モ重キモノハ何デアルカト云フト、卽チ外交ノ關係國際ノ關係デアル、而シテ我國ノ此外交ノ方針ナルモノハ、果シテ一定不變ノ軌道ヲ歩ンデ居ルカドウカト云ヘバ、是亦例年ノ議會ニ於テ屢〻同僚諸君ヨリ質問サレマシタ通リ、ドウモ日本ノ外交方針ナルモノガ未ダ確定シテ居ルモノト見ルベキモノハナイヤウニ思ハレルノデアル、第一ニ鑑ミンケレバナラヌトコロノ此外交ノ方針ナルモノガ確定致サヌ以上ハ、此國防ノ方針ナルモノヽ、到底確立スル譯ハナイノデアル、何トナレバ我外交ノ有樣ヲ見ルノニ、我外交ハ軍艦ノ先キニ立ッテ居ラヌノデアル、師團ノ先キニ立ッテ居ラヌノデアル、何時モ軍艦ノ陰ニ隱レ、師團ノ後ニ退イテ居ルノデゴザイマス、卽チ我國ニハ所謂國防的外交ト云フモノハ未ダ曾テ施サレテ居ラヌト云ッテモ、敢テ過言デナイト信ジマスル、國防的外交ニシテ完全ニ行ハレテ居ルナレバ、假令軍備ガ不確定不完全デアッテモ、其不完全ナル軍備ヲシテ完全ナラシムル作用ノアルノガ卽チ此外交ノ作用デアル、所ガ惜イカナ未ダ我國ニハ此底ノ大乘的外交ト云フモノハ立ッテ居ラヌヤウニ思フノデゴザイマス、之ヲ又一般カラ評シテ見マスルト、從來我國ノ國防計畫ナルモノハ軍人ト云フ此僅カノ團體ニ於テノミ計畫サレテ居ル、言葉ヲ換ヘテ之ヲ言ヘバ官僚的國防ハゴザイマシタケレドモ、未ダ曾テ國民的國防ト云フモノハ畫セラレテ居ラナカッタノデゴザイマスル、ソレ故ニ此國防ノ大方針ナルモノガ定マッテ居リマセヌカラ、從ッテ此方針ヨリ割出サレテ計畫スルトコロノ陸海軍ノ計畫ト云フモノモ、亦併セテ立ッテ居ラヌノデアル、若シ立ッテ居ルト言ハルヽナラバ、然ラバ如何ナル方針ニ基イテ陸軍ハ如何ナル事ヲ標準ニシテ如何ナル程度ニ計畫シテ居ルカ、海軍又同樣ニ如何ナル標準ヲ以テ如何ナル計畫ヲ立テ、居ルト云フコトヲ承リタイノデアリマス、若夫レ我國ノ外交ニシテ、國防的外交ヲ施シ孫子ノ所謂「百戰百勝ハ善ノ善ナルモノニ非ス、戰ハスシテ人ノ兵ヲ屈スルハ善ノ善ナルモノナリ」ト謂フタ如ク、此ノ如キ大乘的外交ガアッタナラバ、何ヲ苦ンテ今ヤ財政難ニ窮シテ居ルトコロノ此場合ニ於キマシテ、或ハ海軍ノ充實ト云ヒ、或ハ師團ノ擴張ト云ヒ、ソレヲ無理々々ニヤラナケレバナラヌト云フ必要ハ無イノデアル、所謂戰ハズシテ人ノ兵ヲ屈スルト云フ底ノ大乘的外交ガアリマセヌタメニ、吾々ハ此問題ノタメニ、一般國民モ此問題ノタメニ、諸君モ此問題ノタメニ、毎年御憂慮ナサレテ居ルノデアラウト思ヒマス、而シテ本員ノ問ハント欲スルトコロノ條項ハ、唯今モ申上ゲマシタ通リ、二十數項ニ亙ッテ居リマスルカラ、此各項ニ對シテ一々辯明ヲ加フルニ至リマシテハ、到底本日一日ヲ費シテモ辯明シ切レヌコト、思ヒマス、ソレ故ニ此箇條ヲ一々朗讀致シマシテ、其中是非トモ辯明ヲ致サンケレバナラヌト思ヒマスル二三ノ條項ニ就テ辯明ヲ試ミヤウト思ヒマス、國防ニ關スル質問主意書、一、本員カ第二十八議會ニ試ミタル國防ニ關スル第十七項質問中「帝國國防ノ方針如何」同ク「國防上陸海軍ノ權衡ヲ失セルニ非スヤ」トノ質問ニ對シ時ノ陸海軍當局者ハ「帝國國防ノ方針ハ自衞ヲ旨トシ國利國權ヲ擁護シ國是ヲ貫徹スルヲ以テ目的トス」又「陸海軍ノ權衡ハ國防ノ本義ニ鑑ミ能ク其權衡ヲ保持セラレツツアリト認ム」ト答辯シタリ現政府モ亦此ノ答辯ト同意思ナリヤ若同意思ナリトセハ當局者ノ所謂國是及國防ノ本義トハ如何ナル意味ナルカ更ニ具體的ノ說明ヲ求ム、是ガ第一項デス、二、同ク「陸海兩軍國防計畫ノ方針如何」トノ質問ニ對シ時ノ當局者曰ク「軍事ノ機密ニ關スルヲ以テ開示スルコトヲ得ス」ト現政府モ亦同意思ナリヤ若同意思ナリトセハ何故ニ機密ニ關スヘキモノナルカ、明示セラレヨ、此項ニ就テチヨット申シテ置キマス、國防計畫ガ機密デアルト云フノガ私ハ分ラヌノデス、如何ニモ作戰計畫竝ニ用兵上ノ事ニ至リマシテハ、是ハ參謀本部ノ内ニ於キマシテモ、機密中ノ機密ニ屬シテ居ルノデアルケレドモ、此國防ノ計畫ガ機密デアルカラシテ開示スルコトガ出來ヌト云フコトハ、到底私ノ腑ニ落チヌノデアル、何トナレバ若シ此計畫ナルモノヲ議會ニ對シテ祕密ニシ、諸君、吾々ニ對シテ開示スルコトヲセヌナラバ、如何ナル理由ヲ以テ此計畫ニ伴フトコロノ經費ヲ要求スルノデゴザイマセウ、經費ヲ要求スルニ付キマシテハ、是レ々々ノ計畫デアルニ因テ之ニ必要ナル費用デアルト云フ理由ヲ添ヘナケレバナラヌモノデアラウト思フノデアル、所ガ計畫ハ到底オ前方ニ開示スルコトハ適ハヌガ、此經費ノ點ニ於テノミハ是非協贊ヲ與ヘテ呉レト云フガ如キコトハ、昨年ノ議會ニ於テモ申上ゲマシタ通リ、例ヘバ會社銀行ノ設計目論見ヲ祕密ニシテ、サウシテ株券ノ拂込ノミヲ請求スルト、同一事由デアラウト思フノデアリマス、然ルニ曩キノ内閣時ノ政府ハ、之ヲ祕密ナリトシテ明カニ御答ニナッテ居ラヌノデアリマス、現政府ハ又曩キノ政府ト同ジク、ヤハリ此國防ノ計畫ナルモノヲ飽マデ議會ニ對シテ祕密ニセンケレバナラヌト云フ考ヲ御持チニナッテ居ルカドウカ、之ヲ承リタイノデアリマス、三、同ジク「國防上陸海兩軍權衡ヲ失セルニ非スヤ」トノ質問ニ對シ前項ニモ掲ゲタル如ク、時ノ政府ハ「其權衡ハ能ク保持セラレツツアリ」ト答辯シタリ、現政府モ亦同意思ナリヤ、若同意思ナリトセハ其權衡保持ノ標準如何、時ノ政府ハ唯權衡ハ能ク保持セラレテ居ルト答ヘタバカリデ、其標準ヲ示サナカッタノデアリマス、故ニ私ハ現政府ニシテ又同意思ナリトセバ、其權衡ヲ保持サレテ居ル保持ノ標準ヲ承リタイ、四、同シク「當局者ノ所謂海陸兩軍ノ竝行的擴張ハ國力トノ調節ヲ缺クノ虞ナキカ」トノ質問ニ對シ時ノ當局者曰ク「政府ハ帝國國防ノ本義ニ基キ國力トノ調節ヲ缺カサルノ範圍内ニ於テ陸軍及ヒ海軍ヲ整備シ以テ國防ノ目的ヲ達セント欲ス」ト答辯シタリ現政府モ亦同意思ナリヤ若同意思ナリトセハ帝國現時ノ國防計畫ハ其ノ調節ヲ缺カサル範圍内ニアリト爲スカ果シテ然ラハ其ノ範圍内ナリト云フ理由ヲ具體的ニ明示セラレヨ、五、國防問題ニ關シ第二回豫算會ニ於テ議員大石正已君ノ質問ニ對シ山本首相ハ曰ク「國防ノ大計ハ業ニ已ニ決定セルモノアリ而シテ此ノ決定ハ一定不變ニシテ内閣ノ更迭ニヨリ變更スルモノニアラス」ト果シテ然ラハ其ノ一定不變ト稱スル國防ノ大計ナルモノ如何、六、同シク山本首相又曰ク「國防ノ事タル海陸兩軍個々ニ計畫ヲ競フモノニ非スシテ必ス統一ノ目的存ス」ト果シテ然ラハ其ノ目的トハ如何ナルモノヲ指スカ、七、又「國防ニ對シ政府ノ執ル所ノ目的ハ外交ノ如何ニ依リテ變化シ我カ帝國ノ地位ニ鑑ミテ計畫シ而シテ時ノ形勢ニヨリテ緩急ヲ異ニシ從テ陸海兩軍ノ計畫ニ先後主從ノ別アリ」ト然ラハ卽チ現時ノ外交ト帝國ノ地位ニ於テハ其ノ目的ニ如何ノ變化ヲ來シ從テ海陸孰レヲ從トシ孰レヲ主トシ又孰レヲ先トシ孰レヲ後トスヘキモノト認ムルカ、果シテ山本首相ノ中サレマシタ通リ、國防ノ計畫ナルモノハ外交ノ如何ニ依ッテ變化スルモノデアッテ、時ノ形勢ニ依テ緩急ヲ異ニスルモノデアルトスレハ、現在我ガ外交狀態ヨリ見テ帝國ノ地位ニ鑑ミテ、而シテ時ノ形勢ニ徵シ果シテ孰レヲ緩トシ、孰レヲ急トスルノデアルカ、言葉ヲ換ヘテ言ヘハ孰レヲ先トシ孰レヲ後トスルノデアルカ、所謂陸主海從カ、海主陸從カ、或ハ陸先海後カ、海先陸後カ、此點ヲ明瞭ニ御答アランコトヲ希望スルノデアリマス、八、國防計畫ト外交トハ密接ノ關係アルコトハ山本首相ノ言明スル所ナリ果レテ然ラハ現時ノ我カ外交ト國防トハ如何ナル調節ヲ保チ又如何ナル方面ニ如何ナル共同的動作ヲ執リツツアルカ、九、殖民問題ハ外交竝國防計畫ト密接ノ關係ヲ有スルヤ勿論ナリトス果シテ然ラハ現内閣ノ殖民方針如何又從來執リ來レル滿韓集中策ヲ繼承シ是認シツツアルカ、曩ニ桂内閣時代ニ於キマシテハ、我ガ移民ノ方針卽チ殖民政策ナルモノヲ議院ニ開示スルニ當リテ、滿韓集中策ヲ執ッテ居ルト云フコトヲ言明サレタノデゴザイマス、現政府モ亦果シテ此滿韓集中策ヲ繼承シ、是認サレツヽアルモノカドウカ、此問題ハ我ガ國防政策ヲ定ムル上ニ於テ至大密接ノ關係アルモノデアリマスカラ、特ニ明白ナル御答ヲ希望スルノデアリマス、十、第二次日露協約ニ依リ滿洲ニ於ケル彼我ノ勢力範圍ハ已ニ確定セルモノアリト聞ク果シテ然ラハ其ノ範圍及境界線ヲ明示セラレヨ而シテ又其ノ協約ノ前後ニ於テ我カ軍備ニ如何ナル影響ヲ來シタルカ、此一項ハ或ハ軍機ノ機密ニ亙ッテ居ルカモ知レマセヌカラ、若シ機密ニ亙ッテ居ルモノト致シマスレハ祕密會議デモ宜シウゴザイマスカラ、吾々國民ガ如何ニモサウデアルカト合點致スヤウニ御答下サルコトヲ望ミマス、十一、我カ現時ノ國防計畫ハ其ノ根本義ニ於テ攻勢的計畫ナリヤ將タ守勢的計畫ナリヤ或ハ又陸海何レカ一方カ攻勢的ニシテ他方カ守勢的ナルカ如キコトナキカ又比較的大陸主義海國主義ノ差異ナキカ、十二、作戰用兵ノ一事ハ絶對的軍事機密ニ關スルモノナルヲ以テ議會ニ開示スル限ニアラスト雖モ豫算ノ協贊卽チ國防費ヲ要求スル上ニ於テ密接不離ノ關係ヲ有スル國防計畫ニ至テハ必ス議會ニ對シテ開示セサルヘカラサルモノト信ス若夫レ計畫ヲ祕シテ單ニ其ノ協贊ノミヲ求メムトスルカ如キハ是レ協贊ヲ求ムルニ非スシテ盲從ヲ强ヒムトスルニ等シ政府ノ所見果シテ如何、是ハ先刻モチヨット辯明シテ置キマシタカラ、辯明ヲ省キマス、十三、國防計畫上若財政ノ如何ヲ顧慮スルコトナク當局者ノ所謂既定ノ大計ヲ理想通ニ完備セムト欲セハ海陸果シテ幾何程度ノ擴張ヲ要スヘキカ、十四、第一回豫算委員會第四分科會ニ於ケル議員大石正已犬養毅守屋此助三君ノ二箇增師問題ニ關スル質問ニ對スル山本首相ノ應答中ニ「例ヘハ增師問題ノ如キ海軍充實ノ如キ究竟スル所財政ノ問題ニ順應セサレハ能ハス」ト果シテ然ラハ財政計畫ト國防計畫ト到底兩立スルコト能ハサル場合アリトセハ現政府ハ如何ニ之ヲ取捨セムトスルカ、十五、二箇增師案ナルモノハ山本首相ノ所謂一定不變ノ國防大計中ニ包含セラレサルカ若包含シアリトセハ其ノ實行期ハ別問題トスルモ同意シ居ラルルモノト解シテ可ナルヘキカ政府ノ所見果シテ如何、十六、又第一回豫算委員會第四分科會ニ於ケル議員大石正已君ノ二箇增師問題ニ關スル質問ニ對シ木越陸相ノ答辯ヲ見ルニ「既定ノ中ニ包含セリト思惟ス」ト既ニ然ラハ「二箇師團限リニテ之ヲ打切ル計畫ナルカ」トノ追問ニ對シテ又答フラク「未タ攻究セサルヲ以テ答辯スル能ハス」ト果シテ然ラハ同一政府ニ異見アルベキ筈ナキヲ以テ木越陸相ノ答辯卽チ政府ノ意見ト見テ可ナルベキカ、十七、木越陸相ノ留任ニ際シ二箇增師問題ニ關シ山本首相トノ問ニ果シテ何等ノ交渉スル所ナカリシカ、此點ニ關シテ山本首相ガ委員會ニ對シテ說明サレマシタル所ニ依レハ、何等ノ交渉モ無カッタモノ、如クニ御答ニナッテ居ラル、而シテ一方木越陸相ハドウ云フコトヲ言ハレテ居ルカト云フト、此問題ハ内閣更迭ノ爲メニ豫算ニ計上スルコトガ出來ナカッタハカリデアル、斯ウ答ヘラレテ居ルノデアリマス、首相ノ說明ト陸相ノ說明トヲ對照シテ見マスレハ、其間ニ何等カノ交渉ガアッタニ相違ナイト推スヨリ外ニ途ハ無イノデアリマス、果シテソレトモ御交渉ガ無カッタノデアルカ、若シアッタトスレハ如何ナル御交渉ガアッタノデアルカヲ承リタイノデアリマス、十八、現時ノ陸海竝行的擴張程度ハ果シテ陸海共通ノ計畫ナリヤ、換言スレハ陸軍ノ增師問題ハ海軍ノ同意スル所ニシテ、又海軍ノ充實程度ハ陸軍ニ於テ異論ナキ所ナルガ、本員想フニ陸海交〻國防費ノ分捕ヲ競爭シテ居ルヤウニ思ハル、ノデアル、ソレ故ニ此問題ハ是非御伺シテ置カナケレハナラヌ必要ガアルノデゴザイマス、十九、前陸軍大臣上原勇作君ハ二箇增師問題ノタメニ其職ヲ辭スルニ方リ、内閣總理大臣ヲ經由セズ直接政治上ノ事由ヲ具シタル辭表ヲ闕下ニ捧呈シタリト聞ク、果シテ然ラハ官制上正當ノ行爲ト謂フベカラズ、之ニ對スル現政府ノ所見如何、又若シ木越現陸相ニシテ同一ノ場合ニ遭遇セハ果シテ如何ノ態度ニ出デントスルカ、是ハ前ノ方ハ前内閣ノコトデアルカラ答フル限リデナイト御答ニナルカモ知レマセヌ、然ラハ試ミニ問ハン、若シ木越現陸相ニシテ前ノ陸軍大臣ノ如ク此ノ二箇師團增設問題ノ爲メニ現内閣ト衝突ヲ見ルノ已ムベカラザル場合ニ際會シタナラハ、果シテ如何ノ態度ニ出デラレントスルノデアルカ、之ヲ豫メ吾々ハ承知シテ置キタイト思フノデアリマス、卽チ陸軍官制ノ憲政運用ニ大ニ支障アル所以ハ、此ニ存シテ居ルノデアル、聞ク所ニ依レハ軍人界ニ於ケル程社會主義ヲ憎ムモノハ無イト云フコトデアル、無政府主義ハ無論大ニ之ヲ厭ウテ居ルサウデアルケレドモ、諸君、曩ニ上原陸軍大臣ノ態度ニ徵シテ見レハ、陸軍ハ無政府主義ナルモノヲ實行シテ居ルト私ハ斷言スルニ躊躇セヌノデアル、何トナレハ西園寺内閣時代ニ於テ二個師團增設ニ對シテハ、陸軍大臣ヲ除イタル所ハ一人モ之ニ贊成スル者ガ無カッタノデアル、此增師問題ニ贊成ノ國務大臣ハ陸軍大臣一人シカ無カッタノデアル、然ルニ時ノ陸軍大臣ハ内閣會議ノ決定ニ服スルコトナク、唯今讀上ゲマシタ通リ辭表ヲ闕下ニ捧呈スルニ至ッタノデアル、其結果再ヒ陸軍大臣ヲ得ント欲スルモ、到底得ベカラザルノ境遇ニ立至ッテ、西園寺内閣ハ御承知ノ通リ倒レタノデアル、諸君、苟モ此會議ニ列シタル以上ハ、其會議ノ性質トシテ多數決ニ服從スルノ義務ハ前定サレテ居ルモノデアル、然ルニ己レノ意見ガ容レラレナイカラトシテ、陸軍ノ威信ガ立タヌト云フ口實ヲ以テ、内閣ノ所謂會議ノ決定ニ服セズシテ、己レ獨リ超然トシテ去ルガ如キハ、取リモ直サズ政府ヲ無視スルモノデアル、故ニ私ハ是ハ無政府主義ヲ實行シタルモノデアルト思フノデアル、況ヤ再ヒ陸軍大臣ヲ得ント欲スレハ、更ニ今度ハ同盟罷官ヲ企テ、——陸軍同盟ヲ企テ、「ストライキ」ヲ企テ、再ヒ陸軍大臣ヲ得ントシテモ得ルコト能ハナイヤウニ、同盟罷工ト云ッタラ失禮デアリマセウガ、同盟罷官ヲ企テル、是レ卽チ陸軍自ラ無政府主義ヲ實行シ、社會主義ヲ實行シタルモノナリト云フモ、之ニ對シテ相當ノ御答ノ辭ガ無カラウト私ハ信ズルノデアリマス、二十、豫算委員會第四分科會第一回ノ會ニ於ケル議員高木正年君ノ質問、卽チ「陸軍ノ豫算ニ於テハ其整理節減額竝ニ其要目如何」ト云フニ對シ木越陸相曰ク「目下調査中ニ付キ答辯スル能ハズ」ト應答セリ、今尙果シテ然ルカ、二十一、豫算委員總會席上ニ於ケル委員守屋此助君ノ海軍擴張ニ關スル質問ニ對シ、齋藤海相ハ海軍充實費總額ハ大凡三億六千万圓ナリト答辯セリ、果シテ然ラハ其年度割竝ニ之ニ順應スベキ財政計畫ヲ具體的ニ明示セラレヨ、大要斯ル條項デゴザイマス、此各項ニ對シテ必ズヤ昨年ノ議會同樣、誠意ヲ以テ御答ヘ下サルニ相違ナイト信ジマスガ、此中ニハ所謂軍事ノ機密ラシキモノモ往々混ッテ居ルト思ヒマス、果シテサウ云フ箇條ガアリマシタナラバ、是ハ公會デナクテモ祕密會ノ席ニ於テ承リタク存ズルノデゴザイマス、尙終リニ臨ンデ附加ヘテ申上ゲテ置キタイコトハ、總テ此國防ノ計畫ナルモノハ四圍ノ形勢ト云フモノニ重キヲ措カナケレバナラヌコトハ、既ニ申上ゲタ通リデゴザイマスガ、然ルニ山本首相ガ二月二十七日ノ開會ニ際シテ、御演說ニナラレタル所ニ依リマスレバ、四圍ノ形勢ハ或ハ陸軍ヲ擴張シ或ハ海軍ヲ擴張スルガ如キ形勢ニナッテ居ラヌコトヲ明白ニ御演說ニナラレテ居リマス、即チ上ノ方ヲ略シマシテ「諸君帝國ト列國トノ交際ハ前内閣總理大臣ガ本議場ニ於キマシテ開陳致シマシタル如ク、益〻親善ヲ加ヘ英國トノ同盟ハ愈〻鞏固ニ、日佛日露ノ兩協約ハ益〻實效ヲ收メツヽアリマスノハ諸君ト共ニ大ニ喜ブ所デゴザイマス」吾〻國民ニ對シテ内閣首相ガ外交的辭令ヲ用ヒサル限リハ此通リニ相成ッテ居ルモノト承知シテ差支ナイト私ハ思フ、果シテ然ラバ四圍ノ形勢或ハ陸軍ノ二個師團ヲ增設シ、或ハ海軍ヲ充實スルト云フガ如キ必要安クニ在ルカ、若シアリトスレバ此時御演說ニナリマシタル四圍ノ形勢ナルモノハ嘘ニナラナケレバナラヌノデアリマス、併セテ此事ヲモ承リタク存スルノデゴザイマス、甚ダ長イ時間御淸聽ヲ煩シマシテ感謝ノ至ニ堪ヘマセヌ（拍手起ル）

第十四　米及籾移入税廢止ニ關スル法律案　第一讀會ノ續（委員長報告）

（大内暢三君外一名提出）

（友常穀三郎君登壇）

○友常穀三郎君　委員會ノ經過ヲ御報告申上ゲマス、本案ハ本月十日並ニ昨十九日ノ二回ニ亙リマシテ委員會ヲ開キマシテ、遂ニ全會一致ヲ以テ可決致シタ次第デゴザイマス、玆ニ特ニ御報告申上ゲタイノハ、本案ノ法文ニ於キマシテ修正ヲ致シマシタ、即チ「朝鮮ヨリ移入スル米及籾ハ移入税ヲ廢ストアリマスガ、是ハ提出者ニ於キマシテ朝鮮産出ノ米及籾ハ移入税ヲ課セス」ト云フコトニ修正ヲ致シマシタ、此修正案ニ依テ討議ヲ盡シマシタルトコロ、全會一致ヲ以テ此修正案ニ可決致シタ次第デアリマス、本案ノ精神ハ朝鮮ノ産業卽チ朝鮮産業ノ發達ヲ圖リ、特ニ農業ヲ助長スル意味ニ於キマシテ、政府ニ於テハ之ニ同意ヲ表シ全會一致ヲ以テ此案ヲ可決致シマシタ次第デアリマス、此項ノ一ノ問題トナッテ居リマストコロノ米價調節等ノ件ニ關シテハ、餘リ重キヲ置イテ居ナイト云フコトモ意味シテ居リマス、サウシテ尙一言申上ゲマスノハ、此法文ノ精神ハ苟モ日本帝國ノ領土ハ單リ此母國ノミナラズ、臺灣トカ或ハ樺太等ニ移入スルトコロノ朝鮮産出ノ米ハ、ヤハリ無税ト云フコトニ解釋シテ居リマスカラ、此事ハ特ニ御報告申上ゲテ置キマス、然レドモ此實施期限ニ付キマシテハ、本案ハ本年七月一日トゴザイマスガ、政府當局者ニ於キマシテハ財政上ノ都合ニ依ッテ大正三年四月一日カラ實施シタイト云フコトヲ主張シテ居リマスガ、併ナガラ全會一致ヲ以テ修正通リ可決致シマシタ、何卒諸君ノ御贊同ヲ願ヒマス（「贊成々々」ノ聲起ル）

（政府委員野中淸君登壇）

○政府委員（野中淸君）　政府ハ本案ニ就キマシテハ、其朝鮮産ノ米及籾ノ移入税ヲ廢スルト云フ事柄ニ就キマシテハ御同意ヲ表シテ居ルノデアリマス、但シ唯今委員長カラ御報告ニナリマシタヤウニ、其實施ハ大正三年ニ入ッテ之ヲ施行スル、斯ウ云フコトノ下ニ於テ御同意ヲ表シテ居ルノデアリマス、本年ノ七月一日カラ施行スルト云フコトニ付キマシテハ、大正二年ノ財政計畫上ニ影響ヲ及ボシマスノデ、其點ニ付テハ反對ヲ致シテ居リマス（「反對ガアッテモ構ハヌ」ト呼フ者アリ）

○松田源治君　本案ハ直チニ二讀會ヲ開キ、三讀會ヲ省略シテ委員長報告通リ可決確定セラレンコトヲ望ミマス（「贊成々々」ノ聲起ル）

米及籾移入税廢止ニ關スル法律案　第二讀會（確定議）

○議長（大岡育造君）　松田君ノ動議ニ對シテ反對ガゴザイマセヌヤウデアリマス、依ッテ本案ハ直ニ二讀會ヲ開キ三讀會ヲ省略シテ、委員長報告通リ可決確定シタルコトヲ宣告致シマス――日程第十五、國有土地森林原野下戾法中改正法律案ノ第一讀會ノ續ヲ開キマス――委員長則元由庸君

第十八　明治天皇頌德記念事業ニ關スル建議案（增田義一君提出）

明治天皇頌德記念事業ニ關スル建議案

明治天皇頌德記念事業ニ關スル建議

明治天皇ノ神威聖德偉績鴻業ハ帝國臣民ノ敬慕禁スル能ハサル所世界萬邦ノ追頌措ク能ハサル所ナリ明治ノ盛世四十五年僅々半世紀ニ滿タサルノ間ニ於テ曠世ノ大業踵ヲ接シテ成リ絶代ノ偉勳年ヲ累ネテ舉リ國力内ニ張リ國威外ニ振ヒ文物燦然萬邦畏敬東洋ノ天地ニ未タ曾テ見サル文明帝國ヲ現出シタルハ古今ニ倫ナク東西ニ比ナク殆ト史上ノ奇蹟ト稱スルニ足ル而シテ是レ一ニ　先帝カ不世出ノ御稜威ト未曾有ノ御盛德トノ致ス所ニ由ラスムハアラス

惟フニ明治ノ燦然タル盛世ト　先帝ノ崇懿ナル聖德トハ千秋萬古日月ト共ニ光ヲ爭フヘシ臣民ノ至情トシテハ聖德ヲ萬世ニ記念スヘキ事業ヲ完成シ一ハ以テ敬慕ノ微衷ヲ事實ニ表明シ一ハ以テ空前ノ偉績ヲ内外ニ顯彰シ且後世子孫ヲシテ永ク聖德ヲ感銘セシムルコトハ頗ル重要ノ事ナリト信ス曩ニ　先帝ノ崩御アラセラルルヤ聖德記念事業ノ必要ハ普ク朝野ニ唱道セラレ有志ノ士之ニ關シテ私議ヲ立テタル者枚舉ニ遑アラス其ノ方法等ニ付テ衆説一ナラスト雖舉國一致ノ計畫ニ成ル國家的記念事業ノ必要ハ既ニ衆論ノ一致スル所ニシテ全國民ノ舉テ切望期待スル所ナリ政府ハ宜シク國民ノ衷情ヲ察シ輿望ノ歸スル所ニ從ヒ速ニ成案ヲ具シテ本院ニ提出セラレムコトヲ望ム

右建議ス

（增田義一君登壇）

○增田義一君　諸君、本員ハ茲ニ本案ヲ提出シタル理由ヲ謹ンデ一言致シタイト思ヒマスル、明治天皇陛下ハ幕府ノ末、國歩艱難ノ時ニ際シマシテ御幼冲ヲ以テ大統ヲ繼ガセタマヒ、不世出ノ御英明ヲ以テ此大艱難ノ境遇ニ立タセ給ウテ、大決心ヲ爲シテ此境遇ニ御立チ遊バレタノデゴザイマス、即チ神武創業ノ大精神ニ則ラセタマヒ、萬乘ノ尊ヲ以テ一身ノ艱難辛苦ヲ厭ハズ、四方ヲ經營シ、億兆ヲ安撫シ、萬里ノ波濤ヲ開拓シ、國威ヲ四方ニ宣布シ、天下ヲ富嶽ノ安キニ置カントノ大決心ヲ爲シ給フタノデアリマス、而シテ此御決心ヲ親シク御宸翰ノ中ニ認メ、之ヲ群衆百官ニ下シ給ウタノデアリマス、是ガ即チ維新ノ大精神トナッタノデ、換言シマスレバ維新ノ大業モ　明治ノ大日本モ一ニ　先帝ノ御精神御盛德ノ反影ニ外ナラヌト思フノデアリマス、之ヲ謹ンデ事實ノ上ニ徵シマスレバ、此御精神ガ第一ニ王政維新トナッタノデアル、次デ五箇條ノ御誓文トナッテ現ハレ、開國進取ノ國是トナッテ現ハレ、藩籍奉還トナリ廢藩置縣トナリ、弊習ノ七百年モ續イタ封建制度ガ茲ニ全ク破レタノデアリマス、次デ府縣制ノ發布トナッテ地方自治制ヲ見ルニ至ッタノデアリマス、更ニ諸君ト共ニ大ニ注目スベキハ憲法ノ發布デゴザイマス、世界ノ歴史ニ於キマシテ憲法ハ多クハ何レモ血ヲ以テ贖ハレタノデアリマスル、然ルニ我ガ帝國ニ於キマシテハ恐多クモ　先帝ノ大御心ニ依リマシテ萬民感泣ノ間ニ下シ賜フタノデアリマス、實ニ世界ノ歴史アッテ以來、斯ル例ハナイノデゴザリマス、然ルニ此立憲政體ニ就キマシテハ如何デゴザイマセウカ、其運用ガ未ダ全キニ至ラヌト云フコトハ、吾々ハ實ニ恐懼ノ次第ニ堪ヘマセヌ、是ハ果シテ誰ノ罪デゴザイマセウ、唯恐懼ノ外ナイノデアリマス、又日清日露ノ二大戰爭ニ依テ我帝國ノ地位ハ一躍シタノデアリマス、此二大戰役ハ萬民皆　先帝ノ爲ニ死セント云フ忠義ノ心持カラ此大捷ヲ得タルモノト信ジマス、其結果トシテ臺灣樺太ガ我ガ領土トナリ、續イテハ又朝鮮ノ併合ガ行ハレタノデゴザイマス、二千年來國家ノ大宿題トナッテ居ッタ此朝鮮問題ガ、　先帝ノ御稜威ニ依テ解決セラレタト云フコトハ是亦大ナル事デゴザイマス、此ノ如ク一面ニ於テ益々領土ハ擴張セラレマシタ、又他ノ方面ニ於キマシテハ法典編纂、司法制度ノ確立、之ニ依テ人民ノ權利財産ハ保障セラレマシタ、又條約改正セラレテ國權ガ伸張セラレタ、又兵制改革ニ依テ國民皆兵主義ガ斷行サレタノデアリマス、或ハ敎育ノ普及ト云ヒ、學術ノ進歩ト云ヒ産業ノ發達ト云ヒ、一々數ヘ來リマスレバ迚モ數ヘ切レヌコトデゴザイマスル、實ニ四十有五年ト云ヘバ僅カ半世紀ニモ滿チマセヌ、其短イ歳月ノ間ニ於テ外ニハ國威ガ伸張シ國權ガ張リ、内ニハ文物ノ進歩シ典章ガ整備シ實ニ面目一新シタル上ニ世界一等國ノ列ニ入ッタト云フコトハ更ニ々々偉大ナル事實デゴザリマス、殊ニ畏多クモ　明治天皇御一生ノ間ヲ窺ヒ奉リマスレバ、常ニ國ヲ思ヒ民ヲ思ハセ給ヒテ而モ平素御儉德ニ渉ラセラレ、御努力ノ點ハ御生涯一貫シテ居ル、何レノ點ニ就キマシテモ君々國民ノ模範デゴザイマス、斯ル偉績鴻業ハ實ニ歴史アッテ以來世界ノ誇ト爲スニ足ルコト、思ヒマス、此事ハ一ニ　明治天皇不世出ノ大人格、踐祚ノ初ニ於テ千艱萬難ヲ排シテ國家ヲ泰嶽ノ安ニ置カント御決心爲シ給フタ所ノ維新ノ大精神ノ實現外ナラヌト存ジマス、我ガ日本帝國民ハ此　先帝ノ御精神ヲ千万年ノ後マデモ奉戴シテ、無限ノ向上發展ヲ圖ラネバナラヌト思ヒマス、即チ頌德記念事業ノ一日モ忽ニスルコトノ出來ナイ所以デゴザイマス、冀クハ政府ハ成ベク速ニ成案ヲ具シテ議會ヘ提出セラレ、而シテ此御聖德ヲ永久ニ記念スル所ノ事業ヲ完成セラレンコトヲ切ニ希望スルノデゴザイマス、冀クハ滿場諸君御贊成アランコトヲ希望シマス（拍手起ル）

○松田源治君　本案ハ前ノ日程、明治神宮建設ニ關スル建議案ト同一ノ委員ニ付託セラレンコトヲ望ミマス

（「贊成々々」ト呼フ者アリ）

第十四　朝鮮ニ於ケル棉花栽培獎勵ニ關スル建議案（濱本義顯君提出）

朝鮮ニ於ケル棉花栽培獎勵ニ關スル建議案

朝鮮ニ於ケル棉花栽培獎勵ニ關スル建議

我ガ邦紡績業ノ發達ニ伴ヒ棉花ノ需要ハ倍々多大ナルモノアルニ內地本土ニ在リテハ其ノ產出絶無ニシテ全部之ヲ海外ニ仰クノ實狀タリ貿易上ニ於ケル輸入超過ノ一因亦實ニ此ニ在リト謂ハサルヘカラス幸ニ朝鮮南部ニ於テハ棉花ノ栽培ニ適スルノ地域甚廣ク之カ獎勵宜シキヲ得ハ以テ其ノ一大生產品タルノ望ミ的確ナルコトハ既往七箇年ニ於ケル試驗ノ明ニ證スル所ナリ然ルニ政府ノ之ニ對スル措置ヲ見ルニ唯區々タル獎勵ヲ爲スニ止マリ施設極メテ小規模ナルヲ以テ其ノ發展甚遲緩ナルノ憾ナキヲ得ス故ニ政府ハ此ノ際之ニ對スル根本的大方針ヲ確立シ速ニ其ノ發展ヲ策スルヲ要ス

右建議ス

（濱本義顯君登壇）

○濱本義顯君　諸君、本案ニ付キマシテ說明ヲ致シタイト思ヒマスルガ、此棉花問題ハ最モ國家ノ經濟ニ至大ナル關係ヲ有チマスノデアリマス、暫時ノ間――暫時ト云フト大變デスガ、五分バカリノ間、諸君ノ御淸聽ヲ煩ハシタイ（「謹聽々々」ト呼フ者アリ）此棉花ノ栽培ト云フコトニ付キマシテハ、世界各國ガ今競爭シテ居リマシテ、總テ此歐米各國ノ强大國ハ皆此栽培ヲ非常ナ獎勵ヲナシテ居ルノデアリマスル、既ニ此日本ニ於キマシテハ氣候風土ニ副ハヌタメニ、未ダ一俵ノ紡績機械ニ副フ棉花ト云フモノヲ栽培シ得ルコトガ出來ナイノデアル故ニ、一昨年ノ如キハ亞米利加ノ棉花商ニ依テ死命ヲ決セラル、ト云フ狀態デアルノデス、三十圓ト云ヘバ三十圓デ買ハナケレバナラヌ、五十圓ト云ヘバ五十圓デ買ハナケレバナラヌト云フヤウナ、ツマリ外國ニ死命ヲ決セラレツ、アル、此悲慘ナ狀態デゴザイマス、既ニ諸君モ御承知デアリマセウガ、獨逸ニ於テ千九百七年ト思ヒマスルガ、獨逸皇帝ガ議會ニ詔勅ヲ下シテ棉花栽培ニ極力獎勵セイト云フコトデアリマシテ、既ニ皇室費ヲ割カレテ其獎勵ニ努メラレタコトモアル、新ニ殖民省ヲ新設セラレテ、ソレガ爲ニ今日ニ於テハ外國ニ此棉花ヲ求メルト云フコトガナクナッテ、非常ナ效果ヲ收メテ居ルヤウナ次第デゴザイマス、丁度日本ノ狀態モ以前ノ獨逸ノ狀態ニ稍々似タヤウナ有樣デアリマシタガ、獨逸ハ此ノ如キコトデアリマスル、其他英國ト云ヒ亞米利加ト云ヒ、皆ソレ〱獎勵ヲ勵ンデ居ルノデアリマス、殊ニ露西亞デアリマス、露西亞ノ如キハ卽チ我四十二年度ニ於テハ僅ニ七千万圓內外ノ綿ホカ收穫シ得ナカッタモノデアリマスガ四十三年ニナッテハ一億二三千万圓ノモノヲ穫得シタト云フ有樣デアル、丁度東亞細亞方面ニ向ッテ極力目下獎勵ヲ爲シツヽアルノデアリマス、我邦ニ於テハ一俵ノ棉ガ得ラレナイト云フコトノタメニ、既ニ昨年ノ如キ外國カラ輸入シテ居リマスモノハ一億六千万圓ヲ算スルノデアリマス、其內六千万圓バカリハ棉絲トナリ又織布トナッテ、支那或ハ東洋ノ市場ニ輸出サレルノデアリマスガ、一億圓ト云フモノハ詰リ我國民ノ費消スルトコロトナッテ居リマス、而シテ此紡績現在ノ錘數ハ二百万錘デアルノデアリマスガ、昨年本年ノ中ニハ尙五十万錘ヲ增錘シテ之ニ伴フ棉花ハ一層需要ヲ增スノデアリマス、紡績業者ノ考ヘルトコロニ依ルト、兩三年ノ中ニハ三億ノ綿ハ買ハナケレバナラヌダラウト云フコトニナッテ居リマス、其三億ノ綿ヲ買ウトシテ、或ハ半バ棉絲トナリ或ハ織布トナッテ外國ヘ出ルカモ知レマセヌ、其半バトシテモ一億五千万圓ト云フモノハ我邦ガ費消スルト云フヤウナコトニナリマス、此狀態ヲ以テ推シマスト、非常ニ國家經濟上ニ及ボストコロノモノハ甚ダ寒心ニ堪ヘヌコトデアラウト思フ、サウシテ此朝鮮ニ於ケル棉花ト云フコトニ付テハ、之ヲ栽培獎勵シマシタノハ丁度三十八年ニ當ッテ居リマス、其三十八年ニ於テ我黨ノ首領卽チ原君或ハ野田君其他ノ先輩ガ、極力力ヲ致サレ、又大石或ハ犬養ト云フヤウナ人々モ之ニ力ヲ協セマシテ、伊藤統監ガ最モ之ニ盡瘁セラレマシテ、政府モ少ナカラヌ金ヲ支出シテ居リマスガ、尙ホ朝鮮ノ貧困ナル政府ニ於テモ十万圓ト云フ金ヲ出シテ、此棉花ノ亞米利加種ヲ取寄セ試驗ヲ爲シタノデアリマス、其後棉花栽培協會ト云フモノヲ設ケマシテ、紡績業者モ多少ノ金ヲ出シタノデアリマスガ、ソレ等ノタメニ此試驗ガ濟ンデ居ルノデアリマス、臺灣ノ方ニモ棉花ガ出來ルト云フコトデアリマスガ、是ガ出來レバ誠ニ國家ノタメニ慶賀スベキコトデアリマスガ、是ハマダ試驗ガ出來ナイノデ、昨年十月ニ漸ク種ヲ蒔イタト云フヤウナコトデ、是ハ誠ニ反對ノコトデ、十月ニハ收穫スベキ時期デアルノニ種ヲ蒔イタト云フコトデ、ソレハ何故カト言ヘバ颶風其他ノコトノ危險ノタメニ、臺灣ノ如キハ未ダ試驗ト云フコトヲ了シナイノデアル、然ルニ朝鮮ノ如キハ先輩諸君ノ各派ノ人々ガ非常ナ盡力ヲサレテ、少ナカラヌ金ヲ投ジテ今日デハ立派ニ其成績ヲ得テ居ルノデアル、之ヲバ政府ガ緩漫ニ打棄テ、置ク譯デハアリマスマイガ、棉花ト云フモノハ獎勵セントスルニハ、彼ノ重キ實綿ヲ交通機關ノ不完備ナル朝鮮ニ廣ク播種セントシテモ播種スルコトガ出來ズシテ、詰リ木浦附近ノ一局部ニ對シテ播種シテ居ルト云フ事柄デ、是デハ到底我邦ノ巨額ナル需要ヲ要スルモノニ向ッテ、甚ダ成效ヲ期スルコトハ歎ハレイ次第デアル、國家ハ之ニ對シマシテ所謂重キ實綿デアルカラ、相當ノ地域ヲ定メテ、之ニ繰綿工場ヲ設ケ、依テ以テ棉花ヲ栽培セシムル方法ヲ獎勵シナケレバ、僅カナ小規模ノ上ニ發展ヲ待ツナドト云フコトハ、今日財政困難ノ場合ニ於テ出來ナイコトデアル、暫クモ是ハ忽セニ出來ヌコト、考ヘマス、之ヲ大ニ獎勵シテ我邦ノ經濟ノ發展ヲ期シタイト思ヒマスノデ、諸君ドウゾ御贊成ヲ願ヒマス

（「贊成々々」ノ聲起ル）

○松田源治君　本案ハ議長指名九名ノ委員ニ付託セジレンコトヲ望ミマス

（「異議ナシ」ノ聲起ル）

○議長（大岡育造君）　御異議ガナケレバ本案ハ松田君ノ動議ノ如ク決シマス――日程第十五、樺太漁業制度改正ニ關スル建議案ヲ議題ト致シマス――木下成太郎君

○林毅陸君　左様デス――吾々ノ再質問ニ對シ十五日マデニト云フ希望ヲ添ヘテ置イタトコロガ、其期限ノ中ニ答辯ガ無カッタ、而シテ其後數日ヲ經ルモ尙答辯ガ無イト云フコトニ付キマシテハ、私モ甚ダ遺憾ニ思フ一人デアリマス、吾々ハ極メテ淡白ニ、卒直ニ誠實ニ、政府ト共ニ國事ヲ研究シタイト云フ希望ヲ持ッテ居ルノデアルガ、總理大臣ガ吾々ト希望ヲ同ジクセラル、ヤ否ヤハ不明デアルガ、兎ニ角今日マデノ實績ヲ見ルト云フト或ハ共希望ヲ有セラレナイノデハナイカト云フコトヲ疑フノデアリマス、犬養君ガ既ニ此政府ノ態度ニ付テ、甚ダ不滿ノ意ヲ表セラレタデアリマスガ、其點ハ吾々モ感ヲ同ジウスルモノデアル、甚ダ政府ノ――總理大臣ノ今日マデノ態度ニ付テハ――此再質問ニ對スル態度ニ付テハ大ナル不滿足ヲ感ズルモノデアル　ト云フコトヲ、敢テ告白セザルヲ得ナイノデアリマス、而シテ一日モ速ニ答辯ヲ與ヘラレンコトヲ望ムノ意味ニ於テハ、花井君ト又感ヲ同ジウスルノデアリマス、併シ總理大臣ハ速ニ答辯ヲ與ヘラル、ヤ否ヤ、其點ハ先方ノ御隨意デアルカラシテ、或ハ吾々ノ希望通リ又滿足スベキ答辯ヲ與ヘラレルカモ知ラナイ、故ニ本員ハ此際吾々ノ意見ヲ少シク申添ヘテ置キタイト思フノデアリマス、ト云フノハ吾々ノ質問致シマシタル項目ノ中ノ陸海軍大臣ノ官制ニ關スル件之ニ就テハ武官ニ限ルノ制度ヲ改メル意ガアルヤ否ヤト云フノデアリマシタガ、本員等ハ斷然武官ニ制限スルト云フコトハ廢セラレナケレバナラヌモノト云フ意見デアル、文官武官竝ビ用井テ差支ナクスベキモノデアルト云フ意見デアル、又臺灣及朝鮮ノ總督ニ付テモ同ジヤウナル改正ヲナス意見デアルカト云フコトヲ併セテ質問致シテ居ルノデアリマスガ、是亦吾々ノ見ル所ニ於テハ、武官ニ限ルト云フ現在ノ制限ヲ撤スベキモノデアルト云フ考デアル、軍人武人ノ獨占ヲ許スト云フコトハ甚ダ是ハ怪シカラヌコトデアリマス、武閥ト云フカ軍閥ト云フカ、是ハ是非共打破セネバナラヌト云フノガ吾々ノ意見デアルノデアリマス、又文官任用令ニ付テハ勅任官以上ノ任用ニ付テ制限ヲ除クヤ否ヤト云フコトノ質問デアリマスガ、此點ニ付テ我々同志ノ見ル所ニ於テハ、其制限ヲ撤シ、勅任官以上ハ特別ノ窮屈ナル制限ヲ置カズ、自由ニ人才ヲ登用シ得ルヤウニ改メルベキモノデアルト云フノガ卽チ吾々ノ意見デアル、又第二ニ現在ノ二箇師團問題、ヤカマシク ナッテ居ル此二箇師團問題、之ニ就テハ國防上ヨリ考ヘテ、師團增設ノ必要ナシト云フノガ吾々ノ意見デアル、政府ニ向ッテ必要アリヤ否ヤ、ドウ云フ意見デアルト云フコトヲ尋ネタノデアリマスガ、吾々ハ必要ナシ、國防ノ見地ヨリ見テ必要ノナイモノデアル、財政上ニ餘裕ガ有ラウガ無カラウガ別問題、ソレハ頓著セヌ、兎ニ角必要ナイモノデアルト云フノガ吾々ノ意見デアル、政府ハ果シテ吾々ト意見ヲ同ウセラル、ヤ否ヤ、ソレハ量リ難イ、政府ガ今後答ヘラレルニ於テ其答辯ガ吾々ノ滿足スベキモノアルヤ否ヤソレモ量リ難イ、吾々ノ意見ヲ政府ガ採ルヤ否ヤハ先方ノ御自由デアルガ、同時ニ吾々ハ政府ノ爲ストコロニ對シテハ、今後批評ノ絶對自由ヲ保留スルモノデアルト云フコトヲ、玆ニ宣言シテ置クノデアリマス（拍手起ル）

「トロール」船取押抑留處分及禁漁區域制限ニ關スル質問主意書

右成規ニ據リ提出候也

大正二年三月二十四日

提出者　高鍋篤郞

贊成者　武市庫太

外二十八人

「トロール」船取押抑留處分及禁漁區域制限ニ關スル質問主意書

一　朝鮮總督府ハ農商務大臣ヨリ「トロール」業者ニ與ヘタル許可證ニ明記セル操業區域ト矛盾シタル朝鮮漁業規則ヲ發布シ不法ニ漁船ヲ抑留シツヽアリ政府ハ漁政ヲ統一シ朝鮮總督府ノ非行ヲ改メシムルノ意ナキカ

二　「トロール」漁業ノ禁止區域ノ制限卽チ經度ノ制限ヲ撤廢シ自由操業區域ヲ擴張スルハ國利ヲ增進スルノ所以タルヲ認ム政府ノ所見如何

右及質問候也

〔參照〕

一　朝鮮總督府ハ農商務大臣ヨリ「トロール」漁業ニ與ヘタル許可證ニ明記セル操業區域ト矛盾シタル朝鮮漁業取締規則ヲ發布シ不法ニ漁船ヲ抑留シツヽアリ

近來總督府ハ新高鮮海ノ二監視船外數艘ヨリ成ル艇隊ヲ以テ釜山及木浦ヲ根據地トナシ禁漁區域內トロール船ノ大搜索ニ從事シ苟シクモ禁漁區域內ニ入ルモノハ其操業ノ事實アルト否トニ拘ハラス悉ク之ヲ取押ヘ抑留スルノ方針ヲ執リ現ニ本年二月中或ル船ハ釜山沿岸ヲ通過中或ル船ハ巨文島ニ避難中臨視船ノ取押フル所トナリ麗水ニ廻航ヲ命セラレ各船長以下船員一同ハ數日間抑留セラレテ晝夜ノ別ナク警察官ノ取調ヲ受ケ結局禁止區域內ニ於テ操業セサルモノト決定シテ解放セラレタル事實アリ

由來朝鮮近海ニ於テ本邦ヨリ目的ノ漁場ニ達センニハ之カ航路ハ濟州島附近禁漁區域內一帶ノ海面ヲ通過スルヲ例トシ故ラニ長時日ヲ費シ禁漁區域外ヲ迂回スルカ如キハ船舶航行ノ性質上之ヲ許サヽル所ナリ然ルニ苟シクモ禁漁區域內ヲ航行スルトロール船ハ操業ノ事實ナキコト一見明白ナルニ關ラス取調ヲ名トシテ數日ニ亘ル抑留ヲ免レストセハ營業者ノ被ル損害ハ尠少ニアラスシテ今ヤ方ニ發達ノ氣運ニ際會セル產業上ニ一大打擊ヲ加フルモノト謂ハサルヘカラス此ノ如キ汽船トロール業者カ農商務大臣ヨリ受ケタル許可證ニヨレハ之カ操業區域ハ東經百三十度以西ノ朝鮮海及支那海ト指定セラレアルニ朝鮮漁業取締規則ハ北ハ豆滿江ヨリ鬱陵島見通シヲ經テ東經百三十度ト北緯三十五度交叉點ヨリ對州北端ヲ經テ鴻島ヨリ濟州島東三十海浬同島南三十哩ヨリ黑山島ヨリ鴨綠江口薪島見通ノ命令二途ニ出ツルノ奇觀ヲ現出シタルノ結果ニ外ナラス政府ハ朝鮮總督府カ今日ノ如クトロール船ノ取押抑留ヲ爲ス儘ニ放任シ漁政ヲ統一シテ其非行ヲ改メシムルノ責任アリト認メサルカ

汽船トロール漁業取締規則第五條ニヨル禁止區域ハ明治四十二年四月農商務省告示ヲ以テ北海道本土四國九州ニ亘リテ之ヲ一定シタリ故ニ此禁止區域以外ニ於ケル北海道及內地近海ハトロール漁業ノ自由區域タルコト言ヲ俟タサル所ナルニ東經百三十度以西ノ支那海及朝鮮海ト限定シテ操業ノ認可ヲ與ヘタル結果北海道及內地近海トロール漁業ノ自由區域ハ全然有名無實トナリ而モ東經百三十度以西ノ區域中ニハ臺灣、上海其他海底電信線錯綜シテ操業ニ困難ナル海面ヲ包メルヲ以テ此際經度ノ制限ヲ撤廢シ自由操業區域ヲ擴張スルハ國利ヲ增殖スルノ所以タルヲ認ム政府ノ所見如何

○犬養毅君　唯今質問ニ答辯ガアリマシタ、イツモ此質問書ニ對スル答辯ハ是マデ惡弊ガアル、會期ノ殆ド盡キントスル際マデ答辯ヲシナイ、而シテ會期ノ將ニ盡キントスル時分ニ漠然ト殆ド曖昧模稜捕捉スベカラザルヤウナ辭ヲ以テ會期ノシマヒニ一束ニシテ之ヲ出スト云フコトハ、初期以來ノ閥族政府ノ惡弊デアル、此惡弊ヲ繼ガレテ居ルガ實ニ無意味ナ答辯デ、林毅陸君ニ答ヘラレタガ分ラヌカラ再質問ヲシタ、ソレハ林毅陸君ニ御答申レタル通リ、要スルニ總テ之ニ對セラレタ答辯ハ吾々ハ不滿足デアル、此不滿足ト云フコトハ、國政ニ對スル誠實ノ意思ヲ缺イテ居ラレルト云フコトヲ玆ニ一言宣明シテ置キマス（拍手起ル）

第一　會計檢査院法中改正法律案（政府提出貴族院送付）　第一讀會ノ續（委員長報告）

第二　會計檢査官及行政裁判所高等官ノ休職ニ關スル法律案（政府提出貴族院送付）　第一讀會ノ續（委員長報告）

○鈴木巖君　此席カラ御報告申シマス、會計檢査院法中改正法律案、會計檢査官及行政裁判所高等官ノ休職ニ關スル法律案、此二案ノ委員會ハ去ル二十二日竝ニ昨二十五日兩度開キマシテ、先ヅ政府委員ノ詳細ナル說明ヲ聽キマシタ、ソレカラ高木正年君ノ御意見ガアリマシテ結局會計檢査院法中ノ第十四條三項ノ次ニ「國務大臣ヨリ議會ニ報告スル官有財產目錄及共ノ增減報告書ハ正確ナリヤ否ヤ竝ニ共ノ財產利用ノ方法適當ナリヤ否ヤ」ト云フ一項ヲ加ヘタイト云フ御提案ガアリマシタ、然ルニ此御提案ニハ一人ノ贊成者モナク、高木君ヲ除ク他ノ一同ノ贊成ヲ以テ此原案ヲ可決致シマシタ、此段御報告ヲ致シマス

○松田源治君　本案ハ直チニ二讀會ヲ開キ三讀會ヲ省略シテ可決アランコトヲ希望致シマス

（「贊成々々」ト呼フ者アリ）

○議長（大岡育造君）　玆ニ通告ガアリマス

○高木正年君　私ハ此席ヨリ簡單ニ反對ノ意見ヲ表シマス、會計檢査院法ノ改正ハ頗ル重要ナル案件デアルト云フコトハ、過日本會議ノトキニモ申上ゲテ置イタノデアリマスガ、此度ノ改正ノ要旨ハ從來會計檢査院ノ第三部ニ屬シテ居ッタトコロノ朝鮮、關東州、臺灣、樺太、及遞信省所管鐵道院、此部分ヲ第一部、第二部ニ分ケテ第三部ヲ減ズルト云フノガ大體ノ趣意ニナッテ居ルノデアリマス、決算審査ニ御關係ノ方ハ最モ能ク御承知ノコトデアリマスガ、決算ハ何レノ部分ニ最モ違反ガ多イカト云フト、陸軍ヲ除イテハ朝鮮、關東都督府、臺灣、樺太、遞信省所管、鐵道院ガ最モ違反事項ガ多イノデアリマス、檢査上重要ノ部分ヲ止メテ第一部第二部ニ減ズルト云フコトハ、檢査ノ上ニ於テ將來如何ナル狀態ニナルカト云フコトハ、頗ル痛心ニ堪ヘナイノデアリマス、私共ハ豫算ヲ審議致スト云フコトハ、或ハ豫算委員ガ二十一日間愼重ニ審議致シテモ、唯其事ノ是非ヲ判斷スルニ過ギナイノデアリマス、其事後ノ結果ハ勿論ノコトデアリマスノミナラズ、事前ニ於テモ金額如何、設計如何、等ニ於テハ畜ニ事後ノ形跡ニ見テ之ヲ審判スル外ナイノデアリマス、然ルニ決算委員ハ如何ニ千里眼ヲ有スルトテモ、實際斯カル場所マデ立入ルコトハ出來ナイノデアリマス、一ニ檢査院ノ報告ニ待タネバナラヌノデゴザイマス、然ルニ減員ノ結果、自然檢査院ガ從來ノ態度ヲ——幾分タリトモ審査ノ手心ヲ緩メルト云フコトニナリマシタナラバ、豫算ノ審議ト云フコトノ上ニ於テモ決算ノ上ニ於テモ、吾々ハ如何ニシテ共責任ヲ盡スベキデアルカ、甚ダ此邊ニ付テ憂慮ニ堪ヘナイノデアリマス、殊ニ政府ノ申スニハ會計法及物品會計法ハ他日必ズ之ヲ改正スル時期ガアルト申シテ居ルノデアリマス、現在ニ於テ會計法及物品會計ノ煩雜ナルタメニ、其手數ヲ要スルコトハ誠ニ明カナル事實デアリマスガ、是等ノ法規ヲ直サザル以前ニ於テ、直チニ會計檢査院ノ人員ヲ減ジ、從來檢査官ノ參ッタモノヲ檢査官若クハ判任官ヲヤルト云フコトニナリマシタナラバ、檢査ノ上ニ對スル威嚴ト云フモノハ自ヲ減ジテ、檢査其モノニ對シテ價ヲ拂フト云フコトハ少イヤウナ場合ニナルカモ知レヌノデアリマス、故ニ此意味ニ於テ私ハ飽ク迄此會計檢査院法ノ改正ハ、他日總テノ整理ノ成ルマデ之ヲ俟ツト云フ意味ニ於テ、今日ノ場合ニ於テ之ヲ廢案セラレンコトヲ希望スルノデアリマス

○西村丹治郎君　此席カラ述ベマス、唯今高木君カラ本案ニ對スル反對ノ御意見ガアリマシタガ、私ハ今高木君ノ御意見ヲ謹デ承リマシタノデアリマスガ、高木君ハ本案ヲ恰モ會計檢査院ノ組織權限ヲ縮小サレルガ如キ感ヲ有ッテ居ルヤウニ自分ハ聽取ッタノデアリマス、本案ハ行政整理冗員陶汰ト云フ意味カラノ改正案デアッテ、毫モ會計檢査院ノ組織權限ヲ縮小スルト云フノデハナイノデス、全ク高木君等ガ年來唱ヘラレテ居ルトコロノ行政整理冗員陶汰、政費ノ節約ト云フ意味カラ來タノデアリマスカラ、全ク高木君ハ本案ヲ行政ノ整理ト云フコト、、組織權限ノ縮小ト云フコト、ヲ、見別ガ付カヌタメニ反對サレタモノト思ヒマスカラ、自分ハ本案ニ贊成致シマス

○議長（大岡育造君）　松田源治君カラ動議ガ出テ居リマス、先刻ノ動議ヲ此場合ニ利用シテ宜カラウト考ヘマス、御異議ハアリマセヌカ

（「異議ナシ」ト呼フ者アリ）

會計檢査院法中改正法律案　第二讀會（確定議）

會計檢査官及行政裁判所高等官ノ休職ニ關スル法律案　第二讀會（確定議）

○議長（大岡育造君）　御異議ガナケレバ讀會ヲ省略シテ、可決確定ト云フニ御同意ノ諸君ノ起立ヲ求メマス

起立者　多數

○議長（大岡育造君）　多數デアリマス、因テ本案ハ可決確定シタルコトヲ宣告致シマス、日程ノ第三ハ提出者ヨリ延期ノ申出ガアリマス、許可スルニ御異議ハアリマセヌカ

（「異議ナシ」ト呼フ者アリ）

○議長（大岡育造君）　御異議ガナケレバ之ヲ許可致シマス、日程ノ第四、關稅定率法中改正法律案第一讀會ノ續ヲ開キマス、委員長藏內治郞作君

大正二年三月二十七日　副議長ノ報告

内閣大臣ノ責任ニ關スル質問主意書

右成規ニ據リ提出候也

大正二年三月二十五日

提出者　村松恆一郎

賛成者　犬養毅
外六十七人

内閣大臣ノ責任ニ關スル質問主意書

内閣大臣カ次ノ内閣ニ留任スルハ、其ノ主義政策ニ於テ前後一致ノ場合ナラサルヘカラス然ルニ陸海軍官制ニ對シ前桂内閣ハ現制ヲ以テ憲政ノ運用ニ支障ナシト明言シ現内閣ハ支障ナキヲ保シ難シト稱シテ此ノ官制改正ノ意思ヲ表明シタルニ徴スレハ其ノ間明白ニ意見ノ相違アリ然ルニモ拘ラス前内閣ノ陸海軍大臣ニシテ依然現内閣ニ列スル理由如何政府ハ之ヲ以テ立憲主義ニ反シタル無責任ノ行爲ト認メサルカ

右及質問候也

内閣ノ政綱ニ關スル再質問主意書

右成規ニ據リ提出候也

大正二年三月十二日

提出者　犬養毅

賛成者　岡崎邦輔　加瀬禧逸　高木益太郎　尾崎行雄　林毅陸　花井卓藏　關直彦　石田仁太郎
外七十七人

内閣ノ政綱ニ關スル再質問主意書

犬養毅君及林毅陸君ノ質問ニ對シ山本總理大臣カ三月十一日ノ議場ニ於テ答辯シタル所ハ甚タ明瞭ヲ缺クニ因リ更ニ左ノ四項ニ付來ル十五日迄ニ書面ヲ以テ明確ナル答辯ヲ與ヘラレムコトヲ望ム

一　現内閣ハ陸海軍大臣任用ニ關スル官制及文官任用令ヲ改正スルノ意アルカ如シ果シテ然ラハ直ニ其ノ實行ニ著手シ本期議會會期中ニ其ノ實現ヲ期スルノ意アリヤ否ヤ

二　現内閣ハ陸海軍大臣任用ニ關スル官制改正ニ於テ兩大臣ヲ武官ニ限ルノ制度ヲ廢止スルノ意アリヤ否ヤ又朝鮮及臺灣ノ總督ニ就テモ同一趣意ノ改正ヲ爲スノ意アリヤ否ヤ

三　現内閣ハ文官任用令ノ改正ニ於テ勅任官ヲ登用上ノ制限外ニ置クノ意アリヤ否ヤ

四　現内閣ハ國防上ノ見地ヨリ現在ノ常設師團ヲ不足ト認メ更ニ之ヲ增設スルヲ必要トスルヤ將不必要トスルヤ

右及再質問候也

現内閣ノ施政竝議員ノ質問應答ニ關スル質問主意書

右成規ニ據リ提出候也

大正二年三月八日

提出者　澤來太郎

賛成者　尾崎行雄
外三十人

現内閣ノ施政竝議員ノ質問應答ニ關スル質問主意書

一　現内閣施政ノ方針ハ政黨主義ニ基キ政友會ノ主義方針ニ則リ其ノ政綱政策ノ實行ヲ期スルニアルコトハ山本首相ノ宣明シタル所ナリ果シテ然ラハ獨リ財政計畫ノ一部分ノミナラス陸海軍官制中陸海軍大臣ハ現役大中將ニ限ルノ規定及文官任用令ノ改正其ノ他外交、國防、文政等一般ノ施政ニ至ル迄政友會ノ方針ニ依據スルノ意ナル乎若然ラストセハ其ノ政友會ニ則ル範圍ヲ明示セラレヨ

二　速記錄ニ徴スルニ今期本會議竝各委員會ノ質問ニ對スル山本首相竝高橋藏相、木越陸相等ノ答辯ハ曾ニ其ノ要領ヲ得サルノミナラス動モスレハ口ヲ就任日尚淺キニ藉リテ答辯ノ責ヲ避ク是レ議院法ノ規定ニ背ク不法ノ行爲ニシテ無責任ノ甚シキモノト認ム政府ノ所見如何

右及質問候也

陸軍軍政ニ關スル質問主意書

右成規ニ據リ提出候也

大正二年三月十八日

提出者　田川大吉郎

賛成者　岩下清周
外二十九人

陸軍軍政ニ關スル質問主意書

一　日露戰役後政府カ陸軍ノ動員計畫及編制ヲ參謀本部ヨリ割キテ陸軍省ノ主管ニ移シタル理由及其ノ後ノ成績如何政府ハ之ヲ參謀本部ニ歸屬セシムヘキ必要ヲ認メサルヤ

二　富津海堡ハ外間或ハ之ヲ幕末品川臺場ノ二ノ舞ナルヘシト譏笑スルモノアリ此ノ如キハ全然理由ナキ批評ナリヤ其ノ目的其ノ效用如何更ニ築城本部ト要塞司令部トハ兩立セシムル必要ナカルヘシトノ説アリ本員モ亦之ヲ然ルヘシト信ス政府カ殊更ニ之ヲ分立セシメテ好ムテ人ト事トヲ滋クスルカ如クナルノ理由如何

三　陸軍省ノ會計監督部ハ政府ニ會計檢査院アリ各師團其ノ他ニ經理機關ノ存スル以上重複ニシテ之ヲ省クモ差支ヘナキ機關ナルヘシト信ス如何

四　軍馬補充部ト馬政局トハ幾度之ヲ考フルモ重複ノ機關ナリト思惟スルノ外ナシ改メテ之ヲ重設スル理由如何ヲ承リタシ更ニ補充部ニテ二歳駒ヲ買入レ數年飼養ノ後之ヲ士官等ニ或ハ貸付シ或ハ抽籤ニテ賣却シツツアルノ理由如何且何等カ改正ノ意ナキヤ

五　元帥府ト軍事參議院トノ實際ニ於ケル職務權限ノ分域如何

六　士官學校生ヲ現今ノ候補生制度ト爲シタル其ノ前其ノ後ノ比較優劣如何

七　朝鮮派遣軍ノ將校ハ其ノ官舍以外ニ宅料ヲ給セラレツツアリトイフハ眞カ及食料ヲモ官給セラレツツアリトイフハ眞カ其ノ理由如何

八　內地兵ノ副食物ハ一日八錢三厘當リニシテ朝鮮兵ハ一日十八錢ナリトイフハ眞カ其ノ理由如何

九　政府ハ朝鮮及臺灣ノ壯丁ヲ召集スルニ意ナキヤ其ノ地方民ヲ馴用スル能ハサルノ殖民地統制ヲ以テ政府ハ殖民政策ノ成功セルモノト信スルヤ

十　日露戰役後各師團ニテ不用品ヲ賣却シ「特別積立金」ト稱スルモノ合計十六百餘萬圓ナリシト傳フルハ眞ナリヤ而シテ今幾何ヲ存スルヤ

右及質問候也

第十二　復古功臣前功表彰ニ關スル建議案(武富時敏君外四名提出)

復古功臣前功表彰ニ關スル建議案

復古功臣前功表彰ニ關スル建議

江藤新平、島義勇、前原一誠、奥平謙輔、大山綱良、桂久武、桐野利秋、篠原國幹、村田新八及小倉處平等ノ前功ヲ表彰スヘシ

右建議ス

(的野半介君登壇)

○的野半介君　私ハ會期切迫ノ今日、此復古功臣ノ顯彰ニ關シテ建議案ヲ出シタ一人デアリマス、復古功臣ノ中ニハ征韓論ニ於テカラシテ明治七年、明治九年、明治十年ニ賊名ヲ負ウテ空シク怨ヲ吞ンデ死シタル人ガアリマシテ、其中ニ西鄕南洲ト云フ人ハ是ハ皇室ノ特別ナル御取扱ニ依テ、復位授爵ノ恩典ニ浴セラレテ居リマスガ、其他ノ人ハ悉ク亂臣國賊謀叛人トシテ今日迄御取扱ガアッテ、一切大義名分ヲ失シタ者デアルト斯ウ云フ口上ノ下ニ葬ラレテシマッテ居ッタ、所デ私等ハ如何ニモ此餘流ノ敎ヲ受ケテ政府ノ役人ト云フモノハ惡人デアル、惡イコトヲスルモノデアルト云フコトダケヲ聽キ嚙ッテ、全ク私等ト云フモノハ斯ウ云フ方面ノ政見一點張デヤッテ來タ人間デアリマス、所ガドウシテモ此復古功臣ノ中ニ亂臣賊子ト呼做サレタ所ノ連中ニ於テ、西鄕隆盛ト云フ人一人ガ贈位授爵ノ恩典ガアッテ、其他ガ一切ナイト云フコトハ實ニ朝廷ノ御瑕瑾デハナイカト思フテ、此點ニ付テハ私ハ甚ダ不足ガアッテ、朝鮮ノ合併ヲナスヤ、直樣宮內省ニ行ッテ宮內大臣ニ此場合ニ相當ノ御取扱ハ出來ヌダラウカト云フコトヲ聽キマシタケレドモ、ドウモ大義名分ヲ失シテ居ル以上ハ出來ナイト云フ話、大義名分ト云フ事カラ言ヘバ西鄕ナル人ハ其巨魁ダラウト思フ、之ニ對スル一切ノ御取扱ガ甚ダ其要ヲ得ナカッタカラシテ、遂ニ諸君ヲ煩ハシテ一昨年ノ議會ニ江藤新平ニ對スル表彰ノ建議案ヲ出シタ所ガ、滿場一致デ御同意下サッタ此委細ノ事ハ復古功臣顯彰ニ關スル建議案ノ中ニ十分ナ意味ヲ籠メテアルカラシテ、説明ヲ要セズシテ私ハ壇ヲ下ッテ委員會ニ於テ總理大臣ト差向ノ話ヲスル積リデアッタ所ガ、會期切迫ノ今日ニ於テ委員付託ナドト云フコトモ一切出來ヌト云フ話ダカラ、茲ニ諸君ノ御記憶ヲ新ニスルタメニ一言申上ゲルト、此江藤、前原、奥平、島、大山綱良、桂、桐野、篠原、村田、小倉處平等ノ人ハ全ク明治六年ノ征韓論ニ禍ヲ買ウテカラシテ、遂ニ賊名ヲ負ウテ終ッタ人デアッテ獨リ西鄕隆盛ト云フ人ハ片落チノ御言葉ガ掛ッテ、贈位授爵ノ恩典ニ預ッテ居ルガ、他ノ人ハ復古ノ功臣トシテ赫々タル事績ヲ有ッテ居リナガラ御取扱ノ今日ノヤウニ曇ルコト、云フモノハ甚ダマヅイト思フカラ、徹頭徹尾私ハ此路ヲ開ケテ貰ヒタイ積リデ、其砌リ桂總理大臣ニ向ッテ突込ンダ所ガ、總理大臣ハ曰フニ、ドウモ賊徒臭カラ一皮ツ、剝カウト云フ話デアッタ、其結果江藤新平ノ未亡人ニ對シテハ一昨年ノ秋デアッタカ　皇后陛下ヨリ御帑ガアッテ三千圓ト云フ金ヲ養老トシテ下サッタト云フヤウナ事情デアル、ソレカラ昨年ノ先帝陛下ノ御崩御ノ砌ニ於テ、遂ニ賊名ノ剝ゲテ居ッタト云フ事實ガ現ハレテ來テカラ、昨年ノ九月ニ於テ島、江藤二人ニ對シテハ賊名ヲ取消スト云フコトノ檢事總長カラノ證明書ガ出タ譯デアル、其他大山トカ前原トカ、其他ハ其儘賊名ヲ取消スコトモ出來ヌデ居ル、是ハ遺族ノ申立ニ依テ出來ル筈デアルガ、唯賊名ガ取消サレタバカリデハ路ヲ開ケルコトハ出來ヌ、賊名ガ取消サレタ以上ニハ、ドウシテモ維新ノ功勞復古ノ功臣トシテノ功勞ト云フモノハ大キナモノデアルカラ、相當ノ功績アル人ニハ位ヲ復シ、若クハ爵位ヲ授ケテ其遺族ヲ慰メ、其死ンダ人ノ靈ヲ慰メルト云フコトハ、皇室ニ取ッテノ當然ノ御覺悟ガアルベキモノダラウト思フ、是ガ無クテハ非常ナ功ヲ國家ニ積ンデモ、此國家ニ功勞ヲ立テタ人ニ對ッテ唯一時ノ一小瑕瑾ノ爲ニ、前功ヲ沒シテシマフト云フコトニ就テハ、甚ダ朝廷ノ御瑕瑾デハナイカト思フ、ドウカ此連中ニ對シテノコトハ前功ヲ思召スコトアルナレバ充分ナル御取扱ガナイト云フト、或ハ幸德秋水ノヤウナ者ガ若クハ皇室ヲ御怨ミ申サヌニ限ラヌ次第デアルヂヤラウト思フ、何處マデモ輔弼ノ責ニ當ル閣臣ハ、其責ニ顧ミテカラ此御執成ヲ爲サルコトガ當然ダラウト思フ、一體此征韓論ト云フモノハ、諸君ガ御承知私ガ言フ迄モナイ話デアルケレドモ、私共ハ其仲間ノ方ニ立ッテ其敎ヲ受ケテ頻ニヤッテ來タ人間デアルカラ聊カ茲ニ辯ズル要ガアルト思フ、征韓論ト云フモノハ朝鮮ノ無禮ヲ咎メルト云フト雖モ、南洲若ハ江藤南白アタリノ志ト云フモノハ單リ朝鮮ノ無禮ヲ咎メルト云フノミニアラズシテ、寧ロ進ンデ王政復古ノ大業ト云フモノハ、啻ニ德川幕府ヲ倒スヂヤナクシテ、此世界大革命ニ際シテ一歩ヲ誤レバ日本ト云フモノハ外人ノ奴隷トナッテ滅茶滅茶ニナラウト云フ嘆ガアッタモノデアルカラシテ、德川ヲ倒シタ此元氣ヲ以テ、亞細亞大陸ニ相當ナル道ヲ講ジテカラ白人ノ侵略ヲ防ガウト云フ一點張ノ希望ヲ持ッテ居ッタ人デアル、僅ニ朝鮮ヲ征伐シヤウト云フ考ノミデハナイ、頻ニ江藤ノ如キ征韓論ノ議ニ於テ、十年後ニハ鋒先ヲ印度地方ニ爭フト云フコトマデハッキリ言ウテ居ル人デアル、西鄕ノ東洋經綸ト云フモノハ少クモ亞細亞ノ天地ニ於テ、大和民族ト云フモノハ東洋平和ノ局面ニ當ッテ働クノハ當然ノ話デアルカラ、先帝陛下ヲシテ此亞細亞ノ盟主タラシムルト云フコトニ非常ナル熱心ヲ持ッテヤッタ、江藤ノ如キ(「解ッタ」「モウ止シ給ヘ」ト呼フ者アリ)待チ給ヘ、モウ今日ハ此記憶ヲ諸君ニ新タニシテ貰ッテ大ニ後ニ吾輩內閣諸公ニ向ッテ突込ム積リデアル(「陛下ノ瑕瑾トハ無禮ダ」ト呼フ者アリ)　陛下デハナイツリヤア違フ、朝廷ノ御瑕瑾デハナイカト思フト云フノヂヤ(「ヤリ給ヘ〳〵」ト呼フ者アリ)ソレデ一體此大切ノ問題ヲドウカシテヤリタイ一體西鄕江藤其他征韓論ニ立ッタ方ノ外征側ノ人ト云フモノハ、非常ナル勢ヲ以テカラシテ、此東洋ノ平和ヲ維持スルタメニ、此亞細亞ノ盟主タラシムルタメニ非常ナル活動ヲシタノデアルガ、是ガ端ナクモ西鄕ト大久保トノ兄弟喧嘩デ刺違トナッテ終ッタノハ實ニ遺憾ノ話デアルガ、實ニ此征韓論ノ始末ニ付テ其後日本ニ大損害ヲ來シタト云フコトハ、此征韓論デアラウ、ソマヲ征韓論ノ局ニ當ッタ人ニ對シテ、今日ノ如キ惨ンナ状態ニアルハ甚ダ氣ノ毒デアルカラシテ、ドウニカシテ適當ノ御取計ヲ願ヒタイ積リデ私ハ頻ニヤッテ居ル譯デアル、一體此復古ノ功臣ノ名前ハドウデアルカト云ヘハ、畏多イコトナガラ政權ガ王家ヲ離レテヨリ一千年、武門ニ移ッテヨリ七百年、德川家ニ至ッテ三百年デアラウ、サウシテ德川家ナルモノハ關八州ニ蟠居シテ八百万石ヲ領シ、殺生與奪ノ全權ヲ握ッテ三百ノ諸侯ヲ號令シテ居ッタノデアル、　陛下ハ其場合ドウナサッテ御出ニナッタカト云ヘバ、山城ノ一隅ニ僅カ十万石ノ祿高ヲ宛行扶持トシテ御持チナサッテ、此中デ皇族若クハ公卿等ヲ御養ニナッテ僅ニ御自身ハ一万六千石ノ玄米ホカ御取リニナッテ居ラナイ、殆ト宮廷ノ御料ト云フモノハ甚ダ憐レナ御氣ノ毒ナモノデアッテ、屛風一雙御買ニナラウト云フテモ、御側ノ人ガ幕府ニ伺ハナケレバ出來ヌト云フヤウナ、有樣デアッタ、ソレカラ御歌ガ出來テモ色紙ガ無カッタト云フ位ノ話デアル、非常ナル窮狀ニアラセラレタ、ソレデ此時ニ勤王ノ諸士ト云フモノハ非常ナル憤ヲ爲シテ、皇國ノ臣民タルモノハ皆天子ノ赤子デアル、武門ニナキゾ武士ハナキゾ、四民タルモノハ宜シク忠義ヲ關ミ勤王ノ軍ヲ起シテ幕府ヲ倒サウヂヤナイカ、非常ナル決心ヲ現ハシテ働イタノハ今ノ前原、西鄕、江藤、皆此人々ハ維新ノ後マ

デ生殘ッタ人デアッテ、不幸ニシテ征韓論ニ依ッテ此禍ヲ買ウタモノデアル、當時皇室ノ憐レナル御狀態ニ在ラセラレタルコトヲ思召シ囘ラセラレタナラバ、是等非常ナル功勞者ニ對シテハ適當ナル御計ヒヲ願ヒタイ一點張デアル、イロ〳〵ソレニハ此傳記ヲ綴ッテ居ル、又征韓賊軍ニ立ッタ人ノ傳記モ綴ッテヤッテ居リマスガ、兎ニ角目的ヲ達スルマデハ何度マデモヤッテ行ク積リデアリマスカラ、諸君ノ御同情ヲ得テモウ今日ハ委員付託ナントヽ云フ餘地ハナイ譯デアリマスカラ、唯諸君ノ御記憶ヲ新タニスルダケデアル

○松田源治君　本案ハ復古功臣前功表彰ニ關スル建議案デアリマシテ、其內容ハ頗ル適當ナル案デアリマス、且ツ的野君カラ熱誠ナル御辯明ガアリマシタカラ、滿場一致ヲ以テ卽決可決アランコトヲ希望致シマス

○議長（大岡育造君）　松田君ノ動議ニ御異議ハゴザイマセヌカ

（「異議ナシ」「異議ナシ」ト呼フ者アリ）

○議長（大岡育造君）　御異議ガナイト認メマス、滿場一致ヲ以テ可決シタルコトヲ宣告致シマス、日程第十三、織物消費稅徵收法ノ改廢ニ關スル建議案ヲ議題ト致シマス、提出者小林源藏君

○議長（大岡育造君）　御異議ナシト認メマス、依テ本案ハ可決セラレマシタ、日程第二十二、鎭昌鐵道建設ニ關スル建議案ヲ議題ト致シマス、提出者久保通猷君

第二十二　鎭昌鐵道建設ニ關スル建議案（久保通猷君提出）

鎭昌鐵道建設ニ關スル建議案

鎭昌鐵道建設ニ關スル建議

軍港トシテハ東洋無比ノ稱アル朝鮮鎭海ハ明治四十四年四月一日ヲ以テ軍港市街地貸下ヲ發表シ爾來當局官憲ノ熱誠ナル指導ト嚴格ナル制令ニ基キ道路ノ築造及家屋ノ急設ヲ促サレ若期ニ後ルルモノハ返地ヲ命セラルルノ不幸ニ陷ルヲ以テ競フテ建設ヲ爲シ諸官衙ノ設置電燈電話ノ架設等モ亦全ク竣成シ今ヤ整然タル一市街地ヲ形成シ戸數二千三百餘投資額三百万圓以上ニ達セリ然レトモ該市街地トシテ唯一ノ目的タル軍港ノ設備ハ未タ第一期計畫ノ三分ノ一ニモ達セサル有樣ナルヲ以テ市民爲スヘキノ業ナク一時一万二千以上ノ人口ヲ算セシモ漸次減退現今ハ五千ニ滿タス窮迫日ニ加ハラムトス加之該地ハ南面海ヲ控フルノ外山岳ニ圍繞セラレ陸上交通ノ便全ク無ク僅ニ不完全ナル汽船ニ依リテ釜山、馬山ニ航通スルニ過キス而シテ前面ニハ無限ノ水產物ヲ出シ附近ノ山野ニハ無盡ノ鑛物ヲ藏スル外朝鮮唯一ノ物產タル米穀ノ產出亦尠ナカラスト雖交通ノ不便甚シキヲ以テ從テ商工業ヲ盛ニシ貨物ノ集散ヲ繁カラシムルコトヲ得ス故ニ速ニ鎭海昌繳間十三哩ノ鐵道ヲ敷設シ以テ如上ノ不便不利ヲ除キ同時ニ市街地ノ衰頽ヲ挽回シ居住民ニ安意ヲ與フルヲ得ハ單リ鎭海ノ幸福ナルノミナラス又實ニ國利ノ增進ニ外ナラサルナリ依リテ政府ハ之カ建設ニ著手セムコトヲ望ム

右建議ス

（久保通猷君登壇）

○久保通猷君　私ノ建議案ハ朝鮮ノ鎭海ヨリ昌繳ニ至リマスル十三哩ノ鐵道ノ速成ヲ希望スルノデアリマス（「反對デスヨ」ト呼フ者アリ）ドウカ サウ仰シヤラズニ御贊成ヲ願ヒマス（「臭イモノダ」ト呼フ者アリ）是ハ御承知ノ通リ、鎭海ハ軍港豫定地デゴザリマスルガ、（「知ッテ居リマス」ト呼ヲ者アリ）今日ハ（「朝鮮ハ朝鮮デヤリマス」ト呼フ者アリ）非常ニ手遊ナコトガアッタサウデゴザイマシテ、內地移住民モ或ハ資本ヲ投ジテ居ル者モ非常ニ迷惑ヲ致シテ居ルヤウナ次第デゴザイマスルガ、要スルニ鎭海ノ繁榮ヲ期シマスル上ニ付キマシテハ、鐵道敷設ト云フコトガ最モ生命トナルヤウナ次第デアリマスルカラ、本案ヲ提出シタヤウナ次第デゴザイマス、ドウカ卽決可決ヲ希望致シマス

（「反對デス」又ハ「自由問題」ト呼フ者アリ）

○議長（大岡育造君）　本案ノ可否ヲ諮リマス、本案ニ贊成ノ諸君ノ起立ヲ求メマス

起立者　少數

（「少數々々」ト呼フ者アリ）

第三十七　北海道拓殖補助機關創設ニ關スル建議案（東武君外十二名提出）（委員長報告）

（串本康三君登壇）

○串本康三君　本案ハ御承知ノ如ク北海道ノ拓殖補助機關創設ニ關スル建議案デゴザイマス、北海道ハ土地ノ廣キニモ拘ラズ、今日ハ僅ニ百七十万位ノ人口ヲ有シテ居リマスケレドモ、尙進ンデ七百万以上ノ人口ヲ容レマシテ差支ノナイ土地デアル、卽チ土地ノ廣サハ申スマデモナイ四國九州ヲ合セタ倍以上アリマシテ、山ニ海ニ非常ナル利益ノ有ル處デアリマス、ケレドモ今日ハ満蒙ノ方ニ一切此人氣ガ奪ハレマシテ、北海道ノ事ヲ語ル者モナキ境遇ニ陷ッテ居ルノハ實ニ氣ノ毒デアリマス、ソレ故ニ此北海道ノ拓殖會社ヲ與シテ、サウシテ此發展ノ目的ヲ遂シタイト云フ希望ノ建議案デアリマス、反覆審査ヲ致シマシテ全會一致ヲ以テ可決致シマシタ、宜シク贊成アランコトヲ希望致シマス

○松田源治君　本案ハ委員長報告通リ可決アランコトヲ望ミマス

（「贊成々々」ノ聲起ル）

○議長（大岡育造君）　御異議ハアリマセヌカ

（「異議ナシ異議ナシ」ノ聲起ル）

○議長（大岡育造君）　御異議ナシト認メマス、因テ本案ハ可決シタルコトヲ宣告致シマス

（齋藤珪次君登壇）

○齋藤珪次君　決算委員會ノ經過及結果ヲ報告致シマス、決算委員會ノ議題ハ卽チ明治四十三年度歳入、歳出總決算、同各特別會計歳入歳出決算、自明治四十三年八月二十九日至同年九月三十日舊韓國政府豫算製用會計歳入歳出決算、同舊韓國政府豫算製用各特別會計歳入歳出決算、是デゴザイマス、而シテ經過等ハ略シテ申上ゲマセヌ、唯一言申上ゲテ置キタイノハ、疾ニ決算ノ報告ヲ致スベキデゴザイマシタガ、御承知ノ通リ本期議會ハ極ク短日デアリマシテ、而シテ豫算案若クハ其他重要案件ノタメニ政府委員其他ノ關係上、決算ノ會ヲ開クコトヲ段々延期ヲ致シマシタタメニ、遂ニ遲レテ本日漸ク議了ヲ致シマシタタメニ、豫テ先例ニ依リマシテ此決議事項ヲ印刷ニシテ諸君ノ御手許ニ配布スベキノガ、ソレガ間ニ合ヒマセンノデアリマス、其點ハ頗ル略式ニナッテ居リマスカラ、此段ヲ特ニ經過ノ一ツトシテ御報告ヲ申上ゲマス、ソコデ決算ニ付キマシテ相當審議致シマシタ結果、政府ノ歳入及歳出ニ於テ法令ニ違反シ若クハ不當ナリト致シテ、委員ノ決定致シマシタモノガ九十七件デゴザイマス、其箇條ニ付キマシテハ總テ印刷ニ付シテ他日御手許ニ供スルコトデゴザイマスルシ、又多クハ會計檢査院ガ不當違反ト云フヤウナ意見ヲ付シタモノガ十中八九ニナッテ居リマスルカラ、自ラ諸君ノ御手許デ御覽ニナッテ居ラウト存ジマス、故ニ此席ニ於キマシテハ委員會ニ於テ最モ爭トナリ、サウシテ遂ニ少數意見ガ提出サレタ事柄ガ一箇條ゴザイマスルシ、又政府ノ豫算ヲ支出致シマシタ上ニ付テ、各省ノ中、就中陸海軍省ハ其豫算ノ豐富ナルニ乘ジテ、幾多不法ノ支出ヲナシテ居ル點ガアリマシテ、之ニ向ッテ特ニ警告ノ決議ガ出來テ居リマス、是等格段ノモノダケヲ御報告致シマシテ、他ハ報告書ニ依テ御覽ヲ願ヒタイト思ヒマス、先ヅ陸海軍ノ部ニ付テ申上ゲマスレバ、陸軍ニ於テ法令ニ背反シ若クハ不當ト認メラレタモノガ二十件デアリマシテ、海軍ニ於テモ八件ゴザイマス、而シテ其多クハ誠ニ陸軍ニ於テモ其處置ノ當ヲ得ザリシコトヲ陳謝致シテ居リマシタ、殊ニ陸軍大臣ノ如キハ――今日ノ陸軍大臣ハ將來大廓清ヲ期シテ、必ズ此過チヲ再ビセザルコトヲ誓言スルトマデ申サレテ居リマス、故ニ其陸軍大臣ノ言ハ洵ニ諒トスベキコト、存ジマス、併ナガラ此四十三年度ノ決算ニ付テハ頗ル陸軍ノ支出ハ不當ナルモノガ多イノデ、時ノ內閣ガ桂內閣ノ時デゴザイマシタ、遺憾ナガラ此當時ニ於ケル陸軍大臣ハ最早不幸ニシテ今日居ラヌヤウニ存ジマスル、兎ニ角此時代ニ於ケル支出デアリマス、ソレデ斯ノ如ク濫出ガ多イガ爲ニ、陸軍省及海軍省ニ對シマシテ前申上ゲマシタ通リ決議ガゴザイマスルガ其中最モ著シキモノヲ申シマセウ――マア申サヌデ後デ御覽ヲ願ヒマセウ、唯陸軍ニ向ッテ警告スル箇條ハ斯樣ニナリマス「陸軍省所管決算中其不法若クハ不當事項ノ多クハ豫算豐裕ナルニ乘シ豫算外ノ工事ヲナシ又ハ豫算外ノ買入ヲナス等豫算實施上甚タ誠意ヲ缺クモノト認ム仍テ政府ハ陸軍省所管ニ對シテハ特ニ將來此點ニ反省スヘキコトヲ警告ス」是ガ陸軍ニ對シマスル警告、ソレカラ海軍ノ方ハ遺憾ナガラ海軍省ハ八件トモ何レモ抗辯ヲ致サレテ、一ツモ將來ニ向ッテ之ヲ改メルト云フコトハ明言ヲサレテ居リマセヌ、此點ハ頗ル遺憾ニ存ジマス、就中朝鮮ノ拡浦ト云フ所ニ大砲ノ發射場ヲ新設スル費用ヲ、豫算ニ於テ承諾ヲ與ヘタモノヲ、獨斷ヲ以テ大分縣ノ高田町ニ變更スルガ如キコトヲ致シテ居ル、是等ニ對シテモ相當抗辯ヲ致サレテ、之ヲ以テ陳謝致スト云フコトハ致サヌノデアリマス、是等ノ點ハ頗ル遺憾ニ存ジマス、ソレデ委員會ハ遂ニ海軍省ニ對シマシテモ、一ツノ警告文ヲ作成決議致シマシタ、卽チ其文ニ「海軍省所管決算中其不法若クハ不當事項ニ付キ政府ハ抗辯スルトコロアレトモ其理由甚タ淺薄ナルノミナラス却テ法規ヲ輕ンシ將來尙是カ改善ヲ爲スノ誠意ヲ疑フ依テ政府ハ海軍省所管ニ對シテハ豫算實施上一層注意スヘキコトヲ警告ス」是デゴザイマス、ソレカラ後各省ニ付キマシテ、ソレゾレ多少ノ意見ヲ異ニシテ委員中議論ヲ闘ハシタモノモゴザイマスガ、前申シマシタ通リソレ等ハ小問題デゴザイマスカラ之ヲ略シマス、唯茲ニ少數意見ノ報告ヲ見ルノ遺憾ヲ感ジマシタノハ、大藏省所管ニ於ケル歳入經常部ニ於キマシテ租稅ノ點デ、卽チ砂糖消費稅問題デアリマス、是ハ會計檢査院ガ此大藏省ノ徵稅手續等ヲ、違法不當ナリト云フコトノ檢定ヲ致シテ廻付シテ參リマシタ、之ニ議論ガ生ジマシテ委員會ニ於テ審査ノ結果多數ニ依テ決定サレマシタ、決定文ハ斯樣ニナリマス「龜戶玉造小倉神奈川及神戶稅務署ノ徵收ニ係ル砂糖消費稅ノ件ハ大日本製糖株式會社及橫濱神戶製糖株式會社製造ノ砂糖ニ對シ本年度ニ於テ――卽チ四十三年度――改定施行セシ改定標準査定方法ハ敢テ法令ニ違反スルモノト認メズト雖モ、尙改訂ノ餘地存スヘキモノト認ムルカ故ニ政府ニ於テ是カ調査ヲ爲スヘキコトヲ望ム」是ガ委員會ノ決議ニナリマシタモノデアリマス、之ニ對シマシテ少數者ノ諸君カラ意見ガ出テ居リマスガ、是ハ後ニ申上ゲマシテ、此委員會ガ決定致シマシタ極ク要點ダケヲ摘ンデ申シマスレバ、則チ此砂糖消費稅ナルモノハ、四十三年ニ於テ一度改訂サレタノデアル、其以前ニ於テハ長ラク實行シテ來タノヲ、四十三年度ニ於テ改訂ヲ致サレタ、シテ其法律ハ消費稅ノ法律ノ命ズルトコロトシテ、現實引取ル數量ニ依リ課稅スベキモノデアルノヲ、之ヲ稅務署ガ使用原料糖ニ一定ノ標準ヲ設ケテ課稅數量ヲ推算シテ徵收スル方法ヲ採ッタト云フコトガ、法令ニ違反スルモノデアルト云フコトノ議論、是ガ會計檢査院ヨリ申シテ來テ居ル議論、殊ニ又此一定ノ標準ト云フモノガ、實際ノ數量ニ適合シナイ、實際ノ步留ニ適合シナイト云フコトモ一ツアリマス、又外國ニ輸出スル砂糖ニ對スル標準步留ヲ大ニ低クシテ居ル、是モ甚ダ實際ニ適合シナイ方法デアル故ニ、是ハ違法ニシテ且不當ナリト云フコトノ斷定ヲ下サレタノデアリマス、之ニ對シマシテ法令ニ違反セザルモ――尙之ヲ改訂スベキ研究ノ餘地アルモノト見テ、尙政府ニ於テ望ミマシタ要旨ハ、此砂糖ノ現實取引ト云フコトヲ數量ヲ量リ現實デヤルト云フ代リニ、原料砂糖ニ對シテ標準ヲ定メテ、原料糖ニ課稅ヲシテ此現實ニ量ルコトノ代リヲ致スト云フコトハ、査定ヲスル方法ノ見解ノ違フトコロデアッテ、敢テ之ヲ以テ違法トハ認メラレナイ、例ヘバ一千俵ノ米ヲ此處ニ量ルト見レバ其中五俵若クハ十俵ヲ量ッテ、而シテ一ツノ標準ヲ以テ他ヲ率スルト同ジコトデアッテ、推定標準ヲ以テ實際ニ適合スルモノト同一ノ結果ガ來タモノデアレバ、之ヲ以テ必ズシモ違法ト云フコトハ言ヘナイ、又實際ノ步留ノ如キハ、政府ガ多年ノ實驗ニ徵シテ之ヲ積算致シタモノデアルカラ、是モ必ズシモ假ニ會計檢査院ガ僅ノ實驗ヲ以テ、之ヲ實際ニ適合セヌト斷定セラルヽト雖モ、是必シモ會計檢査院ノ斷定確實ナリトモ申スコトハ出來ナイデアラウ、ソレカラ又外國ノ輸出糖ニ向ッテノ步留ガ安イト云フコトモ、是モ一ツノ議論デアラウガ、併ナガラ外國ニ向ッテ出ス砂糖ハ最モ上等ナル製造ニ致サレナケレバナラヌガ故ニ、內地消費稅カラ見レバ、數層ナル其步減ヲ見ナケレバナラヌ、步減ト云フノハ惡イ方ニ餘計逃サナケレバナラヌト云フ結果ニナル、殊ニ外國糖ト激甚ナル競爭ノ下ニ立テルニ當ッテハ、國トシテハ最モ上等ノ砂糖ヲ造ラセルコトハ、是レ砂糖政策外國貿易政策トシテモ爲スベキコトデアラウト思フ、故ニ是等ノ點ニ付テハ、政府ニ尙大ニ攻究ヲシテ改ムベキハ改メル必要ガアラウ、故ニ此上十分ノ調査ヲ政府ニ望ムノデアルガ、此際之ヲ法令ニ違反シタモノデアルトハ認メナイ、斯ウ云フ決定ガ委員會ノ決定デゴザイマス、之ニ對シマシテ少數者諸君ノ御意見ハ、川合直次君外十五名デゴザイマス、其文ヲ朗讀致シマスレバ、「明治四十三年度歳入經常部第一款、租稅第六項砂糖消費税徴收ニ關シ殊ニ大日本製糖株式會社及横濱神戸製糖株式會社製造ノ砂糖ニ對シ原料糖ニ一定ノ標準率ヲ設ケ其數量ヲ推算シテ課税セルハ砂糖消費税法ノ成條ニ背反セルノミナラス其標準率ノ實際ニ適合セサルカ爲メ國庫ニ多額ノ損失ヲ招カシメシハ不當ノ處爲ナリトス」斯樣ニ書イテアリマス、之ニ付キマシテハ讀ンデ既ニ御了解デアラウト思ヒマスガ、尙少數者諸君ヨリ其理由モ詳細ニ説明セラル、コト、存ジマスカラ、私ハ之ヲ御紹介スルダケニ止メテ置キタイト思ヒマス、大體右樣ナ次第デアリマシテ、其他ハ大概今マデ有リフレマシタル案件ガ多イノデゴザイマシテ、茲ニ改メテ申上ゲル必要モナカラウト思ヒマス、委細ノ儀ハ何卒報告書ニ付テ御覽ヲ願ヒタイ、サウシテ成ルベク希クハ委員會ノ決定通リ是認セラレンコトヲ望ミマス次第デゴザイマス

○日向輝武君　チョット此事ニ付テ一言述ベタイコトガアリマス

○議長（大岡育造君）　チョット御待下サイ、通告ガアリマス

○日向輝武君　委員長ノ報告ニ就テ一言伺ヒタイノデアリマス

○議長（大岡育造君）　通告ガアリマス、少數意見ノ説明ヲ求メマス川合直次君

（川合直次君登壇）

○川合直次君　私ハ極メテ簡單ニ少數意見ヲ申述ベマス、會計檢査院ガ四十三年度ノ決算ニ付キマシテ、不當若クハ違法ト致シマシテ、サウシテ本院ニ通告致シマシタ件數ハ九十四件アリマス、唯今委員長モ申述ベラレマシタガ如ク、其中ノ大部分ハ檢査院ノ報告ヲ是認シテアルノデアリマス、併ナガラ委員會ノ少數者ノ最モ遺憾ト致シマスノハ、中ニ付キマシテ最モ重大ナル事項デアリマシテ、サウシテ最モ明白ニ判斷スベキ一ノ事項ニ付キマシテ、委員會ガ檢査院ノ報告ヲ採リマセヌ、政府當局ノ處分ヲ以テ不當ナラズトシタ一點デゴザイマス、砂糖消費税法ノ成文ニ依リマスルト、製造所ヨリ引取ル砂糖精製品ニ付テ課税スルト云フコトハ、殆ド明白ニシテ爭フベカラザル文字デゴザイマス、然ルニ政府當局ハ之ヲ曲解致シマシテ、税法ノ正條ニハ背反シテ居ルカモ知レヌケレドモ、其精神ニハ背反シナイト云フヤウナコトヲ申シテ居ルノデゴザイマス、斯ル言葉ハ常ニ法律ヲ遵守スルコトヲ厭フ者ノ發シマスル常套辭デゴザイマス、デアリマスケレドモ議院ハ會計檢査院ト同ジク法ノ擁護ヲ以テ任ジナケレバナラヌト考ヘマスカラ、斯ル曲解ヲ到底容ル、コトハ出來ナイト考ヘルノデゴザイマス、殊ニ唯今委員長モ申サレマシタ如ク、政府ノ原料糖ニ對シテ定メテ置キマスル推定率ナルモノハ、檢査院ガ調査致シマシタ所ノ率トノ間ニ大ナル差額ヲ生ジテ居ルノデゴザイマス、而モ檢査院ノ調査致シマシタノハ大藏省配下ノ税務署ノ手ニ依ッテヤッタノデゴザイマスカラ、之ヲ以テ公平ト申サナケレバナラナイ、檢査院ガ申シマスルニハ其差額ガ四十二万圓ニ上ボッテ居ルト申シマス、又外國輸出品ト輸出品デナイモノ、間デ、謂レナキ差等ヲ設ケマシタガ爲メニ、其税金ノ取不足ガ四十三万圓アル、前後合セテ八十五万圓ノ税ノ取不足ガアルト申スノデアリマス、其八十五万圓ナルモノハ果シテ正確ナリヤ否ヤト云フコトハ私共ト雖モ、之ヲ知ルコトハ出來ナイノデゴザイマスケレドモ、恐ラクハ略ゝソレニ近イ數ヲ見ルコトデアラウト思フノデゴザイマス、サウシテ此推定率ト云フモノハ、總テニ向ッテ行ハレテ居ルカト申シマスルト、サウデハナイ、是ハ單ニ日本製糖株式會社横濱神戸株式會社、此ノ三會社製造ノ砂糖ノミニ限ッテ行ハレテ居ルノデアリマシテ、其他丸龜沖繩横濱ノ個人若クハ團體ノモノニ對シテハ、此推定率ヲ行ッテナイノデアリマス、即チ精製糖ニ向ッテ課税ヲシテアルノデゴザイマス、斯ル大會社ノミニ向ッテサウシテ斯ヤウナ特定法ハ逋税脱税ノ恐レガアル、會計檢査院ガ明白ナル報告書ヲ出スマデニナッテ居ルト云フコトハ、甚ダ世ノ疑惑ヲ招クコトデアルト私ハ考ヘルノデアリマス、是等ノ點カラ委員會ノ少數者ハ檢査院ノ報告ヲ是ナリトシ、政府當局者ノ處置ヲ以テ不當ナリトシタ次第デゴザイマス、願クハ此正條ノ如何ヲ御覽下サイマシテ、サウシテ少數者ノ意見ヲ御採用アラムコトヲ希望致シマス

○日向輝武君　委員長ノ報告ニ就テ、チョット御尋ネシタイト思ヒマスカラ發言ヲ許シテ戴キタイ

○議長（大岡育造君）　質問デスカ

○日向輝武君　委員長ノ報告ノ中ニ、決算委員會ハ陸軍所管ニ於テ二十五ノ不當支出ヲ摘發シ、更ニ海軍所管ニ於テモ多數ノ不當支出ヲ摘發シテ、陸海軍兩省ニ向ッテ警告ヲ爲スノ決議ヲ爲シタノデアリマスガ、其書類ハ未ダ委員長ノ御話ノ通リ本員ノ手許ニ配付ニナラナイ、サウシテ警告ノ文意ガ强イト弱イトハ、其書方ニ依テ非常ニ重大ナ差ガアルノデアリマスカラ、警告ノ文意ニ對シテハ本議會ハ相當ノ注意ヲ拂フ必要ガアラウト思フノデアリマス、委員長ノ御報告中、之ヲ御讀ミニナッタノデアリマスケレドモ、御急ギニナルノト能ク注意ヲシナイ爲ニ、之ヲ充分記憶ニ存シマセヌ故ニ、私ハ委員長ニ御尋ヲシテ、其委員長ノ御報告ノ際ニ政府ハ陸軍省ニ對シ云々又海軍ノ方ニ對シテハ政府ハ海軍省ニ對シ將來ヲ警メルト云フヤウナ意味ニ聽取ッタノデアリマスガ、若シ議院ノ警告トスルナラバ、本議會トカ云フ風ナ相當ナ體ヲ具ヘルコトノ必要ガアラウト思フノデアリマス、兎ニ角重要ナ決算委員會ノ決議デアリマスカラ、此陸海軍兩省ニ對スル警告文ヲ、更ニ委員長ガ此處ニ御讀上ニナッテ吾々ノ頭ニ充分入レラレムコトヲ希望シ若シ、警告文ニシテ多少修正ヲ要スル點ガアリマスレバ、其時ニ於テ私ハ發議シタイト思フノデアリマス、是ダケヲ委員長ニ御問ヒヲ願ヒタイ

○議長（大岡育造君）　決議案ガ出テ居リマス、提出者小西君

（小西和君登壇）

○小西和君　海軍省竝ニ陸軍省ノ不當ナル或ハ會計法違反ノ處置ニ對スル事柄ニ付キマシテ、決算委員會ニ於テ之ニ峻烈ナル警告ヲ與ヘルト申スコトニ唯今齋藤委員長カラ御報告ガゴザイマシタ、本員ハ是ハ當然ナコトデアルトシマシテ大ニ贊成ヲ致ストコロデゴザイマスケレドモ、翻ッテ見マスルト陸海軍以外ノ他ノ官省ニ於テモ、ヤハリ不當或ハ會計法違反ノ處置ノモノハ隨分アルノデゴザイマス、就中朝鮮總督及鐵道院ノ如キハ頗ル多イノデアル、而モ單ニ陸軍省及海軍省ニ對シテノミ警告ヲ與ヘテ他ノ官省ニ對シテハ何等ノ警告ヲモ與ヘナイト云フヤウナコトニナリマス、ソレハ他ノ官省ノ不當ナリ或ハ會計法違反ノ收支ニ對シテ之ヲ是認スルカノ如クニ見エマス、又公平ヲモ缺ク譯デゴザイマス、夫故ニ陸海軍ニ對スル委員長ノ報告ハ、之ヲ特別ナル警告ト致シテ、他ノ一般的ノ官省ニ對シテハ是亦相當ノ警告ヲ與ヘテ然ルベキモノト信ズルノデアリマス、以上ノ理由ニ依リマシテ私ハ茲ニ一ノ決議案ヲ提出致シタイノデアリマス、唯今讀上ゲマス、「決議案、明治四十三年度歲入歲出ノ決算中ニハ會計法ニ違背ノ收支ヲナシ或ハ不當ノ出入ヲナセルモノ尠カラス如上ノ事實アルハ啻ニ該會計年度ノ決算ニノミ止マルニアラサルヲ以テ政府ニ向ヒ屢警告スル所アリシニ拘ラス依然トシテ之ヲ改メサルモノ多キ所以ハ政府ノ歲入歲出取扱ニ對シテ誠意ヲ缺ケルト上級官廳ノ下級官廳ニ對スル監督ニ怠慢ナル所アル結果ナリト認ム依テ更ニ之ヲ警告ス」斯樣ナ決議ヲ致シマスル趣意ハ申スマデモナク政府ヲシテ今後成ルベク不當或ハ會計法違反ノ行爲ノナイヤウニ希望スル趣意ニ外ナリマセヌ、ドウカ御贊成アランコトヲ希望致シマス（「贊成々々」ト呼フ者アリ）

第四十七　特別報告第五十九號

第百三十八號　滿鮮方面輸出花莚檢查所設置ノ請願　福岡縣三潴郡木佐木村大字八丁牟田三、四番地福岡縣花莚同業組合組長稻益一義外一名呈出（紹介議員吉原正隆君）

右請願ノ要旨ハ花莚海外輸出規定ニ由レハ海外輸出花莚ハ總テ神戸花莚檢査所ニ於テ檢査ヲ受ケ滿鮮方面輸出花莚ト雖神戸ニ之ヲ輸送シ檢査濟ノ上更ニ轉シテ滿鮮ニ向ケ輸出スヘキモノナルカ故ニ福岡縣ノ如キ地理上滿鮮ニ近クシテ却テ神戸ニ遠キ地方ハ獨リ時日ノ上ノミナラス輸出費用ノ上ニモ亦倍蓰スルニ至リ當業者ノ困難少カラス從テ斯業ノ發展ヲ妨クルコト多大ナリ依テ滿鮮向輸出花莚ニ限リ門司稅關ニ於テ檢査セラレタシト謂フニ在リテ衆議院ハ其ノ趣旨ヲ至當ナリト認メ之ヲ採擇スヘキモノト議決セリ依テ議院法第六十五條ニ依リ別冊及御送付候也

移牒

衆議院議員田川大吉郎君提出陸軍軍政ニ關スル質問ニ對シ別紙陸軍大臣答辯書差進候

大正二年三月二十六日

內閣總理大臣伯爵山本權兵衞

衆議院議長大岡育造殿

（別紙）

衆議院議員田川大吉郎君提出陸軍軍制ニ關スル質問ニ對スル答辯書

一　日露戰役後動員計畫及編制事務ノ取扱方ニ關シ變更アリタルノミ從テ陸軍省及參謀本部ノ職務權限ニ於テハ從來ト何等異ル所ナシ

二　富津海堡ハ國防上必要ニシテ共目的ハ東京灣口ノ防備ヲ確實ナラシムルニ在リテ敵艦ノ東京灣內ニ侵入スルヲ防止スルノ效用ヲ有ス

要塞ノ建設ヲ統一的ニ實施スルハ國防上重要ナルコトニシテ且之ニ任スル者ハ專門ノ技術的知識ト經驗トヲ必要トス之レ築城部本部ヲ設置スル所以ナリ要塞司令部ハ平時ニ於テ既設ノ局地要塞ノ防禦ヲ計畫シ戰時ニ之カ防禦ノ首腦タルヘキモノナレハ築城部本部トハ全然其任務ヲ異ニス故ニ之カ兩立ハ當然必要ナリ

三　陸軍會計ハ一般會計監督ノ外軍事上特種ノ要須ニ合致セシムル爲陸軍大臣ノ直接監督ヲ要ス陸軍會計監督部ハ此ノ目的ノ遂行ニ任スル陸軍大臣唯一ノ機關ナルニ依リ他ニ適當ナル監督方法ヲ得サル限リ之ヲ省クヲ得ス

四　馬政局ハ主トシテ民間ニ於ケル馬匹ノ改良蕃殖ニ關スル事ヲ掌リ軍馬補充部ハ主トシテ軍馬ノ供給育成及購買ヲ掌ルニ在ルヲ以テ重複ノ機關ト認ムルヲ得ス

從來軍馬補充部ノ育成馬（約二百頭）ヲ將校ニ拂下タルハ本邦ニ於ケル民間馬匹ノ狀態將校馬ノ需用ヲ充スコト困難ナリシヲ以テナリ然レトモ馬匹ノ改良漸次面目ヲ改メツツアルヲ以テ來年度ヨリハ概ネ之ヲ半減スル豫定ナリ又士官ニ乘馬ヲ貸付スルハ之ヲ購入維持セシムルコト困難ナルト其職務ノ變更ニ伴ヒ乘馬ヲ要セサルコトアルニ因ル

五　元帥府ト軍事參議院トノ職務權限ハ當該條例ニ依リ承知セラレタシ

六　士官候補生制度ハ普通敎育ノ現狀竝軍事ノ進步及要求ニ適應シタル良好ノ制度ト認ム

七　朝鮮各部隊ハ警備上ノ必要ニ依リ今尚派遣主義ヲ採リ一時出張ノ姿勢ニ在ラシムルヲ以テ赴任者ニモ移轉料ヲ給セスシテ宅料ヲ支給シアリ

又是等特種地方ノ在勤者ニ食料ヲ支給スルハ陸軍カ年來行ヒツヽアル給與方式ニシテ增俸ノ一部ヲ食料トシテ支給スル意味ニ過キス（增俸ト食料トヲ合計スルモ尚同地在勤官吏ノ增俸ニ比シ少額ナリ）

右朝鮮ノ給與ハ過渡ノ時代ニ屬シ逐次改良ノ途ニアルヲ以テ相當改正スルコトニ研究中ナリ

八　內地賄料ハ全國ヲ五等ニ分チ一人一日八錢四厘乃至拾壹錢七厘ニシテ朝鮮ハ全土一樣ニ一人一日十八錢ナリ元來朝鮮ハ治安維持ノ必要上僻遠ノ地ニ小部隊ヲ多數分散配置セルヲ以テ食料品ノ高價ナル地方多キト氣候風土ヲ異ニシ生活狀態モ亦一樣ニ律シ難キモノアル等ノ爲在鮮兵總員ヲ平均シ一人一日拾八錢ヲ超ヘサル範圍ニ於テ各地ノ狀態特ニ物價ノ高低ニ應シ適切ナル定額ヲ地方別ニ定メシムルコトトシ之ヲ定メタリ

九　朝鮮及臺灣ニ於ケル壯丁ノ召募ハ政府ノ希望スル所ナレトモ未タ之ヲ實行スル時期ニ達セサルモノト認ム

十　特別積立金ハ日露戰役後被服ノ復舊ニ際シ經費節約ノ目的ヲ以テ出來得ル限リ舊式ノ現在品ヲ平時用ニ利用シ其復舊ニ要スル金額ハ一時委任總理中ニ積立テ置キタルモノニシテ既ニ概ネ當初ノ目的ヲ達シ目下其ノ結末手續中ナリ

右及答辯候也

大正二年三月二十六日

陸軍大臣男爵木越安綱

移牒

衆議院議員澤來太郎君提出國防ニ關スル質問ニ對シ別紙答辯書差進候

大正二年三月二十六日

內閣總理大臣伯爵山本權兵衞

衆議院議長大岡育造殿

（別紙）

衆議院議員澤來太郎君提出國防ニ關スル質問ニ對スル答辯書

一　現當局亦同意思ナリ國防ノ本義ハ維新以來帝國ノ採リツヽアル大方針ニ依リ自衞ノ趣旨ニ基キ國利國權ヲ擁護シ國是ヲ貫徹スルニ在リ

二　現當局亦同意思ナリ國防計畫ノ方針ハ軍事ノ機密ニ屬スルコト説明ヲ俟タス

三　現當局亦同意思ナリ陸海軍ノ勢力整備ハ國防計畫ノ定ムル所ナリ

四　現當局亦同意思ナリ陸海軍現在ノ施設ハ國力トノ調節ヲ缺カサルモノト認ム

五　軍事ノ機密ニ屬スルヲ以テ開示スルコトヲ得ス

六　陸海兩軍相俟テ國防計畫ヲ遂行スルヲ目的トス

七　國防ニ關シテハ陸海軍ニ先後主從ノ別ナシ

八　外交ト國防トハ常ニ能ク其調節ヲ保タサルヘカラサルハ言ヲ俟タス而シテ現時何レノ方面ニ於テモ圓滿ニ共同的動作ヲ執リツヽアリ

九　政府ハ朝鮮ハ勿論我版圖ニ接近セル地方ニ內地人ノ益々移住繁殖スルコトヲ希望スト雖他ノ方面ニ對シテモ調査ヲ怠ラス利益アリト認ムル限リ移住ノ便ヲ圖ルノ方針ナリ

十　明治四十三年七月四日ノ日露協約ハ當時已ニ公表シタリ其ノ協約ニ質問ノ如キ事項ヲ定ムルコトナシ

十一　第五ノ質問ニ對シ答辯シタルカ如シ

十二　軍事機密ニ屬セサル限リ誠意ヲ以テ勉メテ詳細ニ説明スヘシ

十三　第五ノ質問ニ對シ答辯シタルカ如シ

十四　政府ハ國防計畫ト財政計畫ト相順應スルヲ力ム

十五 國務大臣ノ答辯ハ固ヨリ政府ノ意見ヲ發表セルモノナリト雖國防大計ノ内
十六 容ハ玆ニ明言スルノ限リニ在ラス
十九 軍備ノ擴張及補充ハ政府之ヲ決シ帝國議會ノ協贊ヲ得テ之ヲ實行スヘキモ
ノナリ陸海軍相互間ニ於ケル同意不同意ノ問題ニ非ス
二十一 答辯ノ限ニ在ラス
二十二 然リ
二十三 大正三年度以降ノ財政計畫ハ玆ニ言明スル能ハス
右及答辯候也

大正二年三月二十六日

内閣總理大臣伯爵山本權兵衞
外務大臣男爵牧野伸顯
陸軍大臣男爵木越安綱
海軍大臣男爵齋藤實

大正二年三月二十六日

内閣總理大臣伯爵山本權兵衞

衆議院議長大岡育造殿

通牒

衆議院議員高鍋篤郎君提出「トロール」船取押抑留處分及禁漁區域制限ニ關スル質問ニ對スル別紙答辯書差進候

（別紙）

衆議院議員高鍋篤郎君提出ノ「トロール」船取押抑留處分及禁漁區域制限ニ關スル答辯書

一 朝鮮總督府ニ於テ相當ノ「トロール」漁業禁止區域ヲ定ムルハ固ヨリ不法ニ非ス而シテ其規則ノ規定ト農商務省ノ與ヘタル許可證ノ漁業區域ト矛盾スルタメ内地漁業者ノ漁船ヲ抑留シタル事實アルニ於テハ政府ハ調査ヲ遂ケ内地及朝鮮ノ漁業取締ニ付相當ノ方法ヲ講ス可シ
二 「トロール」漁業ノ禁止區域ノ制限則チ經度ノ制限ハ必要ナリト認ムルヲ以テ目下之ヲ撤廢スルノ意思ナシ
右及答辯候也

大正二年三月二十六日

内閣總理大臣伯爵山本權兵衞
農商務大臣 山本達雄

大正三年一月二十二日　高橋大藏大臣ノ演說

○大藏大臣(男爵高橋是淸君)　諸君、私ハ玆ニ大正三年度歲計豫算ヲ諸君ニ紹介スルノ光榮ヲ有シマス、大正三年度總豫算ニ計上致ストコロノ歲入ハ經常部ニ屬シマスルトコロノモノ五億三千四百三十二万八千六百四十五圓、臨時部ニ屬シマスルモノ一億六百九十万千九百十一圓、合計ニ於キマシテ六億四千百二十三万五百五十六圓トナリマス、而シテ歲出ハ經常部ニ屬シマスルモノ四億二千五百二十九万二千二十六圓、臨時部ニ屬シマスルモノガ二億千五百九十三万八千五百三十圓、合計ニ於キマシテ六億四千百二十三万五百五十六圓トナリマス、故ニ經常歲入ヲ以テ經常歲出ニ比較致シマスレバ一億九百三万六千六百十九圓ノ超過デアリマス、之ヲ前年度ニ於キマスル經常部歲入歲出ノ關係ニ對照致シマスレバ、一層良好ナル狀態ヲ示シテ居リマス、此大正三年度ノ歲入ヲ以チマシテ之ヲ前年度ノ豫算ニ比較シテ見マスルト經常部ニアッテハ一方ニ前年度ニ於テ決定致シマシタル稅制整理ノ結果トシテ、所得稅ニ於テ六百九十六万餘圓、朝鮮米ノ移入稅ニ於テ百二十五万圓、專賣局益金ニ於テ二百六万餘圓、計千二十八万餘圓、又國庫收支ノ關係ヲ改善致シマスル爲ニ、專賣品延納代金ノ所屬年度ヲ改正致シマシタル爲ニ、專賣局益金ノ繰入ニ於テ九百七十七万餘圓及預金利益金繰入廢止ノ爲ニ預金特別會計ヨリノ繰入ニ於テ百万圓、合計二千百五万餘圓ヲ減少致シマスルガ、他ノ方面ニ於テハ主トシテ一般經濟上ノ發達ニ伴ヒマシテ、租稅ノ收入ニ於テ所得稅營業稅酒稅及關稅ノ增加等ニ依テ千二十五万餘圓、印紙ノ收入ニ於テ百五十三万餘圓、官業及官有財產收入ニ於テ、就中郵便電信電話ノ收入及製鐵所益金ノ增加等ニ於テ二百七十三万餘圓ヲ增加シマスル等ノ爲ニ、計千四百六十三万餘圓、及行政整理ノ結果、各作業會計ノ整理等ニ依リマシテ官業及官有財產收入ニ於テ二百八十八万餘圓、臺灣產內地消費稅ノ消費稅ヲ一般會計ノ收入ニ屬セシメタル爲メ、租稅收入等ニ於テ七百七十万餘圓、卽チ計千六十二万餘圓、合計二千五百二十五万餘圓ヲ增加シマスルニ依リ、差引四百五十七万餘圓ノ增加ヲ示シ、臨時部ニ於キマシテハ、一方ニ於テ朝鮮ノ事業費既定年割額ノ減少ニ依リマシテ、同公債及繰替借入金ノ減少等ニ依リマシテ百五十六万餘圓、行政整理ニ依リマスル事業繰延ノ結果、治水事業資金ノ繰入、朝鮮竝ニ臺灣事業費公債及繰替借入金ノ減少等ニ依テ八百五十八万餘圓、計千十四万餘圓ヲ減少致シマスルガ、地方ニ於キマシテハ行政整理ニ伴フ陸軍所屬土地ノ整理ニ依リマシテ一百四十七万餘圓、其他土地ノ拂下等ニ依リ三百九万餘圓ヲ增加スルノ外、前年度ニ於ケル行政整理等ノ爲ニ前年度繰入金ニ於テ五千四百四十三万餘圓ヲ增加シマスルニ依リ、差引四千九百八十餘万圓ヲ增加致シ、結局經常及臨時部ヲ併セテ歲入總額ニ於テ五千四百四十二万餘圓ヲ增加致シマシタ、大正三年度歲出ヲ以テ之ヲ前年度ノ豫算ニ比較致シマスルト、經常部ニ於テハ一方ニ於テ行政整理ノ結果、各省ノ經費ニ於テ千三百二十一万餘圓ヲ減ズルノ外、國債額ノ減少ニ伴ヒテ國債利子ヲ要スルコトガ少ナクナリマシタ等ノ爲ニ、一百八十一万餘圓ヲ減少致シマスルガ、他ノ方面ニ於テ糧秣費恩給等、補充科目ニ屬シマスルトコロノ各省經費ニ於テ、四百九十六万餘圓、從來臨時部歲出ニ計上シテ居リマシタル朝鮮派遣隊所屬ノ經費ヲ經常部ニ移替ヘタル爲メ、陸軍費ニ於テ三百二十九万餘圓、新艦艇ノ建造ニ伴ヒ海軍軍事費ニ於テ二百二十六万餘圓、及ヒ從來一般會計ニ收入ノ上、其半額ヲ臺灣總督府ニ交付シ來リタル臺灣關稅諸收入ハ、行政整理ニ伴ッテ是ガ全額ヲ同府特別會計ニ繰入ルルコト、致シ、新ニ之ヲ歲出ニ計上シタル爲ニ二百二十一万餘圓ヲ增加スルノ外、財政ノ基礎ヲ一層確實ニスル爲メニ、國庫豫備金ニ五百万圓ヲ增額シマシタ、其他產業ノ指導獎勵通信機關ノ整備等ニ關シ、緊急必要ナル施設ヲ行フガ爲ニ、經費ノ增加スルモノアルニ依リ、差引三百二十四万餘圓ヲ增加シ、臨時部ニ於キマシテハ一方ニ於テ既定繼續費ニ屬シマスル年割額ノ減少等ニ伴ヒテ、千百三十九万餘圓ヲ減少致シマスルノ外、行政整理ニ依リテ各般經費ニ節約ヲ加ヘ、既定繼續費年割額ノ繰延ヲ行ヒ、及各殖民地特別會計ニ對スル補充金ヲ減ズル等ノ結果、各省經費ニ於テ二千五百二十五万餘圓ヲ減ジ、竝ニ前ニ述ベマシタル朝鮮派遣部隊ノ費用移替等ノ爲メ、四百四十五万餘圓ヲ減少シマシタガ、又他ノ方面ニ於テ海軍軍備補充費ニ於テ一千万圓、製鐵所擴張費ニ於テ十一万餘圓、竝ニ臨時軍事費合併整理ノ爲メ陸軍整備費ニ於テ三百万圓ヲ追加シ、及ビ新ニ電話交換擴張費四百万圓ヲ計上シマシタノ外、各市ノ上下水道費竝ニ地方港灣ノ修築費補助ニ於テ四十六万餘圓ヲ要スル等、緊急止ムベカラザル各般ノ施設ニ對シ經費ノ增加スルモノガアリマシタル爲メニ、合計二千四百十六万餘圓ヲ增加シ、既往年度ニ於テ繰替使用シマシタル特別會計所屬資金ノ返償ニ六千四百六十万餘圓、治水費資金繰入金ノ增加ニ三百万圓ヲ計上シ、及各種補充費途ニ於テ五十万餘圓ノ增加ヲ要スル爲メ、差引五千百十七万餘圓ヲ增加シ、結局歲出總額ニ於テ五千四百四十二万餘圓ノ增加ヲ示シマシタ、以上ハ大正三年度豫算ニ關シマシテ、其歲入歲出增減ノ大體ヲ說明ヲ致シタノデ、是ヨリ更ニ進ンデ同年度豫算ニ關スル財政計畫ノ綱領ニ就テ一言致シマス、抑大戰役後ニ於ケル我財政ノ膨脹ニ關シマシテハ、政府ハ從來鋭意是ガ整理ニ努メ、或ハ經費ノ節約事業ノ繰延ヲ圖リ、又ハ稅法ノ改正負擔ノ輕減ヲ期スル等、其今日マデニ既ニ實施シタルトコロノモノ尠ナカラズゴザイマスガ、是ガ完成ハ固ヨリ一朝一夕ノ能クスルトコロニゴザイマセヌ、加之最近ニ及ンデハ各種國情ノ變化ハ我財政ノ整理ヲ促スコト愈々急ナルヲ以テ、政府ハ一昨年以來廣ク各般ノ制度ヲ改革シ、行政財政ノ全體ニ亙ッテ是ガ整理ヲ斷行セムコトヲ企畫シタルモ、諸種ノ事情ニ依テ遂ニ前年度豫算ニ於テ、是ガ計畫ヲ實現スルノ機運ニ到達セザリシハ、政府ノ最モ遺憾ト致シタルトコロデゴザイマス、而シテ政府ノ之ニ處スルノ途ハ、唯其實行上最善ノ手段ヲ盡スニアリマス、其前期議會ニ於テ披瀝シタル所信ハ、幸ニ諸君ノ贊同ヲ得マシタルヲ以テ、政府ハ前年度豫算成立ノ後、直チニ是ガ整理ノ審査ヲ進メマシタ、同年五六月ノ交ニ及ンデ漸ク其成案ヲ得マシテ、以テ同年度豫算ノ執行上是ガ計畫ヲ實施スルコトヲ得マシタ、而シテ之ニ依テ新ニ一般會計ニ財源ヲ生ズベキ金額ハ、三千九百九万餘圓デゴザイマシテ、前期議會ニ於テ決定シタル改正稅法等ノ實施ニ依リ、前年度ノ歲計上、歲入ノ減額ヲ來スベキ金額ハ九百十四万餘圓、次デ大正三年度豫算ノ編成ニ關シ政府ハ前年度ニ於ケル整理ノ趣旨ニ從ヒマシテ、其各般ノ計畫ヲ完成センコトヲ期シタ、普通經費ニ付キマシテハ經常臨時ヲ通ジテ大體前年度ニ於ケル整理ノ標準ニ基キマシテ、是ガ節約ヲ圖リマシタ、既定繼續費ニ付キマシテハ、是ガ殘額ニ節減ヲ加フルノ外、既定年割額ニ對シマシテ大體三割前後ノ繰延ヲ行フモノト致シ、是ガ爲メ新ニ一般會計ニ財源ヲ生ズベキ金額ハ、四千二百九十七万餘圓ニ達スルノ計算デゴザイマシテ、經常部歲入ノ自然增收千四百六十餘万圓ト合シテ、五千七百六十一万餘圓ノ財源ヲ得ルノ外、前年度ニ於ケル整理ニ依リテ生ジタル財源及前々年度ノ決算上生ジマシタ歲計剩餘金ノ兩者中、前年度ニ於ケル各種ノ支出ニ充當シ、尙大正三年度ニ繰越使用シ得ベキ金額七千六百餘万圓ニ達スベク右ノ內同年度追加豫算等ノ財源ニ充ツベキ金額ヲ除キ五千八百九十六万餘圓ヲ剩シマスルヲ以テ、前記ノ五千七百餘万圓ト合セテ、總額一億一千六百五十七万餘圓ヲ得ベク、之ヲ以テ既定計畫ニ屬スル稅制整理等ニ依ル歲入ノ缺陷ヲ補塡シ、各種緊急ノ費途ニ充當シタル殘額ハ、一層財政ノ基礎ヲ鞏固ニシ、財政經濟ノ調和ヲ保ツノ目的ニ之ヲ使用スルヲ以テ最モ適切ナリト認メ、從來戰時其他急迫ノ場合ニ於キマシテ、一時繰替使用シマシタ儘、今日ニ至ルマデ是ガ返償ノ財源ヲ得ルニ及ビマセヌノデアリマシタ、軍艦水雷艇補充基金以下、四特別會計資金ノ返償ニ六千四百万餘圓ヲ充當シ、國庫豫備金ノ增額ニ五百万圓、治水費資金繰入ノ増額ニ三百万圓ヲ使用スルノ外、專賣品延納代金所屬年度改正ノ爲メ九百七十七万餘圓ヲ振向クルノ計畫ヲ定メマシタ、行政整理ニ依リ公債又ハ借入金支辨ノ事業費ニ整理ヲ加ヘタル等ノ結果、本年度ニ於テ必要トスル公債又ハ借入金ノ豫定額ハ三千七百餘万圓ニシテ、前年度ニ較ベテ二千二百餘万圓ヲ減ズルノ計算デゴザイマス、又大藏省證券ノ最高發行高ハ、五千万圓トシテ之ヲ計上致シマシタ、本年度ニ於テ國債ノ償還ニ充ツベキ金額ハ、從來ノ方針ニ從ヒマシテ五千万圓ト致シマシタ、税制ノ整理ニ付キマシテハ、前年度ニ於テ既ニ實行シタルモノガアリマスルガ、營業税其他必要ナル税法ノ改正案ハ、之ヲ本議會ニ提出スルノ見込デゴザイマス、今秋擧行セラルベキ大禮ニ關シ必要ナル諸般ノ經費ニ付キマシテハ、其急ヲ要スルモノハ曩キニ是ガ臨時支出ノ手續ヲ了シタルモノモアリマス、其將來ニ必要トスルモノハ、本年度追加豫算ヲ以テ之ヲ要求スル考デアリマス、又昨年ニ於ケル北海道並ニ東北地方ノ災害ニ關シマシテハ、被害地人民ノ苦痛極メテ大ナルモノガゴザイマス、政府ハ是ガ應急ノ手段ニ於テ遺算ナカラムコトヲ期シ、是ガ復舊工事ノ遂行ニ關シ、其最モ急ヲ要スルモノニアリマシテハ、既ニ臨時國庫補助ノ支出ヲ了シマシタガ、尚其一部ハ本期議會ニ追加豫算トシテ之ヲ提出致シマス、又其被害地方救濟ノ方法ニ關シマシテハ、政府ハ約六百万圓ノ資金ヲ地方ニ貸付シテ、以テ窮民ノ保護生業ノ恢復ニ資セシムルノ經費デゴザイマシテ、其他ノ必要ナル經費ト共ニ、本年度追加豫算トシテ之ヲ提出スルノ豫定デゴザイマス、翻ッテ昨年中ニ於ケル我經濟界ノ趨勢ヲ察シマスルニ、前記地方的災害ノ大ナルモノガアリマシタニ拘ラズ、大體ニ於テ順當ニ發展ノ氣運ヲ維持シテ、從來ノ歩調ヲ繼續シタルハ、諸君ト共ニ慶賀スルトコロデゴザイマシテ、同年中ニ銀行會社ノ社債又ハ株金トシテ資本ノ現實ニ拂込マシタル高ハ、二億四千万圓ノ多キニ達シ、尚一般經濟ノ趨勢ヲトスベキ鐵道ノ運賃收入ノ如キ、旅客貨物ニ論ナク共ニ相當ニ增加ノ成績ヲ呈シテ居リマス、更ニ同年ニ於ケル對外貿易ノ狀況ヲ見マスルニ、輸出額六億三千二百餘万圓、輸入額七億二千九百餘万圓、總額十三億六千百餘万圓デゴザイマシテ、之ヲ前年度ニ於ケル貿易總額十一億四千五百餘万圓ニ比較シマスレバ實ニ二億千五百餘万圓ノ增加ヲ示シテ居リマス、啻ニ其總額ニ於テ、既往ノ各年ニ超絶セルノミナラズ、其前年ニ對スル增加ノ著シキ、未ダ曾テ其比ヲ見ザルトコロデゴザイマス、唯其輸入額ノ輸出額ニ超過スルコト九千七百餘万圓ニシテ、米砂糖等、内地作柄ノ結果ニ基キ一層此輸入額ヲ增加シタルト云フコトハ頗ル遺憾デゴザイマス、而シテ我對外貿易上、尚將來益々內地產業ノ發達ヲ圖リ輸出貿易ノ增進ヲ期スルハ最モ其切要ナルコトヲ認メテ居リマス、之レヲ要スルニ、戰後財政ノ計畫ハ幾多ノ曲折ヲ經テ漸次其歩ヲ進メテ居リマス、多年ノ宿題タル行政ノ整理モ茲ニ一段落ヲ告グルニ至リマシタコトハ、偏ニ朝野多年協力ノ結果デゴザイマス、私ハ諸君ト共ニ深ク喜ブトコロデゴザイマス、諸君、私ハ諸君ガ愼重審議、以テ速ニ此豫算案ニ協贊ヲ與ヘラレンコトヲ切望致シマス(拍手起ル)

○議長(大岡育造君)　牧野外務大臣

○片岡直温君　諸君、本員ハ財政經濟ノ計畫ニ付キマシテ大藏大臣ニ御質疑ヲ致シタイト存ジマス豫算ニ關スルコトハ成ルベク豫算委員會ニ於テ詳細ニ質問ヲ致ス積リデアリマスガ、私ノ今此處ニ質問ヲ致サントスル事柄ハ極メテ重要ナコト、今此處ニ公開ノ席ニ於テ本會ニ於テ是非承ランケレバナラヌコトヽ存ズル事ガアルノデアリス、ソレハ正貨補充ニ關スル問題デアリマス、大藏大臣ハ豫算ノ組立ニ關シ詳細ナル御說明モアリ、尚財政經濟ニ關シテ民間ノ狀態等モ數字デ擧ゲラレ、尚又貿易上ニ關スル狀況マデヲモ說明セラレタニ拘ラズ、其正貨流出ノ狀況ニ關シテ政府ハ如何ニ是ガ補充策ヲ採ルカト云フ點ハ一言モ發セラレナカッタノデアル、然ルニ近時此正貨流出ノ狀況ヨリシテ、民間ニ於ケル資本家事業家將來ノコトニ懸念シ、是ガタメニ手ヲ拱イテ困ッテ居ル狀態ニアルノデアリマス、故ニ起ルベキ事業モ是ガタメニ起ラヌノデアリマス、又是ガタメニ將來發展ヲ計ルベキヤトコロノ資本ヲ海外ニ求ムルト云フ點ニ於テモ、重大ナ關係ノアル事柄デアリマス、此事ニ關シテ少シク數字ヲ擧ゲテ申シテ見タイト存ジマスノハ、元來我國ノ境遇ハ言フマデモナク生活上必要ナルトコロノ食物竝ニ著ルモノニ於テ、既ニ輸入ヲ仰ガンケレバナラヌ國デアルト云フコトハ、大藏大臣ニ向ッテ此處デ說明ヲスルハ釋迦ニ說法ト云フコトニナリマセウ、併ナガラ是モ數字ヲ擧ゲテ見マスト、四十三年カラ四十五年ノ間三年ノ極ク平年ノ間ニ於ケル米ノ輸入平均千四百二十八万圓、麥ノ輸入ガ五百三十七万圓、豆ノ輸入ガ千八十四万圓、麥粉澱粉マデモ入レマスト五百二十九万圓、斯ノ如ク極メテ著シキモノニ對シテ見マシテモ一箇年ノ平均ハ三千五百八十八万圓ヲ要スルノデアリマス、其他極ク下級ノトコロニ至ッテ要スルトコロノ綿服ニ致シマシテモ、是モ大藏大臣ガ能ク御承知ノ通リ繰綿ダケノ輸入ヲ見マシテモ、四十三年ハ一億五千七百八十二万圓、四十四年ハ一億四千五百四十五万圓、四十五年ハ一億九千八百九十三万圓、之ヲ三年平均シマシテモ一年ニ一億六千七百四十万圓ノ輸入ヲ待ッテ居ルノデアリマス、尤モ是ハ我國ニ於テ加工精製シ、支那及東洋ノ地方ニ對シテ輸出スルモノヽ籠ッテ居ルコトハ勿論デアリマスガ、上流ヨリシテ下流ニ至ルマデ生存上必要ナルトコロノ衣類ハ此中ニ籠ッテ居ルノデアリマス、斯ノ如キ我國デアッテ、サウシテ此兌換ノ基礎ヲ誤ラヌヤウニシテ往カウト云フコトニ對シテハ、所謂財政政策ノ上ニ十分ナル方針モアリ、又之ニ對スル畫策モ定ッテ居ランナラヌ筈デアラウト思フ、而シテ一方ニ正貨ノ狀態ヲ極ク現實ニ勘定シテ見マシテモ、一昨々年大藏大臣ガ豫算委員會ニ於テ答ヘラレタ數字ハ、三億七千二百万圓ヲ存在シテ居ル、夫故ニ平時ハコヽ二三四年間ハ心配ハナイノデアルト答ヘラレタ、而シテ昨年ノ豫算委員會ニ於テ大藏次官ノ御答ニ依ルト、三億五千七十五万圓存シテ居ル、サウスルト此日本銀行竝ニ大藏省ノ所有セラレテ居ッタモノヽ中カラ既ニ流出シタ金額ガ二千百二十五万圓、サウシテ東京市債トシテ這入リマシタ金ガ八千四百九十万圓、ソレカラ大藏省ガ内地ノ産出ヨリシテ貨幣ニ拵ヘテ組入レタ金額ガ、大藏省ノ答辯ニ依レバ千六百八十万圓、是等ヲ合計シテ見マスト、一億二千二百九十五万圓ノ金ハ一昨年ニ既ニ出タノデアリマス、此外ニ移民ヨリシテ送ルモノトカ、外國人ガ日本ニ遊ンデ落シタ金トカ云フガ如キモノモ、大藏省ノ答辯ニ依レバ一箇年ニ差引殘リ四千万圓アルト御答デアル、或者ノ調査ニ依レバ六千万圓位アルト稱シマスガ、假ニ之ヲ大藏省ノ言ハルヽ通リノモノト致シマシタトコロガ、一箇年ニ一億六千二百九十五万圓ノ金ガ一昨年ニ出テ居ルト云フ勘定ニナッテ居ルノデアル、サウシテ之ヲ昨年ニ徵スレバ昨年ハ鐵道資金ノヤリ繰リニ依ッテ、一二箇年ノ期限デ外國ヨリ金ヲ取入レラレタトコロノ金ガアル、ソレカラ朝鮮ノ事業費ニ對スル十箇年ノ期限デ借入レラレタ金ト、又從來ノ大藏省竝ニ日本銀行ノ所有シテ居ルモノニ加算セラルヽ皆デアリマスガ、ソレガ今頃果シテ幾ラノ金額ニ達シテ居ルカト云フコトハ、未ダ質問ヲ試ミマセヌカラ分リマセヌガ、思フニ其多分ハ既ニ流出シテシマッタラウト思ヒマス、斯ノ如ク年々流出スル正貨ノ數量ハ著シキモノデアリマス、是ニ於テ大藏大臣ニ問ハンケレバナラヌノハ斯ノ如キ實狀デアルガ、之ニ對シテ此正貨ヲ補充スルトコロノ方法ハ、此豫算中ニ何レノ點ニ於テドレダケノ畫策ガ含マレテ居ルカト云フコト、サウシテ外ニ將來尚ホ今迄ヤラレタ如ク正貨ノ流出ガ段々續イテ以テ足ラナクナレバ之ヲ補充スルニ、ヤハリ借金ニ借金ヲ重ネラルヽ御考デアルカ、モウ一ツ之ヲ詳細ニ言ウテ見レバ昨年ハ大藏大臣ハ財政ノ基礎ヲ鞏固ナラシムル間ハ一切公債ハ募ラナイノデアル、斯ウ明言ヲセラレタノデアリマスガ、本年ノ計畫ヲ見レバ多少約三千七八百万圓ノモノガ公債ニ仰ガルルコトニナッテ居ル、ソレハ其方針ヲ改メラレタカ否ヤト云フコトハ、豫算委員會ニ於テ承ッテ宜シイノデアリマスガ、茲ニ之ヲ計上セラレタト云フモノハ、内地デ公債ヲ募ルト云フ趣旨ニアラズシテ、全ク正貨ヲ補充スルタメニ外國ヨリ是ダケノモノヲ此年度ニ於テ仰ガナケレバナラヌト云フ御考カラ之ヲ計上サレタノデアルカドウカ、果シテ内地ニ於テ之ヲ募ッテモ宜シイト云フコトデアレバ、現ニ剩餘金モアルコトデアリマスカラ、之ヲ以テセラレテモ一向差支ナイ、又一面ニ公債ヲ起シテ一面ニ償還ヲスルガ如キ愚策ナルコトハ早速君モ先刻述ベラレタノデアリマスガ、此政策ヲ變ヘラレテモ是ハ辨ズルノデアル、然ルニモ拘ラズ茲ニ此數字ヲ擧ゲラレタト云フコトハ、ヤハリ正貨補充ノ目的ヲ含ンデ茲ニ出サレタノデアルカ、ドウカ、ソレカラ將來果シテ前年モヤラレ其前年ニモヤラレタ如ク、外國債ニ外國債ヲ以テスルト云フコトデアリマシタナラバ、其結果既ニ莫大ナ利子ヲ仕拂ハナケレバナラヌコトニナッテ居ルノデアリマシテ、溺ガ上ニ日本ノ狀況カラ申シマスレバ輸入ノ超過ヲ促ス外ハナイ結果ニ陷ルニ違ヒナイ、果シテ斯ノ如キコトヲ繼續セラレテソレデ宜シイ、何等財政經濟ノ畫策上ニ於テ此正貨補充ノ政策ヲ考ヘナイデモ宜シイト云フ御考デアルカドウカ、言換ヘレバ現在ノ豫算財政ノ計畫ニ對シテ正貨補充ノ御考ハ何處ニ含マレテ、ドウ解釋シテ宜シイカ、國民ハ此點ニ於テ政府ノ確信ヲ伺フコトヲ最モ焦眉ノ急ト致シテ居ルノデアリマス、夫故ニ豫算委員會ガアルニ拘ラズ、其點ヲ茲ニ御尋ヲスル譯デアリマス

（拍手起ル）

○村松恒一郎君　大藏大臣ノ御發言ノ前ニ議場整理ニ付テ一言御許シヲ願ヒマス

○議長（大岡育造君）　議場整理トハ何事デスカ

○村松恒一郎君　御許シニナレバ申シマス

○議長（大岡育造君）　今ア大藏大臣ガ登壇シテ演說スル所デアリマス、後ニ願ヒマス

○大藏大臣（男爵高橋是清君）　唯今鈴木君ヨリ經濟ノコトニ付テ我國ノ病根トシテ物價ノ騰貴、第二ニ輸入超過、第三ニ我國ノ海外ニ於ケル公債ノ下落是レニ付テ如何ナル政策ガアルカ、如何ナル抱負ガアルカト云フ意味ノ御質問ト拜承致シマシタ、第一ノ物價騰貴、是ハ御自分モ御述ベニナッタヤウデスガ、世界ノ大勢茲ニ趣イテ居ルノデ、我國ノ物價騰貴ニ限ッテ他ノ諸國ヨリモ強ク騰貴シテ居ルト云フ御調ベノヤウデアリマス、此物價ノ取調ト申シマスモノハ、餘程之ヲ實際ニ當テ、見マスニハ、其物々ニ付テ一ツヅツ調ベヌト云フト、一概ニ總數ヲ擧ゲテ我國ノ凡テノ物價ガ外國ノ凡テノ物價ヨリモ一々其物々ニ付テ始終高イト云フヤウナ判斷ヲ下ス譯ニ參ラヌノデアリマス、而シテ此我國ニ於キマシテハ三十七年以來十年間ノ物價ヲヤハリ總體ヲ括メタトコロノ數字ヲ以テ調ベテ見マスト、物價ニ於テ四割程ノ騰貴ヲ見マス、職工其他勞働者ノ賃錢ニ於キマシテ四割五分バカリノ騰貴ヲ見テ居リマス、今後我國ノ製造工業等ガ益々發展ヲ致シマシテ、其方カラ申シマスレバ賃銀ノ如キハモット騰貴シテ往キマセウ、隨ッテ此職工等ノ購買力ガ增加シテ、是ノ需要スル物ニ向ッテ十分ノ供給ノ無イ物ハ益々騰貴致シマセウ、是ハ物價騰貴ガ政府ノ如何ナル施政ノ爲メニ是ガ騰貴スルカト云フコトハ、政府ノ施政ノ爲メニ特ニ騰貴スルト云フコトガアリマスレバ、ソレハ政府トシテ十分ニ注意ヲシナケレバナラヌ所デアリマス、總テ此物價ノ騰貴ヲ騰貴シナイヤウニト云フ若シ御希望デアッテ、其政策如何ト云フ御質問デアルナラバ、是ハ官僚政治ナラバ出來ルカ知レマセヌガ（笑聲起ル）今日ハ政府ノ力デハ出來マセヌ、ソレカラ第二ノ輸入超過、是ハ最モ憂フベキ點デゴザイマス、先刻片岡君ノ御質問モヤハリ此輸入超過ノ結果トシテ正貨ガ流出スル、此正貨流出ガシテ無クナルモノヲ如何ニ補充スルカト云フ意味ヲ以テノ御質問デアリマシタ、然ルニ此輸入超過ハ御互皆ナ是ハ今日ノ貿易表ナルモノニ據テ計算ヲシテ、輸入ガ九千万圓多イトカ、或ハ一億アルト云ッテ直チニ其數字ヲ以テ正貨流出ノ高――斯ウ見ルヤウニナッテ居ルノデアリマス、併ナガラ嘗テ獨逸ノ學者ガ調ベマシタル通リ、此世界中ノ主ナル國ノ貿易シテ居ル所ノ國ノ輸出ト輸入トノ數字ヲ調ベテ見マスト云フト、ドウシテモソコヘ出合ハナイ、凡ソ一割三分バカリハ輸入ノ方ガ超過シテ居ル、多クナッテ居ル、之ヲ以テ運賃保險料ナリト斷定ヲセラレタ、我國ノ貿易表モ、出ルモノニ付テハ、運賃保險料ハ無論籠ッテ居ラヌ、入ルモノニ付テハ運賃保險料等ハ籠ッテ居ルノデス、獨逸ノ學者ハ一割三分ト申シマスガ、私ハ凡ソ我國ノ貿易表ヲ見ルノニ輸入品ニ付テハ一割二分位ヲ減ラシテ見テ、丁度事實ニ近イヤウナ所ニ來ルト云フコトヲ數年來事實ニ付テ調ベテ、サウ云フ考ヲ有ッテ居ル、ソレデ例ヘバ昨年ノ貿易――大正二年ノ貿易總額十三億六千百万圓、輸出ガ六億三千二百万圓、輸入ガ七億二千九百万圓アリマシタ、ソコデ此輸入品ノ代價七億二千九百万圓ノ一割二分ヲ取リマスト是ガ丁度八千七百万圓ニナリマス、ソレデ此輸入ノ統計ニ現レテ居ル所ノ輸入表ノ數字ノ七億二千九百万圓ヨリ運賃保險料ト看做ス八千七百万圓ヲ引去リマスト、六億四千二百万圓ト云フ數字ニナルノデス、ソコデ六億四千二百万圓ト云フモノガ輸入品ノ眞ノ代價デ、即チ之ニ對スル我輸出品ノ六億三千二百万圓ノ眞價ト同ジモノト對照シテ見ベキモノデアラウ、サウシマスト昨年ノ如キハ事實ニ於テ千万圓ノ輸入超過デアッタ、先刻說明ニ於テ申シマシタル通リ、今後益々產業ヲ獎勵シテ輸出ヲ殖サナケレバナラヌ、輸入超過ハ甚ダ憂フベキモノデアルト云フ意味ヲ申述ベテ置イタノデアリマス、且又昨年ノ貿易高ハ是マデ例ノナイ程多クナッテ居リマス、此貿易高ガ殖エテ行キマスト云フト、表ニ於テハ輸入超過ノ形ヲ示スガ、事實ニ於テハソレニモ拘ラズ輸出超過ト云フコトノ事實ヲ現スヤウニナル、尙之ヲ確ニスルニハ、大正二年ノ正貨ガ先刻申上ゲマシタガ實際此公債ノ償還トカ或ハ公債等ヲ募集レタ、サウ云フ公債關係ノ出入ヲ除キマシテ純粹ニ我國カラ外ヘ拂ッタ所ノ正貨ト云フモノハ八千四百万圓――昨年ハ然ルニ一方政府ノ利息拂、直接拂、是ガ六千四百万圓、其他直接ニ政府ノ勘定デ拂ッタモノガ二千万圓近クモアル、ソレデソレ等ヲ數字ニ擧ゲテ見ルト云フト丁度此貿易ノ差ガ千万圓位デナケレバ金ガ唯八千四百万圓出タト云フノデハ出合ガ付カナイ、昨年モ一昨年モサウデス、正貨ノ方カラ云ヒマスト――凡ソ先刻御話ガアッタ旅人ガ落ストカ或ハ移民ガ送ッテ來ル金トカ、或ハ朝鮮臺灣內地ニ產出スル金トカ、ソンナモノヲ入レテ先ヅ四五千万圓ノモノガ我ノ方ニ取ルモノニナル、サウ云フヤウナ勘定ヲシテ行ッテ見マシテ、若シ貿易ノ彼ノ表ニ顯ッテ居ルダケノ輸入超過ノ數字ダケニ日本ノ金ガ出ルモノナラバドウシテモ事實ト折合ハナクナル、ソレデ一割二分ヲ引イテ見ルト今ノ勘定ガソコニ合ッテ來ルヤウニナル、ソレ故ニ今後益々產業ヲ獎勵シ、製造工業ヲ發展シマスレバ、貿易モ輸出入トモ非常ニ殖エテ行キマセウ、殖エルニ從ッテ前申シマシタヤウナ表ノ上ニ於テハ多少ノ輸入超過デアッテモ事實ハ輸出超過ト云フコトニナッテ來ル、故ニ唯單ニ今後ノ政策トシテハ製造工業農業等ヲ獎勵シマシテ、外國ノ貿易ヲ盛ンニスルト云フコトデアリマス、ソレカラ我國ノ公債ノコトニ付テ酷ク例ヲ土耳古ノ公債ト云フコトニ御取リニナッテ御話ガアリマシタガ、是モ兎角自分デ自分ノモノヲ惡ク言ヒタガル、サウ物ヲドウモ悲觀シテハ困ル（「ヒヤヽヽ」ト呼フ者アリ）先ヅ能ク一ツ較ベテ御覽ナサイ、此大國ノ英吉利ノ「コンソル」佛蘭西ノ「ラント」獨逸ノ帝國公債、斯ウ云フモノト我國ノ公債トノ下落ノ割合、是ハ極ク最近ノ調デアリマス、日本ノ公債ハ一番多ク下落シタノガ第一回四分利付英價公債、是ハ其發行價格ニ比較シテ一割四分以上ノ下落ヲシテ居ル、ソレカラ其次ニ第二回ノ四分半ノ公債ト云フモノガ、發行價格ニ比較シマスト一一・八位ノトコロ、ソレカラ第二回四分利付英價公債ガ八・八、五分利付英價公債ガ四・一、四分利付佛價公債一〇・〇、第三回四分利英價公債一八・八、然ルニ「コンソル」ハ多イノハ三十二「パーセント」、一月十九日ガ七十三「パウンド」八分ノ七ト云フ相場デ、英吉利ノ「コンソル」ガ三十二「パーセント」以上（「答辯ノ要領ヲ言ウテハドウデス」ト呼フ者アリ）是ガ要領デス、ソレカラ佛蘭西ノ「ラント」ハ十五「パーセント」十三「パーセント」、ソレカラ獨逸ノ公債モ十七「パーセント」、十八「パーセント」、十七「パーセント」、斯ウ云フ風ニ皆大國ノ公債モ下落シテ居ルノデ、獨リ日本ノ公債ノミガ下落ヲ告ゲタト云フ譯デハナイノデアリマス、（「能ク解リマシタ」ト呼フ者アリ）ソレデ御承知ヲ願ヒタイ

○議長（大岡育造君）　紫安新九郎君

○加賀卯之吉君　質問ガアリマス

○議長（大岡育造君）　發言ヲ許シマス

○加賀卯之吉君　唯今鈴木梅四郎君ガ關稅撤廢問題ニ付テ御演説ガアリマシタガ、私ハ少シ其提出者ニ聽キタイコトガアリマス、細カイコトハ後日委員會ニナッテ御聽キ申シマセウガ、大體ニ於テ説明ヲ求メタイコトガアリマス、外ノコトデモアリマセヌガ、提出者ハ外米ノ關稅ヲ四十錢ニ引下ゲルト云フ御意見ノ如ク思ヒマスルガ……（「全廢デス」ト呼フ者アリ）全廢ノ如ク思ヒマスルガ、今此外國米ト云フモノガ、ドレダケノ値段ヲシテ果シテ引下ゲナケレバナラヌ程ノ高イ値段デアラウカ否ヤ、是ガ第一ノ問題デアリマス、今社會政策トカ云ッテ頻リニ何カ述ベラレテ居リマシタガ、其計數ヤ頗ル誤謬間違ヒ多クシテ、一升ノ價二十五錢云々、是ニ關稅幾ラ云々ト云フ計算ガアリマシタガ、外國米ノ値段ハ今ヤ白米ニシテ一石ノ價十三圓七八十錢、蘭貢米ノ如キハ白米ニシテモ十二圓一二十錢ノ價ヲシテ居ル、斯ノ如キ低廉ナ米ガアルニモ拘ラズ、尙此上ニ之ヲ低減スルノ必要ガ果シテゴザイマセウヤ否ヤ（「議論々々」ト呼フ者アリ）議論ヂヤゴザイマセヌ、第二ニハ此關稅ヲ引下ゲテ米ノ價ヲ廉クスルト云フコトガ、日本ノ國ノ政策上ニドレダケノ利益ヲ與ヘルヤ否ヤ、其半面ヲ見マスルト、多數ノ生産者ヲ苦メルトコロノ問題デアルノデアリマス、私ハ昨年此問題ニ付テ絶對反對ノ意見ヲ縷述シタ一人デゴザイマスルガ、若モ此關稅ト云フモノヲ撤廢致シマシタナラバ、先ヅ差當リ殖民地ノ産業問題ニ大ナル影響ヲスルノデゴザイマス、其一例ヲ擧ゲテ言ヒマスルト、朝鮮ノ米ノ移入ト云フモノハ過去五年間ニ於テ、一年ノ移入ハ三十一万三千石ニナッテ居リマスガ、此關稅ヲ撤シマシテ以來昨年ノ十月カラ十二月マデニ移入シタモノハ三十三万五千石ニ達シテ居ル、是ハ何ノ結果デアルカト申シマスト、外米ニハ關稅ト云フモノガ課シテアル、一方朝鮮米ニハ昨年カラ關稅ヲ撤シタト云フ效果ガ現ハレテ、朝鮮ノ農業ガ進歩シ、土地ノ開墾ヲ圖リ農家ノ努力シタ結果、斯ノ如キ多數ノ移入ヲ見タノデアリマス、果シテ然ラバ關稅ト云フモノ、アル爲ニ、新領土ノ産業ノ發展ノ上ニモ少ナカラズ效益ヲ現ハシ、又日本ノ米ノ價ト云フモノモ和當ノ利益ヲ得テ相償フヤウニナッテ今日ヲ來シタノデアラウト思ヒマス、若シ之ヲ除イタナラバ其影響ト云フモノハ何處マデ及ブデアリマセウカ是ガ第二問、ソレカラ之ヲ勅令ニ依テ定メルトカ何トカ云フコトモ、前ノ議會ニ出テ居リマシタガ、一體凶作トカ何トカ云フ場合ニ引下ゲルトカ、撤廢ヲスルトカ云フコトハ、ドウ云フ程度ニ於テ見テ居ルノデアリマス、是ハ曾テ歐羅巴ニモ例ノアルコトデゴザイマスガ、其値段ノ上ニ於テ斯ウ云フ値段ガ出タ時ニハ斯ウスルト云フ方法モアルヤウニ聞イテ居リマス、又其時機ニ於テ之ヲドウスルト云フ方法モアルヤウニ聞イテ居リマス、之ニ依ッテ見ルト、一見シテ凶作ノ場合云々トアリマスカ、何人ガ之ヲ認ムルノデアリマスカ、提案者ニ對シテ此點ニ付テ豫メ御意見ヲ承ッテ置キタイ

○鈴木梅四郎君　唯今御質問ガゴザイマシタガ、何レ委員會ニ於テ詳細御答ヲ致ス積リデアリマス

○高木益太郎君　司法大臣竝ニ海軍大臣ニ對シテ質問ヲ致シタイノデアリマス、其質問ノ第一ハ海軍大臣ハ「シーメンス」會社ノ代表者「ヘルマン」ト明治——昨年ノ十一月十七日面會ヲセラレタル際又ハ其以後ニ於テデス、此「シーメンス」會社ノ東京支店ニ海軍省カラシテ爲シタルトコロノ注文ノ書類、就中「コンミッション」ノ割合ヲ認メタルトコロノ祕密ノ書類、此祕密ノ書類ノ文章ト云フモノガ、ドウ云フモノデアッタカト云フ話ヲ聞イタコトガアルカ否ヤ、即チ祕密書類ノ內容ト云フモノヲ「ヘルマン」カラ聞イタコトガアルヤ否ヤ、若シ聞キタリトスレバ其內容ヲ詳細ニ答辯ヲ求メル、竝ニ某外事新聞記者ハ此祕密書類ト云フモノヲ寫眞ニ寫シテ、サウシテ「シーメンス」商會ニ向ッテ原本ハ此處ニ在ル、此原本ノ寫ハ此ノ如ク寫眞ニ取ッテアル、此寫眞ト云フモノヲ海軍大臣ガ見ラレタルヤ否ヤ、獨逸文デ書イテアルトコロノモノヲ寫シタ寫眞ガアル、此寫眞ヲ御話ノ際又ハ今日マデ見ラレタルヤ否ヤ、是ガ第一ノ問デアル、第二ノ問ハ此寫眞屋ハドコニ在ルカト云フト、私ハ氏名ハ申シマセヌケレドモ、東京府下ノ新聞紙ノ報ズルトコロニ依ルト、京橋ノ某町ニアル、此家ヘ行ッテ此原本ヲ送ッテハ種子ナシニスルカラ、此原本ヲ寫シタル寫眞ノ原板ガアル、其寫眞屋カラ原板ヲ已ニ差押ヘラレテ居ルヤ否ヤ、此寫眞屋ハ島田三郎君ノ家ニ電話ヲ掛ケテ原板ガアリマス、之ヲ警視廳ニ提供スベキカ「シーメンス」商會ニ買收シテ貰ハウカト云フヤウナ事柄ニ付テ、島田三郎君ノ宅ヘ電話ヲ掛ケタ、島田三郎君ハ當時登院中デアリマシタカラ、此電話デ直接話ヲスルコトガ出來ナカッタト云フコトハ甚ダ遺憾デアルガ、此寫眞屋ノ原本ト云フモノヲ「シーメンス」商會ニ若シ取ラレテシマッタナラバ「コンミッション」問題ノ證據書類ハマルデ無クナッテシマフノデアル、此寫眞ト云フモノヲ警視廳又ハ其他ノ官憲ノ手ヲ以テ、今日ハ日本政府ガ握ッテ居ルヤ否ヤト云フコトヲ第二ニ質問シタイ、第三ニ質問ヲシテ置キタイノハ、此海軍ノ「コンミッション」問題、尚ホ語ヲ進メテ言ヘバ瀆職問題、此瀆職問題ニ付テ何故ニ當局官憲ハ速ニ起訴ヲ爲サヽルカ、又此「リヒテル」事件ニ付テ何故ニ起訴ヲ爲サヽルカ、犯罪地ハ日本帝國ノ領土內ニアル、犯罪ニ依ッテ獲タルモノハ二十五万圓ノ小切手デアル、其被害者ハ東京ノ築地ニ居ル犯罪ノ地、被害ノ發生シタル地ハ帝國ノ領土內デアル、何故ニ此ノ如キ明白ナル事件ヲ司法大臣タル者ハ「リヒテル」若クハ關係者ニ對シテ起訴ノ命令ヲ發セザルカ、司法大臣ハ有名ナルトコロノ古賀廉造氏ノ問題ニ付テハ（島田三郎君「餘義ナク告訴シタ」ト呼フ）西山濟人ト云フ英國ノ高等裁判所ニ於テ有罪ノ言渡ヲ受ケテ監獄ニ入ッテ居ル、其英國ニ於テ已ニ處分シタル人間ニ對シテモ、東京地方裁判所豫審判事ヲシテ再ビ帝國ノ法律ニ依ッテ之ヲ罰スルト云フノデ、現ニ審理中デハナイカ、外國ガ損害ヲ受ケル問題ニ付テ、支那ノ領土ニ或ル紙幣ノ僞造ヲスルカセヌカト云フ問題ニ付テスラモ、英國ノ法院ガ已ニ之ヲ罰シタ問題デスラモ、尚ホ司法大臣ハ之ヲ帝國ノ東京地方裁判所ノ豫審判事ヲシテ審理ヲセシメテ居ルデハナイカ、然ラバ問題ハドウデアルカ、島田君ノ言ハレルガ如ク實ニ帝國ノ威信ニ關スルトコロノ海軍ノ「コンミッション」問題ニ關スル重大ナル問題デアル、此重大ナル問題ニ付テ而モ此日本ハ犯罪ノ地デアル、被害ノ事實ノ發生シタル地デアル「リヒテル」ハ海外電報ノ報ズルトコロニ依ルト、辯護士ヲ頼ンデ獨逸ノ帝國裁判所ガ關係スベキモノデナイ、獨逸帝國裁判所ノ管轄スベキモノデナイ、日本ノ裁判所ガ管轄スベキモノデアル、獨逸ハ何等被害ノ事實ハナイ被害ノ事實ガナイ故ニ獨逸帝國ガ之ヲ罰スルノハ間違ヒデアル、日本裁判所ニ於テ罰スルモノデアルカラ管轄違ヒデアルト云フ理由ヲ以テ控訴スルト云フコトガ海外電報ニ於テアル其管轄違ヒデアルヤ否ヤハ之ヲ論ズル必要ハナイ、帝國裁判所ハナゼ帝國領土內ニ於テ此ノ如キ事實ガ發生シタル以上ハ、居ラザルトコロノ西山濟人ニ對シテモ已ニ起訴シタ以上ハ、此「リヒテル」問題ニ對シテモ、何故ニ司法大臣ハ起訴命令ヲ出サヽルヤ（拍手起ル）是ハ詳細ナル司法大臣ノ辯明ヲ望ム次第デアリマス、ソレカラ某外字新聞記者、是等ニ對シテモ亦何故ニ起訴ヲシナイノデアル、ナゼ起訴ヲ遠慮セラレルノデアルカ、新聞紙ノ報ズルトコロニ依ルト、此外國人ハ日本內地ニ居ッテハ事面倒デアルカラシテ、二三日ノ中ニ歸國ヲスルト云フヤウナコトガ書イテアル、歸國ヲシタ日ニハヤハリ事件ノ關係人ヲ失フ譯デアル、帝國ノ領土ヲ一旦離レタル以上ハ證據ノ蒐集ノ上ニ非常ニ困難ヲ感ズルノデアルカラ、是ハ間接デハアリマス、ケレドモヤハリ關係人ノ一人ニハ相違ナイノデアリマスカラ、何故ニ之ヲ豫審判事ニ命ジテ取調ヲサセナイノデアルカ、成程警視廳ニ命ズルトカ何トカ云フコトモアリマス、警視廳モナカ〱能ク盡力シテ居リマスガ、吾々ノ見ル所ヲ以テスレバ、掏摸トカ小泥棒ヲ捕ヘル事件ニ付テハ、警視廳ハ堪能デアル、併ナガラ此ノ如キ此文書ハ獨逸語ノ文書デアリ、被告人ハ外國人デアルナカ〱警視廳ノ捜查部位ノ力ヲ以テヤルコトガ出來ナイノデアルカラ、何故ニ司法大臣ハ適當ナル司法官憲ノ力ヲ以テ此等ノ調査ヲシナイノデアルカ、此點ニ付テ十分ナル辯明ヲ求メタイノデアリマス、次ニ御尋ヲシテ置キタイノハ、昨今ノ新聞ニ依ルト、此問題ノ關係人即チ獨逸ノ法廷ニ於テ名前ヲ呼バレタルトコロノ日本ノ海軍ノ高官、此海軍ノ高官ノ某氏ハ朝鮮方面ヘ出發ヲシタト云フ記事ガアリマス、此問題ノ發生スルト同時ニ朝鮮方面ニ出發シタト云フ記事ガアリマス、此記事ガ事實デアルカ否ヤハ本員ハ保證スル限リデアリマセヌガ、若シ此ノ如キコトガアリトスルナラバ、何故ニ斯ウ云フヤウナ關係人ニ對シ、監督官トシテ部下ニ對シテ、此問題ノ落著スルマデハ在京ヲ命ズト云フ命令ヲ出シテ其取調ヲ爲サヽルカ、此點ヲ御尋スル、最後ノ御尋ハ從來海軍ノ軍人ニ於テ「コンミッション」及「コンミッション」ト云フモノヲ單純ナル手數料ト云フ意味ニ於テナラバ「コンミッション」及瀆職即チ收賄、收賄ノ事件或ハ行政處分、或ハ司法處分、其司法ニ豫備後備トナレバ普通裁判所デアリマスカラシテ廣ク御尋ヲスルノデアリマス、是等ノ不正ノ手數料ヲ取リ、又ハ收賄ヲナシテ行政上司法上處分シタル者ノ人名、及其金額、手數料ヲ取リ若クハ收賄ヲシタイト云フコトデ、海軍ノ軍法會議若クハ普通ノ裁判所ニ於テ處罰シタル者ノ人間ノ名前ト、其金額及是等ノ背法行爲ノ爲メ帝國ガ直接被リタル損害額ト云フモノハドノ位デアルカ、此數點ニ付テ詳細ナル辯明ヲ求メルノデアリマス（拍手起ル）

大正三年二月四日　　議長ノ報告

帝國議會議員タルノ資格制限ニ關スル質問主意書

右成規ニ據リ提出候也

大正三年一月二十一日

提出者　小山谷藏

贊成者　八田裕二郎

外二十九人

帝國議會議員タルノ資格制限ニ關スル質問主意書

一　現內閣ハ我カ國ノ現行法ニ於テ其ノ職務ノ性質上政務ニ干與セシムヘカラサル官吏又ハ半官半民ノ營利會社重役ノ帝國議會議員タルノ資格ニ制限ヲ加ヘサルハ憲政ノ運用上支障ナシト認ムルヤ

一　現內閣ハ日本銀行、南滿洲鐵道株式會社、東洋拓殖株式會社等八九種ニ及フ半官半民ノ營利會社ニ政黨主義ヲ注入スルモ該銀行會社ノ業務ニ支障ナシト思惟スルヤ

一　斯クノ如キ制度ハ憲政運用上ノ弊ニ堪ヘス歐米ノ立憲國ハ憲法又ハ附屬法ヲ以テ孰レモ相當ノ制限ヲ付シタルニ獨リ我カ國ニ於テ今尙之ヲ見サルハ是レ官僚政治ノ餘弊ニ外ナラス然ルニ現內閣ハ之ヲ矯正セムトセス却テ其ノ弊風ヲ助長セムトスルノ跡アリ現內閣ノ所見如何

一　若之ヲ以テ現行法ノ不備ニ出ツルモノトセハ現內閣ハ之ヲ改正スルノ意思アリヤ

右及質問候也

備考

議員ノ資格制限ニ關スル歐米ノ例

一　米國　憲法ヲ以テシタル制度ニアリ　叛逆罪及官吏、其ノ他ハ附屬法

一　英國　各種ノ法律　一般ノ官吏（議院法ヲ以テ除外シタルモノヲ除ク）公共財産ノ取扱ニ關係アルモノ、官業請負業者、其ノ他又議員ト雖官吏ノ任命ト同時ニ其ノ資格ヲ失フモ內閣ト進退ヲ共ニスル政務官ニ限レリ再選ヲ經テ其ノ職ニ止マルコトヲ得

一　獨國　憲法　例外アルモ原則トシテ帝國又ハ聯邦政府ノ官吏ヲ禁ス

一　佛國　附屬法　諸種ノ除外アルモ官吏又ハ選擧施行六箇月前迄官吏タリシ者又ハ如何ナル名義ニ依ルモ政府ヨリ俸給ヲ受クル者、此ノ原則ヨリ除外サレタル官職ト雖議員ニシテ其ノ任命ヲ受ケタルトキハ議員タルノ資格ヲ失ヒ再選ヲ得テ其ノ職ニ止マル

六　帝國議會議員タルノ資格制限ニ關スル質問

（小山谷藏君登壇）

○小山谷藏君　質問ニ於キマシテ、帝國議會議員ト貴衆兩院ノ議員ノ資格ニ關スルヤウニ廣ク言葉ヲ用井マシタケレドモ、主トシテ衆議院議員ニ關スルモノデアリマス、併ナガラ其中ニモ多少貴族院議員ニ關スル關係事項モゴザイマスノデ、廣ク帝國議會議員タルノ資格ト云フ言葉ヲ用井タノデアリマス、ソレカラ其職務ノ性質上、政務ニ干與セシムベカラザル官吏又ハ半官半民ノ營利會社重役ト云フ言葉ヲ此處ニ用井マシタケレドモ、如何ナル官吏ガ職務ノ性質上政務ニ干與スベキカ、又干與スベカラザルカト云フ其區別ニ付キマシテハ、我國ノ法制ノ上ニハ是ハ明カニナッテ居ラヌノデアリマス、併ナガラ昨年以來此議會ノ問題ニモナリマシタ、所謂文官任用令ノ改正等ニ於テモ、略ゝ其意義ガ區別サレテ居ルト思フノデアリマスガ、當然此議會ニ出テ政務ニ干與シナケレバナラヌ官吏ト云フモノハ、此文官任用令ヲ改正サレタト云フ精神ニモ現ハレテ居ルコト、思ヒマスカラ、此處ニハ私ハ此區別ニ付キマシテハ、是等ニ對スル研究ハ愼重審議ヲ要スル問題デアルト思ヒマスカラ、此處ニハ私ハ此區別ヲ明カニスルト云フコトニ付キマシテハ之ヲ他日ニ讓リマシテ、茲ニ之ヲ明言スルコトヲ避ケタイト思フノデアリマス、御承知ノ通リ我國ノ法制ノ上ニ於テ官吏ハ總テ帝國議會、衆議院議員タルト云フコトニ付テハ、何等ノ制限ガナイノデアリマス、否或特殊ノ官吏或ハ裁判官デアルトカ或ハ軍人デアルトカ、宮內官デアルトカ云フ特別ノ制限ハアリマスケレドモ、原則トシテ官吏ガ政務ニ干與スルト云フコト、即チ議員トナルト云フコトニ付テハ、我國ノ法律ハ之ヲ認メテ居ルノデアリマス、然ルニ歐米ノ此規定ニ關スル例ヲ調ベテ見マスルト、何レノ國ノ法律ヲ見マシテモ、之ニ對シテハ嚴重ナル制裁ヲ加ヘナイモノハナイノデアリマス、其甚シキニ至ッテハ、獨逸ノ如キ又ハ米國ノ如キハ憲法ヲ以テ之ヲ嚴禁シテ居ル、此問題ガ亞米利加憲法ノ初メテ議セラル、時ニ、此問題ニ關シテ「アダムス」ノ主張ノ如キハ實ニ峻嚴ヲ極メテ、即チ其當時ハ英國本國ニ於ケル議會ニ於テ行政府ト——英吉利ノ行政府ト云ヒマスノハ王ノ機關デアリマシタガ、王トサウシテ議會ト結托シテ有ユル惡事ヲ行ヒ、民間勃興ヲ妨グルト云フコトガ眼前ニアッタ當時デアリマシタガ故ニ、特ニ憲法ノ上ニ叛逆罪——官吏ヲ列ベテ此官吏ノ政務ニ干與スルコトヲ禁ジテアルノデアリマス、斯ウ云フヤウナ事情デアルニモ拘ラズ、我國ニ於テハ原則トシテ官吏ノ政務ニ關スルコトヲ認メテ居ルト云フコトハ、私ハ大ナル疑問ヲ有ッテ居ルノデアリマス、之ヲ此儘ニ放任シテ置クコトニ付テ、先ヅ私ハ重ナル三箇條ノ理由ガアリマシテ、之ヲ改正シナケレバナラヌト思フ、其三箇條ノ理由トシテ先ヅ第一ニ凡ソ帝國議會ノ重大ナル職權及任務ノ一トシテ、議會ハ行政府ヲ監督スルノ權利ガアルノデアリマス、若シ行政府ノ官吏即チ先程申シマシタ政務ニ干與シ得ベキ性質ノ官吏ハ之ヲ除外スルトスルナラバ、其以下ノ官吏即チ長官ノ監督指揮命令ノ下ニ働カナケレバナラヌ所ノ官吏ガ、行政府ヲ離レテ立法府ニ入ッテ、サウシテ立法府ノ議員トシテ其權能、即チ行政府ニ於ケル自分ノ長官ヲ監督シ督勵シテ議員タルノ職權ヲ圓滿ニ且自由ニ行フト云フコトニ付テ、非常ニ障害ガアリハスマイカ、是ガ果シテ爲シ得ベキコトデアラウカ否ヤト云フ此點ニ於テ疑ヲ有ッテ居ルノデアリマス、此點ニ付テ此間委員會ニ於テモ私ハ極メテ適切ナル其例ヲ拜見シタノデアリマスガ、本議員デアル所ノ久保通猷君ガ嘗ッテ臺灣ニ廳長ノ職ヲ奉ジテ居ッタ、而シテ長官ニ向ッテ彈劾的質問ヲ試ミラレタノデアリマス、久保君ガ若シ今尚ホ臺灣ノ廳長ノ職ヲ奉ジテ居ッテ、同時ニ議會ノ議員トナッテ居ルト假定シタナラバ、果シテ能ク其長官ニ向ッテ自己ノ所信ヲ忌憚ナク、此議場ニ於テ相鬪ヒ論戰スルコトガ出來得ラレルデアリマセウカ否ヤ、又近クハ横濱ノ市會ノ問題ニナッテ居ル所ノ自治權蹂躪問題ノ如キ、假リニ神奈川縣知事ヲシテ此議會ノ議員デアッタト假定シタナラバ、神奈川縣知事ハ此問題ニ對シテハ即チ横濱市會ノ決議ニ對シテハ嘗テ之ヲ認許スルコトヲ明言シタノデアリマス、換言スレバ彼ハ横濱市會ノ決議ヲ以テ正當ナリト認メテ居ルニモ拘ラズ、長官ノ命令ヲ奉ジナケレバナラヌ、即チ官吏服務規律ノ制裁ノ下ニ此自治大選擧案ヲ否認シタト云フコトニナッテ居リマス、若シ此問題ガ議會ニ起ッタト假定シテ、而シテ大島君ガ議員デアッタト假定シタ時ニハ、果シテ議員ノ職責ヲ自由ニ全ウスルコトガ出來マセウカ、若シ之ヲシタナラバ直チニ自カラ長官ト其意見ヲ異ニシ、自ラ爲シタ事ニ向ッテ責任ヲ問フト云フコトニナッテ、矛盾撞著甚ダシキ結果ヲ來スノデアリマス、換言スレバ行政府ニ入ッテ忠實ナル官吏トナリ、又立法府ニ入ッテ議員タル職責ヲ全ウスルコトハ、往々ニシテ斯ノ如キ矛盾撞著ヲ來タシ、到底ハ職責ヲ全フスルコトガ出來得ラレナイノデアリマス、是ガ議員トシテ監督權ノ自由行使ヲ爲シ得ラレナイト云フ疑問ヲ懷ク第一ノ理由デアリマス、第二ノ理由トシテ、凡ソ行政府ノ事務ヲ取扱フ上ニ於テハ、下僚ハ長官ト協心一致シテ其事務ニ當ラナケレバナラヌト云フコトハ、是ハ論ハナイノデアリマス、此事ニ付テ英吉利ノ憲法學者「アンソン」今日英國憲法ニ於テ事務官ノ政務ニ干與スルコトヲ嚴禁シタ理由ヲ、簡單ニ極メテ其要ヲ得タル說明ヲシテ居ルト思フノデアリマスガ、人才ヲ行政府ニ集メ同時ニ行政府ニ於テ長官ト下僚ト一致協心シテ事務ニ當ルヲ要ス、然ルニ立法府ニ出テ、常ニ討論ヲ爲ス者ノ間ニ此事望ミ難シ、即チ彼等ノ下僚ヲシテ議員トナラシメ、立法府ニ於テ上官ト辯難討論シテ居リナガラ、事務室ニ入ッテ長官ノ命令ニ服シテ唯々トシテ忠實ニ働クト云フコトハ、換言スレバ一致協力シテ事務ヲ執ルト云フコトハ望ミ得ラレヌノデアルト言ッテ居ルノデアリマス、此意味ニ於テ行政府ノ事務官ガ議員ヲ兼ネルト云フコトハ、又行政府ノ秩序ヲ紊ルコトノ甚ダシキモノデアルト信ズルノデアリマス、更ニ第三ノ理由トシテハ英吉利ノ憲法史ヲ見タ者ノ悉ク知レル所デアル、即チ十六七世紀若クハ八世紀ノ半バ頃ニ於テ、行政府ト立法府ト互ニ相結托シテ、サウシテ有ユル政治上ノ惡事ヲ働イタト云フ其事蹟ヲ、或ハ我國ノ將來ニ見ルノデハナイカト云フコトヲ憂フルノデアリマス、諸君、英吉利ニ於テ私ハ此事ニ想像スル前ニ、英吉利ノ其弊害ヲ簡單ニ說明スルコトガ一番早ク分ルト思ヒマス、「エドワード」六世「エリザベス」王朝時ニ「ヂョージ」一世ノ第一議會ニ於テ政府ノ恩給ヲ受クル又ハ官吏ガ議會ニ二百四十一人ト云フヤウナ大多數ヲ占メテ、而シテ御味方黨ノ議員ト相結托シテ、サウシテ自分ノ利害、自分ノ地位ヲ擁護スルト云フコトニ努メタト云フ事柄ハ（「モウ止セ」ト呼フ者アリ）英吉利議會ニ於ケル所謂官吏ガ議員ノ中ニ這入ッタト云フタメニ、弊害ノ最モ甚ダシキ場合デアリマスルガ、其當時「ウイントン」ト云フ人ガ議員トナッテ居テ、自ラ其實驗ヲ書イタ、其書イタモノヲ見マスルト云フト、是等ノ議員ハ總テ自己ノ利益若クハ地位ヲ擁護センガタメニ、相團結シテ動クコト恰モ名將ノ下ニ兵卒ノ如キ有樣デアッタ、我國ニ於テハ斯ノ如キ法律ノ缺陷ガアルニモ拘ラズ、今日ニ至ルマデ未ダ曾テ此缺陷ニ乘ジテ、サウシテ惡辣ナル政治ヲ其政治家ガシナカッタト云フコトハ實ニ幸福ト思ヒマスルガ、併ナガラ品川內務大臣ノ如キ惡辣ナル選擧干涉ヲ行フト云フヤウナ政治家ガ出テ、假スニ「ワルソー」ノ如キ智識ヲ以テシタナラバ——政治家ガ出タト假定シタナラバ、此法律上ノ缺陷ニ乘ジテ多數ノ官吏ヲ議會ニ送リ、多數ノ御用黨ヲ作ッテ、サウシテ如何ナル不祥事ヲ昭代ノ政治ノ上ニ及ボスカト云フコトヲ推想シマスルト、私ハ實ニ是ハ大問題デアルト思フノデアリマス、是ガ此三箇條ノ質問書ヲ提出致シマシテ、政府ノ親切ナル且ツ深キ研究ヲ切ニ望ム理由デアリマス(「簡單ニヤラヌト定數ガ缺ケルゾ」ト呼フ者アリ)以上ハ官吏ノ議員ヲ兼ネルト云フコトニ對シテ質問ヲ致シマシタ理由デアリマスルガ、更ニ簡單ニ先程申シマシタ所謂(「アトガ閊ヘル」ト呼フ者アリ)半官半民ノ營利會社員、若クハ政府ノ保護ノ下ニ浴シテ居ルトコロノ會社員、是等ヲ政務ニ干與セシムルト云フコトモ如何デアラウカト云フ點ニ付テハ、大ナル疑ヲ有ッテ居ル一人デアリマス、此程委員會ニ於ケル早速君デアッタト思ヒマスルガ――高木君デアッタト思ヒマスルガ、其質問ニ對シテ山本總理大臣ハ營利會社若クハ半官半民ノ會社員ガ政務ニ關係ヲ有ッテモ何等支障ハナイト明言サレタト記憶シテ居リマスルガ、是ハ不幸ニシテ山本總理大臣ハ憲法政治トハ何デアルカト云フコトヲ御存ジテナイノデアルト私ハ思フノデアリマス(「モウ止セ〳〵」ト呼フ者アリ)我國ノ法律ニ於キマシテモ、政府ノ事業ノ請負人ニ請負ノ被選權ヲ與ヘテナイト云フコトハ、即チ請負人ハ直接ニ政府ノ意向如何ニ依ッテ利害關係ヲ有ツモノデアルガ故ニ、議會ニ立ッテモ自由ノ意思ヲ有タナイ、自由行動ヲ爲スコトノ甚ダ不便デアルト云フコトノ理由ノ下ニ、此制限ガ加ヘラレテアルノデアリマス、同ジ理由ヲ以テ是等半官半民ノ會社銀行又ハ保護會社ノ重役、其他ノ役員ハ政府ノ意向如何ト云フコトニ依ッテ、重大ナル利害關係ヲ有ツノデアリマスルガ故ニ、議會ニ於テ政府ノ意思ニ反シテ其職責ヲ十分ニ盡スト云フコトニ付テハ、大ナル支障ガアルモノト吾々ハ信ズルノデアリマス、此會社員ニ議員タルノ資格ヲ制限シタ英吉利ノ一例ヲ申シマスルガ(「モウ止セ〳〵」ト呼フ者アリ)英吉利ニ於テハ直接間接ヲ問ハズ、自己又ハ會社ノ名義ヲ以テ政府ト契約請託又ハ請負ヲ爲シ又ハ爲サントスル者、是等ニ對シテハ嚴重ナル制限ヲシテアルノデアリマス、其範圍ノ如何ニ廣イモノデアルカ、如何ニ嚴格ナルモノデアルカト云フコトニ付テハ、政府ノ公債ノ應募者若クハ寄附者ハ此限リデナイト註釋ヲ加ヘテアルノデアリマス、即チ此制限ヲ見マシテモ、苟モ政府ノ公債ニ應募スル者又ハ寄附金ヲ爲スモノハ此限リデナイト註釋ヲ加ヘナケレバナラヌ程廣イ範圍ニ於テ、政府ト事業關係ノアル者ヲ制限シテ居ルノデアリマスルカラ、如何ニ此利害關係ヲ政府ニ有ツ者ニ向ッテ、嚴重ナル制限ヲ加ヘテ居ルカト云フコトヲ推想スルニ餘リアルノデアリマス、然ルニ山本總理大臣ハ政府ノ保護ノ下ニ立ツ半官半民ノ性質ヲ有ッテ居ルトコロノ會社ノ重役ヲ、議員タラシムルニ於テ何等ノ支障ナシト明言サル、ト云フコトニ付テハ、吾々實ニ怪訝ノ至リニ堪ヘナイノデアリマス、從來ノ法律ニ於テ其制限ハナカッタノニモ拘ラズ、從來ノ政府ハ此法律上ノ缺陷ニ乘ジテ之ヲ惡用シ、之ヲ政治趣味政黨的趣味ヲ帶バシメルコトニ自カラ進ンデ濫用ハシナカッタノデアリマス、然ルニ現政府ニ至ッテハ如何デアリマセウ、滿鐵會社又ハ朝鮮ノ東拓會社ノ如キハ、政友會ノ首腦デアル野田卯太郎君其他ヲ此會社ニ入レマシテ、彼等ハ政黨趣味ヲ有タヌト云フ、併ナガラ野田君デアルトカ又ハ其處ニオイデニナルトコロノ伊藤大八郎君ノ如キハ、政治ハ彼等ノ生命デアル、政友會ノ總務若クハ幹部ノ一人トシテノ資格地位ヲ取リ去ッタナラバ彼等ノ生命ハナイノデアリマス、是等ノ人ヲ此會社ノ重役タラシメタト云フコトハ、取リモ直サズ世間デハ――何ト言ッテモ政黨趣味ヲ此會社ニ加ヘタモノト世間ハ解釋スルノデアリマス、此疑念ヲ解クコトガ出來ナイノデアリマス(「クダラナイ講釋ハ頼マナイ」ト呼フ者アリ)換言スレバ是等ノ人ヲ此會社ニ入レタト云フコトハ、是等ノ會社ヲ政黨ノ渦中ニ投ジタト云フ結論ニナルノデアリマス、滿鐵會社ハ宜イトシテモ、又ハ東拓會社ハ宜イトシテモ、日本銀行、興業銀行、其他此中央ノ大キナ銀行會社ニ斯ノ如ク同ジ筆法ヲ以テ政黨趣味ヲ注入シタナラバ、我邦ノ經濟界ハ如何ナル結果ニ陷ルデアリマセウカ、之ヲシモ若シ差支ガナイト云フナラバ、何事ヲ爲シテモ天下ノ事ニ不正ナコトハナイノデアリマス、故ニ是等ノ――是等ノ大ナル銀行會社ニ向ッテ政黨趣味ヲ注入シテモ差支ナイト云フ御認メデ以テ、現內閣ハ此東洋拓殖會社又ハ滿洲鐵道會社ニ向ッテ政黨員ヲ入レタノデアルカ、此點ニ關スル內閣ノ意見ヲ明カニ承ハリタイノデアリマス、若シモ是等ノコトハ我國ノ法律ニ何等ノ規定モナキ故ニ支障ナシト云フコトデアルナラバ、內閣ニ於テハ法律ヲ改正シテ、爾來政黨趣味ヲ斯ウ云フヤウナ銀行會社ニ注入シタリ、又ハ先程述ベマシタトコロノ官吏ヲ議院ノ中ニ入レテ、サウシテ行政部ト立法部ヲ紊ルト云フヤウナコトニ對シテ、相當法律ノ改正ヲ爲ス御趣旨デアルヤ否ヤ、是ハ實ニ憲法政治ノ根本ニ觸マルトコロノ大問題デアリマス、政黨政派ノ問題デハアリマセヌ、又此問題ニ付テハ直ニ政府ノ御答辯ヲ求メルト云フ意味デモゴザイマセヌ、愼重審議十分ナル御研究ヲ以テ御答辯アランコトヲ望ミマス(拍手起ル)

○副議長(關直彥君) 支那ノ領土保全及機會均等主義ニ關スル質問、伊東知也君

○議長（大岡育造君）　長君ノ動議ニ御異議ハナイモノト認メマス、依テ本案ハ議長指名九名ノ委員ニ付託スルコトニ決シマス、日程第十一、清國及朝鮮國在留帝國臣民取締法廢止法律案、第一讀會ヲ開キマス――守屋此助君

第十一　清國及朝鮮國在留帝國臣民取締法廢止法律案（守屋此助君提出）　第一讀會

清國及朝鮮國在留帝國臣民取締法廢止法律案

清國及朝鮮國在留帝國臣民取締法ハ之ヲ廢止ス

附　則

本法ハ公布ノ日ヨリ之ヲ施行ス

（守屋此助君登壇）

○守屋此助君　諸君、唯今日程ニ上ッテ居リマスル清國及朝鮮國在留帝國臣民取締法ト申シマスルモノハ、明治二十九年ニ發布セラレタ同年第八十號ノ法律デゴザイマス（「成程」ト呼フ者アリ）此法律ヲ廢止レタイト云フノガ本案ノ趣意デゴザイマシテ、十年一昔ト申スコトガゴザイマスガ、是ハ二十年程經ッテ居マスカラ二昔シ以前ノ法律デアル、サウシテ此法律ガ取締ラントスルトコロノモノハ何デアッタカ、ソレカラ此法律ガ出タトキト東亞ノ形勢ハ如何ニ變化シテ居ルカ、斯ウ云フコトヲ簡單ニ申上ゲヤウト思ヒマスルガ、此法律ガ出マシタトキニハ、未ダ東亞ニ朝鮮國ト云フ獨立ノ國ガアッタ、清國ト云フ君主政體ノ國ガアッタ、サウシテ此二十九年ト云フトキハ日清戰爭デ遼東ヲ還附シタ恨ヲ國民ガ含ンデ居ッタトキ、二十九年四月十一日ノ發布ノ法律デアリマスカラ、ソコデ時ノ總理大臣伊藤サン、時ノ外務大臣陸奥サン、是ガ此法律ヲ主トシテ行ハウト思召シタノハ朝鮮國デアル、遼東還附ノ恨ヲ持ッテ居ル國民ノ中ニハ、其時分ニ政府ノ手ヲ藉ラナイデ、朝鮮ヲバ第二ノ大井憲太郎君、小林樟雄君ガシタ眞似ヲシタガル人ガ大分アッタ、之ヲ取締ラナケレバナラヌト云フノデ、日本ノ領事ガ治外法權ヲ持ッテ居ルトコロノ朝鮮國ニ於テ、普通ノ犯罪事件ナレバ、人ヲ毆打スレバ毆打デ刑法デ罰スル、泥棒ヲスル詐欺取財ヲスル、一切刑事裁判權ヲ領事ガ持ッテ居ルカラ、取締法ハ要ラナイノデアル、所ガ不穩ノコトヲスル者ニ退去ヲ命ズル――行政處分デ退去ヲ命ズル、是ハ時ノ宜シキヲ制シタ良キ法律デアッタデアリマセウ、二十九年ノ當時ハ――サウシテ其時ニハ初メ陸奥サンノ御發案デ朝鮮國ダケニ用ヰル積リデアッタ、日本人ニ退去ヲ命ズル行政處分デヤル、デゴザイマスルカラ、人權蹂躙論ノヤカマシイトキデ餘程議論ガアリマスル、所ガ兎ニ角ヤラウト云フコトデアッタガ、朝鮮ダケノ退去ヲ命ジテモ、鴨緑江ヲ越ヘテ安東縣ヲ根據トシテ騷ガレテハ困ル、ソレデハ清國ニモ領事ニ左樣ナ日本人ニ退去ヲ命ズル權利ヲ與ヘルト云フノデ、是ガ此法律ガ出來マシタ根本デ、然ルトコロガ朝鮮ノ形勢ハア、云フコトニナリマシテ、領事ガ居ラナクナッタカラ領事ガ此權ヲ行ノコトモ――ナクナッタカラ、法律ノ片一方ノモノハモウ藻拔ノ殼、殘ッタ清國此モノニ向ッテ、今日ハ此法律ガドウ云フコトヲシテ居ルカト云フト、是ガ非常ナ妙ナ適用ニナッテ居ル、初メ法律ヲ拵ヘタ趣意ハ左樣デアッタトコロガ、此法律ニ共地方ノ安寧ヲ妨害シ又ハ風俗ヲ壞亂セントスル若ニハ、領事ハ一言ノ訊問ヲモシナイデ、昔ノ保安條例同樣ナ事柄ヲバ行政處分デ暗殺的ニ出來ルト云フ法律ダカラ、領事先生ハ自分ガ持ッテ居ル手下ノ巡査ノ密告書ニ依ッテ、ドン／＼之ニ退去ヲ命ゼラル、、保安條例ノ退去ハ皇城三里ノ外デアルケレドモ、支那デ退去ヲ命ゼラレ――營口デ退去ヲ吩咐ッタ人ハモウ北京ニモ、天津ニモ、上海ニモ、南京ニモ居ルコトハ出來ナイ、清國二百二十七方里皆追拂ハレルノデアル、御遠慮ナク――斯ウ云フヤウナコトデ、支那ニ行キマシテ仕事ヲシヤウト云フ者ハ、到底領事閣下ノ御意ニ召サナイ者ハ一人ヤ二人三人ハアルノデアル、領事サンノ御意ニ召サレヌナラバ宜イガ、巡査サンノ御意ニ召サナイ奴ハ追拂ハレル、斯ウ云フコトデアルカラ、其仕事ヲシヤウトスル者ハ御役人樣ニ寄リ附カヌ、觸ラヌ神ニ祟リナシ、斯ウナッテ居ル、ソコデ領事ハ人權ヲ保護シテ日本ノ商人ヲ發達サセベキ人デアルノニ、三井ノ店カ三菱ノ店トカ郵船會社ノ人ハ領事館ニ行ッテ舞蹈ナドヲスルガ、外ノ者ハ觸ルト危ブナイ、領事サンノ御意ニ召サナイノデ、危ブナイナラバ又耐ヘ宜イガ巡査サンモウ少シ進ンデ領事ノ與サンノ氣ニ入ラヌデモ、私共ノ友達ナドハ退去ヲサセラレタ（笑聲起ル）事實ナンダカラ――諸君奈何ニセン、斯ウ云フコトデ支那ヘドウセ今出テ行ク者ト申シマスルノハ、サウドウモ公侯伯子男ノ立派ナヤウナ御方々バカリハ行キマセヌ、到底サウ云フ方々バカリ待ッテ居ッタナラバ、百年黄河ノ清キヲ俟ッテ、トテモ支那ニ向ッテ日本ガ伸ビルコトガ出來ナイ、サウ云フ譯デアリマスカラ、此領事ハ怪シカラヌ、帝國ノ臣民ガ居リマスレバ治外法權ノ國デアッテ裁判權ヲ持ッテゴザルカラ、日本ノ刑法デドウ罰スルコトモ出來ル、罰金ヲ取ルコトモ出來ル、是デ取締ッテ行ケバ宜イ、トコロガ諸君、餘程面白イ結果ヲ見ルコトガアル、此詐欺取財ヲシタ人ガアル、爰ニ普通ノ裁判的ノ――或ハ此議場デ言フノハ愼シマネバナラヌ行爲ガアッテ此刑法ニ處セラレタ、此刑法ニ處セラレタ――刑法ニ依ッテ此人ハ刑期ガ明ケテ監獄カラ出テ參レバ、上海デモ、天津デモ、南京デモ、跡デチヤント業ヲ營ムコトガ出來ル、然ルトコロガ是レデヤラレタ人ハ、モウ上海デイケヌト言ッタナラバ、南京デモ、天津デモ、營口デモ、奉天デモ居ルコトガ出來ナイ、是レハ餘程重キ制裁ナンダ、餘程重キ制裁ナンダ、刑法ノ罰デヤッタ人間ハ監獄カラ出レバ其支那ノ土地、ドコデモ其土地ニ居ルコトガ出來ル、例ヘバ北京デ罰セラレテモ北京監獄ヲ出ルト、營業ハ北京デモ、天津デモ、上海デモ、廣東デモ、ドコデモヤレル、然ルニ是レデヤラレルレバ、ドコヘデモ行クコトガ出來ナイ、斯ウ云フ怪シカラヌ法律デアル、マダ多少申上ゲルコトハゴザイマスガ、此他ノ理由ハ委員會ニ於テ詳細ニ説明致シマスカラ、此案ガ成立スル所ノ光榮ヲ與ヘラレンコトヲ御願ヒ致シマス（拍手起ル）

○長晴登君　本案ハ議長指名ノ九名ノ委員ニ付託セラレンコトヲ望ミマス

（「異議ナシ異議ナシ」ノ聲起ル）

○議長（大岡育造君）　長君ノ動議ニ御異議ガナイモノト認メマス、依ッテ長君ノ動議ノ如クニシテ、議長指名九名ノ委員ニ付託致シマス、日程第十二及十三ノ議案ハ同種類ノ議案ナルニ依リ一括シテ議題トナシ、提出者ノ説明ヲ聽クコトニ御異議ハアリマセヌカ

（「異議ナシ異議ナシ」ノ聲起ル）

第七　大正三年度豫算案

○改野耕三君　總理大臣以下ノ出席ヲ求メマス

○議長（大岡育造君）　唯今政府ニ通ジマス

○黑須龍太郎君　チヨット此間ニ議事ノ進行ニ付テ伺ッテ置キタイ

○議長（大岡育造君）　議事ノ進行ニ關スルコトデスカ

○黑須龍太郎君　サウデス、チヨット此處デ一言スレバ宜シイ

○議長（大岡育造君）　黑須龍太郎君

〔「無用々々」ト呼フ者アリ〕

○議長（大岡育造君）　暫ク御聞キヲ願ヒマス、議事ノ進行ニ關スルコトデアルカラ許スト云フコトニ致シマシタ

○黑須龍太郎君　唯今議長ヨリ致シテ（「登壇々々」ト呼ブ者アリ）此處デ簡單ニ申上ゲマス、先刻議長ヨリシマシテ議事ノ進行（「聽ヘナイ」ト呼フ者アリ）先刻（「登壇々々」ト呼フ者アリ）先刻――分リマシタカ、（「ソレカラ」「大聲ニ願ヒマス」又「謹聽々々」ト呼フ者アリ）先刻議事ノ進行ノコトニ付テ議長ヨリ御注意ガアリマシタ、謹テ拜承致シテ居リマシタ、然ルニ其後瀧原君ガ演說ヲセラレタルトキニ於テ、政友會ノ諸君ガ頻ニ妨害ヲ致シマシタ、此程度マデノ妨害ハ致シテモ差支ナイコトデアリマスカ（拍手起ル）念ノタメ承ッテ置キマス（笑聲起ル）

○議長（大岡育造君）　妨害ハ苟モ許スト云フコトハ致シマセヌ

〔加藤政之助君「ソンナラバナゼ妨害ヲ默認シタカ」、黑須龍太郎君「アノ程度マデナラヤルガ宜イ……議長答辯如何」ト呼フ笑聲起ル〕

○議長（大岡育造君）　既ニ答辯致シマシタ――改野耕三君

〔改野耕三君登壇〕

〔拍手起ル〕

〔「總理大臣ハドウシタ」ト呼フ者アリ〕

○改野耕三君　總理大臣ノ出席スルマデハ報告致シマセヌ（「エライ〳〵」ト呼フ者アリ）諸君、今日ハ大正三年度ノ豫算ヲ議セラルヽニ當リマシテ、豫算委員會ノ經過結果ヲ茲ニ御報告申上ゲヤウト思ヒマス、御承知ノ通リ豫算案ハ一月二十一日ニ提出ニナリマシタニ依テ、豫算委員會ハ二十二日カラ開會ヲ致シテ、數日間此大體ニ就テノ質問應答ヲ爲シタノデアリマス、就中國防問題、財政ノ計畫、減稅ノ問題、海軍事件ニ就キマシテハ最モ充分ニ意見ノ交換ヲ致シタノデアリマス、而シテ各分科ニ分レテ各分科ハ愼重ノ審査ヲ遂ゲラレタ次第デゴザイマス、其內容ハ諸君ノ御手許ニ配布シテアリマスル速記錄ニ於テ大體ハ御承知ノコト、思ヒマスルカラ、其內容ニ就テノ報告ハ致シマセヌ、而シテ豫算査定會ハ甚ダ簡單デゴザイマシテ、修正シテ居ル所ハ僅カデアリマスルカラ、先ヅ此査定ノ金高ヲ申上ゲマス、豫算委員會ニ於テ決定シタル豫算ノ第一條、大正三年度歲入歲出總額ヲ各〻六億四千百二十三万五百五十六圓トアリマスルノヲ、修正ヲシマシテ歲入ノ總額ヲ六億四千百二十三万五百五十六圓、歲出ノ總額ヲ五億九千四百五十一万六百八十五圓ト修正ヲ致シタノデアリマス、而シテ其修正ノ箇所ヲ申上ゲマスルト、此甲號ノ歲出臨時部大藏省所管ニ於キマシテ第十款特別會計資金返償、此部ニ六千四百八十万八千九十一圓トアルノヲ、其中四千六百七十一万九千八百七十一圓ヲ削減致シマシテ、千七百八十八万六千二百二十圓ト修正ヲ致シタノデゴザイマス、隨テ此大藏省所管ノ合計――臨時部ノ合計歲出ノ合計ガ違ヒマスルガ、是ハ數字デゴザイマスカラ、最早諸君ノ御手許ニアルノデゴザイマスカラシテ、茲ニ此合計ノ修正ハ致シマセヌ、次ニ乙號ニ於キマシテ海軍省所管軍事費補充費既定總額ノ外ノ追加額ガ一億五千六百四十一万四千百四十四圓トアルノヲ、其中三千万圓ヲ削除致シタノデ、其結果ハ一億二千六百四十一万四千百四十四圓トナッタノデアリマス、是モ隨テ此年度割ニ皆違ヒヲ生ジマスルガ、此年度割ノ數字ハ御承知ノコトデアリマスルカラ、此處デハ省略致シマス、此二箇條ガ豫算委員會ニ於テ修正ニナッタノデアリマス、此修正ニナリマシタ理由ハ、第十款ノ特別會計資金返償ノ四千六百餘万圓ヲ減ジマシタノハ、所謂軍艦水雷艇ノ補充基金ヲ返償スルト云フ項目デアリマスガ、今日ノ場合此基金ハ保ツ必要ヲ認メナイノデアル、ソレ故ニ茲ニ之ヲ削除致シマシテ、別ニ法律ヲ作ッテサウシテ帝國ノ產業奬勵資金法ト云フモノヲ更ニ制定致シタイ、其意味ヲ以テ茲ニ削除ヲ致シタノデアリマス、而シテ此乙號ノ修正ハ如何ニト申シマスレバ、大正五年度ヨリ戰艦一艘ヲ造ルト云フコトニナッテ居リマス、大正五年度カラ着手スルモノヲ今日ヨリ協贊ヲ與ヘル必要ハナイト認メタノデアリマス、若シ必要アリトスレバ大正五年度ヨリ協贊ヲ與ヘテ宜イノデ、今日ヨリ協贊ヲ與ヘル必要ハナイカラ削除スル、併ナガラ海軍ノ造船ノ計畫ハ大體是認ヲ致シタノデアリマス、斯樣ナ次第デアリマシテ、此第一條ノ先刻申上ゲマシタ歲入ト歲出トノ辻褄ガ合ハヌコトニナッタノデ、卽チ歲出ニ對シテ歲入ノ超過ガ卽チ此四千六百餘万圓ト云フモノガ出來テ居リマス、此財源ハ――此歲入ノ超過シテ居ル分ハ不日產業奬勵資金法ヲ制定致シマシタラバ、其財源ニ之ヲ充テル見込デアリマスルカラ、今日ノ場合デハ歲入超過ニナッテ居ルト云フコトヲ御承知ヲ願ヒタイ、唯今申上ゲタノガ卽チ數字ニ亙ル豫算委員會ノ修正デアリマスルガ、之ニ附帶ノ致シマシテ政府ニ向ッテ警告ノ事件ガアリマスル、是迄此議會ニ於テ政府ニ警告致シタルモノハ多々アリマスル、本年ノ豫算ニ其計畫ヲ容レラレタル箇條ガ大分現ハレテ來マシタ、例ヘバ此預金部ノ整理、又ハ豫備金ノ増加、或ハ鎭海灣ノ如キ、馬關海峽ノ如キ、神戶港ノ如キ、純然タル繼續シタモノデアリマスガ、是マデハ一年限リニ協贊ヲ求メテ居ッタノデアリマス、此等モ卽チ本年ニ於テ純然タル繼續費ニ改メテ、而シテ是マデ議會カラ警告シテ置イタノハ豫算ニハ現レテ居リマスガ、併ナガラ是マデ屢〻警告モ與ヘマシタケレドモ、今日復重ネテ警告ヲ要スル問題ガアルノデアリマス、ソレハ何カト申シマスレバ、卽チ人權尊重ノ問題デアル、此問題ハ分科會ニ於テモ決議ニナリ、司法大臣ハ此決議ニ對シテ聲明致シテ居リマス、而シテ此豫算總會ニ於テモ、此決議ハ全然承認ヲ致シタノデアリマス、此決議案ヲ一應讀ミマス、「檢事其職務ヲ執行スルニ當リ往往苛酷ニ流レ法規ニ違反シ人權ヲ蹂躪スルノ事例少ナカラス今ニ於テ之ヲ矯正セスンハ司法權ノ威信ヲ維持スル能ハサルノミナラス國家組織ノ基礎ニ危害ヲ及ホスノ虞アルモノト認ム司法大臣ハ嚴ニ部下ヲ監督シテ司法行政ノ刷新ヲ圖リ將來人權尊重ノ實ヲ擧ケンコトヲ望ム」、是ガ決議デアリマス、此決議ハ御承知ノ通リ何レノ黨派ノ問題デモ何デモナイノデアル、洵ニ大切ナル問題デアリマス、是ハ屢〻議會ニ於テモ是マデ警告シテ居ルコトデアリマスガ、尙ホ今日此決議ヲシテ此警告ヲ爲サナケレバナラヌト云フコトヲ甚ダ遺憾トスルノデアリマス、而シテ此決議ニ對シテハ本議場ニ於テ司法大臣ノ所見ヲ此處ニ聲明セラレンコトヲ希望スルノデアリマス、其次ニ內務省所管ニ於テノ決議ガ一ツアリマス、是モ決議ヲ朗讀致シマス、「朝鮮總督府ノ施政ニ付テハ改革ヲ要スヘキモノ少ナカラスト認ム當局者ハ宜シク銳意庶政ヲ刷新シ且ツ一層財政ノ整理ヲ爲サンコトヲ望

ムニ此決議デアリマス、是モ豫算總會ニ於テ承認シタノデアリマス、此豫算會中ニ植民地ノ官制ノ事等ニ付テ、或議員カラ質問ヲ致シタ場合ニ、總理大臣ハ植民地ノコトニ付テハ今專ラ考慮中デアル、如何ニ改善スルカト云フコトハ熟慮中デアル、斯ウ云フ答辯ダケニナッテ居リマスカラ、冀クハ此決議ニ對シテモ內務大臣又ハ總理大臣カラデモ宜シイカラ、此議場ニ於テ何分ノ聲明ヲ希望スルノデアリマス、其他豫算ヲ實行セラル、ニ當リマシテ、特ニ政府ニ希望致スノハ陸海軍ハ勿論ノコト、其他各省ニ於テモ尙ホ行政整理ヲ十分遂ゲラレテ、無用ノ費用ヲ省イテ、此國家ノ生產的ノコトニ全力ヲ盡サレンコトヲ望ムノデアリマス、尤モ本年ノ豫算ニ於テ、內務省ニ於テハ港灣ノ修築トカ、又ハ農商務省ニ於テハ產業ノ施設ニ付テ、大分豫算ノ上ニハ現ハレテ居リマスケレドモ、甚ダ不十分ト認ムルノデアリマス、豫算委員會ニ於テ山本農商務大臣ハ盛ニ積極的ノ方針ヲ述ベラレマシタガ、吾々考フル所ニ依リマスレバ、實行ノ伴ハヌ抱負ハダメデアル、實行ノ伴ハヌ御意見デハダメデアリマスカラ、必ズ豫算委員會ニ於テ聲明セラレタル殖產興業ヲ盛ンニシテ、國富ヲ充實ニスルト云フコトニ、財政ノ許ス限リハ實行ヲ希望スルノデアリマス、其他各分科會ニ於テ忠告警告等ガ澤山アリマシタガ、是ハ皆速記錄ニ載ッテ居リマスカラ、當局者ハ此分科ノ希望ヲ充分ニ尊重セラレテ、實行セラレンコトヲ特ニ希望スルノデアリマス、尙ホ申上ゲタイコトモアリマスガ、大體ハ是デ盡キタヤウニ思ヒマスガ、尙ホ此外ニ乙號、丙號、特別會計、豫算外國庫ノ負擔トナル契約ノ案件ハ、總テ原案ノ通リニ豫算委員會デ決定致シマシタ、勿論此豫算委員會ノ決定スル場合ニ、此豫算ヲ返付スベシト云フ議論モ出テ居リ、又斯樣ニ修正スベシト云フノガ二案出マシタガ採決ノ結果何レモ少數デアッタノデ、卽チ豫算分科ノ查定通リニ決定シタノガ、唯今諸君ノ御手許ニ配付シテアルモノデアリマス、此豫算ヲ返付スベシ、或ハ修正スベシト云フノハ、定メシ此議場ニ於テ提出者ヨリ充分ニ御說明アルコト、信ジマスカラ、之ヲ能ク御聽キ下サリマシテ、十分ニ審議ヲ盡サレンコトヲ望ミマス、尙大體ニ於キマシテハ右樣ノ次第デアリマスガ、若シ豫算委員會ニ於キマシテ報告スベキコトニ遺漏ガゴザイマスレバ、尙主查ノ諸君ヨリ之ヲ報告セラレンコトヲ望ミマス、而シテモウ一ツ落チテ居ルモノガアリマスガ、此豫算ノ數字ニハ關係ヲ有チマセヌケレドモ、大藏省所管ニ於テ、國稅徵收法卽チ市町村ノ交付金デアリマス、是ハ從來ハ不公平ナ徵收手數料ニナッテ居リマシテ、之ヲ是非均一ニシタイト云フ希望デアル、併ナガラ是ハ法律ガアリマスカラ、直チニ豫算ヲ增加スルコトハ出來マセヌカラ、法律ガ制定サレマシタ上ハ追加豫算トシテ請求ヲセラレタイト言フタ所ガ、政府ハ之ニ同意ヲ表セラレテ居リマスカラ、唯今豫算ノ數字ニ關係ハアリマセヌケレドモ、本年ヨリ特ニ行フト云フ意味ニナッテ居リマスカラ、併セテ御報告申上ゲマス、先ヅ是デ報告ヲ終リマシタガ、ドウカ充分ニ御審議ノ上、願クハ豫算委員查定ノ通リ御贊成アランコトヲ希望致シテ置キマス(拍手起ル)

○片岡直溫君　諸君、本員ハ武富君ノ提出サレマシタ修正案ニ贊成ヲ表シ、政府案竝ニ政友會諸君ノ修正ニ對シテ反對ノ意見ヲ試ミヤウト考ヘマス、先刻來議場ノ騷擾ノ爲メニ、井上君ノ御演說ヲ全ク聽クコトノ出來マセナカッタノハ甚ダ遺憾ニ存ジマス、唯今ノ吉植君ノ御演說ニ對シテハ謹ンデ承リマシタガ、大分吉植君ハ速記錄ノ讀誤リ、近頃御耳ヲ痛メラレタカ餘程間違ッタコトガ多カッタヤウニ考ヘマス、是等ハ序ヲ追ッテ駁擊ヲ致シマセウガ、先ヅ以テ本豫算ニ對シテ根本ノ政府案ト意見ヲ異ニスル點ヲ申述ベテ見タイト考ヘマス、ソレハ武富君ヨリ大體ハ既ニ說明サレタノデアリマスガ、私モ此政府案卽チ政府ノ計畫ニ對シテ遺憾ヲ致ストコロニ依レバ、政府案其モノハ近時最モ朝野ノ憂トスルトコロノ正貨流出ヲ防禦スルノ點ニ於テ、何等ノ用意ノナイモノト考ヘルノガ一ツデアル、モウ一ツハ產業ノ上ニ於テ奬勵ヲ加ヘル方法、竝ニ其抱負ニ對スルモノハ絕無ナルコトヲ看破スルノデアリマス、御承知ノ通リ我國ガ明治三十年ニ金貨本位ノ制度ヲ立テマシタ時ハ、貿易ノ上ニ於キマシテモ多少輸出超過ニ終ッタ年ヲ見タノデアリマス、併ナガラ我國ノ今日マデノ境遇ガ、常ニ衣食住ノ上ニ於テ外國ノ輸入ヲ待タナケレバナラヌモノ、多イト云フコトニ至ッテハ、今更此席ニ於テ喋々ヲ要シナイコトデアルト思ヒマス、然ルニモ拘ラズ玆ニ此金貨本位ノ制度ヲ立テマシタル其所以ハ他ノ金貨國トノ貿易ノ上ニ於テ、常ニ打勝ツコトヲ期シタノデアリマセウ、然ラザレバ金ノ產出ノアルニアラズ、衣食住ニ必要ノアルモノヲ常ニ他ニ仰ガナケレバナラヌ國ニシテ、此制度ヲ完カラシムルコトノ出來得ナイト云フコトハ、三尺ノ童子ト雖モ知リ得ルコトデアリマス、然ラバ政府トシテハ明治三十年以來、國是トシテ此方面ニ向ッテハ方針ガ常ニ確定シテ居ラナケレバナラヌ、然ルニ明治二十八年以來今日マデ輸出超過ヲ見マシタコトハ、僅ニ三十九年ニ於テ四百九十七万七百八十四圓、四十二年ガ千八百九十一万三千六百六十八圓ノ輸出超過ヲ見タダケデ、其他ハ全ク輸入超過ニ終ッテ居ルノデアリマス、殊ニ大正元年以來ニ至リテハ最モ甚ダシイモノデアル、此點ニ於テハ本會議ニ於テ大藏大臣ニ質問ヲ致シ、尙ホ豫算委員會ニ於テモ屢〻質問ヲ試ミタノデアリマスガ、正貨流出ノ狀況ニ至ッテハ、大藏大臣ノ御答辯ノアルトコロガ未ダ私ハ十分ニ會得ヲ致サナイノデアリマス、併ナガラ假リニ大藏大臣ノ言ハルル通リト致シマシテモ、頗ル憂フベキコトデアリマスガ、私ノ玆ニ現金勘定ヲ致ストコロニ依レバ、尙ホ一層ノ憂フベキ狀況ニ立到ルト思フノデアリマス、ソレハ明治四十四年十二月現在ノ正貨ノ勘定ヲ見マスト、日本銀行竝ニ大藏省ノ手許ニアッタトコロノモノガ三億六千四百万圓、而シテ大正元年ニ入リマシタモノガ東京市債トシテ八千四百九十万圓、本邦ノ產出金ヲ繰入レタモノガ千六百八十万圓、ソレカラ日本人ヨリ――日本ノ出稼人其他ノ貿易ノ作用ニ依ラザルトコロノモノ、差引勘定殘金ト見タモノガ四千万圓アル、而シテ四十四年ノ末カラ四十五年卽チ大正元年ノ末ニ至ルマデニ金デ持ッテ居ッタモノ、現計ノ減ッタモノガ千三百二十五万圓、之ヲ合計シテ見マスト、所有シテ居ル金ガ五億千八百九十五万圓トナルベキモノガ、ソレガ大正元年ノ十二月ニ至リ三億五千七十五万圓ニ減ッテ居ル、サウシテ一億六千八百二十万圓ハ全ク何所カニ行ッテシマッタノデアリマス、此點ニ至ルト大藏大臣ハサウ云フ勘定ハ片岡ノ勘定ニシテ、政府ノ勘定デ見レバ公債其他ノ勘定ニ依ッテ八千七百万圓ノ流出ニ過ギナイト言ウテ居ラレルノデアリマス、是ハ不幸ニシテ勘定ノ本ガ違フノデアリマセウ、而シテ大正二年ノトコロヲ見マスト、大正元年十二月末ノ三億五千七十五万圓現在シテ居ッタトコロヘ、鐵道ノ資金、朝鮮拓殖ノ公債ト借入高一億一千八百万圓、ソレカラ出稼人其他貿易ノ作用ニ依ラザルトコロノモノヲ差引シタ金ガ、大藏省ノ取調ニ依ッタモノ、卽チ大藏省カラ材料ヲ與ヘラレタモノニ依ルト五千九百万圓デアルト云フコトデアル、是ハ書類ヲ以テ授ケラレタノデアル、サウシテ此年度ニ於テ產出シタ一千六百万圓ヲ繰入レテ、合計五億五千三百七十五万圓ニナル筈デアルノニ、現在シテ居ルモノハ三億七千一百万圓シカナイ、是ニ對シテ一億八千二百七十五万圓減ッテ居ル勘定ニナルノデアリマス、此點ニ對シテハ大藏大臣ハ公債其他ノ勘定ニ依ッテ、勘定ノ仕方ガ違フノデ、約七千四百万圓ノ流出ニ過ギナイト斯ウ言ッテ居ラレル、假リニ大藏大臣ノ言ハレル如ク兩年度ニ對スルモノハ前年ハ七千七百万圓、昨年ハ七千四百万圓ニ止マルト致シマシタトコロデ、年々此ノ如キ正貨ノ流出ト云フコトガ我國ノ將來ニ於テ憂フベキコトカ憂フベカラザルコトカト云ヘバ、敢テ答ヲ待ツ次第ノコトデナカラウト思フ、然ラバ之ニ對シテ此流出ヲ成ルタケ少ナカラシムルト云フ政策ハ、政府トシテ當然執ッテ居ラナケレバナラヌ、此點ニ至リテハ民間ニ於テノ外資輸入等モアリ、其他信用ヲ得テ日本ノ公債ガ賣レルト云フコトモアッテ、此點ニ於テハ別段政府トシテ用意ノ仕方ガナイト云フコトニ歸著スルヤウデアリマス、果シテ政府ガ是ニ對シテ用意スルニ及バズトスレバ、私ハ所謂現金勘定ノ方カラ言ヘバ、三億七千一百万圓ノ現在正貨ナルモノガ、僅ニ一兩年度ヲ待タズシテ盡キルノデアリマス、若シ又政府ノ勘定ノ通リニ致シタトコロデ、永ク此儘デ存續ノシヤウハナイノデアリマス、然ラバ何ニ依テ之ヲ補充スルカト云ヘバ、ヤハリ借金ヲナスヨリ外方法ハナイ、借金ヲナシテ以テ必要ナルモノニ支辨ヲシテ行クト云フコトハ已ムヲ得ヌノデアリマセウガ、併ナガラ何時カハ之ヲ防遏シテレマフト云フ策ガ講ゼラレテ、而シテ當分ノ間ノ防ギトシテ借金ヲスルト云フコトノ方法モ取ラザルヲ得ヌト思フ、然ルニ何等是ニ對スル方策無クシテ、借金ニ借金ヲ重ネテ行クト云フコトデアリマスレバ、終ニ歸スルトコロハ其利子竝ニ元金ノ增加ヲ來レ、所謂國トシテ甚ダ不吉ナ申分デアリマスガ、國家其モノガ破産ノ狀態ニ陷ルコトヲ避ケ得ザルコトニナルデハアリマセヌカ、此點ニ於テ政府ノ考ト自分等ノ考トハ甚ダ意見ヲ異ニスルトコロデアル、此場合ニ於テハ國ノ産業ノ發展ヲ促シ、輸出貿易ヲシテ益々奬勵スルト云フ方策ガ行ハレナケレバナラヌノデアリマスガ、此一點ニ至リマスルト國ノ産業ハ日ヲ逐フテ隆盛ニハ赴キツヽアルノデアリマスガ、一面ニ於テ彼ノ所謂營業税等ノ賦課サル、領分ハ、物ノ分量ヲ薄利ノ上ニ於テ多量ニ賣買スルニアラザレバ、存續スルト云フコトノ出來ナイ境遇デアル、ソレ故ニ少々金ヲ持ッテ居ル者ハ、先ヅ公債其他税ノ負擔ノ少ナキモノヲ持ッテ隱居スルコトガ宜シイト云フ考ヲ以テ、近時大阪等ニ於テ彼ノ住吉御影トカ云フ所ニ別莊ヲ拵ヘテ引込ム者ガ段々多クナッタト云フコトハ、大藏大臣モ御認メニナッテ居ラウト思フノデアル、殊ニ此營業税ナルモノハ一種ノ申告税ニシテ、是等ノ税ヲ賦課スル方法ハ見込次第ニ依テ增減ヲ來スモノデアル、ソレ故ニ頗ル商業家ノ品位ヲ惡クスルモノデアリマス、ナゼ品位ヲ惡クスルカト云ヘバ、能ク噓ヲツイテ旨ク税務官ヲ脫ケサイスレバ其負擔ハ輕クナリ、正直ニヤル者ハ終ニ段々負擔ガ重クナッテ、避ケ得ラレサルコトニナッテ破産ニ陷ル、斯フ云フコトデアルカラ、終ニ人ヲシテマズイコトヲ考ヘシムルト云フ方法ニ陷ルノデアリマス、此點ハ何デモナイヤウナコトデアリマシテ、其負擔ノ輕重ト云フ方ヨリモ、税ノ性質賦課ノ方法其モノガ商業家ノ品位ヲ惡クスル、其品位ヲ惡クスルト云フコトガ、國家ノ發展進運ノ上ニ非常ナル損ヲ招クモノデアリマスデ、是等ノモノハ近時ニ於テハ一種ノ利益税デアッテ、今モ吉植君ノチヨット防禦線ヲ張ラレタ如ク地租ト相竝行スルモノデアル、之ヲ滅ズレバ地租ノ全部ヲ滅ゼナケレバナラヌト云フ論ガ起ッタラドウスルカト云フガ如キ茲ニ言論ヲ惹起サレタノデアリマスガ、先日ノ主税局長ノ説明ニ依リマシテモ、之ヲ一種ノ利益税ト言ッテ居ル、若シ夫レ利益税ナレバ是ハサマデ今日ノヤウニヤカマシクナルモノデハナイノデアリマス、即チ今日ノ税其モノハ損ガ往ッテモ得ガ往ッテモ借金ヲシテモ課スノデアリマス、社債ヲ起シテ借入金ヲシテモ、營業上何等ノ儲ケガナクテモ課スルノデアリマス、之ヲ以テ利益税ト名ヅクルト云フノハ極メテ不適當デアリマス、其方カラ往キマスレバ全ク所得税ノ領分デアリマス、又今日ノ營業税ノ如キハ或ル部分ハ所得税ノ方デ二重ニ税ヲ課サレテ居ル、又殊ニ近時此點ニ至ッテ最モ諸君ノ御注意ヲ願ヒタイト思フコトハ、各地方デアリマス、各府縣ノ所謂小都會デアル、此小都會ナルモノハ近時信用組合ナルモノガ多ク出來テ、其信用組合ノ中ニハ消費組合ナルモノガ出來テ居ル、其消費組合ナルモノハ味噌モ賣レバ、醬油モ賣ル、鹽モ賣ルノデアリマス、此方ニ向ッテハ税ノ負擔ガナイ、ソレ故ニ其地方ニ消費組合ガ盛ニ行ハレテ居ルトコロノ小都會ノ商業家ハ、甚ダ迷惑ヲ感ジテ居ル、併シ其モノ、負擔ハ何ントカカントカ言ッテ昨年課セラレタ税ヨリ今年減ラスト云フコトハ、到底税務官ノ承知スルトコロニアラザルノミナラズ、小都會ニ於テハ税務官ノ威力ハ大都會ヨリ比較的強イ、ソレ故ニ此小都會ノ商業家ナルモノハ今日ハ非常ニ苦痛ヲ感ジテ居ル、即チ今日此營業税全廢ノ聲ノ立ツト同時ニ地方到ル所盛ニ聲ヲ揚ゲルト云フコトハ、一ノ煽動的ニアラズシテ、何カノ機會デ呼出サレタナラバ一氣ニ立タウト云フコトヲ考ヘテ居ッタ、ナゼナレバ小部分デイロ〳〵ナコトヲ言ヒ出レタナラバ、税務官ノ御叱リヲ蒙ッテ損ヲ受ケルコトガアルガタメニ、甚ダ苦痛ナリト雖モ忍ンデ今日ニ來ッタモノデアリマス、斯ノ如キ狀態ガ一面ノ實業家ニ於テ伏在シテ居ル時ニ、是等ニ對シテ何等救濟ノ策モ講ゼヌト云フコトデアッタナラバ、此正貨流失ノ狀態ヲ如何ニシテ矯正スルコトガ出來マスカ、又一面ニ於テ産業奬勵ノ上カラ見マスルト、農商務大臣ハ委員會ニ於テ確カ野田君ノ御質問ニ對シマシテ、餘程長々ト效能ヲ御述ベニナリマシタガ、效能ノ御述ハ兎モ角モ、其種ハドウデアリマス、極メテ小サイ、此手品カ何カナラバ卒ザ知ラズ、僅カ二万カソコラノモノヲ打込ンデ、日本ノ氣候ノ變遷甚ダシキ――同ジ日本ノ國ト雖モ北海道九州等ニ於テ氣候異ナル其地方ヘ持ッテ來テ、羊ノ種ヲ幾ラカ取寄セテ、羊ノ輸入ノ三千何百万圓ノ食ヒ止メヲシテ見ヤウ杯ト云フコトハ、殆ド失禮ナ申シ分デアリマスガ兒戯ニ類スルコトデアラウト思フ、併ナガラ御趣意ガ正貨流失ヲ防遏スルノ御趣意ト云フコトデアルカラ、暫ク其事ニ對シテ削減ヲ試ミズ御手際ヲ拜見スルノデアリマスガ、殆ド其他ノコトモ是ニ准ジタモノデアリマス、今ヤ吾々ガ何等産業ノ發展上ニ付テ計畫ガナイト云フコトニ對シテ、政友會諸君ガ海軍ノ一部ノ水雷基金等ニ對スルモノヨリ、更ニ産業ノ奬勵ノ資金ヲ一ツ拵ヘル、斯ウ云フコトヲ企テラレマシタコトハ、其御趣意ノアルトコロニハ聊カ感服ヲ致シテ宜シイノデアリマス、遲蒔キナガラ其處ニ氣付カレテ左樣ナコトヲ爲サルト云フコトハ善イコトデアル、善イコトデアリマスガ、單ニ産業ノ奬勵ト云ッテ見タトコロガ、唯民心ニ嵌マルダケノ考ヲシテ、其實何ニ向ッテドウ云フ手段ヲ用ヰルト云フコト微リセバ、是ハ丁度斯ウ云フ上ニ牡丹餅カ何カ飾ッテ人ニ見セルダケノモノデ、中ハ或ハ空ノモノカドウカ分リヤシナイ、況ヤ又産業奬勵ノ如キ費目ヲ、案其モノヲ立テズニ先キニ此豫算ノ上ニ於テ金ヲ拵ヘテ置クト云フコトハ、惡イコトデハアリマセヌガ、餘程遽カニ慌テヽナサッタト云フコトハ蔽フベカラザル事實デアラウト思フノデアリマス、故ニ此産業奬勵ト云フ點ニ於キマシテハ、如何ナル方法ト如何ナルモノニ向ッテノ順序ガ分リマセヌ限リハ、遽カニ之ニ向ッテ賛成モ致シマセヌガ唯事柄ニ對シテハ惡イコトデナイト云フコトヲ申上ゲルニ過ギナイノデアリマス、之ヲ要スルニ政府ノ此豫算其モノハ、今日ノ我ガ國家ノ前途ヲ極メテ安全鞏固ニ、民間ニ蟠マルトコロノ種々ノ障碍ヲ排除シテ往クト云フ點ニ對シマシテハ何等施設モナイ、又民間ガ數年來增税ニ苦シミ、所謂非常特別税等ノモノガ普通税ニ引直サレテ今日マデ來ッタト云フコトニ對シマシテ、酌量ヲ加フルト云フガ如キ念慮ヲ少シモ持タレナクシテ、所謂減税ニ對スル誠意ノ少シモナイモノト斷定スルコトハ已ムヲ得ヌノデアリマス、殊ニ此剩餘金ノ處分ニ對シテ、特ニ吾々ノ提出致シテ居ルトコロノモノハ、政友會諸君ト雖モ亦政府ト雖モ御同意ニナルコトニ躊躇ヲナサル筈ノコトデナイノニ、御同意ヲ表セラレヌノハ甚ダ不思議ト考ヘル、ソレハナゼカト言フト、毎年ノ國庫ノ出合ヒヲ見マスルト、三月ト云フ月ハ歲入ノ即チ國庫ニ入ル金ハ八千七百三十八万八千二百二十五圓、ソレカラ支出ハ四千九百三十五万八千餘圓デアル、サウスルト此三月ト云フ月ハイロ〳〵ナ税ノ一緒ニ入ル時デアッテ、大藏省ニ三千八百万圓程金ガ入ル時デアル、之ニ反シテ四月ハドウデアルカト云フト、歲入ハ一千七百三十二万圓バカリデアッテ、歲出ハ三千六万七千圓、差引一千八百七十四万餘圓足ラヌノデアリマス、ソレデ足ラヌ場合ニ於テハ今彼ノイロ〳〵ナ資金ノ中カラ繰替ヘルトカ、其他預金部カラ繰替ヘルトカ云フコトヲナサル、ソレデマダ出合ヒノ惡イ時ニ大藏證券ヲ募ラル、ノデアリマス、若シモ之ヲ酒造税ノ納期ノ——三月ノ八千七百万圓モ國庫ニ入ル中カラ二千二百万圓ヲ繰下ゲテ四月ニ納メルト云フコトニ致シマスレバ、國庫ニ於テハ千八百万圓ノ不足ヲ生ズルモノガ、却テ三百二十万圓餘ルト云フコトニナルノデアリマス、然ラバイロ〳〵ナ資金ノ中カラ流用ヲシナイデ若シ足ラナケレバ大藏證券ヲ募ッタリスル必要ハナクナルノデアリマス、又地租ノ千二百万圓モ三月ニ八千七百万圓モ這入ル中カラ之ヲ取ッテ、四月ニ徴收スルト云フコトニナレバ、人民ノ方カラハ納税ヲスルコトガ一箇月後レテ懷合ノ都合ガ好イノト、國庫モ亦五月ニ至ッテ千五百万圓程足ラヌトコロノモノガ、又之ニ依ッテ收支償フコトガ出來ルノデアル、然ラバ國庫ノ懷ヲ好クスル方法ニシテ、而モ人民ノ方カラ繰上ゲテ納メルノデハナク繰下ゲルノデアルカラ、人民ノ苦痛ヲ確カニ減ズルコトガ出來ル、斯ノ如キ良方法ガアルニモ拘ラズ、强イテ此不足スル出合ハ不足スルトシテ置イテ、別途ノ資金ノ方ハ繰込ンデ置イテ便宜ノ處置ヲ爲サラウト云フトコロノ御趣旨ハ、果シテ誠意アル當リ前ノ仕組ト見ラル、デアリマセウカ、ドウデアリマセウ、又大藏省證券ヲ發行スルコトヲ大藏大臣ハ銀行者ナドガ喜ンデ之ニ應ズルモノデアル、故ニ金利ノ餘リ下ガルトコロノモノヲ抑ヘルコトモ出來レバ、若クハ金融ノ調節ヲ計ルニ却テ都合ガ好イト云フコトヲ言ハレル、成程一面カラ申セバ其通リデアリマス、併ナガラ銀行者ガ金ガ剩ッテ三箇月期限ノ大藏省證券ニ應ズルコトヲ希望スルト云フコトハ、一面カラ言ヘバ財政計畫其モノガ甚ダ不安デアッテ、當リ前ノモノニ資本ヲ卸スコトガ出來ナイ心配ヲ有ッテ居ルト云フコトヲ意味スルモノデアッテ、一面カラ言ヘバ大藏大臣ノ不信任ヲ是モ意味シテ居ルモノデアリマス(「ヒヤ〳〵」ト呼ビ拍手スル者アリ)畢竟財政其計畫宜シキヲ得タナラバ、民間ノ經濟界ハ之ニ賴ッテ以テ將來ノ仕事ノ計畫ガ立ッテ行ク、故ニ放資スル者ニ向ッテハ安心シテ放資ガ出來ルノデゴザイマスルガ、兎角無方針ノ大藏大臣ガ仕事ヲ爲サル、ノデアレバ、如何ニシテ宜シイカト云フコトガ分ラヌガ爲ニ、常ニ金庫ニハ餘裕ヲ置カネバナラヌ、餘裕ヲ置イテ又一面ニ於テハ金利ノ作用ニ困ル、此時ニ當ッテ大藏證券ヲ募ルト云フコトハ喜ブニ相違ナイ、之ヲ喜ブト云フコトハ國家ノ發展ヲ幾分カ障害シツ、アルモノト云フコトヲ證據立テルモノデアルト云フコトヲ御忘レニナッテハナラヌノデアル(拍手起ル)斯ノ如ク完全ナル仕方ニシテ而モ幸ニ剩餘金ガアル、其剩餘金ヲ繰込ミサヘスレバ國庫ノ出合ヒハ極メテ安全ニナッテ、一面ニ大藏證券ヲ發行スルニ及バナイヤウニナルト云フ途ガアルニモ拘ラズ、之ヲ努メテ避ケテ、以テ都合ノ宜シイトコロノ一種ノ資金ニ繰込ンデ置カウト云フ趣旨ニ至ッテハ、甚ダ了解ニ苦シムノデアル、又此大藏省ノ計畫ニ贊成セラル、政友會ノ諸君ニ於カレマシテモ、此計畫ハ何モ國民ニ苦痛ヲサセルノデナイ、却テ樂ヲセシメテ以テ國庫ノ懷合モ宜シイト云フコトデアルニ拘ラズ、一種ノ感情ノ下ニ、誰カ外ノ者ガ唱ヘタカラ是ハ贊成シナイト云フヤウナ小サイ量見ヲ去ッテ、御贊成ニナリタイモノデアルト私ハ希望スルノデアル(拍手起ル)今一ツ大藏大臣ニ申上ゲネバナラヌノハ預金部デアリマス、預金部ナドト云フモノハ、申スマデモナク民間ノ貯蓄銀行ニ對スルコトヲ以テスレバ多ク説明ヲ要シナイ、然ルニ此運轉ノ方法ヲ見マスレバ、公債ハ買入レノ儘デ置イテアル、甚シキニ至ルト云フト、四分利公債ノ所有價格ガ九十四圓七十三錢、四分利公債ヲ九十四圓七十三錢デ誰ガ買入ガアリマスカ、市場ノ相場ガ此樣ナ時代ガ何時アルノデアリマスカ、民間ノ會社ニシテ若シ其所有ノ財産ヲ卽チ財産目錄ヲ時價ヨリモ非常ニ高クシテ置クト云フコトハ、商法ノ禁ズルコロデアリマス、且又一面ニ興業銀行等ニ對シテ既ニ其非ヲ改メル爲ニ、少々條理ニ背イタコトニモ拘ラズ斷行ニナッテ居ル、然ルニ大藏省自體ノ預金部ニ對スル此財産運用方法ハ如何デアル、之ヲシモ國民ニ——上善キ事ヲ行ッテ下之ニ倣フト云フ方法ノ利クモノデアリマセウカ、政府既ニ斯ノ如キコトヲシテ居ル以上、自分等ノスルコトヲ宜シイトハ言ヒマスマイカ、止ムヲ得ヌト云フ觀念ヲ養成スルノデアリマス(拍手起ル)今少シ政府其モノ、立場ヲ考ヘテ、下之ニ倣ハシムルト云フ爲ニ相當ノ據ルベキ政策ヲ示シ、又實行ノ上ニ於テモ斷然ノ途ヲ履マル、コトヲ望ムノデアリマス、是ヨリ先刻ノ吉植君ノ御説ニ對スル問違ヲ訂シテ置キタイト存ジマス、是ハ大分所謂脱線ト謂ヒマスルカ問違ッテ居ルヤウデアリマスルカラ、速記錄ヲ篤ト御覽ナサレト申上ゲタラクレデ盡キルノデアリマスルケレドモ、甚シキ點ヲチョット直シテ置キマス、武富君ガ玆ニ賣藥税ノ場合ニ言ッタコト、、豫算ノ場合ニ言ッタコトハ全ク違ッテ居ル、同志會ノ言フトコロノモノハ常ニ違フノデアル、斯ウ云フ趣旨ヲ言ハレタノデアリマスルガ、殊ニ其中ニハ八千万圓程ハ節減ヲスルノデアルト云フコトヲ武富君ハ言ハレタ、斯ウ云フコトハ是ハ武富君ノ口上ニハ左樣ナコトハ出テ居ラヌノデアリマス、成程營業税通行税ヲ全廢致スニ付テ三千百万圓程金ヲ要スル、此要スルトコロノモノハ一面剩餘金ト一般會計ト混同シテ居ルトコロノモノヲ打割イテ、剩餘金ハ剩餘金ノ處分トシ、一般會計ノ方カラ持ッテ來テ居ルトコロノモノ、千六百万圓ヲ廢メテシマヘバ此千六百万圓ガ出來ル、而シテ總テノ經費ノ中ニ於テ一千万圓ヲ削減スル、サウ致シマシタトコロガ七八百万ハ不足ヲ致スノデアルガ、是ハ政府ハ行政其他ヲ整理シテ此費用ヲ作ルガ宜シイ、併ナガラ豫算其モノハ最早實行期ガ迫ッテ居ル今日ニ、其樣ナ難キ責ムルコトヲ欲シナイガ故ニ、姑ク假スニ時日ヲ與ヘテ、其間ハ剩餘金ヲ以テ致セバ宜シイ、斯ウ説明ヲ致レタノデアリマス、而シテ豫算委員會ニ於テハ剩餘金ヲ以テ七八百万圓補充スルガ宜シイト云フ意見ヲ有ッテ居ッタガ、段々豫算調査ノ結果、千八百万圓程節減ノモノヲ見出シタ、其千八百万圓ノ主ナルモノハ軍艦ノ所謂追加ノ中、海軍ノ追加費用ノ中ニ於テ千万圓ヲ削ル、然ラバアトノ八百万圓程ノモノハ議員トシテ自由ノ削減ノ出來ル範圍ニ於テ削減ヲ試ミル、其詳細ハ別册ノ通リデアル、斯ウ言ッタノデアル、八千万圓ト云フコトハ少シモ出テモ居ラナケレバ、何等違ッテモ居ラヌノデアリマス、前年ノ時ニ於テ桂公云々ト云フコトモアリマシタ、是ハ五千万圓乃至六千万圓ヲ節減スルト云フコトヲ斷言ヲシタ、ソレハ何等具體的ノモノニナッテ居ラナカッタ、成程具體的ノモノニスルコトヲ許サナカッタノデアリマス、併ナガラソレ等ノモノニ對スル具體的ノモノハ、昨年ノ議會ニ修正案其モノガ各款項目ニ至ルマデ作ラレテ、諸君ニ御手渡シヲ致シタノデアル、何モ違ッタコトモナケレバ又自慢ラシク申上ゲルマデモナイノデアリマス、ソレカラ同志會ハ收入ガエライ少ナイ、是ハ政府ハ二三箇年ノ平均ヲ以テ云々ト云フコトヲ長々ト説明セラレマシタガ、同志會其モノハ收入ヲ少ナク見積ッテ居ルガ如クニ、長イ時間ヲ費シタコトハナイ、寧ロ政友會ノ井上角五郎君ガ盛ンニ此事ハ問ハレタモノデアリマス、是ハ議會ニ於テ豫算委員會ニ於テ質問スルノハ當リ前ノコトデアル、假シ井上君ガ自黨ニ於テ質問ヲセラレタコトガ、是ガ惡ルイト云フコトハ決シテ思ハヌノデアリマス、況ヤ同志會等ニ於テ其罪ヲ嫁セラル、ニ至ッテハ、其陋劣ト申サウカ、甚ダ其意ヲ得ザルコトデアリマス(「ヒヤ〳〵」ト呼フ者アリ)又軍艦其モノ、計畫ニ對シテハ既ニ六百万圓ノ時ニ於テ、此六百万圓ハ桂公ノ發案ニシテ、繼續費タルコトヲ其時ヨリ認メテ居ル云々ト言ハレタノデアリマス、成程其意味ハ持ッテ居ッタンデアリマセウ、即チ海軍大臣ハ其意味ヲ説明セラレタノデアル、併ナガラ議會ガ協贊ヲ與ヘタモノハ六百万圓デアリマス、其證據ハ政府ガ之ヲ軍艦ヲ注文ヲ致シテ居ルトコロニドウ云フ風ニシテ居ルカト云フト、議會ガ協贊ヲ與ヘナケレバ無效デアルト云フ意味モ唱ハレテ居ルシ、否又議會ノ協贊ヲ經ズ濟ンダトキニハ、其材料ハ海軍省ノ方ニ引取ルトマデ條件ガ附ケテアル、是ハ即チ政府ハ此ノ如キマデノ用意ヲサレテ居ルモノデアリマス、併ナガラ數年ニ亙ル仕事ヲ始メテ致シタノデアリマス、其終リマデノ方マデ協贊ヲシ得ルコトナラバ此上モナイコトデアル、然ルニ政府ノ今日マデノ事態ハ、彼ノ決議案等ノ提出ノ場合ニ於テ能ク此處デ議論ヲ盡サレタ通リ、今爰ニ廓清ヲ見ルニアラザレバ協贊ヲ與ヘント欲スルモ、出來ナイヤウニナッテ居ルノデアル(「ヒヤ〳〵」ト呼フ者アリ)又政府ハ協贊ヲ與ヘルヤウニ努メテハ居ラヌノデハナイカ(「ヒヤ〳〵」ト呼フ者アリ)現ニ質問ノ豫算委員會ニ起リマシテ後、今日マデ日數ヲ考ヘテ御覽ナサイ、幾ラ經チマシタカ、伯林カラ書類ヲ取寄セルコトハ公ケノ書類、公事ノ書類ニ對シテハ隙ガ要ルトハ言ッテ居リマスガ、ソレニ致シテモ伯林カラ此處マデノ郵便ハ十二日間デ到著スルデハアリマセヌカ、況ヤ總テノ事柄ハ大概電信ヲ以テ取寄セラレテ居ルノデアル、ソレガ今日マデ發表ニナラヌノハ自己ノ御都合ノ惡ルイモノヲ含マレテ居ルモノト觀察ヲ致スヨリ外ハナイ(「ヒヤ〳〵」ト呼フ者アリ)然ラバ之ヲ此豫算ノ議事ヲ進メルマデニ發表ニナラヌト云フコトハ、取リモ直サズ此議事ヲ——即チ削ラレルト云フコトヲ覺悟サレテ居ルモノト見ル外ハナイ、少シモ是ハ議員ガ削ルコトニ於テ不當ノ意味ヲ持ッテ居ラヌノデアル、況ヤ海軍ノ方ノ費用ハ既ニ四億四千三十万餘ノ既定ノ總額デアリマス、此中大正二年度マデニ支出シテ居ルトコロノ金額ハ三億三千百九十三万八千百四十六圓十四錢デアリマス、差引一億一千七十八万五千十四圓ハ既ニ既定ノ協贊ヲ與ヘラレタモノトシテ、仕事ハ未ダ繼續シツヽアルノデアル、是ヲモ何故削減ヲシナイカト云フ意味ニ先刻吉植君ハ言ハレタノデアリマス、最モ此金ト金ハ違ヒマスルガ、既定ノ事業ハ既ニ協贊ヲ與ヘテ居ルモノデアル、協贊ヲ與ヘテ居ルモノヲモ今爰ニ協贊ヲ取消スト云フコトモ、議員ノ態度トシテ出來ヌコトハアリマスマイガ、穩カナラヌノデアリマス、ソレ故ニ既定ノ事業ニハ入ラズシテ、議員ガ當然議決權ヲ行フコトノ出來ル範圍ニ於テ之ヲ削減シタト云フコトハ、當然ノコトヲ致シテ居ルト私ハ考ヘテ居ル(拍手起ル)之ヲ要スルニ、吾々共ノ修正案ハ同志會諸君ト雖モ腹ノ中ニハ御協贊ヲ與ヘラレテ宜イノデアル(笑聲起ル)是ハ同志會デハナイ、政友會諸君、是ハ私ガ誤ッタノデアリマスガ、政友會ノ諸君ト雖モサウデアル、先刻尾崎君ガ此政友會諸君ノ削減ニ對シテ大分ニ説明サレテ居リマスカラ、私ヨリハ更ニ此重複ヲ避ケルコトニ致シマス、之ヲ要スルニ當然ナル諸君ニ於テ御協贊ノ出來得ベキ、又寧ロ諸君ノ方ヨリハ眼前ニ備ッテ居ルモノニ向ッテ之ニ同意ヲセズシテ、甚ダ不論理ナルトコロノモノヲ貫カントセラルヽトコロノ御趣意ハ、國民ノ多數ヲシテ失望セシムルトコロニ歸著スルノデアリマス(「ヒヤ〳〵」ト呼フ者アリ)ドウカ御反省ヲ願ヒタウゴザイマス(「ノウ〳〵」又ハ「ヒヤ〳〵」ト呼フ者アリ)

○議長（大岡育造君）　靜肅ニ……

○守屋此助君　是ハ騷グ民ガ惡イカ、上ハ國民ノ師表トナラレルトコロノ大臣宰相、輔弼ノ責任アル方々ノ政治ガ惡イノカ（「政治ガ惡イノダ」ト呼フ者アリ）今日ノ紛議ハ何モ意味ナハイ、政治ノコトニ意味シテ居ルノデアル、此騷擾ハ——サウ致シテ見マスルト、先ヅ此點デ内閣諸公ハ最モ冷靜ニ御考ガ先ヅ第一私ハ希望スル（「吾々モ希望スル」ト呼フ者アリ）ソレデ今日ノ此衞生會——衞生デハゴザイマセヌ、營業稅（笑聲起ル）少々私モ近日病氣デゴザイマスカラ、言葉ノ少々違フトコロハ御宥恕ヲ願ヒマス（「謹聽々々」ト呼フ者アリ）此營業稅ノ事外九件ノ委員會ト云フモノハ、御承知ノ通リニ今日咄嗟ノ間ニ議了ヲ致サレタノデアリマスルガ、之ヲバ私ハ此處ニ動議ヲ提出シテ再ヒ委員ニ付託シテ、再審査ヲ爲サシムベシトノ動議ヲ茲ニ提出致シマス（拍手起ル）其譯ハ幾ツモ理窟ガアリマス、第一ハ昨日——勿論是ハ昨日此委員會ハ終了ニナルト云フ事柄ガドナタノ話トナクアリマシタカラ、吾々國民黨員ハ其決心デ居リマシタ、ソレデ今日議ニ上ルコト、思フテ居リマシテ、昨日ノ午前豫算委員室ナル此審査ノゴザイマスル委員會ニ參リマシテ、私共ガ平素敬意ヲ拂フトコロノ此委員長ノ奥君ニ聞キマシタラバ——今日勿論此委員會ハ御終了ニナルノデアリマセウナ、國民黨デハ左樣スル積リデアリマスルガト申シマシタラバ、私共ノ内輪ノ議論ガ纒リマセヌカラ、十四日ノ議事日程ニ上スコトハ出來マセヌ（「詐欺々々」「共通リ」ト呼フ者アリ）十四日ノ議事日程ニ上スコトハ出來マセヌ、ソレ故ニ十三日ニハ委員會終了ハ致シマセヌト、是ガ帝國議會ノ議員守屋此助ニ向ッテ（笑聲起ル）政友會ノ議員デ御在リニナッテサウシテ職責ノ最モ重クシテ名譽ノアル奥君——委員長ナル奥君ガ私ニ仰シヤッタノデアル（「ヒヤ／＼」ト呼フ者アリ拍手起ル）斯ウナッテ居ル——斯ウナッテ居ル、ソレデアッテ國民黨ノ方ニハ、サウデアルカラ今日ハモウ委員會ハ終了ヲ致サヌノデアルゾト、私ハ昨日私共ノ一同ノ政友ニ申シマシタ（「確カニ聽キマシタ」「共通リ」ト呼フ者アリ）然ルトコロガ、ドウ云フ御都合カ昨夕ニナッテ急ニ之ヲ變更シヤウト仰シヤッテ、今日ノ議事日程ニ上スト云フコトニナッテイロ／＼ニナサッタ、此營業稅一ツノモノデモ此修正案ガ出マシタモノガ、紙ノ數ガ八枚法律ノ條文ガ百三十二條、是ガ今日ニ出テ吾々ガ今日ノ午後七時ニ受取ッタ、此處デマダ讀マナカラウ諸君（「讀マナイ」ト呼フ者アリ）九ツノ法律ガ審査ニナッタ、唯一ツノモノデスラ既ニ是レダ、ソレデ此事柄ハ昨日守屋此助ニ言フタダケデハナクシテ、武富時敏君ニモ言ハレタサウデアル、ソレカラ片岡直溫君ニモ言ハレタサウデアル（「共通リ共通リ」ト呼フ者アリ）斯樣ナ事柄ヲ爲サッテ居ッテ、拔駈ケ功名ノ如キ事ヲ爲サル必要ガ一體何處ニアルノデス（拍手起ル）堂々タル天下ノ大政黨、是ダケノ重大ナ案ヲ議スルト云フコトニ掏摸カペテン師ノ眞似ヲスルトハ何事カ（拍手起ル）ソレニ異存ガアルカ、異存ガアレバ其異存ト云フ事柄ハ、謹ンデ吾輩辯駁スル、必ズヤ斯ウ云フト奥君等ノ辯護論ハ斯ウ云フ事デアルデセウ、ソレハ奥君ガ委員會デ、委員長ノ席デナイ處デ言フタノデアルカラ責任ガナイ、斯ウ云フ奥君ノ辯護論ダラウ、サウダラウ、サウ云フコトガ政友會ノ辯護ナラ、守屋此助謹ンデ諸君ニ一言言フテ置キタイコトガアル「シーメンス」事件デ内閣諸公ガ賄賂ヲ取ッタト云フ世間デ風評ガアル、有ルコトカ無イコトカ知ラヌガ、假ニ此事ハ内閣諸公ガ賄賂ヲ取ッタト云フ事實ガ分ッテ居ルトシテモ、此時ニ私ハ大臣ノ資格デ賄賂ヲ取ッタノデナイト云フ（「ヒヤ／＼」ト呼フ者アリ）一個人ノ資格デ賄賂ヲ取ッタノダト云フ（拍手起ル）是デ大臣ト云フモノ、辯解ガ立ツカ、是ガ立ツナラバ奥君ガ守屋此助ニ御話ニナッタコトニ付テ、奥君ハ責任ヲ持タヌト云フ辯護ガ立ツノデアル、ソレデアルカラ大臣ガ賄賂ヲ取リ、以下縣知事ガ賄賂ヲ取ル、皆縣知事ノ資格デ賄賂ハ取ラヌト云ッテ、天下皆無罪、餘程日本ハ自由國ニナルガ、私ハ日本ヲ左樣ナ自由國ニ致シタクナイト同時ニ、奥君ハ此言葉ニ對シテ責任ヲ持タナケレバナラヌ（拍手起ル）是ガ先ヅ第一ノ理窟、ソレカラマダ餘程數ガアル、由來議論ノ確カナモノニハ根據ガ澤山アル（「ヒヤ／＼」ト呼フ者アリ）國ノ強キ國ニハ軍艦ノ數ガ多イ兵隊ノ數ガ多イ、守屋此助ノ軍艦軍隊ハ數限リナクナル（拍手起ル）其次ニ言フ事柄ハ今日ノダ（「問題外ダ」ト呼フ者アリ）今日ノ（「問題外」ト呼フ者アリ）マア少シ御待チナサイ、問題外デ有ルカ無イカヲ能ク教ヘテ上ゲル（「ヒヤ／＼」ト呼フ者アリ）守屋此助ハ唯辯ヲ弄スルヲ以テ能事トハセヌ、帝國ノ消長ニ關スル此稅案デアルト確信致シテ居ルノデアル、餘リ輕薄ニ言葉ヲ以テ人ノ言ニ無禮ノ批評ハ愼ミ給ヘ（「ヒヤ／＼」ト呼フ者アリ）國重キカ政黨重キカノ區別ヲ能ク考ヘヌト云フト、如何ニ尨大ナル政黨デモ國ヲ輕シトシ、政黨ヲ重シトスル政黨ハ外國デ幾ラモ滅亡シタ歷史ガアル、ソレデ今日ノ委員會ノ態ヲ見レバドウ云フコトデス、石橋君外十一名ノ諸君ガ通告ヲセラレタ、委員會デ討論ヲスルト云フ通告ガアル、其委員一人ニモ討論ヲ用井ズシテ（拍手起ル）許サズシテ（「橫暴」ト呼フ者アリ）奥サン許シタカ、許シタラ許シタト仰シヤイ、事實ガ間違フト議論ガ間違フカラ（拍手起ル）サウ致シマスト先ヅ奥サンガ之ヲ御承認ニ相成ッタ、名譽アル奥サンカラ御尤モデアル事實ハ爭ハレナイ、吾々十目ノ視ル所、十指ノ指ス所、其レ嚴ナルカナ、如何ニ物ヲ誣井ントシテモ吾々ガ見テ居ルカラ此事實ヲ誣ユルコトハ出來ナイ、ソレデ面白イ、餘程面白イ、手品遣ヒガ手品ヲ遣フヤウナ事柄ダ、討論ノ始マラヌ前ニ討論終結（「ヒヤ／＼」ト呼フ者アリ拍手起ル）政友會ノ諸君ハ餘程頁イ智惠ヲ持テ居ル（「政友會ハ橫暴」ト呼フ者アリ）政友會ノ諸君ハ餘程頁キ智惠ヲ持テ居ル、守屋此助ガ家庭ノ教育カラ學校ノ教育マデ受ケテ今日ニ至ルガ、討論ノ始マラヌ前ニ討論終結ト云フコトハ大正二年——イヤ三年カ、大正三年二月十四日午後四時マデハ知ラナカッタ（「ヒヤ／＼」ト呼フ者アリ拍手起ル）所ガ政友會ノ豐富ナル智惠ニ於テ教ヘテ呉レラレタ、討論ノ始マヌ前ニ終結ガアル、日本ノ議院法、衆議院ノ規則ニ討論終結ト云フ事柄ハ、此政友會ノ新規發明ノヤウナ意味ニハ用井ナイノデアリマス（拍手起ル）法律ノ條文ハサウシテ見レバ必ズヤ討論ガ一人デモ二人デモアッテ然ル後ニ討論終結ナンダ、討論ナシニ終結ヲナスッタ此事實ハドウデアルカ、奥サンハ御認メニナッテ居ルノデアル、斯樣ナ不親切ナコトヲ致シテ政友會ガ一箇ノ私事ヲ御營ミニナルナラバソレデモ宜カラウ、唯奈何セン天下ノ公事ヲ如何セン、天下ノ政治ヲ奈何セン、討論終結ト云フ事柄ヲ討論ヲ始メズニ討論終結ト云フ事柄ヲナサレテ、茲ニ其御報告ガアルト云フコトデアル、討論ハ盡キテ居ラヌノダカラ、最モ強キ理由ニ於テ再審査ニ附サナケレバナラヌデハアリマセヌカ、之ヲ「ノウ」ト云フ人ハ此議場内ニ於ケル反對黨ノ議員ヲ敵トスルノデハナイ、國民ヲ敵トスル御決心ヲナサイ、國民ノ憤リハドウスルカ、如何ニ爆發スルカ、是ハナカ〳〵九州鹿兒島ノ櫻島ノ爆發ヨリ以上國民ハ憤リマスルゾ、斯様ナコトヲ以テ壓迫ヲナサレバ日本ノ國民ハナカ〳〵過激ナル國民ダ、朝鮮人ヤ土耳古人若ハ印度ノ人間ナラバ是デ壓セラレテシマフノダガ、憚リナガラ日本帝國ノ國民ハ斯様ニスレバ益々憤激スルノダ(「ヒヤ〳〵」ノ聲起ル)此處ニ　皇祖皇宗ノ神靈ガ守リ給ヒテ、三千年來日本帝國ガ世界ニ向ッテ大和魂ト威張ル誇ルノハ此處ニ基クノデアル、政友會ガ斯様ナ事柄ヲ爲サレタノニ意氣地ナクヘコタレルヤウナラバ、日本ノ國ノ前途知ルベキノミ、斯様デアルカラ不吉ナコトデハアリマスガ、東京ヘ營業税廢止其他ノ廢税ノコトデ委員トナッテ來テ居ラル、多數ノ方ミハ、此暴ニ報ユルニ暴ヲ以テスル、暴ヲ以テ暴ニ報ユルト云フコトハ如何ニモ亂暴ノヤウニ聽エルガ、併ナガラ世界萬國ノ法律ニ於テ、正當防衛ヲ認メテアル、向フガ劍ヲ拔イテ掛レバ劍ヲ拔イテ向フヲ斬殺シテモ宜イト云フ事柄ハ、如何ナル野蠻國ノ法律デモ認メテ居ルノデアル、此ニ於テ日本魂――氣慨ノアル奴ハ此事ニ付テ第一ニドウスルカ、商工業者ハ不吉ナコトデアルケレドモ政友會諸君ノ銀行ヲ一切取付ケヲスルト云フ決議ヲシタサウデアル、是ハ實ニ私ハ天下ノ爲メ憂慮ノ至ニ堪ヘナイ、併ナガラ斯様ニ壓迫ナサルナラバ、濫リニ水ヲ堰止ムレバ激スルト云フコトハ支那ノ昔、餘程ノ馬鹿者デモ歴史ニ書イテ居ル、是ガ政友會ノ多士濟々タル立派ナ御方ミガ知ラヌコトハナイノデアル、知ッテ爲サルレバ銀行ノ取付ガ始マル、ソレカラドコカノ御關係ノ會社ナドハ憤リノ迸リトシテ全然敵國待遇ヲスルトマデ憤ッテ居ルデハアリマセヌカ、迸ルトコロガ是ハドウデアリマセウ、私ハ士君子ノスル事柄トハ思ヒマセヌ、併ナガラ暴ニ報ユルニ暴ヲ以テス、劍ヲ以テ宛レバ劍ヲ拔イテ一方ヲ殺スト云フ正當防衛ノ法律ヲ認ムルナラバ、正當防衛デ此不吉ナル事柄ヲ將ニ起サントシテ居ル、デアリマスカラ再審査ヲシテ篤ト調ベナケレバナラヌト云フ事柄ガ是ガ一ツノ理窟、ソレカラマダ餘程名論ガアル(「上手ニ出來タ」ト呼フ者アリ)演説ノ出來方ガ善惡ドコロデナイ、眞ニ國家ノ消長ガ如何ニナルカヲ心ニ抱イテ演説シテ居ルノデアル、凡ソ世界ノ古今ノ歴史ヲ讀ンダ人ハ皆知ッテ居ル、國ノ治亂興亡ノ別レ目ハ一體ドコニアル、國ガ能ク治マル興ル亡ビルハ、是ハ一體ドコニ別レ目ガアルノダラウト云フコトカラ考ヘルト、私ハソレトハ將ニ是ヨリ亂レントスルコトヲ恐レルノデアル、多クノ歴史ヲ讀マナクトモ知レテ居ルガ、税ノ取方ノ善惡デ王者ガ亡ビタリ興キタリスル、國ガ治マッタリ治マラナカッタリシタ例ハ小學校ノ兒童ガ讀ム本ニモ書イテアル、税ノ取方ノ善惡ガ治亂興亡ノ別レ目デアル、今度ノ爲サレ方ノヤウナコトニシテ國民ヲ激セシムルト云フコトニナレバ、天下將ニ大ニ亂レントスルト云フノデアル、之ヲ靜ニ討論ヲナスッテ國民ガ能ク理解スルヤウナ税ノ取方ニナサレバ、戰時税ノ上ニアレダケノ税ヲ取ッテモ、其上ニ我ガ子弟ヲ滿洲ノ野ニ曝シテモ血ノ河、骨ノ山ヲ築イテモ、國民ハ得心シタノデアル、是ガ政治ノ仕方ノ上手下手ダ、智惠ノ使ヒ方ノ乏シキ連中ハ亂國ニシナクテモ宜イノニ國ヲ亂ニスル、例ヘバ奥君ガ先程仰シヤッタヤウナコトニシテ、今日ノ委員會ノヤウナコトニ爲サルナラバ、此營業税ヲ取ラレル取ラレヌト云フコトヨリ、多數ノ横暴デ、政友會ガ壓迫スル、怪シカラヌト云フコトニナッテ天下ハ大ニ激昂スル、之ヲ得心ガ往クヤウニ三日デモ五日デモ靜ニ法律規則ニ定メタ通リノコトニ爲サレバ、討論終結ト云フコトハ討論ガアッタ後ニ終結スル、ソコデ多數少數ノ別レ目ガ本當ニナル、サウ云フコトニナレバ暴動ハ起キマスマイ、銀行ノ取付ハ始終アリマスマイ、斯ウ云フ爲サレ方ニ爲サラヌト御氣ノ毒ダガ銀行ノ取付以外ニマダナカ〳〵ノ大キイ亂ガ起リマスゾ(「能ク聽イテ置ケ」ト呼フ者アリ)ソレデ國ノ革命ガ起ルト云フノハ、ソレハ前申上ゲタ通リ税ノ取方ノ上手下手ニアルノデアル、殊ニ吾輩ハ此税ノコトニ付テ大正三年ト云フ年ハ、此税ノコトニ付テ特ニ滿場ノ諸君ニ御願ヒヲ致ス事柄ガアル、政友會多數ノ諸君ハ心ヲ靜ニシテ國家ノ爲ニ聽イテ戴キタイ願ヒガアル、ソレハ何事ゾヤ、大正三年ハ日本帝國ハ如何ニモ御目出度キ年デアル(「ソレハ知ッテル」ト呼フ者アリ)此御目出度時ニ當ッテ、ソレハ何ウ云フコトデアルカト云フト、此叡聖文武　皇帝陛下ノ御卽位式ト云フ大典ヲ擧ゲ給フ時ニ、國會ガ無カッタラドウナルカト云フノダ、ドウナルカ仁政――德政王者ノ盛德ヲ施スニ、必ズヤ其税ヲ輕クシテ民ト其慶ヒヲ同ジウシ給フト云フ事柄ハ、是ハ日本帝國ノ歴史ノ一片ヲ少シ讀ンダ人ハ知ッテ居ル皆デアル、私ハ此我ガ叡聖文武　皇帝陛下ノ御聖慮ノ程ヲ申スモ畏レ多キコトナガラ、如何ニシテ民ト此喜ヒヲ同ジウシヤウカ　皇祖皇宗ノ施キ給ヒシ仁政德政ハ、成ベク施ヒテ民安カレト祈ル御心ハ夙夜御忘レ遊バサナイ、此　天皇ノ難有キ御思召デアルト我輩ハ恐察シ奉ル、此點ニ付テハ政友會諸君モ感ヲ同ジウ致サル、デアリマセウ(「共通リ」ト呼フ者アリ)若シ帝國議會ガ假リニ日本ノ國ニ無イト致レマスルト、大正三年ニ――サウシタトキニハ此叡聖文武　皇帝陛下ハ御卽位式ヲ爲サルトキニ、國會ガ無クシテ、民ガ彼ノ通リニ寄ッテ國民大會デ營業税廢止ト云フノデ、ザワ〳〵騷イテ居ルト云フ事柄ヲ聞シ召シ賜ッタナラバ、此天子様ハドウ云フ政治ヲ遊バスダラウ、聖天子ハ如何ニ遊バスダラウ、斯ウ考ヘナケレバナラヌ、天皇ハ此帝國議會ト云フモノガ間ニ無クシテ專制政治デアルナラバ、營業税ノ如キモノハ必ズヤ全廢遊バシテ、民ト其慶ヲ同ウシ民ノ慶ハ朕ノ慶デアル、朕一人ガ富ンデ民ノ貧シキハ朕ノ憂デアル、民ノ慶ハ朕ノ慶デアル、朕獨リ卽位式デ喜ンデモ、民ニ不平ガアリ國ニ亂ガ起ル如キ事柄ハ必ズヤ、必ズヤ我至仁至愛ナル　天皇陛下ノ御思召ニハ非ザルノミナラズ、我　皇祖皇宗ノ神靈ノ御思召モ左様デハナイト確信致ス(「ヒヤ〳〵」ト呼フ者アリ)然ル所ガ守屋此助ノ考ニ依ルト、上聖天子ニ其御思召ガアリ、斯様ナ税ハ專制政治ノ時デアルナレバ上御一人ノ御思召ヲ以テ、此税法ハ廢止セラル、モノト私ハサウ思フノデス、政友會ノ諸君ハ反對カモ知レヌガ、然モ國民ハ之ヲレテ戴イテ　陛下ノ御卽位式ト云フモノヲ擧國慶ヲ同ジウシテ、天壤無窮ノ我皇室ノ彌ヤガ上ニモ盛ンナランコトヲ祈リ奉ル民ノ心デアリマス、斯様ニ致シタイ考、所ガ此國會ガアル爲ニ畏多キ事ナガラ私ノ考デハ、若シ斯様ナ事柄ガ妙ナ事柄ニ相成ル、法律ガ出來レバ上ハ聖天子ノ聖恩仁政德政ガ下ニ及バヌ、而シテ此國民ノ希望ガ達セズシテ大正三年ノ御卽位式ト云フ此目出度イ年ニ、民ノ心ノ內ニ憂ガアリ、內ニ憂ガアル國民ガ萬歲ト云フ聲ト、內ノ歎ヒガ溢レテ萬歲ト云フ聲トハ聲ノ立テ方ガ違フノデアル、ソレ故ニ斯様ニ大事ナモノダ(「分ヲヌ分ラヌ」ト呼ノ者アリ)少シ人ノ言フ事ヲ聽カヌト分ラヌ、ソコデ斯様ナ大事ナ案ジバ――斯様ナ大事ナ案ヲバ討論ヲ委員會デサセヌノデアル、ソレカラ今日之ヲ咄嗟ノ間ニドン〳〵極メテ行カナケレバナラヌト云フ必要ガ、一體何處ニ在ルカ、之ヲ咄嗟ノ間ニ委員會ノ討論ノ始マリモセヌノニ討論ヲ終結シテ、亂暴ナ言葉カ知レヌガ、併ナガラ遠慮ナク言ハセレバ、掏摸カ「ベテン」ノ如キ形ヲ「ゼントルマン」紳士タルモノガ、シナケレバナラヌ必要ガ何處ニ在ルカ、又今晩是カラ徹夜シテ明日ノ十時マデモ議論ガ續クト云フ話デアルガ、左樣ナ事マデシテヤジナケレバナラヌ必要ガ何處ニ在ルカ、ソレ故我輩ハ斯樣ナモノハ愼重ニ審議スル爲ニ、再審――再ヒ前ノ委員ニ戻シテ頭ノ冷カナ所デ再ヒ審査ヲ致シテ、サウシテ上明天子ノ聖慮モ能ク貫キ、下國民ノ心ヲ貫イテ本當ノ此目出タキ年ヲ目出タク致シタイト云フノガ我輩ノ希望デアル、若シ我輩ノ說ヲ用井ナイデ、之ヲヤッタラドウナル、ソレコソ由々シキ事ガ出來マスゾ、諸君、ソレハ此民ノ心ヲ激シタノヲ抑ヘテ爲サルノデスヨ――是ハ大事ナコトガ出來マスカラ、其御覺悟ダケハ守屋ノ說ニ反對スル人ハ持ッテ戴キタイ、不吉ナ事デアルガ餘程國ガ亂レルカラ、是ダケノ御覺悟ヲ御持チニナッテ御責任ヲ御持チ遊バセヨ、我輩ハ復タ何時カ此議場ニ登ッテ、我輩ガ斯樣ニ言ッタ、國ハ大ニ亂レントスルト云フコトヲ豫言シタ、不祥ノ言ガ中ッタガ之ヲ如何スルゾト此壇デ言フコトガアルカラ、其時ニシッカリ答ヲスルヤウニ、我輩ノ言ヲ採用シナイ諸君ハ、今ヨリ辯論ノ準備ヲシテ掛ルベシ、其人ハ辯論ヲ準備スルガ宜シイガ、國ノ亂レルト云フコトヲ私ハ實ニ憂慮ノ至リニ堪ヘマセヌカラ、ドウカ此說ヲ御採用アッテ再審査ト云フコトニシテ下サレ、國家ノ爲メニ私ハ之ヲ禱ル、上ハ　陛下ノ御思召ヲ察シ下ハ國民ノ心ヲ察シテ、此言論ヲ發シマス、是ハ守屋此助一人ノ議論デハナイ、私ノ口ヲ銜イテ出ルモノハ誠心誠意、一點ノ一ツノ政黨ノ消長抔ニ關スル如キ卑怯未練ナ腐ッタ根性ヲ持ツノデハナイ、是ハ國家ノ爲メニ赤誠ヲ披イテ申上ゲルノデゴザイマスカラ、篤ト御考下サッテ、再ヒ委員ニ付託シテ審査スルコトニ御同意ヲ願ヒマス

중의원 의사 속기록 2

인쇄일: 2025년 12월 15일
발행일: 2025년 12월 25일
지은이: 조선총독부 중추원
발행인: 윤영수
발행처: 한국학자료원
서울시 구로구 개봉본동 170-30
전화: 02-3159-8050　팩스: 02-3159-8051
문의: 010-4799-9729
등록번호: 제312-1999-074호

정가 250,000원